中華大藏經

中華大藏經編輯局編

漢文部分

五八

中華書局

中西說此經也海濵下必民反字林濵水崖也錯繪胡對反論語云繪事後素鄭玄曰繪畫也集五彩曰繪經從貴說文緻絲餘也或音繢非經義云也瞪矚宅耕反通俗文云直視曰瞪

第二卷　沙門慧琳添

兔角上土固反說文云獸也象踞後點象其尾也象形字也兔頭與兔頭同故從兔省也龜毛愧逵反字統曰龜水介蟲也外骨而內肉也從它龜頭與它頭同天地之性也廣肩無雄龜鼈之類以它為雄左象其足右象背文頭尾象形蚊蜹上勿分反俗字也正從䖵作蟁說文云齧人飛蟲子也下蕤銳反國語蜹蜂蠆皆能害人也顧野王曰今有蟲蜹善齧人俗謂之含毒此即蟲也

第三卷　無字音訓

第四卷　玄應

譚婆徒南反今借為談紺反謂西國食狗肉人也

入楞伽經第一卷

第二卷　玄應　先不音訓

第三卷

樚櫨又作轆轤二形同力木反又力胡反即今用之汲水者也

因

揳又作楔同先結反江南言櫼子林反楔通語也

第四卷

打摑書或作戜同古麥反此亦假借耳

第五第六第七　玄應先不音

第八卷

韭䪥又作䪥同諧戒反說文菜也菜似韭罝罟古文䍡罝二形

同子邪反尒雅兔罟謂之罝注云罝遮也遮取兔也罟音古繩網也

機發 說文射發機音機發之機也經文作鏺扠繳具也

屍陁林 正言尸多婆那此名寒林其林幽邃而寒因以名也在王舍城側陁者多也死人多送其中今惣指弃屍之處名屍陁林者取彼名

第九卷

一切經音義卷第三十一　第五張　昆

藺蕩 力盍反下徒盍反埤蒼毒草也經文作蔄非體也

珂乳 枯何反螺屬也絜白如雪經文作訶軻二形非也

第十卷 先不音訓

大乘入楞伽經七卷 翻譯沙門慧琳音

經序 長安四年天后御製

楞伽 上勒登反俗字也正作棱從木夌聲或作稜為是梵語不求字訓正梵音云駿迦山名也勒鄧反去聲并上聲字也此亦寶名也此山多饒此寶故以為名在南海中師子國西南隅海島大山也

妙鍵 乾偃反上聲字也鄭注周禮云鍵壯也方言自關而東陳楚之間謂鑰為鍵考聲云車鎋也說文鍵鉉也從金建聲也

混 瑰穩反上聲字也考聲云水流大皃也集訓云混沌氣象未分也古今正字從水昆聲也

假名

多歾 毀突反集訓云歾剥也雜也韻詮云不齊也說文對卧

一切經音義卷第三十一　第六張　昆

相背也從夕從干又音春尹反亦通舛音川劣反又音衰干音苦瓦反

潁水 營昊反漢書云潁水出潁川陽城縣陽乾山至下蔡入淮水也豫州浸川也昊音癸井反潁字從水頃聲

于闐 田練反胡語國名也屬龜兹國地乳即安西之西南二千餘里亦名地乳國也

馛馥 音伏考聲云香氣皃也形聲字也

奧賾 上烏告反又音於六反訓義並同廣雅奧藏也郭注方言室中隱奧處也說文云宎也室之西南隅也宎從宀𡘮聲也𡘮音弓六反下從廾音拱上從古文六字

也宀音綿從米作奧者非也下茦葉反考聲嘖深也集訓云深含也易曰聖入有以見天地之至嘖劉瓛曰嘖者幽深之極稱也古今正字從㕣責聲說文字林並闕㕣音以之反

菲薄 上孚尾反郭注方言云菲謂微薄也形聲字也下傍莫反考聲云不厚也古今正字從草從水從博省聲

媿恧 上鬼位反杜注左傳云媿慙也博雅媿耻也說文從女鬼聲或從心作愧下女六反方言恧慚也山之東西自愧曰恧小介雅云心愧爲恧說文亦慚也從心而聲也

大乘入楞伽經卷第一 于闐三藏實叉難陀奉詔譯 翻經沙門慧琳音

咄叱迦音 上都骨反叱嘲革反迦薑佉反梵語不求字義書云喜悅之音也經作都咤迦不切當故改字音之

迴眄 眠遍反韻英云斜視也說文目偏合也從目丏聲丏音沔上聲字也

髀脇 上蒲米反前卷契大乘經下卷音義中巳釋下扻葉反考聲脇肋也說文胠兩傍也從肉劦聲也或作脅亦同劦音叶從三力經三刀非正字也助音勤也

如虹拖䡣 上音紅字書云虹螮蝀也拖音他左反上聲字也如木卧負也考聲曳也又平聲亦通䑐何反集訓云曳拕也見有拕曳之語從手它聲從木者誤也

遞相 提礼反郭注介雅云虒謂更易也說文從辵遞聲虒音夭伊反經文作遞或作遆俗字也

幰蓋 軒偃反釋名云車幰所以禦熱也考聲云車蓋也顧野王云今謂布幔張車上爲幰也說文從巾憲聲也

藤樹 鄧能反考聲云蔓莚之類吳越謂之藤藤有數種從草從舟從关從水关音卷也

䵃麥 虓猛反考聲云大麦也俗亦呼青稞爲䵃麥字從麦從擴省聲也經從禾作穬穀也非此義也

臆度 鷹力反說文膻匈骨也從因意聲古文正作肊從肉從乙會意字也

第二卷

瀑流 袍冒反考聲云瀑著猝兩水流也說文從水暴聲也暴字從日從出

從廾廾音拱從丯丯音渹從米者誤也

溟壑 上覔瓶反司馬彪注莊子云溟謂南北極也去日月遠故以溟為名也說文從水冥聲下呵各反前相續解脫經已釋訖也

慣習 上關患反文字典說慣習也左氏傳曰鮮如射御慣則能獲禽獸從心貫聲

分析 星續反聲類云析劈也孔注尚書云析亦分也說文破木也從木從斤或從斤作㭊亦通經文從手作折誤也

趮動 遭奥反前寶雨經第八卷釋訖說文從走作趮

縷氎 綠主反說文縷綫也從糸婁聲婁音摟下怗協反前持人菩薩經第四卷已釋訖也

第三卷

脣腭 五各反考聲腭齗也經文作齶俗字也說文云口上阿也從口上象其文理也

因榍 先節反深密解脫經第三卷已釋訖經作榍門閫也非此義也

簷蔔 上之廉反下朋北反西國香名也經簷字從竹作簷簷謂簷擸也非此義也

謦欬 上輕挺反下開愛反前卷音義不退轉法輪經第一卷中巳具釋訖也

不瞬 揄閏反說文瞬目開闔數搖也正作瞚從目寅聲也

第四卷

鸚鵡 上厄耕反下音武山海經曰黃山有鳥其狀如鴞青羽赤喙人舌能言名曰鸚鵡郭注云今鸚鵡舌似小兒舌腳指前後各兩亦扶南外出毛羽五色者亦有

純白者白者稍大如鷹禮記曰鸚鵡能言不離飛鳥是也說文二字皆從鳥嬰武亦聲或作䳇也

在礦 古猛反字書正作鉚廣雅云鐵璞謂之礦也說文銅鐵璞也或從石黃聲經作鑛亦通也

蠶繭 上雜含反說文蠶吐絲蟲也從䖵朁聲朁音七感反下堅典反說文蠶衣也從糸從虫芇聲芇音眠象蛾兩角相當也經文作璽俗字也古文作絸也蚰音昆也

第五卷

釋揭羅建謁反梵語諸天名也櫌亂而沼反說文擾煩也從手從𢝊經從憂作櫌非也𢝊音奴刀反羼提察莧反梵語唐云忍辱也

第六卷

雕鷲上鳥寮反下酋袖反郭注穆天子傳云雕食麞鹿鳥也郭注山海經云鷲亦鵰也師曠曰南方有鳥名曰羌鷲黃頭赤目五色皆備也說文鷲鳥黑色多子也雕亦鷲鳥類也從周聲也鷲字從鳥就聲鷲音至籠檻祿紅反前入定不定印經序音中已釋訖下咸黤反王逸注楚辭云檻櫳䡴也牢檻也說文檻圈也亦籠也從木監聲經從手誤也裯胞上直流反下白茅反案裯胞者皆謂在母腹蔭中也經作胣音七銑反非經義裯字說文從禾周聲也[疒*君]竅啓叫反鄭

注礼記云竅孔也說文從穴敫聲敫音經鷄反

第七卷

昏墊點念反孔注尚書云下民昏墊墊溺也杜注左傳云墊羸困也說文下也從土執聲駞驢上唐河反郭注山海經云驝駞也日行三百里負千斤周書王會正以驝駞為獻顧野王云有肉鞍能負重善遠行北方饒之畜也說文從馬它聲驝音湯洛反經作駞俗字也刹膩迦上音察正作摖中尼致反梵語也

[止/几]鼓上會戈反前不退轉法輪經第四卷已釋訖下姑戶反說文從壴從攴經文從皮作皷非也壴音朱樹反攴音之正攴字也羯磨建列反梵語也擯棄上音鬢司馬注莊子云擯亦棄也說文從手賓聲下詰利反說文正作棄訓去擯也從廾華從㐬籀文作棄廾音拱華音半安反㐬音土忽反經文從去作弃古字也迦旃延上音加中之然反梵語也憍拉婆上音驕次盍合反梵語也趜多弓六反正作踘梵語次篾眠結反梵

語也

抨酪　普萠反下音洛

鵂鶹　上音休下音留文字典說云鵂鶹恠鵄也並從鳥休留皆聲也

孔隙　卭逆反顧野王云隙猶穿穴也廣雅裂也史記云若白駒之過隙也說文壁際孔也從𨸏從𡿺𡿺亦聲𡿺音同上從二小從白經從巢作隟非也

菩薩行方便境界神通變化經三卷

右此經即是宋朝時前譯薩遮尼乾子經並無難字可音訓

大薩遮尼乾子經卷第一

犛牛　卯包反亦曰毛牛山海經云潘侯之山有獸狀如牛而四節生毛名曰犛牛郭璞曰背膝及胡尾皆有長毛出西南夷也

第二卷

斸斫　上家録反钃斸也經文作㧡音卓義亦通用下章若反斤斧斫也前已具擇也

射師　虵夜反周礼云六蓺三日五射說文云弓弩發於身而中於遠從身從矢作䠶會意字也古文從寸寸法度也又音石

橋梁　上巨驕反渡水梁也從木喬聲喬字匕從夭也

鋒⿱此朿　酥髓反說文下從朿朿音此恣反

唱嘯　音笑長嘯也卷舌於喉中吹之聲如鸞鳳也

椎鍾　直追反或作槌俗字也字從木從隹假借字也

機發　蕃襪反考聲云動也去也開也明也起也舉也經從角作⿰角發非也

琢石火　上音卓毛詩傳日治玉日琢從玉豖聲豖音丑録反

第三卷

谿谷　上啓奚反郭注尒雅云水注川也說文云山瀆無所通者日谿從谷奚聲經從山作嵠或從水並非

貓貍　上卯包反顏野王云似虎而小人家所畜

養獸也用令捕鼠者下里知反顧野王云似虎而小猫之類野獸好偷人家鷄食之說文伏獸也晝伏而夜行猫貍二字並從豸形聲字也

鷹鷄 上億矜反鄭箋毛詩云鷙鳥也顧野王云即鷞鳩也形聲字下遙要反顧野王云似鷹而小說文亦鷙鳥也從鳥枭聲也

韡筆 吁和反或從化作靴二字並從革皆俗用字也說文作履從履省和聲也亦轉注字也

枷鎖 上音加下桒果反前音義已重重訓釋也

遞共 上提礼反上聲字或作遆代也迭也從虎從辵厂聲也厂音杀也

覘伺 上諂剱反又考聲云覘者即候視也或作貼竊視也春秋傳曰公使覘之信也從見占聲也下音四也

㪷稱 上當苟反下尺證反

釣躲 上雕叫反考聲云釣也懸也引也或作釣

諦諸鬼神 上音帝考聲陳理也論語諸也或作謕懇說文告也從言㡿聲也㡿音尺

瘉[忄壹] 上逾主反考聲云窳嬾也如瓜繫於莫故從二瓜如人在深室嬾而不出會意字也

攄蒱 上勅猪反考聲云攄舒也廣雅云張也司馬相如封禪文攄散也文字典說從手慮聲下步謨反案攄蒱者博弈賭戲也經從雩作摴非也

綦博 上音其博物志日舜造圍棊而丹朱善圍棊孔子日不有博弈者乎為之猶賢乎案彈棊始自魏宮文帝好之每用手巾拂之無不中者下誇莫反六博也從十

貣物 湯得反從人借便錢物日貣從貝弋聲也弋音翼也

蟲螟 上逐融反說文云有足謂之蟲無足

日豸從三虫經作虫非也下覓瓶反毛詩傳日食苗心日螟郭璞云螟蟲有子即桒蟲也蜾蠃附之變為細腰蜂也

水潦 郎到反考聲云水潦傷苗也字書云多雨水損田苗日淹潦也

水澍 迋遙反澍浮也

第四卷

鞭打 上必綿反考聲云擊也馬策也

根栽 下宰來反韻集云栽植也殺樹餘捀也捀音找葛反

澡漱 搜皺反与瘦同音考聲云以水盪口日漱

又音亲奏反非也皺音莊瘦反

纖長　星閻反說文微細也從糸韱聲也韱音同上經從木作韱非也

銅鍱　下音葉以熟銅打作鍱經文單作葉亦通也

老皺　莊瘦反考聲云皺皮聚也作皺俗字也

窊曲　烏瓜反廣雅窊下也或作窪俗字也

熠燿　上音習又以立反下音躍埤蒼云熠燿如電如熒光彩玄黃也毛詩傳日鮮明也

第五卷　第六卷　第七卷

右三卷並無字可音

大乘密嚴經序

慧琳撰

裝褾　下驃眇反考聲云褾袖端也今古正字從衣票聲經作縹非也票音褾遙反

大乘密嚴經卷第一

竅隙　上啓叫反周礼疾醫兩之以九竅之變鄭玄云陽竅七陰竅二太玄經九竅一六為前為耳二七為目二八為鼻為後又云竅孔也說文空也從穴敫聲

如蜺　下藝兮反王逸注楚詞云霓雲之有色似龍者也郭注介雅云霓日雌虹也漢書音義云虹出盛者為雄雄為虹闇者日雌雌日霓各有兩名也說文霓屈虹也青赤或白色陰氣也從虫蜺聲或作霓也

冕服　上眉辯反鄭注周礼云六服同冕首飾尊也世本云黃帝作冕考聲云冕冠也說文從冃免聲冃音毛報反

菡萏　上含感反下覃感反說文菡萏芙蕖花也未發日芙蕖已發日菡萏也二字並從艸函閻皆聲也經作菡非也

纍紲　上律追反正體字杜注左傳云纍繫也孔注論語云纍黑索也說文大索也從糸畾聲畾音雷經從糸從累作縲縲然也非經義也下先節反顧野王云凡所以繫制畜牲者紲也孔注論語云紲攣也王注楚辭紲繫也廣雅索也說文從糸世聲也

蛛蝥　上駐逾反下毋侯反介雅云蜘蛛蛛蝥也郭注

云拙蝥也方言自關而西秦晉之間謂蜘蛛或為蝥也韻英云網蟲也說文云正作鼄從黽朱聲經作蛛俗字也蝥從蟲從敄省聲也

第二卷

挻埴 上設甄反許注淮南子云挻抑也挂苑珠藂抑土為器曰挻如淳注漢書挻擊也宋忠注太玄經挻和也文字典說文從手延聲從土作埏者非正字也下時力反許慎注淮南子云埴土也孔注尚書云黏土日埴釋名埴膩土也如脂之膩也說文從土直聲

伶人 上力丁反賈注國語云伶司樂之官也鄭注毛詩序云伶氏世掌樂官而善焉故後世多号樂官為伶人也說文從人令聲也

匏木 上鮑茅反鄭注周礼云匏笙也說文云匏瓠也從包從夸夸亦聲也夸音苦瓜反也

頡頏 上賢結反下鶴俍反毛詩傳云飛上下曰頡頏飛下日頏考聲云乍高乍下也古今正字竝從夏吉九聲亢音四

亟往 矜力反毛詩傳日亟急也又字典說從人從口從手從二二謂天地也人生天地之間口手最急會意字也

精粹 下雖翠反周易云純粹精也王注楚辭云粹精粹也廣雅云純粹不雜也說文義同從米卒聲

馳騖 下無付反郭注穆天子傳云鶩馳也顧野王云鶩疾馳也楚辭云忽馳鶩以追逐是也廣雅云鶩奔也說文從馬敄聲敄音武也

能濡 下乳朱反毛詩傳云濡漬也又潤澤也說文從水需聲需音須

能燥 下騷早反周易云水流濕火就燥也說文乾也從火喿聲喿音同上也

臏陁 上音牝梵語山名也亦名頻陁山也

螫物 上舒亦反說文虫行毒也從虫赦聲經作螫俗字也

黿鼉 上愧違反下獲瓜反考聲云鼉水蟲也即蠳蝸也說文蝦蟆也從黽圭聲或作蛙黽音猛也

第三卷

牝鹿 頻泯反泯音蜜牝反廣雅云牝雌也說文畜母也從牛匕聲匕音妣

牡鹿 矛厚反毛詩傳曰飛曰雄走曰牝牡顧野王云飛鳥亦有牝牡之稱也說文牡畜父也從牛土聲 人杌 吾骨反前寶雨經第一卷已具釋訖也 所嬈 下奴鳥反前寶雨經第三卷已具釋訖 枹鼓 上音孚顧野王云枹擊鼓椎也說文擊鼓柄也從木包聲經從手作捊音夫論語云乘捊於海也非經義也 雲蜺 下藝兮反上卷釋訖 熊羆 上音雄說文云獸也似豕山居冬蟄從能從灬灬音漂下彼糜反郭注尒雅云似熊而頭高脚長猛憨多力能拔木關西呼為貑熊也說文如熊黃白色從罷從熊省聲也貑音加憨音呼藍反 旋嵐 下拉耽反大猛風也 麁獷 虢猛反前寶雨經第六卷已釋訖 毗嵐弭儋 上弥止反下都含反梵語亦梵聲也

新翻密嚴經三卷 大興善寺三藏不空奉詔譯 慧琳撰

音經序 代宗皇帝製

啓迪 下徒歷反孔注尚書云迪蹈也言信蹈行古人之德也又云迪教導也方言迪正也東徐青齊之間相正謂之迪也說文從由辵聲 聾瞽 下姑午反鄭注周礼云無目謂之瞽目不開蔓蔓如瞽皮也有眸子而無見謂之眹有目無眸子謂之瞍或謂之盲也說文從目瞽聲 盈缺 下犬悅反蒼頡篇云缺虧也說文從缶夬聲或作鈌 鱗介 栗珎反鄭注周礼云鱗謂魚龍之屬也說文鱗者魚龍甲也從魚粦聲粦音憐經文從鹿作麟是端獸也非經義傳寫誤也下皆械反鄭注周礼云黿鼈之屬水居陸產者也說文從八從人 矤訛 上申忍反孔注尚書云矤況也郭注尒雅云相譬況也聲類詞之所之也說文亦況也詞也從矢從引省聲今作矤俗字下五和反孔注尚書云訛化也毛詩箋云偽也韓詩云訛言也郭注尒雅世以妖言為訛是也古今正字從言化聲或為譌字 舟楫 尖葉反孔注尚書云若渡大水待舟楫也毛詩傳楫所以擢船也周易刻木為楫也說文從木咠聲咠音七入

反振音直劲反序從戢作㦸亦通用也

在握 下烏角反說文握持也從手屋聲

帆飛 上音凡釋名云帆船幔也或作颿亦作䑺從巾凡聲

兩方 上良掌反廣雅云兩二也所謂三藏解唐言及梵音兩國之語也說文從冂平分网亦聲序作雨非也

窺鑒 上丘規反說文窺小視也或作闚從穴規聲也

㧕抗 上留久反下康浪反人姓名也

簡牘 上閒限反古之竹簡也顧野王云簡所用以冩書記事著也說文簡牒也從竹間聲下同鹿反韓詩云執筆操牘也文字典說云方版為牘大事書之於策小事簡牘而已說文版也從片賣聲

遒麗 上就由反考聲遒盡也說文亦作逎從辵酉聲下礼帝反廣雅云麗好也考聲云麗美也說文從鹿丽聲丽音同上古文作丽字也

祕嘖 崢責反

布濩 下胡頋反劉良注吳都賦云布濩泳布也傳雅云遍彌也古今正字

從水蒦聲蒦音烏獲反亦從音作䨼者也

課抒 上科卧反座擨云課課虛無以責有字書云竝制責功也說文從言果聲下常呂反桂菀珠叢云抒挹也字書云解也斲削也說文云挹酌取物也從我予聲經序從木作杼誤也

經第一卷

烝涌 上職繩反顧野王云謂氣烝出也說文火氣上行也從火烝聲經文從草作蒸介雅云蒸猶祭也非經義下容聳反劉兆注公羊傳云涌騰也顧野王云謂水騰涌也淮南子云万物之至騰涌也說文從水甬聲甬音同上或作湧

蟠龍 上音盤方言云未昇天龍謂之蟠龍也廣雅云蟠曲也顧野王云蟠紆迴轉也說文從虫畨番亦聲也

勃如 上盆沒反郭注尒雅云勃然作色皃也顧野王云勃暴戚也廣雅變色勃勃然說文從力孛聲音同上經從火作焞

金礦 下古猛反亦作鈋

融鍊 下蓮殿反桂菀珠叢云鍊鑄金使精也說文鍊冶金也從金東聲或作煉

兜率 上都鈎反梵云覩史多此云知足天也經中作兜率

古亦充術皆訛略字也正舩不使舩柂㡯也說云舩後正舩木也從木它聲經從手作拖誤也

執柂　下駝左反釋名云舩尾曰柂柂在後見柂曳也柂音陁佐反字文典說云舩後正舩木也從木它聲經從手作拖誤也

四吠陁　梵語也此譯云明論謂壽杞平術名四吠陁古亦云圍陁一也

牽挽　上挈賢反鄭注周礼云入居前曰牽顏野王云牽亦引也說文引前也從牛象牛之縻玄聲也經從去作㚘非也下餘制反栧本作曳顏野王云曳猶牽也廣雅云曳引也說文從申丿丿亦聲經作拽考聲音延脣反借音字也字書並無今從曳挐音牽結反縻音羙悲反

喘懼　川耎反說文喘疾息也從口耑聲耑音端也

葦荻　上韋鬼反下音狄毛詩傳云葭為葦也郭注尒雅云葦亦葭蘆也許尉重注淮南子云荻亦葦也鄭注儀礼云葦亦細葦也說文並從草韋狄皆聲或作藡古荻字萑音活官反

吸鐵　上歆急反毛詩傳曰吸猶引也

說文從口及聲圦音引也

煖觸　上奴管反尒雅云煖㶣也賈注國語云煖溫也說文正作煗從火耎聲經作煖音奴管反俗作暖

騰躍　下陽削反顏野王云躍謂跳距也杜注左傳距躍超也廣雅躍上進也說文從足翟聲也

秋𦋺　上七倫反經作𣯶俗字下淺仙反正體字經作遷俗字通用前譯為走索者是

綺麗　上欺倚反說文云綺有文繒也從糸奇聲下犁帝反也

瞻蔔　上之籃反下朋墨反案瞻蔔者香草名也

清羸　下力追反案清羸者如苦行仙人形也

蒭摩衣　上測俱反梵語正言蒭摩蒭音鄒唐云麻也

軒宇　上憲言反楚辭云高堂邃宇檻層軒王注云軒樓板也韋昭注漢書軒檻上板也說文從車干聲也

見薪　下信津反鄭注周礼云木日薪草日蒸又注礼記云大者謂之薪小者合束謂之柴說文從艸新聲也

膏主　上橐熱反鄭注礼記云腥豕膏也又禮羊腊也膏凝者日脂也說文從肉高聲下朱乳反亦通去聲考聲云主鐙心也集訓云鐙內市也說文鐙中火主也象形從丶聲丶

音誅縷反經從大作炷亦通用

遊憩 下丘利反毛詩傳日憩息也蒼頡篇止息也古今正字從息舌聲或作憩亦作愒也

伶傳 上力丁反下寧冥反考聲云伶傳單弱貟行經力也案伶傳聯綿孤獨貟並從人令粤皆聲經從足作跉跰与義不同也

舶上 上彭陌反廣雅云舶舟也埤蒼云海中大舡也古今正字從舟白聲也

沿泙 上悦全反下蘇袝反孔注尚書云順流而下日沿毛詩傳日逆流而上日泙泗說文泙水欲下違而上也二字並從水㕣屛皆聲屛音尺㕣音夷夾反

纍紲 上律追反下先列反義已釋大乘密嚴經第一卷中

第二卷

瑜祁 上庾須反下佶伊反梵語觀行入定相應者也經作祇誤也

劫比羅 梵語云矩吠羅舊云俱鞞羅天名也

因陁羅 梵語帝釋天名也

圍陁 梵語亦云吠馱

亟往 上兢力反亟急也人生天地之間於口手最急說文從二從人口手會意字也

鉛錫 上悅全反下星積反說文鉛青金也錫銀鉛之間也並從金㕣易皆聲㕣音充

蓊蔚 上屋董反下悍勿反司馬相如云二三十衆樹之蓊蔚也顧野王云亦草木盛皃也古今正字並從草翁尉聲經作蘙誤也非經義也

寤後 上吴故反毛詩傳日寤覺也說文云從寢省吾聲覺音交効反經從穴作寤非

風痰 下瞰甘反考聲云胷中水病也文字集略云胷上液也從疒炎聲疒音女戹反

能濡 下乳朱反毛詩日濡漬也又云潤澤也考聲云溼也說文從水需聲需音須也

有瞖 壹計反韻略云瞖目障也考聲云目中瞖也經作瞖瞖掩蔽云点義不同也

著親 上長略反經作著誤也

蝡動 上瞤尹反考聲云無足日蝡莊子云蝡喘之虫也淮南子云昆虫蝡動也說文亦動也從虫耎聲經作蠕訣也

夢巳 下飢喜反

生巳 下夷止反

絆往 上鉢亂反梵語

贍

部果上㳄敎反梵語 刺端銛上雌漬反經作刺俗字下息廉反漢書音義云銛利也蒼頡篇云鐵也說文云從金舌聲 火燎下力召反鄭注周礼云樹於門外日火燭於内日庭燎皆所以照衆為明也毛詩箋云火田為燎廣雅云燎乾也說文放火也從火尞聲尞音同上也 灰燼下夕刃反杜注左傳云火之餘木也毛詩傳云火餘日燼說文正作㶳火餘也一日薪也從火聿聲經作燼俗字也 暨山上其意反孔注尚書云暨与也杜注左傳至也說文頗見也從旦既聲經從水作洎洎注水器也非經義也 攲巵上綺爵反顧野王云攲傾低不正也孫卿子云魯桓公之廟有攲器虛則攲滿則覆也說文從危支聲亦作敧經文作崎是崎嶇字亦險皃与經義乖也 繪事上迴對反孔注論語云繪會五彩也鄭注云繪畫也古今正字從糸會聲也 姝麗上觸朱反毛詩

傳云姝美色也韓詩云姝姝然美也說文從女朱聲 慢瞼下居儼反考聲云瞼眼也文字集略云目外皮也從目僉聲也 鬒髮上真忍反杜注左傳云美髮為鬒也考聲云髮多皃也說文正作㐱云稠髮也詩云㐱髮如雲從彡人聲或從影作鬒經作縝結也非經義 設婆上攞勒反梵語 麋鹿上美悲反考聲似鹿而大者也說文鹿屬以冬至解角從鹿米聲 彪兕上碑休反考聲彪炳彩皃也說文虎文也從虎彡聲下土路反𠒋古文字 於蒜下酸亂反考聲云蒜似葫而小極殠也顧野王云今本草所謂蒜消穀理胃者為小蒜所謂葫者為大蒜說文葷菜也從艸祘聲殠音醜狩反葷音訓君反 循環上徇遵反孔注論語云循循次序皃也郭注介雅云循為巡行也廣雅云從也說文亦行從彳盾聲盾音順下患關反鄭注周礼云環旋也何注公羊傳云繞也說文從玉睘聲睘音還也

第三卷

磁石上字玆反呂氏春秋云磁石能召鐵是也古今正字從石慈聲

負擔　下擔濫反考聲云擔以木荷物也廣雅云舉也字書云亦負也古今正字從手詹聲也

鑽搖　上纂巒反說文鑽所以穿者也從金贊聲經作攢攢聚也非經義也下文准此也

漂物　上区馭反顧野王云漂流也說文浮也從水票聲票音標遙反

冕旒　上眉辯反上卷序中釋訖下柳舟反毛詩傳旒章也大戴礼云冕而前旒所以蔽明也說文作瑬冕之垂玉也從玉流聲經文作蔟荂旒之垂者是也

苔衣　上代来反顧野王云綠色生水底也說文水衣也從州台聲亦作菭

氣縈　下輿營反毛詩傳曰縈旋也桂苑珠藂云縈卷也說文收縈絲麻也從糸從熒省聲也

骨鎖　下蘇果反漢書云連鎖似環相鉤連也古今正字從金肖聲肖音同上或作瑣經作璅俗字也

酸鹹　上筭端反礼記云春其酸說文酢也從酉夋聲夋音七旬反下音咸尒雅云鹹苦也郭注云苦即大鹹也說文鹹銜也北方味也從鹵咸聲鹵音魯

黿龜　上阮袁反考聲云黿以鼈而大腹黃頭斑也說文大鼈也從黽元聲黽音猛經作黿俗字也

瑇瑁　上臺戴反下枚佩反考聲云玳瑁龜類也周書云正南以珠璣玳瑁爲獸也異物志如龜生南海中大者蘧蒢背上有鱗將作器則煑其鱗如柔皮任意所作也一名突牟古今正字二字並從玉毒冒亦聲古文作瑇或作玳

如瘖　下邑金反說文不能言也從疒音聲

佛說首楞嚴三昧經上卷　慧琳撰

闌楯　洛寒反廣雅云闌牢也說文門遮也從門柬聲經文從木作欄非也下脣閏反漢書音義楯亦闌也說文檻也從木盾聲盾音時尹反

癃殘　力中反蒼頡篇癃固疾也說文作癃罷病也從疒隆聲下在安反考聲云殘傷也賊也說文從歺戔聲也

跛蹇　波我反賈注國語云跛行不正也周易跛足蹇說文作[illegible]從尢皮聲尢音一黃反經文作跛音祕下居展反說文蹇亦跛也從足蹇省聲

瘖瘂 上邑金反下鵶雅反埤蒼云瘂亦瘖也

胮脹 璞江反埤蒼胮肛腸脹也說文從肉夅聲夅音峯也下張亮反杜注左傳云脹腸滿也古今正字腹痛也從肉長聲也

中卷

娛樂 過俱反說文娛亦樂也從女吳聲

阿閦佛 初六

反梵語唐云無動佛也

下卷

毀訾 玆此反鄭注礼記云訾以言毀人也說文從言此聲或作呰也

薪積 慈津反礼記收抶薪以供郊廟百祀之薪燎鄭注大者謂之薪小者合東謂之柴薪放爨柴以給燎也下紫賜反

憒吏 古對反說文憒心煩亂也從心貴聲正作憒閙下奴効反字書吏人多擾也說文從帀從人也俗作閙經文作吏誤也

鍛磨 上端亂反字林云鍛椎物也古今正字從金段聲下莫向反毛詩傳塺理石之名也說文作礲也從石靡省聲也

𠂤𨸏 上都迴反聲類云𠂤小塊也說文小𠂤也象形下浮九反蒼頡篇𠂤山庳而大也廣雅云丘無石日𨸏說文大陸山無石也象形經文作阜鼻俗字也

佛說觀普賢菩薩行法經一卷 慧琳撰

柱地 上誅縷反考聲云柱拒也拓也古今正字云從木主聲假借字經文作跓非也

甄淑迦 結仙反梵語蓢云赤色寶也

鬪構 得候反蒼頡篇鬪爭也杜注左傳云遇也說文云兩相遇即鬪從門從斵經文從門從斗作鬪誤也下古候反韓詩構亂也考聲云結架也說文從木冓聲冓音鉤經文作蓋義別也斵音丁角反鬥音丁候反也

黐膠 上恥知反考聲云黐膠擣雜木皮莢之為膠可以捕鳥也博雅云黐黏也說文從黍离聲經文作黐誤也下絞肴反鄭注考工

記取諸獸皮煑之可以爲膠以結物也說文從肉翏聲翏音力幼反

鞨磨 紀列反梵語譯云辯事也

諸法無行經上卷

慧琳撰

憒𠆴 上迴罪反下奴効反前音楞嚴三昧經下卷釋訖也

重擔 下膽濫反前密嚴經下卷已釋訖也

楗椎 上件焉反下直追反梵語西國所擊物集衆之法也

誹謗 上非味反考聲云誹謗毁也說文誹亦謗也從言非聲也下博浪反考聲云謗以言毁人也杜注左傳云謗毁也詛也賈注國語云謗亦毁誹也又六對人道其惡也說文從言旁聲也

熾然 上齒志反毛詩傳云熾盛也顧野王云猛火也說文從火戠聲戠音織也

選擇 上宣兗反經作撰誤也

度壍 下鐵豔反周書云無渠壍而守無衝櫓而攻是也考聲云壍長坑也說文亦坑也從土斬聲也或作槧也

空捲 下渠員反何注公羊傳云捲掌握也廣雅云掌治也國語云捲收也舒也說文從手卷聲或作拳也

芭蕉 上伯麻反下勦遙反王注楚辭云芭蕉香草名也字指云生交趾葉如席煑可紡績爲布計可傴麻古今正字二字並從艸從巴從焦聲也

下卷

謓恚 上叱真反蒼頡篇云謓怒也說文云亦恚也從言真聲經從目作瞋瞋張目也通也下於季反蒼頡篇云恚怒也說文恨也從心圭聲也

虛誑 下居況反賈注國語云誑猶惑也杜注左傳云欺也郭注介雅云欺誑也說文從言狂聲也

麁行 上醋胡反省略字也傳用已久說文正體作麤亦作麤字書云麁物不精也廣雅云麁大也鄭注礼記云疏也古今正字從三鹿也

輕㦬 下眠結反鄭箋毛詩云㦬猶輕也賈注國語曰末也滅也郭注方言云小負也說文云輕易也從心蔑聲經作蔑蔑日無精光非此義也

闇鈍 下屯頓反蒼頡篇云鈍頑

也說文不利也從金乇聲也

偏袒 上疋綿反考聲云偏不正也孔注尚書云偏不平也杜注左傳云佐也鄭注礼記云不備也說文云從人扁聲下壇嬾反考聲云去衣上衣也鄭注儀礼云袒左免衣也左傳云鄭伯肉袒牽羊也說文從衣旦聲也

佛說諸法本無經上卷　慧琳撰

爲戲 下羲義反考聲云戲弄也史記云天子無戲言也論語云前言戲之

一切經音義卷第三十一　第三十七張　昆

耳毛詩傳云戲遐豫也介雅云謔浪笑戲謔也說文從戈虘也

減省 上夾斩反詩云減少也杜注左傳云輕也損也說文亦損也從水咸聲也

羼帝 上察莧反梵語

嬾墮 上蘭但反考聲云嬾不勤動也說文嬾怠也從女賴聲或作懶

拏敀 上搦加反梵語也

中卷

名爲度者鞞陁迦 上卑迷反梵語

名爲蹋破 上談臘反

除却塹 下鐵艷也

拔箭鏃 下宗鹿反巳上從名為度者巳下至滿足惶三十一箇名並是諸法義說異名不求字義故不訓

門橛 下拳月反考聲云橛短木也廣雅橛杙也郭注介雅云門梱也或作橜文字典說文從木厥聲也

捲相 上倦員反前諸法無行經上卷已具釋訖

無膩 下尼致反考聲云膩脂指也王注楚辭云膩滑也說文云上肥也從肉貳聲

一切經音義卷第三十一　第二十八張　昆

下卷

無字可音訓

佛說無極寶三昧經一卷　慧琳撰

蜎飛 上一緣反韻英云蜎蜎蟲皃也毛詩傳云蜎蜎蜀蟲皃也文字典說從虫肙聲肙音抉搣反

蠉動 上閏尹反前密嚴經中卷釋訖經作蠕誤也

佛說慧印三昧經一卷　慧琳撰

綩綖 上宛阮反下衍仙反杜注左傳綩綖冠覆也鄭注礼記云亦冕上覆也言前後而垂也古今正字二字並從糸宛延皆聲也

邵𥟖文陁 上筆旻反下農督反羅漢名也

如犀 下洗賁反山海經云禱過之山多犀兕也郭注尒雅云犀形似水牛猪頭大腹卑脚脚三蹄黑色二角一在頂上一在鼻上在鼻上則食角小而不墮好食棘也說文南徼外一角鼻上似豕從牛尾省聲也

諛諂 上俞須反又去聲今不從莊子云不擇是非而言諛也蒼頡篇云諛諂從也孔注尚書云諛諂也說文從言臾聲也下丑斂反周易云君子上交不諂下交不瀆何注公羊傳云諂猶佞也鄭注礼記諂謂傾身以有下也莊子云希意道言謂之諂說文云諂諛也從言臽聲或作讇𧭋音獨

無底 下丁礼反杜注左傳底止也滯也淮南子云上窮之末下測至深底是也說文從广氐聲广音魚𢒼反氐音丁奚反經作底語也

佛說如來智印經一卷　慧琳撰

乞匃 下葛艾反蒼頡篇云匃行請也求也說文乞也亡人為匃也經文作丐非也

銅鈸 下盤鉢反考聲云鈸樂器名形如小疊子有鼻口相擊以和樂也古今正字從金犮聲業樂經從金作鈸俗字也

拘𦑣 下絁寘反說文云𦑣鳥翼也從羽犮聲或作𦑣亦作㧞經作翅俗字也

蚑笑 上齒之反說文蚑蚑戲笑皃也從欠虫聲虫即古之字也或作嗤經文作蚩誤也

寶如來三昧經兩卷上卷　玄應撰

銚鐄 以招反宜作焜煌焜胡本反下胡光反方言焜㷇也蒼頡篇煌光也言焜焜㷇也煌煌光明也經文作銚溫氣器名也鐄非此義也

下卷

枝棭 以石反言相似也經文從手作㧓棭非也

大灌頂經第一卷　玄應先撰慧琳添修

鉀提　上普迷反梵語西國山名或作鈚又作錍　道軻　下珂我反梵語也　嘻⿰言余　上喜其反或作譆下梨帝反梵語也　坭鉀　上泥礼反梵語經作坭誤也　喉棱　下勒登反梵語　掬林　上居六反梵語或作諂絲誤也　鞬咃　上健言反咃音陁梵語也　郁

企　下詰志反梵語也經作佡佡音仙恐非此義也　迦偷　下託樓反梵語也　醫棃　上繄計反梵語也　賁跢　上本門反或作奔梵語下多可反從足從多經從火錯也　犀提　梵語舊音云此應稗字經別有本又作鎶也　靼吒羅　上音旦梵語也　波⿰土勞　下音多梵語也右已上並是梵語神王名文含多意所以不翻存梵文也　噴廲　上普悶反廣雅云噴吐也吹潠吐物為噴也顧野王云口含物而噴散之也說文吹氣也從口賁聲或作歕也經從水作濆音扶云反濆水名非此義也　頞吱　下居梨反梵語經作支字非正字也　劬離　上具俱反梵語也　漱⿰氵扁　上搜皺反梵語經作瀨書寫誤也　毒蠆　下丑芥反說文蠆螫蟲也或作蠤蔡⿰芻犬蠍蠆之類行毒也象形從萬省聲蠍音坦怛反蠆音蘭怛反經作蠤俗字也　五官　所謂生老病死見在縣官枸亦名五天使者也　翩翩

疋綿反毛詩傳云翩翩不息也又云翩翩往來皃也顧野王云翩翩便旋輕捷之皃說文飛皃也從羽扁聲經作偏非此義

第二卷

貿⿰木蟲　上矛候反下犁底反梵語也　倪提　上霓傒反下弟泥反梵語傒音奚礼反也　臏迦　上頻泯反梵語泯音密牝反　臀頭　上突論反梵語也

第三卷

抳哆上雉尼反梵語唐言善寂也 菝闍上頻蜜蒲蔑二反梵語唐言善述也 戾栘下齧音羝帰反經作栘音提戾反梵語唐言善備也 拍長者上烹百反博雅云拍擊也說文云拍拊也從手白聲拊音孚甫反經別有本作硂非也 灌口上官换反顧野王云灌猶沃也鄭注礼記云灌飲也古今正字從水雚聲經別有本作沃 口噤下琴瘖反王注楚辭云閉口為禁也說文云口急也從口禁聲或作唫也 襌衣上旦蘭反鄭注礼記云襌有衣裳而無裏也廣雅云襌薄也說文衣不重也從衣單聲也 白袷下緘洽反廣雅云袷重也說文云衣無褧也從衣合聲經作帢音口洽反帢帽也非此義也

第四卷

窣禔下底泥反梵語也 樓睟下莫尤反梵語也 櫨横上音盧下音古黄反梵語 唾汁下舊音云津逸反通俗文云唾而吐之曰汁經別有本作戣音子旦反今未詳此字也 架杪上賈牙反梵語也 譚耆上投南反梵語 謼難上呼故反梵語 較坻上江學反下雉尼反梵語 謑羅上兮礼反梵語也

嘔弥上烏侯反梵語 豭玃上賈牙反廣雅云豭猪也說文牡豕也從豕叚聲也經從犬作猳亦通也下俱籰反考聲云玃似猴而手足長也郭注尒雅云似獼猴而大蒼黑色能攫持人好顧眄也說文云大母猴也從犬矍聲經別有本作蝦蟆非 荐臻上前薦反毛詩云荐重也再也杜注左傳云仍也數也蓁也古今正字從艸存聲下櫛詵反尒雅云臻至也毛詩云乃也說文從至秦聲者也

第五卷

優沙　下所加反梵語
擊倶　苦閑反梵語也
厭笮　上黶甲反廣雅云厭亦笮也或作壓說文從厂猒聲下側格反顧野王云笮亦厭也說文從竹乍聲經從艸作筰誤
茤陁　上奇哥反梵語也
葷叉　上居王反梵語經別有本亦作奄叉

第六卷

振旦　上真刃反梵語國名也
鞞鞞　備迷反梵語
郵婆　上有求反梵語

第七卷

牛桊　下居院反埤蒼云桊牛拘也說文云牛鼻環也從木從𠔉亦聲也經作卷誤也
㤿㦇　上烏甲反梵語也
蔚多　上慍物反

梵語
陁穰　下孃章反梵語

第八卷

檐邊　上談鑯反劉兆注穀梁傳云檐屋梠也說文檐攙也從木詹聲也
汪池　上烏皇反通俗文云停水曰汪杜注左傳云汪亦池也楚辭云大水廣無極也廣雅云汪汪大也說文深廣也從水王聲

第九卷

麋麈　上美悲反前華嚴經中卷已釋訖下朱乳反郭注山海經麈似鹿而大也聲類云尾可以為帚也說文鹿屬也大而一角也從鹿主聲
沙梁翟　下庭歷反梵語
多祺　下毋盃反梵語
愚惷　下丑絳反鄭注周礼云惷惷生而癡騃童民者也說文惷亦愚也從心舂聲者也
齚楊　上士窄反說文云齚齧也從齒乍聲經作咋咋聲非此義也

第十卷

世享　下香仰反毛詩云享獻也劉兆注公羊傳云食也杜注左傳受也賈注國語云礼也顧野王曰鬼神臨享登祀也說文作亯從高省聲

烔烔　徒東反韓詩云烔烔然熱皃也古今正字從火同聲經亦有本作燑熥非此義亦有本作煌煒也

老叜　下溲厚反方言云叜老也廣雅云父叜東齊魯衛之間凡尊老謂之叜也說文從又灾聲字又作傁俗或作叟也經文作瘦非此義

諠譁　上虛元反下呼爪反聲類云諠譁並聲也考聲云語諠多也古今正字二字並從言宣華聲經作暄誤也

蓱薄　上薄冥反鄭注周礼云蓱草無根而浮取名於下溺也說文從艸洴聲經作洴誤也

歡娛　下遇俱反前首楞嚴三昧經中卷釋詁也

姻媾　上一寅反白虎通云婦人因夫而成故曰姻也杜注左傳云姻親也說文從女因聲下古候反賈注國語云重婚曰媾也毛詩傳云媾厚也說文從女冓聲冓

音古賀反

怨恨　上於願反顧野王云怨亦恨望也蒼頡篇云恨咎也文字集略云深恨也說文云恚也從心夗聲經文有本亦云惋恨音宛換反惋恨驚異也非此義

轗軻　上堪感反下珂我反楚辭云轗軻不遇也轗軻言留滯也顧野王云轗軻不遇也古今正字接軸也二字並從車感可聲也

禍祟　下雖翠反左傳云卜河爲祟也說文云神禍也謂鬼神作咎禍也從示出聲

第十一卷

懇惻　上口恨反通俗文云至誠曰懇鄭注考工記云懇悃也文字典說從心銀聲經作懇誤也下楚力反孟子云無惻隱之心非人也廣雅云惻悲也說文惻痛之至也從心則聲也

如餉　下傷讓反廣雅云餉遺也考聲云餉饋也說文從食向聲遺音惟季反

懊惱　上烏誥反下猱老反考聲云懊惱痛恨也古今正字二字並從心奥甾聲也猱音惱刀反

第十二卷

維耶 上聿雖反下野嗟反梵語舊音云正言毗舍離或言毗耶離或名毗舍離皆訛也正言鞞奢釐夜城在東印度境殑伽河北也或言中印度境

懵憒 上墨崩反毛詩云懵乱皃也周礼云無光也又悶也賈注國語云懵也廣雅云闇也說文云不明也從心瞢聲亦作瞢又作懜也經作懵誤也下迴罪反首楞嚴三昧經中卷已具釋訖

厭禱 上於琰反杜注左傳云厭以猒衆心也蒼頡篇云伏合人心曰厭說

一切經音義卷第三十一　第四十九張　吳

文從厂猒聲下刀老反前密嚴經中卷已釋訖也

蜚尸 上匪微反古作飛舊音云飛謂飛揚也左氏傳云有蜚不為灾也古今正字從虫非聲

邪忤 下五故反聲類云忤逆也考聲云犯也古今正字從心午聲或作仵

螏蟍 上秦悉反下力知反郭注尒雅云螏蟍蝍蛆似蝗大腹長角能食蛇腦也文字典說從虫疾梨聲經作蒺蔾草名非此義也

萎黄 上委為反顧野王云萎蔫也文字典說云萎枯槁也從艸委聲經作痿痿痺濕病也亦通也

尫羸 上蠖光反蒼頡篇云尫短小傴也又云病也說文跛曲脛也從尢王聲也

妖孽 上於嬌反下彥列反考聲云妖孽鬼怪也孔注尚書云孽災也說文衣服歌語草木之怪謂之妖禽獸蟲蝗之怪謂之孽也或作祅孽妖從女夭聲孽從虫辥聲辥俗作薛也

一切經音義卷第三十一　第五十張

一切經音義卷第三十二　昆

翻經沙門慧琳撰

藥師如来本願經一卷　無
藥師瑠璃功德經一卷　慧琳
藥師七佛經二卷　慧琳
阿闍世王經二卷　玄應
普超三昧經三卷　玄應
放鉢經一卷　玄應
月燈三昧經十一卷　玄應

大淨法門經一卷　慧琳
大莊嚴法門經二卷　玄應
月燈三昧經一卷　無
菩薩修行經一卷　慧琳
無所希望經一卷　慧琳
象腋經一卷　玄應

如来莊嚴境界經二卷　慧琳
度一切佛智嚴經一卷　慧琳
新譯文殊讚佛法身四十礼一卷　慧琳
觀藥王藥上經一卷　慧琳
觀無量壽佛經一卷　玄應
阿弥陀經一卷　慧琳

後出阿弥陁偈一卷　慧琳

稱讚淨土經一卷　慧琳

拔陂菩薩經一卷　玄應

諸佛要集經三卷　玄應

未曾有因緣經二卷　玄應

須賴經一卷　玄應

寶網經一卷　玄應

弥勒成佛經一卷　玄應

觀弥勒上生經一卷　慧琳

弥勒來時經一卷　玄應

弥勒下生經一卷　慧琳

弥勒下生成佛經一卷　慧琳

諸法勇王經一卷　慧琳

一切法高王經一卷

第一義法勝經一卷

大威燈光仙人問疑經一卷

順權方便經二卷

樂瓔珞莊嚴經一卷

右三十七經五十七卷同此卷音

佛說藥師如來本願經　三藏笈多譯所有難字並在後卷音釋

藥師瑠璃光如來本願功德經　慧琳音

曼殊室利 上末盤反梵語唐云妙吉祥 偏袒 上匹綿反下壇爛反前諸法無行經下卷已釋訖 銷除 小焦反礼記云銷猶散也楚辭云銷鑠而咸毀也說文鑠金也從金肖聲也或作焇 瑕薉 上瑕加反礼記云瑕玉之病也廣雅裂也薉也說文玉之小赤色者也從玉段聲下音穢顧野王云薉謂不清潔也王注楚辭云惡也廣雅蕪也說文從艸歲聲也經作穢亦通也

鈌戒 上大悅反或作鈌前密嚴經序已訓釋訖 醜陋 上充帚反毛詩傳云惡也又衆也鄭注礼記云類也說文從鬼酉聲也下樓豆反考聲云陋賤也又醜也鄙也惡也顧野王云陋猥也介雅隱也說文從𨸏㔷聲也 頑愚 上五關反考聲云頑愚也廣雅云鈍也說文從頁元聲 攣躄 上劣傳反聲類云癵病也又顧野王云謂病身躰拘曲也考聲云手足病也亦作癵古今正字從疒䜌聲經作攣亦通下并癖反考聲云躄足枯不行也說文不能行也從止辟聲經從足亦通也 背僂 上杯妹反說文背脊也從肉從北下力主反考聲云傴僂俯身曲也杜注左傳云僂上傴也廣雅云曲也何注公羊傳云疾也說文尪也從人婁聲也 白 癩 下來帶反文字集略云癩病也說文作癘惡疾也文字典說從疒賴聲也 癲狂 上典年反考聲云瘨病也廣雅狂也聲類風病也說文從疒真聲經作癲俗字也 黠慧 上閑軋反考聲云黠利也方言云亦慧也說文從黑吉聲 完具 上活官反左傳云完守備也說文云全也從宀元聲宀音綿也 羂罔 上決兗反考聲云罥以繩捕取物也文字典說网肙聲經作羂亦同下亡昉反鄭注礼記云鳥罟曰罔顧野王云罔者羅罟之惣名也易曰古者伏羲氏結繩為罔以教人以畋以漁也文字典說從冂下象网交文也 稠林 上逐流反蒼頡篇稠衆也說文稠多也從禾周聲也 鞭撻 上鼈綿反考聲云鞭擊也尚書鞭作官刑范甯云在官不恭其事之刑也顧野王云用草以朴罪人也從革便聲下坦

恒反考聲云撻亦鞭也孔注尚書云撻笞撻也說文從手達聲

蚊蝱 上勿分反字統云蚊齧人飛蟲以昏時而出說文亦齧人飛蟲也亦作蟁從䖵民聲經作蚊俗字也下孟彭反聲類云蝱似蠅而六也說文亦齧人飛蟲大者從䖵止聲䖵音昆也

所翫 下吾貫反杜注左傳云翫習也集訓云習、於事而慢之曰翫說文猒也又玩弄也從習元聲

軒牕 上憲言反考聲云軒簷前

一切經音義卷第三十三　第七張　昆

也楚辞云高堂邃宇檻層軒軒猶樓板也說文從車干聲也下齪雙反齪音總捉反說文云在牆曰牖在屋曰牕古今正字從片恖聲

覆蔽 上芳務反賈注國語云覆蓋也蔭也說文覂也從襾復聲覂音封奉反

嫉妬 上秦悉反俗字也下都故反正從戶作妒王注楚辞云害賢曰嫉害色曰妒說文皆從女並形聲字也

劇甚 上竟逆反顧野王劇甚也謂更甚於前也蒼頡篇云病篤也又云增甚也古今正字從刀豦聲也

旡明㲉 下腔角反考聲云㲉卵空皮也字書云卵已孚㲉也桂苑珠叢云孚㲉鳥卵之外皮也文字典說從卵殸聲也

邏剎娑 上羅賀反梵語食人惡鬼都名也經作還書寫錯也

呪詛 上州狩反俗字也正從言作詶說文詶亦詛也從言州聲也下阻助反鄭注周禮云盟詛於要誓大事曰盟小事曰詛尚書云詛祝罵也說文從言且聲經從口作咀俗用字也傳用已久故存之

蠱道 音古左傳云皿蟲為蠱晦淫之所生也說文亦腹中蟲也從蟲皿皿亦聲也

一切經音義卷第三十三　第八張　昆

懸險 上穴消反下希檢反顧野王云險難也又阻也賈注國語云危也方言高也廣雅云邪也說文從阜僉聲經作嶮非也

熊羆 上雄窮反下彼皮反前密嚴經下卷已釋也

蚰蜒 上酉州反下演仙反考聲云蚰蜒蟲名也方言云自關而東謂之螾蜒關西謂之蚰蜒北燕謂之䖡蜒文字典說二字並從虫由延皆聲也

羸瘦 上累危反杜注左傳羸弱也賈注國語病也淮南子云劣也字書云疲也說文亦瘦也從羊羸聲羸音力

卧反

乾燥　下索早反周易云水流溼火就燥是也又說文云亦乾也從火喿聲也喿音操躁反

磔手　上張革反廣雅云磔張也開也說文從桀石聲桀音乾列反經從手作搩錯用字也

薄蝕　下繩軄反考聲云侵也日月蝕亦漸侵也春秋云日有蝕之也說文從虫從飤飤音寺也

醫藥　上於其反廣雅醫巫也呂氏春秋云巫彭作醫也周禮云醫師掌醫之政令又云醫人掌養萬人之疾病也考聲云療病人也意也夫療病必以酒故字從酉也說文云治病工也從酉殹聲殹音烏計反

妖蠥　上於驕反下彥列反前大灌頂經第十二卷已訓釋

畋獵　上音田周礼云畋亦獵也說文平田也從攴田聲字或作⿰犭田攴音普卜反下廉輒反考聲云獵犬逐獸也今謂畋獸為獵也鄭箋毛詩云宵田曰獵又注儀礼射矢中之為射從旁為獵也方言云陵獵暴虐也說文從犬巤聲巤音同上也

嬉戲　上喜其反蒼頡篇亦戲笑也考聲云遊戲也說文樂也從女喜聲也下羲義反毛詩傳云戲逸豫也介雅云謔浪笑敖是也史記云天子無戲言也說文從戈䖒聲也䖒音希正體字也經從虛作戲俗字也

山崖　下五皆反考聲云崖山間邊險岸也說苑高山有崖也說文高邊也從屵從佳省聲屵音五割反也

藥師瑠璃光七佛本願功德經上卷　義淨三藏譯慧琳音

弶伽河沙　上強箏反梵語西國河名也

踰繕那　上庾珠反梵語經文作蹐誤也

賣賈　上賞章反鄭注周礼云行日賣處曰賈鄭又注考工記云賣販買之客也考聲云賣行販者也說文云行賈也從貝商省聲下姑户反鄭注周礼云通物日賈居賣日賈左傳云賈買也介雅云市也說文云坐賣售也從貝西聲經作估非也

布娠　下真刃反毛詩傳云娠動也箋云動者懷孕也考聲云妊⿰亻身也動也謂胎動方欲產耳說文云女任身動也從女辰聲字或作⿰女身也經作⿰女身俗通用也

讎隙　上受周反毛詩云讎憎惡我也韻野

王云怨𢡱也又云讎亦仇尚書云撫我則后虐我則讎礼記云父毋之讎不与共載天兄弟之讎不反兵交遊之讎不同國說文從言讎聲讎音上同也下䣛逆反顧野王云隙所以怨𢡱也賈注國語云隙璺也說文從自㡀聲㡀音同上也

嬈亂 上溺鳥反說文嬈煩也苛也一曰擾戲弄也從女堯聲字或作嬲苛音何

芬馥 上忿雲反毛詩箋云芬芬然香也郭注方言云和調也說文從艸分聲也下馮福反毛詩傳云馥

香皃也說文從香复聲复音同上也

飛甍 下麦耕反杜注左傳云甍屋棟也說文從瓦從夢省聲也

户牖 由酒反說文牖穿壁以木為交窻也從片從户甫聲也

繽紛 上疋賓反下忿文反廣雅云繽紛衆也亂也韓詩云往来皃也王注楚辞云盛皃也文字典說從糸賓分聲也

藥師琉璃光七佛本願功德經下卷

駝驢 上鐸河反前密嚴經下卷釋訖也

嚼齒 上匠爵反顧野王云嚼即噍也字書云咀也說文云以為噍字也從口爵聲噍音樵笑反咀才与反

頞你羅 上安葛反梵語云十二藥叉大將名也

纔入 上在来反考聲纔暫也東觀漢記云能也從糸毚聲毚音仕咸反

阿闍世王經上卷　玄應

阿俞 翼珠反

鳩遬 蘇穀反皆比丘名也

唵嗒

烏感反下他荅反

毗伍 疋覕反二昧名也依字仳別也仳倠許維醜面也

阿闍世王經下卷

之埰 徒果反謂土揭也纂文云吴人以積土為埰也古今正字云堂熟也從土朶聲朶音丁果反

犇走 古文驫今作奔同補門反疾走也釋名奔變也有急變奔赴也

金鈚 又作錍鎞二形同普啼反闊又名也

普超三昧經上卷　玄應音

旡折 魚斤巨機二反菩薩名也經文從水作沂音魚衣也

歆慕 許金反詩云無然歆羨傳曰歆羨貪羨也國語民歆而得之賈逵曰歆貪也

喟而 又作嘳同口恠口愧二反說文喟大息也歎聲

鏗然 又作搷轅二形同口耕反廣雅轅轅堅正也

大魃 蒲末反

儵忽 又作倏儵二形同書育反急疾之皃也

普超三昧經中卷

怵惕 勑律反下又作悐同他狄反怵惕悚懼也

不歆 下許金反字林神食氣也祭祀鬼神也

皆享 虛掌反享受也亦當

震懾 聲類作𢜶同止葉反廣雅云懾懼也

滋滅 莫蔑反滋滋遠皃也經文有作晄呼晃反

精覈 又作覈今作核同胡革反說文考實事也亦審覈之

三篋 苦協反謂聲聞緣覺菩薩為三也

末孚 疋于反字林孚信也亦生

堂堂 漢書項岱曰堂堂高大皃也

旡棼 扶雲反龍王名也依字棼屋棟也

普超三昧經下卷

四植 直吏反柱也三蒼戶旁柱曰植植亦懸薄柱也

放鉢經一卷 玄應音

若頭 上而者穰灼二反梵語佛剎名也或作惹經作偌俗字也

月燈三昧經第一卷 玄應音

旡爽 所兩反介雅云爽差也謂不同也不齊也

糅以 古文粈䊨二形同女救反說文雜飯曰糅也

月燈三昧經第二卷

如牓 北蒱反牌牓也謂標牓其善惡示人也經文從木作榜補盲反弓弩

輔也榜非此用
髀蒲皆反

月燈三昧經第三卷

剜身　烏桓反埤蒼劚削也謂抉取肉也　鼛鼓　公勞反鼛大鼓也考工記鼛鼓長六尺有四寸注云以鼛鼓役事下又作鞼同扶雲反尒雅云大鼓謂之鼖郭璞曰長八尺也　雷霆　定亭挺三音尒雅云疾雷謂之霆霓蒼頡篇礔礰也説文雷餘聲所以挺出万物也霆亦電也説文鉦鐃也似鈴柄中上下通也　諸鼙　蒲鷄反小鼓也亦騎鼓也　簫筑　知六反形如箏刻其頭而握之以頭筑人故謂之筑也　儒德　而俱反説文儒柔也術士之稱也

月燈三昧經第四卷　第五卷　第六卷

已上三卷
先不音

月燈三昧經第七卷

入匣　今作狎同胡甲反説文匣匱也謂臧刀劒者也　棲泊　蒲各反泊止也今謂舟止爲棲泊也　皦切　公的反激發也動也説文水疾急曰激也　狡猾　古卯反下胡刮反方言凡小見多詐謂之狡猾也

月燈三昧經第八卷

臺榭　辭夜反尒雅有木謂之榭郭璞曰臺上起屋也　廊廡　籀文作廡同音武容舍也説文堂下周屋也釋名云大屋曰廡幽冀之人謂之序五下反　簷波　之鹽反或作占波或作占婆即瞻蔔花也譯云金色花大論云黃花樹也

月燈三昧經第九卷

瘳愈　勑流反瘳差也尚書翌日乃瘳是也　竚立　或作佇同除呂反尒雅云佇久也謂久立　動瞼　居儼反字略云眼外皮也　臻華

秦醉反方言東齊海岱之間謂萃為聚萃集文媅樂也嗜也今皆作耽也

媅著　古文妉同都含反說

月燈三昧經第十卷

俟用　古文竢糇𢀡三形同事几反尒雅俟待也

龍腦　桑西域記云羯布羅香樹松身異葉花果亦別初採既濕尚未有香木乾之後修理而折其中有香狀如雲母色如氷雪此謂龍腦香也

如礪　力制反磨石也砥細於礪也

月燈三昧經第十一卷　玄應先不音

佛說大淨法門品一卷　慧琳音

溥首　上音普梵語經以晉音翻文殊師利為溥首童真今唐言翻為妙吉祥

肌色　上几尼反考聲云肌者皮內肉也說文亦肉也從肉几聲也

憺怕　上談濫反顧野王云憺謂恬靜也從王注楚辭云安也說文亦安也從心詹聲經從水作澹非也下普伯反廣雅云怕靜也考聲云心安靜也說文無為也從心白聲經從水作泊非也

筋脉　上謹欣反禮記云老者不以筋力為禮是也說文筋謂肉之力也從肉竹竹物之多筋者也從力力象筋也下萠蘗反正作𧖴亦作脉說文云血理之分邪行於體中者也從𠂢血聲𠂢音拍賣反經從肉作脉俗傳用已久故存焉也

壂踦　下谿宜反考聲云踦細波也毛詩云重波也古今正字從水猗聲經作猗猗狤犬非此義狤音芥字也

明喆　下展列反孔注尚書云喆了也尒雅云者也通作哲亦作詰悊古作嚞古今正字從並吉

之鎧　下苦改反文字集略云以金革蔽身曰鎧廣雅云函甲分鎧是也說文甲也從金豈聲也

癡疵　下字移反孔注尚書云疵病也劉瓛注周易云疵瑕也敗者也說文從疒此聲也

虵虺　下暉偉反郭注山海經云虺色如綬文鼻上有針大者百餘斤一名反鼻說文云一名蝮博三寸首大如擘指象其卧形物之微細或行或死或

毛或蠃或介或鱗以虫為象古作虫蠃音力果反

著裓 組勒反考聲云裓衣襟也又作䙝音兢憶反字書或云衣袖也說文衣領非也從衣戒聲也

疥去 上耿懈反考聲云疥病也病有挻也毛詩云心之憂矣疢如疾首也說文云疢熱病也從疒從火經作疢通用

勃勃 盆伇反廣雅云勃勃盛也蒼頡篇云勃出也說文云勃排也從力孛聲經從水作渤地名與義不同

眩受 上玄罥反賈注國語云眩惑也顧野王云眩亦示幻瞀也說文從目玄聲

貪羨 下祥前反考聲云羨愛也慕也鄭注周禮云羨猶饒也韓詩云願也說文云羨貪欲也從羑次羑從羊久也次音羨延反羑音誘經從次作羨非此義也

大莊嚴法門經上卷 玄應音

晡沙 布胡反經中或作逋沙又作補沙又亦作富樓沙皆訛也正言富盧沙云士夫亦言丈夫也

剛橛 渠月反尒雅檿謂之杙杙橛也橛音徒得反

鶬鴰 又作鶬同麁唐反尒雅鶬麋鴰郭璞曰即鶬鴰也

唯嗟 又作唼同所甲反埤蒼聲類皆作唼鴨食也

大莊嚴法門經下卷

胆虫蛆 字林千餘反通俗文肉中虫謂之胆經文從虫作蛆子餘反蝍蛆吴公也又作疽癰也下今或作虫同除中反尒雅有足謂之蟲也

不鑒 字書作鑑同古鑬反廣雅鑒炤也鑑謂之鏡所以察形之也

月燈三昧經一卷 無字可音

菩薩修行經一卷 慧琳音

叡達 上悅歲反孔注尚書云叡必通於微也賈注國語云叡明也廣雅云叡智也說文叡深明也從𣦼從目谷省𣦼音殘

色脃 下七歲反廣雅云弱脆也顧野王云脃猶耎也說文脃少肉耎易斷也從因從絕省聲經從危作脆俗字也

臧燥 下騷早反周易云火就燥也說文燥乾也從火喿聲喿音先到反

飾僞 上升職反考聲云飾裝也文字典說脩飾也從巾飤聲飤音寺也下危謂反鄭注礼記云僞假也廣雅云僞難欺也說文云僞詐也從人爲聲

巢窟 上仕爻反鄭箋毛詩云鵲之作巢冬至架之至春乃成也鄭注考工記云巢猶高也說文云鳥在木曰巢在穴曰窠從木象形字也下困骨反杜注左傳窟地室也礼記云冬則居營窟是也聲類云窟兒所伏也說文從穴屈聲

肴膳 上効交反賈注國語云肴俎豆也毛詩傳云肴豆實也鄭箋云豆菹實謂菹醢也凡非穀而食之者曰肴也下禪戰反鄭注周礼云膳之言善也今從肉從善此時美物曰珍膳又注儀礼云膳猶進也說文具食也並從肉爻善皆聲經文從殳作殽從食作善皆非也

麁獷 上醋蘇反前諸法無行經下卷已釋訖下獷猛反考聲云獷謂犬悍戾也說文犬獷也獷不可附也從犬

懿整 征領反鄭注礼記云整正也說文整齊也從敕從正敕音勑經從來從力作整俗字非也

鎖械 上蘇果反考聲云鎖鋂也文字集略云連鐵環以拘身也古今正字從金貨貨亦聲或從王作瑣也經從巢作鏁非也下骸戒反文字集略云械穿木加足也文字典說械桎梏也從木戒聲也

騃癡 上崖駭反蒼頡篇云騃無知也顔野王云癡亦騃也漢書云內騃不曉政是也說文從馬矣聲下恥持反埤蒼云癡亦騃也說文癡不慧也從疒疑聲考聲或從心作㽬也

煒曄 上韋鬼反考聲云煒光色盛皃也說文煒盛赤色也從火韋聲下炎輒反文字集略云曄光盛皃也說文曄亦光也從日䈎聲經從華作曄非也

翾飛 上血緣反韻英云小飛也周書翾飛蝡動也說文小飛也從羽睘聲

蝡動 上閏尹反前密嚴經中卷已釋訖

無所希望經一卷

慧琳音

愚戇 下卓巷反考聲云忳戇精神不爽皃也說文亦愚也從心贛貢音聲經

作悆寫誤也𦐊音尨卷反也從㚇省從酉分聲經作疊誤也

殃釁　下昕覲反杜注左傳云釁罪也說文

嵉如幻　上荒晃反正作怳梵語也

蚑蠭　上音奇說文行也文字典說云蟲行也從虫支聲也下捀封反說文蠭螫人行毒蟲也從䖵逢省聲正字經作蜂俗字也

象腋經一卷　慧琳音

得旋　隨緣反杜注左傳云周旋相追逐也王注楚辭云旋轉也說文從㫃疋聲㫃音偃經從手作揔誤也

稗莠　上牌賣反杜注左傳云稗草之似穀者也如淳注七略云細米為稗說文禾別也從禾卑聲下由酒反考聲云莠草名似禾也毛詩傳云莠似苗也顧野王云草之似苗者也尚書云若苗之有莠若粟之有秕是也說文禾粟下揚生曰莠也從艸秀聲也

瞢伽　上墨崩反梵語經作夢誤也

摩仇　渠尤反梵語經從口作叴非也

如來莊嚴智慧佛境界上卷　慧琳音

涌出　上容聳反劉兆注公羊傳云涌騰也說文云從水甬聲甬音同上也

可齅　下朽又反考聲云禽委臭而知其迹者犬也論語云子路拱之三齅而作是也說文以鼻就臭也從鼻臭聲也

滋茂　上子慈反考聲云滋潤也多也孔注尚書云滋益也長也蒼頡篇云液也文字典說從水茲聲

堆阜　上對雷反考聲云土之高阜也又聚也王注楚辭云𡌴堆高也郭注上林賦云堆沙堆也或作塠古今正字從土隹聲下浮有反尒雅云大陸曰阜蒼頡篇云阜山庳而大也廣雅云丘無石曰阜賈注國語云亦厚也長也說文大陸山無石也象形字也俗通作阜

果蓏　上音果正體從艸俗字下騾果反鄭注周礼云果桃李之屬蓏瓜瓞之屬也張晏注漢書云有核曰果無核曰蓏應劭注漢書云木實曰果草實曰蓏周易云果蓏是之也說文從艸𠂢聲瓞音徒結反𠂢音庾

如来莊嚴智慧佛境界下卷

慓流 上疋消反顧野王云慓流也說文慓浮也從水票聲經作㴲誤也

土塊 下苦對反說文塊土堛也從土鬼聲堛音丕逼反或作凷也

快説 上苦邁反考聲云快適意也廣雅云快可也喜也從心叏聲叏音剈快反

纏裹 上徹連反考聲云繞也束也說文纏約也從糸㕓聲下戈火反顧野王云裹猶苞也又云裹猶裹也說文裹亦纏也從衣果聲㕓音上同也

一切經音義卷第三十二 第二十五張 昆

度一切諸佛境界智嚴經一卷 慧琳音

閻浮提 上琰占反梵語經作閻俗字也

結跏 下音加

阿兜 蘖頭反梵語或作甊亦作𤬪也

大聖文殊讚佛法身四十礼 出梵本入佛境界經新譯序中字 慧琳

叨沐 上討刀反考聲云叨濫也孔注尚書云叨貪也古今正字從口刀聲

懇誠 上肯很反廣雅云懇亦誠也信也礼記云揩類而後拜懇乎其至是也文字典說云切也從心豤聲豤音坤本反從豕從艮經從豸作懇非也

麻裨 下庇弥反考聲云裨補也鄭注儀礼云裨之言埤也說文云益也從衣卑聲

經文中有四十礼並無難字可訓釋

觀藥王藥上菩薩經 慧琳音

一切經音義卷第三十二 第二十六張 昆

捉趄 梵語真言句上嘲草反下趄字若依本音即与文句乖宜書枳字音鵮以反也

阿偷 准此字音他侯反即与文句甚乖宜作踰字音羊朱反即与文句相順也

摩蹬祇 經作蹬非也甚乖文句令依梵文可音登亘反從足作蹬下句登字亦准此音經

佛說觀無量壽佛經一卷 慧琳音

鷹隼 下詢允反尒雅云鷹隼醜其飛也疌郭注云謂鼓翅翬翬然疾皃也

毛詩傳云隼亦急疾之鳥也正作集或作鶽古今正字從隹十聲也

羸劣　上累追反前藥師經已釋訖也

粗見　上徂路反史記曰粗陳其略也顧野王云粗猶略也說文從米且聲

甬生　容腫反考聲云甬謂草花未發也說文草木花盛甬甬也從𢎘用聲𢎘音含敢反象草木之花未發函函然象形也經從足作踊踴是跳也非經義也

樹莖　幸耕反蒼頡篇云草本曰莖說文從草巠聲巠音工令也

柔耎　爇兗反顧野王云耎柔弱也博雅云耎弱也考聲云賈誼上書作軟也說文從大而聲經作偄誤用也

流澍　下之樹反淮南子曰春雨之灌澍萬物無地而不生說文云時雨所以澍生萬物者也從水尌聲亦聲尌音樹也

甄叔　結延反梵語寶名

寶縵　滿半反謂以七寶修裝縵覆幢上古今正字繒無文也從糸曼聲也曼音万也

絞飾　上交効反考聲云絞謂繒黑黃間色也說文從糸交聲下升職反前菩薩修行經已釋訖也

肉髻　下雞詣反鄭注儀礼云髻謂結髮也漢書云頭髻也說文從髟吉聲髟音必遙反

慙愧　雜甘反尚書云惟有慙德說文云慙亦愧也從心斬聲經作慚誤也

佛說阿弥陁經一卷　小　慧琳音

欄楯　上嬾單反正作闌廣雅云闌牢也倉頡篇闌遮也說文云闌者閑也字從門柬聲下脣閏反前首楞嚴經上卷已釋訖也

衣裓　下經憶反或作淋前大淨法門品經已釋訖也

阿鞞　下畀弥反梵語

爓肩　上葉壍反梵語佛号經作燄亦通也

後出阿弥陁偈一卷　慧琳音

翕習　上歆邑反何晏注論語云翕如威也又熾也說文翕起也從羽合聲

胳肩　上音公惡反埤蒼云肘後曰胳說文腋下也從肉各聲也

号

會 下烏外反鄭箋毛詩云會合也又注礼記云會皆也郭注尔雅云會謂相當對也說文從亼從曾省聲經從心作懀非也廣雅云懀惡也非經義也

稱讚淨土功德經一卷　慧琳音

阿泥律陁 梵語言阿那律或云阿㝹樓馱唐言无滅又云如意往昔曾施辟支佛一食人天受樂于今不滅所求如意故以名也

阿濕

摩揭拉婆 揭音渠列反拉音魯合反梵語或作阿含磨揭婆唐言石藏或是虎魄也

七年娑路揭拉婆 梵語或言目娑羅伽羅婆唐言馬腦論中或云車渠也

鶖鷺 上七脩反毛詩云鶖鶬頭無毛故云禿鶖野王云大鳥其翮辯白可以為毦也毦音仁志反毦毛羽為飾也或作鵚說文從鳥秋聲下盧姑反考聲云鷺鳥名舂鋤也毛詩傳云白鳥也郭注尔雅云即鷺也頭翅背上有長翰毛今江東人取以為睫攡名白鷺纕也說文從鳥路聲纕音襄也

羯羅頻迦 上居謁反梵語舊云迦陵毗伽又作歌羅頻伽唐言好音聲鳥也

蔑戾車 上眠鼈反下隣涅反梵語

殑伽沙 上極瞪反梵語西國河名亦名恒河沙也

扶陂經　玄應音

拔陂 蒲逢反下彼皮反

迦篗 力主反皆菩薩名也

拘暹 私廉反梵語也

謾論 麻諫反下力均反菩薩名也

如狧 又作狂貔二形同房悲反郭璞注尔雅貍狂貍也

如景 居影反光景也凡陰景者因光而生故即謂為景葛洪作字苑始加作景

常掔 苦閑反尔雅云掔固也牢固之貞也亦牽也擊也

不跌 徒結反通俗文失蹶日跌廣雅跌差也

不宥 于救反宥寬也同礼三宥一宥不識二宥過失三宥遺忘也

相蹡 又作蹌同七羊反三蒼敬也容止貞也蹡動也

諸佛要集經上卷　玄應音

道誼　古文誼今作義同宜寄反礼記誼者宜也制事宜也義善也善義理也

墟聚　去鋒反廣疋墟居也故所居者也人民之所居曰墟

嘲囈　又作啁同竹交反蒼頡篇嘲調也下牛世反囈言也

中卷　下卷　玄應先不音

未曾有因緣經上卷　玄應音

無恙　以尚反尒雅云恙憂也孫炎曰恙病之憂也案易傳云上古草居露宿恙噬虫也善食人心凡相勞問無恙乎復因以為病也

頑嚚　吴鰥反下魚巾反廣雅云頑鈍也蒼頡篇嚚惡也左傳云心不則德義之經為頑口不道忠信之言為嚚也

簡閱　又作閱同餘說反說文蘭閱亦校閱也小雅撰閱具

乍得　士稼反廣雅云植子作乍謂棒楚杜預曰乍暫也蒼頡篇云乍兩詞也

慌慌　呼廣反慌忽眼亂也亦迷惑也

未曾有因緣經下卷

先喫　口迹反謂喫取食飲也經文作噉非也

沛然　普賴反三蒼沛米汰沛也亦大也經文作霈近字也

須賴經一卷　玄應音

跋跙　才與反樹名也

布施　補故反布也惠施也經文作措非也

過謫　知革徒厄反謂謫罰也方言謫怒也郭璞注日謂相責怒也謫譴也責也

晝度宮　知冑反晝度樹皆天上名也

娛樂　語俱反下力各反前首楞嚴三昧經中卷已釋訖

寶網經一卷　玄應音

鎗鎗　楚行反三蒼金聲也經文作谿誤也

怵惕　恥律反下

又作惄同他狄反說文怵恐惕驚也尚書云怵惕唯厲孔注云怵惕懷懼也亦悽愴

弥勒成佛經　玄應音

泯然　蜜牝反毛詩傳曰泯滅也尒雅云泯盡也說文從水民聲北音頻泯反也

狼跡山　梵本言屈吒播陁山此唐云雞足山又云尊足山今迦葉居中者在菩提樹東也

鷹鶻　胡骨反亦鷹鳥類也

觀弥勒菩薩上生經　慧琳音

旋夗　上隨緣反王注楚辭云旋轉也何注公羊云旋繞也博雅云便旋能個也說文從㫃從疋㫃音偃疋音疎也下宛阮反說文夗轉也從夕卪從卪也經作婉誤也卪音節也

𣪍觸　宅耕反字書𣪍撞也或作摚亦作棖古今正字從殳作𣪍經作樘柱也非經義殳音殊撞音濁江反也

窣度跋提

梵語上音勞下音盋末反

紫紺　甘暗反孔注論語云紺者齊服盛色以為飾也說文帛深青而赤也謂之紺從糸甘聲

暎徹　上英敬反考聲云暎暉也傍照也蕃安仁石榴賦云暎亦傍照也說文從日英聲也下纏列反國語云徹猶明也論語云徹通也毛詩云徹達也說文亦通也從彳從攴育聲也彳音丑尺反攴音普卜反

闌楯　上嬾單反下脣閏反郭注山海經云闌檻也王注楚辭云檻楯也縱曰檻橫曰楯顧野王云謂殿上鉤闌也說文楯亦闌檻也從門

柬音簡楯從木盾聲盾音脣准反經作欄埤蒼云木名經誤也

梁棟　東弄反周易云上棟下宇以禦風雨也說文棟屋極也從木東聲

荷珮　上音賀字書云荷負物於背也下裴貝反顧野王云凡帶物於身謂之珮說文珮所以象德也從玉風聲或從人作佩亦同用也

炳然　上兵皿反蒼頡篇炳著明也廣雅云炳亦明也說文從火丙聲也

甄叔迦寶　上結延反梵語前觀無量壽經中已釋

弥勒來時經　玄應音

倪蟓鐽[阝巳]上魚札反𢦏力底反下匹迷反梵語龍名也

羅數嫁反城名也

弥勒下生經　慧琳音

坌塵盆問反考聲云坌謂塵猥至也挂苑珠藂云坌亦塵也說文從

一切經音義卷第三十三　第三十三張　昆

土分聲或作坋

跋陁盤鉢反梵語經作鈸字誤也

飢饉上既希反郭注尒雅云饑謂五穀不熟也穀梁傳云五穀不熟為大饑說文從食凡聲或作饑也下勤覲反尒雅云蔬不熟為饉郭注云凡草木可食者通名為蔬穀梁傳云三穀不升謂之饉說文從食堇聲堇音謹也

翡翠上肥味反下七醉反考聲云翡翠鳥名也翡赤羽鳥也雄曰翡周書云正南以翡翠為獻說文翠青羽雀也並出韻林二字並從羽卒非皆聲也

儴佉上攘章反下却伽反梵語王名也

䂙路毗尼上都路反梵語

出觳腔角反考聲云卵空也字書云卵已孚也觳也桂苑珠藂云孚觳鳥卵之外皮也文字典說從卵殸觳亦聲

弥勒下生成佛經　慧琳音

斬減下監斬反考聲云減耗也韓詩云減少也說文損也從水咸聲也

一切經音義卷第三十二　第三十六張　昆

棘朿上兢力反方言云江淮之間凡草木有朿傷人者皆謂之棘左傳云棘酸棗也說文似棗叢生也從二朿也經二来乖經也下此恣反說文木芒也謂木皮外有朿者也若棘揄枳之類也棘從並朿朿像形也

耎草上而兖反鄭衆云耎謂柔耎之耎也博雅云耎弱也說文從而大聲

屨踐上犁雉反方言云屨麻作之者謂之屨毛詩傳日屨踐也鄭注礼記云屨猶行也又日屨蹈地者也說文從尸彳夊舟象形尸聲彳音丑尺反經文從復作屨俗用字也下錢演反孔注論語云踐

循也毛詩傳云跋行貟也鄭注礼記云跋犪也又日跋猶艸也說文從足從犮或作衜彶竝同犮音戢

植妙因　上承織反鄭注周礼云植謂根生之屬也方言樹植立也說文從木直聲

關鑰　上古環反說文以水横持門户所以關閉扇謂之關撍著也從門䜌聲䜌音同上䜌字從丝從卝丝音幺乱反卝音古患反經文從弁作開非下羊灼反顧野王云所以封固關令不可開也國語云請委管鑰是也說文從門龠聲龠音同上經作鑰亦通也

繞堞　上饒少反說文繞纏也從糸堯聲下恬叶反杜注左傳云堞城上女墻也又崔氏云堞其宮而守之堞短垣也說文從土葉聲或音添叶反也

隍塹　上獲光反尒雅云隍虛也蒼頡篇云隍城下坈也說文城池有水日池無水日隍也從𠂤皇聲𠂤音附也下妾艷反顧野王云塹今謂城池也周書云無濠塹而守之字書亦謂城隍也說文塹坈也從土斬聲經從漸作塹亦通

擢芳林　幢卓反廣雅云擢出也方言擢拔也許注淮南子云擢引也說文從手翟聲翟音宅

餉佉　羯陵伽國　寥絺羅國　般逐迦　伊羅鉢羅　揵陁羅國　婆羅痆斯國　痆音赧黠反竝梵語天竺諸國名具如西域記說也

俄誕　上我哥反毛詩箋云俄頃也何注公羊傳云俄者須臾之閒也說文從人我聲也下達坦反考聲云誕生也說文從言延聲也

雲翳　緊計又賈注國語云翳猶屏也郭注方言云翳謂蒙幕也又日翳謂奄覆也廣雅云翳猶障也說文翳謂華蓋也從羽殹聲殹音同上繄音瞖兮反

飄灑　上匹遥反毛詩傳云飄猶吹也說文從風票聲票音必消反下踈解反考聲云灑散水也王注楚辞云如水灑地也說文從水麗聲也

保母　報抱反鄭箋毛詩云保守孔注尚書保安也鄭注礼記云慎其身者謂安保護之也說文保養也從人孚省聲孚音捬無反經

作掞音普旦反蒼頡篇云掛掞擊也說文掞致上擊也案保毋者懷抱𦥑薩安養之毋也不可擊此毋而令抱𦥑薩耶垂於經義其字非也

彫輦 上烏聊反孔注尚書云彫畫也王注論語云彫琢刻畫也廣雅云鏤也說文彫琢以成文也從周彡聲彡音杉經文作雕郭注穆天子傳云彫是能食麞鹿之鳥也說文雕鷲鳥之類也鷲音至也深違經旨非也下連展反司馬法曰夏后謂輦曰余車也鄭注周礼云輦謂皇后居宮中從容所乘也為輕輪人挽以行也說文從車扶在車前引之也扶並行也從二夫扶音伴

懷妊 王鴆反毛詩傳云妊謂懷任是也廣雅云妊身也桂菀珠藂云妊謂婦人懷孕也說文妊亦孕也從女從王王亦聲妊又平聲今不取也㑗音身考聲云㑗謂婦人有胎也

毀捇 丑格反考聲云捇開也捇撤也說文從手赤聲經作坼考聲地裂也非經義也

羈籠 上寄宜反王注楚辭云草絡馬頭曰羈杜

注左傳云羈謂馬羈也考聲云羈馬勒也縶也說文從网馬馬即馬絆也馬或從革馬音同上或作羈下鹿紅反莊子云鴆之在籠是也說文從竹龍聲网音网象形字也

蓊蔚 上屋孔反下氳勿反廣雅云草木盛蓊蔚也顧野王云亦草木盛皃也古今正字二字並從草翁尉聲經文作蘙薈調愁煩氣出皃也

花鬘 音鑾西國花名以為嚴身之具

鈌犯 上犬悦反顧野王案毛詩云鈌猶玷也蒼頡篇云鈌戲也說文從缶夫聲音悱缶音浮缶反玷音點

衢巷 上具于反爾雅云四達謂之衢郭注云衢謂交道四出也顧野王案公羊傳云放于衢路是也說文從行瞿聲也下胡絳反毛詩傳云巷里塗也又曰巷門外也鄭注礼記云巷猶閭也說文巷里中道也或作衖從行共聲或作鄉三字同用也絳音降也

繽紛 上匹賓反下芳分反考聲云繽紛衆多皃也王注楚辭云繽紛亦盛皃也說文繁衆也二字並皆從糸賓分聲糸音覓賓字從丏也

衢街 下音皆說文四通道也從行圭聲

夾路 上音甲孔注尚書云夾兩階也顧野王云夾在兩邊也文字

典說亦兩違也從二人夾輔大人也說文從大像形也

蠲除　上決玄反顧野王云蠲謂清潔也鄭注尒雅云蠲謂清明之皃也注方言云蠲亦除也文字典說從虫從目從勹勹象虫身益聲勹音包也

拯濟　拯取蒸字上聲桂苑珠叢云拯救拔出溺也杜注左傳云拯助也廣雅云拯救也古今正字從手丞聲說文或作抍又作撜並同上音下賚計反孔注尚書云濟渡也杜注左傳云濟益也賈注國語云濟成也說文從水齊聲也

忻樂　上音昕賈注國語云欣樂也毛詩傳云欣亦樂也廣雅云欣喜也說文欣笑喜皃也從心斤聲或作訢又作欣也

佛說諸法勇王經一卷

慧琳音

摶如　上段鸞反廣雅云摶手握使相著也說文從手專聲

潤漬　資似反顧野王云漬猶浸也說文從水責聲也

蝦蟇　上夏加反下麦巴反蒼頡篇蝦蟇水中虫也說文二字並從虫叚莫聲

窟穴　上困骨反杜注左傳云窟地室也聲類云兎所伏也亦作堀古今正字從穴屈聲也

筋脉　上謹欣反礼記云老者不以筋力為礼是也說文筋是肉之力也從肉竹竹即物之多筋者從力力即象筋也經或從角從艸作䈥俗字也下孟百反考聲云正作䘑亦俗脉說文云血之分邪行於體中者也從𠂢血聲𠂢音拍賣反經從肉作脉傳用已久故存之也

魯眴　玄絹反王注楚辭云眴視皃也顧野王云如今人動目客相戒語也說文目搖也從目從旬省聲經文從旬作眴書寫誤也

熙怡　上喜飢反考聲云熙和也美也尒雅云敬也文字典說從火熙聲熙音以之反經作悕誤也下以之反考聲怡喜悅也和也左傳云亦悅也尒雅云怡樂也方言亦喜也文字典說從心台聲也

一切法高王經

慧琳音

頻蠃　下魯戈反梵語是佛弟子名也經從馬作騾共諸經字異誤也

強伽　舊名恒河是也亦名殑伽從阿耨大池東面象口出流入東海其

沙細與水同流

坘弥 都奚反謂大身魚也經文從魚作鯑非正字也

第一義法勝經序　慧琳音

第額 下牙格反方言云額顙也古今正字從頁各聲字書從各作頟正體字也經序作額俗字也

擐久 上桓貫反說文擐易也從手睘聲也睘音喫經序作擐俗字也

第一義法勝經

羸瘦 上類危反杜注左傳云羸弱也賈注國語云羸病也說文云羸亦瘦也從羊羸聲亾也羸力卧反

成擔 都濫反字書擔負也考聲以木荷物也案成擔者言䀹多遑亂可得成擔負也說文從手詹聲也

傴身 上紆咼反廣雅云傴曲也考聲傴曲腰也說文從人區聲

迭相 田結反杜注左傳云迭更也方言代也說文從辵失聲辵音丑略反

棘束 上兢憶反下此漬反前弥勒下生成佛經已訓釋

利響 香仰反孔注尚書云若嚮之應聲也說文從音鄉聲經作嚮古字也

蟲齧 下研結反礼記云無齧骨說文云齧噬也從齒㓞聲也㓞音口憂反

有蟒 莫滂反郭注尔雅云蟒即虵之大者也說文從虫莽聲莽音同上經從奔作蟒誤也

迭互 乎故反顧野王云互謂更遞也考聲互交互也說文云可以收繩也從竹像形中像人手所推握

富特伽羅 梵語也

大威燈光仙人問疑經　慧琳音

傴僂 上紆雨反前第一義法勝經已釋下良主反杜注左傳云傴僂身曲也考聲曲腰也說文從人婁聲也

瓶鑵 上並冥反下官亂反說文瓶汲水器也從瓦并聲或作缾文字集略云鑵亦汲水器也或作罐通用也

蘆葦

町 上魯胡反下韋鬼反郭注尔雅云蘆即葦也葦未秀者為蘆也說文二字並從

草盡𠦪皆聲也下徒頂反蒼頡篇云町田區也說文田處日町也從田丁聲也

詶詛 上州狩反考聲云詶亦詛也說文從言州聲經文從口作呪俗字也下阻助反鄭注周禮小事日詛說文從言且聲經從口作咀俗字也

熙怡 喜飢反下以之反諸法勇王經注已具釋

磔耶 上張草反廣雅云磔張也開也案磔者今之唐言一擗也謂將手大拇指向第二指張開一擗是也文字典說從石桀聲經從手作搩誤也桀音搩也

蟒虵 上莫牓反前第一義法勝經中已釋

說迦膩 下尼致反梵語

踊躍 上容聳反下羊灼反杜注左傳云踊跳躍也說文二字並從足角翟皆聲也角音同上

靉靆 上哀改反下臺乃反桒靉靆者香烟氣重皃顡野王云靉靆謂日月晻黕無光也二字並從雲愛逮聲也

紫紺 下甘暗反前觀弥勒上生兜率陁天經已具釋

紅

縹 下漂眇反考聲云縹帙也青紅雜色也說文縹帛青白色也從糸票聲古字也

愜陁羅尼 上謙叶反考聲愜當意也博雅可也說文愜快也從心匧聲或作匧亦作悏也

順權方便經上卷　慧琳音

姝好 綢踰反毛詩傳云姝美色也韓詩云姝好然美也方言趙魏燕岱之間謂好為姝說文亦好也從女朱聲

晃煜 融祝反廣雅云煜熾也說文煜熠燿也從火昱聲熠音緣立反也

睎望 喜依反廣雅云睎視也說文望也從日希聲經作晞誤也

揵沓惒 梵語也神名也

懈怠 佳邂反賈注國語云懈惓也廣雅云懈懶也說文懈亦怠也從心解聲也或作懈亦通

丘聚 去尤反周礼云四邑日丘鄭注云丘四里也孔注尚書云地之高日丘也又字云丘亦聚也說文亦土之高也從一一地也人居在丘象地形也無從土作坵非也坵音丘

肴膳 上効交反賈注國語云肴俎也毛詩傳云

肴豆實也鄭箋云豆實謂葅醢也凡非穀而食之者曰肴說文肴啖也從肉爻聲爻音同上也下禪戰反鄭注周礼云膳之言善也今時美物曰珍膳又注儀礼云膳猶進也說文具食也從肉善聲經並從食作饍饍俗字也 **飢饉** 勤靳反前弥勒下生經已釋

順權方便經下卷

慳嫉 上苦姧反廣雅云擘堅悋也埤蒼云擘遴也文字典說貪也悋惜也

從心堅聲或從手作掔古字也下秦悉反王注楚辭云害賢曰嫉古今正字從女疾聲經從心作嫉誤也 **犇逸** 本門反尔雅云大路謂之奔郭注云謂人行走趍步之處因以為名也顧野王云謂犀牛走也左氏傳云鄭伯之車犇于濟也鄭注考工記云奔疾也今通作奔 **撾撻提** 上卓瓜反考聲擊也撻音乹下逕利反梵語也謂令擊靜提也 **羅閦衹城** 閦音緣撮反梵語城

名 **諷誦** 上風鳳反下松縱反鄭注周礼云背文曰諷以聲節之曰誦廣雅云諷教也說文諷亦誦並從言風甬皆聲甬音涌

樂纓絡莊嚴方便經　慧琳音

敞觸 上宅耕反前弥勒上生兜率天經已釋經從木作棖非也 **兎猫** 上土固反考聲狐兎也說文云獸名也象踞後點象其尾形兎頭与兔頭同故從兔省下卯包反或作貓顧野王云猫似虎而小人家畜養以捕鼠也文字典說從犬苗聲

苦澀 下森戟反說文澀不滑也從雨比上二到下二正經作澁俗字 **所螫** 下聲隻反說文螫虫行毒也從虫赦聲也 **揵鋸** 上件焉反下直退反梵詩也 **十啣** 蓍迦反梵語也 **坌穢** 分問反說文云棄除也從廾推華棄米會意字也坌古文也

一切經音義卷第三十二

一切經音義卷第三十三　昆

翻經沙門慧琳撰

大乘造像功德經二卷　慧琳

六度集經八卷　玄應

太子須大拏經一卷　玄應

九色鹿經一卷　慧琳

菩薩睒子經一卷　玄應

睒子經一卷　慧琳

太子墓魄經一卷　玄應

太子沐魄經一卷　慧琳

無字寶篋經一卷　慧琳

大乘離文字經一卷　慧琳

大乘遍照光明經一卷　無

老女人經一卷　慧琳

老母經一卷　慧琳

老母六英經一卷　慧琳

德護長者經一卷　玄應

月光童子經一卷　玄應

申日兒經一卷　慧琳

長者子制經一卷　慧琳

菩薩逝經一卷　慧琳

逝童子經一卷　慧琳

文殊問菩提經一卷　慧琳

伽耶山頂經一卷　慧琳

象頭精舍經一卷　慧琳

大乘伽耶山頂經一卷　慧琳

犢子經一卷　慧琳

乳光佛經一卷　慧琳

無垢賢女經一卷　慧琳

腹中女聽經一卷　慧琳

未曾有經一卷　慧琳

甚希有經一卷　慧琳

轉女身經一卷　慧琳

無上依經二卷　慧琳

決定總持經一卷　慧琳

謗佛經一卷　慧琳

寶積三昧經一卷　慧琳

右三十五經四十四卷同此卷音

佛說大乘造像功德經上卷　慧琳音

殞墜　上筠菌反下推類反聲類云殞没也隕墜落也孔注尚書云若墜深泉也說文從歺負聲或從𨸏作隕不取歺音殘墜文字典說云墜從高落下也從𨸏遂省聲㒸音遂或作隊也

黶如　上鴨擸反王肅注家語云黶黑皃也說文黶深黑皃也從黑音聲也

瞬頃　上輸閏反呂氏春秋云万世猶一瞬者是也說文瞬謂開

闔目數搖也從目舜聲或從寅作瞚

旭日　上吁玉反毛詩傳日旭謂日始出大昕之時也說文旭日旦出皃也從日九聲

繽紛　上匹賓反下忿文反前弥勒下生成佛經已釋訖也

雲曀　下緊計反介雅云陰而風為曀也毛詩云日有曀曀是也說文從日壹聲緊音噎兮反

下卷

繪飾　上迴外反孔注尚書云繪者會五綵繡也鄭注論語云繪畫文也說文從糸會聲經從貴作繢音遺位反織餘絲也非經義也下昇織反考聲云裝飾也文字典說云修飾也從飲巾聲飲音似也

盲眇　上莫耕反說文目無眸子日盲從目亾聲眸音牟下綿小反周易日眇能視不足以與明也說文目小也從目少聲也

聾聵　上祿東反左傳云耳不聽五聲之和為聾蒼頡篇云聾謂耳不聞也說文亦無聞也從耳龍聲下頑怪反國語云聾聵不可使聽也賈注云生聾日聵文字典說從耳貴聲也

咼斜　上苦乖反又音誇考聲云咼日偏戾也說文從口咼聲也咼音寡也

皴澀　上七旬反埤蒼云皴散也郭注山海經云皴謂皮皴也古今正字從皮夋省聲下參立反前樂瓔珞莊嚴經已釋

瘤瘿　上音留顧野王云瘤謂腫結不潰散也列女傳云齊有宿瘤女是也下瓔郢反說文頸腫也並從疒留嬰皆聲

傴僂　上紆禹反下力主反前大威燈光仙人問疑經已釋

斑駁　上八蠻反下邦邈反漢書云白黑合雜謂之駁說文駁不純色也從馬爻聲爻音効交反經從交作駮俗字也

癠跛　上肖栆反聲類云癠病也考聲云手足病也說文從疒齊聲下波可反考聲跛蹇也說文行不正也從足從波省聲

傭長　上寵龍反毛詩傳日傭均也郭注介雅云傭謂齊等也說文傭均直也從人庸聲

癀瘧　上穫光反考聲云癀病也下仰略反周礼秋時有瘧寒疾也月令云寒熱不節人多瘧疾文字典說云虐寒熱疾也從疒從虐虐亦瘧也

癥瘕

上甫吠反鄭注礼記云癈謂癈於人事也說文癈固疾也從疒發聲下赫加反鄭箋毛詩云瘕病也郭注山海經云瘕肺病也說文從疒叚聲也

痿躄 上委髓反鄭注礼記云痿黄病蒼頡篇云痿不能行也說文痺也從疒委聲或從歺作𣨙歺音殘下并亦反顧野王云躄謂足偏枯不能行也說文躄謂人不能行也從足辟聲考聲或從止作躄亦通也

迸石 上擘孟反埤蒼云迸散走也說文迸散也從辵并聲

也足音田略反考聲從足作跗亦同用也

頑鈍 上五閑反下豚嫩反左傳云心不測德義之經曰頑廣雅云頑亦鈍也蒼頡篇云鈍頑也淮南子云鈍識見闇濁也說文頑從頁元聲鈍從金屯聲也

六度集經第一卷　玄應音

衆祐 于救反世尊号也言有衆德自祐也祐猶助也梵言婆伽婆正言薄伽梵也

瘡瘳 勑流反尚書王翌日乃瘳瘳猶差也愈也

貧窶 瞿矩反詩云終窶且貧傳曰窶者無礼也字書窶空也三蒼無財備礼曰窶

鱣魚 古文䲣同知連反大黄魚也口在頷下大者長二三丈也

溝港 古項反謂須陁洹也此言入流或言至流今言溝港者取其流水處也

頻來 此應誤宜作頻來

侻憶 他活反廣疋侻可也

窠藪 聲類作薖同口和反字書窠巢也經文作稟誤也

韜 土勞反韜藏也說文劍衣也

毒鴆 下除禁反大如鵰紫緑色長頸赤喙食蛇其羽以畫酒飲之即死也

蕃屏 府袁反蒼頡篇蕃蔽也屏牆也蕃籬也周礼九州之外為蕃國

灼熱 之若反廣疋灼熱也灼灼明也

第二卷

適邁 又作遰同徒頼反廣雅適避也適去也說文適遷也亦退還也隱也下莫介反廣雅邁往也說文遠行也

無恙 餘向反尒雅恙憂也郭璞曰今

人謂無恚

噢咿 於六反下於祇反埤蒼無憂也內悲也亦痛念之聲經文作喲嘟二形非也

喊言 呼戒反韻集云喊呵也蒼頡篇云訶詰作欸恚聲也通俗文作謕大語也猶喊咄喚喊皆是也

斃鬼 說文亦弊字同脾世反弊仆也頓也斷也

非跖 之石反說文足下也今皆作蹠

聒耳 公活反讙聒也蒼頡篇擾乱耳孔也廣雅云聒驚也

鞅掌 於兩反詩云王事鞅掌傳曰失容也箋云鞅荷也謂捧之也負荷捧持也趍走失還失容儀也

訣辭 古穴反通俗文與死者別謂之訣字略云訣絕也

德徽 虛歸反尒雅徽善也尚書眘徽五典王肅曰徽美也

憧憧 昌恭反說文憧憧意不定也廣雅憧憧往来也字從童經文從心從重作憧此字與憧不同說文憧遲也憧非此義也

湩流 竹用反通俗文乳汁曰湩今江南亦呼乳為湩也

砰然

又作砏同披萌反字書砰大聲也

授啖 又作噉同達濫達敢二反廣疋啖食也說文啖噍也亦啖與也

嶢巖 仕銜反廣疋嶢巖高也亦山間崎嶮阻也經文作岑仕金反岑崟高也

孫勦 說文作魑同仕交反便捷也廣疋魑捷也齎類魑疾也經文作傈非也

戢藏 側立反說文戢兵器也戢斂也聚也

第三卷

惴惴 之睡反尒雅云惴惴懼也郭注云惴謂危懼也

恰恰 苦洽反恰恰用心也

行嬖 補詣反廣雅嬖親也謂親幸也嬖愛也謚法曰賤而得愛曰嬖釋名嬖卑也卑賤妾媚以色事人得幸者曰嬖也

隕下 于愍反尒雅隕墜也謂墜落敗壞者也

第四卷

俎醢 上側呂反字書云肉几也下呼改反尒雅云肉謂之醢郭注云即肉醬是

也

饕餮 古文飹叨二字同討高反下又作飻同天結反說文貪也又貪財曰饕貪食曰餮也

嬖妾 前第三卷釋說經文從艸作蘡非也

糅毒 古文粈䊀二形同而救反通俗文肴雜曰糅也

熇即 許酷反埤蒼熱皃也熇熇赤熾盛也

仇憾 古文逑同音舊牛反尒雅云仇讎疋也怨偶曰仇下胡闇反小尒雅云憾積恨也

眾喿 先到反說文鳥群鳴也

森然 所金反說文多木長皃也

篺上 敗佳反方言篺謂之筏南方名篺北人名筏也

真諺 宜箭反說文傳言也俗語也真猶實也言了達真言俗語也經文從口作喭誤也

懾驚 聲類作慴同止葉反廣雅懾懼也字書懾失常也說文心服也

躇步 直於反說文躊躇猶豫也

臂錕 下宜作琨又作瑻同音孤魂反

嗷嗷 又作嗸同五高反說文衆口愁也詩云哀鳴嗸嗸傳曰未得安集嗸嗸然也

磔著 古文厇同竹格反廣雅磔張也漢書景紀中二年改磔曰棄市

指擢 苦學反說文擢敲擊也經文作确非此用也确音胡角反确磽地者也

梓柟 音南尒疋柟梅樊光注云荊州曰梅揚州曰柟益州曰赤楩葉似豫章無子也

第五卷

伀伀 又作忪同燭容反方言伀伀惶遽也經文作憧非也

邸閣 丁礼反蒼頡篇邸舍也說文屬國舍也

股肱 又作骰同公戶反下又作厷古文厶同古弘反說文股髀也脛本曰股廣雅臂謂之肱也

仆地 蒲北反說文仆頓也謂前覆也

喣沫 盱矩盱俱二反謂吹噓之也礼記喣嫗覆育也鄭玄曰以氣曰喣以體曰嫗盱音詡俱反

施罛 古胡反尒雅云魚罟謂之罛也郭注云罛大網也

剉之 千卧反剉猶斫也說文傷折也經文從手作挫辱之挫非也

悁悒 於緣反聲類悁憂皃也說文悁忿也言胸中悁悒憤懣也

馬蹟　又作跡迹二形同子亦反迹猶步還也車轍馬跡也

筰絶　今作笮同側格反筰猶壓也今謂笮出汁是也

第六卷

鐵鏉　徒對反說文鏉矛戟柲下銅也經文作錞市均反錞于樂器也錞非此用柲音府俻反戟柄也

蝘蜓　烏典反下徒典反說文守宮在壁曰蝘蜓在草曰蜥蜴經文作蝏蝥非體

訛病　又作譌吪二形同五和反詩云民之訛言箋云訛偽也謂詐偽也

譴祟　弃戰反廣雅譴責也說文譴問也蒼頡篇譴訶也祟音私醉反神禍也

暮習　尋立反謂慣習數為也經文作謵傷協丑協二反說文謵讋也讋頻謂讋言不止也

以賂　力故反詩云大賂南金傳曰賂遺也謂以物相諂請也

蛓同　又作蛓蟦螣三形同徒得反尒疋食

茦曰𧍒經作蝥居授反方言蟦螬自關而東或謂之蝥蝥非此用也

播鼗　又作鞀靴鞀三形同徒高反鼗如鼓而小持其柄搖之者也旁還自擊山東謂之鞀牢

第七卷

足跖　之石反說文跖足下也今亦作蹠經文作跋非正體也

捻燮　奴協反下思協反捏也燮從火炎燮和也又爇也

刳解　口孤反謂空其腹也說文刳判也方言刳狢也蒼頡篇刳屠也狢音剔

建旐　治繞反尒雅緇廣充幅長尋曰旐周禮龜蛇為旐旐縣鄙建旐鄭玄曰象其扞難避害也

徼　又作邀同古堯古弔二反下又作巡循同似遵反徼遮也循行也漢書音義曰所謂遊徼徼循以備盜賊也

木梗　加杏反莊子土梗曰司馬彪曰土梗土人也木梗亦木人耳土木相偶謂以物像人形皆曰偶耳

鞬德　或言揵陟正言建他歌譯云納也

阿譚　徒南反

第八卷

頭𩑶 先不音擇開文也

齔齒 初忍反毀齒日齔說文男八月生齒八歲而為齔女七月生齒七歲而毀齒也字從齒七聲

抛鉢 普交反拋擲也埤蒼云抛擊也

喟然 又作歟同口愧口恠二反說文大息也論語云喟然歎曰何晏曰歎聲也

蠣虫 力制反說文蚌屬也出海中人食之也

日喃 梵語轉輪聖王名也

流瀁 上河朗反下音養並上聲字楚辭云流瀁而不可滯王逸注云流養猶浩蕩大波濤也經文作洸洋音光羊並平聲字非此用也

蹠翁 之石反蹠補也謂補履老翁也

恔焉 胡大反通俗恚愁曰恔恔亦苦也恔亦恨也

痟痛 烏玄反謂手足痟疼也張揖雜字云痛癢痟疼是也酸足是也經文作痟亦同也

太子須大拏經　玄應音

檀特山 或言單多羅迦山或云檀陁山此譯云陰山也

須大拏 女加反或言須達拏或云蘇陁沙拏此譯云善與亦言善施也

蒼天 錯郎反尒雅春為蒼天注云万物生蒼蒼然也

愕然 字書或作咢同五各反愕驚也

爲幟 古文𢂐同尺志反幖也通俗文私記曰幟廣雅幟幡也墨子曰以為長丈五尺廣半幅曰幟也

蛸蜚 一泉反字林虫皃也動也下古書飛皆作蜚同甫皐反蜚謂蜚揚也

嶔崟 去衘去吟二反下語衘冝金二反廣雅云嶔崟高也亦山阜之勢也

嵯峨 才何反下我多反廣雅嵯峨高也楚辭注云山巀嶭峻嶔曰為嵯峨者也

三顛 直追反說文額出頭也今江南言傾頭胅額乃以顛為後枕高胅之名也經文作腿未見所出也

厬頞 丁可反廣雅頞醜皃也經文作哆充尒丑亞二反非今用也

凸䫌 徒結反抱璞子作凸起也蒼頡篇作㝋不平也經文作眣非體也下音寬埤蒼䫌尻也說文髀上也

下鮮 餘掌反說文㩦鮮礼記鮮不敢㩦是也字從虫今皆作癢近字也又作痒

音似羊反病名也痒非字義也

市井 子郢反周礼九夫為井方一里也白虎通曰因井爲市故曰市井說文云八家一井象構幹形象甕形也

佛說九色鹿經 慧琳音

拂柄 上紛勿反毛詩傳云拂去也鄭注儀礼云拂拭也又注礼記云拂除塵也廣雅云拂亦除也說文拂擊也從手弗聲下兵命反字書云柄執也持也把也操也說文從木丙聲

癩瘡 上來大反考聲云癩病也文字典說云惡疾也從疒賴聲或作癘下楚霜反說文瘡痍也從疒倉聲或作創今不取也

踞其 居御反說文踞即蹲也從足居聲也

嘖數 上爭格反廣雅嘖怒也責讓也說文嘖大呼也從口責聲或從言作謮也

羼提 察限反梵語

菩薩睒子經 玄應音

麋鹿 美悲反蒼頡篇云以冬至解角者說文鹿屬也

傍偟 蒲光反下胡光反傍偟俳佪也

礏礏 五合五闔二反埤蒼礏礏高皃也礏音才合反經文作儸儸非也

佛說睒子經 慧琳音

溝坑 上苟侯反說文水瀆廣四尺深四尺謂之溝也從水冓聲也下客庚反蒼頡篇云坑謂溝壑陷也古今正字坑墟也壍也從土宂聲也宂音庫浪反

熊

羆 上許弓反說文似豕山居冬蟄舐其掌掌似人掌也古今正字從能從灬下彼眉反郭注尒雅云似熊而長頭高脚猛憨多力能拔木也說文如熊黃白色也從网從熊憨音呼甘反

蹈地 桃到反劉兆注穀梁云蹈履也廣雅蹈行也說文踐也從足舀聲舀音遙小反

怖遽 渠御反杜注左傳云遽畏懼也考聲遽亦懼也說文從辵豦聲也經從心作懅非也辵音丑略反

彷徉 上薄忙反下餘章反國語云屛營彷徉於山林之中也顧野王云彷徉猶俳佪也古今正字二字並

從彳半方皆聲也彷亦音房今不取也彳音丑尺反

果蓏 下騾果反鄭注周礼云果桃李之屬也應劭注漢書云木實日果草實曰蓏考聲云蓏葛生之子瓜瓠之屬也文字典說云果實未熟不鬻於市象形果在木上也經文從艸作菓俗字也蓏說文從艸㼌聲㼌音庾也

捫摸 上莫奔反下門悖反聲類云捫亦摸也郭注方言云摸謂撫循之也顧野王云摸捺也說文捫即撫持也循即摩也二字並從手門莫皆聲循音旬捺音柰作反

太子墓魄經　玄應音

襲續 古文戢同辭立反襲受也廣雅襲及也亦合也仍也

故質 之逸反太玄經受質所疑宋忠曰質問也廣雅質亦問也讓也定也

矇瞶 上莫公反有眸子而無見曰矇下五恠反生而即聾曰瞶聵亦無知也

空刓 又作因同五桓反廣雅云刓斷也楚辭刓方以為圜王逸曰刓削也

噢咿 於六反下於祇反埤蒼內悲也又痛念之聲也經文作唷都郁三形並非正體也

驂駕 叅含反說文駕三馬也居右而驂乘偹非常也驂旁馬曰騑騑音妃也

頷頭 牛感反說文伍頭也廣雅頷搖也謂搖其頭也今江南謂領納搖頭為頷傑亦謂笑人為頷酌傑音蘇感反

選耎 而兖反案選耎猶須臾也呂氏云少選俗謂之選耎言推託不肯為也經文或作選蝡或

作漠濡非也

忸怩 又作恧同女竹反下女胝反通俗文慙恥謂之忸怩也

纔有 上在哉反廣雅云纔暫也東觀漢記僅也不久也

何訾 又作訾同子移反訾量也思也經作貲貲財之貲非體也

佛說太子沐魄經　慧琳音

生埋 下買排反字書埋藏也考聲云埋沒也說文從土里聲或作薶

作城 石征反說文城所以盛民也從土成聲經文從戚非也

儲

資蓄 直驢反考聲儲積也桂苑珠叢云儲謂蓄物以為備也說文從人諸聲也

夗轉 宛阮反說文夗轉猶卧也從夕從卩從車作輓非也卩音節也

轢我 零的反說文車所踐也從車樂聲也經文作僻我考聲云僻偏也說文僻避也毛詩云僻從旁牽也非經義乖也僻音匹尺反

虎賁 上呼古反下博門反孔注尚書云虎賁勇士稱也若虎賁戰言其猛也周礼云旅賁氏掌執戈者夾王車而趨是也說文虎從虍虎足似人足象形字也虍音呼經文從巾作虎非也賁從貝卉聲卉音諱也

走獸 收咒反尒疋云四足而毛謂之獸蒼頡篇云獸走者也廣雅云獸守也經文從犬作狩鄭注周礼云冬田為狩郭注尒雅云放火燒草亦曰狩非經義

烝煮 上之仍反說文烝謂火氣上行也從火承聲也經從艸作蒸誤也下諸汝反說文煑猶烹湊也從火者聲經從水作渚非也

一切經音義卷第三十三　第二十一張　昆

無字寶篋經　慧琳音

慙愧 雜甘反尚書云惟有慙德說文慙亦愧也從心斬聲或作慚慚音蹔感反非經義也

大乘離文字普光明藏經　慧琳音

如爓 葉蹔反考聲云火光皃也說文火爓也從火閻聲經文作焰俗字蹔音妄艷反

一切經音義卷第三十三　第二十二張　昆

大乘遍照光明藏無字法門經

無字可音訓

佛說老女人經　慧琳音

痛鮮 羊掌反考聲云鮮痛之微也礼記云鮮不敢搔也鄭注莘經云抑搔癢痛是也說文鮮搔也從虫羊聲文字集略或作癢韻略作痒也

相揩 客皆反賈雅云揩摩也說文從手皆聲也

有鬆 桒朗反考聲云鼓匡也字

書鼓柎也說文從壴桑聲壴音胡也

枹打鼓 上附無反顧野王云枹鼓推也說文擊鼓柄也從木包聲也經從孚作桴桴音孚論語云大日栰小日桴非經義也下抓五反鼓考聲正體鼓字說文從豈從支象旗手擊之也經中從皮作皷俗字非也豈音誅屢反支音普卜

嬴老 累危反前第一義法勝經已釋

佛說老母經　慧琳音

相鑽 下祖鸞反顧野王云鑽謂鑴鑿也說文所以穿也從金贊聲也

捶鼓 佳鬼反說文捶以杖擊也從手垂聲也

禽獸 及今反白虎通云禽者鳥獸之惣名也尒雅云二足而羽曰禽說文頭象形從内今聲禽离兕頭相似也經文從犬作猶非也内音柔帚反

佛說老母女六英經　慧琳音

惸惸 癸營反孔注尚書云煢單也謂無兄弟曰惸也無子曰獨字書云煢煢無所依是也或從卂作煢文字典說云惸字從芍從子作惸誤也

從燧 音遂杜注左傳云燧取火者也許叔重注淮南子云燧五石之銅精圓以仰日則得火若聲云燧者今之火鏡也圓徑二寸許皆有文面窊照日以艾承之便得火文字典說從火遂聲說文或從金作鐩考聲或從車作轅窊音烏蝸反

檛鼓 上陟蝸反聲類云檛捶也考聲檛擊也文字典說從木過聲說文從竹作簻

德護長者經上卷　玄應音

漏泄 思列反廣雅泄溢也泄亦漏也亦發也

下卷

門閫 又作梱同苦本反三蒼閫門限也

廡廊 籀文作𢊁同亡禹反說文堂下周屋也廊亦屋

紇多 胡沒反

毗桎 知栗反皆神名也

脂那 唐國名也或言震旦或云真丹神州之惣名也

月光童子經　玄應音

巳索　所捨反蒼頡解詁索盡也又亦傷也

翳日　於計反廣雅翳掩也方言翳掩也

滔天　計高反尚書云浩浩滔天孔注云滔漫也言水威大若漫天也

鷙鳥　脂利反猛鳥也廣雅鷙執也謂能執服衆鳥也鳥之勇銳者曰鷙鷹鸇之類也經文從虫作蟄音除立反虫獸蟄藏也蟄非此用也

慴竄　古頰反尒疋慴懼也郭注云即恐懾也

遁藏　又作遯遂二形同徒頓反廣雅遁避去也隱也

蠅蠛　眼結反介雅蠛蠓也郭注云小虫似蚋風春雨磑者也

俾倪　或作頫兒兩字又作睥堄二形字林同普米反下五礼反俾倪傾側不正也

叵我　普我反謂搖動不安也經文從足作距跛或從山作岠峨並非也

相敲　古文敲敲椊三形今作打同音宅衘反謂敲觸也

緹幔　他礼反說文帛赤黃色也赤緹縓色也

赤紫　今作柬同醉髓反廣雅紫口也字書鳥喙也或作觜古作呰也

霍然　呼郭反霍謂急疾之皃也經文作㸌誤也

探道　他含反介雅探取也說文遠取曰探也

申日兒經　申日此日首寂　玄應音

旡垠　又作垠同五巾反垠咢也說文地垠岸也

拘耆　或言居枳羅鳥此云好聲鳥經文作耆誤也

鶻鵃　胡葛反下又作鶻同竹甲反鶻似雉而大青色也

洪炎　借音以贍反正字作焰又作焰光焰也

亘然　歌鄧反亘猶恒也亘亦通也

佛說長者子制經一卷　慧琳音

匃食　上哥艾反說文匃气也人亡財物則气匃也從人從亡也經作丐俗

高燥　下搔早反周易云水流濕火就燥說文燥乾也從火喿聲喿音騷到

反也

嬈我　奴鳥反說文嬈擾戲弄也從女堯聲

蝡動　上閏尹反考聲無足曰蝡有足曰蟲淮南子云昆蟲蝡動是也說文蝡亦動也從虫耎聲耎音而兖反經文作蝡非也

刻鏤　上肯勒反下樓豆反介雅云金謂之鏤木謂之刻郭璞注云皆謂治璞之名也考聲鏤錯也攻理金銀也杜注左傳云刻亦鏤也說文剄鐵可以刻鏤也刻從刀亥聲鏤從金婁聲也經文作鏤俗字也

一切經音義卷第三十三　第二十七張

佛說菩薩逝經一卷　慧琳音

嬈我　前長者子制經已釋訖

蜎蜚　上一緣反毛詩云蜎蜎者蠋也傳曰蠋赤虫也說文從虫肙聲下肥味反杜注左傳云蜚蠜也郭注介雅云蜚即負盤臭虫也說文雨字並形聲字也

佛說逝童子經一卷　慧琳音

帔袈裟　上音丕顧野王云帔謂帔之於背上也王注楚辭云在背曰帔也說文從巾皮聲經從衣作被亦通借音用也

文殊師利問菩提經一卷　慧琳音

重擔　上蠋朧反下耽濫反也前第一義法勝經已釋訖也

利鈍　突困反前大乘造像功德經已釋訖也

一切經音義卷第三十三　第二十八張　昆

大乘伽耶山頂經一卷　菩提留志　慧琳音

牆壁　匠羊反論語云夫子之牆數仞也孔注云七尺曰仞考工記云牆厚三尺也尚書云無敢逾垣牆顧野王云牆亦垣也說文從嗇爿聲爿音床嗇音色也或作墻又作廧亦作牆雖通用今並不取也

時餤　閻漸反考聲火行微皃也孔注尚書云若火然餤餤尚微其所及燁然有次序不可絕也說文亦火微餤餤也從炎臽聲臽音陷也燁音章若反

分析　星亦反孔注尚書云分析也聲類云析劈

也說文斫木也從木斤聲也經從手從片俗字也

顧戀 古布反鄭箋毛詩云迴首日顧顧猶視也又云顧念也廣雅云眷顧也說文云從頁雇聲頁音賢結反雇音同上經作頭俗也

佛說烏頭精舍經一卷 後魏流支 慧琳音

砂礫 零的反說文砂礫小石也從石樂聲經從水作沙沙亦通也

係念 奚詣反考聲係謂思在心不志也說文從人系聲系音奚計反

莖稈 上幸耕反蒼頡篇云草本日莖考聲竹日箇木日枚說文從草巠聲巠音工泠反也下乾懶反杜注左傳云稈稾也說文稈禾莖也從禾旱聲也或作秆今不取經文從草作䕱說文䕱菫菜名也非經義非也

大乘伽耶山頂經一卷 元魏流支 慧琳音

辮髮 上辮沔反說文辮謂交織之也從糸辡聲辡音別免反經從扁作編誤也辮音蔽眠反沔音綿典反

懈怠 上佳賣反下臺乃反前順權方便經上卷已釋訖也

疲倦 上備悲反賈注國語云疲勞也廣雅云疲猶倦也說文從疒皮聲疒音女厄反倦或從人作勌

奮迅 上分問反廣雅云奮振也舒也鄭注禮記云奮動也說文云奮翬猶飛也從奞在田上奞音雖

佛說犢子經 慧琳音

𣪊取 上鉤候反考聲𣪊取牛羊乳也正體𣪊字說文或從子作㝅經從手作搆是搆擩識理不明也與經義乖也擩音奴關反

憋惡 片蔑反考聲憋憋好貌也方言憋亦惡也郭注云憋憋急性者也古今正字從心敝聲敝音毗袂反憋音敷也

乳湩 冢朧反郭注穆天子傳云湩乳汁也今江南亦呼乳為湩說文乳汁也從水重聲朧音龍用反

佛說乳光佛經 慧琳音

抵蹋　上低礼反說文抵觸也從牛從氐氐亦聲也下談盍反說文䟫蹋也從足𦐇聲𦐇音塔也

倩鄉　清性反考聲倩借也郭注方言云可假倩也顧野王云倩亦假也說文從人青聲

謾抵　上滿盤反說文謾欺也從言曼聲曼音万也下低礼反考聲抵折也拒也說文從手氐氐亦聲也經從牛作牴牴是觸誤也

蛸飛　上一梟反前皆[illegible]迦經已釋訖也

無垢賢女經　玄應音

捭樓　劈弥反西国長者婦名也胎藏經作捭縣字誤也

腹中女聽經　慧琳音

倮形　華瓦反借音字也本音盧果反顧野王云倮脫衣露袒也說文倮亦脫衣露體也從人果聲或作裸又作躶或亦作蠃字體稍多今依說文從人作倮餘皆不用也

鵄鵂　上叱之反下音休考聲及文字典說皆云鵂鶹怪鳥也案此鳥晝伏夜飛說文鵂即鴟也鴟則鳶屬也古今正字二字並從鳥至休皆聲鴟或從丝作鴟今不取也

佛說未曾有經一卷　慧琳音

戶牖　下由酒反說文穿壁以木為交窻也從片從戶甫聲所以見日也

彫飾　上鳥聊反前弥勒下生成佛經已釋訖下升織反前造像功德經下卷釋訖也

纖蓋　上珊爛反顧野王云纖即蓋也文字典說從糸韱聲經從

手作拚非也糸音覓也

穬麥　上虢猛反字說云穀名有百揔歸於五穬屬謂之穬穀豆屬謂之角穀麥屬謂之芒穀麻屬謂之樹穀案穬麥者即芒穀也考聲云穬穀之有芒者也說文從禾廣聲正作穬也經文從麥作𪍿是大麥也考聲亦云大麥也諸書字並無此字也

樓櫓　上滿鉤反介雅云陝而脩曲曰樓文字集略云樓城上守禦屋也古今正字從木婁聲不盧古反文字集略云櫓城上守禦者露無覆屋也說文從木魯聲婁音同上也

甚希有經　慧琳音

窣堵波　上孫骨反梵語塔也

俱胝　下音知梵語也

種殖　承職反杜注左傳云殖長也蒼頡篇殖息也種也多也廣雅殖立也殖積也說文從歺直聲歺音五割反

轉女身經　一名腹中女聽經　慧琳音

阿泥盧豆　梵語也阿羅漢名也

瞢冥　上莫耕反前大乘造像經已釋下莫瓶反考聲云冥暗也說文冥幽也從日從日日數十從六凡月十六日始虧漸幽暗也從冖會意字也冖音覓經文從宀從具作寘非也

右脅　險劫反說文脅肚兩傍也從肉劦聲劦音叶從三力經從三刀作脅者非也

爲須　粟瑜反案須者蓮華中蓮臺四面花蘂須牙也說文從頁從彡頁音賢結反彡音杉經文從髟作鬚非也髟音普彫反

不望　同方反左傳云非所敢望顧野王云望猶覬也說文從亾從夕從王案望者謂意所希望也覬音記也

堅固鎧　開改反前順權方便經上卷中已釋訖也

怯弱　上欠劫反考聲云刧怯懦也顧野三云怯畏劣也古今正字怯名畏也從心去聲懦音[illegible]乱反下穰灼反孔注尚書云弱尩劣也考聲弱無力也說文撓也上象撓曲彡象毛氂弱撓弱物并故皆二撓音奴葦反草謝掉反

厭悔　於豔反考聲厭倦也苦也說文從厂猒聲厂音罕也

無猒　伊閻反說文云犬甘肉無猒足故從肉從甘從犬經從曰月作猒或從厂作厭皆誤也

陿劣　上咸甲反顧野王云陿迫隘不廣大也說文隘[illegible]自從夾作陜雖正體爲與陝州字相乱故不取且依經文從匧作陿經文從大作狹是狹習犬馬非此用也匧音謙叶反

慳惜　苦閑反廣定云掔堅也埤蒼云掔遴也掔正體字也古今正字從革臤聲臤音堅經從心作慳俗字也

臭穢　上醜呪反說文云禽走臭而知其跡者犬也從犬從自自者古鼻字之象形也

今俗從死作梟非也下𢦏衛反字書云穢不清潔也惡也說文從禾歲聲

除坌　分問反廣疋云坌弃除之也說文弃掃除糞也從土弁聲也經從異作糞俗字非也弁音皮變反

洟唾　上逸之反周易云齎咨涕洟也說文洟鼻液也從水夷聲也或音替經文從水作涕說文云涕泣也非洟唾義也下土課反左傳云晉先軫不顧而唾是也說文口液也從口從垂聲也

手捲　倦李反毛詩傳云捲力也說文捲氣勢也從手卷聲

擣藥　刀老反廣疋擣舂也說文擣築也從手𠷎聲或作𢭏亦作擣古文字也

舂米　束鍾反顧野王云舂謂擣穀為米也說文給粟也從廾持杵以臨臼上會意字也世本云雍父初舂杵也宋忠曰雍父黃帝臣

若爇　任高反鄭注礼記云爇也廾音拱亦煎也方言爇火乾也凡以火而乾五穀之類也自山而東齊楚以往謂之爇說文乾煎也從火敖聲也

抽毳紡氎　毳音推芮反毳者鳥獸細𦀑毛也鄭注礼記云毳者毛之細𦈏也孔注尚書云耎毳細毛也說文亦獸之細毛也案毳衣者採鳥獸細耎五色毛紡績織成文罽以為上服轉輪聖王服御衣也紡音芳冈反杜注左傳云紡絹為纑也古今正字從糸方聲也下音牒氎者西國木綿草花如柳絮彼国土俗皆抽撚以紡成縷織以為布名之為氎撚音年典反

機關　上記希反桂苑珠叢云機謂制動轉之關鍵也顧野王云機者有機壓之物也說文王發動者謂之機弩之類是也從木幾聲

筋牽　上居銀反前諸法勇王經已釋訖下遣研反廣疋云牽挽也連也顧野王云牽亦引也說文從牛從冂玄聲象牛之牽也冂音癸營反俗從手作牽非也

虛偽　上許魚反虛空也說文從丘虍聲虍音虎孤反下危謂反廣雅偽欺也鄭注周礼云偽假也說文云偽詐也從人為聲也

倍復　上陪妹反顧野王云倍謂一生兩也考聲云多也敵於本也說文從人咅聲咅音土口反下扶救反杜注左傳云復重也顧野王云復猶又也又云復猶重更為之也說文從彳复聲彳音丑

尺反复音伏經從水作淏非也

恚累 力僞反左傳云相時而動無累後人也劉兆注穀梁傳云累謂連及也古今正字從糸厽聲也糸音覓厽音同上也

無上依經上卷　慧琳音

煩惱㲉 下苦角反字書云鳥卵㲉也顧野王云凡物之皮皆曰㲉也文字典說云卵已孚也從卵㱿㱿空岳反聲經文煩惱㲉㲉者無明能包含一切諸不善業故

以為名也

聦黠 下閑八反方言自關而東趙魏之閒謂黠為慧也郭注云慧了也文字典說云從黑吉聲

毛髮 上莫交反准經義正合單作毛字今經文從髟音作髦是後彥之義乖經意非也

下卷

坑坎 上客耕反尒雅坑虛也郭注云謂壍池墟耳古今正字云坑陷也從土亢聲或從阜作阬亦通下可感反周易云坎陷也埤蒼云坎亦坑也說文同周易從土欠聲經文從臽他牢反作埳是埳軻義非經意今不取也

轂輞 上公屋反說文輻之所湊也從車從㱿省聲下武昉反古今正字云輞輮音柔也從車罔聲也

傭直 上寵龍反毛詩傳曰傭均也郭注尒雅謂齊等也說文亦均直也從人庸聲經從月作膅俗字也

足跟 下艮恩反釋名云足後曰跟也說文踵也從足艮聲

衣餄 上倚機反世本云胡書作衣也宋忠云黃帝臣也白虎通云衣隱也隱身形也說文衣依也上曰衣下曰裳從入象覆二人形也錄書作衣訛略也下以伊反毛詩云堇音謹荼音畠如飴箋云甘如飴也說文云米蘗煎也從食台聲也

耎美 上而兗反考工記云欲其柔滑腛之以脂即耎也埤蒼云耎弱也說文從大而聲經從水作渜音擩濡也非經義也

眼瞼 下劫儼反文字集略云瞼目外皮也文字典說從目僉聲

無顡 下胡孩反廣雅顡醜也惡皃也說文從頁亥聲經從月作胲足大指也非經意也

委佗 下達何反毛詩

傳佗佗謂平易也韓詩德之美皃也毛詩箋云亦委曲自得之皃也說文從人它聲經作陀非他

捷疾 上潛接反左氏傳曰捷速也王注楚辭捷疾也說文從手疌聲疌子葉反

重擔 下歛濫反考聲云以木荷物也古今正字擔負也從手詹聲也

佛說決定摠持經一卷

慧琳音

瑕疵 上夏加反毛詩傳曰瑕猶過也廣雅瑕亦穢也說文從玉叚聲下自玆反孔注尚書云疵病也劉瓛言蹇反注周易云疵瑕也說文亦病也從疒女格反此聲也

螢火 上迥坰反郭注介雅云螢夜飛腹下有火光礼記曰腐草化為螢也說文從虫從熒省聲也

德鎧 下開改反文字集略以金革蔽身曰鎧說文云鎧甲也從金從愷省聲也

棄捐 上輕異反孔注尚書云棄廢也介雅

棄忘也說文云棄捐也從廾音拱推芈音般從云土骨反云惡子也故棄之會意字下悅淵反莊子云去国捐俗楚辭云捐亦棄也說文從手肙聲肙音恚緣反也

馳騁 上雉知反下頳領反廣雅云騁馳奔也杜注左傳云騁亦走也說文騁大馳也亦直馳也馳騁二字並從馬也甹皆聲甹音匹丁反

謙愻 下孫寸反孔注尚書云愻順也何晏集注論語云愻恭也說文從心孫聲也

蛇虺 上射遮反考聲云毒虫也說文虵亦它也它音他古人呼虵為它所以巢居者畏虵故相問云夜來無它乎即虵也從虫也聲下玩丸反玄中記云虺虵身長二四尺有四足形如守宮尋脊有針利如刀甚毒惡中人不逾半日則死說文從虫元聲

毒螫 下舒亦反說文蟲行毒也從虫赦聲也

謗佛經

慧琳音

綵女 猜宰反鄭注考工記畫繢之事五色偹謂之綵是也古今正字云五采彰施于五色謂繒色從糸采聲經文從女作婇非也

阿車彼坻 梵語也丁礼反也

彼羅蜜逕 梵語也下經定反

佛說寶積三昧經 慧琳音

薜茘中 上薜閉反下黎帝反梵語訛正云畢隷多唐云餓鬼也

不羸 力追反文字典說云劣弱也從羊羸聲也羸音騾卧反也

恒邊沙 梵語也晉朝古譯也經云恒河邊沙即諸經云恒河沙是也亦名殑伽河西国河名也殑音嶷覔反

第四十一張 昆

罣礙 上胡瓦反下五蓋反也

一切經音義卷第三十三

一切經音義卷第三十四

翻經沙門慧琳撰

入法界體性經一卷　慧琳

如來師子吼經一卷　慧琳

大方廣師子吼經一卷　慧琳

方等脩多羅王經一卷　慧琳

轉有經一卷　無

大乘百福相經一卷　慧琳

大乘百福莊嚴相經一卷　慧琳

大乘四法經一卷　慧琳

菩薩修行四法經一卷　慧琳

希有希有經一卷　慧琳

最無比經一卷　慧琳

前世三轉經一卷　慧琳

銀色女經一卷　慧琳

阿闍世王受决經一卷　慧琳

採蓮違王上佛經一卷　慧琳

佛說正恭敬經一卷　慧琳

善敬經一卷　慧琳

稱讚大乘功德經一卷　慧琳

說妙法决定經一卷　無

諫王經一卷　玄應

示教勝軍王經一卷　玄應

勝光天子經一卷　慧琳

文殊師利巡行經一卷　慧琳

文殊尸利行經一卷　慧琳

一切經音義卷第三十四　第三張　昆

貝多樹下經一卷　慧琳

緣起聖道經一卷　此經欠未音訓

了本生死經一卷　玄應

稻稈經一卷　玄應

慈氏菩薩說稻𦼮經一卷　慧琳

獨證自誓經一卷　玄應

自誓三昧經一卷　慧琳

如來獨證自誓經一卷　慧琳

龍施女經一卷　慧琳

龍施菩薩本起經一卷　玄應

菩薩生地經一卷　慧琳

一切經音義卷第三十四　第四張　昆

佛語經一卷　慧琳

八吉祥神呪經一卷　慧琳

八陽神呪經一卷　玄應

八吉祥神呪經一卷　慧琳

八佛名号經一卷　慧琳

盂蘭盆經一卷　玄應

報恩奉盆經一卷　慧琳

灌洗佛像經一卷　慧琳

摩訶刹頭經一卷　慧琳

浴像功德經一卷　慧琳

佛說浴像功德經一卷　慧琳

造立形像福報經一卷　慧琳

作佛形像經一卷　慧琳

内藏百寶經一卷　慧琳

佛說私訶昧經一卷　慧琳

四不可得經一卷　玄應

梵女首意經一卷　玄應

菩薩行五十緣身經一卷　慧琳

成具光明定意經一卷　玄應

溫室洗浴衆僧經一卷　玄應

諸德福田經一卷　玄應

金色王經一卷　玄應

方廣如來藏經一卷　慧琳

大方廣如來藏經一卷　慧琳和尚譯

演道俗經一卷　玄應

百佛名經一卷　玄應

稱揚諸佛功德經三卷　玄應

須真天子經三卷　玄應

摩訶摩耶經一卷　玄應

除恐災患經一卷　玄應

孛經一卷　玄應

不思議光經一卷　玄應

十住斷結經十卷　玄應

菩薩瓔珞經十二卷　玄應

超日明三昧經二卷　玄應

賢劫經十三卷　玄應

右七十一經一百七卷同此卷音

入法界體性經　慧琳撰

磨瑩 下縈定反廣雅云瑩磨也謂磨拭珠玉使發光明也集訓云瑩飾也或作鎣說文玉色也從玉從熒省聲

如來師子吼經　慧琳撰

廣長 上古晃反鄭注礼記云廣猶弘也孔注尚書云廣大也從广嚴撿反黃聲下丈張反毛詩箋云長遠也文字典說云夕也遠也從倒亾從兀從上古化字兀然而化經從艸作萇非經義也

指㡿 上脂齒反顧野王云謂意之所指又手指物以示人也說文云手指也從手旨聲下齒亦反劉兆注穀梁云指亦㡿也王注楚辞云㡿逐也漢書音義云㡿不用也說文從广音儼屰音逆聲經文作此斥俗字也斥呼旱反

大方廣師子吼經　慧琳撰

電鬘 下麻班反西国花鬘也若此國珠瓔嚴身之具也本音弥然反今不取此音假借字

瘂默 上烏賈反集訓云瘂不能言也案瘂者有聲而無詞也古今正字從疒亞聲疒音女厄反也

分剖 下普口反左傳云尚汝剖

分也蒼頡篇剖析也說文剖判也從刀音聲音音七口反音

大方等脩多羅王經　此經無字音訓

轉有經　此經亦無字音訓

大乘百福相經　慧琳撰

𨆝俱羅　梵語音訛西方䧿鳥名也此方無此鳥也

矛矟　上莫侯反考聲云酋就老矛戈類也說文矛長二丈建於兵車象形也文字典說酋矛經作柔非也今不取也下雙卓反廣疋云矟矛也古今正字矟長一丈八尺從矛肖聲也

罥索　上涓兖反聲類罥取也考聲云罥以繩捕也亦作絹文字典說亦作罥此䍐古今正字從网肙聲肙音烏玄反下桑洛反

眼睫　下尖葉反說文目旁毛也從目連聲或作䀹

大乘百福莊嚴相經　慧琳撰

稀穊　上喜依反孔注論語稀少也尒雅稀也說文踈也從禾希聲下冀氣反漢書云深耕穊種也說文穊稠也從禾既聲

疵穢　上音慈下威衛反字書字典云竝惡也古今正字從禾從歲聲

纖銳　上棲簷反文字典說云纖細也亦小也說文從糸韱聲下悅惠反案博雅云銳利也說文從金兊聲也

緻密　下直利反鄭注礼記云緻密也說文從糸致聲也

白拂　芬勿反埤蒼云韜髮也古今正字從巾弗聲也

𨏥刃　上濯絳反杜注左傳戟車也說文陷陣車也從車童聲也

弓弧像　中戶孤反像名

金鉅　渠舉反徐廣注史記曰大堅鐵鉅說文大鋼也從金巨聲也

麰麥　上莫候反劉熙注孟子云麰麥有雨降者郭注方言云大麥也又王篇云今河北有春種夏熟說文來麰麰也亦瑞麥也從麥牟聲

大鼇　下五高反神仙傳云有列靈之龜背負蓬萊山而抃戲滄海之中也王注楚辭云鼇大鼈

也古今正字從冎敫聲冎音猛或作骼

兩髀 下鼙米反說文髀股外也從骨卑聲

大乘四法經 慧琳音

所翳 下煙計反方言云翳薆也薆亦蔽也集訓云陰翳也文字典說云翳隱也薆音哀改反從羽及殹殹音同上

蟠曲 上婁鏤反顧野王云紆迴轉也廣雅云蟠也鄭注礼記蟠委曲說文從虫番聲蟠亦曲番音潘正作此蟠經作磐非此義也

稠林 上直留反傳雅云稠穊也毛詩傳云稠密也說文多也從禾周聲也

綱鞔 下莫安反春秋云鞔補也考聲云蓋也說文從革免聲也

菩薩修行四法經一卷 慧琳撰

憒市人 下奴草反字書云市人猶猥瀀也考聲云人諠多也俗作閙也古今正字從市人不静聲也

希有希有挍量功德經 慧琳音

車箱 下削陽反毛詩傳云箱車服箱也蒼頡篇云車藩也說文云大車牡服也從竹相聲

淳淨 上垂倫反說文云淳清也從水享聲

百倍 下蒲每反王輔嗣注周易謂以一生兩也說文從人音聲音土口反

校量 上交巧反賈逵注国語云校考也說文從木交聲

最無比經 慧琳撰

嚴麗 郎計反麗好也孔注尚書云麗施也顧野王云麗謂華靡也說文從鹿丽聲也丽音放

佛說前世三轉經 玄應撰

麁獷 下鯀猛反集訓云獷惡也說文云獷不可附也從犬廣聲也

禱祠 上刀老反下似慈反鄭注周礼云求福當請福之詞得福曰祠說文

並從示示音祇壽司聲也

無瘢　下薄寒反蒼頡篇瘢痕也說文瘢痍也瘢痕也經文作槃應從疒女厄反般聲也

妊娠　上如鴆反下書隣反廣疋云妊亦傳傳音申也毛詩傳云娠懷孕也說文義同並從女壬辰俱聲

身餧　於偽反顧野王云以物散與鳥食也廣雅餧亦飤飤音寺也說文從食委聲也

餬口　上户徒反介雅云餬饘音之然反左傳云餬其口於四方也說文寄食也從食胡聲

佛說銀色女經　慧琳撰

搏若　上彔欒反博雅搏著也顧野王亦令著也礼記無搏飯也說文從手專聲

鬀須　上梯帝反許注淮南子云鬀鬄髮也說文從髟音摽弟聲考聲云削髮從刀作剃俗字也下相逾反鄭注周礼云須頤也又從頁下須也說文亦面毛也從彡從頁彔形字也

挽我　上無返反聲類云挽引也從車作輓說文從手免或聲也

佛說阿闍世王受決經　慧琳撰

嚘噎　上翳緪反考聲云嚘氣塞也聲類嚘留嗌喉中也亦體食也說文健口嚘聲下煙結反毛詩傳噎不能息也郭注方言云噎痛也說文食在喉也從口壹聲

採蓮違王上佛受決号妙華經　慧琳撰

采蓮　上猜宰反考聲云采取也說文從爪從木今經從手通用也

愕然　上五各反字書咢驚也說文從心咢音咢上同聲也

佛說正恭敬經　玄應撰

蹀足　上徒葉反廣雅云蹀履也聲類蹀躡古今正字蹀蹈也從足枼聲枼音葉也

趠足　上丑挍反上林賦趠間也說文遠也從走卓聲也

善敬經　慧琳撰

指抓　下側絞反左傳云手甲也埤蒼抓掐也亦作爪說文抓刮也從手爪聲也

肩髆　下膀莫反集訓云髆胷膂也亦作膊說文肩甲也從骨専聲専音浦也

推撲　上直追反太公六韜曰椎重八介柄長五尺顔野王云椎所以轉物也說文從木隹聲經文作此搥俗字也下龐邈反字書云相撲手搏也說文從手菐撲聲也搏音博經文從菐聲菐音卜從人作僕訛也

鈎紫　下茲體反或作味考聲云鳥口從此朿音刺聲字書或作古今正字從此作觜經作嘴俗字也

荷擔　下就濫反考聲古今正字云擔負木荷物從手也詹聲也

稱讚大乘功德經　慧琳撰

謗讟　下同鹿反杜注左傳云讟誹也方言痛也廣雅讟惡也說文從誩賣聲誩音虬敬反

捶打　上隹委反說文捶扶擊也從手垂聲也

一遍

匾匠　上邊丏下土奚反考聲作遍匿並薄皃也經作牑牓俗字也丏音緬也

矬陋　上坐莎反廣雅矬短也古今正字云矬字從矢坐聲也

澍澐雨　上朱戍反淮南子云澍雨不澍也春雨之灌万物也說文云澍時雨所以澍生万物無地也從水從尌聲尌音豎次正法字額野王云常也無地無戒法則也又放劫撲範也尒雅云法獨也廣雅云合也說文云澐平如水廌所以不直而去之會意字也廌音宅買反

綜攝　上子宋反列女傳織可以斉治政推持絲而往引而来者日綜說文機縷交者也從糸宗聲也

枯槁　上苦胡反考聲木乾死也亦作殆說文枯朽也從木古聲下苦浩反說文槁亦枯也考聲亦乾也從木高聲也

佛說妙法決定業障經　無字可音訓

諫王經　玄應撰

黼黻　上弗禹反下甫忽反考工記畫繪之白與黑謂之黼黑與青謂之黻尒雅事章也斧謂之黼郭璞日黼文畫為斧形黹字從黹音知雉反經文從首作黼非也

恇攘 丘方反下而羊反說文恐恇遽也楚辭遺此世之恇煩擾也謂煩攘是也

口噤 又作唫同渠飲反噤而不言王逸注楚詞云噤閉也閉口為噤也

葆羽 又鞄同補道反漢書作合聚五色羽名書羽葆謂為葆也

噢咿 於六反下於祇反埤蒼噢伊痛悲之也亦聲也

闐闐 又作塡同徒堅反詩云振旅闐闐言盛皃也亦群行聲也

一切經音義卷第三十四　第十七張　昆

亦教勝軍王經　玄應撰

倡優 齒陽反說文倡樂也蒼頡篇樂也證也戲笑之伎也謂樂倡俳也優笑以自人所為戲怡悅也

綺帊 又作袙同普亞反樸也通俗文廣雅云帊復日帊也

錦衾 袪金反字林衾大被也

駿馬 子閏反穆天子傳日天子稱駿馬百疋郭璞日馬之美馬才良文駿者也

瞋目 充田反說文瞋翕也尒雅翕合也

辟手 裨役反謂舒手附身也廣雅辟除也

日暴 蒲冒反暴晞乾曬也說文從出從廾米字意也字從日從廾音巨恭反

雨潰 在賜反浸也通俗文水日潰潰潤濕也

霜封 府龍反封厚也亦緘檢之也固之也

筋骨 居欣反說文肉之有力者筋字從竹也

殉利 辞俊反蒼頡篇云殉求也廣雅云殉營也

一切經音義卷第三十四　第十八張　昆

佛為勝光天子說王法經　慧琳音

懊悔 烏老反文字集略懊憹奴道反尒雅懊亦忨五幾反說文從心奧聲下呼會反毛詩傳日悔恨也劉瓛言褰反注周易悔改也說文從心每聲也

黔黎 上儉廉反鄭氏注礼記黔首也說文從黑今聲下力奚反孔注尚書黎衆也古今正字從黍𥝢𥝢音利聲

溘肰 坎合反至也楚辭云溘奄忽而之亦至也說文從水盍音合聲也

白㲲 下甜頰反埤蒼云㲲細毛布也考聲云亦草花布也

文字典説從毛疊聲疊音同上縈身於營反收卷也説文從糸縈省聲䟕通上所㓟反經作踊寫人誤也鈴鐸上力丁反鈴小鐸也説文從金令聲下唐洛反鄭注周礼鐸大鐸也説文從金睪聲也魚鼈上語居反水虫下必滅反考工記肉骨者也呂氏春秋山海經亦介也從黽敝聲黽音猛敝音毗袂反黿鼉上阮援反説文黿大鼈也從黽元聲下大河反郭璞注山海經云鼉似蜥蜴長丈餘有鱗皮可以為鼓也説文水蟲也從黽單省聲單音那也

文殊師利巡行經　慧琳撰

晡時上補胡反許注淮南子曰行至申為晡時悲谷者日入處也顧野王云悲谷是日加申時也説文從日甫聲也

佛説文殊尸利行經　慧琳撰

誹謗上音斐下補浪反説文誹猶謗也杜注左傳謗亦毀也大戴礼堯立誹謗之木文字典説並從言非旁俱聲也

貝多樹下思惟十二因緣經　慧琳撰

極劇渠戟反顧野王云劇甚也説文作劇正字也從刀豦聲經作劇俗字

緣起聖道經　此經未有本可音訓

了本生死經　玄應撰

苦懣古文悗同莫本反説文頃也蒼頡篇懣悶也亦憒也常啖又作噉同徒感徒濫二反喫啖也

稻稈經　玄應撰

生穗又作采同辭醉反説文禾成秀人所收也

慈氏菩薩所説大乘緣生稻䔖喻經　慧琳撰

鷲峯　上音就下芳封反案天竺國靈山也在摩竭陁國此山高峻鷲鳥栖止此鳥形狀似鵰而小亦惟鳥也常食死屍若翔集聚落色中必有死亶以此爲徵故名靈鷲經文在此山說也故摽顯其舊名祇闍崛山梵語訛轉也亦名鷲山也說文從山鳥夆就聲者也

錯謬　下眉救反顏野王云謬猶僻也鄭玄云謬誤也釋名云謬差也方言詐也說文從言翏力又反聲也

生莖　下幸耕反蒼頡篇草夲日莖說文從艸巠聲音輕

植種　上乘力反鄭注周禮根生之屬也孔注尚書植置也方言樹立也說文從木直聲下鍾勇反孔注尚書云種布也顏野王云謂取種布於土中也說文從禾重聲也

竅隙　上企曜反鄭注禮記竅孔也說文空也從穴敫聲下鄉逆反廣雅裂也顏野王隙猶穿穴也隙壁際也說文從阜𡭴聲也

躭著　上都南反考聲云躭嗜也孔注尚書云過樂謂之躭從女作妉

亦作此媞或也

沃潤　上烏穀反考聲云沃灌也古今正字從水夭聲也

如稱　蚩證反廣雅云秤度也考聲正作稱經作秤俗字也說文從禾爯爯音上同聲也

低昂　上丁兮反博雅云垂也蒼頡篇低俛也古今正字從人氐音底聲經文作此仾俗字也下五剛反說文高也從日卬聲卬音同上也

獨證自誓三昧經　玄應撰

句譚　下徒南反或言瞿曇弥梵言輕重也

趨第　丑挍他弔二反上林賦趠郭璞曰懸擲也說文趠遠也

金贈　在鄧反贈送也遺也說文以玩好之物相送日贈

謳合　又作嘔慪二形同烏侯反爾雅徒歌日謳廣雅謳喜也

鉢和蘭　亦言鉢和羅梵言訛轉也此云自恣食也

佛說自誓三昧經　慧琳撰

交露　交自也經作絞非也下音路也

莎呵　素河反下音河

梵語

研精 齧賢反廣雅云研熟也說文研𥖤從石幵聲經作研俗字也幵音牽也

句睒 失冉反梵語西國名

揵搥 上音虔下直追反巴於善敬經釋訖

佛說龍施女經

慧琳撰

危脃 七歲反廣雅脃弱也顧野王云脃肉耎易斷也說文云從肉從絕省聲經文從危作脆誤也

龍施菩薩本起經

玄應撰

嚶嚶 烏耕反謂鳥鳴也介雅丁丁嚶嚶相切直也

悢悢 力尚反廣雅云謂悢悢悲然愁也

縷陳 力主反言數如絲縷多難陳也經文作僂非體也

菩薩生地經

慧琳撰

精廬 吕猪反考聲云廬庵類也杜注左傳云廬舍也說文從广嚴撿反盧聲也

檛捶 上鵽瓜反考聲云檛馬策杖也說文從木過聲也下之蘂反說文捶謂擊也從手垂聲

急憋 下稗列反方言急性也說文云憋惡也郭注云憋從心敝聲也

誣罔 上武膚反注礼記及杜注左傳云欺也鄭云誣亦罔也說文從言從巫聲也

觝突 上丁礼反聲類中作牴字在音底觸也亦至也古今正字從角氐聲也

稍稍 梢敎反顧野王云稍稍侵漸也廣雅云稍稍小也說文云從禾肖聲

佛語經

慧琳撰

甲掾 鋑絹反蒼頡篇掾指也漢書官府掾也說文從手彖聲彖音耑乱反

佛說八吉祥呪經

慧琳撰

颰陁 梵語也上盤鉢反

因抵 丁礼反大戴礼云抵猶推

也方言云扼刺也經作扼扼俗字也說文從手戹音戹聲

無央 約章反王注楚辭央盡也說文從大在口聲廣雅云央音於仰反考聲云失容也經文從革作鞅與經義殊乖今不取

⿰革必蜜 上頻必反梵語也

八陽神呪經 玄應撰

肉噲 口壞反國土名也依字咽也三蒼亦快字也

一切經音義卷第三十四　第二十五張　昆

八吉祥神呪經 慧琳撰

鈌滅 犬悅反蒼頡篇鈌鬭也說文從金夫苟反史吉穴反聲下甲斬反說文滅火也從水咸聲也

逮得 臺賴反毛詩逮及也經作逯俗字也說文從辵隶聲辵音丑略反隶音第

諛讇 上庸朱反說文諛亦諂也從言臾聲經作此論是讒論字也與經義乖也下丑冉反何注公羊傳讇佞也從言閻聲或經作此諂俗字也

八佛名号經 慧琳撰

熊羆 上音雄說文熊似豕山居冬蟄之獸從能炎省聲下鄙皮反郭注介雅云羆似熊長頭高腳能拔樹說文黃白文也從熊罷省聲也

豺豹 上牀諧反豺狼屬也郭注介雅云豺腳似狗也顧野王云霜降之日豺乃祭獸是也說文從豸音雉才聲下包教反毛詩亦作豹黃羆是也說文似虎圜文從豸勺常藥反聲也

一切經音義卷第三十四　第二十六張　昆

芬馥 上芳文反下馮福反鄭注儀礼云芬猶香也說文從屮分聲毛詩傳云馥亦香也文字典說云從香复聲

盂蘭盆經 玄應撰

盂蘭盆 此言訛也正言烏藍婆拏此譯云倒懸案西國法至於衆僧自恣之日云先亡有罪家復絕嗣亦無人饗祭則於鬼趣之中受倒懸之苦佛令於三寶田中俱具奉施佛僧祐資彼先亡以救先亡倒懸飢餓之苦舊云盂蘭盆是貯食之器

者此言誤也

往餉　尸尚反廣雅餉遺也說文餉饟也饟餉也

錠燭　音定又殿韻集云有足曰錠無足曰鐙經文作挺非也

鉢羅和飯　燭鐙自誓經云鉢耳此釋云和蘭亦梵言輕重自恣食也

汪洋　烏光反下以章反楚辭云臨極也渊子汪洋王逸曰大水廣貞說文汪洋深廣貞廣雅汪汪大水也

六種親屬　漢書以奉覲應

一切經音義卷第三十四　第二十七張　昆

邵曰六親者父母兄弟妻子也蒼頡篇親愛也釋名云覲也言相隱覲也

佛說報恩奉盆經　慧琳撰

乳哺　上儒主反下蒲慕反許注淮南子云哺口中嚼食也說文從口甫聲也

麴飯　昌沼反字林熬米麦也說文從麥酋就由反聲經文作麨俗字也

汲灌　上紀立反說文汲引水也從水及聲下宮擐反晏嬰云灌沃也說文從水雚音桓聲也

灌洗佛形像經　慧琳撰

臠肉　力轉反字林云臠切肉也說文從肉䜌劣專反聲也

僉然　上七尖反孔注尚書云僉皆也說文從亼慈入反從吅音諠從从古從字

佛說摩訶剎頭經　慧琳撰

捼而　奴和反鄭注礼記擇手捼莎也說文從手委聲莎音素和反

一切經音義卷第三十四　第二十八張　昆

紺黛黑　上甘暗反說文深青色也從糸從甘聲下徒賚反說文眉黑也從黑代聲也

佛說浴像功德經　三藏寶思惟譯　慧琳音

浴像　上瑜屬反考聲云浴洗也說文浴洒身也從水谷聲洒先礼反

佛說浴像功德經　慧琳撰

麩片　上撫無反說文麦皮屑也從麥夫聲也

瀝取　上靈

滴反蒼頡篇云水下滴瀝也說文從水歷聲也

造立形像福報經　慧琳撰

柔耎　而兗反博雅耎弱也從而從大或作碝也

恢上　苦回反杜注左傳恢大也說文從心從灰聲也

佛說作佛形像經　慧琳撰

拘鹽　上音俱下余廉反梵語國名也

佛說內藏百寶經　慧琳撰

嫗和　梵語於侯反

媾精　上古侯反周易曰媾遇也王注云女遇男也經作此遘誤也說文從女冓音與上同聲

漱口　上搜救反考聲漱水激盪也禮記曰雞初鳴咸盥漱是也說文從水欶所六反聲

纖蓋　上珊亶反東觀漢記時天大雨上騎持纖蓋顧野王云纖即蓋也說文從糸韱聲經文作此傘未詳亦俗用字

私呵眛經　慧琳撰

戰慄　力質反杜注左傳云慄謹敬也尚書云慄慄危懼是也說文從心栗聲也

肅然　上修育反孔注尚書云肅敬也又曰肅嚴也毛詩箋云肅肅嚴止之皃也謚法曰強德克義曰肅說文義同從聿𣶒𣶒在𣶒為玄反

炳意　上碧皿反廣雅云炳明也說文云從火丙聲也

有遏　安割反孔注尚書云遏絕也蒼頡篇遏謂遮也說文從辵曷音褐聲

僮孺　上徒東反鄭注禮記云僮未冠之稱也說文從人童聲下如瑜反孔注尚書稚子也說文從子需聲俗作此孺

今不取

蝡動　上如允反淮南子昆蟲蝡動也說文從虫耎聲也

四不可得經　玄應撰

捻箭　又作敜同乃叶反謂以手指捻持也

梵女首意經　玄應撰

入館　古攬反說文客舍也周礼五十里有候館案客舍逆旅名候館字從食令有從舍作館近字也

旡喆　又作哲悊二形同知烈反尒雅哲智也方言齊宋之間謂智為哲哲明了也

菩薩行五十緣身經　玄應撰

佛塔　他盍反或云塔婆或作偷婆此云方墳亦言廟一義也經文從革作鞈公帀反橐也亦防汗也鞈非此義也

成具光明定意經　玄應撰

沃若　又作沃同於縛反詩傳云沃若猶沃沃然也沃柔也濕也亦從下溜出也

卓犖　力角反謂奇異也

瞢瞢　莫登反瞢瞢然乱也

冏也亦無光也

真諺　言建反諺俗言也言了別真俗語無疑難也經文從口作喭俗非也

襃訕　補高反案襃猶揚美之也進也訕謗也

剗貪　又作鏟同初簡反廣雅剗削也聲類云剗平者也

躓礙　上音致通俗文事不利曰躓限至曰礙經文作綴非也

潭然　宜作憺徒濫反憺猶安靜也深水曰潭音徒南反

眉毛　美飢反說文目上毛經文作毦菴二形非也

眼瞼　居儼反字略云眼外皮也經文作瞜眊二形並非此用也

訿訕　尒雅資尒反通俗文云難可謂之訿訕經文或作呰此

瘦毫　古文毫耄二形今作秏同莫報反礼記八十曰耄注云耄惛忘也亦乱也經文作[illegible]宅二形誤也

棚閣　蒲萌反通俗文連閣曰棚棚亦閣也蒼頡篇樓閣也謂重屋複道者也

妐姑　又作伀同之容反釋名云俗謂舅婦名伀言所見敬忌見之伀懼自肅齊也

盥手　公緩反說文澡手也案凡洒滌物皆曰盥不但手也字從臼水皿上意也

𥁋室洗浴衆僧經　玄應撰

𥁋痺 必二反風痺病也病也謂不能行也 苾芬 瀛又作馝馛咇䬛四形同蒲結反埤蒼大香也苾苾然芬芬香也

諸德福田經　玄應撰

枯槀 古文殦同苦道反字林木枯也 迄今 吁訖反尒雅云迄至也

金色王經　玄應撰

粔籹 渠煮反下匿女反蒼頡篇粔籹餅餌者也江南呼為膏糫音還字苑粔籹膏糫果也

大方廣如来藏經　晉翻　慧琳撰

饜意 菩薩名上於艷反

覆蔽 上芳務反賈注國語覆盖也說文從襾復聲下必袂反杜注左傳云蔽障也考聲云掩也說文從艸敝裨袂反聲西呼賈反

皮檜 苦外反蒼頡篇檜糠也字書云檜麁糠也經作此𥞔俗字

糟糠 上早勞文楚辞云哺具糟歠其醨說反酒滓音緇史反從米曹聲下苦綱反郭注尒雅糠米皮也說文亦穀皮也從禾康聲經從米作粇俗也

核 衡革反顔野王云果實內中核也說文從木亥聲

見幣 毗袂反鄭注礼記云大幣所以享先也又曰幣帛也說文從敝毗袂反從巾也

鑄師 朱戍反左傳鑄謂煬陽向反銅為器也又銷金也說文從金壽聲

繒蓐 昔燭反聲類云蓐薦也郭注尒雅云蓐席也說文從艸辱聲也

大方廣如來藏經　興善三藏新譯　慧琳撰

痿瘁 上委為反鄭注礼記痿病也說文從疒委聲下慈醉反毛詩傳曰瘁病也說文從疒卒聲疒音女厄反也

劾役 上力登反字書云或倰字也王

逸云陵侵侮慢易也杜注左傳云侮我
也古今正字從力㚏音上司聲也　須
繠　粟逾反說文正體從彡作須彡音衫頁音頡象形也經從髟作鬚俗字也髟音
橤下而捶反王注楚辭云蘂花實皃也廣雅
云蘂花也說文從艸從三心從糸也
紴去　上曰劣反埤蒼云紴皮破也說文從皮𠬢聲也　粟秫
脣律反尒雅云黏粟也說
文從禾木聲經作床非也　懷挾　上戶乖反經從

心通用說文正字作褱褱挾也從衣眔聲下
嬙頰反何注公羊云挾裏也尒雅云挾藏也
說文持也從手從夾　金甎　音專埤蒼云甂甎也經從
聲經從人作㑀誤也
石作磚俗字也說文　跳驀　上徒聊反說文跳躍也從
從瓦專聲也甂音祿
足兆聲下莫伯反考聲云
驀踰也說文從馬莫聲也

演道俗經　玄應撰

給贍　聲類或作贍同時艷反贍助也字書贍足也謂周足也　譖
八　側禁反廣雅譖毀也亦讒也一云旁入曰譖也
百佛名經　玄應撰
瞿嚧　借音犖俱反　娑瑳　千我反　媵德　翼證也

稱揚諸佛功德經下卷　玄應撰

洞清　古文衕迵二形同徒貢反洞猶通過也亦深邃之皃也經文從口作哃非也

須真天子經上卷　玄應撰

鏠遬　蘇木反　䨴陁　徒對反　瞀　止攜反

中卷

勇悍　胡旦反蒼頡篇悍桀也說文勇亦悍也　弥弓　戶都

反說文木也周易黃帝作弦木為弧剡木為矢是也

建箭　居健反建立也亦揩也

摩訶摩耶經　玄應撰

涵潤　胡耽反說文水澤多也詩云譖始既涵是也

鎩翮　字林山瘵反謂張翼也淮南子云飛鳥鎩翼許重曰鎩羽而飛也

除恐災横經　玄應撰

瀟巷　胡絳反謂須陁洹人也此言入流或言至流今言瀟巷者取其流水豪也經文作港古項反字略云水分流也即經中云分布果是其義也

孛經抄　玄應撰

蚑蜂　巨義反聲類云多足虫也關西謂蛷溲為蚑蛷蛷音求俱反下所誅

反

廝米　析移反廝下也字書廝役也謂賤役也今取其義也

睚眦　五賣反下助賣反廣雅睚裂也說文以為眦目匡也淮南子云瞋目裂眦即其義也

媟嬻　上相列反下徒木反相狎習謂之媟嬻經文作泄瀆非體也

妖孽　字體作孽同五竭反說文衣服歌謡草木之怪謂之妖禽獸蟲蝗之怪謂之孽孽灾也

魯鈍　力古反論語參也魯孔安國曰魯鈍也謂人愔鈍者也

吃㖃　宜作肕同音刃吃肕猶堅鞕也謂人無識也

辜較　又作搉漢書音義曰辜固也較專心謂規固販鬻以求利車略

譙嬈　又作嘵嗷同才妙才焦二反蒼頡篇譙云訶也亦嬈也譙譀也下女交反嬈嬈讙呼也廣雅嬈鳴也說文云恚呼也蒼頡篇訟聲也

鸕鷀　上郎都反下才資反說文水鳥也蒼頡篇鸕鷀似鶂而黑也鶂音五歷反

不思議光菩薩所說經　玄應撰

鴈鴝　又作鸜同其俱反即鸜鵒也

十住斷結經第一卷 玄應撰

緾纏 力前反字書纏繞不解也 戢在 側立反戢聚也斂也說文藏兵器也經文從手作撖非也 滲漏 踈蔭反滲盡也下漉曰滲滲亦涓也 閣塞 於儉反閉門人也宜作掩掩藏也蔽也

第二卷

窑欵 又作款同口緩反蒼頡篇款誠重也至也說文欵意有所欲也 揮涣 許歸反揮灑也說文云揮奮也謂奮振去之也

第三卷

棚閣 蒲萌反通俗文連閣曰棚經文作閛普耕反門聲也閛非此義也 嬈固 乃了反下又作怘同古護反三蒼云嬈弄也煩也謂煩擾戲弄也諸經有作嬲或作嫐音周嬈摩登伽經作擾蠱音公戶反厭蠱也字林蠱弃古護反

第四卷

勗勉 虛玉反謂勉勵也方言齊魯謂勉為勗也 道撿 居儼反大品經云若入聲聞正位是也撿攝也蒼頡篇撿法摩也

第五卷

䮫然 呼馘反䮫然忽也義亦與砉字同音乎覓反砉然也馘音古麥反

煻煨 徒郎反下烏迴反通俗文熱灰謂之煻煨亦熝也廣雅煨温也經文作熅於文反烟熅光氣也說文欝煙也熅非字體也 門閾 古文閪同呼域反尒雅柣謂之閾郭璞曰即門限也柣音千結反

第六卷

或奣 鴉猛反明也 娑捲 千何反或作婆又河亦云博义河大池西面河也馬口而出流入西海也 䔲瞢 徒登丁鄧二反韻集

笑卧極也下亾登反經有作蹬燈燈並非體也

第七卷

六陻 於仁反說文陻没也尔雅陻落也亦下也

第八卷

斞水 九愚反廣雅斞酌也說文斞挹斞也杼也經文作枸非體也或從西

一切經音義卷第三十四　第四十一張　昆

作酙亦非

第九卷

蚑行 渠支巨宜二反謂虫行皃也周書蚑行喘息是也

哂肰 字書作引或作吹同式忍反三蒼小笑也論語夫子哂之馬融曰哂笑也礼記笑不至哂鄭玄曰齒本曰矧大笑則齒本見也

愚戇 都絳反說文愚癡也戇也聲類

韻集音丑卷反

第十卷

遮迦越羅 此譯云轉輪聖王正言斫迦羅此言輪伐剌底此云轉名轉輪聖王順此方語也

菩薩瓔珞經第一卷　玄應撰

恭恪 古文愙同口各反恪敬也字林恪恭也

曩昔 奴朗反尔雅曩久也猶往久古昔也

塵曀 又作壒同於計反尔雅終風且曀傳曰陰而風曰曀曀亦翳也言奄翳日光使不明也

一切經音義卷第三十四　第四十二張　昆

第三卷

亘肰 歌鄧反亘猶坦然也詩云亘之秬秠傳曰亘遍竟也秬音巨秠音扶鄙反

羯毗 或言羯隨或曰迦毗或言迦毗此是梵語音訛也此譯云迦毗聲迦羅者名為好聲鳥也

第六卷

僥倖 古堯反下胡耿反僥遇也倖冀慶也俗謂幸為倖倖謂非其所得而得之也

第七卷

貪餮 又作飻同他結反說文飻亦貪也又曰貪財曰饕貪食曰餮

拘隣 或作居隣或作拘輪皆梵語訛也此云本際則經中尊者了本際尊者智本際皆是也此則嬌陳如也

邠耨 又作分耨或作邠耨文陁弗應云富羅昜陁弗多羅此譯云滿嚴飾女或言滿見子也

第九卷

苾芬 又作馝馝咇馝四形同蒲結反埤蒼苾大香也詩注云苾苾然芬香也

阿惟顏 案菩薩十住經云第十阿惟顏住謂一生補處者也

鏟以 又蒐反說文一曰平鐵也蒼頡篇云削平也

不泄 思列反泄溢也亦發也廣雅泄漏也

第十一卷

超卓 耻驕反跳上車也超越也出前也遠也踰也下陟角反卓高也釋名云超卓也舉脚有所卓越也

第十二卷

分衛 此言訛也正言儐荼此云團波多此云墮言食墮在鉢中也或言賓荼夜此云團團者食團謂乞食也

鏗然 又作摼𨎮二形同口耕反說文𨎮𨎮堅也廣雅𨎮𨎮然堅也

料量 力條反說文料量也料亦數也字從斗經文作料苦和反非也

超日明三昧經上卷

玄應撰

懾伏 聲類作儑同止業反說文心服曰懾廣雅懾懼也字書失常也

娞恤 私惟反尔雅娞安也恤収也

恢弘 又作⿰糹灰同苦迴反字林恢大也

纖介 家薤反周易憂悔吝者存乎介韓康伯曰介纖介也劉瓛曰介微也

譎詭 又作僪同公穴反下又作恑同居毀反方言自關而東西或謂詐為譎恑亦奇恠也

浮譁 呼瓜反尚書無譁聽命孔安國曰無讙譁也蒼頡篇云譁言語譊譊也

不挍 古効反左傳有人而挍罪莫大馬也注云挍報也論語云賊而不挍是也

五兵 周礼司兵掌五兵鄭衆曰五兵者戈殳戟酋矛夷也若歩卒五兵則無夷而有弓矢也

消殪 古文作壹同於計反尔雅殪死也尚書殪戎殷注云殪煞也亦盡也

弘綽 又作繛同昌若反說文綽緩也綽亦寛也

下卷

逴情 字林女卓反三蒼昌若反又音徒歷反逴約好貞也

分賦 方句反賦布也尒雅賦班也郭璞曰謂班布與之也

綢繆 直流反下亾侯反詩云綢繆束薪傳曰綢繆纒綿也

寇害 口候反說文寇暴也廣雅寇抄也尚書寇賊姦宄薄寗集解云寇群行攻剽者也字從完從攴剽音疋妙反

躊躇 鵰留反下鵰諸反廣雅躊躇猶豫也亦蹢躅也

貙者 丑俱反似狸而大尒雅今貙虎大於狗文如狸博物志云貙大能化為虎

菀囿 于救反三蒼養牛馬林木曰菀字林有垣曰菀無垣曰囿所以養禽獸者也囿亦禁菀也

城廬 力居反別舍也亦寄止也黃帝為廬以避寒暑春秋去之冬夏居之故曰寄止

謙冲 說文作盅同除隆反字書冲虛也亦中也

屢聽 力句反尔雅屢亟也亟數也亟音袪記反

訾量 又作訾同子移反訾亦量

也說文思稱意也

蹉跌 千何反下徒結反蹉跌也通俗文失躡曰跌廣雅云跌老也亦偃也

未孚 字體作趍同芳務反礼云無趍往鄭玄注云趍疾也廣雅云趍行也

一鍼 聲類今作針同支諶反廣雅鍼刺也說文所以縫衣也

賢刧經第一卷

玄應撰

光燿 古文曜同餘照反廣雅曜照也明也

不挾 胡頰反挾懷意也介雅挾藏也經文作挾和也協非此義

稸積 字書作蓄同勑六反蓄積也聚也

痂瘡 古遐反下于軌反廣雅痂瘡也瘡毆傷青黑腫也

郱伴 石經作郱邦艳三形同補江反

准平 說文作準同之尹反准平均也度也經文作垐才貲反以土增道也垐非此用

擿去 他狄反擿剔也謂擿治之也亦取也

第二卷

三塗 又作途迏二形同達胡反言三塗者俗書春秋有三塗危險之處借此爲名塗猶道也非謂塗炭之義若依梵本則云何波那伽伍此云惡趣不名惡道道是因義由履而行趣是果名已到之處故不名惡道也

蹎躓 古文踶蹎二形今作疐同猪吏反通俗文事不利曰蹎限至曰礙也

居倫 大哀經作拘輪譯云本際第一解法者也普曜經云俱隣者解本際也阿若者言已八也正言解也拘隣亦姓也

第三卷

怯弱 如斫反尚書六極曰弱孔安國曰弱尫劣也經文作㛪奴的反思也傷也惆非此義也

第五卷

鳩那羅此譯云惡人亦言不好人也

第十二卷

竿蔗古寒反下諸夜反通俗文荆州出竿蔗則甘柘是也

錫賚星的反介雅錫賜也謂賜與也上與下之辞也

好拂數勿反拂拭也除塵也治去也經文作䊀佛二形非也

都較古文攉同古學反較猶粗略也廣雅云較明也亦比挍也

趣谷古木餘玉二反介雅水注谿曰谷泉之通川者也經文作峪非也

一切經音義卷第三十四

一切經音義卷第三十五　昆

翻譯沙門慧琳撰

一字奇特佛頂經三卷

一字奇特佛頂輪王念誦儀軌經卷

佛頂尊勝念誦儀軌經一卷 不空三藏譯

加句佛頂尊勝念誦法二卷 善無畏三藏譯

一字頂輪王經五卷 流支譯

菩提塲所說一字頂輪王經五卷 不空三藏譯

大陀羅尼末法中一字心呪經一卷

普通諸佛頂要略念誦法經一卷

佛說一字轉輪王佛頂呪經一卷

蘇悉地經三卷

蘇悉地羯囉經

蘇悉地經

佛頂尊勝陀羅尼經一卷 杜行顗唐初譯

佛頂尊勝陀羅尼經一卷 并序佛陀波利譯

佛頂最勝陀羅尼經 并序彥琮共日照再譯

最勝佛頂陀羅尼淨除業障經一卷 地婆訶羅東都重譯

佛頂尊勝陀羅尼經 義淨三藏譯 無字可音訓

記佛頂尊勝陀羅尼經 翻譯年代先後 慧琳述

佛頂尊勝陀羅尼并功能經 後周闍那耶舍譯

蘇悉地羯囉供養法二卷

右二十經三十三卷同此卷音

一字奇特佛頂經上卷

奇特 上音其說文奇異也不偶日奇古文從大從可立俗字也下騰德反廣雅特雄也文穎注漢書特獨也方言云物無偶日特說文朴牛也從牛寺聲也

師子繠 如捶反說文蘂苷也師子蘂者寶名也肯音辱鍾也

裸者 上華瓦反借音字也祼者字書二露體無衣日裸或從人作倮或從身作躶本音郎果反

鬼魅 眉秘反經從女作媚非也

車輅 上音居下音路周礼有五輅金輅玉輅等說文云車零前横木也從車路省聲也

驚駭 霞騃反蒼頡篇云駭亦驚也廣雅驚起也說文馬駭也從馬亥聲也

瞻睹 章閻反文字典說瞻望也說文臨視也從目詹聲也下當弩反說文睹見也或從見作覩從目形聲

珊瑚 上桑安反下音胡案珊瑚赤色寶名也出罽賓等形已見前釋

貧匱 逵位反毛詩傳日匱竭也鄭注礼記云乏也說文匣也從匚匚音方貴聲

㲲縷 上音牒西國草花蘂也如此國莿花蘂撚為縷作布從毛疊聲或從糸作緤本無此字譯經者權制之故無定體下力宇反即織者之縷也說文縷綫也從糸婁聲撚音年典反

抨線 上伯肯反說文抨彈也如今之抨墨升弦下先薦反俗字也正體從戔作綫說文縷也從糸戔聲戔音殘

結纇 雷罪反說文絲節也從糸頪聲也纇音同上

撚綫

上年典反正字辯惑云續緊也考聲云盭使緊也捩也以手捩撚令緊也從手然聲也或從手從全作拴古字全音軨盭音捩捩音奴和反緊音經引反下先箭反集訓綫縷也俗作線前已釋古文

嚴潔 上儼狀反說文教命急也從吅吅音喧厰聲厰音岩今反又音識吟反下潔音結鄭注礼記云潔清也謚法日不行不義日潔礼記又云靜也精微也從水絜聲音同上經文有作嚴毅非也字書云煞敵日果致果日毅与經義全乖故不取也

癲癇 上典年反文字集略云戰風入藏謂之癲病案癲即

任也下癇音閑文字集略云小兒風病也癲癇二字並形聲字前已具釋故略言耳

瘡皰 上楚霜反考聲云瘡痍也韻詮云疸疥瘡痍已釋下咆皃反俗字也說文從皮作皰云面上熱氣細瘡也

耳齹 下楚宜反說文云齹齒參差也從齒差聲

一字奇特佛頂經中卷

一切經音義卷第三十五　第五張　昆

盧地囉摩 上音魯蕉轉舌呼囉字亦轉舌梵語唐言血也

奴沙 梵語唐言人即人之惣稱也或云摩努娑

紫鉚 虢猛反案紫鉚外國藥名也紫赤色出外國煎波羅沓樹皮汁蕉食此木蟲糞成膠堪黏寶鈿作用

食麪 尺沼反考聲云熬米麥為粉衞宏或作麨俗字也經中從米從火作粆非也文字典說從麥酋聲也

素嚕多惹那

梵語服藥名也此有二種一安膳那二名如上用各有殊不能繁述此礦石素色而有光猶如金精

霖雨 上音林左傳曰大雨三日往謂之霖介雅久雨謂之霪霪謂之霖形聲字也

牛窪 烏瓜反淮南子云牛蹄之窪不生鱣鮪廣雅窪下也古今正字從穴洼聲洼音同上

寱語 上霓計反說文眠中有言也從寱省臬聲也臬音言列反讀若蘖

號叫 上胡高反古今正字從虒号聲虒音斯考聲云號大哭也痛聲也或從皐從口作嘷下叫驍曜反俗字也說文正作噭噭吼也呼也從口敫聲敫音口彫反古文字

不鈌 大悅反經文從門作闕非

一切經音義卷第三十五　第六張　昆

一字奇特佛頂經下卷

頻伸 音申考聲云伸展四體也

欠故 音去說文氣悟俗謂之欠即張口出氣也經作嗌噉乖經義今改為欠故也

穬麥 虢猛反說文芒穀即今之大麥也形聲字也

欬嗽 上開愛反說文氣逆也從欠亥聲經文從口作咳音孩小兒笑也非此義也下叟奏反考聲云氣衝喉也經中亦從口作嗽

俗用非正體也

一字奇特佛頂輪王念誦儀軌經 無字音訓

佛頂尊勝念誦儀軌經

絣爲 上伯萌反字書云振黑繩也集訓云拼揮也或從手作拼古今字詁作拼拼皆古今之字也揮音彈

倀像 上摘更反借用本無此字張展畫像

也或有從木也作擴或作捉皆俗字也非正也

巘盉 上曾和反尒雅海介蟲也亦大蝸牛也下比梅反即以巘為香水盉梵名過伽是也

庳脚 上皮媚反鄭注周礼云庳猶短也顧野王云庳猶卑下也文字典說從广音阿旦反卑聲

拟左 上斛薵反考聲拟拗也拗音鵶狹反拗拟手指以為印契用表身業從手必聲

爲鞘 肖曜反考聲云刀劍室也從韋肖聲或從革作鞘亦通也

時用此字也

掬物 弓六反集訓云兩手掬取物也古文象形作臼兩爪相向掬物勢也

蟠於 上伴曼反廣雅蟠曲也方言云龍未昇天蟠在穴中謂之蟠龍今此中蟠數珠是也

掐珠 上口甲反埤蒼云抓掐也今抓掐念珠也說文從手臽聲

加句佛頂尊勝念誦法二卷 善無畏三藏譯 無字可音訓

一字頂輪王經第一卷

鉞斧 袁月反前已釋

荼抧尼 鷄以反梵語女鬼之揔名能魅人與人通者也

齗腭 上牛斤反文字典說云齒根也說文齒肉也從齒斤聲也下腭字玉篇說文等諸字書並無此字俗用音我各反近代諸家切韻隨俗或有並從月咢聲亦是俗字也已行於世久矣案腭者口中上腭也說文云口上阿也從口作谷音強略反象形口上畫重八象其上腭文理也亦會意字

牙頷 上雅加反說文云壯齒也象上下相錯之形本篆文作𤘓今隸書作牙下含感反上聲字

後周改為嵐州因慈有此嵓嵐字流行於人
間嵓音可一切字書先無此二字披覽史書
於後魏書中見其意所以知之故
跡出示其原也今之時行流此也 闚瞻
奎規反考聲云闚覦也或從穴作窺韻詮云
窺見也平聲字奎音犬垂反覦音七豫反
杵索棓杈 杵音昌与反索音桒落
反棓音白項反或作棒
杈音楚
加反也 共度 唐洛反經文從
心作㦛非也 戶牖
下由酒反廣雅牖窓也韻詮云正曰窓旁曰
牖說文云穿壁以木為交曰窓象形字或從

片牖字從戶
從甫亦從片 打撲 下音普木反考聲云
撲亦打也廣雅擊也
蒼頡篇輕打也說文挟也挟亦打
也打字從手丁聲也挟音天逸反 腥臊
上音星鄭注周礼云豕膏臭也又云肉
中有米者似星或為胜字或作鮏說文云星
見食豕令肉中生息肉形聲字也下桒刀反
訓釋與腥同從肉喿聲喿音同上今之字也
趩者 音翼論語云趩進翼如也
進趩皃也從走翼聲也 傭纖
上寵龍反鄭箋毛詩云傭均也說文均直也
從人庸聲下孅閻反孔注尚書云纖細也廣

經作頷俗字也說文云䫉頷也古文本從函
音含從頁作顄或作顅皆古字也今且從俗
心臍 上心字象形字也下音齊說文䏿
臍也從肉齊聲經文從月作䐡字
非
也 髀厀 上瓶米反說文股外也從骨從
卑下辛七反說文脛頭節也從
卩卩音節桼聲桼音七經從月
從来作膝俗字此字行久也 矟卬 雙
捉
反說文矛也從矛肖聲 愉喜 與殊反鄭
也經從木作槊俗字也 注論語云

愉愉顏色和也介雅樂也廣雅喜也從心俞
聲俞字說文從亼從舟從刂刂音古外反亼音
精入反今俗用從月從刀訛也 摀瑟䞓沙 梵語也
唐云佛
頂亦云無 檽木皮 華卦反考聲木名
見頂相者 也或從蒦作檴俗
用作樺經文從畫
作擭俗字非也 旋嵐 下音嵐旋藍者
大猛風也元魏
孝昌帝時俗用因循書出此字亦是北狄突
厥語也以北地山川多風本因嵐州嵓嵐鎮

雅云紴也鄭注周礼云小也說文從糸從鐵鐵音同上經從截非也⿱刀月睞上角字從刀從月下来武反蒼頡篇云內視也說文目童子不正也從目来聲瑕翳上音遐鄭注礼記云瑕病也說文從玉段聲下伊計反考聲云目中病也郭璞云翳障也奄覆也說文華蓋也從目殹聲殹音同上古也匾匿上邊㐲反下體鷄反字統云匾匿不圓考聲薄闊㒵也古今正字云匾匿薄闊不圓亦不方也從匸上

形聲字或從肉窊䀹上烏瓜反平聲字考聲云依下也說作朒賗俗字文汙邪下也從穴瓜聲瓜音寡華反象形字也下儉甲反考聲云水滿相著也從甲夾聲經作䀹鳥諂上頑嚚上五鰥反杜注左傳云心不則德義之經小毛非經義也經日頑下魚斤反孔注尚書云口不道忠信之言日嚚說文從㗊臣聲也㗊音莊立反從四口不迨奉攸反毛詩傳云追及也古今正字從辵台聲寶芽

雅加反博雅草木始生日芽形聲字也拔挂寡話反廣雅挂懸也說文從手從圭經從木非也

第二卷

濺灑上煎薛反考聲云濺灑也或作㵐亦通下沙賈反寀灑者以物霑水散灑也借音用本音所買反今不用此音樒木民必反考聲云木名也其有香文理似白檀香非白檀也𣂎取令香者皆須斫經多年久乃香出其樹白檀之種類也赤者為上出多不識呼為白檀香頭銛下息廉反史記銛利也說文鍤屬也從金舌聲瞬目水閏反說文從寅作瞚訓云開闔目數搖目瞬目經從舜字亦通用也縱𢞉上足用反下唐朗反孔注尚書云放豫也遊戲也郭注介雅邪縱也廣雅𢞉滔也說文放也從心象聲經文從女從易作婸亦通易音陽是也擐毗栢嚕迦上阿我反栢音即嚕字轉舌迦音董佳反此一句梵語唐云調伏亦云降伏驃駞上音

託或音洛下唐何反北方胡地畜也前已釋也

貪勑 下音逸考聲云逸豫也弄也

戲謔 上希義反說文從戈虗聲也下香虐反尒雅謔亦戲也詩傳云喜樂也並形聲字也

姥殼馱 上音毋次論訥反梵語即是大作障魅鬼王名也

頞鉢羅 上溫骨反梵語花名也古譯云優鉢羅花

諭底迦 上音踰舊或作踰亦梵語之也

香馞 盆沒反廣雅馞香氣盛皃也古今正字從香孛聲古形字也

向潬 他單反尒雅云水中沙出也郭璞曰今江南呼水中沙堆為潬古今正字水中堆曰潬形聲字或作灘俗字之者

猜疑 上采哉反言猜恨也廣雅懼也杜注左傳猜疑也古今正字從犬青聲

拈香 捻兼反廣雅拈執持也釋名云兩指鉆取也字從手占聲指拈捻也說文拈即掫也音尼輒反

謦唾 輕鼎反蒼頡篇云聲也說文欬也從言殸聲殸音客今客耕反下土卧反考聲云口中津也說文口液也形聲字也

鞵屩 上鞵皆反經中作鞋俗字也聲類云革底而麻絲也釋名云鞋解也著時而縮其上如屨脫時解其上則舒解也古今正字從革奚聲下綺妖反或作蹻蹻又音薑虗反訓釋並同蒼頡篇屩屐也徐廣注史記云草扉也又奚計反屐音擊逆反扉音肥未反也說文屨也從屨省喬聲也

韈笲 万發反或作韈亦作韤又作韈韈古字也說文云足衣也從韋蔑聲蔑音眠鼈反

謿誂 罩交反考聲云謿諸也調戲也形聲字從言朝聲從口作嘲俗字也下條烏反廣雅誂謏也考聲云以言先試曰誂說文相呼也從言兆聲謏音修酉反又音小也

樂歖 上音洛下音喜

第三卷

磔開 上張革反廣雅磔張也亦開也

戲嬉 上音希下音喜經作熈喜非也

俁呬野 上愚矩反呬音馨以反俁呬野梵語諸天名也

餧

身陵謚又借用不取字義即向前亞身也亦言向前鋑身為經文巳有且音用也

擡膞上大来反韻詮云擡舉也從手臺聲

第四卷

掘去群屈反集訓云掘穿也考聲斷也經意欲斸去其地中惡土及灰炭瓦礫爛骨朽木諸穢惡物說文從手屈聲經文從角從厥作觼音權月反俗語非也

拓外湯洛反考聲云拓開也從手從石經中從斥作拆恥革反非也不成字也

如來槊雙捉反俗字也正體從矛作矟矟短矛也

姥音母

菽論骨反借用也

隨綾知貫反

迦薑佉反巳上五字是一句梵語譯經者並自音如上並是借聲以響梵語金剛名也不求字義

作敂勢獲陌反古今正字云敂擊也言擊類也今俗語猶有敂耳之言

從攴從各聲也

拋其石子普包反考聲云手投物也說文投也從手尥聲尥音同上又音寮即歹經從力作拋非也正從手從九從勹會意字也

珿頭楚六反或從立作⿰立足廣雅珿齊之等也或從石作⿰石足並通從玉足聲

繫袜蠻八反考聲云袜束也集訓橫繫也古今正字從衣末聲末字木上加一畫也

右手攥纂括反或從最作撮說文三指撮兩體並通也

泌潬上泌字或從石作砂下坦丹反考聲云水中沙出日潬形聲字

米⿰耳單羅⿰耳單音多可反梵語新死人屍也

第五卷

撦昌野反梵字也響

禰泥礼反準上

⿺走乙疵皮反

瓷甖上音慈經從石作磁石藥名非此用也瓷瓦器也

迎翼蠅即反考聲翼敬也輔也送也助也和也孝謹也或從走作趩趩走皃也經中從广作廙譯者錯用非也

焣稻糓楚巧反或作炒亦作[illegible]並通方言云焣火乾也

古今正字從火取聲 手署 暗感反說文署覆也從暗省聲也 常聯 力塵反考聲聯綴也說文連也耳連於頰故從耳從絲者不絕也會意字也 檻木 音塹前已解或作壍亦通 青稞 音科大麥之類无皮者有別音今不取也

菩提場所說一字頂輪王經第一卷

目鍵連 鍵音乾梵語訛也正梵音云摩賀没特蘗羅唐云採菽氏即菉豆仙人種也或云大目乾連如來聲聞弟子中神通最為第一者也 俱鄰羅 鄰音癡羅漢名也 蘗路荼 亦梵語訛轉也古譯或云加婁羅王即金翅鳥王衆 拏枳佽 上儜加反下從奴作拏有從如者非也枳音經以反佽音寧頂反女鬼之惣名 毗鈕天 鈕音尼肘反或

從糸作紐並通字從金丑聲從田誤也或云尾瑟努天古日毗留天即持輪天是那羅延之種類是也 鉞斧 上袁月反本正體作戉說文大斧也從戈丿聲丿音厥為書寫人多誤濫於戊巳字先賢故加金作鉞以別之也顧野王云鉞斧者軍器兵仗也司馬法夏執玄鉞尚書云王左仗黃鉞柔鉞大斧也王者以賜大司馬以斬持節將也形聲之字也 摩尼跋捺羅 跋音盤末反捺音奴割反梵語也藥义將名唐云滿賢也 烏婆跢羅迦 跢音多多字去聲迦音薑佉反梵語惡鬼名也或云麗鬼也 勠突 力登反考聲使悔也經從水作淩水名也古今正字從力麥聲也麥音同下文欺勠勠摩並同也 從髆 音博肩髆也從骨從博省聲也經從肉俗字也 二脛 形定反脚胻骨也 二踝 華瓦反足脚腕上內外骨 鑠訖底 上商斫反梵語也印契名唐云鑠印也 沮壞 上齊與反毛詩傳云沮亦壞也又音精豫反毛詩云汾沮洳傳日其漸洳也鄭注礼記學也尒雅濕

也從水且聲也經作沮說文從半肉非此義
下褱桂反字統云自破日壞說文自敗也從
土褱聲也褱音胡乖
水休 寧的反礼記孔子日君子休於口小人休於水
謂覆没不能自理出也又日死而不弔者三
畏壓休說文𣳚水也從人從水亦作溺古也
虵蟚 上杜遮反俗字正從虫作蛇或作它字書云毒蟲也毛詩惟虺惟蛇說
文上古草居畏蛇故相問無它乎蒼頡篇日
虵非一也種類甚多難以具述它音他下研

結反礼記無蟚骨說文蟚蠍
也從齒切聲而本形之字也
樺皮 華罵反木
名也皮堪為燭者其中有細滑堪書者被五
天無紙栽樺皮或貝多樹葉或多羅樹葉栽
為梵夾如中國古人用竹簡之類書
寫經教文字內外典籍傳於此土也
那洛迦 梵語也地獄名
謨呼律 亦梵語時名也西國曆法分一
晝夜為三十謨呼律多不問冬夏長定三十
春秋分時晝夜各得十五謨乎律冬至夏至

極長極短之時晝夜五侵其六
即十二十八是也今之形字
傘蓋 上桑
嬾反俗字也正從糸作繖下音蓋正體字也
從草從盇盇音合盇字說文從大從血經文
作蓋從羊血隸草
非也古今之字也
寶爓 音焰正體字也
挫辱
祖貨反韻詮挫折也賈注國語云折
其詞鋒日挫說文摧也從手坐聲也
旗纛 上音其下毒鄭注周礼云纛羽葆幢也蔡邕
獨斷云黃屋左纛纛所以用犛牛尾為之置於
槍槊上名之
為纛是也
蘭香捎 霜交反正體作梢從木肖聲此

即如來譬喻說也凡蘭香花出時捎頭花子
分為七分罪人善神碎其頭破作七分如彼
蘭香捎頭古譯云阿梨樹
技者謬也本無阿梨樹
肌膚 上紀宜反下甫
无反並從肉
膚字從盧省
團欒 俗語也即團圓也上段完反古今正字下盧完
反並形
聲字也

第二卷

搓縷 上此何反下力主反前音義卷初已釋也
織氎 下恬叶反

亦卷初巳訓釋巖窟苦骨反俗字也正從土作也堀罝祭譴更反正體字也經從貞作揁非也前文尊勝音義中從人作偃是張字亦非本字借用字也白犛拂音茅即犛牛尾為拂經文作猫即猫兒字猷也非犛牛字冏絡音洛郭注山海經紘也古今正字從糸從絡省聲腰條計刀反考聲云織絲如繩以繫腰說文從糸從條省䶮黑青性反借為去聲用本音上聲今不取集訓云青黑色也古今正字從色青聲也青字從生從丹也如鑄朱樹反泥滓緇史反考聲云澱也說文澱也從水宰聲輪橖下宅衡反說文橖剎柱也從木堂聲足而是之酸酢蘇端反下麁故反說文酸酢也又云酢酳也酳酢漿也並從酉形聲字也水蛭真日反讀與質同音蒼頡篇云蛭水蟲也從虫至聲也

第三卷

攝嚩下无何反梵語不安不求字義梵云攝嚩者唐云新死人未壞者也茾娑梵語此云肉也貿茾娑上莫候反介雅云貿市也韻英云貿賣也說文易財也從貝丣聲丣音古文酉字也經從夘作貿非也言貿茾娑者賣死人肉也駈役鬼神法中事也取新死人肉未壞者如庖廚宍雜以薑椒五味調適夊衆令香美用祭饗屍佉林中大力鬼神既饗祭巳便以佛頂真言威力駈逼役使令

遣為國除寇害以此食易彼力故言貿茾娑炙音之亦反從肉癸音初絞反俗作炇迷怛羅亦梵語也唐云起屍鬼也噂噍上音博下律入反考聲云噂噍羨飲食也或噂口出聲作美想經文作噂唼字非也唼音所匣反鋸銅提類反借音用也李无此字初即鑄寫然後再入火中燒鍊椎打而成名為鋸銅順俗語也烝煑上章仍反考聲云烝熱也火迫水氣令上達也說文火氣行也下諸汝反顧野王云煑熹也古文作鬻從者從鬻皮膠

絞爻反鄭注考工記云膠煎皮為之顧野王云膠者所以連綴物令相黏著詩傳膠固也從肉翏聲

扨二頭指　斲蔑反韻詮云以手扨扨是也有作搦者誤用也從手必聲也

相柱　下誅縷反古文以一點墨為為是本字也經文從走作跓或作柱皆借用字也

穬麥　虢猛反大麥也

第四卷

驍勇　上皎堯反廣雅驍健也下勇字從力甬聲尔

髆印　音博經從肉非也音普博反是膊乾脯字也

光燗　盐漸反亦作焰

撼　含紺反今時借此用

踝　華瓦反

關鍵　上寡頑反說文云以木橫持門戶也從門𢇍聲𢇍音同上從丝丱聲丱音慣丝音幽經從弁作關非也弁音汴錯用

穅和　音康說文云穀皮也從禾從庚從米經從水非是此也

煙熏　下暉雲反說文云火煙上出也從屮從黑會意字也

箸攪　上除慮反廣雅筴謂之箸文字集略或作𥮎亦作筯筴食也韓子云紂以象牙為箸說文飯攲也筴音古協反下交咬反

金粖　摩鉢反碎米也

合鍊　蓮殿反或作煉說文冶金也從金柬聲柬音同上經文從糸作練非也

第五卷

無字可音訓

大陁羅尼末法中一字心呪經

或鑞　藍荅反考聲云鑞鉛錫類也韻英云鉛也說文青金也形聲字

鐵鋌　音定說文銅鐵璞也

無瘢　音盤取無點黶無瘢痕好新刀以佛頂真言加持作法也

三棱　勒登反廣雅棱抓也集訓云四方木有棱說文棱隅角也從木夌聲或從禾作稜抓音姑

普通諸佛頂要略念誦法經一卷

佛說一字轉輪王佛頂呪經

崖險 雅皆反考聲云山澗邊險岸也說文高邊也從屵圭聲 屵音五割反下許檢反賈注國語云險危也玉篇阻難也 古今正字從阜僉聲㕣大行

臂釧 川戀反此卷音義中已見前釋經文作串非也不是釧字

花堆 都迴反考聲云高皂也經作埠或作堆並非也

乳麮 偷口反以牛乳和麵酥煮油餅也經從食作飳或作飳並俗字非也

指抋 便蔑反前文已具釋

蘇悉地羯囉經卷上 卍

簸儜曳 真言中字上波箇反次孃耕反下移翳反

許吽 兩字音一種共肯喉中牛吼聲即是亦難為音腳也

一切經音義卷第三十五　第二十五張　昆

制徵 音致梵語金剛藏使者名也

吽臛 真言中字訶各反也

腋 盈益反兩腋也

臍 音齊或作齊諸真言先來各自有音所以不音但音經而已

羆熊 上音悲尒爾雅羆似熊而黃白色郭璞曰似熊而頭長腳高猛憨多力能拔樹木開西呼猳熊也下音雄說文獸似豕山居冬蟄蟄用舐掌似人掌內名蹯味中最美羨之難熟熟憨音訶荅反蟄

音沉立反蹃 音須砥音加

趒驀 上挑嘯反韻英云越越也或作趠經文從足作跳音調非經義

倮形 華瓦反借音用以避俗諱本音螺果反倮赤體露形也或從身作躶或從衣作裸並蠡體無衣也形聲字也

葱蒜 下音筭從草從祘也前已釋

蘿菔 下朋北反根菜也

鑄銅 搥類反去聲字

牀榻 貪荅反蜀腳牀也牀陿而長曰榻

漱口 搜皺反韻英云洗滌口也皺側救反滌音狄也

頭指捻 念葉反

嗚

一切經音義卷第三十五　第二十六張　昆

嚕捺囉叉 捺音奴葛反西方樹木子核文以排核大小如櫻桃顆或如小彈子有顆紫色此名金剛子堪作數珠金剛部念誦人即用此珠甚堅硬

作

環 音還經從金作鐶非此用也從玉正

梳鬆 音疏

捃攤 上君殯反梵語不求字義

頞鉢羅花 上溫骨反梵語已叙

得蘗嚂花 言羯反梵語也

灘敦蔡 上坦灘反下都魂反梵語不求字義

眈忙羅蔡 上荅含反經文

從月作眈非也不成字

椰子果　上野遮反木果名也廣相　多有業堪為席甚兗皮堪為索縛紅舶耐爛其果甚美無有葉甜如窨果有皮殼堪為酒杓經從草作䓈非也

柹子　音仕果子名也

豆蔲　乳構反　藥名也　大如拳紅赤色

蘇悉地經卷下

鶻鷉　上音骨下音鹿隨陽鳥也一名　老鶻鴻鴈之類形如鶴青色也

暈虹　上音運日月暈也下音紅䗖蝀也因有微雨日影也

二指㨖　恥革反㨖開手亦　中指所及為量也

一切經音義卷第三十五　第二十七張　昆

銛剡　上相閻反利也從金舌聲經作鐵非也下　察盞反韻英剡削也從刀炎聲炎音贍　限也

鑠底　傷弱反下丁以反　梵語也唐云擔也

置棓　龐講反　大杖也

攣酥杓　音卷以杓舀蘇也舀音　姚小反下常斫反形聲字

嗃喇　宜矯反梵語也　下剌字彈舌呼也

膽勇　上躭敢反從肉經從目非此也

劓鼻　音義截　鼻而為

劓

倀偞　摘更反張展畫佛像　菩薩也此經從木從貞作楨非

耎草　蓺兗反弱也經　從車作輭非也　也古今用

蘇悉地經卷中

熅㷄　上音温下奴短　反並形聲字也

翳醘呬　上伊計反次馨計反下馨移　反此句梵語也唐名召請句

一切經音義卷第三十三　第二十八張　昆

来義也

斆之　爭教反從文　學聲斆猶學

莫㮈

囉　奴葛反此句梵　語也唐云印契

掐念珠　巧甲　反指爪掐

謦欬　上輕郢反下開愛反　喉中氣通也

蹲踞　上音存下　居御反

蘇搵兩頭　温困反沒　入中也

鑌鐵　上音賓鑌鐵出罽賓等外國以　諸鐵和合或極精利鐵中之上者是也

椴

作史界反極用力也輞掾上音罔或作棢下緣縣反即輪網外棣也棣施鳥翎歷丁反韻英云鳥羽也上或作領經從毛非也棣字疑錯所以不音未詳何鳥也瘢跡上音盤瘡瘢灸痕等痕跡是也皆北下卸息夜反墊下也墊音店

蘇悉地羯羅經

槍矟七羊反或從矛作稽考聲云槍長矛蒼頡篇云兩頭銳上有刃下有鐏兵仗也下霜捉反廣雅矟亦矛也從矛作鎙經文非也掉手亭耀反經作挑手非也刺木此恣反方言云凡草木有茦傷人謂之刺說文木茦也棘酸棗皂莢皆有刺用此水也從刀朿聲

蘇悉地經

騗上馬篇面反考聲云躍身上馬古今正字從馬扁聲也扁音辯也㕮咀上音甫下將舉反斜勒上夕耶反俗字也正體從衣從牙作衺考聲云衺不正也角絡也或作邪也兩箇哥餓反經文作个古字也考聲云語辭也凡竹曰箇木曰枚故從竹兩箇二天王也作極洽緘反考聲云木函也亦作椷並正經文單作函是函谷關名也此非經義傘蓋上音散並俗字也正作繖蓋前文已具釋在頂輪經第一卷

不售音壽考聲云賣物了字書售猶買也人買售持去也從隹從口會意字也捋乳上曾括反亦云㲉乳以手捋取乳汁也㲉音勾候也鐵橛權月反集訓云橛杙也經作栓非也禽獸上及林反鳥之摠名也見韻集下守呪反桂菀珠叢云野畜之摠名也案禽獸者兩足有羽能飛曰禽四足有毛野走曰獸經文作獝狩非也

佛頂尊勝陁羅尼經 杜行顗唐初譯

豬身陟驢反俗作猪古今正字也經從豕作猪非也形聲字也癲

箏 典年反病狀也 幢纖 上濁江反從巾下桑重反纖蓋也 蚰蟲 上音昆下逐融反經作昆垂俗字也

佛頂尊勝陁羅尼經幷序 佛陁波利譯

驚愕 五各反韻詮云愕亦驚也從心 蟒虵 忙牓反介雅云蟒王虵郭璞注云虵之大者故曰蟒王案括地志說皇帝虵頂上當額皆有王字本是蟒虵種也巴虵即是

佛頂最勝陁羅尼經序 彥琮共日照再譯

鸇雀 上戰然反介雅云晨風鸇郭璞云鷂屬也孟子曰為叢驅雀者鸇也為湯武驅人者桀紂也食雀者鷹鷂之類也 上僅 音近何注公羊傳云僅劣也廣雅少也古今正字從人堇聲堇音謹或作勤也 儔潔 上長流反

孝聲云儔匹也韻詮云誰也等也從人壽聲下音結鄭注礼記云淸也從水絜聲也 蔕分 丁計反聲類果鼻也韻英云草木實丁蔕也說文介営也蒼篇蔕䔿也有音帶者俗語非此也 齟齬 上音助下音語說文齟齬齒不相順值也高下不齊平也巉巖也並從齒形聲字也 延祺 音其郭注介雅云祺徵祥也毛詩壽考曰祺傳曰祺吉也文字典說祥也說文壽考如祺從示其形聲之字 恧神香 女六反方言恧慙也自愧曰恧會意字也 荏苒 上耳枕反下音染案荏苒猶固循不覺盈時也轉注字也 歎惋 剜換反考聲歎恨也文字典說從心宛聲

最勝佛頂陁羅尼淨除業障經 地婆訶羅東都重譯

矬陋 上坐和反廣疋矬短也從矢坐聲下摟豆反顧野王陋醜也王注楚辭云小也亦作陃義同也 如笮 爭格反玉篇笮壓也字書笮迫也從竹也 稜伽 勒登反梵語界之也 不咼 苦乖反老聲云咼謂口偏戾也經從口作喎俗字正合單作咼

佛頂尊勝陁羅尼經 義淨三藏譯 無字可音訓

記佛頂尊勝陁羅尼經翻譯年代先後

慧琳述

最初後周宇文氏武帝保定四年甲申歲三藏闍那耶舍於長安舊城四天王寺譯出尊勝佛頂陁羅尼并念誦功能法一卷五紙學士鮑永筆授見開皇三寶錄說第一譯也後至大唐天皇儀鳳元年婆羅門僧佛陁波利来至五臺山礼謁大聖見文殊化身却令歸西國取佛頂尊勝梵本經至儀鳳四年巳卯歲西國取得經却迴至長安聞奏具說勑請日照三藏并梵本經在內翻譯日司賓寺典客令杜行顗筆授其經七紙第二譯也廟諱國諱之字迴避不書勑留梵夾經在內不出日照因故寫得一本賜梵僧絹三十疋波利不受絹却請梵夾勑令却還付佛陁波利得經將向西明寺訪得解梵語漢僧順貞共翻亦是儀鳳四年再譯一本八紙見經前叙說第三譯也佛陁波利將梵本經入五臺山至今不出又至永淳元年壬午歲日照三藏又再譯此經一遍沙門彥琮筆授為正杜行顗所譯經中隱諱不書之字所以重譯八紙第四譯也而復見經首彥琮序云

又至垂拱元年乙酉歲地婆訶羅三藏隨駕於東都又譯佛頂尊勝名淨除業障經十四紙具說善住天子往昔口業感果因緣并說授持法則是第五譯也

後至中宗景龍四年庚戌歲義淨三藏於長安薦福寺又譯一遍六紙第六譯也

後至玄宗皇帝開元十年壬戌歲善無畏三藏譯出佛頂尊勝瑜伽念誦法兩卷第七譯

又至代宗文武皇帝廣德二年甲辰歲三藏大廣智不空於長安大興善寺譯出佛頂尊勝念誦供養法一卷二十紙沙門飛錫筆授此第八譯也

前後約二百餘年已經八度出本經則五翻念誦法即三種差別唯有善無畏所譯是加句尊勝陁羅尼中加十一句六十六字儀軌法則乃是瑜伽與前後所譯不同多於諸本餘七譯陁羅尼字數多以相似慧琳音至此經遂撿勘譯經年歲先後故書記之龐彼疑繁之士貞元十八年壬子歲記

佛頂尊勝陁羅尼并功能經

後周闍那耶舍譯

蘇悉地羯囉供養法上卷

拍鏬　赫鴐反韻英云器裂也墒罅也從缶虖聲也缶音甫苟反虖音呼也

噴嚏　上普悶反下音帝考聲云噴嚏謂氣奔鼻而噴嚏也韻集云鼓鼻而噴嚏也說文氣悞也形聲字也

令䏹　攏爟反集訓云手䏹也說文掌後節也經文從肉作脘俗字也從月從叉從手也

下卷

鉛錫　上音緣尚書禹貢青州所貢說文青金也從金㕣聲㕣音同上下音昔鄭注周礼云錫鈏也說文銀鉛之閒有錫字典云錫似鑞鑞黃白錫青黑從金易聲

搓合　錯何反搓線也

一切經音義卷第三十五

一切經音義卷第三十六

翻譯沙門　慧琳　撰　　昆

底哩三昧耶經二卷

陁羅尼毗奈耶經一卷

蘇悉地集經二十卷　未音

蘇婆呼童子請問經三卷

擲呬耶亶怛囉經三卷

真言要集四卷　未音

大毗盧遮那念誦法七卷　亦名大日經

遍照如來念誦法一卷

毗盧遮那如來要略念誦法二卷

金剛頂經略瑜伽四卷

金剛頂大教王經三卷

普通諸尊瑜伽念誦法一卷

瑜伽要妙略修行法一卷

金剛頂經曼殊室利五字心經一卷

文殊師利五字偈頌法一卷

金剛頂文殊師利五字真言法一卷

金剛頂瑜伽修習毗盧遮那三摩地法一卷

降三世金剛瑜伽觀自在心真言法一卷

金剛頂經觀自在如來修行法一卷

修般若波羅蜜瑜伽觀行法一卷

觀自在如意輪瑜伽法一卷

金剛頂瑜伽大樂金剛薩埵念誦法一卷

降三世大曼荼羅中蓮華部心法一卷

吉祥勝初瑜伽大樂金剛薩埵法一卷

降三世觀自在心陁羅尼法一卷

普賢金剛薩埵瑜伽念誦法一卷

蓮花降三世瑜伽觀自在心儀軌

金剛頂瑜伽觀自在菩薩心念誦法一卷

觀自在菩薩心真言成就法一卷

右三十經六十三卷同此卷音

底哩三昧耶經上卷

底哩　二合字上丁以反下里字彈舌梵語也唐云三即三種三昧即佛部蓮華部金剛部故云底哩三昧

磔開　上陟華反前毗盧遮那念誦法下卷巳具釋從石從桀也

近緣　緣絹反去聲字集訓云衣物四邊緣也借音字經文

從木作椽音傳非經義也

攣乳　劣顚反前蘇悉地請問經上卷中已具釋訖

插入　楚甲反聲類云插刺入也古今正字從手從臿臿音同上從千從臼臼音舊也

縮向　搜六反賈注國語云縮盡也退也宋忠注太玄經云縮止也說文縮蹙也從糸宿聲也

䴺䵀　上音符下偷口反前頂輪經中已釋也

浸漉　上精禁反顧野王云浸漸也沈也說文從又從穴作㑴今時俗省也古今正字從水從侵下音祿顧野王云漉瀝去水也尒雅竭也方言涸也極也廣雅

盡也竝
形聲字
下卷 無字可音訓
陁羅尼毗柰耶經或名真言鼻柰耶
繒交絡 上疾陵反說文帛之惣名也
從糸曾聲下音洛郭注山海
經云絡繞也 弓矟 雙捉反經從本作槊
轉注字也 俗也前悉地經中已

具
釋 鷹鷂 上憶矜反左傳爽鳩氏司寇廣
雅鷙鳥也能搏狐兔轉注字下
餘照反顧野王云鷂似鷹而小廣雅曰鵰鷂
鷂子籠脫鷂也案鷂子鷹鷂之類也異名甚
多鵰音彫 上輕郢反蒼頡篇云謦聲
鷂音聿 謦欬 也庄子謦欬其側說文謦
亦欬也從言從聲省聲下開愛反 躊躇
考聲六欬嗽也說文從欠亥聲
上直留反亦音紬下音除又音廚毛詩傳愛
而不見搔首躊躇案躊躇者狐疑猶豫也廣

疋亦云躊躇猶豫也
又云蹢躅跢跦也
蘇婆呼童子請問經上卷
漑灌 上機義反下官換反考聲云澆也
漬也顧野王云漑猶灌注也又云
沃注也說 河沂 下義機反玉篇云
文並從水 水涯也形聲字
緻密 下池利反鄭注礼記緻即密也廣雅至
也古今正字緻者精徵密緻也亦細密
也從糸 瞢悶 上墨崩反集訓云瞢乱也
致聲 亦悶也說文目不明也從

苜從旬苜音武福反旬 稾稈 上高老反
音縣從目從冂冂音包 考聲云禾
黍莖也顧野王云稾即禾稾草也說文形聲
字也下干嬾反杜注左傳稈亦稾也古今正
字禾莖也從禾旱 噴嚏 上普悶反下丁
聲亦稻稈草也 計反前悉地經
中巳 鸛鶘 上驩運反下音胡考聲云怪
具釋 鳥也今古正字並形聲字也
蘇婆呼經中卷
𥜃縛 上益琰反考聲𥜃禳也廣雅壓鎮
也集訓徽著也案𥜃亦禱也祈禱

精魅鬼神與人為祟或造符書厭人名字或作彼人形像埋藏於神祠或竈下或十字路上名為禨禱

眵涕 上叱之反韻詮云目中眵也集訓云目汁凝結也說文瞢兜也目傷眥也從目從侈省聲侈音齒眥音接兜音斗侯反

熅相 上委雲反廣疋熅煖也毛詩傳云熅而暑熱也說文熅鬱煙也從火昷聲昷音溫從囚從皿從日若非也

或賸 下承證反考聲云賸餘也廣雅贈也送也說文云物相增加也副也從貝從朕省聲字也

一切經音義卷第三十六　第七張　民

蘇婆呼經下卷

相扠 田背反考聲云扠謂以拳擊人也字統摑也或從虎作摅音訓與上同古今正字從手叉聲也摑音塊骨反

相撲 龐剥反考聲云撲謂手搏投於地也文字釋要云從高墜下也從手僕聲經作撲非也音普十反非經義也

謎言 上迷嬖反考聲云謎考隱言語以惑人也韻略亦云隱語也聲類云隱語迷人也

搵塗 上溫困反韻詮云內物於水中也考聲云拄也浅沒水也說文沒也從手昷聲昷音溫

爆煸 上包皃反考聲云燒炙竹聲也文字集略云火炮集訓云火烈也或作爗從火爆聲也下蠟戰反埤蒼云煸熾也考聲云火盛也或從人作偏古今正字從火扁聲也

觱篥 上音必下隣一反考聲云篳篥樂器也廣雅作觱或作觱皆古今字也羌人所吹角者觱以驚馬者今經文作觱栗俗字

謹孎 下丁角反蒼頡篇云謹孎善皃說文云謹順皃也從女屬聲又音冢綠反訓釋略同故不重敘也

飆揩 上摽遙反尒雅云扶搖謂之飆郭璞注云飆暴從上向下日飆考聲云疾風也自下而上也說文飆飄風也從風猋聲猋音同上飆音符下揩音客皆反

衒賣 玄絹反說文行且賣從行玄聲或從言作衒下埋敗反說文出物也從出買聲今俗從土作賣變體訛也又說買字從四從貝會意字今俗用從四訛謬也

或展 哲輦反俗字也古文正從㠭從

一切經音義卷第三十六　第八張　民

衣作屢𧴦音同上考聲云展申也直也舒也經文從手作搌非也

踡跼 上僎負反下卬獄反埤蒼云踡跼不伸良也行即曲背也

蜴蜥 上音易下音昔說文云在屋壁曰守宮在草澤曰蜴蜥其鳴自呼口中吐卵而生並形聲字

次唾 上祥延反考聲云口中津也說文云口液也從水欠聲經作涎俗字也下上卧反訓釋與上字同並形聲字也

齧毒 上研結反經文從口作嚙

俗字也從齒從刃省聲也

爀曤 上音赫下音曜經文二字並從火作爀燿俗字非正體也

擲呬耶亶怛囉經

蟲窠 上逐融反經作虫俗傳誤也一苦和反說文窠空也在穴曰窠樹上曰巢從穴果聲

鹹鹻 上匣緘反尚書潤下作鹹說文北方味也從鹵咸聲下甲斬反埤蒼云鹻鹵也考聲云鹹土也形聲字也

餘賸 永證反盈出也上有餘也說文從貝朕聲朕音同上經從二貝作賸非也

潭潭 上歎難反尒疋沙水出曰潭形聲字也下音談王逸注楚辭云潭閑也南楚之人謂深水曰潭潭閑也深也亦形聲之字也作灘者非古文之字也

祆祠 上顯堅反本无此字胡人謂神明曰天語轉呼天為祆前賢隨音書出此字從示從天以別之下祠音寺滋反尒雅祠祭也白虎通祠者嗣也百神之廟皆曰祠何注公羊祠食也從示司示音祇

[口孫]婆 此句梵語降三世金剛名也上孫字正梵音呼素字使合口台聲在喉腭中婆字取去聲呼是

摩醯 下馨鷄反亦梵語上界之天王名者也

絣繩 上伯音反彈白繩為界道

擨子 上攞月反經作捡俗非也

槎匀

窂 上蒼何反次聿为反下老刀反上也

紫礦 鏬猛反鑠名也

單拏

人頭棓 單拏梵語唐云棓亦云杖下白頭反焰摩天所執也

爍底 上商斫反下丁以反此句亦梵語也唐云短矛也

莽莫枳 上莫

膀反下經以反梵語金剛也部母名經文作鏁書誤作鏁亦得

除穢忿怒尊舊譯名不淨金剛或名穢跡金剛並拙譯不正有同毀罵聖者其實義不然或名火頭金剛亦非正譯梵云烏芻澀摩義譯云焚燒穢惡此聖者以深淨大悲不避穢觸救護衆生以大威光猶如猛火燒除煩惱妄見分別垢淨生滅之心故名除穢又梵名摩賀麼羅噜云大力以大慈力猶如熾火燒除穢惡生死業故名大力也

窄䖏上爭革反經作迮錯用字正體䖏字今作處俗字

五藥經文不分明闕今依金剛頂瑜伽說五藥梵名娑賀捞囉一娑賀祢縛二建吒迦哩三儗哩鶡羅拏四勿哩苔賀麼五並西國藥此國無即以此土所出靈藥替之伏苓一朱砂二雄黃三人參四赤箭五各取

五寶七寶少許共置一瓶子中埋之也金一銀二真珠三水精四玉五七寶加二瑠璃六虎魄七

八方幡色東方白色幡東南方火色赤黃也南方黑色幡西南方煙色淺黑也西方赤色幡西北方綠色水色也北方黃色幡東北方白紅色幡此等幡但依色作不畫形像也

鵷鶵上苑袁反鵷鶵鳳屬也下槍藥反卓鶵也此二皆靈鳥也形聲也

生蘖言羯反如七月十五日種生蘖

牸牛并犢上音字即母牛也下音獨其子牛必須毛色相似者為上經說數十種華香雜果食飲各色目雖有難字悉不可音以花香果食此國並無其梵語或正不正設音亦無此物所以不音

此有陁羅尼集四卷集未了未音

大毗盧遮那經第一卷　無畏三藏譯

菩薩之身為師子座師子座者轉法輪人所坐之座俗名高座經文有密說如来往昔因地行菩薩道時次第修行地波羅蜜從初一地二地乃至十地時等覺地妙覺地而成正覺當知皆以前地行業為基積累前十一地之功德以成妙覺而坐其上地地皆轉勝妙法輪安處其位故云以菩薩之

身為師子座
社怛梵
梵語外道名也此與知者外道宗計大同但名字別異耳
鵂鶹
上音休下音留案鵂鶹者即鸒侯夜飛怪鳥也亦名訓侯或名訓狐以所鳴之聲為名也多居土窟穴晝伏夜出捕鼠及鵂鶹小鳥等為食毛羽蒼斑大如鷹眼圓睛赤紫爪似鷹與角鵄萑鷄土梟等同類而稍大也
械心
扭械也恳執不移猶如扭械拘繫也
剃刀心
上體計反除毛髮之剃刀也經作剔非也
淹留
於炎反留滯也
椓杌
上音誅樹殘根也下五骨反木無頭曰杌
繫縛
上音計經作係非也
洒濯
上西礼反下音濁也
火㶳
夕胤反考聲云火燒餘木也經從盡作燼字也
牛欄
音闌
河潬
坦單反水中沙出也
兼綜
宗宋反言為人師者兼通內外墳典明解世間一切藝術然後可為人師也
蟲

蟻
上迻螔反經作虫也下宜几反或作螘蚍蜉也形聲字也
瞿摩
梵語唐云牛溺
夷
梵語牛糞也用塗地
瞿摸怛囉
此經有數百道真言及梵語或有難字皆是響梵語多不切當并說字輪花香法義天人名目琳已依梵本冊𠜕在陁羅尼中此不重釋設強音訓不近梵音語也
顯敞
昌掌反高明顯望也
姝麗
上衝珠反廣雅美也小雅姝好也或作妔
縞素
上高考反韻詮縞白也小尒雅云縞之精者曰縞也
黶月
伊琰反黑子也大忿怒尊名也
藻繢
上音遭老反考聲云文章也彩色也下回罪反韻英云書也彩色明也上聲字亦去聲也

大日經第二卷

權智
倦員反考聲常合道也揆度也從木
癹礫迦
上普沫反次張革反下薑佉反真言中摧壞句
頡唎娩
上頡字唯梵語應音痕沒反亦可書紇哩字下匹謎反去聲字
仡哩恨拏

上銀訖反哩轉舌下僤加反是真言威忿句經中書揭嗪佷拏亦通按踈也　間插楚洽反刺入也　繡艆上音蕭綃也　蹲踞上音存下音據也　嚩曳方梵語唐云風即西北方是也　闔以捨囉梵上音合從門盇聲盇音同經從蓋非也此句梵語唐云元梳也於西北隅風神王位作法止風雨以元梳合之

大日經第三卷

幖幟上必遥反考聲幖舉也從巾或從木作標下昌志反字書云幟謂幖上幡也亦從巾戠聲　鬚蘂上相臾反花中細毛蘂也下蕋捶反蘂亦須也　計都梵語也唐云幢或云節手執也　揭伽上褰謁反亦梵語唐云劒即是持劒仙也　傘蓋上音散上聲俗字也正作繖繖即盖也

履屣上音里下所綺反韻英云履之不攝跟者鞻屬也或作鞿　安膳那音善唐云眼藥似礦石青黑色亦似金精石藥也　嚧遮那梵語唐云牛黃數般藥物名並是持明仙加持相應物也　霏霧上妃尾反下音務輕霧也　无擇報无擇者不擇貴賤也但作大逆即入其中名无間獄　彤赤上音同彤亦赤也　那粹遮闌葛反梵語也金剛捶之梵名也鐵柄捶也也即是具鉤棓杵劒矛索之類也　目竭嵐臘耽反亦梵語　絹縠洪屋反韻英云羅縠也綃之疎者也

大日經第四卷

愒伽上騫罰反梵語也唐云劒或名大慧刀也　齊印音齊　腰印伊遥反亦作䙳說文人身中也象人要說文作𦥺從臼從交省聲也籀文作要從女從要省聲也今變籀文用　穬麥上號猛反下首伯反說文從夾從夂今俗字從來夂作麥非夂音雖　何耶揭哩嚩

梵語唐云馬頭明王

刀鞘 道曜反韻英云刀室也形聲字

鐸印 唐洛反大鈴也

鎚印 直追反俗字也正從木從隹作椎也

芰荷 上奇寄反賈注國語云陵芰也楚人謂陵為芰扗林或作芗

大日經第五卷

圓整 下征郢反考聲云齊也理也古今正字整正也從束從支正聲也

一切經音義卷第三十六　第十七張　昆

朱黰 下真忍反古今正字謂美髮為黰從黑真聲

標誌 上必遙反下音志韻英云記其事曰誌也

羌揭梨 上却姜反梵語也唐云小刀似報持印信也

鵝鵠 上我哥反水鳥也色白如雪人家或養下紅木反俗謂之紅鶴亦水鳥形似鶴微有少紅頭微有青巢於高樹長頸高足長喙也

綿纊 上弥鞭反下苦晃反

絛絢 下玄絹反鄭主義礼云采文成日絢絢服榮威皃也從糸旬聲旬音同上並形聲字

餚饍 上効交反俗字也正體單作肴考聲云脯醬也集訓云木果之屬也下音善鄭注礼記云膳進也今之美食皆曰珍膳從肉善聲經文從食作饍俗字非也介雅云尤益之者矣

醇淨 順倫反正體字也經作醇或從水作淳皆變體俗字也

翊侍 上蠅即反考聲云輔助也說文從羽從立會意字也

大日經第六卷

一切經音義卷第三十六　第十八張　昆

此卷經文少有難字雖說梵字三十四文重重演說解釋字義亘皆深寄又說護摩法初說四十四種世間火法火神名字後說十二不思議出世間火及火神相皃已於真言集中具訓釋訖此經為梵語用字不切當所以不音

靣餔 扶武反上聲字也韻英云頫骨也或作頫

大日經第七卷

龕窟 上坎甘反廣疋龕窟䆛也考聲云鑿山壁為坎也說文龍皃也從今龍

經從合作龕非也下苦骨反或從土作堀杜注左傳云窟室也古今正字從穴屈聲也

繽紛　上四賓反下拂文反字書云花飛乱墜

綃縠　上音消鄭注礼記云綃繒古今名也毛詩傳綃繐也又云綺屬也下紅木反釋名云紗縠也並形聲字也

炳現　上兵皿反光照明也

迺脩　上音乃古乃字

三摩呬多　呬音馨以反梵語唐云等引瑜伽論云謂勝妙地離沉掉等平等能引諸功德故名為等引定之異名也

惉怕　上談濫反下音魄心志恬靜安神也經從水作淡泊非也

膏車鎋　上音告考聲云以膏油加車軸曰膏車下閑戞反或作鎋亦通車軸頭鐵是也

遍照如來念誦法　善無畏前譯

𣪠崇　上都昆反考聲云敦敬也崇重也說文惇也正作𣪠經作敦俗字也

勵行　力滯反集訓云勉力也從力厲聲厲音同上

誠懇　肯很反考聲云懇至誠也信也說文從心貇聲貇音同上

即捩　蓮揑反字書拗捩也從手

不憚劬勞　上壇爛反下具愚反

盉　上魯禾反海中大蚌也似蝸牛尒雅云蚹蠃螔音移蝓音俞也開為水盉也

齧下脣　研結反没咬也

為鞘　消曜反韻詮云刀室也巳捍也

上撝虛空　毀韋反以手撝空也

辛葷　音勳葱蒜韭薤之屬也

蘿菔　下朋北反紫花大根菜也本蕃戎獻此菜也

椿菜　黜倫反木名也

毗盧遮那如來要略念誦法上卷　金剛三藏譯

渚島　上諸暑反考聲云小洲也亦作陼下刀老反說文云海中有山可依止曰島從山鳥聲或作嶋亦作隝也

磔竪　上張革反開也從石從桀下殊主反正從豆從立作俗

安頟　牙革反說文頟顙也從頁從各省聲也經從客作

頟俗也古今俗字非也 交睪 下刻換反經從肉作朊俗字也說文云掌後節也正從手從又古文爪字從目會意字也 摜忝 開患反說文云慣習也從手貫聲也 須蘂 下蕤捶反蓮華中須蘂是 被鎧 開大反考聲云鎧甲也又音康改反

毗盧遮那念誦法下卷

一切經音義卷第三十六　第二十一張

鈴鐸 上歷丁反下唐洛反 錽字 武敢反 蹲踞 上音存下音據 摶食 上段鸞反廣雅著也礼記無摶飯說文圜也從手專聲也 盥洒 上音管說文澡手也從臼從水從皿會意字下西礼反或作洗說文洒滌也刑聲字也

金剛頂經略瑜伽第一卷

金剛智譯

阿閦鞞 初菊反毗迷反梵語唐云無動佛也 嚂字 覽字彈舌即是梵語 慼眉 酒育反 漱口 搜皺反音與瘦同從水正顩野王云以水盪口也經從口作俗字也 嗢俱吒坐 嗢骨反梵語也注中云臋不著地臋音鋘塊反從肉殿聲 叱喝 上栗下呵葛反 抽擲 上丑留反下呈戟反並形聲字也

金剛頂經第二卷

一切經音義卷第三十六　第二十二張　昆

上腭 昂各反考聲從肉作腭經文從齒作齶俗字也說文作谷音強各反口上河也象其文理也古文本無此字先賢隨俗語書出或從肉從齒皆非正相傳共用音五各反古云介 鍊蠟 上音蓮殿反俏鍊蜜蠟也或鍚鑞令柔耎 玉枕 針荏反腦後也

金剛頂經第三卷

出眺 挑吊反集訓眺望也從目兆聲經從月非也 四邊

緣 悅絹反去聲字鄭注礼記云緣飾邊也從糸借音字經從手作掾晝掾非此用也

闊陿 上寬括反尒雅闊遠也廣也古今正字踈也從門活聲也

擘過 巴麥反開是也

騎驀 音陌考聲踰越也說文或作趏古字也從馬莫聲也

月暈 音運考聲云日月傍氣也或青或赤圍日月似車輪

撥開 上音鉢從手也

彈指 但難反作拳屈頭指以大指捻彈令作聲

撻椎 上音乹下墜追反從木隹聲經從追俗字非也

拔拽 延結反從手拖也經從糸作絏非也

金剛頂經第四卷

胡麻屑 仙節反擣作末也

稠林 宙留反蒼頡篇云稠衆也廣雅概也

𢋽廘 上盧佇反下音鹿

掩袜其眼 蠻八反考聲束也

掣開 昌熱反從手制

撚之 年典反

眼瞖 嬰計反白膜蓋睛也

鑿君荼 上藏絡反韻詮穿也說文從丵從臼從殳從金會意字也君荼梵語唐云地火鑪即護魔爐也

新鑽火 祖官反意取新淨不識鐵打石火亦得竹搾火亦得也

相伴 盤滿反伴令相和也

金剛頂大教王經上卷 不空三藏譯

挃激 下經亦反顧野王云激請也王注楚辭云激感也說文水礙也即疾波也從水敫聲也

阿娑頗娜伽 梵語也唐言微細金剛觀亦曰從真起用也

剎那頃 剎那梵語度無正翻案但舍論積一百二十剎那成一但剎那積六十但剎那為一臘縛積三十臘縛為一須臾積三十須臾成一晝夜計一日夜有三十摸呼律多九百臘縛五万四千但剎那六百四十八万剎那時中極促不過剎那以子丑等十二時分之每一時之中從卯至辰有五十四

亐剎那瞬也

嗢陁南　梵語也以義翻之猶如足跡古譯云偈也

揮斫　上音暉下章藥反

金剛頂經中卷

諷詠　上風鳳反鄭注周礼云倍文曰諷以聲節之曰誦毛詩序云風諷也上以風化下下以風刺上形聲字毛詩序又云言之不足故嗟歎之嗟歎之不足故詠歌之詠

一切經音義卷第二十六　第二十五張　邑

歌之不足故不知手之舞之

僮僕　上音童鄭注礼記云僮謂未冠者之稱也下蓬木反毛詩傳僕附也礼記仕於家日僕顧野王云馭車者說文給使者也

倨傲　上居御反廣雅倨慢也說文不遜也從人居聲也下五告反廣雅傲慢也杜注左傳不敬也說文亦倨也從人敖聲也

鈿飾　上田練反借音用本音田下昇織反以寶廁鈿而飾之

金剛頂經下卷

搊擲　上遶搜反考聲云以指鉤取物也手覽而稱上搊金剛杵擲而弄之

擐般　上關患反借音字也杜注左傳擐貫穿衣也本音患說文衣甲從手從睘省聲也

普通諸尊瑜伽念誦法

瑩徹　上縈迥反宋注太玄經云所以瑩明玄道也廣疋瑩摩也說文從玉

一切經音義卷第二十六　第二十六張　邑

從熒省聲下纏列反韻詮徹穿

倐焉　上昇肉反顧野王云往來迅速也說文犬走皃也從火攸聲攸音由

蹙如寶形　酒育反考聲云速也急也古今正字窘也迫也從戚足聲

挂輕　上音卦考聲挂懸也又音怪訓用同

斬縮　下所六反韓詩云縮斂也賈注國語縮退也說文縱也亂也從糸宿聲也

革屣　上革字說文云獸皮治去毛革更之也古文革字從三十凡三十年為一世而道更革易也從臼令從省作革下師滓反履屣也以皮作之故

名華屣即五天竺國皮鞋也無跟無綱帶繫屬也

瑜伽要妙略修行法 無難字不音訓

金剛頂經曼殊室利五字心經

如釘橛 權月反廣雅橛杙也案橛者若鐵若竹若木織之以釘地及牆壁古今正字從木厥聲經作栓云木入土為橛是天后朝時有人偽造進奉尋以停

廢不堪行用此說金剛橛印也 獨股 下音古唯獨上下一峯金剛杵也從肉從殳也 捏進力 上年結反捻也 容竄 麁亂反小雅云竄藏象形 闔智字 上音合闔戶也此念誦法中諸真言中字甚訛謬不堪音訓惠琳依梵本再翻具在真言集卷請撿取也

文殊師利五字偈頌法

精進鎧 苦改反衣甲也 沃土 上音屋沃肥壤也 採掇 下都括反拾掇 悚慄 上粟勇反下隣窒反 普燎 力吊反照暗為明也

金剛頂文殊師利五字真言法

迴樹 熒潁反上聲韻英迴遠也獨也從走冋聲同音癸營反經文從向非也 鎣徹 上縈瞑反去聲韻英云珠玉光明從金縈省聲經從玉俗也下

纏列反韻銓徹通也跡也從彳散聲 兩髆 音博兩肩也從骨從博省聲經從月作膞非字形也

金剛頂瑜伽修習毗盧遮那三摩地法

胡跪 逵葦反古膝著地豎乜膝危坐或云互跪也 轉樞 衝珠反門肘也郭注尒雅云門戶扉樞也韓康伯注周易云樞機制動之主也古今正字從木區聲扉音非古今字 炳現 兵永反說文明也文彩炳然從火丙聲丙

音同上腭昂各反俗字非正也說文云口上阿也象形作谷音强略反象口中上腭也縈繞縈營反考聲云纒也二手互相纒繞也從糸從營省聲

降三世金剛瑜伽觀自在心真言法傳行譯

摵爲鈴上含紺反廣雅摵動也說文搖也從手感聲也下音靈裓其眼蠻八反捺之難怛反擘蓮

花上音伯以手擘開雞翎歷丁反雞翅翎羽也慼如上精育反從戚足聲引颺羊上反法聲字也

金剛頂經觀自在如來修行法

瑕翳上夏加反考聲云珠玉病也從玉叚聲下嬰計反賈注國語云翳扇屏也郭注方言云蔽薆也奄也從羽殹聲殹音同上也

修般若波羅蜜瑜伽觀行法無可音訓

觀自在如意輪瑜伽法

滿泥自在王滿泥自在王梵語也唐云礼拜自在王者無量壽佛蓬鬆躶黒形盧果反借音避俗諱音華瓦反脫衣露體也或作倮訓同芬馥上忿文反下馮目反芬馥者香氣臭也急躁上急字說文從及亦聲也下遭到反考聲性急也顧野王

云躁動也不安也從足喿聲喿音埽到反

金剛頂瑜伽大樂金剛薩埵念誦法前譯

佩衆裴妹反說文大帶曰佩從人從凡佩必有巾巾為之飾故從巾右髁誇化反考聲云髀上骨也或作跨却坐也經文從月作胯非也傾斜上犬營反下夕嗟反俗字也說文正從衣從邪省作衺正體字也拓定掌怕伯反說文拓拊也從手百聲同臻櫛詵反尒

雅臻者至也說
文從至秦聲也
鋌成 鋤角反金剛銷印
之古雅云尒
擲散 上呈戟反俗字也從適作擿今時
用以為張茸反相亂所以不用且
從鄭下散
正體之字
寵遇 上勑勇反考聲寵也韻
英愛也賈注國語榮也
說文位也
從亠龍聲
不瞬 木閏反動目
也或作瞚也
自鋒 音
峯

降三世大曼荼羅中蓮花部心法 錚行譯無可音訓

吉祥勝初瑜伽大樂金剛薩埵法

為竅 吿叫反韻英云孔竅也
說文空也從穴敫聲
泛花 芳梵反考聲從浮
也或作汎時用
側捩 蓮涅反或作戾
或從手作捩集
訓云捩捩經文從糸作綟
綟絲句字非此用故不取
彎弓 上綰開
反薈頡
篇云引弓也古今正字開弓
放箭也從弓䜌聲䜌音攣
二髀 反或
䏶米

作髀考聲云髀股也說文股外也
從骨卑聲經文從月作脾非字也
佉吒
迦 梵語也以義譯之云以左右手腕相近
柔爽輪散十指共於心前三翻旋舞心
怡悅喜
瞻矚 上音占下音屬考聲云瞻
觀也
矚者視也審詳也集訓云
衆目所歸也
形聲字也
瞤動 蕤純反韻英云目動
也考聲云無故目自
動曰瞤
形聲字

降三世觀自在心陁羅尼法 不空三藏譯

暈淡 上音運以彩色
暉淡其畫也
繒帛 情蠅反
彩物也
縛撲 龐邈反以手
搏投於地也
腳踏 上正腳字
也下音䠟
合反廣
雅踐也
掉 調雁反
以手揮

普賢金剛薩埵瑜伽念誦法 不空三藏譯

三掣拍胃 上昌熱反考聲云頓拽
也從手制聲次普伯反
考聲云拊也擊
也從手白聲
陽燗 閻塹反或作談䜩
案陽焰者陽氣勝

燄如火聚上熛焰之狀也 洒滌上西礼反下音狄孔注尚書滌除也何注公羊傳云滌潔淨也說文從水條聲

蓮花降三世瑜伽觀自在心儀軌不空三藏譯

金剛頂瑜伽觀自在菩薩心念誦法

觀自在菩薩心真言成就法

第三十三張　昆

此三卷並無字可音訓

一切經音義卷第三十六

一切經音義卷第三十七　昆

大唐翻經沙門慧琳　撰

音廣大寶樓閣善住秘密陁羅尼經三卷

大摩尼廣博樓閣善住秘密陁羅尼經三卷

牟梨曼陁羅呪經二卷 舊目一卷今分為二卷

寶樓閣陁羅尼供養修行經一卷

無垢淨光陁羅尼經一卷

持世陁羅尼經一卷

雨寶陁羅尼經一卷

金剛秘密善門陁羅尼經一卷

護命法門神呪經一卷

金剛壽命經一卷

金剛延命念誦經一卷

諸佛集會陁羅尼經一卷

東方最勝燈王如來經一卷

善法方便陁羅尼經一卷

陁羅尼集經十二卷

那吒俱鉢羅求成就經一卷

那吒太子求成就陁羅尼經一卷

隨求即得大自在陁羅尼經一卷 無

大隨求陁羅尼經一卷

普遍光明鬘大隨求經二卷

七俱知佛母大心准提陁羅尼經一卷

七俱知佛母准泥大明陁羅尼經一卷

七俱知佛母所說准泥陁羅尼經一卷

文殊師利根本一字陁羅尼經一卷

曼殊室利一字呪王經一卷

種種雜呪經一卷

菩提莊嚴陁羅尼經一卷

百千印陁羅尼經一卷　無

無量壽修行儀軌經一卷

無動如來修行儀軌經一卷

一切如来秘密全身舍利寶篋陁羅尼經一卷

六字神呪經一卷

文殊師利菩薩六字陁羅尼經一卷

孔雀王呪經二卷

孔雀王呪經一卷

蘘麌梨童女經一卷

蘘麌梨念誦法一卷

佛說大金色孔雀王呪經一卷

大金色孔雀王呪經一卷

右三十九經五十六卷同此卷音

廣大寶樓閣善住秘密陁羅尼經上卷　慧琳撰

無明㲉　苦角反拄菀珠蘩云鳥卵皮㲉也喻無明含藏煩惱猶如鳥卵㲉也從卵殼聲也

竦竪　上粟勇反廣雅竦上也考聲驚也心不安也說文敬也從立從束自申束也束亦聲也古文從人作從也下殊主反說文竪立也從臤豆作豎籒文從殳作豎

轟磕　上呼泓反說文羣車聲也從三車下堪鴿反說文大石相磕聲也從石盇聲

倏然　傷肉反楚辭云徃來倏忽也說文犬走也從犬攸聲下熱㸐反會意字也說文犬肉也從肉從犬從火火音必遥反

髀病　眦米反說文股外也從骨卑聲俗作䏶也

梢枝　上所交反考聲云木末也字書拔末也下音支並從木

麨粖　目遥反俗字也正體從酋作䴚廣雅食也埤蒼䴚麦屑食也形聲字也䴚音叉絞反

中卷

一切經音義卷第三十七　第五張　昆

抨界道　百盲反孔注尚書抨使也尒雅從也郭璞曰謂相隨從也說文揮也聲類或從羊作抨字書或從幷作拼亦通

上插　楚甲反聲類插入也說文刺入肉也從干從臼臼音舊象形字也從千者非也

䬸餅　音甲餅餜饠之類著腦油羹餅也

鋒矟　上音峯下雙捉反廣雅矟矛也文字典說云戟矟也從矛肖聲經作槊俗字也

下卷

一切經音義卷第三十七　第六張　昆

蹙其上節　井育反以二中指蹙上節如實形從蹙從足經文有從就從足作蹵非也

磔開　上張革反廣雅磔張也韻詮云開也字書或從乇作厇文字典說從石桀聲桀字上從舛下從木經從手作搩非也舛音川軟反也

大摩尼廣博樓閣善住秘密經上卷　不空　廣智　慧琳

無明㲉　苦角反前已具釋訖

竦竪　上粟勇反下殊主反前寶樓閣已具訓釋訖

魁膾　上塊回反下古外反前文已具釋訖

也

鏤鐖上勒侯反下宜紀反尒雅大者鈚鏍小者蝗子也說文從豈作鐖經從義俗字也俗呼怨名螻一云大曰螻小曰蛞也

毛毶下栗勇反郭注方言云驚惕耶毛聳衛宋或從心作慫古今正字從耳從形聲字也又音雙講反亦通用

詀齕會和反上從以下從丢前已釋訖

扣擊上音口孔注論語云扣擊也廣雅扣持也說文從句從支作攷攷亦擊也或從邑作叩

一切經音義卷第三十七　第七張　昆

厭禱伊琰反下刀老反從厂從猒厂音訶且反經文從疒非也疒音女格反

枝梢所交反前已具釋

剖裂上普口反杜注左傳云中分為剖玉篇剖破也蒼頡篇剖析也說文判也從刀咅聲咅音土口反

萎悴上委為反集訓云草木黃死曰萎字書云蔫萎也下情遂反文字集略萎悴憔憂憔戚皃也並形聲字也上從草下從心

插四上初甲反前實提聞中卷已具訓釋也

作橛下拳月反廣雅橛杙也文字典說從木厥聲

中卷

仙窟下困骨反毛詩云窟穴也考聲云土窟室也說文窠也從穴屈聲或從土作堀亦通俗字

齊輞下武昉反字統云冈車輮也或從木作棡古今正字從車冈聲輮音渠也

下卷

一切經音義卷第三十七　第八張

當跨誇化反蒼頡篇兩股間也說文從足從夸聲字林或從肉作胯亦通也

踣面上蒲北反集訓云前倒也說文從足咅聲經文或從人作仆亦通時用也

沮壞上情與反左傳云沮亦壞也說文從水且聲經文從半肉作俎非也下懷怪反考聲云崩摧也敗也古今正字自破曰壞從土褱聲褱字說文從衣從罘米音說合上從攅目

指柱誅縷反經從足作跬俗字也

磔開上張革反已前釋訖

牟梨曼陁羅呪經一卷　慧琳

疫癘　上音役下音例前已具釋

祆神　上顯堅反考聲云胡謂神為天今開中人謂天神為祆也

囉闍　梵語也唐云王也

胷肊　上音凶下於力反古今正字云肊胷骨也說文亦胷也從肉乙聲或從意作臆亦通經文或從骨作𩪿古字也

蹋頭　上談臘反說文云蹋踐也從足昜聲昜音塔經作踏俗字也

鐲斤　上冢錄反考聲云鐲斤者今鉗匠斵斧也斵音卓形如小钁钁音俱籰反籰音王約反

皺眉　上側救反顰眉也從芻從皮經作皺俗字也

或掐　苦洽反文字集略云爪田也文字典說云手抓掐也從手臽聲臽音陷臽字上從人下從臼今在臼中也臼音舊經從爪作掐非也

⿱欠故　音去張口也

謦欬　上啓郢反蒼頡篇云謦聲也說文謦亦欬也從言殸聲也殸音坑下開改反顧野王欬嗽也說文氣逆也從欠亥聲經從口作咳非也

拗折　上鵶絞反集訓云手折物也字書拉也

凹窊　烏卦反匙面中心窊下如𢦏形即前說護摩杓也淺小長柄也

璺⿸广𡍮　音問方言云器物破而未相離曰璺廣雅璺裂也古今正字從玉臼從冂

糂胡　上三敢反鄭注礼記云凡羹宜五味調和米屑之糂也說文從米甚聲經從參作糝俗字

寶樓閣念誦法一卷　文易無難字可音訓

無垢淨光大陁羅尼經　慧琳

耎音　上儒兖反鄭注周礼云耎柔也說文從大而聲也下邑吟反說文云音聲也生於心有節於外謂之音從言含一會意字也

輪橖　下擇耕反字書云橖柱也亦作橕說文亦柱也從木堂聲

颯哆　三荅反下多可反

麝香　上虵夜反山海經云翠山多麝香郭注云麝似麞而臍中有香也又注介雅云父麋也古今正字從鹿射聲下正體香字也說文云香芬也從黍從甘謂黍稷

馨香也

寶篋 上保音字書正從缶作缶云珍也經從宀作寶俗字也下謙頰反說文從匚作匧匧笥也古今正字從竹匧聲匧音同上匚音放亾反

佛說持世陁羅尼經 慧琳

建磔迦林 上陟革反三薑佉反梵語西域地名也

飢饉 上音機下音近尒雅云穀不熟為飢蔬不熟為饉案礼記鐖饉歲凶年穀不登也說文飢饉二字皆從食几堇聲堇音謹

疫癘 上音役下離制反鄭注周礼云疫癘氣不和之疾也五行傳云六癘時作是也說文云疫民之疾也從疒役省聲癘皆惡疾也從疒厲省聲疒女厄反

佛說雨寶陁羅尼經 慧琳

脂髓膿 上止夷反鄭注礼記云脂肥凝也釋名云脂脊也說文云戴角者日脂無角者日膏從肉旨聲也經從月作胎俗字也髓音雖嶲反字書正從隋作膸說文云骨中脂也從骨隋省聲也下奴同反經文作膿俗字也字書作盥史記云八日當歐盥死說文云盥腫血也從血襛省聲或作癑訓義同也

善法方便陁羅尼經 無字可音訓

金剛祕密善門陁羅尼經 慧琳

赫弈 上呀格反廣雅赫赫明也詩傳云顯盛皃說文大赤也從二赤說文赤字南方火色也從大從火今隸書作赤變體字也經文從草從赤作萿不成字也呀音赫加反下音亦赫赫弈弈光盛之皃也從廾亦聲廾音拱

護命法門神呪經 無字可音訓

東方最勝燈王如來經 慧琳

攘烖 上汝羊反王逸注楚辞云攘排也方言止也毛詩傳除也鄭注周礼云却也說文推也從手襄聲推音他雷反襄音箱下宰来反說文云天火日烖從火戋聲

𢦏音同上經文作災大篆古字也從火巛聲巛音災說文云巛壅也從一一土也土壅巛爲災今時俗通作𤆵古字也

擾亂 上如沼反說文擾煩也從手從夒夒音奴刀反從憂者非也下欒叚反考聲云亂錯也李斯小篆下從寸作亂也

枝柯 上音支毛詩惟作之枝其葉蓬蓬說文云木別生也從木支聲也說文從半竹從又作支下音哥廣雅柯莖也顧野王云柯亦枝柯也形聲字也蒼頡篇從加從心作恕音同上

摩㜲鉩 㜲音蒼何反梵語也㜲字誤亙作蹉從足

諸佛集會陀羅尼經　慧琳

捺皾 上奴怛反下陂皆反梵語陀羅尼句也

金剛壽命經　金剛延命念誦法

已上二經並無字音

陀羅尼集第一卷　慧琳

跋山 上盤末反毛詩傳云草行日跋韓詩云不避蹊遂而涉日跋涉古今正字從足犮聲犮音蒲末反

相柱 下誅縷反字書正以一點爲今借柱字用之說文云云有所紀止也經文從足作跓俗用字書並無

向䐡 帛各反考聲䐡斷也經從齒作齶俗字也

掐數珠 口甲反埤蒼云爪掐也文字典說從手舀聲舀吐高反

白疊 下恬葉反疊白疊者西國草花絮也色白而細耎撚以爲布也文字典說從毛疊聲經作褺非也撚音年典反

闊陿 下咸甲反顧野王云陿隘也又云不廣大也說文從阜從匧亦聲也匧音篋也

磑石 上吴膾反世本云公輸初作石磑考聲云磨麥具也說文磑礰也從石豈聲字統又云磑班初作磑也礰音莫賀反也

瓦瓨 下學红反蒼頡篇云瓨即瓦瓶也說文云瓨似罌長頸也受十升從瓦從工聲罌音鸎

一盌 剜管反方言云陳楚宋魏之間謂盂爲盌說文云盌小盂也從皿夗聲俗

用作拕聲類從瓦作㼝並通巵音拕也

欱取 上呼佮反張衡西都賦云欱灃吐鎬也說文云欱歠也從欠合聲經從口作㕭非也

呪噀 下孫寸反埤蒼云噀噴也乃潠物也顧野王云以口含水噴之也文字典說云從水巽聲經從口作噀俗字也

拼繩 上伯萠反尒雅云拼使從也孔注尚書云亦從也說文云抨也又從平作抨古今正字從手從幷亦聲也下石仍反說文云繩索也從糸蠅省聲蠅音翼曾反

掇出 俾涅反字鏡云拗掇也考聲細也古文作鏫從幺幺音一遙反從丰非音滔從支從皿雖正字時不多用或作緵訓釋同從手叕聲拗音鴉絞反

佛矟 下雙捉反廣雅云矟矛也古今正字矟長一丈八尺從矛肖聲

一鏃 下宗祿反顧野王云鏃矢鏑也說文利也從金族聲

第二卷

口道 陶老反鄭注礼記云道說也亦言也說文所行道也從辵首聲古文從首從寸作䢘經從口作導非也撿諸字書並無此䢘字

末撻 蒼哥反考聲云撻接也古今正字云撻挪也從手差聲挪音那接音奴和反

歧間 上妓宜反案揖歧間者即揖鏬隙也鏬赫亞反隙音卻逆反

所螫 下聲隻反說文云螫蟲行毒也從虫赦聲經從赤作螫俗字也隻音征尺反

莫怕 下拍霸反韻略云怕怖也古今正字云怕懼也從心白聲經作㤲非也

第三卷

搕襠 上堪蛤反黨郎反考聲云搕襠衣名也方言云今關中謂襦曰搕襠古今正字云襠即背襠也一當背一當胷從衣當聲也

氍毹 上音瞿下數鶵反梵語也毛毯地衣之類也亦無正字也

作橛 下拳月反字書作橜廣疋橛杙也古今正字從木厥聲杙音翼也

繖蓋 上珊亶反經作傘俗字也東觀漢記云時天大雨上騎持繖蓋從百餘騎顧野王云繖即蓋也古今正字從糸散

聲也

第四卷

瘡皰 下白貟反淮南子云潰小皰而發瘂疽也許対重日皰面氣之瘡也說文云皰面生氣也從皮包聲瘂音坐和反疽音七余反 瘍癬 上養將反礼記頭有瘡則沐身有瘍則浴鄭箋毛詩云瘍傷也說文瘍頭瘡也從疒易聲易音陽疒女戹下

先蔥反賈逵注國語云癬疥也說文癬乾瘍也從疒鮮聲也 憨風 上呵甘反考聲從人作憸憸癡甚也字書云憨愚也文字典說從心敢聲經從疒作㾾俗字也

唄響 上排邁反考聲云唄僧尼法事聲也亦梵聲也

第五卷

馺馺 叠匝反郭注介雅云馺馺疾貟也說文云馺馺行相及也從馬反聲

也

絡髆 上郎各反郭注山海經云絡繞也說文從糸各聲亦從索作𦅻下膀莫反考聲肩也

寶絛 下討刀反鄭注周礼云絛絲飾也考聲云絛絲織如繩日絛也說文從糸從攸聲經作絡俗字也

右手拓地 湯洛反此字更有異音今不取經意以右手掌按地是結印誦真言也

似叢 蔟紅反說文從丵從取為正丵音士角反

深濬 談濫反蘇林日濬安靜也說文不搖也從水𧮪聲也

沙鉀 必迷反梵語也

木槵 下還慣反文字集略木名也子堪為轂珠也

躓頓 上知利反杜注左傳躓頓也廣雅云躓蹋也文字典說從足貭聲也

第六卷

蕤木 上乳佳反案蕤藥名也經從叉作蕤俗字也其蕤木似狗杞其實日蕤人為眼藥也古今正字從草甤聲甤音蕤上同也

乾栻 下昇職反鄭注礼記云栻淨也郭注介雅云清潔也古今正字從手式聲經從言作試誤也

齩

者 上五狡反廣雅云齩齧也說文云從齒交聲也或從皃作䶩也

第七卷

莫怕 拍罵反考聲云懼也韻英云怖也從心白聲有從巾作帊俗用也經文從霸作𢤱或從貫作慣譯經者率尒而作甚無據皆非也怕字本音普白反今不取此音

草篆 傳戀反謹案經意纏草葦為火炬燎病人時俗語号為草篆非

一切經音義卷第三十七　第十九張　昆

雅言也字書名草稕稕音准閏反俗字作稕字統云束稈也考聲云束草以稈窖也或蓋牆也智者可謚明矣

竄過 倉亂反假借平聲用本音去聲今不取逐投火炬也

第八卷

洒浴 先礼反周易云洒濯也說文滌也從水西聲經作洗浴亦通也

潑之 潘末反考聲云以水散地也韻詮從犮從水作泼集訓云弃水也經作沷亦通

湉水 膝監反會意字也

閃子 上識冊反人名也

轂輞 上公屋反說文輻之所湊也從車從殻聲殻音確下音網字書云輞即轑也轑音巨魚反鄭玄注周礼云轑周圍二丈七尺車輞也古今正字從車同聲

錦鞔 下滿盤反廣雅云鞔補也韻詮云覆也考聲云盖也說文從革免聲也

一切經音義卷第三十七　第二十張　昆

第九卷

乾藍澱 下田練反郭注尒雅云澱滓也古今正字從水殿聲經從水定作淀非也

瓦盋 下半末反俗作鉢說文盋盂也從皿犮聲犮音盤末反也

第十卷

摒償 上并柄反去聲字也廣雅云摒除也古今正字從手屏聲亦作拼下

當浪反字鏡云當者不中當也今擗除之文字典說從人當聲經從手作擋非也

撩理　上了彫反顧野王云撩謂整理也說文云撩亦理也從手尞聲尞音即也

瓦礫　下零的反楚辭云瓦礫進而寶玉捐弃也說文云礫小石也從石樂聲也

戚金盋　上石盈反鄭注周礼云六穀在器曰戚說文云戚黍稷在器也從皿成聲經從宀作宬宬尾所容也非此用下補末反前已具訓釋

第十一卷

執矟　上正執字下雙捉反前第一卷已具釋訖經從金作鎙非也

𢍰油　上厭瑗反廣雅云𢍰杼也說文云𢍰杼漏也從廾䜌聲䜌音戀也

第十二卷

礓石　居良反埤蒼云礓礫石也考聲云礓石也色白似薑因以名之土所化堅如石也文字典說從石畺聲也

寛窄　下爭索反埤蒼云窄迫陿也韻英云隘窄也古今正字從穴乍聲或作迮

餢飳　上音浮下偷口反俗字也諸字書本無此字顏之推證俗音從食作餢飳字鏡為考聲祝氏切韻等並從麥作麰麮音為上同顧公云今內國餢飳以油酥煮之案此油餅本是胡食中國效之微有改變所以近代方有此名諸儒隨意制字元無正躰未知孰是胡食者即餢飳燒餅胡餅搭納等是

䞋施　上楚刃反考聲云䞋即施也古今正字從貝親聲也

瘦中　上搜皺反說文云瘦羸也從疒叜聲羸音力垂反叜正叟字

那吒俱鉢羅求成就經

那吒太子求成就陁羅尼經

上三卷文易並無字可音訓

隨求即得大自在陁羅尼神呪經

寶思惟譯除真言外無字可音訓

隨求大陁羅尼經

金剛智譯　慧琳

癲癇 上典年反文字集略云賊風入五藏即癲病也廣雅云狂病也說文風病也從疒顛聲下音閑說文亦風病也

厭蠱 上伊琰反蒼頡篇云厭者伏令人心也考聲著也說文合也從厂猒聲也或作𢡅從衣衣音衹也

普遍光明鬘大隨求經上卷

慧琳

持棓 下龐降反正體字俗從奉作棒也

鄔波索迦 烏古反梵語也唐云近事男古譯云優婆塞

蚊䖟 上音文下麥耕反考聲云蟲名也

繒綵 疾蠅反考聲云帛之惣名也

下卷

扇姹半姹迦 上勑家反下勑格反梵語唐云黃門也

驍勇 上皎堯反

跳驀 上調遼反考聲云上也躍也下音麥說文云上馬也從馬莫聲

淩逼 音陵正體字也俗多從卩從水非𣲖逼字也

嚙齧 研結反下牆略反

毗鈕 尼肘反梵語也

七俱知佛大心準提陁羅尼經

地婆訶羅譯　慧琳

搓以綫 上蒼何反廣蒼云以手搓絲為綫韻詮搓挼繩也古今正字從手差聲差字說文篆書從𠂹從左𢀩書取便宜改從羊作差變體字也羊音桂下仙

薦反鄭注周礼云綫縷也說文從糸戔聲經文作線或作綖並俗字也非正體也

佛說七俱知佛母準泥大明陁羅尼經

慧琳

癰癤 上音邕司馬注莊子不通為癰說文癰腫也形聲字也下音節古今正字正體從藏作癥久廢不行今時用作癤文字典說云小癰謂之癤從疒節聲

砂潬 歎丹反尒雅潬水中砂出也郭璞日今江南呼水中沙堆為潬又音但經文從土作坦非也

綽袖 上昌若也下囚就反案綽袖者大袖衣也

蓋時語也以袖寬大行則紳風名為紳袖

綬帶 上音受礼記云天子玄組綬公侯朱組綬大夫緇組綬世子綦組綬士縕組綬鄭玄曰綬者所以貫佩玉相承綬者也綬繫也續漢書云古者佩玉尊卑有敘五霸迭興戰爭不息佩非戰器紱非兵旗於是解去紱佩留其系璲以為章表紱佩既廢秦乃以采組連結於璲官高者加以琢逮光明章表轉相結綬故謂之綬綬亦帶也

白鼉為劍 魯和

一切經音義卷第三十七　第二十六張　昆

反從垂下川戀反臂環也

七俱知佛母所說准提陁羅尼經　慧琳

一擲 下呈戟反俗字通用說文正從適從手作擿廣雅擿振也說文投也並從形聲字

漂泳 上匹遙反說文漂浮也下榮命反郭注介雅云泳潛遊水底行也或為𣶏字也從舟從永也

文殊師利根本一字陁羅尼經　無字可音

曼殊室利菩薩一字呪王經　慧琳

地菌 下羣殞反山海經云孟子之山多菌介雅馗菌也郭璞注云地蕈也似蓋今江東呼為土菌莊生曰朝菌不知晦朔是也所在皆有人皆食之也

槙樝 上兕瓶反下鮓砂反山海經云洞庭山多樝梨又平丘有甘樝也郭注云片樝枝幹皆赤莖黃花白果黑集訓云樝梨之屬醋而且香

蛇蠍 上杜遲反正體虵字也下軒謁反廣雅云杜伯蝲蛪蟽蠆蚔蠆蠍也杜伯已下皆蠍之異名也方言云自關東西秦晉之間謂之蝲蛪或謂之蠍桼蠍者四方之通語也此蟲形如小傍蟹尾向上卷於背尾端有毒刺傷人鄭箋毛詩云蠆蟲也尾末𨗳似婦人髮末曲而上卷然也其毒螫人謂之蠍蠆蝲音槎蛪反蛪音蘭葛反蠆古文毒字也蠆音知列反紙音祇蠆音勑介反蠆音諸芥反螫音釋

所蜇 知列反上文注中具釋訖也

一切經音義卷第三十七　第二十六張　昆

種種雜呪經一卷　無字訓釋

菩提莊嚴陀羅尼經 三藏不空 慧琳

繼嗣 上鷄詣反王逸注周易繼謂不絕也賈注國語云繼餘也介雅紹也說文續也從糸𢇍聲𢇍音同上經文從㡭作継俗字也無來處草書誤也說文𢇍及字書古文𢇍字也𢇍音絶也斷字筆從絶並會意字也下詞字反孔注尚書云嗣繼也鄭箋詩云嗣續也詩傳文云嗣習也說文諸侯嗣國也從口從冊司聲也古文從子作孠冊音策也

芬馥 上芳文反鄭箋毛詩云芬芬香氣貟也方言和也說文草初生其香分布從草形聲字也或從屮作芬下馮目反韓詩云馥芬香也古今正字從香复聲也复音同上也

瞻蔔 上章鹽反下明墨反西國花名此國無也

籌量 上宙㳘反鄭注儀礼云籌筭也淮南子云籌策也說文從竹壽聲也下量字從童也

樘中 上宅耕反字鏡及考聲云樘拄庰圖相𩐳中心柱也亦形聲字也或作橖也

百千印陀羅尼經 無字可音訓

無量壽如來修觀行供養儀軌經 慧琳

庳腳 上皮美反鄭注周礼云庳短也顧野王云庳卑也說文從广卑聲广音儼下姜虐反卽牀蹄也說文從肉卻聲也俗用從去作脚訛謬也卻音羌虐反本篆文從卩從㕣㕣音強略反從重八從口仌隸書故從去正字太古不行也今為訓釋其文故說其本末也任隨意用

蠡盃 上魯禾反似蝸牛而大經文作螺俗字也

繳右指 上僥了反考聲纏也或從巾作𢅱也

阿閦如來念誦經 慧琳

獨股杵 文古音獨股者無枝拒金剛杵經文從金作鈷是鈷鏻釜屬非此用音古固反

繞結 上在來反集訓云繞暬也從糸從𦣝𦣝音丑略反從兔兔

寶篋陀羅尼經　慧琳

𦞦膳　上効交反賈注國語云𦞦俎也鄭箋毛詩云葅醢也凡非穀而食曰𦞦說文𦞦啖也從肉爻聲也經文作殽餚並非也

土堆　下對雷反王逸注楚詞云堆高皃也說文正體作𠂤云小阜也象形字也今俗用從追作塠非也古文作厓時所不用也

泫然　上玄羂反韻詮云泣皃也又靈光也說文從水玄聲下然字從肉從犬從灬灬音必遙反語詞也

鸜鵒　上具俱反下音欲淮南子鸜鵒一名寒皐形聲字也

六字神呪經　無字可音訓

文殊師利菩薩六字經　慧琳

合睕　下烟漫反經從月作脕俗字也說文正體從手從臤臤音苑從目從

又又音爪

白氎　恬叶反西國草花布也經作㲲非也用別也

纑縷　上音盧下力主反郭注方言云纑即布縷也蒼頡篇未練緝績曰纑徐廣曰紵屬也說文縷綫也並形聲字也

濤秔米　上唐勞反集訓云濤汏也次音草行反聲類云秔即不黏稻也說文從禾亢聲經文從更作粳俗字亦共用也

孔雀王神呪經上卷　玄應

婪婢　力含反

黳離　烏奚反

𧮰擔　蒲蔑反

哿梨　古我反

瞫婆　徒感反

多鱣　知連反

蝤蜞　才仇反莫侯反

躓利　知利反

覃婢　徒南反

叟婢　蘇走反

窣帝　都麗反

鷄晳　烏謙反

縕摩　於雲反

毋芟　所咸反

剡埤　以冉反

毗蒭　側俱反

粽婆　蘇感反

颺哿　以章反

苾頭　步結反

箴　胡敢反

醘鏃　祖木反

傖上行反中州人也 䫍悖音類 刎闍無粉反 謌

羅古何反 曝蒲木反 顛翅居虞反許力二反

下卷

血膋又作膫同力彫反字書膋脂膏也謂腸閒脂也今中國言脂江南言膋

腓髀扶非反字林歷腨也說文腓腨腸也下蒲米反股外也

噏人

又作歙吸二形同𢭏汲反廣雅吸歙也引也氣息入也 癲癇又作瘨同都賢反廣雅瘨狂風病也下核閒反聲類小兒瘨也 頷車公荅反方言頷頷也亦云輔車謂頸頷也 腹髂又作骻骹二形同口亞反埤蒼腰骨也江南呼髀上骨接髂者曰骻 那姥莫鴝反 潛多所斑反

波跘平患反 綡龍巨迎反 白鷺力故

反 天芊山尔反 堅羅烏奚反 浡地

蒲沒反 蘊摩於粉反 疽癩且餘反說文久癰也下力蓋反字亦作癘惡疾也 癭瘤於井反字林頸瘤也下力洲反說文瘤腫也謂腫結不潰散者曰瘤聲類云瘜肉也 羅湜是力反 銶螋渠鳩求俱二反下所俱反 生藤徒登反 蔦沙乙例一宮二反

愽聳私勇反

孔雀王呪經　玄應

掘土渠勿反說文掘搰也廣雅掘穿也經文作桂誤也

蘘麌梨童女經　慧琳

穰麌梨上音攘次愚矩反下力知反穰麌梨梵語化身菩薩名也能除一切毒以大悲故演說此經也 訥泚妻礼反 訥磋蒼箇反 姶播庵蛤反 來齧研結反說文云齧噬也從

齒切聲切音慳八反經文從口作齒俗字也

蘭香梢　所交反字書云萷草末也王篇顧氏云木末也今經言蘭香梢者取其梢頭花分為喻也古譯云阿棃樹校是此句梵漢訛略不分明也彼國元無阿棃樹

蒵　形計反

摖　倉葛反從手蔡

曬　霜芥反

𪘲　擿皆反

能解　皆買反

蠱　音古

著　長略反

穰麌棃念誦法

仡　銀吃反

掬　宮六反

三戟　京逆反兵器也有枝矛也從倝從戈今時用通作戟誤略也

耳璫　得郎反耳飾珠璎也從王當聲

環釧　上音還字下川戀反

被螫　訶各反又舒亦反說文蟲行毒也

尾鑠　霜覺反為是梵語不取本音取近梵聲故作此音也

撲　普卜反以手梵音故不解字

大金色孔雀王呪經　八紙本

頦痛　交哀反頤也經從口作咳非也

髀痛　瓶米反說文股外也或作髀亦作膍俗字也

皺眉　莊瘦反顰眉也

攢呵尼　上音讚真言句也經文作攢不成字

金色孔雀王經　五紙本

兜娑　上音登樓反真言句也經文從自從兒作皃或作兠並非不成字此

經入弟三紙有神仙名号書寫人錯書仙字此為佛字約有三十六七字經本草書仙字不分明書人不識將為是佛字從此又改為佛字甚乖經意後寫藏經者必須改正為大仙是也大佛非也又有真言中所書諸字悉皆然謬其徒寔繁不可備舉又是古譯用字乖僻不可音訓也又有一本孔雀王呪經約九紙題云姚秦羅什譯從頭有三紙半是偽經無識愚人添加此文即文中云七里結界金剛宅收汝百鬼項著枷又云仙人鬼大幻持呪王

等是偽也從此南無佛南無法已下約五六紙是真經智者尋攬自鑒取真偽甚宜除去前偽文也

一切經音義卷第三十七

第三十五張　昆

一切經音義卷第三十八　昆

翻經沙門慧琳撰

佛說大孔雀明王經三卷　慧琳

佛母大孔雀明王經三卷　慧琳

海龍王經四卷　玄應

大方等大雲經六卷　玄應

大雲請雨經一卷　玄應

大雲輪請雨經二卷　玄應

大方等大雲請雨經一卷　玄應

大雲輪請雨經二卷　慧琳

金剛光焰止風雨經一卷　慧琳

金剛光焰止風雨經一卷　慧琳

揭魯荼王神呪經一卷　慧琳

嚩折囉頓拏陁羅尼經　慧琳

大藥嚕拏王經一卷　慧琳

文殊師利根本大教王經金翅鳥王品　慧琳

出生無量門持經一卷　慧琳

無量門破魔陁羅尼經　慧琳

阿難陁目佉尼呵離陁經　慧琳

舍利弗陁羅尼經一卷　玄應

無量門微密持經一卷　玄應

一向出生菩薩經一卷 玄應

阿難陁目佉尼訶梨陁隣尼經 玄應

出生無邊門陁羅尼經 慧琳

出生無邊門陁羅尼經 無

勝幢臂印陁羅尼經 無

妙臂印幢陁羅尼經 無

無崖際持法門經一卷 慧琳

華聚陁羅尼呪經一卷 玄應

尊勝所問陁羅尼一卷 玄應

師子奮迅菩薩所問經 慧琳

金剛上味陁羅尼經 慧琳

六字呪王經一卷 慧琳

六字神呪王經一卷 慧琳

金剛場陁羅尼經一卷 無

如來方便善巧呪經一卷 玄應

華積陁羅尼神呪經 玄應

持句神呪經一卷 無

陁鄰尼鉢經一卷 慧琳

右三十七經五十二卷同此卷音

佛說大孔雀王呪經 義淨譯 慧琳音

拇指 上莫補反古今正字云足大拇也從手母聲也 煦沫 上吁羽反廣雅煦出也說文云蒸也從火昫聲昫音同上下滿鉢反顧野王云沫水上浮

沫也許叔重曰沫濊兩也說文從水未聲

飡㳄者　中羨涎反說文云次口液也從水欠聲或作㳄古字也經作涎㳄古字易左為右也

飡俠　下音夷說文云洟鼻液也從水夷聲也

胭匈　上鷰賢反蒼頡篇云因咽也古今正字云胭喉也從肉因聲下勗恭反說文匈膺也從勹凶聲經從肉作胷亦共用也勹音包

髀腨　脾米反說文股外也下遄耎反說文云足腓腸也從肉耑聲耑音端腓音肥

痃癖　上音弦下匹亦反方言云痃癖腹中病也字書並無痃字文字集略云氣結為癖考聲云宿食為癥也古今正字食不消反為痃癖

一峙　音雉已下梵言中字不求字義

翳麗　上音翳下音戾

點謎　迷閉反

一擲　知里反

吒睇　音弟從一峙已下並是梵言中字但取音不求義也

一切經音義卷第三十八　第五張　昆

孔雀王經中卷

痤瘻　上徂和反說文腫也形聲字下音樓豆反郭璞曰瘻癰屬也考聲久瘡也說文從疒婁聲疒音女戹反

謫罰　上陟革反毛詩傳云謫相責也說文從言商聲下煩韈反說文從刀從詈詈字從网從言也從四者訛略也

塗瑩　下縈迴反形聲字廣雅瑩飾也或從金或從玉並通

孔雀王經下卷

一切經音義卷第三十八　第六張　昆

軛跗　上音事經用小方軛也下音夫從足從付經意咐者如綫探跗豎安孔雀尾也

跍跪　上音戶下音匱右膝著地或作䠆膝長跪叉敬之極也

佛母大孔雀明王經前啓請法　興善三藏譯

饑饉　上音機下音近廣雅穀不熟曰饑今或為飢字郭注爾雅云凡草菜可食者通名為蔬毛詩傳曰蔬不熟為饉穀梁云三穀不升曰饉二字並皆形聲字也

痰癊　上淡甘反考聲云痰鬲中水病也下邑禁反案癊者痰病之類大同

而小異韻詮云亦痰病也諸字書並無此二字也

蛇蠍上社遮反下軒謁反皆正體字也廣雅云杜伯蝲蛪蠚蜇蛾蠆蠍也杜伯已下皆蠍之異名也方言云自關東西秦晉之閒謂之蝲蛪或謂之蠍案蠍者四方之通語也蝲音攋蛪音蘭怛反蠚古文毒字也蜇音知列反蜇

枷鎖上音加考聲云枷也或作架下桒果反考蠆音勑芥反聲云鎖鏁也玉篇云鎖連環也從金貟聲貟音同上

佛母大孔雀明王經中卷

絮斯上如雅反梵語也

挽底上武滿反梵語也

鞨玭青祉反梵語也

蘖踏婆上言羯反次談臘反梵語不求字義

屼頭上音兀

一廢音亦

布剌拏蘭怛反梵語

瑟侘折加反梵語

膩攞上尼置反下羅可反

擿

迦上知革反梵語捺羅難怛反梵語

巘拏上言蹇反梵語

矩韈囉挽八反囉轉舌梵語也

倉髓雖蘂反

㣢綞上體計反下土過反

倉㳄祥延反經從水從延俗字也

倉洟音夷

惡跳天曜反

惡蔫音陌

痰癊上音談下邑桒反皆病也

麌嚕二合上隅矩反梵語羅剎女名

歙人精氣上歆急反亦吸字也

憾弥含感反梵語也

佛母孔雀王經下卷

毛毯貪敢反

爍底商斫反從火

囚普上喃用反梵語雖不求字義恐讀者疑誤錯音今故重明之押因口小嵩正自也亦音堅甲反經本有作畾非也錯用字也

疙囉上銀訖反梵語或作佗字音同也

嚩攃縩辢反亦倉辢反梵語不訓釋

癭病伊郢反頸

膸氣結病也

孔雀王道場法一卷　文易無字音訓

海龍王經第一卷　玄應音

安明由山　即須弥山也亦言迷摟山正言蘇迷盧山此譯言好光山亦言好高山

潭然　徒敢反僤猶安靜也經文作潭徒躭反潭深也

楚人名深日潭也

悄慼　於緣反聲類云焆憂也說文云悄恚也

第二卷

闕庭　眉間也釋名云闕在門兩旁中央闕然為道眉令像此因以名焉也

尻也　苦勞反聲類尻臀也臀音徒昆反

髕也　扶忍反又作臏同說文䏶骨三蒼䏶盖也

親暱　又作昵同女栗反尒雅昵親近也昵

砨也親昵亦數也

晏然　烏鴈反晏猶安也說文晏天清也亦鮮翠之皃也

繁䙚　輔袁反繁多也咸也下古文裔同餘制反說文裔衣裾也以子孫為苗裔者取其下垂之義也字從衣從冏音女劣反

第三卷

妷態　古文佚今作妷又作劮同與一反荅頡篇佚蕩也亦樂也下文作儱同他代反意恣也謂度人情皃也

刈穫　胡郭反說文刈禾也王逸注楚辭云

草日刈穀日穫詩云十月穫稻是也

第四卷

噏氣　文欽噏二形今作吸同義及反廣雅吸飲也說文內息也引也謂引氣息入也

勸訹　私律反誘訹教導也亦引也相勸也經文作恤憂也收也恤非此用也

蹉踖　千何反下子亦反蹉跎也䠞踖也此踖應作錯七各反蹉跌不正也錯謬誤失

大雲經第一卷 玄應音

揵度 此言訛也正音婆揵圖此云聚也佛去世後别有姓迦旃延婆羅門道人作發智經有八揵度是也

拘辦荼 或言鳩槃荼應言弓槃荼甕形頰似冬瓜也

錐銏 此江南俗字也字體作矟山卓反埤蒼云矟長一文八尺也

第二卷

第三卷 已上二卷並無字釋

第四卷

頭抵 都麗反

嗒兮 宜作哈土合反

蹵蹋 唐盍反說文云蹋踐也經文作祕蒲必反方言祕推也南楚名相推搏曰祕廣雅祕擊

第五卷

第六卷 並無字可音訓

大雲請雨經 闍那崛譯一卷 玄應音

擗咥 眠亦反

黠咥 烏奚香利二反

敲弥 去亘反

梯淡 他計反

唵婆 烏感反

紈俱 所加反

伽嘍 女咸反

柑穗 餘世而注二反也

薩鬒 之忍反

羅韶 市饒反

删珠 所姦反

自冗 而勇反

叩利 香伊反

坵抵 丁礼反

苦浮 徒來反

琛琛 耻林反

泥娜 乃可反

大雲輪請雨經上卷 那連提譯 玄應

好痳 民底反

庇利 補痳反

哹患 芳流反

碪薜 猪金反下蒲計反

忡忡 勅中反

糅彼 女救反

下卷 無字音訓

大方等無相大雲請雨經 闍那後譯一卷　玄應音

磤聲 又作韾殷二形同於近反通俗文雷聲曰磤埤蒼砏磤大聲也

嗞味 古文孖嗞二形同子夷反嗞益也嗞潤也經文從口作嗞嗟也又作孳似思子思二反說文孳汲汲也或作孜方言東楚之間雙生謂之釐孳

師鄰 勑釐反

翳啞 丑一反

戰噤 其錦反寒戰極也經文作噤非字體也

贉鞞 徒感反

羅薜 蒲閉反

枳利 居音反

嘻梨 虛基反經文作嬉非也

盧簁 所綺反

鞮歌 都奚反

大雲輪請雨經 興善不空三藏譯兩卷　慧琳音

塢波 烏古反龍王名也

澍雨 朱樹反淮南子云春雨之灌万物無地而不澍無物而不少也說文從水尌音同上說文雨字象形

蠃髮龍王 魯和反此龍王髮拳如螺鬠似蝸牛形說文蠃字從虫嬴聲嬴字從亡口從肉從凡音力卧反經中多作螺俗用字諸字書無也

瑿羅葉 伊鷄反亦梵語龍王名也此龍頭上有瑿羅樹也

蝦蟇 上音霞下音麻龍王形似蝦蟇

蘗蹉 倉何反楚語也

𩕄泯 上寧頂反下弭忍反亦梵語舊云尼民訛轉也

蛟龍 上音交郭璞注山海經云蛟似虵而四脚小頭細頸頸有白纓大者十數圍卵生子如一二斛甖能吞人說文蛟龍屬也從虫交聲也下龍字說文云鱗虫之長能幽能明能巨能細能短能長春分而登天秋分而潛淵若飛之形從肉從童省聲也

雲戟 京逆反鄭注周礼云戟戈也此亦龍王名也說文戟字從戈從倝今俗用從卓略也

盎祁羅 上烏浪反下音祇亦梵語也龍王名也

閃電 上苦冉反下音殿閃雷者雷電欲發之先光也下卷中睒電与上閃電並一義也

雲雹 下疱邈反

白虎通云雹之言合也陰氣專精凝合爲雹鄭玄注礼記云陽爲雨陰起脅之凝結而爲雹也

咄咄　頰訥反咄相謂也

叢林　上族公反說文云叢聚也從丵取聲丵音士角反

下卷　無字可音釋

金剛光熠止風雨陁羅尼經　慧琳音

靉靆　上音愛下音逮王逸注楚辭云日月晻黮無光也埤蒼昧不明也廣蒼或從日作曖曃今古正字並從雲形聲字也

嵐颲　上音藍此嵐字諸字書並無夲北地山名即嵐州出木處是也亦北蕃語也後魏孝昌於此地置岢嵐鎮城岢音可城西有山多猛風因名此山爲嵐山書出此嵐字後周因岢嵐鎮城遂改置爲嵐州在太原西北韻詮云嵐山風也下音列聲類云風之猛利名爲颲風說文云颲颲風雨暴疾皃也從風列聲颲音隣一反從利也

驟澍　上愁瘦反賈注國語云驟疾也廣雅奔也杜注左傳云數也說文馬疾步也從馬聚聲下朱樹反淮南子云春雨灌澍無物而不生說文時雨澍生万物從水尌聲尌音樹

霹靂　上傳壁反下音歷顧野王云霹靂大雷震也史記云陰陽氣之擊動也古今正字並從雨形聲字或從石作礔礰也皆近代出

八十朶　當果反考聲云木垂皃也說文樹木垂朶朶從木象形垂下皃與垂同古文無也意亦非字俗用從刀訛略也失也

猝暴　上村訥反廣雅猝暫也突也聲類疾也考聲倉卒也說文犬從草中暴出逐人從犬卒聲也下袍冒反毛詩傳云暴疾也廣雅猝也集訓速也說文疾有所趣也從夲音滔從暴省聲也暴從日從出從廾從夲會意字也

撚爲　上年典反方言撚續也聲類緩使緊也說文執也從手然聲也

素捏　年結反埤蒼捏探搦也古今正字捏捺搦搩也從手呈聲呈音同上搩音責交反捺音難怛反探音他含反

麪[illegible]　上眠遍反顧野王云蜀中以桄榔樹屑爲麪考聲云麪糤也說文麥粖也從麥丏聲丏音

弥演反經文從面俗字也䊟粖並音滿鉢反下𠈌有反考聲溲和也說文漬沃也從水変聲或從米作粿変音恭厚反俗用作溲訛也

櫁木 上民畢反埤蒼云櫁香木名也案櫁木似白檀香木可以取香皆當預斫其木久而乃可香出其銘曰櫁之木其樹甚大欲取其香必弥年歲文字典說亦香木也從木蜜聲經本從必作樒亦通俗用也

蹢躅花 上呈戟反六重録反本草云羊蹢躅有大毒三月採花其花黃色或五色羊誤食其花葉蹢躅而死因以為名古今正字並從足形聲字或作蹢躅字也

蜈蚣 上音吴下音公本草云蜈蚣毒蟲也能敢諸蛇殺鬼物老精魅出江南亦所在皆有生於腐爛積草中性能制蛇直上地背齧其腦頭赤足赤者最良足黃者不堪若齧人以桑汁白鹽和塗即愈廣雅云蝍蛆即蜈蚣也大者形長五六寸百有餘足古今正字並從虫形聲字

蚰蜒 上音由下音延桂苑珠叢云蚰蜒多足毒蟲也方言云自關而東宋魏之間謂之螾蜥梁宋巳東謂之入耳北燕謂之蛔蚭集注尒雅李巡曰青而大者曰螾蜥黃而小者謂之入耳齊人謂之蚭窮趙人謂之蛈蚹亦或曰長蠼皆蚰蜒之異名也古今正字並形聲字也

狖貍 上似幼反或作蜼尒雅云蜼卬鼻而長尾郭注云似獼猴而大蒼黑色尾長數尺末有兩岐鼻露向上天雨則倒懸於樹以尾掩鼻古今正字作蜼音余秀反從虫隹聲案狖亦古文蜼字也從犬從宀音綿從占人作狖會意字也下貍音里知反案貍即人間野狸獸也形似獓猫口鋭尾端有白說文云伏獸也似貙從豸里聲貙音勑俱反卬即昂聲音离經文從虫作蜼從鼠作䶅譯經者妄書並非本字率尒而作者也

鼷鼠 上形雞反顧野王云即甘口鼠也食人及食鳥獸雖至盡而不痛亦不知覺春秋傳曰鼷鼠食郊牛角是也說文云小鼠也從鼠奚聲也

金剛光爓止風雨經

第二譯興善不空三藏譯　慧琳音

搏逐 上補莫反杜注左傳云搏持也聲類捕也說文云搏持也從手從博省

聲也

鐵橛 上天結反說文黒金也從金戴聲戴音田結反下權月反廣雅橛杙也說文亦云弋也從木厥聲經作橜亦同通用

幔幕 上滿半反考聲云幔帷也廣雅帷張覆也說文亦幕也從巾曼聲曼音萬經文從糸作縵非此用也下忙慱反廣雅幕幭也說文帷在上曰幕幕猶覆也從巾莫聲也

茅齋 下側階反鄭注礼記云齋莊也又云齊者精明之至也案茅齋者淨草屋也洗心嚴潔講道精

修延待上賓之處也說文戒潔也從示齊聲也

憩息 上綝乂反詩傳云憩亦息也古今正字從息從舌會意字也

湫所 上酒猶反案湫者大龍池也多在山林丘壟摧崖堰谷作大深池龍神所居深水淵也人畜莫敢犯觸或祈禱有靈時起風雷或降澍甘雨沃潤田苗即如秦川邠州有要冊湫雲陽有羊斑湫南炭谷湫等是也亦所在山林皆有

夗轉 上宛阮反說文云夗轉卧也從夕卧有節

故從尸日音節會意字也經從足作踠非也

揮擊 上音暉廣雅揮奮動也字鏡動手也考聲振也說文奮也從手軍聲也下經亦反俗用字也正體作毄廣雅毃剝椎毃擊也考聲攴也投也顧野王云打也插也說文支也從手毄聲也毄音同上毃音巧交反奮字下從田椎音直追反從木殼音苦角反捶音之水反

蘖嚕拏王呪法經 慧琳音

蛇螫 上時遮反說文云從虫而長象宛曲垂尾形也古作它亦音他上古

穴居野處故相問云得無他乎經文作虵謬書變體時用字也下音聲亦反又音郝並通也

掬擻 上弓六反考聲掬取也古今正字從手形聲字下珊旦反說文分離也從支𣏟聲𣏟音並賣反𣏟即分散意也今時從肉亦同珊音桒單反

無鏃箭 宗木反韻詮云箭鏑也文字集略鏃鏑也夭金也說文刺也從金族聲更有別音今並不取也

欶毒 雙捉反蒼頡篇云欶欶也說文吮也從欠束聲欶音衫甲反經文從朔作朔不成字也俗用字

鶤猴 上暉運反下音侯即

此鵂鶹怪鳥也晝伏夜飛鳴以自呼大如鴝鵒蒼矼蒼色紫小如鷹眼睛赤銅色無故忽鳴必有災怪方言音訛轉本無定名鵂猴鶹鷅及以鵂鶹音異義同共是一鳥未詳其定今並出之也

矖翄 上所隘反說文矖暴也從日麗聲下尸一反說文鳥翼也從羽從支聲或作翅亦一種

鶺鴒 上音脊下音零或作鶺領並同義鳥也

嚩折囉頓拏法

𡿺裂 那島反說文頭髓也從匕𡿺聲𡿺音同上象形巛象髮下囟音信象頭上不合如小兒囟門

作劇 擎逆反郭住方言云劇甚也韻詮云樂極也說文從刀豦聲豦音渠說文從虍音呼下從豕俗用字從豦作劚訛也

街中 上格崖反考聲云都邑中通衢也說文四達道也從行圭聲

打摑 寡伯反俗字也時共用說文正體作敋從支從格省聲也廣雅敋擊也埤蒼云擊頰也顧野王云今

俗語云摑耳是也正體本形聲字也極有理為俟古時不多用若能依行甚有憑據也

畫焰摩羅棓 龐講反說文云大杖也從木形聲字經從奉作棒俗字無來處也

撲碎 上龐邈反考聲云搏舉投於地也廣雅撲擊也字書云二人相撲也古今正字從手業聲業音卜

綿纏 先箭反俗字也正作綫纏也

蝸蠃 上寡華反顧野王云蝸牛也下力戈反集訓云蠃即蝸牛之大者出海中前文以數解也

摩醯首羅天說迦婁羅王阿尾奢法

黶記 壹琰反說文云黶黑子也從黑厭聲經文從土作壓非也

豆蔻 吼搆反本草云味辛無毒能治心腹痛亦療口臭生南海交趾苗似薑花白苗根及子亦似杜若此即是木上者子如彈丸別有草豆蔻出外國子小白色如小酸棗也未辛甚香每食含嚼令人口香治胃萬氣

文殊師利根本大教王經金翅鳥王品

龍齧　下研結反說文齧噬也從齒㓞聲㓞音慳八反經從口作啮俗字甚無意義

抹香　滿鉢反廣雅抹壓也桒末香者合和數味名香擣以為末散道場中塗身手面及散衣中名為末香外國多用此國時有效者經文從米作粖非也

濺灑　上煎線反俗字也考聲云濺散水也說文正體從贊作灒灒汙灑也今此經散灑香水絜淨也下沙賈反訓義與上同也

閃爍　上苫染反說文闚頭門中皃會意亦形聲字也從人闚門中也下傷斫反經意閃爍不定也

枷杻　上音枷下音丑考聲云枷楷也杻桎也此皆拘執繫固之具也以木在項曰枷在手曰杻也說文義同二字並從木加丑皆聲

及梟　皎堯反鄭箋詩云惡聲之鳥也古今正字從鳥在木上會意字也是鴞梟也非不孝鳥也

薏苡　上音意下音以顧野王云薏苡即簳珠也本草云藥名也薏苡實食而益氣也古今正字並從草意

以皆聲正作蓍也

髑髏　上音獨下音樓

蝦蟇　上下加反下馬巴反蒼頡篇云蟇諸也一名蛙古今正字義同二字並從虫叚莫皆聲也蟇正作塻或作蟇經作蟆俗字

鵰翎　上烏賨反下歷丁反考聲云翎鳥羽也

縈繞　上伊營反下饒少反毛詩傳云縈旋也說文縈收拳也從糸熒省聲繞纏也從糸堯聲

柬擇　上姦眼反說文云柬分別簡之也從束八分之也經作簡非也下音宅也

佛說出生無量門持經　慧琳音

重閣　上蹋龍反下剛洛反蒼頡篇云閣樓也顧野王云重屋也說文云從門各聲也

焱王　上閻漸反考聲云焱火花也佛名号也

無量門破魔陁羅尼經　慧琳音

簸鞞　上波茵反下蒲謎反去聲呼下同

肥闍　上寧逸反下邏惹反也

頞抶帝　上安割反抶音聽逸又古人翻訛用字不切

咃㻅上他箇反引聲 嚩涇㻅上蘭割反經文中遺脫㻅字準梵本有 糯竭帝上奴侯反亦奴字鼻音也 肜鼓上昌曳反下音時 劬啦礼上強遇反下丁曳反

阿難陁目佉尼嗬離陁經　慧琳音

厓底上額佳反郭注尒雅云厓謂之水邊也廣雅方也說文從厂圭聲下低礼反杜注左傳云底亾也淮南子云上窮至高之木下測至深之底說文止居一云下也從广氐聲經作疷云並非也 提和音和古人僻用字也 鐨遺上遠位反鄭注周礼云鐨猶歸也說文餉物也從金賫聲經文從金作鐀非也下惟季反 無央約良反王逸注楚辭云央盡也案無央者言其無盡數也說文從大在冂之內大人央旁也經本作鞅音央仰反非經義 颰陁羅上盤末反

梵語也 乹陁謣下禹隅反梵語也

舍利弗陁羅尼經　玄應音

麂底居雉反 陁弭亡婢反 舸字古我反

無量門微密持經　玄應音

放泆餘質反說文云水所蕩泆經文多作逸也 饒裕古文究同揄句反神名也

一向出生菩薩經　玄應音

阿膻又作祖同徒亶反 啅帝丑角反柵子又乂白反

阿難目佉陁羅尼經　玄應音

阿拔屈毀反 羅捭臂弥反 嘻羅香基反 揭桟仕簡反 殫弥都餓反

出生無邊門陁羅尼經　慧琳音

記訒　變別反考聲云審其善惡也亦作箾經從草作葥恐誤也

佛說出生無邊門經　無字可音訓

勝幢臂印陁羅尼經　無字可音訓

妙臂印幢陁羅尼經　無字可音訓

佛說無崖際持法門經　慧琳

阿迦膩吒天　膩音尼智反梵語也亦有作尼者訛言呼為尼

謬誤　上眉救反顧野王云謬猶僻也方言詐也考聲云妄也誤也古今正字從言翏聲翏音力又反下吳故反

巢窟　上仕交反禮記云夏則居曽巢史記上古巢居穴處也說文鳥在木曰巢從木象形也下坤骨反杜注左傳云窟地室也古今正字從穴屈聲亦作堀

驚惕　汀歷反孔注尚書云惕懼也介雅憂也說文驚也從心易聲也

捫摸　上音門下音莫聲類云捫亦摸也方言云摸撫也顧野王云摸揉也說文二字並從手門莫皆聲揉音桑洛反

耘鉏　上運君反毛詩傳云耘除草也說文作賴音同除苗間穢也從耒員聲或作耘經本作芸誤也下助葅反顧野王云鉏理田器也說文云耨斫也從金從且聲且音子余反經作鋤俗字也耒音雷對反

藏隈　上昨郎反下烏迴反杜注左傳云隈隱蔽之處也說文水之曲也從阜畏聲

讇寱　上耴冉反莊子云希意導言謂之讇

說文諛也從言閻聲或作諂下倪計反廣雅云寱猶驚也聲類不覺妄言也說文瞑言也從寢省臬聲臬音孽也

羸形　上累追反

眷屬　上厥願反下殊欲反

樓櫓　盧都反說文櫓楯也從木魯聲或作樐也

俾倪　匹礕反下霓計反考聲云俾倪城上女牆也正從土作埤堄或從目作睥睨音義並同也

欄楯　上蘭寒反下脣准反

華聚陁羅尼經　玄應音

羅和 胡戈反經文和作咊非也 唏帝 虛几反 啌

拏 勒一反

尊勝菩薩陁羅尼經　玄應音

祇曇 之氏反 目跧 丘敢反 伽濘 奴定反

阿譫 齒盐反 阿嵦殊啌 乃結反 吖

一切經音義卷第三十八　第二十九張　昆

欣 烏礼反 娑攡 力斯反 阿疃 又作打同他珍反

佛說師子奮迅菩薩所問經　慧琳

奮迅 上分問反鄭注礼記云奮動也字書飛也說文翬也從奞在田下會意字也奞音雖翬音暉下詢俊反說文云迅疾也從辵卂聲卂音信

金剛上味陁羅尼經　慧琳音

迭相 上田結反杜注左傳云迭更也方言云代也說文義同從辵失聲也

寶篋 謙葉反 鑽火 上鑽酸反鄭注論語云鑽鐫鑿也說文穿也從金贊聲鐫音子宣反

有燧 隨醉反聲類云燧陽燧取火於日也古今正字從火遂聲亦作燧燧或作鐆義同也

鑊湯 上黃鑊反考聲云鑊似鼎而無足責物器也說文鼎屬從金蒦聲經從水作濩非 蒦音紆縛反

佛說六字呪王經　慧琳音

一切經音義卷第三十八　第三十張　昆

怳忽 上況往反王逸注楚辭云怳失意也說文狂皃也從心兄聲經作恍惚失芒義也

四徼 澆竅反亦從彳作徼也

牀鋪 上正床字下普布反毛詩傳云鋪陳布說文從金甫聲經從布作抪非也

白氎

綫 仙薦反鄭衆注周礼云綫縷也說文從糸戔聲經作綖音延非也

佛說六字呪王經 文字音訓大約與前本同此不再釋　慧琳音

金剛場陁羅尼經一卷　無字可音訓

如來方便善巧呪經一卷　玄應音

涪多　蒲侯反　摩鉀　普迷反　唏嘗　上呼几反　又呼莫二反　風齲　又作䶏　同丘禹反　說文齒蠹也　釋名齲朽也　形聲字

華積陁羅尼經一卷　玄應音

侔尼　母胡反　愁䖴　勑紙反　𢡉訶　於計反　訶麗　力尒反　經文作䴡　非也　脛底　充尸反

第三十一張　昆

參祢　竹加反　下奴礼反

佛說持句神呪經一卷　無字音訓

佛說陁鄰尼鉢經　慧琳音

拘蟄　下雜合反　梵語也　蛇蚖　上正虵字　杜遮反　下五桓反

蝮蠍　上豊福反　下軒謁反

一切經音義卷第三十八

一切經音義卷第三十九　昆

翻經沙門慧琳　撰

不空羂索經三十卷

不空羂索經一卷　今分二卷

不空羂索經三卷　今合為二卷

不空羂索呪經一卷

不空羂索經神呪經一卷

觀自在成就經一卷

右六經三十七卷同此卷音

不空羂索經三十卷

第一卷

雜沓　下潭合反顧野王云沓猶重疊也案雜沓者紛盛皃也說文從水從曰音越

耎草　上蘶兗反顧野王云耎柔弱也經有從車作輭又作輭並非俗又作腝亦作愞

經云陁羅尼真言　此犯重言之失翻譯經時筆授人於文不明也準梵語云陁羅尼唐云持盟或云揔持索持盟者則真實言也古譯云呪即是設盟立誓不二真實之言也共依此約不敢違越名曰持盟俗語尚云共設呪誓是此義也真言者真實無二之言也與前義何別

⿰足長跪　上丈良反方言云東郡謂跪曰⿰足長跪廣雅⿰足長跪拜也古今正字從足長聲[illegible]音務下逵位反膝跪地也

謗讟　下同鹿反杜注春秋云讟誹也方言痛也郭注謗讟從痛也說文從誩賣聲誩音競賣音融宿

齗腭　上[illegible]斤反經文有作斷錯書非也韻詮云齗齗齒根上肉也下五各反考聲云齗也從肉經從心作愕愕驚

一切經音義卷第三十九　第二張　昆

也非此義腹脇上封目反下薤得反說文云脅骨也從肉力聲也

風疽七余反疥癬上音介下仙演反癰腫上央恭反下章勇反疔腫上音丁黃病經從疒作癀非

帶門婦人帶下病也經從疒作癖非也痒軫上羊掌反下真忍反風病也經從疒作瘨非也瘨音顛

[禾*厭]蠱上一琰反下音古前音

義第八卷中巳具釋訖姝悅上昌朱反下緣決反說文云好也從女朱聲也經作侻非也

眼不謾顧滿半反文字典說云謾欺也延也從言曼聲也

若讜當朗反傳示上鋪毋反正合作普恐經本誤也

胑分上音支顧野王云胑謂手足四胑也韓嬰說四肢以應四時說文體四胑也從因只聲或從身作[身*支]

隱擴下力周反案經

本音略廣雅云捩取也顧野王云謂𢫫整理也說文云理也從手秦聲揑彼上年結反搵蘸俠經本音莊陷反弭惹上蜜以反下才我反是譯經者自音痾䀥上阿可反下婆我反畢唎[示*羕][示*羕]音羊兩反下音隅梵語藥名古云阿魏也俣

第二卷

縒麼野上娑左反梵語古云三昧耶

蘖魯上言[米*旨]反梵語熾徽上昌志反燼爲上辝進反俗字也正作㶳

掐珠上口甲反燒焯章若反廣雅焯爇也說文明也從火

卓聲卽讜當狼反臺榭夕夜反郭注尒雅云榭臺上起屋也古今正字從木射聲

除禳讓章反鄭注周礼云却變異曰禳廣雅謝也說文磔禳祀除殃癘古者燧人禜子所造從示襄聲禜音禜敬反

光瑩縈迥反考聲云瑩發器光也亦作鎣

伸手上音申

金剛

槩 權月反　障閡 上章讓反下我愛反今通作礙亦作㝵也

痰飲 上音談胷中水也　銷鑠 上小遥反下傷若反

娧懌 上他外反毛詩傳云娧娧舒遲之皃也又音悦考聲美皃也說文云好也從女兊聲

眼眵 齒支反說文云眵目傷眥也一云蔑兜也從目多聲蔑音眠鼈反

瞖瞙 上伊計反下音莫　悃御 上坤穩反

廣雅云悃至也說文云從心困聲也　絡髆 上音洛下音搏經從月作膊非也

第三卷

光爓 閻漸反說文云爓火光也從火閻聲也　弭惹 上弥比反下才我反梵語也

健詫 丑嫁反梵語也　播拏 上波破反下搦加反梵語也

頑嚚 上五關反下語斤反左傳云口不道忠信之言為嚚字書亦頑也說文從品臣聲品音莊立反

恬默 上牒兼反孔注尚書云恬安也方言靜也說文亦安也從心甛省聲下忙北反顧野王云默不言也字書靜不言也說文從犬黑聲寂靜默之默從口作嘿

諛詐 上庚朱反孔注尚書云諛諂也莊子不擇是非而言謂之諛說文從言臾聲下側駕反

能纂 咸管反賈逵注國語云纂集也說文從糸算聲算音算

磔開 上陟革反古今正字云磔張也從石桀聲

瞻眺 挑弔反尒雅云眺視也郭璞謂察視之也說文目不正視也從目兆聲

旖暮伽王 上阿我反梵語也唐云不空即聖者石也

第四卷

合捥 烏換反鄭注儀礼云捥掌後節也正作腕說文從手從宛聲今經本從月作腕非也取旨宛遠反

皤拏 上音婆下搦加反

髆膂 上補莫反杜子春云髆謂肩也鄭注儀礼云肱骨也說文肩甲也從骨尃聲經從月作膊

非也

酬懟 直類反說文懟怨也從心對聲字書亦從言作譵也

跋椤迦 上盤末反中勒𦫼反梵語也

花榶 龐講反說文從木音聲

鏍釧 上音還下川戀反

繚綟 上音了下憐涅反經從折作縶音邊蓑反非也

鐵稍 雙捉反廣雅云稍矛也埤蒼長丈八尺古今正字從矛肖聲經作槊木名也

姥婆羅 上莫古反梵語也

一切經音義卷第三十九　第七張　昆

苾蒭 上頻蜜反下亭夜反梵語

窒⿰口復 上珎栗反下離置反梵語

米禰迦 上弥比反中寧以反梵語也

第五卷

鑌鐵 上必頻反下正鐵字

果蓏 上戈禍反說文云木實也象形在木之上今從艹作菓俗字也下盧果反應劭云草實曰蓏鄭玄瓜瓞之屬也說文在地曰蓏從草㼌聲㼌音庾從二瓜

挽攝 上音晚聲類云挽引也正作輓說文從車免

閼伽 上安葛反梵語也

拘縶 上音俱說文拘止也從手句聲下砧立反杜注左傳云縶執也古今正字絆也從糸執聲或作㦝

澍雨 上殊樹反說文云時雨也澍生萬物也從水尌聲尌音同上

蠶絲 上雜藍反俗作蚕也

吽字 上牛鳴合口感氣呼之也

若渶 翁穀反說文云渶漑灌也從水芺聲經本作漢非也芺音一到反

一切經音義卷第三十九　第八張　昆

姶婆囉 上庵合反梵語

夗轉 上宛阮反經作踠非也

湫淵 上酒由反說文云湫隘下也從水秋聲下抉玄反考聲深泉也說文回水也從水象形經文作淵為廟諱非也抉音一悅反

保護 上逋老反鄭箋詩云保守也孔注尚書安也說文養也從人𤓽省聲古文作呆又作𠈀經文作保誤謬之甚擒諸字書並無此字

撚窵 上年典反顧野王云撚謂相接續也說文從手然聲也

左髀 鞞米反股也今俗作䏶脾者非也

甲赤　上緘洽反案經十指甲即義甲為得令從肉作胛是肩胛之字非也

黑黲　蒼感反博雅云黲色暗也說文云淺青黑色也從黑參聲也

霶流　上普忙反正作霶毛詩傳云感貌也古今正字從雨旁聲

⿰角欮地　擢月反說文⿰角欮角有所觸發也從角厥聲

鳧鴈　上附跌反

跋馹羅　馹人質反梵語

交繳　梟了反考聲云繳纏也古今正字從糸

敫聲敫音工的反

妒憋　上都故反鄭箋詩云以色曰妒說文婦妒夫也從女戶聲下篇滅反方言云憋惡也郭璞注云急性也古今正字從心敝聲也

第六卷

瑕⿱殹土　上夏加反鄭注禮記云瑕玉之病也說文玉之小赤色也從玉叚聲下伊計反說文云⿱殹土塵埃也從土殹聲

裝鈿　上音莊下音田案經文作真珠莊填爲校飾之裝鈿經本中字非其義也

捻珠　上寧蕀反集訓云捻掐也從手念聲

歌唄　白邁反

啓請　上谿礼反經從木作棨非啓白字

成熟　是陸反古今正字云熟成也從火孰聲經作孰假借用也

掐珠　口甲反

徵遞　上正體徵字下跡帝反古今正字云遞更易也從辵虒聲虒音斯

身股　音支前第一卷已具訓釋

數數　並音雙角反

恾怖　上莫傍反下鋪布反

拽聲　上延結反殸音硬格反梵語也

一殸摩訶迦羅面

第七卷

木櫁　民必反埤蒼云香木也字指取香皆當頹斫久乃香出銘曰櫁之為木其樹甚大欲取其香必弥年載古今正字從木盜聲亦作櫁

扇扇　上設戰反下設旃反顧野王云謂所以搖取風而去塵也說文從户翅省聲經文從手作搧誤

也瀐㪚上音節古今正字云瀸灑也從水截聲亦音㓕過反下正散字
也指截前節反說文截斷也從戈雀聲米餅煩脘反
撓攪上音蒿下交巧反古今正字云撓擾也乱也二字並從手堯覺皆聲
也腴悅上庾朱反說文云腴腹肥也從肉臾聲也楓香
木上音風摩尼鍋果和反治鏇旋椽

一切經音義卷第三十九　第十一張　昆

反張戢考聲云鏇謂工匠轉軸鏇器物也蓋謂錯磨令光澤者也說文從金旋聲椽音緣
絹反鎣麗上扶瞑反蒼頡篇云鎣治器名也張戢考聲云發器光也說文
從金熒省聲經從玉作瑩通用也下黎計反顧野王云麗謂華靡瑰瑋也說文從鹿丽聲
也丽音同上古文作𣏟也枯涸胡洛反古今正字云涸竭也從木固聲也
譟弭上撥躁反下弥比反梵語瞬目上音舜正作瞚

眼瞼居儼反紫橿木上正紫字中居央反木名
也出莫山痼瘸上古護反古今正字云痼久病也從疒固聲又作㾮下鞭
臧反字統云瘸腫滿悶而皮裂也從疒尚聲尚音匹決反經本作瘷誤也㑋踝
上正㑋字下華瓦反蒼頡篇云踝在足側也聲類足附外骨也圈牛上權
阮反許林重注淮南子云圈牢也說文養畜闌也從口卷聲口音韋構木
鈎候反孳生上子思反字書云孳息也說文孜孜汲也從子茲聲也

一切經音義卷第三十九　第十二張　昆

口插初洽反聲類云插刺物使入也說文刺內也從手臿聲臿音同上
作拳音權復讜他莽反
第八卷
相繳梟了反鍮石上湯摟反考聲云鍮石似金又云西
域以銅鐵雜藥合為之古今正字從金俞省聲謾談上蠻諫反說文云謾
欺也從言曼聲妒裔上都故反前第五卷中已具釋下盈制反孔注尚書

云裔末也杜預注春秋云遠也方言裔狄捴名說文云從衣冏聲也冏音奴劼反也

擲躅 上呈石反亦從足作蹢下重錄反

九觜 醉髓反字書云觜鳥口也正作觜說文從此束聲或作㖩嘴

首戴 都戴反字書云在首日戴說文從異𢦏聲籒文作戴𢦏音宰來反

窮顇 情醉反蒼頡篇云顇憂也說文憔顇也從頁卒聲亦作悴

第九卷

鈿飾 上音田前第六卷中已具釋經文作畋非也下音式說文云飾刷也從巾飤聲

僑履 上巨遶反說文云僑高也從人喬聲也

楴木 上湯洛反正作柝

金壜 徒含反

愉悅 上庾朱反鄭注論語云愉顏色和也廣雅愉喜也古今正字從心俞聲

明諜 恬葉反史記云言効此嗇夫諜諜利口辯給弍顧野王云辯利之皃也古今正字從言枼聲

捷利 潛葉反案便利敏惠也合從人作倢

數瞤 上雙捉反下閭倫反

臋不 上突魂反聲類云臋尻也說文作尻古字也今不行用亦作臋義竝同

以媕 昂感反說文云媕含怒也一日難知也從女奄聲經作㛪誤也奄音一僭反

懠心 上齊細反毛詩傳云懠怒也廣雅愁也文字典說從心齊聲

吼謑 上呼口反亦作吽下奚啓反說文謑恥辱也從言奚聲案經義合音赫懈反

挫颲 上祖卧反賈注國語云挫折鋒也說文摧也從手坐聲下連哲反聲類云颲利也古今正字從風列聲也

濃塗 上女龍反張戩考聲云濃汁厚也古今正字露多也從水農聲經從多作襛是袳襛字非此義也袳音侈襛音農下杜盧反毛詩傳云塗附也說文從土除聲也

第十卷

各剖 普后反顧野王云剖猶故也杜預云中分為剖蒼頡篇析也說文判

也從刀音聲音音倫口反　分箣　變別反考聲云箣審其善惡正作詋從言別聲也

第十一卷

戰掉　條耀反賈逵注國語掉搖也廣雅振也古今正字從手卓聲也　暈錯　上音運古今正字云日旁氣也從日軍聲案經意合是暉錯言其有

一切經音義卷第三十九　第十五張　昆

光暉而錯雜也　標式　上必遥反　敞觸　上宅耕反字書云敞橦也古今正字作敞從殳棠聲亦作棖橕裝經本作橕誤也　懇節　上口佷反廣雅云懇誠也信也說文云義也從心豤聲　錫鑞　上星亦反說文錫鈆之間也從金易聲下藍合反韻略云鑞亦錫也二字連呼之也　磐礴　上音盤聲類云盤大石也顧野王云磐猶根據也古今正字從石般聲下旁莫反　呪

詛　上周宥反下葅助反　頂囟　音信說文云囟頭會㛴盖象形也古文作膟今經本作顖是俗字也　銀礦　虢猛反說文作磺云銅鐵石也從石黃聲也

第十二卷

舀大海水　上遥小反舀即以器酌水也說文云杼臼也從爪從臼或作抌亦作眈經本作髆非經義失之遠矣　羸苦　上累危反杜生

一切經音義卷第三十九　第十六張　昆

左傳云羸弱也賈逵注國語云病也劣也廣雅極也疲也說文瘦也從羊羸　結決　涓悅反考聲云決斷也亦作訣云割也言今一切灾尤之結割斷也今經本從馬作駃是駃騠字馬屬也馬父贏子深失經義也　腴藕梢　上訥頊反正作嫩中五厚反蓮根也下稍巢反末也　瓷器　上自咨反張戟考聲云瓦類也加以藥石而色光澤也古今正字並從瓦次聲亦作垐今經作磁是石名堪為藥非瓷器　福蘊　紆殞反　緊捷　上吉引反考聲云緊急也

或作殄下䵴葉反 面皯 干旱反說文皯面黑色也從皮干聲亦作皯今經本從黑作䵴俗字非也 明鎣 縈迴反前第七卷中已具訓 肢節 上音支前第六卷中已具釋 加祐 尤救反孔子日祐者助也天之所助者順易日自天祐之吉無不利說文從示右聲示音祇 揑飾 上年結反前第一卷中已釋 痃癖 上音弦下匹亦反 嵬稪

一切經音義卷第三十九　第十七張　昆

摹畫 上訓雲反說文云熏火气也從黑從屮經作熏俗字行之已久無如之何下風服反 上毋胡反經作摸是捫摸字音莫非經義 碼碯 上音馬下音惱 馺嚩 上三匝反下无可反 喜愉 庾朱反悅也前第九卷中具巳釋經作悏憂也殊失經義 警覺 上京影反鄭玄云警起也廣雅云不安也古今正字從言敬聲 意恉 之史反說文云恉意也從心旨聲亦作旨

占笧 音策說文古文䇲字也經作笧非也音冊竹弱皃非經義 邸店 上低礼反蒼頡篇云邸市中舍也說文屬國舍也從邑氐聲

第十三卷

傅遍 上音普經作溥水名非此義 白透 偷陋反廣雅云透嬈也古今正字從辵秀聲 召譴 遣戰反說文云譴謫問也從言遣聲謫音竹革 充娧 音悅前第一卷中已具釋 椓地 上丁角反斲也

一切經音義卷第三十九　第十八張　昆

裰柱 上色戒反諸字書並無此字譯經人隨意作之下誅縷反

第十四卷

周障 章讓反考聲障隔也蔽也或從山作嶂說文從阜章聲障字亦有平聲訓用同去聲經從手作撣非也不成字 摑攥 上歸迫反下纂活反廣雅云攥持也說文正作撮從手最聲也 爲擐 關患反考聲云擐穿穿衣也說文作擐擐甲執兵也從手睘聲也經文從心作慣是慣習義非經意也 儷人

上犂帝反廣雅儷好也美也第七卷中已具釋 煜爚 上融宿反下羊灼反廣雅云煜爚火光熾也埤蒼云盛皃也說文二字並從火昱龠皆聲 根杌 下五骨反 芽生 上雅加反草木始萌也 駒字 上人質反音響梵字

第十五卷

欠饡 乘證反考聲云饡餘也 曝識 上袍冒反梵語 棓印 上龐講反第一帙第四卷中已釋 槊印 上霜捉反正作稍 梟多河 上思子反下音多梵語唐云黃河也 陛座 上識蒸反蒼頡篇云陛上也廣雅進也古今正字從阜從土坒聲也 搪觸 上蕩郎反廣雅云搪揬也古今正字從手唐聲也揬音突 泥捏

年結反 緣外 上緣字去聲鄭注礼記緣飾邊也說文從糸彖聲經作椽是官舍名非此義彖音湍乱反 蝗螽 上音黃下逐融反 踏者 上談臘反者字下從白

第十六卷

歙嗽 搜皺反以水漱盪也 三掬 鳩六反 盤髻 下音計鄭注儀禮云髻髮也古今正字從髟吉聲 截身 上音節第七卷已釋 純白 上垂綸反考聲云純美也色不雜也方言好也說文從糸屯聲經從酉作醇非也 諜利 上音牒

第十七卷

度量 上唐洛反賈逵注國語云度揆也孔注尚書云揆度拔量之也左氏傳云心能制義曰度說文法制也從又從庶省聲經作㡯非也下正體量字音力章反 傚斆 上方同反考聲放效也韻略傚學也下爻教反孔注尚書云斆教也

古今正字從支𡥉聲 倱伅 上魂穩反下純穩反杜注左傳云倱伅無知暗昧不通之類也古今正字從人昆屯皆聲經從水作混沌並水名也 娙女 上鴨經反又雅耕反蒼頡篇云娙娥貴人名也漢武帝夫人名也說文長好皃也從女巠聲經作婭非也 鬚蘂 上相踰反下蕤水反博雅云蘂花心也說文芇也從卄繠聲經從木作橤非也繠音同上

第十八卷

撟誑 上蹻夭反顧野王云假稱以爲撟也亦誑也說文擅也從手喬聲經作矯是壯武皃非此義也下鬼況反杜預注春秋云誑欺也賈逵注國語云惑也古今正字從言狂聲 笈播羅 上音劫梵語人髑髏也 米麨 鴟沼反正作𪍑 蓮子瓤 攘章反字書云瓤瓜內實也古今正字從瓜襄聲經作穰非也 點顖 辛進反俗字也正作囟象形字 潔滌 上音結下亭的反說文云滌洒也從水條聲 偃臥 上蔫懷反賈注國語云偃息也廣雅仰也止也古今正字從人匽聲經作堰非也下五過反文字典說云休寢也從人臣取其伏也

第十九卷

磔手 上張革反磔開也張其手取大指中指所極爲量也 蘇搵

溫困反說文云搵沒沒水也從手昷聲 皆搏 膀其反張戩考聲云搏附著也經從手作搏非也 著臺 上長略反 莖朶 上杏耕反字書云草木幹也下都果反文字典說云朶樹木花垂朶朶也從木象形今經從巴作朶誤之甚非也 豎伸 上殊乳反下音申 梳綰 上音疏下彎版反考聲云綰結也說文從糸官聲 灌截 上官換反下音節也 夗轉 上宛阮反說文云夗轉臥也從夕臥有㔾也經作踠非也㔾音節

第二十卷

橙子枝 上直耕反考聲云似橘而大也說文橘屬也從木登聲經從棠作樣非也

無間 蕑莧反考聲云間蕑也雜也左傳云間錯先王之制是也

稠酪 上紂琉反廣雅云稠穊也從禾周聲下郎各反釋名云酪乳汁所作也廣雅云漿也古今正字從酉各聲

聯緜 上輦然反下彌鞭反聲類云聯緜不絕也說文云聯連也從耳連於頰也從絲絲取相連不絕也緜字從系帛聲也

幖幟 上必遙反下嗤志反廣雅云幖幟並幡也古今正字云 持一赤幟幡是也二字並從巾票戠皆聲經作摽非也幟亦作㤂義同也

第二十一卷

形俁 虞矩反毛詩傳曰俁容皃大也

障閡 上章讓反下俁

愛反前第二卷中巳釋之

絡䏁索 上郎各反郭注山海經云絡繞也方言云自關而東周洛韓魏之間謂繞為絡說文從糸各聲經作䋈非也次音博經作䏁非也下桑各反

蒱萄朶 中音挑經作䊼非也下都果反

銛撥 上焚閻反漢書音義銛猶利也說文從金舌聲下般末反毛詩傳云撥治也說文從手發聲經作撥非也

倨傲 上居御反下敖誥反鄭注禮記云倨不敬也廣雅云傲慢也說文倨不遜也二字並從人居敖皆聲

嬒害

上昂感反前第九卷中巳釋之

堅緻 馳致反鄭注禮記云緻密也廣雅云緻補也古今正字從糸致聲

瞫知 上深稔反蒼頡篇云瞫下視也窺見也說文從目覃聲寀審知此葦合作審審詳也定也諦也

第二十二卷

聳豎 上粟勇反義合作竦竦上也下朱乳反正作竪

溼廢多 上深入反中澀札反梵語唐云白色

耳璫 黨郎反

[忄幾]

他上眠結反輕偒也偒音移虵反猗適上音依尒雅云猗美也說文從犬奇聲者也燥罐上音早下官換反妒詖上都故反前第五卷中已釋下陂媚反蒼頡篇云詖佞諂也說文從言皮聲頻顣上毗賓反下子六反顧野王云頻顣憂愁不樂之皃也說文作顰義釋同姿偉上子思反下韋委反說文姿態也偉奇也從人韋聲欻然上熏欝反薛琮

云欻急也說文有所吹起也從欠炎聲縶縛上砧立反也瞤精上閏倫反說文云瞤目動也從目閏聲

第二十三卷

攺擾蘇紅反中思此反下尼貞反梵語也作拳音權婆枲抳計利枳攞枳音吉攞以反

音羅梵語也金剛部中大使者名也晃爚音藥戲論上希奇反經從虛作戲非也謗讟音獨

第二十四卷

非㦤唐洛反前第十七卷中已釋絛襻上討刀反下攀慢反釵璫上楚皆反儼然上嚴奄反毛詩傳云儼矜莊皃人民所瞻仰也說文好皃從人嚴聲經作嬐音同非儼然義瘖瘂上音

字下烏雅反經作啞非也跛躄上波磨反下必亦反各陛音廾靉靆上音愛下音代柔耎而兖反經作軟俗字也

第二十五卷

湊會上倉候反王逸注楚辭湊聚也說文水上所會也從水奏聲也身㶳辭進反鄭箋毛詩云火餘日㶳說文從火聿聲通作燼經作晝誤也耗爲上蒿到反鄭箋詩云耗敗也蒼頡篇消也說文從禾毛聲黿

鼋鼉　上音元說文云鼈也下達河反說文云水蟲也形似蜥蜴長五六尺鼉鼉二字並從黽元鼋皆聲鼋音那從單者非也　龜鼈　上鬼為反說文云龜舊也外骨而肉內者也從它龜頭與它頭同天地之性廣肩無雄龜鼈之類以它為雄也象四足頭尾之形下卑滅反說文云水介蟲也從黽敝聲經從魚作鱉字俗也　鯨鼇　上劇京反海中大魚也下音敖王逸注楚辭云大龜也列傳云有巨靈之龜背負蓬萊之山而抃戲滄海之中也　鯢魚　上藝雞反杜預注春秋云鯢大魚也郭注尒雅鯢魚似鮎四脚聲如小兒大者八九尺今江東呼為役荊州呼為鰨古今正字從魚兒聲鰨音湯蠟反　盤擻　下音䀊寧意作之不成字　瞋謑　上叱真反下許擲反　嬒懠　譯經者於經卷末自音為領剬率尒肚撰造字兼陳村叟之談未審嬒懠是何詞句　榓木　音蜜

蓖麻子　上閉迷反考聲云蓖麻草名也文字典說從草正作蓖也　末捺畢彈　捺音奈也反梵語也　捊擯　上音字下同祿反　瞖膜　上翳計反目中瞖也下音莫從肉莫聲

第二十六卷

妒裔　上都故反從户經從石非也下移祭反　敬叔　音熟　竦變　上粟勇反下變字從攴䜌聲䜌音戀　妒㛃　枯結反

身毛慫豎　慫音粟勇反郭璞注方言慫謂驚悚也古今正字從心從聲　氤氳　上音因下萎雲反　瞬目　上音舜俗字也正作瞚　吸噉　上歆及反廣雅云吸歙也說文從口及聲也下談敢反廣雅云噉食也古今正字從口敢聲聲類或作啗也　儆策　上京影反孔注尚書云儆戒也鄭注周禮云儆勑解之也說文從人敬聲也下初革反　瘻病　上摟候反　癥塊　上陟陵反下灰外反

第二十七卷

蔓菁 上滿盤反下井盈反方言云東楚謂之菈關之東西謂之蕪菁今俗亦謂之蕪菁呂氏春秋菜之美者有具區之菁說文從草青聲

斫蒭 上章弱反下楚于反

倮𥝩 上華瓦反倮露肉袒也本音騍果反古音貨今以為嬔時人語皆避之故有上音耳亦作羸裸義同下奏臾反正體字也

牛尿 寧耀反俗字也說文作𡱁人小便也從尾從水亦作𡲾

窖中 交效反

眩動 上玄絹反賈逵注國語云眩惑也顧野王云幻也說文從目玄聲

羅縠 紅屋反

曲躳 麴弓反古今正字云躳躳如畏然謹敬之皃也從勹躳聲勹音包經從角作觵譯經人錯用字也

掘去 群蔚反考聲穿也斲也斸去惡土也

一切經音義卷第三十九　第二十九張　昆

第二十八卷

開剖 普厚反杜注左傳云剖中分也說文判也從刀咅聲咅音他口反

翳障 上繄廣反方言云翳奄也郭注云謂奄覆也幕幬也說文從羽殹聲殹音同上下章讓反前已具釋

斟福 上仙演反正作[illegible]今亦作[illegible]

顯炫 玄絢反埤蒼炫光皃也說文爓也從火玄聲

蘸之 上斬陷反文字典說云蘸以物內水中也從艸從醮

麵黏 上眠片反下音胡張戢考聲云煑黍米及麵為鬻可以黏物也說文黏黏也從黍古聲古作鈷聲類作粘亦作䬴鬻經從麥作麩俗字也

一切經音義卷第三十九　第三十張　昆

第二十九卷

銷鑠 上小遙反下商若反

猜慮 上采才反杜注左傳云猜疑也方言恨也說文從犬青聲

檛鎚 上陟瓜反考聲云檛草木節也馬策也古今正字從木過聲經作鍋音禍非也下墜追反

米嚲羅 多我

反梵語唐云死屍也

第三十卷

嬉戲 上喜宜反古今正字云嬉樂也戲笑也從女喜聲下希記反

不空羂索陁羅尼經序 慧琳 李無諂翻

該二 上改來反賈注國語云該備也方言咸也說文從言亥聲

聖

翮 衡革反尒雅云羽本謂之翮說文羽莖也從羽鬲聲

蓮蘂 蕤捶反說文云垂也從草從糸從惢惢亦聲也經作蘂誤也惢音才規反

徳覆 孚務反

瓊萼 昂各反萼花趺也桂苑珠叢云草木花下皆有附萼承之名花萼說文從吅從屰從草經作咢俗字吅音暄屰音逆

不空羂索陁羅尼經一卷

鞞礼多 上音畢梵語不切唐云餓鬼揔名也經從口作叫為轉古也

秔米 上粳衡反聲類云不黏稻也說文稻屬也從禾亢聲俗作粳

白縠 紅屋反釋名云縠紗縠也說文細縳也從糸瑴省聲縳音直轉反

匾匽 上邊沔反下體蔾反考聲云匾匽薄皃也經從月作牑腜非也

䑛脣 上時尒反顧野王云以舌取食也說文從舌易聲或作䑛今經作秪俗字下音殊倫反

憎嫌 上則僧反經作增誤也下叶兼反經本作慊或

字也

欝金 上惲勿反考聲云欝金香草名也亦作欝俗字也

鑠 上商斫反經作爍釋不正也

枳底藩 次經以反中丁礼反下乎袁反梵語也如搶月下小檝檣也

灸瘢 上鳩友反說文云灸灼也從火久聲下伴饅反蒼頡篇云瘢痕也說文瘢痍也從疒般聲經作瘢俗字也

作醮 焦笑反說文云醮祭也從酉焦聲亦作樵

合裹 音果

傁麪 上捜有反和也正作溲

牛坌 分問反經作坌俗字非也

紺髮

上甘濫反

料理　上了蕭反正作敹

由瘻　樓豆反郭注山海經云瘻癬也說文頸腫也從疒婁聲

癩癇　上音賴下音閑並風病也

釸功　上初交反廣雅云釸掠也說文抄取也從金少聲

作捲　倦圓反字亦作拳

二捥　烏換反正作擥烏音椀官反

不空羂索陁羅尼自在呪經上卷　慧琳

吉祥瓶　並銘反方言云缶之小者謂之瓶顧野王云所以汲水器也說文作缾從缶并聲

白綫　仙箭反鄭衆注周禮云綫縷也古今正字從糸戔聲亦作線經作綖非也綖音延也

翳泥耶　上緊計反中泥礼反梵語也金色鹿也經作豎誤也

白縵　滿半反說文云繒無文也從糸曼聲也

殸前　上謫更反經作楨非也楨音客庚反琴瑟聲也若以為楨像字

攷義乖失今借㪉字用之稍近攷理順俗為去聲呼也

中卷

畫棓　下龐講反考聲云大杖也或作拌掷說文從木從音經從手作掊誤也

畫穳　七乱反韻略云穳小矟也考聲矠矛也形如稔而刃闊廣雅穳謂之鋋古今正字從矛贊聲字書作穳音同上經作鑽非也鋋音延

筞勵　力制反顧野王云勵猶勉也杜注春秋云相勸勵也古今正字從力厲聲

下卷

麽麽維　上摩跛反下訐芀反梵語金剛部母者名也

耳璫　音當

畫繢　迴對反考聲云繢亦畫也說文從糸貴聲

躡畫　上黏輒反說文云躡路也從足聶聲

篋笥　上謙頰反說文云椷也從竹匧聲亦作匧下思漬反顧野王云盛衣服曰笥說文從竹司聲也

貿易　矛候反說文貿易財也從貝丣聲丣古文卯字也經作貿俗字也

耕殖

承職反種也杜注左傳云邀要也古今正字經作植亦通

邀期 上要堯反杜注左傳云邀要也古今正字從辵敫聲者也

魔魅 上麽婆反俗字諸字書並無且依經文下眉秘反山海經云魅之為物人身黑首從目說文考聲物精也從鬼生毛從彡正作鬽也

痔瘻 上馳巳反說文云痔後病也從疒寺聲下音漏

不空羂索神呪心經

玄奘譯

耎草 上而兖反

齗齶 上此斤反蒼頡篇云齗齒根也說文齒肉也從齒斤聲下咢各反考聲云齶斷也說文作臗云髀上也從骨

陰臗 款官反埤蒼云臗尻也說文作臗云髀上也從骨寬聲經文作臗通俗字耳

咽項 上燕賢反聲類云咽喉也古今正字從肉因聲下學講反說文云項頸後也從頁工聲

癵癖 上劣圓反顧野王云病也謂病身體拘曲也下匹亦反聲類云宿食不消者也

古今正字

皰瘡 上炮皃反許叔重云皰面氣也考聲面上細瘡也說文從皮包聲也或作疱炮音白茅反

舒捲 上暑如反下倦圓反前巳具訓釋

四方撝 毀為反顧野王云撝手之所指也說文從手為聲

遍

罟 音古鄭注周禮云罟網也古者庖羲氏作結繩為罟也古今正字從网古聲經從吉作詈非也

勦當累 上焦小反考聲云勦絕也割也古今正字從刀巢聲下律位反

殲宿殃 上接廉反毛詩傳云殲盡也說文從

歺韱聲韱音息廉反

衆瘼 莫博反毛詩傳云瘼病也古今正字從疒莫聲

渾淆 上魂穩反正作溷下効交反正作殽為溷濁雜亂也

莫晰 之逝反又音哲熱反說文云昭晰明也從日折聲亦作晢也

鑑徒 上監懺反杜注左傳云鑑照察也說文作鑒云大盆也一日監諸也可以取明水於月也從金監聲

不空羂索呪經一卷

慧琳撰

紫橿木 橿夬反山海經云英山多紫橿說文枋也從木畺聲枋音

方鹹水古咸反尒雅云鹹苦也郭璞注云苦即大鹹也説文北方味也從鹵咸聲朿音早

不空羂索經　玄應撰

逋多補胡反山名也逋多羅山也揭庪昌是反薩皤補何蒲何二反荼麽莫我反多諵

奴咸反粹多冝作窣所没反梅窒丁結反㮏咤於仁反扡諔湯歷反頡利形結反駁皤桑合反下蒲我反率恧女六反又奴故反阿姞其乙反詫詫勑嫁反埵絶呼奚反依字黄病也婆呼去光反紫礦古猛反波羅奢樹汁也其色甚赤用染皮氈等是之也綜縷祖送反謂機縷紀領絲者也綜理也領理也

觀自在菩薩求成就經一卷　無字音訓

一切經音義卷第三十九

一切經音義卷第四十　昆

翻經沙門慧琳撰

觀世音菩薩秘密藏神呪除破一切惡業陁羅尼經

觀世音如意輪陁羅尼經一卷

觀自在菩薩如意心陁羅尼呪經

觀自在菩薩心陁羅尼念誦儀軌經

觀自在如意輪念誦儀軌經

觀自在菩薩隨心呪經　一名多利心　不空三藏譯

十一面觀世音經　玄應

十一面神呪心經

十一面觀自在菩薩心密語儀軌經三卷

請觀音消毒害經

千眼千臂觀世音神秘呪印經三卷

千手千眼觀世音菩薩姥陁羅尼身經

千手千眼觀世音菩薩廣大圓滿無礙大悲心陁羅尼經　玄應音

金剛頂瑜伽秘密三摩地念誦法　諸尊觀想一一差別

觀自在多羅菩薩念誦法　一名攝要法

阿唎多羅陁羅尼阿嚕力經

觀自在求聞持不忘法聖迦抳金剛

童子求成就經
金剛童子念誦儀軌經
聖威德金剛童子陁羅尼經
文殊師利閻曼德迦大明王成就經
曼殊室利菩薩閻曼德迦忿怒真言

儀軌經
大威怒烏芻澀摩成就儀軌經
大威力烏芻澀摩經三卷 闕
大力金剛成就經
大力金剛求成就經

大力金剛成就諸願經
金剛手光明灌頂經中無動尊念誦法
底哩三昧耶經不動使者念誦經
聖不動尊使者成就經
佛說毗沙天王成就經
毗沙門天王經

甘露軍荼利供養念誦成就儀軌經
慈氏菩薩陁羅尼求上生經
大方廣曼殊室利觀自在菩薩授記品
觀世音菩薩授記經
觀自在菩薩說普賢陁羅尼經
師子莊嚴王菩薩請問經

八大菩薩曼荼羅經

一切如來白毫水生觀自在菩薩真言經亦名電光熾盛可畏形羅刹斯經

摩利支天女經

大吉祥天女十二契一百八名無垢大乘經

摩利支天經

大吉祥天女十二名号經

救面燃餓鬼陁羅尼神咒經

焰口餓鬼經

阿吒婆拘鬼神大將上佛陁羅尼經

稱讚如來功德神咒經

十二佛名神咒除障滅罪經

挍量數珠功德經

數珠功德經

挍量數珠功德經

右五十二經五十五卷同此卷音

觀世音菩薩秘密藏神咒除破一切惡業陁羅尼經　惠琳音

仆面上朋比反說文云仆頓也從人卜聲　痰癊上音談文中集略云胷中液也下於禁反　瘑痒上果和反蒼頡篇云瘑瘡也禿也古今正字從疒瓜聲經文作瘑俗字也下羊蔣反介雅云痒病也考聲瘡也痛之微也說文作蛘瘍也從由羊聲也　鼅鼄上音知下音誅考聲鼅鼄网蟲名也說文

䵹鼄蝥也從黽𣫞省聲鼄從黽朱聲亦作蜘蛛經作知蛛非也智音智

如意輪陁羅尼經　惠琳撰

雞喇斯　中閭葛反

躃地　上陴亦反韻略躃倒也說文作躄云人不能行也從止辟聲也

拯濟　上取蒸字上聲杜注左傳云拯助也方言云拯拔出溺為拯說文云正作抍云上舉也從手升聲經文作蒸音職仍反非也

一切經音義卷第四十　第七張　昆

嬪妃　上牝民反下芳微反毛詩傳云嬪婦也鄭注禮記云婦人有法度之稱也妃御女也亦世婦也古今正字並從女賓巳皆聲也

抙字　上潘鉢反梵語真言字也或作撥也

笲漱　搜宥反說文云漱盪口也從水敕聲

瀸灑　上音節下砂假反

關闟　羊灼反鄭注禮記云鑰鍵也說文從門龠聲經作鑰俗字龠音同上

各訃　李付反鄭注禮記云訃至也就也古今正字從言卜聲亦作𧺆赴

相柱　誅縷反

攢捻　上徂丸反古今正字云攢叢也言叢聚五指而捻珠也從木贊聲經從手作攢音讚非也下寧牒反也

攪令　上交巧反

飡時　上承職反

蹶地　上權月反

填築　上音田俗用字正作窴下音竹

平畋　田鍊反

鄔波　上烏古反經作隖俗字

素韎　武發反

擣簁　上刀老反經作搗俗字也下師滓反

瞼上　上居儼反文字集略云瞼目外皮也從目

瑕翳　上夏牙反下翳計反

帳量　上宅更反下良仗反

白暈　云郡反史記云日月旁氣也古今正字從日軍聲也

眵淚　上齒之反考聲云目中眵也說文云眵瞢兜也從目多聲

赤膜　慕博反經從目作瞙非經義也

揾藥　上溫困反說文沒也從手盈聲經從木作榅非也

輕𠕁　仙死反廣雅云𠕁偏也案𠕁輕𠕁人者合作媟字媟嫚也言勿所以褻慢而輕嫚於人

效驗

一切經音義卷第四十　第八張　昆

上爻教反考聲功績也經文作效效斆也非經義也

觀自在菩薩如意心陁羅尼呪經

癰瘻 上擁恭反下縷頸反說文頸瘤也從疒嬰聲瘤音留 疽癬 上七余反說文云疽久癰也從疒且聲下仙淺反 煩疼 徒冬反 腹脹 張亮反

觀自在菩薩心陁羅尼念誦儀軌經 大日

五股杵 中音古 跳蹢 上音條蒼頡篇云跳踊也說文躍也從足兆聲也下池戟反顧野王蹢舉足也說文從足商聲亦作躑經從手作擲俗用字非也 噉嚌 上談覽反下牆藥反也

觀自在如意輪菩薩念誦儀軌經 不空譯

繳右 上澆了反考聲云繳纏也韻詮從巾作幑義同 車輅 音路 鐇於 作般反鄭注礼記云鐇委也顧野王云紆迴轉也廣雅曲也古今正字從金番聲也

觀自在菩薩隨心呪經 一名多利心 不空三藏譯

三稜草 中勒登反 搵蘇 上溫困反 一拺 丑革反考聲云林開也亦作捺經作拆俗字也 持棓 龐講反俗作棒經從手作捧非也 豌豆 上捥丸反廣雅云留豆也古今正字從豆宛聲

骨撾子 中陟瓜反 金鋌 庭郢反說文云銅鐵朴也從金廷聲 角勝 上江岳反考聲角競也試也經從手作捔非也下升證反

十一面觀世音經 玄應撰

擐衣 胡灌反說文擐易也謂更易也經文作逭尒雅逭逃也亦行也逭非字體 笔蘇 徒損反宜作搵烏悶反字林搵没也笔猶俗語耳經文亦作塗

也

八顆 口火反顆數也亦單作果經文作堁於臥反塵也一日地名堁非此義也

十一面神呪心經　惠琳撰

皰瘡 上蒲敎反說文云面生氣也經從疒作疱俗字也

瘍癬 上音養說文頭瘡也從疒易聲下仙淺反說文云癬乾瘍也從疒鮮聲也

憨風 上呼藍反考聲云癡也古今正字從心敢聲經本作㦍非也

軍持 澡瓶也

芸薹 上音云下代來反

十一面觀自在菩薩心密語儀軌經上卷　惠琳撰

瞻蔔 上諸廉反下蒲北反梵語花也彼國有此國無

沮壞 上慈與反下壞怪反

能溺 寧的反考聲沈也說文正作氼云沒水也從水從人也

厭禱 上烏珓反下刀老反求福

瘰癧 上力捶反下零的反文字集略云瘰肉不平也歷筋結及考聲云皮肉結也古今正字並從疒累歷皆聲也

賏珞 上益盈反下音洛考聲云婦人頸飾也說文從二貝經文作瓔絡俗通用

緋縷 上匪微反字書云緋絳色也下力矩反顧野王云縷綫也說文並從糸非婁皆聲

右搓 倉何反古今正字云搓手捫摸也從手差聲經作縒誤也

十一面觀自在菩薩心密言經卷中

翹大指 上祇遥反廣雅云翹舉也古今正字從羽堯聲也

拭脣 上舒翼反下順倫反說文脣耑也從月辰聲

心臍 情奚反

火灣 綰還反考聲云水曲也古今正字從水彎聲經本作彎引弓也非經意也

鷹翅 尸豉反說文翼也從羽支聲或作翄義同

嚼齒 上牆藥反俗字也正作皵齰齒也

十一面觀自在菩薩心密言儀軌建立

道場經下卷

毗紐梵言依言女九反 車輅音路 熛爛闌旦反炎明皃亦盛也 舐掠上時止反下音略經從虫作蚔非也

數應上所角反下憶陵反 踴躍上容隴反下羊略反杜注左傳云踊跳躍也古今正字並從足甬皆聲經文作踊通用也

請觀音經　玄應

舌噤渠飲反謂不能言也 哆姪都餓反經文作跢

鐱婆之塩反 𪗾茶補盤反 攝鼙蒲迷反

佉珂竹耕反 磨鞘之列反 夜鑠尸藥反

俱惃補迷反

千眼千臂觀世音神秘呪印經卷上　慧琳撰

析毫上星歷反孔注尚書云析分也說文云從木斤聲經作折誤也

檮昧上道刀反孟子檮杌知之皃也說文從木壽聲下梅貝反廣雅云昧闇也左傳云不別五色之章曰昧說文云從日未聲也

齎稾上濟奚反說文齎持物也從貝齊省聲也或作賫也下高道反史記云使屈原為憲令屬草稾未定顧野王稾猶草也說文從禾高聲或作藁也

若耶上而者反 鉢

喇郎葛反 羯囉赧下儜簡反 姐囉單過反

咭帝上經以反 瑿醯上伊計反 相柱誅縷反經作跓俗字

腳跟上正腳字下音根

千眼千臂卷下

馺皤訶上蘇合反中音婆梵語也質朴不妙 和稗

排賣反杜注左傳云稗草似穀也考聲稗䅺不成也從禾

湫水　酒由反亲湫者即有龍池水也或在深谷㩳山壅水以為龍池或在平原川澤但有龍池水即號為湫可就析觭說文隘下也從水秋聲也

娑鑠　商斫反

鉡洋　上梵字無反如牛吼聲或作吽同下淄末反

千手千眼觀世音菩薩姥陁羅尼身經

惠琳

㛊懘　上都故反下稗列反方言云懘惡也郭璞注云付急性者也古今正字從心敝聲

瑟縿　知價反

戰掉　迢曜反

譏㦗　上居依反包咸注論語云譏微也下眠結反毛詩傳云㦗輕也說文輕易也從忄蔑聲忄音心

㥶和　上搜有反

眩惑　上玄遍反蒼頡篇云眩觀之不明也說文目無常主也從目玄聲

擘開　上祊麥反字書云擘手析物破也說文從手辟聲也

囉惹　詣何反梵語王名也

罽賓　上居例反

即讜　當浪反考聲云讜直謂言中於理也亦能作讜也

磔開　上竹格反廣雅云磔張也古今正字從石桀聲

熵之　上楚巧反方言云熵火乾也說文作𩰲云熬也從𩰲芻聲亦作炒又作𪎊也𩰲音鬲

瘵癘　上音側下音力制反鄭注周禮云癘者疫氣不和之疾也說文疾惡也並從疒叏萬皆聲

千手千眼觀世音菩薩無礙大悲心陁羅尼經

惠琳撰

補陁落山　梵語也

聽許　上體經反鄭注禮記云聽猶待也說文聆也從悳從耳𡈼聲悳音德古文德字也𡈼音汀郢反也

踊躍　上容腫反下音藥

摧折　上徂隈反考聲云斷也損也敗也並從手

蚖蠍　上五官反下軒謁反集訓螫人虫也古今正字從虫歇聲經本作蝎音曷非也

焚漂　上浮聞反顧野王云焚燒也說文燒田也從火在林

林亦聲下匹遙反說文云漂流也從水栗聲票音同上 烏蒭 初于反梵語也 鴦俱尸 上於薑反梵語也 賞迦羅 梵語也 摩醯 下馨奚反梵語也 婆馺婆 馺音蘇合反梵語也 鳩蘭 梵語也 逢值 持致反顧野王云當值之值也古今正字從人直聲 黿鼊 上音元下編滅反說文二字並從黽元敝

皆聲也經作鱉通用俗字也 杻械枷鎖 上音丑次音諧戒反枷音加下蘇果反 癰瘡 上音邕司馬彪云浮熱為瘭不通為癰說文腫也從疒雝聲經從維作癕誤也 膿血 上乃公反古今正字云癰疽潰血也從肉農聲 三唾 吐卧反說文云口液也從口垂聲 色綫 仙箭反亦作線經作綖非也 作索 桑洛反顧野王云糾繩為索楚辭云

紉縷以為索也從宀糸聲宀音肥味反紐音尼隆反 繫項 上雞詣反下學講反 未階 音皆 涌沸 上容腫反下非味反說文云涌水騰上也從水甬聲甬音同上 長生樂 音洛 晝地 上樵繇反 擲著 上呈戟反說文云擲投也從手鄭聲下張略反 拔其 上辦八反說文云拔擢也引而出之也從手犮聲 撚索 上年典反 傍排 上蒲棠反下排埋反考聲云排擠也經作榜捭非也 鉞斧

上袁月反正作戉 寶篋 謙頰反 寶蠃 盧戈反經本作螺俗字也 髑髏 上音獨下音樓 寶鐸 唐落反周礼鐸大鈴振之以道鼓也說文從金睪聲也 縈身 上塋營反考聲云纏也說文收拳也從糸熒省聲 柯葉 上各何反說文云樹枝也從木可聲 屍疰 上音尸下音注 蛔蟲 上音回 齩心 上牙絞反亦從口作咬 綟索 上撚結反

金剛頂瑜伽秘密三摩地念誦法 諸尊觀想二差別　惠琳

塗拭　舒力反鄭注儀礼云拭清也郭璞云拭所以為清潔也古今正字從手式聲亦作飾

遏伽　上安葛反亦作閼閾水器也

紇哩　上痕入聲下音里二合彈舌呼之

頂戴　當戴反賈逵注國語云戴奉也字書在首日戴劉歆云人所瞻戴也說文從異𢦏聲籒文作戴𢦏音宰來反

無礙　亦作閡同五代反經作㝵俗字者也

瑕玷　上下加反鄭玄云玉之病也玉小赤也從玉叚聲下丁簟反字統云玷缺也從玉占聲

兩肩　吉煙反說文肩髆也從肉象形也經從戶作肩俗字也

兩髀　鼙米反考聲云股也說文作髀從骨卑聲經本作陛非也

觀自在多羅菩薩念誦法 一名樞要法　惠琳撰

樞要　上昌朱反下一叫反

刪定　上産姦反

紐成　尼久反

修緝　侵立反鄭箋詩云緝續也尒雅云光也古今正字云績也從糸咠聲咠音同上

貪恚　一季反蒼頡篇云恚怒也說文恨也從心圭聲

勇猛　上容隴反顧野王云勇雄敢果決也太玄經云決而斷之也謚法知死不避日勇說文气也從力甬聲古文作恿或從戈作戜也气音氣甬音同上

掘深　上羣勿反

至厀　辛一反正膝字也說文云厀脛頭節也從卩桼聲或從肉作膝

糠粃　上音康下卑尾反

蹲踞　上音存下居御反

匊物　上鵴六反毛詩傳云滿手日匊鄭注礼記云匊手中也詩云在手日匊從勹音包從米亦從手作掬

其鰓　塞來反考聲魚頰中肉也說文作䚡云角中骨也從角思聲法本作腮檢字書並無恐誤也

撣指　上唐丹反經文從弓作彈非也

擐甲　上音患

跳躑　上徒聊反蒼頡篇云踊也廣雅跳上也說文蹷也從足兆聲經文從卓作踔非也下呈戟反顧野王

云蹴蹋蹀躡足而不進也說文作蹢義同從足啇聲

湮没 上湮見反茎聲云没入水中也經作咽吞也非湮没義今不取也

跣足 上先典反說文云以足親地也從足先聲

一吽 呼垢反亦作呴或作吼也

艴燗 上興憶反毛詩傳云艴赤身也古今正字從赤色聲下閻漸反經本作焰俗字者也

摩竭魚 虔孽反大魚名也從立經文從木作楬非也

寶瑣 蘇果反廣雅云瑣連也字書連環也說文從玉𧴪聲亦作璅非也𧴪音同上

環珮 上音還尒雅云肉好若一謂之環鄭注周礼云環旋也鄭玄曰環圜也何休注云公羊傳繞也說文從王睘聲也經文從畏作緭非也睘音瓊也

澄渟 上直陵反下定經反埤蒼渟水止也字書云水滯也古今正字並從水登亭皆聲

砧字 上陟金反以梵音呼之義與瑜伽法同今經本作陟金非也

臍上 上齎西反

一切經音義卷第四十一　第二十一張　昆

咄嚕唵 上都没反中音魯二合梵音呼之經文作洛弄二合失於義也

鈍根 上都困反

餤摩 上閻[illegible]反

綖腕 上憐涅反下淵撥反

阿唎多羅陁羅尼阿魯力品　慧琳撰

三棱 勒登反說文棱柧也從木夌聲亦作楞經本作棱誤也夌音陵柧音古胡反

僕隷 上蓬木反下黎計反字書云僕役也說文附著也從隶祟聲篆文作隸隶音第經文作隷俗字也

謬忘 上眉宥反顧野王云謬猶僻也方言詐也鄭注云誤也說文狂者之忘言也從言翏聲也

三甛 崇兼反廣雅甜甘也說文美也從甘從舌舌知甘者也

角勝 上江岳反吕氏春秋云角猶試也顧野王云角力也猶競爭勝負也說文獸角象形經文中作捔非也下昇證反

割截 上音葛下前節反毛詩傳云截治也鄭箋云截整齊也說文截斷也從戈雀聲經文從戈作截誤也

衣纈衣 衣依記反次賢

一切經音義卷第四十一　第二十二張　昆

結反考聲云繫也謂繫繒而染為文下衣如字

鍮石末　上湯侯反埤蒼云鍮石似金也從金

捏素　上年結反考聲云按也捻也古今正字從手圼聲圼音同上或從土作埕

踠豆　上烏宜反廣雅云踠豆蹓豆也古今正字從豆宛聲也蹓音留

骨撾　陟瓜反

那識　魚何反

觀自在求聞持不忘法　無字音訓

一切經音義卷第四十　第二十三張　昆

聖迦抳金剛童子求成就經　慧琳撰

縛撲　上房獲反下龐駁反字統云手搏也考聲云投於地也古今正字從手業聲

關鍵　乾蹇反鄭衆注周礼云鍵官籥也方言云自關而東陳楚之間謂籥為鍵說文鉉也從金建聲亦作揵經文從門作闥古文字

裸露　上華寡反說文作臝云袒也聲類作倮或作躶本經作祼諸字書並舊音力果反

爍庶　上商灼反或作鑠梵語短子也

恐悚　上駈拱反說文恐懼也從心巩聲也亦作忎下粟勇反杜注左傳云悚懼也說文作此悚亦懼也從心雙省聲字書亦作㦬巩音拱

縮眉　上踈陸反韓詩傳云縮斂也字書蹙也說文亂也從糸宿聲亦作摍

以搭　音荅此作師子小印以印搭於地也

臂髆　補各反說文云髆肩甲也從骨尃聲經本作膊非也

傭停　上寵龍反考聲云上下均也說文云均直也從人庸聲經本作膅非

⿰扌庍裂　恥格反廣雅云拆分也考聲云地裂也說文從土庍聲也庍音尺或從手作⿰扌庍

和麵　唱遶反埤蒼云麴麦也文字典說云煼乾屑麦也從麦酋聲經本從火作麨俗用字也麴煼並音楚狡反

一切經音義卷第四十　第二十四張　昆

擐身　上關患反春秋傳云擐甲執兵杜預注云擐貫也賈注國語云衣甲也說文貫之急也從手睘聲

如杌　吾骨反考聲云杌椊木短出皃也

門閫　坤穩反門限也亦作梱

顰慼　上音頻正體字也經本作頻誤也下子六反也

撚成　上年典反

⿱要月

絛 討刀反考聲云織絲如繩然也說文編絲也從糸攸聲經本作縚弓衣也非經義也 佉吒 上羌迦反下迦加反 所齧 研結反經從口作齧俗字也 擊乳 上鉤候反考聲云取牛羊乳也經本作搆非也 瓜蔓 上古花反廣雅云龍蹄虎掌羊骹兔頭桂扶狸頭等瓜屬也說文云瓜蓏也象形經作苽非也下音万 霹靂 上匹亦反下音歷經本作礔礰俗字也

驅擯 上丘于反下賓印反 嬈惱 上乃了反

金剛童子念誦儀軌經 慧琳

爲拳 倦圓反 如牆 匠羊反 蠃盃 上慮戈反下鉢梅反 直豎 殊乳反顧野王云豎正挻立也說文立也從取豆聲籀文作豎俗作竪也挻音足容反取音口于反 繳取 上澆了反考聲大繳繳也說文云從糸敫聲也 次捧 孚勇反郭璞云兩手持也古今正字從手奉聲也

聖威德金剛童子陁羅尼經 慧琳

钁斲 上俱籰反說文云钁大鉏也從金矍聲也下陟角反孔注尚書云斲削也說文斫屬也從斤亞聲籰音王钁反矍音許縛反䀘音豆 掘去 上群欝反考聲云穿也從手亦從土作堀 畟方 上初色反古今正字陳設器物埊

齊之皃也從田從人夂聲夂音雖也 插作 楚洽反 佛窟 坤骨反 馺馺 蘇合反郭璞云馺馺疾皃也說文從馬及聲也 小榻 貪臘反考聲云小板牀也經本作搨非也 啄食 上竹角反 綫縷 上仙箭反考聲云縷也下力矩反說文綫也並從糸從戔婁皆聲也 煙煖光 中奴管反塭也或作腝俗作暖此三種加被應相也 悪疰 音主 痃癖 上音弦俗字也本無正字下匹亦反

痔病　上持里反說文痔後病也從疒寺聲也

緋綫　上音非字書云緋絳也古今正字從糸非聲

編次　上俾綿反

文殊師利閻曼德迦大明王成就經　慧琳

奮迅　上方問反鄭注礼記云奮動也廣雅云振也鄣也說文翬也翬猶飛也從奞音雖在田上也下荀閏反尒雅云迅疾也說文從辵卂聲卂音信

縵髁　上慲般反下誇化反說文云髁髀也從骨果聲髀音鞸米反經本作腂俗字也

稍印　上雙角反

作鬀　音計

螺角　上魯戈反俗字也正作蠃亦蠡也

聖閻曼德威怒王立成大神驗念誦法經

繞誦　上音射顧野王云繞猶僮能也古今正字從糸堯聲

鑄一　上朱樹反說文云鑄銷從金壽聲也

稍印　上雙捉反經文作鞘非也

兩髀　鞸米反說文云股外也作骨卑聲亦作髀經從月作脾俗字也

曼殊室利菩薩閻曼德迦忿怒真言儀軌經　慧琳

燒爍　舒灼反

月黶　伊琰反說文云中黑也從黑厭聲也

嗤誚　上齒之反下樵曜反孔注尚書云誚讓也蒼頡篇訶也說文嬈也從言肖聲或作譙

盥飾　上官緩反顧野王云凡澡洗物皆曰盥說文澡手也從臼水臨皿曰音翔下詩力反

捫持　上音門

漬其氎　上子四反顧野王云漬猶浸也說文漚也從水責聲下音牒埤蒼云氎毛布也字書作氈經本作緣音先節反非經義

暉澹　談鹽反考聲云澹飾也說文從水詹聲詹音占

木槵　音患考聲云木槵木名也

骨粖　音末

霈注　上坏貝反考聲云雨多皃也諸字書並作沛云滂沛也下朱戍反水

毿下也從水經文從兩作霪俗用字非也

麦㦬 上力燈反顧野王云麦犯迫也垂也說文越也從夊從㚇古文字也經文作夌非也下眠弼反㦬輕也巳釋前卷經文作蔑非也

踏蹋 上談納反俗字也正作蹋下蒱伯反

躶體 上華寡反亦作倮裸

蛆爛 上且余反

嘍食 上子朧反

葧蔞藤 上蒱骨反中會鉤反下特登反

蚤蝨 上遺老反下詵欃反說文云齧人跳蟲也並從䖵又卂皆聲也卂音信又音卂

掩襲 上淹儼反下尋立反

一切經音義卷第四十　第二十九張　昆

大威怒烏蒭澀摩成就儀軌經

洒漱 上西礼反韓康伯注周易云洒濯也說文滌也從水西聲經文作洗音先演反非也下蹤宥反考聲云漱盪也經文作嗽俗字也

舉頞 安葛

反

車輅 盧故反

其掔 烏換反鄭注儀礼云掔手後節也或作捥經夲作腕非也

愛壥 正法字

築階 上音竹

鐩火 上音遂亦作鐆杜注左傳云鐩取火者也淮南子云陽鐆見日則燒而為火許叔重注云鐆五石之銅精圓以仰日則得火考聲云今之火艾承之便得火也說文云從金隊聲亦作㸂經文作燧俗字也

掐其 上口袷反埤蒼云掐抓也古今正字從手臽聲

魁膾 上苦迴反下壞外反

一切經音義卷第四十　第三十張　昆

大力金剛經

慧琳撰

芙蓉 上音符下音容即荷花也

笡歨 上且夜反韻英云柱斜也古今正字云逆槍也從竹且聲也

覷眄 上蛆慮反廣雅云覷視也顧野王云謂相候視也說文云從目虘聲或為覰亦作狙下眠遍反說文云目偏合也一日邪視也從目丏聲虘音才何反丏音沔

棓印 上龐講反今俗通作棒也

俹身 上鴉嫁反字書俹倚也古今正字從人亞聲

姒氎

恬叶反考聲云毛布也亦草花布也經文作絺非也

洒啟 上西礼反巳釋上文下跡劣反鄭注周礼云啟價也說文拭也從又持巾在尸下也經文作刷刷刮也亦通用也

婆識叉 中魚迦反下土把反梵語也唐云世尊或從金作鑁也

紗縠 上音沙下胡屋反

繪山 上迴憒反鄭注語云繪畫也古今正字從糸會聲

安鄯那 音善梵語青色礦石眼藥也

直

瀸 字書音鄭瀸漬也考聲音殲切韻云瀸也古今正字從水韱聲

大力金剛求成就經 慧琳撰

枯瘁 慈遂反

門扂 桔餤反

木屧 思叶反說文作屧云屧中薦也從履省業聲亦作䕷

麋鹿 上美悲反方言云麋老也白虎通云射侯射麋者也示遠迷惑人也麋之為言迷也說文鹿屬也從鹿米聲也

大力金剛成就諸願經 慧琳撰

矩方 上俱雨反世本云倕作規矩也廣雅云矩方也鄭注考工記云所法者也又人長八尺而大節有三頭也腹也脛也以三通率之則矩二尺六寸三分寸之二也古今正字法也從矢巨聲亦作榘

紺青色 上甘憾反說文云紺深青揚赤色也從糸甘聲也

之蘂 而捶反考聲云花心也古今正字作蕊云花鬚點之從卄惢聲惢音才髓反

苦楝 音練木名也

兩

廂 想羊反

皺眉 上鄒瘦反經云作皺俗字

犖確 上力角反下腔角反

以炒 初絞反亦作鬻

撚成 上年典反

善誘 音酉

金剛手光明灌頂經中無動尊念誦法 慧琳

孽嚕拏 上魚列反中音魯下尼加反梵語也

俱⿰亻奏 倉奏反

吞噉 上吐恩反下談覽反

旋嵐 覽甘反大猛風

也灰燼徐胤反俗字正作㶳也眛鞘宵曜反刀鞘室也亦作鞘削現眇弥小反說文云一目小也從目少少亦聲窨惡上邑冷反說文云地室者也從穴音聲說文音去聲瘢痕上伴般反說文云瘢痍也下恨恩反說文云痕瘢也二字並從疒般艮皆聲經文作盤誤也痍音以之反燒焯章弱反廣雅云焯熱也說文明也從火卓聲婀

字上烏可反

底哩三昧耶經不動使者念誦法

憾鉿上合紺反下謀感反梵語也縛撲龐邈反經作攉音普麥反非經義也牸牛音字辮髮上便沔反說文云交也從糸辮聲辮音卞

聖不動尊使者成就經 慧琳

作箄閉迷反拌之上盤備反上聲字也亦通去聲考聲云拌攪也韻詮拌攤相和皃也字統從手半聲經作泮非也邂逅上諧懈反下侯搆反韓詩傳云邂逅不固之皃也考聲云猶參差也古今正字並從走解后皆聲也麾惡上毀爲反顧野王云以旌旗指衆也淮南子云軍之待麾乗指則乱也杜注左傳麾之招也古今正字從麻從毛

佛說毗沙門天王成就經 慧琳

于闐田練反胡語國名也亦山名也衣甲上依記反下古狎反鄭注周礼云甲今之鎧也說文云甲東方之孟陽氣萌動也從木戴孚甲之象也太一經云頭冝爲甲甲象人頭也經文作鉀非也大贏下盧戈反已具釋首緣經作縲非也鋋杖庭鼎反說文云銅鐵璞也從金廷聲賔鐵上必頻反經作鑌非也下天結反經作鐵俗字也

疥癬　上音界下先剪反說文云癬乾瘍也並從疒介鮮皆聲經文作疥非也瘍音羊

燒爇　而拙反杜注左傳云爇燒也蒼頡篇云然也說文從火埶聲埶音藝

嘿然　上音墨顧野王云嘿不言古今正字從口黑聲也

毗沙門天王經　玄應撰

豐饒　上芳風反周易云豐大也鄭注周礼厚也毛詩傳茂也賈逵注國語

一切經音義卷第四十　第三十五張　昆

云咸也說文豆之滿者也從豆象形也今俗通作豊訛也下遶招反廣雅云饒多也益也謂豊厚也聲類饒餘也說文飽也從食堯聲經本作澆非也

貯積　上猪旅反杜注左傳云貯蓄藏也說文亦積也從貝宁聲宁音除呂反

開尃　撫無反孔注尚書尃專布也說文從寸甫聲經作敷通俗字

花鬘　音蠻或作鬘

金篋　謙叶反說文作匧械也從匸夾聲從竹者或字也咸音咸匸音方

俱

胵　音知

甘露軍荼利菩薩供養念誦成就儀軌經

愍念　上旻殞反何休注公羊云愍痛也廣雅念也說文從心敃聲敃音同上經本作愍亦通

撟誑　上嬌小反鄭注周礼云撟稱詐以有爲也顧野王云假稱謂之撟說文擅也從手喬聲經本作矯直也非撟誑義也

淋灕　上力金反廣雅云淋漬也說文以水沃也或曰淋淋山下水也從水

一切經音義卷第四十　第三十六張　昆

林聲下里𥅡反埤蒼云水滲入地也古今正字從水離聲

四跳　徒彫反廣雅云跳上也說文從足兆聲也

鈿飾　上田練反考聲云以珎寶裝飾也文字集略云金花也從金田聲下昇力反前已重重具釋訖

嬉戲　上喜其反下希記反

慈氏菩薩陁羅尼求上生經　無字可音

大方廣曼殊室利經觀自在菩薩授記品經

蔑戾車　上眠結反中蓮結反下尺奢反梵語𪍑師名也

拼其

上伯萌反
月黶 伊琰反忿怒金剛名也
挼掌 上奴禾反
紗縠 上音沙下紅屋反巳具釋前卷
欄檻 上郎安反下銜黯反
陛楯 上毗米反下時允反
纖利 上息詹反孔注尚書云纖細也說文從糸韱聲案經爪甲纖利合從金作銛
右髆 補莫反說文云髆肩甲也從骨尃聲經文從月作膊非也音普莫反

觀世音菩薩授記經 慧琳撰

褊孄 上八鱉反韻英云褊孄文駁也說文從辬作辬駁文也古今正字云文瞵也或作斑文皃也從文扁聲下力閑反義釋同上古今正字或從粦作斑斕音力辰反扁音邊沔反粦音力燼反燼音夕儁反
煒爗 上韋鬼反毛詩傳云煒色赤色皃也說文煒盛赤也從火韋聲下炎葉反說文爗亦盛也從火𣈆聲詩云爗爗電也

經從華作曄𦶇書字也𦶇音同上
芬馥 下馮福反考聲云香皃也從香复聲也

觀自在菩薩說普賢陀羅尼經 無字音訓

師子莊嚴王菩薩請問經

駢羅 上辯眠反顧野王云駢羅猶羅列也說文從馬并聲辦音便麪反
沛然 上普貝反何休注公羊云沛然有餘優饒皃也孟子曰沛然德教溢于四海顧野王謂雨之注瀸洪澍也廣雅大也說文從水巿聲或從雨作霈巿音同上瀸

音呼外反澍音之戍反
壓身 上烏甲反考聲云鎮也古今正字從土厭聲
磔身 上膝革反前巳具釋經作搩非也
蟲螘 上直中反經作虫音毁今俗用也下宜倚反說文螘蚍蜉也從虫豈聲也

八大菩薩曼荼羅經

於髁 詭化反正體字也經本作胯俗字也
煕怡 上喜其反毛詩傳云煕光明也說文從火煕聲煕音移下以之反前巳釋訖

一切如來白毫水生觀自在菩薩真言經

亦名電光熾盛可畏形羅刹斯法

匌面　上冐墨反說文云匌伏也從勹畐聲也

吸歙　上歆邑反鄭箋詩云吸猶引也廣雅歙也說文內息也從口及聲亦作歙經本作噏非也下呼蛤反說文云歙歠也從欠合聲經本作哈通俗字

驅擯　賓牝反考聲云弃也經作儐誤也

一切經音義卷第四十　第三十九張　昆

摩利支天女經

繖頭　上僥了反考聲云繖纏也說文從糸散聲韻詮從巾作傘亦通也

大吉祥天女十二契一百八名無垢大乘經

詣世尊所　上倪計反顧野王云詣到也蒼頡篇云至也說文云候至也從言旨聲

摩利支天經　無字可訓

大吉祥天女十二名号經　無字音訓

救面燃餓鬼陁羅尼神呪經

羸瘦　上累追反杜注左傳云羸弱也賈逵注國語云病許叔重注淮南子云劣也廣雅極也字書疲也說文瘦也從羊羸聲下搜宥反古今正字云瘦癯也從疒叜聲癯音具于反叜音素口反

一切經音義卷第四十　第四十張　昆

焰口餓鬼經一卷　無可音訓

阿吒婆拘鬼神大將上佛陁羅尼經

禽獸　上渠林反白虎通云禽者鳥獸之揔名明為人所禽制也尒雅云四足而羽謂之禽說文走獸之揔名也頭象形從禸今聲禽离兕頭相似也下詩救反尒雅云四足而毛曰獸蒼頡篇走者也說文守備也從犬嘼亦聲經本作狩大獵也非經義

也㕛音柔久反𩍐音休又反**轢碎**上力的反蒼頡篇云轢報也上林賦云車徒之所轔轢說文車所践也從車樂聲報音尼展反轔音栗珍反下蘇會反

稱讚如來功德神呪經

騷鞞上蘇竈反**敲**眞言句梵語訛也合作乞𠼝二合下敲箄同此**箄**姚迷反

十二佛名神呪校量功德除障滅罪經

第四十二張　昆

氤氳上憤文反下鬱云反考聲云香氣皃也義已具釋金光明最勝王經

校量數珠功德經

無字音訓

數珠功德經

無字音訓

校量數珠功德經

無字音訓

一切經音義卷第四十

一切經音義卷第四十一　池

翻經沙門惠琳撰

大乘理趣六波羅蜜多經序　御製

大朴　普剥反俗字也正作樸王弼曰樸真也真猶氣象未分也聲類云凡物未彫刻曰樸說文云木素也從木菐聲菐音卜也

牽兮　企堅反廣雅牽挽也連也說文引前也從牛從冂玄聲也冂音癸營反象牛之縻也俗用從手作摮非也

喪兮　桑葬反鄭注礼記云亡失日喪說文亾也從哭亾聲俗作䘮亦作喪皆非也下乎字說文云語之餘聲也從丂ノ聲ノ音片蔑反

愛惡　上哀代反愛體俗字也賈逵注國語云愛親也古今正字云憐念也說文從旡從心作㤅今通作愛旡音既下烏固反顧野王云惡憎也假借字也說文從心亞聲也俗從西誤

寂寥　上情歷反俗字也說文正作宗無人聲也從宀從尗省聲也或從言作誎下歷彫反說文闃古今正字宗寥音深遠無人聲也從宀翏聲翏從㝳省宀音綿尗音叔從戚省也

俟時　事滓反上聲俗字時所用也正從立作竢說文從來作䄜韻詮云俟待也考聲云俟來者也俗從人作俟亦通

紛綸　上芳文反廣雅紛衆多皃也乱也下律迍反易曰綸經理也宋忠注太玄經云綸絡也並形聲字也

流液　上流字說文從水從㐬㐬音吐訥反俗去㸃非也液音亦說文夜津也從水從夜聲也

淺深　千演反說文不深也從水戔聲也戔音察限反下傷任反考聲深邃也說文從水從罙音同上今相傳從罙音山林反說文深也亦通罙亦云竈突也

旭日　凶玉反考聲云旭明也說文云日旦出皃也從日從九下而質反說文太陽精象形字也

升晝　上識陵反毛詩作昇聲類作陞日出也下竹救反考聲晝明也說文云日之出入與夜為界也從旦從聿會意字也

至 音致假借字致亦至也

乂蒸 二 上魚偈反孔注尚書云乂治也考聲乂息也說文芟草也從丿從乀相交曰乂丿音天說文云左戾也乀音皮密反說文右戾也下職仍反介雅及小雅蒸君韓詩衆也善也傳雅蒸蒸孝也說文從草從灬承聲也灬音必遥反

罽賓 上居乂反梵語西國名也或名罽濕弥羅或名箇濕蜜皆古譯訛略也正梵音云羯濕弭羅北印度境也

領袖 上力郢反毛詩傳曰領頂也莊子領錄也鄭注礼記云理也六韜云衣領也古今正字作衿令通作領從頁令聲也頁音賢結反下因霤反俗字也考聲云衣袂端也說文亦同從衣從由省聲也古今作褎從采從衣亦作褎

翼衛 上孚職反孔注尚書云翼輔也毛詩傳云敬也鄭箋詩云助也杜注左傳翼輔也介雅恭也說文翅也上從羽異聲也下榮穢反王弼注易云護也介雅邊陲也郭璞云營衛守禦在外垂也說文宿衛也從韋從帀從行行列周帀曰衛今從首作衛也

一切經音義卷第四十一　第三張　池

滌慮 亭歷反孔注尚書滌除也說文滌洒也洒音西禮反

汲引 上金立反說文引水也從水及聲也以忍反杜注左傳云引導也說文開弓也從弓從丨丨音曳古文從手作扚或作弘也

庶憑 下皮氷反集訓云憑託也從心馮聲說文作凭凥又去聲依几也

眞筌 七緣反莊子云筌者所以取魚得魚而忘筌顧野王云捕魚竹笱也笱音狗也

聊因 篆彫反廣雅聊苟且也說文耳鳴也從耳丣聲也或作聯今俗從卯作聊相承書誤非也丣音酉篆音了

梗槩 上耕杏反介雅梗植也廣雅略蔵也從木更聲也下哥礙反鄭玄注礼記云平斗斛也薛琮注東京賦云梗槩者不纖密也說文同鄭玄從木旣聲或作概纖音針纖音息尖反

一切經音義卷第四十一　第四張　池

大乘理趣六波羅蜜多經卷第一

迦蘭多迦 薑佉反古譯云迦蘭陁夷或云羯蘭鐸迦並訛也正梵音羯孅歌迦大竹園名也在王舍城側轄近南山之陰說此經之處也

逮得

唐奈反鄭箋毛詩云逮及也說文從辵隶聲也隶音兊

阿僧企耶 輕以反下以遮反梵語數法名也案俱舍論引解脫經云六十數中阿僧企耶第五十二數皆以十十變名具如論說也

依怙 胡古反尒雅怙恃也說文從心古聲

沉溺 上池林反毛詩沈沒也說文溺也從㲻㲻音溺下寧歷反說文從人從水作休人沒水也從水弱聲

難解 下諸戒反有音夏者非也

整理 征郢反說文齊也從敕正聲也俗從止非也敕音丑力反說文敕字從束從攴攴音普卜反俗從來從力作勑俗字也

無猒 伊閻反考聲云飽也樂也足也說文從犬從甘從肉

雙足 上朔窓反說文從二隹從又又手也俗從反非也

恭敬 上恭字說文從也肅也下古文心字上共聲也俗從尒非也下敬字考聲云敬愼也說文從攴苟苟音巳力反

羈鎖 上寄亘反王逸注楚辭云以革絡馬頭也釋名撿也所以撿持制之說文從网馽聲也馽音同或作羈下蘇果反考聲鏁錄也廣雅連環也從金𧴪聲也𧴪音同上

朙星 明字說文從囧囧音鬼永反從月囧象窻也星者五行之星也言明星者亦非每日常有明星乃是金木火土及以水星有時近日晨朝而現占候者當知不久日出故諸經中時有明星之語佛因近日之星引此為喻言慈氏菩薩降於佛地也舊義云西方候夜觀三明星初觀白星次觀青星後觀赤星甚乖經意妄說也

帆主 上音凡考聲云舡舶上使風幔也帆主者海導師也從巾凡聲

洄澓 上音回經文作古文囘字雖是正時所不用尒雅逆流而上日泝洄郭璞日旋流者也下音復或作洑亦水之回旋也說文從水復聲也

侵害 慼傜反蒼頡篇侵犯也說文漸也從人從帚從又又手也手持帚若掃之進日侵今省為侵略也下何大反蒼頡篇害賊也說文傷也從宀從口言從家中起也從丰省聲也經作害俗字也丰音害古字也

迦嚕羅 梵語食龍大鳥名也古云迦婁羅亦名金翅鳥或云揭路荼今文書

迦魯羅上下二字不切也正梵云蘖嚕絜縩音傛加反嚕音轉舌呼亦名龍窻

吞啗 徒濫反說文食也從口臽聲經文作噉啖並俗字也

僂者 力主反杜注左傳云上傴也僂猶背曲也廣雅身曲也說文尫也從人婁省聲或云背僂皆一義也

裸者 上華瓦反避俗諱作此呼夲音郎果反左傳觀其倮俗顧野王云裸者脫衣露袒也說文從衣作裸字書有從身作躶玉篇從人作倮三體並通用也

堆阜 上都雷反考聲云土之高皃也埤蒼云土聚也說文小阜也從土隹聲也經從十作埠非也或作雁古字也有作提俗字也下扶有反吳楚音乜韻英音云扶武反說文大陸也山無石日阜古文作𠂤象形字

砥掌 脂履反杜注左傳云砥平蒼頡篇云磨礪石也說文作厎柔石也從厂氐聲厂音罕

隘陿 上鵶介反廣雅隘迫也亦陿也王逸注楚辭險院傾危也或作院說文作䧅又䧅並古字也今從省作隘院並正也下咸甲反顧野王云迫隘也不廣大也說文隘也從𨸏匧聲經從犬作狹非也

廛里 直連反集訓云城市內空地也考聲云市內一畝半為一家市邸舍也居處也從土廛聲

閈豁 下歡括反廣雅豁空也大也說文作豁通谷也從谷害聲也上閈字正體作閈說文從干俗用從井訛也干音干

穢惡 下烏固反

荊棘 兢憶反考聲酸棗也說文從並朿朿音刺朿木芒也古文象形作甫

塵坌 上音陳說文云鹿行揚土也從鹿從土會意字也下盆悶反考聲塵猥也說文坋塵也從土分聲也

拘枳羅 上音俱下鷄以反梵語鳥名也此鳥性好榮茂不栖止於枯樹

犛牛 音茅出西南夷及西戎亦名長髦牛也前寶積音義中已具釋也

犎牛 音封山海經云南方野牛也集注尒雅云今交趾所獻丞相牛是也郭注尒雅云領上犦胅起如駝鞍之一邊出合浦縣今語訛俗謂之峯牛是也犦音雹胅音田頡反形聲字

焚爇 上輔文反說文燒田也下爇拙反杜注左傳云爇燒也蒼頡篇云火然也從火蓺聲

戲論　希義反介雅戲謔也廣雅邪也考聲弄也詩傳逸豫也說文從戈虘聲也虘音熙虘字從豆戈音古禾反有從虛從弋作戱非也弋音與職反謔音香約反

熊羆　上許窮反毛詩惟熊惟羆說文獸也似豕山居冬蟄舐足掌其掌似人名掌曰蹯蹯音煩下羆音悲介雅羆似熊而黃白色郭璞曰似熊而大頭長脚高猛憨多力能拔樹木也

虎豹　上呼古反說文獸君也從虍虍音呼虎足似人足故下從人象形字也下包皃反說文似虎圜文黑花而小於虎從豸從包省聲豸音雉也

豺狼　上牀皆反山獸也介雅云豺狗足也說文狼屬也從豸才聲經文從犬作犲非也案豺有二類常群行山谷不相離大曰豺郎小曰豺奴小者先行共獵麞鹿煞已守之而不敢食以待豺郎其豺郎後至先食飽已然後豺奴喫其殘肉故礼記月令云季秋之月霜降之日豺祭獸即其事也下洛當反說文云狼似犬銳頭白額猛獸也從犬良聲

一切經音義卷第四十一　第九張　池

野干　或云射干射音夜司馬彪及郭璞並云野干能緣木廣志云巢於危巖高木故知非野狐也淮南名曰麻狐禪經又云見一野狐又見野干故知二別野狐大於野干也

狐兔　上音胡說文妖獸也鬼所乘而有三德其色中和小前大後死則首丘從犬從瓜省聲也下土固反說文獸也前㲋象踞後黙象其尾也兔頭與㲋頭同故從㲋省也

蚖蛇　上五官反下社遮反抱朴子曰蛇類甚多唯蚖蛇中人家急可以刀割其所螫臠肉弃於地肉自沸似火炙須臾燋盡人得活矣不割必死玄中記云蚖虵身長三四尺有四足形如守宮尋脊有針利如刀甚毒惡中人不逾半日則死山海經云皮可以飾刀劍與鮫魚皮相似但麤細異耳也

蝮蠍　上芳伏反介雅蝮虺博三寸首大如擘郭璞注云如人擘指史記云蝮螫手則斷手惡毒虵也下軒謁反四方通語也字從虫歇聲也經從曷非也說文云毒蟲也尾上拳有毒刺蠆字象形玉篇蠆音拆介反變體字也俗名蝲䖘見通俗文上蝲音他割反下䖘音郎割反更有異名不録

黿鼈　鞭滅反說文水介蟲也從黽敝聲也經從魚作鱉俗字也黽音猛敝音毗袂

一切經音義卷第四十一　第十張　池

反

黿鼉 上音元說文大鼈也大者如車輪小者如盤有神力能制水旋繞人而食之下唐多反山海經云江水多鼉郭璞注云似蜴蜥有鱗大者長丈小者四五尺尾如刀生卵大如鵝卵皮緊厚可以為鼓故毛詩有鼉鼓說文水介蟲也從黽單聲單音那案黿鼉二字從黽俗用下從龜者非也

鳳凰 上馮諷反下音皇前寶積經及般若經音義已具釋說文神鳥也仁瑞也從鳥從皇並從几几亦聲也

鴛鴦 上威園反下烏郎反又於良反水鳥也毛詩傳匹鳥也鄭箋云言其止則為偶飛則為雙不相離也天性也

面皺 側瘦反考聲云皮聚也集訓韻略字苑並云面皺也說文玉篇字林字統文字音義古今正字桂苑等並闕文無此字從皮芻聲俗詖訛芻音楚俱反

傴僂 上於禹反下力禹反通俗文云曲脊為之傴僂說文傴僂二字並從人形聲字經從身作軀非也

蘇莫遮冒 下毛報反說文云小兒及蠻夷頭衣也從目冃聲冃音與上同文字集略從巾作帽亦同蘇莫遮西戎胡語也正云颯磨遮此戲本出西龜茲國至今由有此曲此國渾脫大面撥頭之類也或作獸面或象鬼神假作種種面具形狀或以泥水霑灑行人或持羂索搭鉤捉人為戲每年七月初公行此戲七日乃停土俗相傳云常以此法攘厭駈趁羅剎惡鬼食啗人民之災也

能治 直之反考聲治理也本水名故從水台聲也

不揀 姦眼反文字集略揀擇也從手柬聲也說文作

柬分別簡之也從八從柬八象八方經文作簡非本字也

披訴 上普麋反左傳披分也廣雅張也形聲字下蘇固反正體字也考聲陳說理也說文告也從言㡿聲也或作謝㡿音尺說文從广广音儼從屰屰亦聲經文作斥非也屰音逆也

那羅延 梵語欲界天名此天多力身綠金色八臂金翅鳥王手持闘輪及種種器仗每與阿脩羅王戰爭也

擒獲 及今反考聲捉也或單作禽見蜀都賦從手禽聲說文作鈙持也從攴金聲

瀑河 蒲冒反考聲猝雨也說文疾雨

水又云瀑賫也從水從日從出從廾廾音拱從丰丰音滔猝音悉訥反賫音云敓反

循環　隨遵反廣雅循從也說文行也從彳彳音丑尺反盾聲也盾音順經從人非也或作巡亦通下猾關反鄭衆注周礼云環旋也廣雅環圓也何注公羊傳遶也說文肉好若一謂之環從王睘聲

翳眼　伊計反考聲瞖蔽也蓋也文字集略目障也從目殹聲也或從羽作翳亦通也

穀糩　上公屋反粟麥之揔名也尒雅穀祿也說文續也從禾㱿聲也下苦外反字統云粗糠也從禾會聲

滌除　庭力反前序中巳具釋

月蝕　時織反李淳風云月虧於天魚腦減於泉月豈為蠃有突而毀其體毋但陰陽之氣遞相感應耳曆經云凡月蝕暗虛之氣掩之故見虧也易曰月盈則蝕說文從虫食聲也

皎日　經了反日月明白也說文從白交聲經從日誤也下而質反

素怛纜　下藍陷反

梵語也唐云契經古譯或云修多羅皆梵音訛轉也即十二分教文一名也

研覈　上霓堅反說文研磨也從石幵聲或從手作揅古字也下行革反韻詮考求也聲類窮也說文實也考事得其實也從西敫聲幵音啓賢反西音呼賈反

醍醐　上音提下音胡醍醐者酥中之膏至精者名曰醍醐能治衆病形聲字也

迦多衍那　上薑佉反梵語阿羅漢名也迦多姓也衍那字也舊云迦旃延或云珊地迦皆訛也

暗冥　上阿紺反說文云日無光也或作闇下莫瓶反孔注尚書云冥夜也考聲幽暗也說文幽也從月六日數十六日而月始虧幽暗也從共冂聲也冂音覓經從具作冥非也

懈墮　上革賣反考聲懈怠也賈注國語云懈倦也俗音嫁者非也前後經文懈字悉同此音下徒卧反說文不敬也從土隋聲春秋傳曰執玉者墮也

舩撥　順專反舩舟也方言云自關而西謂舟為舩下煩韈反縛竹浮於水上謂之撥廣雅從舟作𦪇說文從木發聲經從竹作筏俗字也諸字書並無此字

磧中　青歷反廣雅磧瀨也水淺石見也案磧者邊塞沙石之地

無水乏草木絕人境處也說文水渚有石也從石責聲也**霈然**滂貝反文字集略云霈大雨也形聲字說文門**洪澍**上胡籠反孔注尚書洪大也下主樹反說文云時雨所澍生万物也從水尌聲**勉勵**上音免說文勉亦勵也強也從力免聲也下力滯反說文勉力也從力厲聲**罪愆**上摧猥反廣雅罪誅也說文犯法也古文作辠秦始皇以辠字似皇字故改從网從非下丘焉反孔

注尚書云愆過也古作㲋衛宏作僁愆並古字也時不行用也**毫氂**上胡高反下力馳反案九章筭經云凡度之始初於忽為絲十絲為毫十毫為氂說文毫氂二字並從毛毫從豪省氂從犛省皆形聲字也今經作毫氂不明字義誤也**不擾**而沼反孔注尚書擾乱也說文煩也從手憂聲也憂音奴高反前音義從手從憂言相承猱省不識字**摩挍**闡粉反廣雅云拭也或作揩古字也**輕懱**

眼䶊反說文輕傷也從心蔑聲前音義從竹作篾竹皮也又從手作㩢樂名也非經義也**勑辱**力蹬反杜注左傳勑海也今經文從阜作陵丘陵字也或作倰木名亦非也**空壙**廓潢反考聲空也壙原野遠貞從土經從日非也

六波羅蜜多經卷第二

釋提桓因切利天王三十三天主即帝釋天王**影透**下偷搆反俗用字也說文正體作趨**牆壁**上匠羊反說文云牆垣也蔽也

從嗇爿聲也經從土作墻俗字也下井覓反說文從广作廦形聲字經從土俗字也**消除**小焦反說文消盡也從水肖聲又肖字從小從肉經從金作銷鑠金也非經義**俱胝**梵語西方數法名也當此國百万之數也**芬馥**下芳伏反香氣盛皃也**交絡**上交字說文云交合也手也象交形經文從糸作絞縊也上聲字甚乖經義下音洛說文及山海經皆云遶也縊音伊弃反**迦遮隣底迦**上下迦字音薑佉反底音丁以反瑞鳥名

也身有犛毛非常輕耎續以為衣轉輪聖王方御此服彼国即今見有此鳥之類毛甚不如轉輪聖王得者

柔耎　下而兖反說文從而從大經有從車作輭諸字書並無此字也

偏袒　下壇嬾反考聲袒露也去上衣靈上肩也左傳鄭伯肉袒牽羊是也說文從衣旦聲嬾音來旱反

不瞚　水閏反莊周云終日視而不瞚說文云開闔目數搖也從目寅聲也或作瞬俗字也古作眒經從目從旬作

眴音舜非也不成字案說文眴旬並音縣眴視皃譯經者音舜殊不曉字之本源道聽而途說錯用也

戰慄　下隣一反考聲懼也亦雅憂感也說文從心栗聲也

罣礙　上胡瓦反說文網礙也從冈從卦省聲也下五蓋反礙止也

跏趺　上音加下音夫結跏趺坐也

闗塞　上古頑反鄭注周礼云闗者界上之門也說文以木横持門戶謂之闗從門丱聲丱音同上

攸

稅　水芮反輕賦斂春秋宣十二年初稅畝杜預曰公田之法十稅其一開律亦介稅斂民商以供用從禾兌聲也收字從丩丩音經由反

踊躍　上容腫反杜注左傳踊躍跳也公羊傳上也進也說文從足甬聲經作踴俗字也下羊灼反廣雅跳也亦雅迅也說文從足翟聲翟音宅

嗢鉢羅花　上烏骨反古譯云優鉢羅細葉青蓮花也經文作華非也此字無花音譯經者錯用不識字也

鉢特摩花　梵語依古譯不切也正梵音鉢納摩即是紅蓮花之

上者

拘牟頭花　亦依古譯虜質不妙正梵音云矩母那赤色蓮花也

奔荼利花　荼字不切合書絮字絮音奴雅反白蓮花也鮮白光潤猶如白玉也

絮羅花　此即天妙花也具衆雜色香氣逵闇人間全無也

交暎　英敬反考聲云暎暉也隱也韻英云傍照也從日英聲也或作映古字也有從央作映非也音烏浪反非經義也

蓊欝　上屋孔反下熅律反漢書司馬相如云蓊欝草木盛皃滋長皃也

次音真言經上用字與梵音乖僻不切當惠琳再譯諸真言一遍今編入陁羅尼卷中略指用字不當處後學者於梵文上勘取方驗知之

訶罵 上郝哥反考聲訶毀也說文怒也經文作呵俗字也下麻霸反考聲以惡言相辱也罵詈也從网馬聲古文或作傌也

魑魅 上勑知反下眉秘反說文云老物之精也山海經云魅之為物人身黑首考聲云鬼神為怪或作鬽魑占字也

魍魎 上武往反下力掌反考聲云魍魎水神也亦是邪鬽鬼也淮南子云魍魎狀如小兒赤黑色赤爪長耳美髮或作蝄蜽亦通國語云水恠娩鬼也或作魍魎亦同

負債 上扶武反顧野王云背恩志德日負說文恃也從人守貝有所恃也又云受貸不償故人下從貝為負下責責反考聲云債負也負他財寶也從人責聲

償畢 上音嘗考聲云償與也還債也從人賞聲

借軀 上音昔經作措雖正古字也下羌于反

忩遽 下渠御反賈注國語云遽疾也顧野王云急也考聲速也杜注左傳畏懼也從辵豦聲也豦音渠也辵音丑略反言走遠之說者村巷之談也

粗自 上祖古反集訓云約略也從米從祖省聲也

勿強 渠亮反

摩竭 摩竭者梵語也海中大魚吞啗一切諸水族類及呑舩舶者是也

蛟龍 上加爻反郭注山海經云蛟似蛇而四脚小頭細頸卵生子如一二斛甕大者十數圍能吞人淮南子曰一端不雨蛟龍文龍屬也鮀魚滿三千六百則蛟來為之長也

憐愍 上礼顛反郭注介雅云哀愍也下音旻殞反何注公羊愍傷也廣雅愍愛也說文愍痛也從心敃聲也敃字從攴民聲敃音上同

賑恤 上真刃反郭注介雅賑富有也下思律反鄭注周礼賑恤憂貧也顧野王賑救乏也說文從心血聲也或作卹也

恣其 咨四

反說文云悉縱心也從心次聲也 **懈倦** 上華賣反下擢院反嬾墮也 **備受** 上皮秘反考聲備防也說文愼也從人葡聲葡字從丬從勹從用經文作俻非也丬音開患反 **心胏** 心主南方火赤色而有辨辨音白慢反主舌象形字也下妃吠反金之精也白色如花蓋主鼻說文從肉巿聲巿音子經文從市誤也 **腸胃** 上除良反白虎通云有大腸小腸釋名云腹內暢氣之府也從

肉從昜省聲下音胃或作腸俗字也白虎通云脾之府也色黑說文穀府也從肉象形字 **肝膽** 上音干白虎通云肝者木之精也象木形而有葉青色主目故肝實熱則目赤暗說文從肉干聲下荅敢反白虎通云膽主仁是以仁者必有勇膽若有病則精神不守說文從肉詹聲也 **脾腎** 上步弥反白虎通云土之精也象土色黃說文從肉卑聲下音愼白虎通云水精也色主陰其形偶其神志其候耳故腎虛則

耳聾形聲字 **呑噉** 談濫反俗字也正作啗前音義作啗亦俗字也 **易見** 音異下文云易逢准此音

六波羅蜜多經卷第三

左脇 許業反說文胠兩旁脇也從肉劦聲劦音叶從三力經文從三刀作脇非也 **氎花** 音牒西國草花絮也如此國柳絮蒲花絮蒲花絮相類細耎綿 **餘燼** 夕盡反俗字也考聲火燼也燼音夕夜反說文火之餘木正從

火聿省聲也俗從盡作燼 **糞穢** 上分問反俗字也說文作𡊄糞弃除糞掃也韻英糞亦穢也或作𡑒撲經從上作糞不成字也下威衛反 **觜銛** 下褒尖反銛猶利也 **喙噉** 上音彖廣雅喙嗌也說文烏喙也從口彖聲彖丑緣反經從彖作喙吁穢反非也下唐濫反 **髓惱** 上雖觜反說文骨中脂也下那倒反說文頭中髓也從上𡿺聲𡿺音同上經中有作腦或作脳腦並非也 **煻煨** 上音唐下烏回反 **漉出** 音祿瀌漉 **鉆銸** 上儉

嚴反說文鐵鋏夾取物也從金占聲經文從甘作鉗頊上鐵枷非此用下黏輙反說文鉆亦鉆也攝也從金耴聲耴音同上經從三耳作鑷車下鐵纂非本字二字並錯用也

洋銅 上音楊烊烊水流皃也

攀上 怕班反古文從反說文攀引也從手樊聲古文作仈故云反拱

望得 武方反

復劈 片亦反說文以刀破物謂之劈從刀辟聲經從力非也

隨挂 下古賣反又音公畫反韻英云懸也經文加卜作掛俗用非也

鐵囊 奴郎反考聲云有底袋也說文從槖省襄聲也襄音𢄕耕反槖音很也

鐵棓 龐鴞反上聲字也許叔重注淮南子云大杖也經從奉作棒俗字也非正也

推 直追反說文擊也經從追作捶非也音

打 墜蠡箈捶也經文非此義蓋是箠撾者寡聞不識字也打字從扌

坼裂 丑革反集訓云裂也從土𡱝聲也𡱝音尺

經從石作磔非也

鋸解 上居御反下皆買反

鐵臼 上天結反說文黒金也從金𢧵聲也𢧵音田戾反經文多從𢧵俗字也下求有反說文云古者掘地為臼其後穿木石作之中點象米下畫象臼有底經作臼非也臼音弓六反象二手也

紫礦 虢猛反謂是食蘇方木蓑蟲糞并樹皮煎鍊而作之汁赤如蘇方汁染胡燕支㴸為紫礦火燒如蜜蠟其肥膩亦堪為膠膠黏寶鈿作五天紫礦與此有別乃取波羅奢樹皮并嫩枝熟擣煎煮押取汁將染皮㲲甚赤鮮明㴸為紫礦勝前說者亦名勁叔迦樹膝音交㴸音緇史反嫩音奴鈋反鈷音尼廉反

焚燎 聊弔反說文放火也形聲字也

鎔流 上音容說文鑄金法也

滴如 上丁力反說文云水滴注也從水適省聲或作適經從帝作渧俗用誤

相揆 贊𢷾反集訓云揆逼也考聲云非也從手𡊄聲也𡊄音寸辨反辨音蘭怛反

三股 下音古鐵杈左右枝也書日君為元首臣作股肱左右輔也經從金作鈷釜名也非此義錯用也

鐵杈 柴加反考聲云岐木也鐵杈叉木杈為之

偃仆　上央蹇反廣雅偃仰也說文僵也從入匽聲匽音同上下明北反或作踣考聲云前倒也覆面也說文傾頓也形聲字也

而絣　伯萌反集訓云振黑繩也字書作𢇍經從手作拼音普萌反拼酥酪字錯用也

劚斫　冢綠反考聲斸掘也钁斸也說文斸斫也從斤屬聲也下章若反說文斬斫也

溼木　失入反說文幽溼也從水一覆土而有水故溼也經作濕非也濕音他匝反水名也在東武陽非溼濕字也筆授人不知有正體字也

韁轡　上音薑下音秘顧野王云制馭車馬勒也說文韁形聲字轡字從絲從叀叀音衛會意字

鞕撻　上必綿反說文馬策也下他葛反鄭注周礼云抶也抶猶打擊也見左傳抶音恥栗反說文撻從手達聲也

穹廬　上羌隆反下力除反案穹廬者大黑氈帳也經言鬼頭大形如氈帳

髲下　上音被髲被垂下也從髟

反聲髟音必遥反

膝踝　上辛逸反俗用字說文脛頭骨節也正體作厀從卪桼聲卪音節下華瓦反聲類云足外附骨也形聲字也

鉞斧　上袁厥反古者君及大將執之以威衆以黃金飾之謂之黃鉞說文大斧從戉戉聲蒼頡篇從金作鉞篆文本作戉戉音厥也

槍矟　上七羊反蒼頡篇木兩頭銳也說文拒也下雙捉反說文長矛也今人謂之戟矟從矛肖聲或作槊俗字也

檛打　鷄瓜反考聲云檛擊也馬策也說文作箠捶也從竹朶聲朶音都果反打音德冷反廣雅擊也埤蒼棓也從手丁聲也

雲翳　伊計反郭注尒雅云翳奄也考聲蔽也說文𣏾盖也從羽殹聲殹音同上也

爍身　傷灼反賈注國語爍銷也或從金作鑠古今正字從火作爍也

冰山　悲矜反玉篇水凝結也說文作仌冰凍也象水凝之形經作冰俗字也

魚蚌　魚字說文從刀象形字也下蒲講反爾雅蚌含漿郭注云蜃也考聲蛤類也說文從虫丰聲也或作蜯俗字也丰音夆也

蝦蟇　上音遐下麦巴反考聲云水蟲

室獸摩羅

梵語魚名也舊經律中或作夫收摩羅梵音訛轉耳譯云煞子魚也善見律云鰐魚名也形如象長二丈餘有四足似鼉齒極利所有畜獸摩鹿入水齧腰即断廣州土地有之

蚰蜒　上音由下音延集訓云蚰蜒毒虫也一名入耳形似蜈蚣而小青黑色尒雅一名螾蜒也並形聲字也螾音引也

蟣虱　上居擬反韻英云虱卵也卵音魯管反下所乙反說文齧人蟲也從卂從蚰俗作虱非也卂音信蚰音昆也

蚤等　臧老反說文齧人跳蟲子也從蚰叉聲叉音莊狡反

螟蛉　上覓瓶反下歷丁反陸機毛詩蟲魚疏云桑小青虫也似步屈色青而細小或作草中令螺蠃所負之為子者是也螺蠃土蜂也一名蠮螉上螺音果下蠃音魯果反蠮音煙結反螉音烏公反許慎云細腰蜂也取桑上虫負於土中或於書卷中或筆筒中七日而化為子故俗語云呪曰象我象我郭璞注方言云蠮螉小細腰蜂也

蟊螣　上莫侯反下騰德反皆蝗蟲類也毛詩傳曰食根曰蟊食葉曰螣或作蝥說文作蟊官吏乞貣則生蟊皆形聲字也

阜螽　上音負下音終許慎云阜螽蝗蟲類也在草中色青白不食苗從蚰冬聲也

蛺蝶　上兼葉反下恬頰反蛺蝶蟲名也一名胡蝶莊周所夢者是也說文從虫皆形聲字也

蜣蜋　上佉良反下音良尒雅蛣蜣蜣蜋也郭璞注云黑甲蟲也常咲糞土者也

蠅蚋　上孕蒸反下蕤銳反鄭箋毛詩蠅之為蟲汙白為黑方言陳楚秦晉之間謂之蠅東齊謂之羊聲訛轉也郭璞曰江東人呼羊聲似蠅也

得餐　倉丹反考聲云餐呑也歠也或從水作飡俗字也說文從歺食聲歺音殘也

驝駝　上碭洛反下唐何反考聲云胡畜名也山海經云背有肉鞌力負千斤日行三百里能知水泉所在經文作駱駞駱音洛俗用

尪羸　上烏光反考聲尪跛也杜注左傳云瘠病也說文曲脛也從大象偏曲一脚王聲也經從兀誤也古文作𡯁桂尫殊叢病瘦弱謂之𡯁下力追反賈注國語云羸病也杜預左傳羸弱也說文羸瘦也從

羊從羸音力戈反 儻他 尚良反還債也 剫剥 上音皮

下弄遁反 裸形 上力果反前文已具釋俗音華瓦反 霜穫 黃郭反詩云十月穫稻也說文刈穀也從禾蒦聲蒦音同上

暑穥 下隕氣反毛詩傳除草日穥說文除苗間穢草也不從禾從耒負聲或作芸耒音曾會反

皴劈 上七逡反埤蒼云皴皵也考聲云凍裂也從皮夋聲也夋說文音七旬反皵音七略反下劈音匹亦反廣雅劈裂也說文劈破也從刀辟聲古文作脈

乞匃 下垓曷反說文云人亡財物則行乞匃從人從亡不從包也

怯懼 上欠業反說文從犬作㹤畏劣也大多畏故從犬去聲從心作怯下瞿羽反左傳畏也廣雅憂也說文恐從心瞿聲

猜嫌 上綵來反杜注左傳猜疑也廣雅懼也字書妄也方言恨也從犬青聲也下俠兼反說文疑也從女

一切經音義卷第四十一　第二十九張　池

蕉聲 邀名 伊遥反或作徼考聲徼求也要也字書云遮也說文抄也從辵敫聲敫音同上

𦑝䎠 上初師反下維知反皆正字體也經作差池俗用非正言𦑝䎠者由邐迤也並從羽形聲字也

鞭撻 上必綿反考聲云擊也下他怛反集訓云打也從手達聲

㔂辱 上力矜反前經第一卷已具釋訖

捺落迦 上奴割反梵語地獄之摠名也

㔂蔑 眠鼈反輕傷也㔂字經從阜也或從冰者皆非本字從力為正

詑詐 上俱葦反廣雅詑隨也惡也考聲詐也欺也變惡也從言危聲

爲筏 音伐俗字也字書中無此字正體從木發聲也

萎顇 上委為反下情遂反考聲云瘦弱也

瞤動 蕤倫反說文云無故目動日瞤經從旬作眴本音詢非經義也

哽噎 覺綆反考聲云氣塞也韻詮云能息也說文食在喉不下也下煙結反毛詩傳云憂不能息也哽噎者悲歎之鳴噎也

寶象 祥養反獸名似江豬色白經言寶象者帝釋所乘聖象也其名善住具如起世因本經及立世阿毗曇論

一切經音義卷第四十一　第三十張　池

廣說也

介冑 上皆械反考聲介甲也繫也助也從人象形也下籌宥反左傳云兜鍪也考聲鎧也從曰從由省聲曰音莫保反

波利質多樹 梵語忉利天中花樹名也俱舍論中圓生樹也

沃焦海 上音屋俗字也正作𣴎考聲云𣴎潤也臨也說文溉灌也從水天聲也經言沃焦者山名也郭氏玄中記云天下之強者東海之沃焦焉方三百里海水灌之隨盡故水東流而不盈也

異物志曰豫章建城有石色黃白而理疎以水灌之便熱如鼎其上炊之以熟見有驗矣立世阿毗曇論云復次於中有何因緣大海中水大熱燋竭諸比丘劫初轉時阿那毗羅大風取從六日宫殿城郭擲置於彼大海水下安置其大海水皆悉消盡不曾盈溢猶彼六日天子宫殿熱故也山海經亦云暘谷扶桑有十日所浴九在下枝一在上枝是也

曼陁吉尼池 梵語大龍烏王浴池名也准起世經及立世阿毗曇論等皆說此池在此贍部洲大雪山北有此池是善住烏王之所俗處今經意云是諸天浴池若尒即合在忉利天上彼天若有即是名同彼天若無即是錯譯未詳孰是更勘梵本為一為異也

弓弰 所交反埤蒼云弓兩端末也考聲弰者弓兩頭也形聲字也

爲牀 壯莊反經作床非也

降澍 朱樹反前經第一卷已具釋經從雨作霔非也後文霔字准此應知

五穀 公木反五穀者黍稷麻麥菽廣說如礼記疏錦帶前書云一粱二稷三麻四麥五豆是為五穀也

孤惸 上古胡反考聲云孤獨說文無父孤從子從瓜省聲也下葵營反考聲孤單也文字典說云無兄弟曰惸或從兮作㷀說文正作𤇾從平從營省或從人作僗義訓並同也

鰥寡 上寡頑反礼記云老而無妻曰鰥尚書云有鰥在下為舜年而無室也從魚從眔音踏下寡音關瓦反考聲云獨也寡謂婦人無夫之稱也下從分

劬勞 上具愚反考聲勤也亦勞也從力句聲下老刀反周礼事功曰勞賈注國語勞疲也尒雅勤也說文劇也從力從熒省熒從焱冂音癸營反

推

剮 上長繚反從木下勗恭反剮膂也推留者痛割毀形之儀也從包省形聲字

囹圄 上歷丁反下魚舉反周時獄名也亦形聲字

鈇鉞 上甫于反又音斧礼記諸侯賜斧鉞然後得煞鄭玄注云得其器乃敢其事說文鈇剉也從金夫聲下袁歐反已具前釋雀豹古今正云諸侯得賜黄鉞者許斬持節將說文從金戉聲戉音同上

不耐 乃岱反考聲忍也玉篇能也字典云有罪能忍而不髡也說文云罪至不髡從寸遂而或作耏也

貶黜 上筆奄反何注公羊傳貶損也褒善而貶惡也說文亦損也從貝乏聲古文作导從寸從曰巢覆之也寸人手從寸也下勅律反范甯集解黜退也柱也杜注左傳黜放也賈注國語廢也說文貶下也從黑出聲褒音補毛反

迫𢡱 迸陌反顧野王云迫猶逼也蒼頡篇云近也廣雅㢝也又急也說文從辵白聲下狡業反賈注國語云𢡱劫也顧野王云威力相恐𢡱也

文字典說云𢝊也從心脅聲經作脅亦通也狡音香嚴反

蠱道 上音野鄭注周礼云蠱毒蠱也說文腹中蠱能痛害人也從蟲從皿又音古或云蠱毒也

令瞽 上力呈反下姑三反鄭注周礼云無目謂之矇有目謂之曰瞽說文云目但有眣如鼓皮曰瞽從目鼓聲

犬哭 苦莽反經作亞非也

癩病 來代反韻英云癩惡疾傳雅云風病也或作㾢說文作癘經文作癩俗用字也

險峻 脇撿反賈注國語云險危也方言高也說文從阜僉聲經作嶮非也下荀俊反孔注尚書云峻高也說文從山夋聲亦作陖

三鈷 下音古正作股經作鈷錯用也

護魔法 梵語唐云火祭祀法為饗祭賢聖之物火中焚燎如祭四郊五岳等

終已 下音以

常翹 祇遥反廣雅云翹舉也尒雅危也說文從羽堯聲

撥取 半沫反廣雅撥除也鄭注周礼云撥拂也說文從手發聲

燖去 上祥醫反考聲云燂爇也以湯沃毛令脫也說文從火覃聲經作燖俗字也正作𤎖占作㷋

鏍釧 滑開反愽雅云指鏍也文字典

說小母指鐶也從金睘省聲下爪眷反東宮舊事云太子納妃有金契釧一雙文字典說云臂環也從金爪聲 騣髦 子東反蔡邕獨斷云騣項上毛也古今典說云馬騣也從馬㚇聲下音毛㚇音同上 鉆磔 儉淹反說文云鉆鐵鋷也從金占聲鐵音天結反鋷音女輒反經作鉗鑷也經非此義下陟草反博雅云磔廣雅云張也又開也說文從桀石聲也 在鏊 五号反韻略云鏊作餅燒器也尒雅

釜鼎之類是也說文從金敖聲 剜眼 捥莞反埤蒼云剜削也考聲云剜曲刻也說文從刀宛聲也經作剜非也剈音恚緣反 刵耳 而志反孔注尚書云刵截耳也廣雅截也說文斷耳也從刀耳聲 劓鼻 宜器反孔注尚書云劓截鼻也廣雅截也說文作劓刖鼻也從刀鼻聲 敲骨 上巧交反杜注左傳敲擊也說文從殳高聲 畋獵 殿年反鄭注周礼云畋亦獵也或作

畋說文畋平田也從攴田聲亦作田 魚捕 上語居反經作漁非也下蒲暮反顏野王云捕猶逐也說文取也從手甫聲也 罘網 附無反鄭注礼記云罘獸罟也韻英云罝也說文兔罟也從冈不聲罟音古罝音齊耶反下無倣反亦作冈 矰繳 上則登反鄭注周礼云結繳於矢為之矰考工記云矰矢弓所用也又云矢羽名矰說文從矢曾聲經作繒誤也下章若反廣雅云繳纏也說文云生絲縷也從糸敫聲或作繁 麞鹿 上掌陽反鄭注考工記云齊人謂麕為麞說文

從鹿章聲麕音君下盧篤反說文鹿獸也 販鬻 上發万反鄭注礼記云朝買夕賣曰販說文買賤賣貴也從貝反聲下以六反鄭注周礼鬻賣也顧野王云賣物也說文從䰜音格粥聲經從來俗用略也 衒賣 上玄絹反下正賣字說文𧗳行且賣也從行言聲亦作衒 斯愆 下羌連反孔注尚書愆過也韻詮云罪也說文從心衍聲亦作僁也

六波羅蜜多經卷第四

乳哺 下蒲暮反許叔重注淮南子云口中嚼食與之似鳥與兒食日哺說文從口甫聲經文從食作餔米糊也又逋布二音非此義 嚬蹙 上毗賓反下子六反文字集略云嚬者蹙眉也顧野王云憂愁思慮不樂皃也古作顰亦作嚬𠿒字亦作蹙經文作𪁦非也 谿澗 啓奚反尒雅曰水注川也說文云川瀆無所通者從谷奚聲亦作溪下間晏反毛詩傳日山來水日澗說文從水間聲亦作𡻆又作礀

汎漲 芳梵反王逸注楚辭云汎淹也說文淨也從水凡聲下張兩反上聲字也郭璞江賦云漲水大皃也說文從水張聲也 噏取 上歆急反顧野王云噏氣息入也說文云內息也從口翕聲亦作吸歆音許金反 藏閒 上昨郎反下字平聲 憩此 上卿例反毛詩云憩息也亦作愒說文從息舌聲也 倉稟 上錯藏反說文云倉穀藏也謂倉黃取而藏之故日倉下力錦反鄭注周礼云藏米日稟說文云穀所振入宗廟粢盛倉黃䏶稟而取之故謂之稟說文作亩從入從回象屋中有戶牖者形也 謇訥 上居偃反方言云謇吃也言吃甚也說文從言從蹇省聲也下奴骨反包咸注論語云訥遲鈍也說文云難言也從言內聲 輦輿 上力展反杜注左傳云駕人日輦說文人輓車也又從扶而引車也扶音伴下余恕反說文云車輿也從車具聲經作轝非也具音余 耳璫 下音當釋名云穿耳施珠日璫埤蒼云耳飾也說文從玉當聲 賣賈 上書

陽反鄭注考工記云賣販買也客行販日賣說文從貝從商省也經作商非也下姑五反杜注左傳云賈賣也鄭注周礼云居賣日賈說文從貝西聲假借字也 俳優 敗埋反博雅云俳亦優也說文戲也從人非聲下於尤反顧野王云優者樂人所為戲笑以自怡悅也杜注左傳亦調戲也蒼頡篇云樂也說文從人憂聲 剎帝利 剎帝利者梵語彼国王種也福智勝者衆舉為王 婆羅門 婆羅門亦梵語唐云淨行精持潔志學四圍陁博識多聞為王者師傳高道不仕彼国人民多認

此族為祖也

鄔波尸殺曇分 上烏古反梵語數法之名言其極也亦如花嚴經中阿僧祇品云不可說不可說轉之類是也舊解云鄔波云少尸煞曇云近分言是隣虛之塵將比其一末

窣堵波 上蘇骨反下都古反梵語塼塔名也唐云高勝方墳也古云蘇偷婆或云塔婆皆不正也即碎身舍利軌塔今俗語或云浮圖

黠慧 閑八反方言云黠亦慧也趙魏之間謂慧為黠說文從黑吉聲下畦桂反方言慧明也說文從心彗聲慧音因歲反

涸池 胡各反賈注国語涸竭也廣雅盡也說文渴也從水固聲

赧而 拏揀反方言云赧愧也說文面慙赤也從赤艮聲𠬝音㬎俗用從皮誤也

鎣飾 上縈迴反博雅云鎣亦飾也廣雅摩也謂摩飾使光明也說文從玉從營省聲亦作鎣下昇織反說文飾刷也從巾飠聲也飠音寺

瘡疣 上楚霜反礼記云頭有瘡則休說文作創創傷也古文作刅象刀入形經文作瘡俗用字也下有求反蒼頡篇云疣病也又小曰疣大曰贅也古今正字從疒尤聲亦作疚贅音拙芮反

六波羅蜜多經卷第五

夢寐 下弥臂反毛詩云寐寢也說文從未寢省聲也

覺寤 上江岳反又音教博雅覺知也下五故反毛詩云寤亦覺也說文從寢省吾聲

媢嫉 殀驕反考聲云婦人巧作姿態也亦笑也詩云𢬵之娭娭女子莊皃也說文從女芺聲經作娭俗字也芺音同上也下麋秘反韓詩云媢美也蒼頡篇好也說文愛也從女眉聲麋音眉

陷穽 上咸鑒反考聲云陷穴也王逸注楚辭陷沒也說文臽也從阜臽聲亦單作臽音同下情性反鄭注周礼云穿地為深坑捕禽獸也說文從穴井聲亦作阱或作穽兼皆古字也

游泳 酉幽反顧野王云游浮於水上而進也鄭注周礼云備汎溺也說文從水存聲下榮命反毛詩云潛行水中為泳郭注尒雅云水底行也說文同毛詩從水永聲

撲背 上普卜反顧野王撲猶打

揺也廣雅擊也說文從手業聲業音卜　**旋嵐** 下臘南反梵語也劫灾之時大猛風也　**財贖** 下時燭反尚書云金作贖刑孔注云出金贖罪也說文貿也從貝賣聲貿音母后反賣音𪗵六反從貝𠧪聲𠧪古文六字　**談謔** 上徒南反顧野王云談言論也說文從言炎聲也下香虐反介雅云謔浪笑敖戲謔也說文亦戲也從言虐聲也　**羸劣** 上力追反說文羸瘦也從羊羸聲下力輟反說文劣弱也從力從少會意字也羸音祿卧反亦平聲　**枯槁** 上苦姑反說文枯亦槁也從木古聲下苦老反考聲云槁乾也說文作槀木枯也從木高聲亦作稿　**炳著** 上兵皿反說文云炳明也從火丙聲　**癰瘡** 紆恭反莊子云癰疽疥癬司馬彪云浮熱為癰不通為癬說文腫也從疒雝聲雝音同上下測莊反前已具釋癰音区遝反疽音七余反疥音介　**廝下** 上息貴反何注公羊傳云

廝賤人也廣雅命使者也說文從广斯聲亦作厮也

六波羅蜜多經卷第六

頒告 上八蠻反俗字也正作𢍏考聲云𢍏賦事也或作班漢書作辧今時所不用相傳借頒為班字鄭注礼記頒分布也若㩜說文頒音父文反大頭也𩔭也非經義　**梯隥** 體奚反賈注國語云梯階也說文亦同從木弟聲下登鄧反傳雅云隥履依而上之也說文從阜登聲　**畫師** 上胡卦反介雅云畫圖物形也經作畫俗字也說文作畫從聿從田從一正體字也又音獲今不取也　**螘出** 宜倚反介雅云大者曰蚍蜉小者蟻說文亦同介雅從虫豈聲經作蟻或作螘並俗字也　**瞚息** 上式閏反莊子云終日視而目不瞚說文開闔目數搖也從目寅聲亦作瞬經作眴非也　**捐棄** 上悅玄反考聲云捐棄也說文闕此字俗用作捐從手下輕異反說文棄捐也從廾推華而棄之從去去逆子也倒書子字會意字去音土骨反華音鉢業反廾音拱推音土雷反或作弃古字也　**刺刺脚** 上音次下音青

亦反經文作剌俗字也華𩍐上耕額反說文革馱皮也下所綺反考聲云履之不攝跟名為華𩍐也說文鞮屬也從革徙聲經從尸作屣或作蹝並俗字也鞮皮履也治罸上直知反下煩韈反孔注尚書云罸罪責也說文罪之小者也從刀從詈會意字或從寸俗字也媿恧歸位反杜注左傳媿慙也愽雅耻也說文從女鬼聲或作愧亦通也下女六反介雅云心媿為悪說文亦慙也從心而聲

膽蔔上章閻反下朋北反梵語西國花名也或云瞻博迦臍輪上疾奚反說文云膍齊也從肉齊聲亦作齎臍經作齊誤也膍音婢迷反下律迠反說文云有輻曰輪無輻曰軨從車侖聲侖音同上

六波羅蜜多經卷第七

勇銳下悅惠反杜注左傳銳精也孟子疾也其進銳者其退速也顧野王云銳銛也說文從金兊聲窳惰上俞主反史記云窳亦嬾惰也介雅勞也郭璞云勞苦者多惰窳也言嬾人不能自起如瓜瓠繫在地不能起立故窳字從二瓜窬嬾人在室中不出故說文從宀會意字也宀音綿下徙卧反考聲云惰嬾也說文從心隋聲亦作惰耕墾古衡反蒼頡篇云耕亦墾田也山海經云后稷之孫叔均始作耕郭注云始用牛犂也說文從耒井聲或作畊古字也下康很反蒼頡篇云墾亦耕也廣雅理也說文從土豤聲佷音痕本反擐精上音患杜注左傳云擐甲執兵是也說文穿貫衣甲也從手睘聲途跣上度都反毛詩云途道也亦泥也說文從辵余聲下先典反尚書云若跣不視地厥足用傷說文足親地也從足先聲沙鹵上所加反蒼頡篇云沙碎石也說文水散石也從水從少水少則砂見會意字也作砂俗字亦通或作沚古字也從水從止下盧古反杜注左傳鹵确薄之地也說文西方鹹地也确音苦角反頗胝迦寶梵語古譯或云頗梨或云頗胝皆訛轉也正梵音云颰破搬迦形如水精光瑩精妙

芥木精有紅碧紫白四色差別檄音知里反

肉髻　上鶉藝反說文從髟吉聲髟音必遥反觀佛三昧經云如來頂上肉髻團圓當中涌起猶如合拳在佛頭上

南贍部洲　前音義第一已具釋此大地之摠名也四面一大鹹海圍遶故名為洲北廣南陿其形三角其後三洲亦准此說贍音常焰反

頰車　上蕉葉反顧野王云鼻旁目下耳前曰頰也說文從頁夾聲

西牛貨洲　在須弥山西面形如半月亦在大鹹海中彼洲帀買用牛貨易故名牛貨

東勝身洲　在妙高山東面其形圓如滿月亦在鹹海之中於四洲中此洲人身形殊勝故名身勝洲也

比拘盧洲　梵語此云高勝亦在大鹹海中其形正方定壽千歲無中夭者常受快樂次於諸天故言高勝也

畟方　上初色反正畟四面齊等也

竦慄　上相勇反杜注左傳云悚懼也考聲云心不安也驚也毛詩不戁下悚百祿是摠說文從立從束欸也自甲東也恐也下隣吉反郭注尒雅云慄憂戚也孔注尚書危懼也古今正字從心栗聲戁音女簡反

賙給　上之由反毛詩傳云賙救也鄭箋云權救其急也說文從貝周聲下金立反顧野王云給猶供也賈注國語給及也足也僃也說文相供足也從糸合聲也

嬾惰　上蘭亶反說文嬾懈怠也從女賴聲下惰字也已見前釋訖

六波羅蜜多經第八卷

慣習　關患反杜注左傳慣習也說文作遦亦習也從辵貫聲經有作串俗字也

如瞖　於計反韻略云瞖目障也考聲云目中瞖也文字典說從目殹聲殹音同上也

躁動　早到反賈注國語云躁擾也鄭注論語不安靜也考聲云性急也顧野王云躁亦動也說文從足喿聲經作躁非也喿音蘇到反

犛牛　昴包反山海經云潘侯之山有獸狀如牛而四節生毛名曰犛牛郭璞注云牛

犛膝及胡尾皆有長毛也說文西南夷長髦牛也從牛𠩺聲𠩺音力之反胡膺前項下也

扣擊 苦苟反孔注論語云扣亦擊也廣雅持也從手口聲亦作叩下經歷反顧野王云擊打抽也鄭注考工記云拂也說文打攴也從手毄聲毄音同上

作鐩 隨醉反左傳云夙駕出鐩杜注云取火具也淮南陽鐩見日則熯而為火也熯音然善反說文從金隊聲也隊音遂經文作燧或作隧皆俗字也

蟒蛇 上莫牓反介雅蟒蛇王郭璞注曰蛇之大者故曰蟒蛇說文從虫莽聲莽字說文從大井聲井音同上從重廾經文下從廾俗字誤也下射遮反毛詩惟虺惟蛇周易蛇豸屬也考聲云毒蟲也說文從虫它聲它音徒河反經文作虵俗字也

墋毒 上楚錦反案經意謂貪欲損害有情善業如大毒藥執者食者必當喪命故言墋毒墋猶甚也極毒惡也不可救也說文從土參聲參字從彡或從石作墋借用也並從參經文下從小

作毖俗字誤也

緊波果 上經引反梵語也西國大毒藥名也此果端正人見生愛愚夫執之觸著即死故喻墋毒也

刀挑 下體遙反聲類挑抉也挑也抉音恚悅反字書抉剜也挑也從手兆聲抉亦從手

無猒足 伊閻反案經云無猒足貪求不息如犬甘肉無猒足也說文從肉從犬也

瞪瞢 上音騰考聲云瞪瞢卧初起皃也下墨崩反鄭注周礼云目無精光不明也杜預注左傳云悶也

溼生 上深入反周易溼浸也說文從水從𢆶土一覆之而有溼

經作濕非也

薜荔多 上鼙閉反下犂帝反梵語餓鬼之揔稱也

鳩畔吒 亦梵語鬼名也面如冬苽陰囊最大長時於自肩上擔行身亦腥臭

陿劣 上咸甲反顧野王云陿迫隘不廣大也字林陿隘也說文從阜從夾從匚經作狹錯用刀是犬馬狹習字

麁獷 上倉胡反說文小篆從三鹿也下古猛反廣雅獷強也說文云犬獷惡不可附也從犬廣聲

麁澀 下色立反說文云澀不滑也字從四止二止倒書二止正書經從三止非也

捫摸

上沒奔反毛詩注云捫持也聲類亦摸也說文從手門聲下杫傅反方言摸㨯摩挲也說文從手莫聲經文下從手作摹譯經者錯用此音謀非此用也

濤波 道勞反淮南子云濤潮水涌起還者為濤說文從水壽聲也

六波羅蜜多經卷第九

重擔 上直用反下躭濫反前文數處已釋訖

憾恨 上含紺反孔注論語憾亦恨也說文從心感聲下胡艮反蒼頡篇云恨怨也

暎蔽 於敬反潘安仁石擢賦云暎照也經文作映音烏浪反非此義也下卑袂反史記云蔽障也說文從草敝聲敝音毗袂反

婀婀 此響梵字上阿字上聲短下阿字去聲長

低屈 帝泥反蒼頡篇云低俛也傳雅垂也說文從人氏聲經作伭俗字也氐音同上

火㶇 奴替反俗字也賈注國語㶇溫也正作煗經作燸非

也說文從火從耎

飤猛 詞字反聲類飤哺也說文糧也

飈火 必遙反郭注介雅云暴風從下而上也說文扶搖風也從風焱聲經從二火非也焱音同上

六波羅蜜多經卷第十

微末底 梵語外道名也此梵志是大菩薩示現為外道

拇指 上謨譜反韻英云拇手足大指也

菡藺 上含感反下潭感反毛詩注云未開者日芙蓉已開者日菡藺經文作菡萏脫略俗字也

撮磨 上纂活蒼活二反廣雅云撮持也應劭注漢書亦三指撮也礼記孔子云今大地一撮十之多是也此言水之聚沫浮幻虛脆不可撮持而磨也說文從手最聲下莫何反

芭蕉 上覇麻反下子消反王逸注楚辭云香草名也生交阯葉如蔗可紡績也亦不堅之草也所以經文指以為諭也文字典說二字並從草巴焦皆聲也

絡掖衣 上郎各反次音亦正合從冈作腋又音征石反絡腋衣者一切有部律中名僧腳崎唐云掩腋衣本製此衣恐污汙三衣先以此衣掩右腋交絡於

左肩上然後披著三衣四分律中揩用為覆髆者誤行之久矣不可改也

制底　梵語也古釋或名支提或曰招提

稼穡　上加眼反下所側反馬注論語云樹五穀曰稼鄭玄生周礼云謂之稼者有似嫁女相生也鄭箋詩云斂稅曰穡毛詩傳云種曰稼斂曰穡說文稼禾之秀實一云稼家事也一云在野曰稼也穀可收也二字並從禾家嗇皆聲嗇音同上也

一切經音義卷第四十一

第五十一張　池

一切經音義卷第四十二　池

翻經沙門慧琳撰

音大威德陁羅尼經二十卷

大法炬陁羅尼經二十卷

十八會瑜伽指歸一卷

瑜伽護摩一卷

分別三十七尊一卷

一字頂輪瑜伽一卷

法花念誦瑜伽一卷

千手眼瑜伽二卷

蓮花部三十七尊一卷

五秘密瑜伽一卷

十七尊義釋一卷

金剛王法一卷

金剛愛法一卷

多羅瑜伽一卷

虛空藏瑜伽一卷

如意輪瑜跋一卷

大佛頂經十卷

方等陁羅尼四卷

七佛所說神呪四卷

大吉義呪二卷

如來藏經二卷

右二十一經七十七卷同此卷音

大威德陁羅尼經第一卷　玄應

睞眼　又作睞同失涉反通俗文一目眨曰睞眨音莊狹反

睗眼　式亦反說文目疾視也

眇眼　土沼反說文一目小也釋名目匡陷曰眇眇小也

矘眼　他莽反字林目無精直視也亦失志皃也

窅眼　一決反說文目深也

睽眼　苦攜反廣蒼目少精也說文目不相聽也

睒眼　式冉反弋冉反說文覘視也

睉眼　子戈似戈二反字林目小也

睍睴　下殄反下胡本公困二反說文睍目出皃也睴大出目也謂人目大而突出曰睴

眣眼　徒結反字書目出也經文作𡍮非經義

眅多　匹姦匹諫普板三反說文眼多白也

繚戾　大鳥反下力計反不正也謂糺繚也經文作膫力調反脂膫也膫非此義

疑莿　且漬反方言凡草木刺人關西謂之刺也

懸𦞦　又作𦞦同於凶反喉中肉也釋名云𦞦擁也謂氣至擁塞也經文作癰非也

第二卷

羶臭　說文羴或作羶同失然反羊臭也

惇直　古文敦同

都屯反說文惇厚方言惇信也亦樸也

第三卷

洲渾　徒宣反尒雅渾氿出水謂水內沘堆也經文作埏音延埏道也非字體

那㖇　呼兄反

婆莆　方禹反

訢婆　虛斤反

第四卷

恐嚇　呼嫁反距人曰赫亦言恐赫或言恐猲皆一義

第五卷

冊地楚責反黟荼一奚反虱䶛所乚反下竹皆反

第六卷先不音

第七卷

勃嘍力口反麴豆𧯷渠掬反經文作毬非體也嘔多烏後反阿屐那此云中山羊正言曷利摩揔言摩鹿等名也麽迦咤莫可反此云獮猴跋詫勅嫁反羅𩯭蒲計反利鈇方于反莖刃也亦云横斧說文鈇莖斫也公羊傳云不忍加之鈇質是也嚘嘍於求反囉咤竹嫁反

婆俞以朱反匕嘶卑以反下斯奚反

第八卷

指麾字詁今作撝同欻皮反手指日麾謂旌旗指麾衆也因以名焉黖羅於糺一弔二反從頻婆羅王黖羅破此數名也

第九　第十已上二卷並無音訓

第十一卷

狗骹又作𩩲同五狡反中國音也又下狡反淮南音也說文骹齧也經文作骹苦交反脛膝骨也骹非此用也毛𣮉布莽反謂毛布也字林罽之方文者曰𣮉通俗文織毛曰罽邪文曰𣮉經文作毦非也那娜乃可反歧蹬音登婆喃女咸反蜱犁父犁反謩羅莫孤反

第十二卷

閹人 於儉反說文閹豎宮中閹昏閉門者也周礼閹卜人鄭玄云閹精氣閉藏者今謂之宦人也主閹户門故曰閹 覢電 又作睒同式冉反說文暫見也經文作閃窺頭也

第十三卷

閰户 且餘反通俗文肉中蛆謂之閰經文作蛆非也 羅毦 人志反廣雅毻毦罽也氄毛曰罽也毻音唐

第十四卷

婪啉 力南反依字啉聒也譙也 呞食 又作齝齝二形同勑之弍之二反尒雅牛曰齝謂食已復吐出也

第十五卷

趁逐 丑刃反謂相追趁也關西以逐物為趁也 謇吃 居展反下居乞反通俗文言不通利謂之謇吃重言也

第十六卷

評論 皮柄反字書評訂也訂平議也訂音唐頂反 鐵觜 作嘴又作觜同子累反方言觜鳥喙也 鵂侯 許牛反鵂鶹也亦名訓侯晝伏夜出也 從窠 又作菓同苦和反小尒雅云鷄雉所乳謂之窠也

第十七卷

爲捍 又作扞同胡旦反說文扞止也蔽也衛也經文作翰高飛也長也翰非此用 垂胡 又作頡咽二形同户孤反說文牛領垂下也經文作壺非體

第十八 先不音

第十九卷

斤斵 居勤反說文斤斫也斤钁也下古文斵同竹角反說文斵斫也經文

作鈃魚斤反鈃鄂也　韛囊　埤蒼作韛東觀漢記作排三弼注書作橐同皮拜反所以治家用吹火令熾者也　而蹶　巨月居月二反說文蹶僵也廣雅僵卧也

第二十卷　先不音

法炬陁羅尼經第一卷　玄應

甝嫈　乎甘反　致㚻　奴解反　笳吹　或作葭同古遐反今樂中有笳簫卷笳葉吹之也

第二卷

阿蘭拏　女加反或云阿蘭若或言阿練若皆梵言輕重耳此云空寂亦云閑宗亦無諍也　善馭　今作御同魚據反駕馭也謂指麾使馬也

鑪鍋　字體作鬲又作鬲同古和反方言秦地土釜　翱翔　五高反廻飛也飛而不動曰翔也　埻的　之允之閣二反通俗文射堋曰埻埻中木曰的無埰徒果反射堋也經文作埵丁果反埵累也埵非此義堋音明字　僮隸　力計反隸奴也隸賤也役也僕隸也字從米敹聲敹字從又從祟敹音之蹓反　挾持　胡頰反尒雅云挾藏也方言挾護也

第三卷

寥廓　或作廫同力彫反埤蒼宗寥無人也廣雅寥深也經文作遼非體也　停憩　又作愒蒼頡篇作憩同墟例反尒雅憩息也　磧中　且歷反廣雅磧瀨也說文水渚有石曰磧　暴曬　蒲卜反下所解反說文暴晞乾也字從日

第四卷

羈縶　又作馽同豬立反詩傳曰縶絆也亦拘縶　坑穽　古丈

阱萊二形同寺性反說文陷也蒼頡篇穽謂掘地為坑張禽獸者 呵叱 虛逸反叱亦呵也方言云呵怒也陳謂之呵

第五卷

阿梨耶 此譯云出苦者亦言聖者 舩櫂 又作棹同馳挍反釋名在旁撥水曰櫂也 帆挽 又作颿颵一形同扶嚴扶泛二反釋名云

舩隨風張幔曰帆謂施舩頭風吹以進也 餱糧 胡鉤反說文餱乾食也經文從米作糇非正體也 爲棍 古本反棍轉也謂筌篌上轉繩也

第六卷

鞞羅尸 補迷反或作閉尸此譯云肉團也 猖狂 齒揚反謂變易性情也亦狂騃也猖狂妄行是 掩襲 古文𢦏稍一形同辭立反左傳凡師輕曰襲注云掩其不備也又云夜戰曰襲也

第七　第八 先不音

第九卷

舉措 且故反蒼頡篇措置也又安也亦施也 嘶聲 又作誓同先奚反理蒼聲散也亦悲聲

第十卷

菅針 賈顏反爾雅云茅屬也白花一名野菅也 貪惏 字書或作啉今亦作婪同力南反惏亦貪也楚辭衆皆競進而貪惏王逸曰愛財曰貪愛食曰惏也 桎梏 之逸反下古木反在手曰桎在足曰梏 苛暴 賀多胡可二反說文苛尤劇也亦煩擾也赸急也

第十一　第十二　第十三 先不音

第十四卷

偉牲 埤蒼作瑋同于鬼反說文偉奇也 穳棓 千亂反下又作棒同蒲項反

第十五

第十六 先不音

第十七卷

儕類 士皆反字林儕等也儕猶輩類 鵂鶹 許牛反下力周

反字書鵂鶹鉤鵅也廣雅鵂鶹鵋鶀也亦恠鳥也關西名訓侯山東名訓狐纂文云夜則拾人爪也 甫丗 方父反釋名甫始也 田疇 直流反蒼頡篇田種禾穀也疇耕地名

第十八卷

芟刈 所巖反下牛卧反即芟刈草也芟除也刈猶斫也

第十九 先不音

第二十卷

黿虯 魚袁反下渠周反黿大鼈也廣雅有角曰虯 坻彌 三蒼音坻又諸律中皆作迷謂大身魚也其類有四種此則第四種最小者也平相吞食也 祁寒 渠夷反尚書冬祁寒小民亦惟怨咨孔安國曰祁大也冬大寒民猶怨 歺嘔 又作歐同於口反歐亦吐也釋名云嘔傴也將有所吐脊曲傴也

金剛頂瑜伽經十八會指歸一卷 慧琳

幖幟 上必遥反廣雅云幖幡也說文幖亦幟也從巾票聲票音同上下昌志反韻詮云幟放也以表物集訓云幟亦幡也從巾戠聲戠音織 摩醯首羅 醯音馨奚反梵語上界天王名也唐云大自在即色究竟天主住色界之最上頂 嚩囉呬天 呬音馨異反梵語地下諸天名也此天人身豕首四臂有大神力常居地下亦地神之類也 拏吉尼 上儜遐反梵語也亦

諸女天名此女天有大神力能成世間種種諸願**分劑**上扶問反下齊曳反亦時用字也古人只借音字作去聲

瑜伽護摩經一卷

軍茶梵語唐云火爐也其鑪形狀而有多種方圓三角金剛杵蓮花等形所用各別**持鍬**七消反俗字也亦作鍫正作鍬古文作[斲]蒼頡篇作梟皆古字今廢不行亦雅鍫謂之鍤方言云趙魏之間謂臿為鍫顏氏證俗音云今江南人呼為鏵鍬己蜀之間謂鍫為鍤考聲云如今之枚施刃於頭者也說文云臿頭金也今江東人呼鍫為鑒音片蔑反此皆方言別異也從金秋聲**漱口**搜救反考聲云以水盥口也從水欶聲欶音朔盥音官緩反**捻檀**念頰反字從手念聲也下音壇手指名也**攪水**交咬反考聲云攪動也說文亂也從手覺聲或作捁從手告也**蹲踞**

上音存下居御反孫存坐**屈蘽草**上軍律反下力句反似白茅而蘽生俗呼為長命草**斟杓**上章林反說文云斟酌也從斗甚聲下常弱反文字典說云有柄木器也考聲云今之杯杓也說文作勺今承從木作杓時用字

金剛頂瑜伽分別聖位修證法門序

警覺上京影反孔注尚書云警戒也亦覺也古今正字從言敬聲**鎖械**上蘇果反字書云連録也說文從金貟聲經作鏁俗字也下諧戒反廣雅云械桎也古今正字從木戒聲**能羸**力追反賈逵注國語云羸病也杜注左傳云弱也許叔重云劣也字書疲也說文瘦也從羊羸聲**階級**金立反顧野王云級階之等數也說文從糸及聲

瑜伽一字佛頂輪王安怛袒那法經一卷

安怛袒那袒音壇爛反梵語也唐言潛隱即是隱形良謂彼國那正雜信異道間居更相是非顯己破彼佛以神力故說斯要欲令修瑜伽者隨意自在無礙

速成若起拈心耶惡處無礙速成驗故釋此疑

緍磬 上情蠅反說文帛之輕者惣名也古文從辛作緈音訓與上同下輕徑反鄭注考工記云以石為樂器𣪠之如鐘磬聲也說文厺樂石也象懸虡之狀攴擊之也石磬古文從巠作硜

瑜岐 上庚珠反下音祇梵語也唐云相應也瑜伽亦同此釋

成就妙法蓮花經王瑜伽觀智儀軌經一卷

親稟 彼錦反孔注尚書云稟受也說文云從㐭從禾㐭音力錦反

劫窴 細年反廣雅云窴塞也說文從穴眞聲經作填俗字

欠陷 咸黷反顧野王云陷猶墜入也下也廣雅隤也說文從𦥑臽聲臽音同上

墊下 上丁念反方言云墊下也聲類溼也說文亦下也從土執聲經作墊俗字也

捲合 上錯何反義已具釋無量壽經卷中經本作縒非

澷潰 上精任反顧野王云澷沈溺也亦潰也說文從水㬅聲亦作澷經作漫俗字也

拼壇 上百萌反說文拼撣也從手并聲亦作抨字詁云古作䩵𩌏撣音但丹反

窣覩波 上孫骨反下都魯反梵語也此日方墳

擗闢 上恥革反考聲云擗開也裂也古今正聲作捇從手赤聲亦作辟也

爲鞘 音笑刀劍室也亦作鞘

匊物 上弓六反毛詩云滿手日匊韓詩云四指日匊說文在手日匊從勹米會意字也經作掬義同勹音包

炳現 上兵皿反說文炳明也從火丙聲

熒繞 上瑩營反毛詩云縈旋也說文收韏也從糸從熒省聲下而沼反說文繞纏也從糸堯聲

拍 烹百反古今正字云拍拊也從手白聲

金剛頂瑜伽千手千眼觀自在菩薩修行儀軌

灋 古文法字

庳牀 上皮美反鄭注周禮云庳猶短也顧野王云庳猶卑也說文從广卑聲广音儼下正體床字

屘柱 誅縷反考聲云柱拒也古今正字從木主

聲經本從足作跓非

烔然 上動東反埤蒼云烔烔然熱也古今正字義同從火同聲

雨澍 音注巳具釋音義第二十三卷中

闕伽 上安葛反亦作遏梵語也是感香水杯器

煗煙光 上奴管反考聲云煗温也說文從火耎聲亦作暖煖暖義並同

金剛頂瑜伽蓮花部心念誦法

一切經音義卷第四十二　第十九張　池

戶樞 下昌朱反郭璞云門戶扉樞也韓康伯云樞機制動之主也廣雅樞本也戶扇轉處也說文從木區聲也

左笡 且夜反埤蒼云笡逆插搶也案此結立印屈右膝而身臨右膝上邪展左脚項頭向左曲身而立也古今正字從竹且聲也

上腭 我各反前一字佛頂輪王經中已釋訖

擘開 上綳麥反廣雅云擘分也說文撝也從手辟聲

擿擲 上遲鄭反考聲以手指鈎也經作拓俗字

聯鎖 上輦鑾反聲類云聯不絕也說文連也從耳耳連於頰從絲絲連不絕也下蘇果反

撼手 上含感反廣雅云撼動也說文搖也從手感聲

金剛頂瑜伽金剛薩埵五秘密修行念誦儀軌經

於跨 誇化反蒼頡篇云兩股間也考聲云髀上骨也正從果從骨作髁有從肉作胯俗字

一切經音義卷第四十二　第二十張　池

相跓 誅矩反俗字也合作拄

貧匱 逵位反毛詩傳云匱竭也鄭注禮記云匱乏也說文從匚𧶠聲也

般若波羅蜜多理趣經大樂不空三昧真實金剛薩埵菩薩等一十七大曼荼羅義述

無字音

金剛王菩薩秘密念誦儀軌經

捻取　上念牒反聲類云捻担也古今正字從手念聲　繽紛　上匹賓反下孚文反廣雅云繽繽衆也紛紛亂也王逸注楚辭云繽紛盛皃也說文二字並從糸賓分聲　挽弓　上音晚古今正字云挽引也從手免聲或作輓義同

金剛愛瑜伽法一卷　無字可音

金剛頂經多羅菩薩念誦法

相拄　知矩反經作跓非也　吽字　胷猴中聲如虎怒或如牛吼聲　怛囉　二合　吒　此二梵字想布二目中　三掣　下闌折反考聲云頓拽也　延縮　所六反韓詩云縮斂也賈逵注國語云縮盡也退也　唵　砧　此二梵字布於二頭指面上　咄弄　二合多羅菩薩種子字

大虛空藏菩薩念誦法

瞿摩夷　梵語即牛糞也所以存梵語者避嫌疑也取以香水調用塗也應法教

觀自在菩薩如意輪瑜伽法經

躶黒　亦作倮音華跨反正音盧果反顧野王云倮脫衣露袒也說文作裸義同從衣果聲　弱　慈洛反借音也　𥡴鋮　莫敢反響梵音　瑩如　上縈瞑反正從金作鎣經從玉俗字也

大佛頂經第一卷　慧琳撰

楞嚴　上勒登反字書正作棱從木夌聲也今經本作楞字俗用久也夌音陵　腥臊　上昔丁反下掃刀反說文豕豪臭也二字並從月星喿皆聲也喿音蘇到反　交搆　鉤候反考聲云搆成也蓋也結架也交也從木冓聲經作遘與義乖也冓音同上　欲斫　𧦝堅反說文斫䃺也從石幵聲音牽也　戶牖　由久反說文云穿壁以木爲交窓也譚長以為甫上日也非戶

也牖所以見日也從片從户甫聲也

開豁 豁括反廣雅云豁空也字書大也說文從谷害聲亦與豁同

遠矚 之欲反經作矚通俗字也

窡穴 上啓叫反鄭注礼記云窡孔也說文空也從穴敫聲

桎一㪂 上珍栗反下只移反說文作胑云體四胑也顏野王謂手足也韓嬰云四胑以應四時也從月只聲亦作般義竝同

隓殄 上血規反孔注尚書云隓廢也方言壞也杜注左傳毀也說文敗也從自差聲經作隳俗用字也下田典反韻詮云滅也考聲云盡也絕也從歺從今

矍然 上俱籰反顧野王矍驚懼之皃也考聲心驚皃說文從隹從明從又作矍朋音句籰音王钁反

揣摩 上初委反杜注左傳云度高卑日揣顧野王云謂相量度也說文量也從手耑聲也耑音端

晃昱 上皇廣反下由六反

赩如 上許力反毛詩傳云赩赤皃也字統義同從赤色聲

俶裝 上昌六反方言云俶動也鄭箋詩云厚也毛詩傳始也說文善也從人從叔聲下音莊

左辯 攀慢反考聲太辦視皃也說文云從目辡聲音皮兎反

第二卷

毗羅柢子 上丁奚反梵語外道名也

膚腠 上府無反下麁豆反鄭注儀礼云腠膚理也字統義同從冃奏聲也

面皺 莊瘦反從皮從芻皮聚也

殂㱾 上祚胡反爾雅云殂死者說文往死也從歺且聲下郎各反字書云㱾零也亦死也今通作落義同歺音言葛反瞪

瞪瞢 上澄瘦反埤蒼云瞪直視也考聲視不轉也古今正字從目登聲下墨崩反說文瞢不明也從苜從旬經本從日作瞢非也瘦音力證反旬音呼縣反

目精 本從目作睛是昭睛字眼目之精也昭音苕睛音精

瀛渤 上郢嬰反下盆沒反並海名也

鬱埻 上惲律反下盆沒反考聲云塵皃也經文從火作焞非也

簷

廡 上音閭下音武說文云廡堂下周屋也從广無聲也 舒縮 上式余反下技陸反 纖毫 上息廉反下戶勞反 確實 上腔角反 變慴 占葉反尒雅云慴懼也文字典說慴怖也從心習聲 輕尠 仙淺反正作尟 甄明 上經延反考聲云甄識也察也說文從瓦垔聲 擮摩 上蒼將反考聲云手擮取也從手 赤眚 生杏反說文云目病生聲也從目生聲 捏所 上乃結反古今正字捏捺也從手呈聲呈音同上從日從土 暈適 上音運 珮玦 上陪背反下古穴反杜注左傳云玦如環而缺不連也說文從玉夬聲 虹霓 上音紅下音蓺鷄反漢書音義云虹出盛明者為雄雄日虹闇者為雌雌日霓說文螮蝀也狀似蟲從虫陰氣也形聲字經文作蜺非 乖角 上正乖字下音角 歰滑 上所立反

正體字也從四止二正二倒俗作澁非也下環八反 思蹋 談臘反

第三卷

名齅 休宥反 舐吻 上時尒反說文以舌取食也正作舓從舌易聲亦作䑛下文粉反蒼頡篇云吻脣兩邊也說文口邊也從口勿聲 爇此 上爇悅反杜注左傳云爇燒也蒼頡篇然也說文同左傳從執火聲亦作焫 排擯 上敗埋反下北賓反義已具釋於寶星經中 析彼 上星亦反經文作析非也 炊爨 麁亂反說文云齊謂之炊爨也從臼象持甑冂象甑口象竈口拱推薪內火也籀文作爂會意字 艾出 上昂蓋反 不鎔 音容 瑩然 上伊瞑反亦從金作鎣 爍迦囉 上舒灼反梵語也此名精進也

第四卷

聆於 上歷經反說文云聆聽也從耳令聲 洲潬 上之由反下但

單反介雅云沙出水古今正字從水單聲**儵有**上詩育反暫有**金鑛**爪猛反亦作鉚**霽澄**上齊細反郭璞云南陽人呼雨晴爲霽說文雨止也從雨齊聲也**成霾**買俳反說文霾風雨而土也從雨貍聲貍音力之反**鋒剌**蘭怛反**肯綮**谿禮反**鼓⿰壴桑**桑朗反埤蒼云⿰壴桑鼓瓦也字書鼓桴也古今正字云鼓身也從壴桑聲經本從頁作顙非

義**撞鍾**上濁江反

第五卷

雜糅紐溜反鄭注儀禮云糅亦雜也說文作粈訓義同上從米丑聲**洗滌**上西禮反正作洒下亭歷反前金光明經中已具訓釋訖**寶机**音紀**緝績**上侵立反下精勣反**闤闠**上音還下迴外反廣雅云闠道也說文云闤市外門也二字並從門睘貴皆聲也**旋澓**馮福反考聲云水回流也亦作復經文作伏誤也**瓦礫**音歷**顧眄**上音故下眠遍反**踕來**潛葉反行疾也行不止也從足說文作疌亦疾也從又從止屮聲從手作捷俗也屮音丑列反**蚊蚋**上音文下而銳反**啾啾**酒由反

第六卷

裘毳昌芮反鄭注周禮云毳罽衣也說文獸細毛也從三毛罽音居例反**詃惑**上消兗反**裨敗**上卑移反說文云裨接也益也從衣卑聲**長挹**伯入反棄長挹者相敬也拱手而舉以敬讓也或作揖**噬臍**上時制反下音齊杜注左傳云噬齧也言如人自噬其臍終無及者亦如妄人妄竊因地紆曲以求菩提若噬臍人不可成就

第七卷

發揮毀違反　慘心上測錦反說文云慘毒也從心參聲經作磣俗字也　憕懵上鄧登反下墨崩反考聲云憕懵精神不爽也字書失志皃也並從心登瞢皆聲經本從目作瞪音撜非義也　舍蠢春允反說文蠢動也從䖵春聲　剞心上苦孫反考聲云剖去中物也經文作剞俗字也剖音普口反　轉銳式銳反蛇蟬脱皮也說文從虫兌聲　枯槁枯老反說文云木枯也從木高聲亦作槀　以蝦嚇加反顧野王云蝦大頭之蝨也說文作鰕云蚧也從魚叚聲水母如人肺出海中無目假鰕為其目若有鰕跳於上即行非蝦蟇　土梟皎堯反惡聲鳥也取土塊附以為兒淮南子術云凱凡止梟鳴惡聲之鳥也俗亦梟為不孝鳥也案神異經云不孝鳥如人身犬毛有齒猪牙額上有文曰不孝口下有文曰不慈鼻上有文曰不道左輔有

文曰愛夫右輔有文曰憐婦故天立此異鳥以顯忠孝也恐相亂故備出之言不孝鳥者誤失也

第八卷

舐其上時尒反顧野王云以舌取食也說文作舓考聲亦作䑛　脣吻上順倫反下文粉反蒼頡篇云吻脣邊也說文義同從口勿聲　覺胤引進反孔注尚書云胤嗣也尒雅繼也國語胤者子孫蕃育之謂也說文子孫相續從肉從八八象其長幺亦象重累也古文作胤也　差誤吳故反孔注尚書云誤謬也古今正字從言吳聲　燄慧上閻篲反　蠕動上瞤允反　愛涎羨延反說文作次云口液也從水欠經本作涎誤也　顧眄上姑慕反下眠現反說文邪視也從目丏聲經作顧眄並俗字　雄毅宜既反左傳云致果為毅毅威嚴不可犯也說文妄怒也一云有決也從殳豙聲豙音同上　鐵橛權月反說文弋也從木厥聲經作栓俗撅字也　蛇虺上杜

耶反下暉偉反毛詩云胡為虺蜴則蜥蜴屬也顏野王令亦以為蝮虺也說文石虺以注鳴者從兀虫聲投礫音歷說文云小石也從石樂聲經文作礰非也匣貯上咸甲反下猪呂反囊撲上曩郎反下龐邈反抛撮上魄茅反下鑽活反鴆酒上沈禁反廣雅云鴆鳥也郭璞云如鵰綠色長頸赤喙食蛇出女几山羽有毒以畫酒飲之則死說文毒鳥也一曰運毒從鳥冘聲也

推鞫居六反文字典說云鞫窮理罪人必有革也從革訇聲[山毒]壑呼各反亦作壑經作壑俗字碐磑上尼膳反考聲正作破下吾會反說文云磑也魯般初作磑從石豈聲齅報上休又反爲餧奴罪反餓也爲綻丈莧反文字典說云綻解也補縫也從糸定聲咂倉上沓合反亦作唼鎗矟上七羊反俗字也正作槍

下雙角反皿潰迴內反蒼頡篇云旁決說文漏也從水賁聲魃鬼上盤末反毛詩傳云魃旱神也說文亦旱鬼也周禮有赤犮墻屋之物魅也從鬼犮聲也其剩乘證反俗字也正作賸餘也吸粹上歆給反下雖醉反說文云不雜也從米卒聲海島刀老反文字典說云海中有洲可居曰島從山鳥聲

第九卷

凭倚上皮冰反周書云凭玉几也古今正字云凭依几也從几從任經作凴俗字通溜灰磑反又音退考聲云溜潰也令謂潰去色曰溜也震[土席]上真刃反周易云震動也公羊傳云震者何地動也杜注左傳雷擊之也說文從雨辰聲經作振亦通下勅格反正體字也說文云坼裂也從土席聲經作坼俗字也驚慴占渉反懼也蟯蛕上如消反下會雷反說文云蟯蛕並腹中蟲也二字並從虫堯有皆聲亦作蚘經作蛔非也寱言上虫曳反

聲類云寐不覺妄言也說文瞑言也從𥧦省臬聲

辯析　星亦反經作折誤也

訐露　上居竭反包注論語云訐破人之陰私也說文面相斥罪相訐也從言干聲也

猥媟　上烏隗反蒼頡篇云猥頓也下仙烈反孔注尚書云媟嫚也方言狎也說文嬻也從女枼聲嬻音獨

薄蝕　承職反春秋云日有蝕之杜注云日行遲一歲一周天月行疾一月一周天一歲凡十二交會然日月動行雖有度量不能不小有盈縮交會而不蝕者有頻交而蝕者唯正陽之月君子惡之故有伐鼓用幣之事說文從虫從飤飤亦聲也

第十卷

畢殫　音丹孔注尚書云殫盡也說文極盡也從歺單聲也

熠熠　尋集反

灣環　上綰關反下音還考聲水曲流處也案經意灣環猶輪迴流轉也

循環　上音旬下環義亦同上經作巡亦通

昏瞢　墨隥反杜注左傳云瞢悶也說文日不明也從苜從旬旬目數搖也旬音縣

深孼　言揭反正作孽考聲妖災也

枝岐　音支下音祇郭璞云岐道旁出者也古今正字義同從山支聲經作歧誤也

倏然　上收育反

隳裂　上血規反正作隓前第一卷已具釋訖

娑吒霞尼　吒音陟加反下仙薦反

褫魄　上持里反說文云褫奪也從衣虒聲也

容皺　鄒宥反經作皺俗字

大方等陁羅尼經第一卷　玄應

[口帶]提　相承音多達反

第二卷

動他　古文連同徒董反尒雅搖動作也經文從言作諥非也

叱呵　齒逸反蒼頡篇大呵為叱也禮記尊客之前不叱狗是

發予　翼諸反尒

雅子我也案此亦余字同也

第三卷

若僑　渠消反說文僑高也廣雅僑寺也字林寄客為寄作寄字廣雅羇旅寄寄也

單縫　扶封反說文以針縫衣也經文從手作摓非也

蝌斗　苦和反一名活東亦名顆東郭璞云即蝦蟇子也顆音苦果反

⿰目孝瞎

先不訓釋

第四卷

鷀鵹　藥師經作蒺䔧並非也案尒雅作螏蝍蝍蛆也能食蛇腦也

耒木　郎對反耕田曲木也

七佛神呪經第一卷　玄應

咻咻　許流許主二反依字噢咻痛念之聲也

五渾　胡昆反謂五濁也渾亂也亂猶濁也亦水流聲

潢瀁　胡廣反下音養楚辭云潢瀁而不可帶王逸曰潢瀁猶浩蕩也經文作洸音光非也

歗歗　所力反通俗文小怖曰歗埤蒼歗歗恐懼也字從欠經作懎嗇一形非體也

目仚　丘敢反

制濘　奴定反

伊矒　莫崩反

邲地　扶必反

目禘　他細反

胡利　戶孤反

侈跧　丘鼓反

但埿　乃礼反

揷婆　楚洽反

陁咩　弥紙反

阿眵　充支反

癡噤　渠錦反

第二卷

愆咎　古文寒過二形籀文作僁今作愆同去連反說文僁過也亦失也咎罪也

撫恤　又作卹同須律反尒雅恤憂也亦收也謂以財物與人曰振恤也

撈接　椂高反言撈取也謂鉤撈物也通俗文沉取曰撈經文作牢字

固也牢非此義也

搓摩　倉何反依字搓挪也挪音那

第三卷

鞠育　又作掬同居六反說文掬撮也詩云毋兮鞠我傳曰鞠養也方言陳楚之間謂養為鞠

毀瀝　上功戶反下力的反三蒼毀瀝亦名羯羊

饕亂　吐刀反謂貪財曰饕饕亦貪也說文俗作叨字非

一切經音義卷第四十二　第三十七張　池

第四卷

儼然　宜撿反詩云碩大且儼傳曰儼矜莊皃也尒雅儼敬也說文儼好皃

潠之　蘇悶反通俗文水湓曰潠埤蒼潠潰也經文作㴡非

自睆　還板反許慎注淮南子云睆謂目內白翳病也經文作浣浣衣字非

摷項　作擱同居茅反蒼頡篇摷束也說文摷縛殺之也摷即纏縛之名

蠆螫　他達反下勒達反廣雅蠆螫蛅蠆蝎也經文作刺非正體

厭蠱　於琰反下姑護反春秋傳曰疾如蠱或非鬼非食或以喪志注云蠱或疾

齆鼻　一弄反埤蒼鼻疾也通俗文鼽鼻曰齆

搭眼方道　上兩句先不音訓

喉痺　俾利反癰痺畀癘之疾言喉痺猶閉塞也

大吉義呪經上卷　玄應

皐呺　烏禮反

堙羅　於仁反

荼黔　奇炎反龍名也

奧尼　於六反

掇締　知利反下徒計反

苫婆　式監反

摩啅　勑角反

佛禘　徒帝反

咮羅　齒朱反

啁利　陟交反

下卷

跂羅　又作𧺝同墟跂渠支二反登也履也

嶦皐　魚偃反通俗文詹緩也經文從山作嶦非也

聸耳　丁藍反說文耳垂也經文作耽

一切經音義卷第四十二　第三十八張　池

都舍反耳大也 删地 所姦反 珊地 桑干反 囒地 洛干反 羅僃 蒲戒反 譚髀 徒南反下蒲米反 㑩棃 普計反 嗘泥 莫揩反 呵郅 之逸反

大方廣如來藏經

慧琳

鍵連 上謁焉反與卑字同即目連 頻蠡 盧戈反經本作蠡俗字也 纔攡 上在來反顧野王云纔猶僅能也說文從糸毚聲毚音仕銜反 痿痺 上於歸反下情醉反鄭注禮記云痿痺病也蒼頡篇云不能行也說文痿痺也二字並從疒委卑皆聲亦作痿痹 金磚 慩和反考聲云磚圜良也作碣 誤落 上五故反考聲云誤錯失也說文從言吴聲經從心

作悞俗字 跳驀 上徒彫反蒼頡篇云跳踊也說文蹶也一云躍也從足兆聲下萌百反說文云上馬也從馬莫聲或作趏 偶䏚 上五狗反介雅云偶遇也郭注云偶直也說文從人禺聲 作摸 莫逋反鄭箋詩云摸法也鄭注禮記云摸所以琢文章之埶也顧野王云規形也揥取象也或從手作摹說文亦法也從木莫聲 透徼 上偷陋反考聲作趿自投也字說從辵秀聲經作趦俗字也

一切經音義卷第四十二

一切經音義卷第四十三　池

翻經沙門慧琳撰

音文殊寶藏經一卷　慧琳

文殊十八勝慧經一卷

文殊辯才法一卷　無

文殊闍持法一卷　無

六門陁羅尼一卷　無

智炬經一卷

拔除罪障經一卷　玄應

大普賢經一卷　慧琳

阿弥陁鼓音聲一卷　慧琳

金剛恐怖觀自在㝡勝心經一卷

金剛藏大忿怒一卷　慧琳

無能勝明王一卷　慧琳

一切功德莊嚴王一卷　無

歡喜母法一卷　慧琳

訶利帝母法一卷　慧琳

鬼子母法一卷　無

安宅神呪一卷　慧琳

護諸童子經一卷　慧琳

六字大陁羅尼經一卷　慧琳

造塔功德經一卷 無

諸佛心陁羅尼一卷 無

八名普密經一卷 慧琳

拔濟苦難經一卷 慧琳

幻師颰陁經一卷 慧琳

陁羅尼雜集十卷 慧琳

華手經十三卷 玄應

佛名經十二卷 玄應

三劫三千佛名三卷 慧琳

千佛因緣經一卷

五千五百佛名經八卷 玄應

不思議功德護念經二卷 玄應

觀佛三昧經十卷 玄應

僧伽吒經四卷 慧琳

力莊嚴三昧經三卷 玄應

蓮花面經二卷 玄應

圓覺了義經一卷 慧琳

大方便報恩經七卷 玄應

右三十七經一百卷同此卷音

文殊師利法寶藏陁羅尼經 慧琳

旋環 上象緣反賈注国語云旋猶曲折也逸注楚辞轉也何休注公羊遶也說文周旋麾旆也從㫃從疋疋足也經本作琁玉名也下音還鄭注周礼云環圍也遶

也疋音踈也鉾斧上謨侯反字書云兵器也說文作矛云酋矛也建於兵車長二丈象形字也古文作戣亦作鉾下音甫也瓦礫音歷說文云礫小石也從石樂聲經本作砾非也吸欶上虛邑反鄭箋詩云吸猶引氣也廣雅欱也顧野王云氣息入也說文內息也從口及聲下雙角反蒼頡篇云欶歙也說文吮也吮音旋兖反從欠東聲經作嗍非也

一切經音義卷第四十三　第五張　池

文殊師利所說十八勝慧經一卷　無可音釋

文殊師利求聞持不忘陁羅尼經一卷　無可音釋

文殊師利菩薩求聰明辯才陁羅尼經　無字音釋

六門陁羅尼經一卷　無字可音釋

智炬陁羅尼經　玄應

鷖闉上於雞反地篦下補奚反

佛說拔除罪障呪王經　玄應

嘂驃上音曷轉舌下毗曜反癹發播末反苫麽也上音詩焰反下莫可反謎那迷陛反

大普賢陁羅尼經　慧琳

潠之上孫寸反埤蒼云潠噴灑物也顧野王以口含水噴之也古今字從水巽聲經作𠹀俗字非正淋鬼上立砧反鬼名蠱毒上音古鄭注周礼云蠱者蠱物病害人也字書腹中蠱也亦云磔県鬼亦為蠱也尒雅蠱亦蠹也考聲蠱魅也文字典說從蟲從皿県音皎堯反迦咤下摘嫁反梵語也或作吒

一切經音義卷第四十三　第六張　池

阿弥陁鼓音聲王陁羅尼經　慧琳

攬次上藍敢反說文攬撮持也從手覽聲亦作擥

金剛恐怖觀自在菩薩最勝明王經 慧琳

禜禱 下刀老反鄭注周礼云求福曰禱鄭衆注云禱於天地社稷也包咸注論語云謂請於鬼神也說文告事求福也從示壽聲籀文作禍燾音桃也 呪詛 上州救反正作詶字今以為詶荅字音受由反俗行用不可攷正也下側助反鄭注周禮云詛謂祝之使敗也欲相共惡之也考聲云詛呪罵也說文從言且聲亦作𥙐或作𧧞又作謯經文作咀非也且音即余反 澡鑵 上子老反下官奐反即銅瓶也 角絡 郎各反郭璞云絡繞也方言自關而東絡韓魏之間或謂繞為絡也案角絡者則相衡羅角也說文從糸各聲 先行 衡孟反 揾三甜 上揾困反韻詮內物水中也考聲柱也下除蒹反 瞚目 上尸閏反經作瞬俗字也 棓 龐講夕 鑱鉞 上仕監反下音越正作戉 斧矟

上音甫下雙角反經文作𦘳非 心脇 虛業反亦作脅 癲癩 上丁年反下來代反 曩誐 上囊朗反下虐迦反龍之摠名 行列 上胡剛反 穬麥 上公猛反麤有芒者大麥也 犎牛 上音封野牛也 機杼 除旅反方言云杼軸織具也說文機持緯也從木予聲 流輩 杯槩反顧野王云輩猶部也宋忠注太玄經云類也蒼頡篇比也說文作輩從車非聲 紫鉱 公猛反與鑛同 竭涸 何洛反國語云天眼見而水涸丨竭也廣雅盡也說文從水固聲 相柱 誅縷反經文作註非 合蔟 蔡鹿反叢聚也

金剛藏大忿怒真言速疾成就經 慧琳

月蝕 時織反杜注春秋云日行遲一歲一周天月行疾一月一周天日與月一歲十二交會然雖交會而不蝕者有大量不能不小有盈縮故有雖交會而不蝕蝕者有頻交而蝕者唯正陽之月君子忌之故有伐鼓用幣之事也說文從虫從飲丨亦聲也飲音

寺

作檿　擁月反考聲云柭也古今正字云從木厭聲

鈙其　上丁定反

烏蹉娜囊　上烏古反次倉箇反娜那我反下乃郎反梵語也

陵識　上音陵之上聲下虛迦反

窯中　上餘昭反說文云燒瓦竈也從穴羔聲

灰燼　秦進反方言火餘也杜注左傳云火餘木也說文作㶳從火聿聲

大威德無能勝法　無字可音

一切功德莊嚴王經　亦無音訓

大藥叉女歡喜母并愛子成就法　慧琳

娉半攴迦　上匹併反顧野王云娶妻禮賢達納徵束帛相存問曰娉周禮穀圭以娉女是也說文從女甹聲經作娉亦通也亦作聘甹音匹丁反半支迦梵語

姝麗　上昌朱反毛詩傳云姝美色也方言趙魏燕代之間謂好為姝說文好色從女朱聲下犁帝反廣雅云麗好也說文從鹿丽聲音同上篆文字

耳璫　下黨郎反埤蒼云璫充耳釋名穿耳施珠曰璫古今正字從王當聲

自蠃　虜戈反經本作螺俗字也

邀祈　上伊遼反下其衣反

怕怖　上魄覇反

門閫　又作梱同坤穩反

刀劃　擭麥反顧野王云以刀頭破物也說文作刀日劃從刀畫畫亦聲也

於竈　遭到反禮記云士祀日竈鄭注云小神也居人間伺察小過作譴告者也說文炊竈也從穴黿省聲亦作竈俗作竈經作竈並非

僂擾　上正侵字下饒夭反

病祟　雖翠反字書云神鬼為害也經作祟非也

煸洩　先列反廣雅云洩泄也鄭箋詩云出也發也古今正字從水曳聲經作泄俗用字也

致顁　寧挺反

甜脆　上牒兼反下七歲反

訶哩底母真言法　慧琳

磔手 上知挌反廣雅云磔張也開也案一磔手者開掌布地以頭指中指為量也說文從石桀聲亦作庀經本作搩者非也

皮膠 音交

甘脃 七歲反

閼伽 上安割反梵語

㲉乳 上鉤候反考聲云㲉取乳汁也古今正字楚人謂乳為㲉從羊㱿聲或作㲉㱿音苦角反經文作搆非經義也

胎孕 上泰來反下蠅䞉反鄭玄注周礼云含實曰孕芟其孕則其實不成廣雅孕傳也說文云孕懷子也從子乃聲或作䑕也

揩齒 上坈皆反古今正字云揩摩也從手皆聲也

搵蘇 上溫困反韻詮云內物水中也考聲云拄也說文從手𥁕聲

佛說鬼子母經一卷

無字音釋

佛說安宅神呪經

慧琳

闚人 上奎䂓反考聲云闚也視也說文從門䂓聲亦作窺奎缺圭反

南庌 牙假反廣雅云庌舍也說文廡也從广牙聲廡音武也

之廂 想羊反埤蒼云廂序也尒雅云有東西廂日廟無日寢郭璞注云夾室客堂也古今正字從广相聲

圂邊 上魂困反說文云圂廁也從口豕在其中經本作溷溷濁也非經義也口音韋也

魍魎 上音罔下音兩国語云水怪也淮南子云狀如三歲小兒赤黑色赤目赤爪長耳美髮說文作蛧蜽云山川之精物也並從虫冈兩皆聲也

嬈我 上寧了反說文嬈苛也一日擾戲弄也從垚女聲或作嬲苛音何

護諸童子陁羅尼呪經

慧琳

鶽鶘 上勲運反下戶辜反考聲云惡鳥名也案則鵂鶹之屬經本作勲狐非

把拳 上巴馬反下倦圓反字書云拳握掌也說文從手卷省聲經作擀非

自齧 研結反說文齧噬也從齒㓞聲㓞音口八反

目佉 羌迦反

嗀噫 上雙角反下同下櫻戒反說文云噫飽出息也從口意聲

數噦　鴦劣反考聲云噦氣築心喉也說文氣啎也從口歲聲

嬈害　寧鳥反已前釋訖

佛說六字呪王經一卷　慧琳

佉嘔陁　中烏侯反梵語

牀鋪　普布反考聲云鋪設也廣雅云布也說文箸門鋪首也從金甫聲經本作捕亦擊也非經義

白疊

綫　仙箭反亦作線經作綖音延非也

佛說造塔功德經　無可音釋

諸佛心陁羅尼經　慧琳

菀伽　梵語西国河名也上菀音鬱字上聲伽字借音蕪伽反

兇勃　上虛恭反下盆沒反顧野王云勃暴也蒼頡篇猝暴也廣雅盛也考聲云怒也說文排也從力孛聲

八名普密陁羅尼經　慧琳

室羅筏　音伐梵語城名

暫揁　上雜敢反杜注左傳云踤也說文暫不久也從日斬聲踤音畲骨反

拔濟苦難陁羅尼經　慧琳

匱乏　上逵位反義已前釋五秘密經中經本作櫃非也

幻師颰陁所說神呪經　慧琳

颰陁　上盤末反梵語

障蔽　下毘祭反顧野王云謂暗蔽不明也廣雅云隱也說文從艸敝聲經作弊非也

救之　上鳩宥反廣雅云救猶助也謂相起助也考聲云援助也古今正字從攴求聲也經作捄音求非也攴音普木反

鎖械　上蘇果反漢書音義云連鎖謂以鐶相鈎連也古今正字從金貨聲經本作瑣與義稍乖下骸戒反說文云桎梏也從木戒聲經本作核非也

陁羅尼雜集第一卷

慧琳

欝烝 於物反尒雅欝氣也李巡曰欝盛氣也下之勝之升二反說文烝火氣上行也南山雲烝礎柱潤謂熱烝上升也經文作蒸之升反尒雅蒸衆也美也蒸非此義也勝音以證反礎音楚柱下石也

咻咻 虛流反許主反依字噢咻痛念之聲也

潢瀁 胡廣反楚辝潢瀁而不可帶王逸注潢瀁猶浩蕩也經文洸洋古黄反下似良以章二反二形並非今用

呼梨 乎尤反下依字埤蒼呼吹氣聲也

第二卷

冦賊 口候反尚書冦賊姧究范甯集解曰冦群行攻劫者也說文冦暴也廣雅冦鈔也剽音芳妙反也

相薄 補莫反小尒雅薄迫韋昭注漢書云氣往迫曰薄蝕經文作廣博之愽非也

六府 趺宇反廣雅府聚也白虎通曰人有六府謂大腸小腸旁光胃三焦膽也

三膲 子遥反白虎通六府有三膲膀之府也腎主寫三膲亦以奏液吐故也上膲若霧中膲若漚下膲若瀆經文作焦燒餘也焦非字義

一線 今作綫又作䌫同私賤反謂縫衣縷

撈接 鹿高反方言撈取也郭璞云謂鉤撈也通俗文沉取曰撈經文作堅牢之牢非也

摩挱 又作擵攠二形同莫何反下蘇何反聲類摩挱猶捫摸也亦抹摋也經文作搓麁何反指搓也搓非此義抹音莫鉢反摋音蘇曷反也

第三卷

鞠育 詩云毋兮鞠我傳曰鞠養也方言陳楚之間謂養為鞠又掬同居六反說文掬撮也

靑黄 戚經反東方色也尒雅春青陽也字從丹從生木生丹丹青之信必然者也經文作綪且見反綪今非體

瞎者 又作[目曷]同呼鎋反字書一目合也

尫弱 今作尫同烏皇反尫弱也通俗文短小曰尫尫亦小也

勇喆 古文嚞字書作喆今作哲同知列反尒雅哲智也尚書知人則哲方言齊宋之間謂智為哲

敦喻 都胣反尒雅敦勉也謂勸勉也敦亦迫也經文作頓非也

金鈹 普皮反說文鈹大針也

霍然 呼郭反案霍然儵急疾之皃也雲散為霏經文作靃非也

圂腊 胡困反廣雅圊圂廁也經文作溷溷濁也

自刎 忘粉反通俗文自割曰刎公羊傳遂刎脰而死

何休曰刎割也脰音豆頭也

姧詭 居毀反謂不實也詭惡也詭欺也

第四卷

昵邸 文乙反下丁礼反

呻他 書人反

目企 去跂反

目呿 丘庋反

薩呧 丁礼反

阿⿰礻比 卑利反

奢⿰口伐哯掘 乙佳反 求勿反

埿羅 乃礼反

⿰口冨婆呼浮 縷決反

𧿹 音計

⿰𧾷戉 符月反

尼⿰口些 又作音同莫桑反

⿰口樊⿱艹陁

侉⿰口些 烏奚反

⿰口弥耶眴湼 呼遍反

靳者 居近反

訓狐 亦名訓侯字書鵂鶹鈎鵅也亦名恠鳥經文作薫胡非正體也

歐吐 今為嘔同於口反歐吐也嘔傴也

鶱

陁 去為反

把拳 渠負反

婆坻 丁礼反

噫

噦 乙戒反下於月反說文意飽也出息也噦氣忤也礼記不敢噦噫噫是也

⿰口希利 呼几反

囉呢

桎致

睒 暗失反

婆 式冊反

迦嘶 相離反

禆希吟婆

緻 除致反

坡那 普多反

伽⿰亻氏 之氏反

拘

簁 先介反

阿呼 芳不反經文孛非也

梨梯 他稽反

⿰𧾷犬

嚂 力蹔反

⿰口是

吟

迦椑 臂弥

反

阿浮　經文作浮

晡婁　補胡反勒口反

伊[口凡]

悉鐱菩嘶　側轄陂轄二反

涘利　事八反

癡淡　達濫反

据路　薑魚反

第五卷

喏也　祢[口制]　侽遮　促邑　絁

一切經音義卷第四十三　第十九張　池

離　書之反

使侘　勑家反

離啖　徒敢反

収盧　杜椑　臂弥反

伊[忄立]　莫傍反

炮沙　蒲交反

奚蘭　魯干反

咺伽迦

嚕啞醯　脩[口脩]　衍柁　徒我反

哆羅　殆我反

究挃　猪栗反

多伽留

香　又作多加樓譯云木香樹也

龍腦　一云不没香波利迦香也

香　西域記羯布羅香樹松身異葉花果亦別初採既濕尚未有香木乾之後修理而析其中有香狀若雲母色如氷雪此謂龍腦香也

補衹　卜古反經文作補

樺皮　胡霸反木名也可以飾弓者也

産運　于郡反通俗文心乱日惲經文作轉運之運兩通也

舌縮　字書作搙同所六國語盈縮轉訛賈逵曰縮退也經作宿非也

阿[舟蒲]　蒲故反

蕪呵

一切經音義卷第四十三　第二十張　池

勒繕　武于反

嘻梨　而戰反虛基反

殿斫

郁羅　於六反

呿陁羅尼

擨利

停恒　奴定反

鉗　奇廉反

食篅　市緣反說文判竹圓以盛穀笆篅笆徒損反

南庌　顔假反廣雅庌舍也謂廊屋也說文堂下周屋曰廡釋名云大屋曰廡幽冀人謂之庌經文作牙非體也

闌圈　求晚反說文養畜閑也閑闌也

仕宦　胡串反左傳乃宦卿之嫡注云宦以

仕也又曰官亦學也　利咤竹㖔反　竭蔚直俱反

林婁力侯反

第六卷

蓖麻布迷反草名也吕静韵集云蓖麻其生似樹者　抆之古文揾同亡粉反拭也　薩哦　踺咤　磐宕徒浪

反　伊𦗼郷地蒲必反　秀呟婆

嗒胡閤反　波吽呼苟反　亙波丁奚反

咥耽許尸丑一二反　賁窣補門反奴定反　倁末

咄咤都骨反經文從口作對非也　倀羅勑良反　狂

寱牛世反通俗文夢語謂之寱聲類不覺妄語也　虔踟直知反

蹪咤竹利反下竹嫁反　跮鞠利居宜反

蹬祁丁鄧反　櫇利辛結反　但坭乃礼反

希釐力之反

第七卷

颵夢宜作颼音所留反下莫貢反　椥畔殊𦧝哹

浮題致呿呰羌廢反　跦𢧐齒厥

反　哄婆胡貢反　耒呵力對力佳二反　𡂀莅

仿哇五奚反　眤那古文䁥同翼之六奚二反　椹

脾腊林反　阿嗦　唏利呼几呼冀二反　刺也

力昌反　坻閤丁礼反　頊俘許玉反　撰之

蘇鈍反埤蒼潠賁也通俗文含水噀曰潠經文作潠俗字　白睆還棧反許慎注淮南子蜀睆目內白羸病也經文作完非也　痤鬼在戈反說文座瘗也

謂癖瘗也經文作佳非也

痳鬼　力斟反說文大小便病也聲類小便數也經文作淋淋漏之淋非體也

葦筒　侍公反三蒼筒也郭璞日竹管也說文筩斷竹也今皆作筒經文從木作桶也孔木欜也欜他朗反謂受潒者可以盛食桶非此用

淋頂　力金反說文以水伏也廣雅淋漬也經文作𤸁力金反廣雅𤸁臨雨也說文谷名也

摎項　又作劉同力周居第二反蒼頡篇摎束也說文摎縛殺之也摎即纏縛之名

蠆螫　他達反下勸達反廣雅蠚螫蚔蠆蝎也

齆鼻　一弄反埤蒼鼻病也通俗文鼽鼻日齆也鼽音求也

厭蠱　於冉反下字林音固春秋傳云疾如蠱蠱或疾非鬼非食或以喪志杜預云蠱或疾也經文作猒顧非體

扠披　初家刹棕二反

餧此　於偽反三蒼餧飤也說文作萎食牛也廣雅萎餧也

第八卷

夷騶　側愁反

倪譸　魚奚五礼二反下許朱反

臏頭　髀身反經文作蹞誤也

佉駐阿蜱　扶支反

蹋蜱　徒臘反

抪之　疋沫反謂以撓抪也經文作搒非也

讜堀　當朗反

伽㙸　力癸反

阿顱　而琰反

䜌羅　宜作䜌音悲僑反

齒齲　又作𤘚同丘禹反說文齒蠹也

哂翅　式忍反

呪呴　呼口反

目眩　玄縣二音說文眩目無常主也字林眩乱也蒼頡篇眩不明也

金鏝　莫盤反鬼名

癇病　核閒反

蜚屍　甫違反

疰鬼　之俞反

摓挨鬼

寒癖　匹辟反聲類癖宿食不消也經文從人作僻匹尺反邪辟也僻非此用

蠱祥　公戶反虫扚病害人也下徐揚反字林祥福也善也經文作𥐞非也

第九卷

轢䃰力各力的二反蒼頡篇轢輾石說文車所䟺也 頞䩞巨支反 呧達下刮反勅轄反 否梨咶下刮反

第十卷

垤鞴徒結反 咥伭許伊反 苛呵胡可

邲地蒲必反 坻祇丁礼反 簨叉於六反 湫堤子由反丁奚反 腱拏巨言反 悉譚徒南反 咩咪弥氏反又作眯眯 多律 跢直知反經文從知作跢非 捸之常緒反通俗文畫圓曰規規摸日捸經文作專一之車非 祇利之是反 呎唎哦啹婆

抾丁礼反

華手經第一卷　玄應

和詑字又作詫同丑嫁反婆和詑者比丘名也

第二卷

抒氣時汝除呂二反廣雅抒舀也渫出也說文抒挹也挹㪺酌也挹音於入反舀餘沼反

第三至第七　先不音訓

第八卷

猩猩所京反字林能言獸也形如㹱猴面似女人出交阯封溪聲如小兒啼也曲礼曰猩猩能言是

第九卷　先不音

第十卷

姧詭 居毀反不實也廣雅詭隨惡也亦欺誑也 蟄㞒 遲立反大魚名也蟄㞒伽羅應云伭民枺羅譯云呑魚大呑小故也

第十一卷

圂豬 又作溷同胡困反圂圂也言溷濁穢惡也 裁棒 古文巘棒不三形今作櫱同五剖反介雅㩃餘也載也言木餘載生棒栽也 僶末 又作僶同匹忍反僶俛強為之

第十二卷

斃地 古文斃獘二形今作弊同毗世反說文斃仆也仆頓也

第十三 先不音

佛名經十二卷 玄應撰 先音並不顯卷次第

智瞖 一計反 庭燎 力彫反 拘峻 私俊反 祗多 止夷反 刳心 口胡反 枲荷 息里反 鬱哆 始我丑加二反 梯羅 他奚反 詢陁 私旬反 奚吼 胡鷄反

三劫三千佛名上中下三卷 上卷 慧琳

電鐙 等騰反郭璞注介雅云鐙即膏鐙說文從金登聲 慧幢

下濁江反郭璞注方言云幢舞者所以自蔽翳也廣雅幢謂之翿古今正字從巾童聲 剖華 上普厚反顧野王云剖破也杜注左傳中分為剖蒼頡篇析也說文判也從刀音聲下化瓜反 娛樂 上遇俱反杜注左傳云娛亦樂也說文從女吴聲下音洛也 磬聲 上輕徑反顧野王云以石為樂磬也世本云毋句氏作磬古今正字從石殸聲殸音苦鋌反 棘莿 上兢億反郭注介雅云顛棘細葉有刾也說文似棘叢生從竝二朿也下雌四反郭注介雅云莿棘針方言凡

草木刺人謂之莿說文木芒也從艸刺聲經本作刾誤也

恬憺　上牒兼反孔注尚書云恬安也方言靜也說文從心舌省聲也下談濫反顧野王云憺靜也說文云從心詹聲

慧无厓　下雅佳反郭注介雅云厓謂水邊也說文從厂圭聲亦作涯

深齅　休又反說文云以鼻就臭也從鼻臭聲經從口作嗅俗字

敷諸欲　上弗賣反說文云敷毀也從攴褭聲經本作敹也

非也

中卷

善濡　乳朱反毛詩傳云濡潤澤也劉熙注孟子濡亦沉滯需意也說文從水需聲經作儒俗字也需音須

德鬚　音鬘髲語也經作鬚不成字也

堅鎧　開愛反說文云鎧甲也從金豈聲豈音同上

緘恚

一季反蒼頡篇云恚怒也說文恨也從心圭聲

無嬈　寧了反說文嬈弄也一曰擾戲弄也從女堯聲亦作嬲也

下卷

無可音訓

五千五百佛名經第一卷

玄應

孕王　古文作䏆同翼證反說文孕包裹子也含實曰孕

第二

先不音

第三卷

怛娜　乃可反

袪帝　除栗反

聃婆　他甘反

黠闥　一兮反

魯㪉　盧口反

怖雷　力救反

馱嗽　所霤反

畔路　莫侯反

眤陁　女乙反

迦鞞　力割反

唵婦　烏感反

鱣那　知連反

佶易　奇乙反

晡囉　保胡反

吱駐

竹佳反除栗反

婆鍉徒奚反他庛補寐反咲帝

第四卷

呴㖃呵戒反揭薜上渠謁反下蒲粽反地蜱音埤瑟咤陟嫁反奚囒魯干反燠醯

㖶迦上於六反涅烏賢反嚂力蹔反阿𡛥又作姼同時紙反假奴轄那側飢反頡利賢結反呵嚠音留

第五卷

喑遇於林反經文誤作暗也堙醯上於人反

第六卷

抵多是支反搥撲都雷反趜多渠六反經文作毬非也鯢羅五奚反

第七卷

系多胡計反愛觚古胡反

第八卷

法葩普花反依字葩花芬芬也聲類取其盛皃

不思議功德經上卷　先不音

下卷　玄應

離𦢊字或作臂卑避反懼咤陟嫁反

觀佛三昧海經第一卷　玄應

閱頭檀或作悅以拙反此譯云白淨王也或言淨飯王伉

儷苦泉反下又作離同履詣反伉敵也儷偶也廣雅儷侶也埤蒼云儷伴也

𢡃喜胡感反廣雅𢡃動也說文𢡃搖也

蝌斗苦禾反字書蝌斗水虫也尒雅蝌斗蝦蟇子也

蟠龍薄寒反礼記而蟠于地鄭玄曰蟠委也廣雅蟠曲也

踵相又作歱同之勇反說文相迹也亦退也往來之皃也

四抓古胡反說文抓棱也經文作觚器名也觚非字義也

開鍵又作闓揵二形同奇謇反鍵謂牡也方言開東謂之鍵開西謂之關

開闔胡臘反說文闔開閉也易曰闔門謂之坤是也

顒顒今作喁同魚凶反詩云顒顒昂昂傳曰温恭皃也

第二卷

穹脊去弓反穹謂穹隆也穹亦窮也

侜張說文作譸同竹流反尒雅侜張誑也亦幻惑欺誑也經文作輈車轅也輈非字體也

喉龍洛公反尒雅亢鳥龍郭璞曰龍亦喉也蒼頡篇喉龍也

胏腴又作胇同敷穢反說文胏火藏也下庾俱反說文腴腹下肥也腴腹也蒼頡篇因喉也

肝膈歌領反膈障也經文或從肉作膈二字通用

蛕虫又作蛔同胡魁反蒼頡訓詁云蛕腹中虫也經作蚘尤二形非

團欒盧端反團圓周匝也

敗績今作勣同子歷反爾類云勣功也

矗然初六反端直也又草木茂盛也

霓冤於元反冤猶屈也嶉曰霓冤虹㧻軒車其事也經文作俔非體

鬆秋弥遠反通俗文樹鋒曰秋今取其義謂鬆鋒頭也

雙眥在計反說文眥目崖也目際也

第三卷

兩吻無粉反蒼頡篇云脣兩邊也謂口際邊也

蕛米達鷄反尒雅蕛失也郭璞曰似稗布地生穢草也

龕室苦躭反方言龕受物

也廣雅龕鼠也 鼷鼠 胡鷄反說文小鼠也有毒者也或名甘口鼠也

晃煜 又作晄古文熿同胡廣反下又作焴同由掬反說文晃明也煜燿也晃也煜盛也

竭支 或作僧祇文者皆訛也應言僧迦鵄此譯云覆腋若著瞿修羅則不著僧迦鵄瞿修羅者此云圓也象其衣形而立名

第四卷

摧茹 而庶反摧折也茹弱也

小螭 敕知反廣雅無角曰螭有角曰虯說文螭若龍而黃也

樹稭 音皆謂稭稈也字從禾從皆未詳何語

疼痺 又作痋胗二形同徒冬反廣雅云疼痛也下併利反說文濕病也痺不能行也

第五卷

捙身 力沒反捙謂揩捙

㩧啄 爭交反通俗文浮取曰㩧沉取曰撈廣雅㩧取也

直劈 普狄反說文劈破也廣雅劈裂也經文作擗脾役反擗非此用

鐵砧 又作椹㪙二形同猪金反鈇砧也經文作碪鈂二形非體也

轢身 力各力的二反蒼頡篇轢輾也說文車踐者也

瘻瘇 字詁今作尰同時勇反通俗文腫足曰瘇瘇腳病也經文從足作踵非也

生燅 聲類作燂燖二形字詁文燅今作燅同詳廉反說文熱湯瀹肉也

鐵鉆 奇古反說文鐵銸也蒼頡篇鉆持謂取物者也經文作鉗東人鐵鉗非今體

瘭疽 必遥反下千余反廣雅癰成為瘭疽瘡名也經文作螵字與蜱同輔支毗遥二反螗蜋子也螵非此用也

諸揌 字亦作緦桒記反所以連綴替記之

鑱刺 士咸反以錐刺物者也說文鑱銳也

寱語 研世反通俗文夢語謂之寱聲類不覺妄言也

磔口 陟格反廣雅磔張也亦開也經文作挓未見所出也

第七卷

攘臂　而羊反攘除也謂除衣袂而出臂也袂弥世反

毾㲪　他盍反下得恒反釋名云施之大床前小榻上所以登上牀也因以名也

搏噬　補薄反下時制反搏撮也噬齧也啗也

第八卷

一切經音義卷第四十三　第三十七張　池

遘疾　又作姤古候反爾雅遘逢遇也

泯然　弥忍反弥賓反爾雅泯盡也泯民也

委佗　於危反下又作迤同徒多反廣雅委佗衺邪也案委又作逶蝺二形詩云逶迤逶迤德之美皃也傳曰逶佗者行可逶曲迹也亦自得之皃也說文委佗行云也

搋落　直尒勑紙二反搋奪

僧伽吒經卷第一　慧琳

靈鷲山　中齊袖反中天竺国靈山名也在摩伽陁国彼有鷲鳥似鵰而形小群飛常食死屍惟鳥也捿止此山故名靈鷲舊云祇闍崛梵語譌也音吾戈反

阿疇那　中宙流反梵語天子名也

須賒佉　中音奢龍王名

睺睺　音侯

種植　下承職反鄭注周礼云植樹也郭注方言立也古今正字從木直聲經作殖通俗字也

尼揵子　音皂亦梵語裸形外道也裸音華瓦反

漂没　上匹遥反顏野王云流也

一切經音義卷第四十三　第三十八張　池

說文浮也從水票聲經作㵱通俗字也

一撮　倉括反字統云以手取物也說文從手最聲

跍跪　上胡誤反俗字也亦作胡借音用也經本作呀非也下逵僞反說文云拜也從足危聲也

第二卷

悔過　上灰外反劉瓛云悔敗也古今正字從心每聲

咺伽　上凝掠反亦作兢同梵語

踊身　上容拱反何休注公羊傳云踊跳身上也

説文跳也從足甬聲 肉團 段欒反經本作揣非 欝單越 梵語閻浮提類四洲之一 弶帝鑠 梵語 誅戮 音六 鄭注周礼云戮猶辱也𦙶斬殺之又辱之賈注國語云殺也説文云從戈翏聲翏音力救反

第三卷

數數 並雙角反考聲云疾也頻也近促也 擔負 上膽甘反亦作儋廣雅云擔舉也考聲負也古今正字從手詹聲 頑癡 上五鰥反廣雅云頑鈍也孔注尚書云心不測德義之經為頑考聲云愚也説文從頁元聲古作妧 頗見 上普麽反廣雅云頗少也 金紫 卒髓反考聲云鳥冡也説文從此束聲經本從束誤也下文作䇂義同也 挑火 上天聊反説文云抉也從手兆聲經本從木作桃誤也

第四卷

筋脈 上謹殷反説文云肉之力也從肉竹物之多筋者從力丨象筋也經本從艸從角作𦟙非也下萠伯反説文作衇云血里之分邪行於體者也從𠂢從血亦作䘑經本作脉 咽頸 上鷰賢反聲類云胭作俗字也古今正字云咽也從肉因聲下經郢反説文云頭頸莖也從頁巠聲 牀榻 貪盍反考聲云小版牀也經文作榻非也 麝香 上他蔑反又時亦反山海經云翠山多麝

説文如小麋臍有香從鹿射聲亦作䴛經本作射誤也 樂著 上吾教反下腸略反 𤂣螺 力戈反 屎溺 上失尒反下乃弔反人小便也從尾從水亦作𡱂或作尿 絗耎 上正細字下而兖反經本作㬉非也音儒 鞭撻 上必綿反下他過反考聲云撻亦鞭也經作韃非也 檛打 上竹瓜反聲類云檛擊也擊也古今正字從木過聲亦從竹作菙義同 屐屣 下師滓反亦從足作躧

力莊嚴三昧經卷上　玄應

盆氳　宜作葐蒀上扶云反下字書作氳同於云反葐蒀盛皃也亦香也

海島　古文隝同都老反海中山曰島島到也人所奔到也

蓮花面經卷下　玄應撰

摩俟　事几反　姞利　奇乙反

大方廣圓覺修多羅了義經　惠琳

諮詢　上子斯反杜注左傳云諮問善道也古今正字從言咨聲下笋遵反杜注左傳云詢親戚之議也古今正字從言旬聲也

易處　上盈益反顧野王云易謂交換也賈逵注國語云易猶異也變也廣雅轉也說文易象形字也秘書日月為易一云從勿下昌與反毛詩傳曰處居也止也說文作処云止也從夂得几而止經作𠩄俗字也

忘認　上亾放反下人振反經作認同也

於醒　星挺反

金鑛　公猛反

惻度　唐洛反

能著　暢略反經本作緒非

詰虛妄　上輕一反孔注尚書云詰治也說文問也從言吉聲

過謬　上戈卧反下眉幼反顧野王云謬猶僻也方言詐也說文云狂者之妄言也從言翏聲

如標　必遥反考聲云舉也或從手作摽

大方便報恩經第一卷　玄應

曄豔　又作艷同餘贍反方言美也秦晉之間謂美色為豔也

池湖　户孤反說文大陂也揚州有五湖也

旃叔　或言甄叔迦或云緊叔迦樹名其花赤色此寶似之因以為名

喑唶　於禁反下子夜反聲類大呼也說文大聲也

微服　無非反尒雅幽匿也蔽微也注云謂逃竄也又亦止也從亍

呼噏　古文歙翕二形今作及同義反反廣雅歙飲也引也謂氣

息入也

挑目 他堯反類聲云挑抉也謂抉出目也抉音烏决反

里程 除荆反程猶限也礼云程量也詩云程法也

摵眥 呼麦反摵裂也下靜計反目頭曰眥淮南子云瞋目裂眥是也經文從首作馘古獲反生獲斷耳曰馘馘非此義

咆地 蒲交反說文咆嘷也亦大怒也

輸頭檀王 此言訛也正言首圖䭾那王此譯云淨飯或言白飯非也

第二卷

蟠蘭椿輪 蒲寒反椿勑倫反言形狀也

倩練

粲爛 千見反言色彩鮮戚皃也

眼眩 胡𦤵胡遍二反菅頡篇云視不明也國語觀美眩賈逵曰眩惑也

迫愶 補格反迫急也下虛業反方言愶閲懼也謂以威力相恐懼也閲音呼隔反今皆作脅亦云恐赫或云恐猲一義也

截遏 烏曷反蒼頡篇遏遮也尒雅遏止也郭璞曰今以逆相止為遏

財賄 古文賄同呼罪反財貨也通俗文財帛曰賄周礼通貨賄鄭玄曰金玉曰貨布帛曰賄

兜鍪 莫侯反廣雅謂之冑經文作鉾非字體

乾曬 所懈所寄二反謂乾物也

歎彼那食 或云相鉢那譯云麨也蒲闍尼食譯云可食佉陁尼食譯云可敢

飡唵 烏感反字林唵啗也謂向口唵也以掌進食曰唵

嶔巖 苦崎反又音欽廣雅嶔岑高公羊傳云嶔崟山皁勢

齞傻 知芳反聲類傻短氣皃也傻丨亦憂也

唼食 子盍反字林虫唼血也經文作啑非

茹食 攘舉反茹啖也尒雅啜茹也郭璞曰啜拾者拾食之也

擔揭 說文作嵑同其謁反負舉也左傳嵑石以投人注云嵑擔也

髕腨 扶忍反說文云膝骨也下又作膞同時兖反腓腸

炎旱 雨廉反炎熱也尒雅炎熏也部

瑛曰謂旱氣熏灼人也

猥多　於罪反字典猥衆也廣雅猥頓也

噢噎　於六反下一結反埤蒼噢怕内悲也謂痛悲之聲也噎塞也經文有作郁非體

爪攫　居縛反說文攫扟也蒼頡篇攫搏也淮南子云獸窮則攫鳥窮則啄是也扟音居逆反

單子　古折反案孑猶孤獨也說文孑無右臂曰孑國語胡有孑然是也

喊𠲿　呼檻反下又作譀欸二形同呼戒反方言喊聲也𠲿可也謂恚怒聲也經文或作闞音呼檻反二形通用

蹋張　唐盍反謂蹋地張目也經文從口作噏悵非也

拔肋　郎得反說文脅骨也經文作簕勒之勒非字體也

曒然　古文曒瞭二形今作皎同公烏反埤蒼云曒明也淨也

第三卷

嫡嫡　丁狄反字書嫡正也公羊傳曰立嫡以長者何嫡敵也謂夫人之子尊無與敵也

耶維　或言闍毗或言闍維皆訛也正言闍鼻多義是焚燒也

蹎蹶　又作傎二形同丁賢反下居月反蹎蹶猶頓仆反倒也經文作顛蹷非體仆音蒲北反

𤮐瓳　字又作播同普安反下戶吾反通俗文甗方大謂之甗瓳今大方甗是也

慨歎　口代反慨歎大息也說文忼慨壯士不得志於心情憤恚也

悒遲　於急反字林悒不安也蒼頡篇悒不舒皃

煩冤　於元反冤亦煩也屈也字從冖從兔兔為冖覆不走也故從冖也經文作宛㝔二形非體也

汪水　烏黃反通俗文停水曰汪尒雅云汪池也經文作洸音光非也

摩訶羅　此譯云無知也或言老也

第四卷

禱祀　都道都誥二反下徐里反說文告事求福曰禱禱請也鬼神祀祭也

瞤動　而純反說文目動也經文作瞤非體也

蕃息　輔袁

反蕃滋也謂滋多也經文作繁緐蕨也亦多也

帷帳 于追反字林在旁曰帷謂張幕障旁也幃圍也

湍浪 土桓反疾水也說文疾瀨也水流沙上曰瀨瀨淺水也

矇盲 莫公反有眸子而無見曰矇目無眸子曰盲

擧帆 又作颿颿二形同扶嚴扶泛二反釋名云隨風張幔曰帆也

振濟 脂忍反小介雅振救也發也說文振舉也經文作賑之忍反隱賑富有也

草蔡 音察草蘆也亦芥經文作藻非也蘆音千古反枯草也今陝以西言草蔡江南山東言草蘆蘆音山東云七故反

哮嗏 又作虓同呼交反下呼家反通俗文虎聲謂之孝嗏也

第五卷

白虹 古文䖽同胡公反說文螮蝀虹也俗呼美人江東呼為雩釋名虹攻也

也紩陽攻陰氣也

劓刵 又作劓同魚器反下讓記反說文劓割鼻也廣雅刵截耳也

刖耳 古文䠊䟈二形同魚厥五刮二反刖猶割也

探摸 他含反說文遠取曰探手扠為摸也

禍酷 古文俈嚳焅三形同口篤反說文酷急也告之甚也亦暴虐也白虎通云酷極也教令窮極嚴也

掊發 說文作抱捊二形同步交反捊引取也通俗文作掊手把曰掊

第六卷

牛啊 正字作齝齥二形同勑之式之二反介雅牛曰齝謂食已復出也

跳抨 皮兵反埤蒼抨榍也謂獨坐板牀也釋名云抨平也以板作之其體平正也

須陁食 或云脩陁此天食也脩陁此譯云白也隨相論云須陁此云善陁此言真實也

第七卷

弶網 巨向反字書謂施罝於道曰弶經文作摾俗字也

童齔

初忍反古文音差漸反毀齒曰齔說文男八月生齒八歲為之齔女七月生齒而七歲毀齒字從齒從七聲釋名云齔洗也毀洗故齒更生新也

一切經音義卷第四十三

第四十九張　池

一切經音義卷第四十四　池

大唐翻經沙門慧琳撰

音菩薩本行經三卷　玄應

法集經六卷　慧琳

觀察諸法行經四卷　慧琳

菩薩處胎經五卷　玄應

弘道廣顯經四卷　玄應

施燈功德經一卷　玄應

央崛摩羅經四卷　玄應

無所有菩薩經四卷　慧琳

明度五十挍計經二卷　慧琳

中陰經二卷　玄應

大法鼓經二卷　無字音

文殊問經二卷　玄應

文殊問署經一卷　玄應

千佛因緣經一卷

如來祕密藏經二卷　玄應

月上女經二卷　玄應

佛地經一卷　玄應

大七寶陁羅尼經一卷　玄應

遺教經一卷　慧琳

出生菩提心經一卷　玄應
㓕十冥經一卷　玄應
摩尼羅亶經一卷　慧琳
異出菩薩本𧺝經一卷
月明菩薩經一卷　慧琳

心明經一卷　慧琳
善夜經一卷　慧琳
德光太子經一卷　玄應
商主天子經一卷　慧琳
差摩婆帝經一卷　慧琳

魔逆經一卷　慧琳
諸法最上王經一卷　慧琳
佛印經一卷　慧琳
文殊般涅盤經一卷　慧琳
鹿母經一卷　慧琳
鹿子經一卷　慧琳

賢首經一卷　慧琳
受持七佛經一卷　無字音
大意經一卷
堅固女經一卷
離垢惠菩薩問礼佛經一卷　慧琳
右遶佛塔經一卷　慧琳

造塔功德經一卷　慧琳

宗照三摩地經一卷　慧琳

有德女問經一卷　慧琳

大乘四法地經一卷　無字音

不增不減經一卷　慧琳

記法住經一卷　玄應

佛為海龍王經一卷　無字音

妙色王經一卷　無字音

大乘流轉經一卷　慧琳

師子素馱經一卷　慧琳

泥洹後灌臘經一卷　慧琳

八部佛名經一卷　慧琳

右五十三經八十二卷同此卷音

菩薩本行經上卷　玄應撰

軍持　正言捃稚迦謂雙口澡灌也或譯云瓶也

烴㲉　又作炒㷅丞三形同初狡反方言熬火乾也

牂羖　祖郎反羊三歲曰牂牂然

盛皃也下丁奚反羝羖羝羯羊也經文作羝丁礼反觸也羝非經用

來抴　又作曳同余世反說文抴引也謂牽引也

羯羠　因几反聲類騬羊也徐廣曰羯羠並犍羊

慍心　於問反慍怒也說文慍怒也蒼頡篇慍恨也

璣鄯尼　居衣反下音市戰反龍子名也

刖其　魚厥五骨二反刖猶割也經文作刓五桓反齊也

上旋　似緣反旋轉也經文作矩俱禹反方曰矩矩則也矩非此義

邪旬　或云閻維或云閻毗同一

義也正言闔鼻多義是焚燒也

中卷

災禍　又作烖灾秋三形同則才反說文天火曰災也

蜥蜴　斯歷反下以石反在草曰蜥蜴經文作蚸非也

金拂　敷勿反廣雅拂除也謂除去塵土也拂拭也經文從巾作怫或作𣯍非也

下卷

騷動　蘇勞反說文騷擾也謂擾動也

万歧　又作郊岐二形同巨冝反謂道有支分者也

晃熇　又作晄古文熿同胡廣反說文晃明也廣雅晃曄也下又作煜同由掬反說文煜燿也埤蒼煜戚貞也

瘡瘢　蒲蘭反蒼頡篇云瘢痕也痕音胡根反

法集經第一卷　慧琳撰

羸損　力追反杜注左傳羸弱也賈注國語云羸病也說文瘦也從羊羸聲羸音騾卧也

曀障　上翳計反毛詩傳曰終風且曀不日有曀尒雅云陰而風為曀說文從日壹聲也下章讓反考聲云障蔽也說文云障隔也從𨸏章聲

第二卷

駿疾　遵峻反郭注穆天子傳云駿馬之美稱也說文馬之良者也從馬夋聲夋音七徇反

膚豔　上甫無反毛詩云膚美也說文云膚皮也從肉從盧省聲也下閻獻反毛詩云美色曰豔左傳云美而豔是也說文從豐從大從血經從色作艷俗字也

虹起　胡東反尒雅云螮蝀虹也礼記季春之月虹始見是也說文從虫工聲螮音帝蝀音凍也

秔糧　上草衡反考聲秈稻也聲類不黏稻也說文亦稻屬也從禾亢聲亢音康浪反經從米作粳俗字秈音仙

蠅蟻　上翼繒反鄭箋毛詩云蠅之為虫也污黑為白污白為黑郭注尒雅云蠅好搖翅也說文

虫之大腹也從虫黽象形黽音猛下宜倚反俗字也正作螘介雅云蚍蜉也大曰蚍蜉小曰螘說文螘亦蚍蜉也從虫豈聲也

第三卷

矛矟　上莫侯反下雙捉反前音義第三十三卷譔契大乘經中已釋訖

戉斧　上音越顧野王云古者用戉以斬人司馬法云夏執玄戉殷執白戚周書云王左杖黃鉞孔安国云以斧飾斧從戈從𠄌聲𠄌音厥或從金作鉞亦通用也

第四卷

跟踝　上音根下華瓦反

腨脛　上時兗反下形定反

髀膝　上蒲米反下新七反

胷膂　上音凶下香業反

腹肋　上風屋反下音勒

肘腕　上張柳反下剜灌反

肩髆　上音堅下卑寐反

頭頬　兼葉反

頸項　上經郢反下巩降反

髑髏　音獨音婁

窟宅　上坤兀反

爪齒　上庄狡反下齒止反

腸胃　上音長下音謂

脾腎　上音毗下音慎

心肺　妃吠反

肪膏　上音方下音高

腦膜　上乃倒反下音莫

涕唾　上天利反下吐卧反

髓腦　下雖觜反

筋骨　上音斤

齒齗　下音銀

荷擔　上音何下多甘反從手

稠林　上長流反廣雅稠穊也已上第四卷中文字多說如來三十二相前大般若音義中已具訓釋是故但音而不訓字也

第五卷

倢疾　上潛葉反廣雅倢健方言宋楚之間謂慧為倢郭注云慧謂了慧倢言便也顧野王云謂口舌聲利往來皃也說文從巾從又從止作疌文字典說從人疌聲

從手非也

糠糟　上音康聲類云穀皮也下臧勞反說文酒滓也二字並從米康曹皆聲

麞鹿　上音章下音禄字書云麞者小鹿之類也有角曰鹿無角曰麞

第六卷　無字音訓

觀察諸法行經第一卷　慧琳撰

捨扤　烏革反包咸注論語云横木以縛扤是也說文從手戹聲正體作扤經作扼俗字也

欲渡者撥　頗發反考聲撥謂縛竹木浮之水上也說文亦海中大舩也從木發聲也或從舟作撥經從竹作筏俗字也

撞弩　擢江反顧野王云撞擊也廣雅刺也說文云擣也從手童聲

第二卷

阿　取上聲　波　亦取上聲　遮　作可反　那　曩可反經文從井非也　陁　取上聲也　迦　薑佉反又取上聲　蹉　藏賀反　詫　圻賈反　嗏　宅下反巳上並響梵語聲不合解字

第三卷

不槩　柯夜反鄭注礼記云槪平斗斛者也又云量也說文作杚斗斛平也從木旣聲今俗音古外反杚音骨說文杚平也從木气聲

電泡　田見反說文電陰陽相激燿也從雨电聲下魄茅反考聲水上浮漚也說文從水包聲

第四卷

鵁鶄　上音交下音精郭注尒雅云似鳧脚高毛冠江東人家畜之云厭火災也山海經蔓聯山有鳥名鵁群飛尾如雌鷄鳴即自呼食之治風說文鵁鶄也並從鳥交青皆聲

嗟慨　上借邪反毛詩傳云嗟者美之也尒雅杏嗟也說文嗟從口差聲下開愛反鄭箋毛詩云慨謂歎息也說文忼慨壯士不得志也從心旣聲或從氣

作㪚有從口作既俗字也

調戲 條弔反毛詩傳云調朝也下希義反郭注介雅云戲謂相調戲也說文調從言周聲經從手作掉掉謂搖也非此義說文戲字從戈虛聲也虛音許衣反經作戲俗字也

蹴蹋 秋育反何休注公羊傳云以足逆蹹之曰蹴下談盍反埤蒼蹋謂足著地也說文蹋踐也並從足就昜皆聲昜音塔

菩薩處胎經第一卷

玄應

一切經音義卷第卌四　第十三張　池

翅搜 尸豉反下所流反案婆兜釋翅城即天竺城也譯云婆兜此言住處釋翅搜者能也謂能仁住處城也經中或作釋氏瘦城或作舍衛城或云迦維羅衛城或言迦毗羅城皆猶梵言輕重以名釋迦音訛故也

自襞 畀亦反襞褺也廣雅襞屈褺音牒也

覰身 字書或作覰字同且恚反又差覲反覰至也近也

唼嗽 子盍反下又作敹同所角反通俗文含吸曰嗽

盖天

諸經作盧天此譯云有光壽天也盧音烏合反

阿波魔那天 或作盧波摩那天此譯云無量光天

阿會亘修天 或作阿波亘修天或作阿沷會天也

相敦 又作撜敞棖三形同丈庚反謂相觸也撜拄也

唷咽 禹六反下於賢反廣雅唷吐也喉也經文作隋音墮誤也

噂噍 又作䶈同補各反下子立反說文噂噍味入口臭也

第二卷

一切經音義卷第卌四　第十四張　池

阜嵓 魚偃反通俗文云綴脣謂之嵓磳磳音昌若反今其事也經文作嵯魚産反峨嵯也嵯字非義也

如篅 市緣反說文判竹圓以盛穀者蒼頡篇篅圓倉也經文作簞音丹竹器名也簞非此義也

蛄蟥 古胡反螻蛄也下胡光反蟥蛢甲虫也大如虎豆綠色也蛢蒲丁反

第三卷

勸訹 私律反說文訹誘也經文作恤非也

揖讓 伊入反平

推也亦手小舉之也廣雅揖進也**陶冶**徒高反下弋者反陶謂作瓦器也冶鑪銷者也陶化也冶消也**僧那**此譯云鎧甲言以被著飾大鎧也**黿鼉**徒多反三蒼云似蛟而大山海經江水足鼉郭璞云似蜥蜴大者長一文有鱗彩可以為鼓經文從魚作鮑非也**利觜**古文觜今作嘴同子累反字書觜鳥喙也**礊空**居历反通俗文汲取日礊說文礊漏也

第四卷

虫蝗胡光胡孟反蝗也謂蝗虫也小日蝩大日蝗云魚子所化作也蝩音鍾經文作蟥非體也**軫宿**之忍反**亢宿**恪浪反**撩擲**又作撩同力彫反謂相撩擲也擲相投也**杖挃**知栗反廣雅挃刺也以指杖刺者**大辟**古文辟嬖二形同裨尺反辟法也除也經文作僻隱僻之僻非也**芟除**所巖反刈草也詩傳日芟除草也經文作釤所鑒反大鐮也釤非此用也

第五卷

槍刺且羊反說文槍距也通俗文刻木傷盜日槍木鐵槍皆作此經文作鏘玉聲也又作鎗非**八藏**在浪反一胎化藏二中陰藏三摩訶衍方等藏四戒律藏五十住菩薩藏六雜藏七金剛藏八佛藏梵本云名篋以藏替之也

弘道廣顯三昧經第一卷　先不訓

第二卷　玄應

蔚有於謂反文章皃廣雅蔚數也說文緐繁數也

景風居影反八風中南方日景風風動虫生也

第三卷　先不訓

第四卷

力贔 古文奰悲萸三形今作撕同皮冀反說文贔壯大也謂作力怒也詩云不醉而怒曰贔也

輕驀 綦文音徒荅反又音風幽反廣雅驀驀走也

施燈功德經 玄應撰

羸瘠 古文膌𤵸膌三形同才亦反瘠瘦也

支提 又名脂帝浮圖此云聚相謂累石等高以為相或言方墳或言廟皆隨義擇也

央掘魔羅經第一卷 玄應

龜坼 恥格反莊周云宋人有善不龜之藥者注云其藥能令人手不龜文坼裂者也

烏伏 作句同扶富反謂菢伏其卵及伏雞等亦作此字今江北通謂伏卵為菢江南曰蓲音央富反

第二卷

虓闞 又作虓同呼交反下呼檻反說文虎怒聲也詩云闞如虓虎是也

雄傑 奇哲反詩云邦之傑子傳曰傑特立也英傑也才能也智出千人曰傑也

興渠 此言訛也借音嫣蠅反出烏荼婆他那國彼土人常所食者也此方相傳以為芸薹者非也嫣音虛延反

童真 是以弥別名式叉此言學亦云隨順無違梵言究磨羅浮多究磨羅者是彼土八歲以上未冠者童子揔名也浮多此云真亦言實也

酣醉 古文佄同胡甘反漢書應劭曰不酔不醒

曰酣一云樂酒曰酣也

第三卷

緜纊 古文絖同音曠說文纊絮也小尒雅云纊緜也絮之細者曰纊

津溜 子隣反下力救反津液也蒼頡篇液汁也字書云溜謂水垂下也

第四卷

維持 翼隹反維猶聯結也亦維持之也維繫也

嬉謔 虛基

反下虛御反嬉戲樂也謔相戲調也 **驍捷** 古堯反廣雅驍健也亦勇急也 **震惵** 徒頰之疾反尒雅惵懼也經文作疊非體 **俛仰** 無辯反俛低頭也言閔默不已也 **卜筮** 時世反筮問也礼記龜為卜蓍為筮卜筮者決嫌疑定猶預故疑則筮之字從竹古今之正字 **杜門** 古文𢾝同徒古反國語杜門不出賈逵曰杜塞也塞閉也 **瞪矚** 直耕反埤蒼直視也

下之欲反 **顛沛** 又作𨆢蹎二形同都賢反下蒲昧反謂偃仆也經文從犬作傎非也

無所有菩薩經第一卷　慧琳

嬴散 上盧戈反前音義第三十卷不退轉法輪經第四卷已釋嬴字經從果作螺俗字也古今正字正作嬴 **有音** 邑今反說文音聲也生於心有節於外謂之音也宮商角徵羽聲也又金石絲竹匏土革木也從言含一經從口作噾說文齊宋之間謂兒泣不止曰暗非經義也

第二卷

氣嘘 許居反梵語旃陁羅名也 **掬於** 居六反毛詩傳云兩手曰掬也掬說文從手從鞠省聲鞠音同上或上從勹從米作匊古文作勼亦作鞠並通用勹音包也 **涌出** 容腫反劉兆注公羊傳云涌騰也說文從水甬聲也經從

足作踊考聲躍也非經義也

第三卷

承攬 藍敢反考聲攬收也廣雅承也王逸注楚辭持也說文從手覽聲古文作擥亦通

第四卷

壓油 音鴨考聲壓猶鎮也說文從土厭聲厭從厂從猒猒從肰肰音

然也經作厭俗字也

佛說明度經上卷

慧琳

有黠　下閑軋反考聲黠利也方言云慧也說文從黑吉聲也

涅泹　下活官反梵語或云涅盤

群輩　杯妹反宋忠注太玄經云輩猶類也說文從車非聲或從北作輩俗

婬劮　上以針反考聲婦人多慾也文字集略云謂男女野合也左傳貪色曰婬說文私逸也從女㸒聲下寅質反廣雅云劮亦婬也古今正字從力失聲經並從水作淫泆淫過也泆淺也乖經義誤也

稽首　上溪礼反鄭注周礼云稽首首至地也說文從言從犹省聲也犹音芎從禾禾音鷄從禾者非也古文作䭫從旨從古首字也

下卷

髡頭　上窟昆反考聲髡謂去其髮也說文大人曰髡小兒曰剃從髟兀聲也經作髠俗字訛略非也髟音必遥反

剔𩓞　上聽的反聲類剔謂剃髮也文字典說從刀易聲亦作鬄

蜎飛　上苏縁反前音義第三十五卷菩薩逝經中已釋訖

蝡動　如准反前音義第三十五卷長者子逝經中已訓釋

薜茘中　上薜閑反次栟帝反梵語餓鬼之惣名也

拷掠　上音考下涼尚反鄭注礼記云掠謂捶治人也古今正字從手從諒省聲也

中陰經上卷

玄應

⿸疒盍天　烏合反譯云有光壽經中有作阿波天同一名也謂二禪初天火光天也

須滯天　除例反道行經作須蔓天音徒計丁計二反又作須㦄天音帝樓炭經作蘧天音帝皆梵語訛轉也此譯云善觀天即善見也

瘡疣　字體作肬籀文作黕同有流反通俗文體目日肬經文作痏音位理反蒼頡篇痏毆傷也

斗擻　又作擻同蘇走反方言斗擻走舉也周成難字斗擻䋚䌟也音都穀

反下蘇穀反經文作料揀二形音同拯棻並非字體也

下卷

擲線 文字詁約古文作線今作綫同私賤反所以縫紩者也

劒刎 古文刎同云粉反通俗文勿刻曰刎公羊傳曰公遂刎脰而死何休曰刎割也 脰音豆也

大法鼓經二卷 無字音訓

大方廣如來秘密藏經二卷 無字音訓

文殊問經上卷 玄應

多弭 弥氏反 炮字 父交反 攞字 力可反三句並梵語也

下卷

底舸 古我反山名律主居之 芀山 而證反亦而蒸反又作芀律主居之也

舟航 又作抗同何唐反方言自關而東或謂舟為航航渡也濟渡之舟也

罾網 則恒反罾冈之摠名也掛四植夾水以掛網曰罾也

跨上 苦霸反跨躡也字林跨渡也

㯓牛 疾津反字略云異牛名

波拕 太何反

文殊師利問菩薩署經 玄應

陂提 彼皮反下是介反比丘名也

倪三颰 五刁反下蒲沫反人名也

提胳 公諾反說文腋下也埤蒼在肘後

分畛 之忍反婆羅門名也

僑泉 自宣反經文作脉泉二形非也

黔黮 烏感反下他感反不明也亦深黑也

我齎 又作賫子奚反說文賫持遺也

千佛因緣經一卷 慧琳

頻羸 音騾梵語也經作蠡今俗作螺並非正體

揵連 上音虔梵語也

跋陁 上蒲末反梵語也

摩睺 下音侯梵語也

優曇鉢 上音憂中音潭梵語也古文云

唬咷 上皓高反俗字也正作號下道勞反周易云先號咷而後笑也顧野王云大哭也廣雅云鳴也古今正字虎咷大泣也並從口虎兆皆聲也

鎔銅 上欲鍾反下徒東反漢書云猶金之在鎔也又云唯冶之所鑄也說文銅赤金也鎔冶器也二字並從金形聲字也

創疣 楚莊反考聲聲瘡痍也或作瘡說文瘡傷也又刃入肉也從刃一也象形也下有求反蒼頡篇疣病也考聲皮上風結也古今正字從疒尤聲也或作肬又作黖有音右者非也

月上女經上卷

玄應

[illegible]嚇 方言作閧同呼隔反謂以威力恐人

呵歌 火曷反廣雅歌怒也埤蒼云歌呵也經文作唱乙芥反嘶喝也

雀垛 徒果反謂城上女牆也經文作墮落之墮非體也

寮窓 力彫反蒼頡篇寮空也亦穿也

藻棳 又作梲同之說反尒雅梁上楹謂之棳注云侏儒柱也蒼頡篇棳楄也

下卷

佛地經

玄應

眇然 彌縹反廣雅眇莫也眇遠也遠視眇然莫不知邊際也

所都 覩胡反字林有宗廟先君之主曰都城郭之城曰都又人之所聚曰都也

大七寶陁羅尼經一卷

無字要音

佛垂般涅槃略說教戒經

慧琳

貿易 上矛候反顧野王云貿猶交易也尒雅賣也說文從貝丣聲也

墾土 康佷反上聲字也蒼頡篇墾耕也方言墾力田也郭注云謂耕墾用

力者也古今正
字從土狠聲也
媟慢仙列反孔注尚書云
媟亦慢也方言狎
也説文從女枼
聲枼音葉也
轡制碑媚反顧野王云
轡所以制馭馬
也説文乗馬具也從叀絲絲與連
同意叀音衛經從口作轡非也
輕躁
遺到反鄭注論語云躁不安静也考
聲謂性急説文從足從喿音騷到反
騰躍
上特登反下羊灼反前第三十
黒蚖玩
四卷新譯密嚴經上卷已釋
九

反前第三十三卷決
定揔持經已音釋
霹靂上疋覔反下
零滴反前第
三十卷大方廣寶篋經上卷
鑽火祖官
已釋經從足作躃躄非也
反前
音義第三十五卷
著鎧上張略反下開
改反前音義第
老母經中已具釋
三十五卷順攡方
便經卷中已釋

出生菩提心經

迦蘭陁或言迦蘭䭾迦或言羯蘭鐸
迦鳥名也其形似鵲鞞細婆
那此云竹林謂大竹林也此鳥多栖此林昔
有国王於此睡息虵來欲螫烏鳴覺之王荷
其恩散食養烏林主居士遂從此烏為
名名迦蘭䭾舊安外道後奉如來也
俱
致
或言俱胝此言千万或言
億㐌甚不同故存本耳
兑謩乃
侯
反下莫
胡反
紆伏哆衣于
反
系屐下計
反巳
上並
梵語

滅十方冥經　玄應

憂灼之若反灼謂憂
懼也灼痛也

佛説摩尼羅亶經　慧琳

羅亶經中丹攔反經
題目梵語
目眩玄絹
反廣
雅眩惑也蒼頡篇
視不明也形聲字
隁提梵語也此字取
聲不合訓解也
跛蹇上波我反下居偃反前第三十
四首楞嚴三昧經上卷已釋
暍

死 上偃歌反說文暍傷熱暑也從日曷聲或作煬瘍古字也經文從月作腸非也

洿池 上伏古反廣雅洿深也國語塞泉源而為潢洿賈逵注云大曰潢小者曰洿經文作汚俗字亦通又去聲又濄卧反後二音今並不取之也

圂神 魂困反說文云圂廁也從口豕在其中經文從水作溷非經義也口音韋也

異出菩薩本起經 無字可釋

月明菩薩經 慧琳

親理 力紀反鄭注礼記云理猶性也又云倫類也理分也今多作里二十五家為里方居一里之中也亦通古今正字從玉里聲

心明經 慧琳

埶爨 七乱反鄭注周礼云爨即今炊竈也杜注左傳爨炊也說文齊謂之炊爨文字典說從臼臼象持甑從冂象竈廾推薪內火也臼音匊六反冂音癸營反廾音拱也

熙怡 上喜飢反下以之反前音義第三十五卷諸法勇王經已釋也

山罡 閣郎反尒雅云山脊曰罡也郭注云謂長山背也說文從山网聲經文作崗俗字誤

囧灼 上鬼永反蒼頡篇囧大明也鄭也考聲象窻牖開明也象形字也下章若反廣雅灼明也或作焯亦同從火勺聲

愆咎 羞虛反孔注尚書云愆過也顧野王云凡物有過皆謂之愆也說文從心衍聲或作寒古字亦作僁也衍音演

罽制 寄宜反前第三十五卷弥勒下生成佛經已釋或作罽又作罽古字也

潷飯 秘密反廣雅潷盪也埤蒼匕去汁曰潷古今正字從水筆聲或作滭亦通經文或作匕飯義同亦去飯汁也盪音禄

鞌勒 案寒反考聲云馬鞌也說文鞍馬莊貝也從革安聲也經從案作鞍俗字

貲數 上子斯反毛詩傳云貲財也說文貲貨也從貝此而聲也

罪釁 欣靳反杜注左傳云釁罪也隙也前音義第三十二卷無所有希經中已釋

佛說善夜經 慧琳

謗讟 上博曠反下徒禄反郭注方言謗怨痛也杜注左傳讟誹也說文謗毀也從言旁聲也讟從誩賣聲也賣音育誩音競也

鬬諍 當遘反顧野王云稱兵相攻戰曰鬬蒼頡篇云鬬爭也通俗文云相牽曰鬬字鏡鬬競也纂韻遇敵交爭也說文兩士相對兵仗其後象形欲相門也從丮戶相對為門亦會意字也丮音戟

用音恭玉反先賢諸儒見與門字相乱中加斲字為鬬以簡別之也後代不曉因草隸又攻亞為豆從門從豆從斤作鬬行已久矣不可改正也斲音卓亞亦古文卓字

德光太子經 玄應

羯隨 或作羯毗或作迦毗或作加毗皆一物也此云好聲鳥也經文從鳥作鶡非也

貧寠 瞿矩反詩云終寠且貧傳曰寠者無禮也字書寠空也

趬㲉 又作敲同苦交反下苦害反苦咼二反三蒼敲㲉相擊也經文作撓奴飽反橥古代反並非此用也

鸕鷀 力胡反下音慈尒雅云鷀鷧郭璞云即鸕鷀也觜頭如鉤食魚者也中国或名水鵶此鳥胎生從口吐出一產八九子也

鋃鐺 洛當反下都堂反說文鋃鐺瑣也通俗文錘頭曰鋃鐺也

商主天子所問經 慧琳

疲倦 上被眉反顧野王云疲亦倦也廣雅云病也古今正字云勞也從疒

皮聲下權院反廣雅云倦極也勞也顧野王云亦疲也說文從人卷聲也經作惓說文作券並通用

懈怠 古賣反經作懈亦通前音義第三十三卷大乘伽耶山頂經中已釋訖也

鈌減 犬吏反前第三十二卷弥勒下生成佛經中已釋下甲斬反杜注左傳云減輕也韓詩外傳少也古今正字云損也從水咸聲也

差摩婆帝經 慧琳

名彼都拏 音搦加反梵語頻婆娑羅王美人衣名也

魔逆經　　慧琳

陽燧　古文作𤇆鐆二形今作㸂聲類或作燧同辝醉反又云燧謂取火於日者也論語鑽燧改火也古今正字云取火具也從火遂聲也

搪揬　徒郎反下徒骨反廣雅觸冐搪衝揬也字書揬指也古今正字二字並從手唐突皆聲

原赦　魚袁反原猶放逸也魏志特原不問罪是也下書夜反三蒼赦舍也

周礼掌三赦之法一赦幼小二赦老疾三赦惷愚也說文赦寬免也從攴赤聲也

諸法㝡上王經　　慧琳

謦欬　上輕挺反下開改反前第三十三卷不退轉法輪經已釋

鞁多龍王　上波我反梵語也

佛說佛印三昧經　　慧琳

禽獸　上及金反前第三十三卷老毋經中巳釋經從犬作𤞞狩非也

文殊師利般涅盤經　　慧琳

阿茂咤　梵語寶名也

鹿母經　　慧琳

弶中　強向反考聲施罥於道曰弶也今獵家施弶以取鳥獸其形似弓也文字典說文從弓京聲經作摾俗字也

烹爼　普羹反烹煑也亦熟也下

側呂反字書爼几也古今正字云礼爼也從半肉在且上

鹿子經　　慧琳

惸悸　古文惸㷀二形同巨營反孔注尚書云惸單也詩傳云惸惸然無所依也又云憂思皃也古今正字從忄煢省聲下渠季反謂心驚不定也亦心動也

呦呦　又作𪁺同音幽毛詩云呦呦鹿鳴傳曰鹿得草呦呦然而鳴相呼食也古今正字云鹿鳴聲也從口幼聲也

佛說賢首經　慧琳

颰陁師利　上盤鉢反梵語颰沙国王夫人也颰音並冥反

嬉戲　上喜其反蒼頡篇嬉戲笑也說文樂也從女喜聲下希寄反考聲戲謔也詩傳云戲逸豫也尒雅云謔浪笑敖戲謔也字書云嬉也古今正字從戈虘聲虘音放敎反

受持七佛名号所生功德經一卷　無字音

佛說大意經一卷　慧琳

險阻　上𠐊檢反下側旅反顧野王云險難也郭注尒雅阻亦險難也說文並從𨸏僉且皆聲經從山作嶮岨非也僉音妾閻反且音即余反

攬束　上藍敢反前無所有菩薩經第三卷已釋訖也

坌土　分問反廣雅云坌除也說文弃除也從廾推華弃米官溥說似米非米古文矢字也經從土作糞或從米作糞非也廾音拱華音鉢槃反

蚑行　上妓羇反顧野王謂麢鹿之類跂踵行者也說文亦蟲也從虫支聲或從足麢音君

佛說堅固女經　慧琳

号勝堅固如來　勝字昇證反經從女作媵非也

離垢慧菩薩問禮佛經序　慧琳

闢重闢　上脾壁反周易云闢户謂之乾也說文闢開也從門辟聲下慣頑反前第三十五卷弥勒下生成佛經已釋

德跨　下誇化反顧野王云跨謂舉足也杜注左傳云跨謂過其上也賈注国語云股也說文云渡也又云以跨步之跨也從足夸聲

勝辯　上昇證反考聲云勝强也說文從力朕聲也朕音沉錦反經從月作勝俗字非也

藉五輪　上寂夜反漢書藉猶假借也從廾五輪者謂左膝右膝左手掌右手掌頭頂是為五輪五處皆須至地虔誠作禮常以此五處

至地禮敬三寶當來成佛之時五虒皆有千輻輪相顯現也古字云也

隤運 上徒回反禮記泰山其頹乎考聲壞也說文隤墜下也從𠂤貴聲經文從禿作穨非此用

暨龍朔 上其懿反考聲暨及也說文從旦旣聲經從水作洎肉汁也非經義

已上經首序已下入經文

聽許 上剔寧反考聲聽從也說文從悳耳壬聲也悳古文德字壬音剔井反

右遶佛塔功德經　慧琳

倉亩 林寢反考聲亩亦倉也鄭注周禮云藏米曰亩說文從入回象屋形中有户牖也

造塔功德經一卷　無字音

寂照神變三摩地經　慧琳

黎呫毗 呫音襜攝反梵語義譯王族公子也

寶⿰金卝 下⿰金卝猛反考聲⿰金卝銅鐵等璞也鄭注周禮金玉未成器也亦從卝從金卝音古患反或作鑛或從石作礦並通用也

顰蹙 上脾賓反下晶昱反顰野王顰蹙憂思愁不樂之皃也考聲顰聚眉也說文從頻卑聲古今正字蹙促也從足戚聲

焚蕩 上扶文反考聲焚謂火燒也說文從火在林下亦聲也下堂浪反孔注尚書蕩除也說文從水葛聲葛音丑良反

有德女所問大乘經　慧琳

嶷然 疑棘反考聲嶷然山皃也桂菀珠叢嶷亦山峯皃也說文從山疑聲又音疑今不取嶷音鋤側反

大乘四法經　無字音

不增不減經　慧琳

是觸　下衝燭反廣雅觸突也說文觸抵也從角蜀聲經作臯古字也

如來記法住經

拘尸　舊經中或作拘夷那竭又作究拖那城者以梵言那伽羅此云城也譯言上茅城者多有好茅故也

枯槁　古文碻說文作槀同苦道反搞木枯

阿輸迦　此云無憂或言阿育者訛略也是阿闍世王孫

訕　所姧反蒼頡篇云訕誹也廣雅訕謗毀也

佛爲海龍王說法印經

妙色王因緣經

已上二卷並無字音訓

大乘流轉諸有經　慧琳

稠密　上宙流反毛詩傳稠多也從禾周聲經從糸作綢是綢繆字非經義也

師子素馱娑王斷肉經

囚縶　下砧立反毛詩傳云縶絆也杜注左傳拘縶也古今正字從糸執聲或作馽古字也

般泥洹後灌臘經

貰許　上時夜反顧野王云貰賒也說文貸也從貝世聲也

逹嚫　初靳反文字集略云嚫施也從口親聲

栲治　上珂老反考聲云栲擊也說文從木考聲下雉知反考聲云治理也顧野王云修故也說文從水台聲也

八部佛名經　慧琳

族姓　上蔟鹿反介雅父之從祖昆弟為族父說文從方從矢經從手作挨俗字也

鈔賊　上炒敎反郭注方言云鈔強取物也廣雅云掠也說文從

金火聲
亦作炒

一切經音義卷第四十四 第四十一張 池

一切經音義卷第四十五　池

翻經沙門慧琳撰

菩薩内習經一卷　慧琳

菩薩投身餓虎經一卷　慧琳

師子月佛經一卷　慧琳

八大人覺經一卷　慧琳

長者法志經一卷　慧琳

薩羅國王經一卷　慧琳

菴提遮女經一卷　無字

十吉祥經一卷　慧琳

法滅盡經一卷　慧琳

一切智光仙人經一卷　無字

甚深大迴向經一卷　無字

天王太子辟羅經一卷

三品弟子經一卷　無字

一切經音義卷第四十五　第二張　池

四輩經一卷　慧琳

佛説當來變經一卷　慧琳

金剛三昧經二卷　慧琳

金剛三昧不壞經一卷　慧琳

十二頭陁經一卷　慧琳

佛分衛經一卷　慧琳

法常住經一卷　慧琳
長壽王經一卷　慧琳
優婆夷淨行法門經二卷　慧琳
已上大乘單譯經已下大乘律
菩薩地持經十卷　玄應

菩薩善戒經九卷　慧琳
淨業障經一卷　慧琳
優婆塞戒經七卷　慧琳
梵網經二卷　慧琳
受十善戒經一卷　慧琳

佛藏經四卷　慧琳
菩薩瓔珞本業經二卷　慧琳
菩薩戒經二卷　慧琳
菩薩戒羯磨文一卷　慧琳
菩薩藏經一卷　慧琳
菩薩善戒經一卷　慧琳

菩薩内戒經一卷　慧琳
優婆塞五戒威儀一卷　慧琳
文殊淨律經一卷　慧琳
清淨毗尼方廣經一卷　慧琳
寂調音經一卷　慧琳
三聚懺悔經一卷　慧琳

五法懺悔經一卷　慧琳

受菩提心戒經一卷　慧琳

最上乘受戒經一卷　慧琳

入灌頂受戒經一卷　無字

三曼陁多颰陁羅經一卷　玄應

佛說菩薩受齋經一卷

文殊師利悔過經一卷

舍利弗悔過經一卷

法律三昧經一卷　慧琳

十善業道經一卷　慧琳

右五十經八十一卷同此卷音

佛說菩薩內習六波羅蜜經　慧琳

依著　上倚希反王肅注尚書云依助也毛詩傳依倚也箋云依之言愛也說文從人衣聲經從犬作猗案說文猗犬也與經義殊乖　音界下丈略反

菩薩投身餓虎起塔因緣經　慧琳

衒賣　上玄絹反又音絹說文云衒行且賣也從行言或作衒亦作眩下正

賣字也

妄瞤　下閏倫反說文云瞤目動也從目閏聲

蛆螫　上屢列反博雅云蛆亦螫也廣雅蛆痛也或作蜇古今正字從虫旦聲也下聲隻反說文蟲行毒也從虫赦聲

柱頰　上誅縷反考聲云柱拒也拓頰也說文從木主聲

蹠踐　上之石反淮南子云鳥排空而飛獸蹠實而走許叔重注云蹠蹈也行也說文從足庶聲經文從鹿作蹠誤也

躄跛　上并辟反考聲云躄足偏枯不任行也韻略跛不能行也說文從止辟聲經從足作躃誤也或作躄通用

佛說師子月佛本生經　無字音訓

八大人覺經

巵肥　下詮歳反

罪藪　下蘇走反鄭注周禮澤無水曰藪古今正字從艸數聲艸音草

熾然　上齒志反毛詩傳云熾盛也顧野王云猛火也說文從戠從火戠音職也

佛說長者法志妻經

焜煌　上胡本反郭璞注方言曰焜煌盛皃也說文焜亦煌也從火昆聲下音皇蒼頡篇煌煌光也說文煇也從火皇聲

薩羅國經　慧琳撰

鸉鳥　上養將反尒雅云白鸉鳥也郭璞曰似鷹尾上白也或作鶍今正字從鳥揚聲經從羊作䳺非也

門閫　下坤捆反鄭注禮記云閫門橛也說文作梱從木困聲從門作困亦通用

佛說菴提遮經　無字可音

佛說十吉祥經　無字音訓

佛說法滅盡經　慧琳撰

無央　約姜反王注楚辭云央末盡也廣雅央久也說文從冂大聲經從革作鞅音央仰反殊乖經義今不取也冂音癸營反

擯出　上必吝反文字集略云從之遠方也莊子擯弃也文字典說從手賓聲經文從歹作殯是殯埋字非經義也

墾殖　上肯佷反蒼頡篇墾耕也郭注方言耕墾用力者也古今正字從土豤聲經文從犬作墾俗字也下承力反杜注左傳云殖長也蒼頡篇殖息也字書樹也說文從歺直聲豤音坤本反歺音殘

短促　上端卵反蒼頡篇短促也說文不長也從矢從豆經文從扌作[扌豆]非也

憺怕　上談濫反下普伯反顧野

玉云憺謂恬也王逸云安也廣雅云怕靜也說文怕無為也竝從心詹白聲經文作惔誤

一切智光明因緣不食肉經
無字音訓

佛說甚深大迴向經
無字音釋

天王太子辟羅經
無字音訓

佛說三品弟子經
此經無字音訓

佛說四輩經
慧琳撰

𢧵譺　下疑紀反蒼頡篇譺欺也廣雅云調也說文云誤也從言疑聲也

眄睞　上眠遍反說文云眄邪視也一目偏合也從目丏聲經作眄俗字也下來代反廣雅云睞視也說文睞子不正也從目來聲

檛罵　上鵶瓜反聲類云檛捶也古今正字從木過聲鵶竹刮反

佛說當來變經
慧琳撰

悒慼　上陰急反王注楚詞云悒憂也又注云歎息也說文從心邑聲也

金剛三昧經上卷
慧琳撰

羼提　梵語也察莧反

恢廓　上苦回反杜注左傳云大也說文從心灰聲灰字從火從𠂇

唵摩羅　上烏感反梵語識名

阿鞞拔致　下必弥反梵語不退轉

海鼇　下吾高反東海中大鼇也其形甚大背如山嶽故莊生寓言云龍伯國人釣鼇是也經喻心王又書激字從水水名也非經義合從黽也

下卷

闡提　上昌演反梵語該羅此云無善心人也

如陽燄水　葉𢿙反熱時陽燄也遠看似水波動渴鹿心生迷倒逐之畢竟無水喻凡夫心隨妄想逐轉不住竟無所得

金剛三昧本性清淨不壞不滅經 慧琳

摩尼鹽 下閻漸反三昧名也經作豔俗字也 頟上 上牙格反方言頟顙也說文從頁各聲經從客作額俗字

佛說十二頭陁經 慧琳

擯人 必丞反前法滅盡經中已具釋經從人作儐儐助也與經義乖也

烏菌 下尸耳反古今正字云菌糞也從艸從胃省聲或作屎俗字㷊也經文作屎屎陳也陳弃之意也胃古文胃字 肪膏 上昉王反考聲云肪腹中膏也說文肪肥也從肉方亦聲也 腦膜 上猱老反古今正字惱頭中髓也從肉囟聲下忙博反說文云肉間膜從肉莫聲猱音奴刀反

佛說樹提伽經

黤黲 烏敢反考聲云黤黲不明也王注楚辭云黤亦不明也說文青黑也從黑奄聲 撩戾 上音了下音麗 腰髖 上杳消反亦作膂下款桓反埤蒼云髖尻也考聲云髀骨也說文義同從骨寬聲亦作臗也 娿婆 上烏可反下蒲我反案經文云腰髖娿婆言不自勝致也蓋借音會義不以文害意若執於字與理殊乖 庵屋 上烏含反廣雅云庵舍也說文從广奄聲經文從草作菴菴蕳字是草名誤也 鎢錥 上鄔胡反下餘六反埤蒼云鎢鉾小釜也廣雅鎢錥謂之銼鑹也古今正字同二字並從金烏育聲也鉾音莽銼音才戈反鑹音力戈反

佛說過去分衛經

戀嫪 上力轉反下勞到反廣雅云嫪妒也聲類云嫪惜也謂戀不能去者也說文從女翏聲翏音力要反 澡氣 上遭老反經作滌俗字也 潺滴 上查閑反王注楚辭云潺潺水流皃也古今正字從水孱聲孱音上同下丁歷反考聲水滴也

佛說法常住經　此經無字音訓

長壽王經　慧琳撰

募求　上謨布反蒼頡篇云求也說文廣求也從力莫聲

乞匃　垓艾反考聲云求也顧野王云匃乞也說文亦乞也人亡財則乞匃故從人從亾經文作丐非也

徇園　上巡俊反考聲云徇求也從也顧野王云徇齊也說文從彳旬聲彳音丑赤反

一切經音義卷第四十五　第十三張　池

優婆塞淨行法門經上卷　慧琳

㮈王　上乃帶反梵語國名也經作柰一也

邃徹　下纏列反鄭注論語云徹通也國語云徹猶明也說文從彳從支育聲經從手作撤撤剝也非經義也

肪膏　上音方前十二頭陁經中已釋今經本作肪非

毗羶闍　上設蛇反梵語

俱眴　下玄絹反王注楚辭云眴視皃也顧野王云如今人動目密相戒語也說文目搖動也從目旬聲旬音上同

匳底　上斂霑反考聲云匳似合而有棱節所以斂物也古今正字匳香器亦盛鏡器也從匚僉聲也或作𠪱也匚音方經作奩俗字非也

展轉　上悊輦反案展轉者事跡相因展轉遷變也考聲申也適也正體從㠭作𧝓今作展訛也㠭音同上也

下卷

氍毹　上具俱反下數俱反聲類云氍毹毛錦也廣雅文罽也考聲云織毛

一切經音義卷第四十五　第十四張　池

為文彩也古今正字並從毛瞿俞皆聲經作氀音縷誅反不正音也

𦋺摩　上㓨虞反梵語經作葤俗字也

目睫　下殲葉反古今正字云目旁毛也從目夾聲亦作睫經作睞誤也

熙怡　上喜飢反前第四十卷心明經已前釋訖

地持論第一卷　玄應撰

耆宿　巨伊反禮記六十日耆釋名著指也謂指事使人不自執役也宿久也

倡伎　齒羊反說文倡樂也蒼頡篇倡俳也俳戲也

農賈

古文農莀二形同奴東反說文農耕也

朙哲 又作喆悊二形同知列反尒雅哲智也方言齊宋之間謂智為哲明了也

悲惻 聲類作愳同楚力反說文惻痛也謂惻然心中痛也

堪耐 奴代反蒼頡篇耐忍也

林藪 蘇苟反散木曰林澤無水曰藪又大澤水希者也

聽訟 佗定反聽謂察是非也訟爭也周礼以五聲聽訟求情一形二色三氣四耳五目也

術藝 食聿反術法也亦道也字林邑中道曰術也術者通也言人達解者無所不通也

第二卷

訕大 所姧反論中亦作刪陀迦旃延

加陵毗伽 應云歌羅頻伽亦云迦蘭伽加陵此云好毗伽此云音聲名好音聲鳥也

巨細 其吕反尒雅巨大也方言齊魯之間謂大為巨說文巨大從金作鉅非

弥陁羅國 先不釋

拘耆羅 或作拘翅羅梵言轉也譯云好聲鳥此鳥聲好而形醜從聲為名也

蝯猴 又作猨同禹煩反似弥猴而大臂長其色有黑有黃鳴聲甚哀五百歲化為玃壽千歲玃音居縛反

抃舞 又作拚同皮變反說文拊手曰抃拊擊拍也

第三卷

黍稷 古文稷同姊力反五穀之長也說文稷粢也尒雅粢稷也注云粢一名稷粟也今江東呼粟為稷

師捲 又作拳同渠貟反指握為捲譬喻言師之匠物不如捲之執握悉而不脫也論文有作疲倦之倦非也

第四卷

罰黜 又作絀同耻律反廣雅黜去也亦放也退也

振給 古文㡿挋二形同諸胤反小尒雅振救也說文振舉也

第五卷

憍奢耶　亦云俱舍訛也此譯云藏舊譯云虫謂蠶在繭中此即野蠶也用野蠶絲綿作衣者憍奢耶衣也

第六卷　先不音

第七卷

偷婆　經中或作塢婆或云塔婆或言藪斗波皆訛也正言窣堵波此云廟或言方墳皆義釋也

支提　又云脂帝浮圖此云聚相謂累石等高以為相也

求求羅香　此釋云安息香也

阿迦花　應云阿羅歌花此云白花

尼乾子　應云泥揵連佗此云不繫其外道拔髮露形無所貯畜以手乞食隨得即噉者也

第八卷

圮頓　父美反落狛人也尒雅圮毀覆也頓壞也

官爵　又作雀同子藥反白虎通云爵者盡也量盡其才也五等爵命也取其節足也

讁罰　知革反言讁怒也郭璞曰謂相責怒也亦呵也責也小罪曰罰

吉胝　竹尸反

⿰口習波　相傳所及反

第九卷

率意　所律反尒雅率循自也郭璞曰自從也從自意也

迦私　此譯云光能發光也

第十卷

兩股　又作骰同公戶反說文股髀也脛本曰股也

兩臀　徒昆反聲類臀尻也

兩膞　又作腨同時耎反說文腨腓腸也腓音肥江南言腓腸中國言腨腸或言腳腨也

波羅奈　應言波羅柰斯此國名也彼國出名

齜也泥犁或云泥犁耶亦言泥犁迦世云無可樂或云無有甲下羅

轂胡木反似羅而踈似紗而密者也有㠓縠霧縠言細如霧也

菩薩善戒經第一 無字可訓

第二卷 玄應

軍旅上窘雲反下力舉反周礼五人爲伍五伍爲兩四兩爲卒五卒爲旅

五旅為師二師為軍鄭注論語云万二千五百人為軍是也賈注國語云軍猶屯也從車勹聲旅軍五百人也從㫃以旅相俱也故從从勹音飽交反㫃音偃从古文從字

第三卷

童齔則靳反鄭注禮記云毀齒也說文男八月生齒故八歲齔女七月生齒故七歲毀齒也字從齒匕

第四 第五 第六 第七 第八已上並先不音

第九卷

脣腭昂各反考聲云脣斷也經從齒作齶非也字書無此字也

兩杈楚加反說文木杈枝也論文作扠俗字也撿諸字書並無此字

淨業障經 慧琳撰

光爓閻塹反考聲云火光皃說文火爓也從火閻聲經呼炎字作爓非也

殞命雲敏反聲類云殞歿也說文從歺員聲經作殞俗用字也歺音枿

逮清淨徒戴反毛詩云逮及也說文從辵隶聲經本作逯音祿與本義乖隶音弟

瓦礫零的反說文小石也從石樂聲

扤縛鷩岸反說文正作揥揥把也亦作扤從手卮聲卮音上同經作扼俗字也

拘茂陁花梵語前已釋訖經作華非也

惡賊上烏故反

良醫於基反說文治病工丿從酉殹聲經作醫俗字

耽著上睹甘反考聲云耽

嗜也說文從耳冘聲經從身作躭通用冘音以任反醓无呼兮反皐

褬多羅柔帚反梵語也菩薩名不分明也帚音州掫反障翳於計反方言翳蔽也說文從羽殹聲

優婆塞戒經第一卷　慧琳撰

阿那邠坻邠音悲旻反坻音丁泥反梵語也不求字義大富長者名

也在舍衛國覺寤上江岳反考聲云覺羽也廣雅云覺亦知也說文從見從學省聲也經從告作寤非也下五故反考聲云寐中有所見覺而信也聲類云寤亦覺也說文從吾從㝱省聲經作寤通俗字也

第二卷

腨相遄兗反說文云腨腓腸也從肉耑聲或作蹲腓音扶非反邊

裔餘制反文字集略云裔四遠也廣雅裔表也文字典說從衣冏聲音安縉反剜身捥桓反考聲剜曲刻也埤蒼削也文字典說從刀宛聲或作刓也刓音烏玄反

第三卷　無字音訓

第四卷

囟與上哥芰反乞也前長壽王經中已具釋訖猫貍上卯包反

顔野王曰猫如虎而小食鼠者也古今正字從犭苗聲下里之反考聲貍令之野貍也顧野王貍猫之類也說文伏獸也從豸里聲經從犬作狸俗用字也

第五卷

釜鑊上扶武反周易坤為釜杜注左傳六斗四升曰釜說文作鬴從鬲甫聲亦作釜與經本同下黄郭反廣雅鑊鼎也鄭注禮記鑊煑物器也說文從金蒦聲也蒦音乙虢反犂鎒上歷溪反考聲犂耕也說文亦耕也從牛黎聲也下奴高

反古今正字云鎛拔除田草也從金辱聲也或作薅又作拺也

斧鑿 上夫武反詩曰既破我斧說文斧破也從斤父聲下藏各反聲類鑿鑿也顧野王云鑿猶穿木也從金𣪘聲𣪘音子沃反鏨才甘反

第六卷

質物 眞日反杜注左傳質信也廣雅質猶軀也說文以物相贅從所從貝經作賦寫誤也撿諸字書並無此字贅音之稅反所音魚斤反

盪滌 上唐朗反下亭歷反孔注尚書盪滌除也說文盪亦滌也從皿湯聲與蘯同

鐙炷 上正燈字下朱乳反考聲炷燈心也

毫氂 上瞎高反王注楚辭鋭毛爲毫古今正字從毛高省聲也下里之反漢書音義曰十毫爲氂說文氂字從毛從𢻱聲也

共賭 都古反吴志曰賭競戲求利也文字典說從貝者聲亦作賤

阿抵 住禮反梵語也

繼嗣 上稽詣反王弼注周易云繼謂不絕也尒雅繼紹綱也說文續也從糸㡭聲俗作継也㡭音絕下辭讀反考聲云嗣亦繼也鄭箋毛詩云嗣亦續也說文從口從冊從司聲

第七卷

環釧 上患關反鄭注禮記環旋也繞也說文璧內好如一謂之環從玉睘聲也下川戀反東宮舊事云釧臂飾也古今正字從金川聲

橋隥 都鄧反穆天子傳曰隥阪也字書履也說文卬也從阜登聲阜音父

壁虱 詵櫛反顧野王云虱齧人蟲也案壁虱者如草蜱隱於壁隙䑍縫之間夜要食人說文從卂音信從䖵音昆

耳篦 閉迷反詁幼云篦眉篦也桂苑珠叢婦人用以畫眉也說文從竹𣬉聲𣬉音毗

𪉈紐 上婢弥反下女久反梵語唐云那羅延天之別名也

第八卷

㩉佉 上若羊反下羌迦反梵語唐云弥勒下生之時父王名也

鴦掘 上約姜反下逵勿反梵語也義說云逆化菩薩之異名也

自𥁕 穏䰟反礼記冬溫夏凊也顧野王溫謂漸𤍠也說文從水𥁕聲經文從火俗字也

唼食 上子臘反考聲唼淺入口而味之也案唼亦似蠼蟻之所食也古今正字從口妾聲亦咂啑並通

第九卷

諠譁 上毀垣反聲類諠大呼也亦作喧說文從言宣聲下化瓜反孔注尚書譁諠也古今正字從言華聲

張攡 理支反宋忠注太玄經曰攡者張也說文從手離聲

牴僈 上丁礼反方言牴會也說文牴觸也從牛氐聲下蠻攀反考聲僈不敬也挍也不畏也義與嫚同也

第十卷

疇匹 上直留反孔注尚書疇類也張注漢書云疇等也王注楚辭云二人為匹四人為疇古今正字從田壽聲下纈必反考聲匹偶也說文從匸八聲匸音下第反

嗤笑 赤之反字書嗤戲笑皃文字典說從口蚩聲

梵網經盧舍那佛說菩薩心地戒品經二卷

上卷無音

惢心 咨肆反說文惢縱心也從心次聲

摩醯 許兮反梵語也

大蒜 蘇乱反顧野王所謂葫蒜者為大蒜也說文葷菜從艸祘聲葫音胡祘音月上

茖惢 上庚皃反尒雅云茖山惢也郭注云今山中多有此菜細莖大葉也說文從艸從格省聲也

興渠 梵語阿魏藥也

名譽 餘庶反毛詩傳云譽聲美也賈逵日譽稱也國語以聲日譽說文譽字從言與聲也

報讎 授周反毛詩云無言不讎鄭箋憎惡也顧野王怨慽也尚書云虐我

引雔說文從亏雔音同上

攄蒲 摴居反藝經云攄蒲戲名也考聲云散也封禪書舒也說文從手慮聲戒本作摢通用也

彈棊 上達丹反廣雅彈拼也顧野王云凡鼓動物曰彈說文從弓單聲下忌箕反顧野王云棊所以行弈者也方言博也吳楚之間或謂之棊圍棊謂之弈也考聲云棊方木爲之也說文從木其聲或從石作碁通用

拍毬 上烹陌反廣雅云拍擊也釋名拍搏也以手搏其上也說文

一切經音義卷第四十五　第二十七張　池

從手白聲

投壺 邑吳反器名也文字典說云受一斗五升高一尺二寸此投壺器也其法具在礼記跡文案壺有多種並腹大而頸小口圓大者曉方憂一斛酒壺也又有水壺[illegible]壺等是也說文云昆吾圖器也象形字

挑其 上眺堯反聲類云挑杖也說文從手兆聲

眡其 上時指反說文視字視瞻也從目氏聲亦作眎義與視同

偏[illegible] 上邊見反杜注左傳偏猶周也蒼頡

篇章也說文云𠛱也從刀扁聲下仕咸反寄類云劖刺也說文云斷也從刀毚聲毚音同上

鉗子 上黏輙反說文鉆也從金耳聲經從耳作鑷

貪齅 休宥反論語云三齅而作說文以鼻就臭也從鼻從臭臭亦聲也

深邃 雖翠反王注楚詞云邃深也說文深遠也從穴遂聲

折骨 上之設反又音思狄反

菩薩善戒經

慧琳撰

一切經音義卷第四十五　第二十八張　池

有創 楚霜反礼記云頭有創則沐說文又作刅云傷也從刅從一或從疒作瘡俗字也

祠中 似慈反顧野王云百神廟皆曰祠又祠亦祭也說文從示司聲也

佛藏經上卷

慧琳

噎咽 上[illegible]蘗反考聲云噎咀也說文噎也從口壹聲下煙見反顧野王云咽猶吞也說文從口因聲嗌音燕喉反且音疾與反

爲撥 煩撥反字書云

海中大船也蒼頡篇撥桴也說文從木發聲經從木作栰俗字也或為撥也

爲梯 體奚反賈注國語云梯階也考聲云梯隥也可以登也說文木階也從木弟聲

雜糅 女救反鄭注儀礼云糅雜也桂苑珠叢云凡物相雜曰糅或作粈古今正字從米柔聲

蝙蝠 上邊眠反下音福尒雅云蝙蝠服翼也郭璞曰脅人乎為仙鼠方言自關而東曰服翼也自關而西秦隴之間曰蝙蝠說文並從虫扁畐皆聲畐音丕逼反

扁音邊辯反上聲字也

輕躁 遭譟反考聲云性急也顧野王躁猶動也鄭注礼記不安靜也古今正字擾也從足喿聲亦作趮義同經作踈誤也下文同此

娑伽羅目佉蟲 佉音羌迦反梵語蟲名也下正蟲字經本作虫音暉葦反非蟲字也

中卷

譏訶 上居依反何休注公羊云譏猶譴也廣雅云問也鄭注礼記云呵察也說文誹也從言幾聲下郝歌反考聲云譴也怒也問也文字典說云不敬者則大言而訶責之說文大言而怒也從言可聲也有從口作呵俗用非正也

毀悴 崒醉反方言悴傷也蒼頡篇憂也說文從心卒聲案毀悴亦作顇云瘦惡皃也亦作瘁瘁病也

無閡 昂蓋反顧野王云閡止也距也說文閉也從門亥聲亦作礙

下卷

縹色 上僄眇反王注楚辭云衣服炫燿青葱也說文帛青白色也從糸票聲經作縹俗字

鐵鍱 上正鐵字下音葉案打鐵作葉大燒令赤用纏其身即薄鐵也經作鍱俗字

茵蓐 上音因說文席也從艸因聲下儒燭反方言蓐厚也郭注尒雅蓐席也說文從艸從辱

菩薩戒第一本　慧琳

專勵 力制反顧野王云勵猶勉也杜注左傳云相勸勵也古今正字從力

厲聲

貫邑 上官換反考聲云管也顧野王云貫猶條也周禮職方氏辯九州之國使同貫利說文從貝毌聲毌音官

劓鼻 宜器反鄭注周礼云截鼻也孔注尚書云刵截耳劓截鼻也從刀鼻聲或作劓

刵耳 上音而志反孔注尚書云刵截耳也說文斷耳也從刀耳聲

剜眼 上蜿丸反埤蒼云剜削也考聲云曲刻也古今正字削也從刀死聲也

紛聒 官活反杜注左傳云聒讙譟也蒼頡篇聒擾人耳也說文從耳舌聲或作聒也

猜阻 狙哉反杜注左傳云猜疑也方言猜恨也廣雅懼也說文恨賊也從犬青聲

菩薩戒第二本

曇無讖

慧琳撰

突吉羅 屯訥反梵語小罪也

謫罰 張革反毛詩傳謫過也杜注左傳謫譴也賈注國語咎也郭注方言云謂相責怒也說文從言商聲經作謫俗

俗用字也

慊恨 叶兼反鄭注礼記云慊之言猒也周易云不平於心也說文疑也從心兼聲或從女作嫌義同

黜者 椿律反范甯集解云黜追也杜注左傳黜猶放也賈注國語廢也說文貶下也從黑出聲

菩薩羯磨文

慧琳撰

堪耐 乃代反顧野王云耐猶能也說文從彡而聲古字也今從寸作耐亦通也

覺悟 上江岳反杜注左傳云覺明也廣雅覺知也說文覺亦悟也從見從學省聲也經從心作悎字書無此字非也

菩薩十地瓔珞本業經上卷

慧琳

明煥 歡貫反古今正字煥光明也從火奐聲也

雨澍 音注亦音樹淮南子云春雨之灌万物無地而不澍無物而不生說文時雨所以澍生萬物者也從水尌聲也尌音樹

下卷

闟羅　合閤反尒雅闟謂之扉亦聊門扇也鄭注礼記云用木日闟用竹葦日扇說文闟閉也從門盍聲

三銖　樹朱反許叔重注淮南子云十二粟而重一分十二分而重一銖說文十黍之重從金朱聲

菩薩藏經　慧琳

十坩　坎甘反考聲瑩類也東宮舊事與自坩五敉古今正字丸器也從土甘聲

香薰　上正香字下訓雲反亦正體字也考聲云香草也古今正字從草熏聲熏音同上

一切經音義卷第四十三　第三十三張　池

菩薩善戒經　慧琳

四級　下今邑反賈注國語云級上下等差也杜注左傳云下階下級也顧野王云階之等數名日級鄭注禮記云級次也說文絲次第也從糸及聲糸音覓

鎣淨　上縈迥反博雅云鎣飾也蒼頡篇云治器名也考聲云鎣器光也說文從金從熒省聲經作瑩通也

菩薩內戒經　慧琳撰

著葌　上張略反下澗顏反香草也山海經云吳林山多葌也聲類蘭也說文亦香草也從艸姦聲

婬劮　上以針反下音逸前第四十三卷五十校計經上卷已釋訖亦作佚經從水作溢又作佚義殊乖也

儋死人　上瞻甘反考聲云貪也正從人經從手作擔亦通用

一切經音義卷第四十三　第三十四張　池

俘儡沙　楚語也深紂反唐云丈夫也

債主　齋界反考聲云責也字書無此俗用久矣

蠉飛　上呼緣反聲類蟲飛皃說文蟲行也從虫睘聲經作蜎義同

蝡動　瞤尹反

怖遽　渠據反杜注左傳云遽畏懼也說文從辵豦聲經從心作懅非也字書無此字也

淤泥　上於據反顧野王云水中草爲淤澱滓也從水於聲下祢鷄反顧野王云泥塗也土得水而爛者也說文從水尼聲經從土作埿俗字也

公

嫗 於屢反顧野王云今時為女子老者為嫗也說文嫗母也從女區聲

皆使 戒諸反案考聲云皆例也凡也嘉也同也經文作背甚失經義非也

耎愞 下暖乱反杜注左傳云愞弱也賈注國語愞下也說文從心耎聲經文從人誤也

朝晡 上張遥反下補烏反顧野王云日加申時也說文從日甫聲也

佛說優婆塞五戒威儀經 慧琳

推攘 上音吹考聲云排也鄭注礼記云推猶進也又舉也說文從手隹聲下攘尚反顧野王云三攘而後升是也說文攘推也從手襄聲亦作讓俗行之久今經文從手從叏誤也

革屣 上耕核反毛詩傳日獸皮治去毛日革下師𡍲反聲類云亦韈字也韈韈也古今正字從履省從聲或為躧音史

木屐 音戟反漢書袁盎疾屐三十里今有齒者也說文從履省支聲

足跂 詰氏反郭

住山海經云行脚跟不著地也方言云跂登也廣雅履也許叔重云跳也考聲翹足也說文從足支聲跐音徒周反

莫搪 蕩郎反廣雅云搪揬也古今正字義同從手唐聲經文作棠是木名乖於義也

莫蹲 祖尊反考聲云踞也謂竪膝而坐也杜注左傳云蹲聚也說文從足尊聲

戲弄 聾貢反介雅云弄玩也杜注左傳云弄戲也說文從王廾聲經從手作挵非也

文殊淨律經 慧琳

爟烘 上胡沃反說文云爟灼也從火雚聲灼音之藥反鄭箋詩云灼灼易見廣雅云灼明也雚音鸛律文作爟誤也

踦驅 上綺羈反下曲俱反考聲云踦驅行艱危下說文云踦一足從足奇聲律本作驅俗字正作區云區區趣事也或作驅

璝琦 攅迴反考聲云火齊珠也毛詩傳云璝石之次玉者也說文珠圓好者也從玉貴聲亦作瑰通用也下忌箕反埤蒼云琦瑋也亦石之次玉也說文從玉奇聲也

㛴恚 上猱老反考聲云㛴憂煩也說文有所恨痛也今汝南人有所

根言大㜑也從女惱省聲經從疒作㾕非也字書無此字也

燔燎 上伐袁反下聊弔反毛詩傳云大火曰燔也鄭箋云火田為燎說文燔燒也燎放火也並從火番尞皆聲

清淨毗尼方廣經　慧琳

號哭 上晧高反考聲云大哭也痛聲也說文從号虎聲經文從口作嘷

是豺狼所嘷非人號哭之聲

蠱道 上姑戶反考聲云女惑於男也蠱也杜注左傳曰蠱惑也鄭注周禮蠱毒也物而害人者也說文血蟲為蠱經文作蛊非也亦音野

寂調音所問經　慧琳

堅牢 老刀反顧野王云牢亦固也廣雅堅固也說文從牛從舟省聲舟取四面帀

禪窟 坤骨反杜注左傳云窟謂地室也古今正字冬則居營窟也

也從穴屈聲

三聚懺悔一卷　慧琳

鹿野 上盧谷反周易云即鹿無虞以從禽也說文云獸名也象角支四足形也象鹿足皆以匕

苑中 上鴛遠反蒼頡云養禽獸曰苑漢書有上林苑說文亦養禽獸所也從艸夗聲經作菀是藥名非苑囿之字也

菩薩五法懺悔經　慧琳

枯槁 珂老反老經云其死也枯槁也說文木枯也從木高聲也

箭躲 上煎賤反方言云自關而西謂之箭鄭注云三鏃令箭躲箭也平題令戲躲箭也從竹前聲下時益反說文以弓弩發於身而中於遠也從身從矢

最上乘受菩提心戒經三本　第一本　慧琳

嵩嶽 上宿融反下吳角反中嶽嵩嶽山也一名太室山

擾亂 而紹反前已訓訖字從夒音奴刀反從憂者非也

綺語 欺倚

反案綺語者綺飾文詞讃過其實也

扣頭 上苦后反蒼頡篇扣擊也說文從手口聲經作叩是鄉名在藍田也與義稍乖

婆怛鈸 三字共呼為一聲下鈸字音無咸反

鄧 騰亘反梵字也

𥞩 農祿反亦梵字

第二本

幖心 標遙反考聲云頭上幟也廣雅幖幡也說文幟也從巾票聲票音必銷反

一切經音義卷第四十五　第三十九張　池

虧於 上屈為反鄭箋詩云虧猶毀也王注楚辭虧歇也說文虧敗也損也從亏從雐聲或從亏也虍音呼郭反

蝡動 瞤尹反

鎣徹 上縈迴反前菩薩善戒經已具釋經作瑩通用

延縮 所陸反韓詩云縮斂也賈注國語云縮亦盡也宋忠注太玄經云縮猶止也說文從糸宿聲

第三本

無字音訓

三曼陁經

慧琳撰

頑很 痕懇反杜注左傳云很戾也說文不聽從也從彳艮聲

貪餮 天跌反杜注左傳云貪食曰餮說文從食殄聲殄音殿

佛說菩薩受齋經

無字訓釋

文殊悔過經

慧琳撰

羅閱祇 梵語也緣雪反

揵沓惒 覃荅反下和果反又音和梵語也

一切經音義卷第四十五　第四十張　池

炤燿 上招曜反顧野王云炤猶燭也廣雅炤亦明也古今正字從火召聲亦作照義同下遙笑反野王云燿亦光也賈注國語云燿亦明也說文從火翟聲也

蠲除 上決緣反考聲云蠲絜也方言云疾愈謂之蠲郭注方言云除也說文從益蜀聲也

儱悷 上祿董反下黎弟反儱悷者剛強不伏也字書並無從心作者經文以意為之

懱於 上眠瞥反鄭箋詩云懱猶輕也方言懱猶小也說文謂輕易也從心蔑聲

翳其 上翳計反廣雅云翳障也郭璞注云翳掩也說文從

羽𣪠聲經從日作矌非也**懷媮諂想**逵侯反蒼頡云媮盜鄭箋毛詩云取也賈注國語云苟且也許叔重注淮南子云媮薄也或從心作愉訓用同或從人作偷亦通說文巧黠也從女從俞省聲也**殃釁**欣靳反杜注左傳云釁罪也瑕隙也賈注國語云釁兆也說文云從爨省從酉分聲也爨音倉亂反**宴坐**煙見反桂菀珠叢云宴安也毛詩傳云宴居息也說文從宀晏聲經從草作燕恐非經義也

錠𤏳上丁定反王注楚辭言鐙錠畫銅瑑也聲類云有足曰錠無足曰鐙或為燈字說文錠鐙也從金定聲下力小反說文周垣也從土尞聲也尞音𤏳**法渧**下抵悌反考聲云水滴也**揜蔽**上淹儼反考聲云揜藏也說文從手奄聲經從日作晻誤也下畀袂反顧野王云蔽不明也杜注左傳云蔽障也廣雅蔽隱也說文從艸敝聲**數垓**柯哀反賈注國語云九州之田有垓數也顧野王云九垓是也許叔重注淮南子云九垓者九天下也說文從土亥聲經從女誤也**係屬**上奚計反介雅系猶繼也說文系亦繫字從人系聲系亦同上也**斯瑞**垂偽反鄭注周礼瑞信也蒼頡篇瑞應也說文從王耑聲耑音端**德馨**閑形反尚書云明德惟馨說文云香之遠聞也從香殸聲殸口莖**讜聞**上當朗反漢書云復聞讜言顧野王云讜直言也說文從言黨聲也

舍利弗悔過經　慧琳

澡漱上遭老反鄭注礼記云澡潔身也蒼頡篇澡盥也說文從水喿聲下所霤反礼記云鷄初鳴咸盥漱說文漱盪口也從欠涑聲涑音叟侯反**魰獵**上語居反考聲云捕水族也說文從攴魚聲從水作漁亦通下廉輒反賈注國語獵取也郭注介雅陵獵暴虎也說文效獵逐禽也從犬巤聲巤音力業反

法律三昧經　慧琳

迂遠上於羽反孔注尚書迂避也包注論語云迂猶遠也鄭注礼記迂亦

廣也大也說文從辵丂聲

誹訾 上音匪下紫移反廣雅云誹訾也考聲云誹訾好說人是非也古今正字並從言非此皆聲經作非呰誤也

聚踧 下秋戚反傳雅云踧踖畏敬也礼記踧然避席是也亦行步謹敬也說文從足叔聲也

枝掖 下移益反鄭注毛詩序云誘掖扶持也說文以手持人臂也一日臂下也從手夜聲

作繭 堅顯反礼記云世婦平蠶奉繭以于君說文蠶衣也從糸從虫從芇音眠芇者象蛾兩角相當也

菩薩十善業道經一卷　慧琳

目眩 玄絹反賈注國語云眩惑也蒼頡篇視之不明也說文目無常主從目玄聲

沮壞 上疾與反考聲云推破也毛詩傳云沮亦壞也賈注國語云沮非也說文從水且聲也

滌除 上亭的反孔注尚書云滌除也鄭注周礼云滌濯也廣雅滌洒也說文從水條聲也

艸木 上正卉字暉貴反毛詩傳云卉草也郭注介雅百草惣名也說文義同從三屮屮音延列反

一切經音義卷第四十五

一切經音義卷第四十六　池

翻經沙門玄應撰

音大智度論一百卷　第九帙無音

第一卷

踰城　庚俱反廣雅踰越跨度也

賈麗　莫佳反三蒼賈攙易也謂交易物爲賈也

幻術　侯辨反說文幻相詐惑也案幻謂相欺眩以亂人目也術法也

唐勞　字詁古文碭碭二形同徒當反案舍人曰勞力極也

嬰咳　於盈反嬰猶嫛婗也蒼頡篇云女曰嬰男曰兒釋名云胷前曰嬰投之嬰前以乳養之故曰嬰兒咳古文孩同胡來反說文咳小兒笑也咳稚小也礼記世子生三月父執子之手咳而名之是也論文有從女作姟字林古才反姟大數也姟非此用嫛音烏奚反婗五奚反

乳哺　蒲路反哺含哺而與許叔重曰口中嚼食也論文作餔字與晡同補胡反三蒼夕食也謂申時食也餔非此義也

嵐毗　力含反或云流弥尼此譯名解脫處亦名滅亦名斷

嬉戲　又作僖同虛之反說文僖樂也蒼頡篇嬉戲笑也尒雅戲謔也郭璞曰調戲也

般御　扶福反說文般用也尒雅般整也郭璞曰般御令齊整也御古之馭同魚擄反廣雅御進也侍也蔡雍獨斷曰凡衣服加於身飲食入於口妃妾接於寢皆曰御御之所親愛則曰幸釋名云御語也尊者將有所欲先語之也亦言其職卑下尊者所勸御如御牛馬然也

唐突　字體作搪揬二形同徒郎反徒骨反廣雅搪揬衝揬也字書揬揩也

蹴蹋　千六反下徒盍反謂以足逆蹋之曰蹴說文蹋踐也廣雅蹋履也

適生　說文尸赤反廣雅云柢適也謂適近也始也

不彰　又作暲同灼羊反廣雅云彰明也著也亦表也

第二卷

不倚 於蟻反廣雅倚因也謂因物而依倚也又音渠蟻反謂倚立也

無咎 渠九反詩云或慘慘畏咎云咎猶罪過也廣雅咎惡也說文咎災也字體從人從各人各相違即成罪咎又二人同心其利斷金二人相違其禍成災古文以為皋繇之皋字也

汝曹 又作𣍘同自勞反史記十餘曹循之如淳曰曹輩也詩云乃吉其曹傳曰曹羣也

師保 古文賲𠏶保三形同補道反礼記出則有保入則有師保安也謂以道安人也保守也說文保養也

詭名 俱毀反謂變詐也苦齊都云詭且關西是也

偶得 吾苟反介雅偶遇也郭璞曰偶介相值也

掣電 充世反掣電陰陽激耀也釋名云電殄也言乍見即殄滅也十州記云猛獸雨目如礔礰之光今吳名電為礔礰音息念大念反三輔名為

類電也

雹雨 蒲角反白虎通曰雹之言合也陰氣專精凝合為雹鄭玄注礼記云陽為陰起脅之凝而為雹釋名云雹跑也其所中物皆摧折如人所蹴跑也跑音父學反

驟墮 仕救反國語驟救傾危以時賈逵曰驟疾也

號咷 徒勞反案號咷大泣也易云先號咷而後笑是也

剖裂 普厚反案剖猶破也中分為剖也蒼頡剖擗也擗音毋百反裂也

彗星 蘓醉囚芮二反祅星也言星光似掃彗也

噢咿 乙六下於祁反埤蒼噢咿內悲也謂痛念之聲也論文作𨚗郁二形非體也

谿谷 苦奚古木反介雅水注川曰谿李巡曰水出於山入於川曰谿說文泉之通川者曰谷

揵椎 打木也梵言揵椎此無正翻案舊譯經本多作揵遲此亦梵言訛轉耳

選得 先充先絹二反字林選簡擇

四疊 徒頰反蒼頡篇疊重也積也論文又作㬪音同疊說文重衣也南有疊江縣也二形臨作也

渾濁 後昆後衮二反渾亂也說文渾滂亦水流之聲也

牛齝 又作齝三蒼作䶡詩傳作

司同廿之戶韻集音式之反尒雅牛日齝郭璞日食之巳復出嚼之也

廓然　口郭反廣雅廓空也方言張小使大謂之廓尒雅廓大也孫炎日廓張之大也

敲門　又作敲蒼頡篇作敲同苦交反下擊也說文橫擿也擊頭也

蜫勒　古塊反此譯云蓮藏也

第三卷

虵欶　又作嗽同山角反通俗文含吸日嗽三蒼欶吮也釋名云欶促也用力急促也經文作𪏰俗字也

鞞倄　上陛奚反下呂是反秦言明行足故字鞞小鼓也倄奢也泰也

伽傒　又作瘖㾺二形同蒱戒反阿闍也王經譯言世間解傒字瘦劣也通俗文瘦極日傒是也

舍喃　正體作諵同女函反譯云人也依字埤蒼諵語聲也

黑黶　於葷反謂面黑子也說文中黑子也

論文作黯於感於軟二反說文深黑也黯也黯非字義也

循環　似均反謂旋繞往來也尒雅遹遵率循自也郭璞日又為循行也循亦巡也徧也

蕃息　輔表反尚書庶草蕃蕪孔安國日蕃滋也謂滋多也周礼以蕃鳥獸鄭玄云蕃息也釋名日息塞也言物滋息塞滿也今中國謂蕃息為嬔息嬔音匹万反周成難字日嬔息也同時為一嬔亦作此字

刮刷　又作刷同所劣反說文刷拭也廣雅刷刮也尒雅刷清也郭璞日掃刷所以清絜也

罄竭　古文窒同可定反說文器中空也尒雅罄盡也孫炎日罄竭之盡

第四卷

晡時　補胡反淮南云日行至于悲谷為晡時謂加申時也

扣開　又作袪後反廣雅扣舉也論語云以杖扣其脛孔安國日扣擊也

植樹　樹同時職反周礼植物宜早鄭玄日植猶根生之屬也又植樹也方言植樹立也

猶豫　弋又弋周二反案說文隴西謂犬子日猶猶性多預在人前故凡不

決者謂之猶預也又尒雅猶如麂善登木郭璞曰健上樹也其伏曰上木如鳥也

勞擾　如沼反說文擾煩也廣雅擾亂也

第五卷

抒大　除呂時汝二反說文抒挹也挹酌也廣雅抒渫也通俗文汲出謂之抒

轡勒　碑愧反字書馬縻也所以制牧車馬也釋名云轡咈也牽引咈戾以制馬也字體從絲從車聲勒馬頭鑣銜也釋名勒絡也絡其頭而引之也

純淑　時均反尚書政事惟純孔安國曰純粹也謂專精純一也尒雅純大也方言純好也淑時六反詩傳曰淑美也善也或作熟方言爛熟也

股肉　又作骰同公戶反說文股髀也

內感　又作慼同且的反廣雅慼近也詩云慼慼兄弟傳曰相親也

板稱　又作攀化二形普姦布姦二反字林扳引也廣雅扱

援也釋名云攀翻也連翻上之言

五皰　蒲孝反說文皰面生氣也淮南子云潰小皰而發痤作黯論文作皰疱二形未見所出也

眼眣　又作睫釋名作䀹同子葉反說文目旁毛也史記目毫毛而不見睫是也

帷帳　古文違同于追反字林在旁曰帷謂張帛障旁也釋名帷圍也謂以日部圍也今皆作幃

幄幔　猗角反幄謂大帳也小尒雅云覆帳謂之幄幄幕也

趒小　又作趠同他弔反謂趒躑也韻集云趒越也亦懸躑也論文作踔勑挌勑角二反跛者行踸踔也踔非論意

賈人　公戶反坐賣也周禮賣賈鄭玄注行曰賣處曰賈白虎通曰賈之言固也因物待民來以求其利之

第六卷

呵嘍　古文摟同力侯反依字三蒼八月祭名也經文有作摟羅

忮　之豉反依字詩傳云忮害也說文忮恨也

漑灌　歌賚反說文漑灌注也

訥口　又作吶同奴骨反論語君子欲訥於言包咸曰訥遲鈍也

說文訥難也

怨仇　渠牛反詩傳怨偶曰仇介雅仇讎匹也李巡曰仇讎怨之匹也

不槩　古文扢同訖礙反字林工內反謂平斗斛者也廣雅槩量也平也

第七卷

縹色　匹遶反謂天青白色也釋名云縹猶漂也漂漂淺青色也有碧縹有赤縹有青縹各以其色所象言之

陰曀　古文壇同於計反詩云終風且曀傳曰陰而風曰曀釋名云曀翳也言雲氣晻翳日光使不明也

齗齒　牛斤反蒼頡篇齒根也說文齒肉也

火熷　子勞反說文熷焦也蒼頡篇燒木餘也

手捫　莫昆莫本二反聲類捫摸也字林撫持也案捫謂執捉物也

蹈躤　徒到自亦反廣雅蹈行也字書躤踐也釋名云蹈道也以足踐之如道也躤藉也似藉足也論文作籍狼藉籍非字體也

第八卷

伯仲　謂兄弟也介雅伯長也舍人曰伯位之長也韓詩作中也言位在中也礼記幼名冠字五十為伯仲周道釋名云伯把也把持家政也

罽那　居例反秦言寶積經本或作剌那力達反今從剌也

第九卷

龍蟠　蒲寒反礼記而蟠于地鄭玄曰蟠委也廣雅蟠曲也

狂狷　古文悁狷二形今作獧同俱面反狂者進取於善道狷者守節無為也

潘澱　蒼頡篇作潘同敷袁反說文潘淅米汁也淅音蘇曆反江北名泔江南名潘澱古文𣿖同徒見反介雅澱謂之垽郭璞曰澱滓也江東呼為垽論文作淀水新陽又如淵而淺亦曰淀淀非此義垽音魚靳反淀音殿也

長跽　古文䠓同奇几其矣二反說文跽長跪也釋名云跽忌也見所敬忌不敢自安也

第十卷

氐宿 丁計都礼二反尒雅天根氐也音義曰大根為天下万物作根故曰天根也孫炎曰角亢下繫於氐若木之有根也

奎宿 口攜反尒雅降婁奎婁也李巡曰降婁白虎宿也

觜宿 子移反尒雅娵觜之口營室東壁也孫炎曰娵觜之歎則口開方營室東壁四星方以口因以為名也

髑髏 古文顯顱二形同徒木力侯反頭骨也

襤褸 古文懢又作繿同力甘其襤褸謂衣敗也凡人衣被醜弊亦謂之襤褸論文作藍傑草也藍非今義

彖瞉 古文鼠䶂二形同居省反説文馬舍也釋名云廏瀉聚也牛馬之所聚也周礼二百一十四疋為廏廏有僕夫是也

逸馬 古文軼同余質反廣雅逸走去也奔逸也縱逞也

搥壓 又作䞈同丁迴反謂投下也廣雅搥擿也壓於甲反自上

加下也説文壓壞也論文又作庘通俗文物欲壞曰庘盧庘非此義盧音仕加反

考掠 古文剠掠二形同力尚反蒼頡篇掠問也謂榜捶治人也

戶排 蒲皆反謂木關開戶者也如戶鉤等又諸戶關皆置排記佛於食後視排棄行諸比丘房也

揵挺 直飢都犁二反謂言續也

親親 且隣反礼記親親以三為五以五為九蒼頡篇親愛也近也説文親至也釋名云親襯也云相慇襯也

倓然 徒闔反蒼頡篇倓恬也説文倓安也廣雅倓靜也謂倓然無為也

黜而 今作絀同勑律反左傳使無黜嫚杜預曰黜放也廣雅黜去也尚書三考黜陟范寗集解曰黜退也

以肅 思六反尚書冏弗徂肅孔安國曰肅嚴也謂嚴急之言也肅戒也戒勑也

御寒 古文敔同魚舉反廣雅禦止也詩云百夫之禦傳曰禦當也尒雅禦圉禁也舍人曰禦圉未有而預防之也論文或作禦毛詩亦以禦冬傳曰御禦也二形隨用也

草芥 歌邁反草也左傳視民如土芥漢書俯地拾芥皆是

第十一卷

營從　古文覺同役瓊反蒼頡篇營衛也營亦部也

朝宗　周礼春見日朝夏見日宗鄭玄日諸侯見天子之文朝猶朝也欲其來之早也宗猶尊也

能擗　補革反說文擗擣也擣裂也廣雅擗分也論文作躃補赤反躃跛也又作僻匹尺反僻邪也二形並非此用也

第十二卷

贈遺　余季反廣雅遺與也謂以玩好送人日贈遺也

悠遠　弋周反國語道路悠遠賈逵日悠長也介雅悠遐也舍人日悠悠行之遠也

疽瘡　且余反說文疽久癰也

勁利　居盛反說文勁強也字體從力巠聲也

第十三卷

姡利　渠佚反龍名也俠字南燕姡也

豪奕　所兩反方言奕猛也廣雅奕明也字從大大人必照明故從大也

繾綣　祛善祛阮反猶纏綿不離散也

憮然　莫禹反三蒼失意皃也怪憮之辭也論語夫子憮然何晏日為其不違已意而非之漢書憮然韋昭日意未言也

鑯鍱　余攝反說文鍱謂鎮為鍱鍱音集也

僶俛　亡忍無辯反謂自妻論語以其子妻之是也

毫氂　古文氂緾二形今作氂同力之反漢書律曆志云不失毫

氂孟康注云毫兔毫也十毫日氂三蒼氂毛也論又作釐音僖韋昭漢書音義日祭鬼神之餘肉日釐說文釐家福也亦古字通用也

適無　都歷反謂主適也

善府　夫禹反說文府藏也三蒼府文書財物藏也風俗通府聚也公卿收守文書財賄之所聚也

林藪　桑後反澤無水日藪又亦大澤水希者是也

翕響　呼及反蜀都翕響揮霍注云謂奄忽之間

夷滅　以之反廣雅夷滅也案史記夷三族是也國語夷竈堙井賈逵日夷毀也

委物 紆詭反周礼少曰委多
曰積是也謂積聚也 輕泆 古文勢同胡高反
今作溢同與一
反水所蕩泆也 豪傑 下奇昔反淮南子
云智出百人謂之豪千人謂之傑案豪猶俊
也大戴礼云豪師也傑特立也英傑也亦才
能也論文作桀雜㮇 串樂 古文摜遦
於我爲桀非此義 二形又作慣
同古患反尒雅串習也
舍人曰串心之習也

第十四卷
募人 謨故武句二反說文廣
求也蒼頡篇問求也 控告
枯洞反詩云控于大邦傳 賙救 今作周
曰控引也韓詩控赴也 周之由
反謂以財物與人曰賙周礼五黨爲周使之
相賙鄭玄曰賙謂礼物不備相給足也詩云
靡人不賙傳曰賙救 艇舟 徒頂反方言
也箋云捄救其急也 南楚江湖小

𦩷謂之艇郭璞曰艇艒也釋名云二
百斛已上曰艇𦩷思六反艒音刁也 安措
且故反字林措置也礼記君子明於礼樂舉
而措之而已鄭玄曰措猶施也論文作厝曰
各反說文厝厲石也磨也詩云他 覓死 莫
山之石可以爲厝厝非論旨 勒
反說文覓突前也國語戎狄覓沒輕儳貫遠
曰覓沒猶輕觸也字體從冃從見冃音莫報
反今皆作冒案冒亡報 自替 惕麗反尒
反冒覆也蒙也冒貪也 雅替廢也
李巡曰替 剛愎 扶逼反左傳愎諫違卜
去之廢 杜預注曰愎戾也又曰

強愎不仁
愎佷也

第十五卷
勉勵 又作勱同靡𤕤反說文勉強
也下呂制反謂自勸勵也 洋
銅 以涼反謂煑之消爛洋洋然也三蒼洋
大水皃也尒雅洋溢也郭璞曰洋溢衆
多
也 避隈 脾異反說文避迴也蒼頡篇避
去也謂遠離之也隈烏回反說
文一由反水曲隩也謂藏之處也論
文作偎烏回反愛也偎非此義也 幾失

渠衣反。幾，近也。言近失而不失也

蜆蟲　古文蚬同。古魂反。礼記蜆蟲未蟄，鄭玄：蜆，明也。明蟲者，陽而生，陰而藏者也。夏小正曰：蜆，小蟲也。蜆，魂也。魂魂然小蟲動也

穿窬　欲朱反。三蒼云：窬，門邊小竇也。說文：門旁穿水戶也。東方朔穿窬不繇路是也。又音徒構反。礼記蓽門圭窬，鄭玄曰：窬門旁窬也。穿牆為之，其形如圭，是也。論文作踰，越也，度也。踰非字體也

媱佚　與一反。廣雅：佚，樂也。蒼頡篇：佚，蕩

不睦　又作穆同。亡竹、莫祿二反。尚書九族既睦，孔安國曰：睦，和也。又曰我其如睦，孔安國曰：睦，敬也

邪僻　匹尺反。詩云民之多僻，箋云：僻，邪也。案僻者，謂為事邪枉不中理也

窯作　余昭反。說文：燒瓦竈也。通俗文：陶竈曰窯也

恍忽　古文怳、慌二形同。呼晃反。恍忽，忘也

宗族　子同反。所承也。字林：宗，尊也，亦主也。廣雅：宗，本也。楚辭：同姓曰宗族。叢祿反。族，類也。周礼四閭為族，鄭玄曰：百家也

第十六卷

斐亹　孚尾、亡匪反。如，有也。詩云有斐君子，傳曰：斐，文皃也。周易成天下之亹亹，劉瓛曰：亹亹猶微微也

長跪　其詭反。聲類：跪，跽也。釋名云：跪，危也。兩膝隱地，體危陧也。陧音五結反

軟夫　諸書作耎同。而兖反。漢書：軟弱不勝任。作軟也

卒無　子律反。尒雅：卒，終也。舍人曰：卒，病之終也。李巡曰：卒，事之已也

恬澹　徒兼、徒濫反。方言：恬，靜也。廣雅：澹，安也

呿提　又作㰦同。丘庻反。秦言虗空也。依字埤蒼：張口也

則蹷　或作蹶同。巨月、居月二反。說文：蹷，僵也。僵，却偃也。廣雅：蹷，敗也。論文作蹶，古文蹷同。居衛、居月二反。尒雅：蹶，動也。案蹶，驚駭急疾之意也。蹶非此也

閒關　謂崎嶇辛苦得達之皃。又亦設置也

惈敢　古禍反。廣雅：惈，勇。蒼頡篇：惈，憨也。殺敵為惈。尒雅：惈，勝也。孫炎曰：惈，決之勝也。今亦作果。憨音胡濫反

第十七卷

秋穫 胡郭反說文穫刈禾也王逸注楚辞云草曰刈穀曰穫也

嫈嫇 字林乙莖莫莖反心態也亦細視也論文作嚶䁝未見所出

黃髯 如廉反髯頰毛也釋名云頰耳旁曰髯隨口動搖髯髯然也論文有作騣字也

叱之 齒逸反蒼頡篇叱呵也礼記尊客之前不叱狗是也

逡巡 且旬反尒雅逡退也郭璞曰逡巡却退

煜爚 由掬反弋灼反說文煜光耀也爚火光也廣雅煜熾也埤蒼煜盛皃也論文作昱日明也爍式灼反字與鑠同銷鑠也並非此義也

桎梏 之失古屋反周礼掌囚凡囚中罪桎梏鄭玄曰在手曰桎在足曰梏

迴眄 冥見反說文邪視也方言自關而西秦晉之間曰眄也

填積 古文寘同徒堅反填備也廣雅填塞也

卽厭 伊琰反字苑眠內不祥也蒼頡篇伏合人心曰厭山東音伊葉反說文厭合也字從厂音呵旦反

煏爇 古文偪[illegible]二形同扶逼反方言煏火乾也關西隴冀以往謂之煏說文以火乾肉曰煏

第十八卷

著圂 胡遁反說文圂廁也蒼頡篇豕所居也字從口豕在中也字意也論文作溷溷濁也亂也溷非正體

稽留 古兮反字林稽留也稽止也

懸繩 論文多作鉉胡犬反舉鼎也鉉非此用繩未見所出

能決 闐悅反說文下流也又穿決

烙 羅各反謂燒爇物著之也論文作爍式灼反鑠也爍非字義

鳧鶩 莫族反尒雅舒鳧鶩郭璞注曰卽鴨也李巡曰野曰鳧家曰鶩一名舒鳧某氏曰在野翼舒飛遠爲鳧

觜距 今作嘴同子累反廣雅觜口也字書鳥喙也或作觜論文作嘴撿諸經史無如此字唯傅毅七激云嘴道飲泉作此字音徐兗反嘴非字義距古文詎歫二形同居呂渠呂二反說文鷄足距也

蚑蜂　巨儀反通俗文矜求謂之蚑蟜關西呼蚤溲為蚑蟜音求溲所誅反聲類云多足蟲也

鵂鶹　許牛反尒雅怪鴟舍人曰一名怪鳥一名鵂鶹南陽名鉤鵅字林鵂鶹也

猳玃　字體作豭或作貑同音加下居縛居碧二反說文大母猴也善顧盼玃持人也尒雅玃父善顧郭璞曰猳玃也似獼猴而大色蒼黑音攫持人好顧盼也古今注云猨五百歲化為玃也抱朴子云獼猴八百歲化為玃壽千歲是也

饕餮　古文飸叨二形同他高反正字作飻同他結反說文貪也左傳縉雲氏有不才子貪于飲食冐於貨賄聚斂積實不知紀極天下人民謂之饕餮杜預曰貪財曰饕貪食曰餮

眼陷　楚辭陷滯而不濟王逸云陷没也案陷猶墜入也論文作睸此應近也

盪滌　古文潒同徒朗反下徒歷反盪滌謂洒器也尚書九川滌源孔安國曰滌除也

鐵弗　字苑初眼反今之炙肉弗字也字略云以鐵貫肉炙也論文作鏟今作剗剗削也

⿰國爪裂　撿諸字書無如此字案字義宜作攫居碧九縛二反說文爪持也礼記云摯蟲攫持也

拼度　古文䩭𢪍二形同補耕反拼謂振繩墨也

摶截　徒官反通俗文手團曰摶說文摶圜也聲類摶捉也字林摶截之摶作摶音杜丸反論文作揣初委都果二反量也度也揣非義音

六駮　補角反尒雅駮如加馬倨牙食虎豹舍人曰駮多力獸也山海經云曲山有獸狀如馬白身黑首一角虎爪音如鼓其名駮食虎豹可以禦兵詩云隰有六駮是也魏黃初三年六駮再見於野

齩齧　又作𪘏同五狡反說文齩齧骨也廣雅齩齧也

齰掣　又作𪗊同竹皆反通俗文齧挽曰齰廣雅齰齧也

轢諸　勒各力的二反蒼頡篇轢轢也說文車所踐也

如笮　側格反案笮猶壓也今謂以槽笮出汁也

蹂蹋　古文杻同仁求仁柳二反通俗文踐穀曰蹂蒼頡篇踐也蹋躡也

赭色　之野反三蒼赭赤土也方言南楚東海之間或為赤為赭郭璞同言衣赤也

烹肉 普萎反烹煑也方言烹熟也嵩岳以南陳頴之間曰烹儀礼凡煑於鑊中曰烹於鼎曰升也

燂豬 聲類燂㷮二形字詁古文燅燂二形今作燅同詳廉反說文燅熱湯中爚肉也通俗文以湯去毛曰燅論文作爓案說文諸詮之蜀都賦音昝余贍反又羊占反說文爓火爓爓也爓非今義也

磔牛 古文尾同知格反廣雅磔張也磔開也說文磔辜也尒雅祭風曰磔孫炎曰既祭披磔其性以風散也論文作挓未見所出也

猛毅 牛旣反尚書尚由果毅孔安國曰殺敵為果致果為毅說文妥愁也一曰有决也

鐵杙 余職反尒雅樴謂之杙郭璞曰杙橜也論文有作鐵樴傳寫誤也樴徒得反

踢突 今作過同從郎反說文搶也蒼頡篇駈馳皃也亦失跡也考聲踢跌也案字冝作䟽挨二形也

銅橛 巨月反說文橛杙也論文作鐝埤蒼磨鐝也通俗文云磨齊曰鐝鐝

一切經音義卷第四十六　第二十三張　池

非今義也 也

發撤 除列反廣雅撤壞也亦去也儀礼遍乃撤豊鄭玄曰撤除

噤戰 古文唫同渠飲反楚辭噤閉而不言王逸曰閉口不開為噤

陜牒 字林下甲丈甲反淡牒謂氷凍相著也論文作甲非體也

榜抬 蒲衡反下又作笞同丑之反字書榜搥也廣雅榜笞擊也

忌憚 渠記反廣雅忌恐畏也說文忌憎惡也憚徒旦反憚難也

俎割 莊呂反方言俎几也字書肉几也

蔚茂 於胃反蒼頡篇草木盛皃也論文或作鬱

一切經音義卷第四十六　第二十四張　池

於屈反說文木叢生曰鬱

暴露 扶卜反說文暴晞乾也字從日從出廾米字

第十九卷

囂塵 古文買同許朝反囂諠也諠諠譁左傳湫隘囂塵是也

無援 宇眷反案援者謂依據護助之言也

懷孕 古文䑆同餘證反謂合實曰孕三蒼懷子也廣雅孕傳也字從子乃聲論文有作懷妊如禁反妊孕也

體胤 與振反尒雅胤繼也舍人曰胤繼丗也說文胤子孫相承續也謂番育

之稱也

麛麈　古遐反牡鹿也說文以夏至解角也麋冬至解角也麈古文麈同於牛反尒雅牝麈牝牸也

有娠　書隣反娠謂懷胎也書中亦有作身二形通用

軍持　正言揭稚迦此譯云瓶也謂雙口澡灌也論文作鑵誁字無所出猶俗作也

岐道　古文搖趐二形同渠宜反謂技別義也尒雅道二達謂之岐郭璞曰岐道直出者也釋名云物兩為岐在邊曰旁此道並之也

摶鹿　補各反案摶猶拊拍也又云夢與楚子摶杜預曰手搏也考工記搏拍也又搏取之也

一切經音義卷第四十六　第二十五張　池

第二十卷

捭則　又作拼同普耕反說文捭彈也猶言捭毛捭弓等也

尺蠖　烏郭於矱二反桒蟲也說文屈申蟲也尒雅蠖尺蠖也郭璞曰蝍蝛也音子力子六反一名步屈也舍人曰宋地曰尋桒也

第二十一卷

衣以　於敘反案以衣衣被之曰衣衣謂衣著也

食以　又作飤同因志反謂以飯食設供於人曰飤食亦飯也

眵淚　充尸反說文瞢瞢兜眵也瞢莫結反論文作眊未詳何出也

結聹　乃令反埤蒼耵聹耳垢也

俞多　弋朱反廣雅俞益也小雅俞茲強益也

蝡動　如兖如允二反說文蝡亦動淮南蝡蟲蝡是也

一切經音義卷第四十六　第二十六張　池

崫起　魚屈反埤蒼特立也史記崫然獨立塊然獨坐是也

第二十二卷

骨幹　字體作骭同歌旦反骭助也亦體也骹骨也

視占　之鹽反方言占視也占亦候也凡相候謂之占占瞻也

第二十四卷

誶訣 古穴反通俗文死者別謂之訣字略云訣絕也

祈請 渠衣反廣雅祈求也尒雅祈告也叫也郭璞日祈祭者叫呼而請事也孫炎日祈爲民求福叫告辞也

捍格 古文𢧐戰捍仟四形今作扞胡旦反捍禦也格古㦿同古額反格鬪也格峙也說文擊也

智鑒 字書作鑑同古儳反廣雅鑒炤也鑒鏡也所以察形也

刳腹 口孤反蒼頡篇刳屠也方言刳㔹也說文刳判也周易刳木爲舟案刳謂空其腹也

灰燼 寺進秦刃二反說文謂火之餘木是也

纖指 古文纖字書作纖同思廉反說文纖好手皃也纖細銑也方言纖小也細也梁益之間凡物小謂之纖也

歔然 所力反埤蒼恐懼也通俗文小怖曰歔公羊傳歔然而駭是也論文作墻近字耳又作嗇歰也嗇非此義也

間跱 古文峙同除理反言獨立也廣雅峙止也說文跱踞也謂踞止也

不前也躇音直如反

便晴 古文殅暒二形同藉盈反漢書天晴而見景星孟康曰晴精明也

第二十五卷

豐渥 烏學反詩云稍如渥赭傳曰渥厚也

僂步 力主反通俗文曲脊謂之傴僂廣雅僂曲也

第二十六卷

釀酒 女悵反三蒼米麴所作曰釀說文醞作酒曰釀也

泄汏 徒刀反案兆猶沐也論文作汏徒蓋反通俗文淅米謂之泄汏

盧館 力居反小尒雅云盧寄也謂寄止也亦別舍也黃帝爲盧以避寒暑春秋去之冬夏居之故云寄止也釋名云寄止盧慮也取其止息覆慮也館古玩反客舍也周礼五十里有館有委積以待朝聘之客字體從食官聲也

調投 徒弔反廣雅調欺也調賣也啁調也

凌傷 力外反廣雅凌暴也犯也侮也蒼頡篇凌侵也傷又作敡

以豉反蒼頡篇傷慢也謂平傷也說文傷輕也今亦作易

第二十八卷

噏風 古文歙噏二形今作吸同羲及反廣雅吸歙也說文內息也謂氣息入也亦引也

兵伍 兵戚也五刃為兵下吾魯反周礼五人為伍鄭玄曰伍衆也論文作仵吾故反逆也仵非字義也

謇吃 古文讓謇二形今作謇聲類作譾又作訒同吾展反方言謇吃也楚人語也周易謇者難也論文作蹇跛蹇也蹇非此義吃古文钦同居乞反氣重言也通俗文言不通利謂之訒吃

深濬 古文濬容二形今作浚同私閏反濬深也

堅著 竹略反堅牢也相著也

第二十九卷

躄鬱 卑赤反說文鬱孜也廣雅躄屈也鬱音丘阮反

梁枰 力將反謂横梁也枰皮兵反埤蒼枰榻也謂獨坐板牀也釋名云枰平也以板作之其體平正也

第三十卷

大辟 古文僻壁二形同脾尺反字林辟法也韓詩或辟四方辟除也字從尸口辛書制其罪口用法也論文作邪僻字非也

祜利 胡古反詩云受天之祜箋云祜福也尒雅祜厚也

觚枝 古胡反案觚猶枝本也未詳何語也

雷霆 達頂達丁二反周易鼓之以雷霆劉瓛曰霆電也震為雷離為電尒雅疾雷為霆霓郭璞曰雷之急激者也蒼頡篇霆霹靂也公羊傳有霆擊夷伯之廟是也

第三十一卷

紹胄 儲又反字林胄胤也胤嗣也謂繼嗣先世也

第三十二卷

叅倍　錯耽反廣雅叅三也方言叅分也齊曰叅郭璞曰謂分割也倍蒲乃反廣雅倍半也謂一生兩曰倍也

讖記　楚蔭反三蒼讖秘密書也出河洛記文讖驗也謂占後有效驗也

珠璣　居沂渠氣二反說文珠之不圓者也字林小珠也

鋌光　大徑反案聲類無足曰鐙有足曰鋌亦言然燈佛是也

第三十二卷

礼䫆　呼誰反尒疋䫆賜也郭璞曰謂賜與也

萎爛　於危反聲類草木菸也廣雅蔫萎菸也

慴伏　古文慹或作讋慴二形同占涉反字林慴服也礼記而氣不慴鄭玄曰慴恐懼也又曰貧賤而知好礼則意不慴鄭玄曰慴猶怯惑也

硨磲　案字體宜作磫礭二形子容其俱反廣雅磫礭礦石也通俗文

細礪謂之磫礭礛䃴治玉磫礭治金淮南云待礛䃴而成器是也

鹹鹵　胡緘反說文鹵謂西方鹹地也天生曰鹵人生曰鹽鹽在東方鹵在西方也釋名云地不生物曰鹵

溝塍　古文䑳塍二形今作塖同示陵反說文塍稻田畦也史記大曰隄小曰塍廣雅塍隄也蒼頡篇塍畔也論文作堘非體也

垣牆　于頏反垣謂四周牆也釋名云垣援也人所依阻以為援衛也牆障也所以自障蔽也

第三十五卷

隱須　正字作㥯同於靳反說文有所據也

第三十六卷

錮石　古護反說文錮鑄塞也

拯扶　蒸上聲說文拯謂上舉也救助也出溺也

第三十七卷

痿熱　又作㾨同於嬀反謂黃病也礼記哲人其痿鄭玄曰痿病也

所罥　三蒼古文作羂同古泫反謂取獸繩也說文作衒古縣反行賣也非今所用也

第三十八卷

形兆　除矯反國語注云兆見也形也棊兆者猶機也事先見者也

分解　扶問胡賣反分謂分別解謂縫解接中也

作摸　又作

一切經音義卷第四六　第三十三張　池

摹同莫奴反摸亦規也謂摸取象也

自潰　古文殨同胡對反說文潰漏也蒼頡篇潰旁決也

第三十九卷

庛其　方利反方言庛寄也通俗文自蔽曰庛尒雅庛休廕也孫炎曰庛覆之廕也

第四十卷

稻茅　亡苞反說文茅菅也經文作竿蔗吉寒諸夜反甘蔗也通俗文西域出蒲萄荊州出竿蔗是也

福祚　徂故反國語天地之所祚賈逵曰祚祿也又位也報也

擿口　他狄反案擿亦剔也謂挑剔也擿治之也擿除也

第四十一卷

玷中　都簟反言文如玷也

木榍　又作楔同先結反說文楔

一切經音義卷第四十六　第三十四張　池

櫼也櫼子林反今江南言櫼中國言屆楔通語也屆音側洽反

駑馬　奴胡反廣雅駑駘也謂馬中鈍者也伯樂云大頭短喙一奴也脚不開屈玄目二奴也小口短又三奴又礼記凶年乘駑馬是也駘音徒改反

第四十二卷

胞胎　補交反說文胞兒生裹也漢書同胞之徒如淳曰同胞親兄弟也

虵虺　古文虫蜿二形同吁鬼反毒蟲也山海經即翼之山多蝮虺郭璞曰

色如綬文鼻上有針大者百餘斤一名反鼻也介雅擿爲舍人曰江淮以南曰蝮江淮以北曰虺莊子虺二首韓非曰虫有螝者一身兩口爭食相齕遂相殺也介雅讚曰虵之殊狀其名爲虺其尾似頭其頭似尾虎豹可畏此難忘覆

第四十三卷

牝牡 脾盡脾死二反說文畜母也雌也牡莫走反說文畜父也雄也詩云

駉駉牡馬也案詩傳曰飛曰雌雄走曰牝牡至於雉鳴求其牡則飛鳥亦有牝牡不但走者也

第五十三卷

鏇師 難字作檈冈囚絹反謂以繩轉軸裁木爲器曰鏇經文作旋非體也

淡飲 徒甘反於禁反謂匈上液也論文亦作陰

肪𦙶 先安反廣雅𦙶脂肪也通俗文在腰曰肪在胃曰𦙶也

青瘀 於豫反說文瘀積血也廣雅瘀病也

鑽燧 又作墜同辭醉反火母也謂取火者也論語鑽燧改火孔安國曰一年之中鑽燧各異木也世本造火者燧人也因以爲名也

尋繹 夷石反論語繹之爲貴馬融曰尋繹行之爲貴也方言繹理也三蒼繹抽也解也

嫈冶 余者反謂鮮明莊飾也徽雅自得也

哆字 借音都餓反依字說文哆可反張口也字林丑亞丑加二反

拖字 大何徒可

二反依字說文拖曳也廣雅拖引也

醝字 才何反依字通俗文白酒曰醝

溼麼 莫可反秦言石依字通俗文細小曰麼字書麼小也論文作𣏟此猶俗字也

第五十五卷

診病 字林除刃反診視也聲類診驗也謂看脉候也

第五十八卷

姣輸　古文嬌同古鮑反詩云姣人嫽兮案姣猶妖媚不實也謂面從也

第五十九卷

薜荔　蒲細來計反此譯言餓鬼也依字薜荔香草也其狀如韭生山石上也

箭鏑　都狄反說文矢鋒也史記鋒鏑或作鍉鏃鏑也釋名云鏑敵也可以禦敵也齊謂之鏃言其所中皆族滅也

深峭　今作陗或作悄同且

醮反廣雅峭急也通俗文峻阪曰峭山陵險陵亦謂之峭

第六十卷

慍心　於問反廣雅慍恚也蒼頡篇恨也說文怒也

第六十一卷　先不音

第六十二卷

蠱道　工戶反周禮庶氏掌除毒蠱鄭玄曰毒蠱蟲物病害人也蠱蟲在皿中字意也

譴責　去戰反蒼頡篇譴呵也廣雅譴怒也說文譴問也論文中有作詰責廣雅詰責問也

瞢瞽　亡登反郭璞注山海經云瞢盲也周禮鄭玄曰瞢瞢無光也經文有作盲瞽公戶反鄭衆注周禮云無目謂之瞽也

第六十三卷

給恤　又作卹同思律反振恤也謂以財與人也尒雅恤憂也孫炎曰恤救

之憂也說文收也

第六十七卷

眼瞎　正字作瞎同火鎋反字書一目合也

手麾　今作撝同吁皮反舉手曰麾謂手之指也案以旌旗指麾衆因以名焉也

第七十二卷

偃蹇　巨偃居免二反廣雅偃蹇夭撟也謂自高大也釋名偃息而卧不執

事也蹇跛蹇也病不能作事令訖似此也

傲慢　五到反廣雅傲慢也謂不敬也字書傲倨見偒也謂輕偒也字體從人敖聲

甫當　弗禹反尒雅甫我也始也當終也

揆則　渠癸反謂準家之也尒雅揆度也孫炎曰揆商度也則法也

第七十七卷

庠序　徐陽反下古文序同徐舉反學也謂儀容有法度也周曰庠夏曰序白虎通曰庠之言詳也以詩礼儀之所也序序長幼也

機會　居衣反說文主發之機也亦先見也周易樞機之發蒙庠之主莊子鑿木為機械者必有機心是也會古文祫同胡外反尒雅會對也郭璞曰謂相當對也又會亦聚集也合也

虜掠　力古反下力尚反虜獲取也服也戰而俘獲也掠劫掠財物也謂虜掠

奪取物也

餌食　如志反蒼頡篇餌食也素凡所食之物皆曰餌

癮疹　於近之忍反皮上小起痕跡也今俗亦謂肉斗塵起為癮疹或言癮胗說文胗瘢也音丈忍反論文作隱軫非體也

第八十卷

級其　羇立反級次也謂階之等數名曰級師旅斬首一人賜爵一級因名賊首為級也

是捄　字詁古文梂捄二形今作救同居又反求助也

第九十三卷

委佗　於危反下徒何反廣雅委佗邪也尒雅委委佗佗美也郭璞曰佳麗美艷之皃也亦平易自得也

撓色　乃飽反廣雅撓亂也說文撓擾也

第九十五卷

迂迴　禹俱一禹二反迂避也遠也亦廣大也

石罅　古文隔埒二形或作磗同呼嫁反說文罅裂也墉也謂石壁小開也

第九十七卷

躊躇 又作燾踟二形同腸留腸知二反 下或作躇同腸於腸誅二反廣雅 躊躇猶豫 躑躅也

相和 胡卧反相譍也詩云唱 子和汝周易鳥鶴在渚 其子和 之是也

第九十九卷

有提 孤本骨門二反謂纏之轉紘者也 今亦名羅爲捉子字從昆又作掍 蒱結反廣雅捩轉 也字從究音繳

窳惰 余乳反介雅窳 勞也郭璞日勞 苦者多惰窳也亦嬾也言嬾人不能自起如 瓜瓠在地故字從瓜又懶人恒在室故從穴 論文或 作嬾字

澇水 盧道反謂水 雨沍澇也

第一百卷

弥窒 古文懫同丁結猪栗二反秦言善 知識依字窒塞也一本作弥多羅 尼子亦是梵 言訛轉耳也

一切經音義卷第四十六

一切經音義卷第四十七

翻經沙門慧琳撰

池

十地論十二卷　玄應

金剛經不壞假名論二卷　慧琳

弥勒所問論八卷　慧琳

金剛經無著論二卷　慧琳

佛地經論七卷　玄應

金剛經天親論三卷　慧琳

寶積經論四卷　慧琳

寶髻菩薩經論一卷　玄應

能斷金剛經論頌一卷　無

能斷金剛論釋二卷　慧琳

文殊問菩提經論二卷　慧琳

妙法蓮花經論一卷　慧琳

法花經論二卷　慧琳

勝思惟經論四卷　慧琳

涅盤論一卷　無

本有今無論偈一卷　慧琳

無量壽經論一卷　慧琳

三具足經論一卷　慧琳

轉法輪經論一卷　無

遺教經論一卷　慧琳

依目録此中有瑜伽師地論一百卷先有音義一卷次後音義四十八是

顯揚聖教論二十卷　玄應

顯揚論頌一卷　慧琳

瑜伽師地釋一卷　慧琳

王法正理論一卷　玄應

雜集論七卷　慧琳

對法論十六卷　玄應

中論四卷　慧琳

般若燈論釋十五卷　玄應

十二門論一卷　玄應

十八空論一卷　慧琳

百論二卷　玄應

右三十一論一百二十六卷同此卷音

十地論第一卷　玄應撰

茫然　莫唐反案茫然寞昧不明也莊子茫然無所見是也

捭羅　補奚反經中或作卑羅或作閉羅皆一也

嘶字　又作誓同先奚反言梵本嘶字如師子形相也依字埤蒼嘶聲散也亦悲聲也

第二卷　第三卷　並先不音訓

第四卷

厚曀　於計反釋名曀翳也言雲氣隱翳使不見物者也

瀑水

蒲報反蒼頡解詁云水濆起日瀑也

第五卷

捫摸 莫奔其本二反聲類云捫摸也字林捫撫持案也捫持謂手把執物也

第六卷

第七卷

並先不音

第八卷

㵱灌 歌賛反說文㵱灌也灌注也

第九卷

第十卷

第十一卷

第十二卷

已上並先不音

金剛般若波羅蜜經破取著不壞

假名論上卷 慧琳

俾其 卑弭反若取上聲此字從彳丑尺反考聲云使也尒雅云俾從也若作去聲即從人韻詮與也說文益也從人卑聲也

謂稟 鄙錦反孔注尚書云稟受也廣雅云與也說文稟賜穀也從禾亩聲亩音稟也

百齡 歷丁反礼記古者年齡齒亦齡皆壽也鄭注礼記云年天氣齒人壽之數也廣雅齡年也古今正字從齒令聲或為拎也

下卷

沮亂 上疽所反毛詩傳云沮壞也亦止也賈注國語非也說文從水且聲

即睎 下稀依反毛詩傳云睎者明之始升也韓詩云明不明之際日睎也說文從日希聲

泫露 上玄詃反考聲云泫㳅下負也礼記云孔子泫然㳅涕也說文亦㳅也從水玄聲也

弥勒菩薩所問經論第一卷 慧琳撰

乞匃　下葛艾反蒼頡篇匃行請也求也說文亦乞也亾人為匃論文作丏不成字或作匄俗字

躑跳　上呈劇反顧野王云躑躅猶足而不進說文住足也蹢也或作蹢古今正字從足鄭聲下桃弔反孔注尚書跳步足不能過也蒼頡篇踊也廣雅跳上也說文亦蹶也躍也從足兆聲也

第二卷

壍路　上戲豔反顧野王云城池為壍也考聲長坑也說文亦坑也大也從土斬聲也

劈裂　上疋覓反廣雅云劈裂也埤蒼剖也說文破也從刀辟聲

牽挽　上挈賢反考聲云牽連也說文引前也下亾遠反考聲挽引也亦作輓說文牽引也從手

梯蹬　下登鄧反考聲作隥㲄也小阪也說文云仰也文字典說從山登聲也

指鉆　下儉炎反說文云鉆鐵銸也從金占聲論作鉗誤也

惡莿　下此漬反郭注尒雅莿茦針也木芒也方言凡草木刺人謂之莿也文字典說從艸刺聲論作刺誤

第三卷

捲手　上倦員反考聲捲用力也又作拳拳手拳也集訓屈手也

敆打　上擴獲反廣雅敆擊也埤蒼擊頰也顧野王云今敆耳是也古今正字從攴各聲也攴音普卜反論文作摑俗字也

第四卷

婆私咤　下摘加反梵語仙人名也

限劑　下齊細反周礼劑節量也考聲云分限也古今正字劑齊也從刀齊聲也

第五卷

鑽燧　下隨醉反聲類燧取火於因也馬注論語云鑽火四時各異木也左傳云燧取火具也古今正字從火遂聲

鼓捊　下蒱蕅反聲類作掊廣雅

掐揷也今案捋鼓杖也說文從手寽聲也論作皷俗字也

消皺 下側救反考聲云皺皮聚

批尼 上頻蜜反梵語也

第六卷　第七卷　第八卷

巳上並無字可音訓

金剛般若論上卷　慧琳音

鉢羅賢禳 下禳掌反梵語唐云智慧也

下卷

懈怠 上佳邂反賈注國語云懈惓也廣雅懈嬾也說文亦怠也從心解聲經作懈亦通也

佛地經論第一卷　玄應音

劫比拏王 梵語女家反南憍薩羅國王名也因緣廣如經說也

封主 府用府逢二反字林封爵諸侯也聲類建國以土地曰封周礼建邦國而制其城諸公之地封疆方五百里諸侯之地方四百里等也起土為界曰封也

第二卷　先不音

第三卷

如鉆 奇廉反通俗文鑷具曰鉆蒼頡篇云鉆持也

補特伽

羅 梵語此云數取謂數數往來諸趣也

第四卷　第五卷　並先不音

第六卷

殉利 辝俊反蒼頡篇云殉求也漢書貪夫殉財應劭曰殉營也

勇悍 何旦反說文悍勇也有力也三蒼悍桀也

如毗濕飯怛羅 梵語都達反即蘇達本生因緣也

第七卷

踰繕那 梵語市戰反亦言踰闍那此云合也應也計應合尒許度量同此方驛也自古聖王一日行也案西國繕那亦有大小或三十里或四十里昔來皆取四十里也舊經論中或云由延又作由旬或言俞旬皆訛略也

底沙佛 梵語舊經中作弗沙佛同一也

蘇達那等 梵語亦作蘇陁沙等此云善與亦言好施舊云須達拏訛也

金剛般若波羅蜜經論上卷 慧琳音

頂戴 得代反顧野王云依奉其上曰戴國語云在首曰戴賈注云戴奉也說文云從異𢦔聲𢦔音災

中卷

淳熟 垂倫反考聲云清也礼記沃之以膏清也說文從水𦎫聲論作淳俗字也

下卷

有翳 於計反郭註方言謂蒙幕也奄也廣雅云障也說文從羽殹聲

大乘寶積論第一卷 慧琳音

甄說 上見賢反考聲云甄明也察也桂苑珠叢云亦表明也說文從瓦垔聲也垔音因也

謟恌 下眺雕反考聲云媮也薄也郭注方言云邪也廣雅云乱也從心兆聲媮音偷

鈌漏 上犬悅反蒼頡篇云缺也說文器破也從缶夬聲下力豆反顧野王云漏猶泄也許叔重注淮南子云漏穿也說文屋穿水入也從雨尸下尸即屋也經文從水亦同也

寶積論卷第二

攢成 上藏官反鄭注礼記云攢猶叢也蒼頡篇云聚也從木贊聲也

譏嫌 幾依反廣雅云譏問也亦諫也何注公羊傳猶譴也說文從言幾聲

譸

量　逐留反顧野王云籌所以計筭者也鄭注儀礼云筭也說文從竹壽聲

寶積論卷第三

指㡯　上音旨下音赤考聲云指言也推㡯也㡯遠也逐也為人所逺㡯也故云㡯說文從广屰聲屰音逆

㴸泥　上於㨱反顧野王說文㴸瀄滓也　云水中青泥也說從水於聲

闡陁　上昌演反梵語也

如蛾　五歌反考聲云飛虫也介雅云蚕化為之者蛾也大戴礼云食桒者有絲而成蛾說文從虫我聲也

一切經音義卷第四十七　第十三張　池

寶積論卷第四

咽喉　上宴賢反聲類咽亦喉也蒼頡篇咽古今正字從肉因聲也

性熏　訓云反顧野王云烟熏之者也考聲云熱也火氣也說文從中黒聲象形字也

動眴　玄絹反顧野王云令人動目客相戒語也考聲亦目動也王注楚辭云眴視皃說文云從目旬省聲

目旬同上也

作拳　倦袁反何注公羊傳云拳掌也亦愛也說文從手卷聲

寶髻菩薩經論　玄應音

𣶒潬　徒亶反介雅云潬沙出郭璞曰今河中有中潬江東呼水内沙堆為潬洛陽北河中潬城是也論文作埏音延八埏之地也亦埏道也埏非此用

陂㘸　皮筆反山東名為灤灤音匹各反亦名䑨䑨音公朗反也

贏髻　又作螺同力戈

一切經音義卷第四十七　第十四張　池

能斷金剛般若經論一卷　無可音訓

能斷金剛般若波羅蜜多經論上卷

慧琳撰

怨讎　下受州反尚書云虐我則讎礼記云父之讎不與共戴天顧野王云讎怨憾也說文從言雔聲也

中卷

差舛　下川兗反顧野王云差舛不齊也說文對卧也從牛牛相背俗作舛也

下卷

津媲　下批閉反考聲媲匹也郭注尒雅云媲亦偶也集訓云配也說文從女毘聲也

在瀲　下廉染反考聲瀲瀲淺水皃也清也水淺次也从也文字典說文從水斂聲也

巘際　上魚偃反毛詩傳巘小山別於大山也郭注尒雅山形如累兩甑也釋名甑一孔曰巘山孤似也古今正字從山獻聲

橐籥　上湯各反集訓云橐小囊也又云無底囊也下陽削反考聲鍵器也又樂器傳也說文作籥亦樂器也從竹龠聲也

儵忽　上昇叔反王注楚辭儵忽疾也說文電皃也古今正字從來儵忽也從黑攸聲

熛爛　上𤇾貫反下蘭旦反論語煥乎其有文章也方言云火熟曰爛考聲云煥爛並光明也古今正字並從火奐闌皆聲也

擐其　上纂括反漢書應劭曰擐亦三指撮也考聲擐牽持也古今正字從手睘聲也

文殊師利菩薩問菩提經論上卷　慧琳撰

編髮　必綿反鄭注礼記云編列髮為之其古之遺象也若今之假髻也劉注公羊傳云編連也蒼頡篇織也說文次簡也從糸扁聲也

如塊　口潰反郭注尒雅云土塊也王注楚辭云塊獨處皃說文從土鬼聲也

奮迅　上分問反廣雅云振也考聲云起也鳥振毛羽也說文翬也從奞從田會意字也

下卷

遞共　提礼反郭注尒雅云更易也楚辭云四時遞來而卒歲考聲云遞代也或作遆說文從辵虒聲也辵音丑略反虒音斯也

妙法蓮花經憂波提舍一卷

婆藪盤豆菩薩造　慧琳音

怨敵　亭歷反杜注左傳云敵猶當也又曰敵恐也方言同力者謂之敵說文從支商聲也商音的也

彈指　唐寒反廣雅云彈拼也顧野王云凡鼓動物曰彈說文從弓從單聲也

妙法蓮花經憂波提舍上卷　慧琳音

颰陁婆羅　上盤末反梵語也不求字義唐言賢護菩薩即此賢劫中成佛也

頻婆羅　案俱舍論西方數法名也十十變名頻婆羅當此國數法之中千載之數也

阿閦婆　亦西方數法名也當此地万載之數

一切經音義卷第四十七　第十七張　池

法花論下卷　玄應

謦欬　上輕挺反蒼頡篇聲也說文謦亦欬也從言殸聲殸音口莖反下開改反顧野王欬嗽也說文逆氣也從欠亥聲論從口作[illegible]咳誤也

勝思惟梵天所問經論四卷　慧琳音

第一卷　第二卷　並無字音

第三卷

牛豬　下肘驢反方言豚為豬也豕也說文豕三毛叢居也從豕從者聲

第四卷

一切經音義卷第四十七　第十八張　池

危脃　下七銳反廣雅脃弱也說文云肉耎易斷也從月絶省聲字也

涅盤論一卷　無音可釋

涅盤經本有今無偈論一卷　慧琳音

見杌　下五骨反俗字也通俗文云物無頭曰杌集訓云樹無枝曰杌從木說文作兀云高而上平也一在人上

無量壽論　慧琳撰

傎倒　上典年反孔注尚書傎殰也又傎覆也言反倒仆也今作顛說文作蹎從入論作巔字誤也

黿毛　上愧逵反白虎通曰黿言久也毛詩傳曰元黿尺二寸也說文外骨而內肉者也從它黿頭象形也或曰聲也

扰箭　上拼八反論作拔誤也

石蛭　下真日反尒雅蛭蟣也蒼頡篇水虫也聲類亦蛭蟒蛭掌者也考聲蛭蟒蛭蛒並蟚蠹也說文從虫作論從石作硅誤也

火擿　下呈隻反

考聲擿擲也說文云投也從手論從火作熵誤也

三具足經憂波提舍一卷　慧琳音

鄴城　上嚴劫反漢書魏郡有鄴懸故太原山東也說文從邑業聲也

挑施　上眺彫反聲類挑抉也字書撩也說文從手兆聲也

垂堆　下對雷反王注楚辭云魁堆高也郭注上林賦云堆沙堆也考聲土之高皃也或作塠古今正字從土隹聲經作埠非

尼羅拏　下搦加反梵語人名也

胃膽脾　上韋貴反白虎通云胃者脾之府也說文穀府也象形經作膶誤也中擔敢反白虎通膽肝之府也文字典說從肉詹聲下婢卑反白虎通辯也土藏也廣雅脾卑也文字典說文從冃卑聲

舩舶　下彭陌反考聲舶㠯喻舡也亦作艊司馬彪注莊子云大船舡名也廣雅海舟也埤蒼大舡也古今正字從舟白聲

虵蟒　下莫牓反郭注尒雅蟒虵之大者古今正字從虫莽聲也

熊羆　上虛弓反說文

熊獸似豕山居也從能炎省聲下彼皮反郭注尒雅羆似熊而長頭高腳多力拔木開西呼猳熊說文從熊罷省聲也

灾蠥　下言烈反考聲云孽災也虫獸為恠日蠥衣服草木為恠日孽今或從女作嬖或從虫作蠥經文從木作蘗非經義也

轉法輪經憂波提舍一卷　無字音

遺教論一卷　慧琳音

瘕疵　上夏加反毛詩箋云瘕病也郭注山海經虫病也蒼頡篇腹中病也

說文病也下潰茲反孔注尚書疵亦病也
周易疵猶瑕敗也說文從疒從此皆聲也

媟慯 上斯列反孔注尚書云媟亦慢也鄭注禮記媟嬻也方言媟狎也說文從女枼聲

坑隔 上客庚反郭注介雅坑塹也丘墟目蒼頡篇壑也亦陷也或作阬古今正字從土亢聲下咸監反顧野王云險墜入也注楚辭云沒也廣雅云隤也說文從高而下也一曰墮也從阜臽聲也

輕躁 下遭譟反野王躁猶動賈注國

語擾也鄭注論語不安靜也考聲性急也說文為趮字從足喿聲論從彔作蹤非也

騰躍 下陽削反杜注左傳起也介雅迁也廣雅跳也上也進也說文從足翟聲

踔躑 驅尿 下呈石反顧野王躑躅足而不進也說文住足也蹢也或作蹢也古今正字從足鄭聲

黑蚖 下五官反抱朴子日虵類甚多唯蚖虵中人最急可以刀割所螫處肉弃於地肉自沸似火炙須臾焦盡人得活矣不割必死玄中記蚖蛇身長三四尺有四足形如守宮尋脊有針利如刀甚毒惡中人不逾半日則死山海經云皮可以飾刀劍鮫魚皮相似但麁細異耳也

悁自 上一絹反王注楚詞悁慣滿也蒼頡篇恚也聲類悒憂皃也說文云忿也從心肙聲也

三具足論

玄應撰

舩舶 音白字林大舩也今江南凡汎海舩謂之舶崐崘及高驪皆乘之大者受盛之可万斛也

邏戍 力賀反戍屬也謂遊兵以禦寇者亦循行非違也

恐哧 乎嫁反恐相也方言作恐閲音許滿反亦言恐赫亦言恐猲一義也猲音虛割反

礓石 居良反形如薑也通俗文地多小石謂之礓礫字從石論文從土作壃非體也

已前釋經論已後集義論

顯揚聖教論第一卷

玄應撰

稽首 古文𥡴同苦礼反說文稽下首也白虎通日所以稽首至也首頭至

地也周礼太祝辯九拜一曰譖首二曰頓首是也

將紹 古文綤同市遶反尒雅紹繼也謂繼續先宗也謚法曰疏遠繼位曰紹

錯綜 祖送反謂錯其文綜理其義也廣雅錯厠也言相間厠也綜揔也揔括文義也錯捘也捘理說文綜機縷也謂持絲交者屈繩制經令開合也綜記也理也紀領絲別也

駛疏 山史反蒼頡篇駛疾也字從史也

善軛 於革反說文軛車前也謂轅端

一切經音義卷第四十七　第二十三張　池

歷牛領者也

惻愴 古文愳同楚力反下初亮反說文惻痛也廣雅惻悲也愴傷也

迦多衍那 梵語姓也因姓為名舊言迦旃延訛也

心詭 居毀反詭謂變詐不實也廣雅詭詐也欺也

忌憚 渠記反下徒旦反忌畏也恐也憚難也驚也

甘執 古藍反廣雅甘樂也嗜欲之意也甘嗜無猒也說文甘美也

勉勵 靡辯反力制反勸弊也勉強也謂自勸強也勵相勸勵也亦勉力為勵強音巨兩反

悵怏 勑亮反下於亮反說文悵望恨也怏心不服也

所吞 他痕他賢二反吞謂不嚥也說文吞咽也廣雅云吞滅也

谿沼 又作谿同苦奚反下之遶反尒雅水注川曰谿說文沼小池也

巨壑 其呂反大也下呼各反尒雅溝水深則成壑壑亦壑也

炎燎 手廉反下力照反炎亦燒也說文炎火光上也燎放火燒田為燎也

蔓延 亡怨餘戰反謂連綿不絕也

灰燼 又作妻同似進反說文火之餘木曰燼也

一切經音義卷第四十七　第二十四張　池

扣絃 苦後反廣雅扣擊也絃謂琴箏等也

拊革 芳主反拊猶拍也下古核反革鼓也

黏勇 女廉反蒼頡篇云黏合也說文相著曰黏下瑜種反謂雄武果決也謚法曰知死不避曰勇命為仁曰勇也

靜慮 茲井反說文靜審也安息也慮念也思也舊言定梵云馱衍那也

漏匱 渠愧反乏財曰匱礼記取財不匱鄭玄曰匱乏也詩云孝子不匱傳曰匱竭也

第二卷

鄔波拕耶 梵語也上烏古反下拕音徒我反此云親教或言郁波地耶夜亦云近誦以弟子年小不離於師常隨常近受經不誦也舊云和上或云和闍皆于闐等諸國語訛也義譯云知罪知無罪為和上也

阿僧企耶 梵語丘致反此云無央數舊言阿僧祇訛略也

温習 烏昆反論語温故而

知新何晏曰温尋也鄭玄注礼記云後時習之謂之温温燖也取其義也

第三卷

叜根 而兖反梵言没栗度此言叜物柔日叜也

阿世耶 此云意樂樂音五教反亦言種子

預流 翼庱反梵言窣路多阿半那此言預流一聖道說名為流能相續流而涅槃故初證聖果創叅勝列故名預流叅預也舊言須數多分得也須陁洹者訛也或云逆流或言入流亦云至流皆同一也

一間 古間反梵言翳迦鼻至迦翳迦此云一鼻至迦此云間謂壁際孔也說文間隟也言有一間隟在不得般涅槃也舊言一種子者梵言鼻致迦此言種斯或譯者不善梵言或筆受人不尋本語致茲訛失也

朅迦 梵言祛謁反此云犀牛咄沙拏此云角謂犀牛一角一亦獨也喻獨覺也言一一獨居山林也咄婆沙作偈伽月藏經作佉伽皆訛也

第四卷　第五卷

竝先不音

第六卷

什物 時立反聚也雜也謂資生之物也今人言家產器物猶云什物即器也江南言什物此云名五行史記舜作什器於壽丘漢書貧民賜田宅什器並是也

摩怛理迦 梵言都達反舊云摩德伽亦言摩夷此云行毋亦云本毋云行境界謂起行所依能生行故也

工業 古紅反毛詩云工祝致告傳曰善其事曰

工也

卄攝波葉　經亦言申怒字柝或作申怒波林樹名也此譯云賓木舊葉揄多火經是

所祈　巨衣反廣雅祈求也

第七卷

樹杪　弥遶反通俗文樹鋒曰杪杪謂微細也

官僚　又作寮同力雕反介雅僚官也同官曰僚也

或翅　祇遻反廣雅翅舉也

蝸虫　古花反說文蝸蝸也

第八卷

俱胝　梵語竹尸反佛本行經作拘致云一百百千名一拘致數當千万也

素怛纜　力曹反此譯云綫舊云修多羅

吠舍　梵言扶癈反舊言鞞舍此云坐估也案天竺國俗多重寶貨此等營求積財巨億坐而出內故以也

戍陁羅　梵語也輸句反舊言首陁謂諸田官學者此等四族國之大姓也

第九卷

伊師迦　梵言山名也言此高聳我慢如之故揄也

第十卷

商賈　始羊反下公户反行賣曰賣坐賣曰賈白虎通曰商之言商度其遠

近通四方之物以聚也賈固也固物以待民來求其利也賈亦通語也

能祀　徐理反介雅祀祭也亦地祭也

方域　為逼反說文域邦也

詰問　丘逸反廣雅詰責也說文詰問也

欝尒　於勿反謂樹木叢生也

颯然　桒合反謂風吹木葉落之聲也

唐捐　徒郎反以專反唐徒也徒空也說文捐弃也

薄蝕　補莫反下神職反小介雅薄近也漢書日月薄蝕韋昭曰氣往迫之曰薄虧毀曰蝕如虫食草木葉落也

羅婆果　梵語

也亦云頰螺果或言避羅果皆訛也果形金色如甘子大西國祠天多用此木作幢莊嚴供養也

餉佉 梵語尸尚反此云見月或言珂舊云儴佉或云傷佉也

第十一卷

尚論 市讓反廣雅尚高也說文尚曾也尚亦上也

倡女 齒揚反婬女也說文倡樂也

雨衆 于矩反梵言嚩利亦云跋利亦云衆謂雨

等師徒之衆故云雨衆也

銓量 又作佺同七泉反稱衡也廣雅謂之銓所以稱物知輕重者也

刊定 口干反廣雅刊削也亦定也除也

淩侮 又作夌同力苿反三倉淩侵也廣雅淩犯下士府反廣雅侮輕也言輕傷也淩從水作夌聲也

遞互 古文遆同徒礼反方言遞代也謂更他也

目眩 侯遍胡蠲二反字林眩乱也三蒼眩視不明也

纔取 在灾反廣雅纔暫也

亦劣也不久也

未愈 古文瘉同瑜乳反方言愈差也說文瘉病瘳也

迦末羅病 梵語舊云迦摩羅病此云黃病或云惡垢言腹中有惡垢即不可治也

角䩐 妃封反又音封今有此牛形小髀上有䩐者也

形愞 奴乱反三蒼懦弱也

嘶聲 又作誓同蘇奚反說文誓悲聲也方言嘶噎也痛也

哮吽 古文虓同呼交反說文虎鳴也大怒聲也下古文呴吐二形今作呴又作吼同呼苟反吽嗥也

咆吽 蒲交反說文咆嗥也

廣雅宅鳴也

瞑目 又作眠同莫田反說文瞑目翕也眠寐也卧也

敦肅 古文惇同都屯反說文惇厚也下思六反肅敬也嚴也謂嚴整之皃也亦戒也自敬也

鄙俚 補美反下又作野同力子反鄙陋也說文五鄼為鄙鄙野也蒼頡篇國之下邑曰野漢書質而不野如淳曰雖質猶不如閭里之野言也鄼音祖旦反百家也

麁獷 古猛反獷強也字從犬也

過隙 丘逆反說文壁際孔也字從白上下小也

謇澀 古文作謇謇二形今作蹇同飢

屡反方言謇吃也楚人語也謇難也下所立反說文䇲不增也字從四止四止則不通字意也

竦肩　古文竦㨮二形今作聳同須奉所項二反廣雅竦上也跂也

酷怨　古文嚳焅㤞三形今作酷同口木反說文酷急也甚也暴虐也

第十二卷

達羅弭　梵語弥尒反咒名也此無正翻但存本耳也

傳述　昏聿反述謂訓其義也尒雅述偱也

没力伽羅子　梵語也亦言物伽伽羅伽此云胡豆即是綠色豆也羅此云取作此間語應言取綠豆此是其姓上古仙人名勿伽羅不食一切物唯食胡豆故名取胡豆是此仙人種故以為姓也舊言目揵連訛略也

鄔波第鑠　梵言烏古反下尸藥反舊言優波提舍此云論議也

深邃　古文作㴱同私醉反說文邃深遠也

第十三卷

精懇　古文作貇同口很反通俗文至誠曰懇丨亦堅忍也

鄔波婆娑　梵語亦言優波婆娑此云近住謂受八戒者近阿羅漢等善人而住也

杜多　梵語亦言蕍吼多此云伙汰亦言修治又云斗藪或言抖擻亦言弃除一義耳皆謂去其衣服飲食侍處三種欲貪也舊言頭陁者訛也經中亦言作十二誓行蕍音徒斗反汰音木

第十四卷

毗瑟弩天　梵語亦言毗搜紐天此當幻惑義此天有大威德乘金翅鳥行行時有輪以為前導欲破即破無有能當也

西你迦　梵語女履反此云有軍外道名也舊云先尼訛也

喬荅摩　梵言此有三義一云日種二言牛糞種三星土種以瞿名目九義故也舊言瞿云因緣具如經說也

踡跼　渠負反下渠玉反埤蒼踡跼不伸也說文作趜謂行趜趗也宷捲亦曲也趗音

錄

嬈亂　乃了反惱也說文嬈擾戲也三蒼嬈擾郭璞曰嬈弄也廣雅云撩排擿嬈也

里閈　力擬反下胡旦反五鄰為里謂二十五家也里居也方言一里之中也閈門也謂巷門也

乾曬　古寒反下又作暵同江及反通俗文欲燥曰曬

第十五

第十六　並先不音

第十七卷

佚　古文泆同與一反蒼頡篇佚惕也佚樂也惕音蕩也

窣羅酒　此云米酒也

米䊧耶酒　謂根莖花果等雜酒也

末陁酒　謂蒲挑酒也

第十八卷　先不音訓

第十九卷

伐勒迦梨　梵語此云鬪力也

如鶵　烏鷹反鸎雀也亦名鶬鶊蔡文云鬧中以鶵為鶵爛堆是也

塲壠　治羊反方言埏封塲也下力揀反耕壠有界埒者也

第二十卷

艱難　古閑反說文土難治也

剖析　普厚反剖猶破土中分為剖下思狄反析分也

波羅闍巳迦　梵語此云他勝謂破戒煩惱為他勝於善法也舊云波羅夷義此言無餘若以犯此戒永弃清衆故曰無餘也

顯揚聖教論頌　慧琳音

瑜伽　上庚須反梵語

錯綜　宗送反說文機縷持絲交者曰綜從糸宗聲也

撟亂　居昭反許注淮南子云撟取也賈注國語非先王之正法曰撟加誅無罪曰誣說文從手喬聲經作矯在矢部也

羸劣　累追

反杜注左傳羸弱也賈逵注国語病也許尗重注淮南子云劣也說文羸瘦也從羊羸聲也

串習 開患反尒雅云串習也考聲從心作慣亦習也或從辵作遦其義並同也

瑜伽師地論釋

慧琳撰

撥無 補末反毛詩傳云撥猶絕也王注楚辭云撥弃也廣雅云除也說文從手發聲也

僻執 偏亦反毛詩云人之多僻箋云邪也顧野王僻者謂邪枉不中理也說文避也從人辟聲也

嗢柁南 上烏骨反下達賀反梵言此云足跡

三摩呬多 馨以反梵語也唐云等引謂勝定地離沈掉等力能平等引諸功德故言等引

標別 標遥反考聲云標舉也顧野王云標謂幖表以識之說文從木票聲票音必消反

王法正理論

玄應撰

錫賚 星亦反尒雅錫賚賜與也謂上與之辞也

懊恚 於報反懊恚悔根也

罄竭 古文窒同口定反說文器空也尒雅云罄盡也

英傑 於京反下奇列反淮南子云智出万人為英千人為傑傑亦特立也有才能也

大乘阿毗達磨集論卷第一

慧琳撰

迥色 熒瑩反尒雅云迥遠也又云迥遐也說文亦遠也從辵同聲也

猶豫 音由說文玃屬也一日隴西謂犬子為猶顧野王云猶豫不定也礼記云卜筮所以決嫌疑定猶豫也說文從犬酋聲也

纏眠 徹連反考聲云繞也說文纏約也從糸亜聲經從土作埋與經義不同誤也

第二卷

技業 奇蟻反文字集略云以為技巧也顧野王云猶藝也說文從手支聲經作支誤也

第三卷

更互 上革行反考聲云遞也代也易也說文改也正體從攴丙聲俗作更下胡故反顧野王云互更遞也

層級 自登反郭注云層重也王注楚辭云層重累也說文重屋也從尸曾聲

第四卷

株杌 陟俱反顧野王云株木根也考聲云然樹之餘說文從木朱聲也

扇搋半擇迦等 丑迦反梵語

儀軌 歸洧反考聲云車跡也道也賈注國語云軌法鄭注考工記軌謂轍廣也說文從車九聲

第五卷 無字可音訓

第六卷

英叡 悅歲反考聲云叡明也聰也廣雅云叡智也尚書云五事思心曰叡孔安國曰叡必通於術說文從㕡從目谷省㕡音殘也

麟負 栗珎反公羊傳麟者仁獸有王者即至其以告介雅麕身牛尾一角郭璞注云角頭有肉顧野云麒日牝麟也毛詩云麟之趾是也說文從鹿粦聲也

纔起 藏來反顧野云纔猶勤能也考聲云㲋也說文從糸毚聲也毚士咸反

第七卷 無字可音

對法論第一卷 玄應撰

爰發 禹元反介雅爰曰於于皆語辭也爰引也韓詩爰發蹤之皃也爰亦引也

參綜 麁南反下祖送反謂參位其文綜理其義之也

有情 梵言薩埵薩者此云有埵此言情故言有情言衆生者案梵本僕呼膳那此云衆生語名別也故從本譯之也

庻令 尸預反庻猶冀也望得也

辯蘊 於粉反梵言塞建陁此翻名蘊蘊由積聚義說名蘊字林蘊積也廣雅蘊聚也聚音才句反

左傳蘊藻也杜預曰蘊亦聚也蓄藏諸色故言色蘊受想等四義亦如之舊經論中或言五衆又云五聚頗亦近是仍未揔名舊翻薩者謂失之久矣

異熟 一切不善有漏法為因能感無記之果因果種別因異任運酬因名熟果異種因熟故名異熟又因感果時勢力成熟異於前位為異熟舊云果報

堅勁 居盛反字林勁強也字從力也

旃彈那 梵言徒旦反或作旃檀那此外國香木也有赤

白紫等諸種也

薩迦耶見 梵言也迦耶云身薩名不定或言虛偽或說無常或言有為斯由大小諸師見解不一既含多義所以仍置本名也

祠祀 似茲反下徐里反尒雅祠祭天也祀祭地也

欻尒 吁勿反蒼頡篇欻猝起也欻亦忽也

執仗 治亮反五刃為兵人所執持為仗仗亦兵器之揔也

憤發 扶粉反方言憤盈也謂怒氣盈滿也亦情盛也

心戾 力計反字林戾曲也乖也

心府 扶宇反廣雅府聚也白虎通曰人有六府謂大腸小腸旁光胃三焦膽也

慳吝 古文吝同力鎮反著多惜曰吝方言荊汝江湖之間凡貪而不施謂之吝也

撟設 矯夭反撟謂假詐也撟詐也擅稱上命曰撟非先王之法言曰撟字從手今皆作矯非體也

恱豫 翼庶反尒雅豫喜樂也豫亦安也

聰叡 古文睿叡二形同以芮反廣雅叡智也說文深明也字從目從谷省從𣦵丨取穿通義谷取響應不窮目取明

識會意字也𣦵音殘也

第二卷

文身 梵言鯿膳那此言顯了但以文能顯義故以代之舊言味身或云字身一也鯿蒲眠反案說文昔蒼頡造書依類象形故謂之文其後形聲相益即謂之字字者孳乳浸多也孳生也

異生性 梵言婆羅必栗託佉那婆羅此云愚必栗託此言異佉那此名生應作愚異生言愚癡闇冥無有智慧但起我見不生無漏故也亦言小兒別生以癡如

小兒不同聖生故論中作小兒凡夫是也又名嬰癡凡夫亦云嬰兒凡夫凡夫者義譯也廣雅云凡輕也輕微之稱也舊經中或言毛道凡夫或云毛頭凡夫案梵本毛名縛羅愚名婆羅當由縛婆聲之相近致斯訛謬譯人之失也伔音負訛反縛音縛佉反裒

賢鄔等　梵語上烏可反賢伊以反下烏古反此等諸字要藉助緣聲方言圓滿無別目故揔謂無義之文

卵㲉　又作㲉同口角反吴會間音哭

卵外堅皮也尚在卵中謂之㲉

羯羅藍　梵語舊言歌邏邏此云凝滑父母不淨合和如蜜和酪泯然成一於受生七日中凝滑如酪上凝膏漸結有肥滑也

頞部陁　梵語亦言過部曇或作頞浮陁皆梵言輕重耳此云皰結或言水泡謂至第二七日於凝酪中生一皰結猶如糜粟置厚白歛中也

閉尸　亦名畢尸此云肉團至三七日結聚成肉團若男則上闊下狹若女則上狹下闊雖成宍團猶爽未至若堅也

財貨　在來反人所寶曰財金曰貨財謂貨生也亦財㲉也

大材　在裁反財用也亦質性也凡木已斬伐可施工匠者曰材也

又荷　古文抲同胡可胡歌二反說文抲揭擔也

第三卷

第四卷　並不先音

第五卷

等胤　翼刃反胤繼也子孫相承繼也

摩納婆　梵語或云摩婆此云年少淨行亦云儒童或言謂人也

瞻部則　時焰反從樹為名舊言剡浮或云閻浮皆一也

阿闡底迦　梵語此云無欲曾不樂般涅盤亦言一闡底柯此云多貪謂貪樂生死不求出離故不信樂正法舊云阿闡提譯云隨意也

阿顛底迦　梵語此云畢竟無有善心

第六卷

東毗提訶　梵言或言弗婆提或言弗于逮皆梵音訛轉也此云前也

西瞿陁尼　梵言或云俱耶尼或作瞿伽尼瞿此云牛陁尼此云取與以彼多牛用牛貨易如此間用錢帛等也

北俱盧洲　梵語或云欝單日或言欝多羅拘樓此云高上作謂高上於餘方亦言勝洲也

覩史多天　梵語亦言兜餅多或云兜率陁皆梵音訛轉也此云妙足天亦云知足天也

樂變化天　五孝反但此天雖有實女於變化者心多愛著於男亦尒故以名焉舊言化樂天音洛失之久矣

蘇迷盧山　梵語或云須弥山此云妙高山亦云好光山舊言須弥者訛略也

層級　贈登反下居立反說文層重累也級階次也

輪圍山　梵語拓迦羅此云輪山舊云鐵圍圍即輪義本無鐵名譯人義名耳

睛明　又作睲姓二形同自盈反聲類兩止也

健達縛　梵語渠建反此云齅香亦云食香一云樂神經中作香神是也舊云乹闥婆皆訛也

中殀　又作夭曰於嬌反釋名曰少壯而死曰夭廣雅曰夭折也如取物中折也不盡天年曰夭意也

鍵南　渠偃反亦云伽訶那此云堅至第四七日時肉團方堅實也

鉢羅奢佉　梵語亦云波羅佉此云枝枝第五七日時止有形相若至第六七日從五皰更生耳鼻手足等故有重枝名有風生之眼耳等孔亦大生苦也

第七卷

憒吏　公內反下奴孝反說文憒乱也讀集吏猥也

三摩四多　梵言虛利反此云等引謂勝定地離沉掉等平等能引也或引平等也謂引諸功德或平等所引謂定前如行故名能引

怡悅　翼而反介雅怡懌悅樂之

中庸　以鍾反廣雅庸和也小介雅庸善也謂和善人也也

馱索迦　梵語徒餓反此譯云奴也

鹵土　力古反謂确薄之地也天生曰鹵人生曰鹽

熏坌　蒲頓反通俗文埲土坌說文謂作坌塵字也

德

失 多勤反德謂福德之德也失謂過失之失也義獲得之故此字也

稼穡 加暇反下所力反字林種曰稼收曰穡說文禾之秀實為稼一云在野曰稼也

磽确 口交反下苦角反通俗文堅硬謂之磽确謂瘠薄地也

第八卷

勤策男 初革反策驅也勤勞也梵言室羅末拏伊落迦此云勞之小者

也亦言息慈謂息惡行慈義譯也舊言沙弥者訛略也

鄔波索迦 梵語烏古反亦云優婆娑柯受三歸住五戒者優婆娑呵此云男一云近事或言近宿謂近事三寶而止宿也又云善宿亦言清信皆義譯也舊言優婆塞訛也

鄔波斯迦 梵語亦言優婆私呵優婆此云受私呵此云女餘義同前舊言優婆夷訛也

扇搋半擇迦 梵語搋音勑佳反舊經論中或作般荼迦皆梵音輕重耳此曰黃門其類有五一半擇迦伊利沙此云姤謂見行欲即發不見即無亦具男根而不生子三扇搋半擇迦謂本來男根不滿亦不能生子四博又半擇迦留拏此云割謂被刑者也

罝菟 子耶反菟網曰罝釋名云罝遮也遮取菟也

毆擊 烏厚反說文毆捶擊也字從殳也

唱令家 上鴟讓反謂作音樂人戲作人也又云尋香人也是等家無產業唯乞自活若見有飲食處即往至彼為設倡伎求財食也

旃荼羅 梵言直家反此

云執暴惡人亦言惡煞謂屠煞者種類之摠名也其人若行則搖鈴自標或杖破頭之竹若不然者則與罪舊言旃陁羅訛也

羯耻那 梵語居謁反此謂莧狗人也

凌蔑 力丞反下莫結反凌相侵犯也蔑相輕傷也

銛利 息廉反廣雅銛鐵利也謂刀銳曰銛也

末尼 梵言莫鉢反亦言摩尼此云寶珠謂珠之摠名也

苕然 徒彫反苕遰遠也

洲渚 脂由反下脂與反尒雅水中可居曰洲小洲曰渚也

第九卷　先不音

第十卷

蹴蹹　子六反下子亦反廣雅蹴蹹畏敬也字林蹴蹹不進也

第十一卷

諷誦　下鳳反諷為詠讀也誦謂背文也周礼注云倍文曰誦以聲節之曰

諷倍音佩也

綴緝　張衛反下七立反緝續也綴連也說文綴合令著也

洛叉　梵語亦言洛沙此當十万一百洛沙為一俱胝也

薩伐若　梵語此云一切智舊言薩婆若訛也

第十二卷

殑伽沙　梵言渠興反河名也從無熱惱池東面象口流出入東海也其沙至細與水同流以手掬水沙滿手中急把於沙還隨水出經中多此喻也舊言恒河沙者訛也

毛麾　許皮反舉手曰麾謂手指也

譏弄　居衣反廣雅譏刺也說文譏誹也

毀呰　貲介反口毀曰呰說文云呰呵也

第十三卷

所孕　翼證反含實曰孕孕妊子也孕傳也

波羅痆烏　梵言女黠反國名也舊言波羅奈譯云江遶城言此國流青黃等色名和合色也

莫迦花等色　梵言名俱生色也

烏沙斯星　梵言此云太白星取其白色也

第十四卷

第十五卷　先並不音

第十六卷

英俊　倚京反下又作儁同資閏反淮南子云智出万人曰英千人曰俊俊謂絕異於人也

闡鐸迦　梵言徒洛反入名也此云樂欲

躁急

祖到反論語云言未及之而言謂之躁躁擾不安靜也亦躁動也

闍陁論 云論中第五名闍陁論釋作首盧伽法謂佛弟子五通仙人等說偈名首盧伽也

中論序

慧琳音

耿介 上耕幸反鄭箋毛詩云耿耿儆也纂韻云耿專一也韻英耿耿不安者聲耿亦介也說文光也明也從耳火聲下皆械反劉熙注孟子云介操也王逸注楚辭

一切經音義卷第四十七　第四十九張　池

云介節也暨志介而不忘說文從人介聲論文從八作介謂介冑甲也非耿介之義也

于隘 戹戒反顧野王云隘迫側也鄭注礼記云隘狹也說文從𨸏益省聲正從皀從𨸏作阸也

敞玄 昌掌反蒼頡篇云高顯皃也平治高土可以遠望也說文從攴尚聲也攴音普卜反

喉衿 上侯鉤反蒼頡篇云喉咽也周礼云家宰之宮出納王命王之喉舌也說文從口侯聲下錦林反介雅云衣背前謂之衿郭注云衽也亦交領也說文從衣金聲或亦作襟論文從今作衿俗字也衽音壬甚反背音紫也

裨之 必弥反考聲云裨補也說文云裨益也從衣卑聲

治外 離止反孔注尚書云治理也顧野云治者謂修理也字書云修法辟以制姧邪說文從水台聲台音以之反

祛內 蹇魚反考聲云祛去也除也說文從衣去聲

論第一卷

一切經音義卷第四十七　第五十張　池

韋紐 女九反韋紐者梵語天名也

先有先無 並仙薦反

論第二卷

匍匐 上步吾反下朋北反鄭箋毛詩云匍匐盡力也說文云手行也二字並從勹甫畐皆聲畐音皮力反勹音包也

有拳 巨貟反考聲云手拳也毛詩傳云拳力也說文從手從卷省聲也論文從手卷作捲亦通也

論第三卷

如券 闕願反韻英云券約也考聲云大曰券小曰契說文云契也從力從𢍏聲

鍮石 他侯反埤蒼云鍮石似金也說文從金俞聲也

盆瓮 上蒲門反方言云盆瓦器也周礼考記云匋人為盆實二鬴厚半寸說文從皿分聲論文從瓦作瓮俗字也下翁貢反說文云大甖也從瓦公聲鬴音負也

論第四卷

毫氂 上胡高反考聲云毛之長也說文從毛從𠩺省聲也下里之反考聲云十毫為氂說文從毛從氂省聲也

澣衣 桓管反鄭箋毛詩云澣謂濯也劉兆注公羊傳云濯生練曰漱柬敕反去舊垢曰澣說文從水幹聲論文從水從完俗字也

刈者 魚罽反埤蒼云刈穫也王逸注楚辭云草曰刈穀曰穫說文從刀乂聲罽音居乂反

涅墼 上奴奚反顧野王云涅即塗也說文從水圼聲下經亦反蒼頡篇云墼壘也顧野王云今刻土方如甓而不燒為墼也所以用築為城壘說文從土擊省聲也甓音蒲壁反

鐮刈 力占反廣雅云刈穫器也文字典說云刈刀也說文從金兼聲也

㳄出 羨延反說文云㳄口液也又慕欲也從水欠聲隶昔從口作唌賈誼從羨作㵪義同論文從延作涎俗字

梁椽 上力羊反尒雅云楣謂之梁郭注云屋大梁也說文從木從水刅聲下長攣反考聲云椽屋椽也說文云秦謂之椽從木彖省聲也彖音傳戀反攣音力權反

般若燈論第一卷　玄應撰

如篾 眠結反埤蒼云析竹膚也聲類篾篾也今蜀土及關中皆謂竹篾為篾音彌析音思歷反字從斤分木為析今俗作折皆從斤也

纈目 賢結反謂以絲縛繒染之解絲成文曰纈也

檀札 莊黠反三蒼柹札也今江南謂破削木片為柹關中謂之札或曰柹札柹音敷廢反

第二卷

鬻䰞 聲類作甑又作𩰲鬵作鬻同子孕反下籀文作鬵才心反字林鬵炊器也鬵大釜也一曰鼎大上小下若甑也

第三卷

窯師 以招反說文燒瓦竈也通俗文陶竈曰窯是也

䕢逐 千䈂七鸞二反䕢鋋也䕢擲也今江南傒人工用䕢鑽鋋音蟬傒也音苦奚反

⿱吅皿⿱羽曷 烏伋反下居謁反

第四卷

紫礦 古猛反謂波羅奢樹汁也其色甚赤用染皮氎等是也

銛利 息廉反廣雅銛䤬利也謂刀銳曰銛也

第五卷

後櫳 力東反說文櫳檻也三蒼櫳所以盛禽獸闌檻

犎牛 漢書西域傳有犎牛鄧展曰脊上有肉鞍如橐駝難字作犎音妃封反今有此牛形小髆上有封是也

垂胡 又作頷㖶二形同戶孤反說文胡謂牛頷垂下者也論文作臺非體也

第六 第七 第八 第九

已上四卷並先不音訓

第十卷

生莞 工端反又音桓此草外似葱內似蒲而圓廣雅謂之葱蒲可以為席生水中今亦名莞子也

箭笴 工旱反字林箭莖也論文作竿非字也

𤬪堅 又作𤬪同力鎮力珍二反尒雅𤬪堅中郭璞曰𤬪竹名其中堅可以為席也

第十一卷

明帆　又作颿颿二形同扶嚴反通俗文舉㡉乘風曰帆釋名隨風張幔曰帆今或用布若薄若席為之是也

第十二卷

蟾蜍　之鹽反以諸反尒雅蟾蠩郭璞曰似蝦蟇居陸地淮南謂之去父山

東謂之去蚊蚊音方可反江南俗呼蟾蜍者音食餘反

第十三卷

迦逋　補胡反此言白鴿地也

第十四　第十五　並先不音

十二門論　玄應撰

機杼　丈與反字林機持緯者今俗呼杼為筬筬音成埤蒼筬竹杼也口

爽　所兩反楚人名美敗曰爽爽敗也尒雅爽差也

十八空論　慧琳撰

栖託　上昔稽反尒雅云栖息也說文從木西聲或作棲下湯洛反方言託依也說文亦寄也從言乇聲乇音陟宅反

岸崩　俄幹反尒雅云水涯洒而高曰岸說文高也從屵干聲下北朋反毛詩箋云崩毀壞也說文從山朋聲古文亦從阝

屵音五割反

優婁佉　上音憂中音摟下却迦反梵語也

百論上卷

僧佉　此言訛也應言僧企耶此言數也其論以二十五根為宗舊云二十五諦

衛世師　此訛略也應言鞞崽迦論此云勝其論以六句義為宗舊云六諦也崽音所皆反

下卷

埏埴尸延反下時力反埏柔也和也擊也埴土也粘土曰埴

一切經音義卷第四十七 第五十七張 池

一切經音義卷第四十八　池

翻經沙門玄應撰

瑜伽師地論　大唐新譯

第一卷

瑜伽　羊朱反此譯云相應謂一切乘境行果等所有諸法皆名相應境謂一切所緣境此境與心相應故名境相應行謂一切行此行與理相應故名行相應果謂三乘聖果此果位中諸功德法更相符順故名果相應也

師地　師謂三乘行者由聞此等次第習行如是瑜伽隨分滿足展轉調化諸衆生故名瑜伽師師謂教人以道者之稱也舊經中言觀行人者是也地謂境界所依所行或所攝義是瑜伽師所行境界故名為地地即十七地也

嗢拕　烏骨反下徒我反舊言鬱陁耶訛也此云集惣散或言攝散亦云攝施也

三摩呬多　虛利反此云等引謂勝定地離沈掉等平等能引也此有二義或引平等謂引諸功德或平等所引謂定前加行故名能引

俳戲　蒲皆反案能者樂人所為戲咲以目相悦者也三蒼俳優也嘯咲聲也說文俳戲也字從戈䖒聲䖒音虛猗反

應舐　字詁及古文作䑛同食尔反謂以舌取食也

應吮　似兗食兗二反說文吮欶也吮嗽津液也嗽音所角反

若醒　思定思冷二反酒歇也通俗文醉除曰醒是也

儀路　所行為路路亦道也威儀所行也謂色依香味為路又威儀依心為路也

末摩　莫鉢反此云死節也身中有此節也謂若打若搏人即死也

補特伽羅　案梵本補此云數特伽此云趣羅此名取云數取趣謂數數往來諸趣也舊亦作弗伽羅翻名為入言捨天陰入人陰捨人陰入畜生陰也是也經中作福伽羅或言富伽羅又作富特伽耶梵音轉也譯者皆翻為人言六趣通名人也斯謬甚矣人者亦言有

意似多思義有智慧故名為人也鬼畜無此何名人斯皆譯者之失也

捫摸 莫奔莫本二反桒捫摸謂手執持物也字林捫撫持也

咀沫 又作齨同才與反通俗文丑爵也三蒼咀噍也又含味也

角力 古文斠同古學反廣雅角量也角試也說文角斗料斛也音單作角或作捔者此古文粗字音在古反粗略也捔非此用也

黑糯 奴溝反埤蒼羖糯胡羊也通俗文羊卷毛曰糯是也

或晴 又作睲姓二形同自盈反聲類云雨止日晴晴亦星見也

嬉戲 又作僖同虛之反說文樂也蒼頡篇嬉戲笑也

麥果 書又作顆同口果反或言子或去粒又言皀穹一也皀音逼方俗語耳

宗葉 子紅反廣雅宗本也葉世也謂族類繁盛也詩云支百世是也

第二卷

一切經音義卷第四十八　第三張　澁

鍵南 月偃反舊云伽訶那此云堅厚至第四七日肉團方堅實也

黑黶 於減反字林黶深黑也言形色黶黑

讌會 又作宴燕二形同於薦反讌飲也樂也小會也

粟稗 蒲懈反謂草之似穀者也

顛僵 又作傎趚二形同都田反下居良反傎倒也僵偃也謂反倒偃臥也

殆盡 徒改反殆近也幾也幾逼近也幾音渠機反

殞沒 于愍反聲類殞沒也古今語耳

銳利 羊稅反廣雅銳利也說文銳芒也言利如芒也

一磔 古文乇同知格反張申曰磔廣雅磔張也開也

枯槁 古文熇說文作稾同苦道反槁木枯乾也

激注 經歷反流急曰激說文水流礙邪急也數也

風飈 又作颮同比遙反暴風也回風從下土上者也

衝薄 補莫反薄迫也相迫近也

頻胝 竹遂反梵言塞頗胝迦此云水玉或言白珠舊言頗黎是也大論云此寶出山石窟中過千年冰為頗黎珠案西域暑熱無冰極饒此物非冰所化但石之類

吒迦 字林丁谷反又竹格反山石也此無會釋

一切經音義卷第四十八　第四張　廿

所以仍立此本名

朅達 去謁反此云擔山木此山多饒此木故以名也

黳羅葉 一奚反樹名也舊經律中作伊羅葉訛也

重級 罽立反級次也謂之等次日級也

遊幸 胡耿反幸遇也言人君所至皆被德澤日幸也

牝烏 脾盡脾死二反說文牝畜母雌也

派流 普懈反分流也說文水之邪流別也廣雅水自分出名派也

殑伽 其外

反云天堂來以彼外書見高處出謂從天來也案佛經而此何從無熱惱池東面象口出流入東海舊云恒河亦言恒伽河或作恒迦河皆訛也

循其 似均反說文循行也亦雅循自也自猶從也案此亦與巡字同也

設拉 即荅反樹名也如皂莢樹類而角甚長裏中有絮如綿名妒羅綿堪以為衣者也

秔稻 俗作粳同迦衡反不黏稻也江南呼粳為秈音仙方言也

無秔 又作

麧同痕入聲一音胡結反堅米也謂米之堅鞕搘擣不破也今關中謂麥屑堅也為麧頭亦此也江南呼為麪子音徒革反

顧眄 眠見反說文眄邪視也方言自關而西秦晉之間日眄

遞相 古文遞同徒禮反尒雅遞迭也郭璞日謂更易也方言遞互也迭音徒結反

訶呰 古文呰訿二形同子尒反鄭玄注禮記却去口毀日呰說文呰訶也

司契 下口計反廣雅司主也說文契大約也字從大

婆羅門 此言訛略也廣云婆羅欱

末拏亦言婆羅賀摩拏此義言承習梵天法者其人種類自云從梵天口生四姓中勝故獨取梵名唯五天竺有諸國即元經中梵志亦此名也正言靜胤言是梵天之苗胤也

呼剌 落葛反亦言牟呼栗多梵音轉也舊名摩睺多

發憤 扶忿反憤懣也怒氣充滿也說文憤懣也形也

破㲉 又作㲉同口角反吳會間音哭卵外堅也案凡物皮皆日㲉

剖胎 普厚反剖猶破也蒼頡篇判分析也

豊稔 而審反字林稔穀熟也

官僚 又作寮同

官為僚尔雅寮官也

邸肆 丁礼反下相利反邸諸市坐賣舍也肆陳也所以陳貨鬻之物於邸也肆亦列也謂列其貨賄於市也

迫愶 虛業反謂以威力相恐懼也言亦愶赫或云恐愶皆同一也

近事 梵言烏波索迦此云近事謂親近三寶而奉事也

耄熟 古文薹耋二形今作耗同莫報反礼記八十日耄鄭玄日耄惽也亦乱也忘也老熟即惽乱多忘也

牧牛 莫禄玉禄二反二蒼牧養也方言牧歛也

補盧沙 舊言富婁沙此云士夫或云丈夫談體也補盧衫所作士也補盧崽拏所皆反下女加反及能作士也補盧沙耶所為士也補盧沙頻都我反士所從士也補盧鎩所屬士也補盧鍛所戒反所依士也此聲明中七轉呼召聲也

驚駭 下駭反蒼頡篇駭驚也廣雅駭驚起也

流轉 梵言僧娑洛此云流轉謂於六趣循環往来不絶也若言生死者棄梵言繕摩此云生来刺諵此云死語之别也別以本名諵音女咸反也

雜糅 女救反今以異色物相參日糅亦雜也說文糅雜飯也

渾濁 胡昆胡衮二反渾乱也亦水流聲也

第三卷

分析 思歷反分破也字從斤分木為析字意也今俗作析皆從片

池沼 之繞反說文沼小池也

孔隙 丘逆反說文隙壁際孔也廣雅隙裂也字從𨸏從白土下小也

有瞚 列子作瞬同尸閏反說文瞬目開閉數搖

八罡 篆文作剛同古浪反大鼓也

都曇 徒南反小鼓也

窣堵魯迦香 蘇骨反下都古反舊經中兜婁婆香是也

龍腦香 案西域羯布羅香樹松身異葉花果亦別初採既溼尚未有香木乾之後修理而析其中有香狀若雲母色如氷雪此謂龍腦香也

麝香 神夜反又音石形如小麞臍有香也

素位謎 迷細反香名也此無正翻故存本身

䶏洟 古文鮷同他計反三蒼云涕鼻液也

蔬菜 所於反凡可食之菜通名曰蔬字林蔬菜也

暴乾 蒲穀反小尔雅暴曬乾也字從日從出從北米字意也北矩竦反拱手

休愈 許由反下史乳反廣雅休善慶也愈彊益也

盪滌 古文𥂕同徒朗反下徒的反通俗文滌器謂之盪滌也

搦觸 又作𣪍同女草女卓二反搦執捉也說文搦按也

儒

童 而朱反儒柔善也童幼少也舊言摩納或云那婆譯云年少或言年小靜行近士是也

第四卷

一炮 彭孝反瘡炮也說文面生熱氣曰炮也今取此義也

歇嘶詀 呼曷反次陟鍇反下竹咸反地獄苦聲也因聲為名

郝郝凡 呼各反案戰聲也亦因聲為名

匱乏 渠愧反少財曰匱暫无名之詩云孝子不匱〻謂也

欻然 呼勿反蒼頡篇欻猝起也欻忽也猝音麁骨反

繩拼 補茎反謂彈繩墨曰拼江南名坪音普庚反

若斲 都角反鑿也說文斲斫也又補治日斲鏨音慚也

若剜 烏官反謂斤削曰剜挑中心也

纔入 在灾反廣雅纔暫也三蒼纔微也劣也僅也

鑯弗 初眼反字苑謂以鑯貫肉炙之曰弗

推捧 直追反蒼頡篇推用打物者也字從

木也

或築 古文篗同陟六反說文築擣也廣雅築刺也

兩髆 補莫反肩髆也或有作膊音比莫反膊物令薄也膊非今用

皺襵 側救反下之涉反又音輒今襵疊物及裙襵皆作此也

鐵鉆 奇廉反鉆謂鑷取物也通俗文鍜具曰鉆〻持也或作鉗束人頭鐵也非今所用也

洋洞 以淙反謂炙之消爛洋〻然也三蒼洋〻大水也

煻煨 徒郎反下烏迴反通俗文熱灰謂之煻煨

孃矩吒 俱庚反此

古糞屎虫有蘖如針亦名針黑䵑力
口虫穿骨食髓者也奚
反通俗文斑黑曰攎掣又作抯同側加
䵑字林黃黑者也反充世反釋名
云攎叉也謂五指俱往叉取脊膂又作
也掣制也制頓之使順已也呂同
力舉反膂亦脊也說文脊骨也太鐵紫
岳為禹妾如心呂因封呂侯也
今作喋又作觜同子累反廣雅紫口也字書
紫鳥喙也或有作嘴揜諸書史无此字唯傳

殺七歠詩云雋埴歃泉作探啄他含反
此字音与光同似兊反說文遠
取曰探探取也下丁卷縮聲類云此蕃
角反鳥食也啄齧也字同音貞反
詩云有卷者阿炮潰古文殨同胡對反
傳曰卷曲也蒼頡篇旁決也說
文潰災炭則才反釋名火所燒餘力
漏也曰災亦叀也音似刃反也飲
尿又作屎同乃吊反淋漏力金反三
字林尿小便也蒼淋瀝水

下淋悚慄思勇反下力質反謂悚蘇
瀝也懼戰慄也慄亦憂戚也
陁味舊經中作須陁飯獎化又作
此天甘露食也獎同
子兩反小尒雅云獎奮戈方問反廣雅
率勸也又成也助也奮振也字從
大從隹揮刃許歸反說文揮奮也綺
從田也振訴也廣雅揮動也
鈿徒堅反字略車輅本作路同也盧
云鈿金花也故反白虎通曰
名車為路者言所以歩之於路也或曰路者
正也人君之正車也詩注云人君之車曰路

也輦輿力展反下羊署羊如二反輦人
挽車也今王者所乘也車无輪
曰輿亦惣耳璫都堂反釋名云穿耳而
擧車曰輿珠曰璫本出西戎也
穫胡郭反草曰刈穀曰穫詩云宏壯
十月穫稻是也今皆通語也
胡萌反尒雅宏亦丗大繪車胡憒反
也宏亦屋深響容含物也雜色也
論語繪事後素鄭玄曰繪畫也尚書山龍華
蟲曰繪孔安國曰繪會也會合五采也皆經
中言種種鼓譟公戶反下先到反鼓動
車圍也也譟讙呼也雷呼曰譟

家語云桀人敖譹劫定乂是也

談讙　許虐反尓雅戲讙也謂相調戲也讙亦喜樂也

第五卷

不嬈　乃了反說文嬈擾戲也三蒼云嬈弄也

第六卷

先不音

羇遊　居儀反廣雅寄旅羇客也寄音撟是也

第七卷

颯然　桒合反疾也颯颯風吹木葉落聲也廣雅颯颯風也

祠祀　似滋反下徐里反尓雅祠天祭也祀地祭也

體胤　與振反尓雅胤繼嗣也說文子孫相承續曰胤也

薄蝕　補莫反下神職反漢書日月薄蝕韋昭曰氣往迫之曰薄虧毀曰蝕釋名曰月虧曰蝕稍侵毀如虫食草木葉也

餉

佉　或云霜佉或作儴佉又作勝佉皆梵音輕重此云貝亦言珂異名耳

所祈　且攻反字林祈求福也尓雅祈告也叫也祈祭者叫呼而告請事也

第八卷

旒杌　又作軏同於革反也謂壓牛領者也

捃多　居運反此有二義一云鑯子二云鑯卯既含兩義故置本名也

饕餮　他勞反下又作飻同他結反按左傳縉雲氏有不才子貪於飲食冒於貨賄敘之不知紀極人民謂之饕

餮杜預曰貪財曰饕貪食曰餮也

罰黜　又作絀同耻律反小罪曰罰廣雅黜庰也亦放也退也

雜猥　烏罪反猥惡也字林猥衆也衆雜乱也

第九卷

恩造　在老反廣雅造成也謂思成此事者也

酷暴　古文嚳焅俈三形同口木反說文酷急也甚也謂暴虐也

罝兔　姊邪反兔網曰罝罝遮也遮取兔也

卜羯娑　居謁反又作補羯娑聲之轉也謂除

糞擠死尸等鄙下戮種之類也

馳騁 直知反下丑領反廣雅馳奔也騁奄

第十卷

黑黶 於簟反謂面黑子也說文中黑也

傴曲 紆府反通俗文曲脊謂之傴傴亦是曲也

喘瘷 昌耎反氣急也下蘇豆反說文瘷逆氣也

僂前 力主反一命而僂再命而傴三命而俯身俞曲

尪羸

烏皇反尪弱也通俗文短小曰尪尪小也

第十一卷

歡娛 字詁古文虞今作娛同疑區反說文娛樂也書中虞樂皆作虞也

猶豫 翼周反下以庶反說文隴西謂犬子為猶猶性多豫在人前故不決者皆謂之猶豫又尒雅云猶如麂善登木健上樹也

猜度 古文職猜二形

今作悚同饒来反猜疑也下徒各反度則量也

笑睇 徒計反禮記不能睇視鄭玄曰睇傾視也方言陳楚之間謂眄曰睇纂文云顧視曰睇也

亞亞 乙格反字林笑聲也易云笑語亞亞是也

器仗 祛冀反下佁亮反漢書制器械之品應劭曰內盛曰器外盛曰械一曰无盛曰器仗兵器也五刃摠名兵人所執持曰仗也

憒吏 公對反下女孝反說文憒亂也韻集吏擾也擾衆也吏從市從人字意也或作閙俗字

懇到 口佷反通俗文至誠曰懇懇亦堅忍

也到至也極也苦也

陿小 又作狹同胡夾反說文陿不廣大之名

第十二卷

尺鷃 又作鴳同烏諫反鴳雀也亦名鴶鷃一名鴈纂云開內以鷃為鷃爤堆也案鷃長唯尺即以名焉一作斥小澤也

蚌蛤 蒲講反下古合反出珠自好者也字林燕雀所化也月望則蚌蛤實月晦則蚌蛤虛

浴摶 徒官反通俗文手團曰摶言可團團也案西域國俗澡浴初乾碎以諸果或藥用蘇為摶將摩

拭身令其潤滑及去風等故名浴摶

嗢鉢羅　烏沒反此云黛花舊言優鉢羅或作漚鉢羅皆訛也

呵叱　齒逸反方言呵怒也陳謂之呵叱亦呵也礼記尊客之前不叱狗是也

荏苒　而甚反下而琰反謂倏忽須臾也

第十三卷

宴坐　石經為古文燕一見反說文宴安也謂安息也

陶練　徒刀反言功之多也陶謂任瓦器也練謂消鎔也

潤洽　又作霅同胡夾反說文洽霑也三蒼洽遍徹也

怛纜　都達反下力暫反舊言修多羅或作脩妬路此云綫也

第十五卷

倡女　齒揚反倡婬放蕩也說文倡樂也

不遜　蘇寸反字

林遜順也謙也恭也

賢哲　胡堅反士之美稱也又多才也賢士賢明故從貝又臣賢者國之寶用與貝同故從貝字意也下又作喆同知列反亦作悊知也方言齊宋之間謂知為哲哲謂照了也

目眩　古文迴同胡遍胡蠲二反字林眩乱也惑也三蒼視不明也

角犎　妃封反又音封今有山牛形小體上有犎是也

嘶聲　又作𧬊同蘇奚反說文嘶悲聲也方言嘶噎也聲散也

哮吼　古文虓同呼交呼挍二反說文虎鳴也一曰師子大怒聲也下古文呴吽二形今作㺃又作吼同呼狗反聲類吽嗥謂也

咆勃　蒲交反下蒲沒反說文嗥吼也勃䪴怒也

蹎蹷　丁賢反下又作蹶同居月反說文蹎走也頓也廣雅僨倒也蹎蹷猶頓仆也

禄位　盧屋反福也案古者人死耕稼多食野鹿在朝之人闕於田獵官賜以物當為鹿處後人因之謂為食鹿變鹿為禄者取其神福之義也

敦肅　古文惇同都䰟反說文惇厚也肅嚴也謂嚴整之皃也亦敬也

謇吃　古文謰謇二形今作蹇同居展反下居乞反方言謇吃楚語也謇難

也吃重言也

儳速　倉陷仕監二反非次而言也礼記長者不及无儳言是也儳亦暫也字從亻或有作𩈯丯冉反小斂也𩈯非此用

竦肩　古文靖愯慫三形今作聳同須奉所項二反廣雅聳上也

根裁　則来反謂木草植曰裁謂木栙可裁種也

防那　扶放反此謂女工剌繡裁縫等業也

第十六卷

黒說　大說謂若佛及弟子所說惡法名為黒說所說善法名為大說又四果人及獨覺菩薩等所說名為黒說若佛所說名為大說

㷐之　又作煨熅二形同麾詭反齊謂火為㷐方俗異名也

亭邏　徒丁反下力賀反漢家因秦十里十亭亭留也邏謂戍屬也遊兵以禦寇者韻略云邏亦修行非違也

親昵　又作暱同女乙反尒雅昵近也又亟也親昵者數相近也

第十七卷

詭現　居毀反詭誑也不實也廣雅詭隨惡也亦欺也

怨尤　禹留反案尤亦怨也尤過也

普燭　朱欲反蒼頡燭照也然火為照也

諧耦　胡皆反下吴口反廣雅諧和也耦合也

身康　苦郎反康謂无疾病也安也樂也亦靜也

所惠　胡桂反周礼云施其惠鄭玄曰賙衣食曰惠孟子曰分人以財謂之惠仁也愛也

便臻　側陳反尒雅臻至也

第十八卷

擅名　市戰反說文擅專也

諾瞿陁　舊經中作尼拘陁或言尼俱盧陁亦作尼俱律又作俱類皆訛也舊譯云无節或言從廣

摩迦　亦言摩醬迦舊經中作摩樓迦此亦藤類蔓生纏繞樹至死者也

凶猾　又作㐫同許顒反下胡刮又廣雅㐫惡也字書猾惡黠也方言凡小兒多詐或謂之猾也

抄虜　力古反漢書生得曰虜斬首曰獲戰而俘獲也虜掠奪取也

窺窬

丘規反下又作闚同弋朱反說文窺小視也

楚撻 初呂反一名荆漢書陸賈曰秦莊王名楚故攺為荆遊行於世撻擊也楚撻人即痛因名楚痛

庸人 與恭反謂常愚短者也心不節慎口無法言愚人為友也

克伏 又作剋同口得反字林克能也尒雅克勝也

第十九卷

制多 舊言支提或言支帝皆一也此云可供養處謂佛初生成道轉法輪及涅盤處皆應伊養恭敬生諸福也

為墉 又作牗牅二形同庚鍾反尒雅牆謂之墉城亦為之墉也

繩紝 又作絍同女心反謂牆繩也本機上縷也

腥臊 又作胜同先丁反下小刀反腥臊臭也通俗文豕臭曰腥猳臭曰臊猳音加

翱翔 五高反迴飛也飛而不動曰翔釋名翱遨也言遨遊也

毆擊 於口反說文毆擊也字從殳

淪墜 力均反廣雅淪沈沒也

左道 資可反下也上在右不便也礼記執左道以乱眾鄭玄曰左道若巫蠱及俗禁也

衣僅 又作懃同渠鎮反字林僅財能也僅亦劣也

彼羅延 謂西域邑落名也阿氏多弥勤字也或作向者多此云无勝謂无人能勝也舊言阿逸多訛也

所蓋 呵各反字林蓋蟲行毒也廣雅蓋蛆苦毒痛也

第二十卷

達須 謂此等人微識佛法不能堅固修持行也

蔑戾車 莫結反下力計反舊言弥戾車此云樂垢穢人此等全不識佛法也

頑嚚 吳鰥反下魚巾反廣雅頑鈍也三蒼嚚惡

阿遮利耶 此云軌範師舊經中或言阿祇利或作阿闍利義譯云正行或云於善法中教授令知名阿闍梨也

談話 古文䜌譮二形同胡快反合會善言也

躁動 又作趮同祖到

反躁謂擾動謂不安静也

漑灌 歌賚反說文漑灌也灌注也

第二十一卷

塵宇 又作寓二形同于甫反屋宇也釋名云宇羽也如鳥羽翼自覆蔽也今謂在家如屋中塵恒被坌汙不得安静也

僧伽胝 陟尸反此云合或言重謂割之合成重作也舊經律中作僧伽梨或作僧伽致皆訛也

林藪 桑苟反平地叢木曰林澤无水曰藪

嚴酢 魚劒反酢之甚者曰嚴也

第二十二卷

卉木 虛謂反百草之惣名也方言東越揚州之間名草曰卉

姝 充朱反說文姝好色美也方言趙魏燕代之閒謂好為姝

欝烝 於物反下之賸之承二反尒雅欝盛氣也說文烝火氣上行也謂熱氣烝出上承也

飃颺 余尚余章二反謂風所飛揚也

芬馥 敷雲反下扶福反芬香和調也馥謂香氣也

殀逝 又作夭同於矯反說文夭屈也廣雅夭折也釋名云少壯而死曰夭如取物中夭折也不盡天年謂之夭取其義逝往也

怨讎 視由反怨耦曰讎讎對也尒疋仇讎匹也怨之匹也

第二十三卷

黎庶 力奚反尒疋黎庶烝多衆也

呀瘷 許牙反下蘇豆反上氣病茲曰牙字從口

噦壹 又作噦同於越反下一結反通俗文氣逆曰噦塞喉曰壹也

癲癇 又作瘨同都賢反下核間反廣雅瘨狂也風病也聲類云癇小兒瘨也

陰疸 徒雷反陰病也釋名云下重曰疸也

俱帥 又作衛同所律反字略云將帥也帥行謂將領行也

穳矛 麁鑾反穳擲也下又作𢦤鉾二形同莫侯反說文矛長二丈也

及鎔 以終反江南行此音謂鎔鑄銷洋也

餳糖 又作餹同徒郎反餳餹也又沙糖也煎甘蔗汁作之餳似盈反

菹鮓 側於反下莊雅

反鮓淹菜為藏臾笋為鮓周礼供五齏七葅鄭玄曰細切為齏全物若䐑為葅中國皆言齏江南悉名葅䐑音治輒反或作苴子餘反誤也

拍毱 普陌反下渠六反三蒼云毛丸可戲笑者也

拓石 古文𢱭拓二形今作摭同他各反

攘臂 而羊反攘除也謂除衣袖謂出臂也

抏挽 又作攜同於責反說文攜把持也史記天下之士莫不抏挽以言是也

擊劒 古歷反謂以長入短劒相擊也

伏弩 扶福反奴古反隱伏而發也漢書高祖中胷而言足指是也

控弦 苦貢反小尒雅控引也挽也說文突厥名引弓曰控控引也

投輪 投擲也西國多用此戰輪形如此間轆轤繞輪施鐵輻如蒺藜鋒極銳利以繩纏之用擲戰鳥或鼻中即破斷也

第二十四卷

一切經音義卷第四十八　第二十五張　池

勇悍 古旦反廣雅勇悍果敢也說文捍勇有力悍傑也

施幰 虛僞反蒼頡篇云布帛張車上為幰也

房穗 又作采同辞醉反房居也言子居其中也穗說文禾成秀人所收者曰穗也

第二十五卷

耐推 奴代反下直追反三蒼耐忍也推打也

磣毒 又作慘同初錦反又墋惡也通俗文沙土入食中曰墋也

堅勁 居盛反字林勁強也字從力也

詰難 去一反廣雅詰責問也

蛆螫 知列反下舒亦反關西行此音又呼各反山東行此音蛆東西通語說文皆虫行毒也廣雅蛆痛也

嚻舉 古文買同許驕反嚻諠也諠譁不靜也亦以聲也

气匃 古賴反又音葛蒼頡篇乞行請求也字從人從亡言人亡財物則行求匃字之意也

盲瞽 公戶反无目謂之瞽釋名云瞽眠眠然目平合如鼓

砂磧 清石反三蒼磧水中沙灘也灘音他難反說文水渚有石曰磧水淺石見者也

一切經音義卷第四十八　第二十六張　池

振恤 古文㡿挋二形同諸胤反小尒雅 振救也說文振舉也下又作卹同私 聿反說文恤收也 憂也振恤憂貧 也

救援 禹眷反助也謂 依據護助之言

生色 可染生色即金也言生便黃色 不可變改也可染即銀也言色 可染故言 可染也

持毳 充芮反字林細羊毛 也獸細毛亦可毳也

埛 野 公營反尒雅邑外謂之郊郊外謂之牧 牧外謂之林皆各七里林外謂之埛埛

无里數百之國 邑五者之男也

若擘 補革反擘裂也 廣雅擘分也

婬佚 三蒼亦逸字同與一反 蒼頡篇佚蕩也佚樂也

凡百 扶嚴 反三 蒼數之揔名也 廣雅凡總皆也

第二十六卷

小札 側黠反三蒼柹札也今江南謂斫削木片 為柹關中謂之札或曰柹札柹音敷廢反

黠音閑 札反

稜層 洛登反下但曽反 謂形色慘烈也

慘烈 倉感 反下 力折反說文慘憂 貞也烈猛盛也

悖惡 古文誖悖二形 同蒲沒補憒二 反廣雅悖乱 也亦逆也

聰敏 肩殯反敏達也廣雅 敏捷疾也聰先知也 察也聽 必微也

朝調 又作啁同竹包反下徒予 反三蒼啁調也謂相調戲也

頡隷伐多 賢結反此言過時又云 室星則北方宿也祠之 得子仍以名焉坐禪第一者是也舊 言梨褫多或言犁婆多皆訛言也

憺怕 徒濫反下普白反廣雅 憺怕寂寞也亦恬也

髖骨 文作臗同 苦桓苦昆 二反埤蒼髖 尻也髀上也

肋骨 力得反說文肋脅也 骨也字從肉或作勒 非體 也

頷輪 胡感反頷頷車也 言骨圓如輪也

齒鬘 莫 班 反言齒形行列狀 如花鬘因以名也

第二十七卷

筋脈 居銀居欣二反下莫厄反說文 肉之力曰筋也或作脉俗字

鐼

燧 祖桓反下又作鐩同辭醉反火母也論語鑽燧各異木也世本造火燧人因以名也

或榛 仕巾反廣雅木叢生曰榛草叢生曰薄也

或渚 之與反尒雅小洲曰渚言四方有水中央猶言可居者曰渚也

畢鉢羅風 言風者人身班駮如畢鉢形者也

毗濕婆風 又言毗濕波風此譯云不巧風也

吠藍婆風 舊經中或作毗嵐婆或作鞞藍亦作隨藍或旋皆梵之楚夏耳此云迅猛風也

聰俊 又作儁同子閏反絶異也王逸注楚辭云千人才為俊一國高為傑

第三十卷

稻稈 又作秆同公但反字林禾莖也

蟲胆 治中反下千餘反通俗文肉中蟲謂之胆字從肉也

第三十一卷

學樣 翼尚反規摸曰樣近字也舊皆作像也式像也今不復行也

第三十二卷

灩溢 以冉反下與一反案灩溢謂器盛物盈滿

諸維 翼隹反廣雅維隅也淮南子云天有四維是也

壕塹 胡刀反釋名城下道也豪翺也都邑之內所翺阻為之處也

鄔波尼煞曇分 舊經中作優波尼沙陀分謂數之極也

蔓莚 亡怨反下餘戰反蔓莚謂之連緜不絶无極也

窯室 餘招反通俗文燒瓦竈曰窯

至向 許亮反說文向北出牖也

喉筩 徒東反三蒼竹筩也今言喉如筩喻名也

燒燼 又作𤎅同似進反說文餘木曰燼即火燼也

眇漭 亡沼反下莫朗反眇漭廣大也亦深遠也

刖足 古文跀䟣二形同魚厥五刮二反刖斷足也

劓鼻 古文劓同魚氣反字林劓割鼻也

橐袋

埤蒼作鞴又作排同蒲戒反鍛家用吹火令熾者也

第三十三卷

垣城 宇煩反四周牆也釋名云垣援也人所依阻以為援衛也

迄至 虛訖反尒雅迄至也方俗語耳

諠譟 古文作吅又作讙同虛袁反廣雅諠鳴貢聲也下桒到反説文譟擾耳孔也聲譟群乎煩擾也

激湍 古歷反下吐桓反激邪流急也説文湍疾瀨也淺水流沙上日湍也

貪婪 又作啉惏二形同力南反惏亦貪也楚辭衆皆競進而貪惏王逸日愛財日貪愛食日惏也

第三十四卷

乾㬎 又作昅同祛及反通俗文燥日㬎㬎微乾也

騗騎 匹扇反纂文云謂躍上馬也

蹉跼 渠負反下渠玉反埤蒼蹉跼不伸也

霢霂 音脈木尒雅小雨謂之霢霂今流汗似之也

圮坼 皮美反下耻格反圮毀覆也坼分裂也

蓊鬱 烏孔反下於屈反蓊盛皃也鬱樹叢生也

巉巖 仕咸反廣雅巉巖高也

河瀆 徒木反尒雅水注澮日瀆瀆邑中溝日瀆

醴水 力體反醴甜美也言其水甘如醴酒可以養老可以愈患者也

殉利 辞俊反蒼頡篇徇求也亦營也

關鍵 又作闔揵二形同奇蹇反鍵壯管鑰壯也方言陳楚日鍵關中日鑰

伊師迦 山名也言此山高聳踰我慢也

第三十六卷

剛毅 牛既反説文毅決也煞敵為果致果為毅也

甲冑 古文鈾同除救反説文冑兜鍪也

散他迦多衍那 迦多姓也衍那子也散他標別其類也舊經論中作訕大迦旃延或作珊陁迦旃延皆訛也

第三十七卷

達羅弭荼呪呪名也弭音亡尒反鸝黃又作鶩同力貲反方言倉庚自關而西謂之鸝黃或謂黃鳥或謂之楚雀異名也不彈多安反无餘曰彈廣雅彈盡也而隕于愍反尒雅隕墜落也説文隕從高而下

第三十八卷

鼷鼠胡鷄反説文小鼠也尒雅鼷鼠郭璞曰有螫毒也食人及鳥獸雖至盡而不知亦不痛今之甘口鼠也聆音力丁反蒼頡篇聆聽也耳所聽曰聆也詁訓古文作詁今作故同姑護反又音古説文詁訓古言也訓道也釋也師拳又作捲同渠員反指握為拳譬喻也言師之匠物不如拳之執握丞而不説也係念古文繼繫二形同古帝反説文係潔束也

亦相嗣也

第三十九卷

媒媾莫來反下古豆反媒謀也謀合異姓使相成也白虎通曰媒厚也重沓曰媾罥羅古文羂劉二形同竹拔反捕鳥籠也罝弶渠尚反字書施罥於道曰弶其形如弓者也或作𢶍俗字也饞嗜仕咸反不廉也又作膳鐥二形同視利反説文嗜欲意也貪无猒也乳哺蒲路反哺含食也謂口中嚼食也哺食也曉喻又作諭同臾句反三蒼喻譬諫也喻亦曉也論語喻於義是也撓濁乃飽乃挍二反説文撓擾也又曰撓乱也赧愧女盞反小尒雅面慙曰赧方言自愧而見上謂之赧字從反赤意也自揆渠癸反尒雅揆度也謂商度也樹脩時注反廣雅樹立也凡置立皆曰樹也供贍聲類作鐥同時焰反字書贍足也音子喻反供足也亦助也衒賣古文衒同胡麪公縣二反説文行且賣也廣雅

衒諠也

蓄積 又作稸同恥六反廣雅畜聚也亦積也

稍𪏭 公玄反下以䵹反說文麥莖也𪏭麥穀𪏭也

第四十卷

啓道 又作启同苦礼反說文启開也導謂引也

撝義 又作麾同虛皮反舉手曰麾謂手之指也

荷乗 古文抲今作何同胡我反又胡歌反小尔雅何揭謂擔負也

正延 以旃反

止態 又作愒㵒二形同却厲反尔雅態息也止之息也

蚩誚 充之反三蒼蚩輕侮也小疋蚩戲也下才笑反誚謂撓弄譏責也呵也

謙沖 說文作盅同除隆反字書云沖盅也

巨力 其呂反字林巨大也方言齊宋之間謂大曰巨說文巨大作鉅

第四十一卷

遮遏 古文閼同於曷反尔雅遏止也謂逆相止為遏遏亦遮也

窣堵波 蘇沒反下都古反此云廟或云墳義翻也或云大聚或言聚相謂累石等高以為相也舊經論中或作蘇偷婆或作藪十波或作兜婆或云偷婆亦作塔婆皆訛略也

宰官 祖殆反聲類云宰治也謂治邑吏也廣雅宰制也謂制事者也

諠譁 虛元反下呼瓜反三蒼諠言語詾詾也譁言語譊譊也詾音訩刀反

紛聒 敷雲反下公活反紛乱也聒讙語也蒼頡篇聒擾耳也

儱戾 或作龐同祿董反下三蒼作戾同力計反很戾也謂很戾剛強也

綜集 子送反綜習也三蒼綜琮經者也謂機縷持絲交者也

第四十二卷

同齡 又作柃同歷經反字林年齒也礼記古者謂年齡人壽之數也

欂從 胡閣反廣雅欂提挈也謂提持也漢書孟康曰欂連也亦云牽將行也

擐

甲 胡慢工患二反左傳擐甲執兵杜預曰擐貫也國語服兵擐甲賈逵曰擐衣甲

第四十三卷

泯一 弥忍反尒雅泯盡也廣雅泯絕滅也 傘㒂 又作繖同先岸反謂帛為蓋行路以自覆者也下先䆮反鑒腹令空鷹足也者 法溟 莫經反說文小雨溟溟也莊子南溟天池也

第四十四卷

璩印 巨於反字書玉名也耳璩也印臂印也 儲器 直於反儲貯也備也謂畜積物以為備曰儲 藻飾 祖老反水草之有文者畫藻葉於衣以為服章 格量 加額反蒼頡篇格謂量度也 不庰 齒亦反指庰也漢書音義曰庰不用也說文庰却屋也廣雅庰推也推讓怒也說文從广屰也

第四十五卷

闤闠 胡關反下胡對反說文闤闠市門也

第四十八卷

曩昔 奴朗反尒雅曩久也猶往反古昔也 牟娑羅 或作謨薩羅或作摩娑羅亦作目婆羅梵言訛轉也此云馬腦案此寶或色如馬腦因以為名也 廁塡 古文寘同徒堅反三蒼廁雜也間雜也廣雅塡塞也亦滿也作

鋼非此也 侵掠 又作剠同力尚反通俗文遮取謂之抄掠謂強奪取也

第四十九卷

瑿泥邪蹠 烏奚反下市奕反鹿王名也舊經中伊泥延又作因足延亦作垔尼延皆一也垔音一賢反 勢峯 謂陰莖也舊言馬陰藏相是也 羯羅頻迦 或作歌羅頻伽或作加羅毗加亦作迦陵頻迦皆梵音輕重聲之訛轉也此云謂好聲鳥也 烏瑟膩沙 又作嗢瑟

尼𡰥或言𧄼㞘𡰥此云髆謂頂骨涌起自然成髻也

郄脵 又作骰同公戶反說文股髀也釋名股固也為強固也

兩髖 徒昆反髖皮高尊者也廣雅髖豚也髖音苦昆反

髖臚 呂於反臚腹也釋名云腹前曰臚也

⿰齒虛腭 丘魚反下又作齶同五各反齶居也齒所居也䏶齒內上下肉垠咢也垠音語巾反

蠲除 古玄反方言南楚疾愈謂之蠲郭璞曰蠲除也方俗語異耳

肴饌 胡刀胡交二反下仕眷反廣雅肴肉也亦葅也說文饌備具食也謂飲食也

獷戾 古猛反漢書孟康注云獷強也戾很也字從犬

婆羅痆斯 女黠反或云婆羅奈斯又作婆羅奈同一也舊譯云江遶城

第五十卷

誡勗 古拜反下許玉反誡警勅也亦備也方言齊魯謂勉為勗勵也

輕

縠 胡木反似羅而疏似紗而密古有㯳縠霧縠言細如霧也

第五十一卷 先不音

第五十二卷

焚燎 古文炃熕二形同扶雲反下又作燎同力照反說文焚燒田也字從火燒林字意也燒放火也火田為燎

焰颷 俾遙反小水也又作熛說文飛火也三蒼迸火曰熛也

第五十三卷

塗冠 古玩反謂冠著花冠為冠也

赫奕 餘石反廣雅赫明也奕盛也謂光明昱曜也字從大

第五十四卷 先不音

第五十五卷

愚魯 力古反論語參也魯孔安國曰魯鈍也

第五十六卷

惡叉聚　惡叉樹名其形如无食子彼國多聚以賣之如此間杏人故以喻之

安繕那　市戰反舊言安禪那此云眼藥也

耳輪　彼國王等或用金銀作此耳輪形如鋅支著耳匡中用以裝飾故名耳輪也舊經言耳粲者應是

魯達羅天　此云暴惡目在天之別名也

毗

瑟䈁天　奴故反舊云毗搜紐或言毗紐皆訛也此當幻惑義是伐蔓天別也舊言婆藪天也

世主天　此梵天之異名

第五十八卷

齎搦　又作津同子礼反廣雅齎濟也謂手搦出汁也

浪者　巨柬反此云癡虫謂獸畜也家語云食草者愚是也

歧路　古文搞趍二形同渠

支反尒雅道二達謂之歧釋名物兩為歧此道似之也

輪圍　于非反山名也我慢高大故以喻焉

第五十九卷

厭禱　於冉反下都道反字苑厭眠內不祥也山東音於葉反說文告事求神曰禱禱請也請於鬼神也

尸半　尸此是呪法西國有此謂呪於死尸令起煞人半尸者呪令起坐令起尸鬼煞人故半尸

第六十卷

磁石　自茲反埤蒼磁石謂吸鐵者也

娑梨藥迦　謂彼國邑落名也

羂吒斯　居謁反謂貪愛之別名也

傷悼　徒到反方言秦晉謂傷為悼悼亦哀

㔹攫　又作勢同力昔反下居縛反勢劃也直破曰勢爪傷曰攫劃音胡麥反

妻孥　怒胡乃故二反小尒雅云孥子也

閭邑　呂居反周礼二十五家為閭閭里門也說文閭

侶也五家相伴侶也

第六十一卷

錫賚　星的反賜與也尒雅錫賚賜也謂上與下之辝也

鬱快　於亮反謂怨怒也亦快快然心不伏也

懊恚　於報反懊恚悔恨也

頒賜　又作班同補顏反小尒雅頒賦布也尒疋斑遍與也

勞来　郎到反下

力代反慰勞也廣雅勑勤也勞来不追也或有作賚賜與也賚非此義也

諮詢　私遵反詢問也左傳訪問於善為諮諮親為詢諮問善道也詢問親戚之義也

罄竭　古文空同口定反說文器中空也尒雅罄盡也

俳優　於牛反字林俳優樂也謂調戲作樂也

博弈　古文簙下餘石反方言博或謂之綦自關而東齊魯之間皆為圍棊為弈

英傑　奇列反千人為傑傑亦特立也

才能也

耽湎　古文媅妉二形同都含反下古文湎同亡善反說文媅樂也醟也湎耽於酒也謂酒樂也

第六十二卷

瑟祉　勑里反舊言俱絺羅譯云膝也言膝骨大也

第六十四卷

麟角　里眞反仁獸也說文麟麢身牛尾一角角頭有肉不履生虫不折生

草音中鍾呂行中規矩不入陷細文章彬彬然也亦靈獸也

第六十五　第六十六卷　並不音

第六十七卷

傲誕　五告反下達旦反傲謂不敬也廣雅傲輕傷也誕大也大實也

絢藻　呼麵反字林文成曰絢絢亦文章之皃也藻水草之有文章者也

代地迦　人名也從名經為此入說也

暴燥　蒲卜反下桒老反釋

名燥集也說文燥乾也

第六十八卷

若蘭 又作躝同力丹反通俗文縱失曰蘭也

賄貨 古文晦同呼罪反財貨也通俗文財帛曰賄周礼通貨賄鄭玄曰金玉曰貨布帛曰賄也

肪膏 音方脂肪也通俗文在腰曰肪肪肥也三蒼有角曰脂无角曰膏也

第六十九卷

䭘餬 音提胡蘇酪之精醇者曰䭘餬通俗文酪蘇謂之䭘餬是也

第七十卷

曛暮 許軍反楚辭與曛黃而為期王逸曰廣雅黃昏也暮晚

銓量 又作硂同七泉反廣雅稱謂之銓銓謂銓量輕重也

第七十一卷

中的 知仲反下又作弔說文作的同都歷反明也射質也謂的然明見也今射堋中珠子是也

從容 且容反廣雅從容舉動也謂詳審閑雅之皃也

河濱 比人反字林濱水崖也廣雅濱涯浦崖也

毀讟 徒木反謗讟也廣雅讟痛也謂怨痛也

珍羞 古文饈同私由反貴異名珍雜味為羞羞為有滋味名也方言羞熟食也

第七十七　第七十八卷 先並不音

第七十九卷

騫脣 去焉反廣雅騫舉也

逌尒 又作攸同以周反小笑也笑離齒也漢書項岱曰逌寬舒顏色之皃也又作猶然猶笑皃也

迦理 狄般挲女家反般挲此云銅錢十六般挲為一迦利狄般挲

第八十三卷

襲師 古文戳同辝立反左傳凡師輕曰襲掩其不備也

摩納縛迦 此云儒童或云年少淨行舊經中言摩納等是也

底沙 比丘名立為之說經名底沙經此亦星名也因星立名西國多此也

第八十四卷

揉捼 奴和奴迴二反說文捼摧也兩手相切也

破折 普彼反蘖文云破折也破猶謂分也

僵仆 蒲卜芳務二反仆謂之僵伏謂之仆說文僵却偃也仆前覆也

晧首 胡老反小尒雅晧素白

黃皺 七旬反字韻略云皺皮細起也

徂落 又作殂同在胡反尒雅徂落死也

笞罸 又作拾同丑之反廣雅撈笞擊也

舄鹵 又作潟滷二形同齒亦私亦二反下力古反說文潟滷西方醎地也

你伽 女履反此云流注不

斷亦言害為舍兩義仍立梵名也

遽務 又作懅同渠庶反遽急也亦畏懼也

第八十五卷

鳩集 居中反尒雅鳩聚也謂收聚也

囹圄 力丁反下魚呂反獄名三王有獄

幽縶 知立反詩傳曰縶絆也謂拘執也兩手不相過也謂之縶也

第八十六卷

怒憾 胡紺反廣雅憾怨恨也字林憾不安也

浸淫 七林反浸

淫者轉大之言也浸淫移從處日廣也

微褊 卑緬反說文褊小也尒雅褊急也匜也

第八十七卷

愚戇 丁絳反三蒼愚无所知也亦鈍也廣雅戇頑嚚者也

芒然 莫唐反案茫然冥昧不明也

踰隍 乎光反三蒼隍城下坑也說文城池有水日隍也

宮闕 釋名闕在門兩傍中央闕然為道也

第八十八卷

歔欷　欣居反下欣既反蒼頡篇泣餘聲也亦悲也

揩膺　若擗反下又作應同於凝反揩拍也廣雅揩擊也膺胷也

冤結　古文冤惌二形今作宛同於元反說文冤屈也廣雅冤枉也思念煩冤也

阿死羅　摩登祇旃荼女名也摩登祇女之搃名阿死羅女之別名此女由卑賤故以掃市為業用以供衣食也

被笮　側格反案笮猶壓也謂以槽笮出汁也

騫訥　古文吶同奴骨反訥遲鈍也說文訥難也

第八十九卷

朋儔　直流反同門交日用儔類也等也王逸注楚辭云二人為匹四人為儔儔猶侔侶也

⿱苜登瞢　徒登反下莫崩反韻集云坐卧極也

諀

呰　匹尒反下資尒反通俗文難可謂之謂訿也

惙尒　知劣反聲類云惙短氣皃也惙惙亦憂也

第九十卷

覆苫　舒鹽反芧苫也尒雅白蓋謂之苫言編菅以覆屋曰苫也

勉勵　靡辯反下力制反勉強也謂自勸強為勉勵也勉力為勵也

第九十一卷

儵歸　又作倏攸二形同書育反儵急疾之皃

菅茅　古顏反尒雅菅茅屬

如鴆　除禁反郭璞曰大如鵰紫綠色長頸赤喙食虵也

孑然　居列反案孑猶單也孤獨也說文无右臂曰孑

泌流　亦泉反字林從水而下曰泌泌順流也泌亦綠也

大雞　古奚反性多躁列故以喻言也

第九十二卷

漂漾　匹遥反下翼尚反安漂漾搖蕩也

第九十三卷

先不音

第九十四卷

嫈食 古文嫈又作帀同子盍反通俗文入口曰帀又虫食曰嫈 不允 弋准反允當也允信也亦雅允誠也

第九十五卷

纖繳 之若反謂矰弋射者繳纏也矰音憎惟射矢也 瞖膜 又作翳同於計反下音莫韻集云瞖目障病也 睒弥葉 式冉反其葉苦也娑羅葉光淨也娑羅此云謂牢實也 箭栝 苦活反釋名箭其末曰栝栝會也謂與絃相會也 桄梯 古文横橫二形同古黄反聲類作輄車下横木也今車牀梯轝下横木皆曰桄也 三槍 千羊反說文槍歫也三蒼木兩頭鋭曰槍也 撓攪 奴高反下古卯反說文撓攪乱也 攢 鋋 音禪鋋小矛也或作牟子筭反此字合在箭括下

第九十七卷

蘇息 先胡反小尔雅更生曰蘇蘇亦息也 瘠田 古文瘠康膌三形同才亦反說文瘠瘦也亦薄也 言泆 餘質反說文水所蕩泆也

第九十八卷

襃讚 補高反案襃猶揚美之也進也 猨猴 又作蝯同禹煩反似弥猴而大臂長色有黄有黑鳴聲有哀五百歲化為玃玃壽千歲玃音居縛反 摩揣 初委反通俗文捫摸曰揣或作揣借字耳 汎成 又作泛同孚劍反廣雅泛普也泛浮也泛濫也 乘駕 食證反三蒼載曰乘謂騎馬曰駕 土丘 古文𡍮說文土之高也尔雅非人所為為丘一曰四方高中央下亦曰丘

第九十九卷

種蒔　時至反栽蒔也謂更種日蒔也

波輸鉢多　此塗灰外道名遍身塗灰髮則有剃不剃衣纏緻形但非赤色也為異耳事摩醯首羅天

簡靜　古限反尒雅簡大也亦略也

第一百卷

蕭然　昔條反詩傳曰蕭蕭言不諠譁也

變革　古文革愅諽三形同古核反更也字從三十從口口為國邑國三十年而法更別取別異之口音韋

第五十五張　池

一切經音義卷第四十八

一切經音義卷第四十九　池

翻經沙門慧琳撰

音廣百論本一卷　慧琳
廣百論釋十卷　玄應

十住毗婆沙論十四卷　玄應
菩提資粮論六卷　慧琳
大乘莊嚴論十三卷　慧琳
大莊嚴論十五卷　玄應
順中論二卷　慧琳

攝大乘論三卷　慧琳

右八論六十四卷同此卷音

廣百論本一卷

沙門慧琳撰

衆蠹　都固反穆天子傳云食書食簡蠹蝕也說文食木中蟲也從䖵從橐省聲也或作蠧象蟲在木間象形字也

鋌鎔銷　上亭頂反許叔重注淮南子云銅鐵璞也次音鎔韻詮云鎔鑄也下音消說文鑠金也鑠音商斫反此上三字並從金形聲字

燎邪宗　上了弔力召二反鄭箋毛詩云火田為燎說文放火也從火形聲字下謝耶反文字集略云不方正曰耶亦俗用字也正體作衺中從牙上下從衣

廣百論釋第一卷

玄應撰

循法　似遵反尒雅循自也循行也亦遍也亦作巡巡歷也

雜糅　女救反說文雜飯也今謂異色物相集曰糅

詎有　渠句反何詎也未也謂

未知䃂也

薩埵刺闍荅摩　剌音勤達反荅摩此云闍餘舍多義不可的翻舊言憂喜闇又云㴱麁黑異名也

躁警　居影反警戒慎乙廣雅警不安也

駭浪　胡騃反三蒼駭警也廣雅云駭起也

奔濤　徒刀反蒼頡篇濤大波也

漑麁　古賚反說文漑灌也

鎔銅　上音容又以終反江南行此音謂鎔鑄銷洋

第二卷

波羅奢樹　梵語也此云赤花樹樹汁極赤用染今紫礦是也

記論外道　即毗伽羅論是也

衆蠹　都故反字林木虫也穿食人器物者也如白魚等

第三卷

時痕　胡根反通俗文瘡瘢曰痕痕傷跡也

主宰　祖殆反礼記宰夫為獻主鄭玄曰宰夫主膳食之官也

多羅果　梵言也其樹形似椶櫚直而高聳大者數花白而大若捧兩手果熟即赤狀若石榴生經百年方有花果舊言具多訛言

苟避　公厚反廣雅苟具也亦誠也

依隄　丁奚反又音帝說文隄隮也防也積上防水曰隄隄工橋也字從阜

所蚩　昌夷反蒼頡篇蚩輕侮也蚩笑也

眯覆　迷礼反草入目曰眯也今言眯目是也

騰焰　徒登反騰謂跳躍而上也騰馳也

第四卷

怛筞迦　梵語也都達反此龍王名舊云得乂迦

甘饌　仕眷反說文甘美也饌具飲食也

第五卷

編石　畀綿反編次石也字林編織也以繩次織曰編

末達

那果梵語或云摩陁那又言摩陁羅此云醉果甚堪服食羯羅那梵言西國豆之差別也服食甚不益人也

第六卷

羇絰居猗反革絡馬頭曰羇羇撿也撿持制之也耽媔都含反下亡善反說文媅樂也嗜也媔躭於酒也猖蹶齒揚反下居月反謂變易情性也猖狂也胡等又作頡咽二形同戶孤反說文胡牛頷垂下者也撓攪呼高反下交巧交說文撓擾也攪乱也傎蹶又作蹎同丁賢反下居月反蹎蹶猶頓仆倒也貪齩五狡反中国音也又下狡反江南音也說文齩齧也圂豬胡困反廣雅圂圂弃廁也或作溷乱也膏腴公勞反下庾俱反肥攮膏脂也腴腹下肥也

第七卷

薩羅羅梵語也薩羅此言陁羅也薩此云味言此字聲假而非實也挫汝祖卧反折其鋒曰挫說文云挫摧也亦抑也折也磁石祖茲反埤蒼磁石謂召鐵者也瞽目公戶反三蒼無目曰瞽釋名曰瞽目者眠眠然目平合如皷皮也鵂鶹子許求反下力周反字書鵂鶹鉤鵅也廣雅鵂鶹鵋鵙也山東名訓侯關中名訓狐亦名恠鳥晝伏夜行鳴為恠也梵云優樓歌歌是造鞞世師論師說六諦義者也此仙人晝日恒住山中夜則出山扣人乞食若得即食不得則空度由其夜行故攝鵂鶹又此鳥多住山巖中此仙人亦介故以名焉寔繁時軄反下扶園反說文寔止也亦實也詩云寔命不同傳曰寔是也又云六月繁霜傳曰繁多也礼記孔子礼讓之節繁也鄭玄曰繁盛也褭㩜奴鳥反下乃可反褭㩜柔弱也亦曰茂盛也喜抃皮變反說文拊手曰抃謂拊樂節也嬉戲虛之反嬉樂也蒼頡篇嬉戲之

笑也

篲星　囚芮篲醉二反妖星也言星光似掃篲星也

第八卷

滌除　徒的反說文滌洒也謂盪洒除去垢穢也

該通　古來反該備也方言該咸也亦包也

立尿　又作溲同奴弔反字林尿小便也通俗文出脬為尿醫方多作溺古字假借耳也

如稍　山卓反埤蒼稍長一

丈八尺也

寱語　牛世反通俗文夢語謂之寱聲類不覺妄言也

臘縛　郎盍反舊經中作羅婆六十怛刹那為一羅婆也

雙泯　弥忍反字林泯然盡也廣雅泯絕滅也

汝曹　自勞反曹輩也亦群也

糺紛　居黝反下孚云反廣糺急也說文繩三合日糺糺絞也紛乱也衆也

第九卷

根系　奚計反介疋系繼也說文系繫也世本有帝系篇謂子系相繼續也

咀嚼　才與反下才弱反咀含味也咀噍也嚼齧也

嬰孩　於盈反下胡來反釋名曰胷前為嬰抱之嬰前以乳養之故曰嬰兒孩小兒笑之也

第十卷

服膺　扶福反於兢反介疋服業事也膺身親也謂親承服事習道藝也又云悅懌服之也郭璞曰喜而服從也有作伏同也兩得

屢辯　力句反屢

數也辯正也

非考　苦老反謂質覈之也考問也挍也

自呈　馳京反案呈猶見示也說文呈平也

措言　麁故反蒼頡篇措置也又安也施也

沃以　烏穀反通俗文溉灌日沃沃亦澆也潰也

殉命　徐俊反漢書臣瓚曰以身從物日殉殉亦盡也

十住毗婆沙論第一卷

玄應撰

嘔血　又作歐㰶二形同於口反歐欲吐也江南或謂歐喀音客釋名云

歐傴也將有所吐脊曲傴也

淋下　力金反說文淋以水沃也郭璞注三蒼淋漉水也

癛疽　俾遥反下且余反廣蒼癛癰成也說文疽久癰也論文作癤非體也

鉾戟　又作戎矛二形同莫侯反下居逆反說文茜矛長二丈也戟有枝兵器也

鑯刬　又作鏟同初限反說文平鐵也廣疋刬削也聲類云刬平也方刃施柄也

鑯槍　千羊反三蒼木兩耑銳曰槍說文槍岠也論文作鏘鈴聲也鏘非此用也

一切經音義卷第四十九　第九張　池

蒺蔾　自栗反下力尸反尒疋蒺蔾即布地蔓生子有三角者也論文從金作⿰金疾鋓二形非也

鑯臼　渠九反易云黃帝斫木為杵掘地為臼論文作鈤非體也

狖鼠　餘繡反似狝猴而大蒼黑色也江東養之捕鼠為物捷健也

㹢玃　又作猳同古遐反下居縛反說文大母猴也善攫持人好顧盼也

蛟虬　音交有鱗曰蛟龍其狀魚身如虵尾皮有珠下渠周反廣雅有角曰虬龍無角曰螭龍黑身無鱗甲者也

鴈鶩　音木尒疋舒鳧李巡曰野曰鳧家曰鶩鶩即鴨是也

慍恨　於問反說文慍怨也論語人不知而不慍何晏曰慍怒也

第二卷

矯異　几小反假稱謂之矯矯詐也非先王之法曰矯今皆作撟

巉巗　仕咸反下又作礹廣雅云巗高皃也

曲隈　烏迴反說文水曲隈謂隱蔽之處也

一切經音義卷第四十九　第十張　池

峻峭　又作陗或作⿰土肖同且笑反通俗文峻阪曰峭山陵險峻亦謂之峭也

第三　第四

並先不音

第五卷

埤助　或作髀同避迷反說文埤增也厚也補也助也

鱣魚　上知連反尒疋鱣大魚也口在頷下體無鱗甲大者二三丈江東名黃魚也

第六卷

傲誕　五到反下徒亶反傲慢也謂不敬也輕傷也誕謾也放誕欺慢也

深榛　仕巾反說文叢木也廣雅木叢生曰榛是也

如縶　下知立反詩云縶之維之傳云絆也謂拘執也兩足不相過謂之縶也

第七卷　第八卷　第九卷　並先不音

第十卷

符撽　音符字林符信也謂分而合之日符字從竹漢制以竹長六寸而相合為信竹取歲寒不變以布德也又用銅君臣同心也下奚的反說文二尺書也撽書者所以罪責當伐者也又陳彼之惡說此之德曉慰百姓之書也撽者皎也明之言此彼令皎然而識之也

田隖　烏古反說文小障也亦小城也

第十一卷　第十二卷　第十三卷

已上並無字可音訓

第十四卷

行旅　閭舉反左傳羈旅之臣杜預日羈旅寄客也

填瑠　又作窴同徒堅徒見二反廣雅云填塞也亦滿也論文從玉作瑱佗見反瑱塞耳也

菩提資糧論第一卷

慧琳撰

倚枕　上衣紀反下針荏反案倚枕者大枕也錦綺繒彩作橐盛輕耎物置之左右前後尊貴之人倚凭名為倚枕

賣販　上賞章反說文云行日賣從貝商省聲下發万反字書収賤賣貴日販從貝反聲

第二卷

微適　丁曆反或作滴皆正說文水藥注也俗從帝作渧非也

談謔　鄉約反尒雅戲謔也謂相調謔也字書謔弄也

第三卷

無字音

第四卷

搆牛乳湩 鈎候反通俗文字云捋取牛羊乳從㲉省聲論文作攡借用非本字也

一髆 音博肩髆也說文肩甲也從骨從博省聲經從肉作膊音普博反膊乾膊也割肉暴令乾也

一搏 叚欒反博雅云手握使相著也古今正字從手從團省聲或作團亦通用

隥崖 上戓俊反經作峻俗用字也考聲云山高皃也從陵山聲陵音同上也下雅皆反集訓云山隆處高邊也古今正字從山厓聲厓音同上峻字亦從山夋音七旬反

迦柘 章夜反梵言寶名經中自云珠也

跳擲 上田遥反蒼頡篇跳踊也廣雅上也說文踊也躍也從足兆聲下程戟反莊子擿玉毀珠小盇不起廣雅擲振也說文投也正從手適聲

也論文從鄭作擲俗字也說文正體從適從手作擿適音丁力反

第五卷

礦論 寡猛反廣雅鐵樸謂之礦鉛樸謂之鏈說文銅鐵樸也或從黃作磺論云礦論者讚說銷鎔飛鍊求神仙之術也

太賒遠 音奢鄭注周礼云帀无利則賒貰物未得錢曰賒說文貰貰也從貝余聲余音蛇也

瞬命 脣閏反俗字也正從寅作瞚說文開合目而數搖也字書云一瞚目也古文從申作眒音同上

伊尼耶鹿王腨 船兗反足腓腨也前音義中已具釋從肉耑聲論從足作蹕非也

髀臗 上音陛或作髀皆上聲也文字集略云股外也前般若音義已釋下丑龍反

眼䀹 下尖葉反或從疌作睫並同史記云目見毫毛而不見睫考聲云眼瞼上毛也釋名作睫俗字也劉熈云睫插也接也插於目匡而相接論文從妾作睫亦俗字也說文目旁毛也從目夾聲也睫音替茱反

第六卷　無音字

大莊嚴論十三卷　李百藥序

慧琳音

執契　上針入反說文捕執罪人也從丮從卒卒音女輒反俗用從丸從幸從九俗用誤也下啓計反鄭衆注周礼云契者符書也易曰上古結繩以治後代聖人易之以書契說文大約也從大㓞聲說文契字從刀從丰丰音介㓞音慳八反有從刃從丰作者非字也

持綫　先箭反鄭衆注周礼云綫縷也說文從糸戔聲也戔音殘從重二戈論中作線俗字也非正體也

韁鎖　上音薑漢書曰貫仁誼之羈絆繫名聲之韁鎖蒼頡篇云馬紲也說文從糸作繮玉篇從革作韁與論中同說文紲亦馬韁也下蘇果反蒼頡云鎖連鐶也考聲鎖錄也從金肖音同上說文從玉作瑣論中或有從巢作鏁者非也

懸藤　下鄧能反集訓云藤藟也音力軌反藟謂草之有枝條蔓莚如葛之屬也吳越間謂之藤古今正字從草滕聲說文滕字從舟從关從火关亦聲也关音卷遶反

柰苑　上奴大反即天竺波羅柰国也下宛遠反即此国中有鹿野苑緣序文者略去繁言故云柰苑也

室隩之　上烏告反又礼記云室西南隅謂之隩言其深也韻英隩隈也或作奥

儔　紂流反集訓云儔匹也

撰焉　上鐉卷反上聲字也韻英云撰者修著也字鏡云撰集也考聲造也蛰也集訓治擇也文字典說定也字統具也古今正字論其先祖之德也述作也從手從巽省聲也說文從二月作弜音訓與上同漢書從算算音酸短反從月作奠亦古文撰字也論文與漢書同此古奠字時所不用也下矣虔反假借字也語之餘聲也本音偃言反焉鳥黃色出江淮鳥之類也故從鳥加一與烏字異也會意字今時用或從正從与作焉效篆書焉字也

步驟　愁瘦反說文云馬疾步也形聲字

端扆　依豈反尔雅牖户之間謂之扆郭注云窻東户

西也亦形聲字

標生遠　必遥反考聲云摽舉也書也從木也

慧蹟　崢責反尒雅蹟深也舍也從匠責聲也高僧名也匠音夷

玄謩　毋蒲反古字也亦高僧名今或作謨謨謀也

蕭璟　鬼永反假借字也本音影亦近代先儒所出共相傳用𠚤字韻中無此璟字也

覃恖　上澹南反尒雅覃延也字書云深也考聲長也韻詮及也說文長味也從𠧪音乳從鹹省聲也下司恣反考聲憂也靜思也說文從囟音信從心會意字也

一切經音義卷第四十九　第十七張　池

大莊嚴論第一卷

搆角　譯論人錯用字也正體從手從殸作㲉音鈎候反考聲云㲉取牛羊乳也搆非此義甚乖論旨也

忖度　上村損反字書忖亦度也下唐路反考聲度量也謀也假借字也

第二卷

讋怖　上占葉反又是誤用字也論言懾怖合從心作懾懾亦怖也恐怖之極也讋雖音同多言讋讋義不相應故言誤用也

須憒　上相俞反俗用從水非也說文正體從立從須作頦猶待也須字從彡音衫非水也從水從頁是悔字音灰外反下迴對反考聲云潰決也韻詮云穴也韻英散也

第三卷　第四卷　巳上無字可音

一切經音義卷第四十九　第十八張　池

第五卷

被鉀　音甲鐵衣也

第六卷

蟒吸　上忙傍反蟒王曰蟒山海經云巴虵呑象三年方糞出骨尒雅云蟒王虵郭注云蟒虵之冣大者故曰蟒下歆邑反凡大虵欲呑物先吐毒氣及所呑者然後吸取而呑之

吐涎　祥延反俗字也正作次說文云口中津也從水從欠

雖正體為與文字監故時不用束晳作誕誼作漢史籀大篆作㴾此皆先輩諸儒各隨自意而作字也

如撥 煩爔反字從木發聲考聲云縛竹木相比著浮於水日撥論中作栰俗字也

疫癘 上音役下音例時氣病衆也

凹凸 上烏瓜反俗字形相正從穴窊或作窪亦同用也下田捏反亦俗字象形正作垤從上從姪省聲字也書云垤蟻封垤高起也

第七卷　第八卷

已上並無字音訓

第九卷

莖擢 上幸耕反下幢學反

第十卷

對治 上對字說文從丵丵音浞學反從士士音仕從寸下治字音持字書云治理也

螽蟴 上音終下音斯韻詮云螽蟴蝗蟲之類也毛詩傳曰螽蟴蜙蝑也俗呼為不蜙蝑音鍾前文已解

勍敵 上競迎反考聲勍多力也廣疋勍勍武皃也說文彊也從力京聲下亭嫡反杜注左傳云敵對也方言云秦晉之間同力者謂之敵廣雅敵輩也說文云仇也從攴從滴省聲也

閱衆 上音悅韻英云門中具數謂之閱左傳閱前車馬也說文人具數於門中謂之閱從門從兊聲也下衆字說文多也從㐺㐺音吟從橫目字是衆意會意字也

第十一卷　第十二卷　第十三卷

已上三卷無字音訓

大莊嚴經論第一卷

玄應撰

懍厲 力甚反下亘作悷力計反埤蒼懍懍悽悲吟皃也又懍者顔色懼皃也方言懍敬也

攘袂 而羊反攘除也下弥蔽反字苑云袂襟也衣袖也謂揎衣袖出臂為攘袂也

閑裕 揄句反裕緩也廣雅裕寬也亦優足也

愀然　又作愀同在酒反礼記云孔子愀然變色謂顔色動之皃怒也

鵄鵂　尺脂反下許牛反尒雅鵄忌欺郭璞曰今江東呼鵄鵂為鈎鵅音格恠鳥也晝盲夜視開西名訓侯山東名訓狐也

黔毗　渠炎反傺字黔黒首也

第二卷

儲積　直於反說文儲偫也擂也待也偫音直里反

振上　宅庚反案振猶拄也浮畐棖皆作振說文棖村也

地跌　徒結反廣雅跌差也字書跌失蹤也

匍匐　步胡反下蒲北反說文匍匐手行也亦顛蹷盡力也

親昵　又作暱同安乙反尒雅昵近也又云暱亟也親亦數近也亟音祛記反

倚侹　於蟻反倚猶依也下烏訝反字書侹倚也今言侹息侹卧皆是也

羂弶　三蒼作羂又作罥同古犬反聲類罥以繩係取獸也下渠向反韻集云施罥於道日弶今田獵家施弶以張鳥獸其形似弓者也論文作椋俗字也

自擺　字書作捭同補買反說文兩手制也廣雅擺開也

可祛　丘魚反廣雅祛除去也

爆火　方孝反又普剥二反聲類爆燌起也郭璞注山海經云爆皮散起也

愧踖　子亦反敢踖也亦畏敬也謂恭敬之皃也

第三卷

剽掠　芳妙反說文剽刼也廣雅剽剥也蒼頡篇剽截也下聲類作剠同力尚反抄掠也

雊呼　故丘反說文雄之鳥雊也廣雅雊鳴呼也

掐傷　枯狹反又作剳口合反通俗文爪也案日掐韻集作剳入也江南今有剳寶器當作此也

惶悸　又作痔同其季反說文氣不定也字林心動日悸也

窳憻　揄乳反嬾憻也尒雅窳勞也郭注云勞苦也多窳憻也

上

眄　莫見反蒼頡云旁視也說文眄邪視也

瓌瑋　又作瓌傀二形同古迴反廣雅瓌偉奇玩也傀美也威也

勁勇　居威反字林勁強也字從

力也

鼻揹 初委反通俗文捫摸曰揹論文作揣初委反又都果反揣量也破揣也故音丁㮶反揣非此用也

第四卷

妖嫨 又作媄同於驕反壯火之皃也說文妖巧也下於縛反今江南謂作妥名嫨伊山東名作嫨也

逶迤 又作委蛇二形同於為反下又作佗同達

何反廣雅委佗窊邪也行可遠曲也窊於瓜反

妖蠥 魚列反灾也說文衣服歌謡草木之恠謂之妖禽獸虫蝗之恠謂之蠥論文作孼庶子也亦古字通用也

熠燿 弋入反下弋灼反字林熠燿威光照也詩傳曰熠燿鮮明也亦螢火也

唧唧 子栗反通俗文唧唧鳳聲也亦叀猥也論文作叱非也

骨陷 廣雅陷坈也陷没也經文作頤非甚也

蕟瘦 韻集

一余反今關西言菸山東言蔫蔫音於言反江南亦言殘殘又作萎於為反菸邑無色也今取其義論文作

苦酷 古文俈嚳焅三形今作酷同口脪未詳字出之目梏反說文酷急也苦之甚曰酷亦暴虐也白虎通曰酷者極也教令窮極也

第四卷

無字音訓

第五卷

鄙褻 古文緤媟暬渫四形同思列反褻鄙褻也褻黷也

陰晴

又作腥姓二形同自盈反聲類云雨止也論文作霔非體也

千晃 土北反晃汲猶振觸也說文晃突前也今皆作月也

第六卷

愧藝 又作鞘韌二形同胡犬反釋名鞘懸也懸縛物也

還襲 古文戳同辞立反襲重也同也愛也合也反也

相磋 且何反詩云如切如磋傳曰治象曰磋謂治璞之名也

確然 字書作碻同口角反周易夫乾

確然注堅皃也

第七卷

瘳降 勑流反瘳差也愈也尚書王翌日乃瘳是也

譖毀 側禁反譖讒也一云旁入日譖也廣雅譖毀也

第八卷

顆面 普米反說文以顆傾頭也蒼頡篇顆不正也經文作俾非體也

第九卷

無字音訓

第十卷

昞著 又作昺炳苪三形同碧皿反廣雅昺明也著顯也

聳翮 古文竦㩳慫三形今作聳同先勇反聳謂上也下胡革反尒雅羽本謂之翮鳥羽根也說文羽莖也

第十一卷

棖觸 丈庚反說文棖柱也又作振棖觸又嫽敞敞觸亦作敞

蛆螫 知列反下式亦反字林蛆螫也說文螫蟲行毒也又音呼各反山東行此音也

抗衡 苦浪反說文抗扞也強也衡平也

羸瘠 古文瘠瘷膌三形同才亦反說文瘠瘦也亦薄也

第十二卷

滲没 所蔭反廣雅滲盡也說文滲下漉也字從參

蝗虫 胡光胡孟二反阜螽蝗也今人謂蝗子為螽子小日蝩大日蝗也論文作蟥非體也蝩之容反也

花茸 而容反說文云茸草茸也說文作毦而志反毦上垂毛日毦也

第十三卷

中嚏 又作𪖐，同。丁計反。蒼頡云：嚏，噴鼻也。詩云：願言即嚏。箋云：汝思我心如是，我即嚏。今俗文噴嚏云人道我，此亦古遺語也。

𨓜燎 力燒反。周禮：供墳燭𨓜燎。鄭玄曰：墳，大也。樹於門外曰大燭，門內曰燎。天子百，公五十，侯伯子三十也。論文作烶錠二形，下作鐐，並非也。

香匳 又作斂櫶二形，同。力占反。韻集云：匳，斂也，收斂物也。三蒼：威鏡器名也。今粉匳、綦匳皆是也。

鑱剌 仕衫反，下千亦反。說文：鑱，鈚也。今江南猶言鑱剌也。論文作攙，非體也。

一切經音義卷第四十九　第二十七張　池

第十四卷

鼻衂 女六反。說文：鼻出血也。今呼鼻血為衂鼻也。

第十五卷

諠譁 虛元反，下呼瓜反。三蒼：讙言語訩訩也。譁，言語譊譊也。訩者，徒刀反。

順中論上卷

慧琳撰

戲弄 上羲義反。毛詩傳云：戲，逸豫也。尒雅：謔也。郭注云：調戲也。廣雅：戲，耶也。史記：天子無戲言。說文：三軍之偏也，兵也。從戈䖒聲。䖒音希。䖒字說文從虍從豆。論文從丘，非也。下祿棟反。杜注左傳云：弄，戲也。說文：玩也。從玉從廾，廾音拱。今論文加手作拚，非也。

遞互 上提礼反。考聲云：遞，代也。又云：迭也。古文作遞，今論文作遆，或作遰，並非也。說文從辵虒聲也。辵音丑略反，虒音天伊反，又音斯。下胡故反。顧野王云：互謂更遞也。說文在竹部，互篇在牙部，或從竹作笠，可以收繩者也。今省竹作互，象形，中象人手所推握也。論文作手，俗用字也。

一切經音義卷第四十九　第二十八張　池

攝大乘論序

無著菩薩造

真諦三藏譯　慧琳音

圖牒 上杜胡反。孔注尚書云：河圖，八卦是也。五子之歌云：怨豈在明，不見是圖也。鄭注周礼云：圖者，考績之言也。世本云：史皇作圖。宋忠注云：謂畫地形物象，令來者之可觀也說文云圖畫計難也從口從一回回難意也下恬叶反漢書云披圖案牒蘇林云謂譜第也古者聰簡記事以為牒左傳云受牒而退是也說文云牒札也從片枼聲業音閻叶反

安叡 營惠反義已具釋寶星經中

騁壯悤 上顊領反顊音逞貞反韓詩傳云騁施也壯注左傳云騁疾馳也廣雅奔也說文直驅也從馬甹聲甹音匹丁反中莊狀反廣疋云壯健也說文云大也從爿土聲爿音丘良反

分鑣 表驕反毛詩鞴軒鑾鑣說文云鑣馬銜也從金麃聲麃音鉋交反

比㡹 烹賣反廣雅云派水分流也說文云㡹水之衺流別也從反永今論本從水作派是安邑咎名非分流之派也

貧橐 湯各反毛詩傳云大曰囊小曰橐蒼頡云囊之無底曰橐說文云囊也從橐省石聲橐昆本反

綜涉 上宗弄反義已具釋金光明最勝王經中訖也

鑽仰 上纂欒反論語云鑽

一切經音義卷第四十九　第二十九張　池

之弥堅也漢書云商鞅挾三術以鑽孝公又云鑽猶鐫鈋也亦治擇之名也說文云鑽所以穿也從金贊聲也

遊跨 誇化反杜注云跨過其上也顧野王云跨謂舉足也說文云跨渡也從足夸聲夸音誇也

咫尺 上之尒反杜注左傳云八寸曰咫說文云中形婦人手長八寸謂之咫周尺也從尺只聲下昌隻反說文云十寸也人之手十分動脉為寸口十寸為尺尺所以指尺規矩事也周制寸尺咫尋常仞諸度量皆以人之禮為法也從尺從乙乙所識也

方屆 皆賣反鄭箋毛詩云屆舍也孔注尚書云屆至也說文云極也從尸由聲

溷殽 上䰟穩反廣雅云溷濁也鄭注礼記云辱也說文云乱也從水圂聲論本作混音衮說文云水豐流皃非溷濁字也圂音䰟困反下效交反賈逵国語注云殽雜也廣雅云乱也說文云殽相錯也從殳肴聲殳音殊肴音爻經本從术作淆者俗字也

閩越 上敏彬反周礼掌方氏掌七閩之人民鄭玄閩之别也七者周所服国數也山海經云閩在海中郭璞云閩越即西甌今建安也說文云東南日虵種也從虫門聲虫音毀

忼慨 上康

一切經音義卷第四十九　第三十張　池

浪反王逸注楚辭云謂中情恚恨心切剝也說文云忼慨也從心亢聲論本從康作慷俗字久行於代也亢音同下開代反顧野王云志憤壯也歎息也說文云忼慨壯士不得志也從心旣聲

番禺 上判瞞反下遇俱反漢書云番禺南海郡縣名也說文番字從釆田象形也禺字從田內聲釆音辨田音甫勿反內音柔九反

歐陽頠 上區侯反下危毀反人姓名也廣雅云頠靜也說文云頠頭開集也從須危聲頁音纈

滌沈蔽 上庭的反孔注尚書滌除也鄭注周礼云滌濯溉也毛詩傳云滌掃除之也何休注公羊云謂取其潔淨也說文滌洒也從水條聲中朕林反尒雅云沉止也顧野王云沉猶淪翳也說文云沈一日濁黕旮也從水冘聲黕音丁感反虍音滹下必計反杜注左傳云蔽障也論語云好仁不好學其蔽也愚顧野王云蔽暗不明也說文蔽艸小兒從艸敝聲

睽違 闚圭反周易云睽乖也說文云

睽目不相聽從也從目癸聲也

恇怯 上曲王反鄭注礼記云恇恐也說文云恇怯也從心從匡聲也

歐陽紇 痕没反人名也即勵公頠之世子也說文云紇絲下也春秋傳有臧孫紇也從糸乞聲

該閱 上改哀反賈逵注国語云該備也方言云該咸也廣雅云該評也包也說文從言亥聲若兼備之該從日作晐下緣雪反考聲云閱數也察也蒐也簡功業也說文云閱具數於門中也從門兌聲

協洽 上嫌葉反下咸夾反尒雅云歲次名也歲在未曰協洽

峻峙 上荀俊反孔注尚書云峻高大也鄭玄注毛詩云峻長也字書云陖峭也說文云峻高也從陖作陗陵音同下除理反說文峙踞也顧野王云謂止不前也從止寺聲

紕紊 上匹毗反礼記云一物紕繆則民莫保其死也鄭云紕猶錯也說文從糸比聲下文憤反孔注尚書云紊乱也說文云商書曰有條而不紊也從文糸聲

泛芥舟 上芳劒反中皆邁反漢書云取青紫如俯地拾芥也莊子云覆杯水於坳堂之上則芥謂之舟也今論序引用者言法源深廣妙不可測也巳智膚淺修改難

周如剖一葉之茉為舟取齊大壑
信其難也字書云茉也從草介聲

巨壑

何各反山海經云東海之外有大壑顧野王云謂谿谷也郭注介雅云謂坑壍也說文云壑溝也從叡土聲叡音同也

駘足

上代來反顧野王云駘駑也楚辭云却驥驟而不乘策駑駘以取路也說文從馬台聲也

聚㸑

上從庾反杜注左傳云聚衆也何注公羊云斂也字書云積集也說文云聚會也從㐺取聲㐺音吟下焦躍反字書云爝炬火也說文云從火爵聲論本作爝俗字炬亦從廾作苣云束葦燒之也

攝大乘論卷上

無字可音訓

論卷中

慧琳

闇中藤

特登反埤蒼云藤芤胡麻也廣雅藤藟也顧野王云案今惣呼草蔓莚如葛之藟者為藤也文字典說云從廾滕聲

論卷下

以楔出㮶

並先節反字書云㮶開粅具也鄭注儀礼云㮶齒用角抐也說文云㮶攕也從木幷聲攕音子廉反亦㮶也

一切經音義卷第四十九

一切經音義卷第五十　池

翻經沙門慧琳撰

攝大乘論二卷　慧琳

攝大乘論本三卷　慧琳

攝大乘論十五卷　真諦　玄應

攝大乘釋論十卷　笈多　慧琳

攝大乘論釋十卷　玄奘世親　慧琳

攝大乘論釋十卷　玄奘無性　慧琳

佛性論四卷　慧琳

決定藏論三卷　慧琳

方便心論一卷　慧琳

中邊分別論二卷　無

辯中邊論三卷　慧琳

究竟一乘寶性論四卷　玄應

辯中邊論頌一卷

業成就論一卷　慧琳

大乘成業論一卷　玄應

右十五論七十卷同此卷音

攝大乘論上卷　阿僧佉造　後魏扇多譯　音　慧琳

犂轅　上礼蹄反玉篇云牛耕鐵也漢書云募從貧人假與犂牛種子也說文耕也從牛𥝢古文利子聲也𥝢字從黍從勹古文刀字下音袁鄭注礼記云輈張留反

轅也方言楚衛之間謂轅曰輈說文轅輈也從車袁聲也𨏡轅准車轅義可知也楚語也

篠帚 下周酉反世本云少康初作箕帚宋中云火康夏后祖之子帚掃糞也火康即杜康也葬長垣案帚所以掃除糞穢也說文云從又持巾掃冂內也會意字也論文從竹作箒俗用非也冂音癸營反

下卷

卷末有十六行偈頌歸命句書寫人錯書為歸念從第二行下直至第八行下並錯書為歸念甚無義理極乖論意諸經藏中多有此錯本請改為歸命除此一錯外此卷更無難字可音訓也

攝大乘論本卷上

無著菩薩造　玄奘譯　慧琳音

簸箕 上波箇反毛詩傳曰簸糠也說文揚米去糠者也從箕從皮下幾宜反世本火康作箕帚也鄭注介雅言盛米寫斛中者也說文從竹其聲

麁歰 上蒼呼反鄭注周礼云麁猶踈也顧野王云不善也說文比其大小辨其麁細古作麤從三鹿今省作麁下所立反王逸注楚辭云難也說文不滑也從四止二倒二正

卷中

伏瘵 側界反毛詩傳曰瘵病也說文亦病也從疒女厄反祭聲

妙飾 尸食反廣雅云飾著也鄭注礼記云飾情之章表也說文飾刷也從巾飤音似

聲

卬物 虛鞅反方言卬為也廣雅卬持也亦向也說文望也欲有所及從匕從卩卩音節匕音比也

卷下

無閡 下五代反晉灼曰外閉曰閡廣雅云礙亦閡也說文亦外閉也從門亥聲

攝大乘論第一卷

天親釋論　真諦譯　玄應撰

通敏 眉殞反通洞也敏達也廣雅通明徹也敏捷疾也

披閱 餘說反簡閱也小介雅閱具也具數於門中日閱也

成縠 又作殼同口角反吴會間音哭卵不堅皮也凡物皮皆日殼尚在卵中謂之縠出殼以後名之鷇鷇音冦介疋生哺鷇郭璞日謂須毋飤音似也

猒惡 於焰反猒足也恢也下於路反廣雅惡憎也儈也儈音一外反恢音何岱反

彼勿 無弗反詩云勿仕行救注云勿無也

屬耳 之欲反国語恐国人屬耳目於我韋昭日屬注也漢書音義日屬近也詩云無易由言耳屬于垣是也

第二卷

胵柯 又作痙同竹尸反

鞞世 陛奚反

沉麝 神夜反形如小麋臍有香也

彎弓 於開反小介疋控彎挽引也

一切經音義卷第五十　第五張　池

第三卷

所詮 且全反通俗文釋言日詮說文詮具也淮南子云詮言者所以譬類人事與相解諭也

第四 先並不音

第五卷

弥彰 又作暲同諸揚反廣雅彰著也明也

乍起 仕嫁反廣雅乍蹔也蒼頡篇乍兩碎也　兩

一切經音義卷第五十　第六張　池

第六卷

預立 古文預忬二形今作預同余據反先辨也預猶僣也逆為之具故日預也

輕蔑 字體作懱同莫結反說文蔑輕傷也

第七　第八 先並不音

第九卷

室家 書逸反礼記三十壯有室鄭玄日有室妻也故妻稱室案室户内房中也論語由也升堂未入於室也家居也

後登 都恒反登升也進也亦成也

善㧖 又作軛同於革反謂轅端壓牛領者日軛軛槅也

沮壞 才與反蒼頡篇沮漸敗壞也論文多作俎俎音側所反貯醢器也又置肉机也俎非此義也

諧遂 胡皆反諧和也說文諧合也遂成也就也亦從也

一切經音義卷第五十　第七張　池

第十卷

練摩 古文鍊練㪚三形今作湅同力見反說文鍊治金也下古文劘攠二形同莫羅反易云堅柔相摩注云相切摩也介疋石謂之磨郭璞日玉石被摩猶人自修飾也論文作磨礲也

藤譬 達曾反廣雅藤藟也今呼草蔓延如葛藟者為藤也

第十一卷

以楔 又作楔同先結反說文楔櫼也今江南言櫼楔通語也櫼子僉反

拙訥 古文吶同奴骨反訥遲鈍也說文難也

扣擊 去後反扣亦擊也廣雅扣持也

第十二　第十三 先並不音

第十四卷

一切經音義卷第五十　第八張　池

蓄聚 又作稸同恥六反蓄積也廣雅蓄聚也

瘵其 側界反尒雅瘵病也三蒼云今江東呼病皆日瘵東齊日寞

第十五卷

所鎮 知陣反說文鎮厭也亦安也

乖除 實外反乖計也亦外也除去者也

調鼎 都挺反如湯時伊尹也說文鼎者三足兩耳和五味之寶器也案鼎者器也所以烹飪飲食也

攝大乘論釋

世親造釋論　笈多三藏譯

慧琳音

第一卷

祕密　上悲記反毛詩箋云祕神也廣雅云祕猶牢也字書云一日密也說文亦神也從示必聲也經從禾作秘誤也

第二卷

鍛師　端亂反蒼頡篇鍛椎也孔注尚書云鍛鍊也集訓云鍛打鐵也說文小冶也從金叚聲也

如鞞丗　中薛迷反唐云外道名也梵語也

沆麝　石夜反山海經翠山多麝郭注云似麞麀麝臍中有香也說文從鹿射聲也

彎弓　於關反蒼頡篇彎引也說文持弓開矢也從弓䜌聲也䜌音劣專反

第三卷

無字音訓

第四卷

串習　上關患反說文串猶習也或從心作慣亦從辵作遦並同用也

第五卷

汝撥　半末反毛詩傳曰撥治也何注公羊云撥猶理也鄭注禮記撥揚皃也說文從手發聲也

永擯　卑北反司馬彪注擯弃也史記云相與排擯之是也說文從手賓聲也經從人作儐誤也

第六卷

中藤　鄧稜反埤蒼藤苽胡麻也古今正字草蔓莚如葛藟者為藤也從艸滕聲

爲複　方復反蒼頡篇複厚也顧野王複除謂不役也說文複亦重也從衣复聲复音同上

第七卷

善扼 厄音同上 鬩革反廣雅扼持也取也鄭注礼記云盈手曰扼說文從手厄聲也

第八卷

焚臧 上扶雲反孔注尚書云焚燒也杜注左傳云焚亦斃也說文燒田也從火從林

第九卷

製立 之世反杜注左傳云製裁也蒼頡篇製正也說文以裁製為制從衣制聲

第十卷

攝大乘論釋 無可音訓

世親造釋論　玄奘譯　慧琳音

第一卷

是禎 音貞蒼頡篇禎善也說文禎祥也從示貞聲也

第二卷

脊梁 上精昔反顧野王脊背膂也毛詩傳曰脊理也文字典說從肉上象脊肋之形也

第三卷

纒貪 上徹連反考聲纒遶也說文纒約也從糸厘聲也論從厂作厘非也

第四卷

翳眩 上一計反字書翳蔽薆也郭注方言翳謂奄覆也廣雅障也說文從羽殹聲下玄絹反蒼頡篇眩視之不明也惑也說文從目玄聲殹音烏計反

捺洛迦 上難怛反梵語也唐云地獄名也

第五卷

堅鞕 額孝反字書鞕牢也文字典說鞕堅也從革更聲亦作硬也

第六卷

煖順 上奴管反說文煖温也從火爰聲論作此㬉字俗也

榛梗 上鋤侁反許注淮南子曰木搸廣雅木叢生亦曰榛說文從木秦聲下革杏反方言自關而東草木剌人者為梗賈注国語梗害也王逸注曰梗強也說文從木更聲

第七卷

灰燼 詞信反杜注左傳燼火餘之木也方言燼餘也說文從火盡聲也

熏習 上訓雲反集訓熏歷上也說文火氣也從火或作燻焄又作薰

第八卷

掘生地 群颶反廣雅掘穿也顧野王曰掘謂以揷發地說文掘搰也從手屈聲也搰音塊沒反

欻然 勳蘚反賈誼注西都賦云欻忽也說文從炎從欠

頑鈍 上五班反考聲頑愚也廣雅亦鈍也左傳云心不則德義之經為頑說文㒯頑也從頁元聲也頁音頡

第九卷

匱乏 逵位反考聲匱窮也少也鄭注礼記匱乏也文字典說從上貴聲上音方

第十卷

攝大乘論第一卷 無字音訓

無性菩薩釋　玄奘譯　玄應音

幖幟 標遥反下𡷫志反舊音識與知識同幖幟也所以相別也通俗文徽音麾号曰幖私記曰幟謂以絳帛等書著背上曰徽廣雅幖幟幡也墨子云長丈五廣半幅曰幟也

業具 軍八轉聲中業聲為第二具聲為第三也夫言論之道能有立破義同軍故立軍名第二轉聲詮所作業第三轉聲詮能作具軍詮業具名業

具軍八轉聲者一體二業三具四為五從六屬七依八呼此如聲明具釋七轉常用呼聲用稱也

能詮 七泉反詮謂顯了義文詮具也案具說事理曰詮淮南子云詮言者謂譬人事相解諭也

天魔梵 梵言魔羅此譯云障能為修道作障礙也亦名煞者論中釋斷慧命故名為魔常行放逸而自害身故名魔魔是位處即第六天主也名曰波旬此名惡愛即釋迦牟尼佛出世時魔王名也諸佛出世魔各不同如迦葉佛時魔名頭師此云惡瞋等者也

能闡 昌善反廣雅闡開發也闡明也

覺寤 上音教覺亦寤也蒼頡篇覺而有言曰寤眠後覺寤也

首楞伽摩 梵語此云健行定亦云健相舊云首楞嚴也

魯荼 梵語宅加反字緣也能顯所作義有魯荼處必是所義非一切有立義多罝名也

經部 佛去世後四百年中從說一切有分出此部唯立一藏言

唯有一經藏也所以作此名者云經是根本律及阿毗曇還解經義既不出經外故唯立一經藏也

采畫 七在反下胡卦反五色所成曰采圖其形像曰畫也

罣礙 字略作罫同胡卦反網礙也

吠世師 梵語扶廢反亦云衛世師皆訛也此云勝異過餘論故名勝能破餘論壞故名異其論六句為宗或言六諦

師資 師徒也資用也又取也善人不善人之師不善人善人之資亦如資財者也

伽他 梵語此方常頌或云攝言諸聖人所作莫問重頌字之多少四句為頌者皆名伽他案西国數經之法皆以三十二字為一伽他或言伽陁訛也舊言偈者亦伽他之訛也

那落迦 梵語也亦言那羅柯亦云泥羅夜舊言泥羅耶斯梵言楚夏耳此譯有四義一不可樂二不可救濟三闇冥四地獄經中言地獄者一義也所以仍置本名或言非行謂非法行處也

阿笈摩 梵語其業反亦言阿伽摩此名教法或言傳謂展轉傳來以法相教授也舊言阿含訛略也

帀墨 直連反梵言阿縛遮羅此云帀墨礼記帀

壓不征鄭玄云壓謂帀物邪舍也今帀中肆是也舊云欲行非也案梵本僧塞迦羅此云行名不當本故立為壓也

有痼　核間反聲類云小兒癲病也

第二卷

化地部　梵語也第三百年中從一切有部出梵言磨醯奢婆迦亦名弥喜捨娑柯此云化地亦云教地或言正地人名也但此羅漢在俗為王国主化土境

故名化地今入佛法如地又匡化之故以名也書名弥沙塞者訛也

樹增　時住反廣雅云樹殖建立也凡置立皆曰樹樹亦種也

照矚　之欲反矚亦明也

貫徹　古玩反貫達也徹通也蒼頡篇貫穿也以繩穿物曰貫

羂索　又作罥同古泫反聲類罥糸取也以繩取獸曰罥也

未嘗　視羊反未嘗未曾也廣雅嘗暫也試也

率尒　踈律反尒疋率修自也謂先以已意而言也論語子路率尒而對何晏曰先三人而對是也

巨勝　其呂反巨大也本草云胡麻粒大黑者為巨勝

眾纈　賢結反案纈以絲縛繒染之解絲成文曰纈今謂西国有淡翌汁點之成纈如此方蠟點纈也

訖㨾緣　梵語也都果反此云巳竟義如言僳俗巳飯食度山巳度何也

和糅　古文鈕粗二形同女救反廣雅糅雜也今謂異色物相集曰糅

彎弓　烏還反開弓也小尒疋彎控引挽也

華鬘　梵言摩羅此譯云鬘音蠻案西國結

鬘師多用蘇摩那花行列結之無問貴賤皆此莊嚴以為飾好也

稊稗　徒㮚反下蒲懈反稊似稗布地穢草也稗草之似穀者也

末那　摩鉢反此云意

是渾　胡昆胡衮二反渾濁也說文渾乱也

是鮮　私延反廣雅鮮好也善也

第三卷

焚燒　扶雲反焚亦燒也字從火燒林意也

愆犯　又作㥶諐

二形同去連反說文諐過也亦失也罪也犯侵也

囹圄 力丁反下魚呂反獄名也周礼三王始有獄廣雅云夏日夏臺殷日羑里周日囹圄皆獄別名也釋名云囹領也圄禦也領錄囚徒禁禦之也

穢磧 且歷反積石日磧廣雅磧瀨也

第四卷

瞖眩 於計反韻集云目障病也下玄絹反字林眩乱也

夢覺

居効反覺寤也

憺怕 徒濫反下普白反廣雅憺怕寂漠也亦恬靜也言寂寞無人也

身寐 民庇反寐謂眠熟也国語云公寢而不寐也寢卧也

㦕戾 祿公祿孔二反謂很戾剛強也

湍洄 土桓反下音迴激水為湍水轉為洄激急也說文湍疾瀨也淺水流沙上也

刀仗 直亮反人所執持為仗仗亦弓矟矜棒之揔名者也

倡豔 齒揚反下又作艷同余贍反倡樂也艶美也美色為艶也

者者 諸野反說文者制事之辭也亦明千句出也脩本釋之故重言者也

如如 諸法非一故日如如下如是如是者指前也

尋伺 背吏反梵言毗怛迦此云尋毗遮羅此云伺尋謂尋求伺謂伺察或思或慧於境推求麁位名尋即此二種於境審察細位名伺故言尋伺舊名覺觀者案梵本菩提名覺毗鉢舍那名觀譯人不尋本語致斯乖失也

蟠曲 蒲寒反廣雅蟠曲也亦迴也委也

椰子洲 又作耶同以遮反師子國南浮海數千里洲人卑小長三尺人身鳥喙唯食椰子既無穀稼所以不識於牛也

迦比羅 梵語也此云赤色謂赤色仙人也造僧佉論說二十五諦義者也

騷揭多 梵語渠謁反是條伽陁弟子名也條伽陁者即佛十号中善逝是也

擾動 而沼反說文擾煩也廣雅擾乱也

第五卷

尼揵荼書 梵語此云集異名也如一物有多名等也

御衆　魚據反駕御也廣雅御使也驅之內善也謂指麾使馬也

不逮　徒戴反介雅逮及也

劬勞　寠俱反韓詩劬數也毛詩傳曰劬勞病也數音所角反也

阿練若　梵語阿此云無練若有兩義一曰無聲謂無人聲及無鼓譟等聲二曰斫謂無斫伐等諠吏雖言去聚落一俱盧舍為阿練若處亦須離斫伐處也譟音桑到反

俱盧舍　梵語謂大牛音也其音聞於五里舊云一俱盧舍此云五里也

第六卷

羅怙羅　梵語亦云羅吼羅舊言羅睺羅此云障月以羅怙羅阿脩羅以手障月時生因以為名七年在母胎中一由往業二由現在故也

誅國　追于反罰罪也廣雅誅煞也說文誅討也亦責也

那庾多　梵語冀主反舊言那由他此數當千億也

蠲除　古玄反方言南楚疾愈曰蠲蠲亦除也

榛梗　仕巾反下伽杏反廣雅木叢生曰榛字林山楡一名梗有刺可以為蕪荑者也梗強也

阿揭陁藥　梵語亦言阿竭陁或云阿伽陁梵言訛轉也此言丸藥也

怯憚　又作法同祛業反怯多畏也下徒旦反憚驚難也

第七卷

潰散　古文殨同胡對反蒼頡篇潰旁決也說文潰漏者也

怨讎　視由反三蒼怨偶曰讎讎對也介雅讎匹也

嗢柁南　烏骨反中徒我反下音男梵語也此云攝散亦言攝施又言集揔散舊言鬱陁那訛也

遊玩　五奐反字林玩弄也廣雅玩好也

瞿沙經　瞿沙此云妙音人名也從人名經也

第八卷

聰敏　眉殯反聰聽微也先知也敏明達也捷疾也

第九卷

即士釋　亦言依士士謂主也立名從主故言依士如言眼識等也

持業釋　業謂用也立名所召別義稱業於一體上具立二名即明其體能持二業如言眼即是界等者也

屬耳　之欲反國語恐國人屬耳目於我事昭日屬注也漢書音義日屬近也詩云耳屬于垣是也

保任　補道反說文保當也任保也言可保信也

母邑　梵語摩怛理此云母伽羅摩此云村今以邑代村故云母邑謂母人之流類故以名焉也

那伽　梵語有三義一云龍二云象三云不來孔雀經名佛為那伽由佛不更來生死故者也

棓刺拏　梵語補厚反下羅割反外道六師中一人名也舊言富蘭那迦葉是姓富蘭那是字即執空見外道也

第十卷

愚戇　卓絳反三倉愚無所知也亦鈍也廣雅戇頑嚚也說文愚癡也戇亦愚也

頑嚚　五還反下魚巾反廣雅頑嚚愚也頑鈍也蒼頡篇嚚惡也左傳心不則德義之經曰頑口不道忠信之言曰嚚是也

毗盧宅迦王　梵語也舊言毗琉璃王一也

瑠璃　吠瑠璃也亦云毗瑠璃又言毗頭梨從山為名謂遠山寶遠山即須弥山也此寶青色一切寶皆不可壞亦非煙焰所能鎔鑄唯鬼神有通力者能破之為物或云是金翅鳥卵殼鬼神破之此寶以貴與人閒也

牟娑洛寶　梵語也亦名摩娑羅是紺色寶也

遏濕摩揭　梵語也亦名阿輸摩竭婆是赤色寶也

帝釋青　梵言因陁羅尼目多是帝釋寶亦作青色以其最勝故稱帝釋青或解言帝釋所居處波利質多羅樹下地是此寶故名帝釋青目多此云珠以此

寶為珠也

大青 梵言摩訶泥羅此云大青亦是帝釋所用寶也

羯雞怛諾迦寶 梵語餘第七云盧叩胵柯目多叩音許伊反

拯拔 上蒸字上聲字也說文拯上舉也謂救助也

阿僧伽 梵言阿此言著短聲呼之長聲呼之即云衆舊云僧佉訛也

佛性論第一卷

玄應

臍胷 上寂兮反考聲云腹臍也說文從肉齊聲也或作齎下勖恭反考聲云胷膺也說文同亦作匈字下從肉上從凶也

手捊 蒲溝反毛詩傳云捊聚也說文引取也從手孚聲也

澌灌 上基利反下官換反莊子云水潦之澌於田也考聲云漬也顧野王云灌猶沃斟也說文云從水既聲也灌字從水雚聲也雚音桓也

第二卷

泥滓 下緇史反郭注尒雅云澱滓也說文滓亦澱也從水宰聲也

澄渟 定經反埤蒼云水所止也字書云水帶也廣雅亦渟止也說文從水亭聲也

濡滑 上汝娛反毛詩傳云濡漬也人潤澤也說文從水需聲需音須

霙觀 呼郭反字書霍霙大雨皃也古今典說亦霍霙也從雨隻聲也霍音役

蜘蛛 上猪奇反下猪俱反說文亦作此鼅鼄字亦穐也經作此

蜘蛛通用字也

轂輞 上公木反考工記云轂者為利轉也說文輻之所湊也從車𣪊聲也下武昉反王注楚辭輞枝輪木也說文從車罔聲也

輻軸 上甫木反顧野王湊轂張輞者也說文從車畐聲下冲六反儀礼軸狀如轉轆刻兩頭為軹軹狀如長木穿桯前後著金而關軸焉說文從車由聲

第三卷

詮詺 名併反顧野王為作名曰名　去聲　經從言作詺字書並無也

湛然 宅陷反方言湛安也蒼頡篇水不流皃也說文從水甚聲者也

靖約 上字井反孔注尚書云靖安也毛詩傳云靖亦善也說文安也從立青聲下央脚反

縹色 疋遶反王注楚辭云於服耀青葱也說文帛青白色也從糸票聲也糸音覔票音必遥反

短促 端煖反蒼頡篇短促也說文有所長短以矢為正不長也從矢豆聲也經從豆從寸作尌非也

第四卷

破塘 徒當反埤蒼云長沙郡謂隄日塘作隋說文從阜唐聲也

鑄金 朱樹反顧野王謂爍銅為器也說文銷金也從金壽聲

相揩 口皆反廣雅揩摩也說文從手皆聲

决定藏論三卷　慧琳撰音

上卷

青淤 下於句反考聲淤水中凝泥也顧野王云今水中泥草為淤也說文澱滓也從水於聲也

猗謚 上懿宜反毛詩傳云猗歎辭也考聲美也加也取也說文從犬奇聲與從人作倚亦通用

中卷

睎望 上欣衣反莊子云睎意道言謂之諂也說文睎望也論從心作悕俗

字論之義也

驅逐 上曲俱反顧野王云驅遣逐也廣雅奔也蒼頡篇隨後日驅亦驟也說文馳也從馬區聲也

狂痟 下小焦反鄭注周礼痟酸削首疾也埤蒼云痟亦渴也病也說文從疒肖聲疒音女厄反肖音消弔反

下卷

鮭鰠 上夏皆反山海經敦薨之水多赤鮭吳志亦以為膎脼之膎也陸抗上䟽絡給其鮭粮是也古今正字從魚圭聲下穌高反山海經鳥鼠同穴山多鰠魚如鱣

魚動則其有大兵古今正字云從魚蚤聲也蚤音早

摶食　上段欒反博雅摶手握物使相著也說文從手專聲也

㯍色　上湯洛反郭注介雅㯍今江東斫物曰㯍也今或以為戒守所擊為欜也音託考聲解木也謂理直也古今正字判也從木席㡿音尺聲也論從手作此折誤也

燥故　上喿竈反說文燥乾也從火喿聲喿音噪也

方便心論一卷　慧琳撰音

稊稗　上弟泥反集訓云稊子草名也似稗而細小也一名荑也說文作苐借用也下排賣反杜注左傳粃稗草之似穀者也說文禾之別名也從禾卑聲也

摠諦　上宗孔反顧野王云摠持領也合也結也束也考聲云都也古今正字或為総也從手怱聲下丁弟反方言諦審也說文從言帝聲也

沙礫　零的反說文小石也從石樂聲也

鑚燧　上祖官反顧野王云鑚猶鑴也鑿也說文穿也從金贊聲也下隨悴反杜注左傳云取火具也說文從大遂聲經從手作攢非也

見杌　下五骨反韻略樹無枝也說文木無頭也從木兀聲也

単故　上衝燭反廣雅単挾也說文抵也從角從牛也或作此觸也

渧數　上低弟反考聲云水滴也通俗文滴渧亦零滴也從水從帝

中邊分別論　無字可音

辯中邊論三卷　慧琳音

上卷

如鑱　下鍁占反太公六韜大鑱柄長七尺方言刈劍自關而西謂之鑱蒼頡篇云大鏁也考聲鈫物者也亦作此鑱也說文從金毚聲也

中卷

鎣飾　上縈迥反廣雅鎣摩也謂摩拭珠王使發光明也說文從金熒省聲

也或從玉作瑩俗字也

下卷 無字音訓

究竟一乘寶性論

玄應撰

歔欷 喜居反下虛既反字林悌泣也蒼頡篇泣之餘聲也亦悲也

影畫 上疋妙反影猶輕淺也

辯中邊論頌一卷

無字音訓

業成就論

慧琳撰

鄴隍 上嚴劫反漢書魏郡有鄴縣故大河在東也說文從邑業聲下晃光反說文城壕有水曰池無水日隍也從阜皇聲

知局 下弟玉反介雅局分部也詩云曲也廣雅云近也說文促也從口在尸下復句之一日博局所以行棊象形字也

癰子 上戕切反廣雅癰瘫也埤蒼痤也考聲小腫也或作癤古今正字從疒節聲也疒音女戹反

稻稈 下于旱反考聲云稈禾黍莖也杜注左傳云稾也廣雅云稻穰也從禾旱聲旱音翰也

大乘成業論

玄應撰

食米 齊宗舊云食眉此外道修行苦行合手六指及第二指以物縛之往至人家舂穀簸米處以彼縛指拾取米眉聚置掌中隨得多少去以為食若全粒者即不取之恐多所取縛兩指耳亦名鷄鳩言外道拾米如鷄鳩行也

凸出 蒼頡篇作宊徒結反字苑凸起也宊突也字苑凹陷也

坳凹 蒼頡篇作容烏狹反容墊下也

紫礦 古猛反波羅奢樹汁也其色甚赤用染皮氍毹也

拘櫞花 俱禹反下以專反廣志云似橘大如飯篋可以浣濯遍葛紵也今出番禺以南縷切蜜漬為糝也

瓤生 如良反即瓜瓠中瓤瓣也

俱瑟祉羅經

梵語勑里反舊言俱絺羅譯云膝也

言睞胥大也此即舍利弗舅長爪梵志是也

釋軌輪 梵語居美反軌法也世親菩薩作釋經軌法佛栗氏子此西國地名此人因地為名也

一切經音義卷第五十

第三十三張　池

一切經音義卷第五十一

翻經沙門慧琳撰

碣

音因明正理門論本一卷 慧琳

因明入正理論一卷 慧琳

唯識論一卷 慧琳

顯識論一卷 慧琳

轉識論一卷 慧琳

唯識二十論一卷 慧琳

唯識三十論一卷 慧琳

成唯識寶生論五卷 慧琳

唯識論一卷 慧琳

成唯識論十卷 慧琳

大丈夫論二卷 慧琳

入大乘論二卷 慧琳

大乘掌珎論二卷 玄應

緣生論一卷 無

大乘緣生論一卷 玄應

無相思塵論一卷 無

大乘五蘊論一卷 玄應

大乘廣五蘊論一卷 慧琳

寶行王正論一卷 無

大乘起信論一卷　惠琳
大乘起信論二卷　惠琳
發菩提心論二卷　玄應
三無性論二卷　無
如實論一卷　無

廻諍論一卷　惠琳
壹輸盧迦論一卷　惠琳
十二因緣論一卷　惠琳
觀所緣論一卷　惠琳
解捲論一卷　惠琳

掌中論一卷　惠琳
止觀門論頌一卷　惠琳
取因假設論一卷　惠琳
觀惣相論頌一卷　無
大乘百法論一卷　惠琳
百字論一卷　惠琳

手杖論一卷　惠琳
大乘法界無差別論一卷　惠琳
六門教授習定論一卷　惠琳
破外道小乘四宗論一卷　惠琳
破外道小乘涅盤論一卷　惠琳
觀所緣論釋一卷　惠琳

右四十一論六十卷同此卷音

因明正理門論本　慧琳音

鵂鶹　上朽尤反下音留文字典說二鵂鶹怪鳥也案鵂鶹晝伏夜飛荒鷄鴟梟之類也大如鳶蒼色赤目披古今正字並從鳥休留皆聲也

懷兔　天竺國名月為兔故以喻焉兔王經云月中兔者佛昔作兔王為供養一仙人投身入火以肉施彼仙人天帝取其骸骨置於月宮中使得清涼又令地上衆生常見而發慈心故也

煙等　上鷰賢反國語云唉煙遠於上也考聲云火煙也說文從火垔聲或作圍古作㢂論文作烟亦通垔音因

躊躇　上紂流反下直閭反博雅云躊躇猶豫心未定也古今正字並從足壽著皆聲

流漫　滿伴反王逸注楚辭云漫漫長也顧野王云漫漫遠貌也郭注方言云謂水潦浩漫也古今正字云從水曼聲論作漫俗字也

因明入正理論　慧琳音

懷兔非月　通路反正因正業前依經敘已具說訖今引儒書所說曉示來聞王充論衡日儒者皆云日中有三足烏日者陽精火也月中有白兔蟾蜍月者陰精水也安得烏處火而不燋兔居水而不溺相違而理不然也李淳風注稽聖賦引抱朴子云今得道者及有妙術之人亦能入火不燒入

水不濡且俱為人倫而其異如矣此王生安知日中之烏月中之蟾兔而不如人間之術士有能入水入火者與常烏凡兔之不同乎又云業感在星天之上日月之中其形雖同彼必神明之類不可以人理凡情之所揆測者矣說文云兔獸名也象踞後黜象其尾兔頭與象同故從㲋省

唯識論　慧琳音

瞖眼　上翳計反韻略云瞖目障也論從羽作翳掩也蔽也非此義也瞖音

睦兮反

塵濁　下幢覺反顧野王云濁者不淨潔之稱也說文從水蜀聲論從昜作渴書寫誤也幢音濯江反

膿河　奴冬反說文膿癰疽潰血也從月農聲膿河者餓鬼以自業力見水如膿河也

蘇甕　烏貢反方言云自關而東趙魏之郊謂大者為甕小者名甖古今正字從瓦雍聲也或從公作瓮俗字也

火爓　業壍反考聲云火光良也說文火爓也從火閻聲論作焰俗字也壍音奐爓也

一切經音義卷第五十一　第七張　碣

羺羊　奴頭反埤蒼云胡羊也古今正字從羊需聲也

罽賓　几例反漢書曰罽賓西域國名也古今正字從罔㓹聲㓹音几例反

慣習　關患反尒雅云慣亦習也說文作遺古字也

惛熟　忽昆反廣雅云惽亂也說文從心昏聲

癡謓也　吒真反蒼頡篇云謓怒也說文謓恚也從言真聲論作瞋俗用亦通也

論本文已音竟已下慧愷鈔別譯偈

慧愷　下開改反尒雅云愷樂也杜注左傳云愷和也說文康也從心豈聲

披閱　緣拙反考聲閱數也古今正字典說云簡也今披讀尋閱簡其論文同異也從門兌聲

顯識論　慧琳音

花鬘　音蠻西國採取時花以為嚴身之具

齅生　休又反說文以鼻就臭曰齅從鼻臭臭亦聲也

幻化　滑辦反考聲云惑也下從倒予字也

甛物　牒拈反廣雅云甛甘也家語云剖而食之甛如蜜是也說文美也從甘舌聲論作甜俗字拈音念添反

七猗　懿宜反孔注尚書云猗猗然專一之臣也說文從犬奇聲論作猗俗字也

掉戲　條弔反賈注國語云大能掉小也又曰掉搖也說文從手卓聲也

又泯　蜜北反傳曰泯滅也尒雅云泯盡也說文從水民聲泯音頻泯反

一切經音義卷第五十一　第八張　碣

轉識論

慧琳音

栖處 上悉齊反尒雅栖息也或作棲下昌恕反廣雅處所也經文作處草書誤也

籌量 紂流反鄭注儀礼云籌筭也史記云借箸為大王籌之運籌帷幄之中是也說文從竹壽聲

三慙 雜甘反尚書云惟有慙德說文慙愧也從心從斬省聲論作慚音藍感反與義不同

互相 乎故反考聲云

互交也周礼云事之更遞也遞亦互也此正互字

唯識二十論

慧琳音

眩瞖 上玄絹反蒼頡篇云目眩視不明也賈逵注國語云眩惑也說文目無常主也從目玄聲

捺落迦 難葛反梵語地獄之惣名

羝羊 底泥反毛詩傳曰羝羊牡羊也廣雅云羝雄羊也吳羊牡者三歲曰羝說文從羊氐聲論作𦍩謬說也

羸劣 累追反杜注左傳云羸弱也賈逵注國語羸病也說文羸瘦也從羊羸聲也

剌掔 上攔怛反下𢯷加反梵語王名也怛音單剌反

怛利 單剌反梵語王名也

鄔波離 烏古反梵語長者名也

論後序

𣉳妙 𣉳熱反毛詩傳云𣉳𣉳明也說文照𣉳亦明也或作晢並從日

鶴樹 何各反論從告作鵠非也

騁馹 上丑領反廣雅云騁奔也說文直馳也從馬甹聲也甹音匹丁反下人質反杜注左傳云馹傳車也郭注尒雅云傳車驛馬之惣名也說文訓同從馬日聲也

鶩驤 上無付反顧野王云鶩疾馳也楚辭云忽馳鶩以追逐是也廣雅云鶩奔也下想羊反毛詩箋云驤駕也薩注西京賦云驤馳也說文並從馬務襄皆聲

沉曀 緊計反尒雅日陰而風為曀也毛詩云終風且曀不日有曀說文從日壹聲緊音壹兮反

昏霾

買排反介雅云風而雨土爲霾詩傳云霾雨土也說文從方作霾正體字也論從犬作𩅘俗字也考音池介反

襄麓 聾谷反詩傳曰麓山足也穀梁傳云林屬於山爲麓說文從林鹿聲

道軼 田結反楚辭云軼迅風於清涼是也何休注公羊傳云過也杜注左傳云軼突也說文車相出也從車失省聲

位侔 莫侯反鄭注考工記云侔等也均也說文小篆作侔或從力作劺亦等也說文

從人牟聲

鍵乎 健偃反周礼司門掌授官鍵以啓閉國門鄭注云鍵管籥也方言陳楚之間謂籥爲鍵說文從金建聲

九樞 觸朱反郭璞注介雅云門戶扉樞也顏野王案莊子云蓬戶不究乗以爲樞是也說文從木區聲也

檥方 宜倚反又音宜如淳注史記云南方人謂整船向岸曰檥孟康注云附也船著岸也或作艤同說文從木義聲

克湮 一實反賈逵注國語云湮下也介雅云湮落也說文役也從水垔聲

臮令 其懿反考聲云衆辝所及也說文衆辝與也月令序云泊乎月朔差異也從㐺自聲㐺音吟論作泊徐廣注史記云泊肉計也乖論言非也

子蓩 由酒反傳曰蓩似禾苗也尚書云若苗之有蓩文字典說云惡草似稗無米說文禾粟下陽生者曰蓩從艸秀聲

紕荃 上匹毗反考聲云理也飾也繒帛踈薄也典說紕繆也從糸比聲繆音眉憂反下七泉反王逸注楚辭云荃細布名也說文從艸全聲或

作経

蘊蕪 上氳粉反馬注論語云蘊藏也杜注左傳云蘊藻聚也又曰蓄也郭注方言云蘊稸茂盛也下武撫反賈注國語云蕪薉也說文並從艸緼無皆聲緼音氳運反蘊亦去聲

紊指 文糞反孔注尚書云若網在網有條而不紊說文紊亂也從糸文聲

翳薈 上緊計反杜注左傳云乗之有蘙翳者也方言翳薆也又薆猶蔽也說文從羽殹聲殹音同上緊音噎芳反下烏外反廣雅云薈蕓翳也說文多草之皃也從艸會聲

艾夷 衛

反傳云芟除草也說文刈草也從艸殳聲音殊霎音杉夾反

穿沙磔 上歠事反說文穿通也從牙在穴中下零滴反說文小石從石樂聲歠音喘拙反

鶖鷺 上七修反下盧姑反案鶖鷺者反舌鳥也舍利弗毋眼似此鳥因以名之故云鶖鷺子說文並從鳥秋路聲也

琮義 徂宗反白虎通曰琮之言聚也象万物之琮聚說文從玉宗聲

沖濬 上逐隆反老子曰大滿若沖顧野王云沖猶虛也說文從水中聲下詢俊反孔注尚書云濬深也或作濬文字典說從水眷聲眷音銳也

唯識三十論

慧琳撰

嫉⿱臤革 上秦悉反王逸注楚辭云害賢曰嫉古今正字從女疾聲下苦閑反廣雅云⿱臤革堅也埤蒼云堅也古今正字從革臤聲臤音堅俗用字

害

憍 矯喬反毛詩鄭箋云憍逸也顧野王云憍謂自矜罰縱恣怛慢也古今正字從心喬聲論作憍俗字通用也

惛沉 上忽昆反廣雅云惛乱也癡也說文惛傚也從心昏聲傚音女交反

尋伺 司字反鄭注周禮云伺察也顧野王云伺候也古今正字闚覘何視也從人司聲

濤波 道勞反淮南子云濤海水涌起也文字典說云濤大波也海潮日濤從水壽聲下博摩反說文波水通出也從水皮聲也

成唯識寶生論卷第一

一名二十唯識順釋論

慧琳撰

諠靜 上兄元反聲類云諠譁也說文鬻呼也從言宣聲或從口作喧俗用字也譁音花

躭著 上荅南反俗用考聲云躭者也玩也從耳作耽

笈摩 上鉗裒反梵語也鉗音儉淹反裒音淹業也

昞然 兵皿反廣雅云昞明也古今正字從日丙聲或作昺論作昞寫誤也

蘇呾囉 上丹達反下羅字上聲兼轉舌呼梵語也

摩怛攞 勒可反

喏那上而者反梵語 仳喏那上紕七反梵語也 甛味上牒拈反廣雅甛甘也家語云剖而食之甛如蜜說文甛美也從甘舌聲論作甜用同拈音念添反 眩目玄絹反蒼頡篇云眩視不明也賈注國語云眩惑也說文從目玄聲 眩瞖翳計反韻略云瞖目障也翳音瞖兮反 踈瞙下莫博反說文肉間膜也從肉莫聲論從目作瞙考聲云大視也與論中文意不同書人誤也 鑠羯羅上商約反下建謁反西國梵語弓名 羝蜜梨迦上音戾梵語也 排擯上拔埋反下賓悋反顧野王云排猶抵也廣雅云排推也司馬注莊子云擯弃也史記云相與排擯是也古從手字並從手非賓聲

寶生論卷第二

於稱蚩證反尒雅云稱謂平輕重之具也廣雅云稱度也鄭注考工記云稱猶等也考聲正作稱說文從禾再聲作秤俗字也 嚼咽牆爵反顧野王云嚼猶噍也字書云咀也下烟見反顧野王云咽猶吞也說文從口爵因皆聲也噍音樵笑反咀音才與反 詰厄企吉反鄭注礼記云詰謂問事也考聲云詰謂窮問也說文亦問也從言吉聲 青茜千見反顧野王云茜草可以染絳也說文從艸西聲論作蒨亦通 藤蔓下武販反毛詩傳曰蔓延也廣雅云蔓長也說文葛屬也從艸蔓聲 崇墉涌從反毛詩傳云墉牆也尒雅云牆謂之墉說文從土庸聲涌音庸種反 飛甍麦耕反杜注左傳云甍星棟也說文從瓦從瞢省聲也 靃靡上雖紫反下音美考聲云靃靡草偃皃也楚辞蘋草靃靡也王逸注云隨風披敷也論文並從草作𧅄蘼俗字也若音為霍者非也 皠粲上催猥反埤蒼云皠鮮好皃也考聲云皠霜雪白皃

也說文從白隺聲或作傕猥音隈每反下倉散反 逬攢 藏散反說文濽謂相汙灑也一云水濺人也從水贊聲贊音同上 共齅 朽又反說文以鼻就臭曰齅從鼻從臭臭亦聲也論文作嗅非也 罥索 上畎泫反聲類云罥繫取也考聲云罥以繩捕鳥也或作羂文字典說云作羂古今正字從冈肙聲肙音一掾反剈之去聲也從口從肉 所蜇 展列反博雅云蜇螫

也或作蛆說文從虫旦聲 捺落迦 上難怛反梵語大地獄名也 墋害 初錦反陸機漢祖功臣頌茫茫宇宙上墋下黷古今正字從土參聲也 搥拷 隹蘂反國語云鞭搥使之說文擿以杖擊也從手垂聲下音考 鬘箏 音蠻西國時花以綫貫穿以為嚴身之具名曰花鬘

寶生論卷第三

鑯鏟 察盖反考聲或作弗博雅云炙肉鑯也說文鑯謂之鏟從金產聲鑯音妾監反 驚颷 必遥反鄭注尒雅云颷風從下向上者尸子云暴風頽颷是也說文從風猋聲或作飆猋音同上 驝駝 上湯洛反下鐸何反山海經云驝駝有肉鞌負千斤知泉所在周書云王會正以驝駝為獻能負重善行致遠北方饒之並從馬橐它聲橐音託它音同上論作洛是馬色也亦駱駝字也 蠍蜇 上軒謁反下展列反廣雅云蠍毒蟲也埤蒼云蜇亦螫也說文並從虫歇折聲蜇或作蛆從虫從怛省聲論作蜇字誤也 顛蹶 眷月反鄭注礼記云蹶行遽之皃也顧野王云蹶猶驚駭急疾之意也賈注國語云蹶走也說文從足厥聲 彼跛 波頗反梵語也 礭論 腔角反韓注周易云礭堅貞也說文亦堅也從石霍聲 矬𤸊 上坐莎反下擿解反廣雅云矬短也作矮又𤸊亦矬也亦作矮古今正字𤸊亦短也矬從矢坐聲𤸊從疒奇聲考聲正矮論文

二字並從人從坐從歲作侳[亻歲]二字並非也跡鏁和反

光熾 蚩志反顧野王云熾必審也亦謂熾猛火也傳曰熾威也考聲云熾赤色也說文從火戠聲戠音承識反

頗胵 音知梵語實名也

[土巠]耎 儒兗反鄭注考工記云讀為柔耎之耎也博雅云耎弱也說文從而火聲

寶生論卷第四

分析 星績反孔注尚書云析分也聲類析劈也說文破木也從木斤也

豁脫惣撥為空 上歡括反顧野王云豁者豁達大度量也廣雅云空也說文通谷也從谷害聲或作豁論作豎非也

[國瓜]烈 居碧反

芽者 雅加反廣雅云芽始也說文芽即萌芽也從艸牙聲

問緒 徐與反郭璞注尒雅云緒謂端緒緒也又曰緒事也毛詩傳曰緒業也王逸注楚辭云緒餘也說文緒端也從糸者聲

睎望 喜衣反廣雅云睎視也說文云睎望也從目希聲也論作悕亦通用

用㯹 湯洛反易曰重門擊㯹以樂暴客春秋傳曰魯擊㯹聞於邾說文從木槖聲論作拓是落拓失節皃也論義不同誤用也

寶生論卷第五

互決 乎故反考聲云互交也周禮云事之更遞亦名曰互也說文云中象人手手相鉤提字意也

如睡 下垂類反蒼頡篇睡猶臥也說文寐也從目垂聲論作娷誤也

重纏 徵連反淮南子云纏以朱絲說文纏約也從糸廛聲或作纒

苾蒭 上頻蜜反下側俱反梵語古譯云比丘也

屠膾 括會反廣雅云膾割也說文細切肉也從肉會聲

唯識論一卷

破色心

慧琳撰

迭共 田頡反考聲迭遞也杜注左傳迭更也方言迭代也說文從辵從失

省聲頡音賢結反逃音弟眣音同上**撆迦**上撇加反西國梵語**棘樹**矜力反毛詩傳云棘酸棗也廣雅云棘箴也介雅有牛棘顛棘商棘馬棘狗棘也方言凡草木有朿刺人江淮之間謂之棘說文云棘似棗叢生也從朿二朿朿音此漬反論從二來作棗非也**遶躡**黏輒反方言躡登也自關而西秦晉之間謂登為躡廣雅躡履也說文路也從足聶聲也黏音呂耍反**迦旃延**戰然

反梵語阿羅漢名也**夜蹋**說荅反廣雅蹋履也說文践也從足翕聲翕音塔**蝦蟇**上音遐下音麻蒼頡篇云蝦蟇蛙也水蟲也說文作蝦蟇一名田父一名蟾蠩一名青蛙一名黃懷

成唯識論卷第一

慧琳撰

橐籥上湯洛反下羊灼反老子曰天地之間其猶橐籥乎虛而不屈動而愈出御注云橐者鞴囊也籥者羌笛也橐之鼓風笛之運吹也顧野王云橐籥鑄冶者所以用吹火使炎熾也蒼頡篇云囊之無底曰橐毛詩傳曰橐橐用力者也古文從口作囗說文囊也從石從橐省橐音胡本反口音韋鞴音敗冶音野**鎔銅**上涌鍾反與容同音集訓云鑄冶器法也應劭注漢書云鐵形也說文從金容聲也**瓶甌**下歐侯反考聲云甌小瓦盆也案瓦瓶瓷瓶皆謂之甌也鄭注周礼云甌小盟也方言云盆之小者為之甌說文小盆也從

瓦區省聲也**提塘**上底泥反考聲提昉也限也梁也郭注介雅橋也說文塘也或從阜作隄下蕩郎反塘者培土為路也塘亦堤也或從阜作廗也

成唯識論第二卷

焦炷上樊遙反考聲云乾極也湯火燒也韻詮云黑殘也說文火所燒也古文從三隹從火作爨今隸書省單作焦論文從火作燋非也音助藥

反以火燋龜也下朱孺反考聲云炷燈心也此字近代出玉篇說文古今正字並無

尸骸　駭皆反顧野王云身體之骨惣名為骸考聲云形體骨也韻譜云骨亦骸也說文云脛骨也從骨亥聲駭音遐界反

成唯識論第三卷

瞢昧　上墨崩反毛詩傳曰瞢亂也杜注左傳云悶也說文目不明也從苜或從旬作荀旬也目搖動也苜音武福反旬音縣

駚流　上師利反蒼頡篇云駚疾也考聲云馬行疾也速也古今正字水潛流也從馬史聲也

成唯識論第四卷

局理　上𢀜玉反尒雅局所以部分也詩傳曲也廣雅近也說文促也從口在尺下促者不可足訓可也

倨傲　上居御反杜注左傳倨亦傲也鄭注禮記云不敬也說文不遜也從人居聲經從足作踞誤也下敖誥反考聲憍倨也尚書慢也博雅蕩也說文亦作敖經作傲俗字也

嚻動　上靈驕反顧野王云嚻讙也鄭箋詩云衆多皃也考聲云毀謗也說文嚻氣出頭也從㗊從頁會意字也㗊音莊立反

人杌　下五骨反通俗文物無頭日兀集訓樹無枝日杌從木說文闕

成唯識論卷第五

寔繁　上承職反杜注左傳云寔實也尒雅寔是也說文止也從宀是聲論文從穴非下伐袁反毛詩傳曰繁多也鄭注禮記云盛也考聲繁衆多也古今正字云從糸敏聲也

成唯識論卷第六

礭陳　上腔岳反易下繫云夫乾礭然示人易矣韓康伯曰礭剛皃也

古今正字：確，堅也。從石隺聲，隺音鶴。

悍表 寒旦反。蒼頡篇：悍，猝也。說文：勇也。從心旱聲。下華夭反。說文：上衣也。從衣從毛。古者衣裘以毛為表，故表字從毛。

善軶 上善字，說文：吉也。從羊從言。下音厄，正體字也。車轅端橫木也。從車戹聲，戹音同上。從戶從乙。

誹撥 上非未反，下補末反。從手發聲，撥，拂也。

詭詐 上歸委反。顧野王云：詭，奇恠也。廣雅：惡也。考聲：莠亦詐也，欺也，變也。說文：從言危聲。經作詭，書訛也。

躁擾 上遭到反。顧野王云：躁，動也。賈注國語：亦擾也。鄭注論語云：不安靜也。考聲：性急也。說文作趮，字從走喿聲，喿音蘇到反。

一切經音義卷第五十一　第二十五張　碣

成唯識論卷第七　第八　第九　第十

已上四卷並文易不要音訓

大丈夫論卷上

慧琳撰

摧破 上罪雷反。考聲：摧，剉也。說文：摧，折也。從手崔聲也。論從石作確，非也。

下卷

調濡 上庭聊反。鄭注周礼：調，合也，和也。下乳珠反。左傳：濡，潤澤也。說文：溼也。從水需聲，需音相餘反。需字上從雨，下從古天字。易曰：雲上於天，需。即其象也。

一切經音義卷第五十一　第二十六張　碣

入大乘論卷上

慧琳撰

耆麴 上音祇，下居六反。梵語人名也。即涅槃經中醫王耆婆是也。此乃翻譯者華梵不同，梵音訛轉也。

憘起 希寄反。字書：憘，與好也。

諸渚 章與反。渚者即洲也。介雅云：凡水中可居曰洲，水涯曰渚，渚亦小洲也。論中從小作㴫，非也。下文准此。音麦渚衆洲等悉是海島名也，皆十六大呵羅漢之所住處也。

麁獷 虢猛反。言傷人也。從犬廣聲。一云惡也。

因椁

擲誅反玉篇云擊鼓杖也更有別詞不要所以不取從木

濤波 唐勞反文字典說云六波也或云海潮日濤濤從水從壽省聲也壽音道

入大乘論下卷

桎沙桎麗 直日反梵語人名也譯種勝爲也

推石 退迴反說文從手隹聲也

矛稍 上莫侯反說文酋矛也戈稍也呂氏春秋云蚩尤作矛兵矛長丈二建於兵車象形字也經從金作鉾非也下雙卓反古今正字稍矛屬也亦名捎子戟長一丈八尺今之執背也從矛肖聲也從木作梢非也

蹴蹋 上秋育反何休注公羊傳云以足逆蹋謂之蹴說文蹴亦躡也下徒閤反廣雅蹋也說文蹋踐也從足昜聲下弱反或作躢亦通

揵槌 上乾下直追反梵語也即僧衆中打靜椎也以大木長二尺義事或坤罰

有過或和合舉事以白衆僧亦如此打鍾擊磬吹螺等類是也古譯或云揵稚訛也

掌珍論上卷

玄應撰

樊籠 扶袁反宗樊即籠也莊子釋雉不祈畜於樊中是也

安繕那藥 梵語舊作安禪那此云眼藥也

牧牛 黃祿土檀反三蒼牧養也方言牧飲也畜養之總名也

誣罔 武于反說文加言曰誣罔妄也欺也以是爲非日同之

餌能 如志反蒼頡篇餌食也案凡所食之物皆日餌食

下卷

嗢鉢羅 梵音烏安反或言優鉢羅又作漚鉢羅一也此云大黛花

銅鍱部 餘步反上座部也囊赤銅鍱書字記文令猶在師子國也

犢子部 梵言跋私弗多羅此云可住子部舊云犢子者猶不了梵音長短故也長音跋私弗是可住若短音呼則是犢於上座部中一切有部出也

緣生論一卷　慧琳撰

舌涎　下羨延反俗字也考聲云延口中津也說文液也正從水作㳄也

頞浮陁　上安葛反梵語或言頞部談初受胎也

箄尸伽　上閉迷反亦胎藏中梵語也中或作閉尸此云肉團

唯識論　修道不共作

羺羊　奴溝反通俗文羊卷毛者謂之羖羺胡羊也羖音女佳也

利剌　又作剌同千利反剌直傷也字從刀朿聲朿音且賜反

大乘緣生論一卷　無相思塵論一卷

巳上三卷並無字可訓釋

大乘五蘊論一卷　玄應撰

尤蛆　有憂反下知列反尤亦惡也蛆痛也蟲行毒也

蒙昧　字體作矇同莫公反下每貝反易云蒙者傢也謂傢霞不明也廣雅云昧者闇也謂蔽無知也易云蒙昧幼老謂不我求是也

大乘廣五蘊論　慧琳撰

磁石　上音慈呂氏春秋云磁石能召鐵本草云磁石一名玄石一名處石若有孔孔中赤色者名慈石無孔青黑色名玄石生慈州之山陰能吸鐵好者虛懸三四針能消鐵毒經意取吸鐵為喻也

寶行王正論一卷　無字可音訓

起信論序　慧琳撰

遣聘　下匹併反考聲云聘訪也穀梁傳云以王命存問隣國也說文從耳甹聲諭序從馬作騁誤也或從身作騁非也亦作聘甹音四冥反

寇擾　上苦候反說文寇暴也下而梁反經從木作櫌非也

智愷　開改反郭注介雅愷樂也

不悛　捘唯反方言云悛亦悖字也

起信論

梁真諦譯

對治　下長畧反考聲云治理也時直里反

心原　魚袁反原水泉本出也說文作厵也從厂從灥音似仙反今篆文省作原

宲寞　上情績反方言宲靜也說文無人聲也俗作寂古作㝡下莫博反或作嗼經作漠沙磧也

鑛穢　古猛反鄭注礼記云金玉璞未成未銷鍊曰鑛考聲云銅鐵等璞也亦作磺或作礦下於豕反

分齊　上扶間反分字從八從刀下情系反

憒吏　胡對反說文云憒亂也經作閙俗字也下挐効反考聲云人多諠也經中作丙誤也

慌忽　上荒廣反博雅云慌忽失志皃也經中作恍非也下昏骨反亦作惚也

大乘起信論卷上

慧琳撰

熏習　上訓惲反考聲云熏熱也說文云火氣也從黑從屮作熏今俗作熏行用已久難改亦作燻

下卷

不解　鞋界反音夏者非也

據理　居御反考聲云據憑也杜注左傳依也經作豦非也說文從手豦聲也

兜率陁　梵語上界天名也唐云知足

羼提　初板反亦梵語唐云忍辱

消滅　上小焦反蒼頡篇消亦滅也說文盡也經作銷爍金也

昏寐　弥避反經從宂從心作寐非也

嬰疢　益經反漢書嬰繞也說文從女從賏賏音同上也下勅鎮反毛詩傳云疢病也

發菩提心論卷上

玄應撰

罝羅　姉邪反兔網曰罝罝遮也鳥網曰羅羅截也

盼親　普幻反下力厤反廣雅盼視也字書美目也有白黑分也說文親內目瞳子視也論

文作䀹邪視也下作睞力代反說文目瞳子不正也今俗云睞眼是也顯音盧·對反時非今用

加誣 武于反說文加言曰誣謗亦罔也妄也誑也

下卷 先下音訓

三無性論二卷 一名無相論 並無可音

如實論一卷 無字音訓

一切經音義卷第五十一 第三十三張 碼

迴諍論二卷 慧琳撰

無水不能爛 勒但反前文已具釋說文從火論文從水非也

平聲字 一箱 想羊反

憂𢡟 上於尤反文字典說云愁也從頁從心頁者頭也入之憂者必由其心而色見於面從夊夊者曳足遲迴憂愁之象會意字也

八十四者惺 音星或作醒睡覺也

迷待語也

自他遞互 音遞上聲字或作遞遞猶代也論文作迭音田結反義即雖通於音非順宜改為遞

大賒 捨遮反考聲云賒緩也遠也

壹輸盧迦論 慧琳撰

聰叡 下悅慧反尚書云睿聖也又云必通於術也賈注國語叡明也廣雅云智也或作睿說文從𣦻目從谷省聲𣦻音才安反經作叡誤也

一切經音義卷第五十一 第三十四張 碼

十二因緣論 慧琳撰

印鏡 上因胤反即符印也論取其文喻一切法鏡象亦个

菴羅果 上暗含反菴羅者天竺國果名也此國亦有似柰小於彼國者為譬梵語不求字義

觀所緣緣論 慧琳撰

解捲 上皆買反下逵圓反毛詩傳曰捲力也國語曰子有捲勇也又

口捲收也舒也說文氣勢也從手卷聲或作卷拳手也亦與攉字今義同

於藤　下特登反廣雅云藤藟也顧野王云今呼草蔓莚如葛藟者為藤古今正字從草藤聲縢字從舟從关從水論文從月非也藟音累

分析　下星績反聲類云析劈也考聲云剖也分也說文破木也從木斤也

掌中論　慧琳撰

毫氂　下理之反周易云失之毫氂差之千里也漢書音義云十毫日氂說文毫氂二字並從毛論作豪犛非正也

止觀門論頌　慧琳撰

胮脹　上朴尨反埤蒼胮肛膖脹也考聲肛滿大皃也肛音呼江反古今正字從月夅聲論作膖俗字也

蠲除　上決玄反孔注尚書蠲潔也顧野王云清潔也考聲亦除也說文從蜀益聲也

如蛭　下論本音之日反郭注介雅云江東呼蛭為蟣蒼頡篇水虫也說文從虫至聲

鉤斲　下丁角反孔注尚書斲削也說文斫也俗作斵字書作斲從斤𠁁聲𠁁音大口反

狐貁　下何各反考聲云貁獸名也似狐而小也論語云狐貁之厚以居是也說文亦云似狐善睡獸也從豸音雉冗聲或作貐論文作狢俗字也

鉾箭　上毋侯反考聲酋矛戈之類也說文作矛象形字也玉篇作鉾古文矛字也文字集略作鉾與論中同俗字也

取因假設論　慧琳撰

巴庢　下昌隻反穀梁傳云庢指也博雅云稀也大也左傳候也人多也說文從广屰聲屰音逆經作斥俗字也

嬰孩　上益盈反蒼頡篇女日嬰男日孩釋名人初生日嬰兒也說文從女賏聲賏音同上論作瓔非也

觀惣想論頌　無字可音訓

大乘百法論　慧琳撰

為無我　上華危反　相應　上息羊反下於矜反　四覆　下芳敕反賈注國語覆蓋也廣雅蔭也說文從襾襾音赫假反　五誑　下俱況反賈注國語云誑猶惑也杜注左傳欺也　怋忳　上忽昆反孔注尚書怋乱也鄭箋注詩曰怋憧無所知也說文從心從民下持林反孔注尚書沈謂

冥醉也顏野王沈猶沒也說文從水從冘冘音余針反　掉舉　上篠曜反賈注國語掉搖也廣雅振也說文從手從卓下居呂反顧野王舉糾也說文從與文字集略作撵　睡眠　上垂淚反下汚邊反　四伺　下思次反韻略伺候也　二十二數　下色句反孔注尚書數筭也周礼數者十百千万億兆也說文計也從攴從婁攴音普卜反　擇滅　上音宅尒雅擇揀也說文選也從手從睪下弥鼈反孔注尚書滅沒也尒雅云絶也說文盡也從水從戌

百字論一卷　慧琳撰

聰叡　下悅芮反前壹輸盧迦論中已具釋訖也　紡織　上芳冈反杜注左傳紡纑也鄭注儀礼紡絲為令之縛也考聲糾絲令緊也糾音經酉反說文絲也糸即揆也索也從糸方聲　梁椽　下篆攣反考聲椽屋椽也說文云秦謂之椽齊魯謂之桷從木彖聲彖音土擐反

手杖論　慧琳撰

為無　上于僞反　沈淪　上直林反孔注尚書沈沒也大乘百法論已具釋下律脣反孔注尚書淪沒也廣雅漬也尒雅小波為淪說文亦作陯　坦道　上湯嬾反周易履道坦坦廣雅平也說文安也從土從旦　顛蹷　上典年反考聲顛殞也廣雅倒也　或作傎論文作顛俗字也下卷月反廣雅蹷敗也說文僵也從足厥聲

斷割上端乱反鄭仕礼記斷猶叏也說文截也從斤從㡭㡭音絕古絕字也論文作斷俗字也下哥渴反孔注尚書割剝也鄭注尒雅裂也廣雅截也說文從刀從害

數量上色句反下力丈反論作量俗通用也

一分下扶問反說文從八從刀

摧殘已上藏雷反顧野王摧猶折也下藏蘭反廣雅殘滅也蒼頡篇敗也說文從歺從戔戔也歺音同上戔亦音同上也

添數上忝拈反廣雅忝益也下霜句反

一切經音義卷第五十一　第三十九張　碼

阿陁那識梵語也即含藏識也

羯刺羅古譯云羯羅藍即初受胎也

僧去聲塞迦二合囉八底也梵語法名也

毗若南婆薄八底也社底梵語名也文義之

強逼上渠良反埤蒼強壯也廣雅健也說文從弘從虫下冰力反孔注尚書逼迫也博雅近也說文從辵畐聲辵音丑略反畐音丕碧反

增乘上則登反考聲增重也廣雅加也尒雅益也杜注左傳增衆也下繩證反杜注左傳乘車之惣名也

其減甲斬反杜注左傳減輕也廣雅少也說文損也從水咸聲

無費妃未反考聲費耗也埤蒼損也說文散財物也從貝從弗

慳人上坑閒反蒼頡篇愛財不捨日慳說文從堅或作掔也

嗢波拕上烏骨反拕音他梵語也

難遭早勞反埤蒼遭逢也博雅云搆及也說文從辵從曹聲也

易得上移地反蒼頡篇易不難也

吾个哥餓反亦作箇

開篋下謙頰反方言篋䈪類鄭注礼記藏物之械也從竹從匧匧音同上

一切經音義卷第五十一　第四十張　碼

八暇下遐嫁反賈注國語云暇閑也說文從日從段

大窄下音責考聲窄陋也聲類迫也或作迮亦作㡰

藉餘上情夜反博雅藉薦席心也周易藉用白茅

劬勞上具于反廣雅劬勤也鄭注礼記劬亦勞也下老刀反賈注國語勞疲也尒雅勤也說文劇也從力言用力者即勞苦

阿笈摩中鉗業反梵語也唐云教法或云傳為展轉傳授法教也

大乘法界無差別論　慧琳撰

應如上於矜反　分位上弗問反　開闡上豈哀反說文開張也從門幵聲經作開俗字也幵音遣賢反下昌演反韓康伯云闡明也蒼頡篇亦大開也說文從門單聲　變易上彼眷反廣雅變化也說文從攴䜌聲經從反作變俗字也攴音普卜反䜌音力眷反下音亦　誤犯上五固反孔注尚書誤謬也考聲云錯也說文從言吳聲經作誤俗字也　覆翳上芳救反賈注國語覆蓋也說文從襾復聲襾音赫賈反下於計反郭注尒雅翳掩也說文蓋也從羽殹聲殹音同上也　漂流上匹遥反顧野王云漂流也說文浮也從水票聲票音同上　坌中上分閒反坌弃除也從土弁聲經作糞俗字　包裹上飽交反說文包字從勹象人曲身有所包裹也下吉火反顧野王云裹猶包也說文上下從衣果聲勹音包也

墮廁上徒果反鄭注六戴礼云墮墜也韻英落也從土隋聲隋音同上也下初事反說文廁圊也從广則聲广音魚儉反　溷著上胡本反顧野王云溷穢濁也說文從水昆聲下直略反考聲云著附也　封著上風用反封緘也　所蔽卑袂反杜注左傳蔽障也考聲云掩也文字典說從草敝聲敝音同上

六門教授習定論　慧琳撰

煩惱障下章讓反考聲障隔也集訓云蔽隱也說文界也從阜章聲經作墇誤也

破外道小乘四宗論　慧琳撰

僧佉下羌伽反梵語外道名也　手爪下側絞反左傳云以為腹心爪牙也說文手足甲也或作叉象形經從手作抓非也

破外道小乘涅槃論　慧琳撰

羸形上累危反杜注左傳云羸弱也賈注國語羸病也許叔重注淮南子云劣

也諸文瘦也從羊從羸羸音力卧反摩醯下血鷄反梵語經作醯誤也兩髀下華米反說文髀股外也從骨經作䠋俗字也脚跟上脚字說文從肉從卩谷聲也音渠略反從重入從口論從月從去作脚非也下艮痕反釋名足後日跟說文足踵也從足艮聲提儌下文二反梵語外道女人名也摩耄下[illegible]頭反梵語外道女人名也正作䶵經作耄俗字通用虵蠍下軒謁反

博雅云蠍蝲也廣雅云一名蠆蝲也蠍音闔蝲音洛割反古今正字蠆蠍也蠆音丑介反通俗文蠆蝲蠍之異名也說文毒蟲也蠆古文象形又從虫經作蝎蝲蟲也蝎音胡葛反非此義也蚊蝱下陌耕反莊子云蚊蝱噆膚也淮南子云蝱虫散積血是也聲類云似蠅而大也說文齧人飛蟲也從䖵經作宝略不成字也蠅蚤上翼蹭反毛詩箋云為蠅之蟲汙白為黑汙黑為白也方言陳楚之間自關而西秦晉之間謂之蠅東齊謂之羊郭璞曰此語轉不正耳今江東人呼羊聲如蠅凡如此比不宜別立名也說文蟲之大腹者也從黽虫黽音猛經從糸作繩非也下遭老反韓子云韓昭侯播蚤而詳失一蚤也淮南子云使蟾蠟捕蚤是也考聲云狗蝨也說文云齧人跳蟲也或作蚤從虫經作蚤誤也蚰蜒上以州反下衍仙反方言蚰蜒自關而東謂之螾蜒或謂之入耳也又云北燕謂蜥蝎為視蜓也考聲云蚰蜒蟲名者或作蝣古今正字並從虫由延皆聲也棘莿上兢

力反前唯識論已具釋訖下雌漬反郭注尒雅朿茦針也方言凡草木刺人謂之刺也說文木芒也謂木皮外有鑱刺者也苦棗榆枳之類也或作朿從艸經作刾誤也

一切經音義卷第五十一

一切經音義卷第五十二

翻經沙門慧琳撰

碣

音長阿含經二十二卷 玄應

中阿含經六十卷 玄應

增壹阿含經五十一卷 玄應

雜阿含經五十卷 玄應

別譯阿含經二十卷 玄應

佛般泥洹經二卷 玄應

大般涅槃經二卷 玄應

般泥洹經二卷 玄應

人本欲生經一卷 玄應

尸迦羅越六向札一卷 無

梵志阿颰經一卷 玄應

梵網六十二見經一卷 玄應

寂志果經一卷 玄應

右十三經二百一十四卷同此卷音

長阿含經第一卷 先不音

第二卷

防禦 魚舉反防偹也亦禁放逐也尒雅禦禁也制捍禦之也捍音胡旦反禁禦二字並從示音教

乘桴 又作艀同扶流反編木者也小𣳚曰桴也

明喆 古文喆哲二形今哲同知死反尒雅哲智也亦了也

嘆咤 古文歎䑛二形同他旦反嘆吟也吒又作嗻同竹嫁反通俗文痛惜曰咤也

塡塞 又作窴同徒堅反廣雅塡塞亦塡滿也

并餐 人名也相承音飽未詳所出案古文飫餐二形今作飽飽猶滿也此饜餐字誤作也餐音於蛟反

第三卷

殰絕 字書作隕同于愍反聲類殰殁也亦墜落也

轟轟 今作軥字書作輷同呼棚反說文轟群車聲也

彷徉 房羊二音廣雅彷徉徙倚也亦非徊也

聲聒 公活反讙也蒼頡篇擾耳孔也讙語也

濁渾 胡昆反渾亂也亦水流聲也

恬惔 徒兼徒濫反言恬靜也廣雅惔安也

一切經音義卷第五十二　第三張　碼

第四卷

歔欷 古文希同上欣居反下欣既反蒼頡篇竝餘聲也亦悲也

終措 且故反措安也亦置也施也

淪曀 力均反淪沒也曀翳也謂淪沒翳暗也

虜扈 力古胡古反謂縱橫行也亦自縱恣也又勇健之皃也漢書音義曰扈跋扈也自大也

瑕隙 古文𡭴同丘逆反璺也亦別也壁際孔隙也經文作郄非體也隙字從上下小從白

企望 古文研金二形同墟豉反通俗文舉跟曰跂也字從人從止

一切經音義卷第五十二　第四張　碼

第七卷

隊隊 古文䃘同徒對反言群隊相隨逐也

爲篣 匹支反字林竹篾也經文或作篾義同今蜀土關中皆謂竹篾爲篣經文作篾誤也

有泄 思列反發也溢也亦漏也

自刎 古文歾同亡粉反公羊傳古公遂刎脰而死何休曰刎割也脰音豆頸也

磽确 苦交反下苦角反通

俗文物堅鞕謂之磽确孟子曰磽确墝薄之地

第八卷

薉稲　紆廢反謂不潔清也亦穢惡也經文有從禾或從酉作穢醜二形非也

第九卷

第十卷　先不音

第十一卷

排擠　子脂反推挑謂之排擠廣雅擠排也經文作儕誤也挑音而勇反

不媟　息列反相狎習謂之媟亦媟嬻也

門閫　又作梱同苦本反三蒼云相門限也

第十二卷

諦婆　經中有作諦婆依字禘至緑二反相讓也夫

陛提　蒲米反經中有從比下木作陛誤也

具幾　經文有作泉渠異反

猿頭　或作猨同禹煩反依字籰也音于縛反

批挪　扶迷蒲蔑二反依字廣雅批擊也

第十三卷

鞘中　小介足作韒蒼頡篇作削同思誚反盛刀者也方言劒室也

瀨悉　力蓋反依字林水流沙上也

持戟　居逆反戟猾也釋名云戟格也有枝戟也經文從金作鐵非也

蹶倒　巨月居月二反說文蹶僵也廣雅云僵仆也

第十四　先不音

第十五卷

桎梏　之實古祿二反周札在手曰桎在足曰梏謂杻械也

援助禹眷反謂依據護助之言也左傳子無大援是也

第十六

第十七並先不音

第十八卷

金桄又作輄同音光謂車及梯舉等橫木者也　中級居及反級次也謂階級而升一級二級是也　夾道古洽反在兩邊

一切經音義卷第五十二　第七張　碣

也亦夾持也三蒼夾輔也　侜詶古文譸詈二形同是由竹鳩二反叢林名也　氾氾古文泛同孚劍反廣雅泛浮貌也亦氾濫　渟水秋經反埤蒼水止曰渟也　泥淖奴孝反蒼頡篇云淫也亦溺也溼也

第十九卷

搥[石+甲]古文磓同都迴反擿下也下於甲反自上加下也經文作推押非體也　從咽又作垔同於賢反咽喉也經文作𢇃未見所出也　蓬勃蒲公蒲没反廣雅勃盛貌也　犇馳古文贛夲作奔同補門反疾走也釋名奔變也有急變奔赴之也　摣掣又作抯同側家反廣雅抯取也下又作摩同昌制反掣挽也　抴拽太何反下又作曳同余世反拖曳牽引也　凍瘃古文瘃同

一切經音義卷第五十二　第八張　碣

知録反謂手中寒作瘡也　拼之古文抨同補耕反謂彈繩墨為拼也經中作絣字林無文絣也絣非此用　哮呼又作唬同呼交反通俗文虎聲謂之虎虖𧇭音呼嫁反　獠身又作𪀁同力鳥力照二反字林獠炙也　蹌踣七羊反踣今作仆同蒲北反蹌動也仆崩覆也　有篅視專反字林判竹為之盛穀者也蒼頡篇作圌時緣反圓倉也經文作箄音單器名也筥也亦盛食器也

瘂或 於假反埤蒼瘂亦瘖也經文作痾於何反病也痾非此義也又作啞音乙白反笑聲也並非字義

如縆 古恒反通俗文大索曰縆縆亦繩也經文作絙非也絙音胡官反

第二十卷

石隟 徒果反通俗文積土曰隟經文作墮非也

拚舞 文作

抃同皮變反說文拊手曰抃也

醘嵬 五迴反切利諸天子名也

第二十一卷

涓澮 古玄古會反涓消小流也澮山水出溝廣二尋深二仞也

蛇池 寶遮反池名也經中作蚰誤也

穴泉 古文作洤同絕緣反水自出為泉經中作康或作湶非體也

呼哈 古文欱齡二形同呼合反

說文欱歠也

第二十二卷

梓栢 又作梓同資里反木名也可為琴瑟也梓亦楸也

異係 古文繫繼二形同古藝反係綴也係嗣也續也

拊匈 敷主反謂拊拍也尚書擊石拊石是也

中阿含經第一卷

玄應撰

鳥喙 許穢反說文喙口也字從口彔聲彔音他乱反

勇毅 牛既反尚書殺敵為果致果為毅毅亦有決也

堊灑 烏各反蒼頡篇云白土也尒雅牆謂之堊郭璞曰以白土飾牆也釋名堊亞也堊次也先涅之次以灰飾之也

黏豆 女霑反豆名也

蔗鎕 又作糖同徒郎反以甘蔗為鎕也今糖是也

第二

先不音

第三卷

尾髂　古文𩨗今作骻同口亞反埤蒼髂骨也經文作骼歌額反骨枯曰骼骼非此義也

第四卷

麗掣　又作掣同昌制反正言𩑒掣毗此譯云細滑也

魁取

苦迴反說文羹斗曰魁經文從木作槐櫆二形非體也

穄米　子曳反蒼頡篇大黍也又云似黍而不黏關西謂之糜是也

雜穬　古猛反說文芒粟也經中從麥作䵃近字耳

箭金　箭鏃也關西名箭金山東名箭足或言鏑辯異名也

撿撓　奴教反撿押也撓曲也治箭之稱也

有卒　祖沒反說文隸人給事者曰卒

古以絳衣題識表其形也方言南楚東海之間或謂卒為褚郭璞曰言其衣赤也故字從衣

剬割　聲類作剬同之究反說文剬斷首也亦截也

第五

無字音

第六卷

祭餟　古文𥙷聲類作醊同猪芮反說文餟酹音力外反字林以

酒沃地祭也方言餟饋也

負揵　力翦反淮南子揵載粟米而至許叔重曰揵擔之也今皆作輦

第七卷

麤細　又作麤同錯孤反麤大也細小也經文作麈細誤也

腦根　奴老反言腦後玉枕也

拳搋　又作捲同渠圓反下又作扠同勑佳反猶手捏也

齶痛　五各反齗齶也經文作臄腭二

形非體也欬瘷口代蘇豆反說文欬逆氣也亦瘷也經文作咳欬二形非體也噧吐乙芥反說文噧渴也蒼頡篇吐棄也亦寫也喉閈閈猫塞也經文作瘅俾利反冷瘅瘍病也醫方多作瘅喉病也痔䘌直理反下女力反後病也謂瘍䘌也虫食後病也經文作䘌非體也店肆今作坫同都念反肆陳也言此皆陳物賣買之處也

第八卷

潢灺胡光反潢灺也積水日潢也小日洿大日潢也碧玉廣雅碧玉青玉說文石之美者也今越嶲東山出碧玉也瑇瑁今作蝳蝐二形古文作𤩽瑁二形同音代妹異物志云如龜生南海中大者如蘧篨

一切經音義卷第五十一　第十三張　碼

背上有鞾將欲羹之其皮則柔隨意所作也赤石赤說文云南方色也從大從火古文作烾下石說文云山石也在厂之下口象形旋珠字宜作璿辭緣反穆天子傳曰春山之寶有璿珠郭璞曰玉類也帝麛或作麑同音迷經中或作侎迷或作挃弥皆梵言轉耳

第十一卷

髦馬莫高反青紺色也頭如烏此馬寶也以毛飾故因以名焉經文從馬作馲非字體也馲音力涉也曒皦古文曒暞二形今作皎同公鳥反埤蒼曒明淨也

第十二卷

鏵鍬又作錄同且消反方言趙魏閒謂臿為鍫也鼠傷始羊反埤蒼䑕埋也方言垣埋封傷也豌豆一丸反豆名也經文作宛或作登竝非體也豍豆市迷反廣雅豍豆蹈豆也

一切經音義卷第五十二　第十四張　碼

經文作蜱非體也

籮中　音羅字林竹器也廣雅籮箕也

火烘　古文熱同而尤反通俗文燃火曰烘亦燒也

擥彼　又作攬檻二形同力敢反廣雅云擥取也說文攬持也

第十三卷

榛莽　助巾反說文木藂生曰榛衆草曰莽也

僻處　匹赤反邪僻也亦隱僻也說文僻僻也

猩猩　所京反字林能言鳥也知人名也形如豕頭如黃鷄今交阯封溪有言聲如小兒啼字從犬星聲也

据拾　古文攈同居運反方言据取也

第十四卷

手拊　夫主反拊猶拍也尚書擊石拊石是也

煶爚　由拘弋灼反說文煶燿也爚火光也經文作爍非體也

櫨鎟　力都反說文柱上枅曰櫨謂柱端方木也櫨斗釋名櫨言都盧負屋也經文從金作鑪非體也下宜作磉桑朗反說文磉柱下石即柱礎也經文從金作鎟誤也礎音楚

第十五卷

都梁　案盛弘荊州記云香蘭也都梁縣名有小山山上悉生蘭俗謂蘭為都梁即以縣名也

掆輿　古郎反文集略云相對舉物曰掆也

罰錢　自連反貨財也唐虞夏殷皆有錢經文作錣猪劣反謂杖端鐵非此用也

不啻　施豉反蒼頡篇云不啻多也

第十六卷

蜱肆　借音布迷反此譯云遣使也

犁鑱　仕監反謂有刃斸鑿者也斵音竹角反

剔肉　又作狄同他歷反剔猶也通俗云去骨曰剔也

著蘅　下胡庚反杜蘅香草也謂以草為膄言其惡也

兩轗

又作轂同子孔反方言關西謂輪爲轂釋名云轂言摠入轂中也

森森 所今反說文言多木長皃也今取其意耳

自誇 苦華反通俗文自矜曰誇謚法曰華言無實曰誇也

第十七卷

鹵樐 字體作樐櫓二形同力古下薄旁古反樐大楯也蔡雝獨斷曰天子大駕出陳鹵薄是也

擲羂 又作罥同古犬反聲類云係取也

第十八卷

緎纑 胡譏反說文緎縫也字書木纑也經文從糸作緎非體也

下又作簏同力木反竹器也

第十九 先不音

第二十卷

菘菁 思雄反方言蘴蕘蕪菁也郭璞注舊音蜂今江東音嵩字作菘陳楚間曰蘴音豐魯齊之間謂之蕘關之東西謂之蕪菁蕘音饒也

輕闌 字宜作團徒九反字林團圓也

第二十一卷　第二十二卷　第二十三卷

已上並先不音

第二十四卷

如蘊 紆文反謂聚草束之以燃火也漢書束蘊乞火是也經文作薀非也薀薀盛皃也非今所用也舊音作軌全非也

第二十五卷

破隖 一古反字林小城也通俗文營居曰隖又小障也字從阜也

第二十六卷　第二十七卷　第二十八卷

已上卷並先不音

第二十九卷

節纇　力外反通俗文多節曰纇亦絲節也經文作戾非義也

第三十卷

縛繳　之若反繳生絲縷也矰之䠶者也矰音子登反結繳於矢謂之矰

牻色　莫江反雜色也説文白黑雜毛牛曰牻也

鵂狐　許牛反鵂鶹也關西呼訓侯山東謂之訓狐也

心悸　古文痵同其季反字林心動也

第三十一卷　先不音

第三十二卷

斫剉　且卧反説文析傷也剉亦斫也

麋鹿　莫悲反説文鹿屬也以冬至時解角者也

第三十三卷

酒鑪　力胡反史記文君當鑪韋昭曰酒肆也以土為墮邊高似鑪

認過　如孕反夫物而記之也經中作仞八尺曰仞也

第三十四卷　先不音

第三十五卷

沃漑　古文渓同烏木反猶漑灌也渓亦漬也澆也

剢治　古文部鉻二形同力各反通俗文去節曰剢經文或作芟所巖反刈草也或作洛非體

第三十六卷　先不音

第三十七卷

衣櫟 又作蘗同思俠反履屬也經文作瘶瘶和也瘶非字義也

香陰 於禁反言受胎具三緣三香陰見在前經本作除誤也

第三十八卷 先不音

第三十九卷

抨乳 普耕反江南音也抨彈也經文作軯音耗車名也非此用也

地肥 扶非反劫初地脂也經文作腿非體也

淖蜜 奴按反通俗文和濡日淖淖和也

霏䨽 孚非反梵言也此謂福德行也

摽牓 補朗反謂物摽記也字從片經文從木作榜補孟反非此義也

第四十卷 第四十一卷 第四十二卷

已上三卷並先不音

第四十三卷

說甌 烏侯反三蒼瓦盂也字林小盆也

說櫝 他果反狹長器也蒼頡篇盛鹽物也淮南子云窺面於槃即圓於杯即櫝是也

第四十四卷 第四十五卷 並先不音

第四十六卷

從嘷 又作獋同胡高反說文嘷咆也經文作咄都札反字與詀同咄呵也咄非此義也

誣謗 武于反說文加言也亦欺也以惡取善日誣也

及豺 仕皆反尒雅豺狗足也蒼頡訓詁似狗白色有爪牙迅捷善搏噬也

第四十七卷

𦊙罝　古文𦊙罝二形同子邪反尒雅兔罟謂之罝郭璞曰罝遮也遮取兔也

第四十八卷　第四十九卷

已上並先不音

第五十卷

一切經音義卷第五十二　第二十三張　碣

第五十一卷

荼帝　宅加反經文或作嗏嗏二形並非體也

茠治　或作薅𦽏二形同呼豪反說文除田草曰茠也

𤭛𤭛　又作甄同力頮反通俗文瓦破聲曰甄說文蹈瓦聲躐也經文作甏誤也

第五十二卷

已上兩卷並先不音

第五十三卷

八棱　又作楞同力增反說文棱柧也三蒼棱四方也柧音孤也

鐵槍　千羊反蒼頡篇兩頭銳也經文作鏘玉聲也鏘非此義也

第五十四卷

先不音

第五十五卷

因鉄　案字義宜作麩撫于反麥皮也經文作鉄未見所出疑世

一切經音義卷第五十三　第二十四張　碣

言麩金遂從金作鉄

磨鋥　相承宅諍反摩治也字無所出今宜作敦敦治也謂摩瑩飾也

大排　又作㶿同蒲拜反所以冶鍛家用炊火者也

畱邵　下時照反寶名也

第五十六卷

先不音

第五十七卷

鼾眠　胡旦反說文卧息聲也經文作㗂吁二形非也又作嗥普利反喘

聲也嗥非此義棚閣今作輣同蒲庚反連閣日棚經文作閛普耕反門聲也閛非此用也

第五十八卷　先不音

第五十九卷

敲户苦交反說文橫撾也亦下擊也經文作撓非字義也磨輾女展反輾治也經文作搌音丑展反非此用也

一切經音義卷第五十二　第二十五張　碍

第六十卷

為櫇又作槻同居隨反木名堪作弓者也為紵直呂反說文檾屬也亦草名也作布細而白者也檾音苦迥反箭笴工旱反字林箭笴也經文作幹古汗反校幹也鷄翎力經反謂翎羽也經文作鷄鴒力

吉反下力周反謂黃鳥也又作鸝此並應誤也為臍徂奚反謂齊整也經文從金作鑇誤也為錍又作鈚鎞二形同普迷反通俗文霍葉日鈚即大箭也不愜苦頰反謂愜可也字林愜快也

增一阿含經第一卷　玄應撰

顧眄莫遍反說文邪視也三蒼旁視日眄也揮淚許歸反揮灑也說文揮奮也謂奮迅振去之也拘隣毗邪婆問經作阿若居隣

一切經音義卷第五十二　第二十六張　碍

此譯云阿若言已知止言解了拘隣姓也大哀經作拘輪晉言本際第一解法者也普曜經文云俱隣者解本際也即經中尊者了本際是也此即憍陳如也

第二卷

滄蕩上音倉下堂浪反脬尿匹包反三蒼云盛尿處日脬說文旁光也字從肉孚聲經文作胞非體也脂𣹟又作涎二形同詳延

反字林慕欲口㳄三蒼作次唾也經文作㳄非也

第三卷

耐辱　奴代反蒼頡篇耐忍也字本從刀杜林改從寸

識鵬　乂蔭反下薄崩反經文作識誤也

隱曀　於計反釋名云曀翳也言雲氣隱翳使不見也

珕須　力計反比丘名也依字珕蜄屬也蜄音市忍反

第四卷

眩惑　古文迿詢二形同胡遍反廣雅眩惑亂也亦闇不明也

飯　古文飰同扶萬反黃帝始炊穀爲飯飯食也

甘饌　士眷反具食也亦飲食也

第五卷

先不音

第六卷

屋廬　力居反別舍也黃帝爲廬以避寒暑春秋去之冬夏居之也

猥多　烏罪反字林猥猥衆也廣雅猥頻也

第七卷

先不音

第八卷

苦蔘　說文作葠同所金反苦草也其類有多種謂丹蔘玄蔘等也

鍮婆　又作鉒同他侯反或云抖擻波或云塔婆訛也正言窣覩波窣音蘇没反

蛸飛　一全反字林蟲皃也或作蠉古文翾同呼全反飛皃也

蝡動　人尹反字林蟲動也通俗文搖動蟲曰蝡是也

第九卷

白疊 字體作氎古文𣯾同徒頰反毛布也經文作㲲知立反㲲絆也㲲非經旨

兩目 力掌反說文兩再也廣雅兩二也經文從草作𦲷亡安反𦲷平也𦲷非此義

焚燒 古文燌同扶雲反案焚亦燒也字從火燒林字意也

第十卷

第十一卷

並先不音

第十二卷

矟刺 所角反埤蒼矟長一丈八尺也經文作槊俗字也又作銷誤也又作䂆江南俗字也

轢其 力各力的二反轢轢也說文車所踐也

脊僂 力矩反廣雅僂曲也經文作膢力侯反祭名也膢非字體也

第十三卷

先不音

第十四卷

耎愞 而兗反下奴卧反耎柔也愞弱也

頷頭 五感反說文搖其頭也經文作儼儼敬也儼非此義

第十五卷

第十六卷

並先不音

第十七卷

拘翅 施豉反或作俱耆羅鳥梵言訛耳此鳥聲好形醜從聲為名也經文作颿鶵二形非也

鷙鳥 諸利反猛鳥也謂鷹也謂所至能執也執服衆鳥也

第十八卷

占匐 或作瞻正言瞻傳迦大論云秦言黃花樹也其樹高大花氣遠聞經文作匐非也

虛捲 又作拳同渠圓反拳掌握也

般嗟 古文蔖同麁阿反梵言也

第十九卷

毤毬　他盍反通俗文毛𣯍細者曰毤毬經文作毲非也

勇悍　胡但反蒼頡篇悍桀也說文悍勇也有力也

第二十卷

貲輸　紫斯反貲財也通俗文平財賄曰貲也

湊集　倉候

反字林水上人所會也湊亦衆也

第二十一卷

先不音

第二十二卷

謫罰　陟革反罪小曰罰罰罪曰謫經文作讁非也

五刻　古文剟同苦則反刻削也刻畫也經文中刀匆等刻削之是也經文作刋非也

愁惋　烏喚反字略云惋歎驚異也

蚩笑　古文䖝同尺詩反廣雅蚩輕也謂相輕而笑也

盪鉢　古文鴻又作蕩同徒朗反盪滌洒器也

門閾　古文閾同呼域反尒雅扶謂之閾郭璞曰門限也扶音曰結反說文音丑栗反

第二十三卷

一函　胡緘反謂以木器盛物者也經文作臽音陷坑也臽非此

義

草薪　木可折者曰薪經文作蓑蘇和反草衣也

澹淡　徒濫反下徒敢反廣雅澹淡皆安也

溺者　字體作尿說文小便也字從水從尾經文作溺古字多假借耳

第二十四卷

顫頏　古文又作䯵同之繕反古文鉒疢頏三形今作疢同尤救反通俗文四支寒動謂之戰頏蒼頡篇云頭不正也經文作扰非也

儹箭 古文儹同祖丸反著頡篇攢聚也字體從木也

草貯 張呂反貯積也謂藏貯也經文作揩知略反擊也揩非此義也

所押 音甲介雅押輔也謂押東押障箄皆作押

第二十五卷

耆艾 五蓋反礼記六十日耆五十日艾釋名云耆指也艾又也

又給也指謂指事役人不自執役也

拘屢 力句反經中或作樓皆梵言訛耳

捻挃 古文敜同乃頰反指持謂手躡也下猪栗反廣雅挃刺也

第二十六卷

憧麾 今作撝同呼皮反謂指麾衆也因以名馬周礼建大麾於田夏台氏所建也

金鋌 徒頂反鋌銅鐵之璞未成器用者也

第二十七卷 先不音

第二十八卷

眼睫 又作映同子葉反目毛也經文有作䁐眨二形非體也

干柘 支夜反或有作甘蔗或作竿蔗此既西國語随作無定體也

替不 他計反介雅替廢也替滅也言滅絕也

勞乎 力高反介定勞

勩也謂力極也經文作劳勞二形誤也

第二十九卷　第三十卷 並先不音

第三十一卷

兇暴 又作凶同許顒反介雅凶咎也說文凶惡也下蒲報反廣雅暴猝也疾也字從廾日出從手手音土高也

捦獲 又作㩂襟二形同渠林反三蒼捦手捉物也蒼捦捉也今皆作擒也

埤

捽母 存没反說

文持頭髮也經文或作撮祖活反捉撮也經文

豁悟　古文䜭眓二形同呼活反廣雅豁空也經文從心作懽未見所出

第三十二卷

將大　紫羊反辟支名也經文作漿誤也

鱣魚　古文鱣同知連反大黄魚也口在頷下大者長二三丈也

當県　古堯反說文県者也謂斷首倒懸於芊頭肆其辜也或作梟說文不孝鳥也冬至日捕梟磔之從鳥頭在木上二形通用

夷耑　土端反人名也此譯云來或作耑音端此梵言輕重耳

揚袷　古文敭颺二形同余章反說文揚飛舉也

一切經音義卷第三十二　第三十五張　碼

第三十三卷

炮節　又作炰同蒲孝反小熱氣也經文作疱皰䑋三形非體也

金扉　音非說文户扇謂之扉經文作閒誤也

酬荅　古文醻同是由反謂報主人也酬亦荅也

第三十四卷

窯家　弋招反通俗文陶竈日窯蒼頡訓詁云窯燒瓦竈也

如括　又作銛同徒兼反說文括美也廣雅括甘也經文作酟非也

牙屐　又作屐同渠逆反屐有木有帛有草非一種也

警寤　古文憼儆二形同居影反警戒也戒慎也經文作景非義也

搆牛　古候反正作彀謂搆搆取乳也經文作犃古觸字誤作也

一切經音義卷第五十三　第三十六張　碼

第三十五卷

舊款　或作欵同口緩反廣雅款愛也蒼頡篇款誠重也

八窖　古効反通俗文藏穀麥日窖蒼頡篇窖城藏也

遏絕　古文閼同於曷反尒雅遏止也謂逆相止也遏亦遮也

第三十六卷

自摑 冝作攫俱縛反 攫拏也持也

五捺 乃遏反謂手五指捺也經中作捺千計反埤蒼挑取也捺非此用也

較之 古文作撟同古學反廣雅較明也見也謂較然易見也經中有作技比技也

自襞 甲亦反說文韏衣也廣雅襞屈也韏音丘院反

第三十七卷 先不音

第三十八卷

戢在 阻立反說文戢藏也亦聚也斂也

第三十九卷

俟彼 古文𥎥䇃三形同事几反介雅俟待也

玃猴 今作蠼同

禹煩反似彌猴而大臂長其色有黑有黃鳴聲甚哀經文作犺非體也

擗口 補革反廣雅擗分也亦裂也

恤民 又作䘏同須律反介雅恤憂也亦收也謂以財物與人日賑恤之也經中作䘏未詳所出也

第四十卷　第四十一卷　第四十二卷

第四十三卷　第四十四卷　第四十五卷

已上並先不音

第四十六卷

瘖瘂 與脂反通俗文體瘖曰瘂頭瘖日瘍也瘍音陽也

氣劣 古文肒𦜕二形同墟旣反氣息也下古文𢬿同力拙反劣弱也經文作劣誤也

第四十七卷

誦習 辝立反謂積習數為也經文作謂丑俠反言不止也謂非字義也

抴電 又作曳同余世反抴引也電坋也言暫引即坋滅也

膿血

古文衁膿二形今作癑同奴公反殨血也經文作膿非也**醇酒**是均反不澆酒也亦十旬酒也**吹咀**方父側呂反吹咀拍碎也**來鎮**陟陣反說文鎮壓也經文作塡徒顛反塡滿也

第四十八卷

寍提或作締音徒計反城名也經文作炶岻吐字是剃音作吐梨反

迸誤寫正**挻樹**丑連反樹名也**他支**秦言財幢經文作吔吱從口取轉舌也**爲幟**古文恄同尺志反慓也通俗文私記曰幟謂劒蓋等五物慓爲記也**袪崇**諸時反尒雅袪敬也崇重也**振給**古文㡉拒二形同諸胤反說文振舉也小雅振敉也亦振發也經文作賑諸恐反尒雅賑富也謂隱賑富有也賑亦兩通也**鰥獨**古頑反釋名云

無妻曰鰥無子曰獨言鰥人愁悒不寢目常鰥鰥然如魚眼不閉故字從魚也**酸酷**古文嚳焅俈三形同苦木反說文酷急也甚也謂暴虐也**纂修**古文𦁤同子卯反字或作纘尒疋纘繼前修者也

第四十九卷

禱謝都道反求福曰禱請也請於鬼神也謝辭也**抱不**又作菢同蒲報反方言燕朝鮮之間謂伏鷄曰菢江東呼嫗經文作毦未詳所

出**僥倖**又作儌同古堯反下音幸俗謂幸爲僥倖言被其德澤也冀望得儌遇也楚辭願僥倖以待時謂皆非其所得而得之者曰僥倖也**而烙**力各反謂燒物著之曰烙也**掬抱**又作鞠同居六反說文掬撮也抱持也

第五十卷

先不音

第五十一卷

綺語 墟蟻反不正也經文作倚非體也

攘厭 而羊反攘除也却也下於冉反卧厭不悟者也

欶乳 又作嗽同山角反通俗文含吸曰嗽經文作數俗字

饋遺 古文餽同渠愧反說文饋餉也遺與也

稟食 補錦反說文稟賜也廣雅稟與也

陽龍 蘇章反通俗文作詳虛辭也漢書作陽謂不真也經文作佯音以羊反佯翔也佯非此義也

蝗蟲 胡光胡孟二反毛詩蟲魚疏云阜螽蝗也今人謂蝗子為螽子一名蠜云是魚子化張斐解晉律云小曰蝗大曰蝗蝩音文凶反又之容反

雜阿含經第一

先不音　玄應撰

第二卷

獲泅 正字作汓同似由反說文浮水上也

不憚 徒旦反廣雅憚驚也詩云我無憚暑箋云憚畏也亦忌也

第三卷

先不音

第四卷

恐怛 都達反怛懼也廣雅怛憂也方言怛痛也今或為驚怛字也

若鏵 古文茉鏵二形今作釪或作鋘同胡瓜反犁刃也經文作鏡非也

啾啾 子由反蒼頡篇衆聲也說文云小兒聲也

掠詆 又作

呫古文詀同都札反廣雅詀欺也亦呵止

第五卷

拔茇 補達反說文草根也方言茇杜根也東齊曰茇或曰杜字也

剽剝 芳妙反廣雅剽削也蒼頡篇云剽截也說文剽剥也剥謂脫皮膚也亦剥落也

第六卷

先不音

第七卷

剬割　又作剸同之兖反說文剬斷也亦截也經文作鈯鍚之鈯非也

尪瘵　又作尫古文從𡯁作尩同烏皇反下側界反短小曰尪尪猶弱也瘵病也東齊曰瘵也

惛悴　呼昆反下古文顇悴二形今作萃同疾遂反惽亂也亦癡也悴傷也憂也病也

蹁躚　古文傳同蒲眠反下

蘇眠反廣雅蹁躚盤姍也亦旋行也經文作蹁跣非體也

贔屓　古文奰𢡆二形今作勑同皮莫反下今作呬同義葵反西京賦云巨鼇贔屓薛綜注云作力怒也說文壯大也詩云不醉而怒也奰從三目從大三目益大也屓說文亦卧息也字從尸從貝聲經文作僻歘非也

第八卷　第九卷　並先不音

第十卷

蔭翳　於禁反下力殺反蔭覆也通俗文幕子曰翳是也

發荄　古來反說文草根也方言東齊謂根為荄也木也經文作悿他念反

火⿰火曹　音遭字林⿰火曹燒

第十一卷　第十二卷　第十三卷

第十四卷　第十五卷　第十六卷

第十七卷　第十八卷

已上八卷並先不音

第十九卷

指蹴　千六反說文蹴躡也以足逆躡之曰蹴經文作揪非體相字也

顛沛　又作蹎⿰足貝二形同都賢補眛反謂偃仆也經文作狽非體也

探其　他含反尒雅探取也郭璞曰手摸取也說文手遠取物也

脯腊 胥亦反周禮脯腊鄭玄曰乾肉薄析之曰脯小物全乾曰腊腊猶昔也謂久昔也 矛穳 麁亂反排穳也字林小矛也說文作鋑古文鑹字又作爨炊也並非字義也

第二十卷 先不音

第二十一卷

一切經音義卷第五十三　第四十五張　碢

亹亹 之匪反亹亹猶微微也亦進皃也 涕泗 息利反詩云涕泗滂沱傳曰自鼻出曰泗案泗即洟也洟音他計反自目出曰涕涕音他礼反也

第二十二卷 第二十三卷 已上並先不音

第二十四卷

迋飛 雖閏反爾雅云迋疾也經文作深濬字非也 易韻 于閏反言聲音和韻也今取其義也

第二十五卷

封緘 古咸反字林束篋也廣雅緘索也亦閉也 排湯 託唐反謂湯突也又音湯浪反出園也經文作攩都郎反推也攩非此義

一切經音義卷第五十三　第四十六張　碢

第二十六卷

因缸 又作釭同古紅反說文缸轂口鐵也方言燕齊海岱之間名缸為鍋古禾反 迦押 磨弥反西國樹名也

第二十七卷 第二十八卷 第二十九卷 已上三卷並不音

第三十卷

猘狗　昌制反纂文云猘狂犬也

第三十一卷　並先不音

第三十二卷

沃壤　於木反沃美也溼也漑灌曰沃下而養反耎土也

瘠薄　古文膌𤺓㾊三形同才亦反說文膌薄也瘦也

一切經音義卷第五十三　第四十七張　碣

第三十三卷

詵陁　所巾反經中或作訲馱所新反又作散桒讃反或作躃字無所名也

第三十四卷　第三十五卷

已上兩卷並先不音

第三十六卷

犎牛　周成難字作犎音妃封反此牛𤘅小髆上有犎漢書西域傳疎勒獻師子犎牛音封也

第三十七卷　第三十八卷

已上兩卷並先不音

第三十九卷

一切經音義卷第五十三　第四十八張　碣

胆蝺　且余反說文胆蝺乳肉中也經文作疽蛆二形非體也

大帆　又作颿古文𩙪同扶嚴扶泛二反聲類舩上幔也釋名隨風張幔颿汎也便風疾汎汎然也

第四十卷　第四十一卷

第四十二卷

已上三卷並先不音

第四十三卷

縫紩　馳栗反說文縫衣也廣雅紩納也亦縫衣也

若昵　今作暱同女栗反尒雅昵近也亦親也謂私昵相親近也

矛荻　又作藡同徒歷反蒹荻草也蒹音古甜反

浚輪　古文濬𪶪二形今作浚同雖閏反浚深也

毿毿　蒼頡篇作毵同蘇南反毛垂皃也通俗文毛長曰毿毿經文作毶非體皃也

一切經音義卷第五十二　第四十九張　碣

四層　徂登反說文重屋也亦重也山海經云雲蓋三層是也

第四十四卷　第四十五卷

第四十六卷

已上三卷並先不音

第四十七卷

皸瘃　居雲去雲二反通俗文手足裂曰皸經文或龜瘃莊子宋人有善為龜手之藥者注云其藥能令人手不龜并也

匕首　補履反劒名也周礼考工記云匕首劒身長三尺重二斤一兩輕而便用也其頭似匕因曰匕首史記荆軻記右執匕首揕其胷是也揕音知禁反字從手也

第四十八卷

一切經音義卷第五十二　第五十張　碣

由相　今作堀同苦對反說文堅土也土堀也

姧狡　古卯反狡謂姧偽狡猾也字從犬方言凡小兒多詐而獪也或謂之猾猾亦亂也經文從女作姣非也獪音古邁反

別譯阿含經第一卷　玄應撰

駏驉　渠語反下許居反謂似騾而小牛父馬子是也

睎乾　許機反方言睎悕也暴也北燕海岱之間謂暴乾為睎

郁多　於六反或

作鬱多七條衣也

第二卷

蟒虵　莫朗反介雅蟒王虵經文作蚒蛃之蚒非也

纔全　在灾反廣雅纔𧆓也亦僅也經文作諧非也

鵮食　尸咸反謂鵮者啄面食也經文有作貪或誤作龕皆非也

第三卷

鑿穽　才性反蒼頡篇云陌抗曰穽廣雅穽抗也

梱蒉　古文䑘同胡昆反通俗文合心曰梱蓁文木未判為梱經中作渾濁之渾非此義也

總布　音忩通俗文經絲縝曰總總亦青白色也

牂羖　祖郎反下音古羊三歲曰牂牂羖䍽負羖羝羭也

第四卷

湒湒　又作菁同子入史及二反字林沸涌也亦兩聲也

第五卷

荼毒　達胡反廣雅荼毒痛也亦行惡也

鼷鼠　胡鷄反說文小鼠也言有毒者也亦言甘口鼠也

髺髮　古文鬠髺二形今作括同古活反字林髺絜髮也謂括束髮也或作結髮字

第六卷　先不音

第七卷

瘳損　勑流反尚書王昱日乃瘳瘳猶差也亦愈也

第八卷　先不音

第九卷

桁械　胡郎反通俗文拘罪者足曰桁械胡戒反械亦桁類也經文作

校非也

拘絹 幾愚反埤蒼兼牛拘也說文桊牛鼻環也下文恚反說文牛系也經文作倨劵非體也桊音居院反

撥搣 子公反捉頭曰撥下音滅滅除也

滲入 疏蔭反下漉曰滲滲竭也

第十卷

都澌 又作儩同相離反字林水索也亦盡也

杬土 古文杬枍

二形今作槩鬃同公礙反杚量也廣雅云杚摩也杚亦平也平升斛曰杚也

第十一卷

毗紐 女九反正言毗瑟笯天經文作伹非也笯音奴故反

一蹍 丑自反謂半步曰蹍也字體作遳

罥弶 巨向反字書施罝於道也經文作撪俗字也

第十二卷　第十三卷

第十四卷

已上三卷並先不音

第十五卷

兩須 思于反謂鎖須也經文作鑐三蒼悉於反鑐梨也鑐非此義也

得咽 古文嚥同一見反謂呑咽也漢書云以雪與氈并呑咽之是也

第十六卷　第十七卷

第十八卷

已上三卷並先不音

第十九卷

麻緼 一門反說文緼紼亂麻也經文作蘊紆文反謂束草爇火也蘊非字體也紼音甫勿反爇音如悅反

第二十卷

薹䔁 徒登反又丁鄧反韻集云失卧極也下丛登反經文作蹬非體也

布穀 方言布穀自關而東梁楚閒謂之鵠鵴周魏之閒謂之擊穀自關而西或謂之布穀郭璞曰今江東呼為穫穀也鵠音古八反鵴居六反

苾馥 蒲結反詩云苾苾芬芬箋云香也下扶福反香也

芟截 所巖反刈草也詩傳曰芟除草也

佛般泥洹經上卷

玄應撰

射埻 之九反又之閏反通俗文射堋曰埻埻中木曰的說文射臬也廣雅埻的也射侯也以熊虎之皮飾其側方制之以為埻臬音宜列反

隣隊 古文䏶𦕈二形今作聚同才句反廣雅聚居也謂人所聚居也

乘桴 扶留二反論語乘桴浮於海馬融曰編竹木也大者曰筏小者曰桴

拔擢 徒卓反蒼頡篇擢抽也廣雅出也亦引也

竹竻 字宜從草作芀聚落名也

有氎 又作毤同徒頰反字林氎毛布也

下卷

厲渡 刀制反介雅由帶已上為厲由自也膝已下為揭褰衣也揭音去例反

胞罠 補交反下武貧反大目名也經文作泯非也

匈 許恭反匈匈沸撓之聲也漢書匈匈數千人聲是也經文從水作洶非也

捽薪 又作梓同資里反字林梓楸也經文作樺非體也

樟薪 之羊反豫樟木也生七年而可知也極六卜也

柟薪 奴含反介雅梅柟郭璞曰似杏實而酸葉似柰也

金植 又作樴同時吏反介雅植謂之傳郭璞云戶持鐶植也

頓槍 且羊反桊槍猶拄也至也謂頭頓至地也經文從足作蹌介雅蹌蹌動也蹌非經意也

噭噭

五高反說文衆口啾也詩云哀鳴嗷嗷傳曰未得安集嗷嗷然也 **吊唁** 又作唁讌這三形同宜箭反鳴詩云弔生日唁亦弔失國日唁也

大般涅槃經

玄應撰

沃野 烏梏反字林云溉灌名沃沃澆也廣雅涇也亦美也 **有憾** 胡紺反廣雅憾怨恨也字林憾不安 **禮賂** 力故反毛詩傳賂遺也謂

以物相請謁也 **腆美** 古文作䁢同他典反方言腆重也東齊之間謂之腆廣雅腆至也美也腆厚也善也 **玄黮** 勑感反玄赤黑色也聲類黮深黑也黤黮不明淨也說文桑葚之 **并餐** 布攬反人名也書無此字應誤作也疑餐字也 **昜勉** 許王反下靡辯反方言齊魯謂勉日昜勵也勉勸強也小介雅云勸勉力事也 **補繕** 是戰反廣雅修截繕治也說文繕補也 **不啻** 施豉反更多也說文說時也經文作翅羽之翅非也

人本欲生經

玄應撰

躡撰 字體作躡正作𨇽同女輒反說文攝下足所履也下士眷反撰聚也

尸迦羅越六向拜經一卷

並無字可音訓

梵志阿跋經

玄應撰

傍徨 備光反下胡光反彷徨徘徊也埤蒼傍偟彷徉也 **圭銖** 古携反下市珠反六十四黍為一圭四圭日撮十二粟而重一分十二分重一銖也 **酗醟** 又作酌同許具反下禹命反以酒為凶謂酗說文酗醟也通俗文酖酒日酗酗酒日醟也 **孤窶** 瞿庚反尒雅窶貧也字書窶空也貧空無礼也 **櫛梳** 又作擳同側瑟反說文櫛梳比之總名也梳理髮也 **彎弧** 戶都反說文弓也周易黃帝氏作弦木為弧刳木為

矢以威天下也

眶惶　又作遑同户光反遑暇也廣雅遽也謂忩遽也

謣夷　火故反人名也依字又作嘑號評也

昆弟　又作罤同孫塊反說文周人謂兄為昆尒雅昆兄也

梵网六十二見經

玄應撰

鞬㯶　宜作樢建言反文字集略云樢子樗蒲釆名也巨月反

落

毦　仁志反以毛羽為毦飾若今刀矟毦也

寂志果經

玄應撰

夷耑　都桓反又作端人名也應云何夷他梵言訛轉也此譯云來也

灼惕　之若反下古文愁同汀歷反灼謂憂懼也亦痛也惕愁也

虛誕　達坦反誕欺也亦大也謾也不實也謾音莫諫反

區疑　去虞反區別也區區亦小皃也又處所也

鷄鶩　莫族反尒雅舒鳧鶩郭璞曰即鴨也

饐口　古文作䬴同於吏反論語食饐而餲孔安國曰饐餲臭味變也餲音烏芥反

羈縶　又作馽同猪立反毛詩傳縶絆也亦拘執也

從削　又作鞘韒二形同私請反方言鞘削關西曰鞞所以藏刀劍之刃者鞞音補迷反

懲改　直陵反廣雅懲止也

一切經音義卷第五十二

一切經音義卷第五十三　　碣

翻經沙門　慧琳　撰

起世經十卷　玄應

起世因本經十卷　慧琳

樓炭經六卷　玄應

長阿含十報經二卷　慧琳

中本起經二卷　玄應

七知經一卷　無音

鹹水喻經一卷　慧琳

一切流攝守意經一卷　慧琳

四諦經一卷　玄應

恒水經一卷　慧琳

本相倚致經一卷　慧琳

緣本致經一卷　慧琳

頂生王經一卷　慧琳

文陀竭王經一卷　慧琳

鐵城泥犁經一卷　慧琳

古來世時經一卷　玄應

阿那律八念經一卷　慧琳

閻羅王五天使者經一卷　玄應

離睡經一卷　慧琳

求欲經一卷　慧琳

是法非法經一卷　惠琳
受歲經一卷　惠琳
梵志計水淨經一卷　惠琳
苦陰經一卷　惠琳
苦陰因事經一卷　惠琳

釋摩男經一卷　惠琳
樂想經一卷　無音
漏分布經一卷　惠琳
阿耨風經一卷　無音
諸法本經一卷　無音

右三十經五十五卷同此卷音

起世經第一卷　玄應

壘堞 又作垒同力癸反軍壁曰壘壘亦重也下又作堞同徒頰反字書女牆也

閻浮提 或名剡浮洲或言譫浮洲或云贍部洲閻浮者從樹為名提者略也應言提鞞皮此云洲譫音之含反埤蒼多言也

欝單越 或名欝怛羅越或言欝拘樓或言郁多羅鳩留正言

欝怛羅究瑠此譯云高上作謂高上於餘方亦言勝鳩留此云作亦云姓也

弗婆提 或名弗于逮或云弗婆毗提訶或云逋利婆鼻提賀逋利婆此譯云前鼻提賀此云離體或云弗者並婆提或言毗提訶訛也

瞿陁尼 或名俱耶尼或名瞿耶尼或名瞿伽尼皆是訛轉也瞿此譯云牛陁尼夜此云取與以彼多牛用牛市易如此間用錢帛等或云有石牛也

薔薇 在羊反下無飛反重菜花者也

淋

甚 古文幽同力今反三蒼淋漉水下也

礓石 居良反形如薑也字從石經文從土作壃非壃也

攀擥 又作攙攬二形同力敢反說文攬持也擥取也

搦取 又作戳同女卓反搦猶捉也取也說文搦按也

第二卷

馬名婆羅訶 此譯言長毛也

蟹螯 五高反蟹有二螯八足也字從虫經文作鼇大龜也

蘇偷婆 此譯云大聚舊云塔者訛略也

第三卷

森竦 所金反多木長皃也下古文愯同先勇反竦上也

黫

黑 又作𦍩同於問反字書黑羊也經文從牛作牼非也

覓窊 莫勤反說文覓窊前也猶輒躅直進也今皆作冒也

唖嘥 五佳反下助佳反犬見齒也經文作睚瞋目也

鐵鈇 方于反說文鈇莝斫也鈇亦椹也亦橫斧也

滂流 普傍反三蒼滂沱也水多流皃也

第四卷

顫動 又作䪲同之膳反說文頭顫也三蒼頭不正也

黑黶 於簟反謂面黑子也說文中黑也

第五卷

第六卷

並無字音

第七卷

虬螭 渠同反下勑知反廣雅有角曰虬龍無角曰螭虬黑身無鱗甲螭若龍而黃者也

第八卷　無字音訓

第九卷

陂濼　上筆皮反下疋博反陂池也下山東有鸕鷀濼是也幽州呼為淀音殿

第十卷

迦箄　方尒反此名藿沓也藿音呼郭反

起世因本經卷第一　惠琳撰

老輩　波妹反楊雄太玄經輩類也埤蒼比也說文車百兩為一輩從車從裴省聲也經文從北作輩俗字非正也

挺角出　庭鼎反說文挺拔也從手廷聲也廷音亭

三級　金岌反顧野王玉篇云級者如階之等級也說文級次第也從糸音皀

欄楯　上音蘭下音順說文蘭檻也縱曰欄橫曰楯楯開子曰櫺子俗謂之鉤欄欄楯二字並從木形聲字盾字從一從十從目

壘堞　上力鬼反鄭注礼記云壘壁壘也軍壁也廣雅重也說文壘也從土厽聲象形字也下恬協反杜注左傳堞城上女墻曰堞說文城上女垣也從土枼聲枼音盐接反

樓櫓　上曾侯反下盧覩反說文樓重屋也櫓大盾也

考聲云皆城上拒戰也二字並從木形聲字也曾字從魚從白俗從日非也

分級　上墳問反經文說須弥山有三層級下廣上陜說其由旬與俱舍論不同俱舍論頌云傍出十六千八四二千量從下向上半半減之皆踰繕那量此經即去下級六十中級四十上級二十由旬琳意疑謂此經說其城郭非地之量也

金翅鳥　施岐反說文鳥翼也從羽支聲或從氏作翄亦一通經云金翅鳥者或名大嗉鳥梵語名

迦婁羅或云揭路荼或号龍怨皆因形因事立名也八部鬼神之中是其一部也有大神力常食諸龍龍具四生卵胎濕化此鳥亦令其中力有等差具如經文所說今但會其異名音訓文字耳

拘吒賒摩利　上音俱賒音奢或云居吒奢摩離大樹名也是諸金翅鳥所棲薄處於此採取龍食隨自已類居住此樹四面也

搔揵地雞　上桑到反揵音件梵語天花名也人間絕無此花

菴婆羅多迦　上暗含反亦天果名也西國有此國無

鞞醯勒　上婢迷反下馨奚反果名也或云毗梨勒即訶梨勒之類皆從外國來

烏勃林　即嗢勃林也木果也似木苽而大甚香即此國亦有

柰林　奴大反經文更加木作棎非也

薔薇　上匠陽反下未肥反五色花木也所在人

一切經音義卷第五十三　第九張　碣

間有之經文作蓄不成字也

清泠　下歷丁反蒼頡篇云泠者水清澄皃也形聲字

甘甜　下亭盈反博雅云甜亦甘也或作餂俗字也

甎壘　上拙緣反古今字語火燒土墼也埤蒼云甋甎也古今正字從瓦從專聲或作甎古字也經文從土作塼俗字也

金脇　香葉反從肉從劦劦音叶從三力

劦金窴　下音田說文窴塞也從穴從眞亦聲也經文從土作塡音殄字

一切經音義卷第五十三　第十張　碣

雞俗用誤也

礓石　上居良反埤蒼頡云礓礫石也從畺聲經作薑非也

皮穭　下苦外反蒼頡篇云穭麁穬也說文從禾會聲經文從米作穭非也

㲉捋　上鈎候反字指云㲉取牛羊乳也從子從㲉省聲也㲉音同上或有從羊作㲉或從牛作㲉皆誤非也從手為正經文作搆非本字下鸞括反毛詩傳曰捋取也說文捋音律呂也從手寽聲也

牸牛　上音字文字釋要云凡牛羊之雌者曰牸

說文闕字鏡云北牛也形聲字也

滋濃 上子私反字書滋液也多之說文益也從水茲聲下女龍反蒼頡篇云濃厚也考聲汁厚也說文露多也從水農聲或從雨作䨶音同上

手擥 洛敢反說文擥撮持也從手覽省聲或從手作攬亦通也

搦取 上女厄反聲類搦捉也說文按也從手弱聲前音義音為女革反蓋鄉音耳非正音也

起世因本經卷第二

欝多羅究留 上威律反梵語北洲名也或云北欝單在妙高山北大海之中其形正方四海之中此其一也

適莫 上丁歷反考聲云適指實也主也俗用或作的下摩博反韻英云日冥也說文亦云日且冥也日在茻中重草曰莽茻亦聲茻音莽

穅穭 上可豈反尒雅米皮也說文從禾從康從米下苦外反前第一卷經中已釋訖

羮臛 上革行反考聲云切肉或菜調以五味謂之羹孔注尚書云羹須鹹醋以和之王注楚辭云有菜曰羹而濃或肉或芻細切為之字從肉從霍省聲也霍音萊郭反經文從雨下隹作臛非也

逋沙陁 上報毛反梵語也經云齋唐云長淨即集衆陳說所犯之罪增長白法清淨之業名為長淨也

嶷然 宜力反字指云嶷嶷山高皃也

嶷音助力反從山昊聲昊音側昊字從日六音同上

不擣白氎 刀老反下音牒經文作不擣非也正字

髮鬆 上音拔埤蒼云髮者被髮而走皃也下音宗經從忩俗字也考聲云馬鬣也髮鬆二字經並從髟髟音必姚反

姝妍 上昌朱反鄭箋毛詩云姝美色也方言云趙魏之間謂好為姝說文好也從女朱聲也下霓堅反廣雅妍好也說文技也從女幵聲也幵音牽從並二干也

傍盤 下諸[illegible]反說文云盤

有二螯螯手也八足旁行非蛇蟺之穴無所庇者也從虫解聲也螯音敖

墠音善蛆也

多撮 倉括反字林云撮取也礼記孔子曰今夫地一撮土之多是也又宗持反亦通說文四圭也三指撮也從手最聲最音子内反

馭者 魚據反顧野王云指撝使馬者也說文從馬又聲也

持轡 下悲媚反毛詩云執轡如組顧野王云所以制取軎中馬

也說文馬轡也從絲軎音衛說文云車軸頭鐵也象形字經文從土作轡俗用非正體組音祖

觀矚 鍾辱反考聲云視之甚也衆目所歸日矚說文視也從目屬聲也

丘墟 去魚反風俗通云墟虛也考聲發國邑也周礼四邑為丘或謂之墟廣雅墟居也鄭注礼記云毀滅無後之地也玉篇大丘名墟墟山基也從土虛聲也

廁圂 上箋載反考聲廁圊也側畔也雜也集訓云圊糞所也下渾困反圂亦廁也集訓云豕所居也象形字也經從水作溷非也箋音初師反載音纔使反之也

連甍 陌彭反杜注左傳去甍棟也屋說文訓釋與左傳同從瓦從夢省聲也

乳須 下犬類反經云一捋牛乳須言時之極促也即一息之間說文從頁匕聲

渶壤 上烏穀反說文漑灌也從水芺聲芺音殀驕反經文作妖俗字也下壤說文柔掌反孔注尚書云無塊日

壤說文柔土也從土襄聲

氎衣 庭叶反西國草花布也經作疊

釘之 丁逕反亦通

蘇偷婆 梵語古譯質朴不妙也正梵音云窣覩波譯云方墳唐云塼塔也即轉輪聖王沒後遺身塔也

暫時 慙濫反集訓云不久也說文從日斬聲或從足作蹔

輒土 上拙川反說文甎輒也從瓦專聲也經文從土作塼俗字非正也

阿毗脂地獄 梵語也唐云無休息或云阿毗地獄即無間大

地獄也處於大海大地之下故名地獄

疊磑　上音牒考聲云疊重也說文從三日作疊新改為三田下從宜會意字下吾會反說文磑礦也從石豈聲古者曾班初作磑䃺音莫箇反考聲磨麥具也

刀鍱　閻接反鐵鍱也形聲字也

鐵爪　天涅反說文黑金也從金𢦏聲𢦏音徒結反正體字也今經文從𢧵作鐵俗字也下莊狡反象形字也

纖長　上相閻反廣雅纖微也杜注左傳云纖細也文字典說從糸韱聲韱字從从戈音尖下直良反說文長久也從兀從化從倒亾兀高遠也物久則化變故從化也

鋒芒　上音峯下音亡刀峯似草葉端故名之

國爪破　上莊𮘩反此音見字書𣃁抓破也舊音為居碧反或音九縛反恐未切當故改就此音抓音莊交反

擘身　迸麥反字書手擘破物也考聲云手烈也說文作擗從手從檗省聲也

鑽身　祖官反考聲鑽刺也集訓穿物鐵也形聲字也

胎髓　上音支下雖紫反集訓云骨中脂也從骨隨聲

五叉磔　上柴加反鐵叉也下嘲革反廣雅磔開也張也說文辜也從桀石聲桀音竭經云五叉者地獄名也以此鐵叉分磔罪人身形名為五叉地獄

撲著　上龐邈反考聲云手搏投於地曰撲韻詮去手擲撲也或音普祿反亦通今俗用或省作僕下長略反從草下者俗從兩點作著非也

鐵鉆　下儉嚴反說文鉆鋷也從金占聲鋷音女輒反經從甘作鉗非體也此今古之正形也

燒腭　五各反考聲云腭斷也說文從肉咢聲咢從吅從屰音逆吅音喧斷音銀字

起世因本經卷第三

掬取　上弓六反考聲覆手捊取也說文在手曰匊從勹勹音包

從米會意字也正單作匊今經文從手作掬俗字也通用

豌豆 烏九反豆名也說文作登古字也從豆夗聲也

剗刺 上仕衙反說文云剗斷也釗刺也一云剗也釗也從刀兗聲下倩亦反說文士刺直傷也從刀朿聲剽音匹妙反釗音之逝反

臠 攣剸反顧野王云謂切肉為臠之小者說文從肉䜌聲䜌音力專反正字也

齩食 上五絞反說文云齧骨也從齒交聲亦作芆或作齧音研結反正形也

[齒*厓]齜 上崖戒反下柴邂反考聲云開口切齒也埤蒼云犬相爭聲說文齒相齗也一云開口見齒也從齒厓此皆聲邂音下介反也

[口*帀]嗽 上子臘反韻略云[口*帀]入口也說文作噆俗作要下色捉反韻略云欶口翕也正作欶經本作[口*束]非也

斲斤 上陟角反說文云研

也從斤㲋聲經作斲俗字也

腳蹋 上正脚字下徒臘反經本作踚俗字

拼度 上伯萌反考聲六拼撣也說文從手幷聲下荳落反撣音達丹反

鐵瓨 項江反說文云瓨似罃長頸受十升從瓦土聲

鐵鏊 敖誥反

第四卷

相激 經歷反說文云疾也從水敫聲

而踣 明北反郭注尒雅云踣前覆由鄭注周礼踣亦僵尸也說文從足音聲音音土口反

塳[土*孛] 上僕蒙反下盆沒反王逸注楚辭云風塵起皃也亦作熢[土*孛]云水霧氣皃也經本從火作熢[火*孛]俗字也

蹴蹋 上秋六反下談臘反經作蹢俗用字

姦猾 上簡顏反下還刮反字書云猾黠也說文從犬骨聲

泡沫 上普包反下音末考聲云泡水上浮漚也沫水上浮沫也古今正字二字並從水包末皆聲之正字也

麥

⿹弋麥 音弋文字集略云⿹弋麥麥皮也說文從麥弋聲 赧皺 上儜簡反說文云赧面慙赤也從赤反聲經本從皮作赦俗字也反音赧下莊瘦反韻略云面皮聚也說文字從皮芻聲經作皺俗 黶子 上伊琰反考聲云面黑子也說文從猒聲 傴僂 上紆矩反下力主反博雅云曲脊身也說文竝從人區婁皆聲 跛跂 上彼可反周易云跛能履不足以與行也說文行不正也一曰足排之也從足皮聲亦作越下詰以反郭注山海經云言人行脚跟不著地也說文足多指也從足支聲 羸瘦 上力追反下正瘦字音竦救反 尪弱 上烏黃反說文作尣云跛曲脛也從大象偏曲之形古文從生作𡯁經本作尩非也 以坌 坌悶反義已具釋金光明最勝王經中也

第五卷

搏取 上補洛反聲類云搏捕也杜注左傳取也說文索持也從手尃聲也 鴟鵂 上齒之反鄭箋毛詩云鴟惡鳴之鳥也古今正字鴟屬也從鳥氐聲下朽尤反字書云鵂鶹褫鳥也一名鵅夜飛晝伏古今正字怪鳥也從鳥伏聲鵅音格也 摸鼻 上莫博反方言云摸㨉也古今正字從手莫聲如㨉 如箕 居疑反世本云少康作箕郭注方言云戚米篙斛斗者也說文竹籔也從竹其象形下其人也古文作𠀠也孔注論語云筲也漢律云小筐也說文從竹從單聲 如臼 求有反經本作田誤也 掃帚 上蘇竈反博雅云掃除也說文從土帚聲經作掃俗字也下周柳反世本云少康作帚顧野王云帚所以掃除糞穢也說文從又持巾掃口內也經文從竹作箒俗字也 華沼 之遠反毛詩云沼池也說文從水從召聲 諸藕 吾苟反 蠟蜜 上藍合反經本作蝎非也

第六卷

岐道 上姑移反介疋云道二達謂之岐旁郭注云岐道旁出者也古今正字從山支聲 飄零 上匹遙反下力呈反 氛氳 上浮分反文字集略云氛氳香氣盛皃也說文從气分聲下蘊雲反義巳具釋金光明最勝王經中 牢固 上老刀反 層樓 上藏棱反郭注山海經云層重也說文重屋也從尸曾聲 覿矚 之欲反 那埤尼 中直知反梵語地名也 輦輿 上力展反杜注左傳云駕人曰輦說文輓車也從扶在車前引也下文是正字也音余文字集略云輿載也說文車輿也從車舁聲經本此是古今之正形作轝非也扶音伴舁音余也 飄颺 音揚說文云風所飛揚也從風易聲易音陽也 戲謔 上希意反下香約反

第七卷

氤氳 上音因 洟唾 上以之反說文云洟鼻液也從水夷聲下吐卧反說文口液也從口垂聲 不瞬 水閏反說文云瞚目搖也從目舜聲經從旬作眴俗字也 夭殤 上妖矯反杜注左傳云短折曰夭說文屈乚從大象形下賞羊反禮記云男女未冠笄而死者曰殤年十九至十六為長殤十五至十二為中殤十一至八歲為下殤八歲巳

下為無服之殤說文從歺從傷省聲也歺音矜字 麴 上昌沼反經本作麨俗字 揩拭 上客皆反埤雅云揩摩也說文從手皆聲下舒力反郭注介疋拭所以清潔也鄭注礼記云淨也說文從手拭聲 魚鼈 下必滅反考工記云鼈內骨者也說文介蟲也從黽敝聲黽音猛 黿鼉 上阮袁反考聲云似鼈而大腹黃而頭斑說文亦大鼈也從黽元聲下堂何反似蜥蜴而大長一丈則為龍水文穴居郭璞云

皮可以為皷也説文從黽單聲音那也 虬螭 上祁幽反廣疋云龍有角曰虬説文從虫乚聲下耻知反廣疋曰龍無角曰螭説文若龍而黄北方謂地螻從虫离聲乚音已由反慢音慢也 虵獺 上食遮反説文云從虫而長象冤曲垂尾之形也上古巢居患虵故相問無虵乎它即今之虵字也下他達反説文云似小狗水居捕魚之獸也從犬賴聲 鵝鴈 上五何反下顔諫反 鸜鵒 上具虞反下容緑反 燕雀 上煙見反郭注介疋云齊人呼燕為鳦禮記月令亦謂之玄鳥也説文玄鳥也籋口布翅披尾象形也鳦音乙籋女涉反躡也下將藥反顔野王云依人小鳥也説文從少隹聲也 髀股 上毗謎反正作髀經作䏶俗字也 慘然 上倉感反

第八卷

城隍 音皇介疋云隍虚也説文云隍城池也有水曰池無水曰隍易云城之復于隍也從阝皇聲 村隖 烏戶反説文云小障也從阝烏聲經作摀俗字也 林壑 呼各反顧野王云壑坑也虚也説文溝也從土㕡聲正作㕡經作壑俗字形也 閃電 上苫冉反下田鍊反説文云電陰陽相激燿也從雨电聲电音申 磧中 上青亦反正磧字也説文云磧水渚有石也從石責聲經作磧俗通用字形也 擿著 上呈戟反説文云擿投也下張略反 躭樂 上荅含反孔注尚書云過樂謂之躭毛詩傳云樂之太甚也説文作媅云樂也從女甚聲亦作妉下音洛經本作躭俗字形也 愚騃 牙蟹反蒼頡篇云騃無知也説文行佗貟也從馬矣聲字正形也 輮軸 上音柔説文云輮輞也從車柔聲下冲六反説文云軸持輪者也從車由聲也 鞭撾

上必綿反下陂爪反聲類云撾擿七
也古今正字從木過聲也
吐臟反釋名云榻牀狹而長者
榻日榻說文從水昜聲經作榻俗
字昜音
同上
耳環璫黨郎反
涌已上容隴反下顧野
王云涌水波騰也說文
從水甬聲甬音同上字靉靆上叆代反下臺
賴反王逸注楚辭云日月晻黖無光
也埤蒼云昧不明也古今正字並從雲

愛逮甘上倉乱反下龐講反經
聲也穳棓作棒又槰竝是俗字今
不取也非椎柞上直追反經作椎俗
正用也字也下呂呂反前己
具釋鉀箭上四迷反方言云前族
字也廣長而薄者謂之鉀說
文從金畀聲亦鈚經上宗
本作鈚音披非字形也鏃箭鹿反
廣雅云鏃鏑也字書矢鋒上
也說文頻也從金族聲瘢痕音

盤下恨
思反

第九卷

羖羊上孤郎反下正羊字鄭箋詩
云羊北北有角日羖也說文
云從羊博恭反埤蒼云⿺旁毛方
殳聲也毛⿺旁毛言毦也孝聲云毛
布也大字典說從毛旁聲稗子上白
亦作⿺廷毛毦音紀例反也賣反
杜注左傳云稗草之似穀者從
禾卑說文禾別也從禾卑聲也誅戮

留竹反鄭注周禮云戮猶辱也貫注
國語殺也說文從戈翏聲翏音力
又獵師上廉葉反鄭箋詩云霄田
反日獵貫遠獵取也說文効
獵逐禽也從犬巤聲經作獵俗字後
但有如此字不音者準此巤者同上
頸瓔上經郢反說文頸項也從頁
巠聲下亦盈反說文云賏頸
飾也古文從二貝貝音賢結臂釧上
反巠音經貝音杯妹反也卑
寐反下川戀反義已具釋
金光明最勝王經中也釵釧上茶

皆反文字集略云叙又髻也文字典説婦人頭飾也或以金玉為之從金又聲下女輒反釋名云銸攝也拔取髮也説文鉆也從金耴聲字書作鑷與經本同耴音同上鉆音其廉反中字也

鹹𪉭 上音咸下星亦反尒雅云𪉭苦也周禮作潟古今正字義同從水舄聲

澆漬 上取堯反下資賜反正體字

洗盪 上西禮反下堂朗反説文云盪滌器也從皿湯聲滌之音亭歷反

伍寐 梵語魚名也經中自音迷私反下旬亦同此訓

簿漠 上傍慱反下音莫也

欑酪 上徂纂反考聲云欑聚也説文義同從木贊聲下音路釋名云酪乳汁所作也古今正字從酉各聲

吮巴 上旋兖反説文云吮欶也從口允聲欶音朔亦作嗽也

軀體 上曲迂反尚書大傳云軀身也説文體也從身區聲

第十卷

善瑩 瑩迥反顧野王云瑩謂摩飾玉使光明也説文玉色也一云石之次玉者也從玉熒省聲案摩飾之瑩從金作鎣從玉者誤也

牀尃 上正床字下撫無反孔注尚書云尃布也説文義同從寸甫聲亦從文作敷經本作敷俗也

表裏 上碑矯反字書云表衣沐也説文上衣也古者衣裘故以毛為表也從毛從衣經作表俗用之字也下音里

偝方 上陪妹反考聲云偝迴面向外也博雅後也亦作背

翳覆 上伊計反下豊富反

五種子 中之勇反

根子莖子節子合子子子 五種各加子字也

皮檜 恢外反蒼頡篇云檜穅也説文從禾會聲正字也經文從米作繪誤也

土凷 魁外反亦作塊

分壃 居良反鄭注周禮云壃界也説

文正作畺從畕三其界畫也亦作疅又作彊畕音同上

譎罰 上防革反毛詩傳云譎相責也說文罰也從言商聲經作謫亦通下煩𧪝反說文云辠之小者也言未以力但持刀罵詈則應罰也從力詈聲有從寸作罸者非也

牽排 上遣賢反敗埋反博疋云排推也說文從手從非聲也

降窓 上巷江反下於袁反

柯箄羅城

梵語訛也正字云劫比羅亦名迦毗羅也

寐侇羅城 經本已音此即梵語城名訛也或云弥絺羅之國也

酙 烘屋反 王名

諢訾 上撝委反考聲云諢譜也謗也詈也訛也經文作毀俗通用也下兹此反鄭生禮記云訾以言毀人也古今正字從言此聲

崖龕 坎甘反

稲稈 干嬾反

樓炭經第一卷 十三

玄應撰

數嘂 又作謅謷二形同古弔反數呼也謅也下歡觀反呼也叫也或作嘂又作囂嚾二形同

第二卷

梟磔 古堯反說文梟不孝鳥也冬至日捕梟磔之搩竹格反張磔也經文作掉搩誤也

當盧 字宜作顱同力胡反言馬面當

顱刻金為之所謂鏤鍚也詩注云眉上日陽刻金飾之今當盧是也

帞頭 莫格反方言云南楚江湘之間日絡頭字書帞頭巾也字從巾經文從自作陌非字體也

八柧 古胡反說文柧棱也通俗文木四方為棱八棱為柧言珠有八棱字也

諸署 時去反位也署官也署官者位之表識也治事府寺日署署猶置也

第四卷

麧麮　丘語反字書麥甘鬻也蒼頡篇麮麥也

第五卷

嶔崟　綺金反下冝金反謂山阜之勢高下倚傾也楚辭云嶔崟崎巇注云山阜陬隈也𡾊巇音俄非也陬音則流反

長阿含十報經上卷　惠琳撰

一切經音義卷第五十三　第三十一張　碣

摶飯　段欒反博雅云手握使相著也考聲附持也說文圜也從手專聲也圜音袁也

四蛘　羊掌反經從養作蝆俗字也字書云癢肉中蟲行也或從手作攁發動也說文搔蛘也從虫羊聲有作痒者不成字也

若盂　禹俱反案盂是高道乞士應器鉢盂也經文從木作杅非也

下卷

瞢瞢　默崩反文字釋訓云瞢瞢目不明也尒雅亂也考聲悶也說文從苜從旬旬音縣苜音目

適在　丁歷反考聲云適猶指實也集訓云適然也經從帝作啻非也

郁暑　上央六反下音杵梵語西國花名也經文作郁字者錯書形也

猗喜　上音依古人僻用字也本義是依字宜改從依

為瞑　音冥考聲閉目也左傳云謚曰靈而不瞑謚曰成乃瞑說文翕目也從目冥聲翕音歆急反

一切經音義卷第五十三　第三十二張　碣

中本起經上卷　玄應撰

拘隣　此譯云阿若名已知拘隣者姓也初度五人名也一名拘隣二名頞陛三名跋提四名十力迦葉五名摩男拘利

悕悸　古文作痵同其季反字林心動說文氣不定也方言悘悸也注云謂悚悸也悘音娭之字

屛營　卑營反謂惶遽也廣雅屛營征伀也經文

作併甫政反說文併也併非此義

俱蹟 古文趪蹟二形今作疐同猪吏反通俗文事不利日蹟限至日礙字

下卷

妖冶 下余者反周易冶容誨婬劉巘日冶妖冶也謂倣自得莊飾鮮明之皃也

狂憨 呼藍反字書憨愚也郭璞日鵝鳥憨急謂

一切經音義卷第五十三　第三十三張　碣

虛勇也

靈柩 渠救反小雅有兠謂之柩空棺謂之櫬礼記在棺日柩鄭玄柩之言究也白虎通日柩之言久也久不復變也

焜煌 胡本反下胡光反方言焜盛也郭璞日焜煌盛皃也煌明也蒼頡篇煌光也經文作渾字與暉非此用也

恂恂 私巡反論語恂恂如也王肅日溫恭皃也廣雅云恂恂如也尒雅恂恂戰慄也

斑駁 又作辩同百顔反說文辩駁也蒼頡篇辩文皃也雜色為斑經文作斒方閒反斒斕也斕

音力閒反

七知經一卷

無字音釋

鹹水喻經一卷

鹹水 洽緘反尒雅鹹苦也郭璞云苦即大鹹也說文鹹亦銜也北方味也從鹵音凾咸聲也

佛說一切流攝守因經

惠琳撰

一切經音義卷第五十三　第三十四張　碣

𡐓尪 上毗袂反下烏光反說文尪跛曲脛也字從大象偏曲之形也從尢音汪從王也

四諦經 十八

玄應撰

執變 碑院反變化也易也更也白虎通日灾變者何變非常也經文作㸑誤也字書示無此字也

咽瘤 力周反說文瘤腫也廣雅瘤病也經文從口作嚠非字也

佛說恒水經一卷　惠琳撰

圊圂　上七精反字書圊亦圂也說文圂廁也從口音韋青聲也下胡困反案說文亦從口從豕經文從水作烟俗字也

洿池　泆孫反廣雅洿深也杜注左傳云濁水不流也說文從夸從水夸音區夸聲也

本相猗致經一卷　玄應撰

轉依　倚宜反毛詩傳云依倚也郭璞注方言云依憑也廣雅云依恃也說文從人從衣經文從犬作猗猗者歎辭也非經義也

佛說緣本致經一卷　惠琳撰

愛訒　乍振反孔注論語云其言也訒說文從言刃聲

眩矅　上玄絹反賈注國語云眩惑也顧野王云眩亦示幻者也說文從目從玄下遥笑反廣雅矅明也博雅云照也說文從日翟聲也或作燿同

賢儁　遵峻反淮南子曰才過千人曰儁今通俗作俊說文下拕弓隹隹音許惟反儁聲也經文作㑺俗字也

佛說頂生王故事經一卷　惠琳撰

曩㫺　囊朗反尒雅曩久也考聲云昔也說文從日襄聲也下星歷反經作昔俗字也

緐稠　上飯糒反毛詩傳日緐稠多也鄭注礼記緐盛也說文從糸音覓從敏下胄流反廣雅稠概也毛詩傳云稠密也說文多也從禾周聲糒音晩班反音班

揚簸　下波我反毛詩傳日簸糠者也說文簸揚米去糠也從箕從皮

睤睨　上紕計反下倪計反廣雅云睤視也字書云邪視也淮南子云左睥右睨也說文並從目卑兒皆聲字也

眼眴　玄絹反王注楚辭云眴視皃也說文目搖動也從目旬亦聲也旬音同

佛說文陁竭王經一卷　惠琳撰

勞賚　上勞到反下來岱反尒雅云賚賜也孔注尚書云賚與也考聲云勞賚相慰問也說文勞從力從熒省賚從來貝也形聲字

問訐　下音辛進反蒼頡篇云訐亦問也毛詩箋云訐言也說文從言從干干亦聲也干音迂也經文作訙俗字非正字也

佛說鐵城泥犁經一卷　惠琳撰

邠坻　華旻反或作山下帝奚反梵語也不求字義也

雨泡　上音宇下魄茅反考聲云水上浮漚也說文從水從包聲也

哢嗉　上兄纖反礼記脩首者進哢說文哢亦口也從口哢聲下即鷄反考聲云鳥口也或作咮嘴亦作觜也古今正字鳥喙也從口束聲也束音次形字也

戩剥　上前節反廣雅戩割也說文斷也從戈從雀經作截俗字也下拜角反廣雅剥去皮也毛詩箋云剥削也說文割從刀從彔彔音禄

艐蓰務　中師綺反地獄名也

持舒　下毋侯反說文舒長二丈建於兵車也正體象形作矛字也或作鉾俗字也古文作戎並同也

磔開　竹格反廣雅云磔張也考聲云閞也說文從石桀聲經文作矺非也

古來世時經一卷　玄應撰

炊作　出為反說文炊爨七乱反從火欠聲

比丘呰　都胃反梵語也

阿那律八念經一卷　惠琳撰

楲簏　上胡緘反廣雅云筐謂之楲字書云木筐也說文亦筐也從木咸聲下聾谷反王注楚辭云簏竹器也說文竹高筐也從竹鹿聲字

正形

差跌 上廁師反考聲云不相值也韻詮云參差不齊也下田結反廣雅云跌亦差也考聲足差跌也方言蹶也說文足踢也一云越也從足失聲踢音唐

筋緩 上謹銀反說文筋者肉之力也從竹竹物之多筋者經作筋俗字也下胡管反鄭注考工記緩寬也介雅云舒也賈注國語遲也說文從糸音爰爰音表聲也

皮皺 側救反字書皺皮聚也文字典說皮寬聚也從皮芻聲芻音楚俱反

癎癲 限間反聲類小兒癲病也說文從疒間聲下典年反廣雅癲狂也聲類云風病也說文從疒音女厄反顛聲也

閻羅王五天使者經一卷

閻羅 或名閻磨羅應言夜磨盧迦此譯云雙世也竊謂苦樂並受号之為雙也

刓刻 又作园同五桓反刓削也廣雅刓斷也刻鏤也

裹蘊 於雲反謂聚草蕘束之以爇火者漢書束蘊乞火是也蕘音而消反

火燎 又作爒同力照反說文從炙字正形

離睡經一卷 惠琳撰

彷徉 上薄光反下餘章反顧野王云彷徉猶徘徊也古今正字上從彳從方下從彳從羊

右脅 下盧劫反說文脅肚兩膀也從三力作劦從肉經中作脇非

佛說求欲經一卷 惠琳撰

洗拭 上西礼反說文洗足也今亦以為洗濯之字從水先聲亦作洒也下尸翼反鄭注儀礼云拭清也郭注介雅云拭亦清潔也說文從手式聲

摶食 上段欒反前阿含十報經中已釋訖說文圜也從手專聲

佛說是法非法經一卷 無字音訓

佛說受歲經一卷　惠琳撰

反戾　黎計反毛詩箋云戾不善也廣雅云戾亦佷也謚法曰不悔前過曰戾說文從戶從犬也

佛說梵志計水淨經一卷　惠琳撰

鹵　盧古反杜注左傳鹵确确音坑角反确薄之地也說文西方鹹

一切經音義卷第五十三　第四十二張　碭

地從古文鹵字省象鹽形也鹵音西

佛說苦音陰經一卷　惠琳撰

呰懱　上玆此反鄭注礼記呰毀也說文呵也從口此聲亦作呰下眠結反賈注國語云懱猶滅也箋懱亦輕也說文從心從蔑音與上同經文單作蔑誤也

蠅蚤　上翼陵反毛詩箋云蠅之為蟲汙白為黑汙黑為白也說文從虫從黽音猛下遭老反蚤齧人而跳也說文從虫從叉叉音爪經文作蚤訛略也

所蛆　知列反博雅蛆螫也說文從虫旦聲經文作至非也螫音通也

以鍼　七續反字書云鍼斧也文字典說鍼亦鍼斧也從金戚聲之字也

蹲骨　端兗反蹲腓腸也文字典說云從足尊聲或作腨同

髀骨　上毋米反說文髀股外骨也正作䯗經文或作脞者非也

一切經音義卷第五十三　第四十三張　碭

佛說苦陰因事經一卷　惠琳撰

在釋羇底　寄宜反梵語不釋字經文作羇不成字

尼拘蔞園中　縷誅反梵語園名亦名藍毗尼之園

彷徉　上音旁下音羊前離睢經已具釋訖也

募彼　摸布反考聲云求也說文廣求也從力從慕省聲字也

県首　曒堯反說文倒首字也斷首而倒懸也經作梟字非也

常跽　其雉反考聲跽者拜而

跪也說文從足忌聲

釋摩男本經一卷

慧琳撰

辜磔　上古吳反孔注尚書云辜罪也鄭注札記云辜之言枯也謂磔之也說文從辛古聲也經文從羊作辜非也下陟格反巳於上文鐵城泥埶經釋訖

其頷　五格反方言頷顩也說文從頁音頡各聲經文

從客作額俗字也

沛施　普具反王逸注楚辭云沛行皃也廣雅云沛大也又沛流也說文從水市聲也

樂想經一卷

無字音訓

佛說徧分布經一卷

小乘　慧琳撰

知徧　樓豆反顧野王云漏泄也詩注淮南子云漏失也又曰穿也案法華經云諸漏巳盡無復煩惱是也說文從水屚音同上

痛劇　擊戟反顧野王云劇甚也謂更甚於前也古今正字從刀豦音巨聲也經作劇字非也

阿耨風經一卷

無字音釋

諸法本經一卷

無字音釋

一切經音義卷第五十三

一切經音義卷第五十四　碣

翻經沙門慧琳撰

音瞿曇弥記果經一卷　慧琳

瞻波比丘經一卷　慧琳

伏婬經一卷　慧琳

魔嬈亂經一卷　玄應

弊魔試目連經一卷　慧琳

賴吒和羅經一卷　玄應

善生子經一卷　慧琳

數經一卷　玄應

梵志頞羅延問經一卷　玄應

三歸五戒功德經一卷　無

黃竹園老婆羅門經一卷　慧琳

梵摩踰經一卷　玄應

須達經一卷　慧琳

尊上經一卷　無

鸚鵡經一卷　玄應

兜調經一卷　慧琳

意經一卷　慧琳

應法經一卷　無

泥犂經一卷　玄應

齋經一卷　惠琳
普法義經一卷　惠琳
廣義法門經一卷　惠琳
誡德香經一卷　無
邪見經一卷　無

優婆夷墮舍迦經一卷　惠琳
鞞摩肅經一卷　惠琳
婆羅門子命終經一卷　無
十支居士經一卷　無
箭喻經一卷　惠琳

波斯匿王土坌身經　玄應
四人出現經一卷　惠琳
須摩提女經一卷　惠琳
婆羅門避死經一卷　無
施食獲福經一卷　惠琳
頻婆娑羅王詣佛經一卷　惠琳

長者子六過出家經一卷　惠琳
鴦崛摩經一卷　惠琳
鴦崛髻經一卷　惠琳
力士移山經一卷　玄應
四未曾有經一卷　無
七佛父母經一卷　玄應

放牛經一卷　惠琳
緣起經一卷　惠琳
十一想如來經一卷　無
四泥犁經一卷　惠琳
阿那邠邸經一卷　惠琳

佛母泥洹經一卷　惠琳
大愛道泥洹經一卷　玄應
國王不梨經一卷　惠琳
舍衛國王夢見十事經一卷　惠琳
阿難同學經一卷　惠琳

五蘊皆空經一卷　無
七處三觀經一卷　玄應
聖法印經一卷　惠琳
五陰譬喻經一卷　惠琳
水沫所漂經一卷　惠琳
不自守意經一卷　無

轉法輪經一卷　無
三轉法輪經一卷　惠琳
八正道經一卷　無
難提釋經一卷　惠琳
馬有三相經一卷　無
馬有八態經一卷　玄應

相應相可經一卷　無

餓鬼報應經一卷　無

鬼問目連經一卷　無

雜藏經一卷　玄應

雜阿含經一卷　玄應

治禪病秘要經一卷　惠琳

舍頭諫經一卷　玄應

摩鄧伽經三卷　玄應

摩鄧女經一卷　惠琳

摩鄧女解形中六事經一卷　無

餓鬼報應經一卷　惠琳

阿難問佛吉凶經一卷　玄應

阿難分別經一卷　玄應

右七十六經七十八卷同此卷音

佛說瞿曇弥記果經　惠琳撰

罽底　上記宜反從冈作罽經文去冈從革從奇作覉不成字下底字

錯書痩字非也罽底梵語剎帝利種之異名也

瞪瞢　上音騰下墨崩反蒼頡篇云瞪瞢[illegible]初起皃也悶心毛詩傳曰瞢瞢乱皃二字並從夢省

乳哺　補慕反韻英云哺咀也食在口曰哺經作餔非本字形聲也

不識比丘　紀宜反廣雅識諫也鄭注礼記云察是非也說文誹也從言幾聲

種種囊　諾郎反考聲有底袋也說文從襄從槖省襄亦聲也襄音儜槖音泿也

瞻波比丘經　無字可音

佛說伏婬經　惠琳撰

憋惡　篇蔑反郭注方言憋怤惡性也說文從心敝聲憋音弊

魔嬈亂經　玄應撰

鵁在　音交說文鵁鶄也群飛尾如雌雞鳴相呼食之治風也

弊魔試目連經　惠琳撰

黶黑　烏感反王注楚辭云黶黰不明皃也說文青黑色也從黑奄聲

喘息　川兗反

裸形　華瓦反

四徼　皎弔反漢書曰徼塞邊境外也說文從彳敫聲也彳音丑亦反

筍篾　司寺反顧野王云筍盛文服竹器也說文從竹司聲

日

眣　田涅反

賴吒和羅經　玄應撰

黈羅啒吒國　古文作紏斢二形同他口吐口二反啒音烏溝反

辞訣　古穴反訣別也通俗文与死別曰訣也

佛說善生子經　惠琳撰

睎坐　喜依反毛詩傳曰睎明之始升也又曰睎曬也說文乾也從日希聲也

盪士　堂朗反苞注論語云盪廣遠之皃也顧野王云盪亦放也說文從皿從湯或作蕩或從心作愓

狎下　上咸甲反杜注左傳狎人之習附也孔注尚書狎近也說文從犬甲聲經作狹非也

遘善　古候反毛詩傳云遘猶遇也郭注尒雅亦謂相遭遇也說文從辵冓聲也辵音尹略反冓音古候反

菈於　上力至反鄭注禮記菈臨也亦作涖說文從艸位聲

徃短　端管反蒼頡篇短促也說文不長也從矢從豆

經從手作拞俗字

弭謗 弥俾反毛詩傳云弭止息也韓詩弭㓕也賈注國語弭忘也說文從弓耳聲

闔門 合臘反尒雅闔戶謂之扉說文闔閉也從門盍聲也盍音合

敖逸 五高反文字集略遨遊也廣雅云嬉也說文從出從放𡕒音丑略反

儲偫 上仔猪反考聲云儲積也說文偫也蓄也從人諸聲下持里反考聲云偫待也所望也儲也說文具也從人待聲經從足作踌非也

佛說數經 玄應撰

䍐絆 下補判反考聲絆縶兩足也說文馬馽也糸半聲也經文作䍐-絆並不成字非也馽音知立反糸音覓

梵志頗羅延問種尊經 玄應撰

駏驉 渠語反下許居反謂似騾而小牛父馬子者也

阿㴉 虛逼反人名也依字水之通川者也

三歸五戒慈心功德經 無字可音訓

佛爲黃竹園老婆羅門說學經 惠琳

尠得 上仙淺反考聲云少也尒雅云尠寡也鄭注礼記云尠罕也或作尟說文從甚少聲今亦通作鮮

梵摩喻經 玄應撰

如砥 又作底同之視反底平也直也尚書礪砥砮石孔安國日砥細於礪皆磨石也砮音乃乎反

披纚 今作縰同山綺反案森纚好貟也颯纚長袖貟也纚徒也颯音桒苔反

病瘳 耻留反尚書王邑日乃瘳差也愈也

佛說須達經 惠琳撰

雜穬 下古猛反前第三十五卷未曾有經已釋訖

佛說尊上經 無字可音訓

鸚鵡經 玄應撰

吟哦 又作訡牛金反下吾歌反江南謂諷為吟哦蒼頡篇云吟嘆也

門閾 古文作閾同吁域反尒雅柣謂之門郭璞曰門限也柣音千結反

佛說兜調經 惠琳撰

金瑣 下蘇果反廣雅瑣連也字書亦連環也說文從王貟聲也貟音同上經文作璅非也

氍毹 上具俱反下色反埤蒼云氍毹毾㲪也聲類云亦毛席也廣雅云氍毹毾㲪也說文並從毛形聲字也

毾㲪 上吐盍反下得能反埤蒼云毾㲪毛席也說文並從毛形聲字也經作此

關登字非也

吠佛 扶發反說文吠鳴也從口從犬經作哄字非也

言咆 鮑交反廣雅云咆鳴也說文嗥也從口包聲

臿牀 楚夾反說文從于從臼象形字也

爬地 白麻反考聲或作把

佛說意經 惠琳撰

捷疾 潛葉反毛詩傳捷勝也方言捷亦健也說文從手疌聲疌音同上經作捷非也

應法經 無字可音訓

泥犁經 玄應撰

竹錍 字宜作篦補奚反以竹為篦打捶者也

鞭㧾 丁類反俗語也謂打挿也經文作鞊他頰反案飾也鞊非此義

鈇擳 方于反說文莝斫也莝音倉卧反公羊傳曰不忍加之鈇質何休曰斬腰之罪也蒼頡篇鈇揕也亦擳莝也案横斧者如莝對下之逆反埤蒼揁揕也經作鎮

非也

蟲豸　直尒反尒雅云有足謂之虫無足謂之豸

佛說齋經　惠琳撰

澣衣　活管反劉注公羊傳云去舊垢曰澣說文從水幹聲或作浣也

普法義經　惠琳撰

評譚　上病明反考聲評議也古今正字詁也文字與說評事者大理

司官名也從言平聲下準純反考聲告之丁寧也鄭注礼記云誠懇皃也至也說文告曉之孰也從言𦎧聲

為抑　應力反考聲云抑止也理也說文按也從反印字也今隷書相承從手作抑

佛說廣義法門經　惠琳撰

控制　上苦貢反毛詩傳云止馬曰控又云控引也說文匈奴引弓亦曰控紋從手空聲

誠德香經　無字音訓

邪見經　無字音訓

優婆夷墮舍迦經　惠琳撰

廼如是　奴改反尒雅云廼即乃字也聲類至也說文從西從乚音隱

閱衰　上緣決反毛詩傳云閱容也說文具數於門中從門兌聲

珠璣

紀希反顧野王云南海蚌所產珠月盈則多月虧則少孔注尚書璣亦珠類也說文璣不圓珠也並從玉幾朱皆聲也

鳩溜　上九尤反下力尤反梵語也

提渝　下庾珠反梵語也

遬摩　蘇祿反梵語也

佛說鞞摩肅經　惠琳撰

著麩　下撫無反蒼頡篇麩麥皮也說文小麥皮也從麥夫聲或從孚作䴸俗字也

佛說婆羅門子命終愛念不離經　惠琳撰

倮形　華卦反。顧野王云：脫衣露袒也。古今正字：或為裸，或作躶。從人果聲。

佛說十支居士八城人經　惠琳撰

饌具　士眷反。鄭注儀礼云：饌，陳也。馬注論語云：饌，飲食也。廣雅云：進也。說文：具食也。從食巽聲也。

佛說箭喻經　惠琳撰

鶬鶴　上錯郎反。介雅：鶬，麋鴰。郭璞曰：鶬鴰也。說文：鶬鴰也。從鳥倉聲。下何各反。淮南子云：鷄知將旦，鶴知夜半。說文：仙鳥也。從鳥隺聲。隺音同上。隺從冂從隹。冂音癸營反。

波斯匿王太后崩塵土坌身經　玄應撰

期頤　以之反。礼記：百年日期頤。鄭玄曰：期猶要也；頤，養也。孝子要盡養之道而已。

佛說四人出現世間經　惠琳撰

魁膾　上苦迴反，下古外反。鄭注礼記：魁猶首也。廣雅云：膾猶割也。說文：從斗鬼聲也。下膾字從肉會聲也。

佛說須摩提女經　惠琳撰

亘雲　上古鄧反。方言：亘，竟也。毛詩傳云：亘，遍也。說文：古從日從二。經文從糸作絙，非也。糸音覓。

赤隣韓　梵語不分明，譯經者拙惡也。此亦是寶名，或是錯書也。

琉璃琴　集吟反，樂器也。以吹瑠璃寶作之琴，亦天樂具也。

睒電　上撫冉反。電光也。蒼頡篇云：睒，暫見也。說文：暫視也。從目炎聲。

佛說婆羅門避死經　無字可音訓

佛說食施獲五福報經　惠琳撰

弘廓　苦郭反尒雅廓大也廣雅空也古今正字張小使大謂之廓從广郭聲也　暐曄　上韋鬼反說文盛明也正從火作煒下炎劫反說文云曄光明皃也或作㬎亦從火作燁　秏減　上呼奥反

埤蒼秏消也說文從禾毛聲下咸斬反韓詩減少也杜注左傳云秏也損也說文從水咸聲也　蹪礙　上知利反考聲蹪礙不進也正作疐下五蓋反考聲云礙偳也說文止也從石從疑博雅作閡韻略作硋文字集略作㝵並俗字也

頻婆娑羅王詣佛供養經　惠琳撰

金鋋　師涟反考聲云履之不插跟者也字書鞔鞭也即今之皮履也西國俗尚著此也說文作鞵鞭屬從革徙聲或作躧並同鞭音公洽反鞵音丁奚反　珠柄拂　中兵命反考聲云柄器物所持處也言珠柄者以珠玉等鈿飾所持拂柄也文字典說柄本也柯也物之把處也從木丙聲或作棅　下紛物反

長者子六過出家經　惠琳撰

萌芽　麦耕反玉篇云萌亦芽也說文亦草芽也從艸明聲艸音草

佛說鴦掘摩經　惠琳撰

博綜　下宗送反說文綜機縷持絲交者日綜從糸宗聲糸音覓也　稟仰　上彼錦反孔注尚書稟人所承受也說文從亩從禾亩音力錦反　諮諏　上姊私反考聲云諮問於善也廣雅自也說文從言咨聲下足須反杜注左傳云諏問正事尒雅諏謀也說文聚謀也從言取聲經文

作懸誤

儀範

凡黷反上聲字也介雅
書也範常也韻英則也考聲
摸也說文法也古法有竹形以竹簡
書之故言法也從竹從車從氾省聲
也經文作鈐非

猥乘

上烏賄反蒼頡
也甚無此理篇猥頓也廣雅
猥來也說文從犬

偃體

於歇反孔注
畏聲賄音灰每反論語云偃仆也
賈注國語云偃恩也廣雅云偃仰也說
文從人匽聲匽音同上經從糸作緮

一切經音義卷第五十四　第二十二張　碣

誤也糸

褒師

上補毛反顧野王云褒
音覓猶美之也鄭注礼記云
褒猶進也說文亦博裾也從衣臬聲
𤓯音保俗作褒經文作褒誤書也

嬲觸

上奴鳥反考聲云嬲
相戲弄也或作嬈也

譖日

側禁反博
雅譖毀也何休注公羊傳云無其事
日誣如其事日譖說文愬也從言朁
聲

牽掣

下闡列反考聲云掣頓拽也
也顧野王云掣猶牽也說文引

而縱也從

摧捽

上藏雷反下存沒反
手制聲賈注國語捽掣頓也
說文持頭髮

一契

溪計反考聲云契
也從手卒聲猶券也杜注左傳
云要契之辞也說文大約也從刧古
八反從大經從云作栔非也書錯也

邀憤

杳堯反杜注左傳邀要也賈注
國語云求也說文古今正字遮
也抄也從走從敫省聲也敫音叫下
墳粉反賈注國語憤猶感也鄭注礼
記云怒氣充實也方言憤
也說文懣也從心賁聲

噴吒

上普悶反

一切經音義卷第五十四　第二十三張　碣

下摘嫁反蒼頡篇噴亦吒也說文噴
鼓鼻也並從口賁乇皆聲乇音竹厄反

芻牧

楚俱反顧野王刈乾草也說文
亦刈草也象包束草之形也下
蒙祿反廣雅云牧養也漢書牧者畜
養之牠名也說文從牛攴聲攴音普
卜反

狼藉

洛當反下情弈反劉注孟子
草多皃狼藉也玉篇云草縱
撗也說文上從犬從良
下從草耤聲耤音同上

賷饟

子奚反
鄭注周
礼賷持行道粮用也顧野王持也廣
雅送也說文持遺也從貝齊聲經作

賁俗字也下式掌反介雅饟饋也方言云周人謂餉日饋從食襄聲經作餉亦通俗字也饋音匱也

必勦　僬小反孔注尚書勦截也謂絶滅之書說文從力從巢巢音巢交反

投押　下補買反廣雅押開也說文兩手揮擊也從手畢聲亦作擺

開闔　下為彼反賈注國語云闔闢也蒼頡篇開也說文闢門也從門為聲

瞥見　上片蔑反考聲云纔見也說文從目從敝聲也經作瞥非也

佛說鴦崛髻經　　惠琳撰

攜手　上惠圭反顧野王云攜持也何注公羊傳攜提也孟注漢書云連也說文從手雟聲雟音同上

漂溺　上匹遥反顧野王云漂流也說文漂浮也文字典說從水票聲票音必遥反經作剽誤也

韁絆　上居良反集訓云韁馬紲也紲繫馬繩也說文從革畺聲也

力士移山經　　玄應撰

勠力　呂擲反國語云勠力一心賈逵日勠并力也尚書與之勠力孔安國日陳力也

銘譽　其庭反謂鐫刻金石以記功德者也銘名也言有功者書其功於太常也

蹶舉　居月反謂蹶擲之也介雅蹶動也郭璞日蹶搖之皃也亦驚駭急疾之皃也蹶起也

蔑屑　無結反下先結

反捭蒼撰揳抵減也

餧餓　奴罪反論語耕也餧在其中鄭玄餧亦餓也

霖雨　力金反左傳雨自三日已上為霖介雅久雨謂之淫淫謂之霖亦謂三日已上也

佛說四未曾有經　　無字可音訓

七佛父母姓字經　　玄應撰

盤褑　方廟反依字領巾也

多鞬陁　記言反

佛說放牛經　惠琳撰

摩刷　下所刮反郭注介雅云刷掃刷所以清涼也顧野王云刷亦剪剃也說文刷刮也從刀吊從省聲刮音關八反

緣起經　惠琳撰

傴曲　上紆禹反廣雅傴亦曲也考聲云曲脊也說文僂也從人區聲

黑黶　下伊琰反考聲黶淺黑也黑子也說文肉黑也從黑厭聲

捨暖　奴管反或從火作煗煗溫也火大也從日耎聲也

佛說十一想思念如來經　無字可音訓

佛說四泥犁經　惠琳撰

禘婆達兜　梵語耶提婆達多名也

佉梨　上羌迦反里知

反梵語也

阿那邠邸化七子經　惠琳撰

儴伽　上汝昌反下強迦反並梵語也經從虫作蠰音女兩反非也

大愛道般泥洹經　玄應撰

諄鄉　古文訰同之閏反此譯云碎末謂人名也經文作𦎟誤也

阜恩　扶武反國語所阜財用賈逵曰阜厚也阜亦盛也大也蒼頡篇云山庫而大也

佛母般泥洹經　惠琳撰

启薨　下呼肱反郭注介雅薨死也廣雅云亾也說文公侯也從死從夢省聲也

樟柟梓　上掌穰反顧野王云大木也考聲木名也中納潭反郭注介雅亦大木也俗作楠經作柵誤也下茲死反考工記云攻木之工梓為器也考聲云亦木名也尚書曰楄拌穛樟是也

嘘唏　上許居反鄭注礼記云嘘㥟之

聲也顏野王云口出氣日盛説文亦出氣也從口虚聲下喜衣反言啼痛也哀而不泣也説文從口希聲

佛説國王不棃先尼十夢經　惠琳撰

食屍　下考高反考聲云屍隱處也儀礼兩髀屬于屍也説文從尸九聲

舍衛國王夢見十事經　惠琳撰

饋遺　上逵位反鄭注周礼饋進物也儀礼云膳熟食也説文從食貴聲下唯醉反毛詩傳云遺加也顧野王云贈也廣雅云遺與也説文從辵貴聲辵音丑略反

佛説阿難同學經　惠琳撰

親昵　下尼窒反毛詩傳云昵近也郭注尒雅亦謂親近也杜注左傳昵亦親也説文從日尼聲或從匿作暱

佛説五蘊皆空經　無字可音訓

七處三觀經　玄應撰

拄亦　陟縷反謂楷拄也經文從足作跓俗字也

頂䪼　乃挺反蒼頡篇云頂䪼也廣雅頂上也字苑頭上也今俗呼頂為頂䪼

佛説聖法印經　惠琳撰

唯諾　上惟癸反鄭注礼記云唯恭於諾説文從口隹聲下囊洛反又音而者反毛詩傳云諾應辝也何注公羊傳云受語辝也説文從言若聲

五陰譬喻經　惠琳撰

夫劈　下專覓反廣雅云劈剖裂也埤蒼亦割也説文破也從刀辟聲也

佛説水沫所漂經　惠琳撰

聚沫 下滿鉢反顧野王云沫水上浮沫也王注楚辭云沫微沫之沫也古今正字從水末聲

依怙 下胡故反說文云怙恃也從心古聲

雲曀 下伊計反毛詩傳曰陰而風曰曀文字典說從日壹聲

不自守意經

轉法輪經

已上二經並無字可音訓

佛說三轉法輪經　惠琳撰

婆羅痆斯仙人經 痆音赧黠反梵語也

八正道經　無字音釋

難提釋經　惠琳撰

鑽可 上纂𨙻反國語云鑽鑿也顧野王云鑽也集訓刻也穿物鐵也說文穿也從金贊聲

馬有三相經　無字音訓

馬有八態譬人經　玄應撰

車軨 又作轜同力庭反說文車間橫木也即車軨子也

摩抄 桒何反聲類摩抄猶捫摸也摩抄亦抹摋也抹音莫割反摋桑割也

噏噬 羲及反廣雅噏飲也下時制反齧齧也食也

顆頭 普米反說

文頍頭也蒼頡篇不正也廣雅顆邪也

相應相可經　餓鬼報應經　鬼問目連經

上三經並無字音訓

雜藏經　玄應撰

醞酒 於運反醞釀也蒼頡篇酒母也廣雅醞投也

貰輸 子雞反廣雅云貰貸也蒼頡篇貰財也說文小罰以財自贖也漢律民不傜貰

又以蕢為郎皆是也經文從言作訔訔量也訔非此義

雜阿含經　玄應撰

隙中　古文䣝䏑二形今作聚同才句反廣雅居也謂人所聚居處

田家　徒年反介雅田土也說文陳樹稻穀日田也經文作佃徒見徒年二反說文佃中也春秋傳日乘中佃謂一轅車也佃非此義

具

譚　徒南反經中多作瞿曇正言喬荅摩此因仙人名為姓也

乂勝　徒隥反謂通徹蟲發也經文作扠鄧非也

陳陽　先闕未音

一挈　苦節反挈猶提也說文挈懸持也挈擊也

憂懣　古文𢡟同莫本反說文懣煩也荅頡篇云懣悶也亦憤也

憂惱　奴道反說文有所根痛也今汝南人有所根言大惱今皆作惱

矢溺　又作奊說文作

菡同式旨反糞矢也下正體作屎屎二形同乃弔反經文作溺假借耳

屬圩　宜作盂同禹俱反盂器也

兊兒　徒外反兌悅也見也又兊㕕謂婧面一頭廣一頭狹也婧音湯果也

儇儇咋咋　許緣反謂家道未成也下作諎同壯白反咋咋然聲也

巳下四卷玄應依古經音訓開元目録無此經且存而不遺

治禪病秘要經第一卷　玄應撰

樹𢱢　先音

不綩綣　於遠反下祛阮反綩綣猶綣也繾綣謂不相離也

蚰蜒　又作蝣同餘周反方言蚰蜒或名入耳

第二卷

殘膜　漠各反說文肉間膜也經文作瘼誤也

透擲　他豆式六二反方言透驚也宋衛南楚凡相驚日透廣雅透恍也

瘭疽　卑遙反廣

雅癰戌也埤蒼瘭疽也說文瘭疽久癰也

第三卷

樹茇 古来反說文草根也方言東齊謂韭根為茇也

噆食 子臘反說文噆銜也埤蒼蠱屬也義與唼同唼血也通俗文作咂入口也莊子作噆蚊虻噆膚是也

泓然 一宏反說文下深大也廣雅泓泓深

也

橐囊 又作排韛二形同蒲戒反謂鍛家用炊火者

亢骨 又作頏同下堂反蒼頡篇亢咽也說文人頸也

兜婆 或言偷婆或云塔婆正言窣覩波此言廟也

治禪病秘要法 玄應撰

鵂鶹 許牛反尒雅怪鴟舍人曰一名怪鳥一名鵂鶹南陽名鉤鵅字

林鵂鶹

譪吉 烏蓋反梵言譪吉支此云起尸鬼也

土梟 吉堯反

毛詩草木疏云流離鳥也自關而西謂梟為流離其子適大還食其母郭璞注尒雅以為土梟經文作鵧非也

處痺 畀利反說文足氣不至也經文作肶字與肶同音鼻尸反脞非此用論語堯舜其猶病諸孔注云病難也

已上四卷開元目錄中無此經

治禪病秘要法經 惠琳撰

如霹靂 上匹覓反下靈的反史記云霹靂者陽氣之動也顧野王云大雷震也郭璞注尒雅云雷之急擊也古今正字並從雨辟歷皆聲經從足作躃𨇹非也

乳滴滴 上儒主反廣雅云乳生也說文云人反鳥生子曰乳獸曰產從孚從乙乙者玄鳥也下丁歷反說文水落霑著物也從水啇聲也

密緻 上旻筆反鄭注周礼云密審也廣雅靜也說文作宓安靜也從宀必聲或作密下馳利反考聲云密緻者繒帛之密

也古今正字從糸致聲也 **掔乳湩** 上競京反廣雅云掔擧也字書從廾音拱作葬又作撒皆古字也文字典說從手敬聲經從馬作驚非也下斸用反郭注穆天子傳云湩乳汁也今江南人亦呼乳爲湩也古今正字從水重聲 **鍼鑽** 上章任反廣雅云鍼刺也顧野王云綴衣也考聲云鍼所以縫衣線也說文縫也從金咸聲綴音追銳反下担官反孟子曰

鑽穿孔也說文云所以穿物也從金贊聲亦從刀作劗音同 **行者** **欶** 上音幸下雙捉反蒼頡篇云欶猶欬也文字集略云以口噏之也說文云欶吮也從欠束聲經作數非也 **烔然** 上獨冬反埤蒼云烔烔熱皃也韓詩云烔烔旱皃文字典說從火同聲 **巖崿** 上牙咸反杜注左傳云巖險也毛詩傳云巖積石皃也說文云巖崖岸也從山嚴聲經作

巘俗字亦通下五各反魏都賦云嵁崿山形嵁五敢反 **麤澀** 上蒼胡反下森急反楚辭云言語訥澀也王逸注云澀難也郭璞注方言云澀猶吝也說文云澀不滑也從四止二倒二正經從三止作澁非也吝音栗振反滑音還八反 **觀膜** 下茫博反說文從肉莫聲 **潰潰** 迴對反 **喉嚨** 上喉溝反蒼頡篇云喉咽也下祿紅反郭璞云喉嚨喉咽也古今正字云喉嚨二字並從口侯龍皆聲也 **肺俞** 下庾朱反宗諸

方書明堂圖肺俞心俞肝俞者皆針灸之穴也說文俞字從亼從舟從巜巜者行舟水也亼音子立反巜音古外反經從肉作胇腧非也 **自剜** 下烏官反埤蒼云剜削也廣雅云削亦剜也考聲云剜曲刻也古今正字云剜削也從刀宛聲剜音一丸反 **馬珂** 下可何反廣雅云珂石之次玉者埤蒼云馬腦也顧野王云珂贏屬也出於海中潔白如雪所以纓馬膺也古今正字從玉可聲贏魯戈反 **玫瑰** 上每盃反下古迴反

毛詩傳曰瓊瑰亦石之次玉也說文云玫瑰火齊珠也二字並從王文鬼皆聲 啖啖 談覽反廣雅云啖食也說文從口炎聲聲類亦作啗音同經作敢俗字也 癵縮 上律衮反尒雅癵病也顧野王云謂病身體拘曲也說文從疒癵聲下色六反韓詩云縮斂也賈逵注國語云盡也退也說文云縮乱也就引之縱縮也會意字也從糸宿聲經作摍縮俗字 六竅 下企

吊反太玄經云竅空也亦孔穴也案六竅者耶九竅中眼耳鼻各為一故言六竅古今正字從穴敫聲敫音叫 叵堪 披麼反字書云叵不可者也古今正字義同從口上聲上音方麼音摩頗反 鳥⿱此朿 下咨髓反字書云⿱此朿鳥喙也古今正字從此朿聲也聲類或作觜⿰口朿音同上朿音次經作嘴也非 果蓏 上戈火反考聲云果木實也許叔重注淮南子云果猫成

形在木之上也下騾果反應邵注漢書云草實曰蓏也考聲蓏蔓生也之子也瓜瓠之屬也古今正字云在地曰蓏從艸㼌聲㼌象子也經從爪作蓏誤也㼌音庾蔓音萬也 黐膠 上勅知反廣雅云黐膠黏也一曰水膠也古今正字云有樹脂黏著物可捕鳥者乃巳為黐膠樹也從黍离聲下音交經從米作摛非也黏音聶佔反离音勅知反 鵄鵂 上叱之反下朽流反鄭玄箋毛詩云鵄惡鳴鳥也案鵄鵂者怪鳥也

晝潛夜出而飛同萊鷄鴞梟之屬也大如鷂目赤色蒼黑也古今正字亦鵂鶹也耶鵂鶹鳥也鵂字或從隹作鵂鶹字從鳥休聲經作鵄俗字也 歌唄 下牌拜反集訓云唄梵聲也考聲云法事聲也文字典說從口貝聲 蹲踞 上祖昆反杜注左傳云蹲聚也說文云蹲亦踞也從足尊聲下居御反說文云踞即蹲居也從足居聲 摶撮 上畐鸞反博雅云摶手捉物使相著也說文從手專聲也下祖末反應劭注漢書云三指撮也或兩指撮也古今正

字從手冣聲也

柁身　上他可反說文從木它聲它音駝經從宅作𢪇非也

貍猫　上力知反下音苐

鼷鼠　上音奚

獼猴　上糜畢反下音侯

狐魅　下眉祕反或作魅

蛕蟲　上音回考聲云蛕人腹中蟲名也說文從虫有聲亦作蚘經作蛔俗字也

坌塵　上盆悶反

澡盥　上曹老反下官款反上聲字也古今正字云盥者澡手也從臼水臨皿白盥會意字也經從水作俗字也

譪吉支　上埃蓋反梵語起屍鬼名也

吸諸風　上歆急反廣雅吸歙也顧野王云息入也說文云內息也從口及聲

喘息　上川兗反

憺怕　上談濫反下普百反廣雅云怕靜也

如駛　下音使蒼頡篇云駛疾也從馬史聲

甘蔗　下支夜反

苗裔　下移祭反文字集略云裔遠也尚書云德垂後裔集訓云後末也說文從衣冏聲也冏女滑反

足躡　黏輒反廣雅云躡履躡也亦攝下足所履躡也說文躡蹈也從足聶聲

擊擽　上經鷄反下音歷鬼以指擊觸人令心不定也

垖惕　上對迴反下聽歷反起信論中具說此鬼垖惕鬼作此聲因以為名常惱坐禪入定人令心錯亂也

齅香　休祐反說文以鼻就臭曰齅從鼻臭聲也

匍匐　上音蒲下朋北反鄭注禮記云匍匐伏地肘膝行也

鵰鷲　上音彫下音就前文

已具解

虵虺　下暉鬼反

迸落　上百孟反字書云迸散走也

牀蓐　上狀莊反下音辱毛詩載寢之狀也榻也古今正字人之棲息自安之具也

颸䬀　上士做反下良掌反

車鵂聲　許鳩反即鵂鶹字上文巳訓釋

土梟鳥　皎堯反鄭箋毛詩云梟惡鳥也說文從鳥頭在木上文巳釋

棄羗翅　中那侯反下尸至反梵語呪中字也

眼眩　下玄絹反考聲云眩目惑不明也蒼頡篇云視不明也古今正

字從目玄聲也

坐瘓痺 下必麻反考聲云足痿無力也說文從疒甲聲經作眦非也

舍頭諫經

玄應撰

嚾猶 又作讙喚二形同呼讙反聲類讙呼召也通俗文大呼嚾也

龍目 本草云一名益智其大者似檳榔生南海山谷

荔枝 为計反樹大生江旁子皮如蜀肌如猪肪

槲樕 胡木反下又作樕同桒屋反槲樕樸也山木也

蜜餳 似盈徒當二反說文以飴和饊曰餳也方言凡飴謂之餳也

諧耦 胡皆反下吳口反諧和也耦合也對也經文作喈調非體也

摩登伽經上卷

玄應撰

姻媛 於身反姻親也尒雅美女為媛郭璞曰所以結好媛也謂依倚援助也

頻蹙 子六反謂迫促從蹙皺也急也近也經文作蹩且六反蹩躃也非今所用也

爆其 古文作皺曝二形同布孝反說文爆灼也亦皮散起也

財弊 古文作幣同脾制反幣帛也財所以資生者也財衆穀也財貨也

中卷

絺緘 勑夷反下古咸反

賖躭 上書遮反下或作䟽同都合反

鮫魚 今作蛟同古肴反說文海魚也山海經彰水多鮫郭璞曰鮚屬也皮有珠文而堅尾長三四尺末有毒螫人皮可以飾刀劍也

下卷

葺蓋 千立反以草蓋屋為葺說文葺茨也覆也亦補治也

彤華 古文赨蚒二形同徒宗反說文丹飾也廣雅彤赤也

織總 且公反通

俗文經総縮日総也

酒蘗 魚列反說文牙米也釋名云蘗缺也漬麦覆之使生芽也開缺也

蟄蟲 持立反說文蟄藏也虫至冬即蟄隱不出也獸有戔毛亦蟄熊羆等也

迦啅 陟捏反

麦鬻 又作粥同古文精之六反說文粥糜也

摩鄧女經

惠琳音

匃食 上音盖蒼頡篇云匃猶求也又云行乞也人工財物則乞匃

女匜 古人字也 **委埊** 古地字也則天后所制字也

蠱道 上姑五反考聲又音野杜注左傳云蠱猶惑也郭注尒雅云疑惑有貳心也說文云集磔之鬼為蠱從蟲從皿會意字也

擲佞 呈戟反正作擿廣雅云擿振也說文云投也從手適聲經文從鄭作擲俗字也

阿難

慙 下雜甘反賈逵注國語慙色在顏也尚書云惟有慙德說文云慙愧也從心斬聲經作慚俗字通用

國中 古國字也

惡露 上烏故反考聲云惡猶憎嫌也周易云愛惡相功禮記云惡猶臭也毛詩傳云無見惡於人也

正心 古正字天右所制字也

摩鄧女解形中六事經

藏中条音

餓鬼報應經

惠琳撰

叵差 坡麽反麽音摩可反字書云叵不可也說文從口工聲下楚加反廣雅云差舛也

項瘻 上學降反下纓郢反莊子云甕盎大瘻也說文云瘻瘤也亦頸腫也從疒嬰聲有從月作臂非也甕音翁貢反盎音痾莽反

阿難問佛事吉凶經

玄應撰

蒙籠 莫公反下盧紅反蒙籠謂不明了也經文作矇曨力董反曨非

此義也

阿難分別經　玄應撰

訶訾匹尒反下資尒反通俗文難可謂之訶訾經文作呰誃也

玉耶經　宜割入後卷音義　玄應撰

弭伏又作兕同亡尒反詩云不可弭忘傳日弭止也弭亦安也

猏又作豻同魚巾牛衔二反猏猏犬聲也𧿒𤜁猛犬猏猏而迎吠是也

第四十五張　碣

二十三

一切經音義卷第五十四

一切經音義卷第五十五　碣

翻經沙門慧琳撰

音玉耶女經一卷　慧琳

玉耶經一卷　無

阿遬達經一卷　玄應

法海經一卷

罪業報應經一卷　玄應

龍王兄弟經一卷　玄應

八師經一卷　慧琳

越難經一卷　慧琳

所欲致患經一卷　玄應

阿闍世王問五逆經一卷　無

舍利弗目揵連遊四衢經一卷　慧琳

五母子經一卷　慧琳

沙弥羅經一卷　慧琳

滿願子經一卷　慧琳

慢法經一卷　無

五苦章句經一卷　慧琳

海有八德經一卷　無

進學經一卷　慧琳

淨飯王涅盤經一卷　慧琳

錫杖經一卷　慧琳

瑠璃王經一卷　玄應

三摩竭經一卷　慧琳

蓱沙王五願經一卷　慧琳

貧窮老翁經一卷　慧琳

堅意經一卷　慧琳

修行本起經二卷　玄應

太子瑞應經二卷　玄應

業過去現在因果經四卷　玄應

柰女耆域經一卷　玄應

四十二章經一卷　玄應

長者音悅經一卷　慧琳

七女經一卷　玄應

禪秘要經三卷　慧琳

生經五卷　玄應

義足經二卷　玄應

右三十五經四十六卷同此卷音

玉耶女經　慧琳撰

姑妐　下燭容反尒雅云夫之兄為妐郭注云今俗呼兄為鍾語之轉耳考聲方言並云今關中呼夫之父曰妐玉篇古或為公字亦音鍾

杖捶　下隹委反顧野王云捶以杖擊也國語云鞭捶使之說文云捶擿也從手垂聲擿音知革反或從曰作睡

夫壻　下棲計反尒雅云女子之夫為壻儀禮云壻胥

御婦車授綏是也考聲云胥女之夫也古今正字從士胥聲或從女作婿

狱狱鬭諍 上二字典斤反楚辭云猛犬狱狱而迎吠顧野王云狱犬聲也考聲云二犬争也說文云兩犬相齧也從二犬或從言作狺有從斤作犷訓釋並通次兜候反簪頡篇云鬭亦諍也左傳云鬭者搆兵相攻戰也文字典說云兩士相對兵仗在後為鬭之形從斤丮會意字也下爭敬反考聲云争言也

噠嚫 上音達下惻近反案噠嚫今嚫僧錢也

一切經音義卷第五十五　第五張　碣

玉耶經

無字音訓

阿遬達經

玄應撰

阿遬 籀文作遬古文作警今作速同桑鹿反楚語人名也

法海經

無字音訓

罪業報應教化地獄經

玄應撰

莝碓 且卧反詩云莝之秣之傳曰莝蔪也謂斬蒭所以養馬者也經文作剉說文折傷也

頑痺 今作痺同必寐反說文足氣不通肉中痛也經文作痺俾利反說文溼病也非此義也痿痺不能行也

煻煨 徒郎反下烏迴反通俗文熱灰謂之煻煨煨亦煻也廣雅煨煴也燠音烏刀反煴於云反

射穴果 又作薖同口和反字書窠巢也謂窠窟也取其義

嚻

一切經音義卷第五十五　第六張　碣

廾 許妖反嚻猶虛也嚻亦諠譁也

循大 似均反說文循行也尒雅循自也郭璞曰自猶從也案此亦與巡字路同

鞠頻 渠六反案鞠謂聚斂也字宜作麴通俗文體不由謂之麴也

龍王兄弟經

玄應撰

耳際 子例反廣雅際方也尒雅際捷也謂相接續也際畔處也

迺巨 奴改反尒雅迺乃也郭璞曰迺即乃字也說文迺往也聲類迺至也

佛說八師經

慧琳撰

汪洋 上烏黄反續漢書云汪汪萬頃之陂杜注左傳云汪池也王逸注楚辭云汪洋大水廣無極也廣雅亦大也文字典說汪深廣也從水王聲下藥章反毛詩傳云洋洋盛大皃也孔注尚書洋洋美善也說文從水芊聲字書作羘音訓並同

搒掠 上白萌反蒼頡篇云搒掠也文字集略云打拍也考聲云搒掠拷擊也說文從手旁聲下良尚反蒼頡篇云掠笞也鄭注禮記云捶治音持人也古今正字從手從諒省聲

臭胜 上昌呪反月令云其臭腥顧野王云臭氣之惣名也說文云凡犬逐禽走以臭知其跡故從犬從自會意字也亦從歹作殠歹音歺下音星孔注尚書云胜臭也說文犬膏也從肉生聲經作腥亦通也

矇 木紅反毛詩傳云目有眸子而無見曰矇說文云矇矇不明也從目冡聲也

靣皺 鄒瘦反考聲云皺皮聚也文字典說云皮寬聚也從皮芻聲也芻音楚拘反經文作皺俗字也

痠疼 上筭辭反淮南子云黄不悄心痠足是也說文云痠亦疼也從疒夋聲悄音一玄反夋音千旬反下動紅反廣雅云疼痛也釋名云疼痺也說文從疒冬聲字書亦作㾮又作眵訓釋並同經作悛音詮非經義也痺音必利反

煒爗 上韋鬼反古今正字云赤色盛也毛詩傳亦赤皃也下炎劫反廣雅云爗亦光明也郭注方言亦盛也說文煒爗震電光也二字並從火韋曅皆聲也曅音同上經從日作暐曄俗字也

越難經

慧琳撰

牽撲 上詰研反廣雅云牽猶挽也亦謂連也顧野王云牽亦引也說文云引前也從牛象引牛之縻玄聲轉注字也下龐邈反考聲

云撲謂投於地也　**創痛**　上楚霜反禮記云頭有創則沐古今正字云創傷也說文從刀倉聲也經作瘡俗字也

所欲致患經　玄應撰

財賄　呼猥反尒雅賄財也左傳厚賄之注主贈送也謂與人賄之言也　**破隝**　烏古反字林小城也通俗文營居曰隝字從𨸏也　**佛鬱**　苻勿反字林佛鬱心不安也　**戰頊**　字體作顫又作𢤱同之見反下又作疚同有瘤反說文顫頊謂掉動不定也

阿闍世王問五逆經　無字可音訓

舍利弗目揵連遊四衢經　慧琳撰

巍巍　魏歸反孔注論語云巍巍高大皃也文字典說從嵬委聲嵬音危委反　**流泛**　下孚梵反賈逵注國語云泛浮也毛詩傳云泛流皃也考聲云不指定也古今正字從水乏聲

五母子經　慧琳撰

慷慨　上康朗反下開改反考聲慷慨志氣不平也亦傷歎也王逸注楚辭云慷慨中情恚恨心切剥也說文慷慨二字並從心康既皆聲經從亢氣作忼愾俗字通用

沙弥羅經　慧琳撰

蚑行蝡動　上音歧周書云蚑行喘息也文字典說云蚑蟲行也說文從虫支聲蝡音如允反淮南子云昆蟲蝡動莊子云蝡蝡之蟲司馬彪注云蝡亦動也說文從虫耎聲耎音而兗反

佛說滿願子經　慧琳撰

邠䢑　上筆旻反下農木反梵語也　**細滑**　上棲祭反正從囟作

細經文從田作細俗字也囟音信下環八反廣雅云滑微也說文云利也從水骨聲

慢法經 無字可音訓

佛說五苦章句經 慧琳撰

損瘦 上孫本反正損字也從手從員下搜救反聲類云瘦瘠也考聲瘦羸也文字典說云瘦瘠也從疒叜聲瘠音情亦反瘠音生鯁反叜正叟字經作瘦非也

甎石 上拙緣反埤蒼云甎甎瓪也考聲云甓也古今正字從瓦專聲甓音瓶覓反甂音標經文從土作塼俗字也

寺 苗椟反介雅云室有東西廂日廟

廟 考聲云凡宮前日廟後日寢尚書大傳云廟者皃也白虎通云先祖之尊皃也說文云從广朝聲會意字也

經作庿非也褾音筆廟反

蝝地 上音灰埤蒼云蝝豕以鼻墾地取蟲謂之蝝也古今正字從虫豕聲墾音肯佷反

絆繫 上鉡慢反漢書云絆仁義之羈絆也考聲云絆猶繫兩足也說文云馬縶也從糸半聲也馽音砧立反馽與縶字義同縶音雞詣反

推燥 上退雷反毛詩傳云推去也顧野王云自後排進日推古今正字云亦排也從手隹聲下蘇竈反周易云火就燥也說文燥乾也從火喿聲喿音蘇到反經作燥非也

居溼 上舉魚反下深入反顧野王云溼猶霑潤也說文云幽溼也從水從一一覆也覆上而有水謂之溼字又從㬎省聲轉注字也經作濕俗字非也

傴僂 上紆矩反廣雅云傴曲屈也顧野王云傴身愈曲恭益加也說文傴僂也從人區聲下龍乳反杜注左傳云僂上傴也考聲俯身也即傴僂曲也古今正字從人婁聲經作僂俗字也

鈇質 上甫無反又音甫公羊傳云不忍加之鈇質之刑何休注云斬胥刑也蒼

頡篇云鈇椹也禮記云軍旅鈇鉞先王所以飾怒也又諸侯賜鈇鉞然後殺也古今正字從金夫聲下真栗反

梟磔 皎堯反說文云梟即倒首字也賈逵注國語云斷首倒懸即梟字也下陟格反廣雅云磔猶張也史記云磔死於市也說文從石桀聲桀音乹烈反經作梟桀非也

跛躄 上補我反下必兔反顧野王云躄謂拈不能行也古今正字跛從足辟聲

海有八德經　無字可音訓

佛說進學經　慧琳撰

恪逆 上力刃反考聲云恪猎也字書云貪也古今正字云恪鄙恪也從心吝聲

洗濯 上西禮反下撞角反毛詩傳云濯猶滌也吝音同上又日所以救熱也廣雅云洗也顧野王云浴也說文濯澣也從水翟聲撞音濁江反澣音緩翟音同上

佛說淨飯王涅盤經　慧琳撰

煒煒 韋鬼反毛詩傳云煒煒赤良也古今正字云火光盛也說文云盛明也從火韋聲也

煩躁 下遭到反賈逵注國語云躁擾也鄭注論語云不安靜也顧野王云躁猶動也謚法云好變動民日躁古今正字從足喿聲喿音先竈反

坌者 上盆悶反通俗文云塵遊日坌也說文云坌塵也從土分聲或作扮

揔拔 上捴公反考聲云攢撮也文字集略云揔相牽掣也般度通俗文云捉頭日揔也從手從㚇㚇音宗下排拔反周易云拔茅連茹古今正字從手犮聲犮音蒲末反

目䀹 下尖葉反史記云目見毫毛而不見䀹也考聲云䀹瞼上毛也周禮云眼不交䀹說文從目夾聲經作睫俗字也

得道梯隥錫杖經　慧琳撰

偏袒 上匹綿反下達旦反尒雅云袒揚肉袒也說文從衣旦聲也揚

音昔

敷演 上撫無反孔注尚書云敷布也又猶舒也韓詩外傳云大也說文云敷敷也從攴専聲専音浦攴音普卜反下延典反考聲云演猶廣也說文從水寅聲寅正寅字也

醒也 星挺反國語云醉而怒醒而喜也顏野王云醉除日醒古今正字從酉星聲

瑠璃王經

玄應撰

樓由 力士名也此謂云受或言欲也

剗足 又作鏟同初簡反廣雅剗削也聲類剗平也

夷滅 餘之反左傳艾夷杜預日夷殺也亦毀也廣雅夷滅也

愶將 虛業反方言愶閲懼也謂以威力相恐懼也閲郭璞音呼隔反廣雅愶怯也公羊傳愶于齊劉兆日愶畏迫也今皆作脅

進邁 莫界反說文邁遠行也廣雅邁往也

饕餮 吐刀反謂

食財日饕貪食日餮案饕亦貪也通語也說文俗作叨

臚脹 力猪反腹前日臚言所以養心膂也臚亦膚也下又作痮同猪亮反腹滿也

賵贈 敷鳳反助喪之物也車馬日賵小雅賵死日賵白虎通日賵之言赴也所以相赴佐也下在鄧反玩好日贈所以助生送死追思重終也贈送也增也

號咷 徒勞反號咷大泣也易日先號咷而後笑是

殪入 古文作壹同於計反介雅殪死也尚書殪戎殷孔安國日殪煞也亦盡也漢書音義云一發而死日殪也

荄枯 古来反方言東齊謂根日荄說文草根也

傷蔽 古文蔽弊二形今作弊同脾世反說文弊作也仆頓也亦斷也

驍勇 古堯反廣雅驍健也亦勇急也說文良馬驗名也經文作脛古爻反脛不平也脛非字義窅音烏鳥反

權杠 音江旗之竿也廣雅云天子杠高九仞十二旒至地也經文作仜誤也

韅靷 又作顯同呼見反左傳晉車七百乘韅靷鞅絆杜預日在背日

韉在匈日靷在頸日鞅在足日絆下稱之涉反 帶韅 又作鞍同火見反著腹者也釋名云韅也橫經其腹下也蒼頡篇解詁韅馬腹帶也 射珥 如志反蒼頡篇珠在耳也耳璫垂珠也楚辞撫長劍兮玉珥王逸日珥劍鐔音餘諶反聲類劍口也 毛睫 又作眏同子葉反說文目旁毛也 怖駭 胡騃反蒼頡篇駭驚也廣雅駭走也 剋捷 芺獵

反毛詩云一月三捷傳日捷勝也亦獲也軍得勝日捷也 不訾 又作瘖同子移反訾量也說文思稱音日訾訾思也 喟然 又作歔同口愧口怪二反說文大息也論語顏淵喟然嘆何晏日喟歎聲也 格上 加額反蒼頡篇格椸也椸架也

佛說三摩竭經

慧琳撰

鐵鍱 上天結反說文云黑金也從金戴聲也戴音跌經從隹作鐵俗字也下閻接反外道邪見云我智滿腹恐其溢出以鐵鍱裹肚時俗号為勞肚乂是也 邠坻 筆貧反下音丁奚反梵語也大長者名也住舍衛國 梟獸 上胶堯反鄭箋毛詩云梟惡鳴鳥也說文鳥頭在木上會意字也下正體獸字也 縫縷 上符蒙反周礼云女御裁縫也說文云縫以鍼紩衣也從糸逢聲下力主反郭注介雅云縷連持也

說文云縷猶綫也從糸婁聲綫音先箭反 澌鄁 上西際反梵語也 黠人 上閑八反郭注方言云黠慧了也說文從黑吉聲

蓱沙王五願經

慧琳撰

苹比沙 上竝冥反梵語也 鷂山 揺照反 問遺 餘季反廣雅云遺猶與也問猶贈也說文從辵貴聲也 刮洒 上關八反鄭注禮記云刮猶摩也廣雅云減也說文從刀舌聲下西底反韓康伯注周易云洒濯其心

也說文云降也從水西聲或作滷古洗字也

窯家 上音遥說文云窯燒瓦竈也從穴羔聲經從宀作窯俗訛字也宀音綿

纔足 上音財考聲云纔猶蹔也顧野王云纔僅能也廣雅云僅猶少也

鍛金 上端亂反著頡篇云鍛椎也說文云鍛猶小冶也從金段聲椎音直追反

犇𧺆 上本門反考聲云犇群牛也亦作奔下則苟反說文云𧺆趣也從夭從止

以角 經作已或誤案以角者合為以字以猶用也

觸抵 上衝燭反廣雅云觸猶揬也孔注論語云狂妄抵觸也說文從角蜀聲揬音胅没反下丁禮反

貧窮老翁經

慧琳撰

抗邈然 上康浪反毛詩傳云抗猶舉也杜注左傳云抗當也廣雅

云張遰也下乇剝反也

腥臊 上昔丁反孔注尚書云腥臭也說文從肉生聲經作腥俗字也下嫂勞反鄭注周禮云臊豕膏臭也古今正字從肉喿聲喿音騷到反字書或從魚作鱢亦通

佛說堅意經

慧琳撰

憒憒 迴對反考聲憒憒憂悶也說文亂也從心從貴

菌屎 上詩耳反莊子云以菫感菌也古今正字云菌即糞也從艸從

罥省轉注字也或作⿸尸毛業音分問反艸音草罥正罥字下泥吊反說文云尿人小便也從尾從水聲經作尿尿並俗字也

攘禍 上穰羊反毛詩傳云攘除也王逸注楚辭非也鄭注周禮云却也說文從手襄聲下胡卧反古文從歺作⿰歹咼歺音叔正音𣦵五割反

修行本起經上卷

玄應撰

曲蟺 音善即丘蚓也亦名蜜蟺江東呼為寒蚓也尒雅云螼蚓蜸蚕

是也蜨音羌引反蛪音引蛪音苦顯反蚕音他典反

熊兕徐姊反尒雅兕似牛注云一角青色重千斤也

攫持於虢反廣雅攫持也謂握取之也攫亦搤也搤音於格反

砰大普萌反字典砰大聲也廣雅砰聲也經文作軒車名也軒非此義

下卷

先不音訓

太子本起瑞應經上卷

玄應撰

錢雇書皆作顧同光護反雇猶荅賽償報之言也謂與錢得者也漢書數招顧擂金錢文穎日謂託以金錢自顧續漢書賈賣官關內侯顧五百万者與之皆是也

即採他含反尒雅採取也注云謂摸取也説文採遠取也亦試也嘗試之也

享之虛掌反尚書其有弗享孔安國

日奉上日旱亦戲也

復饗虛掌反謂設礼以飲賓也又加羮飯日饗饗亦勸強也

椸架又作箷埤蒼作椸同餘支反竿謂之椸椸可以架衣也蒼頡篇椸格也亦衣杅也經文作移音弋支反

風霽子詣反說文霽止也今南陽人呼雨止為霽也

壘場古文曨壘二形今作疆同紀良反畺界也下丈良反又以赤反毛詩畺場翼翼傳日場畔也畷赤反毛詩畺場翼翼傳日場畔也畷也廣雅畺場界也畷音猪衛反謂兩陌間道也

難暨古文作臮同其器反暨及也至也與

也

踒傷烏卧反通俗文足跌傷日踒蒼頡篇挫足為踒史記踒人不忘起是也經文作痿非體也

入笱姑厚反謂取魚薄日笱尒雅罶婦笱詩云無發我笱是也字從竹從句也

貰識彼寄反五道神名也依字周易賁者飾也也又日賁無色也

噢咿於六反下於祇反埤蒼云噢咿內悲也言痛念之聲也

喁喁魚凶反說文衆口上見也淮南子云群生莫不喁喁然仰其德是也經文作顒非字義也

隱遁今作

遯逯二形同徒頓反廣雅遁避也去也説文遁遷也亦退還也逃也 和埴 時力反尚書厥土赤埴墳孔安國曰黏土曰埴釋名云埴者膩也如脂之膩 趍踔 丑白丑角二反字宜作趠謂半步曰趠

下卷

栽櫱 古文作㰁栓不三形同王割反尒雅云櫱餘也載也言木餘載生櫱栽也

喑唶 又作諳同於禁反下又作諳同子夜反説文喑唶大聲也聲類喑唶大呼也

過去現在因果經第一卷

玄應撰

旆兜 蒲帶反國名也正言迦毗羅跋兜譯云迦毗羅者蒼色也跋兜者住處也

苗裔 古文作𧘇同餘制反説文𧘇衣裾也以子孫為苗裔者取下垂義也裔亦遠也字從衣從冏音女滑反

自禁 記林居鳩二反禁猶制也上也言制止不禁也

鳳鷖 於嬰反山海經云北海有虵山山有鳥五采飛至蔽日名日鷖鳥廣雅鳳屬也

孕婦 古文䑇同餘證反説文褱子也廣雅孕偁也謂任孕子也含實日孕也字從子從乃也

怵惕 恥律反尚書怵惕唯厲孔安國日怵惕懷懼也亦悽愴也説文怵恐也下又作悐同他狄反惕驚也

蒼頭 漢書蒼頭應劭日秦稱民日黔首黔黑也首頭也奴日蒼頭者非純黑以別於人也

第二卷

旅力 力舉反方言宋魯謂力日旅旅田力也郭璞日謂耕墾也詩云旅力方強是也

昕赫 虛斤反説文昕旦明也日將出也赫盛也

揵陟 巨焉反馬名也應云建他歌譯云納也

噴嗚 古文作歕同普寸反説文鼓鼻也蒼頡篇賁吒也俯而賁仰而鳴也

圪然 今作仡同

魚訖反說文高大皃也經文作屹未見所出也

第三卷

老姥　又作媽同亡古反字書媽毋也今以女老者為姥也

門閫　又作梱同苦本反閫門限也礼記外言不入於閫是也

曾瀾　洛安反尒雅云大波為瀾小波為淪言渙瀾也

一切經音義卷第五十五　第二十五張　碣

第四卷　先不音

柰女祇域經　玄應撰

一栽　子來反謂草木植曰栽此謂木栓可栽種音也

瘤節　力周反說文瘤腫也聲類瘤瘜肉也今取其義也

其杪　弥繞反札記木細枝謂之杪通俗文樹鋒曰杪杪亦微小

除摒　甲政反廣雅摒猶除也言摒摒譡除

洽也經文作屏非體也讜音丁浪反

應襲　古文作戬同許立反左傳九德不衍故襲祿杜預曰襲受也又合也仍也廣雅襲及也

騙上　匹扇反纂文云謂躍上馬也

睚眦　五懈魚計二反廣雅睚裂也下靜計反說文曰崖也謂裂眥瞋目之皃也漢書素無眦睚史記睚眦之怨必報是也經文作睨五悌反邪視也睨非此義也

虵蠆　丑芥反詩云卷髮如蠆箋云蠆蠚也或名蠚蠆或名蠍也蠚音他達反蠆音力割反

雇錢　書皆作顧同公護反案雇猶顧眄荅報之雇與也

一切經音義卷第五十五　第二十六張　碣

四十二章經　玄應撰

輸敬　始榆反輸畫也說文委輸也廣雅輸寫也寂也

桼篚　又作漆同音七下又作髹同音瑞江南名髹北人名髤髤音揆

佛說長者音悅經　慧琳撰

白氎　下恬叶反埤蒼云氎毛布也考聲云草花布也古今正字從毛疊聲或從眾作氀經文從糸作縶非之

悁嫉　上伊玄反王逸注楚

誶云悁憒滿也考聲云悁猶恚怒也説文從心肙聲憒音壝問反嫉者害賢曰嫉説文從女疾聲經作悁嫉俗字也

長跽 奇几反莊子云跽謂擎跽曲拳人臣之禮也考聲云跽拜是跪也説文云長跪也從足忌聲也

妖蠱 上夫驕反下音野

焜煌 上胡本反杜預注左傳云焜猶羅也下胡光反蒼頡篇云煌炎也説文焜煌二字竝從火昆皇皆聲也

鵚梟 上通祿反毛詩傳云鵚鶖也顧野王云大鳥也其羽鮮白古今正字從鳥從禿禿亦聲也下古堯反巳見前釋

嗇然 上生側反郭注方言嗇猶積也説文云愛瀒也從來從亩會意字也經作嗇俗字也亩音力錦反

七女經

玄應撰

羅轒 扶分反字比丘羅轒經文從貴作轒非也

梓棺 又作梓同即理反古者殷人上梓字林梓楸也古史云考陽作木棺有虞氏瓦棺椁完也關也

禪秘要法經卷上

慧琳撰

柱𨳍 上誅縷反俗字也元本正字一點是諸字書借柱為説文有所絕止也為一點更無偏傍以難用故不傳時人号一點者是本字也下昂各反考聲云腭斷也從肉從咢經作胖非也斷音銀

劈去 上疋覓反埤蒼云劈猶剖也廣雅云裂也説文云破也從刀辟聲也經作劈非也剖音普苟反

煗熅 上奴短反説文云煗猶温也從火耎聲或從日作暝暖下𧰝魂反廣雅熅煗也説文從火昷聲昷音温

褫落 上池尒反周易云終朝三褫也考聲云褫猶褫落也説文褫謂解衣也從衣虒聲虒音斯亦作傂經從大作褫或作褫竝非也

觀防 下音方説文云

豉脂也考聲云腹中膏**脺俞**上芳廢
也古今正字從肉方聲反下音
臾前治禪病祕要經巳上音回
具釋經作肺俗字也**蛸蟲**巳見前
釋經作蚘**盆瓨**上盆門反尒雅云瓫
虫俗字也謂之缶郭璞云盎即
盆也說文從皿分聲盎音烏朗反缶
音夫苟反下音罡埤蒼云罌之大者
為瓨郭璞注方言云零桂之郊謂甖
為之瓨今江東亦言大瓫也古今正

字從瓦元聲經**嚐食**上音帀前紿禪
作瓫埋俗字也病祕要經作喫
俗字**膿血**上音**迋駃**下師事反前與
也農嚐字同釋訓
繚綟上聊鳥反顧野王云繚猶繞也說文
云纏也從糸尞聲下憐涅反孝聲云
綟猶結細也亦繚綟紛紜貞也古今
正字從糸戾聲經作繚戾俗字也正紜
字**掣縮**上尺制反周易云其牛掣顧
也野王掣猶牽也說文云掣謂

引而縱之也從手制聲亦作摯摩音
並同下雙菊反說文云縮亂也從糸
宿**躁蛘**上早告反鄭注論語云躁不
聲安靜也動也從足喿聲下羊
兩反說文搔蛘也經作**齅行者**休
癢俗字也有作蹴非也又
反說文云以鼻就臭**透擲**上偷後反
臭日齅從鼻臭聲下呈戟反**蹋**
蹴上談臘反顧野王云蹋即蹢也說
文云蹵也從足昜聲經作蹢非也
昜音貪盍反下親六反何休注公羊
云蹴以足逆蹋之曰蹵蒼頡篇云蹵

猶蹋物也說文**瘭疽**上必遥反廣雅
從足就聲也云瘭謂癰成也
考聲云瘭疽瘡名也說文從疒票聲
疒音女革反票必妙反下七余反杜
預注左傳云疽即惡瘡名也說文云
疽久癰也從疒且聲且音即余反

中卷

太吼歙下歆急反桂菀珠叢云吸內
息引氣入口也考聲云歙猶
吸也說文云歙猶縮鼻吸也從欠翕
聲吸音歆入反縮音霜六反經從口

作嗡俗字也

樹茇 下音皆考聲云茇草莖也方言樹根也說文從草犮聲也

泓然 烏宏反廣雅云泓泓深皃也說文深大皃從水弘聲

夗轉 寃阮反說文云夗轉臥卧皃也從夕卧有節故從夕從巳會意字也經作婉非也

紫紺 下甘濫反考聲云紺青赤色也說文云帛深青而揚赤色也從糸甘聲

鞴囊 上弾賣反蒼頡篇云鞴韋囊也顧野王云所以冶家用吹火令熾古今正字從韋葡聲或從革作鞴亦作韝並通下諾郎反毛詩傳云凡袋有底曰囊下通風氣曰橐葡音被橐音敗橐音託橐橐皆從橐省橐音很

金鋌 亭頂反

腨傭直 上船兖反說文腨足腓腸也從肉耑聲耑音端下寵龍反毛詩傳曰傭猶均也說文均直也從人庸聲亦作膞

澡盥 上遺老反

下宫款反澡潄水瓶也受三二斗

坯器 上酟梅反說文云未燒瓦也

桎械 上音丑下音戒考聲云桎桔也鄭注周礼云木在手曰桎在足曰梏亦作杻俗字連枷也

下卷

蓊蔚 上烏孔反下惲勿反廣雅云蓊蔚草木盛皃也考聲草木叢生也古今正字云蓊蔚二字並從草翁尉皆聲

蹋刀山 上談合反廣雅云蹋蹵也史記云處後蹋鞠是也說文踐也從足𦐇聲𦐇音貪盍反也

堅鞕 下顔幸反考聲云鞕猶堅也文字典說云堅牢也從革更聲經從石作硬俗字

敞觸 上宅行反字書云敞猶撞也考聲亦撞也或從亭作揨亦從攴作敞經從木作棖誤也

癃殘 六中反

生經第一卷　玄應撰

鋃鐺 上力當反下都唐反說文鋃鐺鎮也漢書

以鐵鋃鐺是也。經文作狼當，非體也。

淑女　詩六反。詩云：窈窕淑女。傳曰：淑，美也。淑，善也。

震越　梵言也。此譯云衣服也。

道詛　令作義，同。宜寄反。礼記：詛者，宜也。制事宜也。詛，善也。善義理也。

訶譴　去戰反。說文：譴，問也。廣雅：譴，責也，怒也。訶謂詰問也。說文：訶，大言而怒也。謫音丈革反。

睢吅　許佳反。說文：仰目貞也。聲類云：睢矆，大視，謂張目吅呼也。矆音況縳反。

捼彼　奴和、奴迴二反。說文：捼，摧也。又亦兩手相切也。

調譺　魚戒反。廣雅：譺，調也，謂相啁也。蒼頡篇：譺，欺也。通俗文：大調曰譺是也。

誘訹　餘首反。誘，教也，引也，相勸也。下私律反。說文：訹，誘也。廣雅：訹，誎也。經文作恤，憂也。恤非此義。誎音私酉反。

薨殨　呼弘反。廣雅：薨，亡也。殞，歿也。諸侯曰薨也。薨，死也。

酷令　空篤反。說文：酷，急也。苦之甚也。暴虐也。白虎通曰：酷者，極也。教令窮極也。

習忕　又作忕，翼世反。字林：忕，習也。蒼頡篇：忕字明也。尒雅：狃，復也。郭璞曰：狃忕復為也。

俘囚　妨愚反。尚書：俘厥寶玉。孔安國曰：俘，取也。

犇急　又作奔、驞二形，同。補門反。奔亦走也。

嗚嘹　古文作嵩，同。子六、子合二反。聲類：嘹亦鳴也。

第二卷

諄郱　古文作詑，同。之閏反。此譯云碎末，謂人名。

鞕靰　五更反。下胡浪反。風名也。靰字未詳所出，相傳音字耳。

殟殙　於門、於沒二反。下莫昆反。聲類：殁，死也。說文：暴無知也。

稍偈　所交反。脉癉丁賀反。韃陒紀言反。諦泝徙計反。

鎧翰　口賚反。說文：鎧，甲也。下胡旦反。周易：白馬翰如。王弼曰：鮮潔其馬翰如也。

第三卷

讙呼 古文作吅又作讙同虛袁反廣雅讙鳴也聲類讙譁也讙聲也驚呼也

翕眠 呼及反猶眨眼也翕合也亦斂也說文起也經文從目作瞼書無此字眹音弃狹反

樗樹 勅於反詩云蔽芾其樗傳曰樗惡木也大不中繩墨小不中規矩

蠱狐 上餘者反說文狐祆獸鬼

所乘有三德其色中和小前大後死必首丘也

拘翼 甚言憍尸迦是也此本應作超後誤作翼失其義也

攉揟 古文諝同息與反通俗文多意謂之㤖揟字林㤖揟知也㤖音張呂反

廩賈 又作㐭同力甚反周礼廩人掌九穀之數鄭玄曰三蒼藏米曰廩

憫泣 眉隕反憂良也左傳憫憫然如農夫之望歲也

第四卷

牢舩 示專反世本共鼓貨狄作舟舩黃帝二臣名也方言自關而西謂舟為舩經文作舩音胡江反舽舽舩也舽音扶江反

姑伀 古胡反婦稱夫之毋曰姑姑在則曰君姑沒則曰先姑下之勾反釋名俗謂舅章為伀言是巳所敬見之伀遽自齊肅也

蹴踖 子六反下子亦反字林蹴不進也一曰行平易也廣雅蹴踖畏敬也謂恭敬之皃也

第五卷

髡鉗 口昆反下巨炎反說文髡剃也鉗束鐵在頸者也經文作髯非也

觸嬲 奴皎反謂嬲亂也寀嬲猶料也亦弄也

纔哳 側鐠中鐠二反啁哳鳥悲也雜蠻啁哳而悲鳴是也

搏踏 補莫反下又作蹋同徒盍反搏手搏也蹋足蹴也

無係 古文繼繫二形同古帝反說文係潔束也亦相係嗣也

唉痾 於來反說文譍聲也蒼頡篇唉

丂也字書慢䜩也下又作疴目於何反呵音於扎反

義足經上卷

玄應撰

草蕑　又作菅蘭二形同古顏反聲類蕑蘭也說文香草也

欲詆　又作呧同都礼反說文呧呵也蒼頡篇呧欺也

遍徇　又作徇同辭遵反尚書乃徇師而誓孔安國曰徇循也亦巡行也行走宣令曰徇說文行

示曰徇尒雅徇遍也字從彳也

戹至　甖革反蒼頡篇戹困也說文戹隘也凡過灾難遭苦毒皆曰戹

鱻明　又作鮮同思錢反廣雅鮮好也鮮亦善也

不撟　几小反說文撟擅也假詐也亦擧手也尚書撟誣上帝孔安國曰託天以行罪國語其形撟誣賈逵曰非先王之法曰撟如誅無罪曰誣字從手今皆作矯也

著洿　一瓜反字林濁水不流曰洿謂行潦之水也洿池也廣雅洿深也濁也大曰潢小曰洿

勞來　說文作勑同力代反尒雅勞來也郭璞曰相約勑亦為勞也捷為舍人曰勞力極也來強事也廣雅勑謹也勤也詩云神所勞矣箋云勞來猶佑助也漢書勞來不怠也經文作倈非也

名戫　古文惪戫二形今勇同踰腫反勇謂果決也知死不避曰勇

恐慴　聲類作慴同止葉反廣雅慴懼也字書失常也說文心服也

喑唶　於禁反下子夜反喑唶猶嘆聲

也經文作咋壯白士白二反咋然聲也亦咋齧也

斂指　力册反說文斂收也尒雅斂聚也經文作歛誤也

蹶地　居月居衛二反說文蹶僵也廣雅僵仆也蹶走也亦行遽之良也又跳也經文作蹴千六反說文蹴躡也

偉風　于匪反說文偉奇也經文作衛胡憒反非體也

洞然　古文衕迵二形同徒凍反謂洞徹也經文作烔徒東反烔熱也烔非此義也

下卷

不掊 撩於反廣雅掊断也說文口手共有所作日桔据也

鵾摩 公覡反人名也依鵾伯勞也

俞日 翼珠反尚書帝日俞佳哉俞然也相然麿也

腌忽 古文腌暗二形今作暗同於感反說文腌不明也廣雅腌腌也腌宜也

迅去 私閏反介雅迅疾也

彼暹 私薕反暹謂進取也

苦槖 古文囥同捷各反蒼頡篇云囊之無底者也說文槖囊也亦衣也脊字宜作槖華如槖因以名焉

鼓韛 蒲戒反謂槖囊也鍛家用吹火令熾者也經文作鞁未詳所出

蚱蜢 側格反下莫綆反蚱蜢字書云淮南名田父也即蟾蠩也郭璞曰蝦蟇類居陸地者也

蛻虫 陽會始銳二反說文蟬蛻所解皮也廣雅復育蛻也字林蟬皮也

莫媟 相列反方言媟狎也郭璞日相親狎也媟方慢也

水盥 公緩反說文澡手也凡澡皿物皆日盥不但手也

不嫫 莫奴反說文醜者也楚辞嫫母姣而自好也姣音古卯反也

斷毛 莫高反說文眉髮之屬也經文從馬作駐非也

稱寃 古文作寃宛二形今作宛同於元反說文寃屈也廣雅寃枉也寃曲也亦思念煩惌也

一切經音義卷第五十五

一切經音義卷第五十六　碣

翻經沙門慧琳撰

音正法念經七十卷　玄應

佛本行集經六十卷　玄應

本事經七卷　慧琳

興起行經兩卷　玄應

業報差別經一卷　玄應

右五經一百四十卷同此卷音

正法念經七十卷第一卷

穳矛　字詁古文鏦穳二形今作䂎同麤亂反穳小穳矛也矛或作鉾同莫侯反説文矛長二丈也經文作鍬摻二形又作牟並非體

鴳鳥　又作鷃同烏諫反鴳雀也一名鴈一名鴳鴳蒸丈古關中以鴳為爛堆是也

第二卷

恐嚇　呼嫁反相恐也詩云及予來嚇箋云距也謂之嚇方言作恐閱郭璞音呼隔反亦作恐嚇亦言恐猲皆一義也猲音虛割反

恐凹　古文　烏狭反字苑作凹陷也蒼頡篇作窅土埶也埶音丁念反

如罩　罩箌二形同竹挍反尒疋篧謂之罩郭璞曰捕魚籠也篧音捉

第三卷

斗擻　又作藪同蘇走反言斗擻舉也周成難字云斗擻䫇䫇也音都穀反下蘇穀反經文作枓棟二形音同拯策皆非字體也

埵羅　文

亞室二形今作堙同於仁反帝釋爲王名也經中或名唖那婆或言伊羅鉢多羅此譯云香葉身長九由旬高三由旬其形相稱也唖烏賢反

第四卷

攫啄 九縛反說文攫扟也蒼頡篇攫搏也淮南子云獸窮則攫鳥窮則啄是也扟音居逆反

水獺 他易他鎋二反形如小犬水居食魚

者也經文作狙都達反獦狙獸也如狼赤首狙非此義獦音古曷反

激流 公的反謂流急也說文水文疑又邪疾急曰激也

第五卷

梯隥 丁鄧反廣雅隥履也隥仰也謂山路仰登也經文作隥非也

狗齩 又作齩同五狡反說文齩齧也經文作骹苦交反膝骨也又作

咬呼交反髐箭也二形並非此義

善挾 胡頰反尓疋挾藏也方言頰護也

掩面 於儼烏感二反廣雅揜覆也亦藏也經文作唵一感反唵啗也埤蒼唵哈也謂掌進食也唵非此義

排筒 埤蒼作鞴東觀漢記因水作排王弼注書云橐囊也作韛同皮拜反所以冶家用炊火令職者也

第六卷

射垛 徒果反射堋也經文作埵丁果反埵果也埵非今義堋音朋也

鑱刺 仕咸反說文鑱銳也廣雅鑱謂之鈹音普皮反

第八卷

耎納 而兖反下乃困反字苑作腝柔脆也通俗文作納冄生也又作嫩近字也經文作濡又作媆並非字體也

脚瘇 字詁今作瘇同時腫反通俗文腫足曰瘇瘇脚病也經文作踵非字體也

捩繩 力結反謂

轉捩也

第九卷

鐵砧　又作椹𢮁二形同猪金反鈇砧也經文作鈂文心反臿屬也鈂非此義

鐵錘　直危反廣雅錘謂之權謂權錘也方言錘重也

鉸刀　古卯反交刃刀也今亦謂之剪刀又謂剪馬為鉸刀釋名云鉸刀削刀皆隨時用作名也

驅蹙　子六反蹙迫也催促也廣雅急也經文作踧踧然避席也踧踖也踧非此義

蜚墮　古書飛多作蜚同府韋反鳥曰飛飛揚也案漢注云正月[illegible]大於鴳五色蜚過鄭二月後蜚過他陽是也

步𨊻　楚佳反謂感箭者也通俗文箭簸又其中也簸音扶輻反

第十卷

寂聲　又作誺宗二形同情歷反方言寂安靜也說文宗嗼也

舓手　古文舓䑛䶀三形今作舐同食尒反以舌取食也經文作咶舐一形未見所出也

螕等　補兮反通俗文狗蝨曰螕經文作蜱扶畢反塘螂子也蜱非字之義也

洲潬　徒亶反尒雅潬沙出郭璞曰今江東呼水中沙堆為潬潬謂水中央地也經文作埏音延非字體也

第十一卷

作蛭　之逆反謂入人皮中食血者也江東名蟣音巨幾反經文作螲音知栗反螻蛣也非此義也

曲蟺　音善古今注云丘蚓也一名蜜蟺江東名寒蚓善長吟於地中江東謂為歌女或謂鳴砌經文作蟬非今體也

鐵鉆　奇廉反說文鐵銸也謂鑷取物也蒼頡篇鉗持也通俗文鍛具曰鉆經文作鉗謂以鐵束人者也鉗非此用銸音奴協反

第十二卷

吒齚 正字作齚同竹皆反廣雅齚齧也經文作嚌在計反至齒也嚌非此義也

第十三卷

鱯魚 獲樺二音尒疋鮎大者鱯孫炎曰鱯似鮎而大色白也鮠音偣飢反鮎奴兼反

踦倒 或作攲戲崎二形同去知反說文敧嶇傾側不安也字從危支聲也

杼氣 除呂時汝二反廣雅杼舀也渫出也舀翼紹反

攣縮 力泉反亦足攣病也亦拘攣也經文作戀癵二形並非體

壓拶 烏甲反下子渴反周成難字作窜拶也經文作押攢二形音甲攢非今用也

庰中 蒲定反廣雅庰廁清圂也庰亦屏隈也

第十四卷

第十五卷

已上二卷並無字音訓

第十六卷

飄鼓 公戶反鼓動也案凡動物皆謂之鼓經文從風作飈非也

厭笮 今作窄同側格反說文笮壓也謂笮出汁也

胆蟲 且余反通俗文內中蟲謂之胆經文作蛆子余反蝍蛆也又作疽蠹也二形並非今用

第十七卷 無字音訓

第十八卷

黤黯 烏感反不明也亦黑也纂文云深黑也

[illegible]皁 乙弄反埤蒼皁黑也

祅蠥 五竭反說文衣服歌謠草木之怪謂之祅禽獸蟲蝗之怪謂之蠥經文作孽庶子也又作孼近字也

尪羸 今作尪同烏皇反尪弱也羸累也通俗文短小曰尪尪亦小也

翺翔 五高

反回飛也飛而不動曰翱釋名云翱遨也言遨遊也翔佯也言彷徉也

鼯等　弋周由救二反字林似鼠赤黃而大者是也

第十九　第二十

已上三卷並無字音訓

第二十一卷

一切經音義卷第五十六　第九張　碣

暗噫　於禁反乙式反暗嗜大呼也亦大聲也說文噫出息也經文作噎於結反咽塞也噎非此義也

撿齗　巨今反說文急持衣襟也字從手齗下苦加反今亦言口齗也經文作収非也

第二十二　第二十三

已上二卷並無字音訓

第二十四卷

歕歕　於滑反通俗文大咽曰歕說文咽氣息不利也經文作唿唿非也

相揲　妨卜反字林手相博曰揲也打也

第二十五卷

鱗䚠　又作觡距二形同渠呂居呂二反鷄足距也字從角從魚作鮔非也

一切經音義卷第五十六　第十張　碣

第二十六卷

輾諸　女展反說文輾轢也蒼頡篇輾車行屚也

帶毦　字林而鍾反罽也或作茸草茸

第二十七卷　先不音

第二十八卷

諧耦　胡皆吳口反諧和也耦合也經文作偕偶二形非體也

革屣 所綺反皮履也經文作鞴非也 花勃 蒲沒反廣雅勃勃盛也

第二十九卷 巳上二卷並先不音

第三十卷

第三十一卷

雉鳥 古文剃同直里反經文作鴂餘詰反尒雅鴂鯆致也

康砦 古木反通俗文禾稽謂之砦䅟䅟音奴穀反

機發 說文射發也機主發之機也謂制動轉之幹也

溥天 今作普同匹古反詩傳曰溥大也亦遍也

第三十二卷

消流 古玄反字林水小流也

鄙褻 古文絬媟𧝓渫四形今作褻同息列反褻黷也論語云紅紫不以為褻服王肅曰謂私服非公會之服也

調話 古文𧦝譮誡三形同胡快反會善言也經文作譁音花諠譁非字義

麚麀 音加說文牡鹿也以夏至解角也下又作麔同於牛反說文牝鹿也

第三十三卷

第三十四卷

第三十五卷 巳上四卷並先不音

第三十六卷

第三十七卷

懮動 胡郭況縛二反蒼頡篇云懮驚也

第三十八卷 先不音

第三十九卷

閃䛇　字書或作貼同式冉殼反說文閃窺頭皃也

第四十卷

第四十一卷

第四十二卷

第四十三卷

已上四卷並先不音

第四十四卷

邀利　字書徼同古堯反求也遮也亦要也

楝樹　古文柬同力見反子白而黏可以浣衣者也經文作練非體也

第四十五卷

常睫　通俗文非瞸字苑作䀹同莊狹反目數開閉也經文作䁋子葉反目毛也䁋非字體

第四十六卷

梬棗　如兗反又盈非反說文似柿而小也或作㮕從木耎聲經文作檽非體也

秠豆　竹尸反廣雅再種豆也

第四十七卷

裯襶　古文䘫同居置反說文裯多也襶亦裯

蜥蜴　斯歷反下音亦山東名蛛蜆陝已西名壁宮在草者曰蜥蜴也經文作蝲非體也蛛

音七賜反蜆音覓

第四十八卷

垂挑　借音他弔反謂天衣迴出也

蹻行　丘昭綺驕二反說文善緣木之蟲也經文作挑吐堯反挑抉也挑非字義

不肖　先妙反尒雅不似也言不如人也經文作消非也

犍割　又作𢧵劇二形同紀言反通俗文以刀去陰曰犍也字從牛

放習　甫往反廣雅放効也

亦依也比也經文作坊非也

第四十九卷

第五十卷

第五十一卷

第五十二卷

第五十三卷

第五十四卷

第五十五卷

已上七卷並不音

第五十六卷

支多　指移反花名也吱多羅花經文從口作吱取其舌轉也

晏然　烏鴈反說文天清也晏晏亦翠貞也經文從門作闇非體

第五十七卷

虓呴　又作唬同呼交反說文虎鳴也一曰師子也從虎九聲也

凸腹　徒結反字苑作凸凸起古文也蒼頡篇作㚇不平也

呴喊　呴吽二形今作拘同呼苟反聲類吽嗥也下呼戒反韻集作喊喊訶也蒼頡訓詁作歛恚聲也通俗文作諦大語也猶言㖃咄嘆㖃皆是也

水腫　之隴反腫病也經文作尰二形非體也

第五十八卷

鯢羅　吴鷄反諸經有作亘羅猶是梵音訛轉也

䑲舟　歷丁反王逸注楚辭船有窗牖者也字書船上有屋者日䑲也

傴僂　於矩力主二反通俗文曲脊謂之傴僂經文作迂邅二形音宇俱反迂避也下力侯反說文連遱並非字義也

笐箹　胡當反下力折反說文作次也言竹有笐次謂之笐箹也

第五十九卷

第六十卷

第六十一卷

第六十二卷

第六十三卷

已上並先不音訓

第六十四卷

桴槔 又作桔槔二形同古竇反下音高通俗文機汲也謂之桴槔

也

頑庳 今作庳同俾利反說文足氣不至也經作庳必二反說文經病也相承勑典勑管二反風痺冷痺也

癱瘓 緩病也未詳音字所出

第六十五卷

瘭病 字林方遙反瘭疽病也經文作螵字尚螵同頻文螵蛸也螵非字義也

或竅 臾乳反憒懶之謂也尒雅竅勞也竅字從穴從二爪

瘦瘠 古文𤸃膌三形同才積反說文膌瘦也亦薄弱

顀起 直佳反說文出頷也今江東南云顀頭肤頟也經文作䪼非也

髁骨 苦霸反𩪕骨也說文髁髀也字從骨果聲經文作髂古岸反髂肋也又作跨路也並非此用

跮直 古文遉同他頂反通俗文平直曰跮經文作𨀖非也未見所出

鉡羅 普迷反戌身名也梵言也

第六十六卷 先不音

第六十七卷

蛕母 又作蛔同胡瓌反蒼頡訓詁云蛕腹中虫也

呀骨 呼家反虫名也

頻伽 毗人反經文作𨇤嚬二形撿無所出也

第六十八卷

鳿鳥 古文准雖聲類或鳿字同胡公反鴻鵠也

凹窊 相承

若葦反未詳名義所出

甄彼 居延反果名也甄彼迦果也經文有從口作甄非也

第六十九卷

第七十卷

已上兩卷先不音

佛本行集經六十卷第一卷 玄應撰

佛本行集經第一卷 玄應撰

迦蘭陁鳥 或言柯蘭陁或作迦藺馱迦或云羯蘭鐸迦皆梵音輕重也此譯云好聲鳥也案外國傳云其形似鵲但此鳥群集多栖竹林昔有國王於林睡息地來欲螫王鳥鳴覺之王荷其恩敬食養鳥林主居士遂從此為名名迦蘭馱迦也舊安外道後奉如來也

耆那 或言視那或作耆那此譯云勝言最勝也

牀鋪 普胡反廣疋鋪陳也鋪布也亦舒也礼記鋪几進是也

記別 碑列反分別也舊經多言印璽經文從草作莂非也

毗盧 或云吠盧遮那或言鞞盧柘那此譯云遍照書無盧字義安一口為別盧音冝舉俱反

首陁婆娑 或云秫陁婆娑私陁首陁此云淨婆娑此云宮亦言舍或言屬耶五淨居天是也

第二卷

誕育 達坦反詩云誕弥厥月傳曰誕大也箋云大矣台稷云在其母終人道十月而生也

層閣 子恒字恒二反說文重屋也山海經言重蓋三層郭璞日層重也亦累也

溘然 口合反楚辭寧溘死以流止王逸日溘猶奄也廣疋溘俠也

必栗 纂文云必栗者羌胡樂器名也經文作篳篥也

舐歎 古文錫𥔵二形今作括又作舐同食尒反以舌取食也下又作嗽同所角及通俗文含吸日歎三蒼救吮也吮音似

究反

第三卷

埏圭　以旃反八埏之主也漢書音義曰八埏地之八際也

巷術　厮聿反蒼頡篇邑中道曰術道路也

抴我　夷世反又作曳廣疋曳引也說文曳申也牽也

第四卷

兂不音訓

第五卷

鵁鶄　音交青鳥名也一名鵁鸕鶩鳥蔓聡山群飛如雌鷄似鳧高足江淮間畜之可以厭火也

鼇　吾高反字林海中大龜也力賀蓬瀛壺三山是也

白鷺　字書作鸔同来素反白鳥也頭翅背上有長翰毛江東取為睫離曰白鷺縗音蘇雷反

鸕鷀　郎都反下又作鷀同才資反字林鸕鷀似鶂而黑水鳥也紫頭曲如鉤食魚此鳥胎出從口內吐出一產八九中國或謂之水鴉鶂音五歷反

第六卷

苑囿　于救反字林有垣曰苑無垣曰圃圃亦禁苑也

庶幾　尒雅庶幾尚也庶又幸也郭璞曰庶幾僥倖也庶冀也幾倖也冀倖於善道也幾亦微也

第七卷

嵬嶊　牛迴反下祖隗反說文高而平也嶊山皃也

舐啜　時悅反說文啜甞也尒疋啜茹也郭璞曰啜者拾食也通俗文作𩟗今通謂細食物曰叕也

阡陌　且田反風俗通曰南北曰阡東西為陌廣疋陌

道也史記秦孝公字書作鑑同
壞并田開阡陌也**鑒於**古鏡反廣疋
鑑炤也鑒謂之鏡詩云我心匪古文腿
鑒傳日鑒所以察形也**懷孕**同夷證
反三蒼孕懷子也廣疋力含反
孕傳也字從子乃聲也**嵐毗**或言流
毗尼或言林微尼正言藍毗尼此言
鹽即上古守園婢名也因以名園飯
那此云林或譯云解脫處亦都
云滅亦名斷奪音扶晩也**鞍鐙**鄧

反馬鞌上隥也登馬所躡**鏗鏘**又作
者也經文作鐙古燈字也鏘同
苦耕反下又作瑲同且羊反廣疋鏘
鏘聲也案禮記子夏聽其鏗鏘又字林云
又銜反埤蒼**勁勇**居感反字林勁強
云鎗金聲也字從力巠聲巠
音古**色虹**胡公反郭璞尒疋音義云
定反虹雙出鮮盛者為雄雄曰
虹暗為雌雌日蜺蜺或作霓霓
音五奚反俗音古巷反青虹也

第八卷

雖暴蒲卜反親晞乾也字從日從出
從廾從米字意也廾或作拜
同巨凶反**黤黮**又作黯同烏感反下
共持也他感反謂不明也纂
文云黯黮**迦轄**側飢反王名迦轄婆
隊黑也從人臂生如頂生王
等**熇拘**呼酷枯若二反**礓石**居良反
甘蔗王種也形如薑
也通俗文地多小石謂之礓居
磔字從石經文從土非也**屩履**略

反史記躡屩擔簦廣疋曰屩草屝也
屝音扶謂反屝屨也屨履也簦音都
恒反笠有**荃提**或言遷提謂可遷從
柄者也提挈也或作荃提言
以荃草為之也非
此方物出崑崙山也

第九卷

婢媵說文作僟同餘證食證二反尒
疋媵送也謂送女曰媵公羊傳
日媵者也何諾侯娶一國則二國往
媵之以姪娣從也釋名媵承也謂承

事適奉他也**捷陟**六度集作鞬德正言建他歌此譯云納也鞬居言反**不齹**千何反說文參差也齹亦毁也**不齵**五鉤牛俱二反說文齒不正也蒼頡篇齒重生也謂齒不齊平者也**衆毦**人志反廣疋毦毦罽也織毛日罽毦音唐**躑躅**又作蹢同呈亦反下又作躅同丈足反字林駐足不進也廣疋躑躅跢跼**不覿**亭歷反尓疋覿

昭覿覿見也**黑皯**古旱反通俗文面黎黑白皯也經文從黑作䵟非也**弓把**百雅反單手為把說文把握也把持也經作弝近字也**皺襵**知躡之涉二反謂不申也攝褶襵疊皆作此也**理冊**古文笧同楚責反冊簡冊也長者二尺短者半之其次一長一短手文象之也**兩掔**又作捥同烏奐反謂手後節也

第十卷

顱顙又作髗同鹿胡反下蘇朗反說文顱盧也字書𡿺蓋也廣疋頊顱謂之髑髏方言顙頟也頟音徒各反**潸然**所斑所按二反字林涕流下皃也詩云潸然出涕是也**身祟**思醉反說文神禍也謂鬼神作祅禍也**交瞼**居儼反字略云謂眼外皮也**悲惋**烏奐反字略云惋歎驚異也**背彼**蒲賚反廣疋背北也後也

相違背也謂棄捨相返也經文多從人作偝**敷愉**翼朱反纂文作手瑜言美色也方言作怤愉悅也怤愉謂顏色和悅也怤音芳俱反**不劈**普狄反說文劈破也廣雅劈裂也埤蒼劈剖也音隱披厄反江南二音普行經中但行疋狄反**呱然**古胡反說文小兒啼聲也廣疋呱呱號也尚書啓呱呱而泣是也**氛翳**敷雲反說文氛祥氣也案祥者吉凶先見者是也

第十一卷

逋流補胡反 婆哂式忍反 波頞都可反 唾字供人反 吒字陟家反 侘字勑家反 嗏字直家反 拏女家反 袲字乃可反 麽字莫可反 勦勇說文作⿺走巢同助交反捷健也謂勁速勦健也中國多言勦勦音

一切經音義卷第五十六　第二十七張　碣

萎摧反 剟鉤丁盍反字書剟著也剟鉤剟索剟筆甘作此經文作搭非也 指撝又作麾同許皮反謂手之所指曰撝也以旌旗指麾因以名也 地穩烏本反謂安穩也 靳固居近反謂吝借也 ⿰馬忝齾仕洽反下魚洽反⿰馬忝齾謂能戲人也經文作唊諭唊音古協反下諭許及反非此用 騗馬疋面反字略云躍上馬也 批

梡又作捖同蒲結反廣雅捖轉也左傳捖𥗞之杜預曰手捖之經文作㧙蒲必反㧙推也㧙非此用也 築撓徵逐反下勑佳反廣雅築刺也說文築擣也撓以拳手挃曰撓也 拗腟又作挨同烏夘反拗挨也挨音力結反

第十二卷

腝葉又作抐同乃困反字苑腝柔脆也通俗文抐冉生也又作嫰

一切經音義卷第五十六　第二十八張　碣

近字也 犁楇启責反楇軛也所以枙牛領也經文作格非體也軛音烏華反 土墢又作垘同扶發反考工記耜廣五寸二耜為耦一耦之伐廣一尺深一尺鄭玄曰兩人併發之其壟中曰甽甽上墢墢之言發也說又一臿土謂之坺乔音辞以反甽古泫反 蟲豸直尓反尓疋有足謂之蟲無足謂之豸 火燼似進反說文燒木之餘曰燼尓疋燼餘也說文作⿱聿火 死

肮 籀文作䏚同于鳩反通俗文體目日肮廣疋肮小腫也

啾唧 子脩反蒼頡篇眾聲也謂小𡗡聲也下咨栗反通俗文鼠聲日唧唧亦聲也

齏醬 又作䪡同子奚反醬屬也通俗文淹韭日齏凡醢醬所和細切為齏令物為葅江南悉為葅中國悉為齏也

雜飣 丁定反江南呼飣食為飣餖經文作奠徒見反奠置也獻也餖音豆也

珍着 周礼有八珍貴也下古文睹同知由反方言着熟也郭璞曰着謂熟食也周礼膳夫掌王之膳着鄭玄日着有滋味者也雜味為之着也

塵埃 烏來反埃亦塵也謂塵飛揚日埃也

使晛 勑廌反晛謂視也晛亦伺也左傳云使晛之是也

趁而 丑刃反謂趁逐也纂文云關西以逐物為趁也

儲宮 直於反說文儲偫也偫待也蔡邕勸學云儲副君也

勝隊 徒果反纂文云吳人以積土為隊隊聚也聚才句反

第十三卷

牢靳 居近反謂靳肕也肕音而振反

芟彼 所巖反詩傳云芟除草也亦斫也經文作釤所鑑反大鎌也釤非此用也

筋陡 又作觔同居殷反下都口反謂便捷輕捷也

相嘲 又作啁竹交反蒼頡啁調也調相戲調也

二𢿝 補單反字林𢿝部也亦𢿝類也經文作般

假借也

名於 弥盈反所以召貨也名号也經文從言作詺近字也字略云相詺目也

不偉 埤蒼作瑋同于鬼反說文偉奇也

第十四卷

膽讋 脂葉反說文失氣也讋怖也一曰言不止也

具篪 又作䶵篪二形同除離反說文管有七孔詩云仲氏吹篪是也

㛹娟 於玄反楚辭便娟之語王逸曰便娟好貌也

沃弱 又作渜同於縛

烏桔二反詩云其葉沃若傳曰沃若猶沃沃然也云隰桑有沃傳曰沃柔也亦美也

山麓 古文蔍同力穀反詩云瞻彼旱麓傳曰山足也謂林屬於山曰蔍

門閭 胡朧反說文閭閉也易曰闔門謂之坤是

禦俻 魚呂反詩云百夫禦傳曰禦當也字從示

宮闈 于歸反尒疋宮中門謂之闈郭璞曰謂相通小門也即宮中巷門也

椒房 案應卲漢宮儀云后稱椒房詩云椒聊之實蕃衍延盈外國風美美其繁興興以椒塗室亦取溫煙除惡氣也由若朱泥殿上曰丹墀也

贊助 子旦反周札贊其不足者鄭玄曰贊佐也亦道也

攬屛 古卯反下蒲定反攬謂擾攬也廣疋屛廁清圂也

投穽 古文阱汬二形同疾性反說文穽大陷也廣疋穽坑

第十五卷

驚悸 古文痵同其季反字林心動也說文氣不定也

稱寃 古文寃怨二形今作究同於原反寃狂也曲也屈也亦不理也

嫡冑 丁狄反主嫡也字書嫡正也廣雅嫡君也公羊傳云立嫡以長者何謂嫡夫人之華無與敵也冑連續也亦緒也

墉堞 又作⿰阝庸⿰片庸二形同餘鐘反尒疋牆謂之墉城亦謂之墉詩云以伐崇墉墉是也下徒頰反堞女牆也

矟攢 所角反下千乱反埤蒼矟長一丈八尺廣疋攢謂之鋋鋋小矛也鋋音市延反

第十六卷

逶迤 又作堝同於危反下又作佗同達羅反說文逶佗者行可逶曲迤也自得之皃

有娠 書[illegible]之刃二反詩云大妊有娠傳曰娠動也娠謂懷胎孕者也廣疋娠傛也今皆作身兩通之也

滂沛

普傍反下普賴反三蒼傍沱心忪又作
也沛水波浪也沛沛亦大也
伀同之容反方言征伀惶遽也江湖
之間凡窘卒怖遽皆謂之征伀也
迮怖又作扇同莫荒反迮遽也扇人
晝夜作謂無日用月無月用
大常思明明故從明或日扇人思天曉
故字從明下又作悑同普故反惶怖
也經文作怕疋白反憺瞳眈徒公反
怕也此俗音疋嫁反埤蒼珠

子也下遐縮反蒼頡篇垂頞丁可反
目出皃也縮音烏板反廣疋頞
醜皃也經文作侈尺紙反尔疋侈恃
怙也郭璞曰江東謂母為侈移非字
義髂髀古文踝同蒲米反說文股外
也曰髀江南音必尔反經文作
胜非此鼾睡下且反說文卧息聲也
之也字苑吁干反江南行此
音剔項丁盍反字書剔著齩齒說文
也也經文作搭非也作齩

同五狡反戛戛古黠反調語是盧
云齩齧也齒聲也反又
音諂丗俗
閒語耳

第十七卷

舟楫通俗文作檝同資獵反詩云
檜楫松舟傳曰楫所以櫂船
也周易黃帝剡木大磧旦歷反說
為楫是也檜音括文水渚有
石曰磧廣雅瀨也
水淺石見之皃也

第十八卷

覞電又作睒同式冉反說文暫見
也亦不定也經文作閃閃窺
頭如弗字苑初眼反今之炙肉弗也
也經文作剗削之剗非體也
從削又作鞘私妙反方言劍削關東
曰削關西曰鞞所以貯刀劍之刃
也鞞音乃穌先胡反聲類更生曰穌
補迷反穌亦休息也謂更息也
凋悴丁堯反說文半傷曰蒲交
凋凋亦弊也字從冫揞地反通

俗文手把曰捂說文捽或作抱引取也

第十九卷

擺木 又作捭捕買反說文兩手振擊也

縣㥏 竹劣反字林㥏憂也亦意不定也

躓頓 古文躄躓二形今作疐同陟利反謂挫辱之也

皇闈 古攜反尒雅宮中門謂之闈其小者謂之閨說文特立之門也

煢獨 古文惸傑二形同渠營反尚書無虛煢獨孔安國曰煢單也謂無所依也獨無子曰獨也

第二十卷

食荑 弟奚反通俗文草陸生曰荑詩云自牧野荑傳曰荑茅之始生者也

毛毲 布葬反謂毛布也通俗文邪文曰毲字林罽之方文

者也

蟻垤 徒結反方言垤封塲也楚鄭以南蟻土謂之垤垤亦中高也

顛鬚 子移反下又作頾同而甘反江南行此音又如廉反關中行此音說文口二之頊曰顛下說文頰須毛也經文作鬚近字也

欲噢 口迷反契敢也謂

灑歎 又作噴同普孫反說文吹氣也廣疋歎吐也歎潠也謂含物而歎散之今亦為賁普遜反說文鼓鼻也廣雅賁寔也蒼頡篇吒也

享受 虛兩反享亦受也享當也說文享獻也

第二十一卷　第二十二卷

已上二卷並先不音

第二十三卷

憩息 說文作愒同却厲反尒疋憩息也舍人曰憩卧之息也

開拓 古文斥拓二形今作摕同他各反廣疋拓大也亦開也經文作拓字與摭同之石反拓拾也拓非字義

第二十四卷

偃促　於訐反字書促倚也字從人促息

皆杜　說文作𢿌同徒古反國語杜門不出賈逵曰杜塞也塞閉也方言杜歰也趙曰杜郭璞曰今俗通語也歰如杜杜子歰因以名也

第二十五卷

先不音

第二十六卷

不蹶　巨月居月二反說文蹶僵也廣雅僵仆也

恇怯　丘方反恇恐也下又作狌同袪脅反怯畏劣也多畏也

怪迋　又作括作二形同吾故反聲類迋逆不遇也經文作俣非也

蹇吃　居展反通俗文言不通利謂之蹇吃周易蹇難也方言蹇吃楚語也郭璞曰亦北方通語也

白鷗　烏侯反字林水鴞也大如鳩出佈鷄于驕反

攫裂　字宜作攫九縛反說文攫扟也蒼頡篇攫摶也言歐瞋即攫

翎羽　力丁反謂鳥羽也經文作零又作翎翳二形近字也

毻落　他卧反字書落毛也經文作毻近字兩通也

瘦眚　字苑作瘠同所景反眚瘦也瘠也釋名眚瘠也如病者瘠瘦也經文作省非體也

凹凸　烏狹反下徒結反蒼頡篇作容突抱朴子云凹陷也凸起也

匾𠥲　補顯反下他奚反纂文云匾𠥲薄也不圓也

鯨鷁　又作䲔同渠京反許叔重注淮南子云鯨魚之王也異物志云鯨魚數里或死沙中云得之者皆無目俗云其目化為明月珠也鯢鯨之雌者也左傳鯨鯢大魚也說文作鶂司馬相如作鷁或作鷊埤蒼作鷁字書作鷁同五歷反水鳥也善高飛也

禽獏　又莫貊同音白反字林似熊黃黑出蜀一曰白豹

第二十七卷

鵂鶹許牛反下力周反廣疋鵂鶹鵂鵋也關西呼訓侯山東謂之訓
狐纂文云夜即拾人爪也**鉤鵅**古侯反下庚頟反尔疋怪鴟舍人曰
為鵂鶹也南陽名鉤鵅一名忌𢾾晝伏夜行鳴為怪**梟鴟**古堯反土
梟也下為驍反字林鶉鴂也形似鳩而青出白於山即惡聲鳥也楚人謂
之鵩鳥亦鵄類也山東名鸋鴂俗名巧婦鸋音奴定反下公穴反**可**

一切經音義卷第五十六　第三十九張　碣

撜又作𢶡同宅衡反謂相觸也相撜拄也**確然**口角反周易夫
乹確然示人易美韓康伯曰確然堅皃也**陵嶒**集綾反嶒石之阢隗
皃也經文從山作崚近字也阢音五壞反隗五罪也

第二十八卷

脊膂今作吕同力舉反膂亦脊也說文脊骨也太岳為禹臣委

如心吕因封吕侯也**腰髂**古文骰今作骬同口亞反下埤蒼腰骨
也經文從肉作胳非也**尻臀**苦勞反下徒昆反聲類臀尻也**榱**
核字詁古文袤援二形今作阿同烏可反下古文核移二形今作郝同
乃可反字書袤移柔弱皃也亦草木或也**戀嫪**盧報反說文嫪姻也
聲類嫪姻戀惜不能去也廣雅嫪妒也嫪音胡故反**麾纛**徒到
反詩云左執翿傳云翿纛翳也箋云舞者所持所以羽舞者也方言楚謂

一切經音義卷第五十六　第四十張　碣

翳為翿翿音徒到反**旌旂**資盈反下巨衣反尔疋注毛田首曰旌郭
璞曰載旄於竿頭也周礼析羽為旌鄭玄曰析羽為五色繫之旌上尔雅
有鈴曰旂郭璞曰懸鈴於竿頭畫蛟龍於旂上也周礼蛟龍為旂是也
雰霏敷雲反下或作霏同敷非反雰霏雨雪甚皃也**鈇鉞**
方于方亞二反礼記軍旅鈇鉞先王所以飾怒也說文鈇莝斫也鈇亦椹
也鉞音于月反云大斧也**如霰**又作霓同先見反詩云先集惟

霓傳曰暴雪也 **兕犀** 音似又徐姊反尒雅兕牛一角青重千斤南州異物志以為角長二尺餘形似馬鞭柄其皮堅可為鎧甲廣志云角斑似瑇瑁足有十爪 **復挈** 口結反說文挈懸持也挈猶提也亦繫也 **耳頦** 下丁可反廣疋頦醜皃也經文作侈時紙反侈恃也又作侈乃可反器名也

第二十九卷

豬獵 又作鬣巤二形同驢步反說文毛鬣也亦長毛也通俗文豬毛曰獵 **赫呼** 呼駕反詩云反予來赫赫箋云距人謂之赫赫亦大怒也 **自踣** 今作仆同蒲北反踣前覆也 **團欒** 臺端反猶圞圓也圓帀也 **哂哂** 又作吲同尸忍反哂猶笑也 **麥稍** 公玄

第三十卷

反說文麥並也廣雅積橐也經文作趦非體也 **戟翣** 山甲反羽飾也下垂從羽妾聲世本武王作翣也

魚鱓 又作鱔䱇二形同音善訓纂文云蛇魚也 **鱒魴** 才奏反下又作鰟同父方反字林鱒赤目魚也魴魚赤尾魚也 **鯷鱧** 達隷反下音礼字林鯷鮎也鱧鯇也廣雅鮷鯷鮎也青州名鮎為鯷鯇音

胡瓦反鮷音徒奚反 **蟄眠** 持立反說文蟄藏也蟲至冬節即蟄藏不出也獸之淺毛者亦蟄熊羆等也

第三十一卷

一荻 又作藡同徒歷反尒疋蒹葭郭璞曰即蘆也 **一抒** 除呂時侞二反廣雅抒渫也說文抒挹也蒼頡篇抒取也除也 **膘陁** 蘇勞反梵言鷃鵝鳥名也 **𣅽糂** 古文鏒䊦䊮鍖四形今作糝同桑感反說

文以米和羹也一日粒也

大虯　渠留反廣疋有角曰虯龍熊氏瑞應圖云虯龍黑身無鱗甲也

第三十二卷

鞅鞙　下又作鞝同胡犬反謂車鞝鞙物皆作此字經文作鞏夊見反字與鎜同鞏非此用也

第三十三卷

脂腴　庾俁反說文腹下肥也腴腹也

第三十四卷

轀釭　文作𨋵同古紅反說文轂口鐵也方言自關之西謂之釭燕齊海岱之間曰鍋音古和反之也

軸鐗　方言作鍊同歌鳫反說文車軸

鐵也廣雅鐗錔也錔音他合反

黑纑　力胡反字林布縷也

燒爇　今作焫同而悅反通俗文燃火曰焫焫亦燒也

報賽　桑再反案賽謂相酬報也

第三十五卷

杴鉏　仕於反謂田器也蒼頡篇鉏茲其苗也漢書帶經而鉏是也

剉切　千卧反說文剉斫傷也剉猶斫也切割也利也村音村殞反

嗽齰　又作欶同所角反通俗文含吸曰欶經文作㗪子累反字書或業字下又作齰同仕白反齰齧也經文作咋唶咋也又咋咋也唶音胡麥也

噂嚛　又作𧬉同摘各反下子立反說文噂嚛聲負也經文作嗙下或作㗲古俠反忘語也或作嗟子盍反妾欶也二形並非字義

第三十六卷

嗽吮　似兗反說文吮嗽也韻集吮音弋選反

第三十七卷

哪輸　陟流反一事十名哪輸婆論文句字論也

面款　又作欵同口緩反欵至也蒼頡篇欵誠重也說文欵意有欲也廣雅欵愛也

第三十八卷　先不音

第三十九卷

唱呴　又作吽狗二形同呼垢反廣疋呴鳴也國語三軍譁呴賈逵曰呴嘑也下同也

慹惄　女六反方言惵惄慹也荊揚青徐之間曰惵梁益秦晉之間曰慹山之東西自愢曰惄三蒼惄慹也廣雅云不直失節謂之慹慹愢也小尒雅去心慹曰惄惵音他典反

白氎　古文毷同徒頰反毛布也經文作褺知立反褺絆也褺非字義也

一切經音義卷第五十六　第四十五張　碼

第四十卷

得艇　徒頂反釋名云二百斛以下曰艇方言南楚江湖小舶曰艇郭璞曰即舸也舶音思六反舸音同也

襞作　卑役反謂襞褺物也褺音徒頰反

彤然　古文䄧蚺二形同徒宗反說文丹飾也廣雅彤赤也

第四十一卷

先不音

一切經音義卷第五十六　第四十六張　碼

第四十二卷

寒噤　渠飲反禁錍閉而不言王逸曰閉口為噤噤閉也

唧唧　咨栗反通俗文唧唧鼠聲也今取其義經文作唊非也

泌流　翼泉反字林從水而下曰泌順流也泌亦緣也

歗然　所力反通俗文小怖曰歗捍苔恐懼也說文悲意也字從嗇從欠經文從心作𢡱又嗇並非體也

虵蛻　湯外始悅二反說文蟬虵所解皮也廣雅蝮蛸蛻也

墣音扶六反　蛸餘六反

泝水　古文遡同，桑故反。三蒼逆流而上曰泝。泝，向也，亦行也。

帆者　又作颿，古文䬍同。扶嚴反。聲類：船上張也。釋名：船隨風張幔曰帆。帆，汎也，使風疾汎汎然也。

潬上　徒單反。尒疋：潬，沙出。郭璞曰：今江東呼水中沙堆為潬。潬謂水中央地也。

第四十三卷

誤人　吾故反。字林：謬謂也。經文作忤，非也。

不狎　下甲反。字林：狎，習也，近也，慣也。經文作匣匱匣也，匣非此用。

久昵　又作暱，同女栗反。尒疋：昵，親近也。又云：昵，函也。親昵亦數也。

射埵　徒果反。射堁也。經文作埵，丁果反。埵，果也。埵非字義也。

苔衣　徒来反。謂水中魚衣綠色生衣底者也，亦可以為紙。

注霖　力金反。尒雅：久雨謂之淫，淫謂之霖。左傳：雨自三日已往為霖。經文從雨作霪，非也。

第四十四卷

氣瘷　蘇豆反。說文：瘷，欬逆氣也。欬音苦代反。江南行此音。字隱：起志反。山東行此音。

蹬蹭　徒登、丁鄧二反。韻集云：失卧極也。下七登反。經文作墱憎，非體也。

[鹿瓦]甎　力穀反。下又作摶，同，晌緣反。通俗文：狹長者謂之[鹿瓦]甎。江南言言甓，蒲歷反。

第四十五卷

摒擋　卑政反。廣雅云：摒擋除，謂掃飾摒除也。下都浪反。

第四十六卷

牀陛　蒲礼反。說文：陛，高陛也，即階陛、牀陛也。經文作陛，蒲礼、補奚二反，禁獄之名，非此用也。

蛆蠚　矢列反，下火各反。字林：皆蟲行毒也。通俗文：蟲傷人曰蛆。經文作蜇，非體也。

修葺　子立、且立二反。說文

葺茨也謂以草蓋屋為葺覆也補治也

第四十七卷

村柵　初格反說文編竪木者也通俗文柴垣曰杝木垣曰柵杝音力支反　頡剝　胡結反美也頡剝拔多入名也　煩冤　於元反冤煩也屈也字從冖從免免為冖覆不得走善屈折也經文作惋嗚喚反惋歎也惋非字義

第四十八卷

評論　皮柄反字書評訂也訂評議也訂音唐頂反　匡領　丘方反周礼匡人掌建法則鄭玄曰匡正也匡救也

第四十九卷

持擢　又作濯同馳挍反方言揖謂之撓或謂之擢江南擢大於撓而揖殊小作撓者面向船頭立撥之作擢者面向船尾坐撥之揖擢也擢而進之字從手經文作掉當世俗字耳　舀漏　弋紹反彝舀也舀抒也字從臼從爪字意也彝音九万反　即覷　又作狙同千絮反字林窺覷也廣雅覷視也謂相候視也通俗文伏覗曰覷是也　蛟龍　音交梵言宮毗羅其狀魚身如蛇尾有珠　漏泄　思列反泄溢也發也亦世溢也　慍恚　於問反論語而不慍何晏曰慍怒也蒼頡篇慍恨也說文慍怒也

第五十卷

木弶　巨向反字書謂施罥於道也

第五十一卷

牝鹿　脾忍反說文畜母也雌曰牝也　劓去　又作劓同魚器反劓

割也謂截去其鼻也說文劓決鼻也通俗文剡木傷盜搶木搶鐵槍皆作此

槍貫 且羊反說文搶距也

讙譁 又作諠同虛元反下乎瓜反讙譁聲也廣雅讙鳴也亦驚聲也

紛葩 普華反說文芳也葩華也聲類取其盛皃也

捬塵 芳主反付猶拍也拍弄也尚書擊石拊石是也

一切經音義卷第五十六　第五十二張　碣

第五十二卷

門閫 又作梱同苦本反礼記外言不入於閫鄭玄曰閫門限也

窒利 丁結竹栗二反蘇弗窒利此譯云善女

柴爪 今作求同子累反廣雅柴口也字書鳥啄也

抄撥 初挍反抄掠也強取物也下補末反撥引也棄也廣雅撥除也

第五十三卷

蒨草 又作蒨茜二形同千見反一名茈莫一名茅蒐可以染也人血所生

罩籠 竹挍反尒雅藋謂之罩郭璞曰捕魚籠也

摛把 百訝反說文把握也單手為把刀把弓把皆作此經文作靶說文鑾飾也靶非此用也

第五十四卷

第五十五卷

一切經音義卷第五十六　第五十三張　碣

巳上兩卷並先不音

第五十六卷

牢韌 又作肕同而振反字林韌柔也通俗文物柔曰肕

羸瘠 古文癀瘷膌三同才亦反左傳瘠耶甚臭杜預曰瘠瘦也

第五十七卷

香邸 丁礼反蒼頡篇邸舍也說文屬國之舍也經文作庢音旨

平也庄非此義也

狡猾　古外反下胡刮反方言凡小兒多詐或謂之狡猾亦亂也

虩虩　許力反字林赤貞也俗文青黑曰虩也

銘記　其庭反謂鐫刻金石以記功德也礼記銘者自名也銘義稱美不稱惡周礼凡有功者銘書於王之太常鄭玄曰銘之言名也

第五十八卷

朝謔　虛虐反尔疋謔浪笑敖郭璞曰謔相啁戲也詩云無然謔謔傳曰謔謔喜樂也

滑稽　古段胡刮二反下古奚反滑稽猶俳諧也滑取滑利之義也以其諧語滑利智計疾出者也

趒梁　他弔反趒躍也韻集趒越也

園圃　補護布五二反詩云無踰我園傳曰有樹也又云折柳樊圃傳曰菜圃也三蒼種樹曰園種菜曰圃

操刀　又作叅同

鍇勞又說文操把持也

斫癹　疋葛反芟癹也芟音所嚴反

射埻　之尹之閏二反說文射臬也廣雅埻的也即射侯也以熊虎之皮飾其側又方制之以為埻通俗文射堋曰埻埻中朱日的

蒼茫　又作蘠同莫剛反蘠遽也通俗文時務日迠經文從心作恾非體也

跋涪婆　扶鳩父侯二反此云善女也

第五十九卷

矛穳　又作鉾𢦬二形同莫侯反說文云矛長二丈建於兵車也下

音麄亂反

縫綻　又作袒捉二形同徒莧反說文補縫也

第六十卷

倉廩　且郎反說文穀藏也下又作亩同力甚反周礼廩人掌九穀之數鄭玄曰藏米日廩儲穀日倉也

囹圄　力丁反下魚呂反獄名也周礼三王始有獄周日囹圄圛名囹領也圄禦也謂領錄囚徒禁禦也

由緒　辞與反絲端也廣雅緒末也緒餘也謂殘餘也事也業也

本事經第一卷　沙門慧琳撰

馳騁　上雉知反韻英云馳驅也考聲去走也從馬也池省聲下勑領反廣疋騁奔也杜注左傳走也騁說文直馳也從馬甹聲甹音匹丁反

修瑩　縈迴反韻英云摩拭也說文從玉從營省聲亦作鎣古今正字或從金

嗢拕南　上溫骨反下唐賀反梵語也唐言偈頌

第二卷

駛流　師利反考聲云馬疾行也蒼頡篇云迅疾也從馬史聲也

第三卷　無字可音

第四卷

蝸蠃　上寡華反介雅蝸牛也經從累作螺俗字也下魯和反介雅海介蟲也形如蝸牛而大白色說文從虫𦝠聲音同上

朽墜級　上休柳反次直類反下音急尚書曰朽索之馭六馬孔安國曰朽腐也腐索馭馬言危懼之甚也隊正作墜墜墬並形聲字也

洗拭　上西礼反下昇力反以水洗滌形之穢垢又以耎帛摩拭令乾說文從手式聲

第五卷

蚊蝱　上音文下莫耕反並齧人飛蟲也前卷已重重釋

虵蠍　上社遮反俗字也說文從它作蛇蛇虵也它音他毒蟲也下軒謁反廣雅蠆也博雅蠆人蟲也並形聲字也蠆音丑介反螫音聲亦反

皿鑊　黃郭反說文鑴也集訓云有足曰鼎無足曰鑊說文鑴也從金蒦聲蒦音同

椽梁　上長孿反方言自關而西秦隴之間謂之椽從木從篆省聲自開而東周地謂之榱齊魯荊楚謂之桷梁字從木刅聲刅字從水從刃音同上經文從水作梁非也古文從本作洜訓同

第六卷

拘瑟耻羅　上音俱下勑里反梵語阿羅漢名也古曰俱絺羅經作祉非也

纈麗伐多　上賢結反梵語阿羅漢名也舊曰離婆多此二聖者常修禪觀寂靜行也

劫庀拏　庀音匕亦梵語阿羅漢名也舊曰劫賓那常修教誡教授諸聲聞衆

忩遽　上忩俗字也正體從囟作悤囪音窻下渠御反韻詮云遽急也速也集訓云驛馬傳車也說文從辵豦聲豦音渠

蹄喙　上第泥反驢蹄小而圓非牛蹄類也下兄衛反杜注左傳云喙口也說文從口彖聲彖音吐亂反

第七卷

貿易　莫候反毛詩傳及尒雅皆云貿賣之集訓云貿易也說文易財也從貝非聲也非音非

興起行經上卷　玄應撰

日鼓　正體作詁古文作趟同妨虔反

枝敲　蒼頡訓詁作趬同苦交反下擊也經文作挑非也

業報差別經　玄應撰

螽蝗　古文𧒂同止戎反詩云螽斯羽傳曰螽斯蜙蝑也亦即蝗也音胡光反蜙蝑音先恭反下斯驢反

勦健　仕交反謂勁速捷健曰勦說文作驍健也

一切經音義卷第五十六卷

一切經音義第五十七卷　　碣

翻經沙門惠琳撰

音大安般守意經二卷　惠琳

陰持入經二卷　惠琳

䖏䖏經一卷　惠琳

罵意經一卷　惠琳

分別善惡所起經一卷　惠琳

出家緣經一卷　惠琳

阿鋡正行經一卷　惠琳

十八泥犁經一卷　玄應

法受塵經一卷　無字

禪行法想經一卷　惠琳

長者子懊惱三䖏經一卷　惠琳

揵陁國王經一卷　惠琳

須摩提長者經一卷　惠琳

阿難四事經一卷　惠琳

未生怨王經一卷　玄應

猘狗經一卷　惠琳

四願經一卷　無字

黑氏梵志經一卷　惠琳

分別經一卷　惠琳

八關齋經一卷　惠琳

阿鳩留經一卷　惠琳

孝子經一卷

五百弟子自說本起經一卷　玄應

大迦葉本經一卷　玄應

四自侵經一卷　玄應

羅云忍辱經一卷　惠琳

佛為年少比丘說正事經　無字

時非時經一卷　玄應

沙曷比丘功德經一卷　玄應

自愛經一卷　玄應

中心經一卷　玄應

正見經一卷　玄應

阿難七夢經一卷　無字

大魚事經一卷　無字

呵鵰阿那含經一卷　無字

燈指因緣經一卷　玄應

婦人遇辜經一卷　惠琳

摩訶迦葉度貧女經一卷　玄應

十二品生死經一卷　無字

罪福報應經一卷　玄應

五無返復經一卷　無字

佛大僧大經一卷　玄應

邪祇經一卷　玄應
摩達國王經一卷　慧琳
旃陁越國王經一卷　慧琳
五恐怖世經一卷　慧琳
弟子死復生經一卷　慧琳

懈怠耕者經一卷　慧琳
辯意長者子經一卷　慧琳
天請問經一卷　慧琳
賢者五福經一卷　無字
無垢優婆夷問經一卷　無字
護淨經一卷　慧琳

木槵子經一卷　慧琳
無上處經一卷　慧琳
盧志長者因緣經一卷　玄應
僧護經一卷　慧琳
出家功德經一卷　慧琳
栴檀樹經一卷　玄應

頞多和多耆經一卷　慧琳
普達王經一卷　慧琳
佛滅度後殯斂葬送經一卷　玄應
五王經一卷　玄應
四天王經一卷　慧琳
未羅王經一卷　玄應

梵摩難國王經一卷　惠琳
父母恩難報經一卷　惠琳
孫多邪致經一卷　惠琳
新歲經一卷　玄應
群牛譬喻經一卷　琳

九横經一卷　琳
禪行三十七經一卷　琳
比丘避女惡名欲自殺經一卷　琳
比丘聽施經一卷　應
身觀經一卷　琳

無常經一卷　琳
八無暇有暇經一卷　琳
長爪梵志經一卷　琳
譬喻經一卷　琳
略教誡經一卷　琳
療痔病經一卷　惠琳

右八十一經八十二卷同此卷音

佛說大安般守意經上卷　翻經沙門惠琳撰

癘疫　上居冝反鄭注周礼云癘祓過行害上也說文從网從癘音勢或從草作蠣下搜皺反莊子云疾疫死嬰憂患其中也考聲羸也說文從疒殳聲也

蝝飛　悦泉反公羊傳蝝即蝗也蝗始生曰蝝大曰蝗說文蝗子也從虫彔聲

蝡動　上潤允反考聲云元從口蝝虫音終毀也

蝡有足日蟲說

軶轗 上烏革反鄭注考工記云軶轅端壓牛領軶也說文從車尻聲也經作軶俗字

痛蛘 羊蔣反礼記云蛘不敢搔也考聲云瘡瘡中有蟲也說文搔蛘也從虫羊聲經文從疒作痒是病也非經意也

喘息 上川耎反桂苑珠叢云人氣息謂之喘也說文云息也而從口耑聲耑音端而為之

細滑 上西祭反孔注尚書云細

小也說文微也從糸從囟囟音信

十絆 般漫反文字集略云絆縶馬足繩也說文絆馬馽也從糸半聲也馽音知立反

三輩 北昧反顧野王云輩猶部也宋忠注太玄經云輩類也說文從車非聲經從北作輩俗字是也

𧄍瞢 上音滕下墨崩反蒼頡篇云𧄍瞢卧初起皃也又悶也毛詩傳日瞢瞢神乱皃也上從登從夢省下從目亦從夢省經

文從足作蹬誤用非本字也

下卷

鑽火 纂鑾反國語云鑽鑿也顧野王云鑽謂鐫也集訓云鑽刺也亦穿物鐵也說文從金贊聲也

攘故 上攘章反韓詩云攘除也鄭注周礼云却夾也說文從手襄聲

黛眉 上徒戴反聲類云粉黛可以畫眉也說文黛亦畫眉類也從黑代聲也

陰持入經上卷

惠琳撰

懣懣 門頓反王逸注楚辭云懣憤蒼頡篇云悶也說文煩也從心滿聲也

為拕 音他顧野王云拕猶曳也廣雅云拕亦引也說文從木它聲它音同上經作拖俗字也

下卷

已分 下甫墳反王注周易云分隔也杜注左傳分猶遍也顧野王云分析

也鄭注礼記云分別也說文從八從刀以別物也經文作份音筆貧反与斌彬同非經義訓也

若干態　胎賓反王注楚辝云態妾也高誘注呂氏春秋云態度情負也說文從心能聲也

受跓　誅縷反考聲正從木作柱經從足作跓亦通也

青膖　朴邦反

溝港　上苟侯反鄭注周礼云通水於川日溝考工記云廣四尺深四尺日溝也考聲云亦水注谷也說文溝瀆也從水冓聲音古候反下江項反文字集略云水別流也考聲云水派流而不通也從水巷聲也

得徛　下音依也

摸貿　上母蒲反下莫候反顧野王云貿猶交也郭注介雅云廣易名也文字典說從貝丣聲丣音酉

膏炷　上果敎反鄭注礼記云膏香牛脂又日肥脂說文從高從肉下朱戍反考聲云炷燈心也從火主聲集訓作主主燈內布而施行今之時用也

睡眠　上垂類反下莫邊反蒼頡篇睡眠熟也王逸注楚辝云眠亦卧也顧野王云寐也說文並從目垂民皆聲經作瞑非

佛說處處經　惠琳撰

撓撈　上好高反廣雅云撓乱也聲類云攪也說文從手堯聲下老刀反方言云撈取也郭璞注云撈鈎撈也考聲云漉取也古今之正字從手勞聲

牛齝　下試之反介雅云齝牛食已又吐嚼之說文云吐而噍噍音樵笑反從齒台聲

熛起　上匹遥反呂氏春秋云熛焚宮燒積也說文火飛也從火票聲票音必消反古今之正字也

佛說罵意經　惠琳撰

瞳子　上動東反尚書大傳舜目重瞳也埤蒼云目珠子是也孝聲云目中瞳子也古今正字從目童聲也

蛇蚖　上社遮反下五

官反抱朴子曰蛇類甚多唯蚖蛇中人寂急可以刀割所螫處肉弃於地肉自沸似火炙須臾焦盡人得活矣不割必死玄中記云蚖蛇身長三四尺有四足形如守宫尋脊有針利如刀甚毒惡中人不逾半日則死山海經云皮可以飾刀劍与鮫魚皮相似但麁細異也

犁樀 下耕掓反說文樀車輗也從木啇聲或作拖音嬰革反說文拖把提非經義經從木作柅俗字

几上 飢履反考聲云几案屬也周礼有五几玉彫彤漆素是也諸侯朝覲祭祀皆用之矣說文几踞也象形字也經文從木作机是木名非經義借用

鷄鶩 下蒙卜反郭注尒雅云鶩即鴨也古今正字云鶩舒鳧也從鳥敄聲敄音務

燌燌 忿分反說文燌燒也今作焚古今正字從火賁聲經從貴作燌書誤也

持屎 下胡

古反說文古文戶字也埤蒼云小戶也聲類云房門也字書云寱也古今正字從戶木聲經文作床非也

師捲 下倦負反國語云捲舒也廣雅云捲愛也毛詩傳云捲力也說文勢也從手卷聲也

澆灌 下官換反顧野王云灌浟澍也考聲云灌漬也注也說文從水雚聲經作瀵非此字也

脛脡 上形定反孔注論語云脛脚也說文脛胻胻也從肉巠聲胻音衡更反巠音公冷反下地頂反鄭注礼記脡直也何注公羊云胊申曰脡古今正字從肉廷聲胊音渠俱反

確正 上腔角反周易確宰也考聲云堅固也古今之正字也從石隺聲

白髀 下鞞米反考聲云髀股也古今正字亦股外也文字典說從骨坒聲經作髀亦通坒音毗利反而音訓時之大用也

佛說分別善惡所起經　惠琳撰

污之 上烏故反顧野王云染污也韓詩云污穢也字書污塗也

說文從水亏聲經從夸作洿音於徒反与經義乖也**軌臯**上渠牛反礼記云軌臯不利也古今正字病塞臯窒塞也從臯九聲經從几作軌非此也**塞壅**下邕拱反鄭注周礼云壅隄防止水也鄭箋詩云壅猶蔽也顧野王云塞也公羊傳云壅不流也廣雅云隔也或作壟古今正字從土雝聲經作壅誤書也**鷄鳬**下輔無反

郭注尒雅云鳬似鴨而小長尾背上有文今江東人亦呼為鸍音詩孝聲云亦野鴨之小者從鳥九聲几音殊經從力作鳧非此鳥也**啤呲**上音畀下子思反**根檔**上朗當反下黨郎反**弥觔**疑字錯未詳所以未音之**謇吃**上建偃反周易云謇難也方言云謇吃語澀也郭注云亦北方通語亦作謇古今正字從言寒聲經作蹇

致也非經義塞音僧則反下斤佗反聲類云叱重言也說文語難也從口气聲**嚾罵**上音喧孝聲云嚾嚾嘷也聲類作罵古今正字從口讙聲也或從言作讙讙音恒而音訓之義**蟲豸**下持里反介雅云有足曰蟲無足曰豸也**蹲踞**上音存孝聲云蹲踞也謂昬郄坐也杜注左傳云蹲乗足坐也說文亦踞也從足尊聲下居御反**鞭榜**下伯孟反孝聲云使舩也王逸注楚辭云榜舩擢也又注云擢

亦識也說文從木旁聲也**萎黑**上委為反說文從草委聲**懱性**上斤蔑反方言懱惡也郭璞注云懱忲急性也古今正字從心敝聲也敝音瞥袂反**瘭疾**上標遥反廣雅云癰成膿也埤蒼云瘭疽浮熱也集訓云熾也古今正字從疒票聲也經從火作爂非也粟音必消反**鈔綴**上炒稍反或作抄孝聲鈔略取也廣雅掠也說文從金少聲下追銳反賈注國語云綴連也說文綴令著也從糸叕聲經

文從心作慨非也殁音猎劣反　**牽將**　上企堅反廣雅牽挽是也　**輪轢**　上音倫顧野王云輪車輞也說文有輻日輪從車侖聲侖音論下零的反蒼頡篇云轢轢也說文轢車所踐也從車樂聲也　**啖圂蟲**　上談濫反廣雅云啖食也說文啖亦噍也從口炎聲中瑰困反蒼頡篇云圂豕所居也說文圂廁也從囗作溷非也囗音韋　**火燔**　下伐袁反考聲燔燒也毛詩傳云炰加火日燔廣雅燔乾也說文從火番聲而古今之正字形　**夗轉**　上宛院反說文夗轉卧也從夕從卪卪卪音節經從宀作宛非也　**躁擾**　上遭譟反顧野王云躁猶動也鄭注論語云躁不安靜也賈注國語云躁擾也說文從足喿聲經作跈俗字喿音騷到反　**蜚蛾**　上音非郭注尒雅云蜚即負盤臭虫

也杜注左傳云蜚亦蠜也顧野王云負蠜蜚也說文從虫非聲　**畜牲**　下省英反鄭注周礼云牛馬羊豕鷄大日六牲杜注左傳曰畋牛名曰牲說文從牛生聲　**調嬈**　泥鳥反　**墟聚**　上去魚反周易云墟邑也廣雅云墟居也南楚役頴言亦墟聲經從阜作隑隊非正也今之時行也　**貧窶**　劬乳反考聲云居無財以備礼也毛詩傳云窶者無孝礼也說文從宀婁聲宀音綿古今正字也　**迷惛**　音昏

孝聲云老而多忘日惛孔注尚書云惛乱也毛詩箋云惛無所知也說文從心昏聲而成之　**中這**　音彥蒼頡篇云這迎也說文從辵言聲也　**丗福**　下風伏反礼記福者備也太玄經云人道所喜日福毛詩箋云爵命為福說文從示畐音逼聲經從示作禑字書撿尋都無音釋之處也　**聾聵**　下頑恠反賈注國語云生聾曰聵說文從耳貴聲也　**騬割**　上阻蠅反考聲云騬云今之敎馬也犍牛也去

其外腎也說文從馬乘聲又音囚陵反

瞰若 上蹺曉反埤蒼云瞰明也孝聲云光明皃也古今正字云月光也從日敫聲亦作皎也

泛愛 芳劒反

豔天 上音焰也

佛說出家緣經　惠琳撰

驚悸 下葵季反孝聲云心驚也怒也說文悸心動也從心季聲

頑憒 下壞內反蒼頡篇憒乱也庄子云憒憒然為丗俗之礼也說文從心貴聲

佛說阿鋡正行經　惠琳撰

考治 拷老反考聲云拷也又擊也毛詩云子有鍾鼓不擊不考方言考引也經從手作拷俗字非也

呼吸 歆急反毛詩箋云吸

猶引也顧野王云吸亦息入也廣雅云吸歙也說文從口及聲

十八泥犁經一卷　玄應撰

倅略 倉對反依字倅副也廣雅倅盈也又作体倅音蒲本反

焯熱 之藥反廣雅焯熱也說文焯明也經文作晫都角反晫非此義

陛牢 方奚反說文陛牢獄名也所以拘非者也家語天子周陛執之王肅日陛獄牢也字從非作陛省聲經文作梐非體也

法受塵經　無字可音訓

禪行法想經　惠琳撰

膖脹 上璞尨反埤蒼云膖肛脹也古今正字從月夆聲尨音麥邦反而行有為之

費耗 上妃未反廣雅云費猶損也說文費散財用也從貝弗聲下蒿告反毛詩箋云耗唐也蒼頡篇云耗消也說文從禾毛聲經從耒作耗誤也

佛說長者子懊惱三處經　慧琳撰

摩抄　下索何反聲類云摩抄猶捫摸也古今正字從手沙聲經從少作抄誤遺脫也

捷陁國王經　慧琳撰

乹陁　上件焉反下度何反梵語國名也

擔樵　慈遥反韓詩云樵取也杜注左傳云樵薪也說文從木焦聲也

須摩提長者經　慧琳撰

相棖　宅庚反俗字也正作敞亦作敲又作棖先儒隨意作之散在墳典集訓云搒撞也車也轉注字而說之也

哽塞　厄夯反韻詮云氣塞哀極之介

標心　必遥反毛詩云標拊心皃也顧野王云標謂揭表以識之說文從手票聲

鷹逐鴿　上憶矜反毛詩箋云鷙鳥也顧野王云亦謂爽鳩也下甘合反王逸注楚辭云鴿鳩之類也說文從鳥合聲也

贖之　常欲反俗字也王肅注尚書云出金贖罪也考聲云輸物以免罪也以財賞直也說文贖貿也從賣賣音育

佛說阿難四事經　慧琳撰

貿賣　上矛候反顧野王云貿猶交易也介雅云貿市賣也文字典說文貝非聲經作貿非也

未生怨王經　玄應撰

渧泗　息利反詩云渧泗滂沱傳曰自鼻出曰泗也自目曰渧也

瘦眚　字苑作瘄同所景反釋名眚瘄也如病瘄瘦也鄭玄注周礼云眚者猶人眚瘦也經文作省非字體也今行之

桀逆　奇列反桀案謚法曰賊人多累曰桀劉熙曰多以惡逆累賢人也

佛說猘狗經　惠琳撰

狾狗　上折例反廣雅云狾狂也說文亦狂犬也從犬折聲也

湔洗　上節前反廣雅云湔亦洗說文湔浣也從水前聲

四願經　無字音訓

黑氏梵志經　惠琳

拷掠　下力酌反杜注左傳云掠劫財物也鄭注礼記掠索也古今正字從手諒省聲

愕然　上五各反字書作咢字也咢驚也亦訟譁也聲類云嚴敬皃也古今正字從心咢聲

悒遽　上音邑王逸注楚辭云悒也古今正字從心憂也歎息也蒼頡篇不舒之皃也說文不安也從心邑聲下音渠杜注左傳云遽畏懼也賈注國語遽疾也鄭注論語云卒也說文窘也從辵豦聲經從心作懅誤

徑順　上音經蒼頡篇云徑過也廣雅云徑歷也文字典說從彳巠聲然得而行也

鈎鉺　下尼輒反釋名云鉺攝也拔取也說文鉺鉆也從金耳聲耳音尼輒反也

佛說分別經　惠琳撰

是祟　下雖醉反考聲云神鬼為害也疾也說文神為禍也從示

從出聲經從宗作祟非也

禱祀　上刀老反鄭注周礼云求福曰禱包注論語云請鬼神也廣雅云謝也說文從示壽聲下詞亲反祀絜敬而祭也顏野王云百神之屬可祭曰祀也說文從示巳聲

娭嬳　上矣犧反毛詩傳云娭少也馬注論語云和舒之皃也顏野王云謂女子好戲說文巧也從女矣聲下狂矍反文字典說云嬳作姿態皃也從女蒦聲經從矍作嬳誤也

不憚　下壇嬾反毛詩箋云憚畏也難也韓

詩云憚惡也考聲云勞也說文從心單聲古今正字也

佛說八關齋經 惠琳撰

族姓 上藏鹿反孔注尚書云族類也同姓也百家為族使之相葬也說文從㫃矢聲經從手作挨非也

佛說阿鳩留經 惠琳撰

日嫪 下倉含反集訓云嫪婪也謂貪於衣食也說文從女參聲

一盃 榮倶反何注公羊傳云盃飲器也考聲云椀之大者也說文飯器也從皿亏聲經從木作杅非

佛說孝子經 惠琳撰

推燥 下蘇早反周易云火就燥也說文云燥乾也從火喿聲經作慘非也喿音躁也

禮賂 下盧故反毛詩傳云賂遺也顧野王云以時相請謁也說文從貝路省聲

愓愓 汀的反孔注尚書云愓懼也毛詩傳云愓愓猶切切也賈注國語云愓疾也考聲不安也憂也說文從心易聲

以賽 下桑代反穆天子傳云酬福也考聲云報也說文從塞貝聲塞音僧則反

沈汚 上除林反孔注尚書云沈謂冥醉也杜注左傳云沈溺濕也顧野王没也說文從水冘聲冘音淫下

綿編反考聲云湎耽酒也孔注尚書云湎飲酒過差失度也說文從水丏聲也經從心作忱愐非也

兇孽 上兇字下從人下言竭反杜注左傳云孽災也蟲獸為怪曰孽衣服草木為怪曰袄今通作孽俗字也正從示辥聲

蠆毒 上丑芥反象形字鄭箋毛詩蠆毒蟲也秦晉之閒謂之蠍螫通謂之蠍鄭玄曰蠆尾如婦人拳髮曲而上卷尾端有毒說文從虫萬象其形也

號絕 上号高反韻英云大哭也韻詮哀痛

聲也古今正字從虎号聲經作嗷非兹也

佞嬖 上寧定反賈注國語云僞善乍仁也顧野王云諂從諫以悅君上之意也案佞者諂媚於上曲順人情乍僞似仁故從仁從女說文巧諂也下音閉社注左傳云嬖親幸也王注楚辭云嬖猶愛也謚法日賤而得愛日嬖劉熙日嬖卑也媟卑接婬以色事人也說文從女辟而聲也媟音屑也

媟冶 下音野易日冶客誨淫考聲云婦人變態也說文冶亦銷也從冰台古今文也經從蟲作蠱雖通非經之本義也而亦非今時之本字

五百弟子自說本起經　玄應撰

僥值 古堯反漢書晉灼音義日徼遇也謂願求親遇也

鷰麥 又作燕同煙見反尒雅蘥雀麥也注云即鷰麥也經文作鷖伊奚反鷖水鳥非此用之

傅飾 方務反傅猶塗附也傅藥傅粉皆是

餼施 古文槩同虛氣反儀礼餼之以其礼鄭玄日以牲日餼饋猶稟給也埤蒼餼饋也字書餼餉也方言餼而熟也

雜糅 古文粗飼二形同女救反說文雜飯也今以異色物相參日糅糅雜也

譚俱 徒含反或作具譚經中多云瞿曇皆是梵言輕重也

賷姓 埋押反梵言薩俱盧也一本作薄經文作賷誤

訶䣼 側於反梵言摩訶䣼此譯云大長也

殷皮 於斤反詩云殷其盈矣傳日殷衆也殷大也又於艱反赤黑色為殷此借音用尒

敷愉 翼珠反慕文作孚瑜亦美色也方言怤愉悅也

繫㯰 呼結反埤蒼團係也通俗文束縛謂之㯰古今正字

莅吒 古文作隷同音也力四力季二反也

堊飾 烏各反白土也尒雅牆謂之堊郭璞日以白土飾牆也廣雅云堊塗也古文云

孚謔 字體

作趕同芳務反礼記云無趕往鄭玄日趕疾也廣雅趕行也下去戰反譴責

輕邈 亡角反楚辞高馳之邈王逸日遠也方言邈離也漸漸也廣也亦戚也

大迦葉本經 玄應撰

開拔 正字作破同普皮反蔡文云破折也拔猶分也亦拔折也

經文作擺補買反手擊也擺非此義也

四自侵經 玄應撰

不肖 先妙反礼記其子不肖鄭玄日不似也言不似其先故日不肖謂倖惡之類也字從肉小聲

征忪 之盈反古文伀同之容反方言征伀惶遽也江湖之間凡窘卒怖遽皆相謂之征伀

羅云忍辱經 惠琳撰

無愠 於運反毛詩傳云愠恚也蒼頡篇云愠恨也說文怒也從心𥁂聲𥁂音温潤也

毒蟒 下莫傍反郭注尒雅云蚦之㝡大者也考聲云亦大虵也說文從虫莽聲

煒爗 上韋鬼反毛詩傳云赤貟也考聲云亦光色盛貟也說文從火韋聲也下炎劫反方言爗爗熾盛貟廣雅云爗赤光也說文從火曅聲曅音同上經從畢作曅非也古文云尒時之音訓字也

佛為年少比丘說正事經 無字音訓

時非時經 玄應撰

釪瓚 案字義宜作于窴二形窴音徒賢也又云徒見反而古今之正形國名也

沙曷比丘功德經 玄應撰

陷此 古文錎同陷猶墜入也亦没也說文陷從高而下也一日

墮也

笥中　胥吏反說文盛衣器曰笥也礼記簞笥問人者鄭玄曰並盛食之器也而圓曰簞方曰笥也

闓化　上口哀反說文闓開也廣雅闓化也亦欲也聲類此亦開字也

自愛經　玄應撰

攘衣　而羊反謂攘除衣袂出臂也子曰攘臂而下車是也袂音

弥世反今訓尒

跣襪　先典反下舞發反古文作袜帓韈並同足衣也經文作懱非也

揮涕　毀歸反說文揮奮也謂揮奮振訐也揮灑也尒雅云揮竭也注云揮振去水為竭也經文作指麾之麾亦非體也

中心經　玄應撰

脆不　清歲反說文脆少耎易斷也廣雅脆弱也脆猶嫩也經文作毳非也嫩音奴困反

翲飛　今作螵同縣緣反說文小飛也周書翲飛蠕動是

見正經　玄應撰

包毓　說文云亦育字同餘叔反說文養子使從善也育亦長大也覆育也亦生也

挻土　舒延反淮南子云陶人之剋挻埴許叔重曰挻揉也埴土也挻擊也亦和也

斲柹　數廢反說文削木也蒼頡篇柹扎也謂削木柹也

蝮蛸　扶福反下夷六反字林蝮蛸蟬皮也猶蛣蜣變為蟬也廣雅蝮蛸蛻也蛻音他外始銳二反謂蛇蛻皮也經文作輹育非體也

臭茹　下如庶反案茹亦臭也今謂腠敗為茹也腠音乃罪反

臝臞　又作臞同渠駒反尒雅云臞瘠也說文少肉也正古文

阿難七夢經　無字可音訓

大魚事經　無字可音訓

阿鵰阿那含經　無字可音訓

燈指因緣經　玄應撰

蕭森　今作槮同所金反說文多木長皃也

子胤　與振反尒雅胤繼也亦嗣也說文子孫相承續曰胤言酱育之謂也已

喟然　又作嘳同口愧反說文大息也論語顏淵喟然歎曰何晏曰歎而聲也

罄謁　古文窒同可定反說文器中空也尒雅罄盡也經文作石樂器名也古者毋句作磬非此義古文云

飲酣　古文作佄同胡甘反尚書酣歌于室孔安國曰樂酒曰酣漢書應劭曰不醉不醒曰甘酉曰酣

孑然　居折反案孑猶孫獨也說文孑無右臂曰孑國語有孑然是之也

親昵　今作暱同女栗反尒雅昵近也郭璞曰謂相近也亦親也私昵也

賊陷　苦洽反說文曰陷也廣雅賊陷經文作抓掐之作掐非體抓側交反也

据拾　又作攟同居運反方言据取也國語收据而烝賈逵曰据拾穗也穗音遂也

猜疑　古文䝭猜二形今作㤥同麁來反案猜亦疑也廣雅云猜懼也方言猜恨也

耑確　又作碻埆蒼作墧同苦學反周易夫乾確然韓康伯曰確堅皃也經文作磬胡旋反殼盡也非此義也

譸張　又作詶嚋侜三形同竹尤反尚書云無或譸張為幻孔安國曰譸張誑也相欺惑也

上翳　又作瞖同一計反說文注云目病生瞖也三蒼郭璞注云目瞖病也

喁喁　古文顒同牛劍反說文衆口上見也謂羣仰其德也詩云顒顒昂昂傳曰顒顒溫皃也

婦人遇辜經　惠琳撰

娶婦　上超句反白虎通云娶者取也周礼男三十而娶說文從女從取聲也

水碓　堆內反顧野王云碓亦以用舂也方言碓亦機也考聲云舂具也說文從石隹聲也

頓躓　竹利反顧野王云躓猶頓也廣雅云躓亦蹎也說文從足質聲古文

姑妐　蠋容反方言云今關中人呼夫之父曰妐考聲云妐亦夫之兄也從女從公聲也古文云尒

尫劣　上柱王反蒼頡篇尫小倭也說文云跛曲脛也從大象偏曲一脚之形也經從尢從王誤之尒

摩訶迦葉度貧女經　玄應撰

除饉　渠鎮反舊言除饉女即今比丘比丘尼也分別功德論云世人飢饉於色欲比丘除此愛饉之想故名除饉也

米潘　敷袁反蒼頡篇云泔汁也說文潘淅米汁也江北名泔江南名潘經文而作之播非此也

佛說十二生死經　無字可音訓

罪福報應經　玄應撰

麋麈　之乳反以冬至解角者也說文鹿屬也似鹿而大尾可以為拂也此皆古文云

鵂鶹　許牛反下力周反亦名鉤鵅即鵂鵄也夜見晝伏也亦別名恠鳥也古今之正字也

五無返復經　無字音訓

佛大僧大經　玄應撰

不滋　聲類作孖同子思反說文滋益也滋蕃長也經文作孳方言東楚之間凡人去乳而雙產者曰釐孳說文孳孳汲汲

祅蠥　言列反說文云衣服歌謠之怪謂之祅禽獸虫蝗之怪謂之蠥蠥灾祥也

謚比 時至反說文行之迹也從言益聲也白虎通日謚之言列也釋名云謚申也物在後為申言名之於人也

鷹鸇 之然反尒雅鷐風鸇也郭注尒疋云鸇鷂之類屬也

齮[齒+齊] 丘依丘倚二反蒼頡篇云齊人謂齧咋為齮齮齧也許慎云側齧也下竹皆反齧挽日齮

齩齧 又作䶧同五狡反廣疋䶧齧也說文齧噬也

儲偫 上直於反下直理反說文儲偫具也亦待

惕惕 汀歷反詩云心焉惕惕傳日惕惕猶切切也亦懼也亦愁也

噫乎 又作譩同於熙反謂歎傷之聲

箋其 側賢反字林表識書也一日表職書日箋

俘取 上防膚反國語而安俘女賈逵日伐國取人日俘也俘亦取也

邪祇經　玄應撰

恢弘 又作[illegible]同苦迴反字林恢大著也

狊咤 况役反通俗文驚視日狊經文作臭呼赤反說文犬視也

掔我 二著亦牽字音苦田反引制也廣雅牽挽也連也經文作掔脚田反掔固也非此義也

摩達國王經　惠琳撰

澡手 子老反顧野王云澡猶洗潔也說文澡洗手也從水喿聲

整衣 之郢反鄭注礼記云整正也考聲理也說文齊也挺敕正聲經作整誤也敕音恥力反古文云尒

旃陀越國王經　惠琳撰

譖之 戢禁反廣雅云譖毀也劉兆注公羊傳言旁入口日譖說文譖讒也從言朁聲古文云尒

其湩 冢用反穆天子傳湩乳汁

也郭璞云今江南人呼乳汁為湩湩亦聲也

五恐怖世經　慧琳撰

遵令　子倫反孔注尚書云遵循也郭注尒雅云遵行也蒼頡篇遵習也說文從辵尊聲

就冥　覓瓶反郭注尒雅云冥昧也毛詩箋云冥夜也說文從冖音覓從日從六經從人冖從具非也

佛說弟子死復生經　慧琳撰

猒哲　上伊焰反顧野王云猒猶足也鄭注礼記云猒飫也說文從甘從月從犬會意字也飫音於據反

髡鬄　上闇昆反說文髡鬄也從髟兀聲髟音標下他歷反鄭注礼記云鬄鬀也說文從髟別聲經作別俗字也鬀音剃

殯斂　賓牝反杜注左傳云殯窆棺也何休從棺曰殯說文從歺賓聲歺音殘古文云耳

歠食　生達濫反廣雅云歠食也說文歠嚵也從口歠聲或作啗亦通也經云幻化也

漚惒　上烏侯反下音和梵語菩薩名也

淵泓　上於玄反毛詩傳云淵猶深也說文淵亦深泉也從水𣶒聲也𣶒音同上下烏宏反廣雅泓猶水深澄也說文云亦下深大也從水弘聲

瘖瘂　上邑今反說文不能言也從疒音聲下烏歌反說文病也從疒阿聲

鳥獸　收救反尒疋云四足而毛曰獸說文從犬嘼聲嘼音同上經作狩非也

拯濟　拯字無疊韻取蒸字上聲呼之杜注左傳云拯救助也方言云拯扶也說文從手丞聲下精細反孔注尚書云濟救度也杜注左傳云益也賈注國語云成也說文從水齊聲也

懈怠耕者經

法誼　宜寄反毛詩傳云誼善也

辯意長者子經 玄應

鼎沸 上音頂應劭注漢書云鼎方金器也顧野王云鼎烹飪調和五味之器也三足兩耳從貞省加耳足象形古文作

肝肺 上割丹反下孚廢反考聲云五藏名也說文從肉千市皆聲也市音北𣏟反從八也

遏惡 上安曷反孔注尚書遏絕也毛詩傳遏止也考聲遮也說文從辵曷聲

爲飴 以之反方言凡飴謂之餳也毛詩箋云甘如飴也說文以米蘖煎成之從食目聲吕古文以字

達嚫 楚齗反文字集略云嚫施也從口親聲

讖書 楚禁反顧野王云讖謂占候有効記其事也說文讖驗也從言韱聲經作讖俗字也韱音僉也

鐵輞 下音罔也

天請問經 慧琳撰

慘毒 上初錦反方言慘殺也說文慘亦毒也從心參聲經文作磣亦通用也

髫齔 上音調埤蒼云髫髦也考聲云小兒剃髮留兩邊髮也說文從髟召聲經文作鄒亦通也髟音必遥反下初謹反鄭注周礼男七歲女八歲即毀齒也說文從齒七聲經作齓非也古文也

甲冑 下直宥反杜注左傳云冑兜鍪也

欻然 上薰屈反

賢者五福經

無垢優婆夷問經

右三卷並無字可音訓

護淨經 慧琳撰

蟯蜋 上却良反下力張反郭注尒雅云蟯蜋啖糞者也說文並從虫尭良皆聲

秸稾 上鞂八反下高考反孔注尚書秸亦稾也

說文稾亦秆也並從禾吉高皆聲而成矣

濤米 道勞反蓁韻云濤汰也文字典說從水壽聲經作洮非經義也

木槵子經　惠琳撰

疫疾 營壁反周礼方相氏執戈揚楯以驚𣪠癘之鬼說文民皆疾也從疒役省聲也

苾芻 蘇和反西國比丘之名也

無上處經　惠琳撰

叢聚 族公反孔注尚書叢亦聚也說文草木聚生為叢從丵取聲經從草作藂非也亦俗字也丵音士學反也

盧至長者因緣經　玄應撰

𥨍弃 姜語反弃藏也通俗畫也物空盡也

物𠎝 又作澌同悉漬反言鍚賜盡也物空盡日𠎝𠎝索

僧護經　惠琳撰

氣噓 許居反

敬諾 那洛反毛詩傳云諾許應也顧野王云諾謂聽許之辝也論語子路無宿諾說文從言若聲

瓶項 下項江反蒼頡篇項缶瓶也說文似缶長頸受十升從瓦工聲

抓搔 上爪交反埤蒼云爪插也廣雅抓搔也古今正字刮搔也從手爪聲也

爛瘃 抄爪反方言火乾也古今正字從火𥤮聲或作燋爆亦作炒並義同𥤮音楚愚反

羝羊 抵西反毛詩傳羝牡羊也廣雅羝推也吳羊牡者三歲日羝說文從羊氐聲也

申縮 上失真反白虎通云申者身也說文從臼臼音掬經作申古之字也

斲斤 竹角反孔注尚書云斲削也杜注左傳云報斲匠人也說文斲斫也從𠁁斤聲𠁁音豆也

敢舐 食介反考聲云以舌取物也說文以舌取食也

從舌氏而聲也

豎橛 權月反鄭注礼記云橛之言蹶也廣雅云橛杙也說文從木厥聲杙音餘織反

出家功德經 惠琳撰

鞞羅羨那 上音毗梵語西國比丘名是也

栴檀樹經 玄應撰

躊躇 又作跦躕同長留反腸知反下除厨二音並通廣雅躊躇猶豫也又云住足不進也亦躑躅時也

跢地 多箇反江南俗音帶謂倒地也

拍𢻱 普格反廣雅拍擊也釋名拍搏也以手搏其上也今謂拍其上而死也經文作摽非也

憮然 上音舞怪愕之意也論語夫子憮然何晏曰為其不達已意而非此之字意也

頞多和多耆經 惠琳撰

頞多和 上阿葛反西國經名梵語也

普達王經 惠琳撰

已售 上音以下讎祐反字書售賣物得售也顧野王云售賣物去也說文從口從隹省聲

佛滅度後金棺葬送經 玄應撰

藉身 宎夜反棄藉猶薦藉也同易藉用白茅是也

斂骨 力冉反說文斂收也亦藏也尒雅斂聚也廣雅斂取也經文作撿非體也

甈甋 普安反下侯徒反廣雅甈甋甎也埤蒼大甎

旌表 子盈反尒雅云旌首曰旌郭璞曰載旄於竿頭也國語為車服旗章以旌之賈逵曰旌表也取其幖幟

欣懌 以炙反尒雅怡懌樂也郭璞曰懌怡心之樂也懌意解之樂也字林懌怡也

購鉢

古候反說文以財有所求也廣雅購償也古云

燔身 扶袁反說文燔燒也加火曰燔廣雅燔乾也

明踰 庚俱反廣疋踰度也亦越也勝也經文作跨非也

陵遲 古文作勑本作夌同力蒸反淮南子云山以陵遲故能高案陵陂也平易不峭峻者之耳

五王經

玄應撰

了𠄏 又作了同丁皎反方言了𠄏懸也趙魏之間謂懸曰𠄏郭璞曰了𠄏懸皃也糺是縮𠄏

陜山 胡夾反案陜迫陿不廣大也說文陜隘也

茲茲 莫蕠反茲茲遠皃也茲然日謂不了也經文作睆呼光反不明也兩通

侹直 古文作頲同他頂反通俗文平直曰侹經文作

檻車 下斬反釋名云檻車聲轞也

擩箭 而隹反謂張弓擩箭也亦言捻箭也經文作㨷非體也

四天王經

惠琳撰

蚑行 上岐宜反周書曰蚑行喘息也考聲云蚑蛷蟲名蛷螋也說文從虫支聲經文作蚑誤也古文云

僉然 上七廉反孔注尚書云僉皆也方言僉亦劇也說文從亼吅从古從字也亼音才入反吅音喧也

呪詛 上州狩反下阻踈反郭注周礼云詛者欲相共惡之說文呪亦詛也或從言作詶去聲下從言且聲

苾芬 上頻蜜反毛詩云苾苾芬芬考聲云香皃也文字典說云亦香草也並從草必分皆聲也

囹圄 上歷丁反下魚舉反嫓周獄名也鄭注礼記云囹圄所以禁守繫人者之處也並從口令吾皆聲口音韋也

末羅王經

玄應撰

震悚 又作竦同思勇反字林悚惶遽也經文作聳非也

梵摩難國王經

僧跋 蒲末反梵語也此云衆等即今之等供是也

父母恩難報經　惠琳撰

乳哺 蒲路反許叔重注淮南子云哺口中嚼食也說文咀也從口甫聲經從金作鋪非也

孫多邪致經　惠琳撰

除饉 勤靳反穀梁傳三穀不升為饉尒雅蔬不熟為饉說文從食堇聲堇音謹

新歲經　玄應撰

如鶡 何葛反山海經輝諸山多鶡郭璞曰似雉而大青色有毛

貧相鬪死乃止也

噲樂 苦壞反經文作噲字林噲咽也蒼頡篇此亦快字也字林快喜云之

佛說羣牛譬經　惠琳撰

揞土 上鮑交反方言揞深也廣疋云揞猶滅也又插也鄭注礼記亦手覆也說文從手音聲音音土口反也

佛說九橫經　惠琳撰

噫吐 上烏介反礼記云不敢噦噫也說文噫飽食而息也從口意聲也㰦嚏匕丁計反蒼頡篇嚏噴音於越反口也礼記不敢嚏欬也日令云人名軌嚏是也說文語氣解也從口疐聲也軌音求疐音帝也

禪行三十七經　惠琳撰

撮取 宗括反廣雅云撮持也應劭注漢書云以三指撮也說文從手最聲

比丘避女惡名欲自殺經　惠琳撰

輕躁　遭到反賈注國語云躁擾也鄭注論語不安靜也謚法口好變動民日躁說文從足喿聲經作蹸非也喿音桑到反

比丘聽施經　玄應撰

乎呼　芳于反乎疾也呼召也命也又音呼餓反發聲也

殟

殟　烏沒反說文暴無知也聲類欲死

身觀經　惠琳撰

齩之　五巧反廣雅云齩齧也說文從齒交聲或作齗經文作齩非也齧音研結反

㳄唾　上羨延反考聲云口中津也說文口液也從水從欠或作汎流又作延

一切經音義卷第五十七

一切經音義卷第五十八

翻經沙門慧琳撰

音僧祇律四十卷

十誦律六十一卷

五分律三十卷

右三律一百三十一卷同此卷音

僧祇律第一卷

依怙　胡古反尒雅怙恃也韓詩云無父何怙頼也無母何恃恃負也

策謀　古文冊册𦳯三形同初革反策亦謀也下莫侯反謀論也諮事為謀謂諮事之難易也

咎舋　渠九反詩云㥾畏咎箋云咎猶罪過也尒雅咎病也說文咎災也亦惡也下蘩鎮反瑕疊愆過也亦罪也

黎庶　力奚反尒雅黎庶衆多師旅衆也

即襞　卑役反字林卷衣也謂襞褺衣也卷音居阮反

四褺　徒俠反通俗文重衣曰褺

輕躁　又作趮同子到反躁動也躁擾也謂不安靜也

潛微　無非反尒雅瘞幽匿竊微也郭注云謂逃竄也又微止也字從彳音丑戟反

籠鞴　又作羈羇二形同居猗反說文革絡馬頭曰鞴釋名鞴撿也所以撿持制之也

禍酷　古文俈嚳焅三形同苦蕎反酷極也說文嚳急也告之甚也謂暴虐也

愻悌　蘇寸反字林愻順也謙也下大帝大礼二反愷悌樂也易也善事兄曰悌也

第二卷

先不音

第三卷

芋根　禹拘反說文大葉實根驚人者也故謂之芋蜀多此物可食其

本者謂之蹲鴟

竹筥　又作篆同力與紀與二反字林筥箱籍也飯器受五升秦謂之筥方言南楚謂之筲趙魏謂之籢郭璞曰盛飯筥也聲類筥箱也亦盛柸器籠曰筥筲音所交反

篙擿　古豪反謂刺船竹也長二丈以鐵為鏃下他狄反擿猶剔撥也

椓杙　都角反下又作弋同餘職反尒雅樴謂之杙注云即橛也樴音徒得反

堅勁　居盛反說文勁強也字從巠力巠音胡頂反水直波也

薄膌　又作瘠同才積反說文膌瘦也亦薄也律文作膌非體也

貣用　他得徒得二反字林貣求也說文貣從人求也

一切經音義卷第五十八　第三張　碣

第四卷

倪摟　五奚五礼二反國名也

磯激　居依反埤蒼水中磧石也廣雅磯磧也下古狄反急流也

皺枘　壯幼反下女六反通俗文縮小曰皺物不伸曰縮枘律文作㒳蹜未見所出

聹耳　丁藍反說文耳垂也又作耽都含反說文耳大也

咩咩　又作嘪同弥尒反說文羊鳴也

誇說　又作夸同苦尒反諡法曰華言無實曰誇誇相誕也謂倚恣過制自夸大也

鏇師　因絹反謂以繩規物者也說文圜鑪也

欲抒　時汝除呂二反說文抒挹也蒼頡篇抒取也出也廣雅抒渫也舀也舀音餘遶也

一切經音義卷第五十八　第四張　碣

第五卷

萎黃　於危反聲類云萎才草萎也律文作痿痿痹謂不能行也

深

榛　士巾反說文叢木曰榛廣雅木藂生曰榛也

輅上　又作路同力故反釋名云路亦車也金玉等路各隨其所釋立名謂之路者言行若道路也

水濽　子旦反汙灑也江南言濽山東言湔音子見反

轒轤又作樚櫨二形同力木力胡反蒼頡篇三輔舉水具也即汲水者也

第六卷

趌𧽈居列居逸二反下居月反纂文云趌𧽈凶豎也亦䟺起也

第七卷

扣瓮說文作敂同苦後反扣擊也

喃耳相承音古學反耳邊語也未詳何出

鶬鴰又作雒同七唐反尒雅鶬麋鴰郭璞曰即鶬鴰也鴰胡決反

警宿居影反謂警戒也亦起也廣雅警不安也律文作景非體也

踟躅直知反下直誅反踟躕躑躅也亦住足也廣雅猶豫也躑音馳亦反躅馳綠反

睩瞚力穀反睩視良也下尸閏反說

文目開合數搖也

第八卷

先不音

第九卷

茜色又作蒨[illegible]二形同且見反茹藘也律文作綫表之綫非此也

手揔相公反通俗文手挺頭曰揔也

窳惰揄乳反尒雅窳勞也郭璞曰勞苦者多惰窳也或作懈古賣反

庵慢於含反廣雅庵舍也埤蒼庵康音且債反

啾啾子脩反蒼頡篇衆聲也啾啾鳴聲也

紃羊似均昌緣二反紃謂雜也縷也

第十卷

檻匱胡黤反檻攏也檻圈也

燈盛時征反在器曰弌案咸謂今之拯盂也左傳曰旨酒一盛言器也

儌賃子鄉將六二反通俗文雇載曰儌下女鴆反

晃煜又作晄古文熿同胡廣反說文晃明

也廣雅晃曜也光也下由掬反說文煜曜也廣雅煜熾也埤蒼蔵良也

笮作 側格反案笮猶壓也今謂笮出汁也亦狹也說文笮迫也

得砰 為狹反謂自上加也又作壓壓鎮也

第十一卷

齒木 案梵本云彈多抳瑟攙彈多此云齒抳瑟攙此云木謂齒木也長者十二指短

者六指也多用竭陁羅木作掃之今此多用揚枝為無此木

掃箒 作彗字林日竹枝今此夕莇反謂掃竹也律文作擠手桂反廣雅擠裂也

舍勒 此譯云衣或言內衣也

營署 時庶反營謂經營也署猶置也說文部署也亦言也

第十二 先不音

第十三卷

痏痏 諸書作侑猶文作煒案通俗文於鬼反痏聲日痏藹脣日然音于簫反律文從口作嘩喂二形非也猶音除救反

第十四卷

中析 又作所同思狄反聲類析劈也說文破木也亦分也字從木斤會意字也

完出 胡官反說文完全也

生微 無非反通俗文物傷

濕日微也

撥開 補沫反謂發揚也撥亦除也棄也律文作抪正沫反謂抪物也抪非此義

朝菌 奇殞反介雅中道菌郭璞日地蕈也似蓋今江東呼為土菌蕈音審

呵叱 齒逸反方言呵怒也陳謂之呵棄叱猶可也礼記尊客之前不叱狗是也

第十五卷

搋築 又作扠同勑佳反通俗文拳手挃日搋也

挾先 胡頰反介

雅云挾藏也郭注云今江東通言也謂懷意也律文作協和之協非也

秸泥 古八反秸即稾也律文作苦古木反禾穀稭也

米潘 敷煩反字林淅米汁也江南名潘關中名泔也律文作鱕皈二形非也

嘲話 又作啁同竹包反蒼頡篇啁也調也謂相戲調也漢書云俱在左右談調而已是也

第十六卷

食棧 仕板反說文棧棚也廣雅棧閣也棚置食器於其上也

洮米 徒刀反案洮汰也通俗文淅米謂之洮汰也說文汰洗也汰音太淅音甄熱反

抒去 所降反說文從上挹取也通俗文減上取日抒

石壜 徒南反猶瓮坩也律文作琰非也坩音口甘反

苦卷 古文顯擔脊三形今作卷同渠負反毛詩傳云卷曲也

竹篙 方言作檣音高謂剡船竹也淮南子篙篙測江許叔重曰謂剡船竹長二丈以鐵為鏃者也

第十七卷

山坡 又作陂同普何反案陂陀猶靡迤也今山陂土坡皆是也迤弋是反

鬉舜 字體作鬉音書閏反廣雅鬉謂之鬉漢書韋昭音蠢鄭玄注礼記云鬉乱鬉也音舜

鎗銚 餘招反温器也律文有作鐎汁也說

文鐎鐎汁也字林云容一斗以銚無緣

欬嗽 苦戴反說文逆氣也下又作欶同蘇豆反蒼頡篇齊郡謂欶日欬也

刵劓 讓記反廣雅刵截耳也下又作劓同魚器反說文劓決鼻也尚書無或劓刵人也孔注云劓割鼻也刵截耳也

麻籸 所中反通俗文物䔧日籸字從米

奚用 胡鷄反蒼頡篇云奚何也

疥瘙 蘇到反蒼頡篇瘙疥也廣雅瘙瘡也

蘆荻 又作薍同徒歷反即蒹葭也堪為薄者也葦未秀者為蘆

蒹公銜也

木札　側黠反木皮也律文有作柿敷廢反說文削朴也朴札也謂削木柿也二形通用又作𢷸非也

撥聚　補達反撥理也亦發揚皃也廣雅撥除也撥棄也律文作跋非體也

若秸　公八反尚書三百里納秸服孔注云秸稾也服稾役也

若穰　如羊反說文黍𥝩也禾穰也𥝩音良計反

第十八卷

藍澱　徒見反介雅澱謂之垽郭璞曰澱滓也江東呼為垽垽音魚靳反

倒子　居列反介雅蛸螺郭璞曰井中蛣蟨亦虫也一名子下通俗文蛸化為蚊是蛸音狂究反螺音香究反蛣音結蟨居月反

汪水　烏黃反小介雅汪池也

拼毳　補耕反下昌芮反拼彈繩墨也毳羊

細毛也

拳搉　渠員反下苦角反說文搉敲擊也字從手從隺

第十九卷

并擣　而注反謂擣埊擣揃擣物箏皆作此字

磓壓　又作搥同丁迴反謂捉下也廣雅搥擿也下於甲反自上加下也

罥弶　古犬反下渠向反字書施罝於道曰弶以繩取物曰罥

尩脚　去誑反謂脚曲也書無此字應俗作耳

聳耳　古文竦𢥞慫三形同所項須奉二反

方言聳聾也郭璞曰言無所聞常聳耳也聳又悚也謂敬悚也

掩襲　古文戳同辭立反左傳凡師輕曰襲注掩其不備也

甎坯　又作殑同四才反字林瓦未燒者曰坯

汪泥　烏黃反通俗文停水曰汪謂汪池之汪律文作洸古皇反洸涌也洸洸聲也洸非此義也

第二十卷

棲棟　所龜反介雅橢謂之棲郭璞曰即椋也亦名桶亦名橑音力道

反棟都弄反說文屋栿也一名極亦名桴亦名檼音於靳反

櫨欂 力胡反說文柱上枅也下蒲麥蒲各二反廣雅欂謂之枅

枅衡 今作棈同結奚反蒼頡篇柱頭方木也一名揩亦名栟亦名椟亦名楶音子結反

田𦬊 或作斜都口反此宜作斗字

第二十一卷

見齗 魚斤反說文齒肉也蒼頡篇齒根也

疚頭 古文鈂𤵸二形今作疣同有留反說文頭顫也謂顫掉不正也顫又作戰律文作痏非體也

第二十二卷

刳四 口孤反言刳劈也說文刳判也周書曰刳木為舟謂空其腹也

上摡 古載反周礼師女官而摡鄭玄曰摡拭也字從手律文從木

作槩平斗斛之槩非此義

羹臛 呼各反楚辭露雞蠵脽王逸注云有菜曰羹無菜曰臛也蠵以規反

噂噍 又作𡥳同補洛反下子立反說文噍良也廣雅噂噍聲也

歍歍 於滑反說文咽中氣息不利也律文作嗢非也

蟥蜂 胡光反介雅蛂蟥蛢郭注云甲虫也大如虎豆綠色江東呼為黃瓶蛂音扶結反

斗藪 又作擻同蘇走反通俗文斗藪謂之㲄㲄律文作抖擻非體也㲄音都穀反㲄音速

圂廁 胡困反廣雅圂廁也下恻吏反廁亦圊也釋名云圂者溷濁也或曰清言至穢處宜常修治使潔清也廁者人雜廁在上非一也

第二十三卷

礓石 居良反形如薑也通俗文地名小石謂之礓礫也字從石從畺也

屋檐 又作櫚同餘占反說文檐梍也亦名屋相亦名連緜介雅檐謂之樀樀亦楣也梍音毗樀音都歷反

項顀 直追反說文頟出也

今用其義律文作腿未見所出

侏儒 之于而予反通俗文侏儒曰矬謂極短人也

第二十四卷

懟恨 古文譵同丈淚反尒雅懟怨也亦忿也

齵齒 五溝反蒼頡篇齒重生也說文齒不正也謂高下不齊平也律文作齲丘禹反說文齒蠹也齲非此義也蠹音丁故反

第二十五卷

第二十六卷

並先不音

第二十七卷

敲戶 又作毃同苦交反謂下打者也說文敲橫擿也

猥多 烏罪反字林猥衆也廣雅猥頓也

搇牽 又作搇同渠林反說文急持衣襟也埤蒼搇捉也

瓷匙 方言從木作提同是支反謂拘飯者也律文作鉹昌紙反鉹鬵也鉹非義鬵音自林反

第二十八卷

持鞾 字書作縙同而用反案義飾也又作氄而容反字林氄罽也

牂羊 祖郎反字林牡牂羊也三倉云牂羖羊也

不拆 耻格反字林坼裂也亦分也律文作卓非體

第二十九卷

是挻 式延反謂作泥物也挻擊也挻柔也埴土也

水湔 又作濺同子見反通俗文傍沾曰湔山東名也江南言濺音子旦反

第三十卷

紡績 古文作勣同子狄反字林績緝也

鬱訓 又作詩同

陟尢反比丘名也三蒼訓亦酬字也

第三十一卷

令臉力占反廣雅懸熱也臉生血也

穀胾夷職反謂穀麥糠皮也律文作芙草名也

燎巳又作爍同力鳥反字林燎炙也律文作燎力彫力弔二反庭燎也燎非此義

福羅正言布羅此譯云短靿靴

靿音烏豹反

疫手又作頄同于救反謂顫疫搖動不安也

第三十二卷

漱早所霤反或言藪早或言優婆斯皆訛轉也正言鄔波斯此云近善女也鄔音一古反

喟嘆又作嘳同口媿口恠二反大息也喟歎聲也

第三十三

先不音

第三十四卷

狠䟢又作跋同補蓋反狼䟢猶蹎䟢也說文䟢步也聲類頼䟢也

婆[口束]所學反星名也

欶指又作嗽同所角反通俗文含吸曰欶嗽亦吮也

醂青莫奚反埤蒼醂醬敗壞也醬敗則醂生醭音普木反

廁篦補奚反小學篇篦刷也謂制刷也今眉篦等皆作此也

甌別烏侯反甌器也方言盆之小者謂之甌也

施系奚計反謂繫系覆系等皆作系律文作緤莫二形非也繫音思頁反

青嶶無悲反通俗文物殤濕日黴律文作湄溦二形非字體也次下卷生嶶同

龔䟽力同反說文龔房室之䟽也䟽窓也廣雅龔含也律文作籠非體也

第三十五卷

[糸爭]卷側耕反說文[糸爭]縈繩也江沔之閭謂之縈收繩為[糸爭][糸爭]亦屈沔音弥善反

欱烟呼帀反欱猶飲取也說文欱歠也歠音昌悅反

敦

觸又作㪙棖橖搖四形同文衡反敺亦觸也當敲居儀反通俗文以箸取物曰敧口頂反下開代著音陟慮反謦欬反通俗文利喉曰謦說文欬逆氣也字從言從欠律文從石從口作磬咳二形非也連嚏又作鏈同丁計反蒼頡篇嚏噴鼻也詩云願言則嚏箋云汝思我心如是我即嚏也今俗嚏云人道我此古遺語也矸矸胡旰反字指云礦矸

雷大聲也律文榾古忽反埤蒼云狗榾木名也中作蕭苛也榾非此義礦音莫八苛音古旱反

第三十六卷

妖豔於驕反說文妖巧也又女子狀皃淑好也下又作艷同餘贍反方言秦晉之間謂美為豔豔光也姑妐故胡反白虎通曰姑者故也故老人之稱也說文姑母也下之容反釋名俗謂舅章曰妐言是也所欬見之悚遽自肅齊也

第三十七卷　先不音

第三十八卷

殆壞徒改反廣雅殆敗也介雅殆危也殆殆亦幾也近也拳敲又作敲同口交反謂下擊也說文橫擿也律文作挠非也

第三十九卷

佉啁羅床此譯云小長牀也啁音竹交反敲槃口交反謂相擊打也槃謂鈴槃也

第四十卷

罯瘡於感於合二反說文罯覆也律文作奄草名也奄非此用竹笪土旱反字林折竹箠也箠音土恐反竹膚也聲類箬篾也今中國蜀

土人謂竹篾爲篅也

襏衣 又作被同補末反通俗文三尺衣謂之襏也

跋渠 此言訛也正言伐伽此譯云部謂部類也或言群同其義

十誦律第一卷

攫其 九縛反說文攫扟也蒼頡篇云攫搏也言歎瞋則攫也扟音逞迣反

毼被 而容反字林毼罽也謂古其毲毛者也律文或作鞼而用反

說文韋遝飾也

戶非 地點反通俗文門鍵曰非蒼頡篇作樺樺持也鍵音巨展反方言關東謂之鍵關西謂之鑰

髁肋 口化反字林髁胢也謂骨骨也胢音口㞢反下郎得反說文脅骨也字從肉從力作肋律文從革作勒說文馬頭絡銜者也非字體也

犢車 徒穀反古名羊車釋名云羊祥也祥善也善飾之車今犢車是也

柂樓 大我反釋名云舡尾曰柂柂柂也在後見柂曳也柂音他字從手柂從木

蛭蟲 之逸反尒雅蛭蟣江東名蟣音巨機反謂入人皮中食血者也律文作蛽非也

狌 又作猩同所京反字林能言鳥也山海經曰人面豕身能語今交阯封溪縣有之狀如貒如豚聲如小兒啼也貒音土桓反

二趍 丑白反謂半步曰趍律文作踔丑白勑角二反跳踔行不前也

第二卷

作弶 渠向反字書施罥於道爲弶也律文作摭非也

鼾睡 下旦反說文臥息聲也字苑呼干反江南行此音律文作哻吁嘷三形非體也

第三卷

皰瘢 又作疱同私淺反字林乾瘍瘢有乾溼兩種釋名徙疒徙也浸淫移徙處曰癬也故青徐人謂癬爲徙也

頭綃 私遥反通俗文云生絲繒曰綃謂頭頿也

掉衣 徒弔反廣雅掉振搖動也律文作挑吐尭反

挑投也排非也蹇洽反

鍫钁　又作鍬同且消反方言趙魏間謂臿為鍫臿音

第四卷

第五卷

已上二卷並先不音

第六卷

一弗　字苑初眼反今之多肉弗也

班𣮘　布莽反謂毛布也字林罽之方文者曰𣮘律文作㲘非也

第七卷

褶縫　之涉反謂褶疊也廣雅褶襞也緶縫曰褶也

木牓　補莽反謂以木貫身立以大標上牓人善惡以現之也律文作榜補盲反弓輔也榜非此義

第八卷

一杼　治呂反說文機持緯者即今筬也曾子母投杼下機是筬音成

麨糒　蒲秘反說文乾飯也一日熬大豆與米者律文從麥作麴非體也

殆而　徒改反治也近也礼記殆將病注云殆幾也

第九卷

天竺　今作篤或言身毒或云賢豆皆訛也正言印度此翻名月月有千名斯其一稱良以彼土聖賢相繼導凡化物如月照臨因以名也

窯師　羊招反字林燒瓦竈也又作陶徒刀反作瓦器者也西國無窯但於平地累坯燒成器也

釤鍫　所鑒反字書釤大鎌也下千消反方言趙魏之間謂臿為鍫也

勦疾　說文作[illegible]同仕交反捷健也謂勁速勦健也

第十卷

藊豆布殄匹綿二反其葉可治霍乱人家多種之也 咽病又作胭同一千反謂咽喉病也

第十一卷

孔鑄古文陘墥二形同呼丕反說文蹐裂也坼也 齗齒下界反說文齒相切也三蒼鳴齒也律文作吟非也 癘語魚祭反聲類眼肉不

覺妄言也

葦棧仕諫反說文棧棚也廣雅棧閣也通俗文板閣曰棧是也 櫂子徒角反俗音徒格反郭璞日謂木無枝柯梢櫂長而殺者也 合霤力救反謂屋簷前水下之處也人合霤為堂也 木簣阻革反簣棧也謂以為木棧非竹葦也

第十二卷

鵽肉竹刮反尒雅注云今鵽大如鴿似唯雉鼠尒出北方沙漠地也肉美俗名突厥雀生蒿萊之間如鶉大慈音呼濫反 鶉肉帀均反說文鶉鵪也廣雅鵪鶉也鵪音烏含反鷦音焦

第十三卷

胡荾又作葰荾荽三形同私佳反韻略云胡荾香菜也律文作綏非也 歠粥古文吷同昌悅反說文歠飲也欲也下古文糈同之育反

匙匕卑以反一名柶通俗文匕或謂言匙方作提同是移反柶音四又作鉽昌紙反非也

第十四卷

牙旗集基反夏后尚牙謂刻為牙飾因以名馬釋名云熊虎為旗軍將所建象其猛如猷與衆期其下也 日昳徒結反日反也

第十五卷

經恤 又作卹同須律反尒雅恤憂也亦恤也謂與人財物振恤之也

水突 陁沒反謂水蕩流壞物者也

箭括 資戭反兵竹也箭者竹之別形也大身小葉曰竹小身大葉曰箭竹主為矢因以為名馬古活反釋名云箭其末曰栝二會也謂與絃會也

若茜 又作蒨蒨二形同千見反說文茅蒐也人血所生可以涂絳字從草西聲律文作箋子薊

反表識書者箋非此義也

第十六卷

掃篲 又作彗同囚銳蘇醉二反說文掃竹所以用掃者也

擢臂 徒卓反蒼頡篇擢抽也廣雅擢出也亦引也謂抽臂泗也

掊水 或作抱同蒲交反說文引取也通作俗文作掊手把曰掊也字從手

模 莫奴反說文摸法也此亦摹字規也形也掩取象也字從水也

楷

模 莫奴反說文模法也此亦摹字規也形也掩取象也字從木也

楷土 之也反三蒼楷赤土也山海經少陽之山多美楷是也

白墠 音善卽白土也亦名堊亦名白墠律文作墡非體也

第十七卷

髓餅 思累反釋名云烝餅湯餅索餅髓餅等各隨形以名之也律文作饋思累弋累二反字書饋餐也方言餡或謂之饋餚非此義餐音一月反豆

鉛也

酒澱 徒見反尒雅澱謂之垽郭注云澱滓也律文作醫非也

陽病 養良反周書云陽詐也通俗文作詳虛詐也漢書作陽不真也經文作佯佯似羊反佯弱也佯非此義

第十八卷

磨貝 補蓋反西域衣名也

門闑 又作臬同魚烈反尒雅橛謂之臬注云門闑也謂門限也

第十九卷

粰糨　又作粰音浮留廣雅粰糨精饊也今謂薄粥也

官稟　補錦反說文稟賜也廣雅稟與也

斤頭　居勤反說文斤斫木也斤鑁也律文作釿魚斤反釿剉也釿非此用也

著茸　而容反草茸又今取其象也

鐃鏡　奴交反廣雅和鑾鐃鐸鈴也下鏡未詳疑誤應作錞

音市均反周礼金錞和皷也

刳中　口孤反言刳刳也謂空其腹中也

唼唼　祖盍反謂食作聲也

第二十卷　先不音

第二十一卷

贅頭　諸芮反通俗文體目曰疣贅釋名云贅屬也橫生一肉屬著體也小曰肬大曰贅

指瘃　又作瘃同竹足反謂手足中寒作瘡者也

丸頹　又作癀同堂雷反陰病也釋名陰腫曰頹氣下頹也又曰疝亦言詵詵引小腹急痛也疝音山

瞎瞽　正字作瞎同火鎋反字書一目合也下公戶反無目謂之瞽瞽鼓也瞑瞑如鼓皮也

⿺尢畏⿺尢妥　烏對反下他對反謂發風也律文從疒作瘨瘋非也

瘭疽　必遥反下千余反廣雅癰成為瘭疽名也

第二十二卷　先不音

第二十三卷

革鞙　又作鞙古文作䪁同胡犬反車鞙也謂大車縛槅者也廣雅鞙謂之䩯槅音古厄反鞙居亘反律文作依非也

第二十四卷

第二十五卷　並先不音

第二十六卷

臭煤　徒来反下土才反煙塵也通俗文積烟以爲炱煤律文作燰煤非體也

言櫱　魚列反說文牙米也謂漬穀麦等生牙者也

肥丁　都亭反丁強也釋名丁壯也言物體皆壯健也

奉餉　式尚反廣雅餉遺也餉饋也

俟夏　又作竢同事几反尒雅俟待也

蝗蟲　胡光胡孟二反螽也謂蝩蟲者也礼記蝗蟲為灾是也蝩音之容反

閔

一切經音義卷第五十八　第三十一張　碣

摩　式反滦

菱芰　又作蔆同渠寄反尒雅蔆蕨攈注云即水中菱也律文作芵芵音渠歛反芵鷄頭也

擗擋　笄政反下當浪反通俗文除物日擗擋擗除也

伊寗　奴定反苦謕也

多他　畫也

蠰舍　而羊反

第二十七卷

覊由　又作羇同居奇反馬勒也繫也

氀衣　力俱反通俗文毛布日氀廣雅氀罽也

稾草　公道反說文稾稈也即乾草也

縗衣　麁雷反釋名死三日生者成服日縗縗摧也言傷摧也縗有錫有疑縗有繐縗也繐音歳

第二十八卷

汙箆　布奚反刮汙箆也律文作捭此借音耳

户排　蒲皆反謂木闔開户者也如户鉤等律文作𨎐非也

捩攦　力結反下所懈反謂暴乾

一切經音義卷第五十八　第三十二張　碣

第二十九卷　第三十卷

第三十一卷　第三十二卷

已上先並無音

第三十三卷

麑魚音迷謂大身魚也其類有四種五相呑也經中皆作述也

第三十四卷

檽子盧丁反窓子也通俗文䟽閒日檽亦云車檽是也

懸癰醫方皆作臂謂喉中肉也

大魁苦迴反說文羹斗也律文作橺鐗二形非也

餛飩胡昆反下徒昆反廣雅餛飩餅也

第三十五卷

先不音

第三十六卷

門閫又作梱同苦本反礼記外言不入於閫注云閫門限也

弭耳古文作睨同弥耳反謂耳卧為弭也

陂澤筆皮反大地也山東名濼音匹莫反幽州名淀淀音殿下直格反水聚日澤釋名云兗州人謂澤為掌言水亭聚如掌中也澤閻者也

宰人祖殆反礼記宰夫為獻主注云宰夫主膳食之官聲類宰治也律文作牢非也

第三十七卷

振擺又作捭同補買反說文反手擊為擺也

步𣫍楚佳反釋名云步𣫍人所帶以箭𣫍其中也

擩箭而注反亦言揞箭也今言擩莖擩物皆作此字也

掊刮蒲交反通俗文手把日掊律文作刨近字耳

耳圈去貞反謂耳璫之類也或以金銀王等為之也

指屈衢勿反說文無尾也淮南子云屈奇之服許叔重日屈短也奇長也今取其義

處拼補荓反拼弹也律文作絣無文絣也

不匀弋均反說文調句也

指鞜今作揩同徒荅反說文揩也以皮為之今射鞜是也

水竇徒遘反考工記竇高三尺注云宮中水道也說文竇空也謂孔穴也

第三十八卷

滌食 徒的反通俗文澡器曰盪滌說文滌洒也

牛呞 又作齝齝二形同勑之式之二反尒雅牛曰齝謂食已復出也

犛牛 忙包反西南夷長毛牛也律文作猫非體也

鞘紖 又作靷古文作琦同胡犬反謂車鞘靷物皆作此廣雅鞘謂之鞆

嚏故 又作疐同丁計反蒼頡篇噴鼻也

辮帶 駢殄反說文交辮也通俗文織繩曰辮辮織也

施憶 虛偃反謂布帛張車上曰憶

萬蝲 他達反下勒達反廣雅萬蝲蚔蠆蠍也

豌豆 一丸反廣雅豌豆瑠豆也字從豆瑠音留

三碣 渠列反說文特立石也謂三石支釜者也

門楣 美飢反尒雅楣謂之梁注云門上橫梁也

施棚 蒲萠反通俗文連閣曰棚棚亦閣也閣謂重屋也

第三十九卷

屐支 又作跂同巨逆反說文屐屩也屐有草屐帛屐等也屩音居虐反

木桶 湯動反通俗文云受漆者曰桶可以盛食等也

慓⿰忄志 昌志反私記為幟音皆與知識同更無別音也

作桊 去負反居木為之謂之桊經文作桊非也

獺皮 他過他轄二反說文形如小犬水居食魚者也律文作狚非也狚多達反又作獺蠟蛆蟽等形並非也

鱣魚 古文鱓同知連反大黃魚也口在頷下體無鱗甲肉黃大者長二三丈江東呼為黃魚是也

第四十卷

漚令 於候反說文久漬也律文作膒非體也

凶凹 烏交反字苑云凹陷也蒼頡篇作窊墊下也

凶凸 徒結反字苑云凸起者也

築時 古文𥮴同陟逐反說文築擣也廣雅築刺也

卤簿 字體作擄同力古反下蒲古反擄大楯也蔡雍獨斷曰天子大駕出陳卤簿也

喑噫 於禁乙戒反喑噫大呼也說文飽出息也律文作噎非也

𣓡襠 音兩當釋名云其一當匈其一當背因以名之也

第四十一卷　第四十二卷　第四十三卷

第四十四卷　第四十五卷

右已上五卷並先不音訓

第四十六卷

作縈 一瓊反通俗文收績曰縈縈旋也

作繒 土巾反說文釣魚繳也尒雅繒綸也郭璞曰江東謂之繒繳音之若反

第四十七卷

蛆眦 子餘反

土隙 徒果反字林小堆也隙字吳人謂積土為隙字從自

香奩 正字作𢍰同力占反說文鏡𢍰也謂大奩者也江南有將奩香奩棊奩等是也

纔得 在灾反纔僅也劣也不久也廣雅纔暫也

議仲 謂伯仲凡弟也伯長仲中也

櫨栱 来都反說文欂櫨柱上枅也一名榙亦名栟亦名槉欂音薄麦反枅古奚反榙徒荅反栟皮變反槉音疾

第四十八卷

鐵砧 又作椹𢧐二形同豬金反鈇砧也律文作鈂文心反臿屬也

裓來 孤得反謂衣襟也

惡賊 烏故反謂憎惡也下茨則反廣雅賊卑也經文作㤽賊非也賊音子且反

激列 古歷反流急曰激發也感激也

第四十九卷

揕懣 其盤反說文懣悉也亦懣兇也律文作優非也 過𢧵 烏咼反蒼頡篇過遮也介雅過止也郭璞日今以逆相止為過 詭語 居毀反謂不實也詭惡也撟也譎詭奇恠也

第五十卷

黔虵 古文鵮同渠占渠今二反 嵯棃 祖娥反

第五十一卷 先不音

第五十二卷

穄米 子裔反說文穄穈也似黍而不黏者關西謂之穈音美皮反

時齎 又作𣳈同子礼反廣雅齎瀎也謂齎出其汁也律文作擠音子諂反排也擠非此義也

灑散 所解反如水之灑地也律文作擺非

第五十三卷

簰筏 又作箄同蒲佳反方言箄謂之筏南方名簰北人名筏

第五十四卷

餘𩞀 古文𩞀糂糣䊦四形今作䅟同桒感反說文以米和羹也一日粒也律文作糝非也

第五十五卷 先不音

第五十六卷

潢池 胡光反說文積水池也大日潢小日洿濁水也

第五十七卷

牛脬 普包反通俗文尿本日脬說文旁胱也

樵薪 才焦反說文樵木也亦薪也字從木焦聲也

䴪軓 力穀反下又作轉同脂緣

反挾長者謂之甎輒

第五十八卷

圩飾屋孤反圩塗也飾修治扶飾也扙鑽下祖乱反謂扙端頭若骨鐵等也經文作纂組非此用也錍豆布迷反廣雅錍豆蹋豆也刀匣今作押同胡甲反說文匣匱也謂成刀鋼者也須鑰息子反鎖須也下余酌反說文關下牡也

第五十九卷　先不音

第六十卷

挽紖古文縁紞二形同文忍反說文牛索也者仇古文逑同渠牛反怨稱曰仇尒雅仇讎匹也到矴都定反謂挂下石也律文碇非也

捉瑱古文顛同他見反周礼弁師掌冕玉瑱王笄注云瑱塞耳者也釋名云瑱鎮也懸當耳旁不欲使人忘聽自鎮重也或名充耳笄音鷄

五分律第一卷　玄應撰

厭蠱於冉反下字林音固說文厭合也蒼頡篇伏合人心曰厭蠱周礼庶氏掌除毒蠱注云毒蠱虫物害人者也謂虫行毒也律文作固非也

養飤今作餧同辞恣反說文飤粮也廣雅云餧飤也謂以食供設人也日飤字從食從人律文作飼近字也餞送才箭反說文送去也謂以飲食送人日餞字從食律文作戔殘之戔非體也僅而渠鎮反字林僅財能也僅亦劣也衙㑪下杉反凡在內而末發者皆日衙言衙恨衙涙等皆是也享福虛兩反享受也亦當也說文享獻也字從高省篆文作亯又音呼羹反餟祠說文餟同張芮反酹祭也酹音

力外反字林謂以洒澆地祭也

麾麾字詁今作撝同呼皮反楚辭麾手曰麾謂手指之也

歌謠與招反說文獨歌也尒雅徒歌為謠是也從空也

和埴時力反尚書云厥土赤埴墳孔安國曰黏土曰埴也

枅栔今作梢同古奚反蒼頡篇柱上方木也一名楮亦名欂櫨欂音蒲交反

户楣靡飢反尒雅楣謂之梁郭璞曰門上橫梁也

第二卷

作穽古文阱汖二形同才性反廣雅云穽坑也謂穿地為陷以取獸也

偪俛亡忍反下無辯反謂自強為之也律文作優非也

險巇又作巇同許奇反險巇危也律文作巘五遠反載聲也巇非義也

晏安烏見反說文宴安也字從宀從妟宴安尒雅安止也定也蒼頡篇云安靜也說又作侒宴也

第三卷

允合弋准反周易允升大吉王弼曰允當也允亦信也尒雅允誠也

共賭又作賭同都杜反通俗文錢戲曰賭

礧佛力對反謂以石投佛也今言礧石是也

第四卷

驚惋烏翫反謂惋歎驚異也

愜意苦頰反愜可也字林愜快也

第五卷

亜灑於仁反下所解反字應作垔於故反即莊飾也

粲麗麁旦反廣雅粲明也粲亦鮮盛貌也律文作璨非體也下勒計反廣雅麗好也麗謂華靡也

歠啜又作吷同昌悅反說文歠飲也欱也欱音火洽反也

第六卷

輟我 猪劣張衛二反止也尒雅輟已也

誣説 武于反説文加言也誣欺也妄也誣亦同也

木簀 側革反説文牀棧也尒雅簀謂之第音側几反郭璞日即牀板也

第七卷

蔚然 於謂反廣雅蔚茂也茂盛也

援助 于眷反援謂依援護助之言也

第八卷

介意 居薤反周易憂悔吝者存乎介韓康伯日介纖介劉瓛日介微也

貪飻 又作飻同他結反説文貪謂貪食日飻

胆弊 千余反謂胆妬也蝿于日胆也

泅戲 又作汓同似由反説文水上浮也今江南呼拍浮為泅也

澆瀸 又作㗲瀸二形同子且反説文水汙灑也史記以五步之内以頸血瀸大王衣作瀸字

第九卷

狠朚 又作泩同莫剛反朚遽也通俗文時務日泩律文作狽非體

鞅掌 於兩反詩云王事鞅掌傳日失容也箋云鞅荷也謂捧之也自荷捧持以趄走促遽失容儀也

作慷 今作幟同尺志反慓也通俗文私記日幟廣雅幟幡也墨子以為長丈丑廣半幅日幟也

第十卷

企行 古文跂同祛豉反通俗文舉踵日企企亦望也字從止

遝水 他币反埤蒼遝歠也律文作嗒非體也

第十一卷

第十二卷

第十三卷　並先不音

第十四卷

索鏶　今作銚同子俏反韻集云鏶溫器也三足有柄字林云鏶容一斗似銚銚又音遥一音徒弔反

擲梭　又作㨖篗二形同先戈反謂織梭行緯者也

彧虜　力古反虜獲取也服也戰而俘獲也掠奪取物也

屋霤　力救反說文屋水流下也凡水下處皆曰霤也

第十五卷

窺窬　丘規弋珠反說文窺小視也

自貽　以之反尒雅貽遺也注云謂相歸遺也

以砥　職夷反山海經崦嵫山多砥礪郭璞曰磨石也崦音於廉反嵫音子辞反礪音例

跨馬　苦罵反字林跨踞也

亦蹻也說文跨僟也

憩上　說文作愒同却厲反尒雅愒息也

皆蹪　陟利反礩礙也通俗文不利曰蹪限至曰礙

第十六卷　先不音

第十七卷

自炮　字書作炰同白包反說文毛炙肉也詩傳曰以毛曰炰是也亦裹燒也

吃人　乙乞反說文言難也重言也

第十八卷

攢頭　古患反謂貫其頭也

青虹　古文作羾同胡公反說文螮蝀也狀似虫字從虫俗呼為美人螮音帝蝀音董

第十九卷　先不音

第二十卷

脅諸　字體作慴同虚業反謂以威力相恐懼也

雷霆　逹頂逹丁

二反尒雅疾雷為霆霓郭璞曰雷之急激者也蒼頡篇霹靂也霓音五結反

畦畔　下圭反説文五十畝為畦今之稻畦菜畦等也律文有作塍食蒸反稻田畦也

毛㲘　布莽反字林罽方文者曰㲘謂毛布也律文作毳非體也

拘攝　之涉反或言拘執梵言訛轉耳謂罽之垂毛者

第二十一卷

鏟髮　又作剗同初簡反廣雅剗削也聲類剗平也

屯門　徒昆反廣雅屯聚也屯亦陳也

等屧　思協反屧謂屐屬也律文作屟非體也

作靿　一豹反靴靿也律文作鞾鞾俗語也書無此字

第二十二卷

鱣脂　知連反尒雅鱣大魚也似鱏而短鼻口在頷下江東呼為黃魚

亦鯉也長者二三丈鱏音徐林反鼻長七八尺肉重千斤

用麴　去六反方言江淮陳楚之間謂之苗音曲注云楚語轉耳

糂米　古文作糝籀文作糣同桑感反説文米和羹也律文作粽非也

第二十三卷

先　不音

第二十四卷

斧剉　且卧反謂剉斫也説文折傷也律文作銼才戈反小釜也又音

族

相揩　口皆反廣雅揩摩也字從手

第二十五卷

錍箭　普啼反方言箭廣長而薄廉者謂之錍也

人邏　力賀反韻略云邏循行非違也戈爲也謂遊兵以禦寇者律文作儸力歌反僂儸也僬音之邪反也

泥鏝　又作槾墁二形同莫槃反尒雅鏝謂之杇郭璞曰泥鏝也杇音烏

第二十六卷　二夫

奠食　徒見反奠陳也歠也廣雅奠薦也調也

昁之　符發反廣雅昁舂也埤蒼昁暘米也通俗文擣細曰𪍿暘音蕩

三捼　三蓍奴迴反手捼也說文捼摧也一日手相切也

翻翻　又作䎃同孚元反廣雅翻翻飛也亦國臭也律文作數非也

第二十七卷

䩞呞　又作齝齝二形同勑之式之二反尒雅云牛曰呞注云食已復出嚼之也

庖廚　蒲交反庖言之包也廚庖屋也蒼頡篇主食者也

筴箸　古俠反字林公洽反筴亦箸也下丈庶反飯攲也筴亦取也律文作挾藏之挾非體也

繂水　居願反通俗文汲取曰繂說文杼漏

莝草　千卧反謂斬芻飤馬者也詩云乘馬在廄莝之秣之傳曰莝蒭也

第二十八卷　先不音

第二十九卷

作總　渠記反所以聯綴繫記之也

躂脚　他末反字林足跌曰躂取其義者也

第三十卷

勗勉　許玉反方言齊魯謂勉曰勗滋尚書勗哉夫子孔安國曰勗屬也謂勉強也

阿呼　匹尤反梵言也依字吹呼也

一切經音義卷第五十八

一切經音義卷第五十九　碣

翻經沙門慧琳撰

只音四分律六十卷

四分律第一卷

律藏 力出反梵言毗尼或言鞞泥迦或言毗那耶或云鼻那夜或云毗柰耶皆由梵音輕重聲之訛轉也此譯云離行行亦道也謂此行能離惡道因以名焉或譯云滅惡也或云化度言梵經化度衆生也或云調伏調伏貪瞋癡也即文殊淨律經云曉了貪欲名為律是也案尔疋律法也謂法則也又云律詮也法律所以銓量輕重也又云律常也言可常行也故字從彳彳即行也從聿聿者筆也定罪正刑非筆不斷也釋名云律者縲也冈人心使不得放肆也言尸羅者此音止得謂止惡得善也舊譯云清淨及性善者皆義釋也縲音力追反縲繫也

稽首 字詁古文諸同苦礼反白虎通日所以稽首何稽至也首頭也言頭至地也三蒼稽首頓首也說文下首也周礼太祝辨九拜一曰諸首是也

說戒 古薤反戒亦律之別義也梵言三婆羅此譯云禁戒者亦禁義也廣疋戒備也周易以此齋戒韓康伯日洗心日齋防患日戒字體從廾持戈以戒不虞字意也廾又作拜同巨龍反

諷誦 福鳳反諷謂詠讀也誦謂皆文也

罣礙 又作罫同胡卦反字書網礙也說文礙止也

垣牆 于煩反四周牆也釋名垣援也人所依阻以為援衛也牆者障也所以自障蔽也

颷火 俾遥反小火也案字體作標說文標飛火也三蒼迸火也呂氏春秋云突泄一標焚宮燒積是也

醒者 思挺反字

林醉解也

除愈　古文瘉同臾乳反說文瘉病瘳也方言差間愈也

身康　恪剛反康安也字林休也尒疋康樂也

難詰　去質反廣疋詰責也說文詰問也

饉飢　古文飢又作饑同几治反尒疋穀不熟為飢蔬不熟為饉春秋穀梁傳曰二穀不升謂之飢三穀不升謂之饉五穀不升謂之灾說文飢餓也

梵行　凡泛反梵言梵摩此云清淨或曰清潔正言寂靜葛洪字苑云梵潔取其義矣故二梵本云㝠羅那地耶譯言舊第二雜心論云衆具反第二是也

髮被　皮寄反被謂被帶也亦衣被也律文有作披張之被非也

袈裟　舉法反下所加反韻集音加沙字本從毛作毿毿二形葛洪後作字苑始改從衣蘘外國通稱袈裟此云不正色也諸木中若皮若葉若花等不成五味雜以為食者則名迦沙此物染衣其色濁赤故梵本五濁之濁亦名迦沙天竺比丘多用此色或言緇衣者當是初譯之時見其色濁因以名也又案如幻三昧經云晉言無垢繒又義云離塵服或云消瘦衣或稱蓮華服或言間色衣皆隨義立名耳真諦三藏云袈裟此云赤血色衣言外國雜有五部不同並皆赤色言青黑木蘭者但點之異耳

利戟　居逆反字林有技兵器也周礼戟長六尺釋名戟格也言旁有枝格也

伺之　理蓍作覘字林音獄或作司司胥犛胥吏二反廣疋伺候也亦察也狙也狙音千絮反

羯磨　居謁反此譯云作法辦事憂婆離問經作劔暮

和上　此梵訛也菩薩內戒經作和闍皆于闐國等訛也應言郁波第耶夜此云近誦以弟子年小不離於師常逐常近受經而誦也又言鄔波拕耶此云親教舊譯云知有罪知無罪名為和上也鄔音於古反拕音徒我反

阿闍梨　經中或作阿祇利皆訛也應言阿遮利夜此云正行

又言阿遮利耶此云軌範舊云於善法中教授令知名阿闍梨也

君持 經中或作軍遲此云瓶也謂雙口澡鑵律文作鍕鑽非也

羅閱城 以拙反十二遊經云此言王舍城應云羅閱義是料理以王伐之謂能料理人民也

揭梨醯 此云舍中也在摩伽國中城名也

陶師 又作匋同大勞反史記陶瓦器也蒼頡篇陶作瓦家也舜始為陶於河濱是也案西域地多畢濕不得作窯但累坯器露燒之耳亦借音為姚也

柴薪 仕佳反礼記収祑薪以供郊廣鄭玄曰大可折謂之薪小者合束謂之柴薪施炊爨柴以給燎也

相率 所律反謂將領行也率導引也

瓶沙王 此言訛也正言頻婆娑羅此云形牢是摩伽陁國王也

柵攡 又白反說文編堅木也攡又作蘺杝

二形同力支反通俗文柴垣曰杝木垣曰柵釋名云以柴作之踈離然也律文作柟楄非體也柟音南楄音彩也

親厚 古文垕同胡苟反案厚者不薄也重也律文或作友于久反說文友同志也廣疋友愛也親也隨作皆得也

若邏 力賀反式屬也謂遊兵以樂冠者也韻略云邏謂循行非違也律文作儸非體也

第二卷

吹毳 充芮反字林細羊毛也詩有毳衣古天子大夫服之循行邦國也

劫貝 或云劫波育或言劫婆婆正言迦波羅此譯云樹花名也可以為布高昌名氎是衣名罽賓以南大者成樹以北形小狀如土葵有殼剖以出花如柳絮可紉以為布用之為衣也紉音女珎反

卷羅波尼 或作叉羅彼膩或云識羅半尼此譯云灰水

芻摩 側俱反或云蘇摩或言讖摩此云麁布衣應言麁革衣案

外國亦云少絲麻多用婆犲迦嵐婆
果及草羊毛野蠶絲等為衣也
力含反或作鉢耽娑婆此是國從國名衣
也衣或言頭求羅衣亦云頭鳩羅衣
此云細余織反尒疋樴謂之杙
布也杙上郭璞云杙橛也樴音徒得
反帀肆相利反古今法云肆陳也店置也肆所以陳貨鬻之物也
店所以置貨鬻之物也肆亦
列也謂列其貨賄於帀也舩舫甫妄

反說文作方汸二形尒疋舫舟也郭
璞曰并兩舟也通俗文連舟為舫是
方律文有作枋音方說文櫓舩又作樐艣
枋木可作枋非字義也
二形同力古反舩旁大揖曰櫓
所以進舩也又舩上擭櫓也筏船
通俗文作艥韻集作撥同扶月反方言
簰謂之筏編竹木浮於河以運物者
南土名簰北人名水獺他易他轄二
筏也簰音蒲佳反反說文形如

小大水居食魚者也律文作狚非丁
曷反字林獦狚獸名也似狼赤首狙
非字體獦
音古曷反失牧摩羅或作失守善見律云鰐魚也長
二丈餘有四足似鼉齒至利有禽
鹿入水齧看即斷或云殺子魚獼
梵言未迦吒此云猴賀邏馱此
猴江云池在舍衛菴羅園側昔弥猴
共集為佛穿池今言江者譯人
義立耳如言恒河亦作恒江也咄男
丁瓦反字林咄相
謂也字書咄叱也倚發府越反謂機發也機主發

之機也說文射發也律文作撥補沫
反廣疋撥除也亦棄也撥非此義也
惡獸尒疋音義云狩亦獸子二足
而羽曰禽四足而毛曰獸
虵螫式亦反字林虫行也也開西行此音
又呼各反山東行此音蛆知列
反南北
通語也僧伽藍此言訛也正言僧伽羅摩此云衆園狎
古文庴狹二形同胡甲反近也習
習也謂附而西近之習其所行也律文
作洽非祠天似茲反尒疋祠祭
體也也又春祭曰祠也汗

身 烏故紆坐二反說文行穢也塗汙也釋名云汙洿也如洿泥

捫摸 莫昆莫本二反聲類捫摸也字林捫撫持也案捫摸謂執持物也

捺髀 古文䠋同蒲米反說文股外也北人用此音又音方尒反江南行此音律文作䏺俗字也

草稭 又作稭鞂䕸三形同公八反結稾也說文稭禾稾去其皮祭天以為藉也律文作菩古木反禾稭也菩非此用也

第三卷

摩醯 呼奚反譯云大自在天也

唄匿 蒲介反梵言婆師此言讚歎言唄匿者䫂訛也婆借音蒲賀反

創孔 古文戧刄二形今作創同初良反說文創傷也礼記頭有創則沐是也又音楚亮反創始

也非今所取今皆作瘖近字耳

摶食 徒丸反說文摶圜也通俗文云手團曰摶是也律文作揣說文揣量也音都果反北人行此音又初委反江南行此音揣非字義

適意 尸亦反廣疋適善也謂事物善稱人心也

所保 古文倸孚保三形同補道反說文保養也亦守也

華鬘 梵言摩羅云鬘音蠻案西域結鬘師多用蘇摩那花行列結之以為條貫無問男女貴賤皆此莊嚴諸經中天鬘寶鬘花鬘市筆皆

是也律文作䯤非體也

乾消 古寒反下古文消思遙反說文云消盡也律文作疨非也

痔病 直理反後病也釋名痔食也蟲食之也

里巷 周礼五家為鄰五鄰為里謂二十五家也里居也房方一里之中也

汝曹 又作瞀同自勞反曹輩也群也

兩翅 古文𧿧𦚾二形同詩智反說文翅翼也

磔手 古文庋同知格反廣疋磔張也磔開也通俗文張申曰磔說文亦披磔也律文作桀磔列歹字林強最

也又作磔未詳何出

塡滿　古文寘同徒堅反廣疋塡塞也

淹漬　在賜反通俗文水浸日漬說文漬漚也

隄防　古文陖同都奚反尒疋隄謂之梁李巡日隄防障也漢書無隄之輿韋昭日積土為封限也

所認　而謐反失物者而識之日認律作訒仞二形非體也

草屣　古文[illegible]𩌦蹝三形同所倚所解二反聲類屣鞮屬也

拼地　補耕反今謂彈繩墨而拼也江南名拼音普庚反

晡時　補胡反淮南子云日行至於非谷也今日加申時是也

唾壺　戶孤反說文圓器也

嬲嬈　奴了反三蒼嬈弄也說文嬈擾戲弄

第四卷

羝羊　丁奚反三蒼羯特羊也廣疋雄羊也

典領　又作敟同

一切經音義卷第五十九　第十一張　碼

丁疊反廣疋典主

欶太　又作嗽同所角反吹也通俗文含吸日嗽

老邁　或作勱同莫芥反廣疋邁歸往也說文遠行也詩云日月其邁傳云邁行也

老耄　二形今作秏同莫報反札記八十日耄鄭玄日耄惛忘也左傳老將知耄又及之杜預日耄乱也

適生　說文尸赤反之也謂始也近也

逬石　古文跰或作趆同珽孟反逬謂散走也

自襞　并尺反廣疋襞詘也說文韏衣也詘音屈韏音羌阮反

四疊　徒頰反三蒼疊重也又作褺字林重衣也二形通用律文作絛簡絛也絛非字義也

疼痛　又作痋肣二形同徒冬反聲類作癑說文痋動痛也釋名疼痺也俗音騰

第五卷

漑灌　哥賚反說文漑灌也灌注也

擿花　都革反蒼頡篇以指擿取也律文作擿字林他狄反擿除也呈亦反投擿也竝此非義

一切經音義卷第五十九　第十二張　碼

倡伎 齒揚反說文俳戲也案俳者樂人所為戲笑以自怡悅也律文作非匹愷反啡也非此義

聚落 古文鄹𨆂二形同才句反邑落名也小鄉曰聚廣疋落居也謂人所聚居也漢書無墻聚落是也

趒鄹 上他弔反又徒彫反下逞亦反韻集趒越也今言趒鄹也

第六卷

三衣僧伽梨 此音訛也應云僧伽致或云僧伽胝譯云合或云重謂割之合成又重作也此一衣必割截成餘二衣或割若法密部說諸有部等多則不割若聖辯部大衆部等則割之若不割者直安怗角反以鈎細而已

欝多羅僧 或云郁多羅僧伽或云優多羅僧或作漚多羅僧亦梵言訛轉耳此譯云上著衣也著謂身相合言於常所服中衆在其上故以名也或云覆左肩衣也

安多會 或作安多衛或作安多婆娑或作安陁羅跋薩此譯云中宿衣謂近身住也或身裏衣也

更貿 又作貿同莫候反三蒼詁貿換易也尒疋貿貰市買也郭璞曰交易物為貿詩云抱布貿絲是也

中曬 又作𦒋方言曬暴也乾物也郭璞音霜智反比土行此音又所隘反江南行此音

五穀 案禮記月令天子春食麥鄭曰麥實有孚甲屬木夏食菽菽豆也菽實孚甲堅合屬水季夏食稷稷五穀之長屬土土中央秋食麻實有文理屬金冬食黍黍黍舒散屬火皆順時而食之以安其性也

敞露 齒掌反蒼頡篇敞高顯也說文平治高大可遠望也律文作閶音昌楚竿天門也亦西風名也閶非義也

儲積 直於反三蒼儲偫也畜物以為偫曰儲說文儲偫也擆也持也偫音直里反

綫拼 補並反拼彈也律文作絣字與迸同百並反字林無文綺

也

徒跣　達胡反下千典西典二反以脚践土也三蒼作踱又作跰同太各反也

爪抓　又作撾同工八反說文撾剖也

第七卷

嚴駕　古文揢同加暇反字林馬在軛中日駕廣疋駕行也駕乘也

擿解　他狄反謂除也批擿也擿剔也

應帖　他頰反通俗文題賦曰帖說文帖帛書署也律文作袟徒頰反方言禪衣也袟非此用也

一切經音義卷第五十九　第十五張　码

暴蕭　蒲穀反說文暴晞乾也蕭古文作繉同公玲反蕭縈縧也

以斤　居銀反說文斤斫木也國語斤钁也釋名斤謹也板廣不可得削又有節則用此斤之所以詳謹令平滅斧跡也律文作斲魚斤反蒼頡篇斲罰也文音牛剃反說文斲劑音子隨反翦刀也斲非此義也

細

剉　丑卧反說文折傷也案剉猶斫也律文作挫非也

塗塠　都果反字林堅上也

穤羊　奴滿反埤蒼䙝糯胡羊也謂之䙝糯䙝音女佳反

襯鉼　又襯反襯亦襯也隱襯裏中也

作禂　莫報反頭衣也

作祩　古文韈或作襪袜妹三形同無發反足衣也釋名袜末也脚末也

第八卷

一切經音義卷第五十九　第十六張　码

分犍　亡江反說文白黑雜毛牛也今多作尨犬多毛也詩云無使尨也吠此是也

涤擗　方麦反說文擗撝也撝裂也廣疋云擗分也

第九卷

懺悔　此言訛略也書無懺字應言叉磨此云忍謂容恕我罪也半月叉磨增長戒根逋沙他此云增長戒名鉢羅帝提舍耶森此云我對說謂相向說罪也舊名布薩者訛略也譯為淨住者義翻也

五綴　張衛反說

文綴合著也纔連也

闠內　古文闠同許域反又音域介疋挟謂之闠郭璞日門限也挟音田結反

戶扉　字書一扉日戶兩扉日門又在於堂堂日戶在於宅區域日門律文作闠未見所出

作縋　蘇對反方言縋車趙魏間謂之歷鹿也

檠上　渠明反廣雅檠杙也杙音以職反

第十卷

震烈　辮折反說文烈火猛也廣疋烈威也

危中　之移反說文圜器也一名䑭應劭注漢書云危受四升律文作技枝條之枝非字義也䑭音徒亶反

葛中　他朗反說文大篇也以木若瓦為之短闇於捅律文作儻當朗反廣疋儻茉黄也儻非此用也

戶向　許亮反三蒼向北出牖也亦窓也

什物　時立反什謂會數之名也亦聚也雜也貢生之物也今人言家產器物猶云什物物即器也江南名什物此土名五行史記舜作什器於壽丘漢書貧民賜田宅什物此即是也

打撲　匹本反通俗文連枚日撲也

第十一卷

養飤　說文囚志反糧也廣疋萎飤也蒼頡訓詁飤飽也謂以食與人日飤萎音於偽反律文作飼俗字也

摩校　古文播同之粉反抆拭也律文或作捫摸也

⿰貝為金　古文脆同几毀反廣疋⿰貝為賭也說文⿰貝為貨也

毀呰　子介反說文呰呵也礼云呰者莫不知礼之所生鄭玄日口毀日呰也

秃瞎　今作瞎同呼鎋反字書一目合也

皮韋　千非反字林柔皮也

野干　案子虛賦云騰遠射干司馬彪郭璞注並云射干似狐而小能緣木射音夜又作野

甘膳　上甯反說

文具食也廣疋善肉也儀礼膳進鄭玄注周礼云膳之言善也今時美物亦日珍膳也

促卧 𢟎嫁反韻集日倚促也今言促息却促並是也

謦欬 空項反下苦代反通俗文利喉日謦字從律文作謦咳音若經反樂器名也下苦愛反嬰咳也非字體

第十二卷

摇地 橥勿反說文摇搰也謂以钁物發地也搰音胡没反

斵 古文斵同竹角反說文斵斫也

掐傷 掐狭反或作剏同掐洽反通俗文爪按日掐韻集剏入也江南有剏實器當作𡿨

竿蔗 音千下又作柘同諸夜反今蜀人謂之竿蔗甘蔗通語耳

自炒 古文鬻烝𤎅䎶四形今作𤎅崔寔四民月令作炒古文奇字作𤒦同初狡反方言

熬煎僬皮逼反火乾也說文熬也

黑縹 匹眇反釋名云淺青色也有天縹骨縹各以其色言之也

毳紵 或作苧同直呂反說文綮屬細者為絟布白而細日紵亦草名也絟音七泉反細葛布也蒜音苦迥反

何與 余據反會及豎皆與也

覆苫 舒鹽反尒疋白蓋謂之苫李巡編菅以覆屋日苫一音舒焰反苫而亦覆也

憒丙 公對反下奴教反說文憒乱也韻集丙猥也猥衆也律文閙俗字也

百臘 力盍反案風俗通日漢日臘獵也獵取禽獸祭先祖也此歲終祭神之名也經中言臘佛者即此義也或日獵者接也新故交接也諸經律中亦名歲如新歲經筆也尒疋注云一終名歲又取歲星行一次也夏日歲商日祀周日年唐虞日載皆據一終為名今比丘或言臘或云夏言兩同其事也一終之義案天竺多雨雨安居從五月十六日至八月十六日也土大羅諸國以十二月安居此方言夏安居從四月十六日至七月十五日各就其事制名也

第十三卷

相遺　余季反廣疋遺與也謂以玩好物與人口贈遺也

熨治　或作尉同於謂反說文從上安下也亦所以熨申繒也

田殖　時力反蒼頡篇殖種也廣疋云殖生也

撩理　力條反通俗文理乱謂之撩理謂撩捋整理也今多作料料量之料字也捋音力活反

一切經音義卷第五十九　第二十一張　碣

第十四卷

斟酌　古文斟同之任反說文斟勺也國語王斟酌焉賈逵曰斟猶取酌行也廣疋云斟酌益也律文作𣂑未見所出也

跟𨄅　古文鈴旅二形字林匹狄反破也開中行此音說文音隱披厄反江南通行二音

商賈　公戶反周礼九職六日商賈鄭玄云行日商處日賈白虎通日賈者固物以待民来求其利也今皆商也

貪餮　又作飻同他結反說文貪也舊律本多作饕飻他勞反案左傳縉雲氏有不才子貪於飲食冒於貨賄斂積不知紀極人民謂之饕飻杜預日貪財日饕貪食曰飻

哯出　古文呀同下殄反說文不歐而吐也今謂小兒吐乳而哯

鉢盂　補沫反鉢多羅又云波多羅此云薄謂治厚物令薄而作器也鉢亦近字下羽俱反說文飯器也律文作釪古文鏵字音胡瓜反

一切經音義卷第五十九　第二十二張　碣

犁鏵也鏵非此用也

孔鏬　古文㙤㙤二形同呼亞反說文鏬裂也折也

第十五卷

賦與　方句反廣疋賦布也平均也尒疋賦班也班遍布與也律文作傅師傅也又作付付囑也並非此義也

餅黏　女廉反說文黏相著也三蒼黏合也

甘饌　說文養或作𩞐同仕眷反具食也論語有

飲食先生饌馬融曰饌飲食也

脫過　吐活吐外二反廣疋脫可也尒也謂不定之辝也

須鉳　古文錐同余招反廣疋銷謂之鉳說文溫器也以鬲上有鐶山東行此音又徒予反今江南行此音鉳形似鐎而無脚上加踞龍為襻也銷呼玄反鬲音歷也

毛氀　字林力予反鹿蜀也通俗文毛布曰氀又所俱反氍氀也音瞿

第十六卷

辮髮　三蒼亦偏字同平典反說文辮交織也

蕤汁　汝誰反尒疋捄自拔郭璞曰小水蘽生有刺實紫赤可食本草作蕤今拔核是也字從生豕聲捄音域

嬉戲　虛之反說文信樂也蒼頡篇嬉戲笑也

澆灒　子旦反說文汁灑也江南言灒山東言濺湔音子見

反通俗文沾曰𥳑也

傍若箄　又作簰同步佳反廣雅云簰泭筏也今編竹木以水運為簰秦人筏江南名簰泭音數

掉臂　徒弔反廣疋掉動也說文掉搖也

匏沸　淮南子作䩲同彭孝反說文面生熱氣也通俗文體蚌沸曰𤺥沮音扶分才與反江南呼沸子山東名𤺥沮律文作皰皰二形未見所出

掃㦽　音翼麥𪍴也唯晉陽春秋有人姓姚名㦽作此字諸書所無也

彷徉　字林音蒡下余

章反廣疋彷徉徙倚也業彷徉猶俳佪也

櫨棟　祿都反說文欂櫨柱上枅也三蒼柱上方木曰枅一名楷山東江南皆曰枅自陝以西曰楷釋名云櫨在屋端都盧負屋之重也下都弄反說文棟屋極也周易上棟下宇是也今山東呼棟為檼者一斳反釋名云棟中也居屋之中也檼也以檼桶也欂音蒲麥反

不禁　急林居鴆二反案禁猶制也

第十八卷

口噤　古文唫同渠飲反楚𨐨口禁而不言王逸曰閉口為噤也

桎者　猪栗反廣疋桎剌也謂以指觸人也

手搏　補各反搏猶拊也廣疋搏擊也釋名云四指廣搏以擊之也

罰擿　上扶發反說文罪之小者罰廣疋罰折伏也字從刀從詈讁說文都革反罰也字林過責也方言讁罪過通俗文罰罪者曰讁律文作僪非也

第十九卷

褚繩　古文衸同竹与反謂以綿裝衣也

支肩　今作搘同音枝支猶蔿也

賁匱　渠愧反礼記即財不匱鄭玄曰匱乏也詩云孝子不匱傳曰匱竭也

刳刮　口孫反謂空其中也方言刳剔也說文刳判也剔音他歷反

鏢鑽　疋燒反說文刀削末銅也釋名云矛下頭曰鐏音存悶反江南名也關中謂之鑽音子乱反律文作鏢鏁非體也

玦珥　居穴反左傳金寒玦離杜預曰玦如環而缺不相連也珥或作鈕女九反廣疋印珥謂之鼻今像此

作匕　畢以反通俗文上或謂之匙說文所以取飯也一名四音也

衣釗　音滑橫礙也未詳字出橐通俗文堅鞕不消曰礣砎音莫八胡八二反今山東謂骨綪細者為礣砎子蓋取此為也綪音鳥板反

藥篦　必奚反小學篇云篦刷也今局篦插頭篦皆作此

奄地　又作弇揜掩三形同淹儼反廣疋弇覆也

細襵　之涉反廣疋襵襞也埤蒼拳衣也今作襵疊是也通俗文便縫曰襵今裙襵亦宜作此攝音輒拳音丘院反

脚腨　又作踹同時兗反字林腨腓腸也

膂肋　力得反說文膂骨也字從肉律文作勒說文馬頭絡銜者勒非今用也

第二十卷

尻不 苦高反說文尻脽也蒼尻髖也脽音誰也 三⿰月匡附 區放反橫舉附也未詳字出此應俗語孔去並坐不橫肱是也律文或作⿰匡隹俇二形並未詳 戾身 力計反字林戾曲也字從犬出戶而身曲戾也 趍行 又作趍同且臾反釋名云疾行曰趍疾趍曰走禮記帷薄之外不趍鄭玄曰行而張足曰趍堂上不趍為其近也尒疋堂下謂之趍是也

挑取 他堯反聲類挑抉也謂以手抉取物也抉音於穴反挑也 蘗⿱艹⿱夾木 如捶反廣疋蘗華也謂花鬚頭點是也

第二十一卷

椑桃 音卑似柹南土有青黃兩種荊州之烏椑也 噏啜 古文歙噏一形今作吸同許及反廣疋吸飲也 ⿰舌也飯 又作舓同食尒反謂

以舌取食也 木屐 又作跂同渠逆反下律文有草屐欽婆羅屐等說文屐屩也釋名帛屐以帛為之然則屐屩古時同類也漢書袁盎屐行七十里是也三蒼木屩也孔藂曰孔穿曳長裾振方屐見平原君此似木屐也異苑云介子推抱樹燒死晉文公伐以制屐也屩音居虐反 持鉾 古文𢦔舒二形今作矛同莫侯反說文酋矛長二丈建於兵車也酋自由反

第二十二卷第二十三卷第二十四卷

已上三卷先並不音

第二十五卷

若揃 古文𠜶鬋剪三形同姊踐反字林揃搣也亦斷也 挽出 古文輓同無遠反說文引車也 結縷 尒疋傳橫目孫炎云三輔曰結縷今關西饒之俗名苟屢草也律文作葿蔞案茹說文加歌二音尒雅苟

芙蕖其莖茄此則於義無施蔓字未詳所出一本作茄蘆音加下力胡反尒疋葭蘆郭璞曰鳥黃反江池也通即葦必當誤耳

汪水 俗文停水曰汪說文汪深廣也

第二十六卷

祝[示*虘] 説文作詶之授反詛也古文[示*虘]今作詛同側據反釋名云祝屬也以善惡之辭相屬著也詛阻也謂使人行事阻限於言也

泛長 古文氾同梵劒反説文泛浮也廣疋泛普也律文作汎古文渢同扶弓反尒疋亦浮也

摸法 或作摹同莫奴反聲類摸法也謂撫取象也

第二十七卷

舂磨 字林作䃺同亡佐反郭璞注方言云磑即磨也世本云斑輪作磑北土名也江南呼磨

紡績 古文勣同子狄反字林績緝也

蚩笑 古文[山/羽]同尺移反廣疋蚩輕也謂相輕[央*欠]也

乳哺 蒲吸哺含食也爵食也淮南子云含哺而與是也律文作餔補胡反三蒼夕食也謂申時食也餔非字義也

第二十八卷

厭禱 於冉反字苑云眠內不祥也論衡曰臥厭不悟者也江東音於葉反字從厂音呼旱反禱都道反禱請也請於鬼神也廣雅禱謝也說文云告事求福為禱也

不案 於旱反案亦瞻視也案行也或云案尋也

第二十九卷

衍髁 匕化反三蒼尻骨也字林骬也髂骨也口亞反今以骬為髁律文作胯口故反股也又作跨字林跨踞也二形並非此義也

隈處

於迴反說文一曲反水曲隈也限隱
蔽之處也又作㚐烏輩反字林㚐翳
也通俗文奥內曰㚐 作屧 古文屧
今言㡯處並是也 今作蘺
同思頰反說文云履也躡也本音他
頰反今江南女婦猶著屧子製如屐
屧而畢
下也

第三十卷 先不音

第三十一卷

顧眄 亡見反說文邪視也方言四
自關而西秦晉之間日眄
徼 古弔反四門巷也即曆
中四徼日是其事也 角力 古
文
斠同古卓反廣雅角量也 㲜毷 又作毹毷
二形字
也說文斠平斗斛也
毦作毾㲪同強朱雙朱反聲類云毛
㡓也釋名作裘㲣通俗文織毛褥日

㲜毷細者謂 凸䯍 徒結反抱璞子曰
之毦毷也 凸起也下又作髖
同苦丸苦昆二反說文髀上也廣疋
臗豚也埤蒼臗尻也律文作脫非也
芬馥 扶福反字林 書讖 楚蔭反
馥香氣也 三蒼讖
秘密書也出河洛記說文讖
驗也謂占後有効驗也

第三十二卷

泠而 歷經反泠然清京皃也
泠然亦解悟之意也 荷擔

古文檷同胡我反又音 鼾睡 下旦
何荷負也說文何擔也 反說
文鼾息聲也字苑呼干反江南行此
音律文作吁嗥齁三形非也
齘齒 下介反說文齒相切也三蒼
鳴齒也律文作嗐未詳字出
也 寱語 音藝說文瞑眠言也聲類
不覺妄言也瞽律本多作
讆讆二形三蒼于劌反譌言也又音
牛例反廣疋云𢡱𢢆也譊音呼光反
撿鬊 居儼反廣雅撿甲也 所
括也括束也繫也 訕若 姦

反依字訕謗也

第三十三卷

潦水音老謂聚雨也為汙潦水也

嗽口所雷反說文嗽口也礼記鷄初鳴咸盥嗽是也

抖擻又作藪同蘇走反郭璞注方言曰抖擻舉也難字曰抖擻蔾縈也江南言再擻北人言蔾縈音都穀反下蘇穀反律文作抖揀二形抖與擻字同下揀音式縛揀也又作朴之庚反斟也又揀山巳反揀本名也並非此義也

茹菜擴舉擴慮二反廣雅茹食也

撓令火刀反字林撓擾也漢書留犁撓酒是也

居户通俗文作串門串也蒼頡篇作欄音籬持也

闟

牡云厚反說文扠闢下牡也窯為牡牡所以封固開令不可開也

第三十四卷

輕躁又作趮同子到反躁擾也亦動也釋名燥也如物燥則飛揚也

迫難古文敀同補格反廣雅迫陜也急貞也窄迫猶逼也

遲其或作遅籀文作遲同除致反窄迟待也漢書遲待天明是也又除梨反遲晚

第三十五卷

犍黃又作揵劇二形同居言反字書犍割也通俗文以刀去陰曰犍也

祖賦古文貶同方務反說文賦斂也廣疋賦稅也尔雅賦量也郭璞曰賦稅所以平量也文言賦動也賦稅所以擾動也

痶瘓勑顯勑眥反言跌病也

瘊病相承呼溝反末詳何證律文发作瘫膧也

睞眼力代反說文目瞳子不正也蒼頡篇內視也

瞷眼古文瞯同胡間反說文戴眼也蒼頡篇目病也

尒雅馬一眼白日驕也

疥瘵 丈又作瘵同瘵到反廣雅瘵瘖也通俗文皮起日瘵也

倓陰 徒甘反謂匈上液也醫方多作淡飲

逼切 千結反廣雅切近也亦由急也切通也

揵椎 梵言臂吒揵稚臂吒此云打揵稚所打之木或檀或桐此無正翻彼無鍾磬故也舊經多作揵遟此亦梵言訛轉也宜作稚稚音直致反但椎稚字形相濫故誤也

第三十六卷

先不音

第三十七卷

若滕 始孕反說文持機經者也三蒼經所居機滕也

毾㲪 上他盍反三蒼云毾㲪毛有文章也釋名云搨之大牀前小搨上所以登上牀因以為名焉

第三十八卷

皮革 古文𠬶悈諽三形同古核反說文獸去毛曰革革更也獸皮治去毛日革故以為皮革字也革者更也字從三十從口為國邑也國三十年而法更別取別異之意也口音韋

不串 說文作慣詁幼文作慣同公患反串習也

第三十九卷

須㓨 古文鏟同初簡反說文鏟平鐵也今方刃施柄者也

僈跟 莫干反此假借也字體作鞔跟或跟古恩反說文跟足踵也

斑豆 江南有此豆也角長熟乃斑也

戶樞 齒揄反尒雅樞謂之椳郭璞日門扉樞也廣雅樞本也椳音五迴反

皮連 古文聯同力錢反廣雅連續也亦連合也律文作縺力前反字林縺不解

也

菴鞵 疑為鞾鞵字苑素合都奚反今江南謂靴無頭者為鞾廣雅鞵屩也鞵華屩

第四十卷

恚嚏 又作疐同丁計反蒼頡噴鼻也詩云願言則嚏箋云汝思我心如是我則嚏今俗嚏云人道我此亦古遺語耳

窴坘 直飢

反或作郛坘郛音府𫝀反案梵本云阿那他窴荼揭利可跛底此云給孤獨長者也

門閫 又作梱同苦本反說文梱門橛也礼記云外言不入於梱鄭玄日梱門限也

䬿餬 音提胡通俗文酪酥謂之䬿餬律文作醍醐音體字書醍酒也醐尋撿並無此應近作耳

紺色 古憾反說文帛深青而揚赤色也釋名云紺含也謂青而含赤色也

逼序 鵶亦反三蒼序推也

漢書乘輿庠車馬音義日庠不用也案庠猶𨂂遠也亦指庠也

寺廟 風俗通日寺司也廷之有法度者也諸侯所止皆日寺廟介雅寺治也三蒼寺官舍也字體從寸從㞢聲釋名云寺嗣也治事者相嗣續於其中也韓詩鬼神所居日廟白虎通日廟者皃詩先祖之尊皃也今取其義出古文之字也

著襵 尋入反謂大袖衣也礼記君為襵衣鄭玄日襵袷也釋名襵襲也言覆上之名也袷音工洽反

行滕 徒登反礼記注云幅行滕也江南廝役者有此物亦謂之行纒釋名云以裹脚可跳騰輕便也

犛牛 說文音茅西南夷長髦牛也今隴西出此牛也髦音毛也

第四十一卷

車輿 輿諸與庶二反說文居輿也亦捴稱車輿一日車無輪日輿律文作舉對舉

落發 甫越反發猶放也去也說文射發也詩云

發彼有的是也

中的　知仲反下的又作弜說文作的明也周都歷反射質也謂的然明見也今射堋中珠子是

射鞚　口弄反難字曰鞚馬鞚也

貯器　張呂反說文貯積也所以成貯者也左傳取我衣冠而貯之杜預曰貯蓄也謂蓄蔵之也

結毦　字林而容反毛蜀也律文作緒字書亦鞘字音而用反案毳飾也

作𢥞　虛偃

反蒼頡篇云市也帛張車上為幔也

第四十二卷

康米　字體作糜土皮反呂氏春秋日飯之美者有陽山之穄高誘曰關西謂之糜冀州謂之穄律文有作林字音述也

堅鞕　今作肕同而振反通俗文柔堅曰肕管子曰筋肕而骨強是也

若癬　又作癬同先善反說文乾瘡也今有乾溼兩種也

若瘑　又作瘑同古和反韻集曰瘡病也春發者謂之驚瘑秋發者為瘑瘑也

鹵鹽　力古反天生曰鹵人生曰鹽古者宿沙初煑鹽

涎沫　又作次涎脠延四形同似延反羨欲口液也

檻　胡黤反說文檻櫳也櫳字也一曰圈也

蚰蜒　或作蝣蚧二形同由延二音說文亦名入耳廿燕曰蚰蜒音女六女胵反

鈹刀　疋皮反說文大鍼也醫家用以為破癰也

胞胎　補茅反說文胞兒生裹也

於尒　今作爾同而是反詩云百爾君子箋云尒汝也或作你奴履反你我字也

泔汁　音甘說文泔潘也謂米汁也潘音翻淅米汁也江北名泔江南名潘也

盪滌　古文盪同徒朗下徒的反通俗文渠器謂之盪滌也

得尊　字書作樽說文酒器也尊以奉之律文作鐏音在困反予戟下銅鐏也鐏非此義

第四十三卷

剫皮 音皮廣雅剫剥也

循勺 囙倫反揗行也謂流下也

捷茷 毗尼母經譯言中鐵鋒也或作建鎚亦是梵言輕重耳律文作鎚坐非也

臽孔 音陷說文小阱也廣雅臽坑也

蔆芰 又作茤同渠智反說文芰蔆也律文作苛非也

麨籢 又作奩小學篇作㡘同力沾反韻集曰斂所以斂物也說文籢鏡籢也今江南亦有粉奩基奩也

激發 經力反莊子汙者激司馬彪曰流急也激楚辭我清激而無所通王逸曰激感也

輾治 又作輾莊子車輪不𨍏地作蹍同女展反說文輾轢也

怨仇 古文逑同渠牛反三蒼怨耦曰仇尒雅仇讎匹也孫炎曰仇相求之匹也

微服 字林微隱行也尒雅匿竄微也郭璞曰謂逃竄也字體從亍𢼸妙之微從人也

第四十四

第四十五 並先不音

第四十六卷

噫自 乙戒反說文飽出息也礼記不敢噦噫是也

駏驢 巨虛二音似騾而小牛父馬子也

嫵隟 古文𡦟同丘逆反國語上下無隟賈逵曰隟疊也說文壁際孔也

寶渚 之與反尒雅小洲曰渚李巡曰四面有水中獨高可處故曰渚也

曼今 莫盤反高昌謂聞為曼此應是也律有作聞勿雲反說文聞知聲也

第四十七 先不音

第四十八卷

祇衼 字苑巨兒之移反法也或作鳺攴反或言僧迦支又作僧迦鵄梵言詵轉也正言僧脚崎此云覆腋衣也或言瞿脩羅此云圓也像其

衣形立名也此衣但淨耳 蠱道 公戶反聲類弋者反說文蠱腹中虫也謂行毒虫字從蟲在皿字意也

第四十九卷

令卷 奇貟反詩云有卷者阿傳曰卷曲也 詭語 俱毀反謂變詐也蒼詭譎也廣雅詭欺也 踈向 山於反踈通也說文作𤕟

𤕟窓也字從疋也從囪象其形也門戶囪牖皆所以引通諸物故從疋疋取通行意也 捉脛 古文踁同下定反疋山與反字林脚胻也釋名云脛莖也直而長似物莖也 窳惰 余乳反尒疋窳勞也郭璞曰勞苦者多惰窳也承慶言懶人不能自起如爪執在地不能自立故字從爪又懶人恒在室中故從穴也 警心 古文憼儆二形同居

影反謂戒慎警誡也廣疋警不安也律文作景大也光明也景非此言也 達櫬 又覲反經中或作大櫬梵言訛也案尊婆須蜜論亦作檀此云財施解言報施之法名曰達櫬導引福地亦名達櫬復次割意所愛成彼施度於今所益義是檀櫬又西域記云達櫬拏者右也或言䭾器尼以用右手受人所施為其生福故從之立名也經中言福田者是也華嚴經中功德達櫬即其義也律文從口作櫬近字 媟嬻 古文結媟䙝渫四形今作褻同先結反謂鄙媟也方

言媟狎也郭璞曰親狎也媟慢也傷也下古文遺嬻二形今作黷同徒木反通俗文相狎習之謂之媟嬻也 茜草 古文蒨茜二形今作蒨同千見反說文茅蒐也人血所生故蒐字從鬼案茜可以染絳也 不耐 奴代反三蒼耐忍也字本從刀杜林改從寸也 禁滿 溫器也尋撿文字所無未詳何出此應外國語耳或鐕鑴訛也鐕言古盍反鑴音七廉反說文鑴貫也莫朗反 須籤 銳也通俗文記曰

籤也

第五十卷

縫綖 於近反綖衣也通俗文合扶日綖

作箸 古文笇同直處反廣疋筴謂之箸律文作楮䈇二形同知略反尒疋斫謂之櫡钁也櫡非字義筴音古侠反

蝙蝠 方眼方目反方言蝙蝠服

異蛾蠼螱鼠四者一物隨方別名也崔豹古今注云蝙蝠一云仙鼠一名飛鼠五百歲色白腦重集物則頭垂故謂之倒掛蝙蝠食之神仙蛾蠼音墨律文作蝉蝉非也

檽子 力丁反說文㯳揗間子也今言窓檽車檽是也

横櫟 字林音渠例反木釘也廣疋撿撅釘也江南謂之櫟栓者所還反律文作楬說文巨列反楬作也

作捲 去權反鄭

玄庄礼云屈木為之謂之捲律文作棬非體也

高客 奇騎反字林寓寄也廣雅喬高也律文作僑說文僑高也廣疋僑卞也僑非此義

鵽鳥 丁刮反尒疋鵽鳩寇雉郭璞日大如鴿似雌雉鼠腳岐尾為鳥憨急群飛出比方沙漠地憨肉美俗名突厥雀生蒿萊之間大如鶉

汲水 金及反說文汲引水也廣疋汲取也

挈槔 音結高通俗文機汲謂之挈槔墨子日剛木為挈槔是也

闌格 羹額反蒼

頡篇格櫳架也攄音移

𢍰取 九万反說文抒𢍰也𢍰音也舀音弋少反

第五十一卷

作把 補駕反謂刀把也正音補雅反說文把握也亦把持也單手為把

刀鞘 小尒雅鞘諸書作削同思謂反說文削刀鞞也方言劍削關東謂之削關西謂之鞞鞞音餅江南音嘯中國者笑

鞔著

莫干反蒼頡篇鞔覆也今謂覆盖鞔周礼棧車無革鞔是也律文作縵二形假借也

撚鬚　乃殄反通俗文手捏曰撚兩指索之也聲類撚緊也律文作揑乃結反字林捏捺也

令翹　巨遶反廣疋翹舉也

眼瞼　居儼反字略云謂目外皮也

耳璫　都堂反釋名云穿耳施珠曰璫

綜練　子送反説文機縷持絲交者宗習也

第五十二卷

椎鉆　巨廉反説文鐵銸也通俗文鉗具曰鉆律文作鉗以鐵有所束也亦頸鉗也鍱音女輒反

槖囊　埤蒼作鞴又作排同蒲戒反王弼注老子云槖囊也東觀漢記因水為排音義曰鍜家排也

鏇器　似絹反説文鏇圜鑪也難字作楾謂似繩韓軸裁木為器也

棚閣　蒲萌反三蒼棧閣也通俗文連閣曰棚也

挾鉡　胡頰反説文挾持也尒疋挾藏也亦懷挾也

相棖　説文作撜拄也棖音掟紂庚反字統作掟文庚反掟觸也人嫌敞觸亦作敞音文衡反律文作棠徒當反三蒼杜梨也當非此義

作挄　古文横二形同音光聲類作軦車下横木也今車牀及梯舉下横木皆曰挄是也

若籫　粗含反綴也細付也通俗文綴衣曰籫也

指揞　古文韐同徒荅反説文指揞也一曰韋揞也今之射韝是也

赭土　之也反三蒼赭赤土也

白墠　字林音善墠土名也即白土也亦名堊案吳普本草云白堊一名白墡是也

撗郭　胡觥反説文闌木也律文作宏胡萌反大也屋深向也宏非此義郭恢廓也在外廓落之稱也

若撈　借音力導反關中名磨山東名撈編棘為之以平堁也

齝食　又作齝毛詩傳作呞同勑之反尒疋牛曰齝郭璞云

食已復出齝之也韻集音式之反今陝以西皆言詩也

雜糅古文鈕粈二形同拏救反廣疋食雜也說文粈雜飯也

作錯池帀反說文以金鉏有所穊

毛毤字林先要反毛皃也通俗文毛茷謂之毤削也案字義宜作氄音所革反毛氄也亦𩕳氄也

犎牛漢書西域傳有犎牛郄屋日脊上有肉峯如橐駝又獻一封駝郭氏日脊上有封也犨字作犎牛也音妃封反今有此牛形小髆上有犎是也

第五十三卷

博掩博博戲也用六箸六綦謂之六博掩圍幕也纂文云撲掩䟫錢戲也俗人謂之射意一曰射數亦云博戲掩取又財物也

拍石彈棊也拍音普白反

諛諂以朱反周書面從曰諛莊子不擇是非而言謂之諛律文諭古文諭今作喻同異樹反告也譬諫也

羖羊公戶反三蒼夏羊羖羺也亦羭也

牂羝作桑反字林牝羊也三蒼吳羊也

彗星古文䨝篲二形同星芮反尔疋彗星為攙槍釋名云星光稍似彗也律文作簡閃之閃非也攙音乂衡反槍乂衡反

月蝕神職反周易云月盈即蝕釋名云日月虧日蝕稍稍侵虧如蟲食草木葉也

第五十四卷

先不音

第五十五卷

⿰月冓中相承古侯反脚曲⿰月冓也⿰月冓字未詳何出應俗語耳

陂池筆皮反亦池也山東名濼濼音普各反鄴東有鸕鵜泊今開中亦名濼幽州名淀音徒見反

第五十六卷

篅上 市緣反說文判竹圓以盛穀者也律文作篿音丹耑也小篧也論語簞食是也又作簞者音典尒疋簞亭歷也

剸拱 言更

反通俗文截斷曰剸律文作揣丁果而兖二反揺也度也

股閒 古文骰同公戶反說文股髀也釋名云股者固也為強固也

第五十七卷

一切經音義卷第五十九　第五十一張　碼

企牀 古文企同丘豉反釋名云企啓也啓開也言自延竦之時樞機皆開張也律文從山作企小延反說文人上山皃也亦本古文𡵉字但此二字人多致戒所以具釋也

疝病 所姦反說文疝腹痛也

第五十八卷

第五十九卷

並先不音

第六十卷

稊稗 又作荑說文作苐同徒梨反尒疋注云苐似稗布地穢草也今俗云稊子是也稗蒲懈反

秕苦 說文未別也草之以穀者也畀以反穀不成者也律文有作秕當戶反方言秕也苦古木反通俗文禾穄謂之苦䅶音奴穀之若二反言音莫無反

遍扣 祛後反論語云以扣其脛孔安國曰扣擊也律文作叩說文京兆藍田有叩鄉地名也此假借耳

而甍 蘈奚反通俗文瓦器而罌聲散日甍方言甍聲

第五十二張　碼

舡蹪 又作撴也律文作屖先帝反說文屖遟也屖非此用墅音問也丁礼反下貞尒反廣疋𨇤躝也蹪蹈也言躝蹈人也

傎蹶 作顛蹎二形同都田反廣疋傎倒也傎覆倒也蹶或作蹷同居月巨月二反說文蹶僵也偃仰卧也

一切經音義卷第五十九

一切經音義卷第六十　碣

翻經沙門慧琳撰

根本說一切有部毗奈耶大律三十卷

尼律二十卷

此卷中音大律共五十卷

大唐中興三藏聖教序　御製

苾苾　蒲光反集訓云苾苾者闇遠貞也古今正字從水苾聲

激響　經亦反王注楚辭云激感也考聲水奔射也或作敫敫音同

竢覺　事滓反尒雅云竢待也古文從來作𥏛會意字也序上文從人作俟俗用從立矣聲

閟彩　上悲媚反毛詩傳曰閟閉也孔注尚書云閟慎也或從比作毖訓義同也

張日　張亮反

普該　改來反廣雅云該包也羅也賈注國語備也從言亥聲也

品彙　音謂廣雅彙類也古文作𡋯從市從貴省序文作彙俗字也

瓊編　上葵營反毛詩傳曰瓊美玉也說文亦玉也古今正字從玉夐聲夐音縣過反從人從宂從目從攴下卑綿反劉兆注公羊云編比連也顧野王編列次簡也從糸扁聲

並鶩　音務字典說云馬疾行也馳騖也

駢蹤　上瓶眠反王篇云駢猶雙列也下足容反淮南子云行則有蹤

至賾　崢革反韻詮云幽深也珠叢云玄妙也探賾索隱也從𦣝𦣝音夷責聲責字從貝從朿作責

編毗　下房脂反廣雅云毗岷也編毗者民戶也從田從比省聲

爰暨　上音袁廣雅爰引從𠬪從於𠬪音拔表反下音忌尒雅暨及序文從水作洎非此用也

邅迴　展連反楚辭云轉也考聲移也迍邅行不前也

從辵亶聲亶音旦

羈絆　上音機說文馬絡頭也絆也連三足也拘縶馽絆之義也從冂從革從馬會意字也

無垠　魚巾反廣雅垠厓也從土艮聲水涯也

諒屬　上音亮下種辱反從尾從蜀

貂蟬　上音彫即貂鼠也下音禪即蟲名也其翼薄妙說文云腹下鳴者晉灼曰以翠羽飾冠也形聲字

恬神　牒兼反考聲云恬安也靜也從心舌省聲

摘芝　陟革反蒼頡篇云摘取也採果也

挹清流　上湮熠反考聲云挹酌也損也飲也從手邑聲熠音以挹反在入韻

鷙影　音至謂能執服衆鳥也勇鳥也

昇航　胡罡反舟舩名也

南溟　音冥海名也莊生云北溟者極北邊去日月遠故謂之溟南溟準此也

聖躅　重録反躅跡也

邈矣　尨剥反楚辭云邈遠也廣也從辵貌聲貌音皃

摭詞　征亦反方言取也拾也或作拓序文從足作蹠非也

跨秦　上誇化反俗字也正從夸夸音誇蒼頡篇云跨踰也過也越渡也從足夸聲也

屆都　上音介屆至也

彗日　上隨鋭反考聲云彗掃也掛也或作篲即掃帚也

煒煒　韋鬼反說文云煒煒明盛之皃形聲字

于闐　田峴反胡語國名也在安西南

一千二百里此國有山亦名于闐出美玉山下有水名玉河河側有城名崑崗城昔此城人獻玉於帝故云玉出崑崗諸胡呼此國為豁旦亦名地乳國於此國界有二天神一是毗沙門天王住來居于闐山頂城中亦有廟居七重樓上一是天鼠神其毛金色有光六者如犬小者如兔甚有靈求福皆得名鼠王神也

璞玉　普剥反韻詮云銅鐵璞也氣象未分曰璞也

根本說一切有部毗奈耶律第一卷

條榦 上掉遼反集訓云條小枝也下干案反韻英云樹身及大枝曰榦 **瀑流** 音暴 **艸木** 上暉貴反草木之捴名也說文從三屮屮音恥列反今隸書改為三十 **鉤策** 上狗侯反御象用鉤下楚革反御馬用鞭策從竹從朿朿音此恣反 **隍壍** 上音皇城下壍坑也下七焰反壍外土壟也說文云城下有水曰池無水曰隍築土削成曰牆土壟之上栽植樹木為壍 **轡勒** 上音秘馬轡頭也說文從絲從叀從車口象車軸頭鐵也叀音衛也 **舩橃** 下音伐從木從發律文作栰非也 **梯隥** 上體位反賈注國語云梯階也或以竹木為階級可以登高也下登鄧反集訓云土階層級曰

一切經音義卷第六十　第五張　碼

隥經從山作嶝非也 **漄際淼難知** 上音牙次音祭下弭小反考聲云水闊大皃也從三水不見彼岸也 **瘡疱** 上楚霜反說文云瘡傷也亦俗字也下彭皃反瘡之初也 **貯貲貨** 上猪呂反次紫思反下火卧反正從貝形聲字 **若⿺麥酋** 昌沼反廣雅⿺麥酋食也埤蒼云䴸麥⿺麥酋也文字集略焗麥屑也或焗米作衛宏或作麨古今正字從麥酋聲律文作麨俗字也 **苦鬻** 下終肉反文字集略云鬻淖煮米為稀鬻也古從鬲作鬻正體字也今隸書從省作粥律文用俗字也淖音吏鬲音歷鬲釜也 **蒫舛** 上初加反韻詮差錯也下川兗反顧野正云差舛不齊也從舛從夕㐄㐄音口寡反夕音竹瓦反㐄也 **乳哺** 蒲慕反許叔重注淮南子云口中嚼食上與孩兒曰哺從口甫聲也律文從食作餔音布孤反非也 **褓持** 音保古今正字云褓裿也文字典說云小兒被也即襁褓也從衣保聲也裿音替 **赧容**

一切經音義卷第六十　第六張　碼

儜䔊反方言云㪽愧也考聲云著慙面赤也從赤𡰪聲律文從皮作皺俗字也𡰪音𡰪

爬⿰國爪 上白麻反亦從手作把考聲云把搔也下鬼碧反相傳音用本無正字以手抓持令損也

跳躑 上亭遙反蒼頡篇云跳踊也廣雅跳躍也下呈亦反踊身投也騰躍跳躑也二字並從足北鄭皆聲

創制 初壯反俗字也正從井作刱考聲云刱始也初

也會意字也

聾瘂 上祿東下鵶賈

啞哩迦 啞哩二合字梵語或云摩怛里迦唐云本毋

鄔波駄耶 梵語唐云親教和上訛也

扇侘半擇迦 侘音丑加反迦音薑佉反梵語也唐曰黃門即男根不全者其類有五種一天生本無男根設有如嬰兒微小不能行慾二雖有根全被除去外腎設行婬欲而不能生子三見他行欲或見女根心思欲事即有根生不見即縮在胯中如女四半月能男半月作女五本來是男後漸漸消變變為天揵是為五種皆曰黃門也

褒灑陁 上保毛反次沙賈反梵語也唐云長淨半月半月對衆陳懺洗滌身語意行度聽戒經增長淨業名為長淨

窣吐羅底迦 梵語也第二重罪也

式叉摩拏 梵語也持半戒尼也

滅擯 卑北反廣雅擯弃也從手

嗢逝尼國 上烏胃反

衒色 玄絹反說文云行而且賣曰衒賣

第二卷

貲財 上子思反廣雅貲貨也蒼頡貲亦財也玉篇貲產也說文從貝此聲此字正體從止從匕

嫩草 訥鈍反新生耎弱也從女

鄙媟 先節反孔注尚書云媟慢也言狎也說文嬻亦慢也從女枼聲嬻音獨枼音⿰阝枼

抖捒 上音㪷下桑狗反考

聲云抖擻振動衣物令去塵垢也此二字無定體譯經者隨意作之

濯足 音濁濯猶洗也

洗手 先礼反

濾水 閭據反濺水也

不諳 暗甘反俗字也正體從會作諗考聲云記也集訓云委知也

揩泄 上客皆反廣雅揩摩也下先節反韻英云泄編也

萎悴 上音委下情遂反案萎悴者憂愁不悅也如草

木黃死也並形聲字

悛攺 青綠反考聲云悛覺也止也韻英亦攺也

齵齒 區禺反考聲云齒有齵也准經義合書齵字今律文從禺作齵音稱犓反蒼頡篇云重生齵也顧野王云齵不齊平也說文齵不正也兩通故存之

扂閈門 上恬玷反門之小關也礙門扇令不開也古文作㚇形聲字也

蟲齧 上逐融反下研結反說文齧噬也從齒㓞聲也㓞音惬八反

柵籬 楚革反象形字案豎柴木橫令如牆形以斷人畜往來名日柵籬籬音离籬小柵也或以棘束或以樹梢豎之為籬

棚覆 上白盲反廣雅棚閣也說文棚棧也從木朋聲下敷救反賈逵日覆猶蓋也從西復聲

桁杅 上紅浪反考聲云衣架也下音干或作竿郭注尒雅搭衣杆也

牀枮 上狀莊反下知林反或作碪皆坐臥具也

謗讟 下音獨考聲云毀謗也怨痛也從誩從讀省聲也誩音競

攢眉顰蹙 上徂欒反下子育反瞋怒皃也

第三卷

場篅 市緣反考聲云篅竹倉也編竹圓作盛貯穀麥倉篅也

窖中 上音教韻英云穿地藏物也或作窌

鉤斲 丁角反以鉏鐵為鉤鉤斲其物俗号為搭鉤是也律文從登作鄧或作斲並皆誤也

正從罡音頭厚反從斤罡聲若從且非也闔字從此罡為正也

曬衣 生僨反日曓也

竭地羅木 甖孽反梵語西方堅硬木名也古譯曰佉陀羅𥁞為橛釘也

鳥牙杙 蠅即反橛也

衣幞 音服衣幞也從巾或單作匵

衣櫃 逵位反盛衣物大木械也

鞍韉 剪先反馬鞍之氈替也或作韀又作韉並通用

五磨灑 莫賀反下沙下反並去聲字也梵語是西方市金寶之名也其金一丸如梧桐子許大名一磨灑以東西兩國通貨價直約之可直此方銅錢八十其五磨灑計當四百彼國王法偷盜財物計直五磨灑者罪當永棄送於山林任其生死若盜一二三四磨灑量罪別科不至於弃佛所制戒一准王法比丘所盜之物價直五磨灑者即名犯重擯棄出衆不共住也古人譯經錯會將一磨灑同於一錢錯之甚矣佛言我之教法隨方國土為制若准此國王法上從五帝三王下及大唐王制未聞盜五錢即合至死乃至盜五匹已上方至流刑費百之間有杖不至流取而言五錢犯重者傷其太急難為護持不覺破此戒者其數多矣有部律文云四百犯重者由教嚴峻於此國王制以校量寬猛正得其中合佛本制也

腹肋 上音福肚也下音勒肚兩旁脅骨也

脊腿 上音積象形字下土餒反兩脛也膝已上髀已下兩股名腿從肉退聲

纜繫 上藍淡反繫船纜索也下音計從糸毄聲

田畦 惠圭反王逸注楚辭云畦區也秦孝公以二百四十步為畝以二十五畝為小畦以五十畝為大畦形聲字

甕舩 烏貢反瓦器大者也或作瓮俗字也

弶鹿 強亮反考聲云以弓羂鳥獸曰弶

渠筌 上即魚反渠也下七緣反捕魚竹器也形聲字

門簷

舍攜經從閻
作攔非也

第四卷

乞匃 下垓艾反顧野王云匃亦乞也考聲云求也古今正字云人亡財則乞匃故說文從人從亡會意字也上是古人字

灑掞 上沙賈反考聲云散水如雨也說文灑汛也從麗從沙省聲也下憐偍反

俗字也古文正體作縱從幺從爷從支皿亦音壓計反訓義同上或從糸作綟字書云以兩入一左上一右綟去水也令取八聲

縷纏 力禹反下音匱案縷纏者織餘也說文縷綫也織了不截餘絲纏頭也或作繢

井蛙 烏華反俗字也正從黽作𪓰井中蝦蟇也能鳴者亦名青𪓰或作蛙青黃色股長善跳一名黃𪓰顧野王云𪓰即黽也

磽

确 上巧交反下苦角反聲類云磽确礊薄也顧野王云磽堅也地堅則瘦不宜五穀也瘠下音薄也礊音客瘠音籍

畔睇 第梵語也唐云

詭詐 上音鬼下俱氾反詭詐也詐惑也並作礼也形聲字也

虵蛭鱓 上射遮反次音質下音善蒼頡篇蛭木蝨也郭注山海經云鱓魚如虵或作䱇字蒼頡篇云蟺蜎也此等皆無足腹行也或謂之豸是養虵人養蟲毒人之所貯畜將充虵食並形聲字

熟爆 下補各反音與愽同廣雅爆熱也考聲云火乾也韻英云迫近火也或作㬥或從皮作皰並音愽皆炙爆令乾也律文從享作焞非也內外墳典並無此字譯者隨意作之

麞鹿 上音章下音祿四足之類

蠐螬 上音齊下音曹尒雅蠐螬蝎也郭注云在木中蠹蟲也又云在糞土之中古今之正形

蝗蛾 上音皇即螽螣蟊蠈之類是也螽音終螣音特蟊音矛蠈音賊下我哥反即蠶蛾蛺蝶

蜂蠅之類皆名多足 **蜂蟻** 上音豊下冝豈反或作蠭亦是多足也 **蛰痛** 知列反

第五卷

䙅條 討刀反介雅云素錦條杠考聲云纖絲如繩也或作綢文字典說文辮絲條也從糸條省聲 **嫌隙** 上叶兼反下鄉逆反顧野王云心惐也 **修葺** 下侵入反杜注左傳葺補治也從草咠聲

一切經音義卷第六十　第十五張　碼

第六卷

澡漱 上遭老反廣雅澡洺也鄭注礼記云澡洗去垢也說文洗手也從水喿聲下搜皺反廣雅漱盪也又云澄澥漱口水聲也文字典說水淨口盪口也從水欶聲䉶音鋤角反澄音牀咸反欶音朔皺音莊救反

貪饕 下天結反古文作飻杜注左傳云貪食曰饕律文從列作餮書誤也文字典說從食殄聲也殄音殿 **劬勞** 上強于反下老高反 **畋獵** 上音田下廉輒反何注公羊傳云畋獵者獵狩之揔名亦書戰也取也 **麁獷** 上倉胡反下虢猛反 **貞操** 草奧反韻英云操志也或從人作傑文字典說從手喿聲也喿音桑到反 **策勵** 上楚格反說文馬箠也從竹朿聲下力曳反韻英云勵勸

一切經音義卷第六十　第十六張　碼

勉說文作勱勉力也從力厲聲 **㲉以** 上音搆說文㲉張弓也從弓殸聲也 **碾殺** 上尼展反俗字也考聲云車轢也或作蹍蹈也准經義門樞轉處報殺毒虵正從車艮聲艮音同上 **毒螫** 始亦反文字典說云蜂蠆行毒螫人也從虫赦聲也 **黐膠** 上恥知反考聲云黐膠者擣木皮煎而作之可以黏捕鳥雀也似膠下音交顧野王云膠者黏也所以連綴物令相黏著也說文從肉從翏省聲也

第七卷

傲慢　上遨到反孔注尚書云慢也杜注左傳云不敬也說文倨也從人敖聲下蠻辨反考聲云不敬情也不畏也或從女或從人作嫚優文字典說怠也輕也從心曼聲曼音万

踵前　上鍾勇反聲類踵足跟也楚辭繼也說文追也從足重聲也

悛改　七緣反博雅悛更也方言云自山已東謂改曰悛說文止也從心夋聲也夋音七旬反

髆及郄　上膀莫反周礼髆胳股骨也集訓云兩肩及臂也從骨從專省聲經從肉非也

急捔　上今立反說文褊也從心及聲也下音厄考聲云捔把也文字典說持也取也從木厄聲也厄音同律文作扼俗字也褊音必演反

鼈齩　上蘡域反說文介蟲

也外骨而內肉從黽敝聲律文從黿或從虫作鼈蟞並非也下雅狡反考聲云齩齧也說文從齒交聲律文從口作咬俗字也

自縊　伊二反韻英云自縊死也形聲字也

襃灑陁　上保毛反次沙假反梵語也唐云長淨衆諧和合半月半月布薩是也前第一卷已釋

拳掔　上倦員反下剜換反說文掌後節也從目從又又音爪從手雖古且正體字也律文從宛作捥或從肉作腕並俗字非也

矛矟　上莫侯反今之槍是也象形字古文作戟下霜捉反博雅兵器也韻詮長矛也形聲字也

輪攢　上輪者西國有戰輪以鐵作輪上施利刀漂飛遶擊斷彼命根或傷手足或損身分其輪却迴巧妙接取名曰閫輪遠即弓弩犬近用輪更近羅索刀棓及用槍矟矛攢攢音麁亂反考聲云攢短矛也即之攢刀蓝鑽子是也造投利刃損彼人馬也

草筵　下音延案草筵者穀麥禾黍莖折謂之筵衆草亦介從竹延聲也延從手

從爻

毛綫　貪敢反考聲云綫織毛為之出西戎或五色畫花或云毛罽亦曰毛褥席等今古之正形也

擲甎　下音專甗甎也

璺裂　上音問考聲云璺器物破裂而不相離也埤蒼云撕也文字典說破也裂也從玉從舋省聲也舋音忻近反也

第八卷

痰癊　上音談下邑禁反考聲云痰癊者胃膈中水病也竝從疒形聲字也疒音女厄反

瓦甌　下歐侯反聲類云瓦盌也說文小盆也形聲字也盌音捥甌音阿苟反

僅得　上音近集訓云僅纔也廣雅少也文字典說從人堇聲堇音謹

梯蹬　上體泥反下登鄧反

叱歜　上嗔質反下訶葛反大聲訶也

簪鈎

上音荅下苟侯反戰具也竿頭施鈎

第九卷

黿鼉　上音元說文大鼈也下馱何反郭注山海經云鼉似蜴蜥長丈餘有鱗甲皮可以為鼓從黽音猛單聲單音那

瀑流　上抱帽反文字典說云江河水流瀑急流也

足跟　艮恩反釋名云足後跟也說文跟也從足艮聲也

靉靆　上哀改反下地愛反考聲云靉靆雲盛皃楚辭云日月無光黑雲垂布也竝形聲字也

聰叡　上倉紅反律文從公作聡俗字也尚書云聽曰聰孔安國云耳聽明審也說文察也從耳悤聲悤音同上從悤悤音楚紅反象形字也下悅惠反洪範曰叡作聖鄭注禮記云思之精也廣雅智也古今正字深明也從𣦼從谷省從目𣦼音殘

挫折　祖臥反賈注國語云折其鋒銳曰挫下戰熱反訓釋與上字同說文摧也竝從手坐從斤

輕躁

遭勞反顧野王云躁動也論語不安靜也從足喿聲

鋒銳 上音峯下悅惠反詞辯建利皆刀鋒也

譖毒 上楚錦反考聲云以言陰相讒毀也從言參聲律文從亠作譖非也下音桐篤反考聲云育所害也害人草也恨也憎也說文從屮從毒毒亦聲也古文作𦵔從古之字從虫毒字從土

從母毒音愛

雙蠃 盧禾反介雅日蚹蠃音夷蝓音俞也郭璞云蝸牛也案雙蠃者樂器也海中大蝸牛磨頂上尖處令穴吹作聲以和樂音名曰法蠃從虫嬴聲也律文作蠡非也蠃音魯卧反雖古是正體字

愞項 奴管反說文溫也從火耎聲亦作煗義同耎音而兗反

第十卷

飢饉 上几宜反顧野王云人畜須食也穀梁傳云五穀不升謂之飢說文餓也從食几聲下音近介雅曰蔬不熟曰饉穀梁傳云三穀不升謂之饉形聲字也

青瘀 於擾反考聲中積血也

膖脹 上朴邦反埤蒼云膖亦腫脹也古今正字作胖亦作瘇從肉夆聲下張亮反杜注左傳云脹謂腹滿也古今正字云胖肛脹也從肉長聲或作瘊形聲字肛音苦江反

憔悴 上齊遥反下情遂反考聲云憔悴瘦惡也亦從頁作顦顇毛詩從言作譙誶班固從疒作瘵瘁方言從心作憔悴漢武帝李夫人賦從女作嫶𡟫左傳從草作蕉萃蒼頡篇云憔悴者憂愁也亦無定體諸儒隨意作之並行於世未知孰是

劫掠 上劍業反鄭注禮記云劫脅也人欲去以刀脅之或曰以刀止去曰劫說文從力古今正字從刀從怯省不良灼反韻英云強取也杜注左傳云劫掠財物也顧野王云鹵掠奪取物也又音亮剠義並同亦作剠轉注字也

樺樹 華跨反考聲云樺樹山木名或從雩作樗音同案樺有赤白兩種皮堪為燭赤者薄妙光淨

眸睇 上音眸下音弟梵語也唐云礼拜前第四卷已說

嚻匾 上香妖反顧野王云諠譁也鄭箋毛詩云眾多皃說文云氣出頭也從頁從㗊㗊音莊立反會意字

鑊內 黃郭反廣雅鼎也案鑊者大鼎也鄭注周礼云煑肉也有足曰鼎無足曰鑊形聲字說文鑴也鑴音畦也

第十一卷

箱篋 上想羊反文字典說文編織簏竹作之以盛衣服或盛經書如奩或方竹下謙協反說文篋笥也從竹匧聲也匧音同笥音四盇音合

鄙媟 下先烈反前第二卷中已釋

繫懸帶 音宗考聲云懸結也案懸帶者繫髮之頭繻也古今正字從髟惡聲也髟音必遙反律作緵亦通

自縊 伊計反自縊死也

齎肉 上音齎說文云臍齊也從肉齊聲下船耎反腓腸也

撫拍 上敷武反下普百反並俗字也正體從付作拊從手白聲考聲云安慰也撫亦拍也愛憐也

第十二卷

媒娉 上每杯反周礼媒謀也鄭玄曰謀合異姓使和合成親也下匹併反考聲問也以財娶妻並從女某甹皆聲或從耳作聘甹音匹丁反

革屣 上革字正體從三十從臼作草會意字也言三十年為一世其道更也下師滓反今言革屣者毛詩傳云革皮也西國皮底鞋也赤色

傾積 上犬營反字書傾亦隤也顧野王云傾邪也鄭注礼記不正也古今正字从人也從須聲也說文從阜作隤訓用並同下

徒𠚍反廣雅隤壞也蒼頡篇云墜落也集訓云毀傷也說文禿良也從禿從隤省聲也或從阜作隤亦通經文從頁作頹俗用非也

瑕隙 上夏加反廣雅瑕翳也蔵也顏野王云瑕亦隙也說文玉有赤色從玉叚聲叚音加雅反叚借之叚用此字也

噉嚼 上談濫反廣雅噉食也或作啖下匠雀反正體字也廣雅嚼茹也字書咀也從口爵聲也

畚

曭 胖雲反日暮時也俗日貧昏即弋時也從日熏聲

杷

钁 誰蘡反韻英云钁斸也說文大鉏也從金從蘡省聲也蘡音王獲反斸音豕錄反鉏音助初反

絣基 上伯萠反考聲云絣絡也索絣者如木匠用墨斗法振繩也挠繩端直方正為準以為基堵也從糸丼聲也

第十三卷

女醫 意基反集訓云醫意也以巧慧智思使藥消病也說文治病工也用藥必以酒行藥故醫字從酉酉者古文酒字也昔巫彭初作醫或從巫作毉

褓持 上音保聲類云小兒被子名為褓褓形聲字也

醍醐 上音提下音胡韻詮云酥之至精醇者以細滑故常不疑如清油香名曰醍醐

麋鹿 美悲反考聲云麋似鹿而大說文云麋屬也冬至時解角從鹿從米省聲也

羈絆 上凡宜反考聲云羈縶也或從奇作羇古文從冈從馽作䍐馽音砧立反會意字也下絆音半即馬絆也平聲字

絲縈 下於營反毛詩傳曰縈旋也考聲云纏也繞也說文收卷也從糸從營省聲卷音卷

鈹決 上音披翳人之鈹針也說文大鈹也形聲字也

水蛭 眞日反水生蟲也師人血也從虫

斟酌 上執壬反下章若反字書云意意虔

壹也形聲字

第十四卷

擯序 上賓刃反司馬彪注莊子云擯棄也史記相與排擯從手賓聲下音赤王逸注楚辭云序逐也廣雅推也漢書序逐不用也說文卻也從广屰聲屰音逆

謗讟 下音獨案謗讟者非理毀序妄說文

言其惡也

冝挑 眺彫反聲類挑抉也說文從手兆聲也

鷹窟 上憶矜反考聲云鷙鳥也下坤骨反說文從穴屈聲

第十五卷

坯器 上配盃反考聲云瓦器未燒者曰坯從土從丕省聲也塼未燒者亦曰坯塼坯或作坯

矯誑 上驕夭反考聲撟妄也下俱況

反欺惑也前已說

枳吒 上吉以反下摘加反西國山名也

阿溼薄迦 梵語人名也此無正譯

捕捺伐素 捺音奴葛反亦人名無正翻

半豆盧呬得迦 此譯為黃赤色亦人名律自譯也

一掬 弓六反手掬也

第十六卷 無字音訓

第十七卷

嗢呾羅僧伽 上溫骨反次單割反梵語也唐云七條袈裟也

舂擣 上束鍾反顧野王云舂者擣粟為米也考聲舂亦擣也說文擣粟也從廾廾音拱拱手也持杵以臨臼上而擣也杵省為午今隸書變體作舂古者雍父初作舂掘地為臼象形也篆書上從午次從廾下從臼作舂午古文午字也

十二附梯 體提反平聲梯术橙也前第八卷已具釋

簫笛 上音霄樂器名也說文云簫象

鳳翼編小管為之二十三管長一尺四寸下音狄羌樂也七孔吹象龍聲也

笓杓 上開迷反攪粥攪藥木箕也律文從畢作箄俗字也下常斫反著柄盂也

剉草 上麁卧反顧野王云剉猶斫也剉碓剉草令細餧飤牛馬也

車軛 音厄郭璞曰車轅端橫木壓牛領者俗呼為車格或作輀曲木是也戹正體戹字也

軾虎 上音餙鄭注儀礼云古者立乘式謂小俛以礼主人也文字典說車前橫木也

第十八卷

蠲除 上決緣反前音義中數訓釋不繫敘

煨燼 上猥迴反下夕進反鄭箋毛詩云火燒之餘曰燼並形聲字說文作㶳同

撩舉 上音遼寮撩舉者摳衣也手提衣而走也古今正字撩舉二字並從手摳音口侯反

觸髀 毗礼反韻英云髀股外也即兩股是也胥巳下郗巳上揔名為髀從骨坒聲也律文從肉作胜或作髀並俗字也

高詰薄迦 詰音居梵語律文官釋訖

第十九卷

無朙㲉 苦角反考聲云㲉鳥卵皮也言無明㲉者由如鳥卵能包含一切煩惱令不散滅輪轉五道受種種形不能出離三界皆依無明而住不得自在今以佛威神力智慧辯才破壞無明說正真道以智慧眼反照無明如破空㲉無所任用

攣躄 上劣專反俗字也韻英云手足筋急拘束不能行步申縮也正體從疒從䜌作癵音劣轉反下音辟顧野王云躄足偏枯不能行也亦形聲字也從足辟聲也

坑穽 上客庚反蒼頡篇云坑壍也介雅墟也下音靖或從阜作阱阱者穿地如井陷取諸獸名之為穽從穴井井聲

謲毒 上楚

錦反酷虐殺害名為譺𧪄前第九卷已釋**愚騃**下崖騃反上聲

字也蒼頡篇云騃謂無所識知也騃亦愚也從馬矣聲**擯𢊁**

上賓刃反下音赤前第十四卷已釋**撚為**年典反以二指一去

一來相搓曰撚**撝面**上毀為反考聲謙也揖也撝手也**性**

袪去居反袪猶去也

第二十卷

排稍敗埋反考聲云兵仗名也案排即省也招戰時蔽翳其身

以障刀箭也律文從片作牌非也說文從木作排省聲也下霜挺反前第七

卷已具釋**攢集**藏桓反鄭注周礼云攢聚也韻英集聚也從手

贊聲也贊音作旦反**稟性**上彼錦反孔注尚書云稟

受也考聲賜也文字典說承也從禾亩聲亩音力錦反**貪餮**

下音鐵貪食曰餮前第六卷已具釋**縷纏**上錄主反下遠位反

織餘也前第四卷已釋**跬步**上窺癸反方言云半步為跬礼

記云君子跬步不敢志也文字典說從足圭聲**揩鈌**上客皆反

下犬悅反前第二卷已具釋**蠶絲**上雜南反尒雅蝝桑繭郭

注云食桑蘩者即今之民庶所養蠶也從䖵從朁省聲也蟓音象**衦**

成干旱反說文云衦者由知衦餅今摩展匹段也從衣干聲也

一繭堅顯反尒雅有四繭皆蠶之類也蟓繭檮繭欒繭蚖

繭說文蠶衣也從糸從虫芇聲芇音眠彖蛾兩角相當也**或擘**

下音伯顧野王云擘裂破也說文分也說文從手辟聲

第二十一卷

牻色　上邈邦反孔注尚書云尨乱也鄭注考工記云尨雜也説文白黒雜毛牛羊皆日牻從牛尨聲尨字從犬從彡

磽确　上巧交反下腔角反前音義經第四卷中已釋

鍮石　上音偷埤倉云鍮石似金似而非金西戎蕃國藥鍊銅所成有二種鍮石善悪不等悪者拔白名為灰折善者拔黄名為金折亦名為金折亦名真鍮俗云不博金是也

第二十二卷

毛緂　貪敢反前第七卷巳釋

轂已　上轉劣反鄭注論語云轂止也止巳所用惠施他人從車發聲發音同上

禰為　占葉反孝聲禰褺也從衣聶聲褺音牒聶音尼輒反

掇拍　上生界反孝聲云有威勢也韻詮云急也顧野王云猛用力打物也從手殺聲也下音魄前第十一卷巳釋

金鋌　下音定金銀璞未成器也

諍誕　上跡華反諡法日華言無實日諍説文諍亦誕也下壇爛反孔注尚書云誕欺也慢也從言延聲也

鎔經　欲鍾反与容音同金銷在爐未鑄日鎔形聲字

紫礦　下虢猛反西國藥名也練木皮及膠煎成堪膠黏寶鈿作皆從外國來

鐵鍱　上天涅反下音葉打銅鐵薄闊如油素斤名為鍱

鑽作　纂肓反考聲云鑚鑿也説文穿也從金贊聲贊字從貝從兟兟音所臻反俗從二夫

以鋦　恭玉反韻英云以鐵縛物也束令合也從局聲

頗訓　彼列反孝聲云訓謂畜其善悪也或從竹作剪剪猶別也形聲字

㒓額　上坦但反下崖格反孝聲云㒓侏㒓也文字典説從人逹聲韻英云額顙也正從各作額説文從頁從格省經從客俗字巳傳用久矣山東人呼額為訝幽州人謂額為鄂皆聲訛轉也

綰髮　攣板反考聲云綰盤結也説文音卯令不取從糸官聲

第二十三卷

放帚　下周酉反考聲云掃地具也顧野王云帚所以掃除糞穢也古者少康初作箕帚及秫米酒少康即杜康也說文掃糞棄也從又從巾掃除冂內也冂音癸營反

寏緻　下馳利反廣雅緻補也至也郭注方言云縷密謂之緻文字典說緻亦密也從糸致聲

諺誘　上決究反下音酉韻略云諺譚誘引也玉篇云相更勸動也教也並從言形聲字也

無遺子　上音惟鄭箋毛詩遷志也鄭注礼記云遺猶脫落也說文云從辵遺聲貴正貴字也下音結毛詩靡有子遺也傳曰子然遺失也說文無右臂從了象形聲也音厥

無鏃箭　上宗祿反韻英云箭鏑也文字典說箭頭刺也說文利也從金族聲下精綫反矢也說文從竹前聲

反旆而歸　裴妹反介雅繼旐曰旆郭璞曰帛續旐末為燕尾者杜注左傳云軍門前大旗也說文云繼旐之旗沛然垂下從於從市省聲也

俘虜　上撫無反孔注尚書云俘取也賈注國語取人曰俘顧野王云俘所謂取人馘也馘音獲麥反考聲云割取人耳也左傳獻俘馘是也說文軍所獲也從人孚聲下音魯考聲虜掠也強取也說文虜獲也從母從力虍聲

蜫蟻　上音昆俗字也鄭注礼記云蜫小蟲也說文正體作蚰者蟲之摠名也從二虫下宜豈反

第二十四卷

蓽茇　上音必蕃語西國藥名也本出波斯及婆羅門國形如桑椹緊細且長味極辛辢

桁笮　航浪反律文作筦俗字也下音千前第四卷已具釋

燈炷　下音住即今之燈心也西國多撚白疊縷為燈炷案炷者引油爇火為明者曰燈炷本無此字譯經者以意書出唯集訓

切韻新集入韻玉篇說文字林字統古今正字等無此字

糅在 女救反鄭注儀礼云糅雜色說文從丑作粈雜飯也形聲字也

第二十五卷

愆咎 上羞乹反孔注尚書云愆過也杜注左傳云愆失也說文從心衍聲衍音演下音舊古字也孔注尚書云咎惡也鄭箋詩云咎猶罪過也尒雅咎病說文災也古文尚書以為罪咎之字從人從各人各者相違也

研覈 上齧堅反廣雅研熟也說文研磨也從石幵聲幵音牽下諧革反漢書云其審覈之說文云覈考實事也文字典說云凡考事於西窄之覈邀遮其辭得實覈也從西敫聲敫音擊西音呀賈反

躊躇 上紂流反下音除考聲云躊躇心不決定不即行也韓詩外傳云躊躇猶俳佪不進也廣雅猶豫也文字典說二字並從足壽著皆聲也

眇目 妙摽反方言云一目小也王注楚辭云遠視眇然也周易眇能視文字典說從目少聲

背傴 杯妹反下音紆顧野王云傴者身曲也文字集略體不申也廣雅曲也背隆也從人區聲區音駈

侏儒 上音朱下音乳朱反鄭注礼記云侏儒者短人也韻英矬小也古今正字並從人形聲字

枴行 乖買反上聲俗字也即老人把頭杖名為枴子患腳行不得者柱雙拐策腋行名曰枴行一切字書並無此字說文玉篇古今正字並作芉象形諸字書亦同又音乖今不取從木另聲另音誇寡反

哆脣 車者反韻詮云哆脣長垂開口也詩傳云口大皃也蒼頡篇脣縱緩也說文張口也從口從侈省聲也

齵齒 上吾齺反韻英云齒生不正也或內或外行忤不齊名為齵齒從齒從偶省聲也偶音藕

耕墾 康很反蒼頡篇墾耕種也從土貇聲貇音坤穩反

敞

庳上昌掌反考聲敞露也明也開也說文平治高土可遠望也從攴尚聲下音押集訓庳扉屋卑小也扉音斬甲反

鐮斫上音廉考聲云刈草曲刀也形聲字

新秔下音耕聲類云不黏稻也俗作粳非此也從禾亢聲亢音罡

廠內上昌兩反考聲云屋之無壁曰廠

其紖下陳忍反廣雅紖索也鄭注礼記云紖所謂牽牲犢之係也牛曰紖

馬曰韁從糸引聲也

第二十六卷

排穳上敗埋反顧野王云排拉捍也廣雅推也文字典說擠也從手非聲擠音即黎反下蒼乱反廣雅穳鋋也文字典說短矛也俗曰穳刀遙投矛也形聲字鋋音市延反

餧飤上音萎為反下音寺廣雅餧亦

飲也顧野王云供設以食与人也並形聲字也

氍毹上具愚反下數蒭反西戎胡語考聲云織毛為文彩五色或作鳥獸人物即毛布也聲類毛席也出西戎字無定體或作毲毲或名毲毲即地衣舞筵之類形聲字也

斧鑊下鬼籰反前第十二卷已釋

鞍韉上音安下煎延反前第三卷已具釋

繖蓋上桑嬾反繖即盖也下正體盖字

噎饐上煙結反食在喉中不下曰噎從口壹聲下音鐵或

從口作噦文字集略噦氣啎也說文飯傷熱也

鄙媟語中仙列反前第二卷已具釋

爮地上音庖俗字也正體從手作捊時人多呼為乎字非也言爮地者是牛王吼噑之時以前脚捊地從爪包聲也

母彪被憂反師子母名也

善膊音愽亦師子名也

食昨殘肉藏洛反下在蘭反

黑黶伊琰反考聲云人身上黑子也律文從面作黶亦通

諠聒上香元反下古活反蒼頡篇云驚耳

文字典說從耳舌聲

第二十七卷

摩鄃馳 下甲也反梵語此云遍淨亦更有義

田畦 下惠珪反王注楚辭云畦區也釋名云二十五畝為小畦五十畝為大畦也說文亦同此說從田圭聲

特敧拏伽他 上騰得反次豈冝反下揭

加反梵語也此云持施物供養三寶之義伽陀即偈頌也是呪願施主福德資益之意即以此方表白贊聖說明此施願增施主所施福田初引佛經偈頌後加人意所須也

芸荽 上音云下音雖即芸臺胡荽香菜也此等名開種其子開折方乃得生

蛗螽 上音負下音終幽州謂舂萁齊魯謂之舂黍或蚣蝑陸璣毛詩蟲負蠜云青白色長股五六月能鳴似蝗而小多有異名方言不同文繁不錄蝗蟲之類兩股或有斑點者俗語訛轉名為補鑑是也

蛺蝶 上兼協反下音牒即莊周云胡蝶也其類甚多或黃或白或有五色

蛇蠍 上音虵正體字也下音歇已前訓釋已多不能繁述

羹臛 上音庚下音郝已見前釋甚多

皴皮 上七恂反樹上黑皮也劈裂皴起也

白醭 普卜反考聲云物醋其上生白毛謂之白醭蒼頡篇云醬敗生衣文字典說從酉從撲省聲也

第二十八卷

我齩 牙絞反前第八卷已具釋

雷霆 下音庭蒼頡篇云霹靂也

坐枯 知林反俗字也正體從甚作椹考聲云椹質也机屬也對也今律以為坐物也從木甚聲也

聳茂 息勇反正從立作竦悚竦上二並通下音暮顧野王云茂盛也矛聲美也古今正字豐也從草戊聲

第二十九卷

草稕 借閏反即縛草為之或卧或坐即如此國草薦團薦之類是也

堅鞕 頡更反韻英云堅也考聲牢固也從革更聲俗作硬或作鞕亦通

瘶瘖 上音欬下陰禁反前第八卷已釋

躓頓 上知利反顧野王云躓亦頓也廣雅云跲也文字典說云

躓跲也從足質聲跲音其業反下都鈍反從頁屯聲

甎墼 上拙緣反埤蒼云甎甂也案甎即燒成土墼也下經亦反顧野王云墼未燒日墼古今正字從土從毄聲也

第三十卷

棚上 白萠反廣雅棚閣也說文棧也從木朋聲朋音蒲登反棧音柴

限反比木作道也

用蠱水 迷䣺反尒雅日有足日蟲從三虫律文從四作蠱音古書寫人錯不合有蠱水

盎甕 阿浪反尒雅盎缶器也江淮吳楚之間謂之鋼鐦音罌或去聲下屋貢反正體字瓦器之大者或瓷或瓦深而且圓口小而腹廣律文從𠫓作瓮俗字也

崩隤 上北朋反下徒回反鄭箋詩云崩毀壞也穀梁傳自高而下日崩說文山壞也形聲字也隤字從阜

之廐 九右反案同札六穀為廐

計一廐二百六十二匹也說文馬舍也從广既聲

駱駝 上音洛下音駞俗字也正體本作驝駝北方夷狄之地胡畜也顧野王云背有宍鞍亦有獨峯者能負重日行三百高七尺四節項下皆有長毛黄色亦有白色者上好

門梐 眯米反門匡是俗日門梐

横居 怙㭌反韻英云所以止扉也小閣也

鵂鶹 上音休下音畱即晝伏夜飛以鳴聲為名也或日鶹鵂怪鳥也並形聲字

剫剥 上音撥俗字手執利刀剥取牛

皮与肉相離
名為剥剥也

一切經音義卷第六十

第四十五張　碼

一切經音義卷第六十一　石

翻經沙門慧琳撰

音根本說一切有部毗奈耶律從三十一盡五十

根本說一切有部苾芻尼律二十卷

右二部四十卷同此卷音

根本說一切有部毗奈耶律第三十一卷

拔摸　上文粉反下音莫考聲云拔脩理也廣雅拔拭也振也楚辭狐子吟而拔泣也文字典說並從手形聲字

拯濟　拯字無反脚取荎字上聲說文從手從廾作拼用典拯同杜注左傳云拯救助也方言拔拯也廣雅收也取也說文上舉也從手丞聲

嬾惰　上蘭旦反考聲云嬾不勤也廣雅疲勞也文字典說懈怠也從女賴聲下徒卧反廣雅不敬也訓釋與嬾同從心從墮省聲也

手扼　下鷃革反正體字也律文作扼俗字也

畔睇　上音伴下音弟梵語唐云作礼前第十卷中已釋

奧箄迦　上如字本音亦梵語也唐云可介或云應如是

嗤笑　上齒詩反韓詩外傳云嗤者志意和悅皃也文字典說云笑也從口蚩聲蚩音同上

一切經音義卷第六十一　第二張　石

眼瞙　下音莫韻詮云瞙眼病也文字典說云如皮間瞙也從目

顧眄　下眠遍反方言云秦晉之間以規為眄說文眄邪規也從目丐聲也丐音忌上

黙赧　上訔比反或作嘿俗字也聲類黙靜不言也說文云犬暫逐人也從犬黑聲下傳簡反考聲赧羞慙面赤也說文從皮作赧正體字也律文從皮非也亦俗字心介雅云面慙曰赧說文云面慙赤也從赤㞋聲㞋音尼展

[虫豕]觸　上呼回反集訓云豕[虫豕]地也文字典說

豕掘地也從豕從虫虫音毀

舩艘 下掃遭反俗字本正體從木作梭說文梭舩之總名也從木夋聲也

砂潬 上壇嬾反下聲字也韻詮云潬水中沙推出日潬江東語也從水單聲

第三十二卷

破舶 下音白司馬彪注莊子云海中大船日舶廣雅舶海舟也入水

六十尺駝使運載千餘人除貨物亦日崑崙舶運動此船多骨論為水匠用椰子皮為索連縛葛覽糖灌塞令水不入不用釘鍱恐鐵熱火生𦦨木枋而作之板薄恐破長數里前後三節張帆使風亦非人力能動也

豌豆 上烏丸反廣雅疏豆晉豆也大於小豆甘美可食古今正字從豆宛聲

一擔 躭濫反考聲云以木荷物也廣雅擔舉也古今正字負也

從手詹聲也

江豘 上古江字也下鈍論反俗字也正體從豕從肉作豚古文本作𧱊雖正厭繁已廢不用也言江豚者江海水中魚類也形貞似大猪故名江豚風彼欲起此魚先出水上出没皆迎風而行須臾即風起也

海豨 下音希俗字也說文正體從豕作豨方言云南楚之人謂猪為豨又云豕走聲也言海豨者海中魚其形似猪故名海猪亦江豚之類也

噴嚏 上普悶反廣雅噴即嚏也蒼頡篇噴吒也下丁

訂反考聲云氣奔鼻而嚏也說文鼓鼻而氣悟解日噴嚏並從口形聲字也

穬麥 上古猛反即今人間所種大麥也

第三十三卷

崩隤 上北朋反下徒回反前第三十卷中已釋

井蛙 下烏瓜反說文正體從黽作鼃古字也今從虫作蛙前第四卷中已釋

儜忠 上搦耕反考聲儜弱也

繫纜 上音計下音濫

顧野王云繫纜者繫船纜索也或麻或竹繫於河岸也

貪賮　下天結反前第六卷中已釋

篙棹　上音高許叔重注淮南子云篙謂剌船竹也長二丈或用木作下宅効反方言云檝謂之櫂從木從卓亦從翟作擢義同從手者非也

灘磧　上炭丹反水中沙出曰灘下音戚磧即沙灘之大者兼有石也廣雅磧瀨也又云水乾露沙石曰灘磧並形聲字也

謦欬　上輕郢反下開愛反韻英云謦聲也顧野王云欬㰦也說文云聲欬逆氣通而兼有聲也並形聲字也

擡裙　上音臺下音羣考聲云擡舉也廣雅動也埤蒼振也言擡裙者摳衣也下裙字說文正體從巾作帬今律中從衣作裙時用字說文帬裳也上曰衣下曰裳並合從巾今並從衣俗字

籬柵　上音離下

音策前第二卷中已具釋

鹻鹽　上緘斬反俗字也說文正體從僉作鹼埤蒼云鹻猶鹵也文字典說云鹼鹹也從鹵僉聲下琰占反俗字也說文從臣作鹽正體字也顧野王云煮海水為鹽古者宿沙初作鹽煮海水作之其形鹽鹽本從地而生井鹽水中自結也其何中安邑鹽亦人力運為作鹽畦日暴而成亦其次上也其海鹽最下

第三十四卷

糖煨　上音唐下隝猥反前第十八卷中已具釋

漑灌　上音記下音貫顧野王云漑謂灌注也韻詮云灌亦漑也兩字互相訓用同並從水形聲字

水鑵　官喚反考聲云瓦器名也可以汲水字統亦取水器也從缶雚聲舊音同上

孤惸　上音姑正體字也考聲云孤獨也貞也遠也古今正字從子子音結從抓省聲抓音同上下葵營反亦正體字也下從子字意也古文從卂作㷀孔注尚書云惸單

也鄭注周礼云樂兄弟日惇古今正字從女作嫪

勠力 上音六賈逵注國語云勠謂併力文字典說云一心也從力從戮省聲下從彡

寠類 上劬縷反毛詩云終寠且貧也詩傳云寠者不及依礼也尒雅云寠貧也古今正字從宀婁聲也

麟角 上音隣瑞獸也王者有道則出現麕身牛尾馬蹄一角角端有肉字從鹿麕音君也

第三十五卷

鹹鹵 上音咸下音魯孔注尚書云潤下作鹹尒雅云鹹苦也北方之味也從鹵咸聲說文鹵亦鹹也苦也西方謂之鹹地從古西字省點象鹽形也

磽确 上巧交反下苦角反前二十一卷中已釋

疚懷 上鳩又反尒雅疚病也左傳君子不為利回不為義疚古今正字從疒久聲疚音捐

窺覘 上犬規反考聲窺覦也覦音清頃反周易窺觀其户文字典說下覘也說文從穴規聲下勑艷反杜注左傳云覘伺也鄭注札記覘闚視也說文從見占聲也

譏誚 上居依反何注公羊傳云譏譴也鄭注禮記云呵責也廣雅誚也說文誹也從言幾聲下樵曜反考聲云誚笑也聲類或作譙方言誚讓也蒼頡篇訶也說文嬈也從言焦聲偉從肖亦通

孀居 上音霜考聲云孀居寡婦也楚人謂寡為孀居從女霜聲

第三十六卷

豎匙 上殊主反上聲說文云豎立也文字典說從臤從豆省聲也有從立作竪俗字也豆音竹樹反下是支反方言匙上也古今正字云飯乘也從上是聲讀與時字同音

歡讌 下煙見反集訓云歡讌者賓客聚會歡飲酒也

澡漱 上遭考反下搜皺反前第六卷

中巳具釋

瓦甌　下悪侯反方言云瓫之小者謂之甌今江南謂瓷椀瓦椀揔名為甌古今正字從瓦從歐省聲也

毄枯　下槃林反前第二十八卷中巳具釋

劈破　四壁反埤蒼云剖也廣雅劈裂也說文云以刀中破也從刀辟聲從力非也

蔫乾　上偃言反廣雅蔫黃也說文蔫菸也從草焉聲焉字從一從鳥菸音菸

鳥紫　下辭髓反考聲鳥口也古今正字鳥喙也說文從此朿聲也朿音刺

唼盡　上咨荅反考聲云淺入口而味之也顧野王云鳧鴈之類口食謂之唼古今正字從口妾聲也

熊羆　上音雄說文云熊似豕黑色山居冬蟄而舐其足掌以存命不食二月方出從能從火省聲也下音悲韻英云羆似熊而大黃白色郭注尒雅云似熊頭高脚長猛憨多力善走能拔樹木關西呼為猳羆字上從四

謗讟　音讀

第三十七卷

盎甕　上阿浪反下翁貢反前第三十卷中巳釋

霹靂　上匹壁反下音歷顧野王云大雷震動也凡霹靂者破樹壞屋取乘龍也並從雨形聲字

撚劫貝綫　上年典反撚劫貝綫者撚劫貝草花絮以為織縷綫也織為白氎布也方言撚續也蒼頡篇綖綫也經而緯之織成氎布

覔添　怗閻反考聲云添益也從水形聲字忝字從心天聲

整旆　上征郢反集訓云整理也正也古今正字整齊也從攴從束正聲也下俳妹反杜注左傳云旆者軍門前大旗也說文云繼旐之旗也沛然而垂也從㫃從沛省聲也㫃音偃旐音兆

[亻逢]額　上他彫反下雅格反俗字也正從各作額從頁從格省聲也其[亻逢]額人名前第一十二卷中巳釋

槊刃　雙捉反俗字也正體從矛作矟長矛也前第二

十二卷中巳釋

拳附 倦貟反張柳反巳見前釋

箭簳 上煎線反方言箭夫也關西謂之箭關東謂之夫下哥嬾反俗字也正體從可作笴尚書大傳云若射儀之笴栝鄭注云笴箭萬也尒雅曰東南之美者有會稽之竹箭焉

帚篴 周守反掃帚也前第七二十三並巳釋篴音庭

第三十八卷

獷烈 上虢猛反考聲云獷如犬惡不可附近也下音列郭注尒雅嚴猛之皃也

穅麬 上可罡反聲類云殼皮也文字釋要米皮也字統從禾康聲也下音翼顧野王云麥穅也古今正字麥皮也從麥弋聲字從來從反

第三十九卷

寱言 上霓計反聲類云睡中妄語也說文從㝱省臬聲也臬音研結反

愀然 上酋酉反取就字上聲考聲云愀憂也禮記曰孔子愀然作色也家語云臨當刑君愀然不樂形聲字也

圊廁 上音青下初事反集訓云廁圂也雜穢之所也

所蟄 下展列反前第四卷中巳具釋訖

庰逐 上音尺前第十四卷中巳釋

緝爲 上七入反鄭箋毛詩云緝續也尒雅繼也說文績也從糸咠聲上咠音同

鼙鼓 上音批說文云鼙小鼓也律文作鞞書誤也

第四十卷

來襲 音習鄭注周礼云襲猶掩捕也司馬彪注莊子云入也轉莊字也

弦𢐀 慚感反弓弦𢐀也

掤垜 上音朋削牆土落聲也下徒果反即射垜也

黶處 上一琰反韻英云身上黑

子或有朱蠹赤如朱點貴相也

第四十一卷

如燒杌樹　杌音九集訓云殺樹餘株杌夜望似人而不審生恐怖也

釘橛　上丁定反下搉月反以橛釘於地也

打杙　上得冷反下音翼在墻曰杙在地曰橛

埅裂　上音問下音列前第七卷中已釋

喧聒　上毀袁反下官活反前第二十六卷中已釋

史擇　下音宅考聲云擇揀也古文作睪從拱會意字也

謦欬　上輕郢反下開愛反前第三十三卷已具釋

第四十二卷

乞匃　下音蓋前第四卷中已釋

搏若　民藥反考聲搏

握也杜注左傳云手搏也古今正字從手専聲也律文從耑作揣非也

枯燥　下桑到反說文燥乾也從火喿聲喿音同上

羅索　上來克反或作冨桒羅索者鬪戰之處或羅取人或羅取馬脚俗名為搭索捉生馬時搭取馬頭名羅索搭音他荅反

鷖變　上音离考聲云鷖黑而且黃從黑從黎省聲也

品類　律墜反品秩種類也律文作彙誤用也非也彙古文蝟字雖訓類非此用義乖也

草菴　暗含反廣雅菴小舍也鄭注礼記云廬也古今正字從广奄聲也

小鱓　下音善郭注山海經云鱓魚似蛇長而皺斑說文鱓魚皮可以為鼓從魚單聲

網鞔　莫安反案網鞔義不在書史即釋教論中說如來十指間有肉網猶如鵝足相連

扼尊者　上音厄正體字也從手戹聲扼者捏其項也戹音同上

自摑　歸碧反此字相傳時用字書本無自摑者以自爪甲抓破身體也

第四十三卷

喘息 上川耎反廣雅喘息也說文疾息從口耑聲

角力 上江岳反角力者二人競其力角其強弱也如牛鹿二角𧤴長之義也律文從手作捔非也無此字只合多用角字義如前所言說文狩角也象形角如刀故從刀從魚省聲

駢闐 上便綿反下殿蓮反集訓音駢闐謂溢滿也盛也說文駢車駕二馬從馬并聲亦會意字也

針筩 下音同桒針筩者或用竹或從木而作以盛針唯不許骨牙角作者非也

第四十四卷

憒閙 上音會說文憒亂也下拏効反俗字也正體從市從人作吏集訓云人處市則吏諠日吏會意字也

畟方 上楚力反所謂方停四面齊等說文治稼畟畟從田從人從夂夂音雖

孤咕薄

迦 呫音昌葉反梵語也細妙好白氎布名也

第四十五卷

媄姸 上夭嬌反考聲云妖者婦人巧作姿態也毛詩云桃之媄媄女子牡皃馬融曰媄媄和舒之皃也說文巧態美皃也下覔堅反廣雅好也美也說文慧也安也並從女形聲字也姸音韋

翦剋 上煎演反考聲云翦截也杜注左傳云翦削也盡也鄭注礼記云割截也說文從羽前聲或從刀作剪

詷賔 彼列反俗傳用字也正作別

香秔餅 上正體香字也說文從黍從甘律文從禾從日俗字也秔音耿衡反正體字也即香稻不黏者餅須萬反或上聲作飯說文粒食也兩體並通從食反聲

轅軛 上音袁車轅也下音厄車軛也壓牛領木也

第四十六卷

滌幹　上音調下干嬾反前第一卷中已釋　悛改　上音詮前第七卷中已具釋訖　無明㲉　腔角反前第二十二卷已具釋腔字口江反　肉臠　律轉反上聲字說文切肉也形聲字　綆

亦同棄　庚杏反上聲字杜注左傳云綆汲水繩也古今正字綆井索也從糸更聲　自刎　下勿粉反何休注公羊傳云自刎以

刀自割頸落也形聲字也　爽塏　上霜兩反孔注尚書云爽明也下開改反考聲云爽塏高顯負也從土從凱省聲

第四十七卷

貧窶　劬禹反韻英云貧陋也考聲云貧无財以備禮也說文云无礼居也從宀窶聲　羈絆　紀宜反下音半前第一卷序中已釋

牛蹄搶地　鵲羊反西國地名也不取字義　羹膗　上耿衡反下訶各反前第二十七卷中已釋　鍛師　上端乱反孔注尚書云鍛捶打金鐵也說文小冶也抓鍛打鐵匠也抓音丁頰反　伉

儷　上康浪反下音麗杜注左傳云匹敵也賈注國語云偶也埤蒼云伴也形聲字也　老叜　涑厚反考聲云叜者老稱也方言云東齊魯衛之間凡尊考謂之叜廣雅父也說文老人也從灾又聲也　祈

禱　上音其考聲云求也告也下刀老反論語禱請也廣雅謝也說文告事求福曰禱從示從壽省聲也　涼燠　上兩張反韻英云薄寒也考聲微寒也古今正字從水京聲從水者非也下音奥又音憂六反尒雅燠熱也說文熱氣在中也從火奥聲　褓持　上音保律文作褓非也襁褓也前第十三卷中已釋　日旰　千旱反杜注左傳云日晏也古今正字日晚也從日干聲　鼓棹　宅効反即今之推擔進船

也從木卓聲也

執拖 唐賀反船尾也船師執之以正船也

鯨鱗 上競迎反說文云海中大魚也從魚京聲下音鱗說文云龍魚鱗甲也形聲字

彷徉 上音傍下音羊楚辭云聊彷徉以逍遙也集訓云彷徉猶徘徊也屏營也形聲字也

縶維 上知立反杜注左傳縶猶執也劉兆注公羊傳云縶絆也古今正字拘縶也從糸執聲也

第四十八卷

騣尾 上音宗古今正字馬項上長鬣也亦馬金冠也從馬㚇聲也

騰驤 上特能反顧野王云騰跳躍也廣雅奔也楚辭云馳也下音箱平聲說文馬奔走也並形聲字

舟檝 下尖葉反考聲云駕船具棹類也即今之篙棹等是也從木戢聲戢音替立反

羣欐 下力滯反蒼頡篇云欐三國之

神也杜注左傳云災鬼也顧野王云鬼有所歸則不為禲言羣禲者有多種天子七祀曰泰禲諸侯五祀曰公禲大夫三祀曰族禲鄭玄曰禲小神也居人間司察小過作譴告者禲主殺伐之或作㾐⿰歹列皆古字也從示厲聲也

陞舶 上音升蒼頡篇云陞上也廣雅進也古今正字從阜從土升聲也下音白大船也

樺皮 上華化反或作樗山中木名也有赤白二種赤者⿰舟卷皮堪書經為梵夾作燭者之類也

一⿱敝示 樀更

反韻詮或從人作倀考聲云展張形像也律文作楨非也從木敞聲

第四十九卷

梐木 毗禮反顧野王云梐枑挺木也從木從陛省聲也

撤去 恥列反杜注左傳云撤亦去也鄭玄云除也廣雅減也古今正字剔也從手徹聲

蒲臺 音臺蒲生水中臺花也花如柳絮也

該別人 改孩反韻英云該包也賈注國語云從言亥聲有作

埃非也

第五十卷

細襵下霑躡反俗字也正體從聶作襵音之葉反或從衣從耴作[衤*耴]亦通

反擪伊葉反王注楚辭云擪令相著也經文以指按也從手厭聲厭音同上

擕肩上音攜前第十一卷中已釋下音堅說文髆也從月象形也律文從户作肩俗字也亦通

庂足上音側俗字也正體從厂作仄考聲云仄傾也廣雅陿也說文傾側不正也從人在厂下

撳放上索界反俗字也古人借殺為撳前第二十二卷中已具訓釋

饕餮上音滔下音鐵貪財曰饕貪食曰餮前已釋訖

嚩[口*集]上音博下精入反考聲云嚩[口*集]欠羡食也聲類云嚩脣彈

舌令作聲美想也竝從口形聲字也

手爬白麻反正從手作把為濫把字律文從爪俗字也集訓云把撞也亦形聲字也

舐掠上音氏下音畧以舌舐脣口也

齧半上研結反戊咬也

蘿菔上音羅下音匐方言紫花根來也竝從草形聲字也

鉢攀下歐頹反廣雅攀抒也抒音張呂反以鉢舀取也舀音進小反

逋慢上布孤反下蠻辦反

犛牛音茅山海經云西南夷中有長毛牛也身

上四處有長毛雙脚上膝前及尾或白或黑

根本說一切有部苾蒭尼律卷第一

冷煗上勒打反寒也說文從水下奴短反或作暖古今正字煗溫也從火耎聲耎音耳兗反

淨餅竝冥反或作瓶韻英云盛淨水洗手澡漱器也

支派下拍賣反廣雅派者水分流別也說文水分也從反永字也

祖禰泥礼反或作禰鄭注周礼云父祖廟

也古今正字從衤介聲衤音祇

迫窄 上音百下音責埤蒼云窄迫陿小也說文從穴形聲字也

苾芻尼律第二卷

扇侘 下[illegible]加反梵語也此曰黃門內侍也

躭欲 上荅南反考聲云躭嗜也或從耳作耽

觝觸 上丁礼反考聲觝亦觸也或從牛作牴會意字下衝燭反廣雅觸挨也說文牴也從角蜀聲

棖觸 上宅耕反或以手或以物相觸也或作敞音同上

旭旦 上凶獄反毛詩傳云日始出大昕之時也說文亦云日旦出皃也

稗米 上牌賣反杜注左傳云草之似穀者說文禾之別種文字共說云稗屬也從禾卑聲

苾芻尼律第三卷

輟巳 轉劣反見前有部律第二十二卷中巳具釋此不重釋

牆柵 上匠羊反顧野王云牆垣也杜注左傳云人之有牆以蔽醜惡也說文垣蔽也從爿從嗇爿音同上下音柴考聲云豎木為牆曰柵從木形聲字也

篅窖 上述緣反字書云以竹葦編如笆形貯穀麥曰篅下絞校反韻英云穿地為匱盛米麥曰窖說文篅字從竹耑聲窖字從穴告聲告音谷

鉤斲 上茍侯反下竹角反前有部第三卷中巳說

衣幞 下逢目反說文從巾業聲業音卜

衣裄 何浪反韻英云衣竿也亦衣架也

杙牀 上蠅即反韻詮杙橛也從木弋聲下狀莊反廣雅云人之棲託謂之牀毛詩載寢之牀也說文身所安從木形聲字爿聲爿音牆

衣櫃 逵位反說文匱匣也形聲字

鞍韉 上音安下剪前反見前有部第五卷中巳解

腹肋 上音福下稜得反說文腹肚也肋膂

也肚兩傍也並從肉

春骰　上精懌反顩野王云脊背膂說文從肉象脊肋之形下退狠反上聲字考聲云骰髀也王篇髀髖也髖音寬髖胯骨也髀音鞞米反安音垂果反

於橜　拳月反韻英云橛杙也前已解

田畦　下慧圭反劉熙釋名云俗以二十五畮為小畦五十畮為大畦說人亦同從田圭聲楚辭云畦猶區別也

蛭鱓　上音質下音善蛭水中蟲也鱓魚也似虵形而黑

蠐螬　上音齊下音曹糞中蟲也或化為蟬能飛能鳴數般名也

苾蒭尼律第四卷

大栢林　征夜反有刺木名也從木

自縊　伊計反或作縊自刑死也從糸

草矛矟　上莫侯反下霜捉反前有部律第七卷中已說

輪鐶　下著乱反第七卷中巳具釋

作穽　下情性反字書正從阜作阱律從穴

羈絆　上音機下音半說文羈馬絡也絆馬絆也形聲字也以繩絆足也

蹋發　談合反

腨足　上船耎反說文云足腓腸也從肉耑聲耑音端

苾蒭尼律第五卷

捲打　上倦負反毛詩傳云捲用力無捲無勇也說文云氣勢也從

手卷聲

抗頭　上音亢

苾蒭尼律第六卷

椎葦指蹴也　上墜追反字從木說文擊也從手者非也下促育反考聲云以足蹴蹋也公羊傳云以足逆蹋曰蹴說文從足就聲也

磣害　上初錦反或從土作墋下正體害字也

苾蒭尼律第七卷

枳吒 上雞以反下摘加反梵語西國山名也

摘果 上知華反手採日摘下音果木子也

反擲 程剔反從手

相黐 耻离反以膠取鳥也

訶叱 下嗔室反歡也

腰絛 下音縚以絲織為縚也從糸形聲字

暴曬 上袍冒反說文會意字也從日從拱從米下沙界反日中曝米也從日麗聲也亦形聲字也

籬壍 上音離下妾焰反以土為籬種樹於上日壍從土斬聲

肘梯 上知柳反下體兮反

剉草 上倉過反切草也

舂擣 上東龍反尒雅擣穀為米日舂韻英舂擣也舂從臼擣從手

干犯 說文干從倒入從一作屰

縛栰 下音伐俗字也正從木從發作撥

牽拽 上遣賢反玉篇牽引也廣雅挽也說文引前也從牛從一冖音癸營反象牛縻也玄聲也下延結反廣雅拽極挽也從手曳聲從戈

苾芻尼律卷第八

贈送 層鄧反考聲云以物遺人也從貝

撩亂 上音寮下亂段反

鉤紐 上苟侯反律文從巾作怐亦通賈注國語云鉤帣鉤也說文鉤曲也下女九反說文云紐系也紐結也絜裻鉤紉也

僧脚敧 綺羈反或作攲梵語也唐云掩腋衣即古譯錯用為覆髆者是恐汗污三衣先掩其腋

麁拼 百音反考聲拼彈墨斗繩振絣墨也

拳攉 上倦負反拳手五指為拳下抗岳反以拳擊也從手霍聲也

苾芻尼律卷第九

煨燼 上猥灰反下徐胤反說文正體作𤎅火之餘木也從火聿

省聲也**傴肩**上紆禹反考聲云曲背也玉篇身曲恭也說文從人區聲下音堅從肉**賈易**上矛候反考聲云易財物也玉篇交易也說文從丣古文丣字也**縷繿**上力主反下遂位反前有部律第二十卷中已解**家貲**下音資蒼頡篇貲財也玉篇財產也從貝此聲也

苾蒭尼律卷第十

麁鞭下褊綿反顧野王云以杖木鞭支罪人也周礼馬策也從革便聲**怕怖**上滂罵反下普布反廣雅怕怖惶懼也恐也心戰也二字並從心**擯屛**上賓胤反下音尺前律第十九已解**攝爲**上占攝反前律第二十二已具釋**撚拍**上生

界反前有部律第二十二已具釋**券契**上屈願反乘驛行公券也誓言書於鐵上爲信也下輕藝反買賣之文契也信文也**金鋌**下音定前有部律第二十二卷中已具釋**栗姑毗**上鄰一反次吕葉反梵語也王之近親也**隤壞**上唐雷反前大律第十二卷中已釋下懷怪反說文壞敗也說文從土褱聲也**戝糴**下庭歷反買米也**貴糴**下天弔反考聲賣去米亦會意字也粜也

說文出穀也從翟聲翟音秋**安龕**下坎含反考聲云鑿山壁爲坎安佛像也廣雅龕盛也說文從龍從含省聲也**密緻**下馳利反前律第二十二卷中已釋此不重說**或挩**下万扳反聲類引也從手免聲

苾蒭尼律卷第十一

擘口上迸陌反考聲云手裂也廣雅手分也說文撝擘也從手

哶聲也 敱他 上談濫反或作啖廣雅啖食也說文從口形聲字

苾蒭尼律卷第十二

眇目 上妙摽反少一目也

癧躄 上力綠反考聲足病也足筋不展也下并覓反足癧之異名也字書足跛也亦足病也

脊傴 下紆禹反集訓云背曲也韻英云婁曲也從人區聲

侏儒

上音朱下乳朱反前有部律第二十五卷中已具說

枴行 上乖買反韻詮云杷頭杖也患脚人扶身杖古文作廾象形字也

哆脣 上多駄反考聲張口也不斂脣醜惡皃也

齵齒 偶俟反王篇云齵齒謂齒生不齊平也蒼頡篇云重生齒前却不端直也說文齒不正也從齒從偶省聲也偶音五苟反

販樵 蕃万反鄭注周礼云販者卑買夕賣者也說文賤買貴賣也從貝反聲下齊遙反杜注左傳云採薪也說文採柴薪也從木焦聲形聲字也

蕉擔 上蕉音與上同下耽濫反考聲云以木荷物也說文訓同前從手詹聲也詹音占

青稊 弟奚反考聲云草名也或作苐古字也

廠庯 上昌掌反考聲云屋無四壁也下黯甲反字書云庯庿屋下貝也庿音爭甲反

鐮斫 上斂占反下章若反前律第二十五卷中

已具釋

推延 上土雷反古今正字以手約物也

詭設 上歸萃反考聲詐也欺也廣雅隨惡也說文從言危聲

新秔 下綴衛反前律已釋

紖促 上陳忍反周禮牛則挽紖也馬則執韁是也說文牛系也從革畺聲下取欲反鄭注礼記促近也速也說文迫也從人足聲

峻坂 上䇈俊反山高也古文作陖險也下音反考聲坡也峻坡曰坂

斑駁 上八蠻反下邦邈反漢書云黒白相雜謂

之班駁班文彩相閒五色謂之斑考聲班文玉也從文 **排鑹** 上敗埋反下七乱反前有部大律第二十六卷中已釋 **相扠** 丑皆反韻詮云以卷擊人也 **相撲** 下龐學反高舉投地也令顛仆也文字典說二人競力也從手業聲也 **緝麻** 上侵入反字書云細分麻縷相續為布形聲字亦會意字也 **紵衣** 除呂反考聲云

布名也以苧麻為之形聲字 **氍毹** 上渠俱反下數于反蕃人語也即今之毛布有文為地衣是 **衫襖** 上沙咸反上單衣也下阿臯反複衣也有綿夾大小之異也 **衸鑁** 下謹蔓反蔓音王約反鑁者斸也鐵刃也 **鞍韉** 上音安下節延反鞍下氈替也 **甌器** 阿鈎反瓦瓶也或小瓮也從瓦歐省聲也 **盲瞎**

下亨戛反无目睹也不見也亨音赫耕反戛音閒八反 **噎噦** 上煙結反食不下喉也下威月反韻詮云嘔吐也氣逆胃中病也 **嚻聲** 香妖反考聲多人衆各語也說文氣出頭也 **捷語** 潛葉反考聲云疾語也急也從手疌聲也疌音同上 **松榦** 于岸反考聲云強也本也端直也亦作幹簳也 **瘡疣** 上叉霜反韻英云疾也內中傷也病也下音尤風結膹肉也亦病也

苾芻尼律卷第十三

澆草 上皎堯反考聲云澆沃也說文從水堯聲也 **芸茇** 上音雲下音雖前二十七卷中具釋 **橘柚** 上均聿反下音由就反江南楚地之果也並從木 **蛗螽** 上音負下音終草蟲也 **蛺蝶** 上蒹協反下恬叶反前律第二十七卷中已具釋虫名也 **和揉** 音柔捼也手相搓也 **羹臛** 上音耕下呵各反孔

注尚書云以醎醋以和曰羹臛者无汁而熷曰臛從肉形聲字也

皺皮 上七詔反肉上皮起如樹皮曰皺也

地菌 袞隕反地蕈也地耳

白醭 下音木反於經物上生白毛也亦白衣也

棚上 白首反棚上鋪板為地曰棚亦樓也

門樘 韡米反韡音瓶迷反門兩邊竪木也

摸墼 上音莫下音擊

一切經音義卷第六十一　第三十五張　石

苾芻尼律卷第十四

劈破 上匹覓反前律第三十六卷中已具釋訖

盎瓮 上阿浪反前第三十七卷中已具釋訖

相黏 下蹋廉反蒼頡篇云黏合也說文黏相著也從黍占聲

撲之 龐邈反手擊高舉已投於地

鯨魚 上奇京反前律第三十七卷中已具訓解

槊刃 上霜捉反前有部律第三十七卷中已具釋

鵬翼 上蒲崩反考聲云鵬大鳥也莊子云北溟有魚名鯤化為鵬鵬之背數千里從鳥朋聲下蠅職反鳥翅也形聲字

打搭 音荅

胯膝 上誇華反華字去聲俗字也正體從骨作髂下新七反亦俗字也正體從桼從尸作厀久不行用故不書

棗核 上音早下行格反正體字從二朿朿音刺核者棗中實種也從木

箭笴 上音薦下干罕反前莖也亦作荓

箒筳 上周酉反掃地具也下音庭

奔竄 蒼乱反玉篇竄逃也說文匿也從穴從鼠

一切經音義卷第六十一　第三十六張　石

苾芻尼律卷第十五

圊廁 上請精反下差截反截音緇使反前律第三十九卷中已具釋

錢賄 下音晦貨也

其黳 伊奚反身上黑子也前第四卷中已釋

水蛙 烏媧反前律第四卷中已釋竟

杌

樹上音乙殺樹餘蘖也株杌也前已釋

苾蒭尼律卷第十六

釘橛　壆裂　朾杙已上前律第四十一卷中並已具釋訖

罄欬上溪頂反下開愛前律第四十二卷中已具釋訖

耳箭下音同前四十三卷中已具釋耳飾也

小鱓音善前律四十二卷已釋

絅䩕上音冋下滿安反前四十二卷中已釋

自𨛍歸碧反抓

梐木上音陛牀挫也牀脚上前從長木也

應撤耻列反春秋去也儀礼除也古今正字云從扌音手

苾蒭尼律卷第十七

襃寵上保毛反顧野王云襃猶揚美下勑寵反考聲寵貴愛也饒也玉篇恩澤也形聲字也

柵籬上音策下音離前律第二卷中已具訓釋訖

篅内上音船笣也常緣反

苾蒭尼律卷第十八

窄陿上爭索反考聲云窄亦陿小也古今正字從穴乍聲也下咸甲反礼記廣則容姦陿則思欲王篇云迫隘不廣大也說文從阜匧聲

音同上

蹲跪上音存下逵委反說文從足危聲也

所擒其吟反字書捉也從手禽聲

墾掘上康佷反耕也司也從土豤聲下郡物反斸也穿也從手屈聲也

窺窻上犬規反考聲云窺覷也覷音蛆預反竊見也下𪗋雙反俗字說文正體象形囪牕也形聲字

絞尼項上交巧反考聲云縛也網也縊也古今正字從糸交聲也

牽拽上企堅反下延結反從手

苾蒭尼律第十九

鸜鵒　上具愚反下用足反或從句作鴝亦正體字也考聲鳥名也似反舌於頭上有毛角鼻斑白別也　車輾　尼展反俗字也正體作報車轢過車跡也　骽腨　上退猥反前律第三卷中巳具釋下船耎反前律第四卷中巳具釋　韲棐　上濟齊反下猜代反

從非從齊

苾蒭尼律卷第二十

刷批　上拴刮反拴音數負反刮音關八反下音婢即密梳也除蝨具也即批梳也　濽灑　上音贊下沙賈韻英云濺水也說文汛也從水形聲字汛音信　網襵　下霑躡反前大律五十卷中巳釋

反摩　伊葉反前律第五十卷中已釋從手厭聲或作擫亦通　偏抄　上音篇下叉交反　跳行　亭遙反變足跳行也　仄足　上音側右字也　撤放　上生界反用力也從手　小搏　音團從手　土塊　苦瞶反土塩也說文從土從鬼聲　噂噍　上音博下精習微嗜也　爬散　上白麻反以手指爬散也播也　舐掠　上音是下良約反以舌取物也　鉢彝　下厥顛反前律第五十卷中巳釋從廾爲聲　著屐　京逆反木屐也　履屨　下俱遇反革履也

一切經音義卷第六十一

一切經音義卷第六十二　石

翻經沙門慧琳撰

音根本說一切有部毗奈耶雜事律四十卷

根本毗奈耶雜事律第一卷

甎揩 上拙緣反埤蒼云甗甎也字書云瓴甓也從瓦專聲甗音鹿瓴音零甓音瓶歷反下客皆反說文云揩摩也拭也從手皆聲

帬應 上郡雲反方言云直衿繞署謂之帬郭璞注云俗又呼為接下江東通言帬也說文帬亦下帬也從巾君聲案帬字裙字說文正體從巾作常帬今天下時用竝從衣作裙裙揔通衿音居音反即衣衿也郭璞云婦人

初嫁所著上衣也

栗姑毗園 上隣鋥反大檜偪反梵語也古云梨車子即剎帝梨王公子弟也彼有果園也

皴裂 上七旬反埤蒼云皴皺也文字典說從皮夋聲夋音同皴音鏘藥反

刱制 上瘡壯反考聲云刱始也說文云造法刱業也從井刃聲或作創音楚莊反

齅我 上休救反說文云以鼻就臭曰齅從鼻臭聲

譏嫌 上居依反何休注公羊云譏譴也鄭注禮記云呵責也說文譏誹也從言幾聲下叶閻反說文云嫌不平於心也一云疑也從女兼聲也

癭鬼 上纓頂反說文云癭頸瘤也從疒嬰聲瘤音柳由反

隙中 上郷逆反顧野王云隙猶穿穴也廣雅云裂也說文云隙壁孔也從阝𡭴聲𡭴音同上從二小夾一白也

髑髏 上音獨下漏侯反埤蒼云頭骨也說文云頂骨也形聲字

曛黃 上訓雲反王逸注楚辭云曛黃黃昏時也文字典說從日熏聲

除刮 下關滑反鄭注禮記云刮摩也考聲云揩刃削之曰刮說文云刮掊

把也從刀舌聲

核鞕 上衡革反顧野王云果實中核也說文從木亥聲下領更反考聲云鞕堅也文字典說鞕堅牢也從革叓聲或從石作硬俗字

嘊之 上牆藥反正嚼字也準南子云嘊之而無味不能入喉也顧野王云噍也廣雅云茹也說文從口𧮫聲經本作嚼俗字噍音樵矐反

第二卷

有娠 失真反杜注左傳云娠懷胎也說文云娠妊身動也從女辰聲古文作傳字妊音如甚反

飰食 上煩晚反說文云飰食也從食弁聲俗從反作飯也

蹂婦 柔中反蒼頡篇云蹂踐也文字典說從足柔聲說文作禸云獸足蹂地象形字也從禸九亦聲也尒雅云其跡禸隸文作

蹂

挼腹 上內迴反說文云挼摧也一云兩手相切摩也從手委聲

足跟 下良痕反釋名云足後曰跟說文跟足踵也從足從艮聲

從臍 齊西反說文云肶臍也從肉齊聲也

促整 上取欲反下征領反整正也別也齊也說文云從束從攴正聲攴音普卜反

城闉 一真反毛詩傳曰闉曲城也說文曲城重門也從門垔聲垔音同上

燓燎 寮鳥反又去聲力召反鄭箋毛詩云火田為燎考聲𤈦燒也說文燎放火也從

火𤇾聲𤇾音力召反

坼裂 上耻革反廣雅云坼分也考聲地裂也說文從土㡿聲㡿音尺下音列

瘡疱 下炮皃反考聲云疱面上細瘡也說文作皰面生气也從皮包聲

擯㡿 上賓刃反司馬彪注莊子云擯棄也文字典說從手賓聲下音尺劉兆注穀梁傳云㡿指也顧野王云㡿遠也漢書音義云㡿不用也廣雅㡿推也說文從广屰聲广音儼屰音逆

畔睇 上盤慢反下提戾反梵語也唐言礼

賓人 上賞

章反鄭注考工記云賔販賣之客也說文賔行賈也從貝從商省聲梯隥上體稽反賈逵注國語云梯階也古今正字云木階也從木弟聲下登鄧反說文從阝登聲律本從足作蹬非也繖柄上桑嬾反顧野王云繖即蓋也以帛為之可以障雨及日也從糸散聲律本作傘俗字也下兵命反說文云柄柯也從木丙聲也矖在上索㩲反方言云矖暴也說文云從日麗聲也

第三卷

炊爨上音吹下倉乱反鄭注周礼云爨竈也杜注左傳云炊也前文已解說氤氳上音因下蕰云反俗用字也博雅正體從火作烟從糸作緼天地之氣也周易云天地氤氳万物化醇考聲云雲氣也

瓦礫下零的反考聲云砂也說文云小石也從石樂聲衣斅諠庚反考聲云斅展也從木斅聲律本作揁非也鍛師上端乱反孔注尚書云鍛鍊也蒼頡篇云鍛椎也說文云小冶也從金段聲其靶巴罵反字書云靶柄也說文從革巴聲律本從弓作弝亦通或從木作把雞翎上鼙奚反下歷丁反考聲云鳥羽也竹鑯妾閻反說文云銳也貫也從竹鑯聲鑯音息閻反鑽孔上纂丸反顧野王云

鑽謂之鐫鑿也說文云鑽所以穿也從金贊聲鐫音卒緣反綫繚上先薦反下寮鳥反顧野王云繚猶繞也說文云繚纏也從糸尞聲糸音覓梳刷上音疎下疎刮反廣雅云刷利也說文刮也從刀㕞省㕞音同上票姑毗中檐緣反義已釋弟一卷內迮爭革反說文迫也從辵乍聲亦作窄置扂恬琰反考聲云令之門扂也文字典說云扂扊也門小關也從户占聲扊音析急反鐶鈕上音還說文從

玉作環義同下尼九反說文云鈕印鼻也從金丑聲

坻水 上徒賭反廣雅云坻瓶也文字典說云坻大瓶也從瓦土聲也

安埰 多果反高土也文字典說小壘也說文堂塾也從土朶聲律本作朶書誤也朶音都果反

鐵杴 險嚴反火杴也

杙上 蠅即反韻英杙橛也尒雅云樴謂之杙案律本云挂為牙杙上即際也從木弋聲也

作竇 頭候反鄭注礼記云竇穴也字書云水突也說文竇空也從穴賣聲

第四卷

蹲踞 上在昆反說文云蹲踞也從足尊聲踞音據

咼衺 上快華反說文云咼口戾也從口冎聲冎音瓜瓦反下謝差反字書云衺不正也說文云衺褭也從衣牙聲褭音乃當反

瑩體 縈暎反毛詩傳云瑩美石也謂摩拭珠玉使發光明也說文玉色也從玉熒省聲亦從金作鎣

瓌偉 上古迴反司馬彪注莊子云瓌美也方言云盛也說文作傀云偉也從人褱聲褱音懷律本作瓌亦通下韋鬼反說文云偉奇也從人韋聲也

姸雅 上齧賢反廣雅云姸好也考聲慧也說文姸恔也安也從女幵聲幵音牽恔音至下牙賈反毛詩傳云雅正也韋昭注漢書云雅素也集訓云閑麗也說文從隹牙聲也

婆羅痆斯 痆音傉軋反梵語也古云波羅奈國也軋音閒轄反

所搏 下膊莫反杜注左傳云搏取也聲類云捕也廣雅云擊也說文云搏索持也從手尃聲

作襻 攀慢反考聲云衣襻也古今正字從衣攀聲

挂髆 上瓜賣反廣雅云挂懸也說文從手圭聲下音搏周禮云髆肩也鄭注儀禮云肱骨也說文肩甲也從骨尃聲律本從肉作膊非也

第五卷

毛毯他敢反考聲云毲織毛為之本无此字毯出西戎也襯卧上楚靳反考聲云襯藉也襯身衣也鑒察上監懺反毛詩傳云鑒所以察形杜注左傳云炤也察也說文從金監聲亦作鑑毉羅綦上伊奚反梵語也龍名也有複風伏反蒼頡篇云複厚也說文復重衣也從衣复聲复音伏不捩憐涅反考聲云捩絞也亦作綟云細

一切經音義卷第六十二　第九張　石

也律本從手作捩亦通擡舉上代來反廣雅云擡動也文字典說從手臺聲也餻餅上音高考聲云餻菜米屑為之字統云餻餌也韻詮云合蒸曰餌餌餅屬也古今正字從食羔聲下并郢反釋名云有餬餅餻餅等各隨形而名之也說文從食并聲顦顇上謂過反下情季反字書云瘦惡也蒼頡篇憂傷也亦從心作憔悴或作癄瘁並同羸瘠上累

危反杜注左傳云羸弱也賈逵注國語云瘠病也許叔重注淮南子云劣也說文云瘦也從羊羸聲羸音同上下情亦反考聲云瘠瘦也文字典說從疒脊聲亦作膌貯麵上猪呂反杜注左傳云貯蓄也顧野王云咸也說文云積也從貝宁聲卞昌沼反廣雅云麵食也埤蒼云麵麥也文字典說云屑乾麥也從麥酉聲律本作麪俗字麱音初狡反

第六卷

一切經音義卷第六十二　第十張　石

紫礦上正紫字下瓜猛反音義第三十一卷中已具釋恙蛘羊想反禮記云蛘不敢搔是也說文云搔蛘也從虫羊聲把搔上白麻反考聲云把即搔也說文從手巴聲下掃刀反說文云括也從手蚤聲也蚤音早犛牛上卯包反山海經云潘侯之山有狩狀如牛而四節生毛名曰犛牛考聲云牛名也說文云西南夷長髦牛也從牛𠩺聲也髦音毛袪蚑上去魚反考聲云袪却也除也下音文撚芊毛上年

典反方言云撚續也顧野王云謂相接續也說文云撚執也從手然聲也

相撲 龐邈反考聲云撲投於地也字書云相撲手搏也說文作撲從手業聲業音卜搏音搏

腳跌 上腳字也下田結反許叔重注淮南子云跌作也郭注云偃地也說文云跌越也從足失聲也

澡鑵 上音早下官喚文字集略云汲水器也從缶雚聲雚音同上

鉸刀 上交巧反韻英云鉸刀也即今剪刀也

談覈 下形益反考聲云覈窮也實也說文考實事也從襾敫聲也或從雨作覈襾音呼下反敫音經亦反

第七卷

羞赧 上秀由反孔注尚書云羞辱也左傳無作目羞杜注云羞恥也說文羞進獻也從羊羊所進也從丑丑亦聲也下儜簡反方言云赧愧也

考聲云羞慙而赤也說文面慙赤也從赤𠬝聲律本從皮作赧俗字也𠬝音尼展反

扣門 上音口論語云以杖扣其脛孔注云扣擊也說文從手從口口亦聲也

絛亦 上討刀反鄭注周礼云其樊纓以絛飾之字書云編絲為繩也古今正字云編諸屬也從糸從攸省聲也

句紐 上苟侯反考聲云句留也牽也曲也說文從勹從口亦從金作鉤律文作㺃非也下尼九反考聲云紐結而可解也說文云系也從系丑聲

蘡薁 上益盈反下憂六反考聲云似葡萄而小子黑也說文云蘡薁也從艸奧聲

煗水 上奴管反說文云煗溫也從火耎聲耎音而兗反

屆節 上皆薤反孔注尚書云屆至也文字典說從尸從由謂從所由而至會意字也

逃趥 上唐勞反鄭注禮記云逃去也王逸注楚辭云竄也廣雅逃避也字書云迯也說文亾也從辵兆聲辵音丑略反律本作迯非也下伯孟反考聲云趥散走也亦作迸文字典說從辵屛聲律文從走

作逆俗字也

㓷心　上棙丸反正體字也考聲云㓷曲刻也埤蒼云㓷削也字統云㓷斗削也古今正字從刀夗聲俗作𠜱亦通削音抉玄反

第八卷

有紊　下音問孔注尚書云紊乱也說文從糸文聲也

謦欬　上輕郢反蒼頡篇云謦聲也說文欬也從言殸聲殸音磬下開愛反顧野王云

欬欶也說文云逆氣也從欠亥聲欬音來台反

嚏噴　上音帝蒼頡篇噴鼻也說文云嚏悟解氣也從口疐聲疐音同上下歕悶反戰國策云驥俛而噴仰而鳴也說文云噴吒也從口賁聲歕音普門反

顧眄　上孤護反鄭箋毛詩云迴首曰顧廣雅云顧眷也說文顧還視也從頁雇聲頁音賢結反下眠遍反考聲云眄衺視也說文云目偏合也從目丏聲丏音同上衺音邪

蘿菔　上音羅下腹北反考聲云蘿菔菜名也說文蘆菔也似蕪菁也並從卄羅服皆聲也

斷敵　上端管反俗字也孔注尚書云斷絕說文云截也從斤㡭聲㡭音絕律本作拒非也下亭的反杜注左傳云敵猶對也當也方言云同力者謂之敵也說文云敵仇也從攴商聲

打撲　下普木反顧野王云撲猶打捶之也廣雅云擊也說文從手業聲業音卜

來襲　尋立反杜注左傳云掩其不備也周禮云襲謂

掩捕之也說文從衣龍聲也

腋挾　上盈赤反埤蒼云腋胳也肘後也古今正字從肉夜聲胳音各下嫌頰反何休注公羊云挾懷也尒雅云挾藏也說文從手夾聲杜注左傳云除凶之祀也說文云除惡祭也從示犮聲犮音盤鉢反

第九卷

瑕隙　上夏加反杜注左傳云瑕猶過也鄭注礼記云瑕玉病也廣雅

云裂也說文從王段聲下卿逆反

顎聲 上許嬌反鄭注周禮云顎讙也毛詩傳云顎聲也說文聲氣出頭上也從㗊從頁頁首也㗊音莊立反

聒地 上官活反杜注左傳云聒讙也蒼頡篇云聒擾耳也說文讙語也從耳舌聲

鐵杕 下音伏俗字也

誇讚 上跨華反孔注尚書云憍恣過制以自夸大也謚法云華言無實曰誇說文誇誕也從言夸聲夸音同上

蜫蟻 上袞魂反鄭注禮記云蜫蟲者陽而生陰而藏者也說文作蚰云蟲蠅名也

鴟梟 上叱脂反下徼堯反鄭箋云惡鳴鳥也

第十卷

桁竿 上鶴浪反下音干考聲云桁衣架也律本從竹作笐是樂器也音鶴郎反非桁竿字也

一柴 平髓反廣雅云嘴口也字書云喙也說文從此朿聲亦作觜咮朿音雌四反喙音暉衛反

掃篲 上搔老反下隨銳反說文作彗云掃竹也從又持拜也拜音瑟臻反古文作曹

棖觸 上擇庚反考聲作敞云撞也王篇作拼去刺也或作敉云振觸也文字典說從手長聲律本作棖非也

鈕扂 上尼抑反前第七卷已具釋下恬店反前第三卷已釋

甎垛 上音專下都果反前第三卷已釋

啗嚱 上談濫反說文云啗食也從口臽聲臽音陷律本作啖俗字也下嚱藥反前第一卷已訓釋

扇樞 下觸朱反韓康伯注周易云樞機制動之主也廣雅云樞本也說文户樞也從木區聲區音曲于反

鎗子 上策庚反考聲云鼎類也或作鐺俗字也

鐵鍤 磣甲反方言云宋魏之間謂臿為鍬江淮南楚之間謂鍤說文從金臿聲臿音同上鍬音七焦反也

斲斤 上竹角反孔注尚書云斲削也說文云斫也從斤㔺聲㔺音豆

隤毀

上杜雷反廣雅云隤壞也說文從自貴聲阜音父

第十一卷

汝捥 剜喚反正作掔義已具釋捥本有部律第七卷中律本從肉作腕俗字也

下裠 郡雲反前第一卷已釋古文正作帬

鉆拔 上強炎反說文云鉆鐵銸也可以夾取物也從金占聲律本作鉗是鐵枷束項也非夾拔之義下辦八反尚書云大木斯拔顏野王云拔猶引而出之廣雅云拔出也說文從手犮聲犮音盤鉢反

挨齒 上橉湼反前第五卷中已具訓釋

抉目 上恚悅反左傳云以戈抉其膓也莊子云子胥抉眼也說文抉挑也從手夬聲

以鋸 居御反國語云中古刑用刀鋸謂大辟刑也淮南子云良匠不以刀鋸不能以劅木鋸者可以截物也說文鋸搶唐也從金居聲也

劅解 上音皮宗剥是剝去皮之義也俗字也下皆買反

矛穳 上毋侯反說文云酋矛也象形也古文作戟亦作舒下倉筭反廣雅云穳謂之鏦考聲短矛也文字典說從矛贊聲也

鑱身 上仕咸反淮南子云刺肌膚鑱皮革劍血流又謂針刺也說文云銳鑱也從金毚聲也亦作劖攙毚音同上

矟刺 上雙捉反廣雅云矟矛也埤蒼云今䂎矟也文字典說從矛肖聲下青亦反顧野王云謂銳鑱入人肉中也說文刺直傷也從刀朿聲

鎔銅 上勇鍾反漢書云猶金之在鎔唯冶之所鑄也亦云鎔鎔也銅屑為鎔說文冶器法也從金容聲也

杌木 上吾骨反韻略云杌樹無枝也字統云杌斷木也一云枯木也說文從木兀聲

痰癊 上音談下飲禁反義於有部律中已具釋

如楫 先節反說文作揳云櫼也櫼音子廉反第十三卷已釋

頞部陁 上安幹反梵語胎藏名也

稠酪 上胄流反毛詩傳云稠密也廣雅云概也說文從禾周聲概音旣酪音洛

橐

扇 上排賣反義已具前訓釋

插在 上磣甲反聲類云插刺入也說文云刺內也從手臿聲也臿音同上磣音初錦反

黳黑 上履脂反考聲云黑黃色也古今正字從黑黎省聲

臠割 上劣兖反顧野王云切肉為臠之小者也文字典說從肉從戀省聲臠音䜌史反下干曷反

第十二卷

唼食 上朁荅反考聲云唼嗍也字統云唼血也正作呷字通俗文云味入口曰呷也文字典說從口妾聲也朁音帀感反下正食字

襁褓 上姜仰反包咸注論語云負者以器曰襁博物志云織縷為之廣八寸長丈二尺以約小兒於背上也說文負兒衣也從衣強聲下音保義根

本有部律第十三卷中已具釋

梗槩 上庚猛反尒雅云梗直也廣雅云略也說文云從木更聲下該愛反鄭注礼記云可以平斗斛者也說文槩杚斗斛也從木既聲杚音昆兀反

筋脈 上謹銀反說文云筋肉之力也從肉從竹竹物之多筋者也從力力象筋也下音麥正體字也說文作衇云血理通流行於體中也從血𠂢聲𠂢音普賣反律本作脉俗字也

次唾 上拌延反說文云次口液也從欠從水律文作涎俗字也下吐卧反

糞鍋 上分問反說文云弃除也從拱推華弃屎也從米古文屎字也似米而非也從華音般糞屬也從廾音拱兩手也律文從米從異俗字也下古禾反亦俗字也正作鬲鍋釜之屬也無足小鑊也言糞鬲者胎藏烝熱不淨穢惡如鬲之煑也

毒瘀 於據反考聲云皮內中凝血也文字典說聚積血也從疒於聲

鱓蛭 上蟬闡反上聲字郭注山海經云鱓魚似虵也說文皮可以為鼓從魚單聲下真叱反蒼頡篇云水蟲也能唼人血說文

從虫至聲

蚌蛤　上龐講反郭璞注云蚌蜃也周易云腹有珠者也呂氏春秋云月望則蚌蛤實月晦則蚌蛤虛也說文蚌蜃也從虫丰聲下甘荅反禮記季秋雀入大水爲蛤也雀千歲鷰也說文云蛤有三種皆生於海蛤蠣千歲鷰所化秦謂之牡蠣海蛤者百歲鷰所化也魁蛤老一名蒲螺者伏翼所化也從虫合聲

善軛　音厄正體字也經作軶俗字也

肉疱　彭皃反說文面氣生瘡也或作皰也

頷車　含敢反韻英云頤也釋名云頷車輔車也或作頤南楚謂頤爲頷從頁含聲

腭骨　我各反俗字也考聲腭口上腭也說文云口上阿也從口作谷音強略反從口仌象文理也古云谷今云咢聲轉也

胷臆　上勗恭反說文胷膺也下音憶胷骨也古文作肊

脆危　上清歲反廣雅脆弱也字統云肉耎易斷也文字典說云易破也說文少耎易斷也從肉從絶省聲下隗逵反文字典說云在高而懼也人在厂上自節止也說文從㔾厃聲厃音危毀反從人從厂

倉輿篅　下垂緣反許叔注淮南子云篅笆也文字典說織竹木圜作可以盛穀麥也從竹耑聲笆音鈍

肪膏　上音方說文云肪肥也從肉方聲下音高釋名曰膏凝者曰脂說文云肥也從月高聲也

豐樂　上正體豐字下郎各反

翊從　上蠅即反顧野王云翊輔也說文從羽從立會意字下才用反

森竦　上澀金反說文云森多木長皃從林木讀若上黨人參也參音所林反下粟勇反廣雅云竦上也顧野王云高也說文從立從束束自申束亦聲也

屆彼　上皆薤反義已具釋菉七卷中

屍骸　上始之反禮記云死者在牀曰屍鄭注云屍陳也言形體在也說文云屍死也從尸從死下解皆反劉兆注公羊云骸骨也顧野王骸體骨摠名也說文體脛骨也從骨亥聲也

第十三卷

氍毹 上具于反下數鶵反本胡語也織毛爲布如麻以敷牀褥出罽賓國聲類云毛席也二字並從毛瞿俞皆聲也或作氍毹

研石 上寒蘚反考聲云研玉石白良也亦作研又音干皐反律文從禾作秆非也

穅帒 上苦剛反郭璞云穅米皮也下臺賚反考聲云囊也文字典說從巾代聲也

爲桁 鶴狼反考聲云桁衣架也律本作笐非也

囪櫺 上楚江反說文云在牆曰牖在屋曰囪象形字或從穴作窻律文從片作牕俗字也下歷丁反說文云櫺楯闌子也從木霝聲霝音同上

骾喉 上庚杏反物在喉中不下也說文從骨更聲律文從魚作鯁非此義也下音侯

刮舌篦 上關滑反已釋律第一卷中下

一切經音義卷第六十三　第二十三張　石

壁迷反考聲云麻蔑等也亦作箄

𢈈劈 粤覓反粤音匹并反廣雅云劈裂也捭蒼云剖也說文破也從刀辟聲也

籤刺 上妾閻反說文云籤銳也貫也從竹籤聲籤音思廉反下此四反律文作籤刻俗字也

遂抗 𦖞革反廣雅云抗持也說文云把也從手庀聲亦作搤

斗枅 牽見反蒼頡篇云柱上方木也許叔重云枅櫨也說文云從木幵聲幵音牽

絪擘 迸麥反鄭注禮記云擘破裂也說文從手辟聲也

第十四卷

持篲 隨醉反前第十卷已具訓釋

蚤蝨 上遭老反說文云蚤齧人跳蟲也從䖵叉聲叉音側巧反下訖擳反說文云蝨齧人蟲也從䖵卂聲卂音信䖵音昆

饕餮 上討刀反下天涅反杜注左傳云貪財為饕貪食為饕

畜莆 上休郁反下音同方言云莆著

一切經音義卷第六十三　第二十四張　石

盬筩也說文云斷竹也從竹甬聲甬音勇
畔睇上盤漫反下隄麗反梵語也唐云札拜也
瘙癢上桑刀反又去聲字統云瘙疥也廣雅云瘙也文字典說從疒蚤聲疒音女尼反下羊兩反蛘不敢搔也說文作蛘云搔也從虫羊聲亦作痒
礓石上音畺堅土也如石形似畺故以為名
搬打所誠反俗字也

第十五卷

蹲地上祖䰟反前第四卷中已釋
醭出上普木反義已具釋根本有部律第二十七卷中也
斑駁上八蠻反下邦邈反漢書云白黑雜合謂之駮說文作駮釋云不純色也從馬交聲也
便搭躭蛤反已釋根本有部律第二十二卷中
水捼內迴反
大㗨罕過反廣雅云㗨怒聲也蒼頡篇云訶也古今正字從口歌聲
捉腨舩爽反說文云腨腓腸也
怐紐上口候反下尼久反前第七卷中已具釋
無綆庚杏反杜注左傳云綆汲綆也考聲井索也說文云汲井綆也
及罐官喚反汲水罐也
牆柵上匠羊反下鎗格反說文云編豎木為牆也從木冊聲

第十六卷

安塹僉黯反顧野王云今謂城池為塹也字書云城隍也說文坑也從土斬聲
馳騁勑領反言馳騁者衒曜衆人如易賁卦初九賁其趾捨車而塗即其義也從馬甹聲甹音匹丁反
僧脚敧下敧音綺羈反此句楚語唐云捲腋衣也恐垢污三衣先以此衣捲腋然後披著三衣
左髀鞞米反說文云髀股外也從骨畢聲亦作⿰骨坒律本從月作⿰月坒非也
無⿵門朋殼腔角反考聲云殼卵空皮也
麁絣下百庚反

考聲云絣絡也律本從手作拼亦通

揥洗 上玊華反考聲從手作揥云撤也說文云揥裂也從土帝聲下西禮反字書云洗滌也說文從水先聲𢊁音尺

扣門 上音口孔注尚書云扣擊也

一⿰忄冡 蒙字上聲考聲云⿰忄冡不聰慧也律本作懞俗字

詃誘 上𦘔兖反文字典說云詃亦誘也從言玄聲下由久反考聲云誘蕈也敬也相勸動也

手搉 腔角反考聲云搉手擊也

停憩 卿例反毛詩傳云憩息也說文作愒音同上

跳躑 上笛遙反蒼頡篇云跳踊也說文躍也下呈戟反

第十七卷

根梢 稍交反考聲云梢木末也說文從木肖聲也律文從草作精誤也

汙損 上烏故反考聲云汙涂也孔注尚書云不潔淨也說文塗也從水于聲也

飰⿰麥遒 上煩晚反禮記云飯黍无以著也韻詮云炊米乾曰餅經曰飧說文作飯云食也下昌少反文字典說云麨者燗乾肙麥也從麥酋聲律文作麨俗字煼音抄絞反

華屣 上正華字也下師宰反西國皮鞾也

褒灑陁 上保毛反中沙鮮反梵語唐云長淨舊云布薩畧也

⿱番肉髁 誇化反蒼頡篇云髁髀骨也說文云髁髀也從骨果聲髀音蒲米反臀音徒魂反

去纏 達仕反說文云纏纖餘也從糸廛聲

壘墼 上律軌反廣雅云壘重也說文云軍壁曰壘古文作垒象形下經亦反墼不燒者

逃竄 倉亂反郭注尒雅云竄亦逃也廣雅云設也說文匿也從鼠在穴中

踡脊 上概圓反埤蒼云踡跼不伸也文字典說文行背曲也從足卷聲

縷續 上力矩反說文云縷綫也從糸婁聲

第十八卷

燒殯　賓北反杜注左傳云殯窆棺也何休注公羊傳云從棺曰殯說文云殯死在棺將遷葬尸柩賓遇之也夏后氏殯於阼階殷人殯於兩楹之間周人殯於賓階也從歺賓亦聲也歺音殄

草稕　準潤反埤蒼云稕綠也字書云束稈草也從禾

晡剌拏　上補慕反中蘭怛反下拏加反梵語也外道名也見在地獄中受苦未了

耕墾　上革鷃反下肯狠反

足右指

蹴　秋六反何休注公羊云以足逆蹋之曰蹴蒼頡篇云蹴蹋也說文逆蹋也從足就聲

僅有　上音近賈逵注國語云僅猶裁能也何休注公羊云僅猶劣也廣雅云僅少也說文亦云裁能也從人堇聲堇音謹

坎窋　上堪敢反下坤骨反杜注左傳云窋地室也文字典說從穴屈聲也

技竦　栗勇反廣雅云竦上也顧野王云竦高也說文從立從束束亦聲律文從耳作聳假借用

亦通

慘害　上楚錦反說文慘毒也從心參聲律文從石作磣是沙土之磣非此義

賫賮　上賫章反鄭注考工記云行賫曰賫下孫五反集訓云居賫曰賫杜注左傳坐取也鄭注礼記云賮謂賫物貴賤也古今正字坐賫賮集也從貝夹聲夹音古說文云夹從人自擁蔽也左右象蔽形也經作估非也

船舶　上時綠反又方言云自關而西謂舟曰船說文云舟也從舟從鉛省聲下音白廣雅云舶大船也埤蒼云大船也文字典說海中大船也從舟白聲

第十九卷

蛟幬　上抆分反下宙酉反鄭注周禮云幬覆也尒雅云幬謂之帳郭璞注云今江東人亦謂帳為幬詩云抱衾与幬幬單帳也說文亦云襌帳也從巾壽聲亦作[巾周]

三股　孤五反

瓨底　上巷江反史記云醯醬千瓨蒼頡篇云缸瓶也說文云似罌長頸受十升從瓦工聲從缶作缸也

一不挨

潾涅反前第五卷已具釋

瀘漉　上盧箸反下聾屋反顧野王云漉猶瀝也郭璞注方言云漉滲水極盡也說文浚也一云水下貟從水鹿聲字書亦作盝滲音參禁反

鞕椹　上額更反正鞕字也下蘩林反郭璞注尒雅云斫木貭也蒼頡篇云鈇椹也并聲云机屬也古今正字從木甚聲亦作拈數義同

罥條　討刀反并聲云條織絲如繩曰條

帶韁　鋤良反漢書云貫仁誼之羈絆繫名聲之韁鏁蒼頡篇云馬緤也說文從糸作緪亦云緤也緤音肩

賭𧷤　上都古反埤蒼云賭𧷤也文字典說云賭戲賭物也從貝從堵省聲下𧷤音貨古文貨字也廣雅云𧷤亦賭也說文從貝為聲或作貨

麋鹿　上美悲反周礼云狩人夏獻麋白虎通云射侯麋者亦遠迷惑人者也麋之言為迷也說文云鹿屬也以冬至解角從鹿米聲

繳罥　上澆了反并聲云繳纏也行膳也說文從糸敫聲亦從巾作𢅧敫音同上縢音特登反

第二十卷

皮綫　仙箭反鄭注周礼云綫縷也說文從糸戔聲戔音殘古作線律文從延作綖音延非經義也

履屨　上音里說文從舟從夂下俱遇反履屬也亦作韈

遠祖　壇嫺反并聲云去上衣也露肉祖裼也字統云肉祖也說文衣縫解也從衣旦聲亦作襢憻胆並通

闡鐸迦　上昌演反大唐洛反梵語也如來僕使之名古云車匣也

廐馬　上鳩宥反并聲云廐者馬牛所聚也說文廐馬舍也廐有僕夫從广㲃聲旣音同上律文從旣作廐非也

雙眸　暮侯反廣雅云目珠子謂之眸文字典說云目眸子也從目牟聲

瞚息　上尸閏反

綜習　上宗宋反宋忠注太玄經云綜所以紀也說文云綜機縷持交絲也從糸宗聲

縈紆　上瑩營反

毛詩傳云縈旋也說文云収拳也從糸從熒省聲

鵂鶹　上音休下音流義已具釋根本有部律第三十卷中釋

搏不　上陂巒反考聲云搏握也字統云團也廣雅云善也顧野王云搏之令相著也說文從手專聲

蠍所　軒謁反廣雅云蠍螫也杜伯蠚蠆蠍也埤蒼云蠚也古今正字從虫歇聲蠚音火各反螫音式亦反蠆音丑介反

一切經音義卷第六十二　第三十三張　石

第二十一卷

毉羅　一兮反梵語龍王名也

撓擾　上好高反聲類云撓攪也說文云擾也從手堯聲下饒少反孔注尚書云擾亂也說文云煩也從手夒聲夒音惱刀反

噫氣　上充介反說文云噫飽出息也從口意聲

剳其　上口甲反韻英云剳入也案律文於指甲中藏藥剳其半類令藥入中則以爪甲剳破蕃摩勒果數蠢藥於其中也

炳著　上兵皿反周易云大人虎變其文炳也說文明也從大丙聲或作苪昺也

劈裂　上四覓反下連哲反義已具釋第十三卷中

駛流　上師截反蒼頡篇云駛疾也文字典說從馬史聲

烏廏　鳩宥反正體字義已具釋第二十卷中

嗤嫌　上蚩詩反字書云嗤戲笑皃也文字典說云嗤聲也從口蚩聲蚩音同上下叶閒反說文云嫌不平於心也一云疑也從女兼聲

控御　上空貢反考聲云控持也接也說文云引也從手空聲

一切經音義卷第六十二　第三十四張　石

第二十二卷

旋旍　井盈反周禮云九旗析羽為旍鄭注云析羽以五色繫之於旍上也王者以田以鄙象文德也介雅云旄首曰旍杜注左傳云旍章也賈逵注國語云表也說文作旌云游車載旌旗羽注旄首也所以精進士卒

從㫃生聲驟鄹上愁瘦反賈逵注國語云驟疾也廣雅驟奔也說文馬疾歨也從馬聚聲闠頷上灘但反下婭革反愧恧下尼六方言云恧慙郭注介雅云心愧曰恧古今正字從心而聲也竹篦閉迷反俗作箅前文第十四卷中已具釋也刮去上關滑反義已具訓釋第一卷中小趜窮六反亦作毬並俗字也今俗呼音求者諸字書並

无毬字正作鞠考聲云以囊盛糠而蹋之謂之蹴鞠說文云蹋鞠也從革匊聲或作蘜犁音巨六反耕耘殞君反毛詩傳云耘除草也說文作頛除苗間薉也從耒員聲亦作秐耒音雷對反髡彼音坤考聲云剃名髡去其髮也說文云鬄髮也從髟兀聲髟音必遙反鬄音他亦反呻吟上室真反鄭注札記云呻亦吟也下芨金反蒼頡篇云吟嘆也說文

二字並從口申令皆聲亦作軟詠酬賽上壽由反毛詩傳云酬報也鄭注儀禮云飲食賓客而勸酒也郭注介雅云謂相報答也說文作醻獻酬也從酉壽聲下思代反文字集略云賽酬福祭神也誇誕上跨華反義已具釋第九卷下檀欄反孔注尚書云誕欺也大也說文云詑也從言延聲

第二十三卷

詭誑上歸委反許叔重注淮南子云詭謾也鄭箋毛詩云善不肯行而隨人為惡也說文云詭責也從言危聲下俱況反賈逵注國語云誑猶惑也說文欺也從言狂聲畋遊上音田尚書云畋于有洛之表孔注尚書云畋獵也顔野王云從禽也何休注公羊云畋捷狩之總名也古者肉食衣服禽狩皮故謂獵為田也說文作田云獵取禽狩為田除害也象四口十者阡陌之制也亦從犬作〔犭田〕餬口上戶孤反郭注介雅云糜也說

文寄食也從食胡聲蘼音美爲反 **幽縶** 下䂸立反毛詩傳云縶絆也杜注左傳云拘也文字典說從糸執聲也 **城闉** 下音因毛詩傳云闉曲也說文云城曲重門也從門垔聲垔音同上 **坰野** 上癸營反毛詩傳云坰遠也說文作冂云邑外謂之郊郊外謂之野野外謂之林林外謂之冂象遠界也又從口作同象國邑也俗從土作坰也 **濵狀** 上典隣反鄭箋詩云瘨病也廣雅云狂也聲類云風病也說文從疒眞聲 **窺覦** 上苦規反考聲云窺覘也說文云小視也從穴規聲下庾朱反顧野王云覦幸也左傳云民無覦心也說文云覦欲也從俞見聲覦音七繁反 **躓頓** 上知利反廣雅云躓蹋也說文從足質聲蹋音談臘反 **猜疑** 上採來反廣雅云懢也說文云恨也從犬青聲也 **翩翻**

上匹綿反考聲云翩翩往來皃也下孚園反顧野王云翩翻便旋輕捷之皃也說文云疾飛也二字並從羽扁番皆聲也 **鵰鷲** 上鳥聊反下酋袖反 **震懾** 下占步反賈逵注國語云懾服也鄭注禮記云懾猶恐懼也說文云讋氣也從心聶聲

第二十四卷

鶺鴒 上精亦反下歷丁反毛詩傳云鶺鴒雍渠也飛則鳴行則搖尾也文字典說似青雀也二字並從鳥脊令皆聲 **欲蜇** 展列反考聲云蜇毒蟲螫也文字典說從虫折聲亦從且作蛆也 **蜫蟻** 上骨瑰反下冝紀反已具釋第九卷中也 **觜啄** 上遵髓反下陟角反廣雅云啄齧也埤蒼云啄害下人淮南子鳥窮則啄也說文云鳥食也從口豖聲豖音丑錄反 **瘡痕** 紇恩反說文云痕瘢也從疒良聲旦正良字也 **鷦鷯** 上音焦下音遼廣雅鷦鷯食挑虫也說文作鷦鷚音訛聲轉也俗呼爲

巧婦鳥能以萩花絮為囊作巢故号為巧婦鳥鷦音弥消反巢於筆拔食葦中蟲也

闇豎 上奄炎反下音樹說文云闇即豎也宫中闇閽開門者今日官人即黄門也形聲字也下豎字說文從豆律從立俗字也闇音昏

頿鬢 上紫斯反下賔牝反說文云頿者口上須也從須此聲下鬢字說文云頰邊髮也從髟賓聲髟音必遥反

罝兔 上濟耶反毛詩傳云罝兔罟也郭璞曰罝猶遮也說文兔网也從网且聲

一切經音義卷第六十三　第三十九張　石

第二十五卷

鐸敲拏 上唐洛反中器亘反下搦加反梵語也

打攥 纂沽反考聲云攥牽持也字林云把也文字典說云攥手取物也從手纂聲纂音子管反亦作撮

拳毆 上倦圓反何休注公羊云拳掌握指也說文從手從卷省聲亦作捲下毆吼反考聲云毆擊也說文從殳作毆云擿擊也

足踹 下松栗反考聲云腓腸也說文作腨從月耑聲

推摩 上退雷反自後排而進之日推

椎骨 上木追反說文云推擊也從木隹聲亦作搥

癱瘓 上擁恭反下坐禾反說文云瘞小腫也並從广雖坐皆聲

第二十六卷

一切經音義卷第六十三　第四十張　石

捔上 江岳反正作角

網鞔 上亡做反下末安反義已具釋有部律第三十二卷中

繽紛 上匹民反下音芬王逸注楚辭云繽紛盛皃也

熠燿 上溫立反下遥照反即螢火也

靦面 上天典反毛詩云有靦面目傳云靦姡也說文靦見也從面見聲也

第二十七卷

豐稔 上正豐字下任審反賈逵注國語云稔熟也說文云穀熟也從

禾念聲**攺醮**焦笑反顧野王云婚禮婦之再醮也說文冠娶禮祭也從酉焦亦作樵**猜慮**捄哀反前二十三卷中已具剖釋**傀偉**上鮠迴反司馬彪注莊子云傀美也方言云傀盛也說文傀偉也從人鬼聲亦作儴傀律本從玉作瓌王也下為鬼反說文云偉奇也從人韋聲也**騷奉**上鮏逕反蒼頡篇云騷駹也文字集略云小兒駮也文字

一切經音義卷第六十二　第四十二張　石

典說從影召聲律文從齒作齧俗字也**抶口**上伊血反說文云抶挑也從手從夬省聲**流涎**羨延反正作次前第十四卷已具釋**為阱**情娃反鄭注周禮云穿地為深塹所以禦縶狩其或超踰則陷焉世謂之陷阱也顧野王云阱所以捕猛狩也廣雅云阱阬也說文亦陷也從卩井聲也古文作汬律文從穴作穽俗字**挼繩**上奴和反說文挼以

手相切縒也從手妥聲妥音娞果反**仄陋**上祖色反下婁豆反說文云仄傾側也從人在厂下陋阨也從阜西聲也厂音罕西音同上**傿人**上達陵反考聲云才出千人也有㑺力也說文作俊從人夋聲也夋音清旬反**春擣**上東庸反顧野王云擣粟為米也說文云擣粟也從卄持杵臨臼杵省聲下刀老反說文云擣推也一云築也從手壽聲字書作春燾**撚穮**年典反**裠覆**上郡雲反正作帬已具釋第十一卷

一切經音義卷第六十二　第四十二張　石

中下孚務反**纆絆**上擹羊反已釋第十九卷中下般慢反考聲云絆繫兩足也說文云絆馽也從糸半聲馽音縶**衰盼**上謝嗟反已具釋第四卷中下攀慢反字書云盼動目負也詩云美目盼兮說文從目分聲也

第二十八卷

彝倫上以之反**赤穟**隨類反毛詩傳云穟秀也蒼頡篇云

禾麦秀也說文禾采之皃也 博綜 宗
從禾遂聲亦作采或作穗 弄
反前第二十卷 躊躇 上宙留反 篇內
中已具訓釋 下直壷反
上腦專反亦作圝義 權月反廣
已具釋第十二卷 四橛 雅云橛杙
也文字典說 杙有 上蠅職反義已
從木厥聲也 具釋第三卷中 逆
榍 先節反 貞確 腔角反韓康伯注周易云確堅貞也文字典說

從石隺聲 毛硬 額更反亦作鞕義已
隺音鶴也 具釋第十九卷中
鶱翥 上歇焉反王逸注楚辭云鶱
舉頭皃廣雅云鶱飛也舉也
說文飛皃也從鳥寒省聲下諸庶
反方言云翥舉也楚謂飛為翥說文
飛舉也從 聯翩 上輦然反聲類聯綿
羽者聲 不絕也續也說文從
耳連於頰從絲 下匹綿反 上瘦
已具釋第二十三卷中 捘問 尤反

一切經音義卷第六十二　第四十三張　石

正搜字也考聲云搜求索 儜鳥 上搙
也文字典說從手叟聲也 鷲反
反或作嬶義已具釋有 蓺火 上儒拙
部律第二十三卷中 反拙注
左傳云爇燒也蒼頡篇云然也 令焞
說文從火蓺聲也亦作焫炳
祥閭反俗字也正作爇考聲云熒也
熱也以湯沃毛令脫也說文湯中爚
肉也從炎從熱省聲也亦 飛颺 養詳
作鍵或作燂炊爚音藥 反說
文云風所飛 摶霄 上棄辭反考聲云
也從風易聲 附也莊子云摶扶

搖而上九万里也 縧筑 輔陸反史記
說文從手專聲也 云高漸離擊
筑於燕市蒼頡篇云樂器也說文作
筑云以竹擊之成曲五弦之樂從巩
巩者巩持之也從凡 怯憚 上去劫反
竹聲也巩音俱龍反 顧野王云
怯畏劣也方言云難去也說文作㤼
云多畏也從犬去聲下檀爛反鄭玄
詩云憚難也異也廣雅驚也 鳴鼙 下捭
說文憚忌惡也從心單聲 迷反
鄭注周礼云作縵樂擊鼙以和
之說文云鼙騎鼓也從鼓卑聲 木枋

一切經音義卷第六十二　第四十四張　石

音方字書云木名也今案律文云以一木枋而械其足則令之以小方木鑿孔穿足於中梏罪人也在手曰杻在足曰械亦謂之桎梏也

擯斥 上必仞反下音尺義巳具釋第二卷中

第二十九卷

躡瑠璃 上黏輒反郭注方言云躡登也廣雅云履也從足

伶俜 上歷丁反下僻冥反考聲云單弱皃也又行無力也說文二字並從人令甹皆聲也甹音同上

樵木 上誚遙反杜注左傳云樵薪也何休注公羊云以樵薪燒之故因謂之樵說文木也從木焦聲

辦擘 上拔賣反考聲云解曉也說文判也從刀判牛角會意字也下音伯俗語也合書撣字音達丹反撣楚徒也考聲云撣拼也觸也如彈琴也律文云擘箜篌者閻巷閒時俗語也從手單聲

綢繆 上宙留反毛詩傳云綢繆猶纏綿也密也

海島 刀老反說文海中往往有山可依止曰島釋名云島到也人所奔到又音鳥海中遠山遥望水上如烏

舩撥 頻韈反考聲云縛竹木浮於水上大者曰撥小者曰桴說文從木發聲經作筏栰皆非也

帆張 上芳梵反韻英云桴也或作帆下張兩反韻詮云水洪大也

鴟撥 上叱脂反介雅云鳶烏也下般末反鴟撥者略拍撥物而去也

第三十卷

殉死 上巡峻反以人從死曰殉古人皆殉葬今人以兒木樸素形像以代之號曰盟器

皴裂 七旬反埤蒼云皴散也又云凍裂也古今正字皴散二字並從皮形聲字也散音七藥反

肉膜 下音莫內閒膜也

竹籤 下妾閻反削竹如針剡小兒喉中曰籤也

撫拍 上孚武反

下烹變反廣雅撫擊也說文拍拊也並從手形聲字也

第三十一卷

髁髖 上誇化反蒼頡篇云髀股外也說文云髁髀也從骨果聲律文作跨俗字

不灒 子散反說文云灒汙灑也一云水濺人也從水贊聲

礐虛 上空穀反顧野王云礐礐虛也白虎通云礐者極也言其施行

窮極也說文急苦之甚也從學省聲律文從酉作酷是酒厚味而極美也非義也或

肘行 上輒有反說文云肘臂節也從月從寸寸手寸口也肘行者屈肘屈膝伏地而行也時人謂之匍匐

來贐 殊敄反考聲云以財儐直也說文貿也從二貝從㕣占文六字贊云育也

第三十二卷

衒邑 上玄絹反俗字也說文正作衒云行且賣也從行從言或從見作䀡

扶其 上尉血反已具釋第二十七卷中

昵好 上尼栗反毛詩傳云昵近也杜注左傳云親也說文作暱云日近也從日匿聲

驀四 上音白反考聲云驀踰也說文從馬莫聲

多醿 孃亮反淮南子云醞釀而成說文云醞得酒日釀從酉襄聲也

第三十三卷

短攣 怕慢反攣者衣內之連帶也凡婦人帬褲悉有攣搭兩肩上文字集略云褜系也考聲云衣攣也古今正字衣袿肩攣從衣攣聲亦作襻

羹臛 訶各反王逸注楚辭云有菜日羹無菜日臛說文云肉羹也從肉隺聲隺音荒郭反

第三十四卷

歆粥 上訶閤反考聲云大歠也或作哈俗字也下之育反說文粥糜

也古文正體從𦈢從南 **攬攬** 藍荅反字統云作𦈢𦈢音育漏音歷攬攬者破聲㖃乾胡餅聲也 **驚愕** 下昂各反集訓云愕亦驚也文字典說從心咢聲亦作頼律文作愕俗字也 **黃鼬** 下由𪕐反𦊱頡篇云貁似貍善搏鼠也文字典說從豸穴聲或從犬作狖律文作㹨俗字 **赭般** 上遮惹反下正般字鄭注山海經云赭赤土也又亦衣赤

也考聲赤色也說文從赤者聲 **各葺** 侵入反杜注左傳云葺補也治也考聲云以草覆屋也說文茨也從艹咠聲

第三十五卷

抖擻 上兜口反下蘇走反律文作捒音束是裝捒字非抖擻字義已釋有部律第二卷中 **襞褺** 上片癖反廣雅云襞詘也鄭注儀禮云襞積謂衣簡蹙之也說文云韏衣也從衣辟聲下恬葉反字書云疊積也考聲襞也說文褺重衣也從衣執聲律文作疊非此義韏音卷詘音屈

第三十六卷

馭青 上魚據反顧野王云馭者謂指撝使馬也

第三十七卷

鍛師 上端亂反義已具釋第三卷中 **磽确** 上巧交反下腔角反

顧野王云磽堅也地堅則瘦不宜五穀孟子云地有肥磽也聲類云磽确磐薄也說文並從石堯角皆聲也磐音口厄反 **枅栱** 上計奚反𦊱頡篇云枅上方木也淮南子云平𣏐不勁擗題不枅許叔重注云枅櫨也埤蒼云揁也下龔冢反尒雅云樴謂之杙木大者謂之栱郭注云別杙所在長短也二字並從木幵共皆聲幵音挈堅反 **輅車** 盧故反

第三十八卷

共嗤 齒之反義已具釋第二十一卷中

浮趒 桃弔反考聲云趒越也聲類云跳也說文云雀行也從𧾷兆聲

以䝟 雙挻反律文作擲是木名非也義已具釋第十一卷中

憂懆 騷[illegible]反考聲云懆不安也負也毛詩傳云憂不樂也說文愁不安心從心喿聲喿音同上

褁體 上戈火反顧野王云褁猶苞也說文云褁纏也從衣果聲

一切經音義卷第六十二　第五十二張　石

第三十九卷

健椎 上件連反下木追反梵語也即今之靜椎也

第四十卷

纂集 上鑽管反考聲云纂亦集也大迦攝波纂集如來所說聖教結為三藏名為纂集說文云纂似組而赤黑也從糸算聲算音筭

隤壞 上兗廻反廣雅云隤壞也禮記云太山其隤乎說文隊也從阝貴亦作穨下懷恠反說文云壞敗也從土褱聲籀文作𡏯古文作𣀔褱音懷

欻然 上勳欝反欻忽也說文云有所吹起也從欠炎聲

奢佗 摛加反梵語也唐云諂曲羅漢名也

一切經音義卷第六十二　第五十三張　石

一切經音義卷第六十三

翻經沙門慧琳撰

音根本律攝二十卷 或十四卷

百一羯磨十卷

尼陁那目得迦十卷

大律攝頌五卷

雜事攝頌一卷

尼陁那攝頌一卷

有部苾蒭戒經一卷

石

有部苾蒭尼戒經一卷

右已上八經四十三卷同此卷音

根本説一切有部律攝卷第一

扞敵 上寒岸反左傳云扞衞也又云衞也考聲蔽也説文忮也從手干聲律文從旱作捍亦通也忮音至下庭的反杜注左傳云敵對也方言同力者謂之敵也説文云仇也輩也從攴商聲也商音滴

趒坑 上天弔反韻集云趒越也説文云雀行也從走兆聲亦作跳下客庚反介雅云坑墟也蒼頡篇云壑也陷也文字典説塹也從土亢聲亢音岡

雙蹋 下談合反廣雅云蹋履也蒼頡篇云蹋踶也説文踐也從足弱聲也踶音提弱音貪荅反

若躡 下黏輒反廣雅云躡謂足所履也方言云登也蒼頡篇云蹀也説文蹈也從足聶聲聶音上同蹀音牒

釘橜 上丁定反下權月反前有部律第四十一卷已具釋

牆橍 上匠羊反下鏽

格反前苾蒭尼律第三卷已具釋畏憚下彈旦反去聲字也鄭箋毛詩云憚難也又云畏也韓詩外傳惡也廣雅驚也懼也說文忌也從心單聲也百釬下寒旦反讀與旱同考聲云釬謂令金鐵使相著也方言云鏄謂之釬也說文云臂鎧也從金千聲鏄音存回反鎧音開待反猥閡上隈隗反蒼頡篇云猥頓也廣雅云衆也考聲云不正而溫也說文云犬吠聲也故從犬畏聲下擎劾反俗字也前有部律第四十四卷已具釋也

第二卷

蟣虱上飢顗反考聲云蟣者虱之卵也說文云蟣者蝨子也從虫幾聲下山櫛反說文云蝨者齧人蟲也從蚰卂聲也律文從虫作虱俗字非也蛙音瘙痒上搔躁反蒼頡篇云瘙疥也廣雅云瘡也古今正字從疒蚤音早下羊蔣反考聲云痒瘡痒也痛之微也詩傳云痒病也說文云瘍也從疒羊聲律文從養作癢俗用字也瘍音羊疒音搦貿易上矛候反前苾蒭尼律第九卷已釋衣繢逵位反前苾蒭尼律第九卷中已釋蚊幬上勿分反考聲云蚊飛蟲也說文作蟁齧人飛蟲也昏時而出也明旦而藏從蚰民聲齧音妍結反

蚰音昆下宙留反鄭注周禮云幬覆也介雅云幬謂之帳也韓詩外傳云抱衾與幬幬單帳也說文亦單帳也從巾壽聲是帬下郡雲反前有部律第四十八卷已具釋繭絲上堅顯反前有部律第二十卷中已具訓釋秆成上千旱反前有部律第二十卷中已釋或擘下擗麥反前有部律第二十卷中已具釋尨色上邈邦反前有部律第二十一卷已具釋麷麥上鞔猛反考聲云麷麥大麥也文字典說云麨

麷也從麥廣聲

麁糾　上醋粗反下貪敢反前有部律第七卷已具釋

爲濫　上危賜反廣雅云爲欺也鄭注禮記云假也說文云詐也從人爲聲賜音匱下藍濫反考聲云濫假也不謹濡上也毛詩云不僭不濫也顧野王云氾濫於天下也說文云瀆也從水監聲

第三卷

鐫題　上紫綠反方言云鐫謂之鏨也博雅云鐫鏨琢也說文云琢金石也文字典說云破木也刻斷石也從金雋聲也鏨音才甘反雋音泉兖反

作襻　下攀慢反文字集略云襻帬衣之系也從衣攀聲

鉸破　上交効反韻略云鉸刀也字書云鉸刀即今之剪刀也

壘破　上聞畬反前有部律第七卷具釋

無穴　下玄決反桂苑珠叢云穴窄也說文云穴土室也從宀八聲宀音綿

撚綫　上年典反方言云續也顧野王云謂相接續也說文從手然聲下先箭反鄭玄注周禮云綫縷也禮記云右佩箴管綫也文字典說綫針綫也從糸戔聲戔音殘律從泉作線俗字也

撻額　上[illegible]剌反下硬格反前有部律第二十二卷已釋

密緻　下直利反前有部律第二十三卷已釋

鞋屨　上解皆反俗字也正體從奚作鞵釋名云鞋解也文字典說云革生鞮今之麻鞵也從革圭聲鞮音丁奚反下俱遇反蒼頡篇云屨即履也說文鞮也從履省從婁婁音樓

第四卷

佨[illegible]　上鮑茅反下歸碧反前有部律第一卷已釋

[illegible]亂　上拏効反前有部律第四十四卷已釋

摩那馳　早也反梵語也古云摩那採償中責罰之名也

第五卷

醭出 上普木反前有部律第二十七卷中已具釋

斑駮 下邦邈反前有部律第十二卷已具釋

水捼 下內雷反考聲云捼謂捼摩也說文云推也又云兩手相切摩也從手委聲

慞惶 上掌商反下音皇考聲云慞惶言怖懼皃也字書云慞惶懼也說文云惶恐也並從心章皇皆聲

條編 上討刀反前有部律第五卷已釋下綿錦反前有部律序中已具釋也

或控 下苦貢反詩傳云控引也又云止馬曰控也考聲云持也捘也說文云匈奴引手曰控也從手空聲也

大㰤 下訶過反蒼頡篇云㰤訶也廣雅云怒也文字典說亦訶也從口歌聲

捉腨 下遄耎反前苾蒭尼第四卷已釋

椎脊 上求追反前苾蒭尼律第六卷中已釋下昌邑反文字典說云脊膂也從肉𠂹聲律文從勹作脊俗用字也

鉤紐 上苟侯反下女九反前有部律第八卷中已釋

無綆 下庚杏反前有部律第四十六卷中已釋

及鑵 下官喚反前有部律第三十四卷已具釋

鉆子 上箝炎反說文云鉆鐵銸也又云持也從金占聲律文從甘作鉗是枷項鉗字非鉆子字也

痰癊 上澹藍反下陰禁反前有部律第九卷已釋

刮舌 上關八反考聲云橫刀曰刮也減也說文從刀舌聲舌音食列反

應劈 下匹覓反前有部律第三十六卷中已具釋

籤刺 上塹閻反考聲云籤小簡也貫也廣雅云籤謂之鏟也說文云銳也從竹韱聲鏟音察限反鏨音息廉反下青亦反顧野王云銳器入人肉中刺也說文直傷也從刀朿聲朿音次

軾座 上升職反考聲云車前横木也廣雅云軟謂之軾也說文車前木也從車式聲軟音皮秘反

揚簸 下波我反考聲云簸揚也

音譖云皺之揚之糠粃在前也詩云皺去糠者也說文揚米去糠也從箕皮省聲箕音機也

第六卷　第七卷 並無難字可音釋

第八卷

雜糅 下女救反前有部律第二十四卷中已釋

棟葉 上連奠反考聲云楝木名也說文亦木名從木柬聲也柬音同上律文從束作楝誤也

鞞醓得枳 上陛迷反下馨雞反梵語藥名也

熱饙 下粉文反詩傳云饙餾也尒雅云饙餾稔也字書云烝米也說文云饙飯也從食賁聲也餾音流救反饙音秀由反賁音墳

葷辛 上訓雲反聲類云葷野蒜也鄭注禮記云葷辛所以辟凶邪也

一切經音義卷第六十三　第九張　石

文字典說臭菜也從草軍聲律文從臬作薰非也蒜音筭

彫飾 上鳥聊反孔注尚書云彫畫也顧野王云鏤刻也廣雅云鏤也說文琢文也從彡周聲律文從隹作雕鵰鳥也非此義彡音衫下升職反尒雅云飾清也考聲裝也彫也修也說文飾刷也從巾飤聲飤音寺

澂漉 上直陵反考聲云澂水清澂也說文清也從水從徵省聲也律文從登作澄俗用字下聾屋反顧野王云漉猶瀝也廣雅云盡也方言極也尒雅竭也文字典說涸也從水鹿聲鹿音同上

躄跛 上躄亦反前有部律第四十六卷中已釋下波麼反顧野王云蹇也周易跛能履不足以與行文字典說從足從皮省聲也麼音莫可反

侏儒 上主儒反下乳朱反前有部律第二十五卷中已釋

扇侘 下搋家反梵語黃門也

語吃 斤乙反漢書云司馬相如口吃聲類云重言也揚雄不能劇談說文言難也從口乞聲

愚惷 上遇俱反說文云戇也從心禺聲戇音與下同

一切經音義卷第六十三　第十張　石

下卓降反鄭注周禮云惷愚生而癡騃童民者也考聲小兒愚也說文亦愚也從心春聲騃音五解反

第九卷

諠譁 上兄袁反前有部律第二十六卷中已具釋

鞠躬 上弓麴反考聲云謹敬也論語云入公門鞠躬如也孔注云鞠斂容也文字典說從革匊聲也

瘨狂 上典年反聲類云瘨風病也廣雅瘨亦狂說文從疒真聲疒音女厄反

青稊 下第泥反前苾蒭尼律第十二卷中已具釋

拗拉 上厄絞反文字集略云拗以手摧物折也從手幼聲下藍荅反何休注公羊傳云拉折也古今正字摧也從手立聲亦作擸又作摺

皴扸 上七荀反前有部律第二十七卷中已釋下休久反

孔注尚書云朽腐也論語云朽木不可彫文字典說從木丂聲丂音考

毈壞 上圓亂反呂氏春秋云鷄卵經時即毈也考聲云毈卵壞也說文云毈卵不孚也從卵段聲律文從夕作㲉非也

詭誑 上歸委反前苾蒭第十二卷已釋下俱況反賈逵注國語云誑猶惑也杜注春秋云欺也文字典說從言狂聲

鏇脚 上旋絢反考聲云鏇轉軸鏇器物也尒雅云環謂之鏇也說文圓鑪也從金旋聲鑪音力胡反

拂帚 上芬勿反詩云拂去也又云拾也廣雅云除也鄭注儀禮云拭也又注禮記云除塵也說文云拂擊也從手弗聲下周守反前有部律第二十三卷中已釋

氍毹 上具俱反下數菆反前有部律第二十六卷中已釋

木枮 下知林反前有部律第二卷中已具釋

曳韁 上移制反前苾蒭尼律第七卷中已釋下繈良反考聲云韁馬勒也漢書云繫名聲之韁鎖也文字典說馬緤也從革畺聲緤音先節反

第十卷

逆㮶　先茚反韻詮云所以塞物也削木令尖用㮶物也考聲㦰也從木契聲㦰音尖也　稍刃　上霜捉反前有部律第七卷中已具釋　方篙　下腨專反前有部律第三卷中已具釋　㴒流　上蘇故反詩傳云逆流而上曰㴒也又云㴒向也孔注尚書云泝江而上曰㴒也說文云水欲下違而上也從水從䜆省聲也　堅羅跋底　上伊黎反梵語也　柁折　上陁箇反釋名云船尾曰拕也正船不使他戾也文字典說云船後正船木也從木它聲也它音陁律文作拖是車拖字也非船拕字也下善熱反　聾騃　上鹿東反蒼頡篇云聾謂耳不聞也杜注左傳云聵也說文無聞也從龍耳聲下崖解反前有部律第十

九卷中已具釋

第十一卷

歠欱　上川爇反蒼頡篇云歠啐也禮記云無流歠說文歠也從飲省叕聲啐音山爇反歃音菴錦反下憨合反太玄經云下欲上欱也宋忠注云欱合也西京賦云欱灃吐鄗也說文欱亦歠也從欠合聲鄗音號　蘿菔　上音羅下朋北反介雅云葖蘆菔也郭璞注云無菁屬也紫華大根也字書云蘿菔即萊名蘆菔是也　鎗鑊　上笨耕反東宮舊事云鎗鐵器名也下黃郭反周禮云鼎鑊煑物器也說文云鑴也鼎也從金蒦聲鑴音慧珪反蒦音王矍反　涌沸　上容腫反顧野王云涌謂水波騰涌也說文涌滕也從水甬聲甬音同上律文從力作勇俗用字也下非未反顧野王云沸者波涌也若湯之沸也詩傳云沸涌出也說文從水弗聲也　撓攪　上好高反考聲云撓擾也廣雅云亂也說

文攪也從手覺聲下交巧反詩傳云攪亂也字書云撓也說文從手覺聲鑒面上監陷反毛詩云我心匪鑒也傳云鑒所以察形也左傳云鑒謂之鏡也杜注云戒也察也說文鑒可以取明水於月也從金臨聲摝轤上聾谷反律文從車作轆非也下魯都反考聲云摝櫨圓轉繩也顧野王云汲水桔槔也文字典說摝從木鹿聲古今正字轤從車盧聲齗

上魚巾反蒼頡篇云齗齒根牙也說文齒肉也從齒斤聲覿遊上亭歷反左傳云使大夫宗婦覿用幣也尒雅云覿見也文字典說從見賣聲也草莛下定靈反前有部律第三十七卷中已釋慴怖上占葉反尒雅云慴懼也或作㦖字東都賦云八靈為之震慴也形聲字也戲謔上希意反尒雅云謔浪笑傲戲謔也詩傳云戲逸豫

也文字典說從戈䖒聲䖒音希下香約反郭注尒雅謂相啁謔也說文謔即戲也從言䖒聲糠⿰麥弋上音康下蠅職反前有部律第三十八卷中已釋廊廡上朗唐反許叔重注淮南子云廊屋下也文字典說廡也從广郎聲广音儼下無甫反釋名云大屋曰廡也說文堂下周室屋也從广無聲鐵鍤上天跌反前有部律二十三卷中已具釋下初甲反尒雅云鍬謂之鍤也文字典說云鍫鍤也從金臿聲也臿字從

干從臼臼音舊

第十二卷

諂言上丑冉反亦作諂何休注公羊傳云諂猶佞也莊子云睎意道言謂之諂也說文從言閻聲擐體上音患賈逵注國語云擐衣甲也說文又音姑患反從手從環省聲也𢏀箭上祖感反韻英云弓弦𢏀也從弓替聲也有鏃下宗速反前有部律第二十三卷中

已釋

瘡黶　上楚霜反前苾蒭尼律第十二卷中已釋下一焰反前有部律第二十六卷中已具釋

第十三卷

跛躄　上波麼反下并覓反前有部律第十九卷中已具釋

嚏時　上仾計反前有部律第三十二卷中已釋

斲掘　上竹角反孔注

尚書云斲削也說文斲斫也從斤豈聲豈音豆下羣勿反廣雅云掘穿也文字典說從手屈聲也

謦咳　上輕鼎反下開鎎反前有部律第三十三卷中已釋

第十四卷

杙釘　上蠅即反下丁定反前有部律第四十一卷中已具釋

擪下　上伊葉反前有部律第五十卷中已具釋

揔襵　下占涉反苾蒭尼律第十卷中已具訓釋

鼗鼟　上討刀反下天結反前有部律第五十卷中已釋

⿰口尃⿰口集　上本莫反下浸立反前有部律第五十卷中已釋

濽溢　上則散反前苾蒭尼律第二十卷中已釋下寅一反顧野王云溢盈也賈逵注國語云鎰也說文器滿也從水益聲亦從皿作洫

根本說一切有部百一羯磨第一卷

奧箪迦　上烏告反中必弥反梵語也經文自釋

皰瘡　上炮皃反考聲云皰面上細瘡也說文作炮面生氣也從皮包聲

痶瘓　上天典反下端卵反下案痶瘓俗語熱毒風髮落之狀也字書並無此字也並從疒典奐皆聲奐音喚

噎噦　上煙結反毛詩云中心如噎也傳云噎不能息也古今正字飯窒也憂也從口壹聲下惌月反

禮記云不敢噦噫也文字典說云噦氣悟也從口歲聲噫音於界反

諸痔 下池里反文字集略云痔蟲食下部瘡血也文字典說後病也從疒寺聲

癰痤 上於恭反文字集略云癰大瘡也說文腫也從疒雝聲雝音同上下坐和反郭璞注山海經云痤癰也文字集略云痤小腫也字書云瘡也文字典說從疒坐聲

草稕 下之閏反考聲云

東草以為稕也埤蒼云稕緣也文字典說云禾稈也從禾𦎧聲𦎧音淳稈音古旱反

草苫 下攝占反考聲云苫蓋也編草為之也郭注尒雅云白茅苫也文字典說蓋為苫也從草占聲

羈絆 上紀宜反下音半前律序中已具訓釋

第二卷

無字可音訓

第三卷

豎石 上殊主反前有部律第三十六卷中已釋

跳躑 上徒聊反蒼頡篇云跳踊也廣雅上也考聲躍也說文蹶也從足兆聲律中從卓作踔非也下呈亦反前有部律第一卷已釋

趒坑 上抴弔反下客庚反古今正字云坑墟也從土

不躡 下黏輒反方言云躡登也廣雅云履也蒼頡篇云蹀也說文蹈也從足聶聲聶音同上蹀音牒

第四卷

檢閱 下緣決反左傳云大閱簡車馬也又云閱軍實具數於門中也文字典說從門兌聲

圯裂 上皮美反孔注尚書云圯毀也尒雅云覆也郭注云謂毀覆也從土已聲下連哲反前有部律第七卷已釋

養囟 下陵夔反前有部律第四卷已釋

喧喿 上烜袁反前有部律第二十六卷中已釋下嫂到反文字典說云喿鳥群鳴也從品

在木上律文從口作躲俗字也

絣絡　上百萌反前有部律第十二卷中已釋下郎各反郭注山海經云絡繞也介雅云絡纏也王逸注楚辭云縛也文字典說云經絡也從糸各聲

第五卷

堅鞕　下額更反廣雅云鞕亦堅也字書云牢固也說文從革要聲也或從石作硬義同

成鏘　下鵲羊反文字典說云鏗鏘也從金將聲鏗音客庚反

第六卷

摩那馳　下畢野反梵語也唐云好

第七卷

無字可音訓

一切經音義卷第六十三　第二十一張　石

第八卷

點黶　上店簟反王逸注楚辭云點汙也說文云點小黑也從黑占聲下一琰反前苾蒭尼律第十五卷中已具釋

流澾　下難達反顧野王云澾滑也說文亦澾滑跌過也從水達聲

爲梨　下霜提反

擯席　上必胤反下齒亦反前有部律第三十七卷中已具釋

慙赧　上雜甘反尚書云唯有慙德也說文云慙愧也從心斬聲亦作慚下尼簡反前有部律第一卷中已釋

一切經音義卷第六十三　第二十二張　石

皮屩　下強略反又音喬說文云屩屐也從屐省喬聲也

不韄前　邑拱反遊擁也

揩摩　客皆反

栗姑毗　次音禬攝反楚語也唐義淨譯云彼國皇族貴種也舊翻云棃車子是也

次唾　上羨延反考聲云次口中津也說文云慕欲口液也從欠從水律文從延作涎俗字也下吐貨反說文云唾口律液也從口垂聲

瞼膰　上劫掩反考聲云眼

瞼也文字集略云瞼目外皮也文字典說目瞼也從目僉聲下乎頰反韓詩外傳云謆飛貟也孟子翺然攺之也文字典說𧬆翺也從羽番聲𧬆音違

被帔 下任被反釋名云帔披也顧野王云帔者披之於背上也王逸注楚辭在背曰帔也說文弘農人謂帬曰帔也從巾皮聲帬音群也

第九卷

第十卷 並無字可音訓

根本說一切有部尼陁律卷第一

戶鈕 下尼九反通俗文云門屈戍也廣雅作𤥊說文云鈕印鼻也從金丑聲也

第二卷

篅衣 上篅專反前有部律第十卷中已具釋

鑽酪 上纂鸞反前有部律第二十二卷中已具釋下郎各反釋名云酪乳所作也廣雅云酪漿也文字典說乳汁酢凝也從酉各聲也

麵麥 上古猛反前律攝第二卷中已具釋

其痔病眞言文句闕少未詳

研覈 上齧堅反廣雅云研熱也說文研磨也從石幵聲幵音牽下行革反說文云考實覈也從襾敫聲敫音擊

幰蓋 上軒偃反

釋名云幰所以禦熱也聲類云車上幰也顧野王云謂布張車上為幰也文字典說從巾憲聲

闐噎 上音田毛詩云振旅闐闐也文字典說云塞也從門眞聲下煙結反前百一羯磨律第一卷中已釋

第三卷

門框 下曲王反字書云框門上下兩旁木也禮記云士不虞框也文字典說從木匡聲也

鑿為 音非律文從齒作鑿非也

稻

⿹弋變 下蝸耶反字書云爇糠也文字典說云轂變皮也從變弋聲

第四卷

歙煙 上歆急反考聲云歙亦吸字也說文云歙縮鼻也從欠翕聲翕音上同下鷰賢反蒼頡篇云煙熅也說文云火氣也從火垔聲垔音因律文作烟俗字也

刱始 上瘡壯反國語云刱制天下也賈逵注云始也說文云造法刱業也從井刃聲也俗作創

鏁鈕 上滑關反下尼九反

茅蔽 上卯包反考聲云茅草名也說文菅也從草矛聲也菅音間下卑瓔反聲類云蔽草可以為索也左傳云雖有絲麻無弃菅蔽也說文草也從草敝聲敝音科怪反律文從朋作蒯俗字也

釜篦 必迷反

絣線 上百萌反前百一羯磨第四卷中巳具釋下先肯反

前律攝第三卷中巳具釋

第五卷

賈客 上孤五反鄭注周禮云行賣曰賣坐販曰賈也鄭注礼記賈謂賈物貴賤也白虎通賈固也守固物待民來以求利也古今正字坐賈賣售也從貝襾聲襾音古說文從人自擁蔽也左右象蔽形也

有蠱 下沽五反鄭注周禮云毒蠱蠱物而病害人者也說文云腹中蟲也從蟲從皿

灒汙 上則散反前律攝第十四卷中巳釋下烏故反廣雅云汙濁也字書云塗也顧野王云汙猶相染汙也孔注尚書云汙不潔淨也說文從水于聲也

耳璫 下當郎反釋名云穿耳施珠曰璫也文字典說耳珠也從玉當聲也

第六卷

同愆 去焉反考聲云愆過也顧野王云凡物差過亦謂之愆文字典

說云緦𢘿紾䋭也從心衍聲衍音寒幹反律文作㥷共俗㥷字亦不成非也

白鶴 下何各反

鶌鷲 上鳥䆃反下音就

第七卷

狐貈 上護孤反說文云狐祥獸也鬼所乘也從犬瓜聲瓜音古花反下何各反蒼頡云貈獸名也似狐而小也論語云狐貈之厚以居也說文云貈似狐多睡從豸舟聲豸音雉律文從犬作狢俗字也

瘳愈 上丑周反孔注尚書云瘳差也考聲病損也文字典說云疾愈也從疒翏聲翏音力救反下瑜主反孔注論語云愈猶勝也賈逵注國語云病差為愈也文字典說從心俞聲

蒱萄 上步摸反下道蒲反前有部律第二十四卷中巳釋

捼使 上奴和反前律攝第五卷中巳釋

駢闐 上便邊反下鈿燐反前有部律第四十三卷中巳具釋

躓頓 上知利反前有部律第二十七卷中巳具訓釋

第八卷

棧之 上査諫反考聲云棧閣道也廣雅棧閣也漢書燒其棧道是也說文云棧棚也從木戔聲棚音白萠反

殨毀 上隊雷反前有部律第十二卷中巳釋

其繢 下逵位反白氎織餘殘繢頭也說文云織餘也從糸貴聲

第九卷

譏誚 上幾希反下樵笑反前有部律第三十五卷中巳釋

釓子 上䋿輒反釋名云鑷拔取髮也文字典說云拔毛具也從金聶聲聶音同上律文作鑷俗字也

脣吻 下聞粉反鄭注考工記云吻口邊也蒼頡篇云脣兩邊也文字典說口脣兩邊也從口勿聲也

第十卷

郄業　下醉髓反考聲云業鳥口也文字典說云鳥喙也說文從東此聲東音次律文從角作觜俗字也

蠅哳　上異繒反考聲云蠅蟲名也鄭箋詩云蠅之為蟲汙白為黑也說文云蟲之大腹者也從黽從虫下音迊考聲云唼淺入口而味之也哳亦啁也古今正字從口從巾聲也亦作嗜經從妾作唼俗字也

蹴蹋　上秋育反前苾蒭尼律第六卷中已釋下談臘反前律攝第一卷已具釋

陿小　上咸甲反前苾蒭尼律第十八卷中已具釋

根本說一切有部毗奈耶攝頌第一卷

剖析　上普后反孔注尚書云中分為剖也又云剖破也左氏傳云與汝剖分而食之也說文云判也從刀音聲音音偷厚反下星積反考聲云析剖木也亦分也詩傳云析分析也文字典說破木也從木斤聲

扇侘　下坼嫁反梵語也

癟跛　上芳貞反下波麼反麼音磨跛反前有部律第十九卷中已具釋

匾虒　上邊辯反下音梯考聲云匾虒薄闊皃也並從匸扁虒皆聲也上音方扁音辯虒音天伊反

齵齒　上鍋蒲反前有部律第二卷中已釋

瞷眼　上音閑韻英云目多白也方言云瞷眄也蒼頡篇云目病也說文云戴目也從日閒聲也

扐行　上音引前有部律第二十五卷中已釋

壞琼　下強向反前有部律第三卷中已具釋

髡割　上窒昆反考聲云刑名去其髮也鄭注周禮云髡頭髮也說文髡鬄也從髟九聲髟音必遙反鬄音悌計反下竿曷反孔注尚書云割害也廣雅云斷也截也文字典說剥也從刀害聲

第二卷

韁棄 上音畺前荾蔮尼律第九卷中巳釋

婆嶉 下此資反梵語也唐云守護律文作欉亦同

榛叢 上士臻反淮南子云榛木叢也考聲草木叢盛也文字典說從木秦聲也下徂紅反孔注尚書云叢聚也書云凡物之聚曰叢也說文云以草聚生曰叢也從丵取聲丵

音士角反律文作叢不成字非也

詁婆 上黠黏反梵語也

紅茜 下千霰反說文云茜茅蒐也可以染絳色也人血所生從草西聲

襵婆 上占涉反梵語也

畔睇 上音伴下提戾反梵語也唐云礼拜

帶蘢 下厚種反廣雅云蘢毲也又云毲罽也文字典說云綱也從毛甘聲茸同上毲音思錄反

尨毛 上邈邦反蒙尨毛西國麁惡毛也說文云大之毛也又云雜色不純為尨也從犬彡聲

鍮鋀 下鬪奮反讀與問同音前有部律第四十二卷中巳釋

釬鍱 上寒幹反下音葉前荾蔮尼律第二卷中巳釋

刷削 上栓刮反栓音踈貟反前荾蔮尼律第二十卷中巳釋下褰爵反廣雅云削減也詩傳云侵削也

第三卷

矛稍 下霜捉反前荾蔮尼律第四卷中巳具釋

侏儒 上主儒反下乳珠反前有部律第二十五卷中巳具釋

口吃 下斤乙反前律攝第八卷中巳釋

細綈 下弟泥反前荾蔮尼律第十二卷中巳具釋也

藷藹 上諸如反王逸注楚辭云藷甘蔗也顏野王云藷蕷名為土藷也說文亦云甘蔗也從草諸聲下五苟反考聲云藕蓮根也介雅云荷芙蕖其根藕也文字典說云芙蕖根也從草從水禺聲禺音同上

律文作藕亦通

蓮梢　下梢巢反考聲云捎末也文字典說云梢頭也從木肖聲

白醭　下普木反前苾蒭尼律第十三卷中已釋

緻密　上池致反前有部律第三十三卷中已釋

洒塗　上西禮反韓康伯注周易云洒濯其心也說文洒滌也從水西聲也下杜盧反詩傳云塗附也廣雅云汙也文字典說泥也從土涂聲涂音同上

第四卷

醦毒　上柽斬反又初錦反廣雅云醦酢也埤蒼云酢甚也文字典說從酉參聲參音澀譖反

驚飈　下標遙反郭注介雅云暴風上下謂之飈也尸子云暴風頹飈也說文云扶搖風也從風猋聲猋音同上

儜惡　上搦耕反前有部律第三十三卷中已釋

踡脚

懼負反顧野王云踡跼不伸也說文踡謂行背曲也從足卷聲

不欲　上訶鴿反前薩婆多律第十一卷中已具釋

噂嗅　上搒莫反下侵入反前有部律第五十卷中已具釋

脹鰓　上張亮反杜注左傳云脹腹滿也文字典說云飽腹痛也從肉長聲也下塞哉反考聲云鰓魚頰中骨也桂苑珠叢云魚頰內實也從魚思聲

欠㰦　下音去通俗文云張口運氣謂之欠㰦顧野王云欠㰦引氣張口也文字典說從欠去聲

第五卷

鼗鼓　上道勞反前有部律第三十九卷中已具釋

縈羅　上塋營反詩傳云縈旋繞也說文云收韏也從糸從熒省聲韏音倦

鉤紐　上苟侯反下尼久反律文作恂非也前薩婆多律第五卷中已釋

背胯　下詭化反俗字也正作髁考聲云髀上骨也蒼頡篇云跨兩股外也古文作枲亦作胯律文作跨非也

撚打　上生

界反極力打也前有部律第二十二卷中已具釋 謦欬 上輕頂反下開𣪩反前有部律第三十三卷中已具釋 灘過 上坦蘭反前有部律第三十三卷中已具釋下烏和反考聲云過辩水旋流也從水過聲 圊廁 上音青下楚事反韻英云廁溷也弃擲糞坑也 摩窒哩迦 珍栗反梵語唐云論藏也或云摩怛里迦分別邪正也

一切經音義卷第六十三　第三十五張　石

根本說一切有部毗奈耶雜事攝頌一卷

梳刷 上所初反考聲云梳謂𢱢也古今正字云理髮者也從木從跡省聲也下拴刮反前毗奈耶律第二卷中已釋 粟姑毗 安㤩步反梵語王旋也 木杴 下險嚴反亦作撿 氍毹 上具俱反下數手反前有部律第二十六卷中已釋 矸石 上寒幹反案有部律經文

矸石摩藥磨石也律文從衣作衦非也 襯體 上初覲反考聲云襯藉也親身衣也從衣親聲 斑駮 下邦邈反前苾蒭尼律第十二卷中已釋 堅羅鉢 上賢奚反梵語也

根本說一切有部毗奈耶尼陁那攝頌一卷

篅衣 上音篅篅衣者周帀相連縫合猶如篅笓名曰篅衣即今之女人所著帬是也 承足椹 知林反小木砧也韻英云斫木質也

一切經音義卷第六十三　第三十六張　石

或從石作碪亦從攴作⿰甚攵律本從手作拈非也 瀉藥 星夜反凡瀉藥為除五藏腸胃積熱及宿食不消故以藥蕩除去其滓滯令體氣通暢即如今之大黃朴消巴豆犀角等是也 洣衣帳 摘更反或作數考聲云數展也從木敞聲律中從手從貞作揁非也 認衣 人扆反韻詮認識也從言忍聲或作訒 草稕 音準又之閏反縛稾草為之也 氍毹 上音衢下數俱反集訓云毛罽也出西戎土蕃諸胡國一云有文毛布也

根本說一切有部大苾芻戒經一卷

褒灑陁　上保毛反次沙賈反梵語也唐云長養　學羸　下力為反杜注左傳云羸弱也賈逵注國語云病也許叔重注淮南子云劣也字書云疲也說文云瘦也從羊羸聲也羸音力果反　摩那馳　下卑野反梵語也此云治罰也　澣染　上桓管反劉兆注公羊傳云去舊垢曰浣也鄭箋詩云浣謂浣濯也說文云浣濯衣垢也從水幹聲律文作浣俗字也下如琰反廣雅云染汙也說文云以繒染為綵也從水杂聲也　貿易　上莫候反前苾芻尼律第九卷中已具釋　漂衣　上匹遙反顧野王云漂猶流也廣雅云潎也說文云漂浮也從水票聲票音瓢妙反　縷線　上力主反前有部律第二十卷中已釋下先薦反前尼陁那律第四卷中已具訓釋　棚上　上白耕反廣雅云棚閣也聲類云棚棧也說文云棧也從木朋聲　麨飯　上尺沼反考聲云熬米麥也埤蒼云𪌉麨也文字典說云煼乾麥屑麨也從麥酋聲古作麴煼酋音就由反　覿遊　上庭曆反前律攝第十一卷中已釋　紛擾　上拂文反廣雅云衆也王逸注楚辭云紛盛皃也文字典說紛紜亂也從糸分聲下饒沼反孔注尚書云擾亂也文字典說煩也從

手憂聲　跳行　上徒彫反蒼頡篇云跳踊也廣雅云上也說文云跳也躍也從足兆聲也　內踝　下胡瓦反鄭注禮記云踝足跟也蒼頡篇云踝在足側也聲類云足外輔骨也說文足踝也從足果聲　犛牛　上卯包反前有部律第五十卷中已具釋

根本說一切有部苾芻尼戒經一卷

媒嫁　上每盃反說文云媒謀合二姓為督媾也從女某聲　噉

𦯶上談敢反上聲字也韻詮云噉大也食也從口敢聲或作啖下酸乱反說文葷菜也從草祢聲祢音同上也 樹膠 絞交反寀樹膠者樹脂凝結即如桃膠杏膠等形色似皮膠松脂之類即是也說文胑也作之以皮從內峯聲 度娠 下音身毛詩傳日娠振也震動於內說文作傳傳神集訓云婦人懷孕也字書或作褒古字也 洗裙 上先

第三十九張　石

礼反下郡雲反正作帬從衣巾 撚縷 上年典反下力禹反綫也 揃 扇 上音撫從手 蹲行 音存坐行也 庂足行 上音側古 字也 小團 段𦯶反經文從手作搏非也 著屐 輂軛反玉篇云 今之有𧄼草覆褒也說文釆也從攴從覆省

一切經音義卷第六十三

一切經音義卷第六十四　石

翻經沙門慧琳撰

音僧祇戒本一卷　玄

僧祇尼戒本一卷　玄

十誦僧戒本一卷　玄

十誦尼戒本一卷　玄

弥沙塞戒本一卷　玄

五分尼戒本一卷　琳

四分僧戒本一卷　玄

尼戒本一卷　玄

四分含注戒本三卷　琳

四分僧戒一卷　或云曇無德戒闕本

解脫戒一卷　玄

沙弥十戒并威儀一卷　琳

沙弥威儀一卷　玄

沙弥尼雜戒一卷　玄

沙弥尼戒一卷　琳

迦葉禁戒經一卷　琳

戒消災經一卷　琳

優婆塞五戒相經一卷　玄

優婆塞五戒威儀經一卷　玄

舍利弗問經一卷　玄

大沙門百一羯磨一卷 無字音

十誦羯磨要用一卷 琳

優波離問佛一卷 琳

五分羯磨一卷 琳

四分雜羯磨一卷 闕本

曇無德羯磨一卷 琳

四分尼羯磨一卷 琳

大比丘三千威儀經二卷 玄應

隨機羯磨一卷 琳

四分羯磨三卷 琳

尼羯磨三卷 琳

已上計三十一經三十八卷

僧祇戒本一卷 沙門玄應撰

刀擬 魚理反字書擬向也說文擬度也比也

不嫽 力彫反謂相嫽敹也嫽嬲也弄也

指攬 古文捁同古巧反字書攬撓也亦亂也

敹指 又作嗷同所角反通俗文含吸曰敹戒文作嗷俗字也

嚩嗛 補莫子立反說文嚩嗛嗛聲

僧祇比丘尼戒本 沙門玄應撰

轡勒 鄙愧反字書馬縻也所以制馭車馬也勒馬鑣銜也字從絲從軎

遞相 又作递同徒礼反小尒雅遞迭交更也尒雅遞迭也郭璞曰謂更易也

羯利 數名也正言迦利沙鉢娑案八十枚貝珠為一鉢娑十六鉢拏為一迦利沙鉢娑也

擾亂 如沼反說文擾煩也廣雅擾擾

亂也

適他 尸亦反尒雅適往也適事他人也方言宋曾謂往為適適亦歸也

佉啁 竹交反佉啁羅此譯云小長牀一揭諸音猪家反

百襵 音輒謂裙襵也又音之涉反通俗文云便縫曰襵也

偏剡 口孫反謂空其中也方言剡芻也說文剡判也

趬腳 丘召反說文行輕皃也一曰舉足戲也亦高舉足也戒文作蹺非也

十誦僧戒本　沙門玄應撰

如斤 居銀反說文斤斫木也斤钁也戒本作釿音牛引反說文釿劑也劑音子隨反剪刀也劑非此義也

躄行 方尺反說文躄不能行也字體從辟從止

十誦比丘尼戒本　沙門玄應撰

門閾 又作臬同魚列反即門限也亦名閫音苦本反

喑噫 於禁反下乙戒反喑唶也噫歎傷也亦大聲也戒文作嗌於亦反嗌咽也嗌非字義

依入藏經目次第合有根本說一切有部僧尼戒本二卷已入前音義第六十一卷中

為同一切有部類故入前卷

弥沙塞戒本　沙門玄應撰

企行 去豉反說文企舉踵也企亦望也說文云企予望之是也

五分尼戒本　沙門慧琳撰

轡勒 悲媚反顧野王云轡所以制御車中馬也說文馬轡也從絲叀聲叀與連同詩曰六轡如絲叀音衛

犛牛 卯包反考聲野牛名也山

海經云㶉㑦之山有獸狀如牛而四
節生毛名曰犛牛郭注云牛背膝及
頡皆有長毛說文西南夷長髦牛也
即犛牛尾是也或從毛從氂省聲也
或從於作𧺆也

若擯

必刃反司馬彪注莊子云擯棄也顧野王云相
與排擯也文字典說從手賓聲

媒法

每杯反鄭注周礼云媒之言謀
也合異姓使和成者也說文亦謂合
二姓也從女某聲某音母從木甘聲
尒雅作某誤之

羸弱

律危反賈注國語云羸病也許叔重注淮南子
云劣也說文瘦也從羊羸羸亦聲或亦作羸

迦郄那

勅知反梵語注衣功德衣名也

漂衣

四遙反或水或風漂失衣也顧野王
云漂猶流也說文從水票聲票音必肖反

乞縷雇織

龍主反考聲絲縷也文字集略云合綫也
說文亦綫也從糸婁聲綫音思箭反或

一切經音義卷第六十四　第七張　石

作線也

販賣

發萬反鄭注周礼云朝買夕賣者曰販也說文謂買
賤賣貴也從貝反聲

擊櫪

上經亦反下音歷擊櫪者以指互相㓨為
戲也互是手字也

兜羅貯

當夠反兜羅梵語草木花絮木綿也
猪呂反

磔手

張革反考聲磔開也一磔手者張手五指取大指
中指所及為量也

革屣

師滓反考聲云履之不攝跟者也說
文躧亦屣也文字典說從尸從聲
或從足作躧蹝䩥䩥並古字也

畜

髲

皮媚反頭髲也毛詩傳曰首飾也說文從髟皮聲髟音必遙反

績縷

上音積顧野王云謂緝績麻紵以為布也說文績緝也從糸責聲

絢襵

知獵反襵間小綵也如女人裙細襵也

叉抄

楚交反考
聲收也攬絜褁肩上名為叉抄古今正字從手少聲也

攜手

惠圭反顧野王云攜謂持也何休
注公羊傳云猶提持也說文從手
巂聲巂音同上從隹中其冠從冏冏
音女骨反俗從隹從乃作㩗誤也中

一切經音義卷第六十四　第八張　石

音丑列反

不挑　調了反考聲挑謂旋擺手也古今正字從手兆聲擺音補買反

戲笑　希意反尒雅云戲謔也說文從戈䖒聲䖒音希俗從虛作戲非也

溢鉢　上寅一反尒雅溢盈也顧野王云溢者謂滿而出也說文器滿也從水益聲正從皿作𥁑

不刳　康姑反顧野王云刳謂空其腹也說文從刀夸聲也夸音丘于反

不摶飯　音團聲類摶握也礼記亦謂無摶飯也說文從手專聲經從耑作揣音初累反非經義也

四分僧戒本

沙門玄應撰

无崖　又作厓同五佳反說文岸高邊者也書有作涯宜佳反涯涘也无涯際也

失轄　古文舝鎋二形同胡瞎反軸端鐵也說文轄鍵也

磔手　古文厇同知格反廣雅磔張也磔開也通俗文張申曰磔是也

分牻　麻邦反考工記公圭用牻注云牻謂牛也說文白黑雜毛牛也戒文作尨犬多毛也詩云無使尨也吠是也

覆苫　舒監反尒雅白蓋謂之苫李巡云纏營以覆屋曰苫又音舒敨反苫亦覆也

掉臂　徒吊反廣雅掉動搖也

噏飯　古文歙噏二形今作吸同許及反廣雅吸歙也謂氣息入

犛牛　麻交反說文西南夷長髦牛也今隴西出此牛也戒文作猫貓二形今人家所畜以捕鼠者是也猫非此義也

四分比丘尼戒本

沙門玄應撰

門閫　又作梱同苦本反礼記外言不入於閫注云即門限也

衿髁　口化反三蒼髁尻骨也字林膂骨也

依入藏目録此有含注四分戒本兩卷未音

四分僧戒本一卷

或云曇無德戒本 佛陁耶舍譯關本

解脫戒本

沙門玄應撰

捬草 普胡反字書捬敷也謂敷舒之也說文捬布也今皆作鋪鋪陳也

入陛 蒲米反說文升高階也即牀陛階陛是也戒文從木作梐補奚反禁獄之名非此用也

敧身 又作崎同丘知反謂敧傾不正也

蹻脚 丘消反說文舉足行高也漢書蹻足文穎曰蹻猶趫也三蒼解詁云蹻舉足也史記作趫戒文作跽口彫反縣名也跽非此義

捏作 乃結反埤蒼捏搽郁治也

臘佛 謂坐臘臘餅也今七月十五日夏罷獻供之餅也

沙弥十戒并威儀

沙門惠琳撰

翾飛 上血沿反廣雅云翾飛也說文小飛皃也從羽睘聲睘音葵營反經從虫作蠉郭注尒雅云井中赤蟲也與經義乖故不取也

蝡動 上閏尹反考聲云蝡蝡蟲動皃淮南子云昆蟲蝡動是也說文從虫耎聲耎音如兗反經從需作蠕非也

蚑行 上音奇又音祇說文蟲行也從虫支聲也

瞻盼 上懾廉反毛詩傳云瞻視也古今正字從目詹聲下普患反鄭注論語云盼動目皃也說文邪視也從目分聲經從兮作盻非也

匽塞 上央建反考聲從土作堰云積柴土以斷水也說文從上音糸作匽所以畜水也文字典說云陂也陂匽也古今正字從阜匽聲經從土作堰亦通用

泒瀆 上普賣反廣雅云水自分出為泒說文云水之邪流別也從水𠂢聲𠂢反永字也𠂢音同上也

攄蒲 上勑豬反廣雅攄張也老子制攄蒱案攄蒱者賭財戲也攤錢碁陸等是也古今正字云攄舒也從手虡聲經作摴俗字也

拚舞 上皮變反

帝嚳始令人拚舞王逸注楚辞云交手曰拚說文拊手也從手弁聲經從手作拚非也

墾掘 上康佷反廣雅墾治出方言謂墾用力也古今正字從懇省聲也經從犬作墾非也下羣屈反考聲云掘穿斷也顧野王云以搰發地也說文掘字從手屈聲

貿鋒 上莫候反顧野王云貿猶交易也介雅貿賣也市也郭注云廣易名也古今正字貿從貝丣也丣古卯字也經作

一切經音義卷第六十四　第十五張　石

貿非也

軍持 上音君下音池梵語水瓶也經從金作鍕⿰金寺非也不成字

褺被 上恬頰反文字集略云褺猶襞捲衣也說文重衣也從衣作褺襞音壁捲音厥宛反經作襞被非也

污濺 上烏卧反顧野王云污猶相染污也廣雅云濁也亦從宛作涴亦通文字典說從水亏聲下煎見反考聲云謂不淨也文字典說云濺灒也從水賤聲灒音贊

抖擻 上都苟反下蘇走反考聲云抖上擧者也從手斗聲擻見廣韻經作捒非

調譺 上庭照反鄭注周禮云調猶和合也古今正字從言周聲下魚誡反考聲云譺欺詑也說文從言疑聲

盆盎 上蒲門反周禮云陶人為盆實二鬴音方矩反言自關而西或謂之盆古今正字從皿分聲下烏朗反郭注介雅云盎亦盆也說文從皿央聲經從瓦作盆瓮亦通俗字也

瀋中 上發甚反杜注左傳云瀋米汁也可以沐頭文字典說淅米汁也從水審聲審音同

弄上 上祿棟反考聲弄玩也杜注左傳云弄欺冈之亦戲也古今正字從廾王聲廾音拱或從木作梇非經從手作捒誤也

⿰火曹畫 上早刀反考聲云燒餘柴也古今正字從火曹聲下華跨反

内甌 下於鉤反考聲云小瓦盆也說文義同從瓦區聲區音同也

芼扮 上毛報反考聲云芼搴也毛詩云擇也說文芼擇之芼從艸毛聲經從木作枆冬桃也非下敷刎反廣雅云扮動也聲類云擊也文字典說扮從手分聲經從芬作搿非也

差跌 上楚宜反廣雅云差衰也顧野王謂參差不齊等也

一切經音義卷第六十四　第十四張　石

說文云戴差不相值從左𠂔聲𠂔音垂下田節反許叔重曰跌仆也說文從足失聲篆作跣通
道之 上陶老反鄭玄注周禮云道說也注禮記云言也文字典說云從首辵聲經從口作導非也

沙弥威儀經 沙門玄應撰

派瀆 普賣反說文派水之邪流別也廣雅水自分出為派也

汗湔 子見反山東音也江南曰讚音子旦反又音子千反手浣也
調謏 五戒反通俗文大調曰謏說文欺調也
潘中 蒼頡篇作潘同敷袁反泔也說文潘淅米汁也江北名泔江南名潘也
坌却 府墳反說文坌除掃棄也廣雅坌除也
澆瓚 又作戩同子旦反說文瓚汙灑也江南日瓚山東日湔音子見反

沙弥尼離戒 沙門玄應撰

箏笛 古文邃同徒的反說文七孔籥也羌笛三孔戒文作篴非也

沙弥尼戒經 沙門惠琳撰

捎拂 上霜巢反字書云風拂樹梢也考聲云摟取上也方言自關而西取物上者為撟捎從手肖聲下芬勿反廣雅拂除去也集訓云拭也說文擊過也從手弗聲也
胇肝 上妃吠反金藏也說文從肉市聲市

音沸經文從甫作脯非也下音干說文木藏也
圂廁 上魂困反蒼頡篇云豕所居也說文廁也從口口音韋象形字也亦會意字也下初蔵反釋名云廁亦囚也說文圊廁也蔵音甾使反從肉從弍弍音貳
懷態 下台帶反考聲去意變無恒也說文常秉意不改也從心能聲能音柰

迦葉禁戒經 沙門惠琳撰

鑊湯 上黃郭反廣雅鑊鼎也考聲有足曰鼎無足曰鑊說文鑴

也從金蔞聲也蔞音烏猴反鑴音熒圭反鑴亦鑴類也

鬚髮　上相逾反考聲云鬚也說文正作須面毛也從頁頁頭也從彡彡象毛也今經文從髟作鬚亦通亦時俗共用字也下髮音蕃韈反說文頂上毛也從髟犮聲或從首作𩠐或作頫皆古字也髟音必遙反犮音蒲末反犮字從犬而丿之丿音篇蔑反

戒消災經

沙門惠琳撰

釃酒　上師𡷣反韻英云以筐盝酒日釃考聲云漉酒具也說文下酒也從酉麗省聲也或從同作𨣼又音所解反亦通

賈販　上音古說文坐販也下發万反韻英云買賤賣貴也形聲字也

酒烝　之仍反左傳定王享之肴烝杜預日烝昇也進也

負捷　上浮務反說文負恃也上從人人守貝有所恃故人下從貝為負下力展反淮南子云捷載也考聲捷運也許犲重注淮南子捷捨負也說文闕此字玉篇或作輂亦通形聲字從扶扶音伴

餚饌　上効交反說文單作肴啖也從肉爻聲經文從食作餚俗字也下牀戀反韻英云饌具食也說文正作籑古字也形聲字

優婆塞五戒經

沙門玄應撰

衡軛　於革反車軛也謂轅端壓牛領者也

兩舷　胡田反舷兩緣也埤蒼舷船舷也亦名舼音扶嚴反

掾桷　融宣反下古學反掾桷榱橑皆一物而異名也

窔奧　於耗反奧室也介雅室西南隅謂之奧郭璞日室中隱奧之處也

二叟　古文窔𡨥二形今作叟同蘇走反方言叟父長老也東齊魯衛之間凡尊老謂之叟南楚日父字從突從又脉之大候在於寸口老人寸口脉衰故從又從災又音手叟者衰惡也

優婆塞五戒威儀經　沙門玄應撰

樓纂　子管反錫杖下頭鐵也應作鑽子亂反關中名鑽江南名鐏鐏音在困反釋名矛下頭曰鐏也

三括　古奪反括結束也括猶索縛之也此字應誤宜作搖以招反搖動也

舍利弗問經　沙門玄應撰

督令　字書今作督同都木反尒雅督正也注云謂御正之也方言督理也說文督察也

颷焰　又作猋飆同比遙反謂暴風也字從猋從風猋從犬非火也

亟立　墟記反尒雅亟數也數音所角反

覢鑠　又作眏同式冉反說文暫見也不定也下舒若反鑠光明也

係縛　古文繫繼二形同古帝反說文係絜束也繫亦連綴也

慊至　苦簟反慊慊言𠜾𠜾也亦慊快也𠜾音苦設反

懇惻　古文記同口很反通俗文至誠曰懇懇信也亦堅忍也下古文惻同楚力反廣雅惻悲也說文惻痛也

若鏟　叉莧反說文一曰平鐵也廣疋謂之鏟也著頡蕳削平也

圊內　七情反廣雅圊圂屏防正廁也釋名言至穢處脩治使潔清也

準入藏目錄此後合有百一羯磨十卷移在第六十一卷以同類故

大沙門百一羯磨經一卷　無字可音訓

十誦要用羯磨一卷　沙門惠沭撰

作弶　下渠諒反考聲云弶取禽獸具也古今正字云施网著於道也弓京聲也

作鏺　下方吠反桂苑珠叢古今正字並云隿射收繳具也說文義同從甬發聲也隿音牽弋繳音斫經從手作發半經義也

推上遺延反顧野王云牽亦引也古今正字從冂從牛冂象牛之縻也玄聲下退雷反顧野王云自後排進曰推說文云推排也從手隹聲

若掐下口甲反考聲云爪掐也文字集略云掐按爪也文字典說云從手臽聲也臽音陷

縵衣上滿伴反左傳云降服乘縵杜注云車蓋無文也說文云繒無文也從糸曼聲

作弶下渠亮反與前同已釋訖經作摑非

瘭疽上必遙反廣蒼云瘭癰成也考聲云瘭疽瘡名也古今正字從票疒聲下七余反說文久癰也疽從疒且聲疒音女厄反且音子余反

優波離問佛經一卷

沙門惠琳撰

達膩迦中尼至反梵語人名也或名檀尼迦

蓐几上儒束反郭注尒雅云蓐席也桂苑珠叢云從草作蓐方衣也古今正字從草辱聲下飢擬反周禮有五几玉彫彤漆素也考聲云按屬也說文几踞也象形字經從木作机木名也非本字也

純尨上殊倫反鄭注儀禮云純不雜也顧野王案純至美也古今正字從糸屯聲下邈邦反毛詩傳云尨長毛狗也案經云尨者雜毛也說文云犬多毛雜色不純者曰尨從彡為形字也彡音衫

鍼筩上執林反廣雅云鍼刺也顧野王云綴衣鍼也說文鍼所以縫衣也從金咸聲或作針俗字也下徒紅反考聲云竹筩也說文云斷竹也從竹甬聲甬音勇經作筒亦通

攢藥上祖巒反鄭注禮記云攢猶搖也考聲攢穿也文字典說從手贊聲

拂柄上紛勿反考聲云輕擊也鄭注禮記云拂除塵也下鄙景反賈逵注國語云柄執也古今正字從木丙聲

參差上楚林反顧野王云參差不齊等也蒼頡篇作參參亦差也古今正字從厽㐱聲也經從小作

叅俗字也厽音壘叅音驂下測宜反廣
雅云差衰也說文從左𠂹聲𠂹音垂今
隸書從羊作差訛謬也今字從
人從彡衰音夕羞反從牙從衣

攫推

上俱攫反以手攫取也經從國作摑諸
字書並無此字下都迴反王逸注楚
辭云䭴推皃也郭璞云推似沙
堆也古今正字云從土隹聲

作摶

下徒欒反鄭注周禮謂摶握也顧野
王曰案者握令相著也說文云圜也
從手專聲

噂𠿒

上卜莫反桂苑珠叢噂
噍食聲也廣雅從齒作
𠿒亦噍聲也古今正字從口從傳省
聲下子入反聲類云𠿒欶也文字典
說云𠿒欶噍聲也從口集聲

撩去

上音遼顧野王謂
將整理也說文云
撩理也從手尞聲尞音力召反

著屣

上張略反下
師滓反集訓
云屐之不攝跟者曰屣說文舞履也
或從足作躧又從革作韃從尸徙聲
也

著屐

下渠㦸反漢書袁盎屐步
行三十里謂今有齒履也
孔叢子著高方屐見平原君說文
屩屬也從履省支聲屩音羌驕反又
音脚

弥沙塞羯磨本

沙門惠琳撰

某摽

上矛厚反蒼頡篇某謂設事
也桂苑珠叢云未有的名而
虛設之曰某顏野王云凢不知姓不
言名者皆曰某說文從木從甘下必

遙反顧野王云摽謂識處所也說文
從木票聲票音同上從手作摽謂擊
也非經義

畜衆

許六反毛詩傳曰畜養
也孟子曰字而不愛豕
畜之愛而不敬獸畜之淮南王曰玄
田為畜文字典說從田從玄玄北也

治補

上音持顧野王云治謂脩理
也說文從水台聲下通古反
鄭注周礼云補謂助不
足也說文從衣甫聲也

四分雜羯磨一卷

闕本

四分羯磨一卷　出曇無德律　惠琳音大衆為首

⿰忄著器　楮呂考聲云以為筐形貯物也或作⿰𧾷宁古字也亦作褚亦謂之衣裳桂茈珠叢裝也所謂盛衣物之具也

白癩　盧大反文字集略云癘風病也字統惡病也說文從萬作癘從歹從蠆省聲也經從賴亦通

乾痟　上音干顩野王云乾燥也說文從乙倝聲倝音幹經從干厈字書並無不成字也下小焦反埤蒼痟謂渴病也亦痟瘦病也從疒肖聲經從水作消考聲消謂滅也非經義

蟻子　宜倚反尒雅云蚍蜉大螘也小者螘說文螘亦蚍蜉也從虫豈聲經從義作蟻俗字亦通也

腋巳下　上音亦考聲髀下也埤蒼謂胳也在肘後胳亦腋也古今正字與埤蒼義同從肉夜聲經從手作掖是掖亭字非經義胳音各

若捺　難怛反考聲捺按也字林搦也埤蒼捺担也古今正字從手奈聲搦音女格反担音年迭反怛音丹達反

滅擯　必刃反司馬虎注莊子云擯棄也顧野王云相與排擯也古今正字從手賓聲也

四分尼羯磨一卷　沙門惠琳撰

果蓏　騾果反考聲云蓏蔓生之子瓜瓠之屬也應劭注漢書云木實日果草實日蓏說文從草㼌聲㼌音揄主反

羶胜　上設延反杜子春注周礼云羶羊脂也說文羶亦臭也從羊亶聲經從肉作膻謂肉相字也下性精反杜子春注周礼云胜謂豕膏也孔安國注尚書胜臭也說文從肉生聲經從星作腥亦通鄭注周礼謂肉中米似星也並非經義亶音丹爛反

蔗芋　上之夜反考聲蔗草名也本草云蔗味甘利大腸止渴去煩熱解酒毒下于句反本草芋味辛一名土芝不可多食動宿冷病說文芋葉大實根堪食二字並從草庶于皆聲也

堅鞕　頷更

反桂蔻珠叢云鞕謂牢固也古今正字堅牢也從革更聲有從石作硬俗字也

棚車 白衛反廣雅棚閣也説文棧也從木朋聲

漅鑵 上遭老反顧野王云漅猶洗之令絜也蒼頡篇漅盥也説文洗手也從水喿聲喿音先到反下工乱反考聲鑵瓦器也文字集略汲水器也從缶

鏡奩 獵霑反考聲云奩似合而上有棱節所以收斂物也列女傳云取珠置鏡籢之中也古今正字或從竹從斂作籢經從大從品作奩不成字也

反襵 占獵反

就餐 倉單反鄭玄注周礼云餐謂夕食也又注礼記勸食也説文餔也從𣦼食聲𣦼音殘經從水作湌俗用字也餔音補孤反

貧窶 劬乳反考聲窶謂居無財以備礼也郭注尒雅窶謂貧陋也説文貧無礼居也從宀婁聲

餚饌 上効交反賈注

國語肴俎也鄭箋詩云凡非穀而食之者曰餚文字集略肴謂雜膳也文字典説亦膳也從食肴聲或從肉作肴下仕患反鄭注儀礼云饌陳也馬融注論語云謂飲食也説文具食也從食從算省聲作籑經從巽作饌亦通用也

盥漱 上古緩反顧野王云凡漅洗物皆曰盥春秋傳曰奉迆沃盥説文盥漅手也從臼水臨皿也迆音以斯反下踈祐反考聲潄謂水盪口也礼記云雞初鳴咸盥潄也説文潄盪口也從水欶聲欶音所六反

豆蔻 呼候反本草云豆蔻生南海味温澁無毒上腹痛嘔吐去口臭氣也異物志云豆蔻生交阯如薑子從根中生形似益智皮小厚如石榴辛且香也古今正字從草寇聲

糅以 女救反鄭注儀礼糅雜也古今正字從刃作粈或作餌

咀嚼 上疾與反下牆爵反蒼頡篇云咀噍也顧野王云嚼亦噍也廣雅咀亦嚼也説文咀謂含味也並從口且爵皆聲也噍音樵笑反正從皀作𣪘正體字也象𣪘也皀音

丑亮反

去癊　邑禁反腐高中瘀癊病也

著紫瓶　上張略反中子累反芎聲紫鳥口也說文從此朿聲朿音七賜反或作觜下蒲冥反顧野王瓶謂汲水器也古今正字從瓦并聲或從缶作缾

特敧挐伽他　敧音欺挐音搦伽反梵語法偈也唐云應受施利與供養主成福田之義也

自氎　音牒紊氎者西國木綿花如柳絮彼國土俗皆抽撚以紡為縷織以為布名之為氎說文從毛疊聲撚音年典反縷音力主反

洟唾　上逸之反周易云齎咨涕洟說文鼻洟也從水夷聲下土課反說文唾口液也從口垂聲

相踵　踵勇反王逸注楚辭云踵繼也說文追也從足重聲或從止作歱亦通

窺看　犬規反王弼注周易云所見者狹故曰闚闚也方言闚猶視也說文小視也從穴規聲

大比丘三千威儀卷上

沙門玄應撰

如搯　又作㓣同口洽反埤蒼搯抓也謂爪傷也

盪器　徒朗反說文盪滌也通俗文澡器謂之盪滌也

咤噴　都嫁反說文吒噴也叱吒猶呵叱也下普寸反說文鼓鼻也廣雅嚏也文中作普非也

調謑　徒吊反廣雅調欺也調賣也下魚戒反廣雅謑亦大調也謂相嘲調

頷頭　牛感反說文低頭也廣雅搖也謂搖其頭也

僧迦　正言僧脚差僧此云掩覆脚差此云腋名掩腋衣律文作僧迦支或作祇支或作竭支皆訛也

尼衛　此譯云裹衣也

下尻　苦勞反尻臀也臀音徒昆反

去鉎　所京反埤蒼鉎鏉也謂鐵衣也鏉音所霤反

分衛　此言訛也正言擯荼波多擯荼此云團坡多此云墮言食墮在鉢中或言賓荼夜此云團團者食團謂何乞食也

招提　譯云四方也招此云四提此云方謂四方僧也一云招提者訛也正言拓鬬提

奢此云四方譯人去闘去奢拓復誤作招以柘招相似遂有斯誤也

卷下

捼手 奴和乃回二反說文捼摧也一日兩手相切也

汙湔 烏子見反通俗文傍沾日湔山東名也江南名灒音祖旦反

得攫 獲反謂手握取物也

氣㘁 古文咄同思列反詩云俾民憂㘁箋云㘁

出也發也廣雅㘁涌也

掉捎 徒吊反掉搖也振也下所交反捎動也

四分律刪補隨機羯磨卷上　沙門惠琳撰

刪補 上產姦反集訓云刪削也聲類刪定也韻詮云除也訓文劉也劉由刊也從刀冊聲也劉音竹劣反刊音看冊音柴下晡毋反鄭注周禮云補助不足也文字典說云補禪衣也從衣甫聲也

拯拔 上拯字無

疊韻取蒸字上聲杜注左傳云拯救助也廣雅收也說文舉也從手丞聲下辦八反考聲云抽也救也出也文字典說從手犮聲犮音盤末反

二轍 纏列反考聲車跡也道也通也從車徹省聲

撮略 鑽括反廣雅撮持也孔安國尚書敘云撮其機要今律文諧博莫究律詮撮其樞要以成羯磨行其事也

紊亂 上音問尚書云若网在綱有條而不紊孔安國日紊猶亂也說文從糸文聲糸音覓

鍼鼻 執任反俗作針亦同

中卷

幖幟 上必遥反廣雅幖幡也說文幖亦幟也從巾從票〻音匹遥反下齒志反廣雅幟幡也亦作帜說文並從巾形聲字也

褋衣 徒協反王逸注楚辭云褋襜褕也方言云禪衣也江淮南楚之閒謂之衣褋也襜音昌閻反褕音余昭反又音翼朱反禪音單從衣也

襵衣 上之葉反博雅襵襞也蓍頭篇韏也襞音必益反韏音卷

磔手 陟格

反廣雅磔張也傳雅開也律文從手作撕非也

棃𣗥　上力之反下遣嫂反律文作棗非也

甤蔗　上藜佳反字書甤草也本草有萎甤草也考聲死垂自也說文草木華葳自也或作甤經文作蕤俗字也

下之夜反王逸注楚辭云蔗芙草名也汁甘如蜜也或作蔗

掃灑　上蘇早反廣雅掃除也亦作埽下沙賈反說文灑汛也律文作洒非也

下卷

一軼　田結反又音逸左傳懼其侵軼我杜預曰軼突也何注公羊傳過也蒼頡篇從出前也說文從車失聲

氍毹　上具俱反下數衢反彼斯胡語也傳雅氍毹西戎罽毲也即是毛錦有文彩如五色花毲也西域記云出彼利斯國即波斯國是也

聯類　上力延反博雅聯綴也廣雅續也或作連亦作縺同

虛耗　下呼報反

一槩　古愛反聲類槩摩也鄭注礼記槩量也礼記槩平斗斛者

四分僧羯磨上卷

沙門惠琳撰

妙躅　下重錄反漢書云伏氏之執躅音義曰躅跡也考聲躑躅猶徘徊也或作𨉀也

戒橃　下煩韈反馬注論語編竹木浮於水上大者日橃小者日桴埤蒼桴也說文海中大舩也或作𦪇律文作筏俗字也

敷榮　上撫無反孔注尚書敷布也又舒也韓詩通也說文從攴從尃尃音同上攴音普卜反

韜匕具　上討刀反考聲藏也或作綢說文劒衣也從韋舀聲

絪氎　上悉計反說文從糸從囟律文從田作細俗字訛也下徒協反案氎西國草花絮撚以為布也囟音信

掩正　上於撿反鄭箋詩云掩覆也郭注方言藏也鄭注礼記隱翳也杜注左傳匿也或作掩同也

浮囊　下諾當反說文有底曰囊浮囊即浮瓠也

絶紐

下女久反鄭注礼記紐冠上鼻也廣雅緌束也說文結而可解曰紐也

隤網　上大迴反廣雅隤壞也說文墜下也從阜從賚即古賚字也下各郎反考聲網冈上繩也說文紀也從糸從网

慧炬　上胡桂反方言慧明也鄭注論語有才智也說文從心從彗彗音囚歲反下渠呂反說文作苣苣束草爇火以照燎也從草從巨

弱齡　上而灼反孔注尚書弱尫劣也杜注左傳敗也下歷丁反鄭注礼記齡人壽之數博雅年也

眇觀　上弥小反博雅眇莫也王逸注楚辭遠皃也方言小也

亟歷　矜力反

鎧律師　上開改反考聲鎧兜鍪也說文鎧甲也

洛陽　上郎各反經文作雒古文字也

乖舛　上古壞反字書乖背也說文戾也從北從干下川兗反孟子舛交也許叔重注淮南子舛相背也字書互也謂差互不齊也或作踳也

輒述　上陟葉反漢書輒事也說文從車從耴律文從取作輒訛略不正也耴音知葉反下脣聿反鄭注礼記述謂訓其義也孔注尚書述循也

中卷　無字可音

下卷

罵詈　上馬覇反下力智反禮記曰怒不至詈言而有罪者因之也說文並從冈從馬從言經文從四作罵詈訛也

阿㝹婆多　奴侯反梵語

韁杙　上居良反蒼頡篇韁馬紲也說文馬勒也或作繮同紲音仙列反下與即反郭璞注尒雅杙橜也

乾痟病　上葛安反下小遙反埤蒼曰渴病曰痟也

糞掃　上分問反說文弃除也從拱推華棄米曰糞也今經作糞俗字也或作堊下桑倒反說文埽除也從土帚聲也

逃竄　上道刀反鄭注禮記云逃去也廣雅避也

說文止也從走兆聲下倉乱反杜注左傳竄匿也賈注國語隱也考聲藏也說文闕古今正字蔽也塞藏也從鼠在穴中象形字也

若剝　下邦邈反鄭箋詩云剝削也廣雅脫也蒼頡篇云云其皮也說文裂也刻割也從刀彔聲彔音祿

腐爛　上扶甫反廣雅腐臭也敗也說文爛也從肉府聲也下勒旦反

䔢稗　上弟奚反郭注尒雅稊似稗布地而生穢草也下蒲賣反杜注左傳云稗草似稻穀說文從禾第聲也

簁揚　上所擬反古今正字從竹從麗作籭音山皆反又音師訓云竹器也可以取粗去細也或從師作篩說文從箄竹器也從竹從聲從音死箄音必迷反粗音倉胡反

擯除　上音殯考聲擯弃也落也古今正字云相與排擯之也從手賓聲也

而[illegible]　音西顛詮云破

聲也

扣時　上苦狗反孔注論語云扣擊也或作叩

麁撲　上倉胡反下普剝反

亍剗　察限反博雅削也或作鏟

四分尼羯磨卷上

出四分律　沙門惠琳撰

禨禱　上於琰反考聲云禨禳也說文從示從厭經文作猒義非也下刀老反鄭注周札求福曰禱廣雅謝也

瘨狂　上與年反鄭箋毛詩瘨病也聲類風病也廣雅亦狂也說文腹脹也或作癲

癰疽　上紆恭反司馬彪注莊子曰不通為癰說文腫也下七余反莊子注曰浮熱為疽說文疽亦癰也從疒從且且音即余反

洟唾　上以脂反說文洟鼻液也下吐卧反說文口液也

中卷

輾治　上尼展反說文輾車轢也轢音歷[illegible]轢車所踐也律文作輾俗字也下直之反

立盪　堂朗反廣雅盪洗也說文滌器也滌音亭歷反

下卷

羸老 上力垂反賈注國語羸劣也說文瘦也從羊從𣎆𣎆音落和反

一切經音義卷第六十四

第三十九張　石

一切經音義卷第六十五　石

翻經沙門慧琳撰

右十經六十二卷同此卷音

大愛道比丘尼經卷上　玄應撰

精廬 力居反廬舍也精廬文人近名非古典即精舍也

倓然 徒闞反蒼頡篇倓恬也說文倓安也廣雅倓靜也今皆作淡闞音苦濫反

踱跣 又作蹄同徒各反下西典千典二反三蒼云以腳踐土也諸書作徒跣

歔欷 喜居反下虛既反字林涕泣皃也蒼頡篇泣餘聲也亦悲也

蒺蔾 疾悉反下力尸反布地蔓生者也尒雅薋蒺蔾是也

漏溢 古文洪同弋一反字林溢滿也

咍笑 呼來反字書嗤笑也楚人謂相調笑為咍經文作咲於來反嗤聲也咲非此義

撿押 居斂反括也括猶索縛也下古押也尒雅押轉也謂押束也

庶幾 尒雅庶幸也郭

璞曰庨幾佹偉也又云庶幾尚也庶冀也幾微也

蛸飛 一全反字林蟲皃也或作蠉古文翾同呼全反飛皃

蚑行 渠支反又音奇謂蟲行皃也周書蚑行喘息是也

圭合 古携反漢書多少者不失圭撮四圭曰撮孟康曰六十四黍為一圭也

燔燒 扶袁反字林燔亦燒

嬈佚 又作焫同與一反蒼頡篇佚蕩也亦樂也

洋銅 以良反謂

煮之消爛洋洋然也三蒼洋大水皃也字略作煬釋金也

摸㨝 亡各反方言摸撫也謂撫循也下蘇各反埤蒼摸㨝捫摋也摋音孫

抳推 都礼反大戴礼夏小正云抳猶推也謂相推排而坐也

襜衣 昌占反介雅衣蔽前謂之襜郭璞云即今蔽膝也言襜襜然前後出也

踞牀 記怒反字林踞亦蹲也亦跨也律文作倨倨傲也不遜也倨非此義

巫師 武俱反事鬼神曰巫在男曰覡覡音刑擊反在女曰巫說文能事無形以降神也

變殞 又作隕同為愍反聲類殞沒也墜落也

媟黷 相列反下古文遺嬻二形今作黷同徒穀反方言媟狎也謂見狎也黷慢也傷也謂相輕傷也

犇走 古文驥今作奔同補門反疾走也釋名云奔變也有急變奔赴之也

卷下

修恂 私巡反廣雅恂敬也尒雅恂信也亦戰慄也

周啖 又作啗噉二形同達敢達濫二反廣雅啖食也啖亦與也

妖冶 於驕反下以者反周易冶容誨淫劉瓛曰冶妖冶也經文作蠱蠱行毒害也非經義

愵態 擭酌反弱者耎弱也經文從心作愵古文惄惡二形今作愵同奴的反愵憂也

䚬戾 書無此字宜作䚯胡本反此恐誤作字宜作很胡墾反很戾也違也說文不聽從也字從彳從良聲

淄在 擇名作淄

諸書作蓄稸二形同抽六反蓄止也廣雅蓄聚也積也

履鞁 又作爇同火見反著拔者也今取其義應作鞙胡犬反

嫈瞋 字林乙莖茲莖反心態也亦細視也經文作瞍睛未見所出

鬋𦢊 又作剃同他計反說文鬋剔也盡及身毛日鬋文中作𢫬他第反廣雅𢫬洟也下力酌反廣雅𦢊略治也亦强取也文中作𦢊

憙傅 方務反傅附也謂塗附也漢書傳晻粉是也

珠璣 居衣反說文珠不圓者也字書云一日小珠也

訕貴 所姦反論語惡居下流而訕上者孔安國日訕謗毀也蒼頡篇訕非也

鴆餌 今作酖同除禁反大如雕紫綠色長頸赤喙食蛇者也以羽畫酒飲之煞人也下而至反蒼頡篇餌食也凡所食物皆日餌

煩苛 賀多反國語苛我邊鄙賈逵日苛猶擾也廣雅苛怒也

禁圄 魚呂反釋名云圄禦也謂禁禦之

剖形 普後反剖破也說文剖判分也廣雅剖析也

依目錄次第合音根本律攝頌五卷

雜事律攝頌一卷

尼陁那目得迦攝頌一卷

巳合入音義第六十一卷中為同

有部類故

犯戒報應輕重經一卷 無字可音訓

五百問事經 沙門慧琳撰

都籬 里知反考聲云籬藩也壓也或竹或木樹為柵籬也從竹離聲經從木作欐下音里文字典說山梨木名也

籬裏 云在外謂之表在內謂之裏上下從衣中間從里里亦聲也說文衣內也

欲償 尚羊

反廣雅復舊也說文還也從人賞聲 **蛇螫** 上音虵正體字也經從也作虵俗字也下聲傻反說文云毒蟲螫蛬也蟲行毒也從虫赦聲經從赤作蛷不成字非也 **經唄** 排賣反埤蒼云梵讚聲也考聲云僧尼法事梵唄聲也 **凭几** 憑證反周書凭玉几也說文依几也從任從几有從馮作凴俗字也經文作俻非也下音紀札記有五几玉彫彤漆素

一切經音義卷第六十五　第七張　石

几等五種几是也說文几象形字也經從木作机俗字也 **有帽** 毛報反字書云甬中行頂蓋也說文作冃蠻夷小兒頭衣也象形字也經從衣非也 **未制** 止例反經文誤書剬字從耑非也 **僥倖** 上經遙反下音幸案僥倖者殊其分偶過得名為僥倖考聲云非分而求曰僥倖並從人形聲字 **揵椎** 上音乾下直追反二字並從木形聲字也揵椎

者警眾打靜木椎也經從追作槌俗字也 **掘坑** 上羣律反考聲穿也斷也從手屈聲下客耕反蒼頡篇坑陷也尒雅墟也郭璞云壍池也古今正字從土亢聲亢音剛或從阜作阬 **擯出** 上必刃反尒雅擯弃也史記相與排擯古今正字從手賓聲或從人作儐賓字從丏丏音綿典反從尸作賔俗字也 **遃請** 上音彥蒼頡篇遃迎也廣雅行也古今正字從走從彥或從言作這亦通 **有貰** 尸曳反顧野王云貰猶賒也說文貸

一切經音義卷第六十五　第八張　石

也從貝世聲古文作貰也 **一摶** 段欒反說文摶握也從手專聲經文從耑作揣非也 **嫌代去** 上叶兼反文字集略云嫌心惡也說文嫌疑也從女形聲字也 **攲鉢** 綺奇反說文攲不正也從危支聲或從山作崎崎險也經文從口作[口奇]非也下般末反 **刮取** 上關八反考聲云橫刃掠之曰刮說文從刀從适省聲掠音略 **啗餅** 上談敢反亦作啖廣雅噉吞也說文食也從口臽聲經文從敢作敢俗字也 **炊作**

出隹反韻詮云炊蒸也說文爨也從火從吹省聲也 **贖不** 神辱反考聲云以財償直曰贖韻詮云收贖抴說文贖貿也從貝從𧶠𧶠音育今俗用從賣誤也𧶠從囧從貝從圥圥音陸古陸字也 **棖食** 上宅耕反韻詮云棖觸也從手長聲經文從木從尚作棠音唐棠梨木名也非經義也 **擗匈** 上毗亦反又考聲士撫心也從手辟聲下勗恭反說文匈

膺也從包省凶聲也經文從肉作胸非也 **吹撰** 孫寸反埤蒼云撰噴也顧野王云以口含水噴也從水巽聲經從孫作噀噴音普門普悶二反 **推排** 上他雷反說文推亦排也從手隹聲也下白埋反文字典說排亦推也從手非聲也 **販貿** 上發萬反考聲云販者買賣以求利也說文買賤賣貴也從貝反聲下麦拜反考聲鬻也衒也說文出物也從

出買聲也 **鞾鞋** 上酗禾反胡服也廣雅謂之甲沙或謂之韉鞻皆夷人方言有異也集訓作韈字林從化作靴並俗字也考聲正作屎從履省禾聲也說文闕無此字諸字書無疊韻韻詮云有項履也亦韈履屬也本外國夷人服也自晉魏已來中國尚之今以為公服也 **僧犮** 盤末反梵語也義翻為等遍或云食遍此無正譯即相傳今之等供是也 **⿱口帚犯** 諸字書並無此字准經義是呪字即呪咀之呪也 **跳躑** 上提

彫反蒼頡篇跳踊也廣雅上也說文蹷起也躍也從足兆聲下程炙反俗字也說文從商作蹢住足也顧野王云驟舉足而不進也從足形聲字 **麁氎** 下音牒西國草花布也或作緤又作㲲古字也 **購贖** 上鉤候反廣雅購償也說文以財贖物也形聲字也下常燭反尚書金作贖刑王肅注云以金贖罪也說文從貝𧶠聲𧶠音育從囧從圥圥古文陸字也今從賣誤也賣難改正也 **綜習** 上宗送反列女傳云織者可以俞始

政椎而往引而來者曰綜說文機縷持絲交者也從糸宗聲下尋入反顧野王云習謂積習成之也尚書曰習與性成說文從羽從白經從言作謂非也謂音獵殊非經意也

銅銚 下調曜反銅銚者戉鍂子也經文從堯作鐃音撓交反樂器名也非但字誤義亦甚乖傳寫者請改之

黤黮 上烏敢反下談感反聲類云黤黮深黑負也不明淨也說文如桑椹之黑色也黤黮二字並從黑形聲字

奉法 上逢捧反上聲字說文奉承也從丯丯音峯從廾廾音拱從手今隸書從省略作奉記也經文作正法甚無義寫誤也

依日録次第有根本律攝十四卷已入音義第六十一卷中以同有部類故

摩得勒伽律第一卷

沙門玄應撰

摩得勒伽 或言摩侄黎迦或言摩怛履迦此譯云母以生智故也

為坫 或作檐餘占反言如屋檐遮堂室也仍未詳

第二

無字音訓

第三卷

子驩 三蒼云此古歡字同音呼官反說文馬名也

第四第五至第十

並無字音訓

鼻柰耶律第一卷

沙門玄應撰

兼該 古來反該備也方言該咸也

謏然 蘇了反謏小也又修酉反

緘縢 古咸反下達曾反說文緘束也篋也廣雅緘索也縢繩也亦緘閑

諄諄 古文訰同之純之閏二反說文告曉之熟也案諄諄誠懇貟也詩云誨示諄諄是也

鈐波 胡眈渠廉二反

猜者 扶云反說

文猨豕也謂捷豕也猰貐猰音似

雞鶵　娥各反雕屬也摯鳥也如雕而黑文白首亦足彔如虎爪音如晨鵠也

押捭　臂弥反捭子果名也上林苑多鳥押是也

猳玃　古遐反下居縛反說文大母猴也似弥猴而大色蒼黑善攫持人好顧眄也

第二卷

舉出　與居反蒼頡篇舉也對舉曰轝

如砷　於甲反自上加下也

幡徒　目獵字獵二反謂口舌往來白也詩云徒徒幡幡諜欲譖言傳日徒徒猶緝緝幡幡猶翩翩也

系頭　戶帝反調遠第五比丘名也

第三卷

令碩　市亦反方言齊宋之間謂大曰碩亦曰羨也

鑰牡　餘酌反下莫後反謂出鑰者也插開下壯也案鑰與牡所以封固關閉令不可開也

蛕毒　古文虫螝二形同呼鬼反毒蟲也韓非子曰虫有蛕者一身兩口爭食相齕遂相殺也

第四卷

牝牡　脾忍反說文畜母也雌也下莫苟反說文畜父也雄也飛曰雄雌走曰牝牡此一義也

凡閾　古文閾同呼域反尒雅柣謂之閾郭

璞曰門限也柣音田結反

凡楣　靡飢反尒雅楣謂之梁郭璞云門上横梁也廣雅楣梠也

四激　古弔反四門巷也即宙中四激日是也

篅成　市緣反說文判竹圓以成穀篅篅也篅音徒損反

第五卷

囈語　魚世反眠中不覺妄言也列子古眠中啽囈呻呼是也啽音五合反

赦宥　書夜反說文赦置也周礼三赦一赦幼弱二赦老耄三赦

愚惷下禹䅇反宥寬也宥亦赦也周礼三宥一宥不識二宥過失三宥遺忘

筑笛 知六反筑形如筝刻其頸而搖之頸築之故謂之筑字從巩巩者握持之也巩音拱共手為拱字也

桎梏 之日反下古木反在手曰桎在足曰梏蒼頡篇偏著曰挃絫著曰梏也

噤切 渠飲反閉口為噤噤謂不開也

赶尾 巨言反通俗文舉尾走曰赶律文作揵非體也

肱挾 又作厷同古弘反下胡頰反廣雅膂謂之肱介雅挾藏也說文挾持也

烹鷹 普䕺反烹煮也方言烹熟也凡煑於鑊中曰烹於鼎曰外

敲節 又作敲同口交反說文敲横擿也謂下打者也

擲 又作擿同丈亦反擲投也拓也下

拋 普交反字林拋擊也通俗文杖𣙺曰拋拋打亦通語也今有拋車亦作此音普孝反律文作掐非也古洽反夾剳也

第六卷

蝨蠹 丁故反字林木中蟲也穿食人器物者如白魚等並皆是也

弓鞬 又作𩌂靬二形同居言口旦反廣雅弓藏也謂弓衣曰鞬釋名鞬建也弓矢並建立其中

塔婆 或言偷婆或言藪斗波皆訛也正言窣覩波此言廟也

第七卷

痱癗 又作疿同蒲罪反下力罪反案痱癗小腫也

撓擾 字林火刀反撓擾也下如紹反廣疋擾乱也說文擾煩也

激動 古歷反流急曰激激發也亦感激也

如厭 伊琰反字苑眠內不祥也蒼頡篇伏合人心曰厭說文厭合也字從厂猒聲厂音漢

第八卷

亘然　古鄧反謂坦然也亘亦遍也竟也
曓羅　楚佉反梵言阿婆曓羅天子食也肥者也
企望　古文跂金二形同墟跂反謂舉踵曰企
淰水　江南謂水不流為淰音乃點反關中乃斬反說文淰濁也埤蒼淰水無波也
捽滅　存沒反說文手持頭髮也律文作濇非也捽亦擊

一切經音義卷第六十五　第十七張　石

第九卷

掊水　蒲交反通俗文手把曰掊說文掊把也
劦挈　力計反比丘名劦挈子也
魁首　苦迴反魁師也亦首也廣雅魁主也
荼揭　尊者荼揭妒㶕謁反人名也
虵蠆　勑芥反字林皆行毒虫也關西謂蠍為蠆蠆音他達力曷一反

第十卷

蚩弄　古文[illegible]同尺之反廣足蚩輕也謂輕笑也
絧䙱　知獵之涉二反廣雅䙱屈也褺也
噏飯　又作吸同希及反廣疋吸飲也吸猶司也
盡県　吉堯反說文倒首也貫侍中說斷首倒懸即県字也謂懸首於木上竿頭以肆其辜也廣雅県磔也或作梟二形通用
[illegible]夜　梵言[illegible]夜此言打杙封地也
水竇　徒鬭反謂水所道也說文竇空也孔穴也

一切經音義卷第六十五　第十八張　石

豍豆　補迷反廣雅豍豆[illegible]豆也
持戟　居逆反廣雅偃戟雄戟也方言三刃枝南楚宛謂之偃戟
攫飯　於[illegible]反廣雅攫持也謂以手攫取也律文作摑非也
[illegible]噍　又作𪘛同補洛反子立反說文噍負也取味也

善見律第一卷

沙門玄應撰

鹿野　在波羅柰國昔日如來與提婆達多俱為鹿王各領五百餘鹿

在此林中時王出獵蓋欲煞之中有雌鹿懷子垂產菩薩鹿王以身代之王感仁慈盡免其命即以此林用施諸鹿鹿野之号自此興焉也

大寺 梵言鼻詩羅此云遊謂僧遊處也舊來以寺代之寺司也公舍也有法度也釋名云寺嗣也治事者相嗣續於其內也字從寸出聲出古之字也

衣桁 或作笐胡浪反可以架衣也介雅竿謂之椸是也椸音移

扮那 淨云反阿毗曇藏名也依字廣雅扮分也

鋘鉄 胡瓜反此古文華字又作鏵下府于反莖刃也亦横斧也鉄横也

彷徉 婆羊反下餘章反廣雅彷徉徙倚也䒗彷徉徘徊也

一尗 又作叔州二形同失六反廣雅大豆日尗小豆日荅也

遷提 戔仙反言可遷徙提挈也或作荃提言以荃草為之也非此方物出崐崘中律文或作先提

絜裹 古文作寳同古纈反絜束也繫也字林一耑也

和上 經中或作和闍皆訛也應言郁波第耶此云近誦以弟子年小不離於師常逐常近受經而誦也又云郁波陀耶此云親教舊譯云知罪知無罪名為和上也

阿闍梨 經中或作阿祇利皆于闐等諸國訛也應言阿遮利夜譯云正行又言阿遮利耶此云軌範舊云於善法中教授令知名阿闍梨也

哂陁 式忍反摩哂陁者是阿育王子也

第二卷

布薩 此訛略也應云鉢羅帝提舍耶寐此云我對說謂相向說罪也舊云淨住者義翻也

鷓鴣 之夜反下古胡反埤蒼鳥似服鳥而大字指云鷓鴣鳥其鳴自呼飛得南不北形如此雉也

企摩 輕以反人名也說字企立也從人從止經文從山作仚古文企字人在山上皃也

迦螺 勒和反人名也律文作蝸悅專反介雅蝸螔蝓主名也蝸非此用

第三卷

唱薩　此言訛也正言娑度此譯云善哉

整昃　楚力反昃謂正方也

第四卷

揀木　力見反揀木子如指白而黏可以浣衣也

一蛤　古合反字林蟞雀所化也秦曰牡蠣

鑱剌　仕衫反廣雅鑱謂之鈹謂鈹刺也說文鑱鋭也

誌名　字詁今作識誌記也

第五卷

觜破　今作嘴同子累反廣雅觜口也字書鳥喙也律文作嗺徐醉反嗺非此義也

一攕　虛奇反方言陳楚宋魏之間謂蠡為攕郭璞曰攕蠡瓠勺也今江東呼勺為戲律文作桸假借也桸正音虛衣反桸木名也汁可食也桸非此義

歠糜　古文作吷同昌悅反說文歠歠也歠飲也歠音呼荅反律文作啜時悅反啜茹也嘗也啜非今用

𡫳客　奇驕反廣雅寓寄也律文作僑高也僑非此用

縅口　古咸反縅閉也字林束篋也廣雅縅索也取其義矣

懟恨　直類反尒雅懟怨也忿也

第六卷

囊襻　又作攀同普諫反今衣要襻也

爲鋌　徒頂反謂銅鐵撲也

翡翠　肥畏反且醉反雄赤曰翡雌青曰翠出鬱林南方異物志云翡大於鷰小於烏䳄身通黑唯胷前背上翼後有赤毛翠通身青黃唯六翮上毛長寸餘其飛即羽鳴翡翡翠翠因以名焉字指云南方取之因其生子漸下其巢須可取之皆取其羽也

第七卷

癡疙　魚訖反廣雅疙癡也通俗文小癡曰疙也說文癡不慧也埤蒼

瘲駭也

生肬　又作疣黖二形同有流反廣雅肬腫也古文肬贅也小曰肬大曰贅贅音之芮反

蚺蛇　而塩反字林大蛇也可食大二圍長二丈餘異物志云蚺蛇食豕吞鹿出鹿與巴蛇同也

䳕鳩　音浮俗多作鵴渠六反通俗文隹其謂之鵴鳩尒雅隹鳺鴀郭璞曰即鵴鳩也律文作孚非體也

狗獺　他過他鎋二反說文形如小犬水居食魚者也律文

多作狚獺三形並非也

搸牛　疾辛反字略古牛名也

第八卷

從容　門木也案從容舉動也今取其義也

扂户　又作掂同口減反通俗文卜户曰扂字書扂窓也律文作居字與扂同音餘冉反户鍵也又音簟非今所用也

擺撥　又作捭同補買反下補沫反說文擺兩手

垂下前後揮也廣雅云揮開也撥除也揚也

虫蛙　俗音洼此應蠹字丁故反謂虫物損壞衣者如白魚等也律文有致作住也

户向　許亮反三蒼北出户也律文作扃古熒反關鈕也扃户非此用也

作繖　又作傘同桑爛反謂繖蓋也

蟹眼　又作蠏同胡買反說文水虫也八足二螯旁行也

米黏　又作粘同户孤反粘黏二體也

縷茸　如容反說文茸草茸也亦乱負也今取其義也

三股　又作轂同公户

反說文股髀也謂髀本曰股今取其義律文作鼓非體也

八廉　力占反廣雅廉棱也方言箭三廉者謂之羊頭箭也

弓法　居雄反世本揮作弓宋忠注云黄帝臣也山海經少昊生般始為弓此言是也說文以近窮遠故曰弓也律文從木作朽非體也

門闑　又作臬同魚列反小尒雅橛謂之闑郭璞曰門梱也

第九卷

大頏又作𦉉同古郎反方言頏瞿也
注云今江東通言大瓮為頏
无籃力甘反籃屬也字林大客也客
拯籠也纂文云大篚也答音力
各反方言及籐徒登反廣雅縢藟也今
拯答也呼草蔓莚如葛之藟
者為甘蕉子姚反出廣州子不堪食
藤也生人間蘿擈上作藤用薄
擣傳腫聲類作𦵯同以車反異
大驗也椰子物志云椰高十尋叢居

一切經音義卷第六十五　第二十五張　石

其未果名也子手搦又作𢭃女卓女
及席遍中國草二反搦猶提
也說文石楮今作支同之移反介雅
搦按也楮柱也說文柱下也
及鯢五各反廣雅魚名也鯢魚長二
文餘有四足似鼉齒至利有禽
鹿入水齧魚笱古厚反謂以薄為魚
署即斷笱也曲竹捕魚者也
攣取九万反通俗文汲取曰攣說文
攣抒漏也舀也舀音弋少反鑰

匙又作[illegible]同鍉酬反下是支反
律文或有從手作提非也

第十卷

麈麖之庚反字林似鹿而大一角也
麖又作麠同居英反介雅麖大
麃牛尾一角麃即麞也色黑
耳麃音蒲交反麇別名也直贉又作
驗同徒感反通俗文市買
先入曰驗今言賧錢者也粆糖又作餹同
徒郎反蔗甘
蔗作之也木槿居隱反介雅櫬木
槿櫬木槿似李花

一切經音義卷第六十五　第二十六張　石

[illegible]生夕殖
可食者也

第十一卷

上湍土桓反疾水也說文疾瀨也
水流沙上曰瀨瀨淺水也五
篙古豪反謂刺船竹也
二文以鐵為鏃者也長肪膏府房反說
文肪肥也脂也三蒼有
角曰脂無角曰膏也有橐蒲戒反謂鍛家
用炊火
令熾也箛簇古胡反以尖竹頭布地
也下楚角反東京賦云

瑇瑁不蔟蒱綜曰不乂稓取之也廣雅胡餅家用蔟獲刺稓音乂白反矛屬也

漫讃 莫半反漫猶不實也不分別善惡也律文作數歘數無文斘也數非此用也

遭洽 又作塗㴇二形同胡南反方言洽沈也字體作㴇舩没也

縋縶 又作䃃同直偽反謂懸重曰縋也通俗文懸鎮曰縋是也

拼石 古文䡬䡬二形同補耕反謂振繩墨拼彈者也

壘

栅 力燮反下又白反筆壁日壘豎木曰栅也

時筈 側格反筈猶墜也今謂筰出財

剗草 又作鏟同初眼反廣雅剗削也聲類剗平也

第十二卷

脚夾 古洽反夾取也三蒼夾輔也

捻置 如頰反通俗文指持爲捻捻亦捏也

第十三卷

屋霤 又作廇同力救反說文屋水流下也凡水流下皆曰霤律文作留非體也

孱那 士簡士延二反比丘名也

儒耎 而俱反說文儒柔也術士之猶也耎弱也

第十四卷

誘訹 古文羑䛧𧨽三形同餘手反說文誘道也引也教也亦相勸也訹私律反說文訹誘也廣雅訹談也律文作秀非也下作恤非體也

物椑 又作埤裨二形同毗移反又音卑補也助也增也益也

殰壞 歎九反廣雅殰敗也埤蒼殰腐也

翁親 烏功反安烏頭上毛曰翁翁一身之最上祖一家之最尊祖為翁者取其尊上之意也

細縺 又作縺同遲致反案縺密也

第十五卷

俸祿　扶用反案俸與也青米賜錢皆曰俸也祿福也案古者未有耕稼民食野鹿在事之人解放田獵官賜以物當其鹿處後人因之謂為食鹿廩為祿者取其神福之義也

渥地　烏學反謂沾濡曰渥也渥亦厚也

黿鱓　又作鱓䱇二形司善訓纂云蛇魚也

香莩　音撫俱反梵言憂尸羅此譯言皮也亦花也

摒擋　方政反下多浪反通俗文除物曰摒擋摒除也

木摶　字宜作剸徒端反剸謂剸截也

水觚　古胡反論語觚哉馬融曰觚礼器也一升曰爵二升曰觚是也律文作觚非也

謇吃　居展反下居乞反通俗文言不通利謂之謇吃律文作謇蹇二形非也

第十六卷

穄米　子卑反說文穄似黍而不粘者也關西謂之䴬是也

物撓　火高反說文撓擾也謂撓攪也

撩具　力條反撩擲也說文撩理也

腹羅　或作福羅或云富羅正言布羅此云短靴也

傖吳　仕衡反晉陽秋曰吳人為中國人為傖人俗又總謂江淮間雜楚為傖

卷

褺　徒頰反褺也字林重衣也

瘤病　力周反說文瘤腫也聲類瘤瘜肉也謂腫結不潰散者也

鐵烙　力各反謂燒鐵著物也律文作鉻非也

第十七卷

下矴　都定反謂柱下石也經文作磸近字也

那蒐　所留反外國藥名也

蕤子　今作捘同汝誰反蕤草也救可治眼字從廾生豕聲

除苹　皮兵反尒雅苹萍其大者蘋注云水中浮萍也

第十八卷

箱篋　司羊反下苦協反箱謂盛衣器也

指挃　知栗反廣疋挃

刈也謂以手指觸人也

佛阿毗曇論上卷

玄應撰

生蕚 又作樗同五各反謂承花者曰蕚

下卷

閹人 於儉反說文閹豎言中閽昏閉門者也周礼閹十人鄭玄曰閹

精氣閉藏者今謂之宦人也主閉門戶故曰閹

挼不 奴迴奴和二反說文挼摧也兩手相切也

紋身 無分反謂繒有文章曰紋又作文古文作彣青與赤為文說文錯畫

⿸疒奇人 於解反廣雅⿸疒奇矬也

氣唻 宜作欬瘶欬音苦代反江南行此音又丘既反山東行此音下蘇豆反說文瘶逆氣也上氣疾也蒼頡篇齊部謂瘶曰欬論文作氣非也

枯

癇 核間反聲類今謂小兒瘨曰癇也

血⿸疒扁 宜作瘻音漏癰屬也身中蟲頸腋隱處皆有也或作漏血如水下也

陰頹 徒雷反釋名陰腫曰頹字林作⿸疒頹重疾也

尰血 又作瘇上隴反介雅腫足為尰今巴蜀極多此疾手臂有者亦呼為尰也

瘤癖 力州反說文瘤腫也聲類瘤瘜肉也

噦吐 於月反通俗文氣逆曰噦說文噦氣牾也

毛冗 如勇反㪚也宜作⿰毛茸而容反謂古貝垂毛者也毳飾也

毗尼律第一第二

先不音

第三卷

銼鑹 才戈才賁二反下力戈反聲類小釜也亦土釜也名鍋錆音烏育

相跋 說文作犮同補末反相跋躐也躐踐也躐音力涉反

梏汗 蒲交反通俗文手把曰捁說文捁把也律文作刪近字也

俟一 古文竢[illegible][illegible]三形同事几反介雅俟待也

謫阿 知革反方言謫怒也

郭璞曰謂相責怒也謫譴也譴訶也責也 十七

第四卷

聰喆 又作哲悊二形同知列反尒雅哲智也方言齊宋之間謂智為哲明了也

傳之 方務反案傳猶附也謂塗附也漢書皆傳脂粉是也

鐴土 補赤反埤蒼鐴大犁耳也

裄之 又作褚同知吕反通俗文裝衣曰褚

漉著 或作渌同力木反水下皃也漉浚也律文作漉近字也

餐饋 思流反下又作餴同府云反字書蒸米也廣雅饋謂之餐尒雅云饋稔也亦餾也

第五卷

刻鏤 肯則反尒雅木謂之刻注云治璞之名也廣雅刻書也鏤力闘反尒雅金謂之鏤鏤刻也

銅魁 苦迴反說文羹斗也律文作棡又作鍋皆非也

燭樹 時注反樹猶立也或作竪殊庾反說文竪立也兩通

相敢 古膽反三蒼敢必行也不畏為之也廣雅敢勇也敢犯也亦進也謂相兢

賭金 古文作䞻同几髮反廣雅賭賭也賭物為賭也

稚彀 梵言耆蕭此云箭也今作彀古侯反說文張弓弩也

饋汝 古文餽同渠魏反說文饋餉也進物於尊者亦曰饋饋亦祭名也

第六卷

淋水 古文淋同力針反字林以水沃也灌也

師範 又作范同音犯尒雅範法也常也

搔摸 桑勞反說文搔刮也搔抓也下亡各反方言摸撫也即摸㨦也律文作撈力高反方言鉤取也撈非此義

欱作 呼合反說文欱歠也欱含也文中作哈土合反哈然失所也字書此與哈字同徒濫反並非此義

欹側 又作踦崎敧三形同丘知反說

文歃匾偭側不安也

第七卷

木柹 敷廢反說文削朴也朴札也謂削木皮也

第八卷

體瘃 又作瘃同知錄反謂手足中寒作瘡者也

籬上 又作攡拖

一切經音義卷第六十五　第三十五張　石

二形同體力支反通俗文柴垣曰籬釋名云以柴作之疏離離然也

薩婆多毗尼婆沙第一第二 先不音

第三卷 玄應撰

作發 府越反謂機發也說文射發也廣雅發舉也律文作撥補沫反撥除也撥去也撥非此義也

飄然 敷遥反飛揚皃也飄猶吹也輕飄也律文作驃方召反馬色也驃非此用

波演 梵言波衍那此云周圍廓舍院也

以摘 都革反蒼頡篇摘取也

第四卷

漸染 或作瀸同子廉反廣雅漸漬也瀸也相染汙也後漢書星子泣丹白絲如漸染之易性是也律文作冉毛也冉非此用

稸積 又作蓄同恥六反蒼頡篇稸聚也積也

甲胄 古文軸同除救反字林兜鍪也律文作鈾非也

大棒 又作棓同蒲講反說文棒大杖也

一丳 初眼反字苑令之多肉丳也

駝毛 大何反何駝也律文從馬作駝非體也

羖羊 公戶反亦名羯羊三蒼羖羺也

揵稙 直致反舊經多作揵遲梵言臂吒揵稚臂吒此云打揵稚所打之木或檀或桐此無正翻彼無鐘磬故也今經律多作揵椎誤也

一切經音義卷第六十五　第三十六張　石

第五卷 先不音

第六卷

羅芀　郎北反香菜也俗言避石勒諱改名羅香也律文作勒非體也

胡荽　又作葰字苑作蓫同私規反韻略云胡荽香荽也博物志云張騫使西域得胡綏今江南謂胡䕩亦為葫䕩音胡析閭里閒音火孤反

第七卷

鵽鳩　竹刮反介雅鵽鳩寇雉郭璞曰大如鴿似雌雉鼠脚歧尾為鳥憨急群飛出北方沙漠地也俗名突厥雀也憨音呼濫反

猖狂　齒揚反謂狂駭也莊子云猖狂妄行是

第八卷

牙旗　渠基反熊虎為旗刻牙為飾因以名焉論文作衙牛據反行皃也又作衙魚家魚舉二反馮翊縣名也並八此用

第九卷

蟻封　府逢反封謂起土增高也封亦厚也如封壇界也

不啑　口迊反謂喫噉

嚼食　自略反廣雅嚼茹也字書咀也亦即噍嚼也

朙了論　玄應撰

竝起　又作並同蒲鞕蒲茗一反介疋竝併也併音蒲茗反

布紗他　或作甫沙他此云增長謂半月又磨增長戒根反磨此云忍謂容恕我罪舊名懺者訛略也

攡牆　又作籬拖二形同力支反通俗文柴垣曰攡釋名云以柴作之疏離離然也

一切經音義卷第六十五

一切經音義卷第六十六 小乘論音 石

翻經沙門慧琳撰

音阿毗曇八揵度論三十卷 玄

發智論二十卷 琳

法蘊足論十二卷 琳

集異門足論二十卷 上帙十卷琳下帙十卷音入後卷

右四論八十二卷同此卷音

阿毗曇八揵度論卷第一 沙門玄應撰

跋渠 亦言伐伽此譯云部亦品之別名也

首盧 亦名室路迦或言輸盧迦彼印度數經皆以三十二字為一輸盧迦或名伽陁即一偈也

第二卷 先不音

第三卷

貪飻 又作飻同他結反說文飻貪食也論文或作餮音他勞反杜注左傳云貪財日饕貪食日餮也

第四 第五

第六乃至第十六 並先不音

第十七卷

戶闗 古文作鑰同余酌反方言闗東謂之鍵闗西謂之闗

鍼 古文作箴針二形今作鍼同支諶反說文所以用縫衣者也

羦形 日羦音丸聲類云羱羊也羱羊也徐廣曰羯羱猛健羊也羱音食陵反

犛牛形 卯包反西南夷長毛牛也論文作猫非也

第十八已下至第二十七惣十卷 並先不音

第二十八卷

无替 他計反尒雅替癈也替滅也言滅絶之也說文作普並而立一偏下日替

第二十九卷

欒蠶 都綷呼貢二反字林愚也謂貪餘欒劌眸味著無猒足若於苦

中如駝食蜜也新經論中譯爲躭著者是也

第三十卷

不孕 古文䏆同餘證反說文褢子也廣雅孕偯也含實曰孕

禿騵 音元三蒼赤馬白腹曰騵

三蕅 又作萬藕二形同五口反梟名也依字芙蕖根也

渶焦 鳥木案郭璞注江賦云大鐙在東海外渶焦海所溺源水注處也令取無窮無極義也

阿毗達磨發智論卷第一 沙門慧琳撰

煗身 上奴管反廣雅云煗溫也尒雅煗也說文作煖從火爰聲或作暖令通作暖論作燸音而珠反非也

煙餤 上咽賢反字書正從垔作煙論文從因作烟俗用字也蒼頡篇云煙熅也廣雅云臭也國語云焚煙達於上也說文云火氣也從火垔聲熅音熅雲反垔音一人反下閻塹反

案字書正從炎作餤論文作焰俗用字也孔注尚書云若火燃餤餤尚微其所及也字書云餤火餤也說文云火行微餤也從炎臽聲也臽音陷

鶡刺藍 上蹇孽反中蘭怛反下覽甘反梵語也類初受胎精氣之名也

頞部曇 上安葛反亦梵語也即上之胎藏漸變之也

閉尸鍵南 鍵音其偃反亦梵語

佉羅伐拏 下搦加反梵語云龍王名也

第二卷

輕捷 下潛葉反考聲云捷健疾也詩傳云捷勝也杜注左傳云克也又云成也說文云攕也軍獲得也從手疌聲攕音藍帀反疌音同上

鋸解 上居御反淮南子云良匠不能以制木可截之以鋸也國語云刑用刀鋸也說文云搶唐也從金居聲也下皆蟹反賈逵注国語云解削也郭璞注方言云脫也廣雅云散也說文判也從刀判牛角也

輕躁 下遭喿反喿音搔到反顧野王云躁猶動也賈逵注國語云擾也鄭注論語云不安靜也古今正字從足喿聲

焦灼 上勦逝反廣雅云焦黑也鄭注禮記云煙於火中也又云火之臭也說文云火所燒也古文作𤎩今省為焦論作燋非也下章若反考聲云灼燒也方言云驚也蒼頡篇云爆也文字典說云炙也灼龜也從火勺聲爆音包皃反

薹瞢 上騰隥反下墨堋反並去聲字考聲云薹瞢臥初起皃也薹音稜蹬反杜注左傳云薹瞢悶也文字典說云薹瞢目不明也二字竝從瞢省登目皆聲也

饕餮 上討刀反下天跌反前有部律第五十卷已釋訖

嘗啜 上尚章反字書正從盲作嘗論文從口作嚐非也考聲云嘗美也顧野王云嘗口中味之也白虎通云言嘗新穀也文字典說云秋祭名也從旨尚聲也下川爇反字書從欠作歠正體字也論文從口作啜俗用字也廣雅云啜食也尒雅云茹也文字典說云嘗食也從口叕聲叕音陟劣反

一切經音義卷第六十六　第五張　石

一切經音義卷第六十六　第六張　石

第三卷

四軏 下鸎搭反論文作輗俗字也鄭注考工記云謂輮端上壓牛領木也說文云軏者車輮前木也從車兀聲兀音上同

第四卷

瀑流 上袍帽反蒼頡篇云瀑瀆也文字典說云江河水漲急也說文云疾雨也從水暴聲暴音同上

第五卷

掉舉 上條弔反賈逵注國語云掉搖也廣雅云振也春秋傳云尾大不掉也文字典說云振訐也從手卓聲訐音信下舉字下從手

第六卷

惛沈 上呼昆反孔注尚書云惛亂也鄭箋詩云童惛謂無所知也廣雅癡也說文不明憭也從心昬聲憭音了昬音同上下沈音直林反

第七卷

無字可音

第八卷

塵瞖 下伊計反考聲云目中病也字書云塵瞖瘴目也字林亦目病也案瞖字目障也無所見也從目殹聲殹音同上

第九卷　第十卷

並無字可音

阿毗達磨發智論卷第十一

穢濁 上萎衛反字書云穢蕪也顧野王云穢不潔清也惡也文字典說云草穢也從禾歲聲亦作薉下撞學反蒼頡篇云濁淖也顧野王云濁

者不清潔之稱也文字典說云我清載濁也從水蜀聲淖音撓

宋嘿 上情曆反正體字也論文作家俗用字方言云宋安靜也說文無人聲也從宀尗聲宀音綿尗音叔下僧北反字書正體字論文從黑作嘿俗字也考聲云嘿不言也漢書云嘿嘿不自得意也文字典說云嘿無言也從口墨聲

夘鷇 上鸞短反下苦角反前有部律第十九卷中已具釋訖

第十二卷

有覆 下孚救反賈逵注國語云覆猶蓋也禮記云天無私覆也說文云覂也從襾復聲覂音封奉反

憙渴 下看遏反顧野王云渴謂須欲也蒼頡篇云涸也毛詩云匪渴也說文云盡也從水曷聲涸音胡各反

第十三卷

薪積 上信律反考聲云薪折木也鄭注禮記云薪柴也又注周禮云木日薪也文字典說亦云柴也從草新聲下賁賜反周禮云遺人掌邦之委積鄭注云少日委多日積也說文聚也從禾責聲論從草作蘔非也

搏如 上奪鸞反考聲云令相著也博雅云搏猶握也附持也杜注左傳云搏者手搏也又云取也字書云按圜也說文云圜也從手專聲

融銷 上育嵩反考聲云融銷也說文炊氣上出也從鬲從蟲省聲也鬲音歷 下小焦反鄭注禮記云銷散也說文云鑠金也從金肖聲鑠音商斫反

第十四卷

媅嗜 上荅南反考聲云媅亦嗜也玩也毛詩云女之媅兮說文媅樂也從女從甚會意字也論文從身作躭俗字也下時至反考聲云貪也欲也變也孔注尚書云甘耆無猒足也鄭注禮記云愁耆也又云貪也文字典說從口耆聲

第十五卷

有癡 下恥之反埤蒼云癡騃也淮南子云不免於狂癡也說文云不慧也從疒疑聲也騃音五解反疒音女尼反

第十六卷

無字可音

第十七卷

靜慮 上情性反尒雅云靜謀也顧野王云靜安也治也息也和也思

也說文云審也從靑爭聲下目搽反鄭箋詩云慮諜也尒雅云思也廣雅云識也廣也文字典說從思虍聲虍音呼

第十八卷

胎卵　上泰來反淮南子云婦孕四月而胎也蒼頡篇云胎謂未生也廣雅云三月為胎也說文亦云婦孕三月也從肉台聲也下鑾短反考聲

云鳥子未分也說文云凡命無乳者卵生也象形字也

⿺辶𦎫質　上順倫反亦作醇惇論作淳俗用字也寀⿺辶𦎫質之字正從西作醇漢書云一色成體謂之醇言不雜也孔注尚書云粹也又云為醇一之行也賈逵云專也廣雅厚也說文從西𦎫聲𦎫音同上亦作純

第十九卷

哮吼　上孝交反埤蒼云哮嚇大怒也古今正字云豕驚聲也從口孝聲也嚇音赫下詬狗反字書正作吽又作呴也論文作吼俗用字也考聲云牛虎鳴曰吼也古今正字云熊羆子呴嘷也又謂獸聲也鳴也嘷也從口孔聲泣嘷音豪也詁音黑描反

惛沈　上忽昆反下朕淋反前第六卷中已釋訖

第二十卷

摑打　上竹瓜反考聲云摑擊也馬策也聲類云摑擿也魏志云摑折其脚也文字典說云打也從木過聲也

妙翅鳥　翅音詩至反以形色為名也背及兩翅皆作金色亦名金翅鳥即梵語名迦婁羅王也

塵坌　下盆悶反前有部律第四十卷中已釋訖

鵂鶹　上朽尤反下音留考聲云怪鳥也集訓云鵂鶹即鵋䳢惡鳥也尒雅鵅鵋䳢郭注云今江東呼鵂鶹為鵋䳢亦謂之鴝鵅窠此鳥晝伏夜飛巢於崖穴中鵂鶹與

鷄搗皆以所鳴之聲為名也大如角鷹倉黑斑色食諸小鳥及鼬鼠等

凶險 下枕奄反杜注左傳云險猶惡也賈逵云危也廣雅云難也方言云高邊也說文云阻難也從阝僉聲論文作獫非也

度塹 下鐵豔反顧野王云今謂城池為塹也字書云城隍也周書云無渠塹而中也說文云塹坑也從土斬聲

阿毗達磨法蘊足論卷第一

沙門慧琳撰

虛誑 下居況反考聲云誑欺之以言也賈逵注國語云誑猶惑也杜注左傳云欺也文字典說亦惑也從言狂聲

耽諸 上膽甘反前發智論第十四卷中已釋訖正作媅

策勵 上鐺索反下力制反前有部律第六卷已釋訖

罝弶 上借耶反郭注尒雅云罝猶遮也文字典說云羂罟謂之罝也從网且聲也网音罔 下彊勬反字書正作弶論文作摑非也前有部律第三卷中已具釋訖

捃多比 上君惲反惲音紐捃反梵語也

隁塞 上蔫憾反今亦作堰論文作堰非也顧野王云隁所以停畜水也考聲云塞也文字典說云從阝匽聲匽音同上下僧則反俗字也說文正從㠭作塞考聲窒也滿也當也鄭注論語云塞猶蔽也說文云隔也從土塞聲寔音上同㠭音展

抄掠 上初窖反字書云抄亦掠也古今正字云謂強取物也從手少聲下力斫反前有部律第十卷已釋

萋媵 上正妻字下承證反考聲媵謂從嫁也杜注左傳云送女曰媵也方言云媵寄也又云託也文字典說云媵之以姪娣從女媵省聲

麴糱 上穹鞠反尚書云若作酒醴尒雅麴糱也左氏傳云有麥麴乎方言云宋魏陳楚之間謂麴為苗也文字典說云從麥匊聲苗音曲也粷音弓六反下言列反考聲云糱者粟麥牙生也說文云牙米也從米

薛聲

第二卷

憯怕 上談濫反下佇麦反佇音拍萌反論文從炎作惔非也顧野王云憯怕恬静也王逸注楚辭云憯安也足也字書云怕無為也子虛賦云怕兮無為澹兮自持也說文云憯安也怕無為也二字並從心詹白聲也

霖淫 上立砧反霖淫正字也論文從南作霪俗字也考聲云雨三日已上為霖也郭注尒雅云久雨不止謂之霖淫也詩傳云淫大雨也賈逵注國語云滯雨也從雨林聲

溪澗 下姦晏反詩傳云山夾水曰㵎也說文義與詩傳同從水間聲

聰叡 上鹿公反論文作聰俗字也尚書云聽曰聰也毛詩傳云聰聞也韓詩外傳明也說文云察也從耳怱聲怱音

上同也下悅惠反尚書云叡作壡也孔注云叡智也賈逵注國語云明也說文云深明也從𣦼從目從谷省聲也𣦼音殘

僧伽胝 下音知梵語也唐云大衣九條也

不透 下紆鳥反包咸注論語云透猶遠也鄭注禮記云廣也大也孔注尚書云避也文字典說迴曲也從辵丂聲辵音丑略反絬音傺於反

第三卷

能駃 下師利反論文作駛音史非義也考聲及蒼頡篇並云馬行疾也古今正字亦云疾速也從馬叓聲

懊歎 上阿蘽反考聲云懊惱歎恨也古今正字從心奥聲奥音阿告反

第四卷

如癰 下擁恭反司馬彪注莊子云浮熱為瘡不通為癰也說文云腫也從疒雝聲雝音上同

第五卷

機黠　上寄依反考聲云機動也顧野王云機謂機變也周易云樞機之發榮辱之主也說文云主發謂之機也從木幾聲也下閑軋反郭注方言云黠謂慧了也顧野王云桀黠姦惑也說文云堅黑也從黑吉聲桀音乾蘖反軋音晏八反

第六卷

面皺　下莊瘦反正從芻作皺論文作皺俗字也因草書略也考聲云皺皮聚也文字典說云皮寬聚也從皮芻聲芻音惻于反

腭痛　上昻各反考聲云腭齗也從肉咢聲也咢音同上見考聲說文無此字正作谷口上阿也象形字也名音強略反亦作卻亦作臄並見說文今俗用作腭

⿰虫号並非也

瘶病　上桑奏反古今正字從疒作瘶寒病瘶也論文從口作嗽非也考聲云瘶氣衝喉病也埤蒼云寒熱爲病也字書云肖鼻中疾也文字典說從疒敕聲敕音同上

噫病　上於界反考聲云食飽噫氣聲也鄭注禮記云噦噫謂胃膺中病也文字典說云恨竽也痛傷之聲也從口意聲

癩病　上來帶反文字集略云癩者五藏風病也廣雅云癩大風病也古今正字從疒從賴聲也

痳病　上立砧反聲類云痳謂小便數而難出也文字典說云痳痳也又云小便澀病也從疒林聲

癲病　上典年反文字集略從疒作癲賊風入五藏狂病也廣雅云癲狂也聲類云風病也文字典說亦云惡風病也從疒顛聲

歐逆　上謳口反考聲云歐謂欲吐也字書云胃中病也說文云歐吐也從欠區聲

⿸疒追瘿　上長類反左傳云有沉溺重⿸疒追之病也杜注云重⿸疒追腫也風入小腸也廣雅云⿸疒追陰腫病也文字典說云重⿸疒追也從疒追聲下嬰郢反山

海經甘棗之山有獸名白能食之治癭古文作𦢊字也說文云頭腫病也從疒嬰聲

癉下 上音滯蒼頡篇云癉下婦人病也釋名云瘌下至重赤白日癉也廣雅云腹內瘡也文字典說云瘌病也從疒帶聲疒音女尼反

漏泄 上擭豆反考聲云漏落也顧野王云漏亦泄也許叔重注淮南子云穿也孔也失也蒼頡篇云浸去也文字典說云從水扁聲扁音同上也下先列反詩傳云泄去也鄭箋云出也發也杜注左傳曰泄減也方言云歇也廣雅云泄泆也文字典說云舒散皃也從水世聲

痃癖 上現堅反俗用字諸字書悉無此字亦無本字案痃病即腹中冷氣病也發即脉脹牽急如似弓弦故俗呼為痃氣病也從疒從絃省聲下匹亦反考聲云癖腹中塊病也聲類云宿食不消者也文字典說從疒辟聲

一切經音義卷第六十六　第十九張　石

殉逝 上巡俊反左氏傳云殉以人從死也應劭云亡身從物曰殉也文字典說從歺旬聲歺音殘

一剃 下梯帝反俗字也正體從髟作鬀考聲云鬀削髮也廣雅云鬀剔也說文云翦髮也從髟弟聲剔音聽的反

打罵 下麻暇反考聲云罵以惡言相詈辱也左氏傳云失弓而罵也字書云罵也文字典說云從网馬聲

躭湎 上荅含反正作媅前發智論第十四卷已釋訖下綿褊反孔注尚書云沉湎于酒過差失度也詩傳云天不湎尒也文字典說從水面聲

一切經音義卷第六十六　第二十張　石

栽杌 上子來反鄭注禮記云栽猶植也春秋傳云楚圍蔡里而栽植也說文從木𢦏聲也𢦏音哉也下五骨反考聲云杌株䏁餘木也詩云天之杌我也文字典說云杌椊也從木兀聲椊音才兀反

第七卷

扣鉢 上音口說文扣擊也從手口聲下半末反俗用字也說文中無

王篇云交州雜事記云晉大康四年臨邑國王獻鉢及白水晶鉢般子慎通俗文中從犮從皿作盃古字也

警覺 上京影反孔注尚書云警戒也亦覺也廣雅云不安也鄭注禮記云警猶起也文字典說從言敬聲

磨瑩 上莫波反考聲磨礪也亦研也廣雅磨珠玉使發光明也文字典說從石麻聲下縈定反廣雅瑩亦磨也說文玉色也從玉從熒省聲也熒音

戶扃反

陿小 上咸甲反正從阜從口作陿論文從犬作狹非已見前釋

第八卷

漑灌 上紀未反顧野王云漑謂灌注也莊子水潦之漑於田也說文漑猶灌也從水既聲也下官換反顧野王云雚猶沃斟也說文從水雚聲雚音同上

畦壠 惠圭反前文已重釋下龍腫反畦之壟畔也論文從阜作龍

亦通用

慳垢 上苦閒反文字集略云慳謂愛惜財也文字典說云悋惜也從心堅聲也下鉤厚反顧野王云垢謂不潔清也文字典說云垢穢濁也從土后聲

第九卷

觝揬 上低礼反聲類云觝觸也至也古今正字從角氐聲下屯納反廣雅云揬搪揬也衝也字書云揩也文字典說從手突聲論文作突音同上

是大寶也深也與論文義乖不取也

罩网 上朝校反毛詩傳云罩篧也郭注尒雅云捕魚籠也文字典說從网卓聲藿音苦郭反下亡昉反鄭注禮記云鳥罟日羅网也顧野王网者羅罟之總名也說文庖犧所結繩日田日漁也從冂象网交文也或作罟籀文作网古文作网論文從糸作俗通用字也

頑騃 上五關反考聲頑愚也廣雅云頑鈍也文字典說從頁元聲頁音頡下崖蟹反

蛆螫 前律攝第十卷中已具釋訖

上展列反考聲云蛆毒蟲螫也廣雅云蛆痛也文字集略作蜇亦云痛也古今正字從虫且聲下聲亦反毛詩云自求辛螫也說文云蠚行毒也從虫赦聲赦音舍

施詫　下丑亞反文選云烏有無生達詫也郭注介雅云詫詫也又云告也文字典說云過詫也從言宅聲

燅頭　上祥閻反正體字也鄭注礼記云沈肉於湯也又從火作爓俗字也博雅從尋作焊古文燅字也玉篇考聲並從奔作燅書人誤作非也說文云於熱湯中爚肉也從炎從熱省聲也亦從炙從夭作燅論文從覃作燂俗用字也又有從肉從閻作膶說文玉篇中並無爚音弋灼反俗用字也下音資文字集略云胥上毛也亦作頾古今正字口上須也從須此聲也

咼張　上口瓜反又音口乖反考聲云口偏戾說文亦口戾也從口咼聲咼音寡

㦬悷　上蘢董反下音戾此二字諸字書中先無綴文學士以意書出相傳音之案㦬悷者是剛强難調伏也大意如此故無別釋亦形聲字也

第十卷

嗅齅　休又反說文以鼻就臭曰齅從鼻臭聲臭音昌呪反

鉡蛤　上龐講反下甘合反易說卦曰離為鼈為蟹為蠃為鉡呂氏春秋云月望則鉡鉿實月晦則鉡鉿虧說文云鉡蜃屬也從虫丰聲丰音介論文從奉作蜯非也鉿有多種今且略舉三二以此例諸足明變化無盡不可測也禮記季秋之月雀入大水化為蛤鄭玄曰大水海水也說文又云壯蠇者千歲鴽鳥所化也方言云秦謂之壯蠇海貪者百歲鷰所化也魁蛤一名蒲蠃老伏翼所化也更有雉化為蜃鴽鴽亦化凡數十般或有展轉從毋相生皆以業運感化所成無窮無盡也

蝸牛　上寡花反考聲云蝸牛即蚹蠃也顧野王云蝸牛即螔蝓也說文云蝸小蠃也從虫咼聲也螔音以

支反蝓音庾珠反虫音暐鬼反爲音詩

阿毗達磨法蘊足論卷第十一

瀑流 上袍報反前發智論第四卷已具訓釋訖

慓幟 上標遥反考聲云慓舉也陴也廣雅云記也顧野王云慓謂娼表以識之也戰國策云舉慓甚高也文字典說云幟也惜也說文從巾票聲論文從木作標非也票音必遥反下昌志反考聲云幟猶記也廣雅云幟幡也古今正字從巾從戠省聲戠音同上也

一切經音義卷第六十六　第二十五張　石

第十二卷

背傴 下央禹反前有部律第二十五卷中已具釋訖

羸損 上律追反杜注左傳云羸弱也賈注國語云病也廣雅云疲也說文云瘦也從羊羸聲羸音力卧反

伉敵 上康浪反顧野王云伉敵偶也杜注左傳云敵也說文從人亢聲偶音五苟反下庭歷反考聲云敵對也匹也左氏傳云敵當也古今正字仇也從攴啇聲也啇音滴

集異門足論卷第一

嗢怛羅僧 上温没反梵語唐云上衣今之七條也

爲枕 下針審反考聲云枕支也顧野王云枕薦也毛詩云角枕粲兮論語云飲水曲肱而枕之也文字典說云薦頭也從木冘聲冘音淫

一切經音義卷第六十六　第二十六張　石

破析 下星亦反孔注尚書云析分也聲類云劈也說文云破木也從木斤聲論文作折古字也

激論 上經鵠反顧野王云激謂清聲也王逸注楚辭云感也方言云清也說文云水疾波也從水敫聲敫音口的反又餘灼反

非撥 下般末反考聲云手撥物也何休注公羊傳云撥理也廣雅云除也古今正字云治也從手發聲

第二卷

機黫上既希反考聲云機動也周易云樞機之發榮辱之主也古今正字云主發者謂之機也從木幾聲下衡戞反郭注方言云黫謂慧了也顧野王云桀黫黠惠也說文從黑吉聲戞音閒八反　嚬蹙上毗賓反顧野王云嚬蹙憂愁不樂之狀也說文云涉水者則嚬蹙也從卑頻

聲論文作頻脫略少也下酒育反鄭注儀礼云蹙猶促也廣雅云急也古今正字從足戚聲　跳躑上庭遼反蒼頡篇云跳蹋也廣雅跳上也古今正字蹢然舉也從足兆聲也下程亦反字正作蹢論文作擲俗字也顧野王云躑躅驛舉足不進也古今正字從足鄭也　詭詐上歸毀反許叔重注淮南子云詭慢也廣雅云隨惡日詭說文云責也從言危聲下貴亞反考聲云詐妄也古今正字詐欺也從言乍聲

第三卷

嗢柂南上溫骨反次音馱梵語此云偈頌也　躭湎上荅南反下綿褊反前發智論第六卷中巳釋訖　無朙軛下鬻格反考工記云車人為車軛長六尺也又云軛謂轅端上壓牛領木也考聲云今車槅也說文云轅前也從車戹聲戹音厄槅音革論文作軶俗字也如

樹心有蝎下寒葛反考聲云蝎木中蠹蟲也尒雅云蝎桑蠹也古今正字云蝤蠐也從虫曷聲蝤音就由反蠐音齊蠹音妬　推度上出隹反鄭注禮記云推猶進也舉也說文云排也從手隹聲也下唐洛反顧野王云度揆也考聲云度量也說文云法制也從又庶省聲古文作厇　構畫上鉤候反考聲云構結架也詩傳云構成也鄭箋詩云合也文字典說從木冓聲音同上論文從手作搆誤也下獲虢反杜注左

傳云畫計策也又云分界也郭注尒雅云畫規畫也説文畫界也象田四界故畫所以畫也

很悷 上痕墾反上聲字杜注左傳云很戾也廣雅云恨也鄭注礼記云閱也古今正字云不聽從也從彳良聲論文從人作佷錯誤也下礼帝反埤蒼云悷憡悷也古今正字義與埤蒼同也從心戾聲憡音林甚反壓音康佷反

凶勃 下盆沒反顇野王云勃暴或負也郭注尒雅云勃然作色皃也蒼頡篇云猝暴也説文排也從力孛聲

第四卷

扇攎半擇迦 攎音拆家反梵語也唐云黄門即中官也

含嚼 下檣略反淮南子曰嚼之無味不能入喉也廣雅三嚼茹也字書云咀也説文云噍也從口從留

耽餔羅 上荅含反梵語也西國藥果名也俗士女人多含此藥

豆蔲 下乳遘反本草云豆蔲生南國也異物志云豆蔲生交阯北海偶如薑子從根中生形似益智皮小厚如安石榴辛且姿也古今正字從草寇聲寇音口搆反

繡綾 上修宥反考工記云畫繪之事五色備謂之繡也説文云五色備也從糸肅聲也下力升反埤蒼云綾似綺而細也説文云東齊謂布帛之細者曰綾也從糸夌聲夌音同上

迦陵伽褐 下寒葛反梵語也唐云上妙細奐單帊之名也

第五卷

恃懱 下眠鼈反杜注左氏傳云懱無也賈注國語云來也方言云小也古今正字云懱輕傷也從心蔑聲蔑音同上論文單作蔑用別非此義也

第六卷

崖岸 上雅皆反又音雅家反考聲云山澗邊險岸也説文云高

山有崖也說文云山高邊也從屵圭聲屵音五割反下昂幹反郭注介雅云視涯岐而水深者為岸也說文云水崖洒而高者也從屵干聲

青瘀 下於據反考聲云皮肉中凝惡血也楚辭云形銷鑠而瘀傷也說文云積血也從疒於聲疒音女厄反

膖脹 上朴邦反集訓云膖肛滿脹大皃也埤蒼膖亦脹也古今正字作胖亦作膖膖肛腸脹也從肉夅聲

肛音戶公反夅音戶江反下張亮反杜注左傳云脹腹滿也文字典說云食飽腸痛也從肉長聲也

不懊 懊告反字書云懊貪也郭注介雅云懊謂愛忼也古今正字云忼也為愛悅也貪也從心奥聲忼音五㨶反

第七卷

株杌 上陟廚反韓子云田中有株杌也古今正字云木根也從木朱

聲下五骨反訓與上同

坑塹 上客耕反介雅坑墟也郭璞日謂池塹丘墟耳蒼頡篇坑壑也陷也或從阜作阬說文作阬案坑者平地深瀟兩岸高峻名之為坑下妾艷反廣雅塹坑也顧野王云今城池為塹一日城隍也案塹者外穿像坑坑內培土令高猶如墻基於上密種枳棘諸樹斷人畜過名之為塹

猜疑 上綵來反杜注左傳云猜亦疑也方言云恨也廣雅云懼也說文云賊也從犬青聲案攜者心懷猶豫疑惑未定也

輼蓄 上威粉反考聲云輼包藏也論語云輼積而藏諸古今正字從車昷聲昷音溫下丑六反字或作稸也顧野王云蓄聚也廣雅最也說文積也從草畜聲

連柱 下誅縷反蒼頡篇云柱枝也文字典說從木主聲論文從骨作骭非也揄諸字書並無此字

補剌拏 次蘭恒反下拏加反梵語是持牛戒外道名也

第八卷

纏壓 上嶶連反論文作纏俗行用
南子云纏以朱絲也說文纏也束也從准
糸壐聲壐音同上下黶甲反杜注左
傳云壓笮也考聲云鎮也說 口紫 下
文壞也從土厭聲笮音責 卒
髓反或作嘴又作朿考聲云紫鳥口
也說文云紫識之也從此朿聲朿音次
鴝鵒 上具俱反下容燭反字書正作
鴝論文作鸜俗字也顧野王云
鴝鵒鳥似反舌頭有兩毛角也考工
記云鴝鵒不踰濟也說文云二字竝
從鳥句 谷 腐壞 上扶甫反廣雅腐
皆聲也 臭也敗也說文云
爛也從肉府聲下懷怙反考聲云壞
崩摧也說文云敗也從土褱聲褱音
懷 羹臛 上革衡反下訶各反考聲
云臛似羹而濃王逸注楚
辭云有菜日羹無菜日臛顧野王云
羹臛五味臛熱得宜也說文云肉羹

一切經音義卷第六十六　第三十三張　石

也從肉寉聲 龕堀 上坎含反考聲云
寉音何各反 龕鑿山壁為坎也
廣雅云龕盛也方言云受也說文云龍
皃也從龍今聲下髡骨反又作窟或
作[虫屈]也毛詩云蜉蝣之堀窟穴也顧
野王云堀掘地為室也說文云堀窟
突也從土 廳序 上過丁反下牙賈反
屈聲也 今河東人呼廳為序
也廣雅云序南行偏舍也鄭注礼
云廡也說文訓同從广牙聲也 氍
毹 上具俱反下山于反正體字也論
文氍毹非也考聲云氍毹織毛為
之色雜文彩也埤蒼云氍毹毾毲也
釋名云毛相雜為之也古今正字云
毛席也二字竝 毯[糸罽] 上貪敢反論文
從毛瞿俞皆聲 作緂非也考聲
云色青白之間也非此義也韓詩云
毳衣如毯也字又作毲考聲云毲織
毛為之出吐蕃中也古今正字從帛
炎聲字或作緂又作燚也其從毛作
[火毛]字流俗行稍久故兩釋而存之下
几劍反字書正行罽論文作罽略也
考聲云[糸罽]西國毳布也尒雅云氂[糸罽]
也古今正字云西戎毛錦也從糸罽

一切經音義卷第六十六　第三十四張　石

聲罰音同上也𢇍音吹汭反毳音離也

几橙　上飢喜反周礼云諸侯左右有王几也又云吉事變几也同禮五几玉几彫几彤几漆几素几也說文云几踞也象形字也論文作机俗通用字也下登鄧反字統云橙机橙也文字集略云橙方机也古今正字從木登聲又作蹬

第九卷

卵鷇　下腔角反考聲云鷇者卵空皮也桂菀珠叢云鷇孚即鳥卵之外皮也古今正字從卵殼聲殼音同上

蟋蟀　上辛七反下衰律反詩傳云蟋蟀蛬也韓詩外傳云蜻蛚也古今正字二字並從虫悉率皆聲蟀或作蟋古字也蜻音慈性反又音精蛚音列

蠓蠛　上蒙孔反莊子云援之於木若蠛蠓於蚰也顧野王云蠓小飛蟲也說文云蠛蠓也從虫蒙聲也下蔑𥍣反正蠛字也論文作蚋俗字也古今正字云秦謂之蚋楚謂之蚉也從虫芮聲蠛音眠蠓反蚊音文芮音上同

妙

翄　下詩敢反或作是又作𢧐今論文作翅俗字也考聲云鳥翼也楚辭云雜翕翅而其不容也說文翅翼也從羽支聲也

憒懣　上墳粉反方言云憒盈也賈注國語云懣感也說文懣也從心貴聲貴音扶文反下門本反蒼頡篇云懣悶也王逸注楚辭云懣憒也說文云煩也從心

從㒼滿亦聲也

鍵南　乹偃反梵語也

嗢怛羅　上溫骨反次丹刺反梵語也

上蹬　下登鄧反廣雅云蹬履也字書云蹬仰也文字典說云蹬昇也從足登聲亦作隥也

脯腊　上膚武反鄭注周礼云乾肉也薄析之曰脯考聲云膊肉乾肉也從肉甫聲膊音普博反下音昔腊亦脯也賈注國語云腊久也說文侍腊亦乾肉也從殘肉日以晞之今時用從肉昔聲也或作焟在火部

一搏　段鸞反廣雅搏著也顧野王云

摶之令相著也說文摶圜也從手專聲案一摶者古人無匕箸手摶而食之今天竺及以諸蕃由存古風手摶而食名一摶食

稗莠 上排賣反鄭箋詩云十稗九穀也杜注左傳云稃似穀者也古今正字禾別也從禾卑聲也下由酒反顧野王云草之似禾苗者也尚書云若苗之有莠也文字典說云莠似禾而無實也從草秀聲

穮秠 上可郎反說文云穮穀皮也從禾乗庚聲也下卑弭反說文云秠穀不成粟也從禾比聲弭音弥比反

穭豆 上力舉反埤蒼云穭苗自生也文字典說云不種自生也從禾從魯聲也

麻枲 下思似反顧野王云麻之有子者曰枲也尒雅云枲麻也周禮云豫州之利桼林絲枲也說文云麻也從𣏟台聲𣏟音匹刃反

莎藨 上蘇戈反尒雅云薃侯莎其實媞也古今正字云薃侯也從草沙聲媞音提薃音号下皮表反郭注尒雅云藨即莓

也字書云蒯之屬也古今正字云藨蘿也從草麃聲麃音鮑交反蘿音髗蒯音乖壞反

不獷 下虢猛反字書云性獷字從大作獷論文作礦是銅鐵樸也與義乖也考聲云獷如大悍戾也說文犬性獷不可附也從犬廣聲

嗉翼 上蘓故反郭注尒雅云嗉烏受食處也古今正字云烏口食之已入又出而嚼之也從口素聲嚼音牆爵反下蠅即反孔注尚書云翼輔也古今正字翼翅也從羽從異聲或為𢼸古字也說文從走作趯趯飛也

第十卷

鑒照 上監陷反考聲云鑑照也明也鄭箋詩云鑒者所以察形也尒雅鑒謂之鏡也說文云大盆也可以取明於水月也從金監聲

集異門足論下帙十卷音入後卷

一切經音義卷第六十六

一切經音義卷第六十七　石

翻經沙門慧琳撰

音阿毗達磨集異門足論下袟十卷　琳

識身足論十七卷　琳

界身足論三卷　琳

品類足論十八卷　琳

衆事分阿毗曇論十二卷　琳

阿毗曇毗婆沙論六十卷　玄

右六論一百一十卷同此卷音

阿毗達磨集異門足論卷第十一　沙門慧琳撰

親暱　下尼窒反字書正體從圂作暱論文從尼作昵俗用字也杜注左傳云暱親也說文日近也從日匿聲也

第十二卷

栽櫱　上音載來反鄭注礼記云栽植也春秋傳云楚圍蔡里而栽植也說文義同從木𢦏聲𢦏音同上也下岸葛反郭璞注方言云櫱謂殘餘也說文云櫱伐木餘也從木獻聲古文作枿或作蘖論文作蘖音百非也

𧄼瞢　上騰隥反考聲云𧄼瞢卧初起皃也下墨堋反杜注左傳云瞢閒也說文目不明也從苜從旬旬目數搖也瞢音稜鄧反

躊躇　上宙畱反下筯廬反考聲云躊躇不行也古今正字躊躇言猶豫也二字並從足壽著皆聲

大劫庀那　庀音匹弭反梵語也唐云阿維漢名

耕墾　下肯很反廣雅云墾治也郭注方言云耕墾用力者也蒼頡篇云墾耕也古今正字亦治也耕也從土墾省聲

堅顇　下顇更反字書又

作硬也廣雅云鞕堅也說文從革叓聲叓正更字也

嗢柁南 上温鶻反中音陁我反

第十三卷

麄獷 下㨨猛反論文作鑛非也義前第九卷中已具釋訖

貯積 上猪呂反杜注左傳云貯猶也顧野王云所謂盛貯也古今正字義同從

貝宁聲宁音除呂反

肪膏 上放房反考聲云猷腹中肥膏也說文肪肥也從肉方聲也下杲勞反鄭注周札云膏脂也顧野王云膏謂潤之也說文亦肥也從肉高聲

膿血 上乃冬反正作癑或作膿今通作膿字又作盥也顧野王云膿癰疽精血也古今正字義同從月農聲

第十四卷

卷縮 上概圓反又音厥遠反亦粗通考聲云卷曲也亦作㾓云㾓癴手足病也下捘六反韓詩傳云縮斂也說文正作摍云蹙也亦抽也摍捆不中也從手宿聲捆音細六反

第十五卷

憙法 上希記反論文作憘與憙通用字也考聲云憙好也心所悅也廣雅云憙嬉也說文云悅也從心喜聲嬉音尾肥反

齅香 上休又反

說文云以鼻就臭也從鼻臭聲也臭音醜獸反

誑調 上俱況反賈注國語云誑猶惑也杜注左傳云欺也說文義同從言狂聲也不覌涂反何休注公羊傳諂佞也說文云諛也從言閱聲諛音臾論文作諂俗字也

詭詐 上歸毀反論文作詭不成字書寫錯誤也許叔重注淮南子云詭慢也廣雅云詭隨惡也說文云責也從言危聲也下責亞反

無隙 下卿逆反賈注國語云隙壁也顧野王云憾也說文從阜𡭴聲𡭴音土同

論文作㒒俗字也

第十六卷

彎弓 上綰關反蒼頡篇云彎引也說文云持弓引矢也從弓䜌聲䜌音攣

跳躑 上狄遥反蒼頡篇云跳踊也廣雅云上也說文云踊也從足兆聲也下程戟反字書正躑也論文作踯俗字行用已久故存之

也

迫迮 上祊陌反顧野王云迫猶逼也廣雅云陿也說文云近也從辵白聲下爭草反蒼頡篇云迮止也考聲云狹小也說文從辵乍聲辵音丑略反

蟁觜 上問分反宗字書正體字亦作蟁也論文作蚉俗行用字也字統云蟁齧人飛蟲以昏時而出故字從昏也說文從昏䖵聲蟁音姸結反下卒髓反正體字論文作嘴非也考聲云觜鳥口也說文云紫識之也從此朿聲髓音雖紫反朿音次也

第十七卷

勇悍 下寒旦反字或作忻也家語云悍亦勇也莊子云而我不聽我則無悍說文亦勇也從心旱聲也

躁擾 上遭桑反正作躁論文作摻是摻杉字音衫斬反非心躁字也前第十卷中已具釋訖下音人沼反

所嘗 下音常宗字書嘗正體字也論文作嚐非也顧野王云嘗

試也說文云口味之也從甘尚聲也

第十八卷

揄揚 上庾朱反下養章反字書云揄引也孔注尚書云揚舉也又云大言而疾曰揚也鄭箋詩云揚激也廣雅云明也說文云揄亦引也揚飛舉也二字並從手俞易皆聲

啄啖 上陟角反字書正體字也論文作啄俗字也廣雅云啄齧也說文鳥食也從口豖聲也下談敢反正啖字也論文作噉俗用字也廣雅云敢

食也說文從口炎聲

骨鎖 下蘇果反正體字也論文作鏁非也撿諸字書悉無此鏁字也孝聲云鏁連環也字書云鎖還束也古今正字義同從金貟聲貟音與上同

第十九卷

婆羅痆斯 痆音搋黠反梵語也

磨瑩 上莫波反下縈

定反前法蘊足論第七卷中已釋訖

嫉結 上秦栗反王逸注楚辭云害賢曰嫉害色曰妬古今正字從女疾聲

若榛 仕臻反孝聲云榛草木茷威也古今正字義同從木秦聲也

設朧婆水相 朧音藍荅反論文作獵誤也梵語云西國河名也

火焰 下閻贍反尚書云火始焰焰也說文云火微行焰焰也從炎臽聲論文作焰非也

第二十卷

舩筏 下煩韈反方言云簰謂之筏也埤蒼筏簰也古今正字從竹伐聲簰步皆反

隄隮 上底奚反徒奚反義同蘇林注漢書云隄限也蒼頡篇云隄封也韋昭云積土為封限也古今正字從阜是聲也下蕩郎反鄭箋詩云隮塗也許叔重注淮南子云隄也埤蒼云長沙謂隄曰隮也即國語云陂隮汙庳是也古今正字從阜齊聲

牆塹 匠羊反正

牆字也論文作墻俗字也顧野王云牆亦垣也論語云夫子之牆數仞也說文云垣蔽也從爿嗇聲嗇音使力反下韱嶄反

阿毗達磨識身足論卷第一

巨溟 下茗經反莊子云溟天池也司馬彪注云溟南北極也去日月遠故以溟為名也字書云溟海也說文從水冥聲冥音同上

瀑流 上袍報反詩傳云瀑疾風雨也文字典說云江河水漲急也說文云疾雨

也從水暴聲暴音同上

著䏶 上長略反下昂各反正體腭字也論文作腭俗用字也考聲云腭齗反從冃咢聲咢音同上諸字書並無此腭字唯說文有𧮫音巨略反口上阿也從口上仌象其理也象形字也

第二卷

誹謗 上匪微反大戴礼云立誹謗之木欲諫之鼓也說文云謗也從言非聲下牓浪反杜注左傳云謗毀也說文義同從言旁聲旁音薄晃反

捺落迦 上難妲反梵語也云地獄名也

第三卷

鉆部盧 上儉炎反梵語云外道法名也

牧驢頞李

瑟吒 上音木次吕猪反頞音遏梵語云莎蔣名也

第四卷

欲廛 下徹連反鄭注周礼云廛謂城邑之居也鄭又注云市廛物邪含也言為衆欲所聚亦如人之居於廛肆也亦作纏考聲云纏繞也東也言被諸欲纏繞束縛也說文云廛一畝半一家之居也從广墨聲論文作厘非也

第五卷

無字音釋

第六卷

若癰 下擁恭反司馬彪注莊子云浮熱為瘭不通為癰也說文云腫也從疒雝聲雝音上同擁音邕拱反瘭音摽也

或撥 下般末反毛詩傳云撥猶絕也王逸注楚辭云棄也廣雅除也文字典說云紿也從手發聲

第七卷

冥闇 上覓瓶反考聲云冥幽暗也詩傳云冥窈也鄭箋詩云夜也鄭

注尒雅云幼稚者寘眛也說文云幽也從冂六日數十六日而月始虧也從冂聲冂音覓下菴紺反埤蒼云闇劣弱也字書云寘也說文去開門也從門音聲也窈音要小反稚音遲里反

愚癡 上遇俱反下恥知反埤蒼云癡騃也淮南子云不免於狂癡也說文云不惠也從疒疑聲疒音女厄反

第八卷

第九卷

第十卷

已上並無字音訓

阿毗達磨識身足論卷第十一

博戲 下希義反尒雅云戲謔也詩傳云戲逸豫也古今正字從

戈虘聲虘音欣衣反

耽婬 上荅甘反下音淫孔注尚書云婬過也賈注國語云婬邪也又云失礼忘善曰婬也鄭注禮記云婬猶放也說文曰私逆也從女𡈼聲𡈼音同上

第十二卷

纔覩 上在來反又音在顧野王云纔猶僅也漢書云纔數目耳古今正字從糸毚聲毚音仕咸反下都曽反廣雅云覩視也古今正字云覩見也從見者聲

螘卵 上宜倚反正作螘字論文作蟻通用字也尒雅云小者螘也說文蚍蜉也云從虫豈聲下䜌管反

濯滌 上直角反詩傳云濯滌也又云濯所以救熱也顧野王云浴也廣雅云濯洗也說文云浣也從水翟聲翟音狄也下正體清字也

第十三　第十四　第十五

第十六　第十七

已上五卷並無字音訓

阿毗達磨界身足論上卷

聰叡　上倉公反詩傳云聰聞也韓詩云明也孔注尚書云聽也說文察也從耳悤聲悤音同上下營惠反尚書云叡作聖廣雅云智也賈注國語云明也說文云深明也從叡從目從谷省聲叡音殘

嚻舉　上希驕反鄭注周礼云嚻護也顧野王云嚻猶諠譁也尒雅云閑也說文

聲也器出頭上也從器從頁頁音首也器音莊立反

尤蛆　下覰余反考聲云蛆敗肉中蟲也古今正字云蝍蛆甘蝶馬蚿也音弦北燕謂之蛆渠也從虫且聲

很悷　上痕艮反下犁帝反前集異門論第三卷中已釋訖

瞑眩　上綿偏反正體字也論文作眄非也下玄絹反尚書云若藥不瞑眩厥疾不瘳考聲云瞑眩困悶也倉頡篇云視之不明也賈注國語云

目惑也說文云瞑翕目也從目冥冥亦聲眩目無常主也從目玄聲

中卷

下卷

並無字可音訓

後序

紕䩥　上匹毗反考聲云紕帛疎薄也禮記云一切紕繆則民莫得其死也鄭玄注云紕猶錯也古今正字從糸比聲也下頴更反廣雅云鞕堅也說文云從革更聲論文從石作硬俗用字也

雄傑　下乹

蘖反鄭注禮記云傑謂才能也詩傳云傑特立也箋云英傑也考聲云才過萬人曰傑也淮南子云智過千人者謂之傑也古今正字云敎也從人桀聲敖音五刀反

忼慨　上苦朗反下開愛反顧野王云忼慨不得志也又云忼慨謂憤壯慨歎太息也或為愾字文字典說云忼慨愾憤也二字並從心亢既皆聲也論文作慷愷非也

繄可　上壹奚反考聲云繄歎聲也顧野王云繄發語聲為繄也文字典說云助語之辭也從糸殹聲殹

音壹計反嬋言上旦蘭反考聲云嬋㜸畫也孔注尚書亦云盡也古今正字義同從歺單聲㜸音矜力反歺音在安反虛造下初廋反杜注左傳云造副也考聲云廁也充也古今正字從草造聲論文從竹作蓶傳寫誤也操觚上草遭反考聲云操持也取也文字典說從手喿聲喿音搔躁反下古胡反正從木作柧通俗文云柧八棱也云削木為八棱操以書也古人用之今則不用也說文亦棱也從木瓜聲論作觚酒器也函杖上音含鄭注禮云含容也彫斲上鳥僚反考聲云彫飾也孔注尚書云彫畫也顧野王云鐫剋之也廣雅云鏤也文字典說云彫琢文也刻畫也從彡周聲彡音衫也下竹角反孔注尚書云斲削也杜注左傳云執斲者匠人也說文云斫也從斤𧏡聲𧏡音投斗反

沸滕下特登反毛詩云百川滕沸也考聲及顧野王並云滕水上涌也文字典說云水沸涌也從水朕聲也朕音沉錦反字書正作滕論文作濤非也字或作滕也與滕同也

阿毗達磨品類足論第一卷　沙門慧琳撰

所齅下休宥反論語云子路拱之三齅而作說文云以鼻就臭也故從鼻鼻亦聲也歰性上山立反正體字也王逸注楚辭云歰難也鄭注方言云歰猶吝也說文云不滑也從四止二倒書二正也論文從水作澁俗字非也寬曠下廓謗反孔注尚書云曠空也廣雅云大也蒼頡篇云跡曠也說文云明也從日廣聲

第二卷

耽嗜下時利反鄭注礼記云耆貪也孔注尚書云甘耆無猒足也說文云嗜欲喜之也從口耆聲

第三卷

羸惙上力為反賈注國語云羸病也許叔重注淮南子云劣也社注左傳云弱也說文云瘦也從羊羸聲羸音力卧反下丁劣反考聲云惙弱皃也詩傳云惙憂也郭注方言云忡惙怖意也文字典說從心叕聲叕音丁衛反忡音丑中反

寧謐下民必反郭注尒雅云謐静也文字典說從言

盜聲盜音同上

躁擾上子到反下饒沼反前集異門足論第十卷中已釋訖

傲誕上遨告反考聲云傲慉倨也慢也文字典說云傲不敬也從人敖聲字或作嫯也論文作慠俗用字也下壇旦反孔注尚書云誕欺也又云大也許叔重注淮南子云慢也文字典說從言延聲

第四卷　無字音釋

第五卷

四枙要草反正從車作輗考工記云車人為輗長六尺謂轅端壓牛領者也論從手作扼非此義也是扼捥字

從第六卷至第十八卷計一十三卷文易竝無難字可音釋

衆事分阿毗曇論第一卷　無字可音釋

第二卷

捷疾上潜葉反考聲云捷健也疾也慧也亦作疌云行疾也毛詩捷勝也杜注左傳云捷克也說文云攙也從手疌聲疌音同上攙音力合反

飄馳上疋瓢反詩傳云迴風為飄也郭注尒雅云箕為飄風也文字典說從風票聲票必遥反

第三卷　無字音訓

第四卷

摶食 上徒鸞反杜注左傳云摶手摶也考聲云摶令相著也文字典說云圜也從手專聲論文從耑作揣是揣量字非手摶義也揣音初委反

猗覺枝 上意宜反詩傳云猗歎辭也又云角而束之曰猗說文云犗犬也從犬奇聲犗音革責反

第五卷

隄隚 上帝奚反蘇林注漢書云隄封萬井也韋昭云積土為封限也說文隄隚也從阜是聲也下蕩郎反介雅云廟中路謂之隚也鄭箋詩云隚當塗也許叔重注淮南子云隚亦隄也埤蒼云長沙人謂隄曰隚也考聲云隚陪土為路也云隄也古今正字亦云隄也陂隚也從阜唐聲論文作堤塘俗通用字也

第六卷至第十二卷 並無字可音訓

阿毗曇毗婆沙論第一卷 沙門玄應撰

阿毗曇 或言阿毗達磨或云阿鼻達磨皆梵言轉也此譯云勝法或言無比法以詮慧故也或云向法以因向果或名對法以智對境也

毗婆沙 隨相論作毗頗娑此云廣解應言鼻婆沙譯云種種說或言分分說或言廣說同一義也

優波提舍 此云逐分別所說法門隨後即釋舊人義譯為論義經也

犍度 巨焉反此言訛略也應云娑犍圖犍音居言反此云聚中阿含經云犍度者此言積木義亦一也

評日 皮命反謂量議也字書評訂也訂音徒頂反說文云訂評議也

第二卷 先不音

第三卷

蝎伽月 藏經作佉伽呿訛也正言竭伽揭音去謁反此譯云犎牛毗沙拏此云角謂犎牛一角一亦獨也喻獨覺也言一一獨居山林也

般吒 此訛略也應言般荼迦此云黃門其類有五般荼迦搋名一謂具男根而不生子二伊利沙般荼迦伊利沙此云妬謂見他共婬即發情欲不見不發三扇荼般荼迦謂本來男根不滿故不能生子四博叉般荼迦謂半月作男半月作女博叉此云助謂兩半月助成一滿月也五留拏般荼迦謂被刑男根留拏此云割也

第四卷

刀鞘 小尒足作鞘諸書作削同思誚反方言劒削關東謂之削關西謂之鞞音餅說文刀鞞也江南音肅關中音笑

屎尿 茵古

書亦作矢同失旨反說文云糞也下又作尿同嬈弔反通俗文出脬曰尿字林尿小便也醫方多作矢溺假借也論文作屎音香伊反殿屎呻吟也屎非此義

第五卷

頗有 普我反諸書語辤也

眼瞳 徒公及埤蒼目珠也眼中瞳子也

第六卷 先不音

第七卷

瞿翅羅鳥 經中或作拘枳羅鳥或作俱翅羅鳥同一種此譯云鵗鳥也又云好聲鳥也此鳥形醜聲好從聲為名也共命鳥也

捕狙 又作覷同千絮反三蒼狙伺也通俗文伏伺曰狙是也狙亦觀視也謂相候視論文作相此字習誤已久人莫辯正

祇洹 猶是秖陁此言訛也應云枳多或言逝多此云戰勝婆那此云林名為勝林夥音是奚反

廁

溷測吏反謂人雜廁在上非一也下胡
困反廣疋圂圂庰廁也廁亦圂
也言溷濁也或言清言至
穢處宜修治使潔清也
麤觸且胡
反廣疋麤大也又人之警防亦日麁
麁性食息自相背慮人獸之害警亦
如之故字從
三鹿字意也
隟穀徙果反字林隟小
堆也吳人謂積土
為隟今
其義
次壓於甲反蒼頡解詁云壓鎮
也笮也論文作押音甲

一切經音義卷第六十七　第二十三張　石

尒疋押輔也亦
束也押非此用
白墡字體作墠字林
音善土名也取
白土也亦名堊案吳普本
草云白堊一名日墠是也

第八卷

瞟瞖疋眇反目病也下
或瞖同於計反
若挑他堯
反說
文云挑抉也以
手抉挑出物也
孿子併所患反廣疋
孿兩也通俗

文連子曰孿字林雙生也蒼頡篇一
生兩子也併音蒲著反尒疋併並也
亦俱也言若二身根即
二人連併此不可也
潢水胡光反
說文潢
久積水池也大日潢
小日洿洿濁水也
捎揩古文⿰革皆同
徒皆反說
文指揩也一日韋揩
也今之射⿰革皆是也

第九卷

操杖又作敽同錯勞反說文操把
持也執捉也論文作搰非也

一切經音義卷第六十七　第二十四張　石

駮色補角反字林班駮色不純也通俗
文黃雜謂之駮犖論文從交作駁
獸名鋸牙食
虎豹者也
詭誑俱毀反謂變詐也
三蒼詭譎也譎詐
也廣疋
詭欺也

第十卷　第十一卷　並先不音

第十二卷

糾索居柳反蒼頡解詁云繩三合日
糾小尒疋云大日索小日繩也

博弈古文簙同補莫反下餘石反方言博或謂之棊亦圍棊也方言自關而東齊魯之間皆謂圍棊為弈尒疋云棊局謂之弈

第十三卷

先不音

第十四卷

般闍于瑟或作般遮于瑟皆訛略也應言般遮跋利沙又言般遮婆栗史迦般遮此云五婆栗史迦此云年謂五年一大會也佛去世一百年後阿輸迦王設此會也自玆以後執見不同五師競分遂成五部或十八部也

第十五卷

五曀古文㙪同於計反小尒疋云幽曀闇昧冥也釋名曀翳也使日光不明淨也

窳惰臾乳反尒疋窳勞也郭璞曰勞苦者多惰窳也言嬾人不能自起如瓜瓠在地不能自立故字從瓜又嬾人恒在室中故字從穴

一的古文㢩說文作的同都歷反的明也詩云發彼有的傳曰的射質也謂的然明見也今射堋音朋中珠子也

第十六卷

麻幹工旦反麻莖也亦枝主名幹廣疋幹本也三蒼枝幹也字宜作蘇揩二形音皆今呼為麻蘇是也

第十七

先不音

第十八卷

彷徉扶羊蒲光二反下余章反廣疋彷徉徙倚也亦徘徊也

作屣古文䩮躧二形同所綺所解二反說文屣鞮屬也鞻韋履也鞮音都奚久

軍持此譯云瓶謂雙口澡鑵也西國尼畜君持僧畜澡鑵

皆不得互挺論文作挺也

第十九卷

樺皮　胡霸反木名也皮可以飾弓者也

一畦　胡圭反蒼頡篇田五十畝曰畦畦埒也埒封也道徑也埒音劣

第二十卷

瞪瞢　宜作瞪瞢徒登反下亡登反韻集云失卧極也亦亂悶也論文作瞪惛非

曲蟺　音善古今注云丘蚓也一名蜜蟺江東名寒蚓善長吟於地中江東謂為歌女或謂之鳴砌論文作蟬非體也

曲僂　力矩反通俗文曲脊之傴僂春秋宋鼎銘曰一命而僂再命而傴三命而俯杜預曰府恭於傴傴恭於僂身命曲恭益加也論文作軁或作瘻並非也

傎伏　又作傾趣二形同音丁堅反廣疋傎倒也謂反倒也下古文踣今作仆同蒲北反說文仆頓也謂前覆也論文作顛伏非體也

是筏　通俗文作䑽艭集作䑽同扶月反謂編竹木浮於河以運物者也

印幟　於刃反三蒼印信也撿也字從爪卩也下音節下又作幟同昌志反通俗文私記為幟舊音皆與知識同更無別音

第二十一卷

舩簰　蒲佳反方言簰謂之筏南土名簰北人名筏論文作押非體也

髖骨　又作臗同苦桓苦昆二反說文髖髀上也埤蒼髖尻也

營壘　古文作覺同伇瓊反三蒼營衛也部也下又作垒同力癸反軍壁曰壘壘亦重也

洟唾　古文鵜同他計反三蒼洟鼻液也周易齎咨涕洟自目曰涕自鼻曰洟論文從口作嗁又作涕並非體也

肪䏰　府房反肪肥也脂肪也下先安反通俗文在腰曰肪在胃曰䏰䏰音

也謂腸𦙶脂也
論文作職非也
腦胲古才反足大指也案字義宜作
解音胡賣反謂腦縫解也無
上依經云頂骨無胲是也
窻向又作囱悤悤三形同楚江反正曰窓也
旁窓日牖以助明也下許亮反三蒼
向北出牖也向亦窓也論文作扃古
瑩反扃紉也外閉者也扃非今義
衣䄙孤得反相傳云謂衣襟也未詳所出
蹻足丘消反蒼頡解
詁云舉足行高也漢書云
蹻足文穎曰蹻猶翹也

第二十二卷　第二十三卷

第二十四卷　並先不音

第二十五卷

軏𩍐又作扼同於革反小尒疋衡
扼也謂轅端壓牛領者也

第二十六卷

以繭古文緷同古典反蠶縈絲者也
蒼頡解詁云繭未繅也字從虫
從糸芇聲
芇音眠
日㬥抱冒反㬥曬也說
文㬥晞乾也字從
日從出從八音
拱米字意也

第二十七卷

失獸摩羅或言失收摩羅此云煞子
魚也善見律譯云鰐魚廣

州土地有之
鱣魚知連反尒雅鱣六
鰐音五各反魚也似鱓而短鼻
口在頷下江東呼為黃魚此是
長二三丈鱓音徐林反
興渠樹汁
西國取之以置食中
今有阿魏藥是也
歧路古文搭趍二形同渠
宜反謂枝別義也尒雅道二達謂之
歧謂歧道直出者釋名物兩為歧此
道似之史記楊
朱泣歧路是也

第二十八卷　先不音

第二十九卷

門閫 又作梱同苦本反說文梱門橛也三蒼門限也

第三十卷 第三十一卷 並先不音

第三十二卷

戶樞 齒朱反廣疋樞本也尒疋樞謂之椳郭璞曰謂扉樞也椳音五

迴反

盈長 又作贏同弋成反下除亮反字林贏有餘也賸足益也長乘也

祝詛 說文作詶今作呪同之授反下古文禮同側據反釋名祝屬也以善惡之辭相屬著也詛阻也謂使人行事咀限於言

第三十三卷

傎蹶 都賢反傎倒也下又作蹷同居月巨月二反蹶仆也亦損也前覆也

第三十四卷 第三十五卷

第三十六卷 第三十七卷 並先不音

第三十八卷

鈆性 役川反說文鈆青金也尚書青州貢鈆是也錫銀鈆之間也

竹篾 莫結反埤蒼析竹皮也中國謂竹篾為筦筦音弥蜀土亦

然也

第三十九卷

殰風 又作潰同胡對反說文殰漏也謂突潰癰瘡也論文作膭肥膭也膭非字體又作瞶浮鬼反三蒼膗多寕也膭非此義

麋鹿 亡皮反說文鹿屬也以冬至解角者

第四十卷

火燧 又作㸂同辝醉反火母也世本云造火者燧人也因以為名也

壚䶑 去於反下五各反齒內上下肉也

第四十一卷　先不音

第四十二卷

蔬食 所於反字林蔬菜也尒疋郭璞曰凡可食之菜通名曰蔬

也

困舫 甫妄反通俗文連舟曰舫尒疋舫舟也郭璞曰併兩船也又舫亦㭊也注云水中筏也

佉樓書 應言佉路瑟吒謂北方邊處人書也

第四十三卷

執穳 字詁古文鑹穳二形今作穳同千乱反廣疋穳謂之鋋小矛也鋋音市延反

褰衣 又作攐丘焉反禮記暑無褰裳鄭玄曰褰夫也

觀垣 宇煩反詩云太師維垣傳曰垣牆也釋名垣援也人所依阻以為援衛也

第四十四卷　第四十五卷　並先不音

第四十六卷

執盾 食尹反盾所以扞身蔽目也以自蔽從十目象形厂聲論文作

闌楯之楯非體

俾倪 又作睥堄二形同普米反下吾礼反廣雅俾倪堞女牆也埤蒼城上小垣也釋名云言於孔中俾倪非常事也

器仗 袪冀反下治亮反漢書制器械之品應劭曰內盛曰器外盛曰械一曰無盛曰器仗兵器也五刃揔名兵人所執持曰仗也

第四十七卷　第四十八卷　第四十九卷

第五十卷　第五十一卷　第五十二卷

第五十三卷 並先不音

第五十四卷

捷樹 字詁古文捷今作接同子葉反相接也言接樹無根也

殉腸 先不音

第五十五卷

第三十五張 石

斑駮 又作辯同補頑反蒼頡篇斑文貞也雜色為駮不純色也

卜筮 時制反禮記龜為卜蓍為筮卜筮者所以決嫌疑定猶豫故疑即筮之字從竹從巫筮者揲蓍取卦析竹為爻故字從竹揲音食列余列二反

一切經音義卷第六十七

一切經音義卷第六十八　石

翻經沙門慧琳撰

音阿毗達磨大毗婆沙論第一帙

三藏法師玄奘譯

從第一盡八十卷

第一卷

籌量　上宙留反鄭注禮記云籌筭也史記曰借前箸以籌之也所以計筭也說文從竹壽聲下略張反考聲正作量從童也

摩鎣　上莫婆反郭注介雅云玉石被摩猶人之脩飾也顧野王云摩礪也說文從手麻聲或作攠下縈迥反廣雅鎣亦摩也顧野王云謂摩拭珠玉琂使發光明也說文從金從熒省聲論文作瑩亦通用也琂音古眼反

筏蹉　上煩發反下錯何反梵語國王名也

聰叡　上倉公反韓詩云聰明也說文察也從耳怱聲下悦惠反廣雅叡亦聦也集訓云聖必通於微也說文深明也從𣦼𣦼音藏安反從目從谷省聲也

第二卷

耽嗜　上荅含反正作媅孔注尚書云媅樂過謂之媅韓詩云樂之甚者也賈逵云嗜也說文云樂也從女甚聲聲類亦作妉耽酖並同下時利反孔注尚書嗜無猒足也說文嗜欲喜也從口耆聲

氎絮　上怙荅反下胥慮反案氎絮者西國木綿花絮也如此土柳絮之類今南方交阯亦有之

警覺　上京影反孔注尚書警戒也博雅謂神驚不安也文字典說從言敬聲或作取

一切經音義卷第六十八　第二張

第三卷

籠戾 上聾董反案籠戾剛強難調伏也撿字書並無本字論作籠假借用也諸經論中亦有作櫳悷並從心下犁帝反韓詩曰戾不善也鄭箋詩云戾華也廣雅云疾很也毛詩云暴戾無親也文字典說戾曲也從戶從犬會意字也

忌憚 上其記反杜注左傳云忌畏也敬也下檀旦反毛詩箋云憚難也畏也說文二字並從心巳及單皆聲也

囹圄 上歷丁反下魚舉反鄭注禮記云囹圄所以禁守繫者若今之別獄也說文云守也並從口令與吾皆聲口音韋

枝榦 干岸反王逸注楚辭云幹體也廣雅本也字書亦枝也文字典說木枝榦榦也從木倝聲倝音同上論作擀木名也非此義或作幹

蝦蟇 上夏加反下罵巴反埤蒼云蝦蟇蟲也說文並從虫形聲字也

第四卷

無難字可訓釋

第五卷

萎悴 上鬱為反字書萎蔫菸也集訓如草木萎黃也文字典說從草委聲或作痿下秦遂反方言云悴傷也鄭箋詩云悴憔悴也說文憂也從心從卒聲或從頁作顇也

騰踊 上鄧登反莊子云騰躍而上也顧野

王云騰猶跳躍也說文從馬從朕省聲正從舟作騰下容腫反何休注公羊傳云踊上也顧野王云踊上而登也從足甬聲

毗篾耆 上婢弥反次波麼反梵語西國河名也麼音摩火反

屈顫婆 中卓絳反梵語亦河名也

貿少 莫候反顧野王云貿猶交易也尒雅貿市賣也說文從貝丣聲丣音同上

第六卷

無難字訓釋

第七卷

麟角　栗珎反公羊傳云麟者仁獸也尒雅麟麕身牛尾一角角端有肉或作麐說文從鹿粦聲麐音鬼犇反粦從炎從舛

扇搋半擇迦　搋音圻迦反梵語黄門之惣名也

第八卷

見杌　五骨反韻略杌樹無枝也考聲木短出皃也文字典說從木兀聲

摶中　段齋反博雅云摶手握令相著也考工記摶圓也說文圑也從手專聲

鞘中　霄騁反考聲鞘刀銷室也或從韋作鞘也

頇輪　上合敢反蒼頡篇頇下頷也說文頷頤也從頁函聲或作頜下律椿反從車也

眼睫　尖葉反說文睫目傍毛也從目建聲亦作睞建音慈

葉反

纖利　息閻反孔注尚書云纖細也廣雅微也說文從糸韱聲韱音僉

迫迮　上音百廣雅迫猶陿也顧野王云迫逼也下争格反考聲云迮狹小也說文北從走自乍皆聲也亦作窄

荏苒　上而枕反下而琰反孫愐唐韻云荏苒猶展轉也古今正字並從草任冉皆聲也

第九卷

瞳子　徒公反坤蒼云瞳目珠子也尚書大傳舜目有重瞳子說文從目童聲

第十卷

圈門　求遠反許叔重注淮南子云圈獸牢也說文養畜閑也從口卷聲口音韋

阿毗達磨大毗婆沙論第二袟

第十一卷

弘　音引

第十二卷

串閻患反俗字也正體從心作慣韻英君也烟燗上宴賢反下閻整反考聲燗火光也字書火微行也說文從火間聲論作焰俗字亦通

飼佉上商讓反下羌迦反梵語西國狗名也

廁圂上惻事反下渾困反說文廁圊也圂亦廁也互相訓也論從水作溷謂乱也非此義

口音韋

怯劣上欠業反顧野王云怯畏也說文從心去聲下竊惙反說文劣弱也從少力會意字

第十三卷

礫手知厄反廣雅礫猶開也張也桒礫手者張其手取大指中指所至為量也從石作礫正也論文從手作㮯音㮯非礫字義也

鄗陋上碑美反杜注左傳云鄗邊邑也史記云去國都遼遠所為鄙俗也說文從邑啚聲下樓豆反考聲陋亦鄙也賤也說文陋陋也從𨸏西聲

嗤笑上齒之反字書嗤小笑皃也文字典說從口蚩聲論作蚩誤也或作咲古字也

胡荽髓遺反考聲香菜名也論作荽非也

散麮下尺沼反廣雅麪食也文字典說麮乾麦屑也從麦芻聲論作麨俗字也

矟上京迸反方言戟刃有歧也說文戟有歧兵器也長文六從卓從戈

作戟下雙捉反廣雅矟長矛也埤蒼長丈八也文字典說從矛肖聲

磑磨上吾對反下莫播反考聲磑磨麦具也世本云公輸般造石磑說文磑亦礳也正作磑磨或從靡作礳

赫弈上亨格反毛詩傳云赫顯盛皃也從二赤下盈益反杜注左傳云弈弈盛皃也毛詩傳云弈高大也鄭箋云光明盛也說文大也從大亦聲也

目揵連上音乹梵語羅漢名也

第十四卷

掮炷　朱乳反考聲炷燈心也

⿺走眞⿰足欮　上典年反說文⿺走眞走頓也從走眞聲或從足作蹎亦作傎論文從頁作顛謂高頂也非此義下卷日反賈注國語云⿰足欮走也顧野王云⿰足欮猶驚駭急疾之意也說文僵也從足欮聲亦作⿺走欮

栽捀　上宰才反韻英云栽植也考聲云殺掛之餘捀也從戈木聲下我葛反集訓云已殺掛初生苗也亦殺掛之餘秅也

堅鞕　額更反字書硬牢也考聲堅也文字典說從革更聲或作鞕硬也

劬勞　上具俱反毛詩傳云劬勞于野韓詩云劬數也鄭注禮記劬亦勞也說文從力句聲

第十五卷

倢利　上潛葉反王注楚辭云倢疾也方言云宋楚之間謂恵爲倢郭注云恵了

一切經音義卷第六十八　第九張　石

倢言便也說文佽也從人建聲論作捷義同也

鍛金　端乱反孔注尚書云鍛鍊也蒼頡篇云鍜鍜打也說文從金段聲

欻有　熏欝反薛綜注西京賦云欻忽也說文從欠炎聲也

詑誑　上歸葦反韻英欺詐也廣雅詑隨惡也說文責也從言㔾聲

憍傲　上橋喬反顧野王日憍謂自矜伐縱恣媟慢也蒼頡篇憍溢也說文從心喬聲下敖誥反杜注左傳云傲倨不敬也賈雅亦慢也說文倨也從人敖聲論從心作慠非也

一切經音義卷第六十八　第十張　石

角論　上江岳反顧野王云角謂兩競爭勝負也考聲云競也試也說文象形字角與刀魚相似也論作捔云接也非此義也

第十六卷

欬氣　開愛反說文欬逆氣也從欠亥聲論從口作咳誤也

傲很　下痕墾反上聲字杜注左傳云很戾也賈逵曰很違也文字典說從彳艮聲論從人作佷誤也

婆拕梨　拕音徒箇反下里知反梵語羅漢名也

第十七卷

陿故 咸甲反說文陿隘也從阜亞聲亞音同上俗從犬作狹非此用也

第十八卷 第十九卷 並無字音訓

第二十卷

稗子 脾賣反杜注左傳云草之似穀者也說文禾之別類也從禾卑聲

阿毗達磨大毗婆沙論第三帙

第二十一卷

排盾 上敗埋反即盾之異名也考聲排兵器名文字典說從木非聲下脣准反文字集略云盾持扞自蔽也說文盾瞂也瞂音扶發反所以捍身蔽目象形字也或作楯也

彎弓 綰還反蒼頡篇彎引也說文持弓開矢也從弓䜌聲

稼穡 上家暇反鄭注周礼云種穀曰稼馬融注論語云掛五穀曰稼也下所棘反毛詩傳云種之曰稼斂之曰穡考聲謂收田苗也說文二字並從禾家嗇皆聲也論作穡俗字也

第二十二卷

如羊 餘章反周礼冀州宜畜牛羊禮記云羊曰柔毛也說文云羊詳也從𦍌象四足尾之形孔子曰牛羊之字從形舉也𦍌音關患反

第二十三卷 無字訓釋

第二十四卷

尺蠖 任郭反說文蠖屈伸蟲也從虫蒦聲蒦音烏獲反

第二十五卷

堡塢 上褒抱反下烏古反梵語西國王名也

如屈虔弩

沒魯荼 虔音遐雅反弩音搦加反荼宅加反梵語也

第二十六卷

卵㲉 上鑾短反下苦角反桂菀珠叢云孚殼鳥卵之外皮也古今正字卵未孚曰卵開破曰㲉也從卵殼聲也

竅隙 上輕叫反鄭注禮記云竅孔也說文空也從穴敫聲敫音叫下御鞔反顧野王云隙猶閒隙也廣雅裂也說文隙壁際孔也從自㡭聲也

鞴囊 排拜反蒼頡篇鞴吹火具

也文字典說從韋葡聲葡音備論作韝亦通下諾郎反毛詩傳云大曰囊小曰橐

闠閙 上迴猥反考聲闠市外門也說文從門貴聲下拏劾反文字典說擾也從人居市會意字也論作閙俗字也

第二十七卷

雰霏 上拂雲反蒼頡篇雰霧也下孚非反毛詩傳曰霏雨雪皃也詩云雨雪霏霏也古今正字云雰雪皃也霏霏雪甚也二字並從雨分非皆聲也

第二十八卷

無字可音釋

第二十九卷

二隥 登鄧反廣雅隥履也說文隥仰也從自登聲論從足作蹬字書亦通作蹬

嚴酷 空穀反方言酷極也又熟也自河以北趙魏之間穀熟曰酷非其義也案嚴酷之字作此嚳顧野王云暴虐也說文云嚳急也若之甚也從告從學省聲也

第三十卷

歡喜 乎官反鄭注礼記云歡喜悅也說文歡喜款也從雚欠聲也

枕僧伽胝 斜總反下音知梵語唐云三衣樸也

樗皮 胡化反考聲樗木名也說文山木也其皮以為燭從木雩聲論作樺亦通

蟠結 发腨反顧野王云蟠紆迴轉相纏廣雅曲也說文從虫番聲蟠音滿

反

阿毗達磨大毗婆沙論第四帙

第三十一卷

矬陋 上徂和反廣雅矬短也文字典說從矢坐聲坐從畱省從土陋音漏考聲醜惡也前第十三卷中釋

第三十二卷 無字音釋

第三十三卷

歠愛 看割反考聲歠思水也說文歠欲飲也從欠渴聲今俗用多略作渴說文渴盡也 聰慢 上倉公反毛詩傳云聰聞也韓詩云聰明也說文明察也從耳怱省聲下蠻辦反孔注尚書慢輕典教也說文慢惰也從心曼聲也

第三十四卷

被苫 上音披下攝詹反考聲苫編草為之也介雅云白蓋謂之苫郭注云白茅苫也今江東呼為蓋說文從草占聲 烓焦 上朱樹反下子遙反考聲焦乾極也傷火也廣雅焦黑也鄭注礼記煙於火中也說文正作爨云火所燒也從火爨聲爨音雜論作燋非 囂虛 上香驕反鄭注周礼云囂讙也左氏傳云秋隘囂塵是也說文聲氣出頭上也從㗊從頁頁首或作嚻㗊音壯立反頁音纈

第三十五卷 無字音訓

第三十六卷

漑灌 上基誼反顧野王云漑注也說文亦灌也下官攪反顧野王云灌沃澍也說文二字並從水既雚皆聲也 滂溢 上普壯反說文滂沲也亦

作雩下引一反廣雅溢盛也溢出也說文器滿也二字竝從水旁益聲論作溢俗字也

第三十七卷

鋸解 上居御反蒼頡篇云鋸截物具下皆蠏反上聲字考聲開也文字典說云解判也從刀判牛角也

慘顇 上千敢反毛詩傳云慘慽也說文慘憂也很自也從心參聲下慈醉反蒼頡篇云顇憂也說文憔顇也從頁卒聲

寬陿 咸甲反前第十九卷已釋

甍瞢 上登鄧反考聲云甍謂睢初起目也下墨鄧反杜注左傳瞢悶也毛詩傳云乱也說文云不明也從苜從旬旬目數搖也

撾打 上竹蝸反考聲撾擊也聲類云撾捶也文字典說從木過聲下丁冷反考聲云擊也正作揨也

俳優 上敗埋反下郁牛反杜注左傳俳優調戲也顧野王云俳優者樂人所為戲笑自以怡悅也說文俳戲也優倡也二字竝從人非憂皆聲

蠐螬 上齊賷反下祖遭反說文蠐螬即蝤蝎木蠹蟲也二字並從虫齊曹皆聲也

第三十八卷

皮皺 鄒瘦反考聲皺皮聚也文字典說云皮寬聚也從皮芻聲芻音惻俱反

背僂 錄矩反廣雅僂曲也說文尫也周公背僂從人婁聲論從

肉作膢非也

黶黑 鴨減反王肅注家語云黶亦黑也說文黶深黑皃也或作黭

第三十九卷 無字音釋

第四十卷

髖骨 欵九反考聲髖髀骨也說文髀也從骨寬聲論從肉作髖亦通

頷骨 含感反說文頷顄也從頁含聲古作顄論從肉作肣俗字也

肝肺 上幹寒反說文肝木藏也下孚廢反白虎通曰肺之言費也金之精也色白說文金藏也並從肉干市皆聲市音華論作肺俗用字也 脾腎 婢弥反白虎通云脾之為言辨也所以積精稟氣土之精也色黃說文木藏也下時刃反白虎通云腎之言賓也以竅寫水之精色黑陰偶故腎雙說文二字並從肉臤聲臤音堅 胃膽 上為貴反白虎通曰胃者脾之腑也主稟氣胃者穀之委也說文穀腑也從肉囗象形字下擔覽反白虎通云膽者連肝之腑也王仁仁者若不忍者故以膽斷息之是以仁者必有勇也說文從肉詹聲論作膽俗字也 屎尿 上尸是反莊子云以筐盛屎屎也文字典說云屎糞也正從艸作菌古字也又作屎論文作屎俗字下溺吊反顧野王云尿即溺也溺說文小便也從尾從水

阿毗達磨大毗婆沙論第五帙

第四十一卷

稼穡 上家賑反下所棘反前第二十一卷中已具釋訖 豐稔 上覆風反周易云豐大也鄭玄云豐大也賈逵云盛也毛詩傳云茂也說文云豆之豐滿者也從豆象形也下壬甚反賈逵云稔熟也顧野王云謂成熟也說文云穀熟也從禾念聲

第四十二卷

饕餮 上討刀反下天跌反杜注左傳云貪財曰饕貪食曰餮論作饕餮俗字也 咀嚼 上疾與反蒼頡篇咀噍也噍音慈醮反說文含味也下五略反顧野王云嚼亦噍也廣雅云茹也說文二字並從口且爵聲 嘗啜 上音常論語云君賜食必正席先嘗之杜注左傳云嘗識也說文從旨尚聲論從口作嚐非也下川爇反說文啜亦嘗也從口叕聲

叕音陟劣反

誚言 燋笑反孔注尚書誚讓也說文誚嬈也從言肖聲或作譙嬈音尼了反

黿蠏 上音帰廣雅云黿甲蟲也下諧買反韓康伯注周易云蠏甲在外也說文有二螯八足旁行也從虫解聲螯音敖

金礦 虢猛反廣雅云鐵礦銅鐵等璞也璞謂之礦說文從石黃聲論作鑛亦通

鏃身 賤角反說文鏃刺也從金族聲或從竹作簇論從手作擨非也

第四十三卷

無字音釋

第四十四卷

顛蹶 上典蓮反下巻月反前第十四卷已釋訖

乳糜 上儒主反下美悲反文字集略云糜厚粥也說文從米麻聲

妃娣 上斐微反顧野王云妃如后也礼記云天子之妃日后也下提麗反介雅云女子同出先生為姒後生為娣郭注云為俱嫁同事一夫也文字典說二字並從女巳弟皆聲

隖盧頻螺 上烏古反下盧和反梵語羅漢名也

隧隥 上隨醉反杜注左傳隧道也說文從𨸏遂聲論從土作墜非也下登鄧反前第二十九卷巳釋訖

第四十五卷

無字音釋

第四十六卷

扼取 於革反廣雅扼持也取也說文作搹云把也從手鬲聲論作亦通也

靳繫 上余震反毛詩傳云靳所以引也文字典說云在胷日靳從革引聲下音計也

梯隥 上體梨反賈注國語云梯階也說文木階也從木弟聲下登鄧反次道也

第四十七卷

躭沔　上荅含反前第二卷具釋訖下綿褊反孔注尚書云湎躭酒過差失實也說文云躭於酒也從水丏聲

第四十八卷

漂激　上疋遥反顧野王云漂猶流也說文漂浮也下經歷反司馬彪注莊子云流急日激也說文激凝邪疾波也二字並從水票敫皆聲

捶牛　隹水反考聲云捶擊也字統云杖擊也從手垂聲

輮軛　上遠元反考工記云凡為輮三其輪崇二分其長二在前一在後也說文輮輞也下嬰革反鄭玄注考工記云軛轅端壓牛領木也說文二字並從車袁厄皆聲論作軛

鞦鞅　上七由反考聲鞦車俗字鞧音时留反鞦也亦作鞧緧下央仰反文字集略鞅制牛馬首前也說文云頸靻也從革央聲或作紻靻音之列反

第四十九卷

鱣魚　長連反郭注介雅云鱣大魚也口在頷下體無鱗甲肉黃大者三二丈江東呼為黃魚也說文從魚亶聲

第五十卷

興瞿　具俱反梵語藥名唐云阿魏也

辛梓　蘭怛反古今正字辢亦辛也從辛朿聲也

盲瞽　上陌耕反說文目謂目無眸子也下姑五反說文無目曰瞽並從目亡鼓皆聲

如遏璽多　上安曷反下斯子反梵語

杌邪　上五骨反前第八卷已具釋

防扞　上音房鄭注禮記防備也說文隄防也從阜方聲下寒案反考聲扞禦也文字典說扞衛也從手干聲亦作捍

縶在　砧立反毛詩傳曰縶絆也杜注左傳縶拘縶也文字典說從糸執聲

阿毗達磨大毗婆沙論第六帙

第五十一卷

尺蠖　注郭反前第二十四卷已具釋論從虫作蠼非也

利鎌　緻炎反方言鎌刈也文字典說從金兼聲或作鐮刈音苟候反

桄梯　上音光考聲作橫云橫於中也亦謂牀橫也下體奚反說文梯木階也前

第四十三卷已釋訖

擐甲　關患反杜注左傳云擐貫也賈逵注國語云擐衣甲也說文從手從還省聲也

尫疾　烏黃反說文正作𡯁謂跛曲脛也從大象偏曲之形論作尫古字也㞷音皇

第五十二卷

車轂　公屋反說文轂輻之所湊者也從車㱿聲㱿音苦角反

於橛　權月反莊子云前有衡橜之飾考聲橜短尖木也文字典說橛杙也從木厥聲論作栓俗字非也

伉敵　上康浪反杜注左傳伉亦敵也說文從人亢聲下亭的反顧野王云敵偶也相非也說文從攴啻聲論作敵俗字啻音的

第五十三卷

霜雹　龐剝反白虎通云陰氣結聚凝合為雹鄭注禮記云陽為

雨陰氣脅之凝而為雹說文云雨水也從雨包聲古作䨌也

門閫　坤衮反鄭注禮記云閫門限也字統云從門困聲或從木作梱

第五十四卷　無字音

第五十五卷

依怙　胡古反尒雅云怙恃也說文從心古聲也

煩惱　奴老反考聲云惱憂煩也女人多煩恨也故說文云有所痛恨從女㛴省聲論作惱亦通

第五十六卷

吹嵐婆風 上扶癈反次覽䑛反梵語風名大猛風也

第五十七卷

無字音釋

第五十八卷

廣陿 咸甲反前第十七卷釋訖論從犬作狹俗字也

第五十九卷

樞扇 上繝朱反郭注介雅云門戶扇肘也又注云門持樞者以為固也韓康伯注周易云樞機制動之主也說文從木區聲下正體扇字音羶戰反

第六十卷

一滴 丁歷反說文云水注也從水啇聲或作適論作渧俗字也

阿毗達磨大毗婆沙論第七帙

第六十一卷

貓狸 上卯包反顧野王曰貓似虎而小人家所畜養者以捕鼠也字統從豸苗聲論作猫下里知反顧野王云貍亦猫類也好偷人家雞說文伏獸也從豸里聲論從犬作狸俗字豸音雉

第六十二卷

減雙 朔江反顧野王云雙猶兩也文字典說云雙手持二隹從雔從文論從兩作䨇非也

第六十三卷

羸劣 律追反杜注左傳云羸弱也說文瘦也從羊羸聲羸音騾卧反

第六十四卷

擇減 棖格反考聲擇揀也說文選也從手睪聲睪音亦論作擇誤也

第六十五卷

瀑流 抱報反說文疾雨也從水暴暴亦聲

軛中 於革反前第四十八十卷中具釋訖

第六十六卷

畦壠 上惠圭反王逸注楚辭云畦猶田區也說文從田圭聲下龍腫反郭注介雅有界埒似耕瀧因以為名也說文丘壠也從土龍聲

耘耨 上運君反毛詩傳云耘除苗中草也說文從耒云聲論從木作枟誤也下奴候反考聲田器除草也亦作耨

劬勞 具俱反前第十四卷中已具釋訖

餉佉 上商攘反下羌迦反梵語西國仙人名也

第六十七卷

貿少 矛候反顧野王云貿猶交易也介雅云貿市也又賣也說文從貝丣聲亦作貿論作貿俗字也

第六十八卷

煗種 上奴短反說文煗溫也從火耎聲也或作燸㬉

第六十九卷

倏忽 上昇育反楚辭云倏忽急皃也文字典說從火依聲論作儵亦通也

第七十卷

歆饗 上叹音反杜注左傳歆享也說文神食氣也從欠音聲下香掌反何休注公羊傳云嘉歆薦日饗鄭注云神明歆饗也文字典說從食鄉聲

不瞬 水閏反說文瞬開闔目數搖也從目舜亦聲亦作瞚

阿毗達磨大毗婆沙論第八帙

第七十一卷

驚慴 詹葉反尒雅云慴慴也說文從心習聲亦作懾

卍

第七十二卷

鑽息 纂巒反火名也說文從金贊聲

鑠羯羅 上商灼反次建謁反梵語帝釋名也

第七十三卷

鎣拭 上縈定反前第一卷釋訖下昇織反說文拭淨也清也從手式聲

篅倉 述緑反許叔重注淮南子云篅笹也說文織竹圓器可以盛穀也從竹耑聲或作圌笹音徒衮反

濤波 道勞反文字典說濤大波也海潮日濤從水壽聲

摽幟 上必遥反顧野王云摽謂堅表以識之也文字典說從木票聲論從手作摽誤也下鵄翅反廣雅云幟幡也文字典說從巾戠聲戠音職

第七十四卷

無字音釋

第七十五卷

流派 拍賣反廣雅派水自分流也說文水邪流別也象形論從水作派義同也

蜆蛤 上袄典反文字集略云水殻蟲也似蛤而小也或作顯小蝓也一名縊女也下甘臘反考聲蛤蚌類也說文蛤有三皆生於海蛤蠣者千歲雀所化也秦謂之壯屬海盒者百歲鸞所化也魁蛤一名復累老復翼所化也從虫合聲

㳄膽 上羨延反考聲延口中津也說文口液也從水欠聲或作㵪𣵀涎論作涎俗字下僭覽反白虎通云膽者肝之腑也說文從囟詹聲

窯

竈上矅招反說文窯燒瓦竈也從穴羔聲論作陶謂埏埴主人号也丗本昆吾作匋即夏桀臣也非窯義下遭澇反說文竈炊也從穴鼀省聲鼀音才六反或不省

鍼風執淫反廣雅鍼刺也說文從金咸聲

有婆咀窶拉摩風咀音才與反窶劬乳反拉音嵐合反梵語也嵐音盧含反

𦢊喉上昂各反考聲𦢊斷也

第七十六卷

鵂鶹上朽憂反下㨨周反案鵂鶹恠鳥屬也其類寔繁

第七十七卷　無字音釋

第七十八卷

膠粘上音交考聲膠固也說文膠昵也作之以皮從肉翏聲下聶廉反說文粘著也糊也從米占聲正作黏

第七十九卷

𡏳泥一兮反　迷泥米篦反　蹹剖談臘反梵語也

達𥈭剖湛狎反梵語四天王名也

第八十卷

穬麥號猛反考聲穬大麥也文字典說從禾廣聲或作䵃論從米作𥻨非也

一切經音義第六十八卷

一切經音義第六十九卷　石

翻經沙門慧琳撰

音阿毗達磨大毗婆沙論第九袟

從八十一盡第二百

第八十一卷

浮瓠　乎故反郭注介雅云瓠壺也說文從瓜夸聲夸音誇亍反又上聲呼論從艸作瓠俗字也

第八十二卷

皴皮　七荀反埤蒼云皴皵也說文從皮夋聲夋音同上皵音七略反郭注山海經云皵亦謂皮皴也

第八十三卷

矛矟　上莫侯反說文云酋矛也長二丈建於兵車也象形也古文作𢦏下催莽反考聲矟短矛也廣雅矟謂之鉇鉇文字典說古從矛贊聲鉇音口延反

鶖鷺　上音秋下盧故反西國地名亦鳥名也

蚇蠖　烏郭反考聲蟲名也俗名步屈蟲也

熢㶿　上僕蒙反下盆沒反論文熢㶿謂煙氣皃也今作熢烰字書並無此字

婆斯㛹攙　坼加反梵語梵志妻名也

刮去　開滑反鄭玄注礼記云刮以刃㨾去也文字典說古從刀舌聲舌音猾

矜誇　若花反孔注尚書誇猶憍慢過以自大也說文從言夸聲從大從丰音枯化反從夸作者非

第八十四卷

痒脹　上璞江反埤蒼胖亦脹也下張亮反杜注左傳云脹腹滿也古今正字並從肉丰聲或從疒作痒瘍也

第八十五卷

夗轉 宛遠反說文夗轉卧也從夕卩聲卩音節或作宛亦通

抱弄 上袍冐反下籠東反杜注左傳云弄戲也尒雅云玩也說文從廾王聲廾音拱論作挵非也

第八十六卷

掉舉 條弔反賈注國語云掉搖也廣雅振也說文從手卓聲

第八十七卷

有伺 司利反顧野王云伺猶候也鄭玄注周礼云伺猶察也說文從人司聲

第八十八卷 無字訓釋

第八十九卷

嫉掔 上秦悉反王逸注楚辞云害賢曰嫉說文從女疾聲下客顏反考聲掔遴也古今正字從草臤聲論作慳俗字也

第九十卷

羯利藍頞部曇 頞音按梵語初受胎精血相和未成形一七二七也

齅香 休又反說文以鼻就臭也從鼻從臭臭亦聲

阿毗達磨大毗婆沙論第十袟

第九十一卷 第九十二卷 第九十三卷

第九十四卷 第九十五卷 第九十六卷

已上六卷文易不音訓

第九十七卷

阿笈摩 笈音儉執反

第九十八卷

勀敵 上巨迦反廣雅勀武也埤蒼倢也左傳云勀敵之人是也說文強也從力京聲下亭歷反

第九十九卷

飄散 上匹宵反毛詩傳曰飄猶吹也說文迴風也從風票聲𩙪同下珊斡反顧野王云散謂分流飛走不聚也說文飛散也從攴𣏟聲或從蘙作㪚論作散俗字

獮猴 上蜜早反下侯鉤反西國地名也

第一百卷

訶擯 必振反司馬彪注莊子云擯棄也史記云相與排擯也說文從手賓聲論作擯俗字

阿毗達磨大毗婆沙論第十一帙

第一百一卷　第一百二卷　並無字訓釋

第一百三卷

覆臛 上峯福反蒼頡篇覆倒也文字典說從襾復聲下訶各反王逸注楚辭云有菜曰羹無菜曰臛說文從肉臛聲音呼郭反

羂索 上涓兗反桂苑珠叢云以繩繫取物謂之羂字統作罥云施繩於道也從网肙聲下桑各反顧野王云糺繩曰索說文草木有莖葉可以為繩索也從糸從市

鉾矟 上莫侯反考聲戈類也前第八十三卷已釋或作矛下雙捉反廣雅矟兵器也亦矛也埤蒼云矟長一丈八尺文字典說從矛肖聲論作栅非也

驚駭 行駭反文字典說駭亦驚也從馬亥聲駭音崖買反

掘鑿 上羣勿反考聲掘穿也斷也謂斷其掘也說文從手屈聲下藏作反聲類鑿鏨也說文穿木具也從金糳亦聲鑿音藏各反

第一百四卷

鐵鉆 儉炎反說文鉆鐵銸也從金占聲論作鉗鐵枷也結束鐵也非此義銸音聶

排盾 上敗埋反下脣準反前第二十一卷已具釋

防捍 上縛亡反下寒案反前第五十卷釋訖

第一百五卷

陴⿰阝兒 上普閉反下睨計反廣雅云辟倪城上女牆孔也蒼頡篇小垣也說文從𨸏卑聲論或從人作俾倪亦通也

母豬 陟閭反西國池名也

扇椃箏 所加反梵語

第一百六卷第一百七卷第一百八卷

第一百九卷第一百十卷 巳上五卷並無字可音

阿毗達磨大毗婆沙論第十二袟

第一百十一卷第一百十二卷 無字音釋

第一百一十三卷

跳躍 上調窔反下羊灼反顧野王云跳躍謂騰踊也說文二字並從足兆翟聲也

稊稗 上弟奚反考聲稊草名也文字典說云從禾弟聲或作蕛亦作第苐下陴賣反杜注左傳云稗之似穀者也文字典說從禾卑聲

短命 端卯反字書短促也不長也說文有所長短以矢為正故從矢豆聲論從手作桓非也

第一百一十四卷

一羆 彼眉反尒雅羆似熊而黃白郭注云羆長頭高脚猛憨多力能拔木關西呼為貑熊說文如熊黃白從熊罷省聲古文𥌃也貑音加也

紺 甘憾反說文紺深帛青而揚赤色也從糸甘聲或作絵緤也

擘 以

補麦反文字典說擘破裂也從手辟聲也 卍

第一百一十五卷

擵多 君運反韻詮云擵拾也說文亦拾也從手麇聲論作捃亦通

攢躾 上徂丸反鄭注礼記攢聚也說文積也從木贊聲下食亦反說文云躾弓弩發於身而中於遠從身從矢篆文從寸寸法度也與論同也

第一百一十六卷

諠擾 上呼元反聲類諠譁也說文從言宣聲下饒少反考聲擾攪也煩彼也說文煩也從手憂聲音奴刀反字從頁從已止反其手足也從憂者非也

二炮 蒲貟反法義理

始褰持箏 褰音欺乹反梵語也

誅戮 隆竹反賈注國語云戮煞也說文從戈翏聲

梟首 堅遥反顧野王云謂懸首於木上及竿頭以肆其辜也又廣雅梟磔也說文倒首也賈侍中說此斷其首倒懸即梟字也論作梟為不孝鳥也與人梟首乖也

祠禱 上似玆反白虎通曰祠者嗣也顧野王云祠亦祭之揔名也下刀老反鄭注礼記云求福曰禱得福曰祠說文二字並從示司壽聲

酷法 空谷反說文作嚳云以虎害之也從學省告聲亦作俈今通作酷從酉告聲

書撽 形擊反芋聲撽木簡也長二尺有所召書上以傳之史記撽羽撽數罪之書也

文字典說從木敫聲敫音擊也 卍

第一百一十七卷

鬼膾 上苦回反下古外反廣雅膾割也即今之屠者也

蟒類 上忙膀反尒雅云蟒王蛇郭注云蟒蛇之大者也故曰王也文字典說從虫莽聲

弶取 強向反字書弶施罥於道以取禽獸也說文從弓京聲作掠俗也

第一百一十八卷

拊奏　孚武反顧野王云拊猶拍也周礼云合奏擊拊鄭衆注云或擊或拊也孔注尚書云拊亦擊也說文從手付聲

第一百一十九卷

積中　紫錫反考聲積聚也鄭注礼記委多日積文字典說從禾責聲論從艸作[艹積]非也

揩拭　上客皆反下升職反揩摩也鄭注礼記云拭猶淨也說文並從手皆式聲也

顛仆　上與年反鄭注礼記云倒仆為顛也說文從頁真聲正作傎論從二真非也下蒲北反說文傾頓也從人卜聲

駈擯　必刃反前第一百卷中已釋訖

靈龕　苦甘反考聲鑿山壁為坎也廣雅龕盛也文字典說者佛像處也從龍今聲俗從合作龕非也

機阱　情勁反考聲穽穿地陷獸也文字典說從自井聲論從穴作穽亦通古作汬也

覘望　諂廉反杜注左傳云覘伺也鄭注礼記云覘闚視也文字典說從見占聲

蹇鈍　上建偃反考聲蹇難也說文蹇跛也從足寒省聲下徒困反蒼頡篇鈍頑也聲類鈍不利也說文從金屯聲

第一百二十卷

胎膜　上貸來反廣雅云三月為胎顧野王云未生也說文婦孕二月也從肉台聲下忙博反說文肉間膜也從肉莫聲

蚊蜹　上勿分反說文作蟁齧人飛蟲也從虫民聲下而銳反國語蜹蟻蜂蠆皆能害人顧野王云今有虫似蜹齧人謂之含毒即此也說文秦謂之蜹楚謂之蚊從虫芮聲也

蠛蠓　上眠結反下蒙董反莊子云猿之於木若蠛蠓於地也顧野王曰小飛蟲也郭注尒雅云小蟲似蜹也說文並從虫蔑蒙聲也

蚔行　信移反考聲蚔有毛蟲也說文蛙也從虫氏聲蛙音口圭反

踐蹋　上前剪反毛詩傳云踐行皃也鄭注礼記踐履也共也下潭閤反廣雅蹋亦履也說文亦踐也

二字並從足戔聲聲論作蹣俗字也　摑裂　上孫獲反下連哲反廣雅裂分也字書擘也文字典說從衣列聲

阿毗達磨大毗婆沙論第十三袟

第一百二十一卷

稼穡　上家眼反下所棘反前第二十一卷已釋訖　逮勝　臺戴反毛詩傳曰逮及也說文從走聿聲

第一百二十二卷

無字音釋

第一百二十三卷

搰物攢子　攢肥味反梵語也　骸骨　諧皆反顧野王云骸身體之骨揔名也說文從骨亥聲

第一百二十四卷

唼食　子荅反埤蒼唼喈齧唇也莊子云蚊蝱噆膚也說文銜也從口妾聲或作呷正作噆也　鹹鹵　上洽緘反介雅云鹹苦也郭注云苦即大鹹也說文北方味也從鹵咸聲下盧古反說文鹵西方鹹地也又西方謂之鹵從西省鹵象鹽形也

第一百二十五卷

鉤餌　上狗侯反考聲鉤取也曲也引也顧野王云鉤謂也說文從金句聲下而志反蒼頡篇云餌食也大戴礼云鷹隼鷙鷙所得之餌也說文從食耳聲　鞭撻　上必綿反顧野王云鞭用革以扑罪人也說文從革便聲下他怛反孔注尚書云撻笞也鄭玄扶也古今正字從手達聲古文作撻論從草作韃音折非義也　媲邏吒　上批計反中羅賀反下茶服反梵語　囚縶　砧立反杜注左傳縶拘繫也前第五十卷已具釋

藏竄　七乱反杜注左傳云竄匿也顧野王云竄猶逃也古今正字從穴從鼠會意字也

第一百二十六卷

婆私瑟撓　圻加反梵語

麟角　粟玠反此論第七卷中已具釋訖

恬寂　上篳兼反孔注尚書云恬安也方言靜也從心舌聲亦

會意字也

第一百二十七卷

哮吼　上孝交反埤蒼云哮嚇大怒也古今正字云哮豕驚聲從口孝聲下虛垢反考聲嗚之大也牛虎日吼古今正字作吽謂獸聲也從牛口聲亦作㺃呴

第一百二十八卷

蚊蟣　上勿分反下眠結反前一百二十卷中已具釋訖

第一百二十九卷　無字音釋

第一百三十卷

歛吮　旋兖反集訓云吮口嗍也說文吮歉也從口允聲論作㕬非也或作究

鎔銅　上勇鍾反漢書云猶金之在鎔唯治之所鑄說文冶

器法也從金容聲

舌咢　昂各反考聲咢斷也說文作咢論從口作咢非也

沙潬　檀爛反介雅云潬沙出也考聲水中沙出也說文從水單聲

嗟惋　上借邪反毛詩傳云嗟歎諮也古今正字云憂歎也從口差聲下烏喚反考聲惋歎悵也文字集略云驚異也從心宛聲也

釨穳　上其俟反前第一百三卷釋訖古作矛下倉喚反考聲云穳短矛也南越謂之殺廣雅云穳謂之鋋古今正字從矛贊聲古文穳今

論文作攢非也

阿毗達磨大毗婆沙論第十四袟

第一百三十一卷

登躡黏輒反方言躡登也廣雅履也說文蹈也從足聶聲也

欲遮

準陁準音朱允反梵語

第一百三十一卷

相糅女救反鄭注礼記云糅雜也文字典說從米柔聲正作粈也

第一百三十三卷

畔喋婆喋音徒叶反梵語大災風也

飜騰上孚袁反廣雅飜飛也顧野王云飜高去也說文從飛番聲亦作翻下鄧登反障詩云騰

乘也無不乘踐也廣雅騰奔也說文馳也從馬從騰省聲勝從舟從月者非也

耕馭魚據反文字典說馭駕馬也從馬從又與御同

撍

擊上殂桓反前第一百十五卷已釋訖也

第一百三十四卷

縈纏上伊營反毛詩傳云縈旋也說文收韋也從糸熒省聲下徹連反說文纏約也從糸廛聲

第一百三十五卷

擺揬上八買反廣雅云捭開也考聲擺揮手也說文兩手擊也從手罷聲或作押論作擺誤也下徒訥反廣雅云揬衝也字書揬揩也說文從手突聲突從穴從犬論從山作突非也

第一百三十六卷

緝續上侵入反毛詩箋云緝續也下并昔反郭注尒雅云續繼也說文

亦緝也二字並從糸責咠皆聲

毳時 川芮反鄭注礼記云毳毛之細者也鄭衆大毳罽衣也說文從三毛

抖擻 上兜口反下涑走反考聲云抖擻振也涑音叟侯反

第一百三十七卷

無字音釋

第一百三十八卷

一切經音義卷第六十九　第十九張　石

須鎌 上思朱反說文從彡從頁顧野王云所須待之須從彡作須從水作湏音誨今俗行已久且依也下斂鹽反考聲鎌刈物者也方言刈劉也說文鍥也從金兼聲或作鐮亦通刈音鈎

須插 楚洽反聲類插謂剌物使入也說文從手臿聲臿字從千從臼

第一百三十九卷

第一百四十卷

無字音釋

阿毗達磨大毗婆沙論第十五袟

第一百四十一卷

膠濘 上絞肴反第七十八已釋訖下寧定反杜注左傳濘泥也考聲泥淖也說文從水寧聲淖音女敎反

局故 開王反毛詩傳云局曲也卷也廣雅近也說文局促也從口在尺下復句之也象形

一切經音義卷第六十九　第二十張　石

第一百四十二卷

匍匐 上蒲連反下朋北反毛詩箋云匍匐言盡力也顧野王云手行也說文云匍手行也匐伏地也二字並從勹甫畐皆聲音包

灘磧 上提丹反說文水濡而乾也從水灘聲下青歷反廣雅云磧瀨也水淺石見也說文從石責聲

如穴 玄決反毛詩箋云鑿地日穴說文土室也從宀八論作穴誤也

第一百四十三卷

如鉼 並冥反顧野王云鉼汲水器也文字典說從缶并聲

錯謬 上倉洛反考聲錯誤也顧野王云以交合錯乱之錯從辵作遴說文迹也從辵昝聲下眉幼反鄭注礼記云謬誤也說文狂者之忘言也從言翏聲

第一百四十四卷 無字音釋

第一百四十五卷

摩摩异多 异音餘之反梵語

第一百四十六卷 無字音釋

第一百四十七卷

蹲坐 徂䰟反說文蹲踞也從足尊聲踞音居御反

第一百四十八卷

挻埴 上設甄反淮南子云挻和土為器也說文從手延聲從土作埏者非下時職反孔注尚書云土黏日埴也說文從土直聲

憒閙 上迴外反下拏効反前第二十六卷中具釋訖

第一百四十九卷

秼薪 上壮鋒反下悉津反西國藥名也此國佮艾取火之屬也佮音感合反

拈拈 上念添反廣雅拈指持也說文從手占聲論作捻俗字

眩乱 上玄絢反賈注國語眩惑也顛冒也說文目無常主也從目玄聲

第一百五十卷

揭地羅鉤 上褰蔓反下苟侯反梵語

挑善行眼 上眺聊反聲類云挑猶抉也說文從手兆聲抉音伊决反

墼迮 上躄甲反杜注左傳墼亦笮也礼記所謂鎮笮也說文從土㱪聲下爭格反聲類迮

迫也𦍒聲𧘂小也文字典說云從走乍聲亦作窄也

金條 計勞反鄭注周礼云其英纓以絛絲飾之𦍒聲絛織絲如繩然也說文織成也從系絛省聲論從韋作韜又作縚非也

撓攪 上好高反廣雅云撓乱也說文攪也從手堯聲亦作嬈論作托非也下交巧反毛詩傳云攪乱也字書撓也說文從手從覺聲

一切經音義卷第六十九　第二十三張　石

阿毗達磨大毗婆沙論第十六袟

第一百五十一卷

蠐螬 上薺賫反下造遭反前第二十七卷中已具釋

風飇 標遙反郭注尒雅云飇暴風自下而上也尸子曰暴風頹飆也文字典說從風猋聲

第一百五十二卷 無字音釋

第一百五十三卷

打揵稚 次件焉反下馳致反梵語也

第一百五十四卷

翅翮 上施至反說文作翍翼也從羽支亦作翨𢜶下行革反郭注尒雅云翮鳥羽根也說文羽莖也從羽鬲聲

攀攬 上盼蠻反王逸注楚辞云攀引也廣雅戀也說文作艸云引也從反艸今作攀從手樊聲下藍膽反廣雅云攬取也說文撮持也從手覽聲亦作擥

嫉慳 上秦悉反下客蘝反前第八十九卷中已具釋訖

一切經音義卷第六十九　第二十四張　石

第一百五十五卷 無字音釋

第一百五十六卷

止撥 半末反毛詩傳云撥治也王逸云棄也廣雅除也亦猶絶也說文亦

治也從手發聲

不死轉 宛遠反前第八十五卷中已釋

第一百五十七卷

為拳 捲負反孝聲云拳手拳也案論文云五指合為拳即握掌也說文手也從手卷省聲論作捲用力也非其義也

第一百五十八卷

第一百五十九卷

第一百六十卷　已上並無字音訓

阿毗達磨大毗婆沙論第十七袟

第一百六十一卷　無字音釋

第一百六十二卷

敬憚 壇旦反毛詩箋云憚難也畏也文字典說從心單聲

羸劣 上累為反下戀輟反前第六十三卷中釋訖

猶豫 余茹反顧野王云猶豫謂不定也說文豫獸名從象予聲

第一百六十三卷　無字音釋

第一百六十四卷

朽敗 休久反蒼頡篇朽腐也說文作㱙義同從歺丂聲從木作朽或字也

第一百六十五卷　無字音釋

第一百六十六卷

舩栰 煩發反馬注論語云大曰筏小曰桴孝聲栰縛竹木浮之水上也說文正作橃云海大舩也從木發聲或作橃亦作筏

青瘀 於據反廣雅云瘀病也說文積血也從疒於聲

膖脹 上撲江反下張亮反前第八十四卷中釋訖

骨鎖 蘇果反漢書云瑣以環相鉤連也孝

聲云連鎖也文字典說從金貟聲論作璅非也髀骨蘗米反考聲䯜股也說文股外也從骨卑聲論從肉作脞俗字也頷輪前此論第八卷已具釋澡漱上蘋草反顧野王云澡猶洗潔也說文洗手也從水喿聲論從草作藻誤也下搜皺反顧野王云漱盪盪也古今正字從水敕聲膋條討刀反第一百五十卷中已釋訖竦密粟勇

反廣雅云竦上也顧野王云竦高也說文從立束聲論作聳誤也曲僂蔞主反考聲云傴僂俯身也廣雅僂背僂亦曲也說文僂尪也從人婁聲

第一百六十七卷

蛆蛆七余反聲類胆蠅子也說文乳肉中也從虫且聲或從肉作胆

第一百六十八卷

第一百六十九卷

已上並無字音釋

第一百七十卷

阿毗達磨大毗婆沙論第十八袟

第一百七十一卷

見杌五骨反前第八卷中具已釋訖叀乱上箏効反第一百四十八卷具釋訖

第一百七十二卷

歘然熏欝反此論前第十五卷中具釋訖嘷叫上胡高反楚辭虎豹是嘷說文嘷猶咆也從口皐聲下澆竅反顧野王云叫呼也說文高聲也正作嘂從㗊丩聲古作訆嘂噭論作叫俗字㗊音側立反丩音吉留反煻煨上蕩郎反考聲煻灰義細火也下猥回反廣雅云煨熅也說文盆中火也二字並從火唐昷皆聲熅音蘊文反銛利思廉反濂

書音義云銛利也䥥頭篇銛鐵也孝聲刀劒利也說文從金舌聲鐵音挨間反

鐵柴 醉髓反字書柴鳥喙也文字典說從此從朿亦作觜論作嘴俗字鐵正作鐵

廁圂 上測志反下溷困反此論前第十二卷中已具釋訖

矩拉婆 上俱禹反下藍蹋反梵語也

第一百七十三卷

央掘利魔羅 上鞅薑反下群物反梵語也

傲慢 上敖誥反杜注左傳云傲不敬也廣雅傲亦慢也字書倨也說文從人敖聲論從心作慠非也下蠻晏反孔注尚書慢輕慢典教也顧野王云慢猶輕侮也說文惰也從心曼聲

迸石 伯孟反鄭注礼記云迸散也字書云亦散走也文字典說云從走并聲亦作跰

第一百七十四卷 無字音釋

第一百七十五卷

銷鎔 上小焦反顧野王云銷猶散也說文鑠也下勇鍾反說文鎔冶器法也二字並從金肖容皆聲鑠音商約反

第一百七十六卷

蟒身 忙牓反郭注尒雅蟒虵之大者也前第一百一十七卷中具釋訖

一摶 段巒反廣雅云摶手握使相著也說文從手專聲

畦中 惠圭反前此論第十六卷中具釋訖

躊躇 上宙留反下佇驢反廣雅云躊躇猶豫也顧野王云謂淹留而躊躇也說文二字並從足壽著皆聲也

第一百七十七卷

不凹 黠甲反抱朴子云凹墊下也并聲謂中下也象形

不凸 田結

反韻略云㔾高起皃也象形字也

足跟　艮痕反釋名足後日跟說文足踵也從足艮聲

皺緩　上鄒瘦反山論第三十八卷中具釋訖下拒管反介雅緩舒也顧野王云緩猶寬也說文從糸爰聲

攣急　劣圓反孝聲攣拘也顧野王云癵謂拘曲也說文孫也從手䜌聲或從疒作癵論作戀誤

緊泥　壹奚反梵語

傍敔　起爵反顧野王云敔以為不正也從攴奇聲奇字正從介作奇攴從半竹作攴

慓幟　上必遙反下咥至反前第七十三卷已釋訖

哳哳　長列反梵語數法也

跋邏攞　上盤末反次羅賀反下懺衫反梵語

第一百七十八卷

割劓　上干遏反孔注尚書云割害也廣雅截也下宜器反鄭注礼記劓截其鼻也說文次鼻也並從刀或作剠

不瞚　輸閏反莊子云終日視而不瞚呂氏春秋云万世猶一瞚說文目開闔也或作瞬

第一百七十九卷

顦悴　上情遙反下慈醉反楚辭顦悴憂愁之容也說文或作憔亦作醮悴或從頁作顦並通也

羞赧　上秀由反下拏簡反方言赧媿也說文面慙赤從皮赤聲

第一百八十卷

⿱而火等　蕤宄反說文從火而聲

阿毘達磨大毘婆沙論第十九袟

第一百八十一卷

蹻足　起驕反文穎注漢書云蹻猶翹也說文舉足高皃也從足喬聲或作趫

麁鞕　上醋胡反下顏更反古今正字牢也考聲堅也正作

鞕又作硬俗字也

素怛纜毗奈耶 怛音單葛反纜音羅啖反梵語唐云經律藏也

第一百八十二卷

第一百八十三卷

第一百八十四卷

第一百八十五卷

已上並無字可音

第一百八十六卷

嗤誚 上齒之反字書嗤戲笑皃也文字典說從口蚩聲或作蚩字從屮從虫屮古文之也下樵笑反孔注尚書誚讓也或作譙也

第一百八十七卷

憺怕 上譚濫反顧野王云憺恬靜也王逸注楚辭云憺猶安也下普百反子虛賦云怕乎無為憺乎自持廣雅怕靜也說文無為也並從心詹白皆聲論從水作澹泊非此也

溉田 基未反顧野王云溉灌注也說文灌也從水既聲

第一百八十八卷

鐵礦 虢猛反尒雅鐵璞謂之礦說文銅鐵璞也從石黃聲論作丱通

用或作礦也

樓櫓 上漏頭反文字集略城上守禦屋也下盧古反釋名櫓者上露無覆屋也說文並從木

埤堄 上普閇反下倪計反廣雅城上女牆也前第一百五卷已具釋訖

裸形 華瓦反顧野王云裸脫衣露袒也說文從衣或作躶倮也

第一百八十九卷

腐敗 扶武反廣雅腐臭敗也說文腐爛也從肉

第一百九十卷

耽嗜 上苔含反尒雅耽取樂過度也下時至反孔注尚書嗜無猒足也說文人嗜慾喜之也或作暏鐠醋

結憾 含暗反孔注論語云憾恨也文字典說從心感聲也

阿毗達磨大毗婆沙論第二十袟

一切經音義卷第六十九　第三十五張　石

第一百九十一卷

驚慴 詹涉反郭注尒雅云懼慴也說文慴怖懼也從心或作懾

驚駭 鞋界反怖也

第一百九十二卷　無字音釋

第一百九十三卷

囹圄 上歷丁反下魚舉反鄭注礼記囹圄所以禁守繫者若今之別獄也說文守也並從口囗音韋

第一百九十四卷　無字音釋

第一百九十五卷

繼嗣 上雞藝反王弼注周易云繼謂不絕也賈逵注國語云繼餘也尒雅繼紹也說文續也從糸從㡭㡭亦聲或作㡭㡭音絕下詞恣反孔注

一切經音義卷第六十九　第三十六張　石

尚書嗣亦繼也毛詩箋云嗣續也說文侯嗣國也從口從冊司聲或作孠古字也冊音策也

第一百九十六卷　無字音釋

第一百九十七卷

隤壤 上隊雷反廣雅隤壞也說文墜下也從阜或作頹下穰掌反孔注尚書無塊曰壤劉兆注穀梁傳云蓋地出土曰壤說文從土襄聲也

壒

疣 右憂反廣雅肬腫也蒼頡篇云疣病也說文從疒或從肉作肬又作疣

第一百九十八卷

騫持 丘乹反前第一百二十六卷已釋訖

守阬 罵賣反杜注左傳云阬地險也王逸注楚辞云阬墳危也說文塹也從阜或作隘作阬俗字也

摑打 竹猧反聲類云摑搭也

第一百九十九卷

無字音釋

第二百卷

蜥蜴 上星亦反下盈隻反尒雅云蠑螈蜥蜴蝘蜓守宮也郭璞注云異語別四名也說文云蝘蜓在草曰蜥蜴也從虫蠑音榮螈音原蝘音偃蜓音田典反

一切經音義卷第六十九

一切經音義卷第七十　石

翻經沙門慧琳撰

音前譯俱舍論二十二卷

俱舍頌一卷　後譯俱舍論三十卷

五十三卷同此卷音

俱舍論第一卷　玄應撰

俱舍 此譯云藏則庫藏之總名也而體是蘊藴借以喻焉

諸冥 莫庭莫定二反說文冥幽也幽闇也冥夜也夜無所見也字從日從六日數十六日而月始虧冥也冂聲冂音銘壁反

何負 胡可肩多二反小尒疋何揭擔也廣疋何任也今皆作荷也

竅穴 口弔反竅孔也說文竅空也穴土室也

黿鼉 徒多反三蒼似蛟而大山海經江水足鼉郭璞曰似蜥蜴大者長一丈有鱗彩可以為鼓詩云鼉鼓逢逢是也字體從黽單聲單音那黽音莫耿反

鉤鵒 古侯下加額反尒疋鵒忌欺郭璞曰今江東呼鵂鶹為鉤鵒音格廣疋鵂鶹鵅鷄也亦怪鳥也晝盲夜視關西呼訓侯山東謂之計狐論文作鴝字與鸜同音具揄反鴝鵒鳥也鴝非此義

第二卷

相櫕 扶味反南人謂相撲為相櫕也

相磕 苦盍反說文磕石聲也今江南凡言打物破砰為磕破亦大聲也

隙中 古文崀同去逆反說文隙壁際孔也廣疋隙別也

鼓⿱鼓桑 桑朗反埤蒼鼓框也字書鼓柎也論文作顙方言顙額也東齊謂之顙非此義

執駐 古文住尌逗遠四形同雉具徵具二反也地獄受罪之名也依字蒼頡篇駐上也說文

駐馬立也

眼瞼 居儉反字略云謂眼外皮也

愞根 奴卧反三蒼愞弱也

三洲 之由反尒疋水中可居曰洲孫炎曰水有平地可居者也釋名云洲聚也人及鳥獸所聚息之處

第三卷

先不音

第四卷

佳預 古文預忬二形今作豫同余據反蒼頡篇預安也又先辨也逆為之具故曰預周易預怠也韓康伯曰預以舒緩也

頶尾 又作胡胋二形同戶孫反謂牛領垂也詩云狼跋其胡是也論文作臺說文圓器也臺非此用

遞為 古文遞同徒禮反尒疋遞迭也郭璞曰遞更易也論文有作迭徒結反方言迭代也二形通用宜依字讀也

第五卷

稻穰 如羊反廣疋稻穰謂之稈又穰亦亂也論文作蘘蘘荷菜名也蘘非今義

第六卷

剡浮 以漸反或云閻浮或作譫浮皆訛也正言贍部因樹為名舊譯云纖樹域譫音之含反贍音時焰反

耳璫 都堂反釋名穿耳施珠曰璫本出西戎也

郊外 古包反司馬法王國百里為郊五十里為近郊百里為遠郊白虎通曰王及諸侯必有郊者何上則郊挨天神下則郊接諸侯諸侯郊接鄰國也

但撥 補末反廣疋撥除也棄也

乗筞 古文冊䇲𠕋三形同楚革反茦馬過也所以撾馬駈馳也

船人 述專反世本共鼓貨狄作舟船宋忠曰黃帝臣也方言自關而西謂舟為船釋名船循也謂循水而行也論文作舡呼江反非此義也

蜻蜓 廣疋作蜻

蛈音青庭莊子作蜻蛉蛉音力丁反

纔出 在夾反廣疋纔蹔也漢書作纔僅也岀也不久也鄭玄注禮記作裁東觀漢記及諸史賈逵注國語並作財隨作無定體也

衰耄 古文𦒺耄二形今作耗同莫報反禮記八十日耄鄭玄日耄惛忘也耄亂也

仍託 古文礽訒礽三形同如陵反尒疋仍乃也又礽因也郭璞日謂因緣也

沸撓 乃教反廣疋撓亂也說文撓擾也聲類撓擾也

第七卷

俾尸 比尒反譯云內圍戒云成圍依字俾使也

烈灰 力折反說文烈火猛也廣疋烈熱也

含以 字體作唅胡紺反謂資人含興也

次飴 又作餜飤二形籀文作弃同弋之反說文米蘖煎也釋名云飴

小弱於錫形恰怕然也錫音似盈反

要術 脣聿反術術法也又邑中道日術術通也無所不通也

波抴 太何反依字抴曳也

第八卷

吞故 土根他田二反說文吞咽也廣疋吞咽滅也

病愈 古文瘉同揄主反方言差間日愈也說文瘉病瘳也

挂置 古文作卦同占賣反廣疋挂懸也

大渟 今作滯同滯沒反上林賦澤渟寄汨漢書

音義日水廕鰨緾聚之皃也

萎燥 又作痿同於危反聲類萎草大菸也關西言菸山東云蔫江南亦言痿方言也下桒道反燥乾也

不噎 於結反說文噎飯窒也窒音知栗反塞也論文多作咽於見於賢二反咽吞也咽喉也咽非字體

畟方 楚力反謂正方也

瞞陁 忘安反依字說文平規也

鐵鉆 哥沾反依字說文鐵鉗也蒼頡篇鉆持也鉗亦錫字

迴復 又作垘同扶福反漢書川塞谿垘蘇林日垘者

伏深也宣帝紀作澓回水也

至杪 弥遶反木細枝謂之杪通俗文樹鋒曰杪方言杪小也郭璞曰杪者梢微少也

第九卷

擐甲 胡慢工患二反左傳擐甲執兵杜預曰擐貫也國語服兵擐甲賈逵曰衣甲也

儲蓄 直於反說文儲待也儲具也一曰蓄財也下蓄古文稸同恥六反蓄積也聚也

相要 於遶反要召也呼也要亦徼也徼求也徼音古堯反

長取 除亮反謂盈長也亦餘剩也

盈子 今作籢同力占反說文鏡匳也謂方底者也今江南有蓍匳是也

開擴 埤蒼作胼同恥格反說文擴裂也廣疋分也

竹笪 都達反說文笪箏也音若笡竹皮名也郭璞曰注方言云江東謂籧篨直文而麁者為笪

紨文為蕟音廢一名苻蘆宋魏之間謂箄篨者為籧篨也說文籧篨麤竹席也用蘆織之也

古貝 府蓋反謂五色氎也樹名也以花為氎也

第十卷

猒惡 烏路反案惡猶憎也禮記吾惡用吾情論語惡紫之奪朱皆是也謂人心之有去取名好惡好惡二音皆去聲也

為隓 徒當反說文隄隓也埤蒼云長沙謂隄為隓是也隄防也防止水者也又障也積土為封限障水也

郭邑 古鑊反蒼頡篇郭城郭也公羊傳曰郭者何恢郭也釋名云郭廓落在城外也邑者周禮云四井為邑鄭玄曰方二里也左傳凡邑有宗廟先君之主曰都無者曰邑也鑊音胡郭反

第十一卷

生蕘 弟奚反詩云自牧歸蕘傳曰蕘茅之始生者也

瘠田 古文賫瘵膌三形同于亦反瘠薄也亦瘦也

嘉苗 古文恕同賈迴

反嘉善也今疋嘉美也

第十二卷

坑穽　古文阱汬二形同慈性反說文穽大陷也廣疋穽坑也三蒼穽謂穿地為陷所以張禽獸也

揣觸　古文敊同初委反謂測度前人也江南行此音又音都果反揣量也試也比人行此音桒論意字冝

作揣初委反揣撲也通俗文捫摸曰揣是也

庖廚　蒲交反庖之言包也裹肉曰苞說文庖廚也廚庖屋也蒼頡篇主食者也

水渚　之與反介疋小洲曰渚渚李巡曰四方有水獨高可居故曰渚釋名云渚者遮也體高能遮水使從旁迴也

穿窖　古孝反說文地藏也

增足　子踰反足猶成也相足成也

諂佞　丑冉反下奴定反布其意道

其言謂之諂說文巧諂高材曰佞又偽善曰佞也

俗話　籀文作譮古文作諣諙二形同胡快反廣疋話調也謂調戲也聲類話訛言也

第十三卷

和穆　又作睦同亡鹿亡竹二反穆和也敬也

蘞苦　古文蘞今作蘞同理儉理沾二反說文蘞白蘞也蔓生於野者也

剌那　力達反依字剌那也剌乖戾也字體從束刀

第十四卷

埃塵　烏來反通俗文灰塵曰埃埃亦塵也

跖下　之石反說文跖足下也今亦作蹠蹋也今謂水不著

第十五卷

先不音

第十六卷

學泅　說文作汓或從囚作泅音似流反謂浮水上也江南言拍浮也

磔手　古文厇同竹格反廣疋磔張也磔開也通俗文張申曰磔論文作磔未見所出

一尋　古文㕡或作尋同似林反謂人兩臂為尋淮南子云人脩八尺尋自倍故八尺曰尋也

第十七卷

所鎮　知陣反說文鎮壓也亦安也蒼頡篇鎮按也

串脩　古文摜遦二形同論文作慣同古患反尒疋串習也舍人曰串心之習也

僻見　疋赤反僻邪僻也謂為事邪枉不理也

第十八卷

跰跌　徒結反廣疋跌差也字書失跲也方言跌蹶也郭璞曰偃地也

不躃　毗亦反躃亦僻也

第十九卷

㡯度　唐各反度量也撥度優量也

馳動　直知反廣疋馳奔也說文大驅也疾馳曰走也

弋論　又作杙同余職反尒疋樴謂之杙注云杙橜也樴音徒得反關中之言阿樴江南言椓杙也

貢獻　古弄反貢獻也廣疋貢上也下虛建反獻進也古者致物於尊者之廂曰獻也

第二十卷

先不音

第二十一卷

適心　尸亦反廣疋通善也謂善好稱人心也

毫氂　又作毫同胡高反下古文氂練二形今作耗同力之反漢書律曆志云不失毫氂孟康云毫兔毫也十毫曰氂三蒼氂毛也今皆氂理也古字通用也

聚落　慈禴反漢書學官聚曰序鄉曰庠張晏曰邑落名也韋昭注小疋鄉曰聚人所聚也廣疋落居也人所居也漢書無燔聚落是也

阿毗達磨俱舍論頌一卷　慧琳音

煻煨上音唐下猥猥反熱地獄名也煻煨者熱灰火也亦灰河地獄皆隨自身惡業化現罪人自見皆自作自受所有苦事一如夢中受苦樂也**堅手及持鬘**馬班反堅手天持鬘天恒憍天並注須弥山層級悉是地居天四天王之附庸國也釋天主之兵將也**扇撓**

析昔反梵語也黃門之異名前文已具說**初後皰雙前**彭皃反此言忉利天上有波利質多花樹皆言圓生樹花皰生時香氣遠聞諸天歡喜**局隨增**上卭欲反考聲云局界也分也曲也曹也說文促也近也從尺從口卭音共顒反**瀑流軛**上抱冒反下音厄鄒注禮記云車轅端壓牛領木也此軛亦尒考聲云瀑者猝雨水流也喻生死大河以業為水漂休有情被瀑流軛縛遷移出沒生死不得自在也休女力反**骨鎖**莎果反考聲鎖鏁也說文連環也從金貨聲貨音同上從小從貝有從貨作鎖非也論文從玉作瑣玉聲非此用也**麟角**上栗珎反瑞獸名也而頂有一角以此角喻辟支迦或名獨角**一輻等**如車音福**貶量**上筆奄反考聲云貶財損也司馬相如作㝃古字也說文損也從貝之聲量字從日童正體字

阿毗達磨俱舍論三十卷　沙門玄應音

第一卷

俱舍此翻云藏則倉庫鞬鞘之捴名也舍藏義一故以名焉鞬音經演反鞘音私妙反刀室也藏有多名斯之一稱也**諸冥**覓經反又迷定反蒼頡篇云諸非一也聲類云諸詞之捴名也尒疋云冥闇也昧也說文冥幽也亦夜也字從冖冖音銘從日從六日數十六日而月始虧

㵱冥字意

淪没 力均反廣疋淪沉也没溺也又淪深也没墜也

誡勗 居薤反下虛玉反警勑曰誡自勵曰勗又誡亦告慎也勗謂勉強也

迦多衍尼子 以善反舊云迦旃延子此從姓為名有言迦多衍那聲之轉也

鄔柁南 烏古反下徒我反此云自說謂不待請問而自說也舊云優陀那耶無問自說經是也

毗婆沙 或言鼻婆沙隨相語作毗頗沙此釋云廣解或言廣說亦云種種說或言分分說同一義

等謝 似夜反廣疋謝往也去也

所吞 他痕仙賢二反吞謝不嚥也廣疋吞滅也說文吞咽也

有諍 又作爭同側迸側耕二反蒼頡篇諍訟也亦引也說文謂彼此競引物也

氣騰 徒登反廣疋騰外上也亦奔馳也

竅隙 口弔反下又作𡾊同丘逆反廣疋竅孔也隙裂也說文竅空也隙壁際孔也字從𨸏從白上下小也

阿伽伽 此云礙阿有二義或云無或言極猶含兩釋故立本名

第二卷

畢舍遮 舊經中名毗舍闍亦言臂舍柘鬼名也餓鬼中勝者也

室獸摩羅 形如烏也舊經律中或作失收摩羅或作失守摩羅梵音轉耳譯云殺子魚也善見律云鰐魚也長二丈餘有四足似鼉齒至利有禽鹿入水齧即斷也廣州出土地有之

蝙蝠 方眠反下方目反崔豹古今注云蝙蝠一名仙鼠一名飛鼠五百歲色白腦重集物則頭垂故謂倒挂蝙蝠食之神仙也

鵂鶹 許牛反下力周反介疋鵋鵙欺郭璞曰今江東呼鵂鶹為鉤鵅鵅音格廣疋鵂鶹鵋鵙也鵋音遊講反亦云怪鳥晝盲夜視鳴為怪也關西名訓侯山東名訓狐纂文云夜則拾人爪甲也

野干 梵語悉伽羅形色青黃如狗群行夜鳴聲

如狼也字又作射干案子虛賦云騰逐射干司馬彪郭璞等注並云射干似狐而小能緣木射音夜廣志云巢於危巖高木也禪經云見一野狐又見野干是也**豺狼**仕皆反蒼頡訓詁云豺似狗白色有爪牙迅捷善搏噬介疋豺狗足也蹠音時制反**猫貍**又貓同亡朝亡包二反下力其反猫捕鼠者也廣疋貍也又曰野貍也**鳩摩羅多**

此云童首謂諸童子中為上首也**胞胎**補茅反說文胞兒生裹也**洟唾**古文鮷同他計反三蒼洟鼻液也同易齊咨涕洟自目曰涕自鼻曰洟也**防援**禹卷反謂守護視衛之言也援亦取字從手也**頗胝迦**陟尸反亦云娑破迦西國寶名也舊云頗黎者訛畧也此云水王或言白珠大論云寶出山石窟中過千年氷化為頗梨珠此或有也但西國極饒此物彼乃無氷以何為化但石之類耳**樝掣**又作担同側加反下文作摩同充世反撣名撻又也謂五指俱往又取也掣制也制頓之使傾已也掣亦牽也**磁石**但茲反埤蒼磁石謂吸鐵者也**掛手**芳主反掛猶拍也廣疋掛擊也案掛亦撫也**相糅**古文狃粈二形同女救反廣疋糅雜也令以異色物相參日糅也**謂向**許亮反三蒼向北出牖也向亦牕也**香荾**又作荽字挖作䔍同私隹反諧

畧云胡荾香菜也博物志云張騫使西域得胡荾是也今江南謂胡荾亦為葫荾音胡祈近後攺亦為香荾**樺皮**胡霸反木名也皮可以飾弓者**冠花鬘**古玩反冠猶著也下梵言摩羅此譯云鬘音莫班反案西國結鬘師多用蘇摩那花行列結之以為條貫無問男女貴賤皆此莊嚴或首或身以為飾好則諸經中有花鬘市天鬘寶鬘等同其事也字從髟音所銜反臱聲臱音弥然反**鼓顙**桑朗反埤蒼鼓枫也字書鼓

材也今江南名皷匡為蘇枳音五寡反

指䶥 今作揩同徒皆反說文指揩摩揩也今之射䶥也

捺落迦 奴葛反受苦處也或言那落迦受罪人也此云不可樂亦云非行謂非法行處也或在山間或大海邊非止地下言地獄者一義翻也

第三卷

扇搋半擇迦 勑佳反蕃經論中或言般吒或云般荼迦皆方夏輕重也半擇迦此云黃門揔名也其類有五今此第三扇搋半擇迦者謂本來男根不備亦不能生子也

眼瞼 居儼反字畧云謂目外皮也

第四卷

一切經音義卷第七十　第十九張　不

警覺 古文儆二形同居影反警戒愼也勑解之也亦起也廣疋警警不安也備也

印可 伊振反印信也文記施行所在信用也字從爪卩卩音節

勇悍 臾腫反下胡旦反勇謂雄武果決也謚法曰知死不避曰勇懸命為仁曰勇說文悍勇有力也三蒼悍桀也桀謂智出千人也

不閑 字體作憪同核艱反閑謂習解之稱也慣習工善曰閑也

音旨 脂以反說文作指指意也志也

未嘗 視羊反廣疋嘗識也暫也光也未嘗曾也

諂誑 丑冉反希其意道其言謂之諂謂傾身以有下也諂亦佞也誑或也欺也

撟亂 居夭反謂假詐誑惑也說文撟擅也擅構上命曰撟字體從手從喬今皆作矯也

烈日 離折反廣疋烈烈威也說文烈火猛也

舉恃 古文怖同時止反恃賴也韓詩無毋何恃負也

淩懱 力昇反下又作懱同莫結反蒼頡篇淩侵犯也說文懱相輕傷也

傲逸 五到反廣疋慠慢也不敬也輕傷於人逸於縱

一切經音義卷第七十　第二十張　石

也

焚燒 古文炃燌二形同扶雲反說文焚燒田也字從火燒林意也

唐捐 以專反唐徒也徒空也說文捐棄也

第五卷

半褒娑 乃可反舊言那娑果形如冬瓜其味甚甘也

俱盧洲 此云上勝亦云勝生舊經中作鬱單越或云鬱怛羅越亦言欝多羅拘樓皆梵音輕重也

色塵 治連反梵言阿縛遾邏此云帀塵礼記并塵而不征鄭曰塵謂帀物邸舍也塵居也人所居也方言東齊海岱之間謂居曰塵舊云欲行疑誤也案梵名行為僧塞迦羅也

軌範 又作笵同音笵軌則也範法也謂可為法則亦教人法則也梵言阿遮利耶舊言阿闍梨訛也

僵仆 居良反下古文踣同蒲北反仰謂之僵伏謂之仆言偃卧前覆

也

憤恚 扶粉反方言憤盈也說文憤滿也謂憤怒氣盈滿也

頹殁 又作隤同為隊反聲類云頹没也亦墜落也

達彌羅 弥介反此云攝投法也

嗢怛羅 烏没反此云攝要勝殑耆羅渠矜反此云攝恒沙此皆人名也

白鷺 來故反白鷺水鳥也頭翅背上皆有長翰毛江東取為睫離名曰白鷺縗音蘇雷反

嗣前 古文孠同辞利反介雅嗣繼也續也相繼續也

葦胡 妃封反又音封下又作頡咽二形同戶孤反脊上有肉韋如䭾䭾者曰葦今有此牛形小髀上有韭是也說文胡牛領垂下也釋名胡在田下垂者

仍未 又作訒礽二形同而陵反廣疋仍重也介疋仍因也乃也

中名 弥成反名標幟也亦所以名質也自命也左傳名以制義廣疋名成也字從口從夕夕則不相見須口以名之字意也

文字 巨云慈恣反案說文昔蒼頡造書依類象形故謂之文其後形聲相益即謂之字字生也孳乳浸多

哀阿

烏可謂無義文字也

嗢遮 烏沒反字界也此言合集義界謂字母也

第六卷

羯剌藍 盧葛反或作羯羅藍或云歌羅邏皆一也此云凝滑亦言和合謂父母不淨如蜜和酪泯然成一於受生初七日中凝滑如酪上凝青也

潤沃 古文渓同烏木反沃猶漑灌也澆也潰也

諾瞿陁

舊言尼俱陁樹或作尼俱律或云尼俱類陁亦言尼拘屢陁亦言尼均盧陁皆一也舊譯云無節一云從廣樹

中夭 又作殀同於矯反說文夭屈也廣疋夭折也如物夭折中也字從大象形不申也又不盡天年謂之夭字意也

鵶足 亞加反言草如鵶足即以為名也

農夫 古文𦦔辳二形同奴冬反說文正作䢉耕也今作農俗字也

第七卷

聳幹 古文竦𢶍二形同須拱所勇二反廣疋聳上也下公旦反幹謂莖本也枝幹也

先兆 除矯反賈逵注國語云兆見形也亦機兆也謂事先見者日兆也

占相 之鹽反方言占視也亦候也凡相候謂之占占亦瞻也

咄哉 都杌反字林咄相謂也字書咄叱也比音齒逸反

第八卷

反質 之逸反廣疋質問也亦正也

卵㲉 又作殻同口角反吳會間音哭卵外堅也尚在卵中謂之㲉也

而欻 呼物反蒼頡篇云欻猝起也亦忽也

身㜸 在灾反㜸僅也劣也不久也廣疋㜸暫也三蒼㜸微也

固唯 古文作怘固古護反固必也小介疋固亦故也

如札 莊黠反今江南謂斫削木片為柹關中謂之札或曰柹

扎柿音敷廢反星迸古文跰或作趞同班孟反迸謂散走也嗢柁南烏沒反下從我反嗢此言集柁南此云施謂集已施人也字從木也琰摩以冉反或作閻摩羅或言閻羅亦作閻摩羅社又言夜磨盧迦皆是梵音楚夏聲訛轉也此譯云縛或言雙世謂苦樂並受故以名焉又云縛閻摩此云雙羅社此言王兄及妹皆作地獄王兄治男事妹治女事故曰雙王也

第九卷

俱胝陟遲反或言俱致此當億謂千萬也或十萬為億或萬萬為億西國俱胝或千萬或十億或百億而甚不同故存本名冝也訖栗枳居紙反即迦葉佛父王之名也諷頌不鳳反下許用反

諷誦詠讀也又以聲節之曰諷頌讚詠也熊馬胡宮反說文熊如豕山居冬蟄其掌似人掌名曰蹯音煩羆驢彼宜反尒疋羆如熊黃白郭璞云似熊而長頭似馬髦高腳猛憨多力能拔木關西名猳憨音呼濫反猳音加羯吒私此變之別名也茅盧力居反寄止曰廬別舍也黃帝為廬所以避寒暑也春秋云冬夏居之鍵南渠偃反舊云伽訶那此云堅厚至第四七日內圖方堅厚也閟

歰鄙冀反詩云我思不閟傳曰閟閉也亦不從也下作濇同所立反謂不滑也字從四止二𠛱二正即不通字意醫者於其反說文治病工也醫之性得酒而使藥非酒不散故字從酉殹病人聲也殹於奚反或作毉醫二形並俗字也嬰兒於盈反三蒼女曰嬰男曰兒釋名云人始生曰嬰兒胷前曰嬰抱之嬰前而乳養之故謂兒也睒末梨式琰反滑草也用之洗手甚滑澤也潰爛古文殨同胡對反蒼頡篇潰旁

決也說文
潰漏也
巨觀
普我反三蒼云巨不
可也反正為乏反可
為巨皆
為述
脣聿反孔子曰述修也
字意
案述訓其義理也尒足
述修也
涕淚
他礼反詩云涕泗滂沱
修行也
泣也自鼻曰涕自目曰
淚廣疋涕
離繫
亦云不繫梵言尼乹
泣淚也
亦泥揵連其外道拔
踐霤形無所貯畜以
播輸鉢多
補
手乞食隨得即歌也
賀

反亦作疲輸此是塗灰外道遍身塗
灰難取有剃不剃衣纔蔽形但非赤
色為異耳拳事魔
般利伐羅勺迦
亦
言
醯首羅天者也
欽利波羅闍延此云普行事那羅延
天頂留少髮餘盡剃去內衣在體縫
蔽形醜其衣染
似赤土之色

第十卷

龍鎮
知陣反又音珍說文鎮壓
也亦安也廣疋鎮重也
部多
巳生義舍多解
飢饉
古文作飪又作
故仍置本名
饑同几治反尒
疋云穀不熟為飢蔬不熟為饉
案凡草木可食通名蔬蔬菜也
洋銅
以章反謂蕢之消爛洋洋然也三
蒼洋大水皃也字書作煬釋金也
贍
于
時焰反樹名也舊經中或
焱石
𧆛
部
作剡浮或作閻浮皆訛
反詩云赫赫炎
炎傳曰炎熱也
三灾
籀文作災又作
烖灾二形同宰

財反灾傷也案凡害傷人者皆
日灾又天反時日灾灾亦病也
沐浴
亡卜反說文濯髮
為来反蒼頡
日沐洒身曰浴也
埃塵
篇埃謂風揚
塵
性𠹀
許驕反𠹀譁也謂譁
也
譁不靜之皃是也

第十一卷

瑜繕那
市戰反此云合也應也計應
合尒許度量同此方驛也自
古聖王一日行也案西國俗那亦有
大小或三十里昔来皆取四十里為

定舊經論中或作踰闍那或作由延亦作由旬或云俞旬皆訛畧也

諾健那 譯露身大力神名也

如篅 蒼頡篇作圌同市緣反圌倉也說文判竹圓以盛穀者也江南行此音又作上仙反中國行此音也

摶繫 徒桓反摶圜也厚也廣疋摶著也摶之令相著也

蘇迷盧 此云妙高山亦言好光山舊言須弥或云須弥樓皆訛也

喻健達羅 舊言由乾陁羅山此云持雙山言此山峯有二隴道因以名之也

伊沙䭾羅 舊言伊沙陁羅此云自在持亦言持軸言此山多有諸峯形如車軸故以名也

揭地洛迦 去謁反此云擔山木言此山寶樹形若擔山木遂以名之

蘇達梨舍那 此云善見言此山端嚴綺麗見之稱善則以名焉

頞涇縛羯拏 烏葛反此云馬耳言此山峯形如馬耳因則名之

毗那怛迦 都達反此云有障礙神有一鬼神人形象頭凡見他事皆為障礙此之山峯似彼神頭故以名也

尼民達羅 舊言尼民陁羅此云地持山又魚名也言海中有魚名民達羅此山峯似彼魚頭故復名之

吠瑠璃 扶廢反舊言鞞稠利夜亦言鞞頭梨也或云毗瑠璃亦作鞞瑠璃皆梵音訛轉也從山為名鞞頭梨也山出此寶謂遠山寶遠山即是蘇迷盧山也此寶青色一切寶皆不可壞亦非煙焰所能鎔鑄唯鬼神有通力者能破之為物或云是金翅鳥卵殼即是此寶鬼神破之以賣與人也

舍攎州 勑佳反

矩拉婆洲 俱禹反下盧荅反

羅刹娑 或言阿落刹娑是惡鬼之通名也又云羅义婆此云護者若女即名羅叉私舊云羅刹訛畧

從廣 足容反小尒疋衆從長也韓詩傳日南北日從東西日横是也

殑伽河 其昇

反諸經論中或作恒河或言恒伽河亦云恒迦河或作强伽河皆訛也此河從無熱惱池東面象口而出流入東海舊譯云天堂來以彼外書云本人磨醯首羅天頂耳中出流在地上以此天化身在雪山頂故作是說見從高處而來故云天堂來也

信度河 舊言辛頭河此云驗河從池南面銀牛口中流出還入南海也

徙多河 斯介反或言私多或云悉陁亦言私河皆梵音之差也此云冷河從無熱惱池西面瑠璃馬口而出流入西海即是此國大河之源其派流之小河也

縛芻河 舊言博义或作薄义亦云婆义河皆一也此云青河從池北面頗黎師子口中流出入北海即此黃河俱是也

煻煨 徒郎反下烏迴反通俗文熱灰謂之煻煨也

阿鼻旨 諾以反或言阿毗至亦云阿毗地

獄或言阿鼻地獄一義也此云無間無間有二一身無間二受苦無間

娘矩吒 女良反下俱禹反此云糞屎蟲有觜如針亦名針口蟲穿骨食髓者也

觜利 子累反廣疋觜口也方言觜爲喙也

咂食 古文嗺子丘反又作唼同子盍反通俗文入口曰咂又蟲食曰唼

銛利 私廉反廣疋銛鐵利也謂刀銳曰銛也

探啄 他含反說文手遠取曰探探摸也

鐵仗 治亮反執持名仗謂兵器之摠名也刀猾拼攆等皆是也

刀槍 千羊反蒼頡解詁云木兩頭尖銳曰槍說文槍岠也

禦捍 古文敔同魚舉反小尒疋禦抗也禦當也尒疋禦禁也謂未有而預備之也字從示下又作扞同胡旦反說文扞止也蔽也亦衛也

適被 三蒼古文作適同之赤尸亦二反適近也始也佳也

尼刺 洛割反此云裂言身皰裂也

頞哳吒 烏曷反下陟黠反此從聲爲名也

臛臛婆 呼各反此皆從受苦之聲爲名

也𣲖

支派　普懈反水分流曰派說文水之派別也尒疋水自派出名

俱盧舍　諸經中或作句盧舍或作拘摟賒亦作拘屢含皆梵音輕重也謂大牛鳴音聲聞五里又云五百弓八俱盧為一踰繕那那四十里古者聖王一日所行也

稼穡　加瑕反下所力反字林種曰稼收曰穡說文禾之秀實為稼一曰在野曰稼也

層級　字恒反下居及反說文層重屋也亦累也級謂階次也

封邑　甫逢反起土為界封𡨥也周禮四井為邑方二里也凡邑有宗廟先君之主曰都無曰社

始羅綿　丁回反舊言兜羅綿也

角勝　古文𦕍同古卓反角比量也禮記習射御角力廣疋角量也角試也說文角平斗斛也並單作角或作捔此古文粗字音在古反捔猶畧也

芬馥　敷雲反下扶福反方言芬和也謂芬香和調也字林馥香氣

擁遏　烏割反蒼頡篇遏遮也尒疋遏止也今謂逆相止之為遏也

笑䫙　私妙反字林笑喜也字從竹大為樂器君子樂然後笑又作咲俗字也

印度　於振反下徒故反或言天竺或云身毒或作賢豆皆訛也正言印度印度名月月有千名斯一稱也良以彼土聖賢相繼開悟羣生如月照臨因以名也一說云賢豆本名因陁羅婆他那此云主處主謂天帝也曾以天帝所以護故世久号也

婆訶麻婆訶　此言茂或云篤麻郎胡麻也芼音徒損反

佉離　此云一斛謂十斗也

第十二卷

洲渚　之與反尒疋水中可居曰洲小洲曰渚洲謂水中有平地可居者也釋名云洲聚也人及鳥獸所聚息處也

焚燎　古文撩同力照反燎謂放火也火田為燎也說文燎燒田也

灰燼　又作㶳同似進

反說文火之餘木曰爐小尒疋爐餘也

僧企　袪豉反言無夬數眘言阿僧詆訛也

嗢蹭　烏没反下七鄧反

婆喝　呼葛反

醘

都　虛奚反

拈筏　乃兼反

邏攙　叉監反

麟角　理奥反仁獸也尒疋麟麏身牛尾一角言角者其角頭有肉

臣僚　又作寮同力彫反尒疋官寮也同官為僚也

喬答摩　借音渠高反姓也喬猶瞿之轉也此有三義一云日種二云牛糞種三坌土種也舊云瞿曇畧也

欝馥　於勿反下扶福反尒疋欝氣也欝然香氣盛出也

猖狂　齒陽反謂變易情性也亦狂駮也莊子猖狂妄行也

詮量　又作硂同七泉反廣疋稱謂之銓言知輕重也漢書應部曰銓稱衡也量外斛也

貪匱　渠愧反無財曰貪乏之財曰匱亦

竭也

輟其　丁劣反輟止也尒疋輟已也

訶梨怛雞　舊言呵梨勒翻為天主持來此果堪為藥分功用極多如此土人參石斛等也

殷淨　於斤反詩云殷其盈矣傳曰殷衆也殷大也

霖淫　力金反左傳雨自三日以上為霖尒疋久雨謂之淫淫謂之霖

瞖目　一計反韻集云目障病也說文作瞖目病生瞖也

第十三卷

欝金　此是樹名出罽賓國其花黃色取花安置一處待爛壓取汁以物和之為香花粕猶有香氣亦用為香也

火㷮　祖勞反字林㷮燒木焦也說文㷮焦也

寐覺　亡庇反寐眠熟也國語歆公寢而不寐是也亦卧也

隄塘　古文陡同都奚反下徒郎反說文隄隤也尒疋隄謂之梁李巡曰隄防也障也漢書無隄之輿韋昭曰積土為封限也

心栽　子來反栽植也今時名草木植曰栽也

痼疾　又作

店固古護反文病
也說文痼病也

第十四卷

正學梵言式叉摩那謂
二歲學戒者也
或跪求累反今江南
謂屈膝立為䠒跪中國人言胡跽音
其上反胡音護䠒音丈羊反禮記授
立不跪作
跪借字耳
制多舊言支提或言脂
帝浮圖皆訛也此
翻應名可供養處佛湼盤處生處
說法處念名制多皆須供養恭敬
娶七句反取也詩云取妻
如之何傳曰娶取婦也
療病說文
作藔同力照反
三蒼療治病也
窣羅迷麗耶末陁
窣音蘇沒反窣羅米酒也迷麗耶
謂根莖花菓雜酒也末陁謂蒲萄酒

第十五卷

一切經音義卷第七十　第三十七張　石

屠羊達胡反說文屠割也廣疋
屠壞也案屠分割牲肉也
魁膾苦迴反下古外反魁帥也有也膾切
肉也主殺人者也或有作儈音膾
聲類儈合市人
儈非此義也
罝羂古文羅䍇二形
同子邪反下眔
亮反介疋兔罟謂之罝郭璞曰罝遮
也遮取兔也韻集云施罥於道曰罥
今畋獵家施罥以取
鳥獸者其形似弓也
典刑伐又作敹
同丁薦
反廣雅典主也下胡經反刑罰罪也
易曰刑法也井為刑法也春秋元命
苞曰刑字從刀從井井以飲人人入
井爭水陷於泉以刀守之割其情欲
人有畏慎以全身命
凶勃又作兇同
也故字從刀從井
許恭反下
古文誖𢘃二形同蒲沒補憒二反
乂暴也兇惡也悖亂也亦逆也
气
匃古艾反蒼頡篇气行請求也字體
從人從亡言人亡財物則行求匃
也
毗訶羅亦言鼻訶羅此云遊謂僧
遊履處也此土以寺代之
准陁上尹反此云妙義
舊言純陁訛也
難愈古文
瘉同

一切經音義卷第七十　第三十八張　石

臾乳反說文瘉病瘳也方言差愈瘳音丑游反

陶家

又作匋同大勞反又或借音遥史記陶瓦器也蒼頡篇陶作瓦家也舜始為陶于河濵是也案西域地多旱溼不得穿窯但累坯器露燒之耳窯音姚

鹹鹵

胡緘反力古反說文鹵謂西方鹹地也确薄之地也天生曰鹵人生曰鹽鹽在東方鹵在西去釋名云地不生曰鹵字故從西省下象鹽形也

坑穽

古文阱汬二形同才性反說文大陷也蒼頡篇穽謂掘地為坑張禽獸者也

第十六卷

揣觸

初委反揣摸也通俗文捫摸曰揣有作揣初委都果二反廣疋揣試也量也

養飤

辝恣反廣疋萎飤也蒼頡篇飤餽也謂以飲食設供於人曰飤故字從人萎於偽反或作餧俗字也

祈請

渠衣反廣疋曰祈求也尒雅祈告也

猜阻

古文膩猜二形今作悕同廣來反猜疑也廣疋猜懼也

波刺私

闌葛反亦言波斯或云波斯國名也臨近西海最饒奇寶諸國寶人皆取其貴斯以龍威殊力古者推焉耳

尼延底

此言深入義貪之異名也窟墊無猒故以名之也

布灑他

所解反此云增長謂半月又磨增長戒根也又磨此云忍謂容恕我罪也舊言懺者訛也或云適沙此亦云布薩皆訛略也

佞歌

奴定反佞謟媚也說文巧媚高材曰佞又偽善曰佞字從女從仁論語惡夫佞者此即從女人義左傳寡人不佞不能事父兄此則從仁之義

毀呰

古文呰㰦二形同子尒反說文呰可也礼記呰者莫不知禮之所生鄭玄曰口毀曰呰也

倡伎

齒揚反下渠綺反說文倡樂也三蒼倡俳也伎謂藝能也

祠祀

似茲反下徐理反尒疋祠祭也又天

祭曰祠地　祭曰祀

第十七卷

替善　他計反尒疋替廢也止也替滅也謂絕也

布剌拏　洛割反或作補剌拏此云滿舊言富蘭那

儱戾　經中或作蘢同力董反三蒼作很同力計反很戾也謂很戾剛強也

乖穆　又作睦同莫穀反睦和也尒疋睦敬也厚也

磽确　苦交反下胡角苦角二反孟子曰磽确薄瘠地也通俗文云物堅鞕謂之磽确地堅則不宜五穀也

果辢　字林作蔱同盧葛反通俗文辛甚曰辢淮南言辢中國言辛也

後塡　古文寘同徒堅反廣疋塡塞也

一切經音義卷第七十　第四十二張　石

第十八卷

後靤　又作皰同捕孝反小腫起也說文皰面生氣也

温誦　烏昆反論語温故而知新何晏曰温尋也鄭玄注礼記云後時習之謂之温温煗也取其義矣背文曰誦也

三罰　扶發反罪之小者曰罰罰亦折伏也

大婆羅　樹名也是大富貴家義也葉西國大宮貴大富見弟皆呼為婆羅也

椅賀　文作掎何二形同胡歌胡可二反小尒疋椅揭擔也椅任也

被析　思歷反析分也字從斤分木為斤今俗作析皆從片也

底沙　丁礼反舊言弟沙此云明也

赫弈　呼格反下餘石反小尒疋作赫煇明也廣疋赫奕盛明也字從大煇煇音亦也

末度迦果　謨鉢反舊云摩頭此言美果也

貰婆果　文鳴反形如此土苦楝樹也楝音力見反

馱都　徒鐵反謂堅實也亦如來體骨舍利之異名耳

一切經音義卷第七十　第四十三張　石

第十九卷

藹羅筏拏烏芰反菩名伊羅鉢多
羅亦云噪羅鉢多羅伊
羅此云香鉢多羅此
云葉名香葉爲也

第二十卷

姬媵居疑反下餘證反漢書文帝毋
傳姬如淳曰姬衆妾之揔名也
姬亦女官也秩比二千石位次婕妤下左傳
以媵秦穆公姬杜預曰送女曰媵媵送也

寄也公羊傳曰媵者何諸侯一國則
二國媵之以姪娣從釋名云姪娣曰
媵媵承也承事適他也今周成
三品曰姬五品曰媵是也纏壓難字
作𠜂𠜂㧖也同於甲反蒼頡篇
云壓𡋯也笮也㧖音祖冐反涌泛
今作氾同敷劒反廣疋疋遥反
泛泛浮皃也亦驟疾也漂激下古狄
反浮吹曰漂流急
日激漂亦搖蕩也

第二十一卷

尨重有周反尨甚也亦
多也異也過也防邏力賀反成爲韻
略云邏謂循行非違也瞪瞢徒登反
也遊兵以禦寇者也下三登
反韻集云瞢
瞢失卧極也

第二十二卷

一睫說文作䀹釋名作䞘同子葉反
目旁毛也山東田里間音子及

反
有序古文叙同徐與反次也有次
序也白虎通曰序者序長幼
也
華豆甫審反人家亦種之堪
食用為醬豆極佳也深駛
所吏反蒼頡篇駛疾也悵望勑亮反說文
悵望恨也蟲胆
千餘反通俗文內中虫謂之又
胆三蒼蠅乳內中曰胆也髖髀作
髖同苦桓苦晃二反埤蒼髖尻也廣
疋髖豚也下古文踋同蒲米反說文
股外也北人用此音又方尒反
江南行此音或作髀俗字也
一䃺

古文厇同乇格反通俗文張申曰磔廣疋磔張也開也

吠嵐婆 力含反隶舊經論中或作毗藍婆或言旋藍婆又作鞞嵐婆或作隨藍婆皆梵之楚夏耳此云迅猛風

第二十三卷

循身 古文约同似遵反介疋率循自也郭璞注云又為循行也循亦遍也巡歷也

欽重 去金反欽敬也謚法威儀備悉曰欽也

披閱 欽說反簡閱也小疋云閱具也具數於門中閱也

飲光部 梵言迦葉波迦葉此云光波此間語名飲光飲光有二義一迦葉波是上古仙人此仙人身有光明能飲餘光令不復現此羅漢是彼種故因以名焉二此阿羅漢人身作金色常有光明以閻浮檀金為人並此阿羅漢身光餘金人光不復現故名飲光也

臺觀 徒來反下古玩反介雅四方而高曰臺又云觀謂之臺孫炎曰宮門雙觀也釋名云觀者於上觀望也

第二十四卷

憺怕 徒濫反下疋白反說文憺安也謂憺然安樂也憺亦恬靜也怕靜無為也子虛賦云怕兮無為憺兮自持也

憍陳那 除丞反舊

云憍陳如訛也云火器是性阿若是名亦云初智以其最初悟無而得智本願也

唯目 莫鹿反目謂紀錄也亦條目也

第二十五卷

揩定 口駭反廣疋揩摸品式法也

踓蹶 又作蹷同居月巨月二反說文蹶僵也仰仆也

第二十六卷

金礦 古文磺同古猛反說文礦銅鐵璞也國語云天地之所祚賈逵曰祚祿也 登祚 徂故反祚位也

第二十七卷

那羅延 那羅此云為人延那此云生本謂人生本即是大梵王也外道謂一切人皆從梵王生故名人生本也 蟠結 蒲寒反禮記而蟠于地鄭玄曰蟠委也廣疋蟠曲也迴也方言未升天龍曰蟠龍是也

健馱梨 持呪女名也從國為名此安聲呼之男聲健馱羅國也

伊剎尼 乂黠反此云占相觀察也

曼馱多 莫盤反此云我養則頂生王之名也

第二十八卷

阿笈摩 渠輒反此云教法亦言傳謂展轉傳來相教授也

第二十九卷

怨讎 視由反增惡怨蜮曰讎讎對也介疋讎匹也春秋怨偶曰讎是也

青瘀 於慮反說文瘀積血也廣疋瘀病也

由鄙 悲美反鄙惡也廣雅鄙恥著愧也

依怙 胡故反介疋怙恃也韓詩無父曰何怙怙賴也

介焰 余贍反此云所知舊作介炎一也

確陳 埤蒼作墒又作碻同苦學反廣疋云確猶堅鞕牢固

儒童 而俱反說文儒柔也謂柔輭也童幼也謂幼少也梵言摩納縛迦也

頻毗婆羅 或言頻婆娑羅亦云蓱沙王一也此云顏色端正或云色像殊妙又頻婆是刻木彩畫等形像茲蕭從此名

婆柁梨 徒我反是西方一類小棗名也是茲蕭從此為名也

第三十卷

頞勒具那　普何反此十二月星名也是人此為名也

伐蹉　鹿何反舊言婆羅則婆羅門姓也

如牝　眣忍反説文畜母也雌曰牝詩曰雉鳴求其牝非但畜也

嗢底迦　烏沒反下借音丁履反人名也此正月星名西國以名多此也

制怛羅　都達反人名也此正月星名西國以名多此也

普莎訶　蘇和反普呪贊也莎訶此云善說也

拘櫞　俱禹反下以專反廣疋云似橘而大如飯筥可以浣羅縠葛紵也今出番禺以

第四十九張　石

南纓切蜜漬為粽食之佳穀音潘粽音桑咸反

紫礦　古猛反謂波羅奢樹汁也其色甚赤用染皮氈也其樹至大名甄叔迦一花大如斗極赤葉至堅肕賈人縫以為袋者也肕音刃

時瓤　汝良反如瓜瓤中瓤瓣也瓣音蒲莧反

一切經音義卷第七十

一切經音義卷第七十一　鉅

翻經沙門玄應撰

阿毗達磨順正理論八十卷

第一卷

嘉瑞　賈遐反下時惴反尒疋云嘉善也美也蒼頡篇瑞應也信也言有善美之德即應之此信瑞也

阿氏多　常尒反此云無勝舊言阿者多或作阿逸多皆訛也是弥勒今生名

訕謗　所蕤反蒼頡篇云訕誹也廣疋訕謗毀也

漏泄　息列反廣疋泄盛也發也亦漏也

指鬘　莫班反即央掘魔羅也央掘此云指鬘或云結斷人指結相箸為鬘安頭上故有此名也

烏盧頻螺迦葉波　此云木瓜林下修道因以名焉迦葉波是姓舊言優樓頻螺正法華經云上時迦葉兄弟三人居長者是也

唐攪　古卯反唐徒也徒空也字書攪撓也音呼刀反撓擾也說文攪乱也

怛策迦　都達反下初革反龍名也

扣擊　說文作敂同苦厚反扣亦擊也

愞耎　奴課反下而兗反三蒼愞弱也廣疋耎柔也

稱權　渠負反廣疋稱錘謂之權權重也知輕重也字從手也

第二卷

迢然　徒彫反迢遰也遠也遰音徒計反也

瞿波洛迦　此云牛經

窣堵波　蘇沒反下都古反此云廟或云墳或言聚相謂果石等高以為相也舊言抖擻波或云偷婆又言塔波皆方夏輕重也

第三　第四　第五　先不音訓

第六卷

晦冥　呼對反介疋云霧謂之晦言霧則天地交合冥冥無所覩見也劇霧則晝昏冥也

雺霧　又作氛同敷雲反釋名云氛粉也潤氣著草木因冷則色疑白若粉也介疋云地氣發天不應曰霧霧陰氣溼也

廓倩　口郭反介疋云廓大也

所頒　又作班同捕蕪反小疋云須敷布也介疋班遍賊與也

第七卷

彈庰　徒干反下鵶亦反廣疋彈抨也漢書音義曰庰不用也亦踈遠也庰指也抨音普庚反

眩矅　胡麪反廣疋眩惑乱也矅照明

頑嚚　五瞏反下魚巾反廣疋頑鈍也蒼頡篇嚚惡也左傳心不則德義之經為頑口不道忠信之言曰嚚也

逞巳　丑井反說文逞通也小疋逞快也方言自關而東曰逞江維陳楚之間曰好也

聰睿　以苪反聰聽微也睿知識也又先知曰聰深明曰睿

方維　以淮反廣疋隅也淮南子云天有四維是也

第八卷

躊躇　腸留反下腸於反廣疋躊躇猶豫也亦躑躅也

異生　梵言婆羅必栗託仡那婆羅此云愚必栗託此云異仡那此云生應言愚異生

舊云小兒別生亦言嬰愚凡夫又作小兒凡夫皆一義也

第九卷

躁動　又作趮同子到反躁擾也不安靜也釋名躁燥也言物燥即動飛揚也

中庸　以鍾反廣疋中平也庸和也小介疋云庸善也謂平和善人也

第十卷

蚩笑 昌夷反小尒疋云蚩戲也蒼頡篇蚩輕侮也笑喜弄也字從古业即之字

褒貶 補高反下碑儉反案褒揚美之貶黜退也

謀議 莫侯反謀論也議圖也諮事爲謀詳論曰議

敵論 徒的反廣疋敵當對也尒疋敵疋也

惶亂 胡光反惶謂憂懼在心之皃也廣疋惶惶懼也蒼頡篇惶恐也

寔多 是力反尒疋時寔是也說文寔上也

第十一卷

貪軶 又作抏同爲革反所以抏牛馬領者也軶亦構也構音革也

謫罰 猪革反通俗文罰罪曰謫謫責也亦罪過也罰折伏也

瞢憒 莫崩反下公內反三蒼瞢不明也憒煩亂也

我頃 丘穎反史記有頃列侯同案有頃猶須臾之閒也亦不久也

忌憚 渠記反下徒旦廣疋忌惡畏也憚疑難也說文忌憎惡也

顧眄 孤布反下眠見反說文還視曰顧斜視曰眄也

第十二卷

慓幟 俾遙反下昌志反通俗文微号曰慓私記曰幟字皆從巾或從木作標謂以木爲識標而記之此亦兩通

末奴沙 謨鉢反亦言摩羌娑此云人也

魍魎 古文蛧蜽二形同亡强力掌反說文蛧蜽山川之精物也通俗文木石柱怪謂之魍魎故也

毗逕縛羯磨 此云種種工業案西天國工巧者多祭此天

加趺 古遝反尒疋加重也今取其義謂交足坐也經中或作跏交趺坐是也山東言甲趺江南言跘跨跘音平患反跨口瓜反有從足作跏文字所無者也

鄔陁夷 烏古反人名也此云出現義是也

第十三卷

嬉戲　又作僖同虛之反說文嬉樂也蒼頡篇嬉戲笑也

汝曹　又作儕同自勞反史記十餘曹備之如淳曰曹輩也

毗瑟笯　奴故反天名也舊毗紐天亦言毗搜紐天訛也

第十四卷

梯隥　都鄧反廣疋隥履也依之而上者也字從𨸏也

室路迦

舊言输盧迦或云首盧迦又言首盧柯案西國數經之法皆以三十二字為一室路迦又多約凡夫作世間歌詠者也此則闡陀論中之一數也

第十五　先不音

第十六卷

升陟　豬棘反言進達之來曰陟詩云陟彼高崗陟登也介疋陟升也

謂登升之也義

痱㾸　蒲罪反下鹿罪反字略云痱㾸小腫也今取其義

㿀沓㿀種　徒答反則婆羅門姓

第十七卷　先無音

第十八卷

弛沼　之遶反說文沼池也小池也

命命鳥　梵言耆婆耆婆鳥也

子息　思力反見子曰息息者息在人身中所禀以生也東觀漢

記云此蓋我子息是也今人出錢生利亦曰息義一也

第十九卷

是疇　除留反楚辭誰可與子疋疇王逸曰二人為疋四人為疇疇類也亦作伴侶

乳酪　又作酥同疋迴反謂未漉酒者也言乳能成酪醅能成酒也

廣樹　籀文作尌同時注反廣疋樹立也凡置立皆曰樹樹亦種殖也

屢辯　力句反尚書屢省乃成孔安國曰屢數也

第二十卷

持羂　又作罥同古犬公縣二反聲類云罥以繩係取鳥獸也

挽出　古文輓同無遠反說文輓引車也

鄙俚　字體作鄙同力子反說文五鄼為鄙鄙野也蒼頡篇同之下邑日鄙漢書貧而不鄙如淳日雜貧猶不如閭里之鄙言也鄙猥陋也廣疋鄙着恥也鄼音祖旦反百家也

尚年　市讓反蒼頡訓詁云尚上也猶咸年者也

衰耄　字體作衰同所寵反說文衰減也損也礼記年五十始衰衰懈也下古文耄耄二形今作秏同莫報反礼記八十日耄耄謂惛忘者也閻乱也

鳩摩羅　此云童寂多造詩詠者翁怏略外

設摩　道名也造日明者即毗婆沙中翁提羅外道是也

第二十一卷

無繁　扶袁反詩云正月繁霜傳曰繁多咸也

水濯　直角反說文濯滌也洒也謂以水淨物曰濯也

設支　舊言舍脂此云能縛謂女人若可愛能生男子涂著通名設支

第二十二卷

荏苒　而甚反下而琰反言須臾也

阿奴律陁　亦作律盧此云隨順義人名

匡助　丘方反尔疋匡正也助佐也匡亦復也

世羅鄔婆　烏古反此云小石也

屬斯　之欲反屬著也亦連續也適也

第二十三卷

師雨　于矩反謂雨安居也言師若干夏臘也

童豎　殊庾反謂寺人未冠者之名也使通內外之令以其無有礼出便疾也

蟰蛸　音肅蕭尒疋蟰蛸一名長蚑蚑音居蟻反郭璞曰蜘蛛長脚者俗呼為喜子詩云蟰蛸在戸是也

虹電　古文虹同胡公反俗音絳尒疋音義曰雙出鮮盛者為雄曰虹暗者為雌曰蜺蜺音五鷄反說文螮蝀虹也江東呼為雩釋名虹攻也純陽攻陰氣也螮音帝蝀音董也

縛喝國　呼曷反北臨縛蒭河其國中有如來澡罐可一斗餘

一切經音義卷第七十一　第十一張　鉅

衆色炫熁金石雜名又有佛牙又有佛掃帚迦奢草作也長二尺餘圍七寸其把雜寶飾之也

波吒釐　力之反亦云波吒梨耶舊言巴連弗說文是一花樹名因此花樹以目城也

第二十四卷

蚇蠖　烏郭反說文申屈蟲也尒疋蠖尺蠖一名步屈宋地曰尋桑吴人名桑闔音古合反即桑蟲

阿泥律陁　舊言阿那律或云阿那菟樓馱亦言阿泥盧豆皆一也此云無滅亦云如意昔施辟支一食於八十劫人天之中往來受樂于今不滅故云無滅又所求如意亦名如意即甘露飯王之子佛堂弟是也

朋友　蒲崩反下于久反說文同門曰朋同志曰友廣為親也愛也

方域　為逼反說文域邦也居也周礼方域謂建邦國造都鄙制鄉邑

酷毒　口木反謂暴虐也說文酷急也甚也白虎通曰酷極也教令窮極也

一切經音義卷第七十一　第十二張　鉅

巽除　又作覴同霨致反小疋云覴墜也

飄鼓　疋遙反下公戸反飄吹也鼓動也案凡動物皆謂之鼓也

第二十五卷

師徒　達胡反徒類也莊子云孔丘之徒司馬彪曰徒弟子也

仁孝　而親反愛人以及物曰仁上下相親曰仁貴賢親親曰仁煞身成人

日仁介疋善事父母為孝謚法曰慈愛忘勞曰孝從命不違曰孝也承稟鄙錦反稟受也

第二十六卷

苟欲公厚反廣疋苟且也亦誠也言詞魚㔁反下似資反直言曰言言巳事也荅述為語為人說也礼記三年之喪言而不語是也言亦云

也發瑞也說文詞者意內而言外也亦審言語也

第二十七卷

啚度栾詔定古文官書圖二形同達胡反下徒各反廣疋啚度也議也亦計也度量也每言莫佩反三蒼每非一定之辞也每亦數也譏誚才笑反誚謂嬈弄譏責也亦訶也

第二十八卷

紉繩女珍反字林云單繩曰紉細索也瀑流蒲報反蒼頡解詁云瀑水瀆起婆䟶波言所立反此云氣謂霧氣等也

第二十九卷

爲杖直亮反杖猶據也亦杖託也

第三十卷

除汙紆劉烏故烏胡二反字書汙塗也字林汙穢也咀嚼又作齟同才與反下慈藥反含味也咀齟也通俗文咀嚼曰爵也律液子降反下吏石反三蒼津液汁也說文液津潤也廣疋滋液也潤澤也誠言市盈反廣疋誠實也說文誠信也敬也乍可仕嫁反廣疋乍暫也蒼頡篇作兩辞也齋心昨迷反說文臍齋人齋也字從肉臍音蒲迷反譏刺居衣反下又作諫同七漬反廣疋譏刺也

説文譏誹謗也

數瞚　又作瞬同尸閏反説文瞚目開閉數搖也

第三十一卷

畟方　楚力反謂正方

開闢　脾亦反説文去闢開也

闓閉　補繼補計二反説文闓門也廣疋閉塞也守也或作閇俗字也

荼毒　達胡反廣疋荼毒痛也亦行惡也

重壘　又作垒同力癸反壘亦重也

拼量　補塋反謂彈墨日拼江南名拼音普庚反

尋穌　息胡反穌活也小介疋云死而穫生謂之穌穌寤也

柤瀨　仕加反下力艾反通俗文刈餘日相廣疋柤跙也詩云如彼棲柤是也

䶦足　又作齩同五校反䶦齧也闌中行此音又下校反江南行此音也

齖頸　字林丘加反下居井反言以口齖也大齧也今以手頸項前也

擘䏰

一切經音義卷第七十一　第十五張　鉅

補麥反下或作胂同引人反當脊肉日䏰也擘分裂也

攫腹　九縛居篗二反説文攫爪持也通俗文手把日攫蒼頡篇攫搏也獸窮則攫也

搯心　他勞反説文搯抈也抈一活反中國言搯江南言挑音土彫反

鐃刺　仕衫反下七亦反説文鐃鈗也

漉諸　或作盝同力木反水下兒也

嗢鉢羅　烏没反此云黛花舊言優鉢羅或云漚鉢羅訛也

鉢特摩　徒得反此云赤蓮花舊言波頭摩或云鉢曇摩皆訛也

淒勁　且奚反下居政反詩云淒其以風傳日淒寒風也勁切急

屯聚　徒昆反廣疋屯聚聚音才句反

殭鞭　居良反下五更反字略云不朽日殭物堅日鞭也

緊捺落　奴葛反此云是人非人歌神也頭作馬頭舊言緊那羅或作真陀羅皆訛也

炬鍼　其呂反下聲類今作針同支諶反束火日炬縫衣者日針也

空歐　又作嘔同於口反嘔吐也釋名云歐傴也將有所吐脊曲傴也

毒脪　又作

一切經音義卷第七十一　第十六張　鉅

⿸疒斤痆二形同火靳反江南言胮膖說文肉出也

胒胭 又作咽同一千反胭喉也北人名頸為胭也

㓟臍 音皮下又作𦞂同子礼反廣疋㓟剝也臍臇也謂搊出其汁也

饗受 又作享同虛仰反歆享也謂神食氣也亦獻也歆虛音反

俱臻 側巾反尒疋臻至也

歡娛 字詁古文作虞今作娛同疑區反說文娛樂也言皆有樂也

第三十二卷

烏施羅末 草名也形如此土細辛其體極冷

剋勝 又作克同口得反字林尅能也剋亦勝也

林藤 徒登反廣疋藤藟也今呼如葛蔓莚者為藤也

率土 所律反尒疋率自也循也

第三十三卷

夷悅 余之反說文夷平也亦明也常也悅樂也

所爚 又作爚龠灼三形同吏灼反通俗文以湯煑物曰爚廣疋爚湯内出之也江東呼爚為煠煠音助甲也

不肖 私妙反小尒疋不肖不似也言骨肉不似其先故曰不肖謂儜惡之類也字從肉小聲

𤻅禱 於冉反下都道反字苑𤻅眠内不祥也伏合又心曰𤻅說文告事求請曰禱謂請於鬼神也

製作 之世反製裁製也制斷之也說文作制也

菴没羅 舊言菴摩亦作阿摩勒皆訛也葉如小棗果如胡桃味酸而且苦粗堪入藥分

主宰 祖待反礼記宰夫為獻主謂主膳食之官也

擅立 市戰反廣疋擅專也專已自為之也

專已 之緣反專猶自是也專壹也任也也

第三十四卷

屋宇 古文寓籒文㝢同于甫反說文宇屋邊檐也釋名云宇羽也如

爲翼自覆也於国則四垂為字也

人捡又作鈠搽二形釋名作鐫同巨金反捡急持也

搥撻又作蕐同之蘂反下古文教同他達廣疋搖搥撃也

壃界居良反壃境也亦垂也尒疋壃垂也壃場在外垂也

模放又作摹同莫胡反尒疋摸法也謂規形日模亦掩取象也

第三十五卷

評論皮柄反字書評訂也訂平議也訂音唐頂反

為挫祖計反說文挫摧也謂折其鋒也挫折也

匈襟居吟反說文襟衽也聲類云交領者也

第三十六卷

本無音

第三十七卷

耶舍此云譽謂名譽

蘇陁夷舊言須陁耶此云共起也

大生主舊言摩訶波闍翻為大愛道者是也

迄今虛訖反尒疋迄至也

今無乏扶法反聲無名乏乏闕少也反可為丟反正為乏字意世

第三十八卷

婆雌子部婆音蒲賀反此云犢子部舊名跋私弗多羅上古仙人名跋私其母是此仙人種故姓跋私有羅漢是此女人子從母作名說一切有部中出也

矩摩邏多俱禹反亦作鳩摩此云音首謂諸童子中為上首

嗢多羅僧烏没反舊言鬱多羅亦云郁多羅此云上著衣此謂常著衣中最在上也

憍答弥舊言喬曇弥或作瞿夷訛也此云女十二遊經云明女

博戲古文簙同補莫反方言博或謂之綦說文簙局戲也六箸十二棊古者烏曹作簙亦箸名

鞠韘

魚列反說文牙米也謂漬穀麥等生芽者也

醞釀　於問反下如亮反蒼文醞作酒日醸酒母也釀投也

第三十九卷

謗讟　徒木反左傳民無謗讟杜預日讟誹也廣疋讟惡也方言讟痛

深愆　古文作𡫑遻二形籒文作諐今作愆同去連反說文愆過也

失也

第四十卷

山澤　直格反水聚日澤釋名云兖州人謂澤為掌言水停處如掌

中也

第四十一卷

媒媾　孫候反白虎通日媾厚也重婚日媾也

無辜　古胡反尒疋辜罪也

扼捥　又作搹同於責反說文扼把也盈手日扼廣疋扼持也史記扼捥以言是也

用暢　敕亮反廣疋暢遠也明也

揮刀　許歸反說文揮奮也振訐

吸水　古文噏歙二形同羲及反廣疋吸飲也氣息引入也

第四十二卷

呪詛　又作祝說文作詶同之授反詶詛也下古文禮同側據反釋名云祝屬也以善惡之辭相屬著也詛阻也謂使人行事阻限於言也

第四十三卷

迦票沙鉢拏　又作迦理沙般拏拏音女家反鉢拏此云銅錢十六鉢拏為一迦利沙鉢拏

陋訥　古文呐同奴骨反陋醜猥也亦小也訥遲鈍也說文云訥難也

室利毱多　此云吉祥護舊言尸

利麴多訛也

第四十四卷

梅怛麗藥都達反此云慈即舊云慈氏者也慈有二因緣一值慈佛發心二初慈心三昧因以名焉言弥勒或云梅任黎益訛也 罕呼旱反罕希也介疋希聞寡尠罕也字從干冈也

一切經音義卷第七十一　第二十三張　鉅

第四十五卷

拘抧羅鳥居介反或作拘耆羅此云好聲鳥也

第四十六卷

客館又作舘同古玩反客舍也周禮五十里有舘有委積以待朝聘之客也

第四十七

兩相外道　瞿縛迦

郍地迦城此云鳴或云何主城名也郡市迦林此云麁布袋林名也

藍博迦經此言動作經也

第四十八卷

一切經音義卷第七十一　第二十四張　鉅

珊若娑病桑干反此云瘮風病一發不起者 寶玩古文翫同五喚反字林玩弄也廣疋玩好也

第四十九　第五十　先不音

第五十一卷

愚戇都降反說文愚癡也戇愚鈍也 於塊古文由同苦對反凷結上也土塊也 愚蒙又作朦同莫公反蒙謂覆不明也闇昧

無知也

第五十二卷

名鑒 又作鑑同古鑱反廣疋鑒炤爓也鑒所以察形也

詭設 居毀反詐不實也亦相欺

誇誕 苦華反下徒亶反通俗文自矜日誇謚法日華而無實日誇誕謾也欺也不實也大也

第五十三卷

態無 又作愒蒼頡篇作態同祛例反尒疋態息也

鐩燧 又作鐆同辭醉反大毋也論語鑽燧改火是也世本造火者燧人因以名也

摩建地迦契經

波濤 徒勞反三蒼大波為濤也

伺求 胥慈先吏二反字林伺候也伺察也

一切經音義卷第七十一　第二十五張　録

第五十四卷

熙怡 虛之反與之反說文熙怡和悅也方言怡喜也湘潭之間日紛熙或云熙怡也

耽話 籒文作譮古文作諙二形同胡快反聲類云話訛言也廣疋話調也調謂戲也

很戾 胡懇反下力計反很違也戾曲也字從彳艮聲

狻猊 先桓反下五奚反即師子也出西域尒疋狻猊如䖘貓食虎豹穆天子傳狻猊日走五百里是也䖘音士板反

眵䁾 充尸反說文䁾兜眵䁾音莫結反

齗齒 下界反說文齒相切也三蒼嗚齒也

身矬 才戈反廣疋矬短也通俗文侏儒日矬也

誇衒 古文眩衒二形同故胡麪公縣二反說文衒行且賣也

殉名 辭俊反蒼頡篇殉求也廣疋殉營也

扻拭 武粥反下舒翼反廣疋扻拭也振也尒疋拭清也言扻拭所以為清絜也

一切經音義卷第七十一　第二十六張　録

第五十五卷

侮蔑　古文侮同亡府反廣疋侮輕也說文侮傷也謂輕傷也

第五十六卷　先不音

第五十七卷

俱絺羅　勑里反舊言摩訶俱絺羅此云大膝膝骨大故也即

一切經音義卷第七十一　第二十七張　鉅

舍利子舅張爪梵志

第五十八卷

屏氣　俾領反屏蔽也隱也藏也

脇尊者　虛業反即付法藏中波奢比丘常坐者也此人曾誓脇不著地因以名焉

第五十九卷

規度　又作規同九吹反下徒各反規求也計也規模也世本倕作規矩規圓矩方字從夫見言丈夫之見必合規矩是也

洄復　胡壞反下扶福反三蒼洄水轉也澓亦洄水深也

狎惡　古文虙同胡甲反狎近也廣雅狎習也謂近而狎之習而行之也

薄矩羅　俱禹反舊言薄俱羅此云善容持一不殺戒得五不死者也

涎洟　諸書作次㵪㳄四形同詳延反字林慕欲口液也亦小兒唾也

斑駁

一切經音義卷第七十一　第二十八張　鉅

又作辬同補壁反蒼頡篇斑文也雜色為斑也

黧黮　力奚反下於斬反通俗文斑黑謂之黧黮

笑睇　徒計反纂文顧視曰睇睇亦傾視也禮記不敢睇視是也

憺怕　徒濫反下匹白反說文憺安也怕靜也又亦無為自得

第六十卷

橐囊　埤蒼作鞴東觀漢記作排同皮拜反今冶家用吹火令熾

者也

剩辯 食證反剩猶因也

脛踝 古文踁同胡定反字林脚胻也釋名脛一尋似林反小疋云四尺為仞日尋倍尋日常方言尋長也

唯局 僑三反小疋局近也介疋局分也部分也字從口句在尺下

第六十一 先不音

第六十二卷

可廁 側冀反廣疋廁間也蒼頡篇廁次也雜也

沃揭羅

長者

第六十三　第六十四　第六十五 先不音

第六十六卷

嗢達洛迦曷邏摩 此云極喜也

考量

祜老反考謂覈覈之也考挍也

第六十七卷

魑魅 又作离螭二形同勑知反下又作魅魀二形同莫冀反說文老物精也通俗文山澤怪謂之魑魅

冲虛 說文作盅同除隆反字書冲虛也中也

第六十八卷

自刎 古文歾同亡粉反字略云斷首日刎刎割也通俗文自剄日刎也

庸愚 臾鐘反庸謂常愚短者也

第六十九卷

尊云戍弩 奴加反

巨富 其呂反小疋巨大也方言齊魯之間謂大為巨也

戍那

匪宜 跌斐反詩云匪來貿絲傳曰匪非也

傅藥 方務反附也謂塗附也方言凡飲藥而毒刺

是也

萌芽　古文甿同。莫耕反。廣疋：萌，始也。萌亦冥昧皃也。

第七十卷

眇𦕈　亡紹反。眇眇，遠也。亦深大也。

暓遲　古奧反。說文：留止曰暓也。

第七十一　第七十二　並不音

一切經音義卷第七十一　第三十一張　鉅

第七十三卷

揭地羅　去謁反。舊言佉陁羅，木名也。

第七十四卷

孳產　子思反。方言：東楚之閒凡人產乳而雙產謂之釐孳。下所限反。生其類曰產。說文：產，生也。

朝貢　古弄反。貢，薦也。廣疋：貢，上也。

第七十五卷

貿易　莫候反。小疋：古貿交易也。三蒼：貿，換易也。

擯黜　又作𪑣，同。恥律反。廣疋：黜，去也。亦放也，退也。

驍健　古堯反。廣疋：驍，亦健也，勇急也。說文：良馬驍勇。

懷孕　古文𦙶同。移證反。含實曰孕。三蒼：孕，懷子也。廣疋：孕，娠也。字從子從乃。說文正作褢，音懷。

第七十六卷

一切經音義卷第七十一　第三十二張　鮮

火蝩　之容反。今江北通謂螽蝗之類曰蝩，亦曰𧍱蝩。一名螽蠜，一名蚣蝑。俗作春黍。蚣音思容反，蝑音思与反。

逝多　時制反。此云戰勝。是勝俱薩羅國波斯匿王之子也。太子誕生之日，王破賊軍，內宮聞奏，因以名也。舊云祇陁，或移多。

第七十七　先不音

第七十八卷

嬈亂 三蒼乃了反嬈擾也弄也謂嬈亂戲弄也

第七十九卷

砂磧 七亦反水中沙灘也說文渚水有石曰磧灘音土丹反

第八十卷

奢侈 昌是反侈亦奢泰也

疪斯 女黠反國名也舊言波羅柰國也

第三十三張 鉅

僕隷 蒲卜反下力計反廣疋僮僕役使也僕附也附從於人周礼男子入于罪隷鄭衆曰隷奴也賤也役也

求晴 又作暒姓二形同自盈反聲類云雨止曰晴晴亦精明也

一切經音義卷第七十一

一切經音義卷第七十二　鉅

翻經沙門惠琳撰

音顯宗論四十卷　琳

阿毗曇心論四卷　玄

法勝阿毗曇心論六卷　玄

雜阿毗曇心論十一卷　玄

右四論六十一卷同此卷音

顯宗論三藏聖教序　前音義最初第一卷首已具訓釋訛此略而不音

阿毗達磨顯宗論第一卷　惠琳撰

派演　上拍賣反廣疋云派水自分流也說文云派水之邪流別也從反水隸書作𠂢依論文從水亦同下延典反賈注國語云演引也韋昭云水土氣通為演也蒼頡篇云演延也說文云演長流皃也從水寅聲也

爲撮　祖活反字林云撮手取也文字典說云三指撮也從手最聲也

痰等　上唐甘反文字集略云痰病也考聲云痰胷鬲音格中水病也文字典說從疒女皃反炎聲論作淡非也

蠲除　上決緣反尚書云上帝不蠲也方言云南楚謂疾愈爲蠲也說文從蜀益聲

聰叡　上蒼紅反尚書云聽日聰又作[illegible]考聲云聰耳聽明審也說文云察也從耳悤聲悤音葱紅反下悅惠反尚書云叡作聖鄭注禮記云叡思之精也古今正字云叡深明也從𣦻從谷省目聲𣦻在安反

能袪　去魚反韓詩外傳云袪去也考聲云袪却也除也說文從衣去聲也

囂謗

上虛嬌反顧野王云囂猶喧譁也鄭箋詩云囂衆多皃也說文云氣出頭上也從頁㗊聲㗊音戢下博傍反考聲云謗以言毀人也詛也惡也說文謗毀也從言旁聲

顛墜　上典年反介疋云顚頂也鄭注礼記云顚憂思之皃也說文從頁眞聲也下朮類反郭注介雅云墜猶落也說文作墜從高而下也從自遂省聲也從土者俗字也

瞖膜　上一計反韻略云瞖目障也𢿱文字典說云瞖目病也從目𢿱聲音同上下忙摶反說文膜肉間膜也從草莫聲

標嘉　上必遙反戰國策云舉標甚高也廣疋云標嘉也文字典說從木票聲票音同上也

伐蹉　下蒼何反梵語

漂有海　匹搖反說文云漂浮也從水票聲票音必遙反

第二卷

涇㶇　上深入反顧野王云涇潤也古今正字云幽涇也從丝從一覆土而有水故涇也丝古文幽字也論文作濕非也下奴短反說文㶇涇也從火耎聲耎音而究反

等礦　號猛反說文礦銅鐵璞也從石黃聲

駞猫　上馲羅反山海經云號山多驝駞郭注介疋云騾駞驝駞也背有肉案負千斤知井泉所在也古今正字從馬㐌聲也音陀下卯包反礼記云迎猫謂其食田鼠也顧野王云猫似虎而小人家所養畜以捕鼠也古今正字從豸苗聲也論從犬作福俗字通也豸音雉也

鴟等　上齒之反字書云鴟鳶屬也字林字統並云鴟鳥也鴟謂鵂鶹也古今正字從烏氐聲鵂音邀講反氐音底泥反字書又從至作鵄音義皆同

分析　星曆反顧野王云析分也考聲云析剖也說文云破木也從木斤會意字也

第三卷

撞擊　上濁江反顧野王云撞𠘧擊也廣疋云撞刺也說文云撞

手擊也從手童聲予音信下經亦反孔注尚書云擊拼也顧野王云擊打也攻也司馬彪注莊子擊猶動也說文從手毀聲毀音同上

竅隙　上輕要反鄭注礼記云竅孔也說文去空也從穴敫聲敫音叫下卿逆反顧野王云隙穿穴也說文云壁際孔也從𠂤㡀聲㡀音同上

然藉　情夜反應劭云薦席之藉也說文云藉祭也從草耤聲也耤音寂也

防援　上符亡反鄭箋詩云防亦援也說文云防隄也從𠂤方聲也袁願反國語云為四隣之援也左氏傳云要結大援是也說文從手爰聲也

第四卷

齅嘗　上休又反論語云三齅而作說文云以鼻就臭也從鼻臭聲臭音醜歘反

頻脂迦　上破彼反中置離反梵語也古譯云

頗黎似水晶又非水晶然亦其類

眼瞼　劫奄反桂苑珠叢云瞼目邊皮也文字典說云瞼目外皮也考聲云瞼眼瞼也說文從目僉聲僉妾閻反

鵂鶹　上音休下音留即晝伏夜飛以鳴聲為名也或日鵂鶹怪鳥也並形聲字

躊躇　上宙留反下紓盧反考聲云躊躇不行也又云排徊也韓詩外傳云搔首躊躇是也古今正字躊躇言猶豫也並從足壽著皆聲

滑澀　上還八反廣疋云滑娛也說文云滑利也從水骨聲娛音美下森戢反王逸注楚辭云澀難也郭注方言云澀猶忞也說文云澀不滑也從四止二正二倒或作澀論文從水作澀俗字非也

荾花　髓遺反考聲云荾者胡荾香菜名也說文云荾可以香口也從草夋聲也夋音七旬反

樺木　上華化反考聲云樺木名也字書作檴又作樓說文云樺木也從木華聲

鼓⿰壺桑　桑朗反埤蒼云⿰壺桑鼓凡木也文字典說文云⿰壺桑鼓身也從壺桑聲也壺音胡也

指鞜　下覃蛤反聲類作揩

揞揞也考聲云鞳靹夾皃也靹音納沓古今正字云鞳不穿也從韋沓聲沓音同上又從革作鞳通用也

第五卷

牆壍 上匠羊反顧野王云牆垣也左傳云人之有牆以蔽惡也說文云牆垣蔽也從嗇爿聲也嗇音使力反爿音牆下千艷反廣雅云壍坑也

顧野王云今謂城池為壍也古今正字從土斬聲也

齒腭 下昂各反考聲云腭斷腭也說文作谷音巨腳反谷口阿也象形字論文作腭俗字傳用也

手腋 盈益反埤蒼云腋在肘後也說文云腋猶胳也從肉夜聲也胳音各聲

吞嚌 牆略反准南子云嚌之無味不能入喉也廣雅云嚌茹也文字典說云嚌字亦咀也從口齊聲咀牆預反

礠石 資反埤蒼云礠亦石也古今正字云礠石鐵石也從石慈聲也又作磁

第六卷

謫罰 上嗍革反賈逵注國語云謫咎也文字典說云謫責也亦罰也從言商聲商音的

勇悍 上容踵反顧野王云勇謂果敢決斷也左傳云率義之謂勇謚法云知死不避曰勇說文從力甬聲甬音涌論文作勇俗字非也下寒旦反蒼頡云悍桀也顧野王云食肉者勇敢而悍也說文悍亦勇也從心旱聲桀音虔孽反

䔲瞢 上騰隥反下墨朋反考聲云䔲瞢卧初起皃也閉也䔲音被杜注左傳云瞢閉也文字典說云瞢目不明也從苜從旬旬胡絹反

瞢憒 上墨崩反下瑰對反蒼頡篇云憒亂皃也說文云憒亦乱也從心從貴聲也

顧眄 下眠見反方言云秦晉之間以視爲眄也說文云眄斜視也從目丏聲也丏綿淀反

確執 上腔角反韓康伯注周易云確堅皃也字

傲逸　上敖誥反廣雅云傲慢也杜注左傳云傲不敬也文字典說云倨傲也從人敖音五高反

慓幟　上必遥反下鵄至反廣雅云幟幡也考聲云幟記也古今正字從中戠蒸食反聲

統云確擊也堅也考聲云確堅固皃也從石隺聲也隺音同上也

第七卷

偃江　上焉幰反顧野王云偃所以畜水也考聲云偃塞也古今正字從自匽聲匽音上同論文作堰俗字通用

僵仆　上脚香反下朋北反考聲前倒也聲類云僵僨也文字典說云僵亦仆也仆亦僵也並從人畺卜皆聲也畺音同上作仆又音赴訓同僨甫運反

第八卷

殟遮界　上溫骨反梵語也

哀阿壹伊　上阿可反次阿箇反下因逸反並梵語也

第九卷

無難字可音

第十卷

無濫　藍啖反顧野王云濫亦汎濫也考聲云濫假也不謹也失也盗也說文云失評之濫也從水監聲也

寬陿　咸甲反尚書云無自廣以陿人也字林云陿猶隘也文字典說云陿迫隘不廣也從自陜聲陜諜叶反

第十一卷

花蔕　丁計反考聲云蔕果子反葉所系也說文蔕者瓜果當蔕也從草蔕也

咄哉　上敦骨反考聲云咄歎也訶也說文云咄拳言相謂也從口出聲也

撥世　上般末反左傳云撥猶絕也考聲云撥却也除也說文云撥括也從手發聲

乾燥　蘇到反周易云火就

燥也說文從火不爛闌旦反呂氏春
染聲桑音同上秋云熟而不爛
也說文云爛亦浸潤上子沁反顧野
熟也從火闌聲王云浸猶漸也
又云浸沈也字書或為寖又作浸文
字典說浸謂引水之所灌也從水受
聲受音且荏反力羸累危反杜注左傳云羸
羸病也廣雅云猶弱也賈逵注國語云
羸極也字書云羸疲
也說文羸瘦也從羊羸聲也羸音盧

和反

第十二卷

纔發心上昨來反考聲云纔暫也顧
野王云纔猶僅也音近也古
今正字云纔㦰也從若膩尼利反王
糸毚聲毚音士咸反逸注楚辭
云膩滑也考聲云膩有脂垢腔
也說文云肥膩也從肉貳聲卵殼角

反考聲云卵空皮也言其形變留空
殼也桂苑珠叢云殼孚也即鳥卵之
外皮也古今正字從蛾蚊上五何反
卵殼聲也殼音同上大戴礼云
蟲食桑者有絲而為蛾也考聲云飛
蟲也謂其蟲變形而飛也說文從虫
我聲下武分反俗字也字統云作蟁齧人
飛蟲也說文從虫民聲論文作蚊俗字
通用蚰蜒上以周反下以旃反方言
之也自關東而謂之螾蜒說文
蚰蜒亦曰蝘蜓也並從虫由
延皆聲螾音引蝘音蝘也

第十三卷

蚇蠖注郭反郭注尒雅云蚸蝛也周
易蚇蠖之屈以求伸也說文云
蚇蠖者屈伸蟲也從虫蒦聲子
獲反蝍音即蝛音子六反頻蹙
界上安漢左脅枕業反左傳云聞其
反梵語騈脅也孝聲云脅者
肋也說文云脅在兩旁也風飃匹標
從肉劦聲劦音叶肋音勒反郭
注尒疋云飄暴起之風也詩云匪風
飄兮說文云飄迴風也從風票聲票

必遙反論文作飈通用也

第十四卷

無字可音

第十五卷

咀嚼　上才與反上林賦云咀嚼菱藕也蒼頡篇云咀猶噍也說文云咀含味也從口且聲或作齟下牆略反前第五卷已具訓釋也

不攬　勒敢反王逸注楚辭云攬持也顧野王云攬物引類也古今正字攬撮持也從手覽聲覽音同上或作擑古文作擥也

互相　上胡故反顧野王云互謂更遞也考聲云互遞交互也說文云互可以收繩也象形字中象手所推握也古文作笠同用也

瞬動　上水閏反俗字也莊子云終日視而目不瞬說文作瞚開闔目數搖也從目寅聲也

欻然　上熏鬱反薛綜注西京賦云欻忽也文字典說云欻者忽起皃也說文云有所吹起也從欠炎聲

第十六卷

蟠結　上奔瞞反鄭注禮記云蟠猶委結也顧野王云蟠紆迴轉也廣雅云蟠從曲也方言云龍未昇天者曰蟠龍也說文從虫番音播也

如篅　是專反許叔重注淮南子云篅即芚音鈍也考聲云篅竹倉也說文云篅以竹圓盛穀也從竹耑聲亦作圌同用也耑音端也

朅地洛迦　上鶱孽反梵語七金山之一名是也

矩拉婆洲　上俱宇反次藍荅反梵語也

煻煨　上蕩郎反下烏迴反考聲云煻者灰兼細火也文字典說云煨餘煨燼也並從火唐畏皆是聲也

索拼　上桒作反顧野王云糾繩曰索也楚辭云并細絲以為索文戴云十尋曰索也古今正字從糸𣎵聲𣎵音甫勿反下補更反孔注尚書云拼使也考聲云拼捍

也韻詮緋絕振墨也尒雅云拼從也古今正字從手并聲

槎瀨 上作沙反考聲云槎水中流木也古今正字從木差聲也縒文作槎亦同下來帶反王逸注楚辭云瀨亦湍瀨也漢書云吳楚謂之瀨也古今正字云瀨水流沙上也從水賴聲也

臭澀 上醜狩反說文禽走臭而知其跡者犬也故從犬從自自古鼻字也會意字下森戢反前第四卷已具釋

也

柴利 足髓反文字典說六柴烏豕也從來此聲論文作眥通用也來音七四反

呞食 上昝咨反字統云入口曰呞考聲云呞啪也亦作𡋯又作嘖說文從口币聲币音同上

銛利 上息閻反漢書音義云銛亦利也蒼頡篇云銛鑯也鑯子廉反考聲云銛刀劍刃也文字典說云銳利也從金舌聲也

烏駮 邦邈反文字典說云駮斑文也

一切經音義卷第七十三　第十五張　鉅

從馬交聲

齧首 上斫結反禮記云無齧骨說文云齧噬也從齒㓞聲㓞音乙黠反也

齩足 上櫱狡反說文云齩亦齧也從齒交聲

[齒*可]頸 上客牙反廣雅云[齒*可]齧也埤蒼云大齧也文字典說云[齒*可]齩也從齒可聲也

擘腴 上拼革反顧野王云手擘破之廣雅云擘分也文字典說云擘破裂也從手辟聲也下庾朱反鄭注禮記云腴肥也說文云腴者腹下肥也從肉臾聲臾音同上

[國*爪]腹 上郫碧反檢經文及諸字書並無此[國*爪]字今以論文[國*爪]腹意者以手毀破腹也

掐心 上討刀反周書云拔兵掐刃也考聲云掐謂取也說文云掐捾音一活反從手舀聲舀音遙小反

摣掣 上鮓沙反考聲云摣取也又作齚或作齟亦作䶥同古今正字云爪取也從手虘聲虘音昨何反下闌勢反考聲云掣頓拽也文字典說從手制聲又作掣或作摩並同也

鑱刺 上仕衫反顧野王云鑱謂針刃刺也蒼頡篇云鑱鑿也廣雅云鑱謂之鈹也鈹音普皮反文字

一切經音義卷第七十三　第十六張　鉅

典說云鑱鏟刀刺也從金毚聲毚音同上下青迹反顧野王云刺謂鋭器鑱入人肉中也考聲云刺謂以刀擿也文字典說云刺猶殺也從刀朿聲也朿音七四反

探啄 上堪南反尒雅云探篡手取也聲類云探探取也說文云遠取也從手罙聲也罙音大感反下竹角反詩云無啄我粟廣雅云啄者齧也說文云啄鳥食也從口豖聲豖音丑錄反

刀槍 下鵲

將反國語云挾其槍也蒼頡篇云槍木兩頭鋭也說文云槍鋭距也從木倉聲挾音叶也

禦捍 下寒旦反杜注左傳云捍衛也捍亦禦也說文云捍被也從手旱聲也

臛婆 上訶各反梵語也唐云八寒地獄名也是

疱烈 云炮皃反許叔重注淮南子上疱面象瘡也說文作炮同從皮包聲也

剖析 上普口反孔注尚書云剖猶分也杜注左傳云謂中分為剖也蒼頡篇云剖亦析也文字典說云判也從刀咅聲咅音他口反下星積反前第二卷已具訓釋

乖訛 下五戈反鄭箋詩云訛偽也孔注尚書云訛偽言也從言化聲亦作譌義同也

踐躡 上前翦反鄭注礼記踐履也鄭注論語云循也文字典說云蹈也從足戔聲戔音殘下黏輒反方言云躡登也蒼頡篇云蹀也蹀音牒廣雅云躡履也文字典說云蹈也從足聶聲聶音同上也

畟方 上初色反杜注左傳云畟猶側也顧野王云正方也古今正字從田從人反聲也

摘勝 上江岳反考聲云摘者專利也略也亦量也字書又作擢也說文云摘亦敲擊也從手啇聲

第十七卷

蟣蝨 上居顗反考聲云蟣者蝨之卵也說文云蝨者齧人蟲也從蚰卂聲蚰音昆卂音信論文作虱俗字通也

獷麥 上虢猛反蒼頡篇云

攢栗也廣物志云秔有烏秔音黑攢也秔音古衡反說文云攢芒粟也從禾廣聲也

諠諍 上毀袁反聲類云諠譁也顧野王云諠譁也文字典說從言宣聲也下責更反顧野王云諍者今以為爭也字書云爭諫也考聲云諍猶爭言也說文云爭止也從言爭聲也

麟角 上栗珍反前寶積音義已具釋訖

第十八卷

第十九卷

並無字可音訓

第二十卷

瘂羊 上鵶雅反埤蒼云瘂瘖也考聲云瘂謂不得言也亦作瘂說文從疒亞聲疒音女厄反也

罝弶 上即邪反詩云肅肅兔罝傳曰罝兔罟也郭注尒雅云罝猶遮也文字典說冈且聲也下強向反文字典說云弶謂施罥於道也從弓京聲也

譏刺 上飢希反何休注公羊傳云譏猶譴也鄭注禮記云訶察也廣疋云諫也問也亦刺也文字典說從言幾聲也下此四反毛詩傳云刺責也考聲云刺亦譏也誹也說文從刀朿聲朿音同上論作刾俗字也

兇勃 上勗恭反從几從凶聲論文作函誤也下盆沒反考聲勃怒也尒雅云勃作也顧野王云勃暴盛也鄭衆禮記云逆也方言乱也說文云排也從力孛聲孛音同上論從孚作勃非

第二十一卷

扇搋 下拼加反梵語也不具男根者也

坑阱 上客耕反蒼頡篇云坑壑也考聲云阬坎也文字典說云壍也從土亢聲亢音剛下情郢反廣疋云阱亦坑也考聲云穿地陷獸也說文從自井聲論文作穽俗用字也或作弊荓古字也

面皺 下鄒救反考聲云皺皮聚也文字典說云皮寬也從皮芻聲芻音側俱反

第二十二卷

蛇蠍 上射遮反考聲云虵毒蟲也又音他古人巢居穴處之時相問日夜來無蛇乎文字典說從虫它音陁聲論文作虵今之俗字亦通也下軒謁反賈逵注國語云蠍毒也廣雅云蠍蛆蟼也博雅云蟼蟲施毒也文字典說云蠆蠍異名也從虫歇聲歇音同上蠆音𡱁界反蛆音七余反蟼音式亦反

㦭戾 上聾董反下黎帝反論文意剛強之皃也

第二十三卷

稼穡 上加暇反鄭注周礼云種五穀謂之稼文字典說云禾之秀為稼也從禾家聲也下生側反鄭箋詩云斂穫曰穡文字典說云后稷之穡也說文云禾可收曰穡從禾嗇聲

磽确 上巧交反下腔角反顧野王云磽堅也孟子云地有肥磽是也淮南子云爭處磽确也聲類云磽确磬濘也文字典說云确地瘦埆也說文磽确亦磬也並從石堯角皆聲磬口皃反

果粹 下開怛反桂苑珠叢云粹辛也考聲云粹辛甚也古今正字從辛朿聲

迄今 上欣訖反詩云以迄于今尒雅云迄至也文字典說從走气聲走音田略也

皰雙 上炮皃反前第十六卷已具釋訖

第二十四卷

殑伽 梵語上兢極反下鎵佉反

緝句 上侵入反鄭箋詩云緝續也詩云穆穆文王緝熙敬止也文字典說云緝續也從糸咠聲咠音侵習反

第二十五卷

瀑流 上袍帽反文字典說云江河水漲急也說文云疾雨也從

水㬥聲㬥音同上

譪羅伐拏 上裒改反下搦加反梵語云龍主名也

第二十六卷

無難字可立訓

第二十七卷

⿰亻㐬軛 鶩革反老上記云車人為車軏長六尺也郭璞云轅端壓牛領木也文字典說云牛領上曲木也從車㔾聲㔾音同上論作軏俗字也

躁利 上遭譟反鄭注論語云躁不安靜也考聲云躁性急也亦動也謚法云好變動人日躁文字典說從足喿聲喿音摻竈反

不耐 乃代反左傳云而不相耐顧野王云耐猶能也考聲云忍也文字典說謂法度皆從寸寸度不過其法也從而從寸

不諳 暗含反東觀漢記云

園陵樹𦵏皆諳其數也文字典說云諳識也從言音聲也

匿已 女力反周札云寀事匿也杜注春秋云匿亦藏也廣雅匿隱也說文匿亡也從乚從一覆之若聲乚音隱

第二十八卷

䔲瞢 上音騰下墨增反前第七卷已具訓釋

遲鈍 突嬰反顧野王云鈍亦遲也史記上之頑鈍者說文鈍亦頑也惡不利也

從金屯聲也

第二十九卷

青瘀 下於據反考聲云瘀皮肉中積血也說文云瘀亦積血也從疒於聲疒音女革反

胮脹 上璞邦反埤蒼云胮亦脹也文字典說從肉夅聲音戶冬反論文從逄作膖俗字也下張亮反杜注左傳云脹謂腹滿也文字典說從肉長聲

驅擯 下必仞反司馬彪注莊子云擯

弃也史記云相與排擯也文字典説從手賓聲也

鞴囊 上脾拜反顧野王云鞴所以吹冶火令熾之囊也埤蒼從韋作鞴文字典説鞴韋袋吹火者也從韋葡聲葡音皮秘反論文作橐古今正字無

髖髀 上款官反埤蒼云髖尻也考聲云髖髖骨也説文髖在髀上也從骨寬聲也亦從肉作臗同尻音考高反髀音陛下旇米反韻詮云髀即股也内日股外日髀礼記云無䏶髀也説文云髀在股外也從骨卑聲亦作𨁈古文也俗作脞

脛踝 上形逕反孔注論語云脛脚脛也顧野王云腨腸前背也文字典説云脛脚骭骨也從肉巠聲巠音經腓音符非反䯒音幸或作踁義同下華瓦反鄭注禮記云踝跟也蒼頡篇云踝在足側也聲類云足跗上内外骨也説文從足果聲論文從肉作腂非也跗方于反

醍醐

上第泥反下户姑反醍醐出酥中至精不凝者也文字典説並從酉從是省及胡聲

畦稻 上胡圭反孟子云病乎夏畦劉熙云今俗二十五畝為小畦五十畝為大畦也王逸注楚辭云畦猶區也説文亦云五十畝為畦也從田圭聲

第三十卷　第三十一卷　第三十二卷

第三十三卷　第三十四卷

已上五卷並無難字可音訓

第三十五卷

孳産 上子思反文字典説云万物孳萌也萌生也説文云孳乳相生而浸多也從子茲聲

第三十六卷

驍健 上上交堯反許叔重注淮南子云云驍猶勇也廣雅云驍亦健

也說文從馬堯聲

第三十七卷

軌生 上歸委反穀梁傳云軌法則也說文車轍也從車九聲古文作迹又作衏論文作軌俗字

泛尒 上孚梵反考聲云不指定也說文從水乏聲有從凡者非也

第三十八卷

拘掾 上音俱下音緣西國果名也

嬈亂 上泥鳥反考聲云嬈相戲弄也說文從女堯聲又作嬲亦通也

第三十九卷　無字可音訓

第四十卷

如婆羅痆斯 痆傳軋反梵語也舊翻云彼羅奈也軋音妟扎反

已上玄應音

阿毗曇心論第一卷　第二卷　第三卷

已上先並不音

第四卷

兜率哆 殆我反經中或作兜駛多或言兜率陁皆訛也正言覩史多此知足天又云妙足也

梵富樓 初禪第二天也此云梵前思益天在梵前行恒思梵天利益因以名也舊言梵先行天亦言梵輔天也先行輔梵王也

法勝阿毗曇心論第一卷　先不音

第二卷　玄應撰

辮髮三蒼亦編字同蒲典反說文云辮文織也
係在古文繼繫二形同古帝反說文係結束也相繼嗣也

第三卷

慣習又作串摜遦三形同古患反介雅串亦習也三蒼云古文懷字下古文[illegible]同餘證
褱孕反說文褱子也廣疋孕娠也謂孕子也含實曰孕挺子乃聲

第四卷　第五卷　並先不音

第六卷

眼眵充支反說文蠛兜眵也今江南呼眵為眵浥也蠛音莫結反論文作肢非也

雜阿毗曇心論第一卷　玄應撰

牟尼經中或作文尼舊譯言仁應云茂泥此云仙通內外謂夕在山林修心學道者也
申恕亦言申恕彼林此譯云實森謂貞實也
軟中正體作耎同而兗反梵本言没栗度此譯云耎柔弱[illegible]
滑又作[illegible]同所立反謂不[illegible]也字從四止四止即不通字意也論文作[illegible][illegible]二形非體也
天竺或言身毒或言賢豆皆訛也正言印度印度名月月有千名斯一稱也良以彼土聖賢相繼開悟群生照臨如月因以名也一說云賢豆本名因陀羅婆陀那此云主處謂天帝也當以天帝所護故世久号之耳
弥離車或作弥戾車皆訛也正言蔑戾車謂邊夷無所知者也
軍衆居雲反字林軍圍也四千人為軍三千五百人為師字從勹勹音補交反包車為軍帀自為師皆字意也
詰問去質反廣雅詰責也說文詰問也
華鬘又作花同呼瓜反下梵書磨羅

此云鬘音蠻案西域結鬘師多用蘇摩那花行列結之以爲條貫無問男女貴賤皆此莊嚴或首或身以爲飾好諸經中天鬘寶鬘花鬘亦結鬘師皆是也論文作騎非正體也

摶食 徒官反通俗文手團曰摶三蒼摶飯也論文作揣音初委反測度前人曰揣江南行此音又都果反說文揣量故揣也關中行此音並非此義也

漑之 居未反說文漑灌也灌注也

如晴 又作腥婎二形同自盈反謂不雨也聲類晴雨止也論文作霋非也

戶樞 齒朱反門臼也尒雅樞謂之椳郭璞曰門戶扉樞也廣雅樞本也樞機制動轉之主也椳音五迴反

第二卷

猗息 於綺反說文倚猶依也廣雅倚因也謂因倚而臥也字從人論文作猗一奇反猗美

躁動 又作趮同子到反躁亦動也躁擾也論語言未及之而言謂之躁鄭玄曰謂不安靜也釋名躁燥也言物燥卽動而飛揭也

爲掉 徒弔反字林掉搖也廣疋掉振動也論文作悱非也

心忌 渠記反忌難也亦畏也說文忌憎惡也

爲嫉 古文誒族二形同情栗反楚辭故與心而嫉妒王逸曰害賢曰嫉害色曰妒也

懈怠 古賣反下徒改反尒疋懈怠也集注云懈者極也怠者怠也釋名云懈者解也言骨節解緩也

振旦 或作震旦嬾言眞丹皆一也舊譯云漢國經中亦作脂那今作支那此無正翻直云神州之總名

猶豫 弋周反下古文與同弋庶反說文隴西謂犬子爲猶猶性多豫在人前故凡不決者皆謂之猶豫又尒疋云猶如麂善登木郭璞曰健上樹也

爲糜 亡皮反糜爛也散壞

戶向 許亮反說文向北牖也廣雅窓牖也字體從宀從口宀音亡仙反

穦麥 仌益反說文穦芸粟

也今呼大麥為犢麥也

拘屢　或作句盧舍或云拘樓賒此云五百弓應言俱盧舍盧音犖俱反謂大牛鳴音聲聞五里八俱盧舍為一踰繕那即四十里古者聖王一日所行也

中夭　於嬌反說文夭屈也廣雅夭折也釋名云少壯而死曰夭如取物中折也字從大象形不申也不盡天年謂之天耳

第三卷

屠羊　達胡反說文屠刳也廣雅屠壞也案屠分割牲肉也

司　獵　廣雅司主也說文臣司事於外也反后為司字意

聽訟　他定反周礼以五聲聽獄求情一曰形聽二日色聽三日氣聽四日耳聽五日目聽聽謂察是非也說文訟爭

齋戒　古文作誡同古薤反易云以此齋戒韓康伯曰洗心曰齋防患曰戒字林齋戒潔也齋亦齋也廣雅戒備也字從廾持戈以戒不虞也廾音拱又作拜同也

婆羅門　此言訛略也應云婆羅賀摩拏此義云承習六法者其人種類自云從梵天口生四姓中勝故獨取梵名唯五天竺有諸國即無經中梵志亦此名也正言靜胤言是梵天之苗胤也

剎利　應言剎帝利此譯云土田主也謂王族貴種是也

鞞舍　陛奚反正言吠舍此云坐謂坐賈也案天竺二俗多重寶貨此營求積財巨億坐而出納故以名焉

首陀　應言戍達羅謂田農官學者也此等四族國之大姓也

資以　姊私反廣雅資用也取也亦成之也

鬱單曰　或言鬱怛羅越或作鬱多羅拘樓或云都多羅鳩留正言鬱怛羅究留此譯云高上作謂高上於餘方也亦言勝洲鳩留此云作亦云姓未詳何義在名

閻浮提　或言剡浮洲或言譫浮洲或云贍部洲閻浮者從樹為名提者略也應言提鞞波此云洲譫音

之合反

弗婆提 或名弗于逮或信弗毗提訶或云通利婆鼻提
貨逮利婆此云前鼻提賀此云離體

瞿陁尼 或作俱耶尼或云瞿耶尼或言瞿伽尼皆訛也罌此云牛陁尼此云取與以彼多牛用牛市易如此間用錢帛等

茇棘 自貢反介定或云有石牛也茇一名蒺蔾郭璞曰布地蔓生細葉子有三角刺人者也

瘜宍 方言作腮同思力反說文瘜寄肉也三蒼惡肉論文作息非體也

作模 又作摹同莫奴反規模也模法也謂摸取象也

一切經音義卷第六十二　第三十五張　鉅

第四卷

言拙 側氏子札二反說文拙攕也攕音居逆反謂攕擷取也通俗文掣挽曰仙

乳嬰 而主反說文人及鳥生子曰乳三蒼乳子也子養也嬰音於盈反三蒼女曰嬰男曰兒釋名六人始生曰嬰兒胷前曰嬰投之嬰前而乳養之故謂嬰兒也

有挽 又作輓同焉華反所以挽牛領者也挽亦構也

泄漏 思列反廣雅泄溢也亦發也漏也

興蕖 此言訛也應言興虞興宇宜借音嫣蠅反出闍烏茶婆他那國彼土人常所食者也此方相傳以爲蕓薹非也嫣音虛延反

蚖蛇 古文作螈字林五官反蚖醫也雀豹古今注蠑螈一名蚖醫大者長三尺其色玄紺善魅人一名玄螈漢書云玄蚖韋昭曰玄黑蚖蜥蜴也經中黑蚖疑此物也而不言毒害人未詳的是諸經亦作虺吁鬼反毒蟲也身兩口頭尾相似

一切經音義卷第六十二　第三十六張　鉅

第五卷

飄薄 蒲莫反薄迫也風近迫之曰薄

瘀壞 於慮反說文瘀積血也廣雅瘀病也論文作淤泥滓

所螫 書亦反說文蟲行毒也關

西行此音又呼各反山東行此音莖知列反東西通語也

防邏　力賀反戎屬也謂遊兵以禦寇者也亦循行非違事也

小迸　又作跰趪三形同補諍反迸散也走也江南言趪遺遺音讚

折樓蟲　一名尋桑亦名蚗蟆或云桑闔或云步屈

鮇息　先胡反聲類更生日鮇亦休息也謂更息也

登祚　徂故反祚位也國語天地之所祚賈逵日祚祿也

第六卷

無音

第七卷

毗陁　或言鼻陁皆訛之應言鞞陁此云分也亦云知也四名者一名阿由此云命謂醫方諸事二名夜殊謂祭祀也三名婆磨此云等謂國儀卜相音樂戰法諸事四名阿闥婆拏謂呪術也此四是梵天所說若是梵種

生滿七歲就師學之學成爲作國師爲人主所敬梵天孫毗耶婆仙人又作八鞞陁也

所度　唐各反度量也廣雅度揆也亦則也

支提　又名脂帝浮圖此云聚相謂累石等高以爲相或言方墳或言廟皆譌

義釋

第八卷

脛骨　又作踁同下定反說文脛胻也胻音下孟反今江南呼

脛爲胻山東日胻敞敞音丈孟反脛胻俱是膝下兩骨之名也釋名脛莖也直而下如物莖也

髖骨　又作臗同口桓反埤蒼臗尻也說文臗髀上也論文作寬非體也

髎骨　力遥反字林八髎也通俗文尻骨謂之八髎論文作膫脂膏也膫非此用

五穀　案禮記月令天子春食麥鄭玄曰麥實有孚甲屬木夏食菽豆也菽實孚甲堅全屬水季夏食稷五穀之長屬土土中央秋食麻麻實有文理屬金冬食黍秀秀舒散屬火皆順

時而食之以安其性也

第九卷

極鄙 補美反鄙惡也廣疋鄙耻羞愧也

所稟 補錦反說文稟賜也廣疋稟與也

隄隤 古文陀同都奚下徒郎反說文隄隤也介疋隄謂之梁李巡日隄防也障也隫音無隄之與阜昭日積土為封限也

第十卷

拘鄰 賢劫經作居倫大哀經作俱輪或作居鄰皆梵言訛此譯云本際第一解法者也經中尊者了本際是也普曜經云俱鄰者解本際也阿若者言已知正言解了拘鄰亦姓也此乃憍陳如訛也中本起經云初五人者一名拘鄰二名頞陛三名拔提四名十力迦葉五名摩男拘利也

洋銅 以良反謂莽之消爛洋洋然也三蒼洋大水也介疋洋溢也洋溢衆多也取其義也

如拒 其呂反此外道瓶圓如鈙無足以三杖交之舉於瓶也諸經中或作三奇立拒或言三叉立拒皆是也

第十一卷

饑饉 古文飢同凡治反下奇鎮反介疋穀不熟為飢蔬不熟為饉蔬菜也李巡注云凡可食之菜皆不熟日饉又春秋穀梁傳日二穀不升日飢三穀不升日饉五穀不升謂之大饑升登也登成也

呵梨勒 此云天主持來此果為藥功用至多如此閒入絛石餅等無所不入也

撰集 三蒼作巷同助免反廣雅撰定撰亦述也申述述音示聿反述謂訓其義理也介疋述修也循行也

一切經音義卷第七十三

纓

一切經音義卷第七十三　鉅

翻經沙門慧琳撰

音阿毗曇甘露味論二卷　玄

隨相論一卷　玄

尊婆須蜜論十卷　玄

三法度論二卷　玄

入阿毗達磨論二卷　琳

誠實論二十卷　玄

立世阿毗曇論十卷　玄

解脫道論十二卷　玄

舍利弗阿毗曇論二十二卷　玄

五事毗婆沙論二卷　琳

鞞婆沙論十四卷　玄

三弥底論三卷　琳

分別功德論四卷　玄

四諦論四卷　玄

辟支佛因緣論二卷　玄

十八部論一卷　琳

部異執論一卷　琳

異部宗輪論一卷　琳

右十八論一百一十三卷同此卷音

甘露味阿毗曇論上卷

玄應撰

魯鵰 此古歡字音呼官反此應作鵰羅盍反

心寇 口候反尚書寇賊姦宄范甯集解曰謂羣行攻剽者今取其義說文寇暴也廣雅寇抄也字從完從攴剽音疋妙反

攸收 與政紀致二反依字攸害

下卷

先不音

隨相論

生樝 側家反樝樝也似烏勃形大如旋朱澀酢不可多戰論文作查非體

漱糗 搜皺反下丘久反今江南言林麥熟而粉碎謂之糗也

三辣 字苑作辣同盧葛反通俗文辛甚曰辣江南言辣中國言辛論文作剌乖戾也剌非字體

尊婆須蜜所集論第一卷

玄應撰

摩揄 以朱反人名也依字揄㝹也

瞠尒 勑行反蒼頡篇瞠直視也

懿乎 於冀反尒足懿美也字從壹恣聲論文作盤訛誤久矣

跋橙 丈萌反

箭筈 古活反釋名云箭進也其本曰足其體曰幹其末曰筈筈會也與弦相會也筈旁曰叉形似叉也

洿沙 一胡反大曰潢小曰洿說文洿濁水不流也

門梱 又作閫同苦本反禮記外言不入於梱注云梱門限

牙皰 彭孝反說文面生熱氣也今取其義論文作雹非也

虵虺 古文虫螝二形同呼鬼反毒蟲也韓非子曰蟲有虺者一身兩口爭食相齧遂相殺

檀嚫 或言達嚫又䞋反此云財施報施之法名曰達嚫又案西域記云正云達嚫拏或云馱器尼以用右手受他所施為其生福故從之立身也

第二卷

第三卷

門閾 古文云閾同吁域反又音域介疋云柣謂之閾郭璞曰門限也柣音千結反

確然 又作碻埆二形同口角反同易夫乾確然易矣韓康伯曰確然堅皃也論文作推非體也

曩昔 奴朗反介疋曩久也猶往反古昔也

澡盥 公緩反說文澡手也凡洒物皆曰盥也不但言手

怨仇 古文逑同渠牛反怨偶曰仇介疋仇讎匹也

第四卷

戢不 阻立反三蒼戢聚也說文從戢藏也戢斂也

緹麗 他礼反木名也

第五卷

一切經音義卷第七十三　第五張　鉅

驃騫 脾妙反下去焉反三昧名也

涓涓 古玄反字林水小流涓涓然

所遏 古文閼同於曷反介疋遏止也謂逆相止爲遏遏亦遮也

暐暐 亘作煒于匪反說文煒盛明皃也亦赤也

第六卷

愚戇 竹巷反李登聲類集音丑巷反戇亦愚也

頑魯 五鰥反下力古反論語參也魯孔安國曰魯鈍也論文作鹵非體也

邠坻 府貧反下古文坻同直飢反此言訛也正言賓荼默寫耶此云圍與舊譯云給孤獨猶是須達多之別名也須達多此云善與

盟誓 靡京反禮記諸侯莅牲凡國有疑會同則常其盟約之事曰盟

麑鹿 又作麛同其奚反介疋鹿北麀其子麛麚音加

使吮 似兗反譔集音弋選反說文吮吮欶也

第七卷

一切經音義卷第七十三　第六張　鉅

躇步 直於反躇躇踟躕也亦猶豫也躇音直流反躕音馳錄反

第八卷至第十 並先不音

三法度論上卷 不音訓

下卷

剉持 且卧反說文剉斫傷也案剉猶斫也

㖃嘆 呼戒反韻集作㖃㖃呵也蒼頡訓詁作嘆恚聲也通俗文作論大語也㖃猶㖃咄嘆㖃皆是也

噫氣 乙戒反說文噫出息也

一切經音義卷第七十三 第七張 鉅

入阿毗達磨論上卷 沙門惠琳撰

畟方 楚力反案畟方者中外人間之常語也四面齊等頓方也古今正字從田從人從夂夂音雖會意字象田之方

罝弶 上精耶反音與

嗤同案兔罝者即捕兔之網罟也毛詩云肅肅兔罝椓之丁丁是也箋曰兔罝即兔罟也郭注介雅云罝猶遮也說文從网且聲下強亮反案弶者捕禽獸之具也以木弓上施罥於獸行之道有機槃取之也說文從弓從掠省聲

慙媿 上藏含反下歸位反前音義中已重重訓釋論文作慚愧亦通

勇悍 寒岸反說文悍猛也從心旱聲或從手作捍或從攴犬作戰稈並通

膠漆 上教爻反考工記曰鹿膠青白馬膠赤白牛膠

一切經音義卷第七十三 第八張 鉅

亦赤鼠膠黑色魚膠餌犀膠黃鄭曰皆謂煮取其皮作之或用角煎成顧野王云膠所以連綴物令相著也毛詩傳云膠固也說文從肉翏聲翏紐由反

躊躕 上長流反又音也並通釋詩云愛如不見搔首躊躇踟躕猶躑躅也或作踟躕猶能佪也古今正字並從足形聲字也

論卷下

哀賢隖 上哀音阿可反次賢音伊以反下隖音烏古反三字

皆梵音字也論文書亥壹二字傳寫
錯也又肬一爲字論焉說三身名句
文身等此三各別如夔賢鴟三字譬
如摩醯首羅天王面有三眼涅槃經
中亦具明此義體一用殊開
一不可共成一義名三聚身

成實論第一卷　玄應

斲斧 古文作斵同竹角反說文斲斫也斲斤也 銃扶 文心

一切經音義卷第七十三　第九張　鉅

反外道名也十二
年隨佛始根熟者

第二　第三 先不音

第四卷

𦋺搦 又作泲同子礼反廣雅𦋺漉也謂𦋺出其汁也論文作擠
子詣反擠排也非此義下奴革
奴卓二反搦捉也握也漉音祿 疼痺

又作痓朕二形同徒冬反聲類作瘨
說文疼動痛也下方二反蒼頡篇云
手足不仁也論文痺煙病也今言冷痹風痺皆是也 悁 借音貌貌悶也
謂狀貌若死因以名也 藥石 攻病日藥上古人以石爲針今人以
鐵皆謂療病者也 鼓桴 案詔定古文官書抱桴二字同體音扶鳩
反鼓推也說文抱擊鼓柄也 瓢杓 又作瓢同毗遙反三蒼瓢瓠勺
也丘南日瓠巇蜀人言巇蠡下又作勺同是若反可以斟食者也巇音義

一切經音義卷第七十三　第十張　鉅

蠡音郎底反 眼篦 補奚反小學章篦刷也今眉篦揥頭篦皆作也

第五卷

相棖 又作樘敞敽三形同丈庚反根觸也亦嫽敞也

第六卷

桎梏 之逸反下古祿反在手曰桎在足曰梏謂杻械也 如睫
說文作睞釋名作𨑹同子葉反目旁
毛山東田里閒音子及反論文作𥈊

訛二形非

第七卷

鵄鳥　竹利反尒疋注云今鵄大如鴿或言如鵲似雌雉鼠脚無後指歧尾為鳥慇懃急辯飛出於北方沙漠地也宍美俗呼名突厥雀生蒿萊之間慇音呼盬反

第八卷　先不音

第九卷

舍廬　力居反別舍也亦寄止也黃帝為廬所以避寒暑也春秋去之冬夏居之

入支　只豉反此外道𧦦也圓如𥪣無足以三杖交之支舉於瓶也諸經中或言執三奇立拄或言三义立拄皆是也論文作敍非也

金槍　千羊反蒼頡篇解詁云木兩耑銳曰槍說文槍歫也論文作鏘非體也

第十卷

穳矛　麁鸞反穳擲也下又作鉾戟二形同莫侯反說文矛長二丈也

狗齩　又作鱙同五狡反關中音也說文鱙齧骨也廣雅鱙齧也江南曰齩

漩澓　似緣反說文迴淵也下又作復垘三形同扶福反垘

深也亦迴水也

栽枿　則才反下古文櫱枿三形今作蘗同五割反尒雅枿餘也載也言木餘載生枿栽

第十一卷

葷辛　許雲反蒼頡篇云葷辛菜也凡物辛臭者皆曰葷也

第十二卷

孤煢　古文惸煢二形同渠營反無父曰孤無子曰獨無兄弟曰

煢單也學學無所依也字從卂從營省聲卂音雖閏反

暍死 又作瘍暍二形同於歇反字林傷熱也謂傷熱煩悶欲死也又紅紫傷風日失色為暍作此也

第十三卷　第十四卷 先不音

第十五卷

不啻 施豉反蒼頡篇不啻多也

一桄 古文橫𤗸二形今作桄同古黃反聲類作桄車下橫木也今車牀梯舉下橫木皆曰桄是也

第十六卷

猨猴 又作蝯同禹煩反似獮猴而大臂長其色有黑有黃鳴聲甚哀古今注云猨五百歲化為玃玃壽千歲玃音居縛反

蟄蟲 遲立反說文蟄藏也獸之倓毛熊羆等亦皆蟄

第十七卷

考撿 苦老反謂質覈之也問也

土封 甫龍反起土為界日封聚土者也

則睎 又作烯同虛衣反字林睎乾也方言睎暴也北燕海岱之間謂暴為睎也

用刬 又作鏟同初眼反說文平鐵也通俗文攻扳日刬方刀施柄者也

抱卵 字體作抱又包同背冒反通俗文鷄伏卵北燕謂之抱江東呼蘁蘁音央富反伏音輔又反

㲉出 又作殼同口角反吳會間音咢卵外堅也尚在卵中謂之㲉也

第十八卷　第十九卷　第二十卷 先不音

立世阿毗曇論第一卷　玄應撰

毗舍佉 或云鼻奢佉此譯云別枝即是氐宿以生日所值宿為名也案西國多以此為名也

鹿子母 梵言蜜利伽羅又云鹿磨多又

云母跋羅娑馱此云堂亦言殿也舊云磨伽羅母堂者訛略也

嘎吼 於牛反下呼狗反皆聲也

剡浮 以冉反或云閻浮提或作譫浮又云贍部皆梵訛轉也剡浮者從樹為名提者略也應言提鞞波此云洲

瘤節 力周反通俗文肉胅曰瘤謂肉起如木節者是也

至胛 又作胛同古狹反說文肩甲也甲膊也於下宜作甲

聳身 古文竦𢥞三形今作聳同須奉所誦二反廣雅聳上也跳也

尸陁林 正言尸多婆那此云寒林其林幽邃而且寒因以名也在王舍城側死人多送其中今揔指弃屍之處名尸陁林者取彼名也

供贍 聲類字作饍同時焰反助也字書贍足也謂周足也

養飤 說文囚志反飤糧也廣雅蔞飤也蒼頡訓詁飤飽也謂以食與人曰飤論文作飴弋之反亦古

字假借通用非體也

第二卷

溜墮 力救反蒼頡解詁云溜謂水垂下也

路渚 之與反介雅小州曰渚李巡曰四方有水獨高可居故曰渚也

犁鏵 古文茉鏵二形今釫古文奇字作鋘同下亥[illegible]反犁刃也說文兩刃臿

江浦 匹戶反毛詩云省此淮浦傳曰浦水涯也

磨礪 字詁今作厲同力制反山海經崦嵫山多砥礪郭璞曰即磨石也尚書若金用汝作礪孔安國曰砥細於礪皆可以磨刀刃砥音脂

坑穽 古文阱汬二形同慈性反廣雅穽坑也說文穽大陷也周礼壍人掌春令為穽鄭玄曰謂穿地為壍所以禦禽獸或超踰則陷之也

敧仄 又作踦戲崎三形同丘知反不正也說文敧傴傾側不安也不能久立也

蜂蠆 丑芥反毒蟲也山東呼為蝎陝以西呼為蠚蠆音土曷力曷反

俾倪 又作埤堄二形三蒼作顊倪二形同普米五礼反廣雅俾

倪埭　女牆也埤蒼城上小垣也釋名云俾倪城上垣也於其孔中俾倪非常也亦言陴言裨助城之高或云女牆言其卑小比之於城若女人之於丈夫也或名埭取其重疊也

寶柵　又百反說文柵編豎木通俗文木垣曰柵是也

氾漾　敎劒反下翼尚反案氾漾猶蕩也

寶函　反胡臧反謂感貯經書雜物等曰函論文作涵胡甘反涵澗澤也涵非此用

一切經音義卷第七十三　第十七張　鉅

鷿鷉　薜覓反下他奚反方言野凫小而好沒水中者南楚之外謂之鸊鷉其大者謂之鶻蹄其膏可以瑩刀用也

水湔　又作濺同子見反通俗文水傍沾曰湔江南音子旦反

自縋　又作磓同直僞反說文以繩有所縣鎮也廣雅縋索也鎮笮也

謳歌　又作嘔同於侯反說文齊歌曰謳廣雅謳喜也尒疋徒歌謂之謠

柱礎　初舉反淮南子云山雲蒸柱礎潤許叔重曰楚人謂柱碣曰礎市碣音思亦反

市廛　值連反禮記市廛而不征鄭玄曰廛市物邸舍也廛居也方言東齊海岱之閒謂居曰廛

笳聲　或作葭同古遐反今樂器中笳卷蘆葉吹之因以名也

椽桷　馳宣反下古學反案椽桷椽橑一物廣異名也桷音角擾音褒椽音老

池沼　之遶反蒼頡解詁云沼池也

第三卷

一切經音義卷第七十三　第十八張　鉅

花萏　又作菡同胡感反謂花之未發者也

第四卷

提頭賴吒　或言提多羅吒或言弟黎多曷囉吒此譯云持國者主領揵達婆及毗舍闍或云臂奢柘謂餓鬼中勝者也

迺至　奴攺反尒疋迺乃也郭璞曰迺亦乃字也蒼頡篇迺往也遠也

毗留勒义　或名毗離或言毗樓勒义迦或言鼻溜荼迦此譯云增長主領弓

盤荼及閉黎多弓盤荼者或云鳩盤荼甕形頭似冬瓜閉黎多者或名薛茘多餓鬼中劣者也

毗留博义 或名毗摟博义或名鼻溜波阿人此譯云雜語或言醜眼主領龍及富單那富單那首是臭餓鬼中勝者也

毗沙門 或言鞞舍囉婆拏此譯云離聞亦云普門或云多聞其王最富寶物自然夫夜义及羅刹夜义此云傷謂能傷害人也羅刹或云羅义娑

第五卷

幡幟 古文㦤同昌志反通俗文私記曰幟幟幖也廣雅幟幡也墨子曰幟長丈五廣半幅也

周羅 此譯云小也謂小髻也

釜鍑 方目甫救二反方言鍑或謂之鬲說文鍑如釜而口大三蒼鍑小釜

也甬音歷

攕者 又作掺㩦二形同許宜反方言㿻或謂之攕今江南呼勺為攕三蒼䚢勺也廣雅㼾瓢也論文作撖非體也

㹌牛 音秦字略云牛名也

褊吝 卑沔反說文褊小也尒疋急褊謂急疾也陋也

第六卷

先不音

第七卷

兵廝 又作㒋同思移反廣雅廝謂命使也字書廝役也謂賤役者也漢書廝輿之卒張晏曰廝微也韋昭曰析薪也廝炊亨曰養

第八卷

山磕 苦盍反說文石聲也亦大聲今江南凡言打物碎為磕破

鐇斧 府袁反埤蒼鐇鏟也

如芆 所叢反刈草也詩傳曰芆除草也

痛辢 力達反通俗文辛甚曰辢論文作剌非正也

烹煞

普美反烹煑也方言烹熟也嵩岳以南陳頴之間曰烹儀礼凡煑於鑊中曰烹也

如彈　寧閑反埤蒼犬嗞也案嗞猶齧也字從犬

四棱　力增反說文棱柧也柧音孤通俗文亦四方為棱八棱為柧也

苹藤　苦和反南海志云苹藤名也

陵鯉　閭蒸反鯪鯉魚名也有足出南方陸居也

或獺　他曷他鎋二反形如小犬水居食魚者也論文作狙狙非此用也

或蝟　又作彙同于貴反有兔蝟鼠蝟等

褫皮　勑尒直紙二反廣雅褫奪也說文奪衣也今謂奪其皮也

竹笪　都達反說文笪箬也箬音若竹皮名也郭璞注方言云江東謂籧篨直文而麁者為笪斜文者為籧一名符篖籧音廢符胡郎反篖音唐

掐掐　口挾反爪傷曰掐韻集作劄口洽反入也

鐵艚　又作槽同在勞反聲類槽飼豕器也

舂暘　尸容反下徒朗反世本雍父作舂杵黃帝臣也廣雅暘表也韻集云晡暘米也今中國言晡江南言暘論文作蕩非體也晡音代小春也

酪瓨　又作堈同古郎反方言瓨甖也今江東通言大瓮為瓨

腦饡　又作囋同子旦反三蒼饡汁灑也江南言饡山東餰音子見反

煎炒　古文鬻煼焣鬻四形作鬻崔寔四民月令作炒古今正字作煼字同初絞反方言熬聚煎備火乾也說文熬也

利丳　字苑初眼反謂以籤貫肉炙之者也籤音且廉反

鼉鱓　大何反下五各反廣雅鱷魚名也長二丈餘有四足似鼉齒至利有禽鹿入水齧即斷也

頸鴉　於牙反白頸烏也關中名阿雅尒疋鷽斯鵯居郭璞曰鴉烏也小而群飛腹下白者江東呼為鵯烏鵯音疋

鷹鶚　五各反摯猛之鳥也山海經狀如鵰而黑白首赤足喙

匕首　補履反劍名也周礼考工記云匕首劍身長三尺重二斤一兩輕而便用也其頭似匕因曰匕首史記荊軻左執匕首是

木柹　敷廢反蒼頡篇柹札也說

文削木朴也江南名柿中國曰札山東名朴豆札朴音孚豆也鐵

杙 余職反介疋橛謂之杙郭璞曰杙橜也論文作弋非體也

鴆煞 除禁反山海經女几之山多鴆郭璞曰大如鵰紫綠色頸赤啄食蛇也以羽畫酒飲即煞人

徇令 辝俊反徇猶巡也介疋徇遍也說文徇行示也徇亦循也字從彳音恥亦反

鍊鐵 又作煉同力見反說文鍊冶金也鐵為黑金也

第九卷

或瘻 力鬪反說文頸腫病也今腋下隱㿸皆有中有蟲也瘭

疾 卑遙反癧成也埤蒼瘭疽也說文瘭疽久癰

什地 古文跍同

蒲北反說文仆頓也謂前覆也

第十卷

相攢 扶味反南人謂相樸為相攢也

吹篪 又作䶵莁二形同除離反說文管有七孔世本蘇辛公作篪

水苔 徒來反謂水中魚衣青色生水底者也亦可以為紙

淤泥 又作湖同排咸白監二反無舟渡河也說文步渡水

則凹 蒼頡篇作窅同烏挾反字施凹陷也

解脫道論第一卷 玄應音

叨佷 他勞反下胡懇反叨貪也方言叨殘也埤蒼叨食也說文作叫饕字也

裝揀 阻良側亮二反下師句反今中國人謂撩理行具為縛揀縛音附揀音戍說文裝束也裹也

俎屈 才與反蒼頡篇解詁沮斷也敗壞也論文作組側呂反毀醞器也一曰置肉机也俎非此義

第二卷

麻粁　字苑作粄同布滿反飡類也今米粁互粁皆作此字也

第三卷

桁械　胡郎反下胡戒反通俗文拘罪人曰桁械亦桁類也

摒擋　甲政反下都浪反謂掃除也廣雅云摒除也

噫噫　借音於矜反相答應聲

第四卷

刪去　所姦反三蒼刪除也

衣帊　又作杷同疋亞反廣雅帊幞也通俗文兩複曰帊是

痕跡　纂文作眼同胡根反通俗文瘡瘢曰痕也

檽窻　力丁反說文窻牖間子也通俗文疏門曰檽今窻檽車檽皆是也

骫節　又作垸同胡灌反通俗文燒骨以桼曰垸蒼頡訓詁垸以桼和之今中國人言垸江南言雖音瑞桼古漆字

摨狗　女皆反人名也依字韻集揩摨摩也

狡獪　古卯反下古文猾狡二形又作狭同古快反通俗文小兒戲謂之狡獪今關中言狡刮訛也

第五卷　第六卷　先不音

第七卷

蝹拘　羌句反

霖嫈　力金反

哿栗　古我反

鉢抴　土何反

瘑痲　張揖雜字作瘑瘑字書作疷同古和反蒼頡篇疷秃

也韻集曰瘖病也春發者謂之燕亦秋發者謂之鷹亦

閼塞　鄔蘗反詩云我思不閼傳曰閼閉也亦不從也論文作秘非體也

第八卷

忩叱　齒逸反方言叱呵怒也陳謂之呵案叱猶呵叱也

逕觟　胡瓦反應作黊胡寡反鮮明也又物精不雜為黊

第九卷　先不音

第十卷

夾膝 古洽反謂夾在兩邊近也三蒼夾輔也說文夾持也夾至

如荻 又作藡同徒歷反即蒹荻也[illegible]為萑者也蒹音古銜反

第十一 第十二 先不音

舍利弗阿毗曇論第一卷 玄應撰

殉有 許俊反蒼頡篇殉求也亦營也

西軫 之忍反淮南子云激軫之音許叔重日軫轉也

閬風 力盎反廣疋崑崙墟有三山閬風板桐玄圃也

愔愔 於針反聲類愔和靜皃也三蒼愔和

第二 第三 第四 第五 先不音

第六卷

旋嵐 力含反或作毗嵐婆或言鞞藍婆或作吠藍或言隨藍皆是梵之楚夏耳此云迅猛風

認取 而僅反謂失物而誌之者誌記也論文作[illegible]非體也

醪酒 力刀反蒼頡篇醪謂有滓酒也

第七卷

穳矛 麤鸞反穳擲也下又作戎鉾二形同莫侯反論文作窂牟二形

第八 第九 第十 先不音

第十一卷

華豆 方蜜反

第十二卷 先不音

第十三卷

硾脚 又作縋同直偽反通俗文懸鎮日縋謂懸石硾下也論文

作鏈，假借。

呼呷 呼甲反。說文：呷，吸也。

浸淫 姊鴆反。浸淫者，轉大言之也。浸淫移徙處日廣也。釋名：癬瘡也。

蟆子 音莫。山南多饒此物，如蚊而毛小，攢聚睍日，齧人作痕也。

車轢 力各、力的二反。輾轢也。說文：車所踐曰轢。

第十四卷

癬皰 又作㿈同，私淺反。字林：乾瘍也。案：有乾溼兩種。釋名：癬，徙也。

一切經音義卷第七十三　第二十九張　鉅

移從漸大也。故青徐謂癬為從也。

癧下 又作⿰目帶同，竹世、丁計二反。關中音多滯反。字林：赤利也。釋名云：下重而赤白曰癧，言厲癧難差。

蜫蟲 補奚反。說文：蜫，齧牛蟲也。今牛馬雞狗皆有蜫也。下所乙反。齧人蟲也。山東及會稽皆音也。

第十五　第十六　第十七　第十八 先不音

第十九卷

緒八 徐與反。說文：緒，絲端也。謂端緒也。

稼穡 加暇反，下所力反。字林：種曰稼，收曰穡。說文：禾之秀實為稼，一曰在野曰稼。

第二十卷 先不音

第二十一卷

橐師 埤蒼作鞴，又作排，同，蒲戒反。王弼注書作橐。橐，囊也。謂鍛

一切經音義卷第七十三　第三十張　鉅

家用吹令熾者。

第二十二卷

骨皰 又作䶌同，輔孝反。小腫也。說文：皰，面生氣也。今取其義。論文作胞，或作疱、䶌二形，非也。

撞舉 徒來反。通俗文：舉振謂之撞也。

襵皺 之涉、知獵二反。襵猶襵疊也，亦細襵。

萑萩 胡官反。細萑也。毛詩草木跡云：葭菼名亂，至秋成則謂之萑。夏小正曰：萑未秀則不為萑，秀巳後

為藋下又作藡同徒歷反即萑荻也堪為循者也蒹古甜反葭音加菼他敢反亂音五患反

五事毗婆沙論上卷 惠琳撰

貞實 上陟程反周易貞正也謚法曰德政應和曰貞內外無壞曰貞直道不橈曰貞說文卜問也鄭玄曰問事之政也從卜貝或從鼎省聲

經從示或從木作棹楨非也

颻颺 上矅昭反蒼頡篇飄颻風也埤蒼云颻上行風也下養將反考聲云清風也說文風所飛揚也從風昜聲

身篋 下謙葉反玉篇篋笥也考聲箱類也說文作匧械也從竹亦通從匚匚音方夾聲

著甲 下古狎反鄭注周禮甲鎧也傳曰押也考聲甲胄也說文大一經曰頭宜為甲甲象人頭也經作鉀是鉀爐箭名也埵經義鉀音古闔反

刀矟 下山卓反廣雅云矟矛也說文闕古广正字云矟長一丈八尺也從矛肖聲

下卷

撮摩 上七活反廣雅云撮持也應邵漢書云四圭曰撮亦三指撮也禮記云六地一撮土多也字林云撮手取也古今正字云亦兩指撮也從手最聲也

鞞婆沙阿毗曇論第一卷 玄應音

跋苓 渠今反人名也

傅釆 方務反傅謂塗附也傅藥傅粉皆作此論文作拊夫主反拊拍也非此用也下且在反釆猶彩色也

第二卷

先不音

第三卷

摩儵 又作倏倏二形同書育反人名也

鱣魚 古文䱇同知連反大

黄魚也口在頷下也體無鱗甲肉黄大者長二三丈江東呼為黄魚是也

如鍼字詁從金咸今作針同支淫反廣雅針刺也說文鍼所以縫衣掌者也

鞮伽都奚反謂揵子也

第四卷

色膜亡各反說文肉間膜也論文從革作䩌非也

騰書徒登反說文騰傳也遽郵驛也騰乘也廣疋騰奔也疾也

第五卷

若翳韻集作瞖同一計反說文目病生瞖也三蒼瞖目病也論文作曀風而陰曰曀曀非字體也

陰燧古文作鑒燧二形今作燧或作燧同辝醉反陰燧出水陽燧出火者鑒玉石之銅精圓也陰燧以鐵方也

潭水徒南反淳水也楚人名深為潭論文作澹徒濫反安也澹非此義

第六卷先不音

第七卷

譏貶居衣反廣疋譏刺也說文譏誹也下古文𦖆同碑儉反貶損也減也亦墜也

第八卷先不音

第九卷

如弶渠向反韻集云施羂於道曰弶居時獵家施弶以取鳥獸者其形似弓也

禋侫於人反苦也

弥侫習也

陁破盡也

陁羅破道也

第十卷

道跡又作蹟迹二形同子亦反足跡也論文作跃跤二形非也

第十一卷 先不音

第十二卷

拔摸 無𠔃反字林拔拭也摸摕也摕音桑各反

鉤㧻 都角反拯擊也敲探也敲音苦文反論文作琢非也

樺皮 胡霸反可以飾弓者也

第十三卷

鐵杷 又作色同平加反方言杷謂之渠挐郭璞曰有齒曰杷無齒曰朳朳音八今江南有齒者為把挐字從木挐音女於反

下晡 補胡反淮南子云日行至于悲谷為晡時謂加申時

第十四卷

蚇蠖 齒亦反下烏郭於矡二反尒疋蚇蠖方言尺蠖又名步屈一名尋桑蔡文云吳人以步屈名桑闔音古合反二名蝍蝛音子六反

犎牛 周成難字作犎音妃封反漢書音封此牛形小髀上有封也

不眴 列子作瞚通俗文作眴同尸閏反說文作瞚目開閉數搖也服虔云目動曰眴

鴝鵒 又作鸜同具俱反下又作鵒同以屬反似反舌頭有兩毛角也山海經公羊傳並作鸛音罐

蜀蟲 時蜀反詩云蜎蜎者蜀傳曰蜀桑蟲也大如指似蠶尒疋蚅一名烏蜀是也

三弥底部論上卷 惠琳撰

若僂 下力主反杜注左傳僂傴也何注公羊云身疾也廣雅曲也說文尫也從人婁聲也

若躄 下并辟反顧野王云躄謂足病枯不能行也說文從止辟聲經作躄俗字亦通

挑眼 上眺彫反蒼頡篇挑抉也韻詮云挑撥也剔除也說文從手兆聲經作挑時用字也

中卷

肉團 上如陸反顏野王曰肉者肌膚之肉也凡有血氣之類皆謂之肉也說文象形字也

下卷

儴佉 上汝昌反下却迦反梵語蠰合從人作儴經作蠰錯用也

柯

羅羅 梵語也古譯或云揭邏藍或曰迦邏皆一語耳此即說人初受胎七日之名

分別功德論第一卷 玄應撰

比較 古文攉同古學反較量也較明也攉猶粗略也

晧大 三蒼古文顥同胡老反晧亦廣大也光明也

毗齋 蒲西扶脂二反

下昨迷反說文膍人齊也論文作肥非也

地肥 扶非反劫初時脂也亦名地味論文作膍非也

窣如 於且反窣行也亦瞎覗也一曰窣暮也

呈佛 馳京反呈見也謂亦見於佛也論文作程法之程非體也或作侱非也

弓矢 又作矢同尸止反三蒼矢箭也古者夷牟初作矢

闚闟 又作窺同丘規反下弋珠反說文窺亦視也

第二卷

訾哉 又作訾同紫斯反訾量也說文訾思也

粢哉 字宜作昨二形同子各反說文糲一斛舂取九升曰糳三蒼注云糳精米也今江南齊謂晡米為糳糲音剌論文作粹非體

汪水 烏黃反通俗文渟水曰汪汪池也說文汪深廣也

自刎 古文肳同亡粉反公羊傳云公遂刎脰而死何休曰刎割也

婪南 或言和南皆訛也正言槃埮此譯云我礼也

繕埴 市戰反下市力反繕治埴黏土也謂

和詥土也

匈匈 許恭反匈匈弗夷之聲也漢書匈匈數千人聲是也論文從水作洶非也

汁斆 又作擻同蘇走反郭璞注方言曰斗擻舉也通俗文斗藪謂之縠䉤字音都穀反下蘇穀反論文作抖擻非體

暨今 聲類古文臮同其器反左傳猶懼不暨注云暨至也

第三卷

應敘 許與反說文敘次第也介疋敘緒也謂端緒也

酬酢 又作醻同市周反主荅客曰酬客報主人曰酢也蒼頡篇作酬

森森 所金反說文木長皃也今取其義也

快然 於亮反蒼頡篇快懟心亦快然心不伏也

湔浣 上子田反下胡滿反三倉湔灌也浣洗也

啾吟 子由反下牛金反蒼頡篇云啾衆聲也說文啾小兒聲也吟嘆也諷詠也

論文作吟非也

第四卷

繁衍 扶袁反下以善反繁多也咸也衍水流長也

銓曰 且泉反漢書應劭曰銓權衡也量斗斛也韋昭曰銓稱錘也

四諦論第一卷

玄應撰

泅水 古文作汓同似由反說文泅謂水上浮也今江南謂拍浮為泅

氣瘶 蘇豆反說文瘶逆氣也蒼頡篇齊都謂瘶曰欬欬音苦代反江南行此音也

第二卷

噤塞 又作唫同渠錦巨蔭二反說文噤口閉也

射堋 音朋字略射的也亦即射垜也垜音徒果反

第三卷

先不音

第四卷

調笴 工旱反字林笴箭莖也論文幹竿二形非

馭車 今作御同 魚據反馭敺也謂指麾使馬也凡言馭者所以驅之也内之於善也

辟支佛因緣論上卷 玄應

一襲 辝立反史記賜衣一襲音義曰衣襌複具為一襲襌音丹也

不恤 又作卹同須律反尒疋恤憂也亦收也謂與人財物賑恤之為憂也

瀑長 蒲報反蒼頡篇水濆起故日瀑也

勃逆 古文誖悖二形同補潰蒲没二反廣疋悖亂也亦逆也悖也

瞤動 古文旬同而倫反說文目搖動也今謂眼瞼掣動為瞤動也

親昵 入作暱同女栗反尒疋昵近也郭璞曰相近也亦親也私昵也亟親昵亦數也亟音

若訓 祛記反 蒼頡解詁云訓亦酬字訓報也扣詢叩也

下卷

鉤挂 古賣反廣雅挂懸也

曼王 莫盤反今高昌人謂閻為曼誑文聞知聲也

啚之 達胡反圖義也亦計介疋圖謀也謂謀謨也廣雅圖度也

危惙 知劣反聲類惙短氣皃也惙惙亦憂皃也

援助 禹眷反謂依據護助之言也蘿援取其義矣

財賄 古文賄同呼罪反通俗文財微眠賄周礼通貨賄鄭玄云玉日貨布帛日賄也

矗直 初六反謂端直

律車 或作離車子或作栗唱或作離昌皆梵言訛也正言栗呫婆此云仙族王種呫音昌葉反

十八部論 惠琳撰

只底舸 古我反此梵語西國山名也律主所居之處也

芿山 而證而蒸二反通俗文西國山名亦律部主所居處

他鞞羅 陛迷

反梵語唐云上部或云尊宿也

偷婆 或云蘇偷婆梵語訛也正梵音窣覩波此云方墳或云墳塔即如來遺身舍利塼塔也古曰浮圖是也

部異執論 慧琳撰

阿輸柯 下音哥梵語不切聲轉輕重耳與迦字同薑佉反亦曰阿迦王古云阿育即無憂王之梵名

頞悉多 上安割反梵語西國

山名也在海之外日所入處山

夫嵐摩 中音藍梵語諸天定之異名也

鬱多羅鳩婁 梵語北州名也古云鬱單越聲轉訛也此譯為高勝也

異部宗輪論 慧琳撰

羯剌藍 剌音郎割反梵語胎藏之初名也精如薄酪也

鍵南 乹彥反亦梵語胎藏中之次第名也

不齅 休救反說文云以鼻就臭曰齅從鼻從臭臭亦聲也臭音昌呪反經文從口作嗅俗字非正也

文愜 謙葉反廣雅可意也考聲當也說文快也正作匧從心匧聲匧音同上今相傳作愜亦無失其義一也

一切經音義卷第七十三

一切經音義卷第七十四　　鉅

音佛所行讚經傳五卷　玄

佛本行讚傳經七卷　玄先音琳重音

撰集百緣經十卷　玄

出曜經二十五卷　玄

賢愚經十五卷　玄

僧伽羅刹集三卷　琳

右六集傳共六十五卷同此卷音

佛所行讚經傳第一卷　玄應撰

眙矚　治嫈反通俗文直視曰眙經文作瞪直耕反二形通用嫈音以證反

絅縵　字體作鞔莫盤反鞔覆也經文作瞞僈二形並非也

迢遰　徒彫反下徒帝反左思吳都賦云曠瞻迢遰劉逵曰迢遰遠望懸絶也

扈從　胡古反扈廣大也亦使養馬也

頷頭　吾感反廣疋搖頭也說文低頭也經文作領非也

脚聯　今作連同力然反相聯續也聲類聯綿不絶也說文聯即連也連及也

侹直　他頂反徒直說文長皃也侹侹正直也

車軾　書翼反軾高三尺三寸說文軾車前也儀礼君軾之鄭玄曰古者亦乘軾謂小俛以礼主人也

形褻　思列反鄙陋也褻黷私居非公會之服亦曰褻

勗勵　虛玉反勗謂勉勵也方言齊魯謂勉爲勗茲勵相勸勵也

第二卷

睒睗　式冉反下式亦反睒睗暫窺視不定也經文作䀹非也

襤褸　古文繿又作襤同力甘反謂衣敗也凡人衣破醜敝皆謂之襤褸也

不躅 又作躅同馳録反漢書音義曰軌躅迹也三輔謂牛蹄處為躅也

綢繆 直流反詩云綢繆束薪傳曰綢繆猶纏綿也廣雅綢繆韜也纏也韜音土勞反

第三卷

樊籠 扶袁反案樊即籠也莊子澤雉不祈畜於樊中是也樊籓也

一切經音義卷第六十四　第三張　鉅

轟轟 呼萌反說文羣車聲也

呼呷 呼甲反說文呷吸子虛賦云呷吸萃蔡音義曰衣起張也經文或作唬呷唬音呼交反

裂眥 在計反說文目崖也史記作睚眦五賣反杵賣反瞋目皃也漢書作厓皆並此義也淮南子云瞋目裂眥是

噀毒 蘇問反通俗文水盜日潠埤薈潠歎也經文作嗏非也歎音普悶反

為朝 又作栩同如振

反說文礙車也楚辭朝朝發軔王逸曰軔支輪木也

風霽 子詣反說文雨止也尒雅注云南陽人呼雨止為霽

第四卷

羽葆 或作𦐂同補道反謂合聚五色羽為葆也漢書羽葆是也

火鎔 俞鍾反說文冶器法也漢書猶金在鎔應曰鐵形也

第五卷

一切經音義卷第七十四　第四張　鉅

冠衮 姑本反尒疋衮猷也郭璞曰衮衣有黻文也亦衣而畫以龍者也經文作袞非也黻音甫勿反

崦嵫 又作崦同猗廉反下子辝反山海經云鳥鼠同穴山西三百六十里有山名崦嵫日所入也楚辭望崦嵫而勿迫王逸曰山名下有蒙水中虞淵日所入也

迄于 虛乞反尒疋迄至也

佛本行讚傳一部七卷　慧琳音

仙聖　上相然反傳作仙誤也

澣濯　上胡管反毛詩傳云澣亦濯也劉兆注公羊傳云拡曰澣經文作偵俗字也或誤作浣非也下直角反廣雅浣也毛詩傳滌也說文從水從翟翟音直格反

饕飻　上討刀反杜注左傳貪財為饕說文從食從號或作饕今俗作叨下他結反杜注左傳貪食為飻說文從食從㐱經文作餮俗字亦通㐱音貞忍反

拍掬　上普伯反說文拍拊也從手從白下弓六反說文匊曲指捧物也或作掬古文作曰傳文作趨俗字也

狐麑　上音胡下五奚反鄭注禮記麑鹿子也

躁擾　上子到反鄭注論語躁不安靜也諡法曰好變動民曰躁說文從足從喿喿音蘇到反下而沼反孔注尚書擾乱也說文煩也從手從夒夒音奴刀反傳文從手從憂者非也

法渟　下狄

一切經音義卷第七十四　第五張　鉅

丁反埤蒼渟渟水止清也

隗磊　上五罪反下雷猥反說文隗磊高皃傳文作傀礧非也

牢鎧　上落刀反顧野王云牢固也廣雅堅也說文從牛舟舟取四面帀也下開改反說文鎧甲也

利鏃　宗木反尒雅鏃鏑也說文剌也剌音七四反

爲竿　下葛罕反或作笴傳文作榦非也

金剛柴　下卯髗反傳文作業俗字

言鉀　必發反說文鉀鎡斧名也鎡音子斯反

黼黻　上方武反尒雅黼繡也考工記云繢畫之事白與黑謂之黼鄭注禮記以羔與狐白雜為黼文也郭注尒雅黼文畫為斧形也說文從黹從甫傳文作黼非也黹音知雉反下芳勿反考工記曰繢畫之事黑與青謂之黻尒雅黻章也尚書黼黻絺繡是也說文從黹從犮傳文作黻非也犮音盤鉢反

峙立　持里反說文峙行步不前也從止從寺或作跱傳文從立作峙非也

兜術宮　上斗侯反傳文作兜誤也

踰於　上庾珠反孔注尚書踰越也博雅遠也或作逾

一切經音義卷第七十四　第六張　鉅

鐵鍼 上天結反說文從金從戴戴音田結反傳文作鐵俗字也下汁林反或作針正作箴

軟鮮 上撫無反孔注尚書軟布也又舒也說文從攴從車攴音普木反尃音撫無反下相然反博雅鮮好也字書去淨也

悸愁 上葵季反廣雅悸愁也說文心動也

苣炛 上集舉反說文苣苣束草爇火以照之也傳文作炬亦同下廣黃反說文炛明也從火在人上光明也傳文作光俗字也

爲髖 下闊官反埤蒼髖骯骬也廣雅髆也埤蒼亦尻也說文髀也傳文作臗俗亦通骯音五丸反骬音可歌反臀音徒門反尻音考高反也

駊騀 上博我反下五可反說文駊騀搖頭負也傳作駆也

晃煜 上黃廣反廣雅晃暉也博雅光也說文明也下融祝反廣雅煜熾也說文燿也從火昱傳文作暑非也昱音以祝反

綩綖 上於遠反毛詩綩衣繡衣注云綩衣纏衣也蒼頡篇綩也下演錢反杜注左傳綖冠上覆也鄭注礼記冕上覆也說文從糸從延纏直龍反紘音戶萌反糸音覓壁反

苗裔 以制反孔注尚書裔來也說文從衣從同

曩久 諾朗反賈注國語曩鄉也介雅說文訓同鄉音許亮反

年耆 巢爽反礼記六十日耆指使傳說文作耆非也

眼睞 下紫葉反莊子日睞目旁毛也傳文作聽俗字亦通

定鍸 尸吴反亦與瑚同也

傳第二

啁調 上陟交反蒼頡篇啁亦調也說文嘐也傳文作嘲俗字也下條弔反毛詩傳曰調以言相戲也廣雅相欺詐也

跳跟 上狀寮反蒼頡篇跳踊也鄭注尚書大傳謂步足不能相過也說文躍也下古恩反釋名足後曰跟說文從足從艮或作跟

闌楯 上落寒反蒼頡篇闌遮也

廣雅牢也說文以木遮止人妄行也從門從東傳文從木作攔非也下食尹反漢書音義曰殿上闌檻謂之楯上林賦亦闌也說文從木從盾東音練盾音揗也

體皺　下側瘦反韻略皺皮聚也傳文作皺俗字亦通也

上錠　丁定反

蝡動　上閏準反說文蝡蟲務動皃從虫從耎傳文作蠕非也耎音而兖反务音凼尒反

光腨　上廣黃反下遄耎反說文腨腓腸也從肉從耑傳作蹲俗亦通腓音肥腸音丈良反耑音短鸞反

髀上　上蒲米反說文髀股外也傳文多作脞者非也

僥天　上五寮反

駛流　上師車反蒼頡篇駛疾也

臂傭　上早義反說文手上曰臂從肉從辟下勑龍反尒雅傭均也傳文作臑誤也

螺縮　上落和反說文螺蝸牛也或作蠃傳文作縲誤下所六反

一切經音義卷第七十四　第九張　鉅

強梁　下力張反傳作詳非也

㳄洟　上羨延反說文㳄口液也從水從欠傳文作涏俗字也或作涎古文作𣢑下以脂反毛詩傳目液曰涕鼻液曰洟說文從水從夷今經文多作涕訓目液也非鼻液也

胭匈　鷖賢反廣雅胭喉也或作臙古文作咽說文從肉從因下勗恭反博雅匈臆也說文膺也從勹從凶傳文從囪從肉作胸俗字通勹音包

羈勒　寄宜反王逸注楚辭云以華絡馬頭曰羈博雅亦馬勒也說文從冈從䩭古文作羈下力得反鄭注周礼以白黑飾韋雜色為勒也說文馬鑣銜也鑣音表苗反

金鞘　霄要反方言也鞘刀劍之室也或作鞘古文多作削也

珠弝　伯駕反

炕燋　上康浪反說文炕乾也傳作元非也下子遙反廣雅燋傷火也韻略乾也說文作焦古文作爑也

涕泣　上他礼反毛詩涕泗滂沲注曰目出淚也說文目液下欽立反說文眼出淚之也

目眩　玄絹反蒼頡篇眩視不明也博雅目惑也說文目無

一切經音義卷第七十四　第十張　鉅

常主
㸌然上荒癮疹上殷謹反下眞忍
郭反反弃聲曰癮疹皮
上風起也說文從疒從今傳文從肉
作臆刖非也疒音女戹反全音眞忍
反

第三卷

擔輂上耽濫反字書擔負物也說
文從手從詹從木者非也下

連展反杜注左傳駕人曰輂說文挽
車也從㚘從車車前引也㚘音伴也
虺蛻上暉鬼反郭注尒雅虺身廣三
寸頭大如人擘指今又呼腹虺
是也說文從虫從兀下吐外反字勦
林蟬蛻解皮曰蛻也虫音許鬼反
疾助交反毛詩注曰勦雜粈下女救
輕疾也博雅曰健也反鄭注
儀礼粈亦雜也尒雅說文馬鬬都候
訓同傳文亦作糅義亦同耳反蒼

頡篇鬬爭也說文遇也兩相遇即鬬
從門從斲鬥亦音當候反斲音丁角
反傳文從門作鬪者誤門虎狼上呼
字從兩丮丮音居逆反古反
顏野王曰虎齧人獸也尒雅漢宣帝
時南郡獲得白虎獻其皮骨牙爪是
也丁朗堂反說文狼似犬銳脂肪上
頭白頰高前廣後從六從良旨
夷反鄭注礼記脂肥凝也下做躇足
房反說文肪肥膏也從肉從方
上直猪反韓詩躊躇猶躑躅也躊
音直留反躑音呈石反躅音重錄金

筩下動東棱枡上勒蹂踐上耳由
反登反反蒼頡
篇蹂亦踐也礼記尚書訓同下錢剪
反鄭注礼記踐履也言履而行之說文
云從足從戔戔庭燎上定丁反說文
音在寒反從广從廷傳文
從火作𤎅非也广音魚撿反廷音庭
下力召反鄭注礼記以麻為燭樹於
門外日大燭於門內日庭燎所孤幹上
以照衆為明也說文作奈也古
胡反傳文作觚非也下葛罕正作榦
亦作竿或作笴傳文作幹借音字也

第四卷

被氎　下葛協反

撓攪　上呼高反廣雅撓亂也說文亦攪也傳文作毷非也下交巧反毛詩注云攪亂也博雅動也說文從手從覺聲也

歎咤　下陟嫁反考聲曰叱彈舌作聲也漢書叱也字書恨怒也說文賞也從口從乇陟革反傳文從宅作咤非之也

檄墼　上刑擊反

罕繳　上呼旱反孔注論語罕希也說文從网從干傳文作罕非也下直利反鄭注礼記繳寄也說文從系

羅閱祇城　緣雪反下巨移

攦黑　理移反

撩擿　上力彫反博雅撩取也說文理也下呈石反說文擿投也傳文作擲俗亦通用

阿臘　藍荅反

霹靂　上普覓反下呂的反尒雅霹靂雷震動聲傳文作礔礰非也

拘睒　上矩愚反下失冉反梵語

窅𡨕　奴反

佚鸚鵡　上厄耕反下無撫反礼記鸚鵡能言不離飛鳥是也前大般若經已具釋說文作鸚

豺豹　上鋤崖反下包貞反傳文作犲犳非也

龜鼈　上鬼追反白虎通曰龜介蟲之長也孔注尚書尺二寸曰大龜出九江水中郭注尒雅吳興郡揚羨縣有池池中出三脚龜亦有六眼龜出地理志說文像形字也下鞭滅反山海經曰從山多三足鼈傳文作鼈

俗字也說文從黽從敝黽音猛敝音毗袂反

鴝鵒　上具愚反下音欲顧野王曰鴝鵒似百舌鳥頭兩毛角考工記曰鴝鵒不踰濟傳文作鸜俗亦通用也

劈裂　上普覓反埤蒼劈割也說文破也從刀從辟傳文作礔非也下音列

第五卷

深邃　下雖遂反說文邃深遠也從穴從遂穴音胡决反

創

被上楚霜反借音字也或作𧚌古文作刃也鐵著上天結反說文從金從𢦏曰結反下直略反傳文從手作揹非也遊獵下廉輒反賈注國語獵取也說文逐禽獸也從犬從巤傳文作獦俗字也巤亦音獵也谷𢈲下久宥反鄭注周礼𢈲馬舍也傳文作廐俗亦通也惠砅上𢡱桂反說文從叀從心下呂制反山海經云砅磨石也說文從石傳文作礪俗字亦通叀音遄眷反中眵下侈支反韻英云眵目汁凝結也說文目傷也挼手乃和反說文接挼手相摩也從手從妥挼音蘇和反妥音他果反撼頭上含感反廣雅撼動也說文搖也從手從感也羈絆上寄宜反傳文作羇非也前第二卷已釋下絆判反考聲曰絆繫兩足也說文馬馽也寀馽者亦馬絆也傳文從革作靽

一切經音義卷第七十四　第十五張　鉅

非也馽音知立劍戟下京逆反聲類戟兵器也鄭注礼記今之三鐮戟也周礼戟長丈六郭注方言曰今戟中有小刺者名為雄戟說文從戈𠦝也傳文省作戟俗字也𠦝音古旦反如撲普卜反廣雅撲擊也顧野王曰撲猶打捶也說文從手從菐菐音補木反

第六卷

捩撮上憐結反廣雅捩紋也埤蒼紉也正作盭下麁括反說文撮手牽持也髣髴上芳冈反下霏不反聲類髣髴見不審皃也說文從髟髟音表苗反

第七卷

黭黮上鴨檻反下直感反聲類黭黮深黑也顧野王曰不明淨也說文從黑從弇傳文從黑作黤黮俗字也弇音淹撿反澹潤上談濫反廣雅澹飾也說文水搖動也從水從詹詹音職廉反把摑

一切經音義卷第七十四　第十六張　鉅

上自麻反下居碧反又詐縛反蒼頡篇䶗摢也說文爪持也或作攫同

號歎　上胡高反博雅號大聲嚣諠也杜注左傳哭也說文痛聲也從号從虎傳文作嗥虎嗥聲字非此義也嚣音許驕反

寱語　上倪計反聲類寱眠不覺妄言也傳文從言作讛非也

盡聲　上律引反

樓櫓　上曾侯反尒雅四方高日臺陿而脩曲日樓說文屋也下盧古反文字集略云櫓大楯也博雅亦城上樓也

危脆　上魏為反下七歲反廣雅脆弱也說文從肉從危省

搉力　上江岳反廣雅搉按也

撰集百緣經第一卷

玄應音

窳惰　臾乳反類惰之謂也尒雅窳勞也郭璞日勞苦也多惰窳也

第四卷

鹿麛　又作麑同莫奚反尒雅鹿牡麚牝麀其子麛麚音加麀音於牛反

第七卷

塔棖　宅庚反案棖猶柱也浮啚棖皆是也說文棖杖也

出曜經第一卷

羽葆　宜作葆又作翿同補道反謂合聚五色羽名為葆也

咂嗽　古文嗛又作唼同子盍反通俗文入口日咂下又作嗽同所角反三蒼嗽吮也通俗文合吸日嗽也

鴟鵂　尺脂反下許牛反尒疋怪鴟舍人日一名怪鳥一名鵂鶹南陽名鉤鵅也

閃見　字書或作䀡同式冉反說文闖頭皃也

県其首　古堯反說文倒首也謂斷首倒懸笄頭肆其辜也字或作梟說文不孝鳥也冬至日捕梟磔之從鳥

頭在木上二形通用也

挻埴 或延反下時力反字林挻柔也今言柔挻也亦擊也和也埴土也黏土日埴釋名云土黃而細密日埴膩也如脂之膩也

以杼 又作竽同除呂反說文機緯者即今筬也

毗婆尸 此譯云種種見也

操杖 麁勞反說文操把持也操執也

戢在 側立反戢斂也聚也說文戢藏兵器也

第二卷

蠅嗜 子膩反說文嗜欲也[illegible]也莊子故蚊蜡嗜膚是也

叩地 苦後反叩擊也

睍瞖 還桟反目內白瞖病也論文作完湮二形非也

烏鰂 於胡反下又作鰂鯽二形同才勒反坤蒼鰂魚腹中有骨出南海郡背有一骨闊二寸有肆甚長口中有墨瞋即潠人臨海記云以其懷板含墨故号小史魚也

蟲齲 又作鴉同丘禹反說文齲齒蠹之也

靈柩 渠救反小介雅云棺有屍謂之柩空棺為櫬柩之言究自虎通日柩之言久也人不復變也

陶何 字宜作掏徒刀反中國言掏何江南言鵜鶘亦日黎鶘詩草木疏云一名掏何是也鵜亦作鶘郭璞注三蒼育黎又大奚反

白鷺 字書作鵅同來故反白鳥也頭翅背上皆有長翰毛也論文有作頊鴰胡骨反

鸛雀 又作雚同古乱

反水鳥也將陰雨即鳴也

痱癗 又作疿同蒱罪反下力罪反痱癗小腫也今取其義也

自摑 宜作攫俱縛反攫裂也持也

骨幹 骭同古岸反廣雅骭謂之肋謂脅骨也骭正體

誇無 苦華反通俗文自矜日誇謚法日華而無實日誇也

瘡痍 古文戧刅二形今作創同楚良反說文創傷也下羊之反通俗文體創日痍頭創日瘍也

關牡 亡後反論文插開下牡出禁為牡牝所以封固關令不可開也論文作毋

非體也

姧宄 古文宓宄二字同居美反廣疋宄盜也左傳在內曰姧在外曰宄一云乱在內曰宄國語竊寶為宄曰宄之財為姧也

𣶑浣 子田反下古文𡚁同胡管反𣶑洒也浣濯之也

向法次法 或言法次法向謂無為藏諦為所向有為道諦為能向道諦次滅故名次法依道諦而行亦行言如說修行

廡房 下五加廣雅房舍也說文堂下周屋曰廡幽冥之人謂之序今言廡房是也

傷惋 烏喚反字略云惋歎驚異也

括括 又作筈同古活反通俗文箭頭曰筈釋名云括會也與弦相會也

憑俟 皮冰反三蒼憑依也下古文竢䇃𣈲三形同床史反尒疋俟待也

紖繫 又作絼縼二形同直忍反謂牛鼻繩也廣雅紖索也

纓貫 於精反說文冠系曰纓下古桓反貫穿也

一切經音義卷第七十四　第二十一張　鉅

論文作嬰攢二形非也

僑客 奇驕反字林僑寄也廣疋僑客也論文作僑高也僑才也僑非此義也

第三卷

燔燒 又作𤆦同扶袁反加火曰燔燔燒也

於罝 古文𦊔二形同子邪反尒雅兔罟謂之罝郭璞曰罝遮也遮取兔也

潺湲 仕山仕環二反字書潺湲水流皃也

蟄蟲 遟立反說文蟄藏也獸之淺毛者熊羆之屬亦皆蟄也

一切經音義卷第七十四　第二十二張　鉅

第四卷

親款 已作款同口緩反廣疋款愛也蒼頡篇款誠重也說文款意有所欲也

愚惷 丁絳傷恭二反蒼頡解詁云愚無所知也亦鈍也惷愚也

頓躓 都困陂利反頓前覆也躓不利也躓礙也

如孛 又作𧁈同蒲對反人名也

第五卷

虎兕　又作𠙵兕二形同徐姊反山海經兕狀如牛蒼黑色今足兕似牛郭璞曰一角青色重千斤說文兕如野牛青色象形也

跳趠　達遶反謂懸擲也下勑挍他弔二反遠也

詭嬈　居毀反不實也亦欺誑也字林乃了反三蒼嬈弄也謂嬈擾戲弄

如槩　古代反蒼頡篇槩平斗斛木也江南行此音關中工內反

磓石　韻集音力輩反謂以石投物也今字者城下石擊賊曰磓論文作雷假借音也

剗治　又作鏟同初眼反廣疋剗削也聲類剗平也

頨頭　普米反說文頨傾也蒼頡篇不正也廣雅頨邪也論文作俚非體也

第七卷

巡行　宜作循似均反說文循行也尒雅循自也自從也案此亦與巡字略同

不革　古文革悍諱三形同古核反革更也謂改更也說文獸去毛曰革言治去毛變更之也故字從口口為國色國三十年而法更別取別異之意也口音孝

蒭稾　古文𦥑同測俱反下古老反小尒疋古稈謂之蒭所以飤獸曰蒭生曰生蒭謂青稾也說文刈草也蒼頡篇古稾禾稈也論文作蒿非也

第八卷

譏呰　居衣反廣雅譏諫也說文譏誹也下充之反廣疋呰輕也蒼頡篇呰相輕侮也諫音刺遣也

求賂　力故反謂以財物與人曰賂賂

怨譖　側禁反廣疋譖毀也三蒼譖讒也一古傍入曰譖也

泄出　思列反泄盬也發也亦泄漏也

爨之　籀文爨同七亂反三蒼爨灼也字從臼持缶缶甑也同為竈口𠬞以推柴內火字意也𠬞音拱

怗然 字詁今作慄同他頰反廣疋怗靜也謂安靜也亦怗服也

牛湩 竹用都洞二反通俗文乳汁曰湩今江南人亦呼乳為湩

穀治 又作敦同丈諍丈苙二反謂磨敎也

八篇 示緣反江南行此音又上仙反中國行此音說文判竹圓以盛穀也論文作簞音丹笥也一曰小萑也簞非此用

黔眈 巨炎反國名也

企望 古文跂國袪豉反通俗文舉踵曰企企亦望也字從止

一切經音義卷第七十四　第二十五張　鉅

第九卷

培的 蒲來反培垣也擁隄土也此應作埻的諸尹反通俗文射堋曰埻埻中曰的

第十卷

駏驉 巨虛二音似騾而小牛馬子也

穄粟 子齊反說文穄糜也似黍而不黏者關西謂之糜糜音亡皮反

豋豆 又作䜴務二形同勒刀反通俗文野豆謂之豋豆也形如大豆而小色黃野生引蔓也

如笮 側格反案笮猶壓也今笮出汁也說文笮迫也

摅須 勒佳反又勒皆二反人名也

第十一卷

一切經音義卷第七十四　第二十六張　鉅

右捽 存沒反說文手持頭髮曰捽捽亦擊也

擬我 魚理反字書擬向也說文擬比也也度也論文作俟非之也

六物 一僧伽梨二欝多羅僧三安多會四鉢多羅五尼師壇六針筒也

鼾聲 下旦反說文卧息聲也字苑呼干反江南行此音

胆蟲 字林千余反通俗文肉中蟲謂之胆蠅乳肉中也論文作蛆子余反蛆蛆也

第十二卷

孜汲 子辞反下居及反廣疋孜汲遽也說文汲汲急行也 耳

錘 直偽反方言錘重也

援盾 禹煩反下食尹反援引也擧援也盾排也

拼直 補耕反謂彈繩墨為拼也

第十四卷

頷車 又作顄同胡感反頤下也釋名頷含也口含物之車也或日輔車其骨強所以輔持口也或日牙車牙所載也或言頰車亦所載頰也凡繫於車者皆取在下載上物也俗名頷車音公盍反吴會日頷頡頡苦姑反論文或作䫜也

小甶 古文作由今作塊同苦對反介疋塊塎也土塊也結士也塎音普逼反

蹪礙 音致通俗文事不利日蹪限至日礙

第十五卷

左衽 而鴆反蒼頡解詁云謂裳際所及交列者也或云衣衿也一名𧘂音趺也

劍桴 扶流反十六大國名也

葵藿 呼郭反癸葉也隨日者也豆藿等皆是也

誣笑 武于反說文誣加言也亦欺也以惡取善日誣

蹶蹪 巨月居月二反說文僵蹶也僵仆也廣疋蹪蹋也頓也

第十六卷

迦藍浮王 或作迦利王或言歌利王正言羯利王丹云闘諍王

杅舩 時汝除呂二反廣雅杅舀泄出也舀音弋沼反䑞舀也䑞音九万反說文䑞杅偏之也

第十七卷

博掩 博戲也用六著六棊謂之六博掩圍棊也纂文云撲掩跳

戱戲也俗謂之射意一日**無賁**方婦
射數又博戲掩取財物也反字
書少汁賁日**頑魯**力古反論語參也
無火熱日賁魯孔安國日魯
鈍也論文作
鹵非體也

第十八卷

黤黮烏感反他感反蒼頡篇黮
深黑不明也說文青黑**如**

圈求晚反蒼頡篇圈檻類也
說文養畜閑也閑闌也**澆濽**
又作喽𠯈二形同子且反說文水汙
灑也史記以五步之內以頸血濺大
王衣作
濺字

第十九卷

梁棧三蒼作棧同仕諫反說文棧
棚也通俗文板閣日棧也**撊**

箭又作搦同女卑女革二**弘然**一宏
反搦捉也說文搦按也反都
畫也說文從下係**謾誕**莫官反下達
大也今取其義也坦反說文謾
欺也不信也誕
大也不實也

賢愚經第一卷

玄應撰

懇惻古文詎同口佷反通俗文至
誠日懇懇亦堅忍也下古文
畟同楚力反廣雅惻**剜炙**烏桓反謂
悲也說文惻痛也以刀决宍

日剜炙灼**王甍**吁弘反廣雅甍凶也
也灼爇也釋名大夫日卒諸侯
日甍亦頓壞也白虎**僉然**此廉反介
通日崩甍皆周制也雅僉咸皆
也方言自關而東王**悒悒**於急反字
國之都謂皆為僉也林悒悒不
安也蒼頡篇悒**口噤**古文峹同渠錦
悒不舒之皃也反噤閉也通俗
文口不開**諺言**宜箭反說文傳言
日噤是也謂傳世常言也**昞**
著古文昺苪二形今作炳
同碧皿反廣雅昺明也

第三卷

俛仰　無辯反俛俯頭也言閲默不巳也

澡盥　古緩反說文澡手也凡盥洗者亦曰盥也字從臼水臨皿上也臼音居六反兩手奉物也

斠格　今作角同古學反角試也角力也格量度也字從木

釁張　義鎮反尒雅須屬獸曰釁郭璞曰言自奮迅也謂氣體所須

一切經音義卷第七十四　第三十一張　鉅

亘川　歌鄧反詩云亘之秬秠箋云亘遍也亦意之也

肥脆　清歲反說文少血易斷也廣疋脆弱也亦梗也經文作膬鐉二形非體也

騰羨　徒登反說文騰傳也騰亦乘也也廣雅騰奔也傳音知戀反謂傳遽卽驛也

第四卷

眩瞑　胡遍反莫報反國語有眩瞑之疾賈逵曰眩瞑顛瞑也

叵我　普我反謂搖動不安也經文作岠峨或作岠峨皆非也

為膗　呼各反說文肉羹也謂有菜曰羹無菜曰膗也

猒恔　胡代反通俗文患愁曰恔恔亦苦也恨也今猶言患恔以有所苦也

憿切　公的反感也楚辭或清憿事無所通王逸曰憿感也

如掊　蒲交反通俗文手把曰掊字從手咅聲經文作刨近字也音妨走反

氄

一切經音義卷第七十四　第三十二張　鉅

衣　而容反字林毛罽也纂文云氄以毛為飾也

搔蛘　桑勞反說文搔刮也搔亦抓也經文作瘙桑到反疥也下餘掌反說文搔蛘不搔是也字從虫從羊今皆作癢經文作痒似羊反字林痒病名也痒非此義也

第五卷

癇病　核閒反聲類小兒瘨也說文風病也

倱伅　又作掍伅

同胡損徒損反通俗文大而無形曰倱伅也

第七卷

㕲言 七咨反釋名云㕲者言是巳所敬見之㕲㕲自齊肅也

鎮緐 陟陣反說文鎮壓也經文作塡音田塡非此義也

忠恪 古文愙同苦各反尚書恪謹天命孔安國曰恪敬也字林恪恭也

銜穗 凡作采同辞醉反說文禾成秀人所收者也

橋宕 徒浪反宕猶上也高昌人語之訛耳

罔然 古文罔𦉪二形同無往反罔罔然無知意也亦惶遽之良也經文從心作惘近字

囟上 古文胴膟二形同先進先恣二反說文頭會匘蓋也顖空也經文作顋未見所出

第八卷

畐苗 靡驕反謂未成也蒼頡篇夭之未秀者曰苗今取其義此爊俗語耳宜作規摹謂未施采者用土木等為知摹也

析體 思狄反析猶分析也字從木從斤謂以斤分木為析也今俗作皆從斤也

覈身 胡華反覈礙也經文作擊口的反擊擊撒非此義也

第九卷

卓犖 力角反謂奇異也

騷騷 蘇勞反說文騷擾也又摩

馬也亦大疾也字從馬經文從手作擾非體也

歘然 所力反埤蒼恐懼也通俗文小怖曰歘也

第十卷

勦子 仕交反便捷也謂勁速勦健也說文作劋廣疋劋捷也聲類聰疾也

挫捼 祖卧反挫折也謂折其鋒也說文挫摧也捼音力結反也

麼小 莫可反細小曰麼經文作尛近字也

釵股 楚佳公户

反脛本日股取其義也而往也

繼邁 古帝莫敗反繼續也邁往也謂相續

咆哮 蒲交呼交反說文咆嗥也哮驚也亦大怒也

第十一卷

恂惕 之若恥擊反恂憂懼也亦痛也惕愁也亦憂也

第十二卷

一切經音義卷第七十四　第三十五張　鉅

孤㷀 古文惸傑二形同巨營反傑單也無兄弟曰傑也謂㷀㷀然也

施罟 孤戶反易云結繩為罟以畋以漁罟網也經文或作罝子邪反罝亦網也二形隨作也經文作般假借非體也

鞊比 補丹反字林鞊部也亦鞊類也

㳂水 乙彭反謂搵入水中也𣲡沒也

第十三卷

褊襴 又作班玢二形同補間反下又作㪍同力寒盧間二反埤蒼文貞也文章成謂之褊襴經文作班蘭非體也

健辟 脾役反謂便辟捷勇也

第十四卷

廁圂 胡困反釋名云廁言人雜廁在上也或曰圂言溷濁也或日清言至穢處冝當修治潔清也

摒擋 卑政都浪又謂掃除也廣雅摒除也

一切經音義卷第七十四　第三十六張　鉅

彭然 又作靖竫䝭靜四形同自井反謂安定也息也亦無聲日靜說文彭清飾也彭寮之也

腹殨 古文殨同胡對反說文潰漏也亦旁決日潰也

趒牆 他弔反跳踯也韻集趒趒也經作超非體也

蜂虫 又作蝨同正凶反或作香虫說文螫人者經文作乗此䗪誤也䗪作香經中有作香虫螫音釋

弈奕 余石反弈弈光明之德也廣雅奕盛也字體從大經文從廾作弈博奕也亦非字體廾音巨凶反

第十五卷

種稑 一本作稷

利蹪 古文𨇤蹪二形今作𨔝同陝利反通俗文不利曰蹪限至日礙也

第十六卷

財賄 古文賄同呼罪反財貨曰賄賄亦財也通俗文財帛曰賄

周礼通貨賄鄭玄曰金玉曰貨布帛曰賄

蠱道 公戶反聲類七者反謂行虫毒也

賒貰 始遮反下時夜反說文貰買也貰貸也廣疋貰賒也

陶演 徒刀反詩云憂心且陶陶暢也暢達也

荼迦 直加反經文從足作蹢非也

僧伽羅剎集三卷

序　慧琳撰

亘絙 下亘恒反楚辭絙急張弦也說文糸也從糸亘聲也

僧伽跋撜 無鉢反下音證撜語西國僧名也

上卷

捴猥 上宗董反考聲捴都也攝也廣雅冣合也結也說文聚束也從手忽聲下煨賄反

躇步 上行猪反博雅云躊躇猶豫也考聲云不即行也古今正字從足著聲

麁獷 下古猛反集訓云獷

犬惡不可附近也說文從犬廣聲

麋鹿 上靡碑反說文麋鹿屬也冬至日解角從鹿米聲也

這入 上言件反字書云這迎也文字典說從辵言聲也

僂曲 上良主反杜注左傳傴僂身曲也說文尪也從人婁省聲經從疒作瘻非也

顰蹙 下酒育反左傳云蹙促也廣雅云急也迫也考聲聚也文字典說從足戚聲經從頁作顣非也

為枕 下針荏反說文枕臥時頭薦也從木冘聲也

中卷

木柵　下初革反說文柵編豎木也從木冊聲冊字象形經作栅俗字也

彼塹　下妾艷反考聲云長坑也

為鎧　下開愛反說文鎧甲也從金豈聲

跱立　上持里反說文跱行步不前也尒雅室中行也或作峙從足寺聲也

頭短　下端管反說文不長也蒼頡篇促也從矢

從豆經從手作担非也

憺怕　上談濫反顧野王云憺恬靜也王逸注楚辭云憺安也文字典說從心詹聲下普白反廣雅云怕靜也說文怕無為也從心白聲經從水作淡泊非也

蔭蓋　上邑禁反國語云木有枝葉猶庇蔭人也說文草陰地也從艸陰聲也下葛艾反尚書云蓋掩也考聲覆也苫也從艸盍聲也

雲曀　下伊計反尒疋云陰而風為曀也文字典說從日壹聲也

煒煒　為委反說文煒盛明也從火韋聲經文作煒非也

有皺　下側救反文字典說皺皮寬也聚也從芻皮聲經作皺俗字也

眼䀹　下子葉反說文䀹目傍毛也蒼頡篇眥毛也從目夾聲經作睫俗字也

瘡痍　下以脂反周易云痍傷也說文從疒夷聲也

鶡鵯　上寒葛反郭注山海經云鶡似雉而大青色有毛角闘一死乃止漢書音義鶡一名蘇以其尾為武士幘也古今正字云鶡鷄

出上黨從鳥曷聲下俾弥反郭注尒雅云鵯鳥也小而多腹下白者江東呼為鵯鳥也形聲字也

羯鞞　上居謁反梵語也經作羯非之也

垂埵　下都果反考聲埵高也其形高故以為名也說文從土垂聲經從王作琜音她非

傭髀　上寵龍反郭注尒雅傭齊等也說文均直也從人庸聲下薜米反文字典說云髀股外也從骨坒聲或作髀經從肉作臁髀並俗字也

踹腸　上遄兗反字書云踹謂腓腸也古今

正字從足耑聲或作腨字腓音扶非反

蝡動　上閏準反考聲云無足曰蝡有足曰蟲也說文從虫耎聲也

下卷

朿刺　下此漬反方言凡草木刺人謂之刺也說文云刺直傷也從刀朿聲也

鶖崛鬘　上鞦鄉反下慢班反梵語經作蹃非也

傾俹　下鵄駕反字書云俹倚也文字典說從人亞聲

腳躡　下黏輒反廣雅云履躡也謂機下足所履之躡也蒼頡篇躡蹀也說文躡蹈也從足聶聲也

齧脣　上研結反礼記云無齧骨說文齧噬也從齒㓞聲㓞音苦八反

霹靂　上匹覓反下靈的反文字典說云霹靂大雷擊物也從雨辟歷皆聲也經從石作礔礰俗字也

歙此味　上邑錦反說文歙歠也從欠翕聲歠音川悅反經從月作肰非也古文奇作余也

三厜　醉唯反尒雅音才規反郭注云山峯頭巉嵒也韻詮云厜者山巔之狀也從厂厂音漢經從𠂆非

睥睨　上普計反倪計反礼記睥睨視之猶以為遠也說文邪視也從目卑兒皆聲也經從人作俾倪非之也

鐙明　上得滕反漢書云夜振燈燭蘭膏所燃火也通用從火作鐙文字典說從金登聲也

摩鍮羅

鍮音他婁反梵語也

菀莚　上放遠反下以旃反假借字也若取字義即乖經意案菀莚地褥也郎罽莚也俗呼為地衣毛錦是也經作統蠕字體文義俱乖今不從後傳寫者宜從草之也

韁絆　上居良反集訓云韁馬緤繫馬繩也說文作繮形聲字也從革畺聲下般漫反說文絆馬也馽音知立反從系半聲經從革作靽非也

懊惱　上隩浩反下猱老反考聲云懊惱痛恨也集訓云心內結怨也經作懹㤢用非也

阿

儵

商陸反梵語不切也正梵音輸迦居去無憂王古譯名阿育王

二十二

一切經音義卷第七十四

第四十三張　鉅

一切經音義卷第七十五　鉅

翻經沙門慧琳撰

舊雜譬喻經二卷　玄

雜譬喻經一卷　玄

阿含口解十二因緣經一卷　琳

思惟要略經一卷　玄

内身觀章句經一卷　琳

法觀經一卷　琳

禪要呵欲經一卷　琳

十二遊經一卷　無

阿育王譬喻經一卷　琳

雜寶藏經八卷　玄

那先比丘經三卷　玄

譬喻經十卷　未音

雜譬喻經二卷　琳

雜譬喻經一卷

道地經一卷

右三十三經七十四卷同此卷音

沙門惠琳撰

笮甘露　上笮字經文錯書疑是古文天字請諸智審思之笮無義也

僄樂　上匹妙反方言云僄輕也荊楚之間謂輕為僄經文錯書㒒字從人從樂古文僄字從人從囟從火作僄書寫不識便書從票錯之甚矣說文僄輕也從人票聲今俗變火為小也

不可擭　烏虢反孝聲云以手擭取也從手蒦聲經文單作蒦亦通從萑音完從又古文手字

豖木　上音卓說文鳥食也從口豖聲豖音丑錄反

枚毦　上每杯反扯注

左傳云扰馬搗也下音毛考聲云駹馬駿長也說文形聲字也駿音揔東反

持籌 長流反說文籌筭也從竹壽聲經文從奇作篰錯書也

作枕 之荏反說文卧頭驚也從木冘聲冘音淫從冖從人也

擔死人 多甘反考聲擔負也從手詹聲

除圂 魂困反說文廁也從口口音韋豕在中也

蟇子 馬巴反蝦蟇水蟲名也說文從虫莫聲或

作蟆

祖裸 上堂嬾反考聲云肩上衣也左傳肉祖也禮記勞無祖鄭玄日左免衣也說文從亶從肉作膻訓亦祖露也今且依通俗文從衣下郎果反文字典說從人作倮脫衣露體也俗音華瓦反或從身作躶音並同形聲字也經中二字並從月從旦作胆腂不成字寫藏經宜改從正如前所說也

長抓 莊狡反亦作爪象形經文從手作抓非也抓音憂非經義

也

髺鬢髮 髺音食介反古文䯾字也次鬢字必刃反說文頰耳間髮也從髟賓聲經從頁作鬢誤也下蕃韈反文字集略云頭毛也文字典說云首上毛也從髟犮聲也犮音盤末反

菅葉 上音姦考聲云菅草茅類也其葉如刃從草官聲也

無有蓏 郎果反字書云草果也說文云在木日果在地日蓏從草並二瓜作㼌音庾也

芬菼 他敢反毛詩傳日菼薍也也又日毳衣如菼從草

從炎亦形聲字也介雜菼草青白色也

嶄巖 上巢咸反毛詩嶄嶄山石高峻皃也或作巉礹磛三體並俗字亦通用下雅銜反毛詩傳日巖巖積石皃也杜注左傳巖險也說文巖岸也從山嚴聲或從石作礹俗字也古文從品作嵒通用

鳥挩 團活反義與奪字同考聲從支作敓敓猶強取也從手兌聲正字辯或云挩解也免也下經文鳥蹹挩准此音蹹音談合反

入檻 咸黯反考聲云大匱也牢也從木監聲

四激 音叫字書水急流也 叉攴 此二句及後經文有血忌漏刻等語並是陰陽數法中惡日名日譯經者引說為喻顯經深意 刮刷 上關佸反通俗文撌刃曰刮下栓刮反字書云刷亦刮也從刀從㕞省聲佸音頑滑反栓音踈癵反從木全也 見甌 阿侯反方言云盆之小者謂之甌形聲字今經文相傳從國作⿰國瓜必是書寫人錯誤久矣甚無義宜從甌也 䟦驚

一切經音義卷第七十五　第七張　鉅

上音渠御反考聲云有所持而走曰䟦韻詮云忽也字書云畏懼也驛馬車也 ⿰黑亘黖 上層亘反下于嬾反或云黖⿰黑亘或從皮作皯或從曾作䵥文字集略云面上黑斑點病也古譯經文作吒幹甚無義理或是書經人錯誤也或是譯者用字乖僻今且敗為黖⿰黑亘智者乖詳也 嚾舌 兄圓反亦疑此字非也況於文不順也 偝臥 裴妹反考聲迴面向外也

或作背同也 膿血 奴冬反聲類云癰疽潰血也說文腫血也從血從農省聲也經文作盥古字也 ⿱疑木藻 上我蓋反文字典說⿱疑木止也從木疑聲今俗用從石作礙或從心作懝亦通下遭老反毛詩傳曰水中蔓生草也孔注尚書云水草之有文者也韓詩云浮者曰藻沈者曰蘋皆水中有文草也魚鼈之所藏說文闕不說也 忼慨 上康朗反下康蓋反集訓云忼慨者壯士不得志也鄭箋毛詩云太息也廣雅懣也或作慷慨字也

一切經音義卷第七十五　第八張　鉅

說文從心並形聲字也 㳄洟 上祥延反集訓云口液也從水從欠經中從羊作羨非也下音夷說文天計反考聲疑恐非也 䟦風 渠御反前巳擇賈注國語云速疾也說文從走豦聲也經從草非也 鍼風 上章任反俗用從十作針或從竹作箴說文綴衣之具也三體並形聲字也聲類針刺也經云針風者人欲死時變生一風行於體中如針刺身受諸痛苦也 髓⿰骨昜 上雖紫反說文云骨中脂也從骨從隨省聲也下天亦

反韻詮云髑者骨間黃汁也言人臨死之時髓變為髑黃汁流出亦形聲字也

膝脇 上辛七反下香業反前音義中數度訓釋並形聲字也

塞澀 參戢反說文不滑也從水從四止上二止倒書下二止正書是歰字之意也會意字經文從人三止非也不成字書人之誤也

骨骼 耕額反考聲云殎骨也殎音林九反

掣振 嗔熱反

如燈滅 上音登或從火作燈俗文傳通用說文錠也錠即燈也無足曰鐙有足曰錠或從拱作弃或從丸作甑皆古字

生腫 鍾勇反經文從骨作髓非也經意不成字義合是腫字疑書錯誤也

如熟烏麮 丘舉反蒼頡篇云麮麥粥曰麮從麥去聲也麥字從來下從夂夂音雖

五埵 當果反其胎中精自分聚五處名之為埵或名五疱經文從肉作腄非也

一切經音義卷第七十五　第九張　鉅

也正從土垂聲或作朶埰並古文皆正體字也時不多用也

兩䐜 頻泯反考聲云膝骨也從肉賓聲或從骨作髕亦通

著喉 上音長略反說文從草從者經文從兩點下作著是草書俗字也下文准此知喉音猴咽喉也

著脛 形定反說文胻也脚胻骨也從肉巠聲

碨礧 上烏賄反上聲呼下雷猥反考聲云碨礧者衆骨聚皃經文碨字從鬼作磈礧誤也或作礧或作礨皆古字也

受痱 音肥說文風病從疒疒音女戹反非聲也

俳掣 上敗埋反下昌熱反風病發也

矘戾 上眠莽反吕氏春秋云為蕺為盲說文目眝也形聲字下蓮結反說文從戶從犬會意字也經文從目作睞非

或軀 此字諸字書並無此字准義合是剜字鳥桓反從身作者未詳

或雕 徒雷反譯經者錯用從鬼從隹乃是歡名殊非經義正合從頁作頹頹者小腹疾亦名蠢膓病下墜病也

尻血 可高反韻詮云尻臀內也

邪鬼魅 恥利反郭璞注山海

一切經音義卷第七十五　第十張　鉅

經云神魅者魑魅也魅鬼俗呼音丑栗反聲轉訛也說文厲鬼也經文或作魑魅並通用也

䰡鬾

上音蜀下音其又音渠寄反精異記曰䰡鬾者蛙矮小鬼虐厲鬼之類也

鬽魖

上眉被反或從未作魅棄鬼其類甚多或狐或貍或種種異類或鬼或神皆能魅人下音虛虛耗鬼也異苑曰虛耗鬼所至之處令人損失財物庫藏空竭名為耗鬼其形不一怪物也

口中上腭

我各反考聲齗腭也說文闕字書或從齒作齶集訓云齗齶口中上也正從肉咢聲咢音同上從吅從屰屰音逆今俗從子作咢經文作靃靃音呼郭反乖經意今故改之不取也

足腨

殊耎反說文腓腸也或從足作踹或作蹲音並同體異者是先儒不能記憶偏傍率意作之或肉或足後人做習傳用故無的從今並出之也

舐利

食尒反誤用字也說文云以舌取物也正從易作舓或作𦧇並正體字也字書或作諣狧咶皆俗字或古字也

嗜甛

上時利反孔注尚書云甘嗜無厭足鄭注禮記嗜貪也說文慾也從口耆聲下徒兼反廣雅甛甘也說文美也從甘從舌會意字也亦作餂並通用也

踐蹋

上錢演反鄭箋毛詩車行皃又云踐履也說文從足戔聲戔音殘下談盍反顧野王云蹋蹵也廣雅履也說文踐也從足𦐇聲𦐇音塔經文作蹹非也

持鎌

下斂占反方言云自關而西謂之鎌刈物具也說文從金兼聲經作鐮俗用字也

髑髏

上同祿反下勒侯反埤蒼云頭骨也說文項骨也並從骨形聲字經文從頁作𩓐䫫俗用字亦通非正體也

惡露

上烏固反顧野王云惡猶憎也玉篇云惡露淺漏無覆蓋也形聲字經從人作僫露俗字非正體

依洫

上依字經文單衣非也准義合從人作依下吁域反周礼云洫所以通水於川也說文云十里為地地廣八尺

深八尺謂之洫從水血聲洫亦溝也

病滲 初錦反陸機漢高祖功名頌日茫茫宇宙上墋下黷說文從士參聲經文從石亦通時用也

修行道地經第一卷

與後修行道地同一經　玄應

大較 古文搉同古學反粗略也廣雅較猶明也亦比較也

狀栽 子來反栽植也今時名草木植日栽此謂木栓可栽植者也

扁鵲 蒲顛反古人良醫也姓鄭案漢書韋昭日大山小盧人也名越人魏桓侯時醫也

蒼頭 漢書蒼頭應邵日秦稱民日黔首黔黑也首頭也奴日蒼頭非純黑以別於民也

鬱皃 於勿反介雅鬱氣也亦哀思也下古文皃貌二形今作貌同莫効反容皃也亦見也又作賵謂眩賵也音莫報反經文作冐覆之冐假借也

諸藏 才浪反積蓄也如庫藏也人有

五藏謂肝肺脾心腎也經文作臧非體也

譖人 側禁反廣雅譖毀也亦讒也一日旁八日譖也

蜘蛛 古作鼅鼄二形同音知株謂有草蜘蛛有土蜘蛛也經文作蝔非也

嗽唉 又作欶同所皺反謂嗽吮也經文作數俗字也

湩現 竹用都洞二反通俗文乳汁日湩今丘南人亦呼乳為湩經文作鼙奴罪反非也

銀柴 經文從口作銀喍二形誤也

第二卷

奔走 古文𧼮今作奔同補門反介雅奔走也亦疾也

蟠結 薄寒反廣雅蟠曲也亦委也

噤齘 渠錦反下胡戒反說文齘齒相切也方言齘怒也郭璞日言噤齘也

萑葦 胡官反葦也毛詩草木䟽云葭菼名薍至秋成則謂之萑夏小雅曰葦未秀然後為萑薍音五患反

飛鳥 甫韋反言鳥飛揭也經文從大作秋誤也

第三卷

綜解　子送反綜習也理也說文綜機縷也謂機縷持緯交者也

黿鼉　魚來反似鼈而大下徒何反似蜥蜴長一丈有鱗采經文作魭鮀二形非體也

如麵　莫遍反言其碎末如麵也經文作䴵聲之誤也

拼直　補耕反謂彈繩墨為拼也經文作絣絣帛無文者非此義也

鐵軖　渠王反通俗文繅車曰軖軖芏也繅音華勞反芏音護

燔之　又作鐇同扶袁反加火曰燔燔亦燒也乾也

鐵弗　字苑初眼反謂以籤貫肉炙之者也籤音且廉反

第四卷

嘲說　古文謿今作嘲又作啁同陟交反倉頡篇周謂相戲調也

相

樘　又作敹棖敞三形同文庚反謂相觸也亦樘柱也

不訾　又作訾同紫斯反訾量也說文訾思也經文作貲財之貲非也

相槩　古文杚同古礙反廣雅杚摩槩也平也謂平斗斛曰槩也

九韶　古文磬同視招反舜樂名韶紹也言舜能紹繼堯之德也尚書簫韶九成是也

第五卷

攫獑　於虢反廣雅攫持也西京賦云攫獑胡薛綜曰謂握取之也獑音讒

稱錘　直危反廣雅錘謂之權即稱錘也方言錘重也宗魯曰錘

鴟猪　尺脂反下陟於反鴟張也言此人鴟張大如猪也

博掩　纂文云博六博用六著六棊謂之六掩撲掩跳錢戲也俗謂之射數或云射意也

櫪撕　力的反下桑奚反通俗文考囚具謂之櫪撕字林押其指也

臠臠　力轉反謂切肉大者為胾胾小者曰肉臠也經文作臇臇非也胾音側使反

步搖　釋名云上有垂珠步則搖動者也經

文作䕸瑹之瑹非也秸草古八反尚書三百里納秸服孔安國日秸稾也服稾役也餬口又作餂同户姑反方言寄食也江淮之間謂寓食為餬尔雅餬饘也郭璞日即糜也饘音之然反

修行道地經卷第一重修不略與前同一經惠琳重造

照瘖五故反毛詩云瘖覺也經作寤誤也眘冥上莫庚反說文云眘無眸子也從目止聲下莫丁反毛詩云冥夜也經作冥俗字大較江岳反博雅云比較也說文從車交聲也機微既希反孔注尚書云機亦微也今字書多不從木單作幾也下尾非反經文作微非也正作𢼸不從人也輒正陟葉反漢書云輒專也說文從車耴聲經文作輒非也耴音陟葉反憍慢矯橋反下蠻辦反經作憍憍非也亦作驕也

四衢具俱反尒雅云衢四達路也說文從行瞿聲鵰鷲鳥寮反孝聲云鵰似鶚也穆天子傳云鷲也亦作鵰下音就山海經云鷲鳥名也一名鵰正作鵃⿰馬毛馬上音毛字書並無此字典墳中亦不說此馬乃是轉輪聖王馬寶也紺青色毛長似獸頭如象以毛長故因名毛馬除溷魂困反博雅云溷濁也說文從水圂聲圂音同上指髀下脾弭反說文股外也亦作⿰足卑從骨卑聲裸跣上胡瓦反孟子云裸露身也亦作倮或作羸下先典反說文跣足親地也從足先聲也捉挗延薛反孝聲云挗拕也說文從手曳音以勢反拕音託向反數作雙捉反經作數俗字也摶儛奪鸞反躡蹈尼輒反說文云躡亦蹈也從足聶聲經作躡俗字也聶音同上挑到反說文云蹈踐也從足舀聲下同也蹋蹈談臘反經作踏非也說文蹋踐也從足昜聲昜音貪合反撥掣上博末反下叱制反經文作⿰扌制非也眼睫

僭妾反

掐叩 吐刀反考聲云深取也或作搯說文從手臽聲叩音口

多顙 舟盬反說文云顙頻驗也從須舟聲經作顙亦通也

蠱道 上音古鄭注周礼蠱毒也說文從蟲皿也

皮剝 被碑反考聲云皮亦剝也經文從刀作剝俗字也下邦角反夏小疋云剝削也說文刻也從刀录聲也

挻直 式連反毛詩云挻木長也說文從木延聲也

顫疚 上之善反下音又蒼頡篇云顫頭不正也說文云疚顫掉頭病也從疒又聲也

撾棒 上卓爪反聲類云撾捶也說文從手過聲下雹講反考聲云棒打也從木奉聲

五炮 雹皃反說文云身生熱絢瘡也亦作疱從皮包聲也

著髖 闊丸反廣雅髖尻髖音徒艮反尻音考高反亦作髖也

腨骨 殊耎反說文云腨腓腸也從肉耑聲亦作腨腓

蹲腓音符非反腸音長耑音短鸞反

屎尿 尸旨反字書云屎糞也正作菌經作屎俗字也下奴弔反說文云小便也亦作屎俗作尿非也

鍼觜 汁林反說文云鍼縫刺也從金咸聲亦作針下即髓反字書云鳥觜也亦作嘴經作紫俗字也

唾涎 託臥反說文云唾口液也從口垂聲亦作涶下羨延反考聲云次口中津也說文從水欠聲經作涎俗字也

第二卷

霹靂 上匹覔反下零滴反尒雅云霹靂雷震也經作礔礰俗字也

化捄 矩愚反博雅云捄法也說文從手求聲

蟠結 伴肝反博雅云蟠曲也說文從虫番聲也

多皺 鄒痩反考聲云皺皮聚也說文從皮芻聲經作皺俗字也

噤齘 及禁反楚辞云噤閉口也說文從口禁聲

鵝鶩 上我柯反顧野王云鵝形似鴈人家所養者也說文從鳥我聲下音木尒雅云鶩一名鴨也說文從鳥敄聲也

萑葦 胡鸞

反鄭注周礼萑亦葦也說文從草萑聲音同上經作萑非也下韋鬼反說文葦蘆也從草韋聲

第三卷

逶迤　上委爲反下徒何反

犇走　本門反尒雅云犇亦走也亦作奔漢書作犇

鹿猋　下甲遙反說文云猋犬羣走皃也

貌絶　上音皃貌絶經意貌悶無所知

鑽穿　纂官反孟子云鑽穿孔也說文從金贊聲下音川也

撾撈　上卓爪反說文撾捶也亦作簻下白庚反說文撈笞擊也從手旁聲也

盥　官椀反又古奂反顧野王曰凡澡洗物皆曰盥說文云盥洗手也從皿從臼從水經作灌非也

拚身　班萌反考聲云拚揮也說文從手弁聲經作拚拚俗字也

若笮　側稼反韻

詮笘笛屬也從竹作聲笛楚鄔反

睥睨　上疋計反倪計反說文云睥睨邪視皃並從目卑兒聲也

磔其　上陟格反考聲云磔張也博雅云殺而膊之曰磔說文從石桀聲經作磔俗字也音竭也

鍼柴　之林反或作針下即髓反亦作鍼經作鐫非字也

鐵鏟　天結反下察眼反博雅云鏟削也亦作剗說文從金產聲

依鈔　楚交反方言云鈔強取物也亦作抄也

第四卷

剉斬　麁貨反考聲云剉細斫也說文從刀坐聲經作剉非也下側減反考聲云斬斫也說文云截也從斤車聲

琦璝　上渠宜反埤蒼云琦玪美也亦瑋也說文從王奇聲下骨迴反字書云璝石次玉也埤蒼玪琦也說文琦圓好者從玉貴聲經作璝俗字也亦作瓌又作瑰也

愚騃　上麌俱反下崖揩反蒼頡篇騃愚也集訓云癡也從馬矣聲也

皃

鳨附孚反尒雅云鵨鳧也一名鶩亦鴨類也從鳥几聲也 捲打逵圓反亦作拳說文從手类聲

第五卷

穫草黄郭反說文云穫收刈也從木蒦省聲也 鎌刈上斂鹽反說文云鎌刈穫器也一名鍥口結反從金兼聲亦作鎌下魚憩反 驝

駞上音託下徒河反山海經云驝駞背有肉鞍負千斤知泉所在也俗呼為駱駝是也 刵耳元厭反考聲云刵刑名也周禮斷足也經作列俗語並無此字也 鵄鴂下遮野反韻詮赤土也 焦悸上即遒反下葵季反說文心動皃也從心季聲 鵄梟上齒之反下皎堯反鄭箋詩云鵄梟惡鳴之鳥說文不孝鳥也 麁弶上蒼胡反下強亮反字書云弶取禽獸具也從弓京聲 臠割力轉反字林云臠切肉也從肉䜌聲䜌音力負反下肝渴反博雅云以刀斷物之也 木楔先結反說文云楔開木具也從木契聲也 頭劈匹覓反說文云以刀破物也從刀辟聲也 如蚖五九反蚰名也

第六卷

鼾聲上韓旦反說文云鼾卧息聲從鼻干聲也 手摑鬼碧

反晜蔓反二反並通字書云爪持也 有汪烏光反古今正字云水大皃也考聲水停皃也說文正作㴫從水汪聲也 鎚鍛直追反下音端乱反孔注尚書云鍛捶也說文從金段聲也

百喻集四卷第一卷第二卷第三卷

巳上玄應先並不音

集第四卷

唵米烏感反字林唵啗也謂向口唵也啗音徒敢反耽毿蒼頡篇作毿同蘇南反毛垂皃也通俗文毛長曰毿毿

菩薩本緣集第一卷　玄應撰

薨殞呼弘反廣雅薨亾也亦雅薨死也諸侯死曰薨也抗禦魚呂反禦當也詩云予曰有禦侮傳曰武臣折衝曰禦侮也軌地

古文衟迻二形同居美反廣雅軌跡也說文車轍也國語軌法也水竇徒闘反考工記竇崇三尺鄭玄曰宮中水道也竇安也空也財賄古文賄同呼罪反通俗文財帛曰賄周禮通貨賄鄭玄曰金玉曰貨布帛曰賄

第二卷

扤梡又作楇同於責反說文楇把也盈手曰扤廣雅扤持也瞤動而倫反說文目搖也經文作瞤非體也嘿蟲坐北反方言北謂蝙蝠為蟙蠌蜀中名也巴北自關東並名服翼關西名蝙蝠也

第三卷

角張古嶽反違戾不順也經文從目作睊非也怫鬱父勿反怫鬱心不安也亦意不舒泄平也坑窖古効反說文地藏也穿地為室

藏五穀也

大乘修行菩薩行門諸經要集三卷

右此一經並鈔前大集等諸大乘經前文本經中並已音訓了此不重音但撿本經音義即得

付法藏傳第一卷　玄應

即睎　虛衣反說文曰乾日睎睎乾也

第二　第三　先不音訓

第四卷

窘急　君殞反說文窘迫也詩傳曰窘困也

第五卷

摩啅羅　勑角反

眼瞼　君儼反謂眼外皮也

錙銖　側飢反風俗通曰銖六則錘錘暉也二錘則錙錙熾也二錙則兩者也

第六卷

純粹　又作睟同私類反說文粹不雜也亦細也易云純精粹也

亦齊同日粹

羸惙　知劣反聲類短氣皃也惙惙亦憂也

坐禪三昧經三卷　慧琳撰

上卷

上蟻蛭　上宜几反尒雅云大曰蚍蜉小曰蟻或作螘蟻古今正字從虫虫音毀義聲下眞日反蒼頡篇蛭水蛭也一名蛂能唼人血說文蟻也從虫至聲也

皺眉　上側瘦反韻詮面皮聚也說文從皮芻字

音楚拘反芻聲也下美悲反說文目上毛也從目眉之形上象額理也

眄睞　上蔑遍反方言自關而西秦晉之間日眄說文邪視也一日目偏合也從目丏聲丏音同上下來岱反廣雅睞視也說文童子不正也從目來聲也

垢坋　下葢拜反考聲云坋亦坫古今正字義同從土介聲也

蹴株　上秋育反蒼頡篇蹴蹋也何注公羊云足逆蹋曰蹴說文義同從足就聲下陟俱反說文云木根也從木朱聲也

鞕笞　上必

綿反顧野王馬策曰鞭策音楚革反
說文駈馳也從革便聲下丑之反漢書
音義笞者捶也說文
亦擊也從竹台聲也

中卷

鹿蹲 時充反說文蹲腓腸也腓脛腸也亦作腨也從足專聲上籠穀反

眼睞 尖葉反考聲云瞼上毛也說文從目夾聲或作睫經從妾

作睫俗字也

剋勵 呂制反顧野王云勵猶勉也杜注左傳云勵亦勸也
說文從力厲音
同上厲聲也

下卷

階梯 替低反賈注國語云梯階也說文亦階也從木弟聲也

流駛 上師吏反蒼頡篇駛疾也考聲云亦馬行疾也又速也古今正字義同從馬從史聲也

駿足 遵迅反介雅駿速也郭注云駿猶迅速也說文馬之良才也從馬夋聲夋音子峻反

氣噎 下煙結反毛詩傳噎不能息也說文飯窒也從口壹聲窒音珍栗反

身僂 力矩反何注公羊云僂疾也廣雅曲也說文尫也從人婁聲也

躓礙 上知膩反顧野王躓頓也杜注左傳躓顛也說文從足質聲

失鞴 下排賁反蒼頡韋囊也考聲云吹火具也埤蒼亦從韋作鞴古今正字從革葡聲葡音被

經作此橐古字也

佛醫經一卷 玄應

不訾 又作𧦝同子移反訾量也說文思稱意也

猘狗 字書作猘狛二形又作猘同昌猘居世二反狂犬也

惟日雜難經一卷 惠琳撰

受剪 變劣反案考聲切韻亦從竹作剪義是審其善惡也或從言作

訓經從草作葯恐傳寫誤也

餧飢 上奴罪反鄭注論語云餧餓也說文從食委聲下居宜反尒雅穀不熟日飢或作此饑也說文從食几聲也

樘身 上宅盲反廣雅樘拄也說文樘拄也從木堂聲

蚤起 遭老反蚤蚤字經史多作此字也蓋是蚤蝨之字也今時通用從日作早也

饒人 繞招反廣疋饒多也謂豊厚也亦益也說文從食堯聲經文從有作饒非也

耐痛 上乃岱反顧野王耐猶能也蘇林曰二歲已上形為耐亦能任其罪也杜林漢書注凡為法度字皆從寸說文從寸而聲也

上牽 下挈堅反顧野王牽亦引前也說文從玄從冖牛也

意這生 言件反蒼頡篇這迎也說文春秋這公子野井是也從言走音丑略反

不戢 莊立反詩傳戢聚也箋云戢莊鈒說文藏兵也從戈咠聲

也

捷陟 上音梟梵語也悉達太子所乘白馬名也

舐足 時至反說文以舌取食也從舌氏聲氏音上同

作抌 針荏反顧野王云卧以頭有所鷹也說文義同從木冘聲毛詩展轉伏枕是也

一虺 吁鬼反顧野王今莊以為蝮虺之字也說文云鎮虺也從虫兀聲也

愸邀蜜 中孝聲云㵛奏反梵語也

迦葉赴佛經一卷

惠琳撰

狎猊 上咸甲反孔注論語狎近也杜注左傳狎習也說文從犬甲聲下婢卑反郭注尒雅豹屬也出貉國也尚書如虎如貔孔注云亦虎屬毛詩傳亦猛獸也說文從豸毘聲豸音雉經作狴俗字也

搏之 上補洛反顧野王搏猶拊也杜注左傳取也蒼頡篇搏亦至也說文從手尃聲尃音孚

菩薩訶色欲經一卷

玄應撰

鈇質　方扶反書中鈇或音斧擮齐也古者煞人用斧下正體作擮之逐反說文鈇莝斫也埤蒼擮椹也公羊傳日不忍加其鈇質何休日斬要之罪也

俎几　側呂反字書俎肉几也俎亦四脚小槃

四品學法一卷　惠琳撰

拘礙　矩愚反廣雅拘閡也考聲云擁也說文止也從手句聲也

金剛力士哀戀經　惠琳撰

榛林　上仕臻反許注淮南子叢木日榛說文從木秦聲也

瞑眩　上眠遍反尚書云若藥不瞑眩厥疾不瘳說文瞑翕目也從目冥聲下懸絹反賈注國語眩惑也蒼頡篇視之不明也說文從目玄聲經從面作眄非也俗用耳

嘶碎　先奚反埤蒼云嘶聲散也方言嘶噎也說文悲聲從口斯聲或作嘶也

迦旃延說法沒盡偈經一　玄應

伋伋　居及反說文伋伋急行也廣雅云伋伋遽也今皆從水作汲也

券別　區万反說文云券契也券別之書以刀削其旁故日契也釋名云大書於上中破別之也

佛說治身經一卷　惠琳撰

巴黠　閑戞反考聲云利也方言慧也趙魏之間謂慧為黠案巴黠智慧也古人語質

佛治意經一卷　惠琳

蚤得　遭老反上惟日雜難經巳釋訖

五門禪經要用法一卷　惠琳

係念　上雞詣反尒雅係繼也說文係絜束也今亦作繫繫亦連綴也從

人系聲系腋下盈益反蒼頡篇肘後
音奚詣反也說文云從肉夜聲
也　如綫仙箭反周礼縫人掌王宮之
縫綫鄭衆云線亦縷也說文
義同從系戔聲戔音殘經作綖音延
是冠上覆也非綫字也或作線亦俗
字　煗覺上奴卵反經作腝非也說
也　文從火耎聲耎音而兖反　懦
上委贍反王注楚辭懦安也顧野
愉王懦恬靜也說文從心詹聲詹音

一切經音義卷第七十五　第三十五張　鉅

占下庚須反鄭注論語愉顏色和
也介雅云樂也說文從心俞聲也　懇
惻上康佷反鄭注考工記云堅貞也
禮記懇乎其至也說文懇從心狠
聲音與上同從豕從　捫摸上莫奔反
良經從豸作貇誤也　下注博反
聲類云捫亦摸也蒼頡篇摸亦　挮隥
捫也說文並從手門莫俱聲
上體泥反下登鄧反郭璞日隥阪也
阪音反考聲云履也說文隥亦仰也

從白登聲經從　蝖蜚上呼元反考聲云
木作櫈非也　蝖蟄螜音斛蠐
螬也方言自關而東或謂之蝖螜也
說文從虫宣聲下父畏反郭注介雅
即負蠜臭蟲也左傳云有蜚不為災也
古今正字作蜚從蚰又云或從虫作蜚

達磨多羅禪經上卷　玄應

發軫之忍反軫跡也轉也展也考工
記車軫四尺注云輿後橫木也
今謂發　分逵又作遀同奇遀又介雅
車轉也　九達謂之逵郭璞日四

一切經音義卷第七十五　第三十六張　鉅

道交出復有　孱鴈棧間反謂仁謹之
旁通者也　負也亦懦弱為孱
廣雅孱　將暨聲類古文泉同其器反
惡也　左傳猶懼不暨注云暨
至也介疋暨不　一簣遠位反考聲簣
及也暨與也　土籠也亦從竹
作簣經作　闔衆胡臘反說　閃鑠式染
疊誤也　文闔閈也　反下
舒酌反閃鑠蹔見也　介炎梵言介炎
不定也經文作瀹非　此譯云所
知亦云　他弟反下勑細反
應知也　挮楴經云心之住處也　淯流

古玄反字林水小流涓涓然也

瀸壞 子盐反通俗文淹漬謂之瀸洳字林瀸漬也

貧窶 瞿庾反尒雅窶貧也郭璞曰貧陋也字書空也毛詩終窶且貧傳曰窶者無礼也

下卷

塵塺 武誶武賀二反通俗文熱土曰塺塺亦塵也

韲俎 才與

一切經音義卷第七十五　第三十七張　鉅

反詩云何日斯俎傳曰俎壞也三蒼俎漸也敗壞也

肪脇 府旁反說文肪肥也下先安反廣雅肪脂也羊脇脂也謂腸閒脂也

鑯槍 千羊反說文槍歫也蒼頡篇木兩頭鋭曰槍經文作鉼佩玉鉼鉼聲也鉼非字義也

伏鷄 又作勽同扶畜反謂鷄傴伏其卵也淮南子云伏卵而未孚皆是也

𨃚骨 今作髀同捕米反說文股外曰髀也江南音必尒反

禪法要解上卷　玄應

肪脇 府房反下桑安反說文肪肥也廣蒼脂肪也

歧路 又作郊峜二形同巨夷反謂道支分也尒疋道三達謂之歧旁郭璞曰歧道旁出者也

下卷　無字要音

舊雜譬喻經上卷　玄應

一切經音義卷第七十五　第三十八張　鉅

轗軻 宜作埳同口感反下口佐反楚辭然埳軻而留滯王逸曰埳軻不過也

一鄹 古文鄹聚二形今作聚同才句反廣雅聚居也謂人所聚居也經文作䫡誤也

跡深 尸任反深浅之深經文作㴱藏宗反說文㴱水聲也廣雅㴱瀆也非經義也

棓木 又作棒同雹講反大杖也說文棓棁也字從木棁徒活反

徇行 又作㣸同辭俊反徇猶迴也尒雅徇遍也謂周遍也亦宣令也

揵拉 正言揵值謂所打木也或

作推訛也經文作拉都礼反非

城隝　烏古反字林小城也通俗文營居曰隝字從自也

襲持　古文戠同辞立反襲受也廣雅襲及也亦仍也子孫襲祿是也左傳凡師輕曰襲㲋曰掩其不備也又夜戰曰襲也

下卷

鵃鷟　除禁反山海經女几之山多鵃郭璞曰大如鷗紫綠色長頸赤喙食虵也

譟譁　桑到反下虛袁反廣雅譟譁鳴也說文擾耳也譁罵呼也

摩抄　蘇河反聲類摩抄捫摸也釋名摩抄抹撚也撚音桑葛反

㥦步　胡岱反說文㥦苦也猒㥦也

倒地　都老反倒仆也經文作𤸎非也又作搗搗箄也搗非字義

言薩　桑葛反正言娑度此譯云善哉經文作嚓非也

啜嘗　昌悅反說文啜嘗也廣雅啜食也介

雅啜茹也郭璞曰啜者拾食也經文作餟始銳反祭名也餟非此義也

掇罝　都活反祭名也說文拾取也詩云薄言掇之傳曰掇拾也

雜譬喻經一卷　玄應

饌餟　仕眷反下張芮反說文饌具食也亦陳也飲食也方言餟餽也亦祭也餽音渠愧反

阿含口解十二因緣經一卷　惠琳

㱿生　上控角反顧野王凡皮曾曰㱿文字典說云龜甲也從殳肖聲肖音口江反

蚤蝨　子老反說文云蚤齧人跳蟲也從䖵叉聲䖵音骨魂反叉音爪下所乙反說文齧人蟲也從䖵卂聲也

思惟略要經一卷　玄應

眵淚　充支反說文蔑兜眵也蔑音莫結反

耵聹　都冷反下乃冷反埤蒼耵聹耳垢也

㦗然　呼麥反廣雅𢿲㦗乖刺也猶乖戾也

佛説内身觀章句經一卷　惠琳

頞⿰出頁　上安葛反蒼頡鼻上也孟子舉疾首蹙頞而相告也説文鼻莖也從頁安聲下專劣反聲類面秀骨也史記漢高隆⿰出頁龍顔説文頭頡也從頁出聲也

斷嗣　辝漬反介雅嗣繼也毛詩箋云亦續也説文從口冊口音韋司聲經從扁作誤也

塗塗　上音徒孝聲塗汙也下宅加反訓義與上同點畫偏傍亦不別古今正字從土涂聲涂音徒經文塗字從手作⿰扌塗俗意非正也

殲漏　子廉反劉兆注公羊傳殲佔燸之言也王注楚辭云殲没也説文亦漬也從水殲聲殲音僉經作殲俗字也

脂⿰米費　下疋庣反考聲云氣下洩也古今正字引山海經云茈魚狀如鮒魚一首十身臭如蘪蕪食之不⿰米費也止失下氣也從米費聲或爲屎字

經文從月作膭非也蘪音眉蕪音蕪

老死笮　爭格反顧野王云笮猶壓也説文迫也從竹乍聲也

法觀經一卷　惠琳

禺中　上遇俱反鄭注考工記云隅角也孔注尚書日出扵陽谷谷隅夷也從𨸏作隅義與禺同也説文從甶内聲甶音弗内音仁柳反也

膩眉　尼致反楚辭云靡顔膩理王注云膩滑也説文從肉貳聲經從目作䁀非也

赤絮　胥茹反考聲云綿也説文弊綿也從糸如聲也

四柯　箇俄反顧野王云柯枝也

有窌　柏皃反宲經葸眼如水窌

胏肭　下奴骨反字書膃肭也古今正字義同從肉内聲經從芮作腝誤也

膈脾　上耕核反考聲胷中隔印胷也文字集略膈胷内也下婢卑反白虎通土之精也説文木藏也從肉卑聲

禪要經呵欲品第一卷　惠琳

頷骨 含感反方言頷頰也南楚之外謂之頷說文從頁含聲也

衰祚 在故反杜注左傳云祚報也字書祚福也說文從作聲經從酉作酢音昨是酬酢之字誤用也

佛說十二遊經一 無字可音

阿育王譬喻經一 惠琳

一切經音義卷第七十五 第四十三張 鉅

鹵薄 上鹿覩反漢書蔡邕獨斷曰天子出車駕謂之鹵薄也下傷燭反左傳軍行右轅左追蓐杜注云追求草蓐為宿備也

一紙 支尒反亦作篆經作帋俗字通用也

為樽 祖昷反漢書樽酒器也古今正字義同正為尊俗作罇樽從木尊聲也

不經 深汁反經作滒誤也或作溼也

抖擻 上兜口反下蘇鹿反經云抖擻猶抖擻也

棟親 上舊

雜寶藏經第一卷 玄應

尤反孝聲云捄也毛詩云捄之漏漏也說文從手求聲

千斛 胡穀反儀禮十斗曰斛說文義同從斗從角經從百作斛俗字也

唁語 上言建反韓康弔生曰唁說文從口言聲也

諠戲 虛園反聲類諠譁也一曰忩也說文從言宣聲也

確然 口角反周易夫乾確然示人易矣韓康伯曰確堅皃也

一切經音義卷第七十五 第四十四張 年

黎元 力奚反黎衆也元善也古者謂民曰善言善人因善為元故曰黎元言元者非一民也

瞤動 古文眴同而輪反說文目搖動也

惕惕 體歷反詩云心焉惕惕傳曰惕惕猶切切也亦疾也懼也

第二卷

而賦 方句反布也量也尒雅賦也郭璞曰謂班布與之也 班

悼 徒到可戴反悼傷也

慨 哀憐也慨大息也

鑰匙 今作闟同余灼

反下市而反方言作鋃同鬧鑰也經文作蘥非體也又作鈲聲類字與鈔同音紙而反蹻也鈲非字體又作祇非也

仇迦 渠牛反或作拘迦離梵言訛轉耳

鞠躬 居六居雄反論語鞠躬如也經文作穹窮非體

第三卷

肥丁 都亭反丁強也釋名云丁壯也言物體皆壯也夏時万物丁成實也經文作肵都定反非也肵殺也肵非字義殺音丑

單子 堅壹反子猶獨也字林無右臂曰子是其義也

讒搆 古侯反搆合也乱也詩云讒人罔極搆我二人是也經文作婚媾之媾非體也

諂詭 居毀反不實也廣雅詭隨惡也亦欺也誑也

騾䮫 上鹿和反下勒候反

第四卷

畐塞 披逼反方言畐塞也經文作逼誤也

襤褸 古文㦨又作繿同力甘反謂衣敗也凡人衣破醜弊皆謂之襤褸經文從草作藍草之藍絲縷之縷非體也三蒼聯緜也

伶俜 力丁匹丁二反伶俜亦孤獨無依怙也

銅魁 苦迴反說文羹斗也經文作鐗撊二形並非也

第五卷

相諧 胡皆反諧和也謂音聲調和也說文龤樂和

金盎 又作盎同於浪反介雅盎謂之缶郭璞曰即盆也

蹪頓 古文蹔蹪二形今作疐同陟利反謂挫辱之也左傳云蹪而蹎案蹪猶頓也廣雅云蹪蹋也

侜張 陟留反下知良反介雅侜張誑也郭璞曰無或侜張為幻惑也亦欺誑人也經文作侲非也豬良反侲狂也侲非此義也

匍匐 薄胡蒲北二反字林匍手行也匐伏也亦顛蹷盡力也

突疫 以壁反疫

厲鬼也疫役也言有鬼行役也

启門 孔住尚書以為古文啓字也埤蒼作閭同苦礼反說文启開也

第六卷

今享 籀文作亯同虛兩反尚書克享天心孔安國日享當也經文作音響之響非也

儻能 他朗反謂不定辞也經文作讜當朗反直言是也讜非此義

嚶鳴 烏耕反尒雅丁丁嚶嚶相切直也謂兩鳥鳴以諭朋友切磋相正也

嗷嗷 五高反說文嗷嗷衆口愁也

苛刻 賀多反說文尤劇也煩擾也刻急也礼記苛政猛於虎是也

至款 或作款同口緩反蒼頡篇款誠重也說文意有所欲也又志紩也款愛

老瞎 又作暍同呼鎋反字書一目合也

第七卷

綏化 恤隨反尚書五百里綏服孔安國日王者政教也尒疋綏安也

鐚鍛 上亞加反下核加反說文鐚鍛頭飾也

坐頭 藏果反說文坐止也經文作堊卯人反塞也屋非此義舊烏見反者非也

禱賽 都老反說文告事求請為禱下蘇再反謂酬報

哂哂 失忍反論語夫子哂之案哂小笑也經文作啞舊音烏鷄反非也

第八卷

諮詢 私𨓼反問也左傳訪問於善為諮諮親為詢諮問善道也謂詢問親戚之議

惄腹 又作愵同虛頰反說文立涉反恐息也經文作攝非也

甲冑 古文軸同除救反廣雅兜鍪也亦言鞮鍪也

喊言 呼戒反喊喝恚聲也經文作喈音皆非字義也

覷其 又作狙同千絮反字林窺覷也亦覗也廣雅覷見也相候視也

眼眠 正作瞑同

莫田反說文云瞑翕也尒雅翕合也

跮師 徒結反人名也

郀褻 思列反郀陋也褻瀆也亦私居非公會之服也

狡猾 古飽胡刮反尚書蠻夷猾夏范寗曰猾亂也字書猾惡黠也方言凡小兒多詐惑謂之猾也

巢窠 又作蕠藹二形同苦和反廣雅云橧窠巢也橧音則恒反

抵言 都礼反拒也謂抵拒推也

覈實 又作覈同胡革反說文考

實事也亦審覈之也

扳上 又作攀同普班反廣雅扳援也上及之言

那先比丘經上卷　玄應

撓撈 呼高反下路高反聲類撓攪也方言撈取也注云謂以鈎物取也

和鄲 都蘭反寺名也

淅米 思歷反通俗文汏米曰淅淅洮也江南言淅中國言洮廣雅汏洮也經文作鈆錫之錫非體

兩

覩誥幼又作靴皆一也

乳湩 竹用都洞二反通俗文乳汁曰湩江南名也

盛篅 市緣反說文判竹圜以成穀者也笹篅也

儲偫 直於反下古文作庤跱畤三形同除理反說文偫待也儲偫具也

博乂 正言縛蘺河第四河也經文作博乂㩲乂皆訛也㩲渠略反經文從言作譺誤也

䴫元 僃物反說文䴫無尾也䴫短也

評之 皮柄反字書評訂也評平議也訂音唐頂反

吻口 文粉反文字典說口

埻 之尹反說文射臬也廣雅埻的也射的也射侯者也以熊虎之皮飾其側方制之以為埻經文準又作准同之尹反說文準平也准字非體也

焜煌 胡本反方言焜咸自也說文焜煌煇也蒼頡篇煌光也

吹筎 或作莨同古遐反今樂器中有筎卷筎葉吹之因以名也

穫麥 胡郭反說文刈禾也詩云十月穫稻是也經文作蒦誤也

欲䠞 脾亦反謂䠞倒

連擖 呼結反廣雅擖束也埤蒼圍係也言急束也說文作

脣兩邊也從口勿聲

譬喻經十卷 此經是大藏中抄出本經已各音了更不重音大約文易亦無可音訓者

雜譬喻經卷第一 惠琳撰

撈其 老高反方言撈取郭注云謂鉤撈也古今正字義同從手勞聲

也

抛三 𩲡包反埤蒼云抛擊也考聲尥亦投古今正字從手尥聲尥音同上經從力作抛俗字也

第二卷

明喆 知烈反介疋哲智也亦作悊又作嚞並同古今正字從並吉從三吉者古字也

喊言 赫戒反考聲云喊怒以聲也廣蒼作薹欸譪並同用經文作喊唯吕靖引之說文不載

中眄 齒而反考聲目中汁也說文目眥汁凝也從目多聲也眥音齊際反

一穗 隨醉反毛詩傳穗秀也蒼頡篇禾麥秀也說文義同從禾惠聲也

雜譬喻經一卷

破盂 羽俱反從皿于聲經從木作杅非也

紵木 除吕反周礼女紵麻草之物也鄭注云白而細日紵說文從糸宁聲宁音同上

諜計 上恬頰反杜注左傳諜伺也又間也說文軍中反間也從言枽聲枽音盟接反

爪攫 烏號反考聲云攫猶取也今經作摑俗字也

斟美 汁任反從斗甚聲經文從酉作酙非也

一切經音義卷第七十五

一切經音義卷第七十六　鉅

翻經沙門　慧琳　撰

音阿育王經十卷　琳

阿育王傳七卷

阿育王息壞目因緣經二卷　玄

四阿含暮抄解二卷　玄

法句經二卷　玄

法句譬喩經四卷　琳

佛說法句經一卷　琳

迦葉結經一卷　琳

三慧經一卷　琳

撰集三藏及雜藏傳一卷　琳

阿毗曇五法行經一卷　無

小道地經一卷　琳

一百五十讚佛頌一卷　琳

金剛頂經梵音十六大菩薩一百八名讚一卷　無

文殊師利發願經一卷　無

普賢菩薩行願讚經一卷　無

六菩薩名一卷　無

觀自在菩薩梵音一百八名讚經一卷　無

讚觀世音菩薩頌一卷

梵音五讚及八大菩薩讚經一卷　無

無明羅刹集經一卷　琳

百千頌請問法身讚一卷　無

梵音普賢菩薩行願讚　無

梵音文殊一百八名讚經一卷　無

大毗盧遮那灌頂吉祥讚一卷　無

勸發諸王要偈經一卷

馬鳴菩薩傳一卷　琳

龍樹菩薩傳一卷　琳

大阿羅漢所說法住經一卷　琳

分別業報略一卷　玄

婆藪盤豆法師傳一卷　玄

龍樹菩薩說法要偈一卷

龍樹菩薩勸誡王頌一卷　玄

賓頭盧突羅闍說法經一卷　女

請賓頭盧法一卷　琳

提婆菩薩傳一卷　琳

迦丁比丘說當來變經一卷　琳

勝宗十句義論一卷　琳

金七十論三卷　琳

右三十九經六十二卷同此卷音

阿育王經第一　惠琳撰

環釧　上惠關反鄭注周礼環旋也又鄭玄云環圜也說文從玉睘聲

鏁音瑣經從金作鏁是子母鏁也本義乖也

第二卷

入嵐毗尼林 上朧䑛反梵語也含衛國王御苑也

貝子 杯昧反說文海介蟲也象形字也古者貨貝而寶龜也

第三卷

一切經音義卷第七十六　第五張　鉅

千罃 虎衡反字書云長頸瓶也說文從缶從熒省聲也經作甖俗字也

相扮 分吻反說文握也聲類擊也手握乾㲉互相扮擊從手分聲經文從木作扮是木名誤也

第四卷

鉢摩波底 佉礼反梵語也

第五卷

山壓 於甲反顏野王壓猶降也杜注左傳壓損也說文壞也從土猒聲猒音類嫌反

第六卷

斑駁 補角反漢書云白黑雜合謂之駁也說文不純色也從馬爻聲經作駁獸名也非經義也

一切經音義卷第七十六　第六張　鉅

第七卷

無用捘底 上脂俊反梵語也

鎔消 上瑜鍾反漢書云猶金之在鎔唯冶之所鑄也音義云鎔鋑模也說文冶器法也從金容聲也

第八卷

生名陁笈 鉗劫反梵語也

蜹了 蕤贅反國語蜹蛾蜂蠆皆能害人大戴礼醯酸蜹所聚焉說文秦謂之蜹從虫芮聲贅音拙汭反芮

音上同也

第九卷

埰坑 客衡反尔雅云坈墟也郭注云塹坳謂丘墟耳蒼頡篇壍也陷也古今正字從土亢聲也經從石作硫非也

第十卷

一切經音義卷第七十六　第七張　鉅

搔刮 上掃遭反下關八反鄭注禮記刮摩也說文掊把朳從刀舌聲也

刷身 所八反介雅刷清也說文刮也從刀㕞省聲也㕞音同上也

阿育王傳第一　惠琳撰

倉儲 佇豬反考聲云儲積也說文儲偫也文字典說儲蓄也從人諸聲也偫音直理反

掣网 上昌熱反下武助反顧野王云网者羅罟曰羅网考聲云拘也說文庖犧所結繩以畋以漁從冂下象网文也冂音冥狄反經作罔古之字也

隘小 戹界反顧野王云隘猶迫側也說文從𨸏益聲

第二卷

𠂢分 上拍賣反說文云水邪流分別也從𠂢水俗作泒也

婉樂 上宛遠反毛詩傳云美皃也說文從女宛聲也

一切經音義卷第七十六　第八張　鉅

第三卷

爪[國+爪] 居碧反

第四卷

水鵠 洪穀反桂苑珠叢云鳥名也說文鵠鴰也考聲云一舉千里也從鳥告聲也

刁矟 雙捉反廣雅矟矛也埤蒼云長丈八也說文從矛肖聲也

第五卷

剿其　宜既反孔注尚書云剿割也鄭注周礼截其鼻也說文義同從刀臬聲或從鼻作剿通用也臬音言揭反

擎燈　競迎反字書擎擧也說文從手敬聲

第六卷

不煗　奴短反說文溫也從火耎聲經從日作曘非也

痳漏　上立金反聲類小便數也說文從疒林聲經從水作淋是水澆也非經義也

胆蟲　上七余反聲類云胆蛆子也說文蛆乳肉中蟲也從肉且聲經作疽癰疽也非胆蟲義也

把搔　上白麻反考聲云把猶搔也顧野王云以手搔肉曰把說文從木巴聲也或從爪作爬下掃遭反考聲云

摩也說文刮也從手蚤聲蚤音早

青瘀　於御反說文積血也從疒於聲也

謫罰　竹格反毛詩傳謫責也方言謫怒也杜注左傳云謫讓也說文從言商聲也

第七卷

欲涸　航各反賈注國語云涸竭也廣雅涸亦盡也說文從水固聲也

嫌嫉　上叶兼反考聲云嫌疑也心惡也說文云不平於心也從

女兼聲也傳中從心作慊亦通用也下音疾王逸注楚辭云害賢曰嫉考聲嫉妒也古今正字從女疾聲也或作㑵傳文從疒作疾疾病也非經義也

月蝕　承職反春秋云日有蝕之杜注云月行疾一月一周天一歲凡十二交會有頻交而不蝕者唯正陽之月君子忌之說文從虫食食亦聲之也

俟施　上音仕尒雅俟待也又作竢衛宏或作迡從人矣聲也

禳灾　上弱羊反說文云磔禳祀除厲殃也古者燧人嵩子所造

考聲祭以除禍也謝也說文從示襄聲也

阿育太子法益壞目因緣經　玄應撰

綏化　私隹反介雅安也尚書五百里綏服孔安國曰王者政教也

梟汝　古堯反說文不孝鳥也冬至日捕梟磔之鳥頭在木上也

撓吾　乃飽乃挍二反說文撓擾

元元　言元元者非一民也古者謂民曰善言善人因善為元故曰黎元之也

赦宥　赦音舍赦置也下于救反宥寬也周礼三宥一宥不識二宥過失三宥遺忘也

蹎蹶　又作傎趚二形同丁賢反下居月反蹎蹶猶顛仆也

嫽人　力彫反嫽戲也嫽嫐也亦嫽弄也

暗啞　說文作諳於禁反犬聲也下宜作啞於格反大呼也史記音啞叱吒千人皆廢是也經文作瘂於華反呃憂也

一切經音義卷第七十六　第十二張　鉅

呃喔也氣逆也

四阿含暮抄上卷　玄應

婆業　長甲反梵言安陁羅婆波此云五條

騃昧　上青攜反葛也

嗏末都　上餐割反梵語也晝也

波笘　赤占反又都頰反梵語後波笘息也

下卷

一切經音義卷第七十六　第十三張　鉅

拶煞　子曷反周成難字云拶窜拶也窜音烏狡反

最羅　楚快反梵言阿婆最羅遮此云光音天也

揥跋　他細反

法句經上卷　玄應

埏埴　尸延反下時力反案埏柔也和也擊也埴土也黏土曰埴

操杖　麁勞反說文操把持也

滎水　烏熒反小水也亦流也經文作窐非也

蠮螺　烏公反方言蜂其小者謂之蠮螉郭璞曰小細

腰蜂也下力戈反蝎蒼頡篇此亦快
螺也蠮音烏結反也　**噲闞**　字苦壞反廣雅
快憭也憭　**捨鑑**　又作鑒同古懺反廣雅鑑照
音了也　也鑑謂之鏡所以察形者也
水湍　土桓反疾水也說文疾瀨
也水流沙上曰瀨瀨淺水　**愚惷**
丁絳東容二反　**突迓**　雖閏反介雅
說文惷愚也　迓疾之也
田井反方言自山之東江淮陳
逞情　楚之間謂快曰逞說文逞通也

下卷

訥訒　奴骨反論語君子欲訥於言苊
氏曰訥遲鈍也說文訥難也訒
音而振反　**怨殲**　古文殘同子廉反詩云殲
我良人傳曰殲盡也絶也
潺潺　仕山反潺胡古反左傳
杜預曰淺水流皃　**扈舩**　扈人無淫者
麻諱反下或作謾同他
扈止也　**謾訑**　和反說文慢欺也訑不

信也楚辞或訑　**非蔟**　青木反蔟猶聚
設而不疑是也　也周礼蔟氏族
巢也言梵志　**門閾**　古文閾同𨵦域反
非如此也　介雅秩謂之閾郭
璞曰即門限也
秩音千結反

法句譬喻無常品經第一卷　慧琳撰

下貝梅反考聲云器也文字
瓦桮　典說盃也從木否聲或作杯
俗作盃也經文　**跣韈**　上先典反考聲
從缶作缻非也　露足也說文以

足親地也從足先聲下韈發反說文
足衣也從韋蔑聲或從革作韈亦作
韈䤈　**如瀅瀞水**　瀅音縈迥反考聲瀅
也　瀞水小不流皃也古
今正字云滎猶弱水之鼎瀅從水瀅
聲經文作滎字非也下情性反曄詩
傳云瀞清也考聲云滎也說文無垢
也從水靜聲經作穽陷也非瀅瀞義
也　**饕餮**　上吐刀反下天結反杜注
左傳貪財為饕貪食為餮
說文並從食　**螉蟲**　上屋公反方言蜂
號殄皆聲也　之小者謂之螉也

郭璞注尒雅小細䗊蜂也說文從虫翁聲也

熱暍 堰竭反郭璞注山海經云中熱也顧野王謂暴傷熱煩悶欲死也說文傷暑也從火作煬曷寒葛反揠音謁建反

呼欱 上呼字經文從于作吁書寫人誤也下呼鵮反說文云歠也從欠合聲經文作哈䶑俗用音吐合反非經義也

憺怕 上談濫反顧野王云怡靜也王逸注楚辭云憺安也許叔重注淮南子云足也說文從心詹聲下怕音普伯反廣雅怕靜也考聲心安靜也說文無為也從心白聲經文並從水作澹淡錯書也非也

祭餟 轉劣反聲類云餟餽也祭酹也考聲云祠而祭酒也古今正字從食叕聲也或從酉作醊餽音匱叕音同上

第二卷

轢殺 零的反蒼頡篇轢輾也說文車所踐也從車樂聲輾音尼展反

闚闞 上犬規反王弼注周易云所見者狹故曰闚觀也考聲云闚覘也方言闚視也說文從門規聲或作窺也下康朱反考聲闞亦闚也文字集略云小視也從門俞聲也

蘆菔 上魯胡反下扶福反方言蕪菁紫華者謂之蘆菔根菜也俗謂之蘿蔔郭注曰今江東名溫菘實如小豆也說文似蕪菁也並從草盧服皆聲

負馱 下陁多反考聲云驢馬負物也韻略馱亦負物等也

所鑑 監陷反廣雅云鏡也賈注國語鑑察也杜注左傳亦戒也毛詩傳云鑑所以察形也說文云可以取明水於月也從金監聲或作鑒也

忪忪 燭容反埤蒼忪忪惶懼也古今正字從心公聲

穰草 上若章反廣雅秆謂之穰說文從禾襄聲經從草作蘘是蘘荷字也非經義也

屣蹝 踈倚反聲類云舞屣也古今正字從徙履省徙聲或從革作䩞又作躧也

蓆薦 下煎線反

說文歠之所食草也從艸從鹿文字集略云薦蓀蒲蒻也是蒲蒻薦也

第三卷

暴漲　張兩反考聲云水增大也文字集略河水漲急也郭璞江賦云漲木大負也

挬掠　良丈反鄭注禮記掠捶也蒼頡篇掠搒也考聲云挬擊也說文從手京聲也

求定　此定字經文從金作鋌非也書寫人筆誤也鋌鐙也非經義也

悼悸　上徒到反毛詩傳傷也又悼動也文字典說云悼哀也從心卓聲也下葵季反考聲云心驚動也說文從心季聲也

輱軻　上堪感反埤蒼車聲也考聲云車行不平也說文從車咸聲也下音可王注楚辭云輱軻不遇也聲類云小車軸折更治日軻說文接軸也從車可聲

殯埋　賓刃反杜注左傳殯窆棺

也公羊傳已大斂而徙棺日殯賓也從歹賓聲經從手作擯是擯弃之字非經義歹音殘也

第四卷

角試　上江岳反顧野王云角猶競爭勝負也高誘注春秋云角猶試也說文從刀從魚冋省經從手作捔非也

指撥　下補末反廣雅云撥除也王逸注楚辭云弃也說文從手發聲也

飣餖　上丁定反顧野王飣謂置肴饌於盤槅之中也考聲貯食於器也下音豆考聲亦食於器也丞從食經從豆作餖俗字也

歠然　所倒反考聲恐怖也服虔通俗文小怖曰歠埤蒼日亦恐懼也公羊傳日歠然而駭是也說文從欠嗇聲也經從心作懎誤也嗇音同上

歕通　以賁反孔注尚書歕必通於術賈注國語歕明也賁雅歕智也說文從歺從谷省目聲經從歺作歕誤也歺音才安反

帷帳　偉嵬反廣雅帷亦云帳也鄭注同禮在旁日帷在上日幕說文從

巾佳聲經作幃香囊也非經義也下張亮反說文帳張也從巾長聲也

逆傲跳之 傲音敖告反考聲云蕩也褻雅慢也說文從人敖聲經從足作躈非也跳音迢考聲上也躍也說文云躍也從足兆聲也

洴沙 上並冥反梵語西國王名也

佛說法句經

慧琳撰

一切經音義卷第七十六　第十九張　鉅

陽燗 下葉瀲反考聲云氣貞也說文炎燗也從火閻聲經作燄亦通用也

欻介 上熏聲反薛綜注西京賦云欻忽也說文吹起也從炎欠聲也

緪繩 上剛恒反王逸注楚辭緪忽張弦也說文大索也從糸恒聲也下食仍反廣雅繩直也孔注尚書木從繩則正也說文亦索也從糸從蠅省聲也蠅音蠅繒反

善標 必遥反戰國策云標

櫪廏所也考聲云皁也書也牌也說文從木栗聲也栗音同上

即嘘 下許居反顧野王曰出氣緩曰嘘鄭注禮記嘘䆸之聲說文從口虛聲也

揣財 初壘反顧野王謂相量度也廣雅揣動也說文量也從手耑聲耑音端

羈縶 上奇宜反文字典說羈絡頭也從网從[illegible][illegible]馬絆也或從革作羈經作羇古字也[illegible]音砧立反下央兩反

迦葉結經

慧琳撰

一切經音義卷第七十六　第二十張　鉅

匡我 曲王反考聲匡輔也助也隨也經從竹作筐義同也

眴頊 玄絹反王注楚辭眴視貞也顧野王眴令人動目密相戒語說文亦目搖也從目旬聲旬音同上

撣指 上逵安反宋忠注太玄經云撣指觸也說文撣持也從手單聲也

這起 上言建反蒼頡篇這迎也說文從走言聲也走音丑略反

三慧經一卷

慧琳撰

揭鳥　上虔蘖反考聲揭高舉也王注楚辭揭亦高也說文從手曷聲曷音褐也

以盎　於朗反介雅盎謂之缶郭注云盆也說文作瓷瓷亦盆也從盎央聲缶音爭苟反皿音明丙反

求囟　下誠芟反蒼頡篇行請也求也古今正字匃乞也從勹亾聲也勹音人也

舀水　又異珠反又適小反考聲杼曰也或作歃扱經作揄非也

一切經音義卷第七十六　第二十一張　鉅

撰集三藏經及雜藏經　慧琳撰

完器　上擐官反毛詩傳完舊也說文完全也從宀元聲也宀音綿也

悲惋　烏灌反文字集略云惋歎根也說文從心宛聲

撓攪　上好高反廣雅撓亂也說文撓亦攪也從手堯聲作繞非也

纑綫　魯都反方言纑謂之縷也郭注云纑綫也說文亦布縷也從糸盧聲糸音覓

也下仙虔反經從延作綖音延非經意也

經緯　下為貴反大戴禮東西為緯也國語云經之以天緯之以地說文橫成絲也從糸韋聲也

阿弥曇五法行經　一無字可音

小道地經　慧琳撰

喘欷　上川兗反廣雅喘轉也說文疾息也從口耑聲耑音端　下音希何注公羊云欷悲也蒼頡篇泣餘聲也說文從欠希聲

一切經音義卷第七十六　第二十二張　鉅

一百五十讚佛頌　慧琳撰

殉命　上旬俊反賈誼服鳥賦云貪夫殉財列士殉名漢書曰以身從物曰殉說文從歺旬聲歺音殘

儱悷　下伶計反埤蒼懍悷也廣雅云悷怒也古今正字義同從心戾聲也

牛槍　七良反蒼頡篇木兩頭銳也天文志諸兩頭銳即與今之槍同考聲云非也說文從木倉聲也亦作鎗鏦作鏘鎗者並非也

金剛頂經十六大菩薩讚一卷 讚中自有音訓

文殊師利發願讚一卷 無難字可音訓

普賢行願讚一卷 讚中自有音訓

六菩薩名當誦持經 無難字可訓

蓮花部一百八名讚一卷 讚中自有音釋

讚觀世音菩薩頌經 慧琳撰

虹蜺 上胡公反下研奚反礼記月令季春虹始見也王注楚辞云蜺雲之有色似龍者也漢書音義韋昭曰虹雌曰蜺文字典說云螮蝀也狀似蝱並從虫工兒皆聲 螮音帝蝀音丁孔反

虓吽 上猇交反埤蒼虓猇大怒也說文云虎鳴也從虎九聲或作唬下呼苟反聲類吽嗥也考聲云鳴之大也文字典說犇聲也從口牛聲也或從句作㸴又作呴經文作哞吼俗用

齜齘 上仕街反說文齒相非也齗也一日開口見齒從齒此聲下額階反考聲下時制

將噬 反周易噬齧也說文從口筮聲筮音同上也狗鬥齒不齊之皃也

濺石 戔反文字集略濺汙不淨也說文相汙上息廌反漢書灑也從水戔聲

銛利 音義銛亦利也說文鍤屬也從金舌聲

溫適 上穩塊反鄭箋毛詩云溫顏色和也鄭注尒雅云溫謂和柔也禮記冬溫而夏清考聲云暖也說文從水昷聲也昷音同上經從火作煴為有兩音非經義故不取也 也臿音差甲反

五讚八大菩薩讚等一卷 無字可音訓

無明羅剎集 慧琳撰

窟宅 苦骨反杜注左傳云地室也聲類云免所伏也文字典說從穴屈聲

蔭魔 於禁反色受想行識名五蔭從草陰聲陰字正從𨸏

從云今聲經行陰俗字

法羸 盧戈反海介蟲也喻美聲遠聞也經作蠡非

汎大 芳梵反俗字亦通用正**泛**字從乏作泛形聲字

帆 音凡船慢也從巾凡聲也

洄澓 馮屋反木逆上旋流日洄澓也

懸險 香奄反從自經從山作嶮非也

顯著 猪慮反從草從者經從羊從目作着非也

緊那蟲 經引反梵語喻

此蟲三時變色初土色次赤色後黑色經作虫略也

快樂 上誇怪反下音洛

藥椑 必迷反攬藥木椑也從木卑聲

眼膜 音莫熱暈膜也從肉

梯橙 上體奚反下得亘反二字並從木

將從 齊用反從字從四人彳也

殃掘魔羅 群律反人名也

長抓 上長字經或從草亦通下音爪爪手甲也或從手也

菴末

吒 烏甘反

尸羅匐 蒲北反已上三句並是諸外道名也

能螫 尸亦反蟲行毒也又音呵各反

刺刺 上音次下音戚上正下俗字也正體從束作刺束音次

鼻七 許救反以鼻就臭日齅也

之弶 強亮反字書云捕禽獸之具也

嫉妒 都固反從尸經作妬或作妬並非也

身索 桑洛反

縲鎖 桑果反從金貞聲也貞音同上經從巢作鏁俗字也

患罥 史究反下二字同

夫鹿 音祿

所射 音石

智鑽 祖乱反下二平聲

巳惑 音幾說文巳字但有屈曲上不合下惑字從心

折

吒王 上旗熱反次摘加反梵語喻此王帥無動明王之異名也

欝禪耶城 威律反禪音善

綏撫 上音雖下敷武反

疾疫 音役

過半 古和反

攘災 而羊反下再來反

熾劇 上昌至下奇逆反蒼頡篇增甚也說文從刀豦渠也豦字

巨魚反 ⿱罒巷 項降反亦作閧也 鵰鷲 音彫音就 翳障 上伊計反下章讓反從阜經從邑作障非也 死喪 桑葬反從哭從亾經作喪非也 所擒 音禽 愁悴 情醉反 確然 苦角反古今正字從石隺聲隺音口各反從一從隹經文從雨作霍非也 思趁 恥鎮反尋逐也 寶鎧 苦蓋反甲胄也 單己 音幾 色貌 音皃

尸骸 音諧 髑髏 上音獨下音摟人頭骨也 血髓 雖觜反骨中脂也 手探 他含反從手 腸肚 上大良反下徒怒反並從肉也 糞血 上分問反從釆音白慢反從華音補于反從廾音拱經從土從異非也 坫污 上知廉反下烏固反 交絡 音洛也 諍⿱亼旦 責更反 鬪諍 上當搆反經從門從

豆俗字也 牽掣 上啓堅反從玄從冖牛經從去從手非也下闡折反從手從制或作制也 金翅 音試 咄叱 上都骨反下嗔質反 肪膏 上音方下音高 甘嗜 時至反貪也欲也或從西從食作醋鐥旨古字也 語鬼 音御 頭尖 接閻反 顧盻 奚詣反說文恨視與係同音也 睴霍 呼郭反 災癘 上音灾下力偈反惡疾也 死斃 毗袂反或從犬從斃頓什也 疲

苦 上音皮 甞血 音常 能解 革賣反 門裏 音里 奮劒 方問反從大從隹田正體餘作非也 翹腳 祇姚反 著于 張略反經作著非也 鉀胄 音甲下池又反從由從月月音莫保反 奇戟 京逆反 閑樂 音路 慘悴 上倉敢反下情遂反 溼皮 尸入反說文從一從丝從土正也經作濕非也 蛬蛇 音恭大虵也下音虵 縈繫 恚瞀反下音計 其

腰一姚反或作膂鋸牙居御反壯洪胡公反洪大也
呼吸上正呼字下虛急反啜歠川拙反下音歠俗字也正
作省譀講呀監反亦作喊下呀介反或作喊大呼大怒也墂䞼
匹遥反枉橫王往反下獲孟反䯱腹烏貢反下封目
反擲羂詩戟反决兖反下跋涉盤末反下食葉反下叢

冢上族紅反下誅隴反經文從土俗字也巢穴柴交反說文從臼木巛巢
字像形似鳥在巢上經從果非也狐狼上音胡說文祅獸也鬼所乘從
犬從孤省聲下音郎似犬鋭頭白頰形聲字豺貍上音柴山獸也
說文云狼屬狗足從豸才聲下音离說文伏獸也似貙從豸里聲也
羆虎上音悲熊屬也以熊黃白而大猛憨多力說文如羆從熊

罷省聲也下乎古反鴟梟上齒支反下皎姚反怪鳥也
摶食上音團擁腫上音邕拱反下音鍾勇反肥
脹上扶微反下張亮反並從肉剌渴上羅葛反從束從刀丯聲
辢戾也經文作艾非也言剌渴者戾乖也皴剝七遵反皮起也下邦
角反挺動音定掣電上昌熱反正作掣銜脣
上音咸下順倫反濤波上音挑塵霧音務晦

冥灰內反下莫瓶反從冖從日從六冖聲也蔽卑袂反掩也
弊壞毗袂反瓨甕巷江反從江省聲下翁貢反從
瓦雍也膖脹上朴江反下張亮反胆蟲上七余反經作疽非
也下逐融反經作虫誤也皰凸上白皃反下田頡反鋒出上音
峯我爲榮僞反騰踴音勇上徒能反從舟甄
㽇尸忍反或作哂哂小笑皃也欲數上聲也聽我

證盈反

矛楯 上莫侯反下音頌從木

蹋芭蕉 談臘反央音巴下音焦草樹名也

喜樂之樂 上五教反下音洛

巳命 音幾

斧斫 章若反

椎何 上直追反

藕花 示狗反

秉智 音丙手執禾日秉

鉤餌 古侯反下音二

鉤牽 遣賢反

有樂 音洛

鄙賊 悲美反

數得 霜捉反

猒足 伊閻反平聲

蠅墮 翼繩反下徒果反

紿汝 音殆

禁我 音金

虧損 屈危反說文從亏從虍從隹也

短促 取欲反

嬈亂 泥鳥反

欲道口 唐老反韻詮道口說

堅硬 額更反

鹹水 音咸

踰增 音逾

懍厲 立錦反

憒吏 迴外

反下奴革反俗作閘經作吏不成字

擾亂 而沼反說文從手從夒夒音奴刀反夒字從巳從頁從止夊經從憂作擾誤也

鋒採 音豈

鎩矟 音朔

投淵 恚緣反深也象水深也

炙身 征赤反上從肉

棘刺 上居力反從並二朿經從來非也下此恣反從刀朿聲經從夾非也

編掾 上必綿反下錄路反

墾殖 康佷反耕也下承力反殖也

輕躁 遭到反下安靜也

耽著 上多甘反下長略反也

諸慾 羌言反

燧鑽 上音遂火燧也下祖乱反取火具也

鷰巢 上音宴玄鳥也

當潰 音會糊也蒼頡篇川穴也

攀緣 普班反

肩髆 音博說文從骨從尃聲尃從甫從寸也

猨猴 上音袁或作猨下音侯

親昵 尼栗反昵亦親也

身瑣 蘇果反從玉貞聲貞音同上從巢者非也

挠於 同臣反

撲火 普卜反古文作攴

導道上導字去聲引也下道字上聲達也分受分問反罪戮音六勠也塵埃上塵字從鹿從土下音哀說文從土從矣字從目從矢目音以矣音始今隸從省也腐壞扶武反壞恠也掉動亭曜反膿血音農從肉瓨瓮烏狼反盆也從瓦央聲或從皿作盎同垢膩尼雉反從肉貳聲斯破

先奚反斯亦破也麁歰霜立反說文從水從四止二倒二正會意也字也猫狸上音茅又音苗亦通或從豸作猫下音離伏獸也猫類野獸也鼷鼠上音奚有毒鼠也或謂之甘口鼠鼠字象形杌樹音兀爆熾上音豹火爆聲也猖狂上音昌下逵王反諠嘷暉袁反強笑渠亮反昔音笑字從

竹犬跳躑上音調下程石反叱吒上嗔貨反下摘嫁反大嗔愁也拍脞上普伯反下瓶袂反或嘯音笑俠怨上音叶下戚院反邃眉雖醉反從穴遂饕餮上他刀反下天涅反杜預日貪財日饕貪食日餮或作叨飻長咽音燕項也從肉經從口非也疣⿸疒追上音尤下長類反左傳有沈翩重膇之疾小者名肬大日贅音之芮反並從疒形聲字疒音女尼反陰

尻上陰字說文從𨸏從云今聲下苦高反蒼頡篇尻髖也從尸九兩膝音悉從肉桼聲說文作厀從卩麁褐音曷振悚粟勇反從心從束也拼調鸞括反從手從拼省聲下亭曜反撓擾上音蒿經作耗非也擾字前說也哮吼孝交反前已具訓釋訖欻然薰律反忽也膽勇耽敢反勇字下從力逃竄上唐勞反下倉乱反衝屋觸鍾反

蜂窠苦和反從穴磬礰上疋歷反下音歷肌體居宜反從肉几储中諸役反頻螺盧禾反梵語迦葉名也梵語不切當

百千誦大集經地藏菩薩請問法身讚 慧琳集

醍醐上弟泥反下戶孤反文字集略曰醍醐是酥酪之精醇者古今正字並從酉是胡皆聲芭蕉上伯麻反下即遙反王注楚辭日芭蕉香草名也文字指云生交阯郡葉如席葉可以紡績為布升可以軀麻也古今正字二字並從草巴焦皆聲也瞋恚下一季反說文恚憎也從心圭聲也胎孕上貸來反下蝿凱反淮南

子云婦孕四月而胎蒼頡篇胎未生也鄭注禮記孕妊子也說文胎從肉孕從子也而齅下休又反說文以鼻就臭日齅從鼻臭聲甘蔗下遮夜反翳瞑上翳計反韻略日障日日翳下覓旋反左傳謚日靈不瞑日成乃瞑說文瞑翕目也並不從目

梵本普賢讚一卷 讚中自有音訓

梵音文殊讚一卷 讚中自有音訓

吉祥讚一卷 讚中自有訓釋

龍樹菩薩為禪陀迦王說法要偈 慧琳撰

喫食上音逅顧野王云兔齧之類口食謂之喫也考聲啣也古今正字義同從口妾聲或作呞日暴蒲冒反顧野王暴曬也說文晞也從日從出從拱從米經文從火作爆爆音豹是燒紫竹聲也非經義也齟掣上疾與反聲類齟嚼也說文亦從口作咀齰齧

上齰字諸字書並無此字譯經人隨意作之相傳音在諸反非也正合作齭音陟皆反謂没齗齩也廣雅云齭齧也古人釋云斷筋骨也又有音齰為截亦非也下研結反前法花音義云噬齩也少噬為齧没齒為齭於義為正古今正字齧亦噬也從齒㓞聲也經從口作嚙非也㓞音口八反

矛矟　上莫侯反說文矛長丈二建於兵車也經從金作鉾古字也下倉乱反廣雅矟謂之鋋也考聲云矟矛也古今正字從矛㹉聲經從木作槊誤也鋋音時㳂反㹉音讃

勸發諸王要偈　慧琳撰

飴蜜　以之反方言飴謂之餳也說文米蘗煎也從食台聲

慠慢　上敎告反考聲云憍倨也經作傲非也

訓馴　下恤

遵反司馬彪曰馴從也廣雅馴善也說文順也從馬川聲

榜楚　上白萌反廣雅榜擊也聲類亦笞也說文從手旁聲笞音癡

針鋒　下否逢反文類曰鋒鋩也說文刀端也從金夆聲經作鋒古字也

齟齘　上疾與反考聲齟齬也下骸戒反方言齘怒也說文齒相切怒也從齒介聲經從介作齘非也

馬鳴菩薩傳　慧琳撰

銘其　上覓瓶反鄭注考工記云銘之言名也禮記銘之義書美而不稱惡也顧野王譜刻鏤金石也說文從金名聲也

綰達　彎版反許叔重注淮南子曰綰貫也擐也彎音烏關反

卓犖　力卓反考聲云犖高皃也說文從牛勞省聲也

燭幽夜　上鍾蓐反考聲照也經從屬作爥非也

龍樹菩薩傳　慧琳撰

騁情　抽領反杜注左傳騁也走也說文直馳也從馬甹聲也甹音疋丁反　錙銖　上滓師反下樹朱反鄭注禮記云八兩為錙許注淮南子云十二粟而重一分十二分為一銖說文云錙六銖也銖權分十黍六重也二字並從金甾朱皆聲也甾音同上　蟬蛻　上時延反下音稅說文蟬蛻所退皮也並從虫從單兌聲也

大阿羅漢難提蜜多羅所說法住記　慧琳撰

耽沒羅洲　上瞻藍反梵語也經從貝作眈誤也　住在　畢利颺瞿洲　颺音羊象反梵語也　窣堵波　上蘇沒反梵語也　𠂤阜　上都迴反聲類小塊也說文小阜也象形也下扶久反尒雅大陸曰阜賈注國語阜厚也長也說文大陸也山無石

也象形經並從土作隤埠俗用字也　穨耨　上顡軍反毛詩傳云除草曰耘說文云除苗間穢也從耒員聲或作秐下奴豆反鄭注周禮耨秐耔也說文薅器也從耒辱聲也秐音云薅音蒿耒音雷隊反　囊皅　普巴反說文草花之皃也從白巴聲亦作葩

分別業報略集　玄應撰

悛法　且泉反悛改也方言自山而東謂改曰悛廣雅悛更也

犯忤　又作迕啎二形同五故反聲類迕逆不過也　蛆蟻　子餘反蝍蛆吳公也一名蛆渠也　愚戇　都絳反說文愚癡也戇愚也　聾聵　古文聵顡二形今作顡又作聵同牛快反生聾曰聵聾無識曰聵也　宮𠛬　居雄反陘𠛬次死也男女不以義交者其𠛬宮男子割勢婦人幽閉於宮下真經反罰罪也易也𠛬法也井為𠛬法也春秋元命包曰𠛬字從刀從井井以飲人人入井爭水陷於泉以刀守

之割其情慾人要慎以全命也故字從刀從井也

閹身 於撿反說文閹豎宮中閹昏閉門者也謂精氣閉藏也主閉門戶故曰閹也

婆藪槃豆傳　玄應

紱婆 字又作紼同甫勿反譯云子俠字紱婆

撰銘 助睿反撰猶述也廣雅撰定也下莫丁反銘之言名也書其功於大常也亦鑄刻金石以紀功德也

紕謬 匹毗反礼記一物紕謬鄭玄曰紕猶錯也下靡幼反謬猶乱也謬誤也方言謬訛也說文云狂者之言也從言翏也

大藍 力甘反篋屬也字林大笿也笿析籠也纂文大篋也

鈊柯 蒲薎反鈊柯摩羅呵袂多譯云正勤

龍樹為禪陀迦王說法要偈　玄應撰

謳歌 又作嘔慪二形同烏侯反說文齊歌日謳廣雅謳喜也

飲酣 古文佃同胡甘反漢書應劭日不醉不醒日酣又樂酒日酣也

摣摯 古文作抯同側加反方言摣取也聲類五抯摣捉也

飴蜜 又作餜飤二形同翼之反說文米糱也方言飴謂之餳餳音似盈反

訓馴 似均反廣雅馴擾也馴善也亦從也說文馴養野鳥獸使服謂之馴也

瘤癭 力周反說文瘤腫也瘤結不潰散者為瘤聲類瘤瘜肉也

龍樹菩薩勸誡王頌　慧琳撰

躁動 上遭到反顧野王云躁猶動也賈注國語云躁擾也鄭注論語不安靜也文字典說從足喿聲喿音同上經從心作懆音草非也

慘毒 惻錦反考聲云甚也毒也說文音千感反訓義同從心參聲經從玉作琭非也

號嗁 上号高反考聲云大哭也說文云呼

也從号虎聲也經從口作呺非也下第泥反文字集略云哭而無節也說文號也從口虎聲也虎音同上須中從帝作啼俗用字也

煻煨 上蕩郎反考聲灰兼細火也下烏迴反廣雅煨煴也說文盆中火也並從火唐畏皆聲也

牀簀 下爭革鄭注禮記文簀謂牀也郭注介雅簀牀板也說文牀棧也從竹責聲也須中從木從此作棑謬也若依字訓釋甚非經意也故不取也

啄心 丁角反廣雅豕盩也考聲云鳥啄也說文鳥食也從口豕聲也豕音丑足反須中從卓作啅非也

百矟 下山卓反廣雅矟矛埤蒼云矟長丈八也經作槊字是木名也

相掐 口洽反埤蒼掐抓也古今正字亦抓也從手臽聲臽音土高反

斲頂 丁角反頌文從登作部俗字也

一切經音義卷第七十六　第四十三張　鉅

賔頭盧為王說法經　玄應

榮樂 為明反榮猶光華也光寵也經文作嬫非也

請賔頭盧法　慧琳撰

氍毹 上具愚反下色于反前已重重具訓釋訖經從叟作蚝非也

皆萎 委為反毛詩云無草不死無木不萎傳曰草木皆有死萎也蒼頡篇萎黃病也通俗文萎悴惡也聲類萎菸也形聲字也菸音於

被擯 賔印反考聲擯弃也從手經從人作儐非經意

提婆菩薩傳　慧琳撰

醻鑿 傳文作酬酢非正字上醻音酬鑿音昨毛詩注醻勸也介雅醻報也又字釋訓云以言對荅也說文主客獻酬以礼成也或作詶集訓云以言荅也傳文字書醻酢錯用非也案醻鑿者提婆菩薩以正理醻對外道也古人有言曰不道則不知不鑿即不徹故譯經者有醻酢文言字

一切經音義卷第七十六　第四十四張　鉅

非正體今據古今篆隸以正之也

拊匈　上孚武反顧野王拊猶拍也廣雅擊也說文從手付聲下吁邕反說文匈膺也從勹凶聲或作胷

叩地　口候反考聲云首至地也經文作扣錯用也

迦丁說當來變經一卷　慧琳撰

徯戀　上奚啓反孔注尚書徯待也說文亦待也從彳奚聲或作

蹊也

詆冐　低礼反蒼頡篇詆欺也說文從言氐聲經從及作詉非也

跛蹇　上波我反賈注國語云跛行不正也考聲跛蹇也古今正字從足皮聲也下揭偃反說文蹇跛也從足寒省聲也經從馬作騫非也

勝宗十句義論　慧琳撰

幖幟　上縹遥反前注句經已具訓釋下昌志反廣雅幟眥也考聲云幟記也以帛長五尺廣半幅綴於旗上也古今正字從巾戠聲戠音職

金七十論卷上　慧琳撰

岸褫　遅介反考聲褫落也說文從衣虒聲虒音斯

卷中

籘繞　上鄧能反蔓草也從草從縢

夜售皮陁　售音讎呪反楚語論師名之也

熏習　上吁軍反考聲風至之皃也又習行已久無如之何說文從屮從黑經從草作薰是香草也與經義乖也屮音丑列反

卷下

二插　初洽反聲類云插之使人也說文亦刺内也從手臿聲插音同

上同 先揲 先葉反顧野王揲謂數也周易揲之也說文閱持也從手枼聲音牒也 如纖 思嬾反顧野王纖即蓋也古今正字從糸韱聲嬾音蘭且反

一切經音義卷第七十六 第四十七張 鉅

一切經音義卷第七十七　鉅

翻經沙門　慧琳　撰

音釋迦譜十卷

釋迦略譜二卷 舊目一卷

釋迦方志二卷

釋氏系録一卷

大周經目十五卷

已上五集録三十一卷同此卷音

釋迦譜序卷第一

儲宮 上音除副君也即今之太子所居亦謂之春宮也

舛駁 上川耎反顧野王云差舛不齊也說文對卧也從夕㐄相背也下邦邈反漢書云白黑雜也說文色不純也從馬爻聲夂音知几反㐄音跨譜文作駮俗用字也

博評 上補莫反博字從十從甫從寸下音信毛詩傳曰評問也說文從言平聲譜文作評誤也平音同上

摶食 上斷欒反初食地味未有匕箸而食之故名摶食從手專聲文中作揣非也

薄餅 并郢反古今正字云麪餈也從食并聲譜作麪俗字也餈音慈

刑笑 霄曜反毛詩傳云笑侮之也顧野王云為所鄙怪而笑之也古今正字笑喜也從竹犬聲譜文作咲俗字也

穅檜 上正康字也從禾康聲康字說文從米康聲下公外反蒼頡篇云檜麁穅也說文從禾會聲

懿摩 上衣冀反尒雅云懿美也說文專久而美也從壹恣聲譜作懿俗字

軒暤 上憲言反下豪老反帝系譜云軒轅皇帝也暤少暤也皆古之帝王号也

大椿點倫反古今正字云上古大
椿以八千歲為春八千歲為
秋經典釋文此木生江南擯斥匕
以三万二千歲為一年賓
刃反下音尺前釋擯點椿律反范甯
雜事律中巳釋集注穀梁云
點退說文從闚闟上苦規反下庚
黒出聲也朱反說文云闚
闚從門規聲孝聲云瞬動上尸閏
闟亦闚也從門俞聲反說文

云開合目數搖動也從目夗轉上
從舜說文正作瞚亦作眒於
遠反說文云夗轉臥也從夕卩有節
故從卩也譜文作惋是歎惋字非也
卩音膩吒上尼利反下毛加鑁
節反毛音知厄反
樹國上補末反麁獷摑猛反犭
國名也聲犬悍皃
不可附也譜從麥作麬憒市人上環
是麁麥也非兕獷之字外反

箸頡篇云憒乱也說文從心貴聲亦迴
外反下正鬧字音鐃教反巳釋訖譜
作鬧翡翠上肥味反下七醉反字
俗字統翠青羽雀也出䴊林
異物志云翡翠作巢在高樹之顛去
地七八丈夷人稍稍下之令去地七
八尺待其子欲成然後取之說文翡
亦羽雀也二字並從羽非卒聲也
鳧鷖上輔無反毛詩傳云鳧水鳥
也顧野王云即水鴨也說文
舒鳧鶩也其飛几几從鳥從几几亦聲也
下益奚反毛詩傳云鷖鳧屬也說文

從鳥殹聲几音
殊殹音烏計反髦鬣上音毛
廣雅云
髦大也說文云髮也從髟毛聲下廉
輒反杜注左傳云鬣須也顧野王云
鬣者馬項上長毛也說文髮鬣也從
髟巤聲髟音必遥反巤音同上譜文
作鬣歔欷上許於反顧野王云歔
非也出氣也下虛毅反廣雅
云喜也說文二字並腳腨上正腳
從欠虛斤皆聲也字從月
從谷從卩下船耎反說文云腨
足腓腸也從月耑聲也耑音端眼

睫 尖葉反說文目傍毛也從疌聲譜文
作睫或作䀹並俗字疌音捷說文作䀹

第二卷

斡濯 上桓椀反劉兆注公羊傳云
濯生練曰湅去舊拾日斡古
今正字從水斡聲亦作浣譜作浣俗
字也下幢角反毛詩傳云濯滌也說
文浣也從
水翟聲

迭代 上田結反杜注左傳云迭更也方言

迭亦代也說文一曰迭也上
從辵失聲迭音他計反

蔚映 音
尉廣雅云蔚翳也
說文從艸尉聲

牀榻 上狀莊反
正體字也
下貪臘反釋名云牀狹而長者謂之
榻古今正字榻平也從木𦐇𦐇音同

排象 上毗聊反聲類云排抶也
說文從手非聲抶音淵悅
反

昕赫 上喜斤反說文云昕旦明
日將出也從日斤聲

婚娉 匹併反顧野王云娉問也娶
妻及礼賢達納徵束帛相問
曰娉說文從女甹玄絹反說
聲也甹音匹丁反

曾眴 文云眴目
搖也從目旬
聲旬音同上

樗蒱 上褚猪反
賭戲也

手捺
難但反字林云捺搦也古今正
字捏也從手奈聲捏音年結反

拼弓 上普耕反說文拼彈也
從手并聲或作抨也

煎憂 上箭煙反譜
作𤍠俗字也

瘻黃 上音婁鄭注礼
記云瘻病也著

頡蒲不能行也說
文痒也從疒委聲

親戚 清亦反孔
左尚書云
戚近也顧野正近所以為親也說文
從戌尗聲也譜作慽非也下文慘
慼字

顰蹙 上頻賓反下酒育反顧
同也
野王云顰蹙憂悲不樂
之皃說文云涉水顰蹙也從
頻卑聲譜作顰笑也俗字也

涎㳄
下羨延反考聲云口中津也從欠從
水亦作涎或作㳄譜文作涎俗字也

心肺 孚廢反白虎通云肺之言費
也金之藏也白色字書云言

火藏今以爲金藏也說文從月市聲市音貝也**脾腎**上婢弥反白虎通云脾之爲言并也所以積釋稟氣土之精也色黃說文土藏也從月卑聲下神忍反白虎通云腎之爲言寳也廣雅云堅也水之精也黑陰偶故也說文水藏也從月臤聲也臤音堅**噴鳴**上普悶反說文云吒也一云鼓鼻也從口賁聲也吒音都嫁反**騷動**上掃遭反顧野王云騷動擾之

皃也說文擾也從馬從蚤聲也**貿易**上忙候反顧野王云貿猶交易也說文易財也從貝丣聲丣音卯也**噓唏**上希居反鄭注禮記云噓噓悠之聲悠音敗顧野王云口出氣經曰噓下許冀反言唏痛也哀而不泣曰唏說文二字並從口虚希皆聲

第三卷

仡然上銀訖反考聲云侄仡癡皃不前皃也說文從人乞聲侄音珍栗反譜從山作此嵥也**道徑**經定反考聲云步路也隊上道也顧野王小路也不循大道柱曲而行亦日小徑廣雅邪路也說文從彳巠聲巠音經**夗轉**上寃遠反已釋第一卷中譜作蹏非夗轉字也**悲嘶**先奚反方言云嘶壹也郭注云咽痛也謷頌篇散也說文從言作謷云悲聲也從言斯聲**勸獎**將兩反方言云

秦晉之間相勸曰獎古今正字勵也從廾將聲也廾音恭隴反**喁喁**虞恭反淮南子云群生莫不喁然仰其德也說文衆口上見也從口禺聲**罥索**上侑究反蒼頡篇云罥量也廣雅罥罘罟也𦉪類云係取也古今正字從网肙聲罥音昌容反罘音挟流反譜作𦉪非也**嫈嫇**上尼莖反下麦耕反考聲云嫈嫇下里婦人皃也嫇嫇亦小人皃也說文嫈小心態也從女䍇省聲嫇從女冥聲也**盼目**上攀

慢反字書云盻美目皃也毛詩傳云黒白分也古今正字從目分聲譜作盻音許乙反非經義也

蛹生　上餘腫反說文云蛹繭蟲也從虫聲甬也甬音同上

霹靂　上㝵覔反下零的反史記云霹靂者陽氣之動也說文並從雨辟歷皆聲譜作礔礰俗字也

挽弓　上音挽考聲云引弓也古今正字從手免聲正作輓譜作挽誤也

其

鏃　宗鹿反廣雅云鏃鏑也說文鏃剌也從金族聲也

老姆　矛候反鄭注儀礼云人年五十無子出而不復嫁能以道教人者也亦云女師古今正字從女毋聲

虎兕　辞紫反山海經云兕在湘水南狀如牛蒼黑色郭璞云一角青色重千斤說文象形也譜作兕俗字

吽嚇　上呼口反賈逵云吽呼也聲類嘷也古今正字從牛口聲亦作狗或作呴譜作吼俗字也下赫亞反鄭箋詩云以口非人謂之嚇埤蒼哮唬大怒也古今正字從口赫聲

恬憺　上牒嫌反方言云恬靜也說文從心從甛省聲也下談敢反亦音談說文憺安也從心詹聲

哮呼　上哮交反說文云豕驚散聲也從口孝聲亦作虓下音虎孤反

億姟　改亥反考聲云姟大也數名也從女亥聲

時攘　攘章反考聲云捋非也推也止除也說文亦推也從手襄聲

第四卷

蚑行　上蚑字考聲音奇古今正字云蟲行也說文從虫支聲也

栽蘖　岸割反孔注尚書云顛仆之木而生日蘖郭注尒雅云蘖木餘也說文從木薛聲亦作枿譜文作櫱蘖非

鏟炙　上初盞反廣雅土籖謂之鏟說文云鏟也一日平鐵從金產聲譜作睚誤也鏟音集義音姦問反下征亦反

燋炭　上廿消反廣雅云燋黑也說文云所

燒也從火龤聲或作𤎖龤音乎甲反

頞那山 安曷反西國山名也

瞻矚 之欲反韻略云矚視也考聲云視之甚也衆目所歸也從目屬聲屬音同上

有黠 遐軋反方言云自關而東趙魏之間謂慧為黠郭璞云謂慧了也顧野王姦黠也利也說文從黑吉聲也

盥漱 上官捥反下捜又反說文云盥澡手也從臼水臨皿也譜作盜非也臼音菊皿音明丙反捥音烏管反

寶屐 擎戟反顧野王云孔叢子高方屐以見平原君也古今正字屐屩也從履省支聲屩音居畧反譜作屐傳寫誤

第五卷

冠幘 上古歡反白虎通云冠者卷也所以卷持鬢也廣雅有十八種冠所謂無追章甫委皃牧冔繞通天遠遊進賢高山方山惠文建華卻非卻敵獬豸皮弁冕皆冠也說文冠卷也所以卷鬢弁冕之總名也從冖從元從寸冠有法度故從寸下爭革反廣雅纚帨幘也幘蹟也方言云覆髮謂之幘巾或謂之承露蔡雍獨斷幘者卑賤執事下冠者之所服也有綠幘赤幘執事者貴賤皆服之文者長耳武者短耳稱其冠也說文幘髮中有巾日幘從巾責聲冔音呼繞反纚音丘園反帨音依蜡音七藥反嬪音責髻音計冖音覓譜文之中從什作簣非也

轉鐩 隨醉反音義第三十卷中巳具釋譜作檖俗字行巳久矣

王這 言件反蒼頡篇云這迎也古今正字從辵言聲

拘躄 上矩愚反下并亦反顧野王云躄謂足偏枯不能行也古令正字從足辟聲亦作躄譜作癖非也

涸沍 上何各反巳具釋音義第四十二卷中

蜎蜚 上一緣反下匪微又巳釋弘明集

綩綖　上冤阮反下音延

幢旄　上濁江反下音毛顧野王云几旄者皆旄牛尾也旄於橦之端旄牛背膝胡尾皆有長毛剪其毛以用之也說文從㫃毛毛亦聲也譜從巾作毦非也

痾者　上惡何反五行傳云時即有口痾說文痾病也從疒可聲也聲類作痾譜作痾誤

珍奇　上窒隣反說文從玉㐱聲譜作弥非也下妓宜反說文云奇異也從大從可譜作琦玉名也義相近也

叵遇　上普可反字書云叵不可者也古今正字從口從匚匚音方

僚屬　上了彫反孔注尚書僚官也左傳云同官曰僚又曰大夫臣士士臣皂皂臣隸隸臣僚顧野王第九品人也古今正字從人尞聲亦作寮譜作遼誤也下殊欲反

第六卷

赭容　上遮野反郭注山海經云赭赤土也說文從赤從者者聲也

聲曖　烏載反顧野王曖然溫和皃也古今正字從日愛聲譜作曖誤也

凢鑠　商弱反毛詩傳云鑠美也郭注方言究明也說文從金樂聲

轂淨　上紅屋反西國上名也

居泜　丁礼反西国比丘尼名也

隱曀　伊計反比丘名

沮壞　上才與反毛詩傳云沮壞也古今正字從水且聲譜從破因作沮非此義音莊呂反乖文意下胡娃反

協須那　力計反西國尼名也

輪轢　下力的反蒼頡篇云轢輾也說文車所踐也從車樂聲輾音女展反

蹈蹋　上徒号反下談臘反亦作踏譜作蹹誤

來鎮　窒咗反

祈道　上巨依反毛詩傳云祈求也說文從示斤聲譜作斳義同也

怒拳　上奴觀反下音權譜作捲

俗用字吐卧反

狗齧 研結反

涎唾 上羡延反正作次下

第七卷

窈窈 要皎反說文云深遠也從穴幼聲亦作窅

稻畦 惠圭反風俗通云秦孝公以二百四十步為畮五十畮為畦王逸注楚辞

云畦猶區也說文義同上從田圭聲

隄隮 上弟奚反韋昭云隄積土為封限也說文唐也從阜是聲也下蕩郎反古今正字云長少人謂隄為隮從阜唐聲亦作塘

亟於 上兢力反鄭注毛詩云亟急也介雅速也說文義同也從入從口從又從二二天地也言人生天地間口手最急會意字也又音器今不取

道蠹 都故反鄭注周礼云蠹食人器物者白魚是也說文木中蟲也從䖵橐聲譜作蠧誤也

切磋 倉柯反

剖擊 上普口反孔注尚書云剖猶破也蒼頡篇析也說文判也從刀咅聲譜作掊非也音龐講反略譜中掊擊義同此已釋更不重出耳

駛水 上師利反蒼頡篇云駛疾也古今正字從馬史聲也

眩冒 上玄絹反蒼頡篇云眩視不明也賈逵注國語云眩惑也說文從目玄聲

坌者 上盆門反字詁云土汙盆也

第八卷

歘然 上所力反埤蒼云恐懼也公羊傳云歘然而駭也說文悲意也從欠嗇聲也

求斠 江岳反廣雅云斠量也譜義决勝負也說文平斗斛也從斗冓聲或作角也

擗裂 上拼陌反譜中作擗非也音瓶覓反非此義也

掊地 上蒲侯反考聲云掊手掊也古今正字從扌咅聲今俗音呼為庖譜作鉋非也

瘥殘 上力

弓反許救重注淮南子云癃病疾也蒼頡篇固疾也說文罷病也從疒隆聲譜作癃俗字也

灰皀　都迴反小皀也譜作堆俗字也皀音負

髣髴　上芳罔反下芳味芳勿二反漢書云髣髴相似聲類見不審諦也古今正字並從髟方弗皆聲說文作仿佛古字時不用

第九卷

睩睩　木蓬反毛詩傳曰睩者目矓瞙霞而無見也說文不明也從目冡聲譜從日作暭書誤也

嗥吪　上号牢反下道勞反譜作嗥吪俗字也

矛矟　雙捉反

鋮鋒　上執林反下斆容反

蛣蟯　上輕吉反下却香反

蝮蟗　上蜂目反下ㄋ介反

瘖瘖　尋立反譜字書捡並無此字瘖瘖者俗語也蓋謂風蚑皮膚間瘖瘖然也

噦噎　上究月反集訓云噦逆氣也說文忤氣也從口歲聲下煙結反考聲云壹咽喉氣塞不通也毛詩傳憂不能息也說文飯窒也從口壹聲

乜蹷　下卷月反梵語也

蛻化　上輸芮反廣雅云復育蛻也說文蟬蛻所解皮也從虫兌聲

佛頿　子雌反說文云頿口上須也從須此聲今譜中從洛從毛非也本俗字從古從毛作毸書人不會又改從洛偽中更偽亦非也釋迦譜從髟作髭亦俗字也

第十卷

麁歰　上倉烏反下霜立反正體字也

慷慨　上康朗反下口愛反說文壯士不得志也二字並從心康既皆聲也說文正作忼

舟航　鶴岡反義已具釋高僧傳今譜作析非也

漑灌　上飢利反顧野王云漑猶灌也灌亦漑也古今正字並從水既雚皆聲也

藿音胡官反

緘之 上甲咸反說文云緘束篋也從糸咸聲也

事泄 仙列反鄭箋詩云泄發也說文從水世聲或作洩泄並俗字也

以蠟 藍閤反埤蒼云蠟蜜滓也古今正字從虫巤聲也譜從月作臘非也

排抗 上敗埋反廣雅排推也推音他雷反顧野王云排抵也說文擠也從手從非聲也下康浪反韻詮云以手抗也杜注左傳云抗禦也賈注國語云抗救也字詁張也廣雅遮也強也高也方言懸也周易知進而不知退也說文排扞也從手亢聲也譜中從黨作攩非也擠音精美反

之這 言建反已釋前卷

拘睒弥 中苦冉反梵語國名也

釋迦氏略譜一卷

一切經音義卷第七十七　第十九張　鉅

釋迦譜 脯毋反釋名云譜布也廣雅譜牒也古今正字譜者布列見其事也從言普聲

繁縟 上音煩孝聲云多也衆也下儒燭反說文縟繁也采飾也從糸辱聲

斷鼇 昂高反王逸注楚辞云鼇大龜也列仙傳云有巨靈之龜背負蓬萊大山而抃戲於滄海之中也說文從黽敖聲也

紛糅 女救反鄭注儀礼糅雜也或作粈字本從糸作緌錯書非也

較定 上音角廣雅云較明也孝聲挍其優劣也略也尚書大傳云較其志見其事也或作角競也試也或從殳作較古今正字從車從交聲也

錠光 上亭甯反定佛名号也

炤灼 上音照下章若反廣雅云炤灼明也說文並從火召勺皆聲

姻媾 上音因杜注左傳云姻猶媾也介雅壻之黨為姻白虎通婦人因夫而成故曰姻下鉤候反毛詩傳云媾厚也賈逵注國語云重婚曰媾說文亦同並從女因冓皆聲

璣蚌 上居宜反孔注

一切經音義卷第七十七　第二十張　鉅

尚書云璣珠類也字書小珠也說文珠不圜者也從玉幾聲下龐講反前金光明最勝王經中已具釋

系嫡　上奚計反介雅云系繼也說世本有帝系篇謂子孫相繼續也說文亦繫也從系系聲也籀文從爪作𦃇下丁歷反字書云嫡長也說文嫡也從女啇聲

寰寓　上音環下于矩反籀文寓字也今正作宇杜注左傳云於國則四垂為宇尒雅

宇六也尹文子四方上下謂之宇說文從宀于聲

淵微　上抉玄反毛詩傳曰淵深也下正微字也今從彳作㣲音尾非反廣雅云微細也說文妙也鄭注礼記火也言周公旦雖以土圭揆日猶未盡其深妙也今譜作漢漱殊失義[illegible]不之取

獫玁　上力瞻反尒雅云犬長喙日獫說文黑犬黃頭也犬之黑名也下虛檢反毛詩傳云北狄也或云獫狁鄭玄云即今之匈

奴也古今正字二字並從犬僉嚴皆聲

史籀　音宙周宣王史官名也初變古文為大篆

昭晰　之例反毛詩傳云晰明也說文從日折聲

震駭　譜員反

欄楯　上音蘭下音順

妖冶　上於嬌反考聲云婦人巧作姿態也下餘者反周易云冶容誨淫說文從冫台聲冫音氷也

皆躓　知利反顧野王云躓猶頓也說文從足質聲

澣之　桓緩反鄭箋毛詩云澣濯也劉

兆注公羊云去舊垢日澣說文濯衣垢也從水幹聲亦作浣譜作浣俗字也

蓱泌　上並冥反西國王名也譜作洴誤

騷擾　上桑勞反郭注尒雅云騷謂搔動也古今正字從馬蚤聲譜作搔是搔摸也乖動義下而沼反正體字

殯斂　上賓牝反下廉艷反何休注公羊傳云大斂而從棺日殯說文死在棺將遷葬賓遇之也從歹賓亦聲譜作僨誤

羝羊　上底奚反羖羊也譜作羝俗字也

下躡

女涉反

懲誡 上直陵反

摹影 上莫胡反埤蒼云摹取象也說文規也從手從莫聲

霧曖 哀改反已釋前譜第六卷

循行 上音巡廣雅云循從也說文行也從彳盾聲也

汊爕 昌遂反俗字也正作[illegible]從酋

葛藟 律鬼反郭注尒雅云藟藤也文字典說草也亦葛藟也從卄畾聲畾音雷

釋迦方志卷上

輪賝 恥林反字書云賝琛也古今正字從貝罙聲

奉贄 之貳反古今正字云贄幣也從貝執聲

延袤 莫候反聲類云袤長也說文南北為袤從衣矛聲

臨洮 討勞反隴右郡名近洮水也

崆峒 上音空下音同山名也

日磾 丁奚反黑石也可以染繒漢書有金日磾人名也

緗簡 上想羊反已具釋音義第十八卷中

輶軒 上音猶下歌言反毛詩傳云輶輕車也古者採詩使者所乘方言序云輶軒使者所以巡遊萬國采覽異言周秦之季其業隳癈也卽如今之採訪使也

臮貞觀 上其義反杜預注左傳云臮至也說文從依自聲今亦多從旦作暨依音吟從三人也

獯狁 上訓云反下音允聲云匈奴別名也唐虞謂之獯鬻周謂之獫狁漢謂之匈奴今謂之突厥皆北狄也

西敧 起宜反顧野王云敧不正也亦作攲說文從支奇聲也

蕪薉 上音無下紆衛反顧野王云薉謂不清絜也古今正字並從草無歲皆聲

烏鎩國 師戒反

鄯善國 上音善

燉煌 上徒昆反漢書云燉煌郡名武帝後元年分酒泉置也杜林以為古瓜州今沙州是也

吐谷渾 中音欲蕃部落名也

大

埠都迴反已釋前譜第八卷中正作自志文作㙜亦通也綊
紨上音甲下除慮反案方志本義綊紨者胱空象漆布為之如
蜎音謂說文形毛似豪猪㺯小也從虫肙聲瞿鉸伽
山上具于反次勒登反匾㔜上遍沔反下體仾反志從疌作
遍遞錯也正從二工音方白磬益奚反文字集略云黑山寶也

古今正字從石殹聲志作堅亦通曹健國上墨肯反貓
那咽羅山上音苗咽音醯異反巃悷上鹿董反
下力計反刖強也象鎣縈瞑反亦作瑩覆盆上坌
目反下般末反忽懍國中林禁反弱齡音靈齔
齒上初靳反毀齒也齮千但反嗢咀

乘絙上溫骨反下丹剌也梵語剛恒反說文云絙索也從糸恒
聲銷杙蠅即反撅也婆羅犀羅大嶺
先奚反飤虎上辝自反說文從人食聲半筱蹉
國音努蹉音會何反礫迦上竹尼反俗瘻纓郢
反說文云頸瘤也從疒嬰聲且瘇屬龍反介雅云瘇足為瘇
說文作㾓云脛氣足腫也從疒童聲志文從尢作尰是籀文尢音枉

窣禄覲那上蘇沒反埿醯掣咀羅
國上烏洛反次馨鷄反掣音昌制反咀音丹達反平塏開改
反杜注左傳云塏爍也說文高顯處也從土豈聲犎索迦
國上婢移反次生掀反梵語也鴦窶利中其矩反角
虒上江岳反亦作斠志作捅非也義已具前釋迦譜第八卷中正虒字
髾髮上所交反埤蒼云髫垂者也古今正字從髟肖聲以

笏音忽 粟呫婆子呫音他篋反梵語也 四㡿沙詐反鄭注礼記云㡿今之門廡其形旁廣而卑也古今正字從广叓聲也 阿耆彼沐死礼反梵語也 灑火上沙雅反漢書音義云灑分散也說文云汛水也從水麗聲方志作洒西礼反非也汛音信 灰燼徐進反正作𤎼 架釜上音嫁下音父

一切經音義卷第七十七　第二十七張　鉅

方志卷下

譌也上吾戈反鄭箋毛詩云譌偽也說文偽言也從言爲聲志作訛俗字亦作吪 那伽閼刺那閼音烏曷反刺音蘭葛反梵語 鷙鳥上之利反廣雅云鷙之言執也謂執服衆鳥也鳥之勇銳者也說文擊煞鳥也從鳥執聲 生皰蒲皃反已具釋最勝王經中說 曬衣上所戒反方言云曬暴也說文從日麗聲 紺青上甘憾反說文云紺帛深青而揚赤色也從糸甘聲 陗絕且醮反許叔重云陗陵也說文高也從阝肖聲 磐石上判般反王弼注周易云磐山石之安也顧野王云磐猶根據也聲類大石也說文從石般聲也 蘖株上岸割反亦作枿 姞栗陁羅矩吒山上其一反下摘加反梵語唐云鷲峯山 峻峙音雉 擠績精息反尒雅云績事也業也說文從糸責聲

一切經音義卷第七十七　第二十八張　鉅

伊爛拏搦加反梵語 捃稚迦上君殞反中馳賦反梵語也 蠻獠上莫班反廣雅云蠻慢也說文南蠻人虵種也從虫䜌聲下音老字書云牂柯有獠夷異物銘云獠夷獸類也嗜欲不節以人爲有有過心然潛行水中刺取魚鼈死則豎埋捕不卧誤說文從犬尞聲𤸷音力専反 羯鍐伽國力澄反 疏寮力毘反蒼頡篇云寮小窓也說文穿也從穴尞聲 鳰

鹵 上星弃反尔雅云澙苦也郭璞云苦地也古今正字從水舄聲志本作舄誤也下盧古反杜注左傳云鹵确口角薄之地也說文西方鹹地也從鹵省像鹽形也東方謂之庨西方謂之鹵也

椰子 上野嗟反木名也

騃迦山 上勒恒反

宏敞 上音撗孔注尚書云宏大也說文屋深響也從宀厷聲下昌兩反蒼頡篇云敞高顯也說文平治高士可遠埜也從攴尚聲

頗胝 音知

掃懍國 臨禁反

軬荼國 上音飯

庖犧 上鮑交反下書宜反古三皇号也

稾街 上工老反下音皆義巳具釋高僧傳中方志作衛非也

黷武 上音獨

貨賂 音路

泛漲 張兩反志本作漲非也

驊騮 上户麻反下力由反

太宰嚭 披美反

遽然 渠御反杜注左傳云遽畏懼也說文窘也從辵豦聲方志從心作懅俗字也

蠲嗜欲 上决玄反下時至反

闞澤 上堪濫反吴中書令也

滬瀆口 上胡古反山海經云陽虛山臨于玄滬之水郭璞云蒼頡帝為臨滬水而靈龜負書而出說文從水扈聲下同鹿反

郝恢 上恥知反下苦迴反人姓名也

踣然 披通反埤蒼云踣踣地聲也古今正字從足畐聲畐音同上

巋然 上虧軌反考聲云山孤立也古今正字從山歸聲也

高悝 苦迴反人姓名

韞輬 上音溫下音凉孟康日如衣車有窻牖閉之則溫開之則凉如淳云其形廣大有羽儀也自漢以來唯用載柩說文臥車也並從車昷京皆聲

珠珩 杏庚反大戴礼云珮玉上有雙珩下有雙璜說文珩珮玉上也所以節行止也從玉行聲

惟礎

初所反許叔重注淮南子云楚人謂柱碣曰礎古今正字云山雲蒸而潤柱礎也從石楚聲碣音昔 飼鷹 上辝自反字書云從人飤食也說文作飤從人食聲方志作飼俗字也

釋迦譜及略譜方志等依入藏目合有

諸經要集二十卷 不音

經律異相五十卷 已音了自有音義兩卷

南齊經目等二十二卷 不音

隨朝經目二十卷 不音

計六十二卷不音為是藏經鈔及古經目早巳重疊訓釋巳廢不行

今並不音轉讀者悉之所以越入藏目次第取後音義同卷者為足成一百卷也

釋門系錄

擯罰 上賓儐反司馬彪注莊子云是也古今正字從手賓聲下煩發反說文云罰罪之小者言未以刀有所

詆佂持刀罵詈應罰也從刀詈會意字詈音利也 褒德 上保毛反鄭玄注礼記云褒猶進也顧野王云褒猶揚美也說文從衣𤓽聲𤓽音保也 寓寰 上愚句反杜注左傳云寓寄也下患關反文字典說云國之境內也又圻內也從宀睘聲 駟馬 上音四 銜策 上狎監反 翊化 上餘力反孔注尚書云翊輔也說文從羽立聲 將詢 恤遵反毛詩傳云詢

問也杜注左傳云問親戚之議也古今正字云諫也從言句聲

稽

大偽 上計奚反孔注尚書云稽考也廣雅云問也說文從禾九旨聲禾音工迷反下危謂反

期頤 以之反曲礼云百年日期頤王弼注周易云頤養也說文從𦣞象形也從頁作頤篆文字籒文作𦣝

恪勤 上康諤反孔注尚書云恪敬也說文正作愙義同從心客聲也

僧𦐑 音略僧名也

藉已 上寂夜反下音以

戡難 上坎藍反下乃旦反

標識 上必遙反錄作摽誤也下音志

躁求 上遭到反

播植 上波賀反下時力反

賾不可見 上仕革反劉瓛注周易云賾者幽深之極[illegible]也古今正字從𦣞責聲

馭之 上魚據反亦作御

以

彙 為貴反廣雅云彙類也以其類相牽引也說文從帚胃省聲帚音帝計反

羼提 上察莧反梵語也

凱風 上開改反廣雅云凱猶大也介雅云南風謂之凱風古今正字從几豈聲

冥譴 上覓萍反郭注介雅云冥昧也說文云幽也從日六日數十十六日而月始虧幽冖聲冖音同下牽戰反廣雅云譴責也蒼頡篇何也方言怒也說文讁問也從言遣聲讁音陟革反

醇醲 上順倫反下尼龍反廣雅云醇厚也許叔重注淮南子云醲肥甘也說文云醇不澆酒也醲厚酒也二字並從酉享農皆聲享音月上系錄作醇並通用也

糟粕 上早勞反下滂莫反許叔重注淮南子云糟酒滓也粕已漉糟也說文義同從米曹聲籀文作醩古今正字粕從米白聲漉音鹿也

傅毅 宜記反人姓名

綦愔 揖淫反人名也

緘之 減咸反

叡肇 上音銳廣雅云叡智也說文云深明也從㕡目從谷省㕡音殘古文作睿籀文

作廠下孱然上拔焉反漢書音義云孱不齊也韋昭云仁謹皃也說文芸也從孨在尸下一云孨聲也孨音翦欻不上薰鬱反聲類注西京賦云欻忽也說文從欠炎聲未泯蜜忍反尒雅云泯盡也毛詩傳云滅也古今正字義同從水民聲烱徹上坰迥反蒼頡篇云烱明也廣雅光也說文從火同聲也桎

一切經音義卷第七十七　第三十五張　鉅

梏上真日反下工屋反纂茂上相外反亦作纘智顗儀紀反僧名也鄴下上嚴劫反漢書魏郡有鄴縣說文義同從邑業聲也

大周刊定衆經目録序　慧琳撰

刊定渴安反杜注左傳云刊除也鄭注礼記云削也廣雅云定也說文從刀干聲廣濟賁計反孔注尚書云濟渡也杜注左傳云益也賈注國語成也說文從水齊聲聲覃譚南反毛詩傳云覃長也又云延也說文長味也從㫗從鹹省作覃大篆從西作覃略也今俗用下從旱者誤也㫗音乳從日從弔非旱字也迺下上奴改反古乃字也聲類云乃至也說文從古乃西聲也今俗用從辵誤也費長房上肥味反人姓名也聶道真

一切經音義卷第七十七　第三十六張　鉅

上尼輒反人姓名也幻師阿夷鄒莊鳩反梵語也摩尼羅亶單但反梵語也鄴都上嚴劫反說文魏郡縣也從邑業聲也摩訶遮曷旋經隨緣反梵語亦胡語也不求義也

第二卷

兜沙經上都侯反梵語也道龔音恭僧名也

撮寫 上祖拌反礼記孔子曰今夫地一撮土之多是也說文三指撮也從手最聲目錄義所撮其機要寫之 攴派 拍賣反說文云水邪流分散別也從水從反永字象形字也上攴字說文從半竹從又正也

第三卷

揣義 上初委反杜注左傳云度高日揣郭璞曰揣度成之也說文量也從手耑聲 讎校 上壽流反下交孝反杜注左傳云讎對也介雅匹也劉向別錄云讎校經中謂半校之也風俗通云二人對校為讎校集訓又云二人對本校書日讎說文讎譍也從言讎聲經從州從言作訓非也讎音上同 寤寐 上吾故反說文云寐覺而有言日寤下弥未反說文寐臥也並從㝱省吾未皆聲 彥琮 上言建反下祚宗反皆僧之名

第四卷

阿闍貰 音世梵語 溥首 音普菩薩名亦經名

第五卷

睒子經 上苦除反又音琰

第六卷

摭之 上章亦反方言摭取也陳青徐之間謂取為摭說文摭拾也從手庶聲也或從石作柘訓用同也

第七卷

無字可音訓

第八卷

戚辟梵志 容臘反古文勇字外道名也 木

槍刺脚七羊反集訓云搶兵杖也兩頭鋭長丈八上旋鐵刃名曰槍廣雅刺也下青亦反顧野王云鋭攙入人肉中曰刺廣雅刺箴也說文直傷也從刀朿聲朿音次經作刾俗字也

猘狗章入反說文狂犬也從犬制聲或作狾亦同下狗字經文作苟非也

麼尼上音摩梵語也

鷹鷂上憶矜反杜注左傳云鷹鷙鳥也集訓云能制伏衆鳥也御覽云鳥之勇鋭者名之為鷙鷂下音曜顧野王云鷂似鷹而小說文亦鷙鳥之屬形聲字

鴟鳥齒支反莊子云鴟鵂嗜鼠是也說文鵄鳥之屬或從隹作雖形聲字

第九卷

二僑士巨入反蘋詮云僑寄也著聲客也廣雅才也說文高

也從人喬聲喬音同

懽喜上喚官反鄭注礼記云懽悦也說文喜亦懽也從心雚聲目録中從馬作驩非也雚音同袒官反

第十卷

曇弥蜱閉迷反梵語僧名也

僧澀多師戢反梵語也澀字說文從四止二倒二正即澀也從水亦是目録中及諸經中多從三止作歮非會意字也

第十一卷

遞更上提礼反鄭注尔雅云遞更易也莊子云遞所遞起也說文更也從辵虒聲也虒音斯或從第從辵非遞訓用同下華行反鄭注周礼云更猶代也說文改也從支丙聲今作更俗字也

編之畢綿反劉兆注公羊傳云編者比連也准南子許叔重注云編猶列也聲類以繩編次之說文次簡也從糸扁聲

颰陁盤末反

第十二卷

遥邈　上垂緣反毛詩傳曰遥疾也介雅遥也說文往來數也從辵嵩聲易曰已事遥往下庬剥反王注楚辭云邈遠也郭注方言云曠遠之皃古今正字從辵貌聲也

飄零　上匹遥反毛詩傳云飄猶吹也毛詩又云箕為飄風傳曰暴起之風也古今正字從風票聲下歷丁反詩傳零落也廣雅云墮也說文餘雨也從雨令聲

漚惒　阿鉤

第四十二張　鉅

反下音和古譯梵語質朴不妙唐云方便

第十三卷　第十四卷

第十五卷

右已上三卷並無字可音訓

一切經音義卷第七十七

一切經音義卷第七十八　鉅

翻經沙門慧琳撰

音經律異相五十卷

從第一卷盡第二十二卷

經律異相第一卷

摭採　上征亦反捡也經作擭非也

摶食　段欒反手摶食也說文從手經文從耑作揣非也

欄楯　下脣準反漢書音義云楯亦欄也說文欄檻也從木盾盾音同上檻銜黵反

麤澀　下森戰反說文澀不滑也從四止二正二倒書俗作澁非也

車轂　公屋反說文輒之所湊也形聲字也

減食　監斬反少也損也除肖也說文從水咸聲

不瞯　下玄絹反王逸注楚辭云眴視皃也顧野王云今人動目䍃相諠語也說文目搖也從目旬聲旬音同上

優踰藍　踰音談絲反梵語外道名也或名鬱頭藍

訮笑　上顛天反蒼頡篇訮訶也廣雅怒也說文諍語訮訮也從言幵聲幵音牽經作訮非也字書無此字

蕛稗　上弟泥反郭注尒雅稊似稗布地而生穢草也或作稊說文作苐古今正字從草稊聲也稗牌賣反杜注左傳稗草之似穀也或作粺古今正字云禾別種也從禾卑聲也

懍懍　林寢反埤蒼懍悽悲吟之皃也孔注尚書云危懼皃也方言亦敬也文字典說從心稟聲懍音同上經文作懍誤錯

米穀　下公屋反鄭注周礼九穀謂稻之類也尒雅穀祿也說文云續也百穀惣名也從禾殸聲殸音空角反

粃糠　上卑弭反顧野王云粃穀之不成者也或作秕也古今正字從米比聲也

下恪剛反聲類云穅皮也或作康穅古今正字從米康

刳剔

上音枯方言云刳卽猕也考聲居割也剖去中物也說文判也從刀夸聲下聽亦反韻英云解骨也考聲剔也尚書作猕古字也二字並從刀形聲字也

侵嬈

上綃王反說文漸進也從人手持帚若掃之進下穿鳥反博雅嬈相戲調也古文作嬲說文戲弄也從女堯聲

撾打

上卓爪反說文馬策也擊也文字典說撾捶也亦打也從手

駛河

師事反韻英云急速也從史

爆裂

上苞皃反文字集略爆火灹也燒柴作火灹聲也說文灼也

峛崺

或作邐迤同上音呈下音以考聲云沙丘皃也早且長也委曲相接也古今正字峛崺山脊相連也二字並從山形聲字也

碎磕

下坎閤反考聲石相磕聲二字正體並從石轉

注字也說文云石聲也從石盍聲盍音合脾反

轉踝

下遺誄反顧野王云踝動也鄭注論語不安靜也說文或為趮字從足喿聲喿音搔到反

穛穬

下號搖反字書穬大麥也或是穬穀卽稻穀之最弱者穛多而米少亦名穬麥亦穛多而麺少也

慙愧

上雜甘反尚書云惟慙德也說文慙亦愧從心斬聲經作慚亦同

霹靂

上篇覓反下零的反玉篇云大雷震也二字並從雨

攬掠

上藍敢反下音略妝取也或作略有作撓音影擊也恐非

第二卷

切磋

下倉何反尒雅工人治象也案切磋者持論盡理也

讖記

楚禁反向洛出瑞書也徵驗也

借兵

上精亦反蒼頡篇云借假也他古今正字蹔取也從人昔聲經作債是債負字非假借傳寫誤也

癡騃

下崖揩反上聲字也愚小不慧也無知也

坏器

配梅反瓦

器未燒日坏土器也

鞞梨　上髀迷反梵語國王名也

怖懅　音戶怖懼也字書中並無此字

犇走　音奔也

疥瘙　上音齊風瘮也下力冲反風結皮起病也玉篇云疲病也老瘡病也說文罷病也形聲字

拍髀　上普百反考聲拍也擊也從手白聲下毗米反考聲股外也經作髀俗字也

第三卷

血泒　古文泒字也

拒小　古文䂵字也今作短也

拘睒弥　上音俱下尸琰反梵語西方國名也

拖拽　上音袘下延結反又音以勢反拽挩也二字並從手形聲字也

角術　上江岳反亦作較古作斛並通也

擘裂　上班麥反考聲手裂也說文作擗下連哲反

抨地　白茅反或作抱掊二同以手掊抨也經從足作跑非也音雹也

奔突　上本門反考聲走也或作犇古文作䟫亦犇說文從犬從賁省聲下𡙁訥反犬忽出也或作揬說文從犬穴犬在穴中出搯揬衝也

慘然　上倉敢反戚也憂也

僂伸　上力主反左傳傴也廣雅曲也從人從婁省聲也下音申周易屈以求伸說文屈伸也從人申聲

鶉鴳　上垂輪反淮南子云蝦蟇變為鶉鶉從鳥從享聲下音晏國語注云鴳鷹鳥也立春鳴立秋去形聲字

所閡　下我盖反或作礙礙止也說文從亥

第四卷

腨腸　船奐反考聲云腓腸也或作腨蹲下音長考聲云腸也通暢氣

擺殺　上麗邐反摶也扱於地也下山札反戮也斬也斷命也

僂步　力主反曲也背曲而行也

舐菩薩足　上時尒反

玉篇云以舌取食也說文從舌氏聲古文作舓也

歔欷　上音虛下音希顧野王云口出氣哀歎也泣聲也蓄氣也蒼頡篇立泣餘聲也或從口作豈希

昺著　上兵皿反廣雅昞明也或從火作炳經作昞同古今正字從日丙聲皿音明丙反丙音同上

顒顒　愚恭反毛詩云顒顒恭敬皃也說文大頭皃也從頁禺聲禺音同上

摮千　上鎗儀反考聲

云取牛羊乳也或從羊作挐古今正字從手叡聲也

揜蔽　上音奄下畢袂反障也蔽藏也斂也或作掩覆有錄也轉注字

嫈嫇　上厄莖反下麥耕反考聲云下里婦人皃新婦能也二字並從女從熒省聲嫇字經作嬪抄寫誤

號咷　上号高反下唐勞反玉篇云號咷大哭也周易先號咷集訓痛聲也文字典說從虍号聲也

數瞤　上霜捉反下閑倫反

無故目動也

第五卷

鑯鉽　蝍即反考聲撅也或作杙

髡頭　上音兀說文剔髮也從髟兀聲髟音必遙反又音剔剔音聽亦反

杙殃　上孕即反考聲云橛也說文從木弋聲經文從金作鉽鉽鼎耳也非此義也

王欻一日發於善心　薰物反欻忽也卒起也從炎欠會意字

一撮　倉括

反杜注左傳撮聚也若作餘音非經意也集訓云二手掬也或以器物撮也說文從手最聲

乞匃　設芟反蒼頡篇云行乞也求也說文從亡從人若人亡財物即乞匃誐音攺我反艾音我盖反

恬憺　上牒兼反尚書恬安也方言靜也說文從心括省聲也下談濫反顧野王云心意安靜憺然閑寂也

叵得　上拔可反說文不可字也

體悸　葵委反說之心動也驚也從心季聲

舐耳　時尒反說文以舌取食也經作蜓非

也
榛木上仕臻反廣雅木叢生也說文從木秦聲
象蹄歃合反脚蹂蹴也
食噎咽結反說文飯窒也食在曾不下也窒音珍栗反
車轢零的反考聲云車輾也

第六卷

佛頿紫斯反韻英云髭鬚也或作頿說文作頾面毛也如來口

邊毛也經作詵不成字
並稱尺陵反韻英云程也考聲云定其輕重也說文詮也從禾爯聲爯音同上經文作秤非也
泫𤁳上玄詃反礼記日孔子泫然流涕也韻詮云泫露光也無憂王泫然流淚古今正字從水玄聲
剎杪妙標反說文禾芒也幡竿端頭也從禾少聲
排搪上敗埋反下音湯無憂王孫欲毀塔壞寺時諸善神為護法故排擯海內

大山推壓王上及以四兵一時並死盡免壞塔寺
推迮土迴反下爭格反即是上文排搪推排大山來壓迮王之四兵
摩哂隨尸恐反梵語阿羅漢名也
鈌盆骨上大悅反夾蒲門反如來身上右邊頭下胷上横骨舍利也
蕀刺上兢力反下音次正體字也經文從草作蕀剌非也
阿蒐羅奴侯反梵語師子國王夫人名也
抽杈上丑留反差皆反菩提樹枝生根皂
阿標乂必遙反梵

語人名也
基堦音皆經文作坡書寫誤
以核杏華反菩提樹子抜也
八株駐廚反樹數株從木朱聲
欒栱上魯柦反下恭朧反考聲云曲折也承鉼曲木也
㪚幡上毗柣反左傳注㪚壞也敗也下音番從巾㪚字說文作甬從八從巾象破壞衣
著岸上長略反下我幹反
氾漾上芳梵反俗字正體作氾木上浮不指定也說文氾濫也從水從巳聲也下羊匠反舟在波上也說文從水羕聲羕音同上

第七卷

闚闇上犬規反下庚朱反考聲云覦也覦音青豫反闇亦闚也集訓竊視也說文二字並從門形聲字

自撲龐遡反搏也高擧投於地也從手僕聲也

檐棺上荅南反擧也負也肩擧也下音官擲也

哺乳上蒲慕反食在口含咀與兒食

霍然上荒郭反忽悟也

麁獷虢猛反惡性也

嬰脆上而兗反下詮歲反

感激經亦反水激流也

瞎獼猴上孝八反考聲云目不見物也從目害聲也

貿一斗米上矛候反集訓以物博物也說文云易財也從卯從貝形聲字也

先盩下聲亦反說文云蟲行毒也

拘瑣上音俱下桒果反梵語也

躃絕上毗亦反躃踊碎身也從足躃聲轉注字也

須摸梵語緊那羅天神名也譯經筆授人寧意作甚不刃當疑是須摸上音須下音莫胡反

蝡動上閏尹反蟲動也

第八卷

不售下音壽韻英云賣物得去也售行也韻詮云賣物多也古今正字從隹口聲亦會意字也

屖提上察篩反下音弟兮反梵語忍辱波羅蜜仙人名也

同臻櫛詵反考聲至也聚也古文從二至作臸說文從至秦聲櫛音莊瑟反詵音瑟臻反

曾眴玄絹反考聲云目動也亦作旬並從目經文多從旬作眴音為舜不知字源非也他皆倣此

戢之簪翌反毛詩戢聚也鄭箋云儉也說文藏兵器也從戈咠聲咠音侵習反簪音莊音反聲

潰潰音會考聲云穴也散也從水貴

髣髴上芳冈反下妃未反考聲見不審也韻英云乱也韻詮云時欲至之詞也

淤泥上於據反字書污池有不流水中青臭泥也久

泥日泥泥

困瘵 莊戒反病篤也

指爪 莊狡反象形指甲也經從手作抓俗字也

自攫 俱籰反以自手爪拏攫自身抓破皮肉血出說文拜也從手矍聲音同上籰音王約反

捲屈 上達圓反不舒展也

餤光 鹵斷反餤光也從㑹作䶩非也

經蕣衣 音萠顏反玉篇香草也說文云出吴林山亟草堪結作草衣亦日兩衣也

欣懌 音亦悅也

一切經音義卷第七十八　第十三張　鉅

羈役 上記宜反絆也束也繼也

挑其 體姚反挾也以錐刀等挑挾也從手兆聲挾音㴸悅反

自檐 多甘反檐負也

老耄 下毛報反昏忞也俗字也

蠣蟲 音賴說文云似蚌出江海中甲蟲也

犇而 上本門反考聲犇走也今作奔說文牛羣走也三牛會意字也

遙睹 都古反見也

第九卷

衣裓 下根尅反考聲裓襟也說文從衣戒聲也

痛痒 下音羊掌反皮內風也從疒尼尼反

皰起 䑋茅反文字典說水上浮漚也從水包聲

漚呵沙 上阿侯反梵語不切諸佛國土名也

訿毀 上貲此反惡罵毀辱也

坌面 上盆悶反說文塵土坌污也或作坋從土分聲

一滴 丁歷反說文水滴也從水啇聲啇音同上經作渧非也

一切經音義卷第七十八　第十四張　鉅

指擢 幢卓反考聲揀擇也從手翟聲翟音宅從羽

擉搆 必逸反考聲舉也下音鈞

⿱䜌斗水 上歷顏反廣雅⿱䜌斗抒也說文⿱䜌斗量也從斗䜌聲也䜌音力專反經作卷非也

僄舟 上匹遙反玉篇云摽流也說文浮也從水票聲經從寸非也

第十卷

播鼗 下道勞反鄭注同礼鼗鼓小有柄人執搖之傍垂耳自還

门擊為聲形聲字

飲鳥獸　上音寺與烏獸食也說文煋也從食從人會意字經作餡非

攫面　詐莧又篗音玉約反考聲搏也抲也以手擊攫其面也形聲字也

販賣　上方万反賤買貴賣也下埋敗反正體從出從買今俗用從土訛略也

果蓏　上音果俗字也下盧果反在樹日果在地日蓏從草從二瓜形聲字也

貿鴈　上矛候反

貨易俗從夘作貿以物博物也下億矜反鷙鳥也能捉兔說文從鳥雁聲

滂沛　上普壯反下音配大水流溢也形聲字也

肌肉　上音飢下戎六反正體字也俗與六非也

瘡痍　上創霜反內傷也下音夷瘡之異名也

麋鹿　上美悲反鹿類也

熊羆　上音雄下音悲大於熊

鵰鷲　上音彫大鳥也能食犫鹿狐兔下音就也

揔猥　上宗董反廣雅結也聚也說文聚束也從手怱聲經作揔俗字也下烏悔反不正也濫也從大畏聲也

瘦瘃　上踈甃反俗字也正體作瘦久不行用下音竟瘡也內有黑毛生日瘊

踏地　檢兩反又平聲頭至地也

恧赧　上女六反方言云恧慚也慄顏也心愧也恥也從心而聲

倏眾　上鈍訥反抵突也

虢　舊音鬼碧反

礫著　上張革反準經意即合是罰磔字也遷於四衢道中令眾人指琢厚之古云罰

磔罪也

開霍　荒郭反說文雲散正體從雨隹作靃說文隹鳥也雨中飛霍霍聲經文從犬作㸌非也書寫誤也

溝港　上苟侯反水溝也下江巷反亦水瀆之異名並從水形聲也

樟梓　上音章下音茲死反並南方大木名也

氈罽　上章然反下京例反經作旃非也集訓云毛布也下或作罽織毛為席也

彼逥　媿困反上聲字也烟淵也不清也

第十一卷

之屐　巨逆反即今之有齒屐也字書云屐屩屬也說文屐有大胏也從履省支聲上齒之反毛也經作屐俗字也

嗤笑　詩嗤嗤戲笑皃也韓詩云志意和悅之皃文字典說從口㞢聲㞢音同上

摇壑　褰旋反玉篇云摇謂以鍬揷發掘地也廣雅穿也文字典說從手䍃聲下

康很反考聲墾耕也郭注方言云耕墾用力并斵也古今正字從土豤聲也

將齚　柴窄反考聲齧也說文作齰又崢責反

叵得　上掝麥反前第五卷中已釋訖

賀猴子　上矛候反前第七卷已釋

於弶　下強兩反文字集略云弶者施罥於道路也考聲以弓罥鳥獸也古今正字從弓京聲

碼碯　上麻把反下那老反考聲云碼碯似玉有黑文亦云玨玉也字書碼碯石之次玉也文字典說二字並從石馬甾聲音同上或從玉作瑪瑙

第十二卷

雨霽　下齊濟反郭注尒雅云雨止爲霽考聲晴明也說文亦雨止也從雨齊聲

姦穢　上閒顏反下紆發反字書不清潔也古今正字穢惡也從禾歲聲或作薉亦通

誣撗　上音無杜注左傳云言欺也考聲加謗也枉也鄭注礼記誣猶妄也同也說文加言也從言巫聲也巫音同上下鍠孟反韻略撗非理來也史記縱恣也考聲云不順理也古今正字從手黃聲經文或從木作橫亦通兩用也

蜜摶　下段鸞反廣雅摶手摑相著也說文從手專聲

蓴首　上音普苦蓙名也從專

危脆　下詮歲反廣雅脆弱也說文脆肉耎易斷也從肉絕省聲耎音而兗反

筋皮　上音斤周礼醫師養筋也說文筋肉之力也從竹者物之

多筋者也從力象葋也經文從草作葋非也蝦蟇上下加反下馬巴反蒼頡篇蝦蟇水虫也又云蟾蠩也說文作蝦蟇二字並從虫瓔珞上益盈反下郎各反考聲頸飾也從玉形聲字

第十三卷

鬱鞞下音陛迷反梵語也愁憒下古對反考聲憒憒煩憂也蒼頡篇心乱也從心貴聲驚覺下交効反又如字作角考聲云覺睡覺顧野王言眠寐也說文寤也從見從學省聲借音字也欲齧下研結反說文齧噬也從齒㓞聲㓞音慳八反經從口作嚙俗字非正貲繳上子俟反說文貿貨易也嗇也從貝此聲古外字也下持刹反鄭注礼記繳寚也說文從糸致聲也形聲字巖窟下崑骨反

杜注左傳云窟地室也聲類兕所伏也古今正字從穴屈聲或作堀也盪鉢上堂黨反杜注左傳云盪搖也又動也說文滌器也從皿湯聲黜㡿椿律反范甯集解云黜退也孔注尚書犯也杜注左傳減也損也放也說文貶也從黑出聲也下昌隻反穀梁傳云㡿指也搏推推也考聲逐也說文從广屰聲屰音逆經文作斥俗字非也揵推上件焉反下長追反梵語經文作揵俗字也被擯必月反逐出衆外永弃也掉頭上條弔反考聲掉動也賈逵注國語掉搖也古今正字從手從卓聲也入羂下癸兖反桂苑珠叢云以繩繞係謂之羂或作罥古今正字從冈絹聲乞匃下葛艾反前第五卷已釋自刎下聞粉反考聲云刎斷也何休注公羊傳云剄也古今正字從刀勿聲倉廩下力錦反考聲云廩亦倉也盛貯穀麥之倉古文作㐭象形字今從未作稟時用字作葦延錯甚無義理不取飽齎下濟齊反

鄭注周礼云齋行道用也許卅重注淮南子云齋備足也說文持遺也從貝齊聲經文作賣俗字也

蠃鬌 上倮戈反下鷄詣反考聲云縮䯻為騀也即如来駇右旋如蠃文成䯻也經文從虫作螺俗字也

鴦伽 上鞅香反梵語西方國名也

⿰嗇欠然 上所側反埤蒼云⿰嗇欠恐懼也說文悲意也從欠嗇聲嗇音同上經文作歃非也

披栗吒 梵語西國

佛名也

跋提 上盤鉢反亦梵語也

第十四卷

拘郗羅 上矩偶反下恥脂反梵語舍利弗舅氏

喘喘 川耎反廣雅云喘轉也桂苑珠叢云入之氣息謂之喘說文疾息也從口耑聲耑音端也

漑灌 上機未反顧野王云漑謂灌注也莊子云

水潦之所灌於田也說文溉亦灌也從水既聲下官換反顧野王云灌猶沃澍也考聲云灌漬也注也說文從水雚聲也灌音同上

人蟒 下忙膀反

空罃 下厄耕反考聲云罃長頸瓶也說文云長頸瓶也從缶熒省聲經文作甖亦通

懾伏 上詹涉反賈注國語云懾亦伏也鄭注礼記懾怯惑也說文云夫聲也從心聶聲也聶音粘輒反

即慕 下摸布反蒼頡篇慕問求也說文廣求也從力莫聲

忠憋 下篇滅反

方言憋惡也郭璞曰憋怤急性者也古今正字從心敝聲敝音必袂反

所螫 下聲隻反前第七卷中已釋

吹激 下經亦反司馬彪注莊子云流急曰激也王注楚辞感也古今正字水礙邪疾波也從水敫聲音同上

大積 下諸錫反鄭注周礼云多日積也考聲云積聚也古今正字從禾責聲經文從草作蕢亦通

憑怙 下胡古反尒雅云怙恃也左傳云怙其儁材是也說文從心古聲也

羅脾 下婢弥反

梵語西國王名經自解云月光王也

懷挾　下㒹頰反鄭注儀礼云方持弦矢曰挾也何注公羊傳云挾懷意也介雅挾藏也說文云埤持也從手夾聲夾音甲

腹拍　下普百反廣雅拍擊也古今正字云撫也從手自聲

蹴弥山　上秋育反何休注公羊傳云以足逆蹋之曰蹴蒼頡篇云蹴亦蹋也說文云亦蹋也從足就聲

箄撥　上敗鞋反

下煩韈反考聲云箄亦撥也案箄撥者縛竹木浮之水上也又云大桴也古今正字箄從水箄聲箄音必耳反撥海中大舩也從木發聲經文作箄茷俗字也

而蹲　下音存考聲云謂竪脚坐也說文云踞也從足尊聲

濡溼　上乳朱反毛詩傳云濡漬也又潤澤也說文從水需聲需音須也下深入反顧野王云溼猶霑閏也說文幽溼也從水一一覆土而有水故溼從㬎者俗字非也

灌瓫　下倴奔反前第六卷中已釋

鋋燭　上庭鼎反上聲字方言鋋賜字書云進也案鋋燭蠟燭之屬也古今正字從金廷聲

諸伊　下人振反包咸注論語云七尺曰伊杜注左傳度深曰伊也說文云臂一尋也從人刃聲

千姟　下改孩反數法名也一卜百千万億兆京秭姟言千姟者其數廣多也

邠坻　下底泥反梵語西國長者名也

拋擲　上䁛茅反考聲云拋投也埤蒼云拋亦擲也古今正字拋擊也從手拋聲尥音浦交反下呈亦反廣雅云擲振也顧野王云剔也古今正字投也從手鄭聲字書正作擿今經文作擲及作拋並俗通用字也

撮磨　上蔡括反又音竄括反二音訓用同考聲云撮牽持也字林手撮取也古今正字從手從最最亦聲也

謙愙　下康各反孔注尚書恪敬也古今正字從心客聲案字書正作愙也經文作恪俗字亦通

寶珂　下可何反廣雅珂美石次玉也埤蒼

云瑪瑙也顧野王云出於海中潔白如雪所以嬰馬膺也古今正字從玉可聲膺音憶矜反

不駐 下誅屢反蒼頡篇云駐止也說文云立馬也從馬主聲

第十五卷

酖嵐 上荅含反下拉耽反梵語拉音臘

衣裹 下戈火反

包裹

高杙 下蠅即反郭注尒雅杙橜也古今正字從木弋聲

舂炊 上東鐘反周礼云舂擣也世本云雍父作臼杵舂也說文擣粟也從廾持杵臨臼也下出垂反莊子云數米而炊也說文炊爨也從火欠聲爨音麁乱反

坌堆 上分問反廣雅云坌除也說文云弃除坌掃也從土弁聲弁音卞也下對迴反王逸注楚辭云堆高也古今正字從土隹聲經文作䧞俗字也

繫脚拽 下移祭反又音延結反顧野王云拽梏牵也廣雅云引也說文申也從申丿聲丿音餘制反經文作拽俗字也

畢陵伽婆蹉 下錯何反梵語阿羅漢名也

集戲 下義義反前已頻釋故不載義

二獺 上坦怛反礼記云獺祭魚也說文獺如小狗入水食魚也從犬賴聲

壄土 上坤很反前第十一卷中已具釋訖

居廝 下音斯廣雅云廝使也何注公羊傳云刈草為防者日廝顧野王云賤役人也折薪者養馬者古今正字從广斯聲广音魚撿反

不腆 下天典反孔注尚書云腆厚也鄭注儀礼善也方言云由也志也廣雅至也孝聲云美也說文云膳多也從肉典聲

往撤 下耻烈反毛詩傳云撤剝也杜注左傳云去也鄭注儀礼云除也王逸注楚辭云壞也廣雅云減也取也古今正字從手散聲

茵褥 上一寅反鄭注礼記云茵亦蓐也下如燭反顧野王云以虎皮或錦繡為蓐也說文重席

也從草因聲下音辱溷中上魂穩反上聲字前華十卷中巳具釋訖蜍觸上賄隈反讀與灰同埤蒼豕掘地也字書云豕蜍地也古今正字從虫豕聲經文從鼻作齆古字未詳齦齧上坤穩反考聲云齦齕也說文齦亦齧也從齒艮聲經文作齧非也下研結反前巳類釋訓企薩上弃以反梵語西國師子王名也經文作企誤也

絡脈上郎各反郭注山海經云絡緯也王逸注楚詞云縛也郭注介雅縛也說文從糸各聲糸音覓經文從王作珞錯用也下征亦反埤蒼云脉胳也在時後也文字典說從內夜聲珞音剛咢反又音格綫結上先前反鄭注周礼綫縷也俗作綖正字從糸戔聲戔音在安反古作線又作綖也捻捺上念牒反廣雅捻塞也顧野王云捻乃弃也漢

書音義云陳平手捻漢王是也或作躡聲類作敜古今正字從手念聲也下珍栗反許叔重注淮南子云挃擣也廣雅云刺也考聲作挃也古今正字從手至聲也瓶瓮上並冥反字書云[illegible]汲水器也又云小缶也古今正字從瓦并聲下翁貢反古今正字罌也從瓦公聲經文作瓶甕並俗字也鐵絆下般慢反考聲云絆繫兩足也漢書貫仁義之羈絆也說文馬馽也從糸半聲經從革作靽誤馽音知及反捫摸上没奔反

下門摸反詩傳云捫持也聲類捫亦摸也方言云摸撫也文字典說二字並從手門莫皆聲惒謁上鑊戈反梵語也經文惒桽字書並無此惒字也

第十六卷

相磔下張革反前第十卷中巳釋籌置上紂流反鄭注儀礼籌筭也說文云壺矢也從竹壽聲也礫石上栗的反

楚辞云礫瓦礫進寳王退賈販上
也說文小石也從石樂聲姑
戶反鄭注周礼云通物曰商居賣曰
賈也杜注左傳云賈買也尒雅市也
說文從貝西聲賈音古下發萬反鄭注
周礼云朝買夕賣者也說文買賤賣
貴者也從不貲下紫斯反蒼頡篇貲
貝反聲財也顧野王云謂家
中貲產也廣雅貲貨澡漱上遭老
也說文從貝此聲反顧野

一切經音義卷第七十八　第二十九張　鉅

王云澡亦洗潔也廣雅治也說文洗
手也從水喿聲下搜救反廣雅漱盪
也說文漱盥盪亹亹微匪反劉瓛
巳也從水欶聲注周易云亹
亹猶微妙也尒雅云亹亹免也考聲
云美也古今正字進也從且舉省聲
音七以氎下恬叶反埤蒼云氎草花
乱反布也古今正字從毛疊聲
疊音蛆虫上七余反考聲敗肉中及
同上蟲中虫也正作蛆古今正

字從月抓敠上爪抄反下礦獲反埤蒼云
且聲擊頰也顧野王云今有敠耳之
言是也古今正字從攴各聲經羆頭
文作掴俗字也礦音虢猛反
上彼皮反郭注尒雅羆似熊而長頭
高脚多力能拔木關西呼為貑熊說
文如熊黄白也從
熊罷省聲貑音加

第十七卷

西耄下毛報反杜注左傳云耄乱也
鄭注礼記云惛忘也說文作𦒱

一切經音義卷第七十八　第三十張　鉅

從老從蒿省經從老毛聲不孳下
也古文俗作𦒱今府不用子
慈反方言東楚之間凡人畜乳之雙
産謂之孳孳說文云汲汲也從子兹聲
孳音言靖謨上晴井反孔注尚書靖
列反謀也鄭箋毛詩云靖安
也詩云治也古今正字從立青聲下
怍博反郭注尒雅謨察也又清靜而
敬至也又治也顧野王云婬佚上音
安靜也說文從水莫聲淫下
引一反賈注國語云佚亦婬也考聲
意欲足也說文從人失聲經文從女

作妖俗字也 舌舐 下食二反前第五卷中已釋 憯惕 上千敢反憯憂也廣雅貪也古今正字毒也從心參聲也下汀的反孔注尚書惕懼也賈逵注國語疾也古今正字驚也從心易聲 箋其 上節前反考聲云小簡也說文去表識也從竹戔聲戔音在安反 勃狂 上盆沒反顏野王云勃暴盛也蒼頡篇云猝暴也方言展也說文排也從

力孛聲音同上經從心作悖亦通也 沮致 上慈與反毛詩傳云沮壞也賈注國語非也說文從水且聲也 履屣 下師淳反考聲云履之不攝跟者也聲類作𩌦𩌦鞮也古今正字從履省從聲或作躧鞮音丁奚反 咄咄 敦盟反字書咄咄叱也考聲訶也說文云相謂也從口出聲也 酷裂 上空穀反方言酷熱也說文云酒厚味也又以虐害之曰

酷也從酉告聲告音穀 畟塞 上音惻 浣染 上桓椀反鄭箋毛詩云浣濯也劉注公羊云浣去舊垢曰濯也亦作澣說文作浣從水完聲完音桓也 蒲舶 下彭陌反考聲舶崐崘舡也司馬彪注莊子云舶大舩名也埤蒼篇云海中大舩也古今正字從舟白聲又作艊也 掃篲 下隨銳反考聲云篲掃也說入亦作彗字掃竹也從草彗聲彗音上同 霍然 上荒廓反前第十卷已釋經文從火作㸌

非也 頑鈍 上五關反下屯頓反鈍滯性也如淳注史記頑鈍猶無廉愧也蒼頡篇鈍亦頑也聲類云不利也或作頓說文從金屯聲屯音鈍昆反 懼嬈 下泥鳥反前第一卷中已具釋 伽瞿 下具俱反梵語也 婆蹉 下錯何反梵語也 師子幢 下斷用反郭璞云墥乳汁也今江南人亦呼乳為墥也說文從水重聲 癃殘 上六中反許叔重曰癃癘也蒼頡篇固疾也古今正字罷病

也從疒隆聲隆音同上

踐蹋 上錢演反毛詩傳云踐行皃也杜注左傳云踐猒也鄭注論語履也下談臘反顧野王云蹋即蹵也蒼頡篇蹹也廣雅履也說文云亦踐蹹亦蹋也二字並從足戔昜聲也昜音上同踶音提也經文作蹢非也

弶中 上強快反前第十一卷中已釋

以拊 下敷武反顧野王云拊猶拍也古今正字從手付聲

第十八卷

剖腹 上普口反左傳云剖分也蒼頡篇云析也說文判也從刀咅聲咅音偷厚反

默然 上憎北反憎音墨崩反字書默靜也不言也古今正字犬不吠暫逐人也從犬黑聲經文作嘿俗字也

疲倦 上被悲反廣雅云疲病也顧野王云倦也古今正字勞也從疒皮聲也下權院

反上聲字經從心作惓亦通

掉悸 上條弔反考聲掉動也廣雅云振訃也說文云搖也從手卓聲也下葵季反考聲云悸心驚也怒也說文亦心動也從心季聲

螉蟲 上屋紅反方言蜂小者謂之蠮螉也郭璞日小細腰蜂也說文螉蟲在牛馬皮中也從虫翁聲蠮音燕結反

蠹蟲 上都故反周禮翦氏掌除蠹物也說文蠹木中虫也從䖵橐省聲也䖵音古蜫反

甘蔗 下遮夜反考聲云蔗草名也今謂之甘蔗也楚辭亦名其汁甘也古今正字藷蔗也從草庶聲藷音諸

一斛 下洪穀反儀禮十斗為斛也說文量器也從斗角聲經文作斛俗字也

癡冥 上丑知反前第二卷已釋下覓缾反考聲冥暗也郭注尒雅昧也鄭注礼記云不能明也說文幽也從日從六日數十十六日而月始虧幽暗冖覆也冖音貧經文作宜非也

邈然 上尨剝反毛詩傳云邈邈大皃也王逸注楚辭遠也郭璞云廣也又邈邈曠遠之皃也廣雅盛

也古今正字從走貌聲貌音皃經文作邈非肉瘠下小焦反瘦也鄭注周礼瘠削也首疾頭痛也埤蒼云瘠偈病也說文云瘠首病也從疒肖聲肖音笑之鎧下開敗反廣雅逯甲分鎧也說文云甲也從金豈聲濺圓上煎線反考聲云濺不淨也史記以䙰血濺也古今正字從水賤聲或作灒也下請精反字書云圊圂也考聲云圂廁也或作清古今正字從口青聲口音韋

第十九卷

仳涯上音紕是反下佗礼反梵語三昧名也訿毀上貲此反前第九卷中已具釋坌面上盆悶反前云卷中已釋第辭水上厥顧反前第九卷中已具釋訖瞷窮上紙攸反前第九卷中已釋譴祟上牽見反廣雅云譴責也蒼頡篇云可也說文問也從言遣聲下雖醉反歸藏云祟在司命也說文祟神為禍也從示出聲經文從宗作祟非也

第二十卷

痰癊上敢甘反下陰禁反考聲痰癊鬲中病也文字集略胷中病也案痰癊胷鬲中疾也二字並從疒炎陰皆聲鬲音格眩惑上玄

絹反賈注國語眩亦惑也又云顛冐也蒼頡篇云視之不明也說文目無常主也從目玄聲經文作該非也蟠卧上伴官反杜注左傳云蟠大蚍腹蟠也顧野王云蟠紆迴轉也廣雅云曲也說文云從虫番聲當梟下皎堯反前第八卷中已具訓釋咂欶上咨荅反埤蒼云咂醫脣也考聲咂嗍也韻略咂入口也說文銜也從口帀聲或作噆也下欶捉反考聲云欶吮也略云口嗡也案欶字蚊虫衆咂欶也從欠束聲

經文作𢿙俗字也

第二十一卷

摣挍 上蕩郎反方言摣張也廣雅亦挍也古今正字從手唐聲下鈍骨反字書挍揩也文字典說衝挍也從手突聲

駏驉 上集語反下許居反考聲云駏驉似騾而小面短而折俗云牛驢為牝牝所生一名

托狛二字並從馬從巨虛皆聲騾音力戈反

長綫 下先箭反前第十五卷中已釋

野狐 上耶且反經從蟲作蠱義是袄經作𧋍俗字蠱及蠱道字亦通是妖獸也

麁獷 下號猛反字書云獷為人大獷惡同犬惡不可附近也說文云從犬從獷省聲

左髈 上聲字誇寡反俗字也埤蒼髈胥也古今正字作骹又作骬亦作髁又作㬥經文從客作

骼惣無定體諸儒率意作之音亦不一並云胥骨也方言不同未知孰是今並書之

舁還 上音轝與於反平聲字兩人共擎也

爪攫 泓獲反手攫也經又從國作摑非也

撲破 上龐剝反蒼頡篇云手撲投於地也古今正字從手僕聲

蹉迦羅毗 上音茶經自釋云堅誓也

駭惕 上諧駭反下體亦反駭惕者驚怛皃也

第二十二卷

蓑草 上瑣和反蒼頡篇草名也文字典說云草衣禦雨也又潦車載蓑並也從草衰聲潦音老

攣躄 上戀負反尒雅云攣病也顧野王云謂病體拘曲也說文從手䜌聲䜌音同上或作䜌也下并癖反顧野王云躄謂足偏枯不能行也說文亦不能行也從止辟聲從足作躄俗字通用也

擎拳 下倦負反何休注公羊傳云拳掌也考聲云拳手拳也說文從手卷省聲字書正作拳經文捲亦同

闠居 下怗

玼反埤蒼云扂扅扊也考聲今之門扂也古今正字從户古聲扅音移扊音

謦欬 上輕鼎反蒼頡篇云謦聲也說文欬也從言殸音同下叟奏反埤蒼瘷寒熱病也考聲上氣衝喉也亦作遫俗作欶古今正字從疒欶聲欶音速

一切經音義卷第七十八　鉅

第三十九張　鉅

一切經音義卷第七十九　鉅

翻經沙門慧琳撰

音經律異相從第二十三卷盡第五十

經律異相卷第二十三

瑰瑋上古回反毛詩傳曰瑰石之美者次於玉也埤蒼瑰瑋珍琦也說文玫瑰也從玉形聲字也或從瓌經文作璝誤用非也考聲瑰瑋身材奇絕長大也古今正字從玉

檀膩鞨中尼智反下寄亘反梵語西國女人名也或作羇亦通

腹潰下回對反考聲云潰穴也散也蒼頡篇云決也說文漏也從水貴聲

坏諭上配梅反考聲云坏瓦器未燒者曰坏說文從土形聲字

撞鍾上濯江反顛野王云撞猶擊也文字典說云柎擣也旁剌也從手童聲

煒曄上韋鬼反毛詩傳曰煒赤色考聲云煒曄光彩盛也說文從火韋聲下炎輒反毛詩傳曰曄曄震雷聲楚辭熾也說文光也從日華聲也

經律異相卷第二十四

纖傭上相閻反下寵龍反毛詩傳云傭均傳也或從肉作⿰月庸古今正字均直從人庸聲庸音庸

間鈿下田錢反考聲云以珎寶厠填也裝飾也經從王作瑱誤也非本字

如挈下鈞俠反考聲挈謂取牛羊乳也從手契省聲

牛湩家用反吳音呼乳汁為湩今江南見行此音從水重聲

儜弱上搦耕反吳音文字集略云惡也病也考聲弱也從人寧聲

怖縮下所六反韓詩縮斂也退也形聲字

相眪下兵皿反前第四卷已釋

燈炷上音登文

字典說燈明也從火下朱樹反集訓作主主者燈心主也

嗅噎 上憂六反埤蒼云嗅內悲也杜注左傳云嗅痛念之聲古个正字從口臭聲下煙結反毛詩傳云壹憂不能息也考聲云氣塞咽喉也或作䭇說文飯窒也從口壹聲

眴 上玄絹反前第八已說

蹊徑 上胡鷄反杜注左傳云蹊谷中徑也鄭注礼記云禽獸之道也古今正字山谷中小道也從足奚聲也

持櫛 下臻瑟反考聲云櫛梳也說文梳比總名也從木節聲梳音踈

名喃 下妳咸反梵語西國王名也合從言作諵從口南聲俗字也

肉皰 下炮皃反考聲皰面上細瘡也說文皰內中熱氣也形聲字

火阱 下音淨或作穽廣雅阱坑也考聲云穿地陷獸也說文陷坑也從𨸏井聲或從穴

募得 上音慕

經律異相卷第二十五

爵已 上匠藥反廣雅爵茹也咀也說文噍也形聲字也

脚登 上正體脚字說文從谷谷音強虐反象形

懈厭 上音介廣雅懈嬾也說文怠也從心解聲或作懈

嬉戲 上喜宜反考聲嬉美也悅也遊戲也說文從女喜聲下希義反毛詩傳曰戲逸豫也說文從戈虛聲音欣衣反細從虛作戲非也不成字也

娩身 上音免考聲娩產也說文生子免身也從子免聲

窠窟 上苦和反考聲云鳥穴曰窠古今正字鳥巢也從穴果聲下苦骨反杜注左傳云窟地室也說文從穴屈聲也

經律異相卷第二十六

我躶 下盧果反脫衣露體也前已說

蝡動 上瞤准反

考聲虫動也說文從虫耎聲也

劇喪 上擊逆反言凡病少愈而加謂之劇顧野王云劇甚也蒼頡篇病篤也古今正字從刀豦聲

齚殺 上柴責反前第十一卷已具釋從口作咋非也下山札反

懷柈 下音盤ノ名也

瘡疣 上創莊反下有求反蒼頡篇疣病也腫也古今正字從疒音女尼反尤聲或作肬疚竝通

嘔和 上區侯反梵語唐云方便波羅蜜也

懊繞 上音敖聲類行纏也下而沼反二字皆訓纏互相訓釋

薜荔 上薜閉反下黎帝反梵語訛也正云畢麗多唐云餓鬼聲音陛迷反

拄地 誅縷反古文作今云一點是也

一切經音義卷第七十九　第五張　鉅

經律異相卷第二十七

相斆 下爻教反孔注尚書云斆教文字典說從攴學聲攴音普卜反

畟塞 上初色反古今正字畟方畬墾之皃也從田從人夂下僧則反從土

晃昱 上黃廣反廣雅晃暉也光也文字與說云日明也從日光聲下融六反考聲昱明也說文從日立聲

肉臠 下孌卷反說文切因肉臠也

了乚 上音寥烏反下彫了反方言倒懸之皃倒書了字名烏緝乚也常人惡倒書

眽眽 音荒目不明也從目炎聲朮音同上

痠疼 上蘇官反考聲痠痛皃也說文痠亦疼也從疒形聲字疒音搦也

檻車 上銜黯反考聲檻欄也大匱也牢也圈也罪極重者因於匱檻之中令出頭名曰檻車載行也

含櫨 下音盧說文云櫨柱上斗栱也從木盧也

皆售 上皆字從日下酬又反鄭箋詩云賣物和合曰售

膖臭 上朴邦反埤蒼膖脹也古今正字從肉逢聲

一切經音義卷第七十九　第六張　鉅

經律異相卷第二十八

觝突　上丁礼反史記觝相牴觸也經作䚦亦通非本字

嗽指　上雙捉反口吮也前第二十卷中已釋

窯家　上曜消反考聲云瓦竈也說文燒瓦窯竈也從穴從羔羔亦聲也

經律異相卷第二十九

乳哺　下蒲慕反前第七卷中已具釋

睒睒　苦冉反考聲云目不定也說文暫視皃從目炎聲

皺瘤　上鄒瘦反考聲皮聚也文字典說皮寬皺聚也下留宙反考聲瘤者瘫起病也說文小腫也從疒

踣蹶　上音結下音厥廣雅敗也說文僵也並從足形聲字

食尻　考高反蒼頡篇云尻寬也儀礼兩髀屬于尻說文從尸九聲也

邠坘　上筆旻反下丁奚反梵語也

匍匐　上步撲反下朋北反說文匍匐者肘膝伏地行二字並從包

顛蹷　上典年反下音厥猖狂也前已說

襁負　上薑仰反包咸注論語負者以器曰襁集訓云以被襆褒孩子負之曰襁負也

哮吼　上孝交反下呼垢反埤蒼云大獆怒也大聲嘷吼如大牛鳴大虎怒聲名曰哮吼形聲字

經律異相卷第三十

槿華　上斤隱反考聲槿木名也尒雅云木槿華紅紫色朝榮而夕萎也其華可食甚美從木堇聲

門閫　坤穩反鄭注礼記云閫門限也文字典說域也從門困聲亦域也

憍傲　下我告反孔注尚書云傲慢不交也左傳不敬也字書倨也從人敖正體敖字

該容　上決究反西國人名也

儱悷　上禄董反下犁

帝反字書先無此二字是譯經者任
他情書之儱倲者剛強難屈伏也並
從心形
聲字
擐取
上蓮節反考聲擐綴
也拼也手拗擐也拗
音鷄綴及用
力拼取也
醇味
上順倫反周易
醇粹精也廣雅
厚也正體作醇
今俗作享一也
妃妓
上斐微反杜
妊左傳云嬪
也世婦也女御也說文從女已
聲蒼頡篇妓美婦也女樂也

經律異相卷第三十一

蜇螫
上展裂反考聲蜇毒虫螫也
廣雅蜇痛也下聲使義同上
呻吟
上音申下岌今反考聲呻吟
痛苦聲說文呻亦吟也並從
口形
聲字
飼虎
上詞字反考聲
云與畜食也
蟁蝱
上音文吳音密彬反說文齧人飛蟲
子也昏時而出也下陌彭反說文齧

人飛蟲大者𧈬俗作蚉義
訓同上蚊蚉並俗字也
睚眦
上音
崖下音柴柴經義睚眦張口露齒眼
怒作蕃人之勢也經中從爪從國作幗
從目從此作眦並傳寫錯謬甚無
義理今故攺之並從目形聲字也
跑地
鮑包反俗字也或作拧以前脚
包地牛虎猫犬之怒也或作抱
韻英云引取
也亦無定體
搏攫
上音博考聲云
擊也撮也至也
持也從手從尃聲也
從尃音團者非也
華婥
上花字
經文作

華非也下昌弱反毛詩婥婥寬閑皃
也韓詩柔皃也考聲婥約婦人柔弱
皃說文從女卓聲
霹靂
上匹亦反
下零的反
或作綽也或作礔
前第一卷中已釋
非蹠
征亦反楚
許蹠或也
經作霹靂古字也
廣雅履也說文行也
從足庶聲或作跖
肩岁
多鄉反
妻也
匾虒
上必沔反下體鷄反考聲云
匾虒薄皃也經文作鶅鷈或
有從鳥作鵧鷉
或作鴘並非也
搖蓧臽
咸鑒反或
作陷廣雅

臽坑也說文小阱也忪忪燭容反
從人在臼上象形字俗字也
正體從童從心作憧孝聲心動也心
憧驚悸不安也說文意不定也從心
童聲犇㚇上本門反與奔字
也同下正體走字也目
瞤閏倫反眼
瞼目動也鬼鬽眉秘反或作
魅紙作魅非
也歔欷上音虛下音希
孝聲悲傷也杪生上妙

一切經音義卷第七十九　第十一張　鉅

縹反鄭注孔記云杪小也又云樹技
末也郭璞技捎頭也從木少聲捎音
所交反亦是睍眥上蜆計反下音
拔盡處也聲准經義睍眥
者從目視人也說文蛇蠆上音蛇
邪視也眼目之白也正體蛇
字下丑介反毛詩蠆螫虫也或作蠆
文字典說蜂蠆有毒蝎也從虫萬非
是苗乃古常笮下爭格史記笮廢
文象形也說文屋棧舡棧

也從竹乍省聲經中從爆破上巷皃
草作苲非也冝從竹反孝聲
云燒柴竹爆作聲火烈也文字
集略云火燒也說文從火暴聲耿如
上耕杏反廣雅耿耿
不安從耳火聖省聲

經律異相卷第三十二

憋妒上片蔑反方言憋惡性也郭
注云憋怤急性也古今正字
從心敝聲啄食上丁角反孝聲云啄
敝音敝齧也鳥食啄物從口

一切經音義卷第七十九　第十二張　鉅

豕豕音矇昬上音蒙毛詩傳日矇者
丑綠反有眸子無見日矇也有
如童蒙從上音盤廣雅蟠曲也
目蒙聲也蟠結如龍蟠結未昇天也
啼唳下犁帝反韻略云唳鶴鳴
也說文聲也從口戾聲曒然
上洸了反毛詩傳云曒光也廣
雅皎皎明也說文從日敫聲瘭疾
上甫遙反廣雅瘭癰
也集訓亦疽惡瘡也

經律異相卷第三十三

極釘上拳月反廣雅極杙也古今正字從木亟聲也謫罰上張革反詩傳云謫責也謫亦罰也鐵鋸上天結反正體鐵字也下居御反國語云古刑法用刀鋸說文檜唐也從金居聲也

經律異相卷第三十四

簏中上音鹿考聲箱類也說文簏也從竹鹿聲鵄鵂上齒詩反莊子鵄嗜鼠烏也古今正字從鳥氏聲或作鴟下朽尤反文字典說云鵂鶹怪鳥也從鳥休聲一名訓胡也鵁鶄上音交下音精山海經云蔓聯山有鳥名曰鵁鶄群飛尾如嶋鷄鳴以自呼若食之治風形聲字歘然上音色前第十三卷中已釋挖掣上音他考聲去挖拽也說文從毛乇聲乇音同上下昌折反考聲去掣類挽也顧野王云

掣牽也說文從手制聲或摩掣癡惷上恥知反下卓降反考聲云惷小見愚也鄭注周礼云惷生而癡騃也從心舂聲

經律異相卷第三十五

陁塞羇下寄宜反梵語也此無正翻迴澓下馮福反韻略云水旋流也說文大水迴流而旋日澓從水復聲鈅矟下霜捉反廣雅矟矛也文字典說今之戟矟也從矛肖聲經作槊俗字也收拔上手由反尒雅收聚也考聲收拾也捕也文字典說斂也從攴丩聲丩音糺由反下拜八反從手犮聲矛矟上莫侯反搔痒上掃遭反許叔重淮南子云搔手指把搔也從手蚤聲蚤音早下音養彷徉上音旁下音羊博雅彷徉迴旋不進也顧野王云徘徊也文字典說二字並從彳方羊皆聲也彳音丑尺反吸歙上歆急反毛詩吸猶引氣息入也從口及聲經文作噏亦通

經律異相卷第三十六

鎢錥　鄔胡反下融宿反埤蒼鎢錥小釜也又云鎢謂之銼鏅也二字並從金烏育皆聲經文作鈠非也銼音才戈反鏅音力戈反軍行所用此皆方言差別蜀人名銼倉卧反

不啻　下施至反考聲云啻猶過分也尚書云若時弗啻也說文語時啻也從帝從口或作啇一也書別之耳

器具　下劬句反經文作菉音渠非音義

鏝慈　上滿官反梵語西國名也

鵄梟　上音蚩下音曉前第八卷中已釋

處

圂　下堀田反

經律異相卷第三十七

齅跡　上休又反說文云以鼻就臭曰齅經文作嗅俗字非也餘

文准此

羖羊　上姑户反羖羝羊也

憎前　上則登反韓詩憎惡也方言疾也齊晉之間相惡謂之憎說文從心

椎拍　上墜追反下伯迫反說文擊物推也從木隹聲說文拍推也拊拍也從手白聲經從木誤也

氍毹　上具俱反下數俱反考聲氍毹織毛為布文彩亦名罽為出罽賓國毛布也

稍稍　稍絞反顧野王云稍稍漸侵也

迮意　上戚洛反今取經意音之不取責音蒼頡篇云迮起也倉猝意說文訓同

蝝飛　上音緣能飛蝝也又音血緣反亦通小飛虫子也方言音訛也

蠉動　上潤隹反蠉蠉虫動也

霍然　上荒郭反或作靃說文大佳鳥也雨中飛霍霍作聲會意字也

經律異相卷第三十八

畢味　下醉隨反說文從口朿聲也朿音次不是朿字象形字也此畢味梵語西國女人名也

愁憒　下古對反考聲云心中憒憒煩

憂也蒼頡篇云心煩 乱也說文從形聲字 **姑妐** 下音忪考聲云新婦呼夫之兄姊曰妐舅姑謂夫之父母也 **聳搏** 上栗勇反郭注尒雅云聳驚悚也古今正字云初生而聾曰聳說文從耳從聲下音博考聲搏擊也撮也聲類甫也說文從手專聲專從甫 **尤劇** 下擎逆反王篇劇甚也病甚於前古今正字從刀豦聲豦拒魚反 **隨嵐** 下藍古今正字云嵐山風也此字因北狄語呼猛風為可嵐遂書出此嵐字因置嵐州之鎮也旋風者大風也 **洪光** 上音紅孔注尚書云洪大也大水貟也說文從水共聲從口作哄誤也

經律異相卷第三十九

鍱鍱 音葉考聲云銅鐵鍱也說文云齊人謂鏶為鍱鏶音集即鍱

也 **羼提** 上昌善反又音差簡反二音並同上音詑下音切唐云忍辱此句梵語第三波羅蜜名也此忍有五如仁王經所說或三 **撥劫** 上音鉢亦梵語西國仙人名也 **躁疾** 上掃遭反字書脛躁皃職也脘皃也說文從内喿音喿音桑躁反 **性躁** 下遭譟反考聲急性也謚法好變動日躁經中作踈非也說文從喿 **手擎** 下覺京反廣雅擎舉也古今正字從手敬聲經作擎非也 **擘傷** 上音百鄭注考工記云擘破裂也說文從手辟聲也經從刀作劈非也音匹亦反非經義也

經律異相卷第四十

菅草 簡顏反韻英云白花茅也韻詮云茅屬也此草堅堪為索或作席或作蕑字從草官聲 **足蹶** 下音厥卷月反賈注國語云走也玉篇驚駭也急速之意古今正字從足厥聲形聲字也 **怳忽** 上蓋廣反鄭注礼記云怳忽思念益深也漢書音義乱也古今正字從心兄聲兄

音荒

經律異相卷第四十一

檀膩䩭 音機梵語人名也亦名檀尼迦 抴挽 上移祭反或作拽以力挽掣之也從手世聲 峙立 持以反韻英云峙止也不前也從止 撲佛 普卜反韻英云撲擊也打也說文從才業聲業

音卜 撾打 鵽爪反韻英撾擊也從手過聲鵽音撾剳反從殳 甘澱 田練反韻英滓穢也說文從水殿聲或作黷 髡頭沙門 上闓昆反考聲云去其鬊也文字典說云剔鬊古今正字從髟兀聲剔音聽亦反

經律異相卷第四十二

瑕荼 上蛮椒反梵語人名也或名文荼大富人也 飤四部 上音似韻英云飤食也經從台作飴互通 一裹 音果或去聲亦通 抒盡 除與反韻英云除也挹也古今正字從手予聲 襁負 上薑仰反襁褓也考聲云以帛裹小孩而負之日襁也 跂行 詰以反考聲翹足行也或作迒歧郭注介雅云飛却由其腳如水鳥名跂行從足支聲 酸陁利 上筭端反梵語西國大目名也亦名孫陁利

經律異相卷第四十三

竦然 上粟勇反竦息肅敬也或從心作悚懼也從立 禀斯 悲品反韻英云賜穀也承稟受納也從示亩聲 高梯 體奚反賈注國語云梯階也說文木階也從木弟聲 蹹牆 上談合反經文作蹹非也下匠羊反經文從土作墻非也 繳身 澆了反考聲纏也或從巾作幑 鼓鰓 塞來反韻英云魚頰鰓也鼓鰓者張兩頰也從魚思聲也 捲扠

上逵圓反考聲云手捲也下丑皆反以拋擊人也打也形聲字被羈寄宜反考聲繫也或作羈羈亦絆也從网力𦒎音吕賈注二語云𦒎脊也古今正字從肉旅聲腥臊上音星下桑刀反韻詮云臭穢也俱哆國多駒反梵語西方國名也貿之莫候反易財也從夘貝正作貿矛𧸘上謀侯反下蒼乱反考聲云遥投矛廣雅

鋋也皆槍矟之屬也戈戟也形聲字達兜斗侯反梵語訛也即提婆達多也無釀下孃亮反廣雅釀投也說文作酒日釀從酉襄聲負摙下連展反考聲摙運也許叔重注淮南子云擔也說文正體從手連聲今經文從車作輦轝字亦通用也

經律異相卷第四十四

槎上柴霞反水浮大木排曰桴撻古今正字從木差聲差音乂庸畫上勇從反考聲云雇力受財也工巧舟青而受償也下華卦反圖畫賞賚上傷壤反下來代反集訓云賞賜也賚慰勞也亦賜也從來從貝集略作賚亦同鸕鷀上音盧下音慈韻英云水烏也色黑如烏入水底捕魚而食之也篋簏上謙葉反下音祿衣箱書篋也似箱而深又似械而訛斂項也小日篋大日簏

不瞚水潤反說文大瞚為開闔目也或作瞬亦通也這入言建反蒼頡篇這迎也文字典說從辵言聲株杌上音誅下音兀穀樹之餘根日株杌並形聲字也頑騃下崖解反集訓云癡無所知也愚也聰喆上倉公反孔注尚書聰明也下闔執反古文黠字也慧也肌肉上音基從肉几聲經從月非也三餅必郢反從食并聲經從麦作䴵非也一椷音咸木械也經作椷非也炊爨

上音吹又去聲亦通 俱蹲 音存說文蹲踞也形聲字 悢悢 力丈反心有憂悒不暢或去快怏也 鼻撈 下老刀反方言撈撫取之也 在巢 柴爻反烏窠也象形字經從木作橾非也 履水鞾 許禾反廣雅名夾沙亦名颬沙本國胡鞾也四趙武靈王好胡服相傳著用今爲公服不著八公門非礼也長勒皮鞾

一帊 普罵反大襆也蓋袱蓋鞍襆也

經律異相卷第四十五

餚饌 上効交反俗字也正單作肴顧野王云雜肉及果瓜也毛詩傳曰豆實也考聲脯羞也礼記左肴右胾胾切肉臠也形聲字下撰戀反馬融注論語云饌飲食形也鄭注禮記云陳也廣雅進也說文具食也

形聲字胾音淄事反撰柴開反臠音力卷反脯音甫乾肉也 樘鈴 上宅行反俗字也正行敞考聲敞撞也韻詮觸也從攴尚省聲 懷木杅 禹俱反考聲云小木盆也挑之大者無足曰杅從木亐聲或作盂經文從手從于作扜非也 鹿觝 下時尒反前第五卷中已釋 煒晃 上韋鬼反前第二十三卷中已釋經從光作煒非也 譴祟 上牽見反考聲譴責問也轉也下雖醉反鬼神爲害也從出示會意字也

經律異相卷第四十六

旀藍 上於據反下洛甘反此亦梵語是阿脩羅王所食味也或名蘇陁天甘露 摵喜見城 上含紺反手搖動也 也其狀難名令霰驚也 鳥巢 柴爻反經從木作橾非也 哀婉 下於遠反杜注左傳婉約也考聲柔順也美貞說文從女宛聲宛音同上 廁溷 堀悶反溷亦廁也 榛林 仕臻反考聲云草木寄咸貞也從木

泰聲也 附之 扶務反毛詩傳曰附猶著也說文安也從阜付聲經從手作拊非也 瞋恨 音冥鬼名也 黷黒 烏敢反梵語魔鬼名也 謦欬 上輕頭反前第二十二卷中已釋 噎不得納 煙結反毛詩傳憂抑也古今正字飯窒也從口壹聲

經律異相卷第四十七

欠故 下音去桂莍珠叢云引氣而張口日欠故古今正字從欠去聲經從口作呿非也 鷄鳥 䳄刮反郭注介雅鷄鳥大如鴿似雌雄鼠脚無後指岐尾為性慈急群飛出北方砂漠地亦形聲字也 坌擲 盆悶反塵污也 脚踏 談合反經從翕作蹹非也 洒㕞 西礼反或作洗亦通蘇典反浴也下拴刮反考聲盛也郭璞云埽刷也說

文㦲也從又持巾在尸下會意字也或從刀作刷 驢敷 下叉教反前第二十七卷已釋從交作效亦通 捋地 上鉋茅反前第三十一卷已釋今經文作捁非也 門閾 下宇逼反孔注論語閾門限也說文門切也從門或聲也 落弶 下強亮反前第十一卷已釋經從木作㩋俗字非也 煢悸 上葵營反介雅煢單孤獨也從人從營省聲下葵季反 呦呦 音幽毛詩傳鹿得草呦呦而鳴相呼也古今正字鹿鳴聲從口幼聲 三水獺 灘怛反水。獸也以貓兒入水捕魚以祭天月令孟春之月獺祭魚即此獸也

經律異相卷第四十八

伽羌 那羌反梵語龍王名也 愚騃 崖駭反癡無所知也上聲字 汪水 蠖光反污池也所停滛水也蠖音烏郭反駭音奉騃反 劓俀 宜既反郭注周礼劓截鼻也說文刖鼻也又音語列交 鐵

蝨 上音巳下音瑟衣中齧人蟲子也 土蚤 音早

經律異相卷第四十九

磕傞 上坎合反下錯向反梵語地獄主名也經文有從山作嵖亦同此音 鐵籌 下音策亦地獄獄卒之名或單作冊也 嗺吼 上音瞋下呵狗反地獄名苦痛聲 磓石 音連亦地獄獄卒主名恐荒語也

矛戟 上莫侯反下京逆反甘槍稍之類兵仗也 㯳罪人 上音摘庚反以丁橛四面釘殺挩令展張也平聲字 繩拼 上音乘下百萌反郭注尒雅云如木匠振墨繩日拼說文拼亦彈也從手并聲 段段 團乱反正體段字說文推物也字統擊物也從殳耑省聲也 歙煙 歙急反氣歙也說文縮鼻也從欠翕聲翕音同上 欸喚

一切經音義卷第七十九　第二十七張　鉅

上赫戒反大叫謼也大怒而叫也經文從口從戒作喊俗字或從萬作蠆取音赫監反叫音吉要反蔓音勑界反 鐵轞 下咸黯反上聲字孝聲大鐵檻也鎖罪人以給之經文從金作鑑非也 鐵鏟 察產反鏟刃以平鏟物也廣雅鑱謂之鏟平木具也博雅炙肉鐵鏟也經中有作弗俗字也鏟亦形聲字 猗炙 上音依猗猶倚也倚立於旁日猗也 相 爪姜碧反以手爪相搮擭也搮音爪國交反擭音[illegible]獲反姜音薑

臠割 臠轉反考聲肉臠也顧野王云切肉之小片日臠說文從肉䜌聲䜌音力專反 䖵咹 上逐融反考聲云戕入口而咮之說文咹銜也從口妟聲亦作呞 銅釜 扶武反炊飯大釜也經從复作鍑俗字亦通非正體 蓬馞 上蒲家反下盆没反廣雅馞馞香煙氣成皃也轉注會意字也 [illegible]齧 上楢皆反正體字廣雅大齧也犬齩而嚙挽日[illegible]經文從齊作齘非也下研結反 砶壓 上都迴反考聲砶落也投下也

一切經音義卷第七十九　第二十八張　鉅

經文從追誤也下顆治反或土或木或石塡壓也從土

有簞 下且難反何注公羊傳云竹器也孔注論語簞笥也卷裹竹筥從竹單聲

經律異相卷第五十

鐵蟒 下莫牓反郭注尒雅蟒者地之最大者曰蟒虵巴虵能呑象計長數百尺此鐵蟒者隨處地獄人心識化現如蟒虵其實悉空受罪者自見餘人不見

鐵鞢 髀髓反長呆也其虫鞢如針如鋒穿罪人骨唼其髓極受苦痛業使然也經作嫥非也

糊膠 上音胡下音交按糊膠煮木皮作之作看如麵糊用即似膠亦名黐膠棒木皮作之可以捕鳥獸黐音恥知反從黍离聲

謇吃 上提偃反下丫

乞反語訛不利風病

捋身 寽拕反韻詮云手捋也從手寽聲寽音同

操罪 上爭交反蒼頡篇云以手指把捡也以惡業故十指爪如刀隨操之處甚於刀割說文從手巢聲操即操攘也

鐵椹 蓺林反考聲椹机扁蒼頡篇椹鈇也文字典說斫木質也從木甚聲或作碪

蛕蟲 上音回考聲云人腹中或作蚘腹中化生俗字也長五六寸

胆蟲 青余反說文云蠅乳肉中蠅卵也

駈蹙 下精育反廣雅急也迫也儀礼促也從足戚

瘭疽 上匹遥反下七余反癕腫癤節之類也

揔門 經末白音為忌一切字書並無此字蓋是譯經者妄作也

毾㲪 上音搭下音登西國織毛為布有文彩毛席也

寱語 霓祭反廣雅寱睡中語也聲類不覺妄言也說文從瞑言也從臬從寱省臬音妍結反

鐵釴 下音翼尒雅找摋也前第五卷已釋

㩚弄 上音蒙地獄下苦具之名不可以字體訓釋失矣

如笮爭革反壓笮也前已釋燅猪上祥閻反考聲云以熱湯沃毛令脫落也經文從炎從尋作燖俗字非也如磔張革反前已釋

一切經音義卷第七十九 第三十一張 鉅

一切經音義卷第八十

飜經沙門慧琳撰

鉅

音大唐內典錄十卷

續內典錄一卷

開元釋教錄二十卷

右三集錄三十一卷同此卷音

大唐內典錄第一卷　慧琳音

譁訾 兹桑反賈注國語云訾量也鄭注礼記云思也說文思不稱意也從言此聲也

車漸 潛琰反上聲字孔注尚書云漸入也

孝聲云瀆也受也王注楚辞漸逕也顧野王云洽也或作瀸

遷貫 下莫候反毛詩傳云貿猶賣也郭注介雅云廣易也說文易財也從貝貿聲也丣音酉錄文作貿俗字非也

彝訓 上以之反孔注尚書彝常也周礼法也說文云器也象形與爵同從糸廾持器中實實即米也從彑王亦聲糸音莫計反廾音拱彑音居例反

依繕 音善考聲造也說文補也

煩拏 傳加反字書拏牽也乱也引也從奴

分

圮 披彼反孔注尚書云圮猶毀也虞書云方命圮族說文從土巳聲也

不磷 粟鎮反亦平聲孔注論語云磷薄也古今正字從石從粦省聲也

蔡愔 上蔡字說文云草也可食從草祭聲下揖湆反漢朝人名出使五天最初求法也

備搜 上正體偹字也古文單作葡韻英云備具也防慎也古今正字從人葡聲下瘦愁反文字典說云搜求成也古今正字從手叟聲叟正體叟字也

緝而

編之 上侵入反鄭箋毛詩云緝猶續也尒雅光也說文續也從糸咠聲咠音同上下必綿反劉兆注公羊傳云編即比連也著頡篇云織也說文次簡也從糸扁聲也扁音邊沔反

孛本經 上盆沒反正體孛字也

猘狗 上京例反經名也即狂犬也錄文作摲狗或作㺃狗一也

咒齲 區宇反齒有虫也

蕪穢 上音無下威衛反賈注國語云蕪穢謂荒穢字玉篇從卓作歲著頡篇云葳不清潔也錄文從禾作穢義亦同也

瀅澄 上縈迴反鄭注周礼瀅水渟瀅清也考聲云水不流也說文小水也或單作鎣鎣明也在玉部也

一切經音義卷第八十　第三張　鉅

第二卷

分鑣 下表苗反毛詩傳云輶軒鑾鑣今之馬排沫也說文馬銜也從金麃聲麃薄交反或從角作觻亦作儦義並同

各跨 下誇罵反杜注左傳云跨猶過其上也顧野王云跨謂舉足也說文云跨渡也從足夸聲也夸音誇錄作垮非也

畺場 上居良反鄭注周礼云壃界也穀梁傳云畺猶境也尒雅陲也郭注云壃場在外陲也說文界也從二田三其界畫也象形亦會意字也下除良反周礼日場人掌國之場圃詩傳曰春夏為圃秋冬為場鄭箋云場圃同地耳物生以種菜茹物盡菜以為場國語屏樹之位壇場之所賈注云在郭日壇在野日場說文云治穀田也從土昜聲

操之 蒼竃反人名也古今正字從手喿聲也錄文中從糸作繰非也喿音桑到反

道挻 恥連反僧名也

一切經音義卷第八十　第四張　鉅

第三卷

睇眄 上音第下音麵鄭注礼記睇猶顧視也考聲云睇亦眄也

古今正字從目弟聲也方言云眄亦睇也說文目偏合也從目丏聲丏音丏

煒如 上韋執反毛詩傳曰煒赤色也說文盛明皃也從火韋聲

鏨金陵 上昨舍反蒼頡篇六鏨鏨也考聲鐫也說文小鏨也從金斬聲也

秣陵 上磨葛反即揚州地名也亦名金陵也

鑿之 藏洛反廣雅鑿穿也說文穿木也從金鑿聲鑿音同

一切經音義卷第八十　第五張　鉅

上從曰從殳芈聲會意字

鑯而 芈音鶴學反曰音舊殳音殊接閻反毛詩傳鑯盡也

蠱狐 上音野蠱狐者偽經名也

赤觜 下醉髓反說文正體從此作紫錄中作嘴非也亦是偽經名

鼈獮猴 上必滅反錄中從魚作鱉俗字也次音弥下音侯亦是經名也

罽賓 上京例反梵語古譯訛略不正也正梵音

羯墨弭羅北天竺也

穅粃 上音康聲類從禾作糠即穀皮也下卑弭反顔野王云粃字亦從比從禾作秕穀不成也說文穅粃二字並從禾今俗用或從米誤

投簪 下戢今反儀礼以爵弁服簪裳鄭注云簪連也說文首笄也古作先從人象形今錄文從竹作簪時用字也為與无字相乱所以用此簪也

麈尾 上音主下正體尾字也山海經云荊山多麈鹿郭注云似鹿而大尾闊如帚古之逸士執以為拂猶如鷹扇之類是也

一切經音義卷第八十　第六張　鉅

剡東 上音琰又音常焰反考聲云剡絡吴越間地名也從刀炎聲也

棟幹 上東貢反下岡岸反如屋之有棟墻之有幹也

蒲健 安進書蒲健者氐人也氐都奚反蒲姓者前秦苻堅先祖之本姓也後改為符銘見其背日草付遂改為苻氏

扶柳 留守反案郡國志常山地名也

斲鑿 上音卓孔注尚書云斲猶削也說文斫也從斤從豆豆音豆錄文作劉非也下音昨

締構 上音

提三逐生楚辞云締猶結也說文云結不解也從系帝聲也下鉤候反

雲犇　下本門反考聲云犇牛墨走也與奔字義同從三牛作犇會意字也

姚泓　攫玄反說文云泓深大也後秦李主名也攫音蛙攫反

僧嶽　惟歲反

慇於　卿閔反毛詩傳云慇息會意字或從戶作慇

謦欬　上輕郢反下開愛反經名也錄

一切經音義卷第八十　第七張　鉅

文作䂮咳非也

僧䂮　下良約反介雅云䂮利也考聲磨刀也姚泰時高僧名也用與略字同

操筆　上草刀反說文操把持也從手喿聲也喿音騷到反錄文從糸作摻非也摻音衫減反

勤勆　具駒反從力

覼施　上初靳反覼猶親持財施名為覼施從人親聲本無此字譯經者隨意作之或從口錄文從貝未知孰是

今且從人

聧子　苦菲反

颰陁　上盤末反經名也

俎渠　上精餘反北狄左大俎渠以官為氏北凉蒙遜祖也

勝鬘　上式謚反下慢班反經名也亦人名也

第四卷

有讜　當浪反考聲云讜衷也言中於理也或從黨作讜顧野王云讜直言當理也古今正字從言當聲

周顗　儀几反人名也

一切經音義卷第八十　第八張　鉅

王濛　未東反人名也

王謐　民必反介雅云謐靜也人名也

豻虎　上音岸下虖古反毛詩云投畀豻虎月令云季秋豻乃祭獸也說文云豻狼屬也從犬干聲錄文從付作狾非也

枳園　之里反寺名也

鞞摩肅　上陛迷反梵語也

阿遬達　蘇目反

燉煌　上追瑰反下胡光反郡名即沙州也

分惒　下音和楚語也

摩夷　上音莫河反錄

從女作麼非也芫語不求字義也

妻孥 下音奴考聲亠孥妻子之惣稱也古文從人作伮古今正字從子奴聲錄從巾作帑非也

婉密 上宛遠反毛詩傳云婉猶美也杜注左傳婉約也說文順也從安宛聲下岷筆反

臨沂 烏譏反案臨沂即東海沂州臨沂郡也錄云齊高帝蕭道成姓望所出地名也說文沂水出東太山南入泗從水斤聲也

廣搜髦彥 上色笌反杜注左傳云搜撿也聲類搜取也考聲云索也說文從手変聲也変音蘇狗反下文搜抹等並同錄作搜俗也次音毛詩傳云髦猶儁也郭注尒雅云士中之俊如毛中之毫髦也說文從髟毛聲儁音俊髟音摽

庚頡 賢結反齊侍中姓名也

劉虬 上劉字說文從夘從釗下昔由反考聲荊州隱士

名也

之遴 下栗鎮反梁太常劉之遴也

祖祢 上祖古反尒雅云祖者始也顧野王云父始為祖也說文云祖始廟也從示且聲下泥礼反俗字也正從爾作禰鄭衆注周礼云禰父廟也古今正字從示爾聲也

覶縷 上曾戈反說文云覶好視也古今正字從見𤔔聲也𤔔音乱古文𤔔從又李斯從寸作𤔔並同下倫主反

父肜 育嵩反

鐵鏤 上天結反字書正鐵字也說文黑金也從金𢧜聲音田結反下樓候反說文云鏤剛鐵可刻鏤也從金婁聲也

丑砥 之耳反蒼頡篇從石作砥磨厲石也錄有作厎亦同

渧聚 丁歷反

嘿酬 上莫北反錄從言非也下受州反錄作詶非也

提挈 下牽結反何休注公羊傳云挈猶提也說文懸持也從手㓞聲㓞音愜八反

研覈 上霓肩反下衡草反說文云覈猶考實事也漢書云云其審覈之務准古法也聲類云覆也古今正字從襾敫聲也襾音呼賈

反敎音經歷反

訂正 上迷徑反說文云訂謂平議也從言丁聲也

炳然 兵皿反廣雅炳大明也周易云大人虎變其文炳煥昭彰也說文從火丙聲或作昺

隨舶 彭陌反

蕩滌 上唐黨反孔注尚書云蕩言水奔突有所推除也杜預注左傳云蕩猶埽動也說文從水蕩聲也蕩音他朗反

滎泗 上天礼反下思恣反

毛詩傳云自目出曰涕口出洟曰泗顧野王云泗即洟也說文涕泗二字皆從水弟夷四皆聲

滂沲 上普忙反下唐何反廣雅云滂滂流自也說文滂沲二字並從水旁它皆聲

莞席 上緩官反顧野王云莞似蒲而圓者也古今正字莞草也可以為席從卄完聲卄音草

芋蒻 上于句反古今正字云大葉菜實根驚人者故謂之芋從草于聲也下穣酌反亦根菜也

翼鞬 下羯言反杜預注左傳云鞬所以藏弓矢也說文從草建聲也

櫛批 上側瑟反下頻蜜反

接近相連貟

掩雲 淹撿反毛詩傳云淹謂陰雲貟也廣雅云大陰也說文從水弇聲廣蒼從雨作霒玉篇從卄作弇音義並同錄從水作淹俗同

派入 上匹賣反廣雅云水出為派說文派水之邪流別也從水從𠂢反永為𠂢音義亦同

鍒金 上如州反埤蒼云鍒濡也

從金柔聲錄從米作糅女救反糅飯雜也非本義

操柳枝 上草刀反毛詩傳云操猶擥也蒼頡篇云操把持也廣雅云執也古今正字從手喿聲次流酉反字書正作栁木名也說文從木丣聲錄作柳俗字也

盋盌 上半末反字書王作盋服虔通俗文云盋僧應器也錄文作鉢俗字也下娟款反方言云宋楚之閒謂盂為盌說文從皿夗聲夗音苑

又殂 祚祖反尒雅云殂落死也說文從歹且聲歹音殘

卓詭　觪委反淮南子云藴𦹬以百詭成一信廣雅云詭隨惡也説文云責也從言危聲也　都鄴　嚴劫反漢書云魏郡有鄴縣史記云西門豹為鄴令秦鄴都者即魏越帝所都也説文從邑業聲也　万俟氏　上万音墨下俟音期案周書万俟姓也万俟天懿善梵語譯經人也

第五卷

更霸　上草衛反杜注左傳云更猶代也鄭注礼記云易也説文改也又曰聲下巴罵反文字典説云霸猶把也左傳云公始霸謂迫脅諸侯把持其事也説文從月䨣聲也䨣音浦莫反脅音枚劫反　魏鬻　下鬻宿反字書正從毓作鬻猶賣也説文從䰜毓聲䰜音歷

音育　李斌　下筆旻反人名也　僧勐　音猛高僧名從力從孟聲也　智僊　下僊煎反廣雅云僊化也釋名云老而不死曰僊説文長生人也從人䙴聲䙴音遷正作遷仙反　斯轍　下纏列反杜預注左傳云轍車跡古今正字從車從徹省聲録從足作蹤非也　鐵鈷拔　上天涅反山海經云天駃山多鐵説文云鐵黑金也從金戴聲戴音田結反次儉嚴反蒼頡篇云鈷即夾持也説文云鐵

銸也從金占聲録文從甘作鉗即鐵㧊也非本義也鉆音黏輒反鉗音巨嚴反下白八反説文云拔猶擢也從手從犮犮音蒲末反　法氎　下懾駒反僧名也字書芧聲皆作氎聲類毛席　聾聞　上禄東反左傳云耳不聽五聲之和為聾杜預注云聾暗也蒼頡篇云耳無聞也説文從耳龍聲也　瞽視　上姑午反孔注尚書云目不能分別好惡為瞽包咸注論語云瞽盲也説文從目鼓聲　躄行　并促反礼

記云瘖聾跛躄也顧野王云躄謂足瘖拈不能行也古今正字從足辟聲跛音波麼反

匪局　下衡錄反毛詩傳云局猶曲也鄭注礼記云局謂部分也分去聲大戴礼云諸侯以名其局言就位也介雅云局分也說文從口在尺下復句之也又博以行棊象形字也句音古侯反

鬱峙　上愠菸反鄭注考工記云鬱不舒散也郭注介雅鬱然氣出皃也說文云鬱木叢生也從臼一缶鬯其飾也言百草之華遠方鬱鬱然也下持耳反顧野王云峙猶踏止不前也說文云峙猶踏也從止寺聲踏佇猪反

智鉉　玄絹反僧名也

憩潭濆　上却例反毛詩傳云憩猶息也次酌羊反漢書云清潭水名也出上黨郡也下云畢民反孔注尚書云濆水涯也

鍵鑰　上虔偃反周礼司門掌管鍵以啓閉

也鄭注云鍵猶牡也方言自關而東謂之鍵自關而西謂之鑰說文從金建聲下羊酌反玉篇從金作鑰即鍵也字書又從門作闟亦猶關鍵也說文闟插關下牡也從門龠聲與鑰義同錄文作鑰非牡音毋龠音同上

陘山　上壺陳反爾雅云陘猶落也考聲云没也寺名

扛舉　上角缸反說文扛横開對舉也考聲亦舉也古今正字從手工聲下余慮反說文作舉輿亦車也從車與聲錄作舉俗字也與音余

泓博　上烏宏反廣雅泓深也說文云下深大也從水弘聲下補莫反鄭注考工記云博猶廣也考聲云厚也說文云大通也從十尃聲尃音浦

文揣　下初委反郭注方言云揣度也說文云量也從手耑會意字也

採摭　下征適反方言云摭猶取也說文云拾也從手庶聲考聲從石作拓音義並同

羈縻　上几疑反杜注左傳云馬羈也王逸注楚辭云革絡馬頭曰羈說文從革從罵省罵從网有從四非也下媚悲

及廣雅云麼猶䵝也史記云黶
麼使勿編也說文從糸麻聲也
豳岐
上筆旻反鄭玄詩譜云豳戎狄地名
也古今正字云豳公劉所封邑也從
山豩聲豩音同上字
書云豩二豕並生也
兵荐
錢箭反左傳云
戎狄荐居杜注云荐猶仍也
又日葷也說文從艹存聲也
玁狁
上杴
儼反下聿筍反毛詩傳云玁狁北狄
之号也鄭箋云今匈奴也漢書云唐
虞之際已有薰育玁狁居北陲也古
今正字玁狁二字皆從犬嚴允亦聲
字書考聲或作獫
羼賭反非本字不取
螟蟘
上覓萍反毛詩
傳云蝗虫食禾心曰螟說文又云食
穀葉者從虫冥聲下螣勒反尒雅云
虫食葉曰蟘詩云去其螟蟘吏乞貸
即生蟘也說文從虫貣聲貣他勒反
錄文作蟆與月令同案字書螣音螣
尒雅云螣䖵也蘢類也非螟蟘義也

一切經音義卷第八十　第十七張　鉅

日旰
下肝岸反杜注左傳云旰猶日
晏也亦晚也說文義同從日
干聲也考聲從竿
玄琬
寃遠反玄
作皯音與上同
僧名也
惲
紆粉反沙門名也方言云惲謀
也郭注云謀議也說文從心軍
聲也
齎梵菜
祭奚反鄭注周礼云
齎謂財於道亦有所
貢獻也廣雅云齎送也說文云持
遺也從貝齊聲錄作賷俗字也
蕭璟
下鬼永反案唐錄太府鄉蕭璟
准字書玉篇璟字音影並無
音冏明也
音鬼永反
慧賾
下崢責反
沙門名也
紕紊
上譬弥反鄭注礼記紕猶錯也謂繒
帛踈薄也說文從糸比聲下文奮反
孔注尚書云紊猶亂
也說文從糸文聲
訕毀
上所姦反
孔注論
語云訕謗誚也
宗轄
下閑戛反
暉鬼反正作諢
字書正作
牽車軸頭鍵也說文從舛兩相背從
禹省顏野王云牽即車轄也亦從金
作鎋亦
通也
凌轢
下零的反蒼頡篇云
轢猶輾也吕氏春秋

一切經音義卷第八十　第十八張　鉅

云轢諸侯也說文云轢謂車所踐也從車樂聲

輕侗 舞倣反

第六卷

筌蹏 上七宣反周易繫辭莊子並云筌者所以得魚而忘筌頭野王云筌即捕魚笱也古今正字從竹全聲笱音苟下第奚反莊子周易並云蹏所以得兔而忘蹏說文從足虒聲虒音雉錄文從帝作蹄俗通用

字也

梗槩 上羹杏反尒雅云梗猶直也廣雅云梗謂大略也古今正字從木更聲下陔愛反班固東都賦云粗為賓言其梗槩也薛綜注日不織密也亦從木旣聲

第七卷

褊隘 上鞭沔反廣雅云褊猶陿也說文從衣扁聲扁音遍下乙

界反毛詩序云魏地陿隘其民機巧趨利鄭注礼記云隘陋也說文從𨸏益聲也下從䚷從茾䚷音巷茾古益字也

鏗然 客庚反

坌身 盆悶反桂苑珠叢字林字統並云坌謂塵也說文從土分聲

第八卷

袠軸 上陳栗反蒼頡篇云袠猶經也考聲云裹也文字典說云袠書衣也說文從衣失聲下沖六反方言云軸杼軸也說文從車冑省聲

也

籤牓 上妾鹽反說文云籤謂驗人也考聲云籤小竹簡也古者題簡以白事謂之籤古今正字從竹韱聲韱音遷下博莽反案籤牓者各題經書之目分別條貫摽記部袠之義也

第九卷

捨撥 煩襪反

陶誘 上徒勞反下由首反何晏注論語云誘進也言夫子以正道進勸人也字林云誘猶誂也亦誘也說文羑

也從言秀聲或從盾作譎亦作姜音義並同諓先九反

第十卷

亹亹 微匪反郭注尒雅云亹亹猶僶俛也劉瓛注周易云微也古今正字從且從文而亹會意字也僶音泯

毓萌 上融枳反玉篇作育郭注尒疋云毓猶養也毛詩傳云椎也說文云毓養也使

一切經音義卷第八十　第二十一張　鉅

從善也從糸每聲糸音陁忽反下麦彭反

法洤 節細反古濟字也錄作洤相傳誤也

劉璆 上劉字下岐幽反梁兵部劉璆名也

僧琨 下骨䰟反僧名也孔注尚書云琨美玉也

沙揉 下仍周反考聲揉助挼也案錄文以沙挼金助挼折之謂挼音內迴反折音千罕反

詿誤 上娼畫反漢書云赦書為所詿誤者皆赦除之說文從言圭聲誤音悟

虎蹲 音存說文云蹲卽踞也從足尊聲

道囧 下鬼永反名也蒼頡篇云囧火明也說文云窓牖間開明也象形字也

鐫之 子緣反方言云鐫猶琢也廣雅云鐫亦鑿也說文云破木鐫也從金雋聲雋音全兗反

乃毆 下歐口反說文毆捶擊也從支區聲區音驅也

續大唐內典錄

慧琳撰

一切經音義卷第八十　第二十二張　鉅

部袠 下陳栗反前內典錄第八已釋

筌蹏 上取緣反下弟奚反周易云筌以取魚蹏以取兔已具前釋

爰暨 下其意反尒雅云暨及也孔注尚書云與也杜注左傳云至也說文從旦既聲錄作洎非

嬈嫜 上皎堯反下垂綸反

煩挐 下女猪反淮南子云決挐治煩許對重日挐乱也楚辭云枝煩挐而交横也說文從手如聲

蘊其 上氳殞反鄭箋毛詩云蘊積也杜注左傳云衆

藻也鄭注周礼云藉也古今正字從草從緼聲也緼音同上藉音情夜反

抆飾 上閒粉反廣雅云抆猶拭也古今正字從手文聲録文作俲誤

孛本 上盆沒反經名古文孛字也

兜沙 趾頭反經名也梵語

開元釋教録第一卷　慧琳撰

一切經音義卷第八十　第二十三張　鉅

賆贅 上辯眠反廣雅云賆猶益也古今正字從貝幷聲録文從馬作駢駕二馬也義弃不取下拙芮反淮南子云贅者賣子與人作奴婢也顧野王居婦家之聓為贅也說文從貝從敖會意字也

竝詼 上正竝字下跛孩反賈逵注國語云詼備也郭注方言云皆也說文云約也從言亥聲

編載 上必綿反顧野王云編猶列也莊子云編比連也說文次簡從糸扁聲也扁音篇

婁迦讖 下楚禁反梵語沙門名也

使覘 下詀瞰反杜注左傳云覘猶伺也鄭注礼記云闚視也孝聲云候視也說文從見占聲也瞰音廉僉也

接踵 下鐘龐反礼記云舉前曳踵行杜注左傳云踵猶躡趾也聲類足跟也說文從足重聲跟音根趾音止

彖腋 下盈隻反經名

氐羌 上邸泥反鄭箋詩云氐夷狄名國名也說文從氐著一地

一切經音義卷第八十　第二十四張　鉅

也或作抵録文作互也下却香反廣雅云羌強也說文云羌西戎羌人也從羊人聲録文作羌俗字也

揩摸 上客駭反廣雅云揩法也說文云揩即摸也從木皆聲也録文從手誤也下莫蒲反鄭箋毛詩云摸法也廣雅形也說文從木從莫聲也録文從手誤

鍼脉 上執任反說文鍼剌也從金咸聲字書亦作箴謂綴衣也又作針並通用下萌伯反賈注國語云衇理也說文云衇血謂之分邪行於體者也從𠂢血聲𠂢

音䰢賷反録文從豕作喙非俗作脉通

懟恨 上鎚遂反毛詩云强禦多懟字統云懟猶怨也説文亦從也從心對聲也禦音語也

悛改 上音詮孔注尚書云悛亦改心方言云自開東謂改曰悛也説文從心夋聲也夋音七旬反

宮亭湖廟 録文從邑作郏字書並無此字誤也案郡國志豫章郡記有宮亭湖湖北有神廟商旅祈之能隨意分風上下耳其湖與廬山雖遠亦相連接案録云江南經過即此湖

驚愕 下昂各反字書作咢猶是也驚也作諤字義也説文云譁訟也從吅屰聲吅音暄屰音逆譁音花

長短 下端算反廣雅云短促也考聲云短有所長短以矢為正故從矢説文不長也從矢從豆録文從木作梪音豆蔓梪字非此義也

颺帆 藥常反桂菀珠

叢云颺顯舉也説文云颺所以飛風也從風昜聲昜音羊

倏忽 上昇戮反楚辭云往來倏忽也考聲云倏猶光動皃也説文云倏謂犬走也從犬從攸音由會意字也録從黑作儵説文青黑繒也非此義

蟒頭 上忙牓反尒雅蟒王蛇也郭注云蟒蛇之最大者故曰王蛇古今正字蟒大蛇也從虫莽聲蟒即宮亭胡神身也莽音上同

償對 上音常杜注左傳云言不可報償也蒼頡篇云當也廣雅云復也説文云遂也從人賞聲

明析 下星歴反孔注尚書云析猶分也聲類云劈也説文破木也從木從斤會意字也録文從斤作折非也

亹然 微匪反亹亹猶僶俛也前內典録第十已釋

不倦 下拳卷反聲類云倦猶疲也説文云勞也罷也從人卷聲録作勬誤也

猘狗齧 上之勢反下研結反經目名也録文作獙非也

怛恝屈 上丹遏反恝音禾經名也

齲齒 上區羽反咒名也

有隙

⿰𧾷曷 陎字未詳字書並無 曷旋 上寒葛反下隨緣反經名也 僧鎧 下開愛反沙門名也

第二卷

欻然 上熏物反薛綜注西京賦云欻忽也說文欻有所吹起也從欠炎聲也 阿颰 盤末反經名也 僮譬喻 上徒

紅反經名也 穹隘 上麴弓反毛詩傳云穹猶窮也亦空也說文從穴弓聲下厄界反杜注左傳云隘地險也王逸注楚辭云陿傾危也顧野王云迫側也說文云塞也從阜從益正益字也 瞎矙 上許戛反下槧減反經名也録作鑒俗字也 碪鎚 上慹金反蒼頡篇作椹椹謂之鈇考聲云几屬也字書亦從攴作⿰甚攴亦質也下冲追反考聲云鎚鐵也字書從木作椎與鎚字義同案太公六韜云方頭鐵重八斤柄長五尺者顧野王云鎚鎚所以擊物也録作桘磓俗字也 傲懱 上敖誥反孔注尚書云傲慢不友也杜注左傳云不敬也廣雅云慢也說文云敖倨也從人敖聲也下眠閞反閞邊蔑反毛詩傳云懱猶輕也賈注云懱未也說文輕傷也從心蔑聲 燉煌 上徒魂反下音皇燉煌古郡名漢書武帝元年分酒泉置燉煌之郡今沙州是也說文燉煌二字皆從火

敦皇亦聲 于闐 下音殿于闐即西域城名也録文從金作奇鎮字非也 謼羅 呼故反經名也

第三卷

赤觜 下精髓反經名也録文作嶲非也 謗讟 上愽晃反杜注左傳云謗即毀也賈注國語誹也說文從言旁聲也下同鹿反杜注左傳云讟亦誹也郭注方言云誣怨痛也廣雅云惡也說文從詰從賣詰

音覽

僧䂏 下頁灼反與略字周僧名也

懸絙 下亘恒反平聲字考聲云絙大索也說文云從糸恒聲也亦作緪搄音義並同

亟經 上兢憶反或作𩋿韓詩云亟猶急也說文云亟自急勑也從芉省從勹口猶慎言也錄文作函俗字非也下經定反路也錄作經誤

惋慨 上宛換反文字集略云惋驚異歎恨也下開愛反顧野王云慷慨不得志也說文從心從槩省聲

心縱 下夷煙經名

大舶 音白已前具釋

煨燼 上猥廻反廣雅云煨塭也下辞進反杜注左傳云盆中火也燼正作㶳燒不盡薪也從火從盡省聲也皆焚蕩之餘

梯橙 上體黏反下登鄧反經名也錄文從木作橙非也

曇摩鞞 下庭迷反梵語僧名也

僧伽 跋隥 跋盤末反隥音鐙僧名也

第四卷

䳢腊 下星亦反鄭注周礼云乾肉也說文作昔從殘肉日晞之故從日籀文作𦺅與今腊同亦乾肉也

[illegible]名 上宮肓反阿羅漢名也

鍮石 上透樓反埤蒼云鍮石似金而非金也說文從金從俞省聲也

勍敵 上覺荆反廣雅云勍武也說文勍強也從力京聲

埤蒼云僆也下亭歷反杜注左傳云敵猶對也尒雅云匹也字書正從商從文錄文從欠作敵俗字也商音的

姚萇卒 上音長下遵聿反泰主名也

似爵 墻藥反字書云爵猶咀也廣雅云茹也說文亦噍也從口爵聲噍音譙咀音慈呂反

歐噦 上謳口反說文云歐助吐也從欠從謳省聲下究劣反鄭注礼記云噦噫也說文云為唔也從口歲聲噫音厄界反

嘲之 謫交反蒼頡文云啁猶調也爾

野王云嘲謂戲調也說文從口從周作啁考聲從言作謿録文從口作嘲同字也
謦欬 上輕鼎反開愛反前內典録第三巳釋録文從口作磬咳非也
弥猴 上弥字録文從犬作狝俗字也下候鉤反楚辭云弥猴芀熊羆說文云弥猴謂猴孫即㹶也猴字從犬侯聲熊音雄羆音悲擾奴刀反
蟯蜋 上却良反下音渠尔雅云蛣蜋蟯蜋郭注云哄糞蟲也古今正字亦哄糞蟲也並從虫羌良皆聲蛣弃吉反
毆之 上謳口反史記愕然欲毆之說文云毆捶擊也從殳區聲區音謳考聲亦從攴作敺
𤸬躄 上𤸬傳反顧野王云𤸬謂身體拘曲也考聲手足病也從疒𤸬聲下并亦反古今正字從足辟聲或從止作辟
趙肅 嵩昱反肅悚敬也人名也
勠力 上隆育反孔注尚書云勠力謂陳力也賈注國語云并力也說文從力翏聲音力幼反録文作勠俗字
道挻 耻連反僧名也
驃駞 上湯洛反下鐸何反考聲云驃駞胡畜名也周書王會正北以驃駞為獻顧野王云以能負重善行致遠也古今正字驃駞並從馬橐㐌皆聲橐音託㐌音陁
鄯鄯 蟬展反西域國名也

第五卷

僧璩 巨魚反僧名也
椒掖 上音焦下音亦宋朝宫名也
鄮縣 上矛候反漢書云會稽郡鄮縣名也考聲正作鄮録文作鄮俗字也
依睎 下喜機反廣雅云睎猶視也說文云望也從目希聲案依睎謂髣髴之稱也録作僾俙非也
封緘 下咸銜反廣雅云緘猶索也說文云束匧也從糸咸聲
成積 下資四反周礼遺人掌邦之委積以待施慧鄭注云稟人計九穀之足數以曰

委多日積訛文從禾責聲字書假借用也録文作積誤也

隨舶 下音白前内典録巳釋

火檻 下咸監反鄭注山海經云檻猶闌楯也說文從木監聲

棧路 査眼反廣雅云棧即閣也漢書所謂燒絶棧道是也說文云棧亦棚也從木戔聲戔音殘也

流駛 下師事反蒼頡篇云駛猶疾也考聲云馬行疾也古今正字從馬史聲

阿遬 下音速經名也

奈苑 怨遠反地名亦經名也録文作婢或作婦並非也

第六卷

王睞 下菱眼反梁稜章王名字書云睞名也說文云分别簡之從柬八分之録作柬非也

諷習 上風奉反鄭注周礼云背文曰諷廣雅云諷猶教也顧野王云諷謂音譬况以動之說文云誦也從言風聲也

御寓 下千主反毛詩傳云寓居也尒雅云大也蒼頡篇云邊也說文從宀禺聲也亦作宇義同也

措懐 倉故反鄭注周礼云措猶頓也又注礼記云施也說文置也從手昔聲録文從广作厝顧野王云厝即礪石也非此義也

甄著 上見延反廣雅云甄陶窑也桂苑珠叢云甄表明也古今正字云甄陶也從瓦垔聲也垔音因

穨馬 上兊雷反蒼頡篇頹猶墜落也毛詩傳云病也說文云頹禿皃也從禿貴聲録作頹俗字也

鐫之 上蕞緣反方言云鐫猶琢也廣雅鐫即鑿也說文云謂琢金石也從金雋聲琢音卓雋音慈兖反

龕别 上音堪廣雅云龕卯盛也文字典說云著佛處也從今從龍會意字也録文從合作龕俗字

櫛枇 上莊瑟反下頻畢反案櫛枇象流齒連接相近皃前内典録釋訖

淹雲 上淹儼反毛詩傳云

冷陰雲皃也說文云雲雨皃也從水從弇廣雅作奄録作渰誤前己訓訖

槀本　上高老反史記云槀書草也說文從草作藁義同

盥洗　上官椀反顧野王云凡洗物皆曰盥說文云盥澡手也從臼木臨皿也

僧昉　下方冈反僧名

茵國　袖由反西域國名也

廛吏　上徹連反郭注周礼云廛謂城邑之居也說文從广里從

八土广音儼下奴教反字書云吏人多擾擾也考聲云人諠多也古今正字云不靜也從人從市會意字也録作鬧俗非也

第七卷

重覈　上重龍反下衡革反漢書云其審覈之務準古法也說文云考實事也謂覈遮其辭得實覈也從西從敫省聲西音赫亞反從西俗

字也

鎔冶　上音庸漢書云金之在鎔冶所鑄也音義云冶謂鎔錢模也下耶者反考工記云考金人工冶氏也說文云冶銷也從冫從台聲冫音冰台音夷

冐水　貪盔也聲類云冐不高也說文從日音胃

玼瑣　上妻礼反毛詩傳云玼鮮明皃說文云新色鮮也從王從此聲下蘇果反毛詩傳云瑣瑣小皃也廣雅瑣連也說文從玉𧴪聲𧴪音鏁同上

忍禁　琴飲反字統考聲並云禁即寒也文字典說云

凚謂寒戰也從冫禁聲冫筆逼反録作噤非也

女壹　下煙結反方言壹氣息也說文食在喉不下也又云飯窒也從口壹聲

黃法䫂　下具俱反人名

揵椎　上音乾下墜追反案揵椎警衆之木置于食堂

疙斯　停戛反西國名

知鉉　下玄弦反僧名也

彦琮　下狙宗反僧名

冏窘　下君殞反毛詩傳云窘猶困也王逸注楚辭云窘急也說文云迫也從穴君聲也

瑰

琦 上鱠回反毛詩傳云瓊瑰石之次玉者也杜預注左傳云瑰珠也埤蒼云瑰瑋珎奇也說文云以珍瑰為傀亦在人部中今也從玉鬼聲録文從衣作褢古文俗字也字書又作傀下巨基反正從大作奇録作奇俗字也

僧琨 下骨塊反僧名也

羈縻 上几宜反下美悲反案羈縻蓋馬之銜勒繫綴編連者也

甌閩 上歐侯反郭璞

注尒雅云東甌在海中也又注山海經云閩越即西甌今建安也說文云甌閩東南越也從瓦區聲下音武巾反

韃挐 匕建言反下搦加反梵語西域城名也已具前釋

踟躕 上音遲下住踰反韓詩云踟躕即躑躅也廣雅云蓋猶豫非佪之皃也躑音擲躅廚録反

第八卷

玄奘 下藏朗反僧名也尒雅云奘駔也駔作朗反郭璞云大也說文從大壯聲

玄嶷 下疑棘反僧名也

勣深 上精昔反聲類云勣猶功也考聲功效者也古今正字從力責聲

慧賾 下崢青反僧名也録從阜作賾俗字也王弼注周易云賾深也

卓犖 下力角反班固西都賦云卓犖諸夏言超絶也考聲云卓犖猶高皃說文義同從牛從勞省聲

輟軨 上轉劣反

鄭注論語云輟猶止也尒雅云已也已音以古今正字云車聲小缺也從車叕同音下負恐反許叔重曰軨猶重也鄭玄注考功記云軨者輿後橫木也太玄經云軨轉其道也宋忠曰猶展也說文從車令聲令音同上録文作軨俗字也

韜德 上討勞反杜預注左傳云韜猶藏也廣雅云寬也說文云劒衣也從韋從舀聲舀音窅

梗槩 上更幸反尒雅云梗猶直也司馬彪注莊子云梗直士說文從木更聲下陔代反鄭注礼

記云槩平也班固東都賦云粗爲賓言其梗槩葎綜云謂不纖密也說文從木旣聲

箴規　上執深反孔注尚書云箴猶規也賈注國語云箴教也杜注左傳云戒也說文從竹咸聲會意字

蠢蠢　春尹反尚書大傳云蠢即出也郭注尒雅云蠢謂動搖皃也說文虫動也從䖵春聲䖵音昆

誚劇　上字書正從言作譙與譙同音孔注尚書云誚猶讓也蒼頡篇云訶也說文從言肖聲下擎逆反顧野王云劇猶甚也蒼頡篇云𢧵也古今正字從刀豦聲也

薰蕕　上訓雲反香草也下酉州反臭草也巳見前釋

稾街　上高老反顧野王云稾猶草也說文從禾高聲下佳諧反尚書云稾街謂蠻夷邸所在也說文云街謂四通道也從行圭聲

扼掩　上鷃草反廣

雅云扼持也鄭玄注罨服傳云盈手日扼說文扼猶把也從手戹聲戹音厄正作搤亦作搹音義並同錄作扼俗字也下宛㚇反揚雄云掩捏也說文從手從宛聲

乃縶　下砧立反杜注左傳縶猶執也范甯注穀梁云絆也古今正字云縶之維之猶絆也從糸從執正縶字或作𦀚音同

祖祢　下泥礼反鄭注周礼云祢父廟也古今正字從示尒聲巳訓訖

桎梏　上眞日反下公沃反鄭玄注周礼在手日桎在足日梏盖刑人具也鄭衆又云桎梏者拘其兩手共一木也說文二字並從木至告亦聲

宗轄　下閑戛反考聲並正舝從舛兩相皆從禼省舛川兖反今通作轄亦從金作鎋顧野王云車軸端鐵也前內典錄第五卷巳釋

調戲　上迢笑反廣雅調猶朝也又訓欺也說文從言周聲錄文從手作掉誤下希意反毛詩傳云戲猶逸豫也郭注尒雅云戲朝也廣雅云邪也說文從戈虛聲虛音希也

解識　上音玠下揣鑒

反芊聲云識謂自陳過咎於佛前也俗作懺録文作讖非也

痆斯國 上赧憂反梵語也

于逭 下避蓮反亦國名也

寘噎 上甸堅反尒雅云闐闐盛皃郭漢注云群行聲也蒼頡篇作寘猶塞也義與闐字同西都賦云寘城溢郭說文亦塞也從穴眞眞音之人反下噎結反郭璞注方言云噎猶咽塞也毛詩左傳云噎不能息也說文云噎猶飯窒也從口壹聲録作闐非也窒音珍栗反

諠譁 上晅爰反聲類云諠即譁也嵇康琴賦云不諠譁而流漫說文正從藿作讙與諠義同漢書云未至讙譁是也録作暄同與書傳所用亦同下化瓜反孔注尚書云譁即讙聲也說文從言華聲也

濎瀅 上都挻反下縈定反考聲云濎瀅小水也李甘泉賦云良猶弱水之濎瀅古今正字又作滎義同從水

瑩聲録作汀瀅汀音聽王逸注楚辭云汀洲之平也與本義乖故不取瑩因迴反

溟渤 上覓荓反下盆沒反案莊子云北溟有魚日鯤古渾反海運將適南溟溟渤皆南北海名古今正字從水冥聲渤案漢書音義云渤澥海之別名文選云穿池類溟渤是也古今正字云渤亦海也從水勃聲

樊川 上扶袁反杜預注左傳云樊川京兆鄉名也一日陽樊城亦杜陵鄉名說文從邑樊聲

籧篨 上音渠下音除許叔重云籧篨草席也郭注方言云亦謂發甫吹反說文籧篨二字皆從竹遽音渠除亦聲

翌日 上蠅織反孔注尚書云昱明也尒雅亦明也古今正字從羽立聲

不嚏 鞮悌反考聲云氣奔鼻而嚏也蒼頡篇云嚏即噴也說文云嚏謂悟氣解也從口疐聲音帝

發歛 下廉撿反字統云斂猶收也鄭玄注儀禮云斂藏也說文從僉攴聲普木反録文作殮俗字

隥漪 下意宜反毛詩傳云漪水之波文者聲亦

細波也古今正字從水從蒨聲

攈拾 上君運反賈注國語云攈拾禾穗也方言云取也說文從手麋聲錄文從君作捃俗字也

第九卷

崎嶇 上起羈反下音駈介雅云崎嶇傾側也埤蒼云崎嶇不安也考聲云山險皃也古今正字崎嶇二字並從山奇區皆聲

嗜慾 上時至反鄭注礼記云嗜猶貪也孔注尚書云嗜即無猒足也說文云耆慾喜之也從口耆聲從目者非也

豳州 上筆岷反字書亦從邑作邠即公劉之邑也與豳字同毛詩有豳書也占今正字從山從豩音斌二豕並行皃也

彦悰 上言變反介雅云美士曰彦也下族宗反說文云悰猶樂也從心宗聲叺門名也前有從玉作琮未

一切經音義卷第八十　第四十三張　鉅

詳同異

脅壘 上杴劫反左傳云聞其駢脅考聲云脅即肋也說文云脅謂兩膀也從肉從劦胡頰反聲脅恒錄文從三力作脇俗字也

髫齔 上音苕下初謹反髫案蒼頡篇去髫謂垂也埤蒼云髫謂髦也考聲云髫小兒剃髮留兩邊也古今正字從髟從召聲髟音摽下初謹反鄭注周礼云齔謂毀齒也男八歲女七歲皆曰齔說文從齒七聲

降祉 下絺里反毛詩云祉猶福也杜注左傳云祉亦祿也說文義同從示止聲錄文作祉俗字也

濾漉 上臚箸反韻詮云濾猶洗也案濾者盖沙門護生以絹為羅疏理水中蟲蟻取其潔也諸字書不載濾字下聾穀反考工記云㡛湑其水而漉之野王云漉猶瀝也字林云水下皃也古今正字從水鹿聲

滌穢 上亭歷反孔注尚書滌猶除也鄭注礼記云滌搓也說文云洒也從水從條聲

⿰貝為以 恭偽反廣雅云⿰貝為猶賭也古今正字云下亦貨也玉篇或作⿰貝危義並同說文從貝從為聲又音貴兀

一切經音義卷第八十　第四十四張　鉅

二音

涓涽 上决浸反說苑云涓涓不壅將成江河顧野王云涓小流也說文從水肙聲肙娟縣反録作涓俗字也下丁歷反字書正從啇作啇又作隨顧野王云滴謂瀝適也說文水灓注也從水啇聲啇音同録作渧傳寫誤脫口字耳

第十卷

褰裸 上遣延反顧野王云褰褠引也巳見前釋録作褰俗字也下騾果反說文云裸即袒也從衣果聲已見前釋訖

沿波 上悅涓反孔注尚書云順流而下曰沿說文從水㕣聲㕣音緣選反録從公作沿非

儡同 上盧堆反曲礼云毋儡同毋音無考聲云儡同無分別也說文從人從畾畾音雷聲

第十一卷

儒首 上乳朱反經目也

阿閦 下罰縮反經名也

授幻 下滑慣反說文從倒予經作幻俗字也經名也

不眴 下血絹反王逸注楚詞云眴視皃也顧野王云眴謂令人動目也說文云目搖也從目從旬旬音同

楞伽 上勒登反下音枯梵語也

第十二卷

象腋 下羊益反經名也

眹子 失舟反梵語經名也

羂索 上涓兖反下桑洛反經名也

俱胝 下致絺反經名也經作胵俗字也

羅亶 下展連反經名也

菴提 上腤含反經名也

摭之 上征石反孔安國尚書序云採摭羣言以立訓傳也方言摭拾也以手取物也考聲云摭亦拾也字

書桂苑珠叢亦從石作拓音義並同說文從手庶聲會意也

無揉　下柔酉反周易云揉木為柜考聲云燒木揉令曲直也古今正字從木柔聲或從火作煣不通下文同

鄴城　上儼刼反魏書云鄴城魏所都也漢書有鄴縣是也

解捲　下卷柰反經名也巳見前釋

第十二卷

脫躧　下師滓反孟子云視弃天下如弃弊躧案弃義即與脫躧同考聲云躧屣屬也說文從革作韆聲類同古今正字從屣省錄作屣通

頞羅延　上安竭反梵語僧名也

達多　下多駞反經名也

鴦崛　上音央下羣律反經名也

于闐　下音殿西域國名也錄作鈿鎮非也已見前釋

第十四卷

阿闍貰　下設制反正合作貰錄作貰誤也

燩煌　上徒䰟反下音黃薩号錄作燉非也

目佉　下羌迦反經名也

嘔惒　上歐侯反下音和經名也

瑜伽　上庾須反論名

第十五卷

蔽宿　上必袂反經名也

諄羅　上呼故反經名

盋呿　上正鉢字錄從本者誤下袪御反經名也

禁婥　舊注云或為婦字錄文從女作婥字書無此字

蝎王　上軒歇反經名也錄從曷作蝎音褐與本義乖不取

僥倖　上皎堯反下衛耿反經名也

僧歰多律　次森戢反梵語經名也錄從火作歰

非也

繕寫　上禪戰反杜注左傳云繕治也考聲造也說文亦補也從糸善聲下昔野反廣雅寫程也考聲云寫猶書也錄從刀作寫俗字也冖音覓也

第十六卷

罕究　上正罕字案說文從网作罕訶坦反毛詩傳云罕猶希也顏野王云希踈也錄作罕誤下鳴又反毛詩傳云究即窮也郭注尒雅云謂毀盡也說文從穴九聲

覽𠂢　下拍賣反說文𠂢水之邪流也從反永錄作日俗字也

謦欬　上輕挺反下開愛反經名也前巳釋詁錄從口作聲俗字

溥首　上普補反下正首字經名

羼提　剗莧反下音啼經名也

嬈亂　上年鳥反經名

一切經音義卷第八十　第四十九張　鉅

蠱孤烏　上音野案字書從皿作蠱今錄文從三垂誤烏或作烏也

㦷辤梵志　上容聳反字書正作勇敢悍也健也古文今從甬作㦷㦷息錄文㦷粗通經名也

曳踵　上延祭反下鍾隴反經名

羅怙　下胡古反經名

苾芻　上頻蜜反下楚愉反經名也錄作𦏵俗字也

硻羅鉢　上壹雞反經名也錄從口作啓誤

瘦瞿　上捜皺反下具俱反經名也錄文作瘦俗字

二僑　下嶠殀反經名也

善唄　下白邁反經名也

蜣蜋　上却香反下力張反經名也

第十七卷

繁賸　上伐袁反下繩證反字書正從舟作賸說文云賸物相贈而加也廣雅云式也考聲云餘也古今正字義同從貝從賸省錄從月作賸俗字也

鄔陁　上烏古反梵語經名也

删削　上産

一切經音義卷第八十　第五十張　鉅

姦反聲類云删猶定也家語云夫子删詩書也說文删㓨也竹劣反㓨削也從刀從冊音策冊即簡也會意字也下廂雀反廣雅云削滅也說文從刀從尚聲 **無玷** 下丁簟反毛詩傳云玷即缺也古今正字從玉占聲也 **療痔** 上離照反下持里反經名也 **裨助** 上卑弥反鄭玄注儀礼云裨之言埤也說文益也從衣卑聲

一切經音義卷第八十　第五十一張　鉅

第十八卷

東闈 下韋善反蒼頡篇云闈猶開也韓康伯注周礼云明也說文從門從單聲也 **尋閱** 上習淫反賈逵注國語云尋猶用也方言云長也郭注云尋謂之長法度之廣也說文云尋繹理也從工口工口亂也又寸分理之會意字也下緣雪反鄭注周礼云閱猶簡也杜注左

傳云斁也古今正字從門兊聲 **放習** 上方冈反劉兆注公羊云放猶比也孔注論語云依也廣雅放也說文從攴方聲錄從人作倣非也下正習字也 **訛舛** 上卧戈反孔注尚書云訛化也考聲云謬也古今正字從言從化會意字字書正從言作為譌音義並同下舛穿兖反顏野王云舛差不齊也說文云舛對卧也從夕㐄相背也夕音雖㐄音誇化文 **青吼** 下乙八反案青吼俗謂蝦蟇也字書無此字經名也

一切經音義卷第八十　第五十二張　鉅

蕪穬 上音無字統云蕪荒蔵也賈逵注國語亦蔵也說文從草無聲下鍗猛反蒼頡篇云穬即粟也稨闕麦反字林云蔵有芒者也說文芒粟也從禾廣聲 **經剪** 下彼列反案剪分別之謂也埤蒼云剪謂種穊分移蒔之也字書無此字孝聲或從竹廣切韻從草從別穊音旣蒔音是 **擯治** 上畢刃反司馬彪注莊子云擯猶弃也史記云相與排擯之是也古今正字從手擯聲也下音遲 **首掠** 良灼

反月令云無四掠二十六掠劫掠也即鳥錄同案字書皆略字杜注左傳云略猶取也方言云求也聲類云貯覽之畧也說文云經畧云地也從田從各聲掠音亮義摮弃不取

刊定 上渴安反鄭注礼記云刊猶削也廣雅云刊定也說文從刀干聲也

澆浮 上昳堯反許叔重注淮南子云澆薄也說文從水堯聲也下蝶眇反毛

蔓延 詩傳云蔓亦延也廣雅云長也說文云蔓葛屬也從艸曼聲曼音万延弋仙反正字也

一切經音義卷第八十　第五十三張　鉅

庚頡 上賤至反下賢結反經作庚字誤人名也

雜糅 女救反鄭注儀礼云糅猶雜也說文字書亦作粈音同

第十九卷

媫陁尼 上摸補反經名

闍佉一 下羌迦反經名

颰陁 上盤末反經名也

第二十一卷

曼殊 上音萬菩薩名也

坌身 上盆悶反經名也錄作坌俗字

呵鶥 上磬歌反下鳥聊反經名也錄或作荷鷊誺熟是

木槵 下還慣反經名也

郁迦 上盇菊反毛詩傳作彧或茂盛皃也說文作郁字孔注論語士文章備也長者名也錄作郁時通用也

一切經音義卷第八十

第五十四張　鉅

中華大藏經（漢文部分）

校勘凡例

一 《中華大藏經（漢文部分）》的底本以《趙城金藏》爲主；《趙城金藏》缺佚，則以《高麗藏》等作底本。各卷所用底本的名稱及涉及底本的其他問題，均在校勘記的第一條中說明。

一 《中華大藏經（漢文部分）》選用的參校本共八種，即《房山雲居寺石經》（石）、宋《資福藏》（資）、《影印宋磧砂藏》（磧）、元《普寧藏》（普）、明《永樂南藏》（南）、明《徑山藏》（徑）、《清藏》（清）、《高麗藏》（麗）。

一 校勘記中的「諸本」，若底本爲金藏，即包括石、資、磧、普、南、徑、清、麗全部八種校本；若底本爲麗藏，則包括石、資、磧、普、南、徑、清全部七種校本。其他情況若用「諸本」，校勘記中則另加說明。

一 校勘採用底本與校本逐字對校的辦法，只勘出經文中的異同及字句錯落，一般不加評注。參校本若有缺卷，或有殘缺、漫漶等字迹無可辨認者，則略去不校，校勘記亦不作記録。

一 一經多卷，經名、譯者、品名出現同樣性質的問題，一般只在第一卷出校，並注明以下各卷同；分卷不同時，以底本爲主出校。

一 古今字、異體字、正俗字、通假字及同義字，一般不出校。如：

古今字：宍（肉）；猗（倚）；距（跛）；鉾（矛）；誼（義）等。

異體字：𣚚（槃）；剎（刹）；皃（貌）；惱（惱）；㝵（碍、礙、閡）等。

正俗字：怪（恠）；滴（渧）；體（躰）；刺（刾）；閉（閇）等。

通假字：惟（唯）；嫉（疾）；頻（嚬、顰）；揣（摶）；尠（鮮）等。

同義字：言（曰）；如（若）；弗（不）等。